Großer Atlas zur Weltgeschichte

Herausgegeben von Prof. Dr. Hans-Erich Stier, Prof. Dr. Ernst Kirsten, Prof. Dr. Wilhelm Wühr, Prof. Dr. Heinz Quirin, Prof. Dr. Werner Trillmich, Dr. Gerhard Czybulka, Dr. Hermann Pinnow und Hans Ebeling

Bearbeitet von Prof. Dr. Hans-Erich Stier, Dr. Ernst Kirsten, Prof. Dr. Heinz Quirin, Prof. Dr. Werner Trillmich, Dr. Gerhard Czybulka

Unter Mitarbeit von Dr. Ekkehard Aner, Dr. Gisela Asmus, Prof. Dr. Bertold Spuler, Prof. Dr. Walter Kuhn, Dr. Wolfgang Haberland, Dr. Gert Hatz, Dr. Helene Münscher, Prof. Dr. Rudolf Schreiber und anderen

Orbis Verlag

Sonderausgabe 1990 Orbis Verlag für Publizistik GmbH, München
Gesamtherstellung: westermann druck GmbH, Braunschweig

ISBN 3-572-04755-2

INHALTSVERZEICHNIS

Kulturen und Reiche der Frühzeit

Anfänge menschlicher Kultur

Der altsteinzeitliche Mensch und seine Vorläufer . . 1
Stufen der Menschwerdung 1
Frühe, mittlere und 1. Stufe der jüngeren Altsteinzeit . 1
2. Stufe der jüngeren Altsteinzeit 1
Mittlere Steinzeit (ca. 8000—3000 v. Chr.) 1
Jungsteinzeit (4. und 3. Jahrtausend v. Chr.) 2
Ausgehende Jungsteinzeit (Kupferzeit) ca. 20. und 19. Jahrhundert v. Chr. 2

Entstehung der Hochkulturen im Orient und in Alt-China

Ausbreitung der Semiten und Indoeuropäer vom 8. Jahrtausend bis ins 3. Jahrhundert v. Chr. . . 3
Erste Blütezeit der Hochkulturen im Orient (ca. 3000—1900 v. Chr.) 3

Die chinesische Kultur:

Die Anfänge der chinesischen Kultur (3. Jahrtausend bis ca 1100 v. Chr.) 3
Das Lehensreich der Tschou-Dynastie seit dem 11. Jahrhundert v. Chr. 3
Das Werden des chinesischen Kaiserreichs bis zum 2. Jahrhundert v. Chr. 3

Vorgeschichtliche Siedlungen und Kulturströme in Europa

Altsteinzeit: Jägerstation Vogelherdhöhle (Schwäbische Alb) 4

Jungsteinzeit (3. Jahrtausend v. Chr.):

a) Bandkeramische Reihensiedlung: Köln-Lindenthal . 4
b) Ringsiedlung der Tripolje-Kultur: Kolomyjscyna (Dnjepr) 4

Jüngere Bronzezeit (7. Jahrh. v. Chr.): Befestigte Inselsiedlung der Lausitzer Kultur: Biskupin (Wartheland) . 4
Vorgeschichtliche Besiedlung in der Po-Ebene 4
Ägäis-Raum in vorgriechischer Zeit (bis 1900 v. Chr.) . 4
Rohstoffquellen, Kulturströme u. Handelsverbindungen in der Bronzezeit 4
Europäische Hochbronzezeit (ca. 16.—13. Jahrh. v. Chr.) 5
Ausgang der europäischen Bronzezeit — Beginn der Eisenzeit (um 1200 bis 900 v. Chr.) 5

Der Alte Orient

Siedlung in Ägypten und Mesopotamien:

Ägypten in altorientalischer Zeit 6
Mesopotamien in der Stein-Kupfer Zeit (ca. 3900—2900 v. Chr.) 6
Mesopotamien zur Zeit der Sumerer (ca. 2900—1955 v. Chr.) 6
Mesopotamien von Hammurabi bis zur Zerstörung von Ninive (ca. 1955—612 v. Chr.) 6

Altorientalische Kulturstätten:

Die Pyramiden des ägyptischen Alten Reiches (4. Dynastie 2550—2450 v. Chr.) bei Memphis (Giseh) . 7
Die Totenstadt von Theben (Neues Reich) 7
Amun-Tempel in Theben (Karnak) 7
Tempelbezirk von Ur (Chaldäa/Irak) a) bis 2000 v. Chr., b) bis zum 6. Jahrhundert v. Chr. 7
Babylon zur Zeit Nebukadnezars II. (605—562 v. Chr.)
Assur (Residenz der assyrischen Könige) 7
Mohenjo-Daro (Indien), ca. 2000—1500 v. Chr. 7
Hattusa, Hauptstadt der Hethiter, ca. 19.—13. Jahrhundert v. Chr. 7

Völkerbewegungen im Alten Orient:

Vorderasien und Ägypten im Zeitalter Hammurabis von Babel (1728—1686 v. Chr.) 8
Kerngebiet der Hethiter (ca. 1440—700 v. Chr.) 8
Besiedlung Palästinas (ca. 1650—587 v. Chr.) 8
Palästina von der Einwanderung Israels bis zur Perserzeit (13. Jahrhundert bis 587 v. Chr.) 8

Großreiche im Alten Orient:

Die Großreiche der Ägypter und Hethiter (um 1450 bis zum 13. Jahrhundert) 9
Verbreitung der Alphabetschrift (seit 1000 v. Chr.) . . 9
Höhepunkt und Auflösung des Assyrerreiches (7. und 6. Jahrhundert v. Chr.) 9

Griechische Kultur und Staatenwelt

Vorgriechen und Griechen in der Ägäis

Kreta in minoischer Zeit 10
Die Ägäis in mykenischer Zeit 10
Kreta in dorischer Zeit 10
Der minoische Palast von Knossos 11
Palast- und Hafenstadt Knossos 11
Burg und Stadt Mykene 11
Die griechische Welt im 9. und 8. Jahrhundert v. Chr. . 11

Eintritt der Griechen in die Mittelmeerwelt:

Phönikische und griechische Kolonisation vom 11. bis 6. Jahrhundert v. Chr. 11

Die griechische Polis

Mykenische Burg von Tiryns 12
Akropolis (Burg) von Athen von mykenischer Zeit bis 470 v. Chr. 12
Akropolis von Athen in klassischer Zeit 12
Agora (Markt) von Athen 12
Die Stadt Athen 12
Athen und seine Häfen 12
Die Polis der Athener 13
Sparta 12
Sparta und die Poleis in Lakonien 13
Polis-Staaten der Ioner 13

Griechenland und das Persische Reich im 5. Jahrhundert

Die antike Welt z. Z. der Perserkriege (um 480 v. Chr.) 14/15
Persepolis (Residenz der persischen Großkönige) . . 14
Olympia 14
Perserkriege bis zum Xerxeszug 15
Schlacht von Salamis (480 v. Chr.) 15
Welttafel nach Herodot 14/15

Athen als hellenische Großmacht

Griechenland im Zeitalter des Perikles (446/445 v. Chr.) 16
Hellas bei Ausbruch des Peloponnesischen Krieges (431 v. Chr.) 16
Griechen und Karthager in Sizilien und Unteritalien . 17
Syrakus im 5. und 4. Jahrhundert v. Chr. 17

Das klassische Griechenland

Apollon-Heiligtum von Delphi 17
Apollon-Heiligtum von Delos 17
Landschaften und Poleis in Griechenland 18/19
Makedonien (Siedlungsgeschichte) 19
Thermopylai 19
Polis-Staaten und Bundesorganisation in Böotien um 395 v. Chr. 19
West-Kleinasiatische Gau- und Tempelfürstentümer mit ihren Dörfern 19
Das Heiligtum von Eleusis (Attika) 20

Die griechische Welt im 4. Jahrhundert v. Chr. 20

Griechenland z. Z. des Epaminondas 20
Der Aufstieg Makedoniens 20

Stadtanlagen aus griechischer und hellenistischer Zeit

Akragas (Agrigent/Sizilien) 21
Emporion (Nordspanien) 21
Karthago 21
Cosa (Etrurien) 21
Taxila (Indien) 21
(Neu-)Milet 21

Die hellenistische Welt, Karthago und der Aufstieg Roms

Alexander der Große und die Hellenisierung des Perserreiches

Zug der 10 000 (401/400 v. Chr.) 22
Schlacht von Chaironeia (338 v. Chr.) 22
Das Alexanderreich 323 v. Chr. 22/23
Städtegründungen des Hellenismus 22/23
Hellenistische Königsburg Pergamon. 23

Völker und Staaten am westlichen Mittelmeer

Kelten und Frühgermanen 24
Griechische Kolonisation und griechischer Kultureinfluß am Tyrrhenischen und Ligurischen Meer 24
Das Kernland der Etrusker 25
Roms Weg zur Vorherrschaft in Italien: Einigung Italiens und ihre Bedrohung durch Hannibal 25
Sizilien und Unteritalien in der römischen Kaiserzeit . 25

Großmächte im 3. Jahrhundert v. Chr.

Die Mittelmeerwelt um 270 v. Chr. 26/27
Alexandria (Ägypten) 26
Der Kampf um das westliche Mittelmeer zwischen Rom und Karthago 26
Griechenland um 202 v. Chr. (am Vorabend des zweiten Makedonischen Krieges) 26/27
Vorderasien 188 v. Chr. (Friede von Apamea) 27
Schlacht bei Cannae (Apulien) 216 v. Chr. 28

Roms Aufstieg zur Weltherrschaft

Das Römische Reich im 2. Jahrhundert v. Chr. 28
Das Römische Reich zur Zeit Caesars und Octavians (bis 31 v. Chr.) 28
Karthago und Umgebung in römischer Zeit 28
Römisches Heerlager (Scipios Lager auf Castillejo vor Numantia (Spanien) 133 v. Chr. 29
Vorderasien um 90 v. Chr. 29
Vorderasien (Die Neuordnung des Pompeius 67—63 v. Chr.) 29
Gallien z. Z. Caesars 29
Belagerung und Schlacht von Alesia (52 v. Chr.) . . . 29
Ägypten unter den Ptolemäern 29

Das Reich der Römer

Italien als Kernland des Römerreiches

Das römische Italien 30/31
Latium (Rom und Umgebung) 31
Campanien (Neapel und Umgebung) 30

Römische Städte

Pompeji vor der Zerstörung 79 n. Chr. 32
Hafenstadt Ostia 32
Cambodunum (Kempten/Allgäu) 32
Xanten (Niederrhein) 32
Thamugadi (Timgad/Nordafrika) 32

Die Stadt Rom

Rom zur Zeit der Republik 32
Rom zur Kaiserzeit 33
Forum Romanum 33
Die Kaiserfora in Rom 33

Das Römerreich von Augustus bis Hadrian 34/35

Das Erdbild der Kaiserzeit (nach Claudius Ptolemaeus, um 150 n. Chr.) 34

Die Provinzen des Römerreiches

Nordafrika 34
Palästina zur Römerzeit 35
Jerusalem 35
Die Tempel in Heliopolis (Baalbek) 35
Gallien, Britannien und Germanien zur Römerzeit . . 36
Germanien und Rätien zur Römerzeit 37
Varusschlacht und Germanicuszüge 15/16 n. Chr. . . 37
Kohortenkastell Saalburg (um 210 n. Chr.) 37
Die Iberische Halbinsel zur Römerzeit 38
Die Provinzen zwischen Donau- und Euphratgrenze 38/39

Römische Grenzsicherung

Der Hadrianswall (Nordengland) 40
Römische Wegkontrolle, Grenzsperre und Flußsicherung in Germanien 40
Spätrömische Grenzwehr am Oberrhein (ab 360 n. Chr.) 40
Verulamium (St. Albans) und Umgebung 40
Augusta Treverorum (Trier) 40
Trier und Umgebung 40
Germanien (nach Tacitus „Germania") 41
Feldzüge des Germanicus (14—16 n. Chr.) 41
Römische Routenkarte um 400 n. Chr. (Peutingersche Tafel) 41
Grenzsicherung gegen die Beduinen 41

Auflösung und Neubau des Römischen Reiches in der Spätantike

Das Römische Reich unter den Soldatenkaisern (3. Jahrhundert n. Chr.) 42/43
Das Römische Reich nach der Neuordnung des Diocletian (284—305 n. Chr.) 42
Aventicum (Avanches/Schweiz) 43
Barcino (Barcelona/Spanien) 43
Vesunna (Périgueux/Frankreich) 43
Gerasa (Dscherasch/Jordanien) 43
Dura-Europos (Euphrat) 43
Palatium Diocletiani/Spalato 43

Rom und das Christentum

Orientalische Religionen im Römischen Reich 44
Die Ausbreitung des Christentums im Römischen Reich bis ins 5. Jahrhundert 44

Die geistigen Mittelpunkte der christlichen Welt

Das christliche Rom des Mittelalters (um 1550) 45

Roms Umgebung. Katakomben 45
Alt-St. Peter 45

Konstantinopel im Mittelalter 45

Hagia Sophia 45
Die Mönchsrepublik vom Heiligen Berge Athos . . . 45

Das frühe Mittelalter

Völkerwanderungen und Reichsbildungen in Asien

Asien um 174 v. Chr. 47
Asien 100 v. Chr. bis 100 n. Chr. 46/47
Asiatische Reiche des 4. bis 6. Jahrhunderts und der Ansturm der Barbaren 46/47
Ostasien im 8. Jahrhundert 47

Römerreich, Christentum und germanische Völkerwanderungen

Hunneneinbruch und Ostgermanenzüge (375—476) . . 48
Germanische Reichsbildungen in der Zeit Chlodwigs (482—511) und Theoderichs (493—526) 48
Europa und die Reichserneuerung Justinians (um 565) . 49
Frankreichs sprachliche Entwicklung unter germanischem Einfluß 49
Romanen und Germanen im Alpenraum (ca. 8. Jahrh.) 49

Slawenwanderung und Ausbreitung des Islam im 7. und 8. Jahrhundert . . . 50/51

Die christliche Welt im Frühmittelalter

Die Ausbreitung des Christentums bis zur Kirchentrennung (1054) . . . 52
Keltische Mönchskirche und römisches Christentum bis ins 8. Jahrhundert . . . 52
Iren- und Angelsachsen-Mission um 590—768 . . . 52
Der Kirchenstaat vom 8.—13. Jahrhundert . . . 53
Kirchenbau und Buchmalerei (ca. 750—950) . . . 53
Benediktiner-Kloster (Nach dem St. Gallener Bauriß von ca. 820) . . . 53

Das Reich Karls des Großen

Europa und das abendländische Kaisertum der Franken . . . 54/55
Das fränkische Königtum . . . 55
Die karolingischen Teilreiche seit 843 . . . 55
Kerngebiet des fränkischen Radenzgaues (um 1000) . 56
Gau Daleminze (Mark Meißen, um 1000) . . . 56
Karolingische Sachsen-Mission seit 780 . . . 56
Slawen-Mission im 9. Jahrhundert . . . 56
Grundbesitz und Einkünfte der Abtei Werden an Ruhr und Lippe und um Helmstedt im 12. Jahrhundert . . . 56

Verteidigung des Abendlandes (9.—10. Jahrh.)

Die Gegner des Abendlandes: Araber, Wikinger und Ungarn (9.—10. Jahrhundert) . . . 57
Die Wikinger in England (um 900) . . . 57
Island im Mittelalter . . . 57

Das Reich und Europa im Mittelalter

Europa in der Zeit der Ottonen und Salier

Deutschland und Frankreich zur Zeit Ottos d. Gr. . 58/59
Die bairischen Ostmarken bis zum Ende des 9. Jahrh. 59
Die bairischen Ostmarken im 11. und 12. Jahrhundert 59
Die Pfalz Werla . . . 59
Nordgermanische Staatenbildungen um 1000 . . . 60
Wikinger-Heerlager Trelleborg (um 1000) . . . 60
Wikinger-Handelsplatz Haithabu (vom 9. Jahrhundert bis ca. 1066) . . . 60
Landenge Eider—Schlei um 1000 . . . 61
Danewerk und Schleppstrecke Haithabu—Hollingstedt 61
Nordgermanen-Mission im 10. und 11. Jahrhundert . . 61
Slawen-Mission im 10. und 11. Jahrhundert bis zur Kirchenspaltung (1054) . . . 61
Das Kiewer Reich im 10. und 11. Jahrhundert . . . 61

Das deutsche Königtum

Das Reichsgut zur Zeit der Karolinger und Ottonen . 62
Reichs- und Hausgut der Staufer / Hausgut der Welfen und Wittelsbacher . . . 62
Der „reisende" König: Otto I. (936—973) / Friedrich I. (1152—1190) . . . 62
Herrschaftsbereich der Markgräfin Mathilde von Tuscien 63

Kreuzzüge und normannische Staatenbildungen am Mittelmeer

Italien vom 11. bis zur Mitte des 12. Jahrhunderts . . 63
Mittelmeerwelt und Vorderasien vor Beginn der Kreuzzüge (1096) . . . 65
Staaten und Bekenntnisse im Mittelmeerraum nach den ersten Kreuzzügen (um 1120) . . . 64/65
Der Zusammenbruch von Byzanz und die Kreuzzüge des 13. Jahrhunderts . . . 64/65
Kreuzfahrerstaaten . . . 65
Kreuzfahrerschloß Giblet (Donjontyp) . . . 65
Crac des Chevaliers (Höhenburg) . . . 65
Deutschordens-Schloß Marienburg . . . 65

Europa zur Zeit der Hohenstaufen

Das Reich und Frankreich zur Zeit Kaiser Friedrichs I. Barbarossa (1152—90) . . . 66
Europa zur Zeit Friedrichs II. (1212—50) . . . 66
Romanische Baukunst im 11. und 12. Jahrhundert . . 67
Verbreitung der Kathedrale (Nordfranzösischer Typ der Königskirche) . . . 67
Mongoleneinbrüche in das östliche Abendland im 13. Jahrhundert . . . 67

Europa im 14. Jahrhundert: Die Zeit der Luxemburger und des Papsttums in Avignon

Mitteleuropa zur Zeit der Luxemburger (um 1380) . 68/69
Kreuzzüge im baltischen Raum und der Staat des Deutschen Ordens . . . 68
Frankreich in der 2. Hälfte des 14. Jahrhunderts (100jähriger Krieg) und die Entstehung Burgunds . . . 68
Hausmachtpolitik in Mitteleuropa (1273—1347) . . . 70
Anfänge des Osmanischen Reiches und Balkanraum um 1355 . . . 70
Vordringen der Türken in Europa 1355—1402 . . . 71
Der Aufstieg Litauens und seine Union mit Polen (1386) 71
Europa 1402 . . . 71

Asien zur Zeit der Mongolenherrschaft

Ostasien vom 10. bis 12. Jahrhundert . . . 72
Türkische Staatenbildungen im Orient (11.—12. Jahrh.) 72
Dschingis-Chan 1155 (1167?)—1227 und die Mongolenreiche des 13. Jahrhunderts . . . 72/73
Buddhismus und Hinduismus (um 1200) . . . 72
Indien unter islamischer Herrschaft (1192—1398) . . . 73
Westasien zur Zeit Timurs (um 1400) . . . 73

Recht, Wirtschaft und Kultur im Mittelalter

Siedlung und Recht

Mittelalterliche Ostsiedlung:
Bäuerliche deutsche Ostsiedlung . . . 74
Deutsche und schwedische Siedlung im Baltikum um 1400 . . . 74
Dorfformen in Mitteleuropa . . . 74

Stadtentstehung und Stadtrechte im Osten:
Deutsche und deutschrechtliche Städte im Osten . . . 75

Ländliche Siedlungsformen:
Drubbel / Weiler / Haufendorf / Rundling / Angerdorf / Marschhufendorf / Waldhufendorf / Gassendorf 76

Landausbau und Wüstung:
Besiedlung des Oberrheingebietes bis zum 12. Jahrh. 77
Kolonisation der Leipziger Bucht bis Ende des 12. Jahrh. 77
Siedlung im schlesischen Waldgebiet seit dem 13. Jahrh. 77
Siedlungsverluste in Thüringen bis Ende des 14. Jahrhunderts . . . 77

Entwicklung der mittelalterlichen Stadt

Der Rheinische Bund von 1254 . . . 78
Stadtrecht und Städtewesen im Rheinmündungsgebiet 78
Venedig / Köln / Prag / Nowgorod . . . 78
Aachen / Freiburg / Hildesheim / Brügge / Magdeburg / Lübeck / Krakau / Elbing . . . 79

Territorien des Spätmittelalters

Kurfürstentum Trier . . . 80
Die Eidgenossenschaft (um 1536) . . . 80
Herrschaftsbereich der Reichsstadt Nürnberg um 1500 81
Schwäbischer Städtebund . . . 81
Bund der Sassenstädte . . . 81

Bevölkerung und Wirtschaft

Die Bevölkerung der mittelalterlichen Stadt:
Der Markt von Lübeck Anfang des 14. Jahrhunderts . 82
Markt (Ring) und Rathaus von Breslau um 1300 . . . 82
Bevölkerung der Stadt Hannover um 1435 82
Volkstumszugehörigkeit der Bevölkerung von Brünn im 13. Jahrhundert 82
Herkunft und Volkstum der Krakauer Neubürger im 15. Jahrhundert 82

Geldwesen und Messen:
Anfänge der Münzprägung in Deutschland 83
Der Wendische Münzverein vom 14.—16. Jahrhundert 83
Der Rappenmünzbund vom 14.—16. Jahrhundert . . . 83
Die Messen der Champagne und ihr Einzugsgebiet im 12.—14. Jahrhundert 83
Die Frankfurter Messen und ihr Einzugsgebiet im 14. und 15. Jahrhundert 83

Politik und Wirtschaft in Nordeuropa:
Die Hanse zur Zeit des Friedens von Stralsund (1370) 84
Die Hanse und ihre Gegner zur Zeit des Friedens von Utrecht (1474) 84

Wirtschaft und Politik in West- und Südeuropa:
Das Tuchmachergewerbe Nordwesteuropas 85
Westeuropas Handel im Spätmittelalter 85
Der Levantehandel und der Einbruch der Osmanen . 85

Bergbau und Kapital:
Deutsches Bergbau- und Hüttenwesen (bis 1800) . . . 86
Handel und Finanzwirtschaft des Frühkapitalismus . . 86

Die Kirche im Mittelalter

Das Mönchtum:
Cluny und die Klosterreformen im 10. und 11. Jahrh. 87
Ausbreitung des Zisterzienser-Ordens im 12. Jahrh. . . 87
Rheinische Zisterzienserklöster und ihre Tochterklöster im Osten 89

Kirchliche Organisation:
Kirchliche Einteilung Europas im 15. Jahrhundert . . 88/89
Die Bistümer Mitteleuropas 89

Kunst und Wissenschaft

Die Gotik in Westeuropa von 1250 bis zum 16. Jahrh. 90
Die Renaissance in Westeuropa im 16. und 17. Jahrh. . 90
Italiens Kunstprovinzen im 13. und 14. Jahrhundert . . 90
Die Renaissance in Italien 90
Deutsche Gotik von etwa 1250 bis ins 16. Jahrhundert . 91
Buchdruckerkunst und frühe Landkartenherstellung . . 91
Die europäischen Universitäten bis 1500 91
Die „Deutsche Nation“ an der Universität Bologna im 13.—15. Jahrhundert 91
Die Studenten der Universität Wittenberg 1502/1522 . 91

Das Zeitalter der Entdeckungen und der Glaubenskämpfe

Europa im 15. Jahrhundert

Hussitenkriege (1420—36) 93
Frankreich in der 1. Hälfte des 15. Jahrhunderts (Die Wende des 100jährigen Krieges) 93
Europa 1476 . . . . 92/93
Italien 1226 bis ca. 1400 94
Italien nach dem Frieden von Lodi (1454) 94
Die burgundische Staatsbildung (1363—1477) 95

Deutschland im 16. Jahrhundert

Deutschlands Kreiseinteilung 1500/1512 97
Deutschland zur Zeit Karls V. (1547) 96/97
Küstenveränderungen im Mündungsgebiet von Rhein, Maas und Schelde 97

Asien 1400—1600

Asien im 15. und 16. Jahrhundert und die Handelsfahrten der Araber und Portugiesen 98/99
Peking 98
Kairo 98

Weltkarten

Das Weltbild der Araber (Weltkarte nach Idrisi, 1154) 99
Das christliche Weltbild des 13. Jahrhunderts (Schema der Londoner Psalterkarte, 13. Jahrhundert) 99
Das Weltbild zur Zeit des Kolumbus (Karte des Atlantik von Zorzi [?] um 1503) 99
Das Weltbild in der Mitte des 16. Jahrhunderts (Weltkarte des Benedetto Bordone, Venedig 1528) . . 99

Das alte Amerika

Mexiko zur Zeit der Entdeckung 100
Tempelbezirk von Uaxactún 100
Tempelbezirk von Teotihuacán 100
Tenochtitlán (Mexiko) 100
Die Entwicklung des Inkareiches 100

Europa und der Seeweg nach Indien

Der Islam in Afrika bis 1500 und die portugiesischen Entdeckungen 98
Entdeckungen und Reisen im 15. u. 16. Jahrh. . . 100/101
Entdeckungen und Eroberungen im Karibischen Raume 101
Entdeckungen in der Südsee im 17. u. 18. Jahrhundert 101

Europa im 16. Jahrhundert

Europa in der Zeit der spanischen Vormachtstellung (1580) 102/103
Mittelpunkte katholischen Geisteslebens:
El Escorial 103
Paris 103
Der Vatikan 103

Die Reformation und ihre Folgen:
Die Konfessionen Westeuropas (nach dem Dreißigjährigen Krieg) 104
Glaubensspaltung in Mitteleuropa (um 1580) 104
Die Lösung der Niederlande vom Reich (1586—1648) . 104
Säkularisierung und Auflösung des Ordensstaates . . 104
Gegenreformation und Ansiedlung Glaubensvertriebener (1525—1732) 105

Osteuropa

Der Aufstieg des Moskauer Zarentums. Rußland 1462—1667 105
Das russische Vordringen in Asien im 17. Jahrhundert . 105
Moskau im 17. Jahrhundert 105

Das Zeitalter des Absolutismus

Europa im 17. Jahrhundert

Mitteleuropa nach dem Dreißigjährigen Kriege (1660):

Westfälischer Frieden 1648, Pyrenäenfrieden 1659, Machtverfall des Reiches und Aufstieg Frankreichs und Schwedens 106/107
Bevölkerungsverluste durch Krieg und Seuchen im Reich 1618—1648 107
Volkstumsverschiebungen und Neusiedlung im 15.—17. Jahrhundert 107

Baukunst der Barockzeit:
Baukunst des 17. Jahrhunderts (um 1580 bis um 1680) . 108
Baukunst des 18. Jahrhunderts (um 1680 bis um 1780) . 108

Europäische Großstädte im 17. und 18. Jahrhundert:
London 109
Amsterdam 109
St. Petersburg 109
Paris 109
Wien 109

Die Seemächte

Die westeuropäischen Großmächte im 17. Jahrhundert . 110
Kolonisation im atlantischen und indischen Raum im 17. Jahrhundert:
Der atlantische Raum um 1700 111
Der indische Raum im 17. Jahrhundert 111

Osteuropa

Die Türkengefahr:
Der Aufstieg des Osmanischen Reiches (1453—1683) . . 112
Die abendländische Rückgewinnung des Donauraums durch Habsburg im 18. Jahrhundert 112

Schwedens Ostseeherrschaft und Polens Abwehrkampf im Osten von der Lubliner Union (1569) bis zum Frieden von Nystad (1721) 113

Frankreich im Kampf um die Vormachtstellung und seine Gegner

Frankreichs Nordostgrenze vom 16. Jahrhundert bis 1795 114
Die Großmächte Habsburg und Preußen (1525—1795) . 115

Die Welt zur Zeit des Pariser Friedens 1763 (Englands Sieg und das Ende der französischen Kolonialmacht) 115

Europa in der 2. Hälfte des 18. Jahrhunderts

England, das europäische Gleichgewicht, Preußens Aufstieg und die Teilungen Polens 116/117
Der Siebenjährige Krieg (1756—1763) 117
Das Ende des französischen Kolonialreiches in Amerika 1763 117

Der Zerfall des Großmogulreiches und die Festsetzung Englands in Indien in der 2. Hälfte des 18. Jahrhunderts 117

Amerika als kolonialer Siedlungs- und Wirtschaftsraum

Die ibero-amerikanischen Kolonialreiche 118
Neuengland-Kolonien und die USA als Siedlungsraum bis 1800 118
Ansiedlung in Pennsylvanien um 1700 118

Die russische Großmacht

Rußlands Aufstieg von 1689 bis 1812 119

Staatsmacht und Siedlungspolitik des Absolutismus

Französischer und deutscher Absolutismus:
Die Festungen Straßburg und Neu-Breisach 120
Schloß Versailles 120
Stadt und Residenz Dresden 120
Barocke Kulturdichte und Kleinstaaterei in Schwaben (1789) 120

Besitz und deutsche Siedlung im Osten (18./19. Jahrh.):
Grundbesitzverhältnisse in der Neumark um 1720 . . 121
Grundbesitzverhältnisse im nördlichen Ostpreußen um 1720 121
Friderizianische Kolonisation im Oderbruch 121
Preußische Siedlung in Schlesien 121
Habsburger Siedlung im Banat 121
Lodz. Die Anfänge einer Industriestadt 121

Deutschland und Frankreich am Ende des 18. Jahrhunderts:
Die Territorien des Reiches 1789 . . . . 122/123
Die französischen Gouvernements vor 1789 123
Die französischen Départements nach 1789 123

Das 19. Jahrhundert

Europa, die Französische Revolution und das Kaiserreich Napoleons I.

Italiens Neuordnung durch die Französische Republik . 124
Die französische Neuordnung Mitteleuropas bis zum Frieden von Tilsit (1807) 124
Zivilrechts-Kodifikationen im 19. Jahrhundert 124
Europa unter französischer Vorherrschaft (1812) . . . 125
Weltpolitische Folgen des französischen Zusammenbruchs 125

Restauration, Revolution und Nationalismus

Europa 1815. Die Friedensordnung des Wiener Kongresses 126/127
Nordwestdeutschlands Territorien 1806 127
Der Herbstfeldzug 1813 gegen Napoleon 127
Belgiens Entstehung (1831) 127
Süddeutschlands Neuordnung 1789—1815 128

Revolutionen und Verfassungen im 19. Jahrhundert in Europa:
Restauration und Revolution bis 1847 128
Verfassungen im Deutschen Bund 1814—1847 128
Revolution und Reaktion 1848—1851 128
Verfassungswandlungen 1851—1914 128

Deutschlands Einigung:
Der Deutsche Zollverein 129
Entwicklung zum Bismarckreich 129

Europäische Großmachtpolitik um den Mittelmeerraum im 19. Jahrhundert (bis 1882):
Nationalismus in Italien und auf der Balkanhalbinsel, das Erlahmen der Türkei und der Imperialismus der Großmächte 130/131
Oberitaliens Einigung 1859—1866 130

Die Schweiz vor 1848:
Ihre Entwicklung vom Staatenbund zum Bundesstaat . 130

Die überseeischen Kontinente im 19. Jahrhundert

Afrika seit der Mitte des 19. Jahrhunderts
Die Aufteilung Afrikas von der 2. Hälfte des 19. Jahrhunderts bis 1914 132
Die Entdeckung Innerafrikas im 19. Jahrhundert . . . 132
Bevölkerungsdichte, Völker, Rassen Afrikas und die Verbreitung des Islams 132
Bodennutzung und Bodenschätze Afrikas 132

Amerikas Staaten im 19. und 20. Jahrhundert:
Die staatliche Entwicklung Nord- und Mittelamerikas seit 1800 133
Die staatliche Entwicklung Südamerikas seit den Unabhängigkeitskriegen 133
Die Erschließung Nordamerikas durch Siedlung und Verkehr 133

Asien und der pazifische Raum

Kaukasien und Vorderasien:
Rußlands Vordringen in Kaukasien 1783—1921 134
Vorderasien vom Ende des 18. Jahrhunderts bis 1918 . 134

Indien und Java:
Indiens politische Entwicklung von der Mitte des 18. Jahrhunderts bis 1918 135
Javas politische Entwicklung seit dem 16. Jahrhundert . 135

Ostasien vom 19. Jahrhundert bis zum 2. Weltkrieg:
Chinas Zerfall vom 19. Jahrhundert bis zum 2. Weltkriege 136
Hinterindien vom 19. Jahrh. bis zum 2. Weltkriege . . 136
Bevölkerung und Wirtschaft Ostasiens um 1935 136

Der pazifische Raum vom 19. Jahrhundert bis 1941:
Interessensphären und politische Spannungen der Großmächte im Pazifik vom 19. Jahrhundert bis 1941 . 137
Bevölkerung und Wirtschaft Australiens und Neuseelands 137
Religionen in Süd- und Ostasien 137

Probleme imperialistischer Kolonialpolitik
Das Britische Empire um 1900 . . . . 138/139
Von der Kapkolonie (1652) zur Südafrikanischen Union (1910) 138
Das Streben nach dem Sudan (um 1898) 138
Der Suez-Kanal 139
Die Malaienhalbinsel unter britischer Herrschaft bis 1910 139
Der Russisch-Japanische Krieg 1904/05 139

Wirtschaft und Bevölkerung
Agrarreform und Siedlung:
Flurbereinigung im 19. Jahrhundert 140
Neugründung im 18. Jahrhundert 140
Fehnkolonien im Moorgebiet seit 1630 140
Volkstumsmischung und Kolonisation in Bessarabien seit 1812 140
Erschließung der Pußta 140
Das Wachstum der Bevölkerung Mitteleuropas:
Bevölkerungsdichte Mitteleuropas um 1870 und 1930 . 141
Geburtenhäufigkeit um 1900 und um 1930 im deutsch-slawischen Grenzgebiet 141
Industrieentwicklung seit 1800:
Kohlengruben um Newcastle um 1645, 1830 und 1930 . 142
Das Rheinisch-Westfälische Industriegebiet um 1840 und um 1950 142
Siedlungsentwicklung:
Stadtentwicklung von Berlin 1230 bis 1950 143
Entwicklung d. Hafenstadt Antwerpen von 1700 bis 1950 143
San Francisco von seiner Gründung 1848 bis 1906 . . 143
San Francisco und Umgebung um 1950 143
Währungen, Bevölkerungsfragen, Farbigen-Probleme:
Die Weltbedeutung des Talers — Dollars 144
Einwanderung und Bevölkerung der USA:
Einwanderung von 1831 bis 1910 144
Wachstum der Bevölkerung seit 1776 und Dichte 1960 . 144
Indianer-Reservationen und Verbreitung der Neger in den USA von 1875 bis 1930 144
Rassenprobleme in Südafrika 144

Das Zeitalter der Weltpolitik und der Weltkriege

Bismarckreich und Europa
Katholische Kirche, Nationale Minderheiten und Partikularisten im Deutschen Reich 145
Die Anfänge der Sozialdemokratischen Partei 145
Bismarcks Bündnissystem (1887) 145
Bündnissysteme in Europa (1912) 145
Die Großmächte im Balkanraum (1877/78) 145
Die Balkankriege 1912/13 und die Aufteilung der europäischen Türkei 145

Imperialismus und Völkerrecht
Die koloniale Aufteilung Afrikas bis 1914 146
Genfer Konvention und Haager Abkommen bis zum 1. Weltkrieg 146
Europa vor dem 1. Weltkrieg (1914) 147

Der 1. Weltkrieg 1914—1918
Europäische Kriegsschauplätze 148
Die Westfront 148
Türkischer Kriegsschauplatz 148
Der Friede von Brest-Litowsk (3. März 1918) 149
Die Welt im Herbst 1918 149

Die Folgen des 1. Weltkrieges
Der bolschewistische Umsturz. Gegenrevolution und Intervention in Rußland 1917—1921 149
Sibirische Intervention u. Beginn d. chines. Bürgerkrieges 149
Europa nach dem 1. Weltkrieg (1918—1937) . . . 150/151
Nationalitäten im zwischeneuropäischen Grenzraum . 151
Das Deutsche Reich z. Z. der Weimarer Rep. (1918—33) 152
Bevölkerungsverluste durch den 1. Weltkrieg 1914—1918 152
Der Völkerbund (1920—1937) 152
Genfer Konvention und Haager Abkommen seit 1919 . 152
Wahl zur Deutschen Nationalversammlung 19. 1. 1919 . 153
Feinde der Weimarer Republik 153
Sicherungsbündnisse in Europa nach 1920 153
Regierungsformen in Europa nach 1925 153
Vertreibung von Minderheiten nach dem 1. Weltkriege . 153
Der Vordere Orient nach 1918 153

Von der Demokratie zur Diktatur
Wahl zum Deutschen Reichstag 20. 5. 1928 154
Wahl zum Deutschen Reichstag 6. 11. 1932 154
Italienischer Überfall auf Äthiopien 1934—1936 154
Japanische Expansion in der Mandschurei 1932—1934 . 154
Bürgerkrieg in Spanien 1936—1939 154
Europa bei Ausbruch des 2. Weltkrieges (1939) 154

Der NS-Staat
Das „Großdeutsche Reich" u. die NSDAP 1933—1944 . 155
Das „Großdeutsche Reich" und Europa 1938—1944 . . 155

Der 2. Weltkrieg 1939—1945
Europa im 2. Weltkrieg 1939—1945:
Kriegshandlungen von 1939 bis Frühjahr 1944 . . 156/157
Das Eingreifen der USA 1941 157
Von der Invasion zur Kapitulation 1944—1945 157
Der 2. Weltkrieg im Pazifik:
Japans Offensive 1941/42 158
Die Gegenoffensive der Alliierten 1943—1945 158
Ostasien 1945 158
Rußlands Aufstieg zur kommunistischen Weltmacht:
Das Russische Reich um 1900 / Die Sowjetunion um 1960 . 159

Die Folgen des 2. Weltkrieges
1939—1944: Folgen des deutsch-sowjetischen Paktes von 1939 und der NS-Rassengesetzgebung (Umsiedlung, Vertreibung, Vernichtung) 160
1945—1950: Folgen des deutschen Zusammenbruches (Vertreibung, Umsiedlung) 160
Mitteleuropa nach dem 2. Weltkriege 1945—1949 . . . 160
Die finnische Ostgrenze 160
Bevölkerungsverluste durch den 2. Weltkrieg 161

Die Welt der Gegenwart

Das „geteilte" Deutschland
Deutschland nach 1949 161
Der „Eiserne Vorhang" 161
Die „Insel" Berlin und ihre Verbindung zur Bundesrepublik 161
Die „geteilte" Stadt Berlin 161
Die Katholische Kirche in Deutschland nach 1945 . . . 161
Die Evangelische Kirche in Deutschland nach 1945 . . 161

Das Streben nach Unabhängigkeit
Der Kommunismus in China 1934—1950 162
Neue Staaten in Asien nach 1945 162
Afrikas Weg in die Unabhängigkeit 162
Israel 162

Grenz- und Wirtschaftsprobleme junger Staaten
Grenzprobleme neuer Staaten in Südasien und Austausch religiöser Minderheiten 163
Erdölwirtschaft 163

Die Welt der Gegenwart
Die Staaten der Erde 164/165
Vereinte Nationen (United Nations = UN). 164/165
Wirtschaftliche Zusammenschlüsse 166
Nordpolargebiet 166
Südpolargebiet 166
Politische Zusammenschlüsse 167
Militärische Bündnisse 167
Religionen 167
Industrieländer / Entwicklungsländer (Dritte Welt)
Bruttosozialprodukt 168
Ernährung / Bevölkerungswachstum 168
Bruttosozialprodukt und Bevölkerung 169
Explosionsartiger Anstieg der Weltbevölkerung bis zum Jahre 2000 169
Entwicklungshilfe 169
Arme und reiche Länder 170
Analphabeten 170
Lebenserwartung / Ärztliche Versorgung 170

Anfänge menschlicher Kultur in der Altsteinzeit

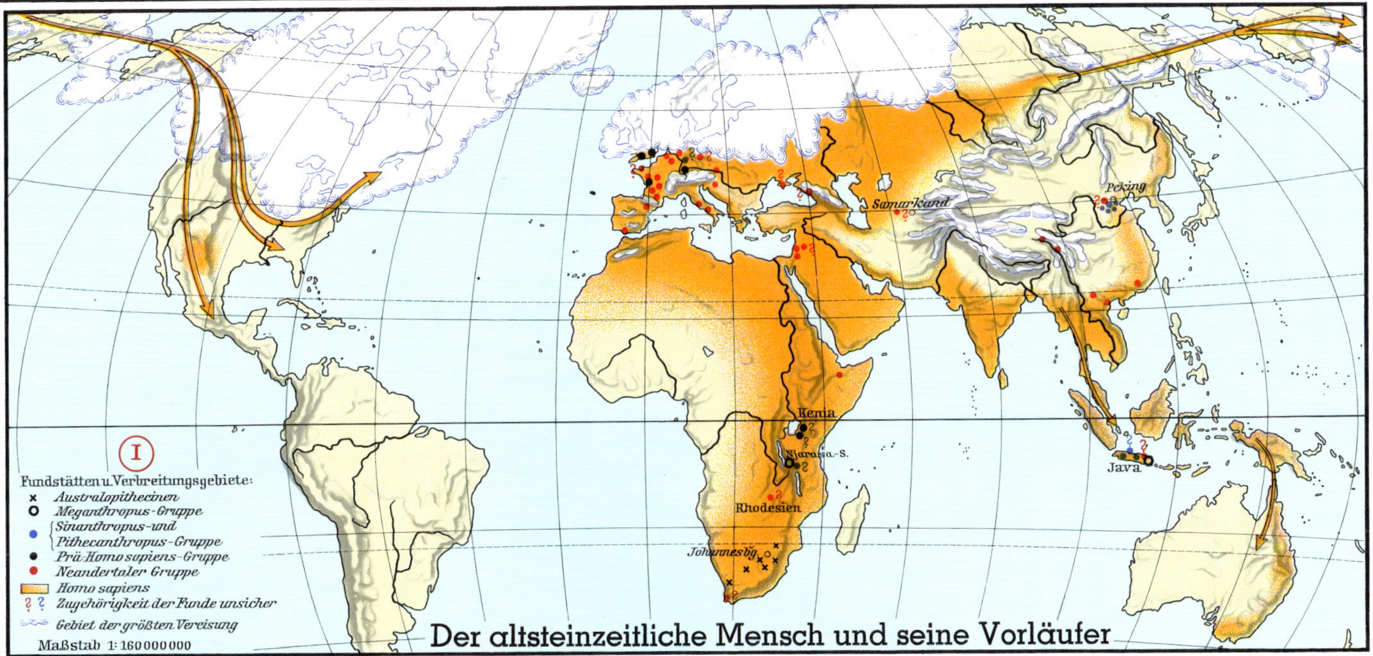

Der altsteinzeitliche Mensch und seine Vorläufer

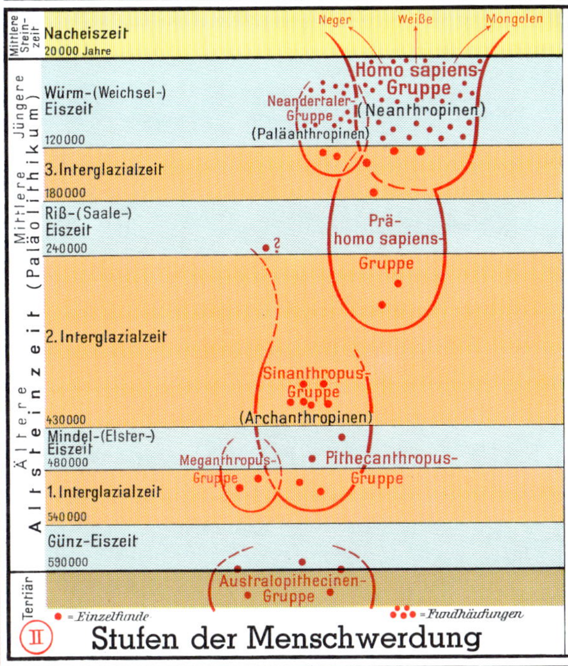

Stufen der Menschwerdung

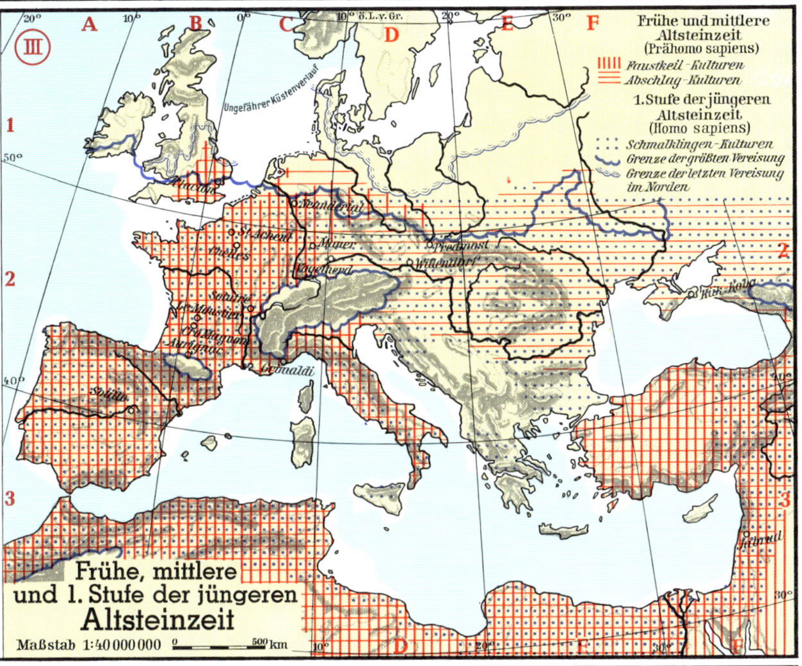

Frühe, mittlere und 1. Stufe der jüngeren Altsteinzeit

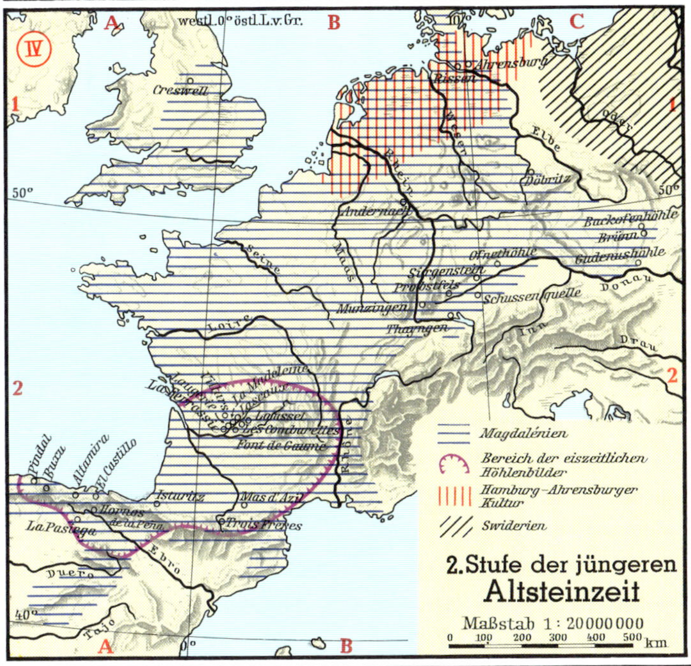

2. Stufe der jüngeren Altsteinzeit

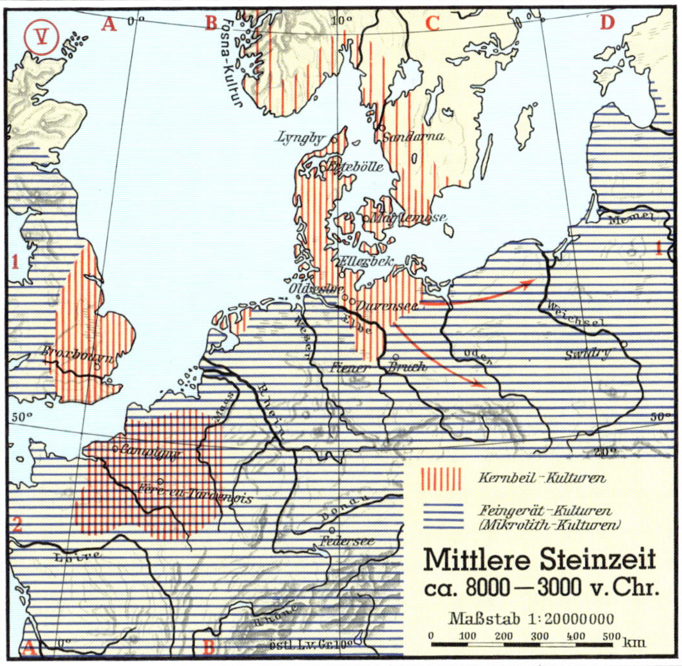

Mittlere Steinzeit ca. 8000—3000 v. Chr.

Kulturen der Jungsteinzeit

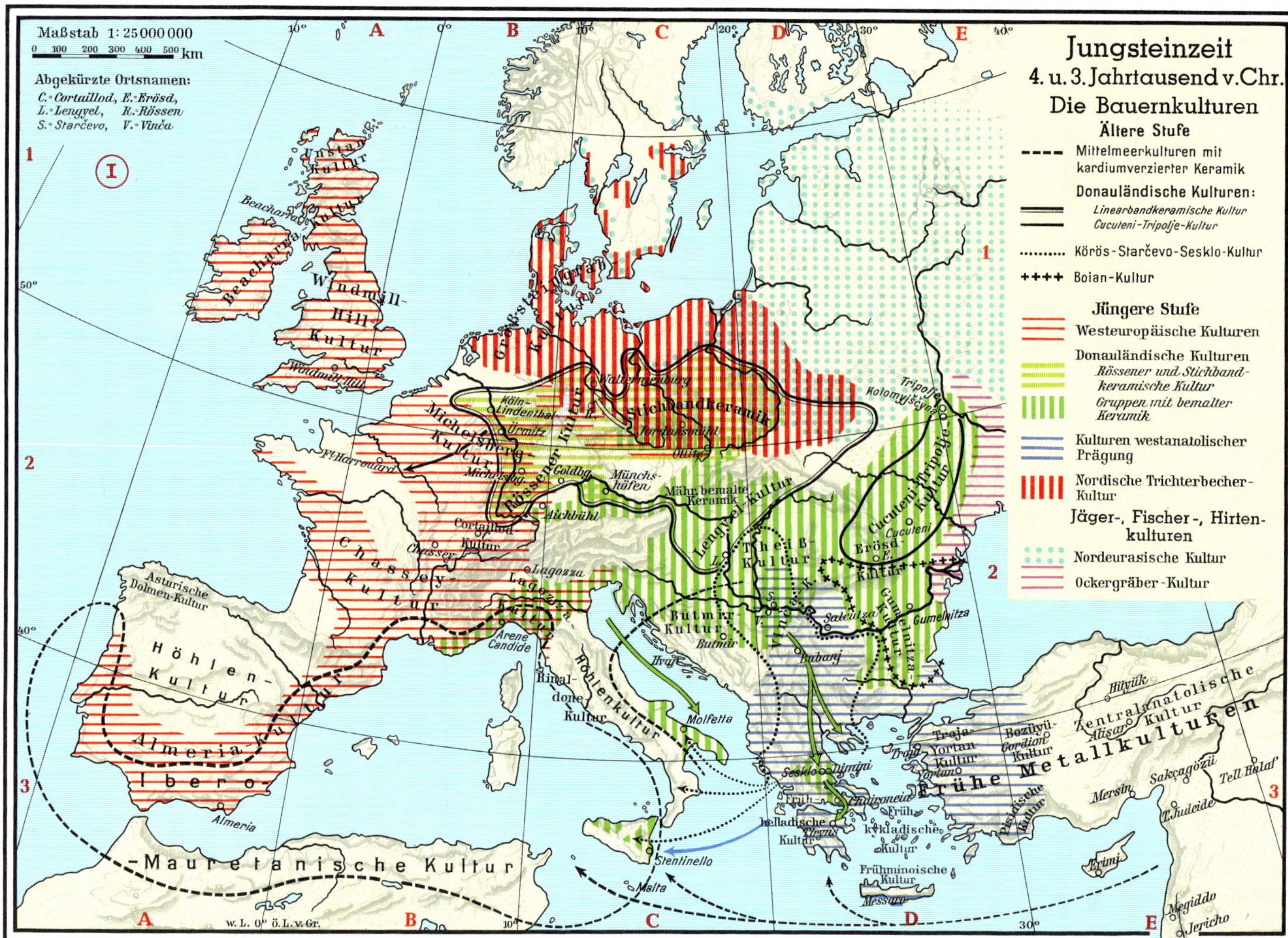

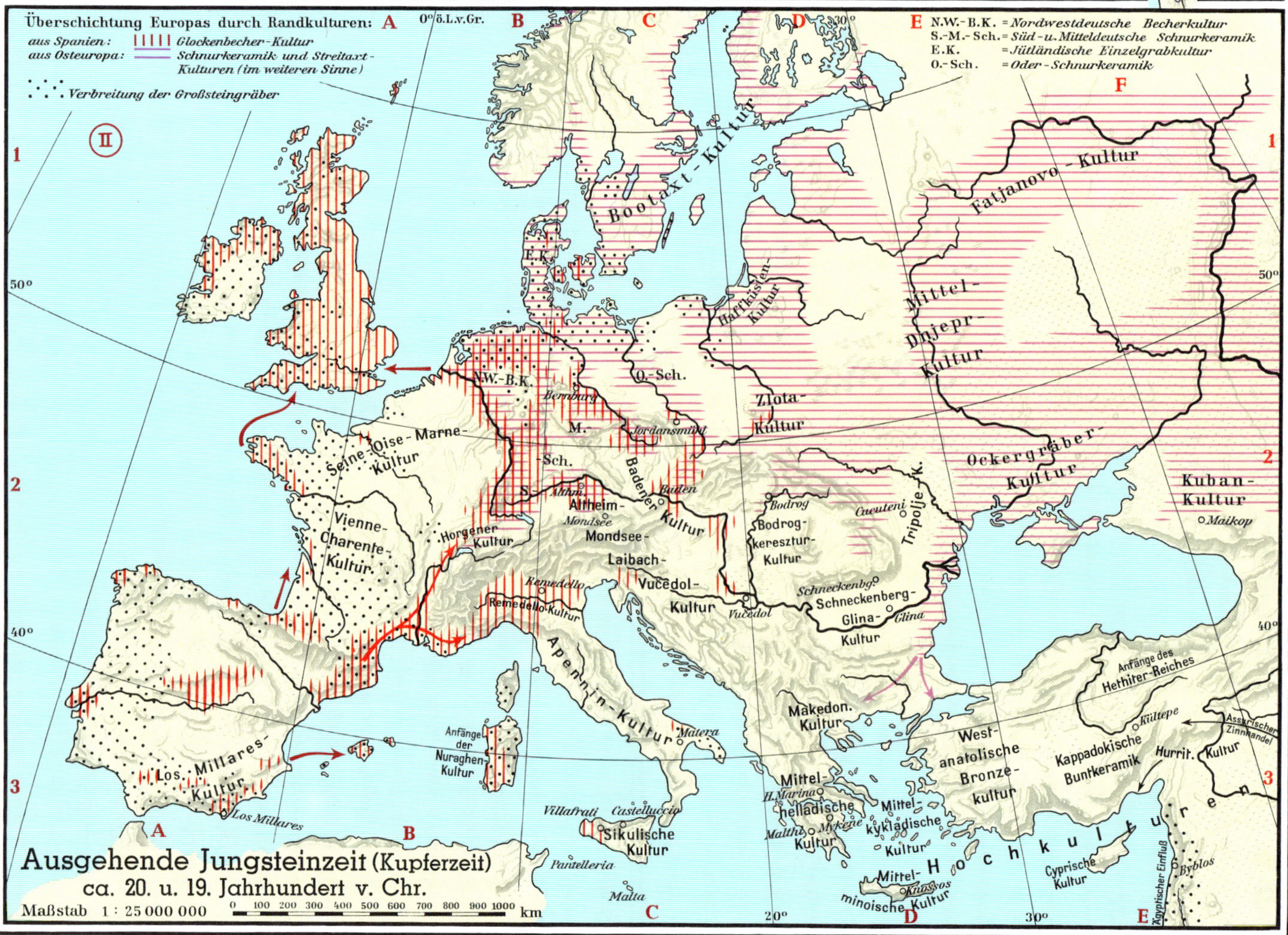

Entstehung der Hochkulturen im Orient/Alt-China

Ausbreitung der Semiten und Indoeuropäer vom 3. Jahrtausend bis ins 8. Jahrhundert v. Chr.

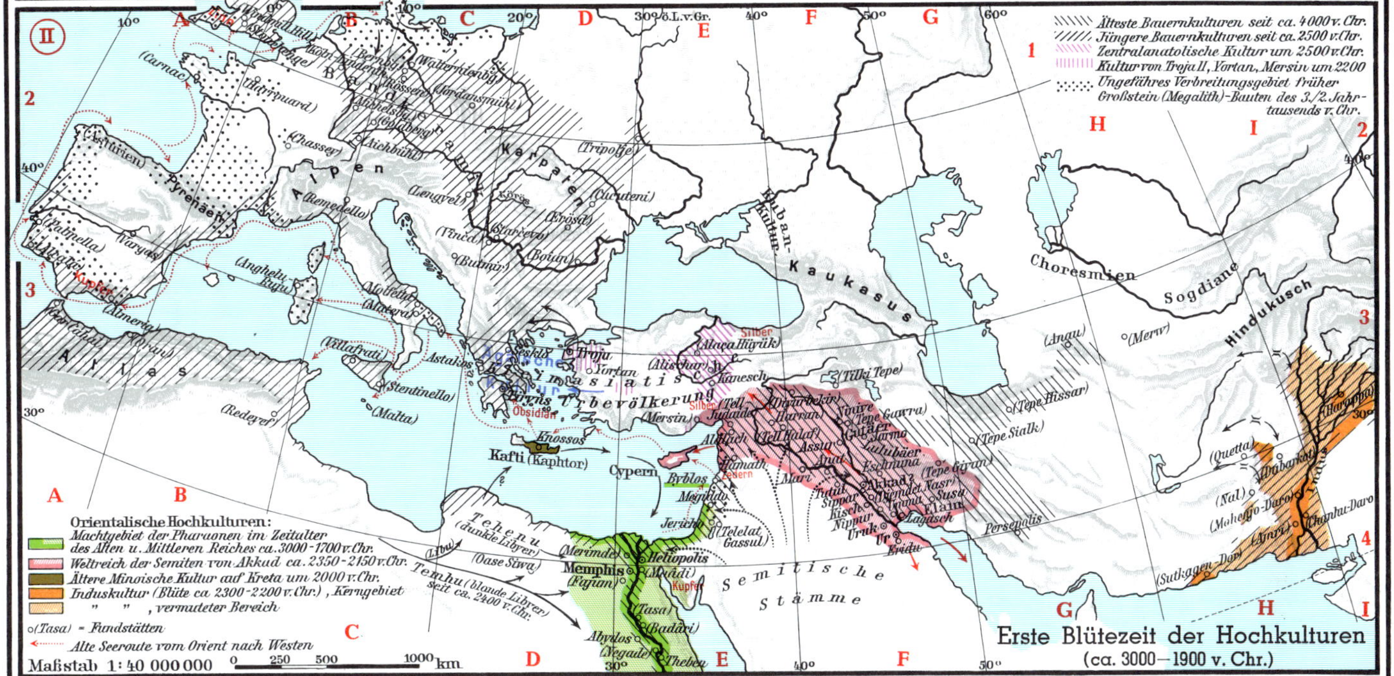

Erste Blütezeit der Hochkulturen (ca. 3000–1900 v. Chr.)

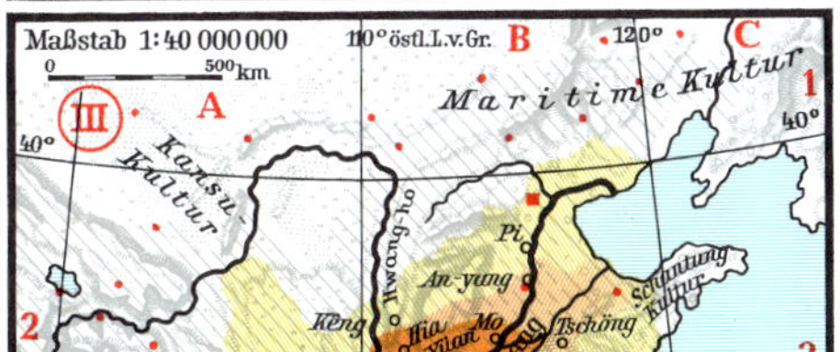

Die Anfänge der chinesischen Kultur 3. Jahrtausend bis ca. 1100 v. Chr.

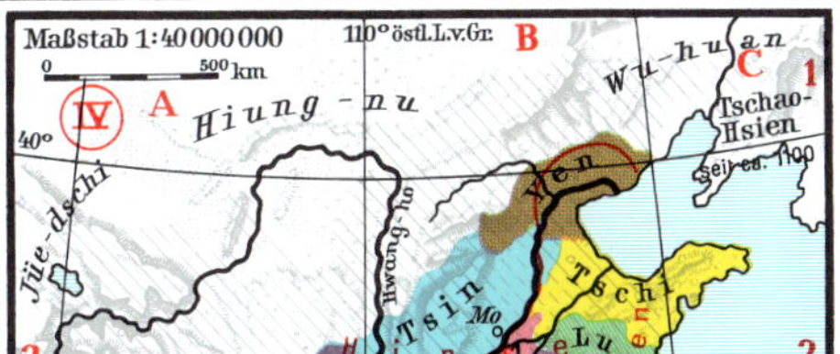

Das Lehensreich der Tschou-Dynastie seit dem 11. Jahrh. v. Chr.

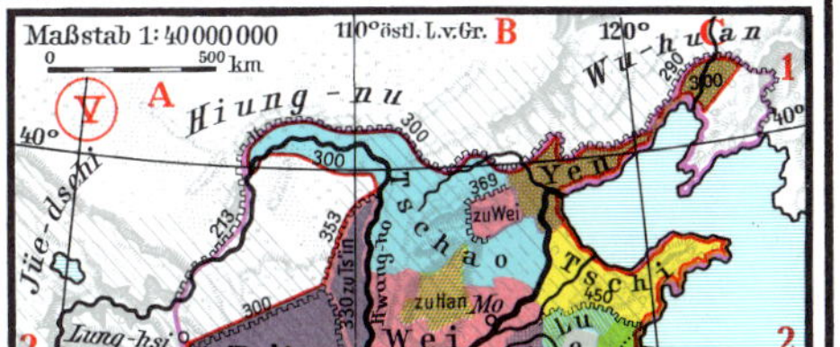

Das Werden des chines. Kaiserreichs bis zum 2. Jahrh. v. Chr.

Vorgeschichtliche Siedlungen und Kulturräume

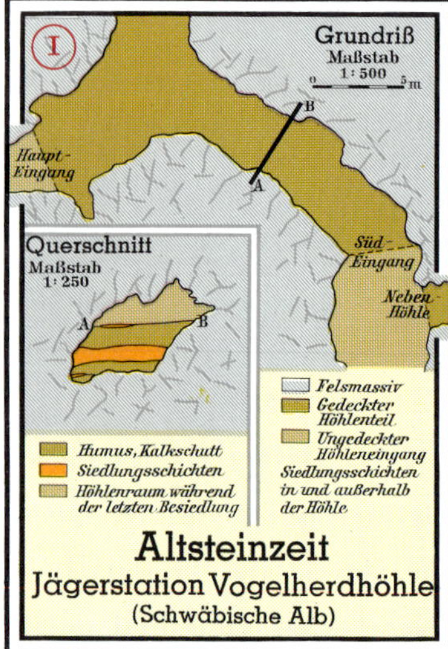

Altsteinzeit
Jägerstation Vogelherdhöhle
(Schwäbische Alb)

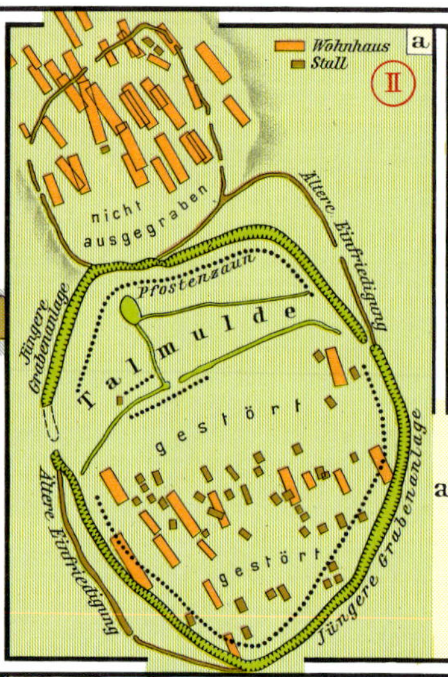

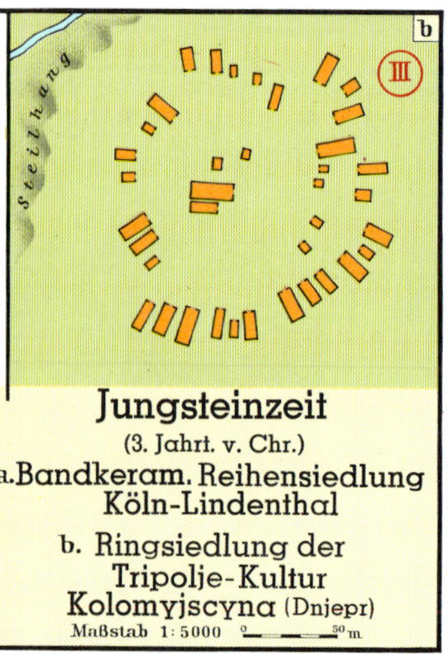

Jungsteinzeit
(3. Jahrt. v. Chr.)
a. Bandkeram. Reihensiedlung Köln-Lindenthal
b. Ringsiedlung der Tripolje-Kultur Kolomyjscyna (Dnjepr)
Maßstab 1:5000

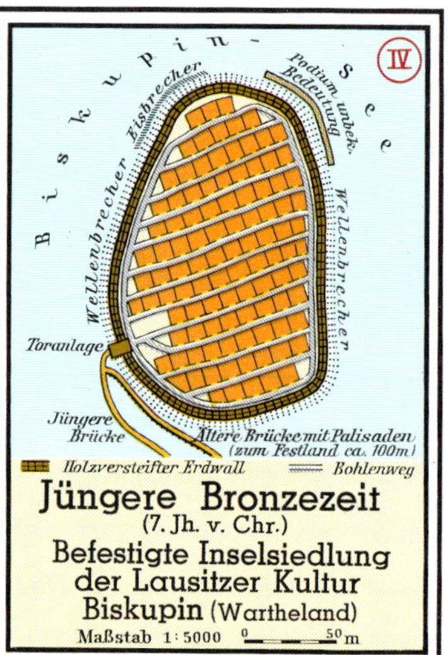

Jüngere Bronzezeit
(7. Jh. v. Chr.)
Befestigte Inselsiedlung der Lausitzer Kultur
Biskupin (Wartheland)
Maßstab 1:5000

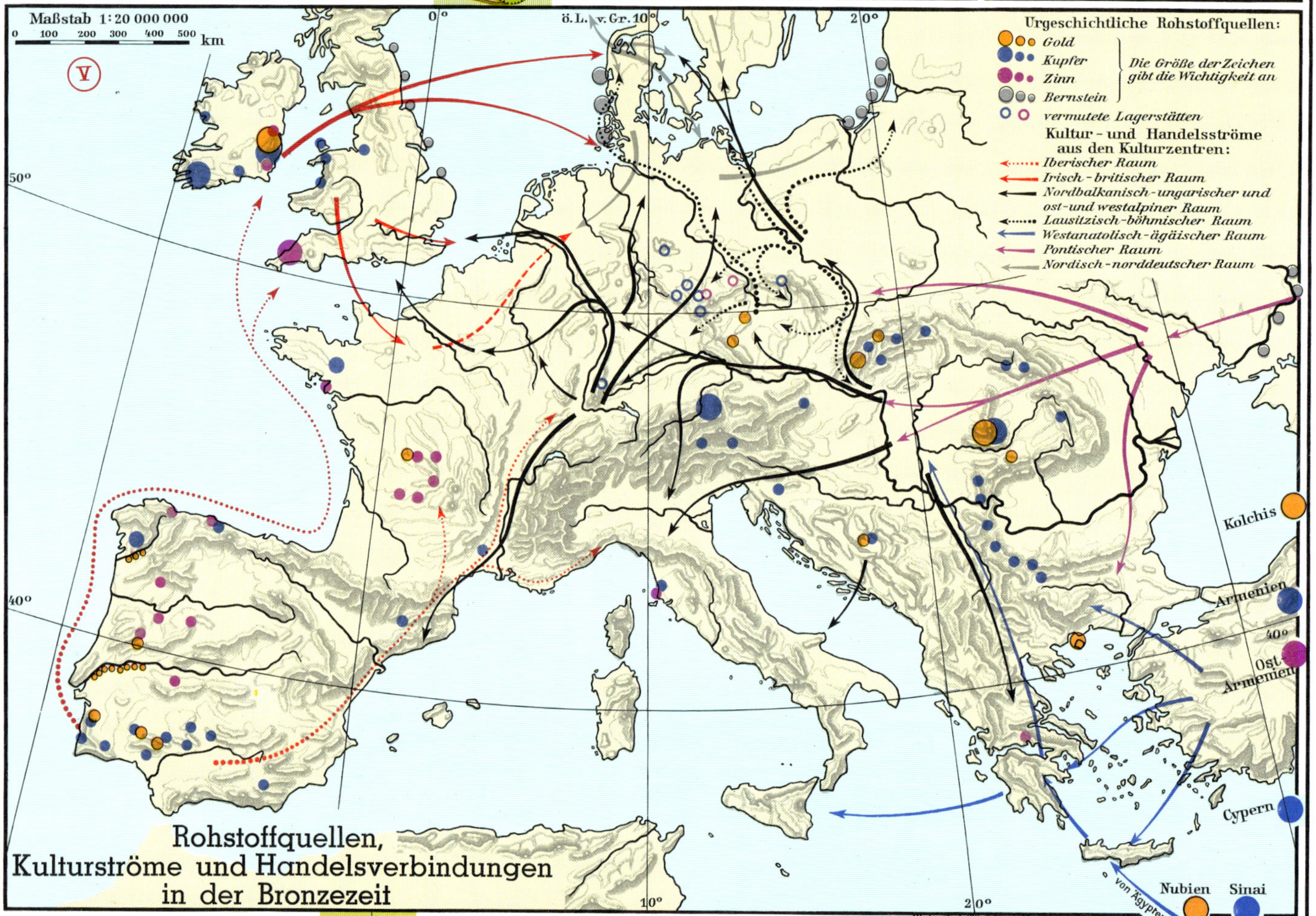

Rohstoffquellen, Kulturströme und Handelsverbindungen in der Bronzezeit

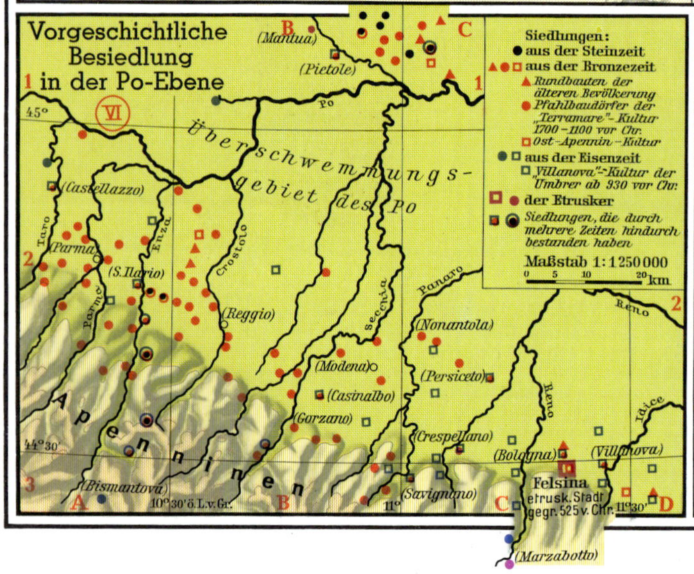

Vorgeschichtliche Besiedlung in der Po-Ebene

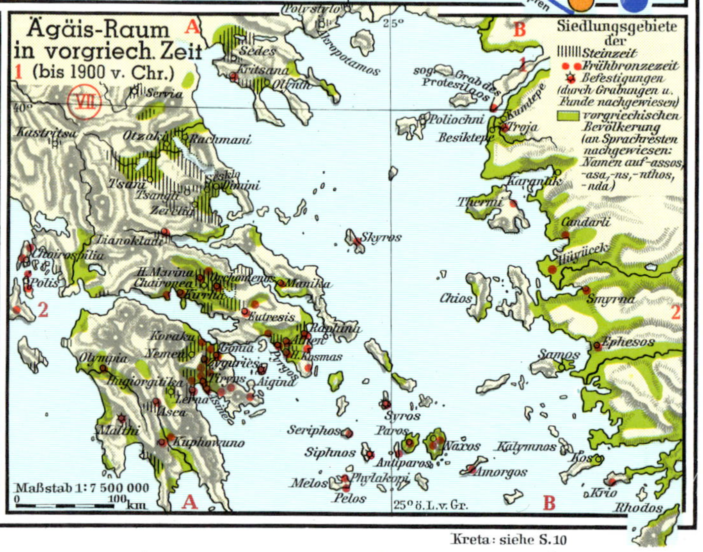

Ägäis-Raum in vorgriech. Zeit (bis 1900 v. Chr.)

Kreta: siehe S. 10

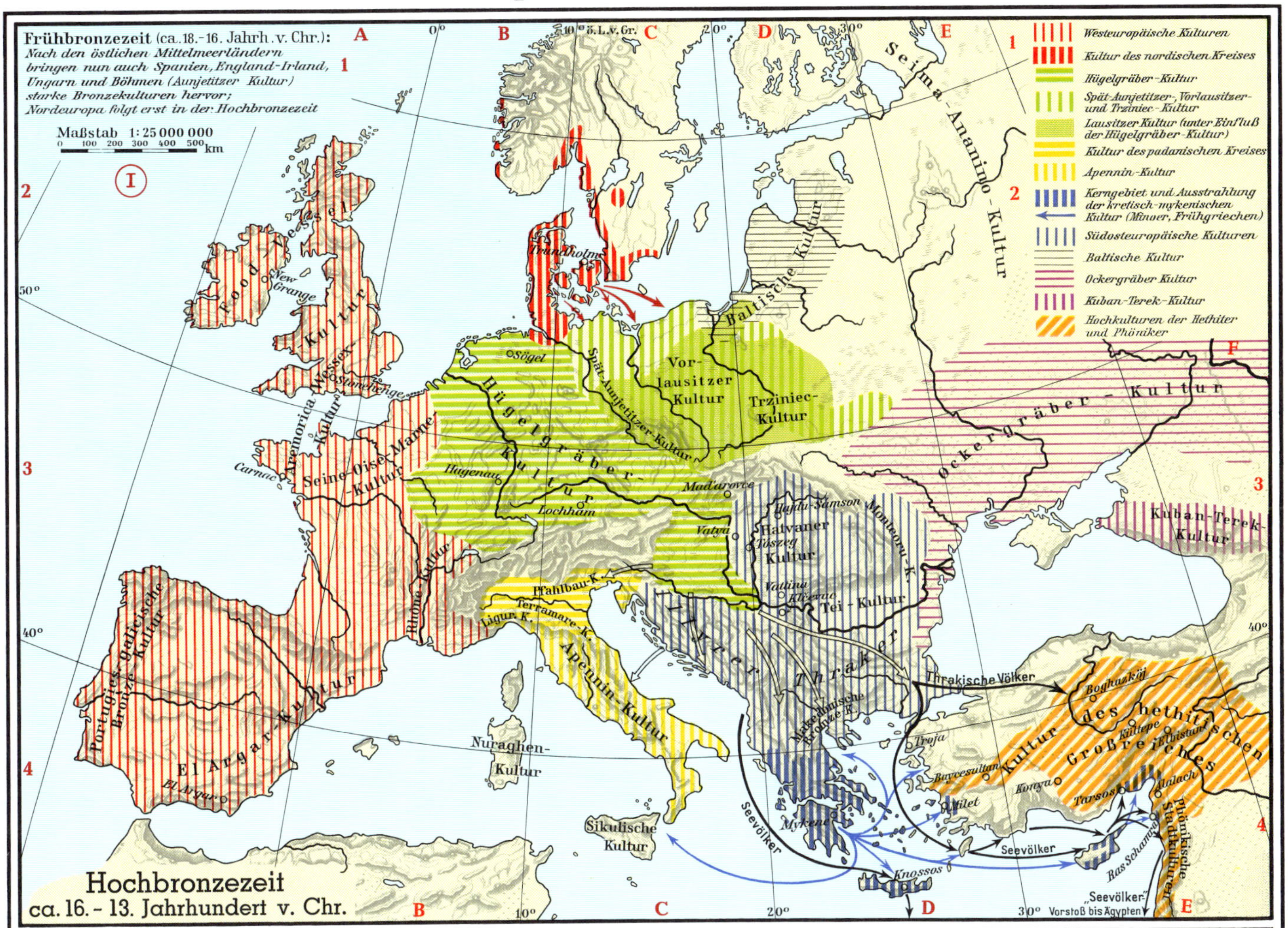
Frühbronzezeit (ca. 18.-16. Jahrh. v. Chr.): Nach den östlichen Mittelmeerländern bringen nun auch Spanien, England-Irland, Ungarn und Böhmen (Aunjetitzer Kultur) starke Bronzekulturen hervor; Nordeuropa folgt erst in der Hochbronzezeit
Maßstab 1: 25 000 000
0 100 200 300 400 500 km
I
Westeuropäische Kulturen
Kultur des nordischen Kreises
Hügelgräber-Kultur
Spät-Aunjetitzer-, Vorlausitzer- und Trzniec-Kultur
Lausitzer Kultur (unter Einfluß der Hügelgräber-Kultur)
Kultur des padanischen Kreises
Apennin-Kultur
Kerngebiet und Ausstrahlung der kretisch-mykenischen Kultur (Minoer, Frühgriechen)
Südosteuropäische Kulturen
Baltische Kultur
Ockergräber Kultur
Kuban-Terek-Kultur
Hochkulturen der Hethiter und Phöniker
Seima-Ananino-Kultur
Baltische Kultur
Vorlausitzer Kultur
Trzniec-Kultur
Spät-Aunjetitzer-Kultur
Hügelgräber-Kultur
Ockergräber-Kultur
Kuban-Terek-Kultur
Food Vessel
Kultur
Wessex-Kultur
Armorica-Kultur
Seine-Oise-Marne-Kultur
Rhone-Kultur
Portugies.-Galicische Bronze-Kultur
El Argar-Kultur
Pfahlbau-K.
Terramare-K.
Ligur. K.
Apennin-Kultur
Nuraghen-Kultur
Sikulische Kultur
Illyrer
Thraker
Hatvaner Kultur
Monteoru-K.
Tei-Kultur
Thrakische Völker
Kultur des hethitischen Großreiches
Phönikische Stadtkulturen
Seevölker
Mykenä
Knossos
Troja
Milet
Boghasköj
Tarsos
Trundholm
Stonehenge
Carnac
Lochham
Vatya
Tószeg
„Seevölker" Vorstoß bis Ägypten
Hochbronzezeit
ca. 16.-13. Jahrhundert v. Chr.

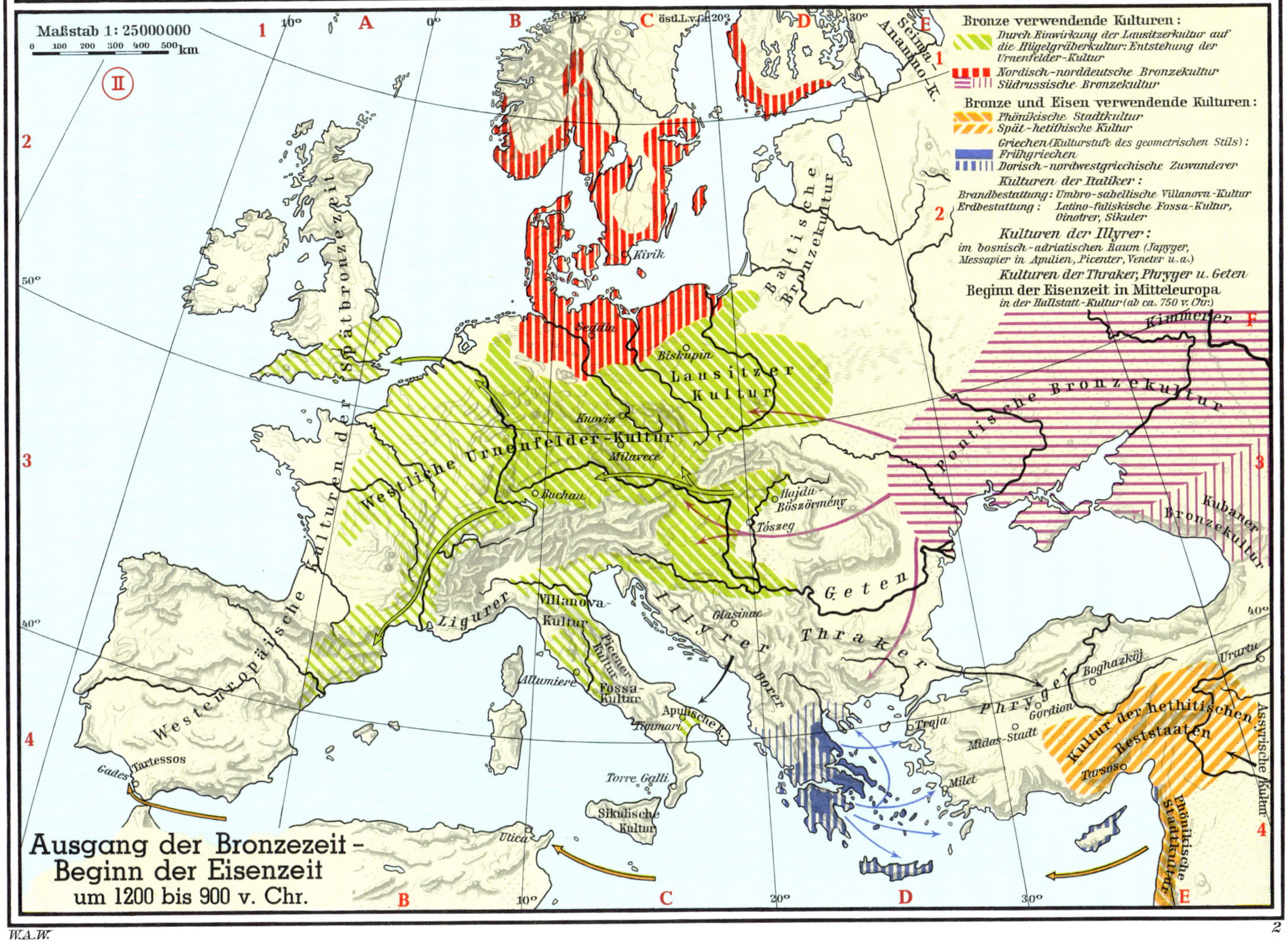
Maßstab 1: 25000000
0 100 200 300 400 500 km
II
Bronze verwendende Kulturen:
Durch Einwirkung der Lausitzerkultur auf die Hügelgräberkultur: Entstehung der Urnenfelder-Kultur
Nordisch-norddeutsche Bronzekultur
Südrussische Bronzekultur
Bronze und Eisen verwendende Kulturen:
Phönikische Stadtkultur
Spät-hethitische Kultur
Griechen (Kulturstufe des geometrischen Stils): Frühgriechen
Dorisch-nordwestgriechische Zuwanderer
Kulturen der Italiker:
Brandbestattung: Umbro-sabellische Villanova-Kultur
Erdbestattung: Latino-faliskische Fossa-Kultur, Oinotrer, Sikuler
Kulturen der Illyrer:
im bosnisch-adriatischen Raum (Japyger, Messapier in Apulien, Picenter, Veneter u.a.)
Kulturen der Thraker, Phryger u. Geten
Beginn der Eisenzeit in Mitteleuropa
in der Hallstatt-Kultur (ab ca. 750 v. Chr.)
Seima-Ananino-K.
Baltische Bronzekultur
Lausitzer Kultur
Westliche Urnenfelder-Kultur
Spätbronzezeit
Westeuropäische Kulturen der
Pontische Bronzekultur
Kimmerier
Kubaner Bronzekultur
Geten
Thraker
Illyrer
Dorer
Ligurer
Villanova-Kultur
Picener Kultur
Fossa-Kultur
Apulische K.
Sikulische Kultur
Phryger
Kultur der hethitischen Reststaaten
Assyrische Kultur
Phönikische Stadtkultur
Urartu
Tartessos
Gades
Utica
Biskupin
Buchau
Tószeg
Troja
Milet
Gordion
Midas-Stadt
Boghasköj
Tarsos
Ausgang der Bronzezeit - Beginn der Eisenzeit
um 1200 bis 900 v. Chr.

Ägypten und Mesopotamien

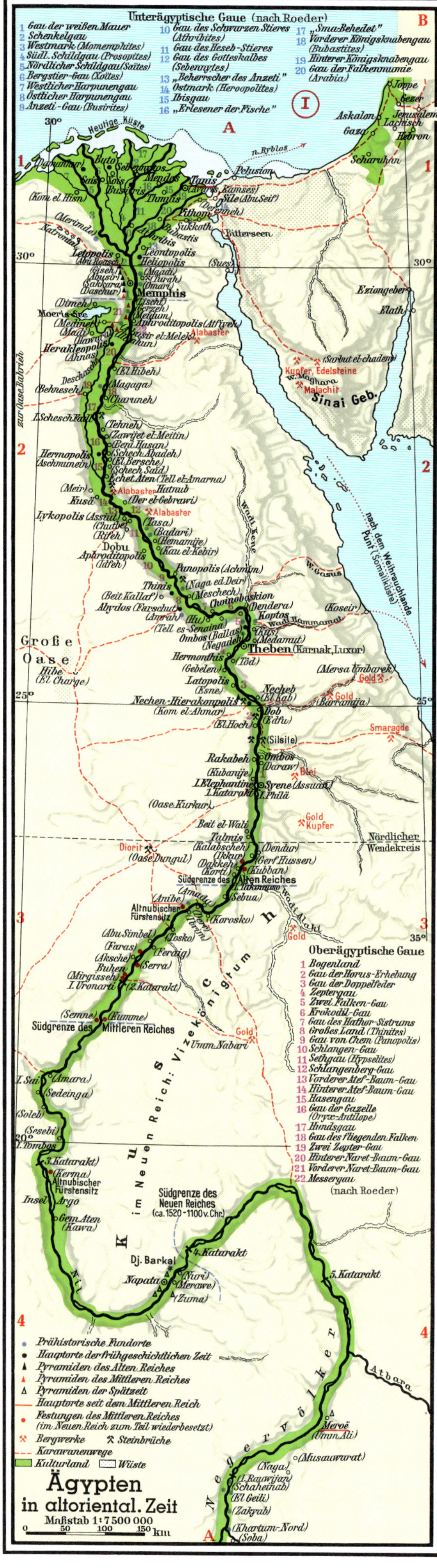

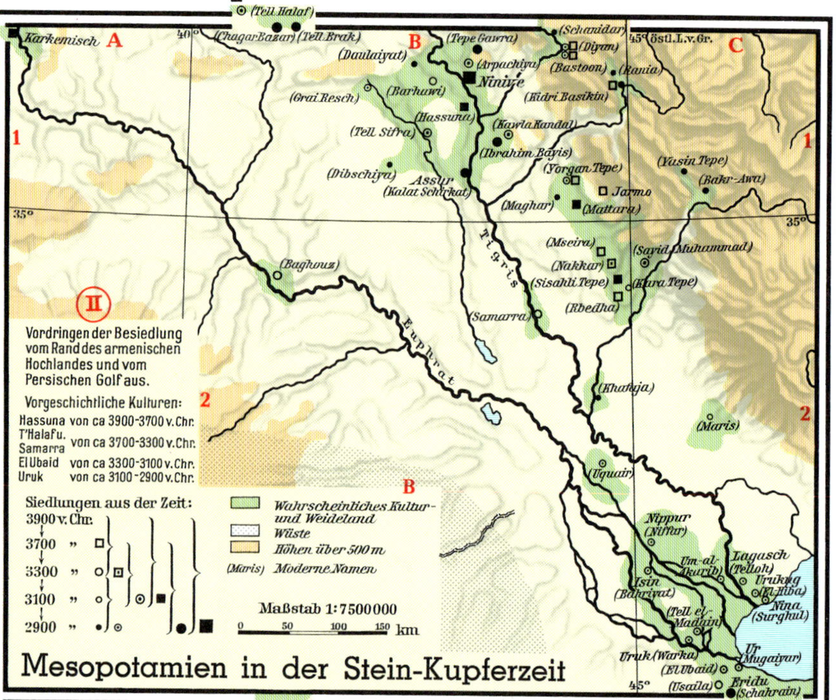

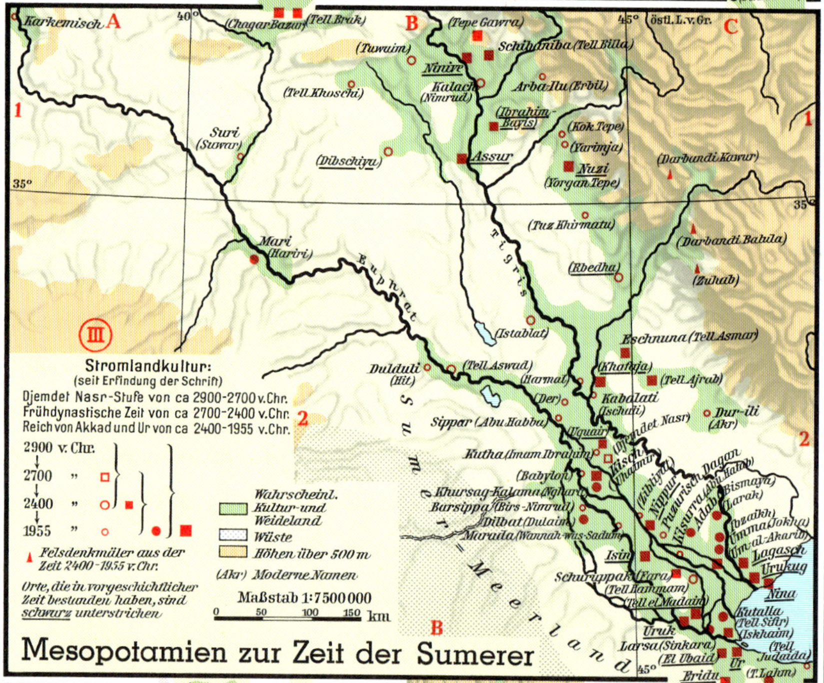

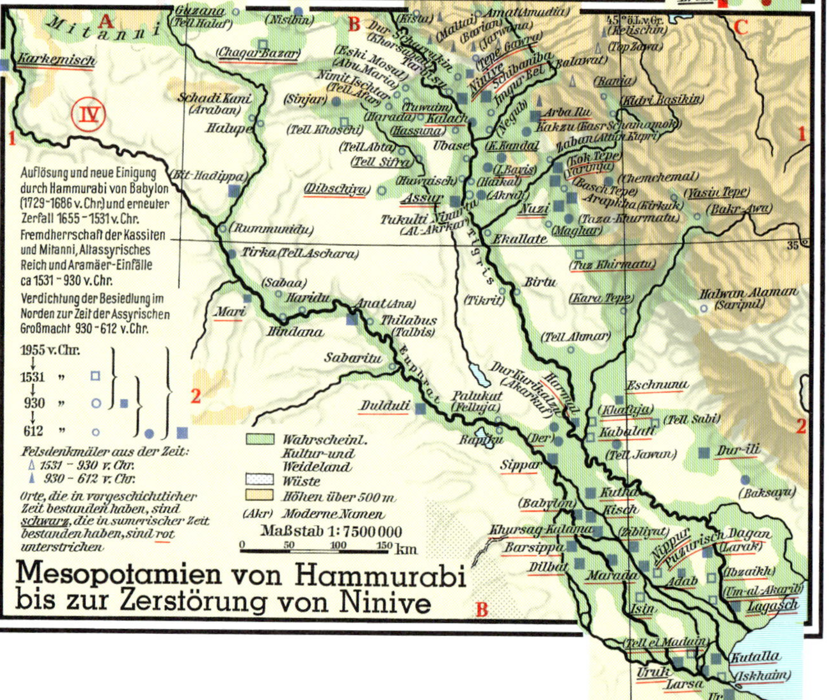

Altorientalische Kulturstätten

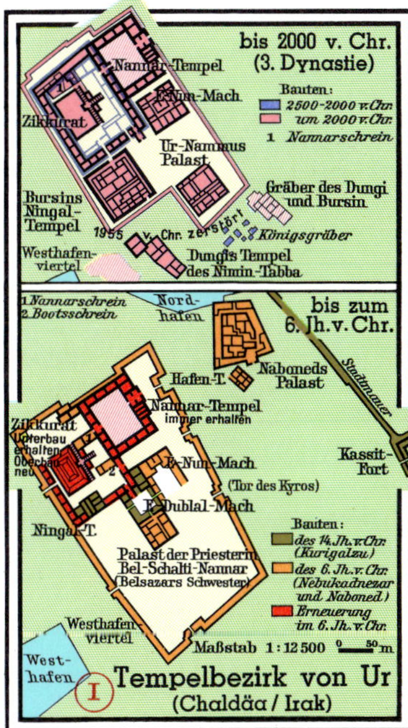

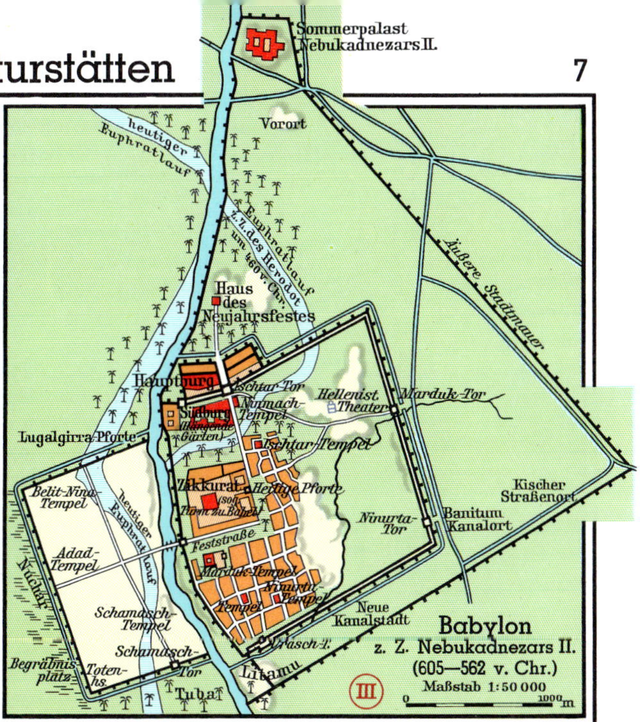

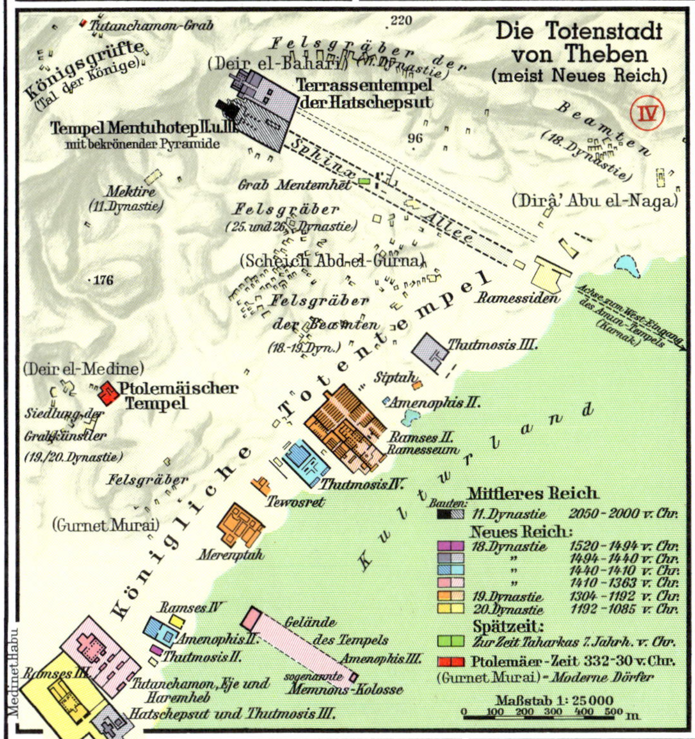

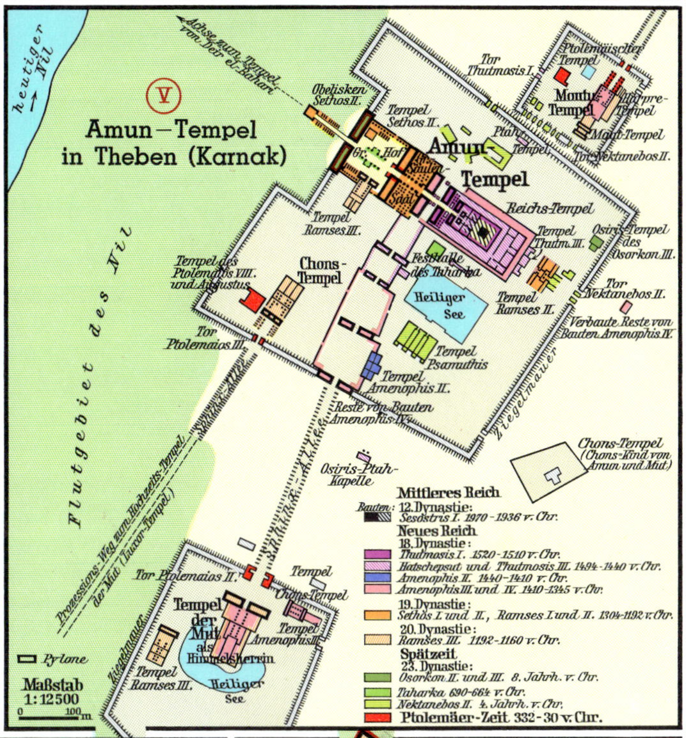

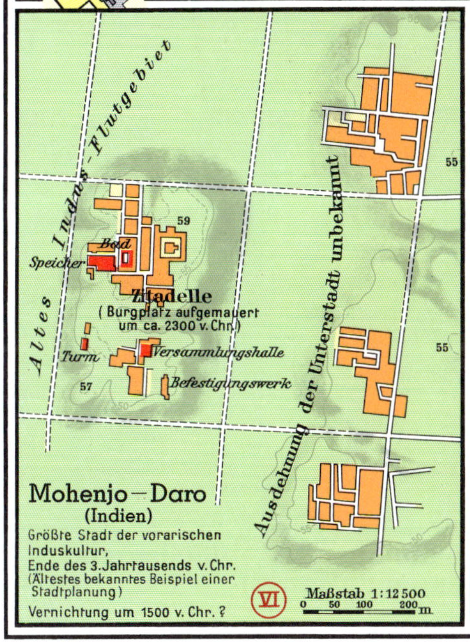

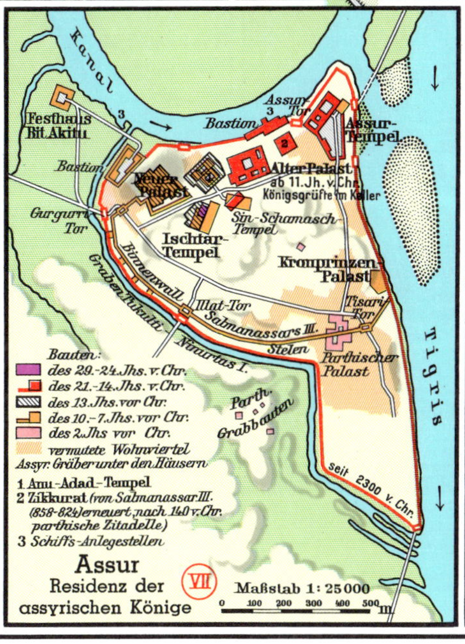

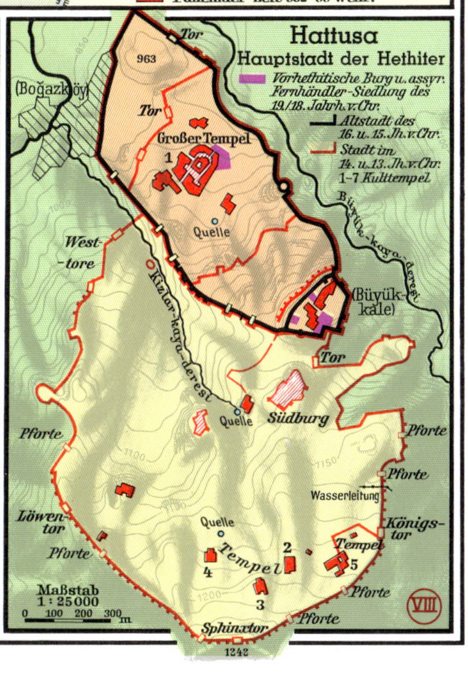

Völkerbewegung im Alten Orient

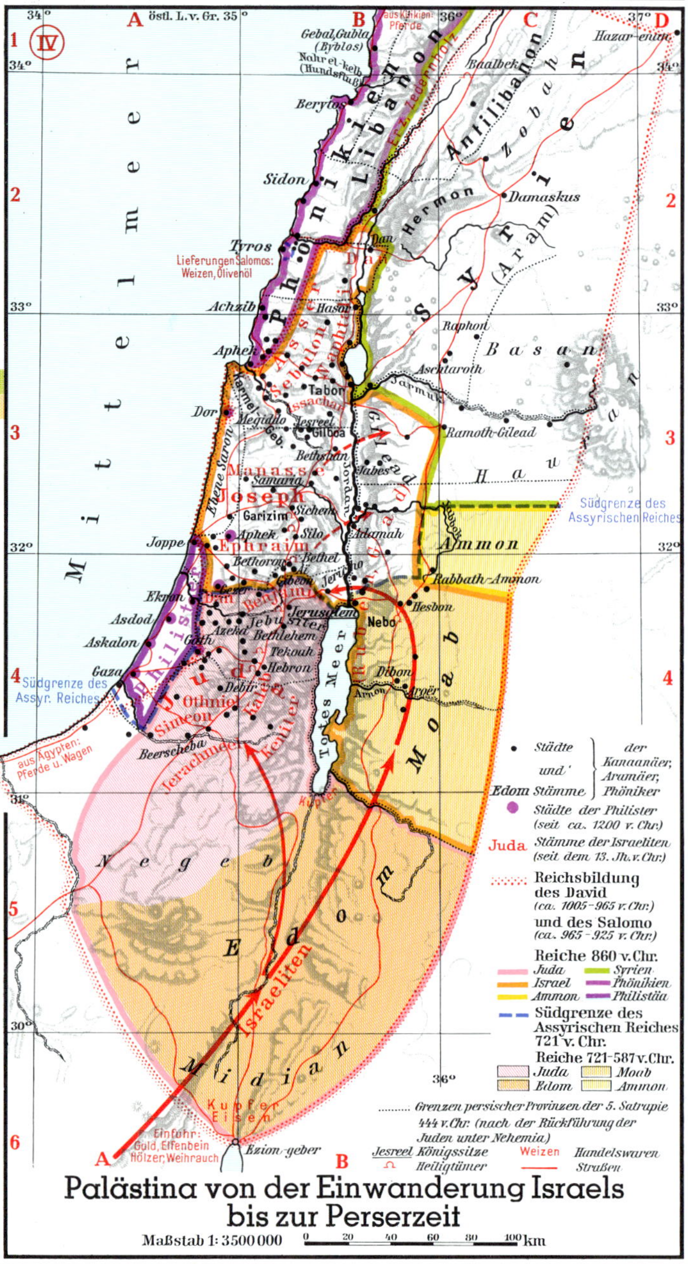

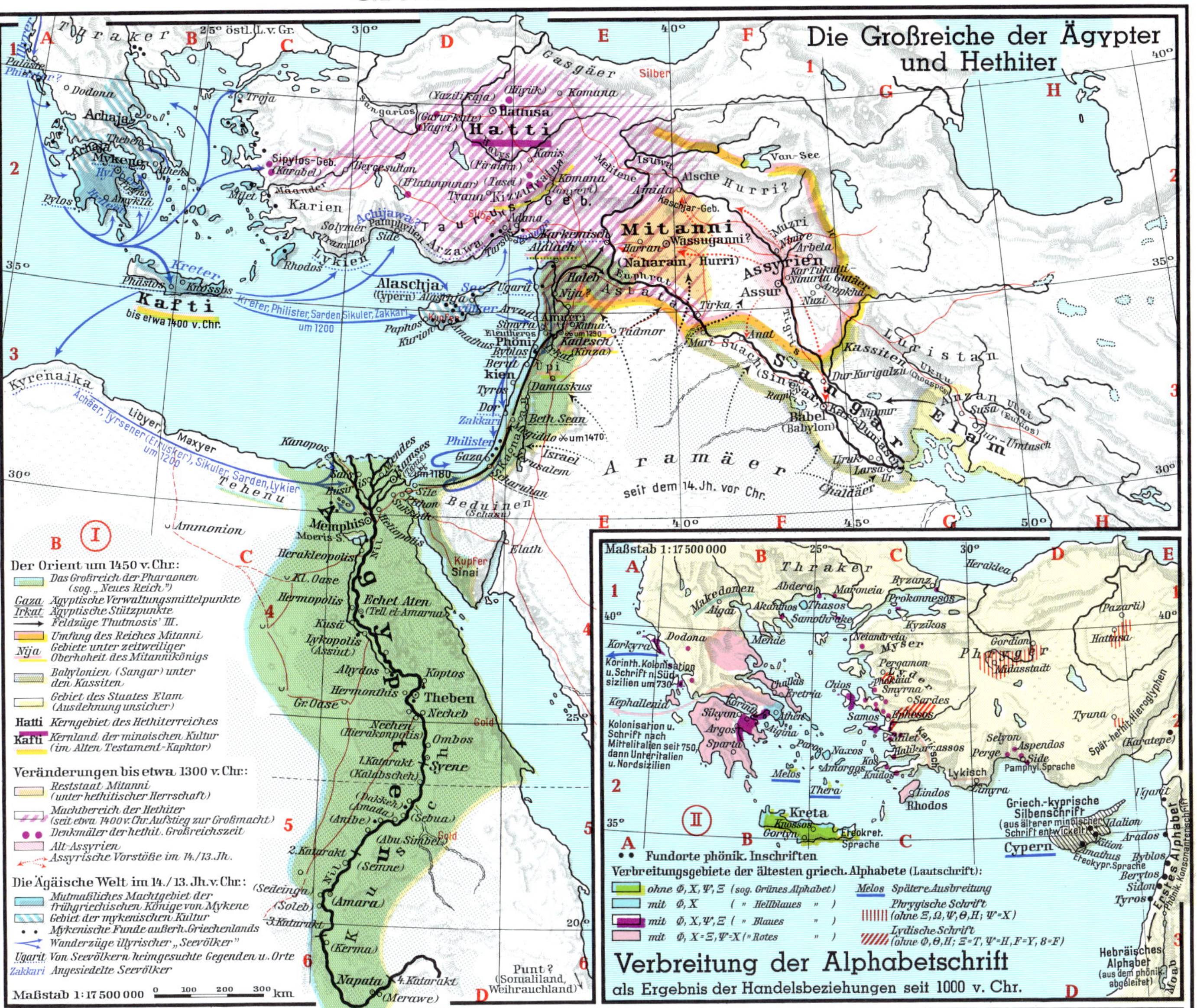

Die Großreiche der Ägypter und Hethiter
I
Der Orient um 1450 v. Chr.:
Das Großreich der Pharaonen (sog. „Neues Reich")
Gaza Ägyptische Verwaltungsmittelpunkte
Irkat Ägyptische Stützpunkte
Feldzüge Thutmosis' III.
Umfang des Reiches Mitanni
Nija Gebiete unter zeitweiliger Oberhoheit des Mitannikönigs
Babylonien (Sangar) unter den Kassiten
Gebiet des Staates Elam (Ausdehnung unsicher)
Hatti Kerngebiet des Hethiterreiches
Kafti Kernland der minoischen Kultur (im Alten Testament Kaphtor)
Veränderungen bis etwa 1300 v. Chr.:
Reststaat Mitanni (unter hethitischer Herrschaft)
Machtbereich der Hethiter (seit etwa 1400 v. Chr. Aufstieg zur Großmacht)
Denkmäler der hethit. Großreichszeit
Alt-Assyrien
Assyrische Vorstöße im 14./13. Jh.
Die Ägäische Welt im 14./13. Jh. v. Chr.:
Mutmaßliches Machtgebiet der frühgriechischen Könige von Mykene
Gebiet der mykenischen Kultur
Mykenische Funde außerh. Griechenlands
Wanderzüge illyrischer „Seevölker"
Ugarit Von Seevölkern heimgesuchte Gegenden u. Orte
Zakkari Angesiedelte Seevölker
Maßstab 1:17 500 000
0 100 200 300 km
Maßstab 1:17 500 000
II
Fundorte phönik. Inschriften
Verbreitungsgebiete der ältesten griech. Alphabete (Lautschrift):
ohne Φ, X, Ψ, Ξ (sog. Grünes Alphabet)
mit Φ, X („ Hellblaues ")
mit Φ, X, Ψ, Ξ („ Blaues ")
mit Φ, X=Ξ, Ψ=X (= Rotes ")
Melos Spätere Ausbreitung
Phrygische Schrift (ohne Ξ, Ω, Ψ, Θ, H; Ψ=X)
Lydische Schrift (ohne Φ, Θ, H; Ξ=T, Ψ=H, F=Y, 8=F)
Verbreitung der Alphabetschrift
als Ergebnis der Handelsbeziehungen seit 1000 v. Chr.

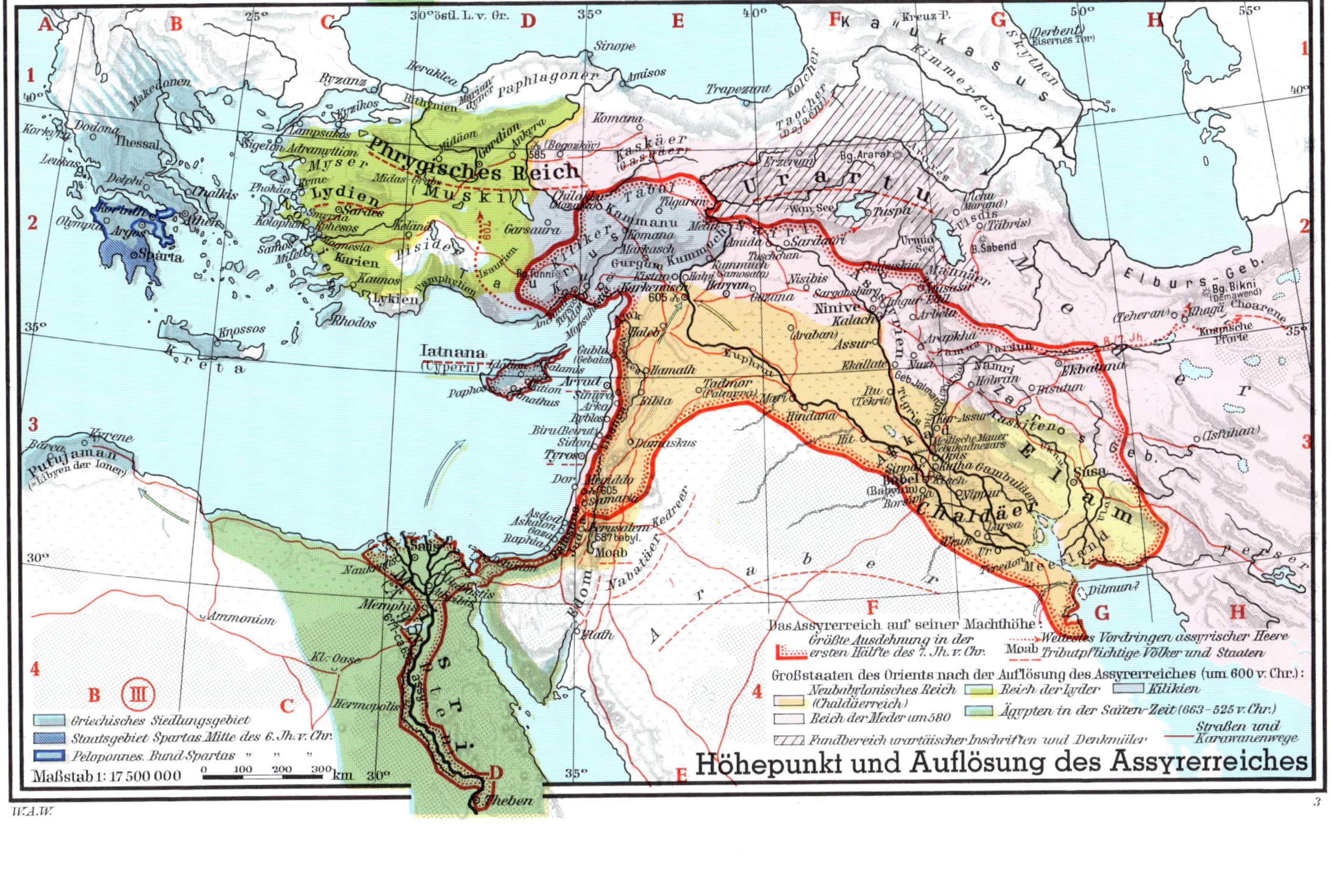

III
Griechisches Siedlungsgebiet
Staatsgebiet Spartas Mitte des 6. Jh. v. Chr.
Peloponnes. Bund Spartas " " "
Maßstab 1:17 500 000
0 100 200 300 km
Das Assyrerreich auf seiner Machthöhe:
Größte Ausdehnung in der ersten Hälfte des 7. Jh. v. Chr.
Weitestes Vordringen assyrischer Heere
Moab Tributpflichtige Völker und Staaten
Großstaaten des Orients nach der Auflösung des Assyrerreiches (um 600 v. Chr.):
Neubabylonisches Reich (Chaldäerreich)
Reich der Lyder
Kilikien
Reich der Meder um 580
Ägypten in der Saïten-Zeit (663–525 v. Chr.)
Fundbereich urartäischer Inschriften und Denkmäler
Straßen und Karawanenwege
Höhepunkt und Auflösung des Assyrerreiches

Vorgriechen und Griechen in der Ägäis

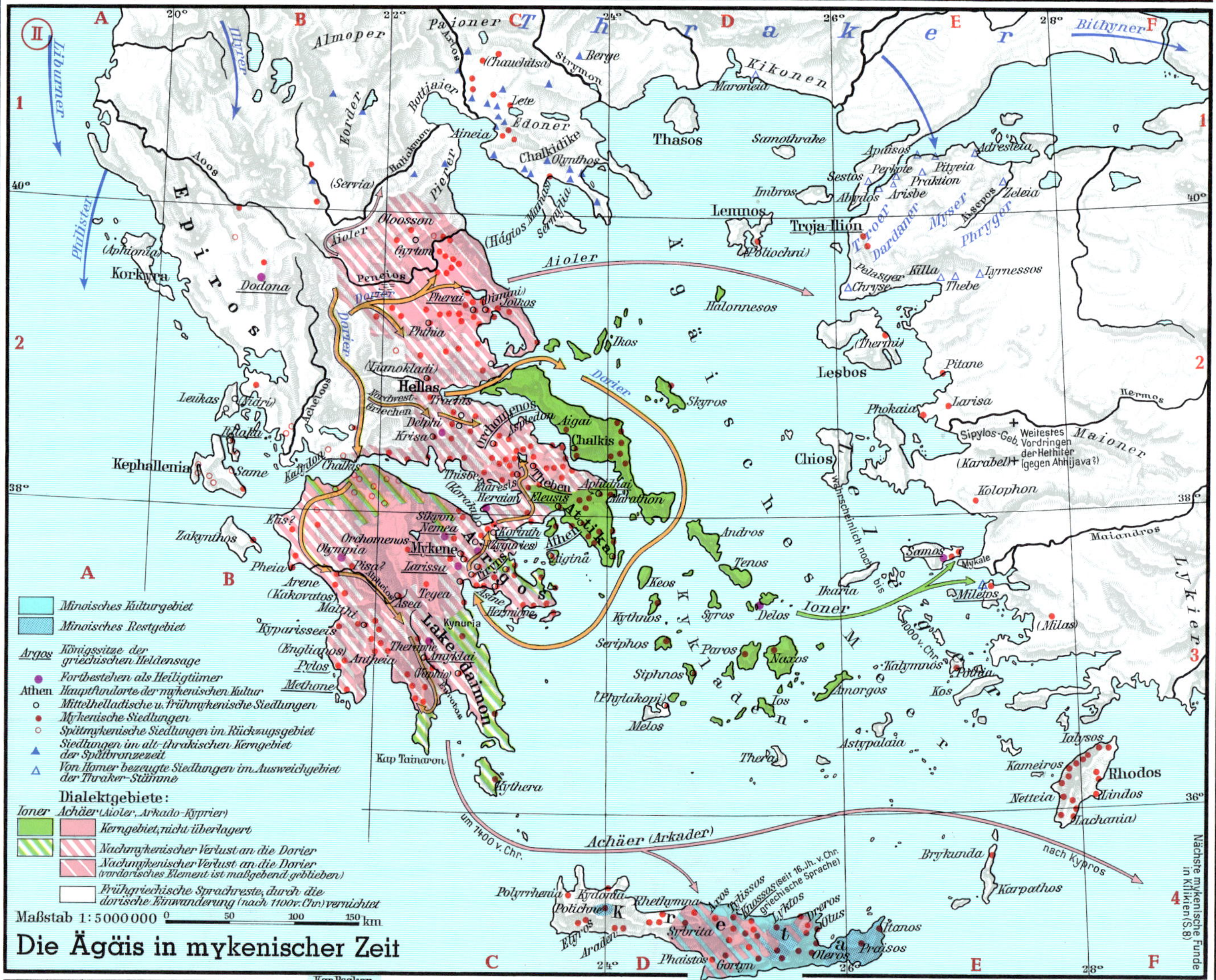

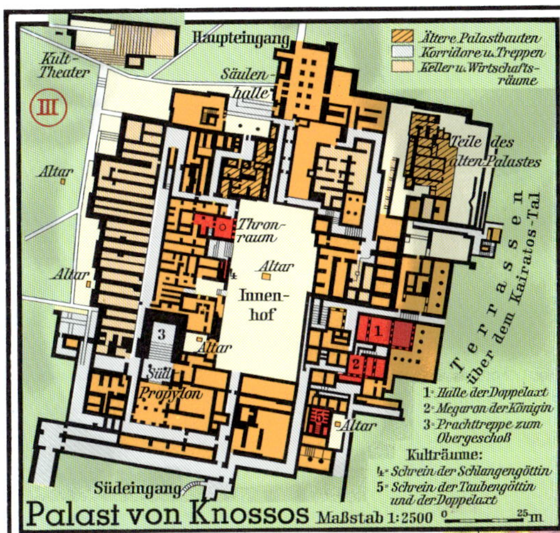
III
Palast von Knossos Maßstab 1:2500
Haupteingang
Ältere Palastbauten
Korridore u. Treppen
Keller u. Wirtschaftsräume
Kult-Theater
Säulenhalle
Teile des alten Palastes
Altar
Thronraum
Innenhof
Terrassen über dem Kairatos-Tal
Propylon
Südeingang
1 Halle der Doppelaxt
2 Megaron der Königin
3 Prachttreppe zum Obergeschoß
Kulträume:
4 Schrein der Schlangengöttin
5 Schrein der Taubengöttin und der Doppelaxt

IV
Knossos
Palast- u. Hafenstadt der minoischen Kultur
Maßstab 1:100000
Kuppelgräber
Gräber
Hafenstadt
Herakleion
griech. Hafenstadt, arab. venezian. türk. Festung (Chandax, Candia)
Isopata
Königsgrab
Aj. Joannis
Tekke
Kriegergräber der 1. myken. Herren
Fortetsa
Zafer Papuras
Knossos
Kl. Palast
Palast
Mavrospelio
Kgl. Villa
Karawanserei
Tempelgrab

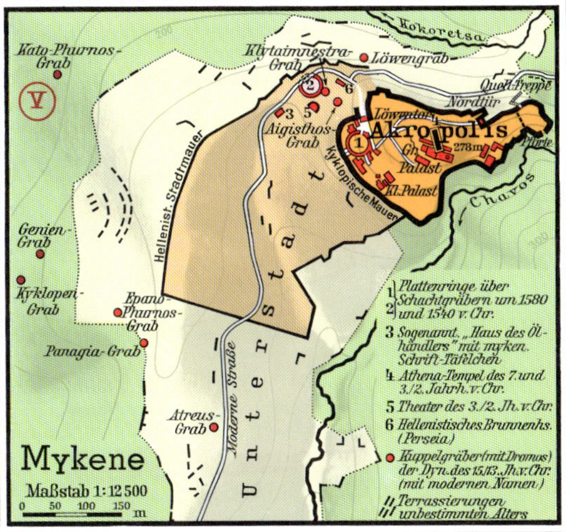
V
Mykene
Maßstab 1:12500
Kato-Phurnos-Grab
Klytaimnestra-Grab
Löwengrab
Löwentor
Nordtor
Akropolis
Aigisthos-Grab
Palast
Kl. Palast
Kyklopische Mauer
Hellenist. Stadtmauer
Unterstadt
Chavos
Genien-Grab
Kyklopen-Grab
Epano Phurnos-Grab
Panagia-Grab
Atreus-Grab
Moderne Straße
1 Plattenringe über Schachtgräbern um 1580 und 1540 v. Chr.
2
3 Sogenannt. „Haus des Ölhändlers" mit myken. Schrift-Täfelchen
4 Athena-Tempel des 7. und 3./2. Jahrh. v. Chr.
5 Theater des 3./2. Jh. v. Chr.
6 Hellenistisches Brunnenhs. (Perseia)
Kuppelgräber (mit Dromos) der Dyn. des 15./13. Jh. v. Chr. (mit modernen Namen)
Terrassierungen unbestimmten Alters

I
Die griechische Welt im 9. und 8. Jh. v. Chr.
Maßstab 1:5000000
Gebiete der
Aioler
Arkader
Ioner
Nordwestgriechen
Dorier
Ausbreitungswege der Dorier
Abwanderungswege der Achäer, Aioler, Makedonen
der Ioner
Heiligtümer der Kultbünde: (Amphiktionien)
Dodona = epirotisch
Olympia = vordorisch, später pan-hellenisch
Anthele = nord- u. mittelgriechisch (später Delphi = panhellenisch, mit Beitritt von Attika und den peloponnesischen Doriern)
Alalkomenai (zugehörige Glieder sind violett unterstrichen)
Helike = dorisch (Dodekapolis von Achaia)
Kalaureia = ionisch
Delos = ionische Inseln u. Attika
Panionion = ionisch (Dodekapolis = Zwölfstädtebund)
Triopion = dorisch (Hexapolis = Sechsstädtebund)
Orte,
die mykenische Siedlungen fortsetzen
die nur von Homer genannt sind
die nur in den Amphiktionien vorkommen
die nicht von Homer bezeugt sind, aber mykenische Siedlungen fortsetzen
die nicht von Homer bezeugt sind
Landschaftsgrenzen (nach dem Schiffskatalog der Ilias)
Korkyra
Dodona
Leukas
Kephallenia
Zakynthos
Olympia
Delphi
Anthele
Athen
Delos
Lesbos
Chios
Lydia
Karia
Ionien
Doris
Aiolis
Rhodos
Kos
Triopion
Panionion
Kythera
Kreta
Thera
Melos
Naxos
Paros
Andros
Tenos
Skyros
Karpathos
Kasos
Sparta
Argos
Mykenai
Korinth
Ephesos
Smyrna
Milet
Halikarnassos
Hermos
Maiandros

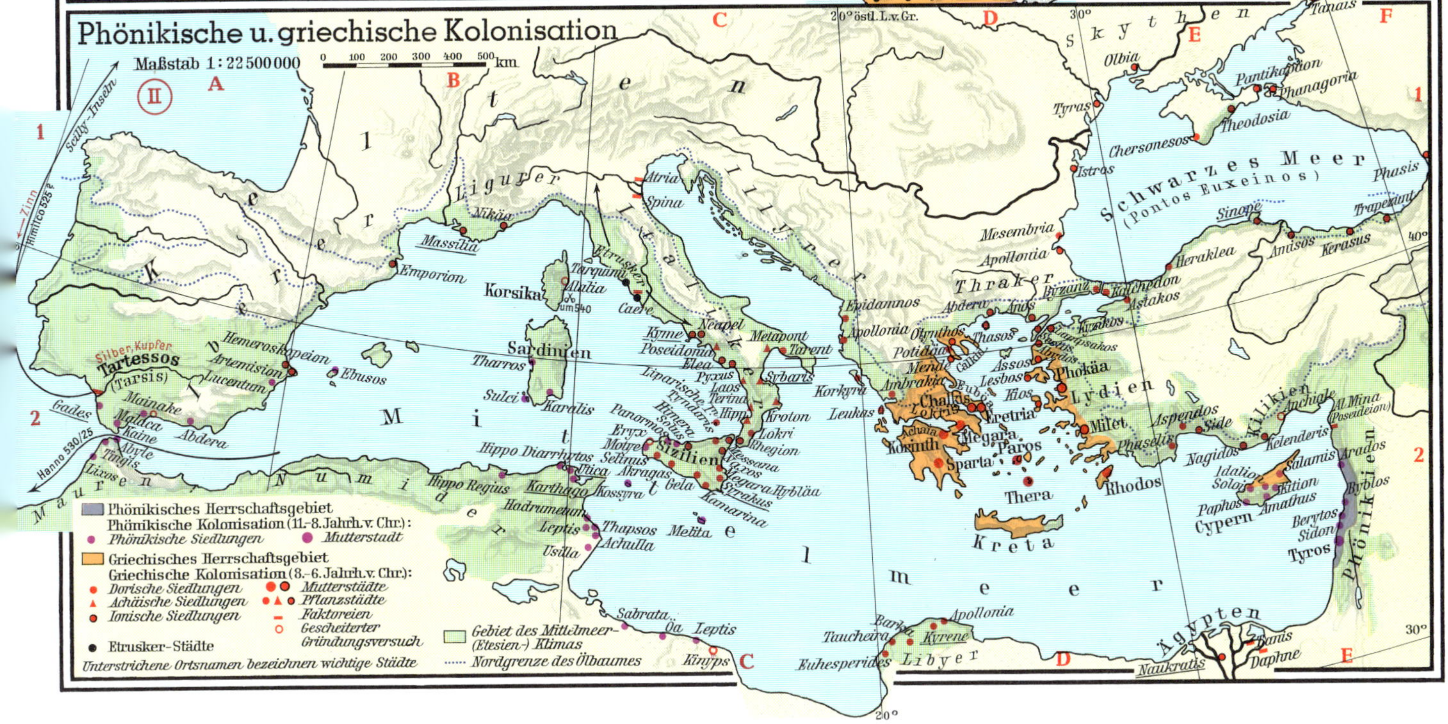
II
Phönikische u. griechische Kolonisation
Maßstab 1:22500000
Phönikisches Herrschaftsgebiet
Phönikische Kolonisation (11.–8. Jahrh. v. Chr.):
Phönikische Siedlungen
Mutterstadt
Griechisches Herrschaftsgebiet
Griechische Kolonisation (8.–6. Jahrh. v. Chr.):
Dorische Siedlungen
Achäische Siedlungen
Ionische Siedlungen
Mutterstädte
Pflanzstädte
Faktoreien
Gescheiterter Gründungsversuch
Etrusker-Städte
Gebiet des Mittelmeer-(Etesien-) Klimas
Nordgrenze des Ölbaumes
Unterstrichene Ortsnamen bezeichnen wichtige Städte
Kelten
Iberer
Ligurer
Massalia
Emporion
Korsika
Sardinien
Tartessos (Tarsis)
Silber, Kupfer
Gades
Malaka
Mainake
Ebusos
Karthago
Utica
Numider
Mauren
Sizilien
Syrakus
Tarent
Kyme
Neapel
Skythen
Schwarzes Meer (Pontos Euxeinos)
Thraker
Byzanz
Chalkedon
Sinope
Phasis
Trapezunt
Olbia
Lydien
Milet
Rhodos
Kreta
Cypern
Phönikien
Tyros
Sidon
Ägypten
Naukratis
Kyrene
Libyer
Mittelmeer

Athen und Sparta

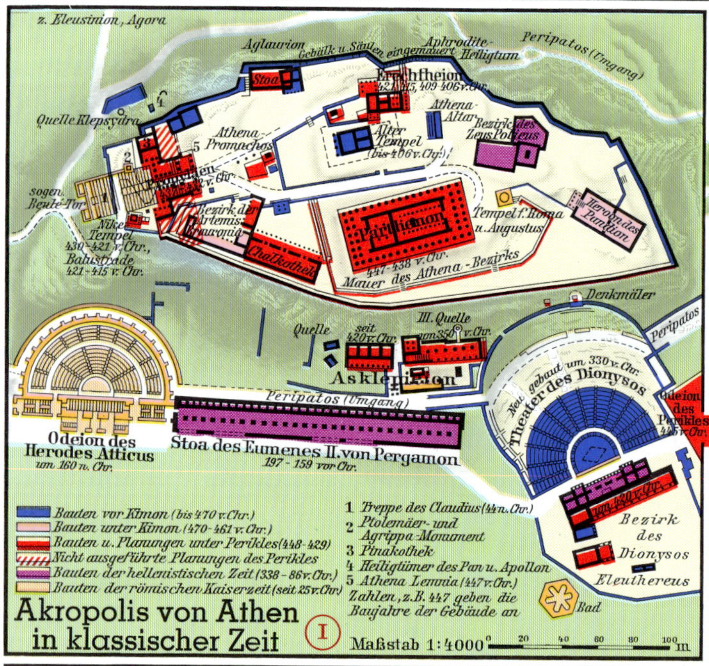

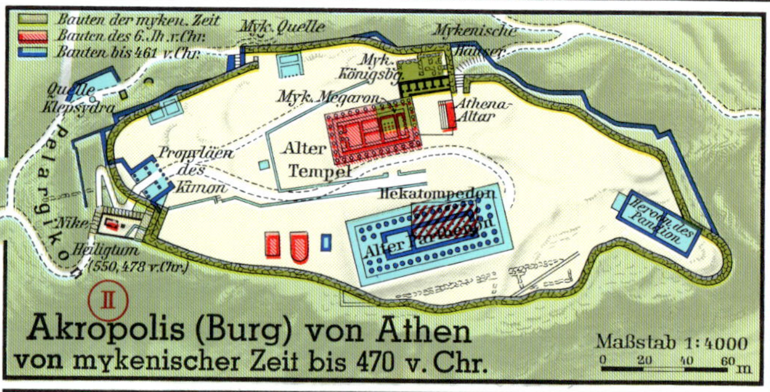

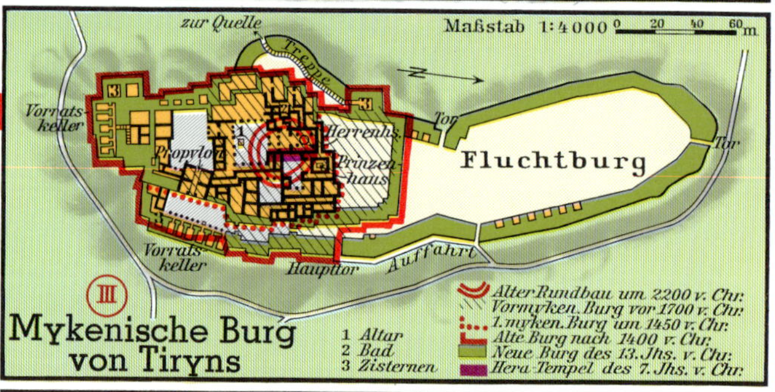

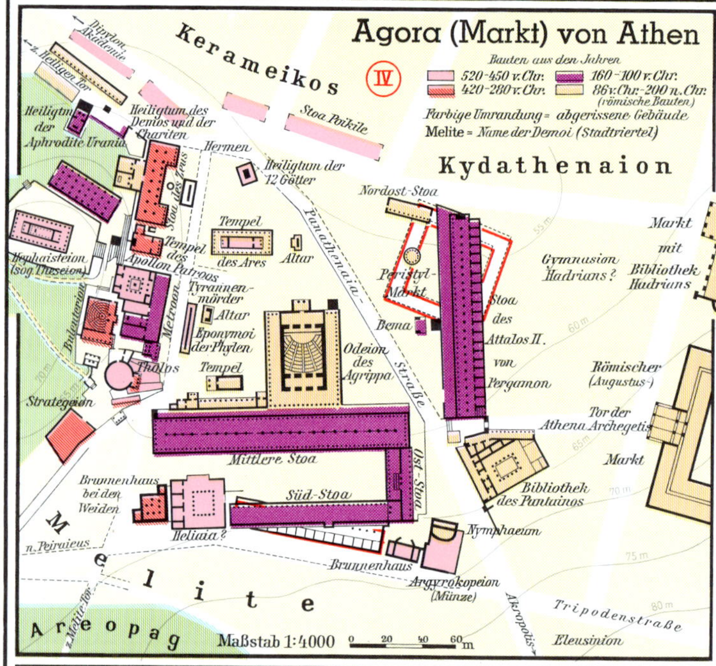

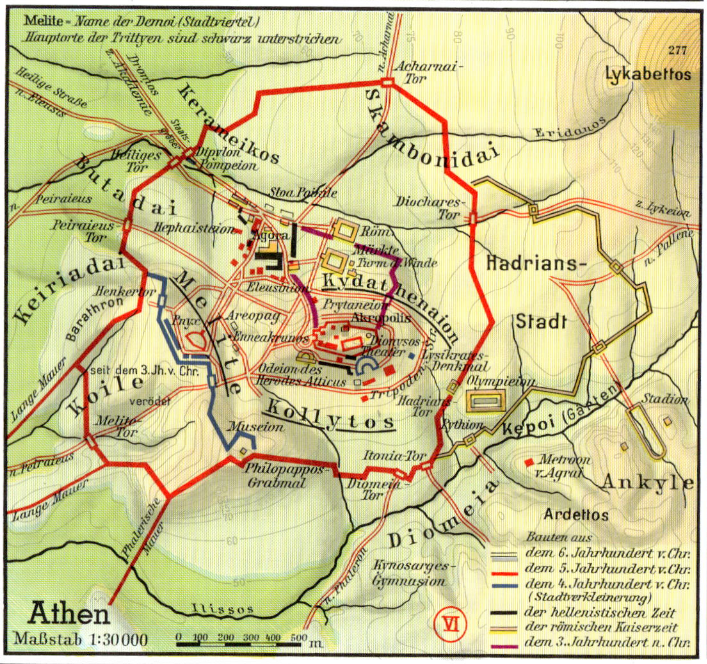

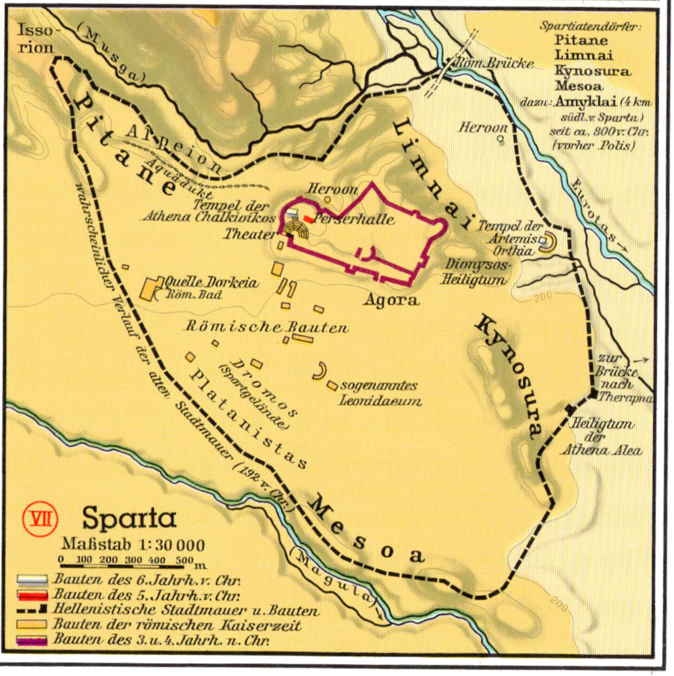

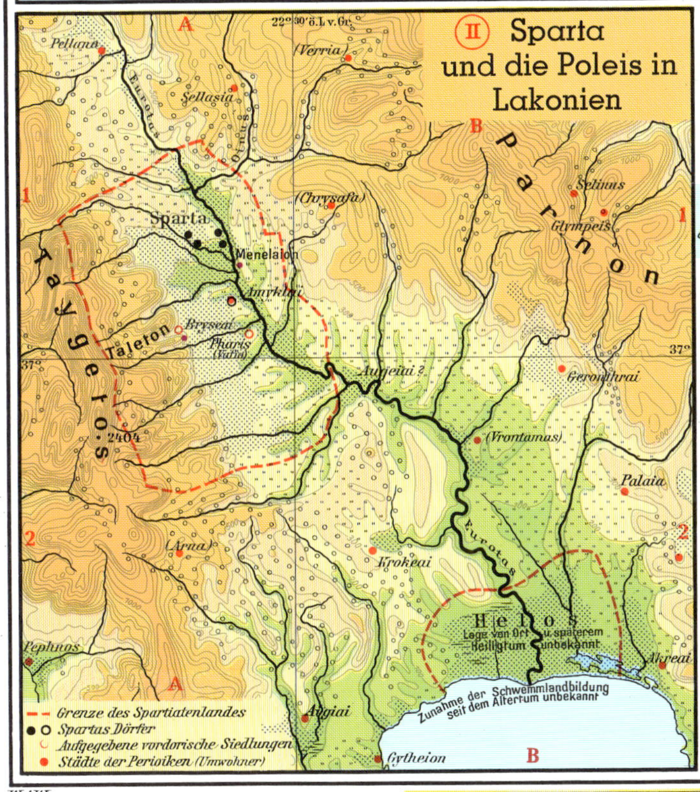

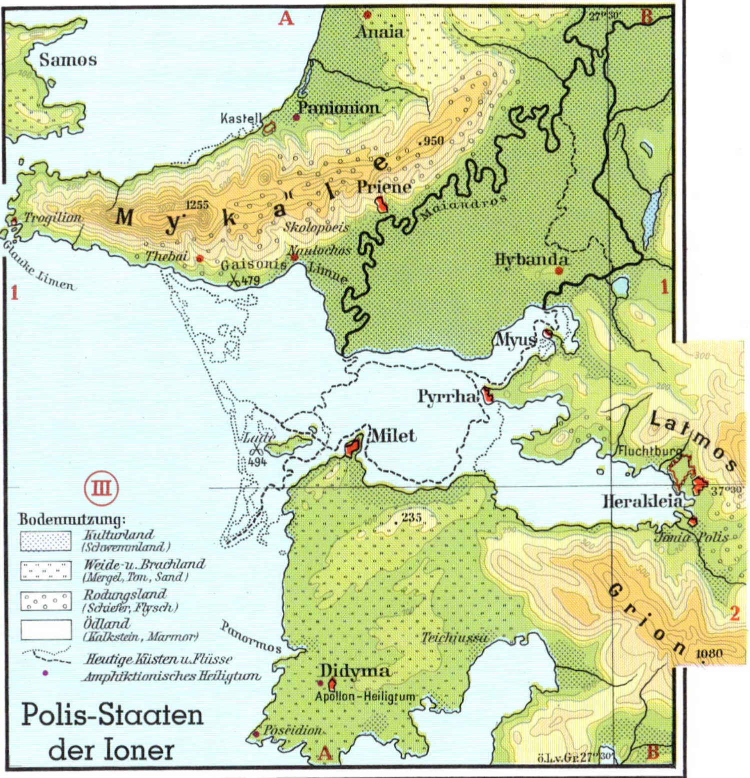

W.A.W.

Landhöhen: 0-100 m | 100-200 | 200-300 | 300-500 | 500-1000 | üb. 1000 m   Maßstab 1: 500 000   0 2 4 6 8 10 km

Die antike Welt z. Zt. der Perserkriege (um 480)

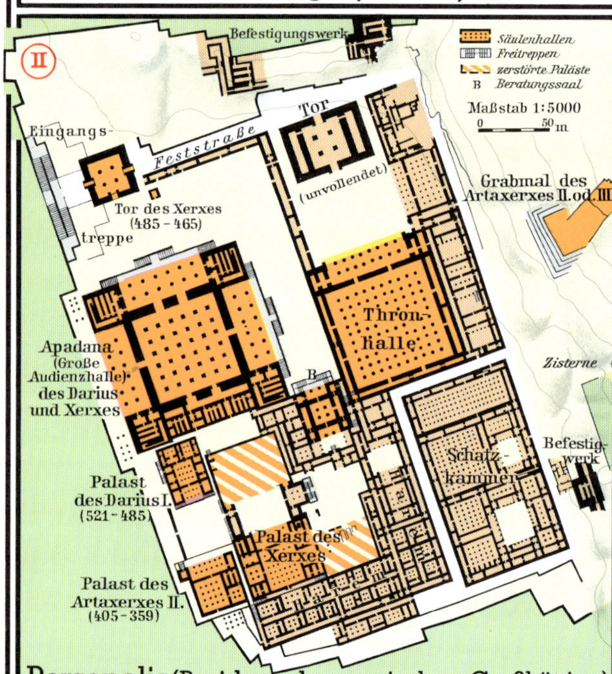

Persepolis (Residenz der persischen Großkönige)

Olympia

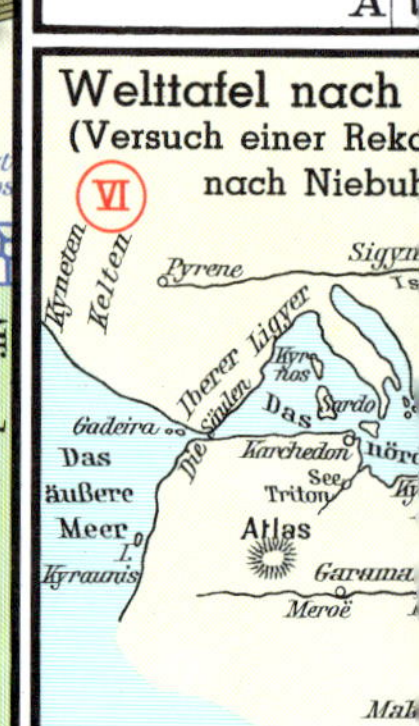

Welttafel nach (Versuch einer Reko nach Niebu

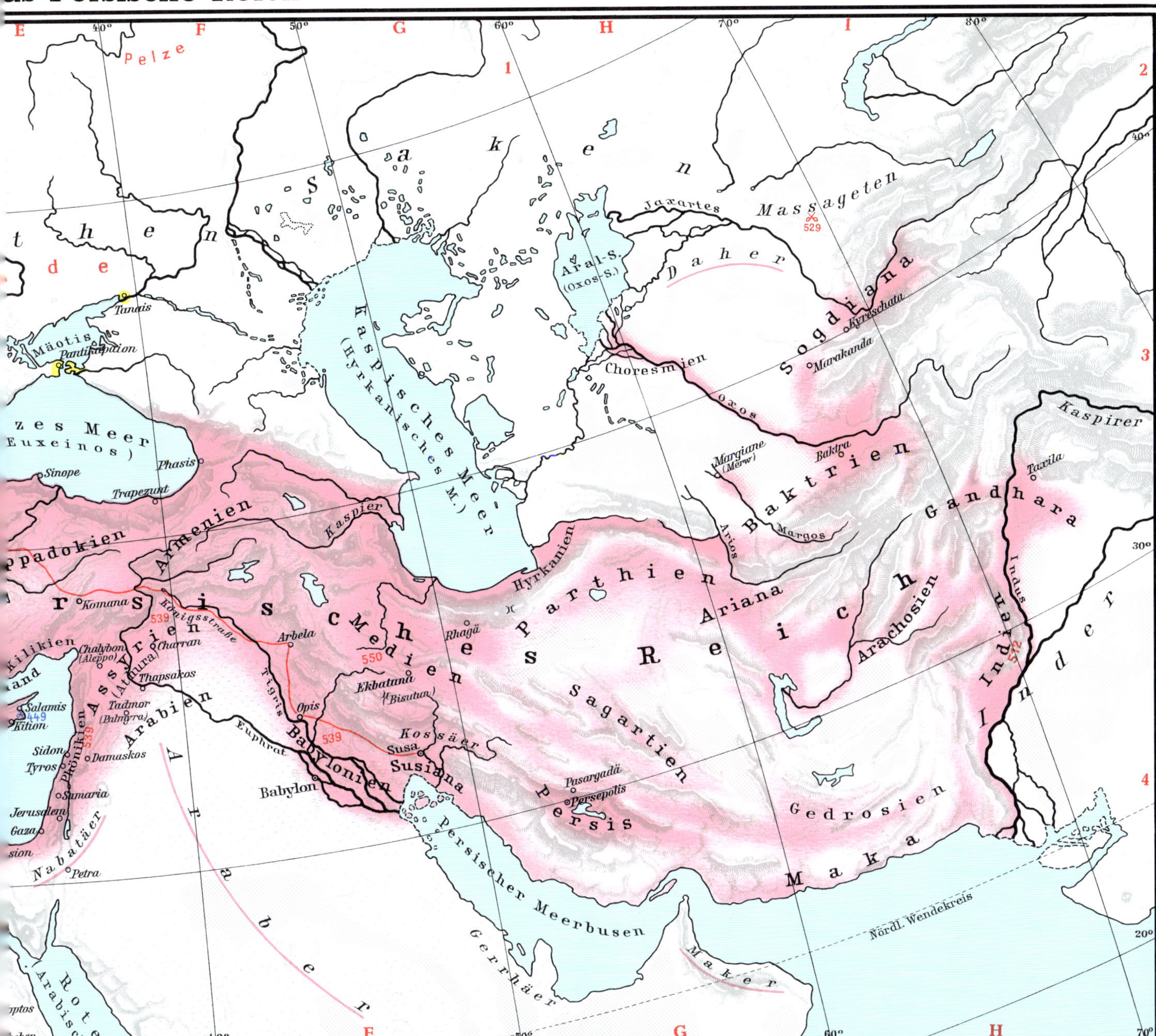

Schlacht von Salamis (480 v. Chr.)

Perserkriege bis zum Xerxeszug

Athen als hellenische Großmacht

Griechenland im Zeitalter des Perikles (446/445 v. Chr.)

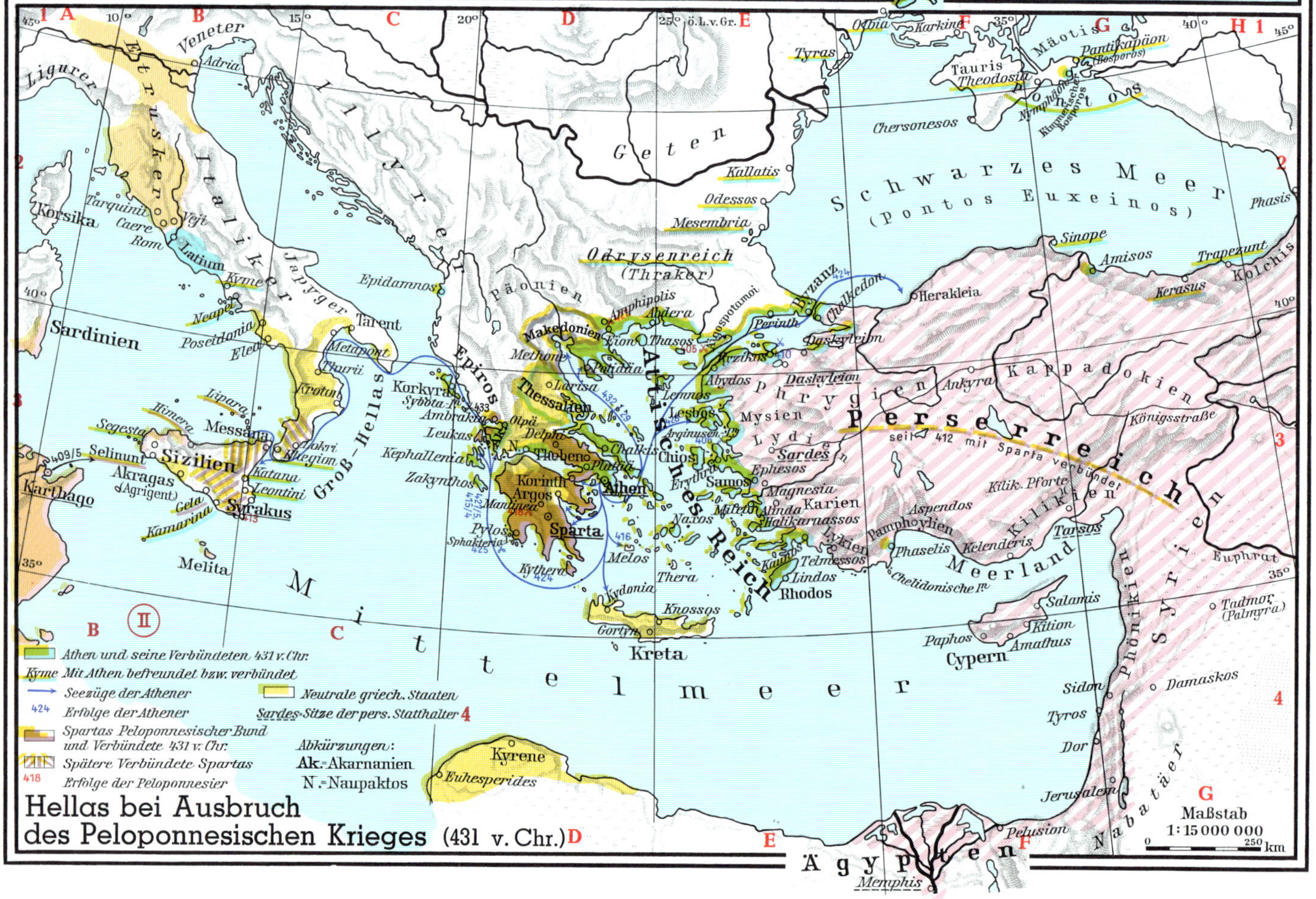

Hellas bei Ausbruch des Peloponnesischen Krieges (431 v. Chr.)

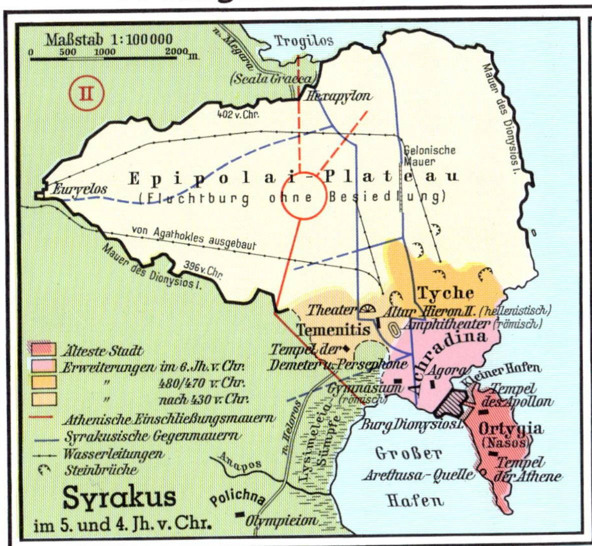
II
Maßstab 1:100000
Syrakus
im 5. und 4. Jh. v. Chr.
Epipolai-Plateau
(Fluchtburg ohne Besiedlung)
Euryelos
Trogilos
Hexapylon
Tyche
Temenitis
Achradina
Ortygia (Nasos)
Neapolis
Theater
Altar Hieron II. (hellenistisch)
Amphitheater (römisch)
Tempel der Demeter u. Persephone
Gymnasium (römisch)
Agora
Kleiner Hafen
Tempel des Apollon
Burg Dionysios I.
Arethusa-Quelle
Tempel der Athene
Großer Hafen
Polichna
Olympieion
Anapos
Mauer des Dionysios I.
von Agathokles ausgebaut
Gelonische Mauer
Älteste Stadt
Erweiterungen im 6. Jh. v. Chr.
" 480/470 v. Chr.
" nach 430 v. Chr.
Athenische Einschließungsmauern
Syrakusische Gegenmauern
Wasserleitungen
Steinbrüche

I
Tyrrhenisches Meer
Ionisches M.
Mittelmeer
Liparische In.
Lipara
Zankle-Messana
Rhegion
Lokroi
Kaulonia
Kroton
Sybaris, 510 zerstört
Thurioi, 444 gegr.
Laos
Hipponion
Medma
Metauron
Tauroeis
Skylletion
Petelia
Krimisa
(Sila-Geb.)
(Aspromonte)
Lametos-Golf
Mons Nebrodes
Mons Neptunius
Aitna
Sikeler
Sikaner
Elymer
Panormos
Himera
Segesta
Eryx
Motye
Drepanon
Lilybaion
Mazara
Selinus
Thermai Selinuntiai
Herakleia Minoa
Akragas
Gela
Kamarina
Syrakus
Megara
Leontinoi
Katane
Naxos
Tauromenion
Tyndaris
Mylai
Kap Pachynos
Kap Zephyrion
Lokroi Siedlungen der Griechen
Soloeis Siedlungen der Karthager
Kossa Siedlungen der Eingeborenen
Griechisches Heiligtum
Karthagisches Heiligtum
Orte mit alter Stadtmauer
Orte mit alten Bauresten
Orte ohne Baureste
Grenze des karthagischen Herrschaftsgebietes
Sikuler = Stämme der Italiker
Bodennutzung:
Kulturland
Cultura mista-Gebirge
Rodungsland (Flysch)
Weide- und Brachland (Mergel)
Ödland (Kalkstein)
Landhöhen:
0-100 100-200 200-500 500-1000 1000-2000 über 2000 m
Griechen und Karthager in Sizilien und Unteritalien
Maßstab 1:2500000

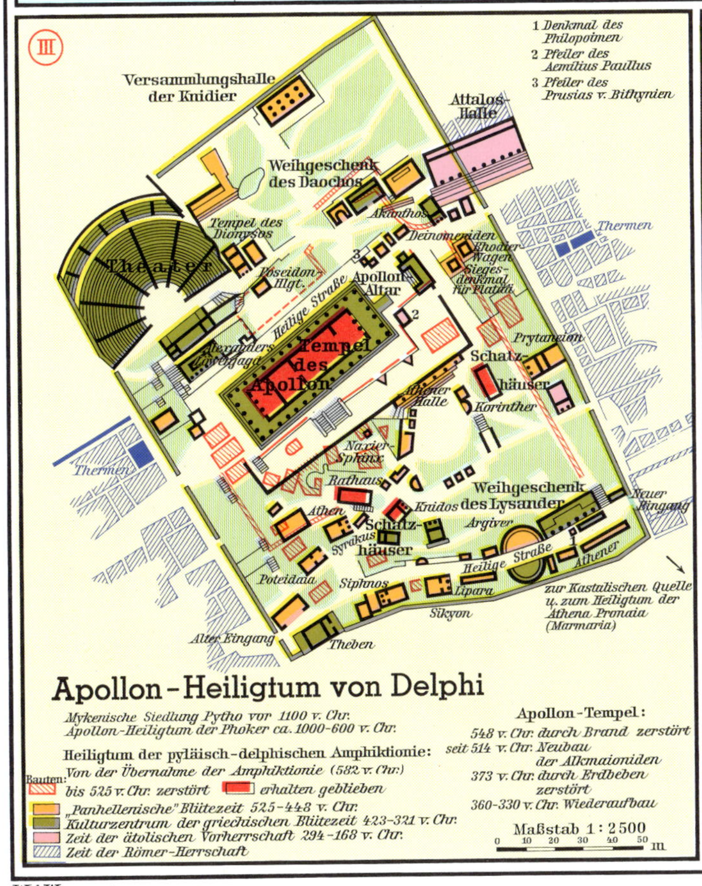
III
1 Denkmal des Philopoimen
2 Pfeiler des Aemilius Paullus
3 Pfeiler des Prusias v. Bithynien
Versammlungshalle der Knidier
Attalos-Halle
Weihgeschenk des Daochos
Theater
Tempel des Dionysos
Tempel des Apollon
Apollon-Altar
Heilige Straße
Thermen
Prytaneion
Schatzhäuser
Korinther
Naxier-Sphinx
Rathaus
Athen
Knidos
Siphnos
Theben
Sikyon
Weihgeschenk des Lysander
Argiver
Athener
Alter Eingang
Neuer Eingang
zur Kastalischen Quelle u. zum Heiligtum der Athena Pronaia (Marmaria)
Apollon-Heiligtum von Delphi
Mykenische Siedlung Pytho vor 1100 v. Chr.
Apollon-Heiligtum der Phoker ca. 1000-600 v. Chr.
Heiligtum der pyläisch-delphischen Amphiktionie:
Von der Übernahme der Amphiktionie (582 v. Chr.)
bis 525 v. Chr. zerstört / erhalten geblieben
„Panhellenische" Blütezeit 525-448 v. Chr.
Kulturzentrum der griechischen Blütezeit 423-321 v. Chr.
Zeit der ätolischen Vorherrschaft 294-168 v. Chr.
Zeit der Römer-Herrschaft
Apollon-Tempel:
548 v. Chr. durch Brand zerstört
seit 514 v. Chr. Neubau der Alkmaioniden
373 v. Chr. durch Erdbeben zerstört
360-330 v. Chr. Wiederaufbau
Maßstab 1:2500

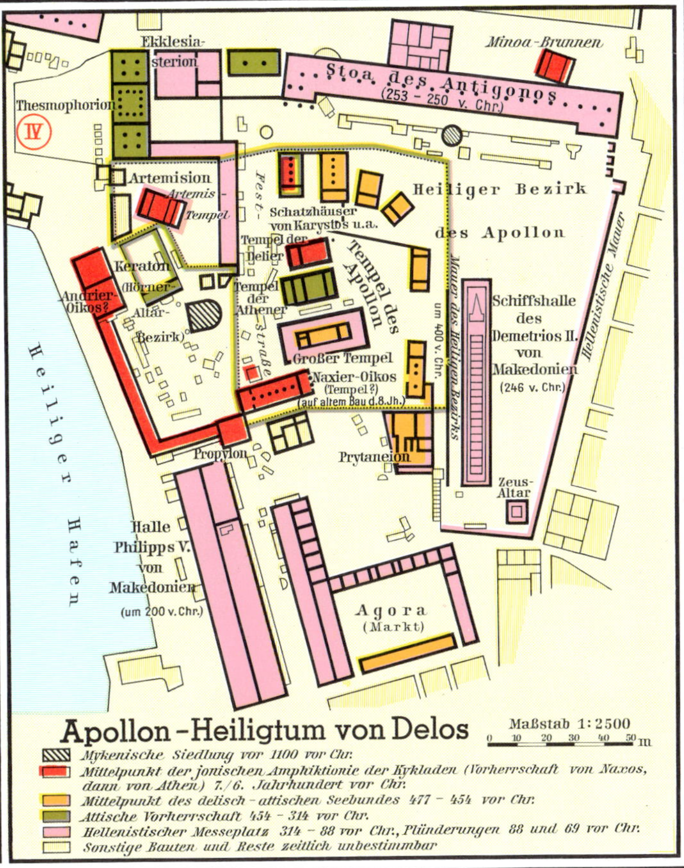
IV
Ekklesiasterion
Minoa-Brunnen
Stoa des Antigonos (253-250 v. Chr.)
Thesmophorion
Artemision
Artemis-Tempel
Heiliger Bezirk des Apollon
Schatzhäuser von Karystos u.a.
Tempel der Delier
Tempel des Apollon
Keraton (Hörner-Altar)
Andrier-Oikos
Tempel der Athener
Großer Tempel
Naxier-Oikos (Tempel?) (auf altem Bau d. 8. Jh.)
Prytaneion
Propylon
Schiffshalle des Demetrios II. von Makedonien (246 v. Chr.)
Zeus-Altar
Hellenistische Mauer
Halle Philipps V. von Makedonien (um 200 v. Chr.)
Agora (Markt)
Heiliger Hafen
Apollon-Heiligtum von Delos
Maßstab 1:2500
Mykenische Siedlung vor 1100 vor Chr.
Mittelpunkt der jonischen Amphiktionie der Kykladen (Vorherrschaft von Naxos, dann von Athen) 7./6. Jahrhundert vor Chr.
Mittelpunkt des delisch-attischen Seebundes 477-454 vor Chr.
Attische Vorherrschaft 454-314 vor Chr.
Hellenistischer Messeplatz 314-88 vor Chr., Plünderungen 88 und 69 vor Chr.
Sonstige Bauten und Reste zeitlich unbestimmbar

Landschaften und Poleis
Maßstab 1:2 000 000
km
Hauptorte
Poleis
Hafenorte und Dörfer
Befestigungen
Ländliche Heiligtümer
Heiligtümer in Orten
Orte im 6.-4. Jh. verödet
Neugründungen des 4. Jh.
Neugründungen der hellenistischen Zeit
Moderne Namen antiker Orte
Heutige Küsten u. Flüsse
Landschaftsgrenzen und ihre Veränderungen
Landhöhen:
Makedonia
Mygdonia
Chalkidike
Thessalia
Magnesia
Perrhaibia
Hestiaiotis
Thessaliotis
Phthiotis
Achaia
Malis
Oitaia
Doris
Epeiros
Molossis
Amphilochia
Akarnania
Aitolia
Lokris Ozolis
Phokis
Boiotia
Euboia
Attika
Megaris
Achaia
Elis
Arkadia
Argolis
Messenia
Lakonia
Peloponnesos
Thrakisches Meer
Ägäisches Meer
Ionisches Meer
Myrtoisches Meer
Thermäischer Golf
Golf v. Korinth
Saronischer Golf
Argolischer Golf
Lakonischer Golf
Messenischer Golf
Leukas
Ithaka
Kephallenia
Zakynthos
Kythera
Thasos
Skiathos
Peparethos
Skyros
Salamis
Aigina
Keos
Kythnos
Seriphos
Siphnos
Melos
Olympos 2920
Athos 2033
K. Malea
K. Tainaron
24° östl. L. v. Gr.

Makedonien (Siedlungsgeschichte)

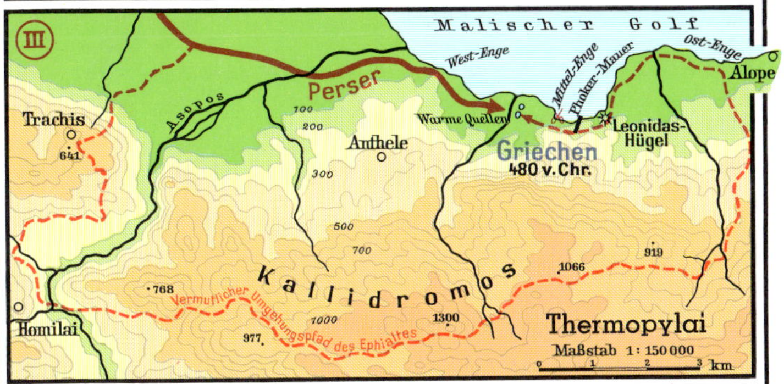

Thermopylai

Polis-Staaten u. Bundes-Organisation in Böotien um 395 v. Chr.

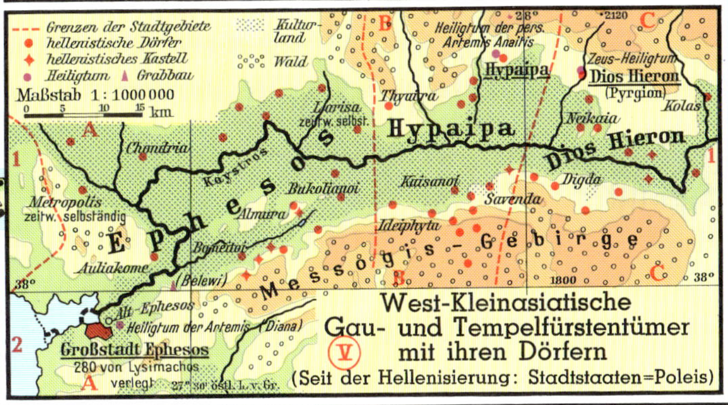

West-Kleinasiatische Gau- und Tempelfürstentümer mit ihren Dörfern (Seit der Hellenisierung: Stadtstaaten=Poleis)

Die griechische Welt im 4. Jh. v. Chr.
Höhepunkt spartanischer Gewaltherrschaft im Zeitalter des Königsfriedens (386 v. Chr.)
Maßstab 1 : 15 000 000
0 100 200 300 km
I
Schwarzes Meer
Perserreich
Bosporanisches Reich
Odrysenreich
Thraker
Makedonien
Kreta
Cypern
Ägypten
Sardinien
Korsika
Syrakus
Sparta
Athen
Byzanz
Reich Dionys I.:
Gebiet von Syrakus und Stützpunkte im Adriatischen u. Tyrrhen. Meer
Lissos } Nominelle Verbündete Dionys I.
Molosser Zeitweilige Verbündete Dionys I.
Städte des Italioten-Bundes vor 379 v. Chr.
Tarent Städte des Italioten-Bundes seit 379 v. Chr. (Mit Dionys I. befreundet)
Herrschaftsgebiet Karthagos
Unabhängige Griechen
Sidon Fundorte griechischer Kunstwerke und Einflußgebiet griechischer Kunst im Orient
Machtgebiet Spartas:
Spartanisches Staatsgebiet
Syrakus Auswärtige Verbündete
Gebiet des Peloponnesischen Bundes
Verbündete Spartas in Hellas
Athen und seine Besitzungen
Chios Bundesgenossen Athens
Theben und sein Gebiet
Von Sparta vergewaltigte Städte
Rhodos und seine Bundesgenossen
Perserreich
Offizielle Westgrenze des Perserreiches nach dem Königsfrieden 387/86 v. Chr.

III
Griechenland z.Z. des Epaminondas
Maßstab 1:7 500 000
0 50 100 150 km
Sparta und Verbündete
Athen und Verbündete
Böotien und Verbündete
Züge des Epaminondas
374 Erfolge der Athener
362 Erfolge der Thebaner
Messene Neugründungen der Epaminondaszeit

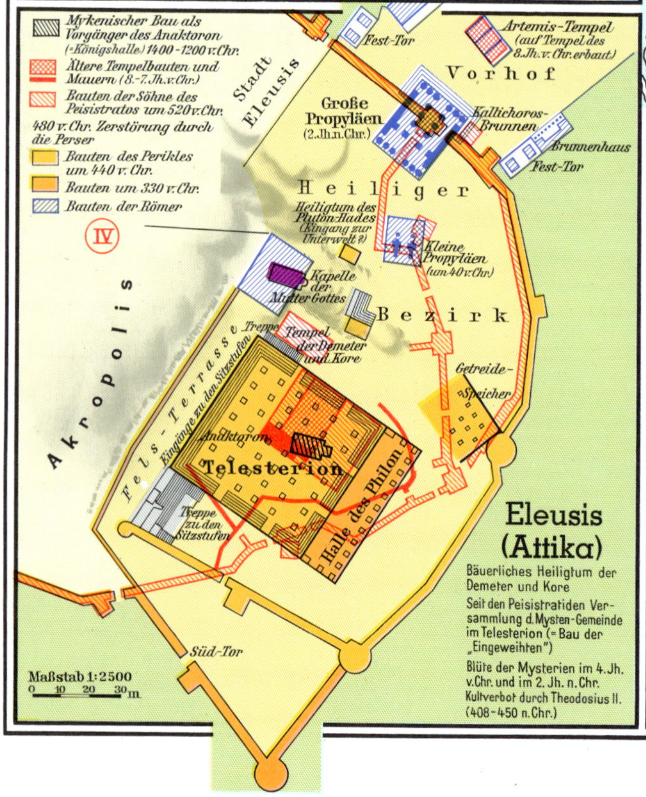
Mykenischer Bau als Vorgänger des Anaktoron (=Königshalle) 1400-1200 v. Chr.
Ältere Tempelbauten und Mauern (8.-7. Jh. v. Chr.)
Bauten der Söhne des Peisistratos um 520 v. Chr.
480 v. Chr. Zerstörung durch die Perser
Bauten des Perikles um 440 v. Chr.
Bauten um 330 v. Chr.
Bauten der Römer
IV
Stadt Eleusis
Vorhof
Heiliger Bezirk
Große Propyläen (2. Jh. n. Chr.)
Kallichoros-Brunnen
Brunnenhaus
Fest-Tor
Artemis-Tempel (auf Tempel des 8. Jh. v. Chr. erbaut)
Heiligtum des Pluton-Hades (Eingang zur Unterwelt ?)
Kleine Propyläen (um 40 v. Chr.)
Kapelle der Mutter Gottes
Tempel der Demeter und Kore
Telesterion
Halle des Philon
Getreide-Speicher
Akropolis
Fels-Terrasse
Süd-Tor
Eleusis (Attika)
Bäuerliches Heiligtum der Demeter und Kore
Seit den Peisistratiden Versammlung d. Mysten-Gemeinde im Telesterion (= Bau der „Eingeweihten")
Blüte der Mysterien im 4. Jh. v. Chr. und im 2. Jh. n. Chr.
Kultverbot durch Theodosius II. (408-450 n. Chr.)
Maßstab 1:2500
0 10 20 30 m

II
Makedonien
Thrakien
Hämos-Gebirge
Epiros
Thessalien
Pella
Athen
Theben
Byzanz
Perserreich
Makedonische Kernlande vor Philipp II.
Reich Philipps II. von Makedonien (359 - 336 v. Chr.)
Feldzüge } Philipps und Alexanders
357 Jahr der Besitznahme
Krieg gegen Athen 340/38
Garnisonen Philipps in Hellas seit 338 v. Chr.
Schlachtort
Thasos Stützpunkte und zuverlässige Verbündete Athens vor 339 v. Chr.
Chios Verbündete Athens 339 v. Chr.
Theben Griech. Verbündete gegen Philipp 339/38
Gebiet Athens nach 338 v. Chr.
Der Aufstieg Makedoniens
Maßstab 1:7 500 000
0 50 100 km

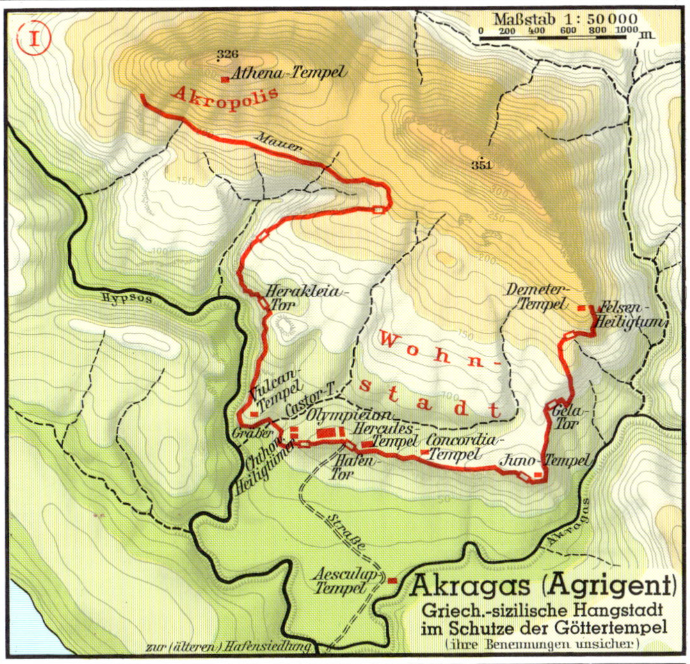
I
Maßstab 1 : 50 000
0 200 400 600 800 1000 m
326
Athena-Tempel
Akropolis
Mauer
351
Hypsos
Herakleia-Tor
Demeter-Tempel
Felsen-Heiligtum
Wohn-stadt
Vulcan-Tempel
Castor-T.
Olympieion
Hercules-Tempel
Concordia-Tempel
Gela-Tor
Juno-Tempel
Gräber
Unterird. Heiligtum
Hafen-Tor
Straße
Akragas
Aesculap-Tempel
Akragas (Agrigent)
Griech.-sizilische Hangstadt im Schutze der Göttertempel
(ihre Benennungen unsicher)
zur (älteren) Hafensiedlung

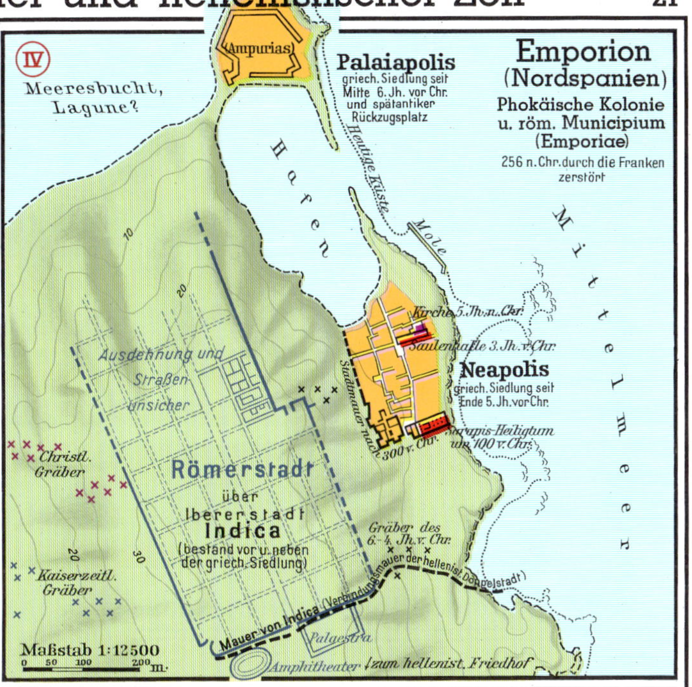
IV
Ampurias
Palaiapolis
griech. Siedlung seit Mitte 6. Jh. vor Chr. und spätantiker Rückzugsplatz
Emporion
(Nordspanien)
Phokäische Kolonie u. röm. Municipium (Emporiae)
256 n. Chr. durch die Franken zerstört
Meeresbucht, Lagune?
Hafen
Heutige Küste
Mole
Mittelmeer
Kirche 5. Jh. n. Chr.
Säulenhalle 3. Jh. v. Chr.
Neapolis
griech. Siedlung seit Ende 5. Jh. vor Chr.
Serapis-Heiligtum um 100 v. Chr.
300 v. Chr.
Ausdehnung und Straßen unsicher
Christl. Gräber
Römerstadt
über Iberer stadt
Indica
(bestand vor u. neben der griech. Siedlung)
Gräber des 6.-4. Jh. v. Chr.
Kaiserzeitl. Gräber
Mauer von Indica
Palaestra
Amphitheater
zum hellenist. Friedhof
Maßstab 1 : 12 500
0 50 100 200 m

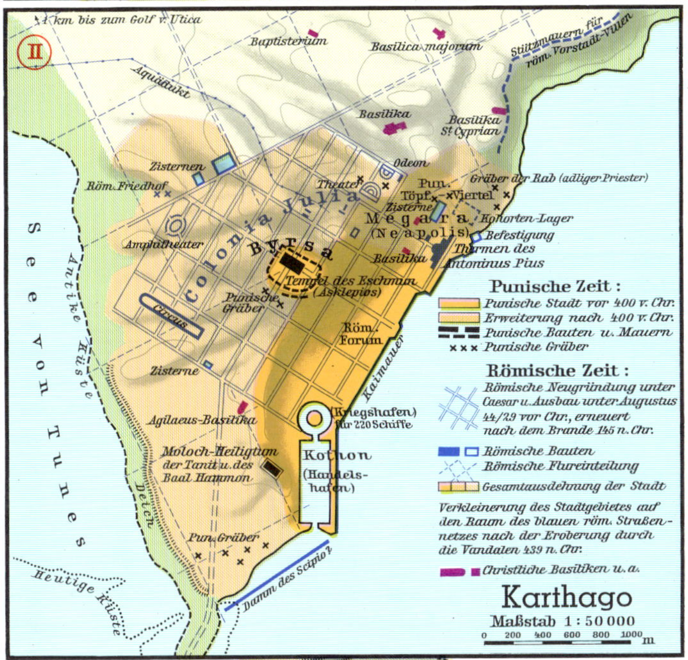
II
km bis zum Golf v. Utica
Baptisterium
Basilica majorum
Aquädukt
Basilika
Basilika St. Cyprian
Zisternen
Odeon
Theater
Röm. Friedhof
Gräber der Rab (adliger Priester)
Colonia Julia
Byrsa
Megara (Neapolis)
Amphitheater
Tempel des Eschmun (Asklepios)
Punische Gräber
Circus
Befestigung
Thermen des Antoninus Pius
Basilika
Röm. Forum
Zisterne
Agilaeus-Basilika
Moloch-Heiligtum der Tanit u. des Baal Hammon
Kothon (Handelshafen)
Kriegshafen für 220 Schiffe
Pun. Gräber
Damm des Scipio
See von Tunis
Antike Küste
Heutige Küste
Punische Zeit :
Punische Stadt vor 400 v. Chr.
Erweiterung nach 400 v. Chr.
Punische Bauten u. Mauern
Punische Gräber
Römische Zeit :
Römische Neugründung unter Caesar u. Ausbau unter Augustus 44/29 vor Chr., erneuert nach dem Brande 145 n. Chr.
Römische Bauten
Römische Flureinteilung
Gesamtausdehnung der Stadt
Verkleinerung des Stadtgebietes auf den Raum des blauen röm. Straßennetzes nach der Eroberung durch die Vandalen 439 n. Chr.
Christliche Basiliken u. a.
Karthago
Maßstab 1 : 50 000
0 200 400 600 800 1000 m

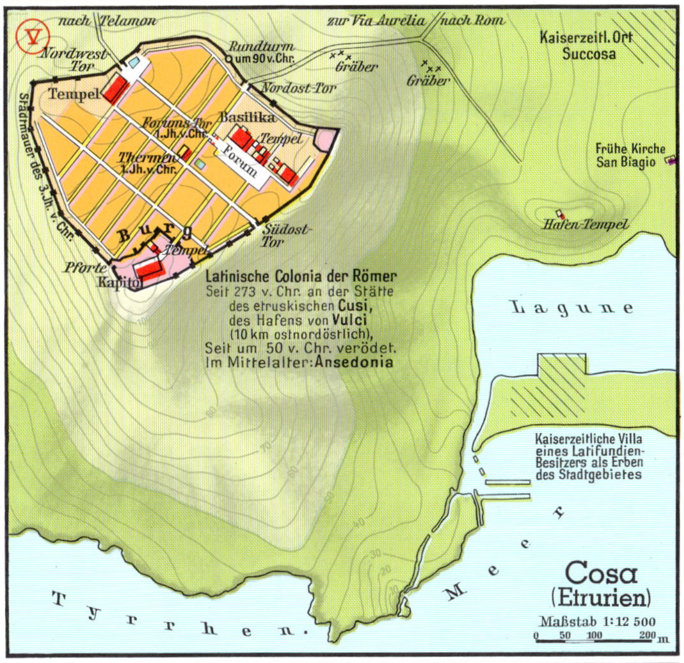
V
nach Telamon
zur Via Aurelia
nach Rom
Kaiserzeitl. Ort Succosa
Nordwest-Tor
Rundturm um 90 v. Chr.
Gräber
Tempel
Nordost-Tor
Forums-Tor
Basilika
Tempel
Thermen 1. Jh. v. Chr.
Forum
Stadtmauer des 3. Jh. v. Chr.
Burg
Südost-Tor
Tempel
Pforte
Kapitol
Frühe Kirche San Biagio
Hafen-Tempel
Latinische Colonia der Römer
Seit 273 v. Chr. an der Stätte des etruskischen Cusi, des Hafens von Vulci (10 km ostnordöstlich), Seit um 50 v. Chr. verödet. Im Mittelalter: Ansedonia
Lagune
Kaiserzeitliche Villa eines Latifundien-Besitzers als Erben des Stadtgebietes
Tyrrhen. Meer
Cosa
(Etrurien)
Maßstab 1 : 12 500
0 50 100 200 m

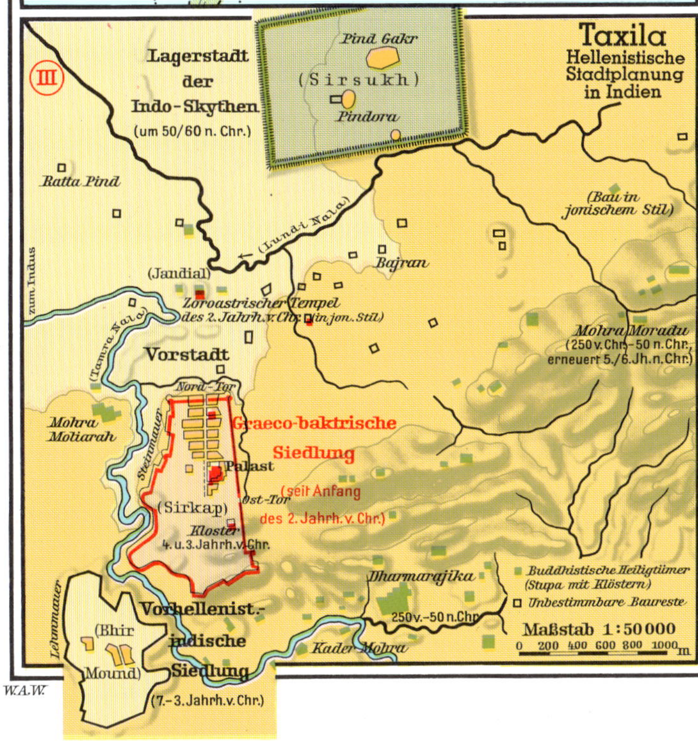
III
Lagerstadt der Indo-Skythen
(um 50/60 n. Chr.)
Pind Gakr
(Sirsukh)
Pindora
Taxila
Hellenistische Stadtplanung in Indien
Ratta Pind
(Lundi Nala)
(Bau in jonischem Stil)
Bajran
(Jandial)
zum Indus
Zoroastrischer Tempel des 2. Jahrh. v. Chr. (in jon. Stil)
(Tamra Nala)
Mohra Moradu
(250 v. Chr.–50 n. Chr., erneuert 5./6. Jh. n. Chr.)
Vorstadt
Nord-Tor
Mohra Motiarah
Graeco-baktrische Siedlung
Palast
Ost-Tor
(seit Anfang des 2. Jahrh. v. Chr.)
(Sirkap)
Kloster
4. u. 3. Jahrh. v. Chr.
Dharmarajika
250 v.–50 n. Chr.
Vorhellenist.-indische Siedlung
(Bhir Mound)
(7.–3. Jahrh. v. Chr.)
Kader Mohra
Buddhistische Heiligtümer (Stupa mit Klöstern)
Unbestimmbare Baureste
Maßstab 1 : 50 000
0 200 400 600 800 1000 m

(Neu-) Milet
erbaut nach der Stadtplanung des Hippodamos seit ca. 450 v. Chr.
(erste Anwendung des „hippodamischen Schemas")
1 Buleuterion (Rathaus) (170 v. Chr.)
2 Kornspeicher (2. Jh. v. Chr.)
3 sogenannt. Theaterturm (Wachtturm) (vor 550 v. Chr.)
4 früh-hellenist. Halle (vor 300 v. Chr.)
VI
Nordhafen
Löwen-Bucht
Theater vor 300 v. Chr. neu 155–140 v. Chr.
Theater-Bucht
Thermen der Faustina (2. Jh. n. Chr.)
Gymnasion des Eumenes (2. Jh. v. Chr.)
Heroon
Delphinion 5. Jh. v. Chr.
Palästra
Röm. Thermen
Hellenist. Gymnasion
Nymphaeum (aus Trajans Zeit 100 n. Chr.)
Stadion
Athena-T.
Serapeion (3. Jh. n. Chr.)
Markt
Säulenhalle des Antiochos I. 3. Jh. v. Chr.
Antike Küste
Stadtmauer
Heiliges Tor
Spätröm. Tempel
Tempel
Kalabak-tepe
n. Didyma
Mykenische Siedlung seit ca. 1450 v. Chr.
Burg des 7./6. Jh. v. Chr., Kern der altjonischen Handelsstadt (Ausdehnung unbekannt). Zerstörung durch die Perser im Jonischen Aufstand 494 v. Chr.
Neuanlage der Stadt seit 450 v. Chr.
538 n. Chr. Beschränkung der Stadt auf den Nordteil (unter Justinian)
Stadtmauern :
Südstadtmauer vor 494 v. Chr.
Große Stadtmauer 411–400 v. Chr.
Löwentor (Hafensperre) 300 v. Chr.
Stadtmauer 200–190 v. Chr.
Mauer Justinians 538 n. Chr.
Große- u. Süd-Mauer in der Kaiserzeit im Verfall, erneuert 263 n. Chr. zum Schutze gegen den Goteneinfall
Maßstab 1 : 25 000
0 100 200 300 400 500 m

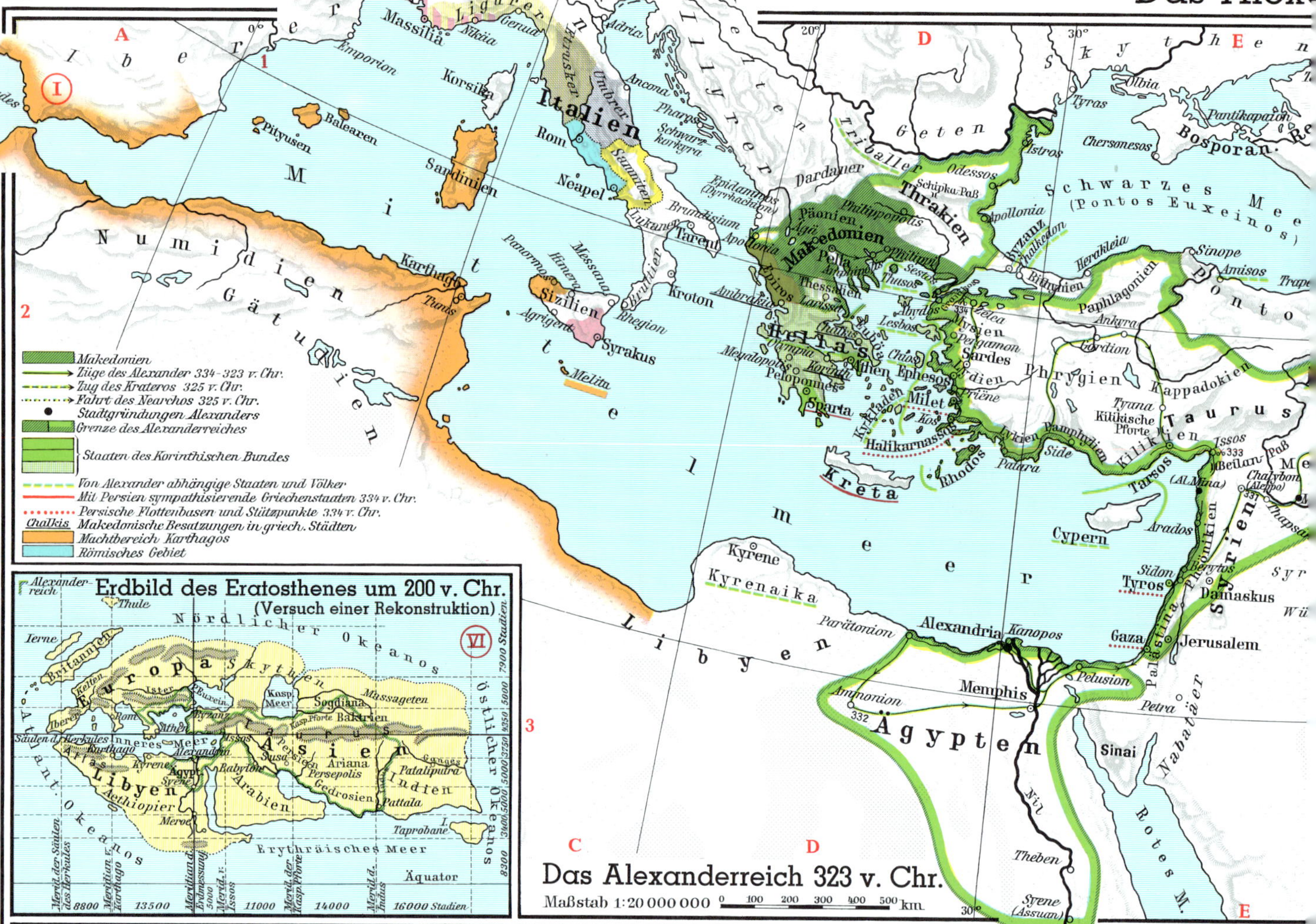
Das Alexanderreich 323 v. Chr.
Maßstab 1:20 000 000 0 100 200 300 400 500 km
Makedonien
Züge des Alexander 334–323 v. Chr.
Zug des Krateros 325 v. Chr.
Fahrt des Nearchos 325 v. Chr.
Stadtgründungen Alexanders
Grenze des Alexanderreiches
Staaten des Korinthischen Bundes
Von Alexander abhängige Staaten und Völker
Mit Persien sympathisierende Griechenstaaten 334 v. Chr.
Persische Flottenbasen und Stützpunkte 334 v. Chr.
Chalkis Makedonische Besatzungen in griech. Städten
Machtbereich Karthagos
Römisches Gebiet
Iberer
Kelten
Numidien
Gätuler
Mittelmeer
Libyen
Ägypten
Italien
Makedonien
Thrakien
Hellas
Schwarzes Meer (Pontos Euxeinos)
Alexandria
Memphis
Karthago
Syrakus
Kreta
Cypern
Kyrene
Kyrenaika
Tyros
Gaza
Jerusalem
Damaskus
Syrien
Rotes M.
Sinai
Erdbild des Eratosthenes um 200 v. Chr.
(Versuch einer Rekonstruktion)
Alexanderreich
Thule
Nördlicher Okeanos
Östlicher Okeanos
Atlantischer Okeanos
Erythräisches Meer
Europa
Asien
Libyen
Arabien
Indien
Aethiopier
Taprobane
Äquator
8800 13500 14000 16000 Stadien

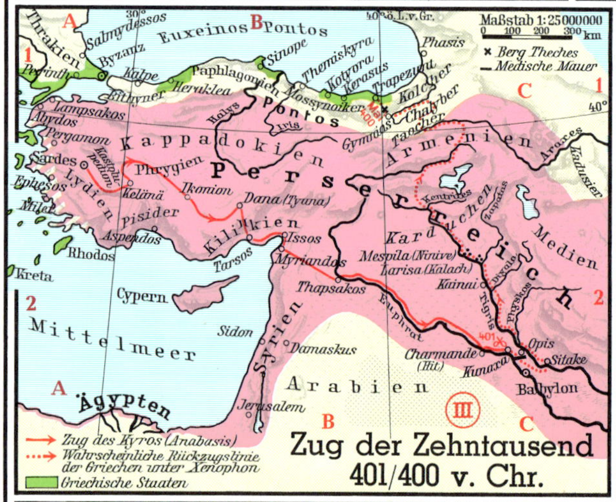
Maßstab 1:25 000 000
Berg Theches
Medische Mauer
Euxeinos Pontos
Perserreich
Kappadokien
Armenien
Medien
Phrygien
Kilikien
Syrien
Arabien
Ägypten
Mittelmeer
Babylon
Kunaxa
Zug des Kyros (Anabasis)
Wahrscheinliche Rückzugslinie der Griechen unter Xenophon
Griechische Staaten
Zug der Zehntausend
401/400 v. Chr.

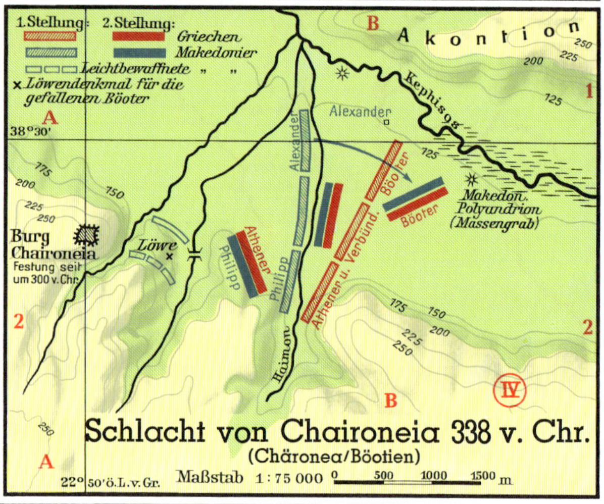
1. Stellung: 2. Stellung:
Griechen
Makedonier
Leichtbewaffnete
× Löwendenkmal für die gefallenen Böoter
Akontion
Kephisos
Alexander
Philipp
Athener
Böoter
Makedon. Polyandrion (Massengrab)
Burg Chaironeia
Festung seit um 300 v. Chr.
Löwe
Haimon
Schlacht von Chaironeia 338 v. Chr.
(Chäronea/Böotien)
22° 50' ö. L. v. Gr.
Maßstab 1:75 000 0 500 1000 1500 m

Schwarzes Meer
Pontos
Thrakien
Bithynien
Paphlagonien
Galatien
Phrygien
Kappadokien
Lydien
Karien
Pisidien
Lykien
Kilikien
Mittelmeer
Cypern
Kreta
Rhodos
Ägypten
Alexandria
Antiocheia
Phönikien
Klima- und Siedlungsgebiete
Mittelmeer-(Etesien-)Klima
Steppenklima
Wüsten
Steppen

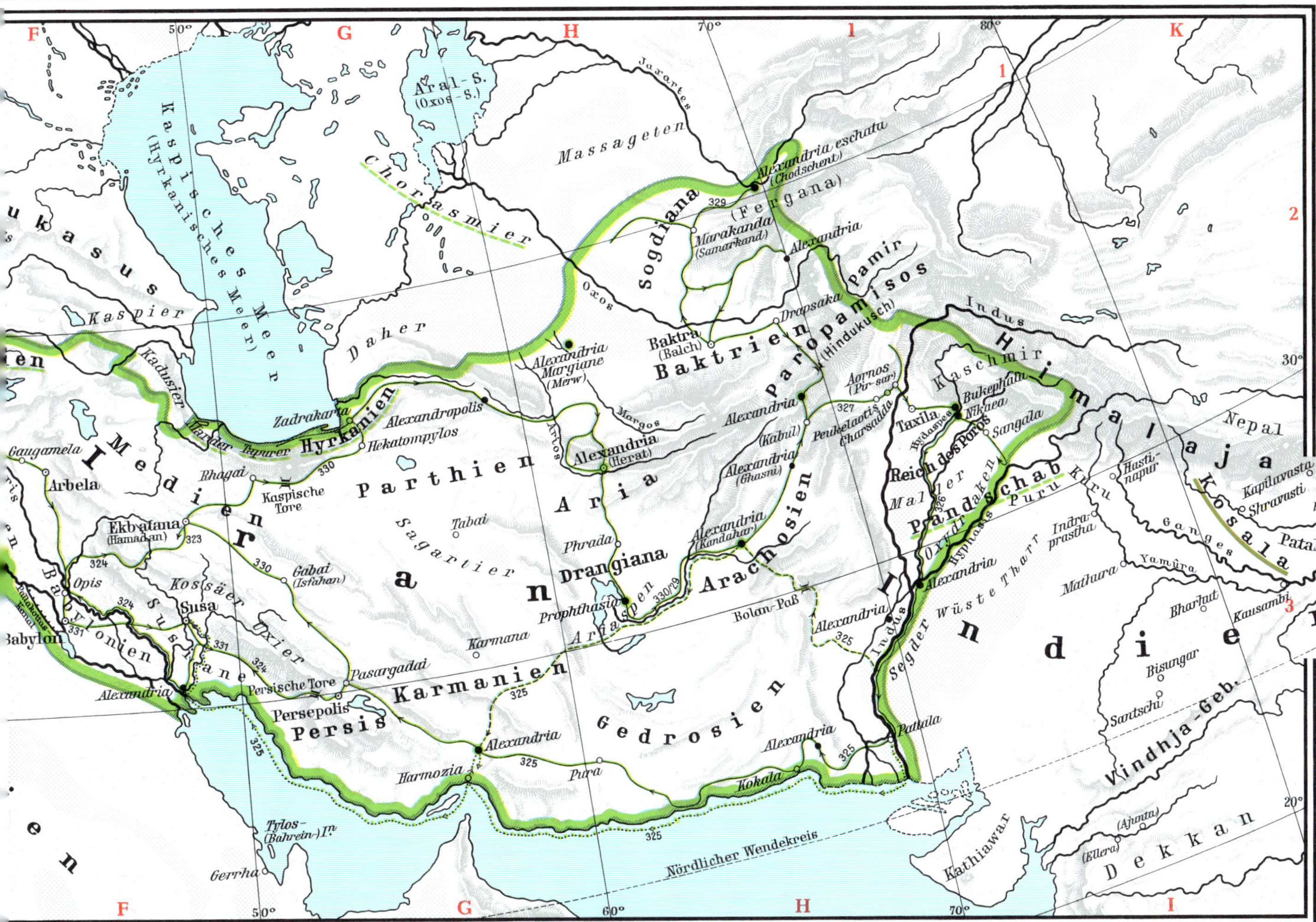

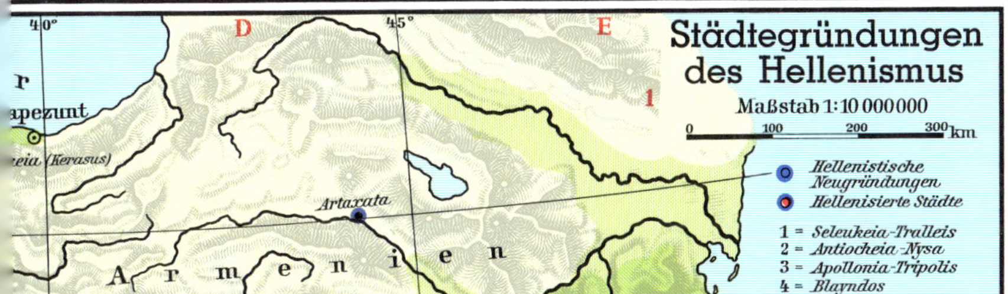

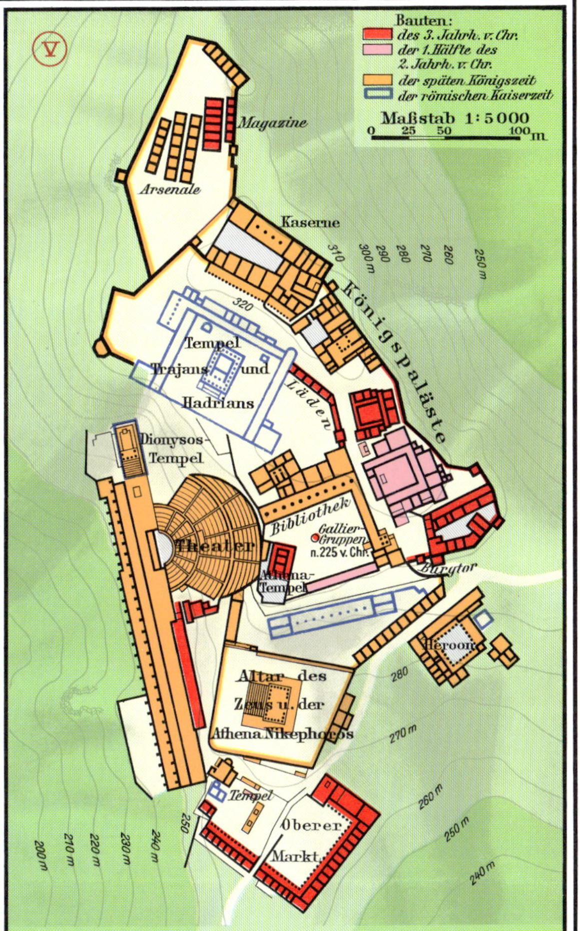

Hellenistische Königsburg Pergamon

Begegnung der Mittelmeerwelt mit dem Norden

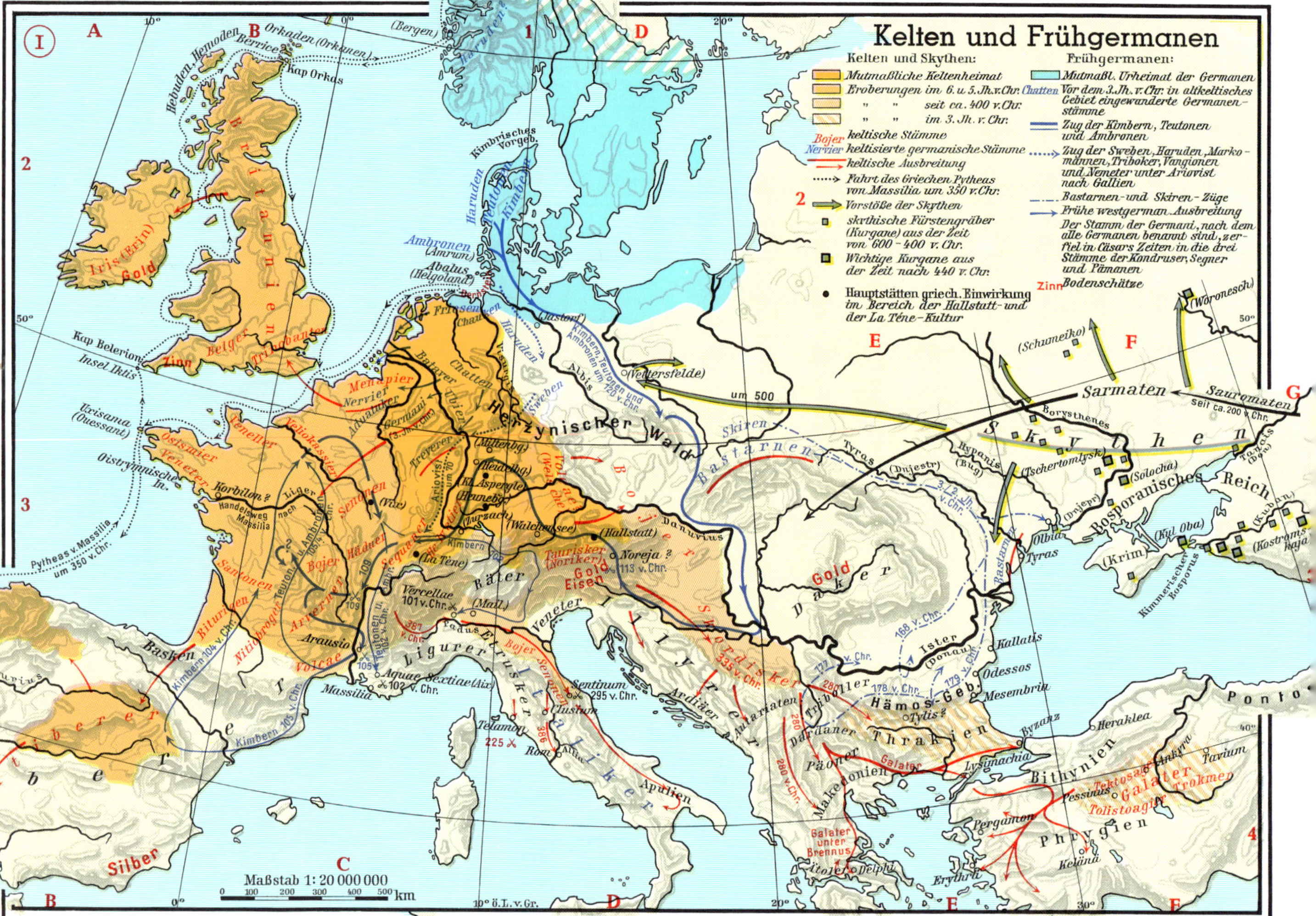

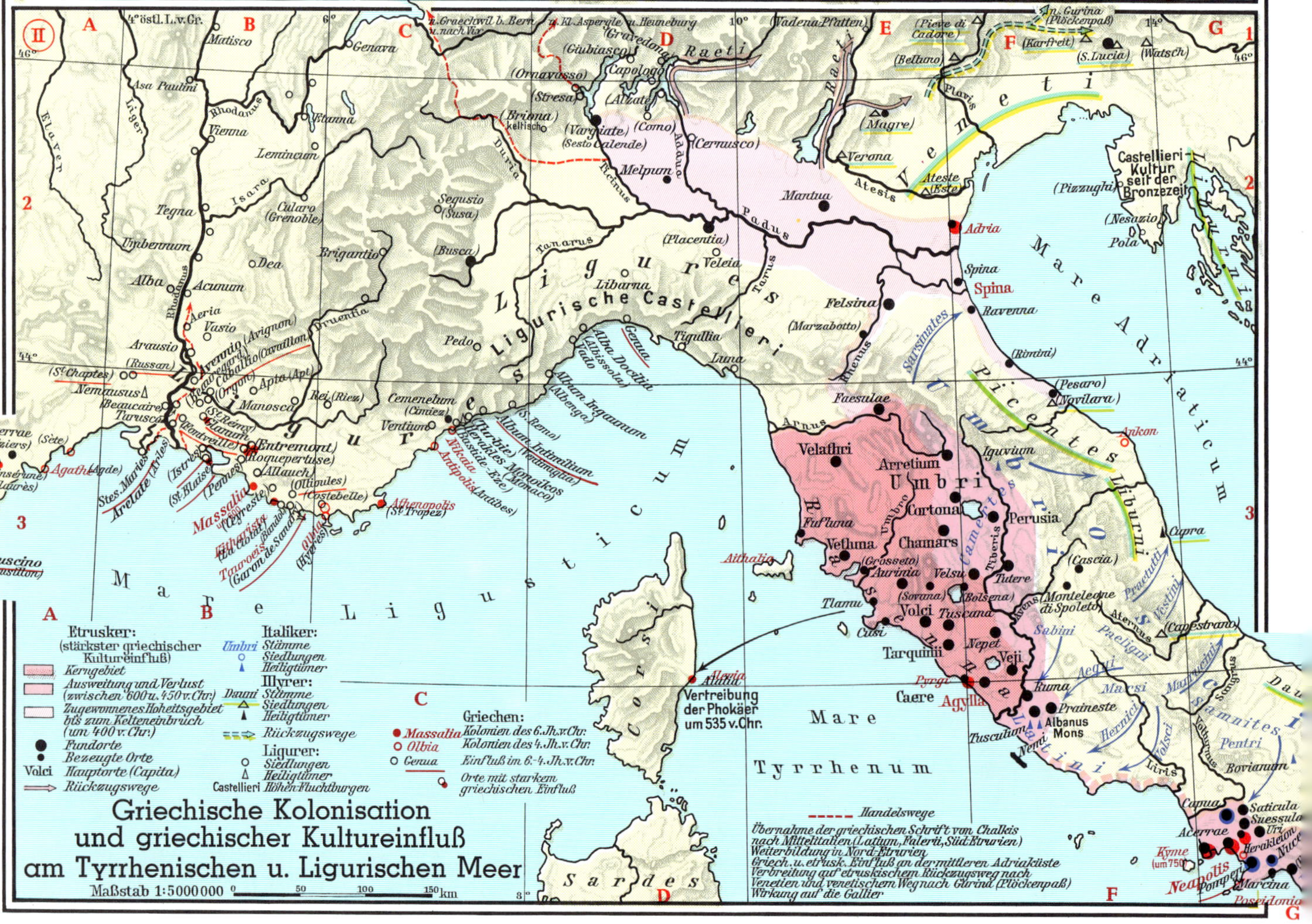

Griechische Kolonisation und griechischer Kultureinfluß am Tyrrhenischen u. Ligurischen Meer

Die Einigung Italiens durch Rom u. ihre Bedrohung durch Hannibal
Coloniae römischer Bürger:
Garnisonen (300 Siedler), gegründet zwischen 338 und 218 v. Chr.
Garnisonen im Gebiet der Bundesgenossen, gegründet nach 201 v. Chr. (bis 157 v. Chr.)
Großgarnisonen (Städtische Ansiedlungen) gegen Kelten-Aufstände, gegründet nach 201 v. Chr.
Coloniae latinischen Rechtes:
Garnisonen gegründet zwischen 492 und 272 v. Chr. (mit Recht der Übersiedlung nach Rom)
Garnisonen gegründet zwischen 272 und 218 v. Chr.
Garnisonen gegründet nach 201 v. Chr. (bis 177 v. Chr.)
Samnitischer Bund 298 v. Chr.
Römisches Gebiet (Ager Romanus) 298 v. Chr.
Römische Erwerbungen 298 bis 263 v. Chr.
Römische Erwerbungen durch Konfiszierung nach Abfall im 2. Punischen Kriege
Gebiet latinischen Rechtes 298 v. Chr.
Erweiterung des latin. Gebietes nach 272 v. Chr.
Gebiet der Bundesgenossen (Socii) 298 v. Chr.
Neue Bundesgenossen (Socii) bis 263 v. Chr.
Seit dem 1. Punischen Kriege mit Rom verbündete Städte in Sizilien
Reich von Syrakus
Bundesgenossen von Syrakus
Zwischen 241 und 218 v. Chr. von Rom eroberte Gebiete
Hannibals Züge bis zur Schlacht von Cannae 218 bis 216 v. Chr.
Karthagische Stützpunkte
Stämme:
Sabini = Italiker
Veneti = Illyrer
TAURINI = Kelten
Apuani = Ligurer u.a.
Mare Adriaticum
Mare Tyrrhenum
Grenze des karthagischen Machtbereiches um 500 bis 241/238 v. Chr.
Corsica
Röm. Provinz seit 238 v. Chr.
Sardinia
Röm. Provinz seit 238 v. Chr.
Sicilia
Römische Provinz 241 v. Chr.
Reich Hierons II. von Syrakus
262–215 mit Rom verbündet
212 zur Provinz Sicilia
Rückweg Hannibals 203 v. Chr.
Maßstab 1:5 000 000
Kernland der Etrusker und Siedlungs-Rückgang in Nord-Etrurien unter röm. Herrschaft
Maßstab 1:2 500 000
(Mag) = Magione (G) = Gaiella (V) = Vaiono (M) = Macchia
Fundplätze etrusk. Kultur
Grenzen der 12 Capita-Gebiete
Sicherer oder wahrscheinlicher Hauptort (Caput) der Etrusker
Ort der Umbrer
Ort der Latiner u. Falisker
Nach der röm. Eroberung im 3./2. Jh. v. Chr. fortbestehende Orte
Besetzung mit latinischen oder römischen Kolonisten im 3./2. Jh. v. Chr.
Besetzung mit Veteranen Sullas oder der Kaiserzeit
Gründungen der republikan. Zeit
Gründungen der Kaiserzeit
In der Kaiserzeit erneuerte Orte
Etrusk. Wege
Römerstraßen
Steinbrüche
Sizilien und Unteritalien in der Kaiserzeit
Römische Coloniae:
Tempsa = vor-augusteisch
Panormus = augusteisch
Lilybaeum = spät-augusteisch
Latinische Coloniae:
Paestum
Municipia: vor-augusteisch, früh-augusteisch
Gebiete verarmender Städte der republikan. Zeit werden in der Kaiserzeit zu Latifundien
Latifundien-Mittelpunkte
Städte, die z.Z. Ciceros (74 v. Chr.) noch bestanden
Straßen
Lucania et Bruttium
Apulia
Provincia Sicilia
Africa
Landhöhen: 0–200 200–500 über 500 m
Maßstab 1:7 500 000

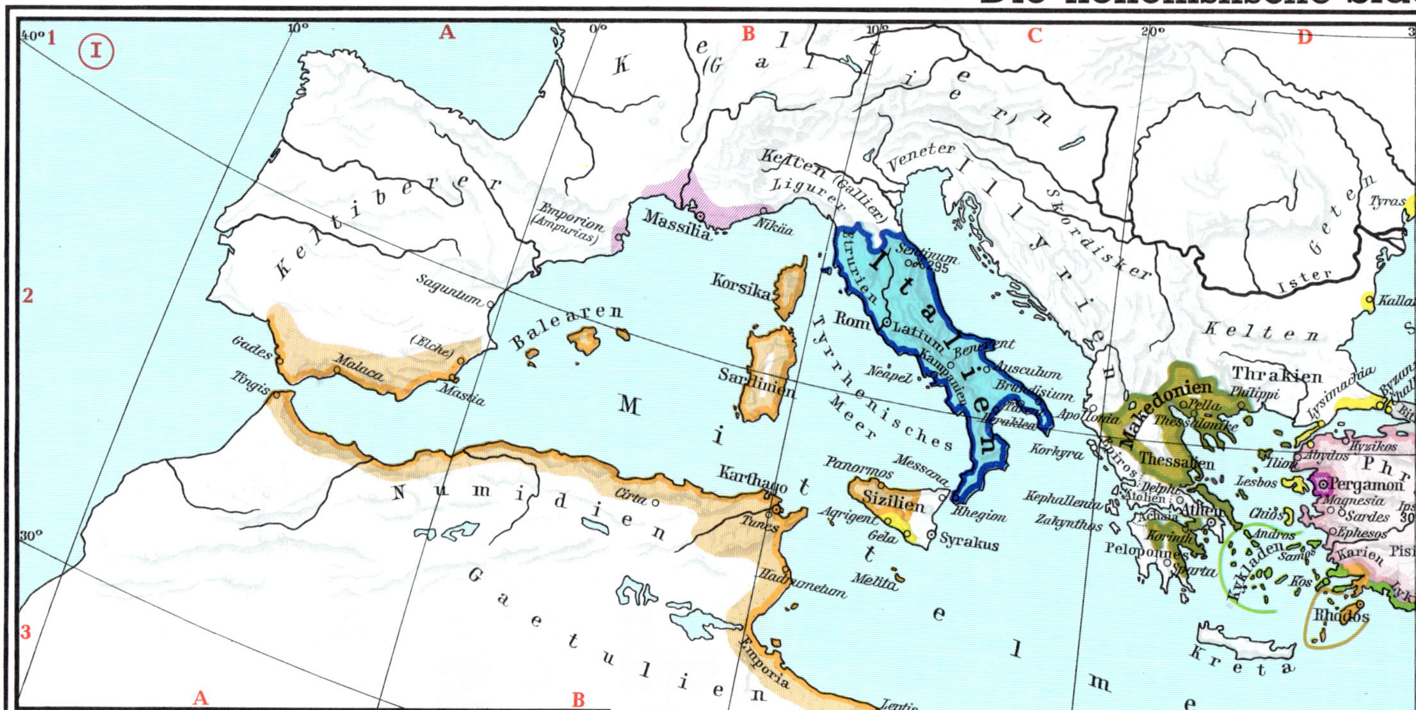

Die Mittelmeerwelt um 270 v. Chr.

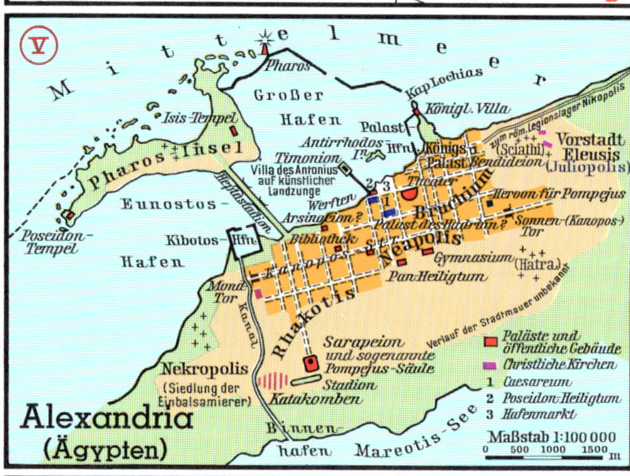

Alexandria (Ägypten)

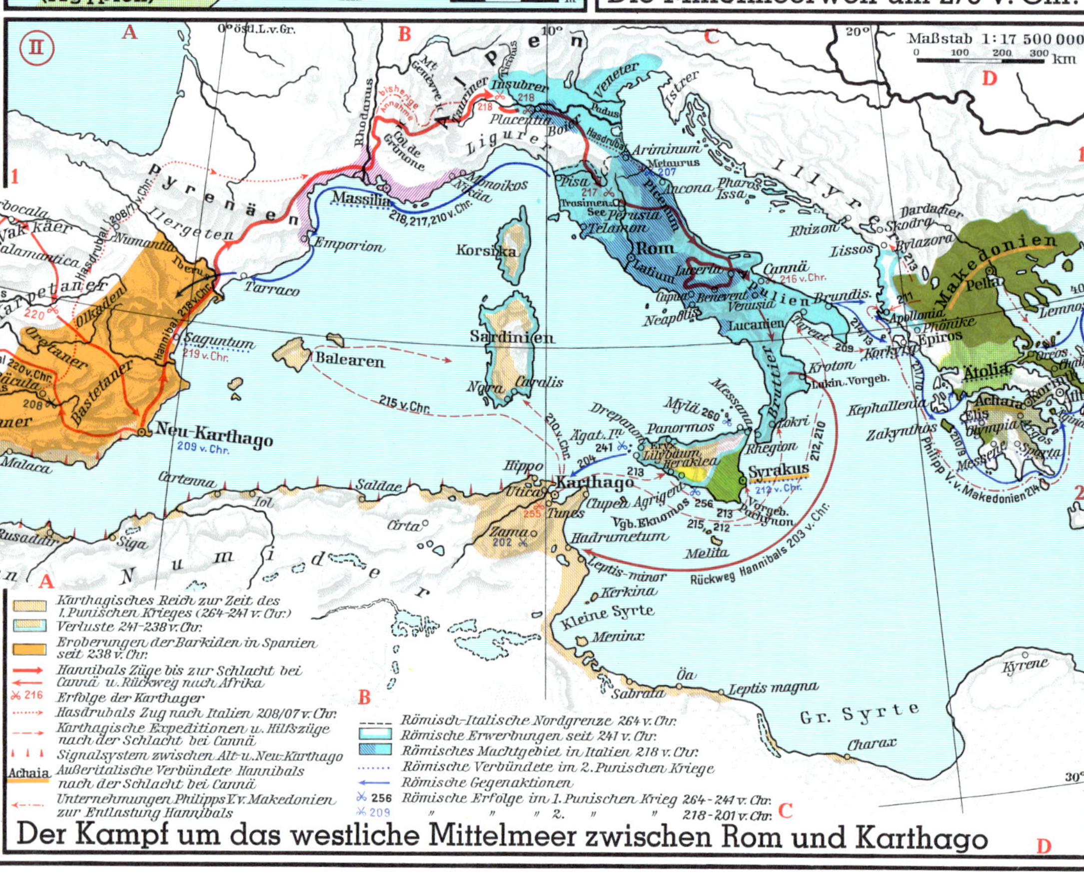

Der Kampf um das westliche Mittelmeer zwischen Rom und Karthago

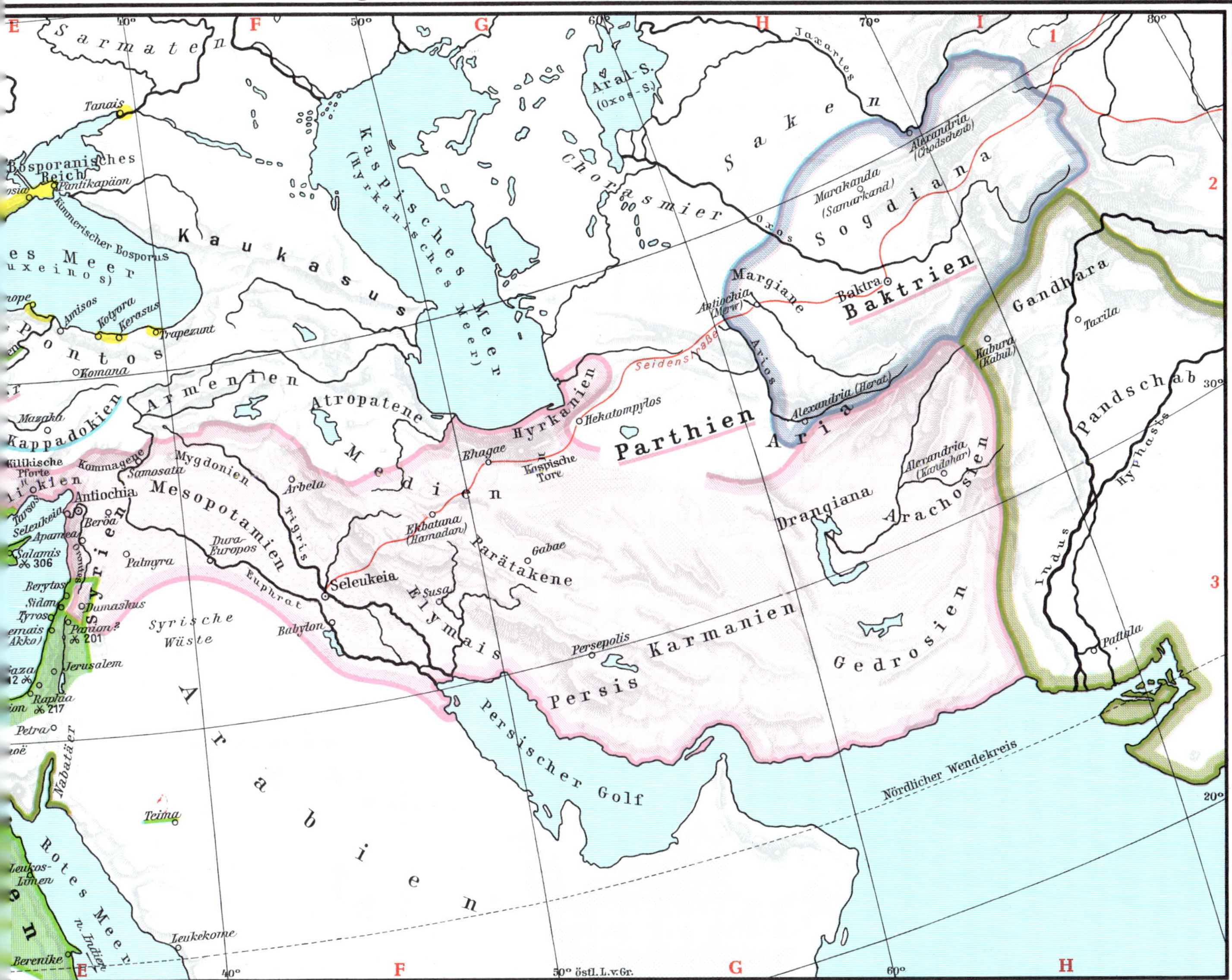

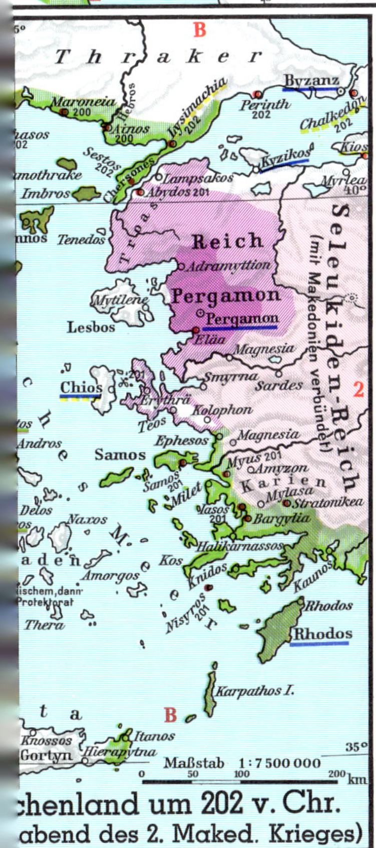

…chenland um 202 v. Chr.
(…abend des 2. Maked. Krieges)

Vorderasien 188 v. Chr.
(Friede von Apamea)

Roms Aufstieg zur Weltherrschaft

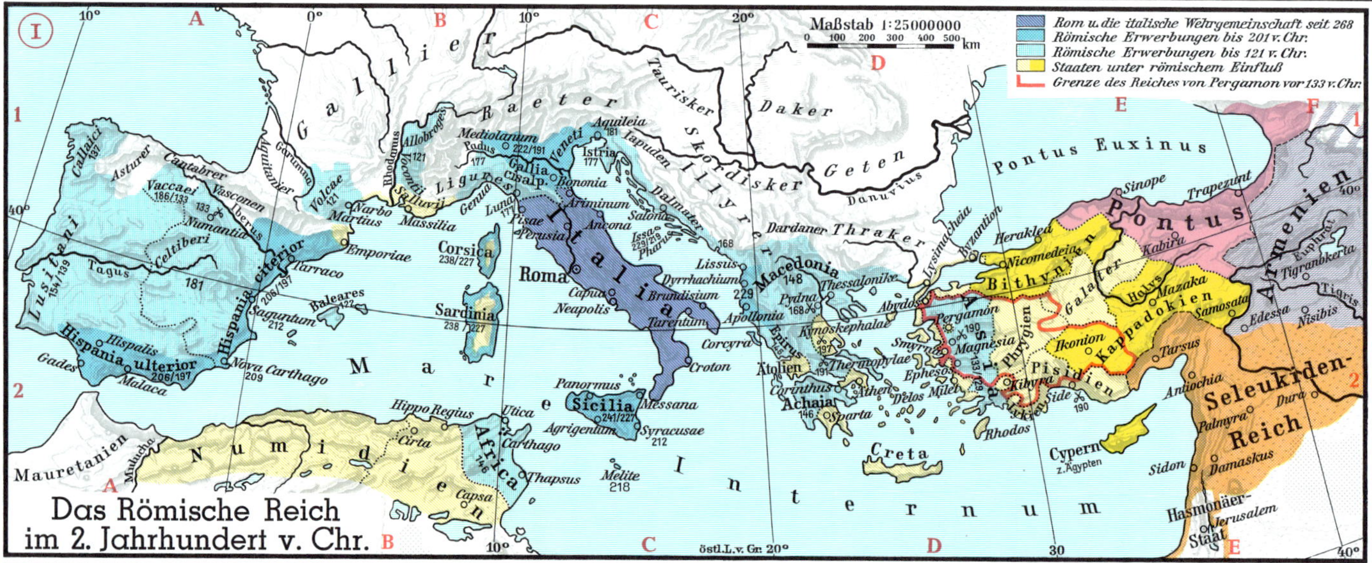

Das Römische Reich im 2. Jahrhundert v. Chr.

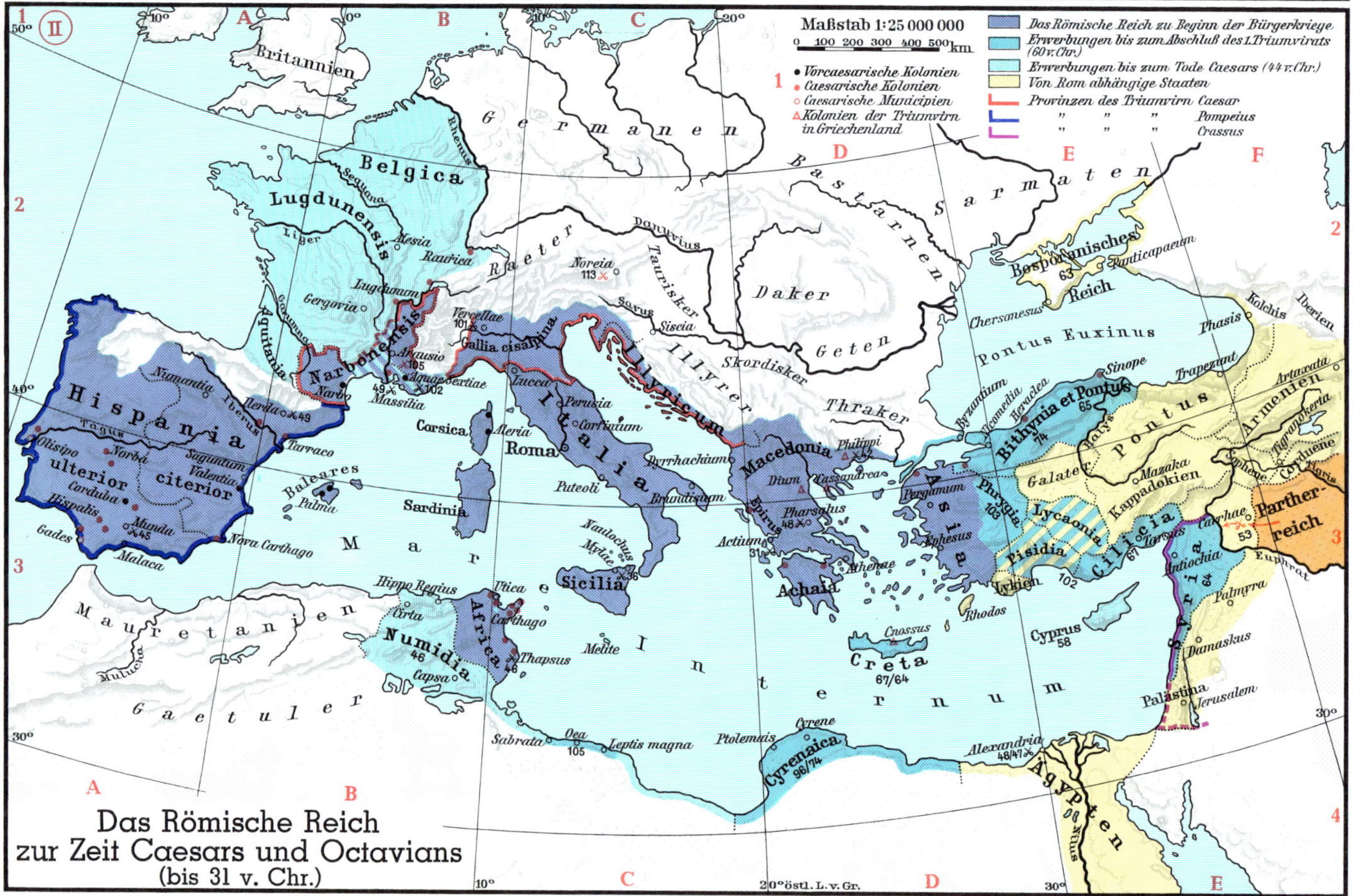

Das Römische Reich zur Zeit Caesars und Octavians (bis 31 v. Chr.)

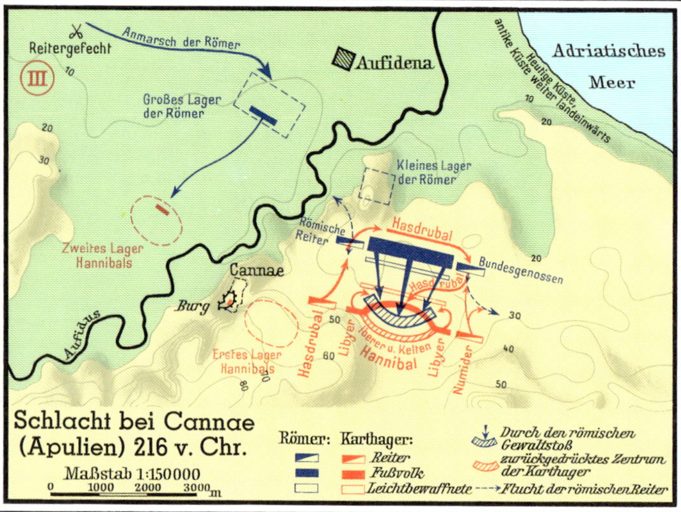

Schlacht bei Cannae (Apulien) 216 v. Chr.

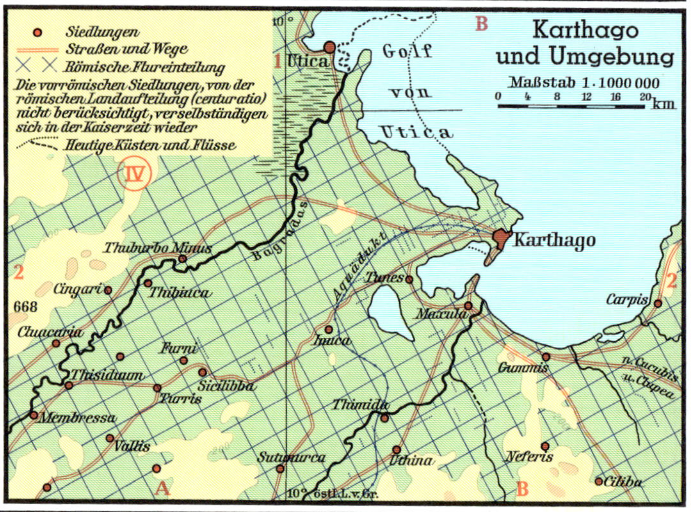

Karthago und Umgebung

Roms Aufstieg zur Weltherrschaft

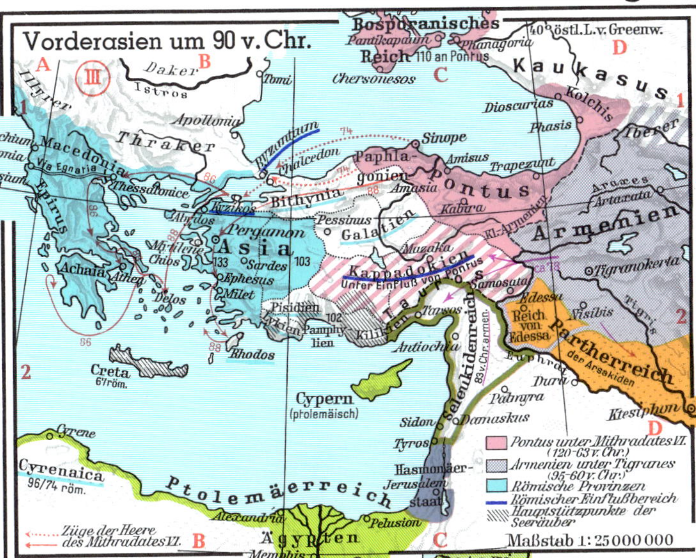

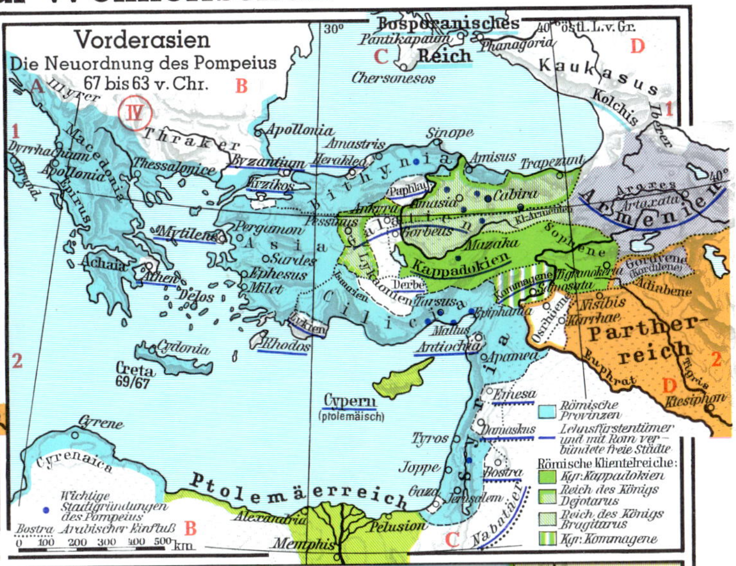

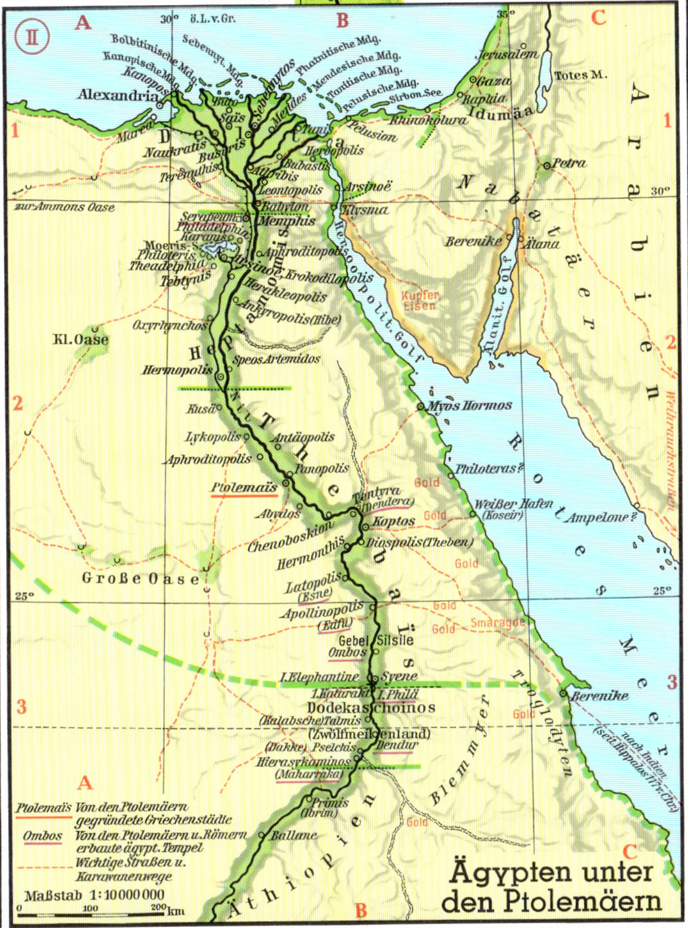

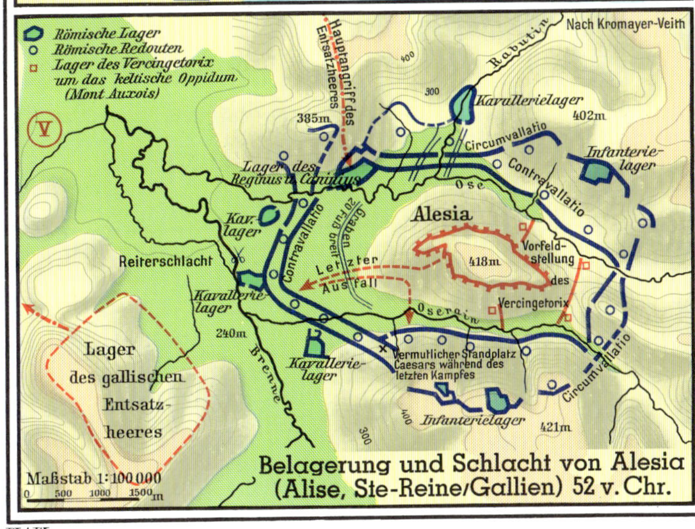

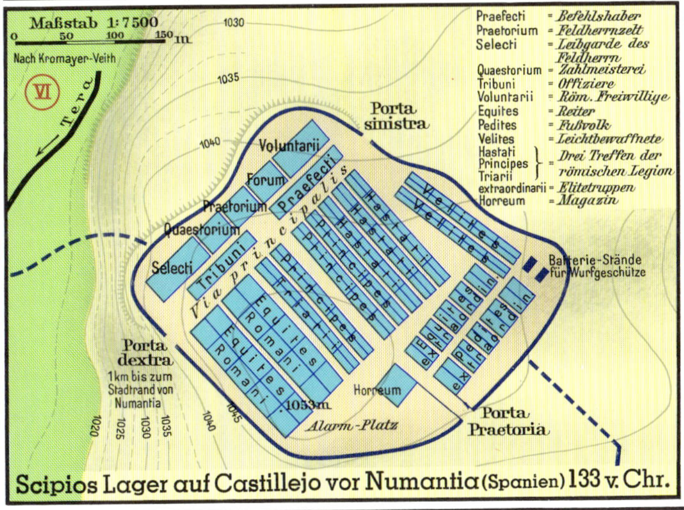

Italien als Ke

Landhöhen: 0 - 200

1000 | 1000-2000 | über 2000 m

I
Maßstab 1:12 500
nach Capua
nach Nola
Capuaner Tor
Nolaner Tor
Sarno-Tor
Vesuv-Tor
zum Vesuv
Forum Boarium
Amphitheater
Palaestra
Haus d. Bankiers C. Jucundus
Haus des Centenarius
Haus des Trebius Valens
Hs.d. Loreius Tiburtinus
Nord-Thermen 63/79 n. Chr. begonnen
Herculaner Tor
Haus d. Chirurgen
Haus des Fauns
Fortuna-Tempel
Markthalle
Curia
Forum
Kapitol (Tempel d. Jupiter)
Apollo-Tempel
Basilika um 100 v. Chr.
Tribunalien
Sec-Tor
Tempel der Venus Pompeiana
Großes Theater
Odeum
Gladiatoren-Kaserne
Stabianer Tor
nach Stabiae
Nuceria-Tor
nach Nuceria
zur Meeresküste
Pompeji
vor der Zerstörung
79 n. Chr.
Griech.-oskische Zeit vor 200 v. Chr.:
Stadtmauer
Stadtgebiet
wichtige Gebäude
Hellenist.-römische Zeit:
Stadtmauer
Stadtgebiet
wichtige öffentl. Gebäude
andere wichtige Gebäude

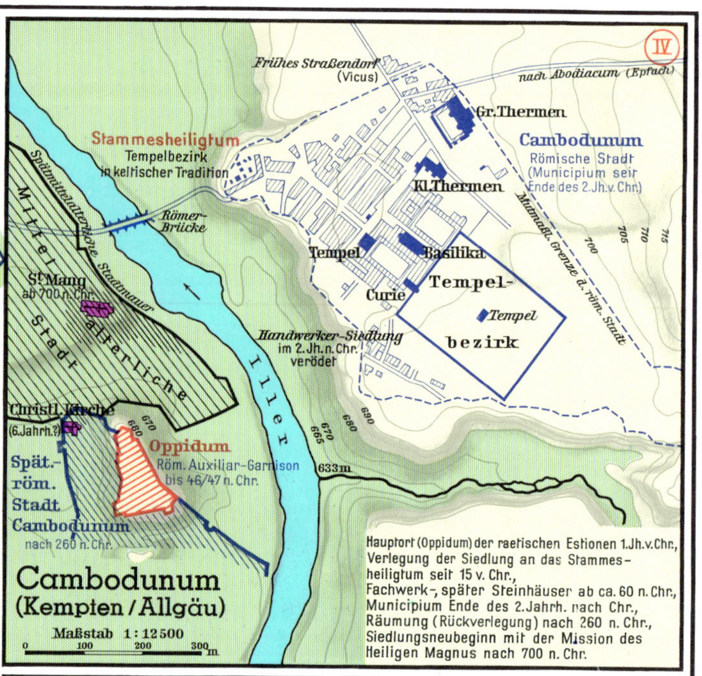
IV
Frühes Straßendorf (Vicus)
nach Abodiacum (Epfach)
Gr. Thermen
Cambodunum
Römische Stadt (Municipium seit Ende des 2. Jh. v. Chr)
Stammesheiligtum
Tempelbezirk in keltischer Tradition
Römer-Brücke
Kl. Thermen
Tempel
Basilika
Curie
Tempel-bezirk
Tempel
St. Mang ab 700 n. Chr.
Handwerker-Siedlung im 2. Jh. n. Chr. verödet
Iller
Christl. Kirche (6. Jahrh.?)
Oppidum
Röm. Auxiliar-Garnison bis 46/47 n. Chr.
Spät-röm. Stadt Cambodunum nach 260 n. Chr.
Hauptort (Oppidum) der raetischen Estionen 1. Jh. v. Chr., Verlegung der Siedlung an das Stammesheiligtum seit 15 v. Chr., Fachwerk-, später Steinhäuser ab ca. 60 n. Chr., Municipium Ende des 2. Jahrh. nach Chr., Räumung (Rückverlegung) nach 260 n. Chr., Siedlungsneubeginn mit der Mission des Heiligen Magnus nach 700 n. Chr.
Cambodunum
(Kempten / Allgäu)
Maßstab 1:12500

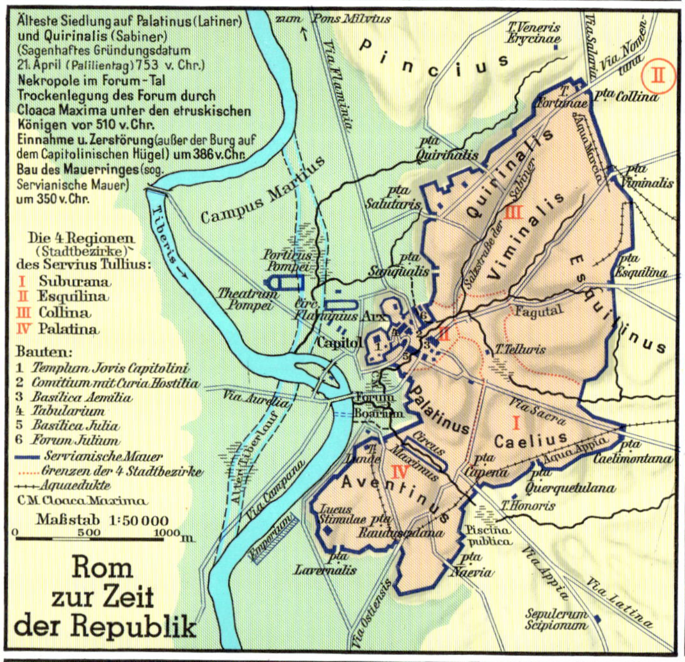
Älteste Siedlung auf Palatinus (Latiner) und Quirinalis (Sabiner) (Sagenhaftes Gründungsdatum 21. April (Palilientag) 753 v. Chr.)
Nekropole im Forum-Tal
Trockenlegung des Forum durch Cloaca Maxima unter den etruskischen Königen vor 510 v. Chr.
Einnahme u. Zerstörung (außer der Burg auf dem Capitolinischen Hügel) um 386 v. Chr.
Bau des Mauerringes (sog. Servianische Mauer) um 350 v. Chr.
II
Pons Mulvius
Via Flaminia
Pincius
Quirinalis
Viminalis
Esquilinus
Campus Martius
Tiberis
Capitol
Palatinus
Caelius
Aventinus
Forum Boarium
Die 4 Regionen (Stadtbezirke) des Servius Tullius:
I Suburana
II Esquilina
III Collina
IV Palatina
Bauten:
1 Templum Jovis Capitolini
2 Comitium mit Curia Hostilia
3 Basilica Aemilia
4 Tabularium
5 Basilica Julia
6 Forum Julium
Servianische Mauer
Grenzen der 4 Stadtbezirke
Aquaedukte
C.M. Cloaca Maxima
Maßstab 1:50 000
Via Appia
Via Latina
Rom
zur Zeit
der Republik

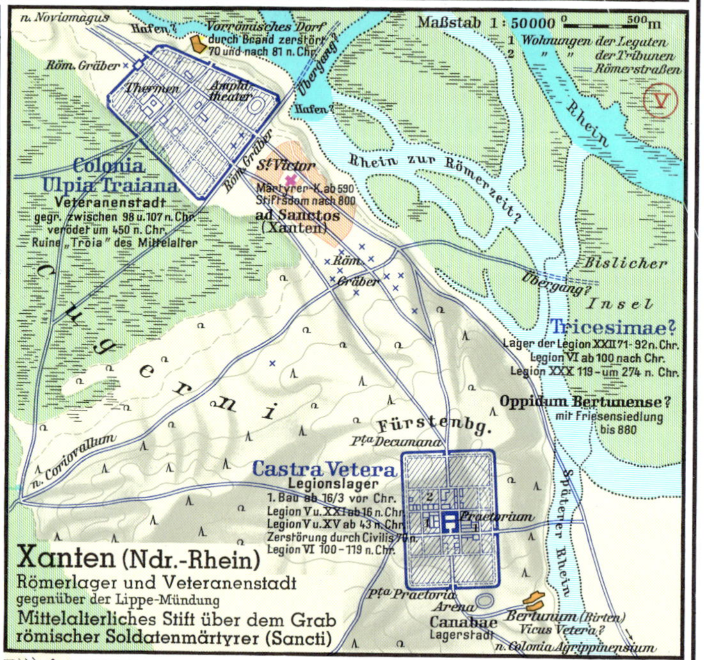
V
Maßstab 1:50000
1 Wohnungen der Legaten der Tribunen
2 Römerstraßen
Vorrömisches Dorf durch Brand zerstört 70 und nach 81 n. Chr.
Röm. Gräber
Thermen
Amphitheater
Hafen
Colonia Ulpia Traiana
Veteranenstadt gegr. zwischen 98 u. 107 n. Chr. verödet um 450 n. Chr. Ruine „Troia" des Mittelalter
St. Victor
Märtyrer-K. ab 590 Stiftsdom nach 800
ad Sanctos (Xanten)
Rhein
Rhein zur Römerzeit?
Bislicher Übergang?
Insel
Tricesimae?
Lager der Legion XXX 71-92 n. Chr. Legion VI ab 100 nach Chr. Legion XXX 119 - um 274 n. Chr.
Oppidum Bertunense? mit Friesensiedlung bis 880
Fürstenbg.
Castra Vetera
Legionslager
1. Bau ab 16/3 vor Chr.
Zerstörung durch Civilis 70 n. Chr.
Praetorium
Arena
Canabae
Lagerstadt
Bertunum (Birten) Vicus Vetera?
n. Colonia Agrippinensium
Später Rhein
Xanten (Ndr.-Rhein)
Römerlager und Veteranenstadt gegenüber der Lippe-Mündung
Mittelalterliches Stift über dem Grab römischer Soldatenmärtyrer (Sancti)

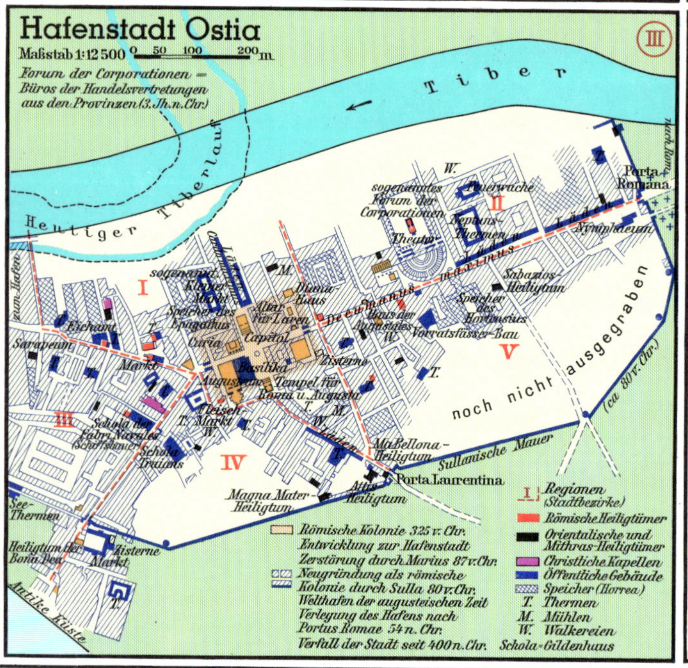
Hafenstadt Ostia
Maßstab 1:12 500
III
Forum der Corporationen = Büros der Handelsvertretungen aus den Provinzen (3. Jh. n. Chr.)
Tiber
Heutiger Tiberlauf
Porta Romana
Theater
Capitol
Forum
Curia
Basilika
Tempel für Roma u. Augustus
Macellum
Magna Mater-Heiligtum
Porta Laurentina
noch nicht ausgegraben
Sullanische Mauer
Thermen
Antike Küste
Römische Kolonie 325 v. Chr. Entwicklung zur Hafenstadt
Zerstörung durch Marius 87 v. Chr.
Neugründung als römische Kolonie durch Sulla 80 v. Chr.
Weltkafen der augusteischen Zeit
Verlegung des Hafens nach Portus Romae 54 n. Chr.
Verfall der Stadt seit 400 n. Chr.
Regionen (Stadtbezirke)
Römische Heiligtümer
Orientalische und Mithras-Heiligtümer
Christliche Kapellen
Öffentliche Gebäude
Speicher (Horrea)
T. Thermen
M. Mühlen
W. Walkereien
Schola-Gildenhaus

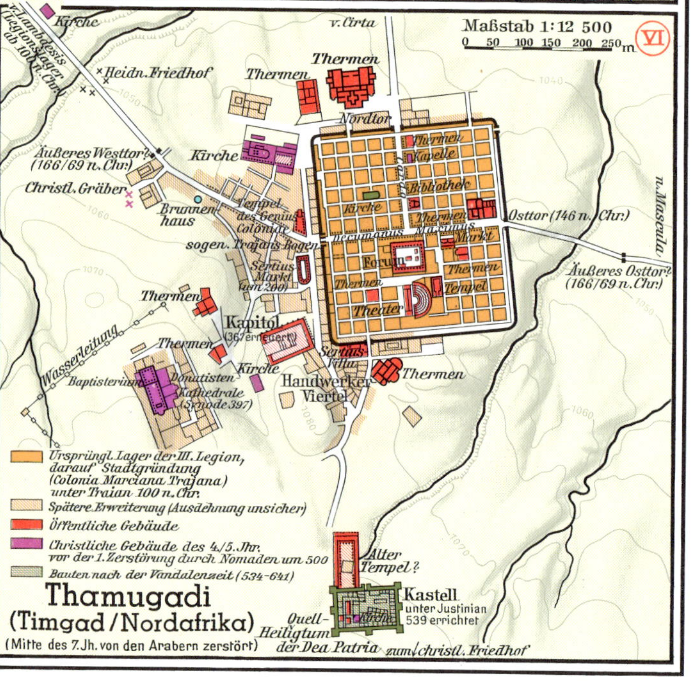
VI
Maßstab 1:12 500
Kirche
v. Cirta
Heidn. Friedhof
Thermen
Nordtor
Äußeres Westtor (166/69 n. Chr.)
Christl. Gräber
Brunnenhaus
Kapitol
Forum
Theater
Ostor (146 n. Chr.)
Äußeres Osttor (166/69 n. Chr.)
n. Mascula
Handwerker Viertel
Donatisten Kathedrale (Synode 397)
Baptisterium
Wasserleitung
Ursprüngl. Lager der III. Legion, darauf Stadtgründung (Colonia Marciana Trajana) unter Traian 100 n. Chr.
Spätere Erweiterung (Ausdehnung unsicher)
Öffentliche Gebäude
Christliche Gebäude des 4./5. Jhr. vor der 1. Zerstörung durch Nomaden um 500
Bauten nach der Vandalenzeit (534-641)
Alter Tempel?
Kastell unter Justinian 539 errichtet
Quell-Heiligtum der Dea Patria
zum christl. Friedhof
Thamugadi
(Timgad / Nordafrika)
(Mitte des 7. Jh. von den Arabern zerstört)

Rom zur Kaiserzeit
Die 14 Regionen (Stadtbezirke) seit Kaiser Augustus:
I Porta Capena
II Caelimontium
III Isis et Serapis
IV Templum Pacis
V Esquiliae
VI Alta Semita
VII Via Lata
VIII Forum Romanum
IX Circus Flaminius (durch Claudius nach Norden erweitert)
X Palatium
XI Circus Maximus
XII Piscina Publica
XIII Aventinus
XIV Trans Tiberim
Republikanische Bauten
Bauten und Umbauten des Augustus
Bauten zwischen 14–250 n. Chr.
Spätantike Bauten
Grenzen der 14 Stadtbezirke
Pomerium seit Vespasian
Aquaedukte
Katakomben
Feuer- u. Polizeiwachen
Hauskirchen (Tituli) des 3./4. Jh.
Vermutlich bewohntes oder besiedeltes Stadtgebiet
Maßstab 1:30 000
0 500 Meter
Tempel:
1 T. Matidiae
2 T. Hadriani
3 Iseum et Serapeum
4 T. Divorum (Vespasiani et Titi)
5 T. Bellonae
6 T. Neptuni
7 T. Apollinis (431, 179, 32 v. Chr.)
8 T. Fauni
9 T. Aesculapi
10 T. Portuni
11 Templum rotundum (sog. Vesta-Tempel)
12 Statio Annonae
13 T. Cereris
14 T. Lunae
15 T. Junonis Reginae
16 T. Dianae
17 T. Apollinis Palatini
18 T. Magnae Matris
19 Aedes Caesarum
20 T. Veneris et Romae
21 T. Telluris (der Erdgöttin)
22 T. Semonis Sanci
23 T. Salutis
24 T. Quirini
25 T. Gentis Flaviae (der flav. Dynastie)
Aqua = Wasserleitungen
Arcus, Arc. = Triumphbogen
Castra = Kaserne
Col., Columna = Säule
Emporium = Speicher i. Hafengelände
Forum Boarium = Rindermarkt
Forum Holitorium = Kohlmarkt
Forum Suarium = Schweinemarkt
Horrea = Speicher
H., Horti = Gärten, Parks
Ludus = Sportplatz
Macellum = Markthalle
Pons = Brücke
pta, Porta = Tor
Praedia = Schloßgut
Praef. urb., Praefectura urbana = Stadtpräfektur
Sepulcrum = Grabstätte
T., Templum = Tempel, Heiligtum
Ustrinum = Verbrennungsstätte
Port. = Porticus = Säulenhalle, V. = Via = Straße
Campus Vaticanus
Campus Martius
Pincius
Quirinalis
Viminalis
Esquilinus
Caelius
Palatinus
Aventinus
Ianiculum
Pagus Ianiculensis
Tiberis
Castra Praetoria
Murus Aurelianus
Mons Testaceus (Scherbenberg)

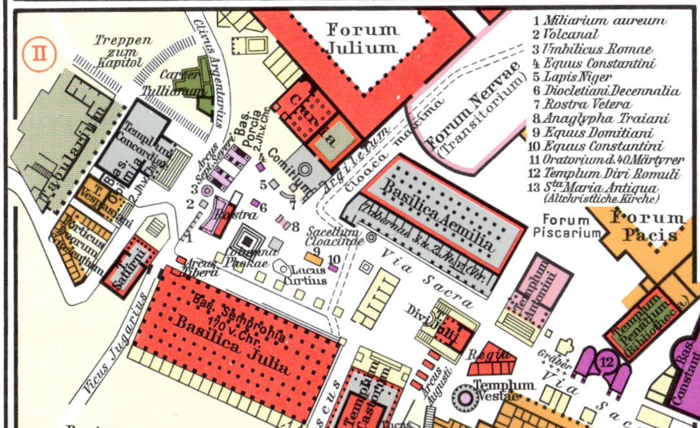
Forum Romanum
1 Miliarium aureum
2 Volcanal
3 Umbilicus Romae
4 Equus Constantini
5 Lapis Niger
6 Diocletiani Decennalia
7 Rostra Vetera
8 Anaglypha Traiani
9 Equus Domitiani
10 Equus Constantini
11 Oratorium d. 40 Märtyrer
12 Templum Divi Romuli
13 Sta Maria Antiqua (Altchristliche Kirche)
Bauten
vor und aus dem 3. Jh. v. Chr.
des 2. Jh. v. Chr.
" 1. " " "
unter Caesar u. Augustus
des 1. Jh. n. Chr.
" 2. " " "
" 3. " " "
" 4. u. 5. Jh. n. Chr.
Die auf älteren Anlagen errichteten Bauten oder Umbauten sind entsprechend ihrer Entstehungszeit farbig umrandet.
Bas. Opimia = ältere, nicht mehr vorhandene Bauten
Mons Palatinus
Maßstab 1:4 000
0 50 Meter
Forum Julium
Basilica Aemilia
Basilica Julia
Via Sacra
Forum Nervae (Transitorium)
Forum Piscarium
Forum Pacis

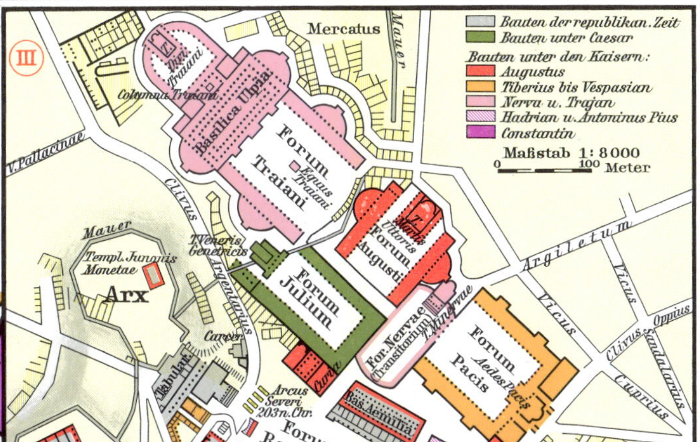
Die Kaiserfora in Rom
Bauten der republikan. Zeit
Bauten unter Caesar
Bauten unter den Kaisern:
Augustus
Tiberius bis Vespasian
Nerva u. Trajan
Hadrian u. Antoninus Pius
Constantin
Maßstab 1:8 000
0 100 Meter
Mercatus
Basilica Ulpia
Forum Traiani
Forum Augusti
Forum Julium
Forum Pacis
Forum Romanum
Basilica Julia
Basilica Constantini
Templum Veneris et Romae
Arx
Capitolium
Via Sacra
Argiletum

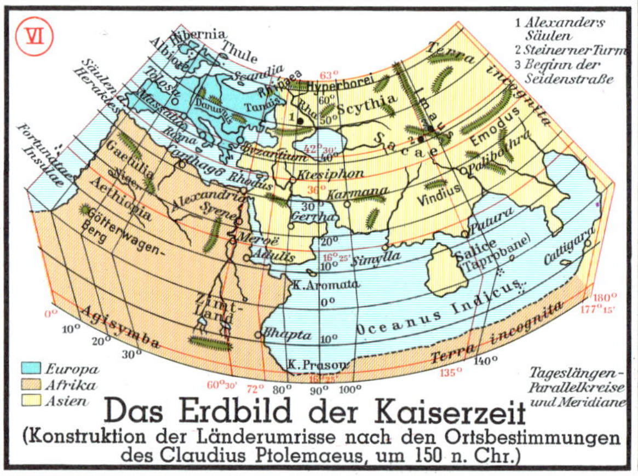

Das Erdbild der Kaiserzeit
(Konstruktion der Länderumrisse nach den Ortsbestimmungen des Claudius Ptolemaeus, um 150 n. Chr.)

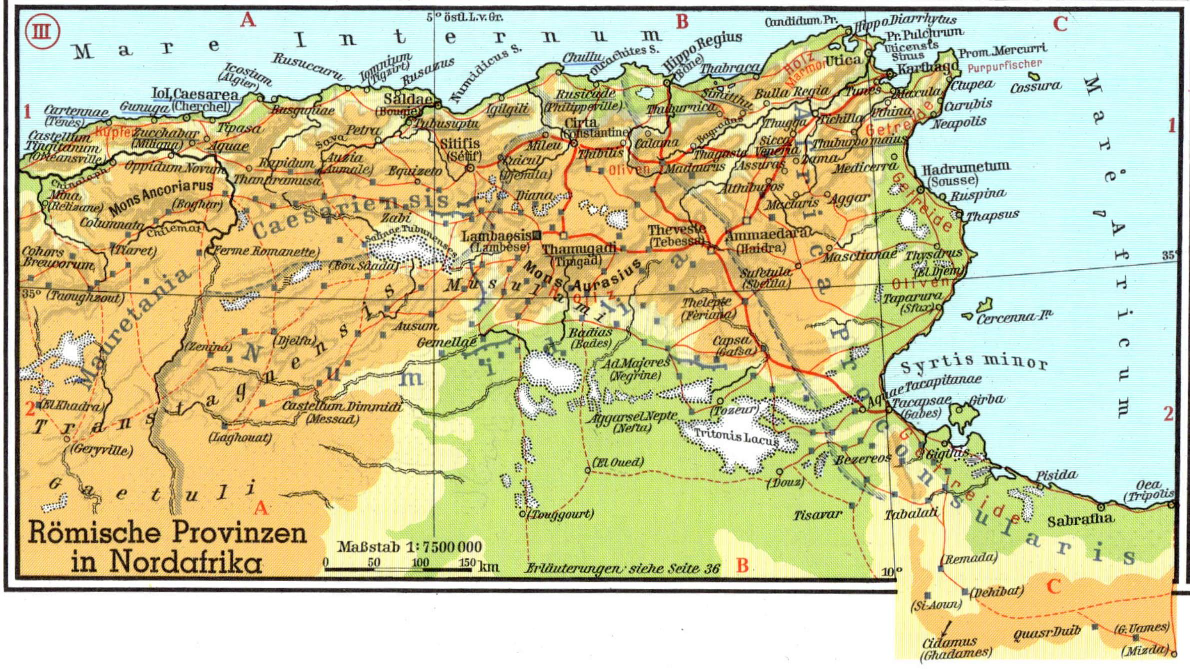

Römische Provinzen in Nordafrika

Imperium Romanum unter Augustus: (30 v.Chr.–14 n.Chr.)
- Senatorische Provinzen
- Kaiserliche Provinzen
- Colchis Vasallenstaaten

Erwerbungen unter Augustus:
- unter senatorischer Verwaltung
- unter kaiserlicher Verwaltung

Imperium Romanum von Tiberius (14–37 n.Chr.) **bis Hadrian** (117–138 n.Chr.)
- Neugewonnene Gebiete unter kaiserlicher Verwaltung
- Assyrien Von Trajan erworben, von Hadrian aufgegeben
- Autonome griechische Gebiete

Jahreszahlen geben die Eingl in das Imperium an

Militärische Sicherunge
- Legionen unter Augustus
- Hauptflotten
- Provinzialflotten

Wichtige Koloniegründ
- Kolonien des Augustus (außer
- Municipien des Augustus Italie
- Kolonien des Claudius
- Kolonien der Flavier (Gründungen Vespasians sind unter
- Kolonien des Nerva
- Kolonien Trajans (98–117 n.Chr.)
- Kolonien Hadrians (117–138 n.Ch
- Kolonien Marc Aurels (169–180 n

Armenien
Parther-Reich
Mesopotamien
Arabien
Südarabisches Kolonisations-Gebiet
Kaspisches Meer
Arabischer Golf
Weihrauch, Drogen
Aelius Gallus 24 v. Chr.
Nördl. Wendekreis
artherreich
ngefährer Machtbereich des
arkomannenfürsten Marbod
Maßstab 1 : 20 000 000
0 100 200 300 400 500 km

Palästina zur Römerzeit (bis zur Zerstörung Jerusalems 70 n. Chr.)
II
Palästina z. Zeit Herodes d. Großen
Provinz Syrien seit 64/63 v. Chr.
Kgr. Judaea unter Herodes d. Gr. (40–4 v. Chr.)
Dekapolis und selbständige Städte
Aufteilung des Kgr. Judaea unter die Erben Herodes d. Gr. (4 v. Chr.)
Fsm. des Herodes Antipas (4 v.–39 n. Chr.), 40–44 n. Chr. an Herodes Agrippa I., 44 n. Chr. zu Syrien unter Prokuratoren
Gebiet des Archelaos (4 v.–6 n. Chr.), 6–40 n. Chr. zu Syrien unter Prokuratoren, 41–44 n. Chr. an Herodes Agrippa I., 44 n. Chr. wieder zu Syrien
Fürstentum des Philippus
Dekapolis seit 4 v. Chr.
Römische Klientelstaaten zur Zeit Christi
von Salome an Livia 10 n. Chr.
Römische Provinzeinteilung
66 n. Chr. Provinz Judaea
135 n. Chr. Provinz Palästina
Galilaea
Samaria
Judaea
Idumaea
Peraea
Dekapolis
Paneas
Batanaea
Gaulanitis
Trachonitis
Mittelmeer
Totes Meer
Akko Ptolemais, Col. Claudia Felix, ab zwischen 52 u. 54 n.: Caesarea Philippi, ab 60 n.: Neronias
Caesarea (Stratons-Turm) Sitz des Procurators nach Herodes
Jerusalem
Bethlehem
Masada
Bauten Herodes d. Gr.
Livias Gründungen Herodes d. Gr. und seiner Söhne
Azotus Coreae Griech.-röm. Namen
Polis-Grenzen
Heiligtümer
Festungen
Straßen
Wüste
Maßstab 1:1500 000
0 10 20 30 km

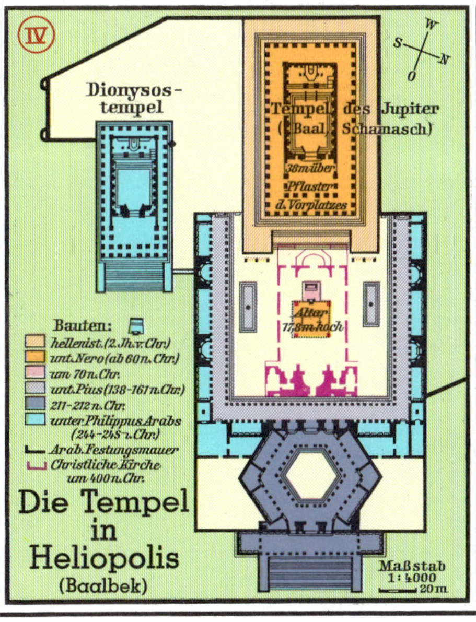
IV
Dionysos-tempel
Tempel des Jupiter (Baal Schamasch)
Bauten:
hellenist. (2. Jh. v. Chr.)
unt. Nero (ab 60 n. Chr.)
um 70 n. Chr.
unt. Pius (138–161 n. Chr.)
211–212 n. Chr.
unter Philippus Arabs (244–248 n. Chr.)
Arab. Festungsmauer
Christliche Kirche um 400 n. Chr.
Die Tempel in Heliopolis (Baalbek)
Maßstab 1 : 4000
20 m

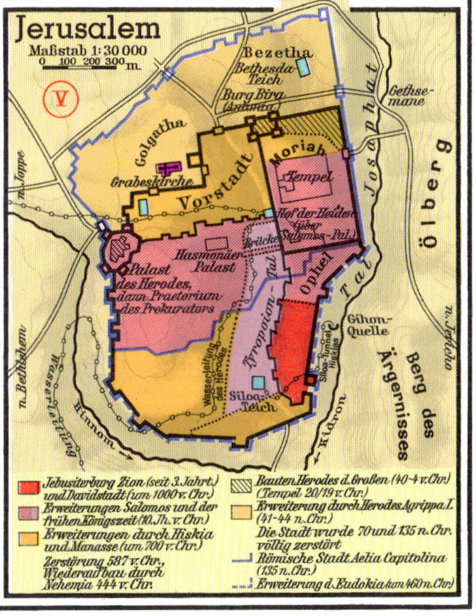
Jerusalem
Maßstab 1 : 30 000
0 100 200 300 m
V
Bezetha
Bethesda-Teich
Burg Bira
Golgatha
Grabeskirche
Vorstadt
Moriah
Tempel
Hof der Heiden
Hasmonäer Palast
Palast des Herodes, dann Praetorium des Prokurators
Ophel
Siloa-Teich
Gihon-Quelle
Ölberg
Berg des Ärgernisses
Gethsemane
Hinnom
Kidron
Jebusiterburg Zion (seit 3. Jahrt.) und Davidstadt (um 1000 v. Chr.)
Erweiterungen Salomos und der frühen Königszeit (10. Jh. v. Chr.)
Erweiterungen durch Hiskia und Manasse (um 700 v. Chr.)
Zerstörung 587 v. Chr., Wiederaufbau durch Nehemia 444 v. Chr.
Bauten Herodes d. Großen (40–4 v. Chr.) (Tempel 20/19 v. Chr.)
Erweiterung durch Herodes Agrippa I. (41–44 n. Chr.)
Die Stadt wurde 70 und 135 n. Chr. völlig zerstört
Römische Stadt Aelia Capitolina (135 n. Chr.)
Erweiterung d. Eudokia (um 460 n. Chr.)

Gallien, Britannien und Germanien zur Römerzeit

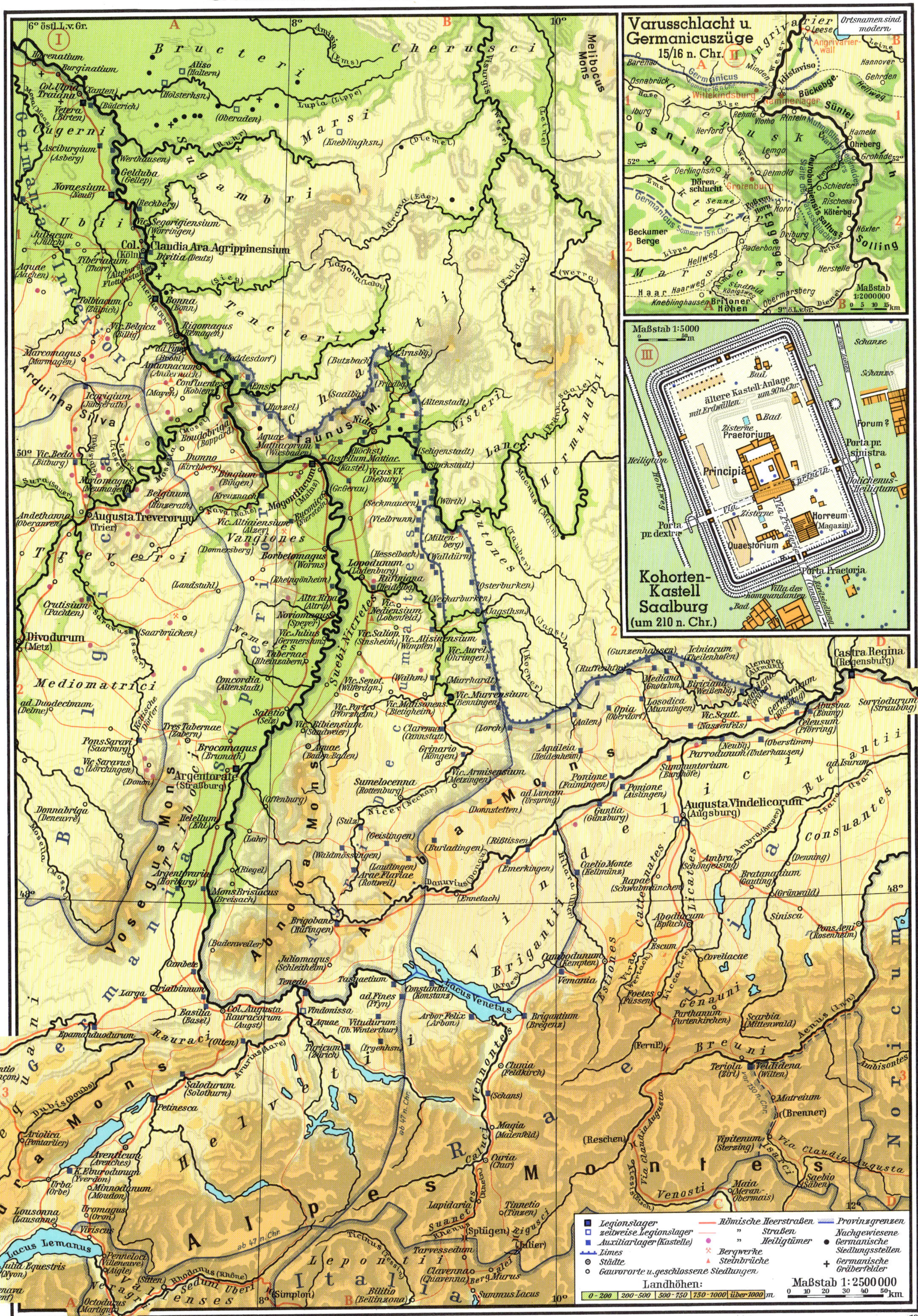

Deutscher Limes siehe Seite 40

Die Iberische Halbinsel zur Rör

Pontus Euxinus
Mare Internum
Propontis
Maeotis
Chersonesus Taurica
Regnum Scythicum
Regnum Bospori
Caucasus Mons
Sarmatae
Roxolani
Jazyges
Alani
Bastarnae
Britolagae
Bithynia et Pontus
Paphlagonia
Galatia
Cappadocia
Armenia Minor
Armenia
Asia
Lycia
Pamphylia
Pisidia
Cilicia
Taurus Mons
Commagene
Osrhoene
Mesopotamia
Mygdonia
Syria
Arabia
Cyprus
Aegyptus
Colchis
Iberia
Sinope
Amisus
Trapezus
Byzantium
Nicomedia
Nicaea
Ancyra
Caesarea
Tarsus
Antiochia
Palmyra
Damascus
Tyrus
Sidon
Caesarea
Aelia Capitolina
Gaza
Alexandria
Petra
Salamis
Paphos
Rhodus
Ephesus
Smyrna
Pergamum
Sardis
Tomis-Constantiana
Troesmis
Durostorum
Odessus
Olbia
Tanais
Panticapaion
Dioscurias
Phasis
Nisibis
Edessa
Carrhae
Dura
Getreide
Holz
Salz
Thunfische
Marmor
Kupfer
Pferde
Legionslager
Zeitweilig Legionslager
Kastelle
Limes
Spätantike Wälle
Provinzgrenzen
Hauptstädte
Mittelstädte
Heiligtümer
Patrae
Ansiedlungen römischer Veteranen (Coloniae) (In Italien die seit 45 v. Chr. gegründeten)
Straßen und Handelswege
Marmor
Wirtschafts- und Handelsgüter
Landhöhen: 0–200 200–500 über 500 m
Maßstab 1: 7 500 000
0 50 100 150 200 250 km

Römische Grenzsicherung

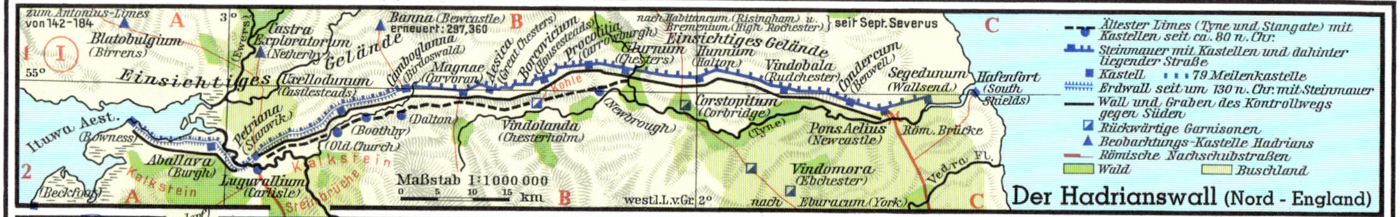

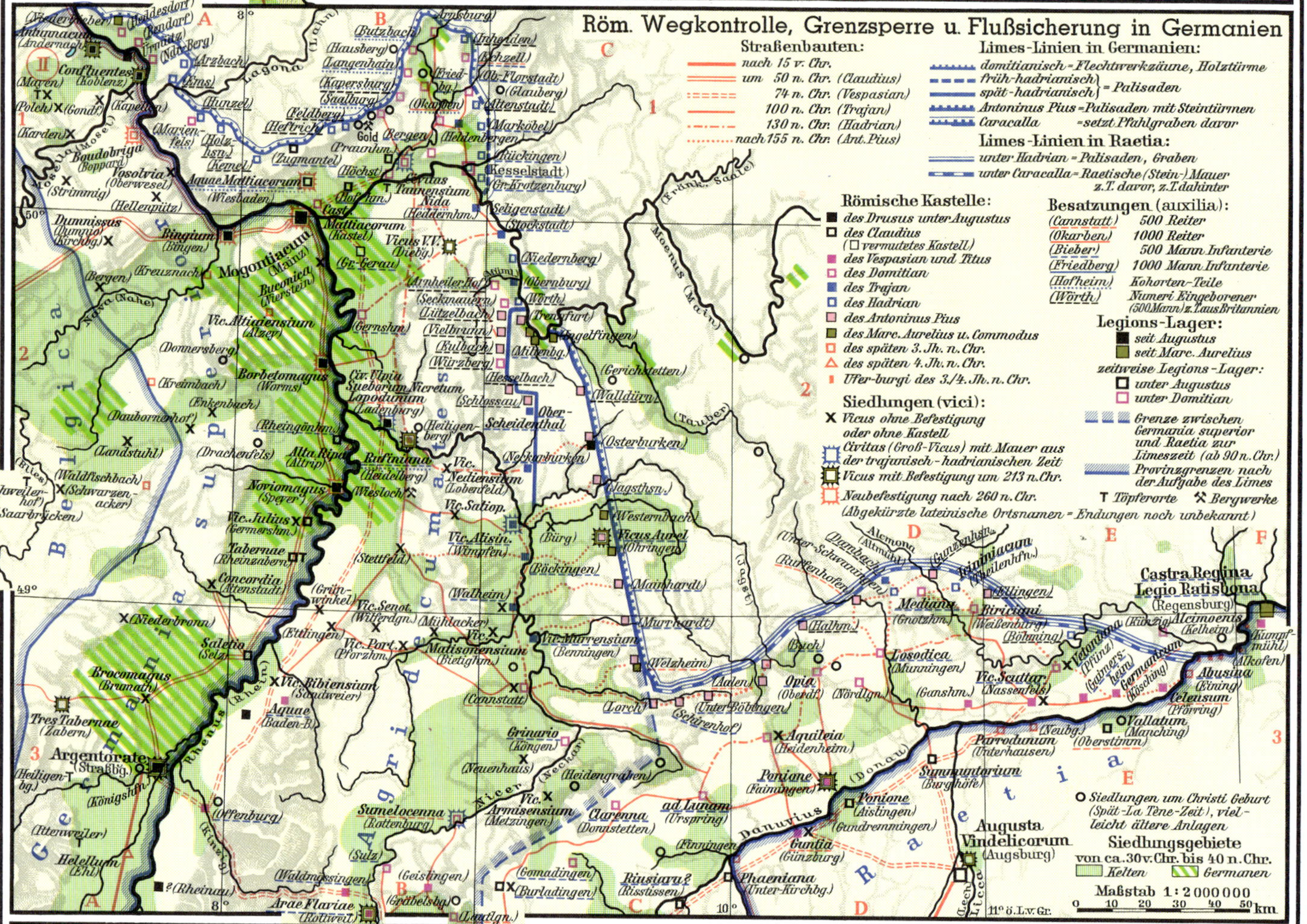

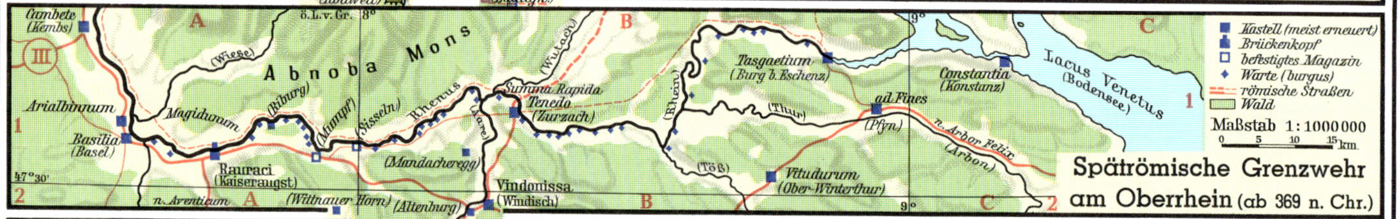

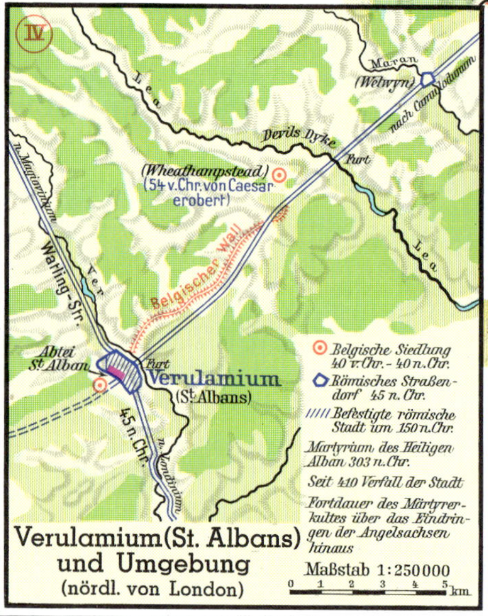

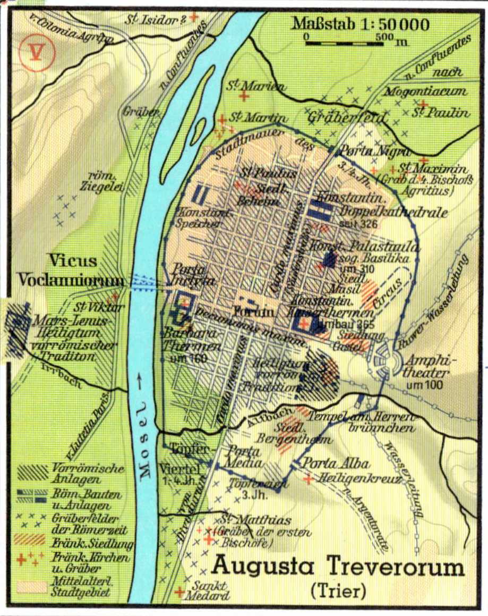

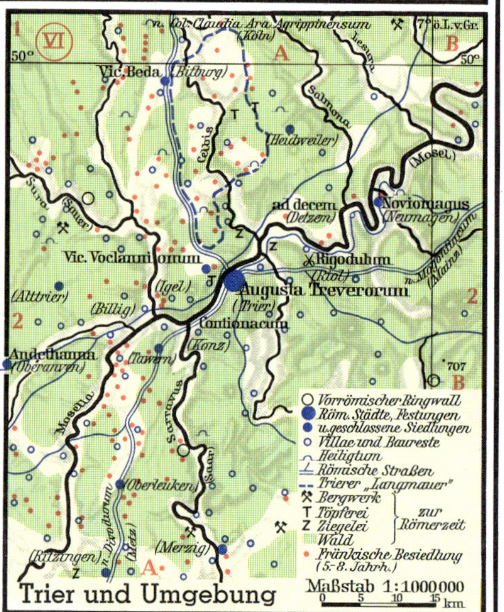

Germanien nach Tacitus' „Germania"

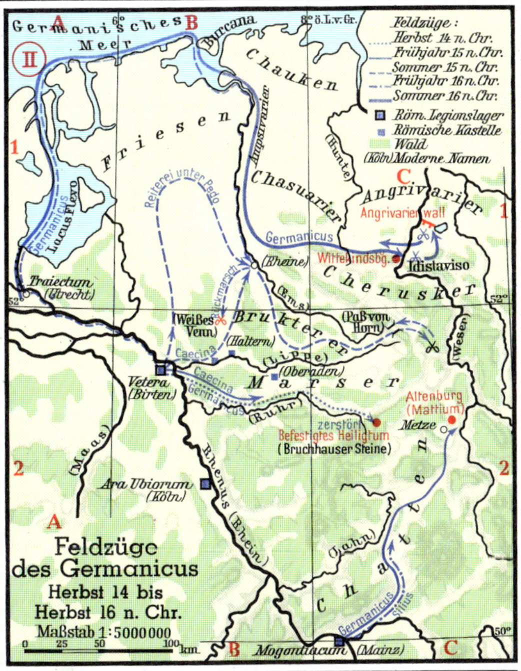

Feldzüge des Germanicus Herbst 14 bis Herbst 16 n. Chr.

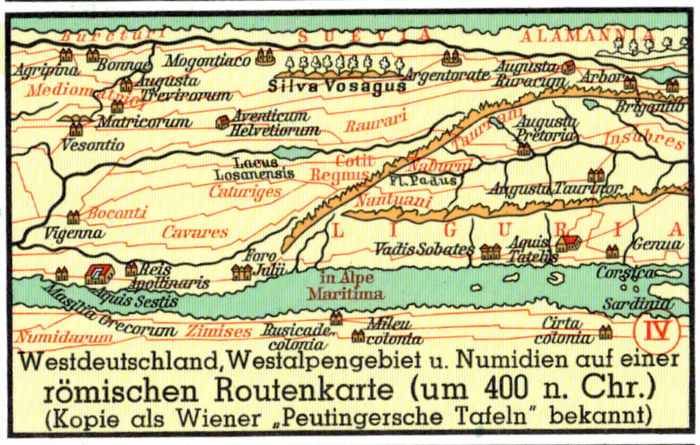

Westdeutschland, Westalpengebiet u. Numidien auf einer römischen Routenkarte (um 400 n. Chr.) (Kopie als Wiener „Peutingersche Tafeln" bekannt)

Römische Grenzsicherung gegen die Beduinen

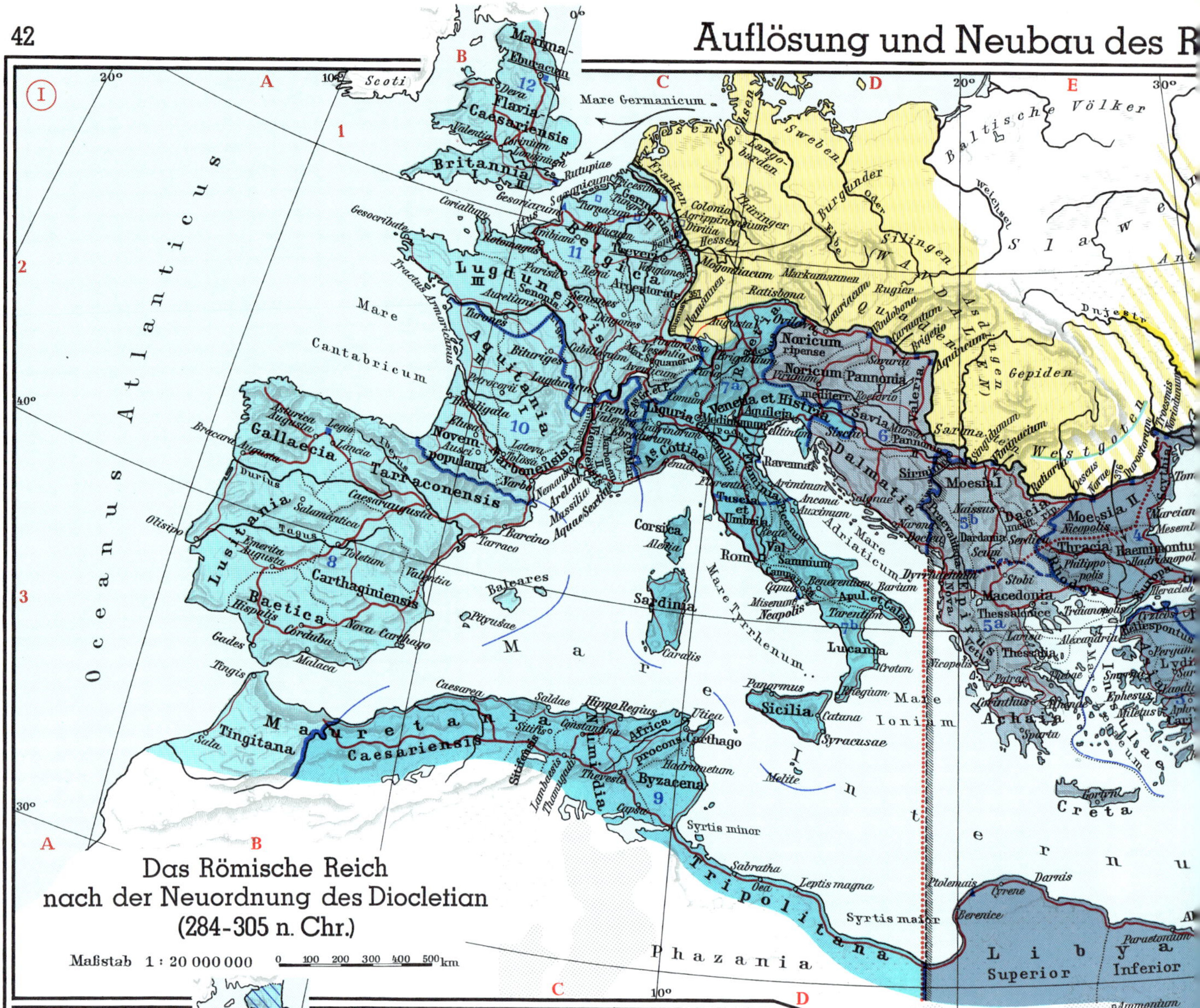

Das Römische Reich nach der Neuordnung des Diocletian (284-305 n. Chr.)

Maßstab 1 : 20 000 000 0 100 200 300 400 500 km

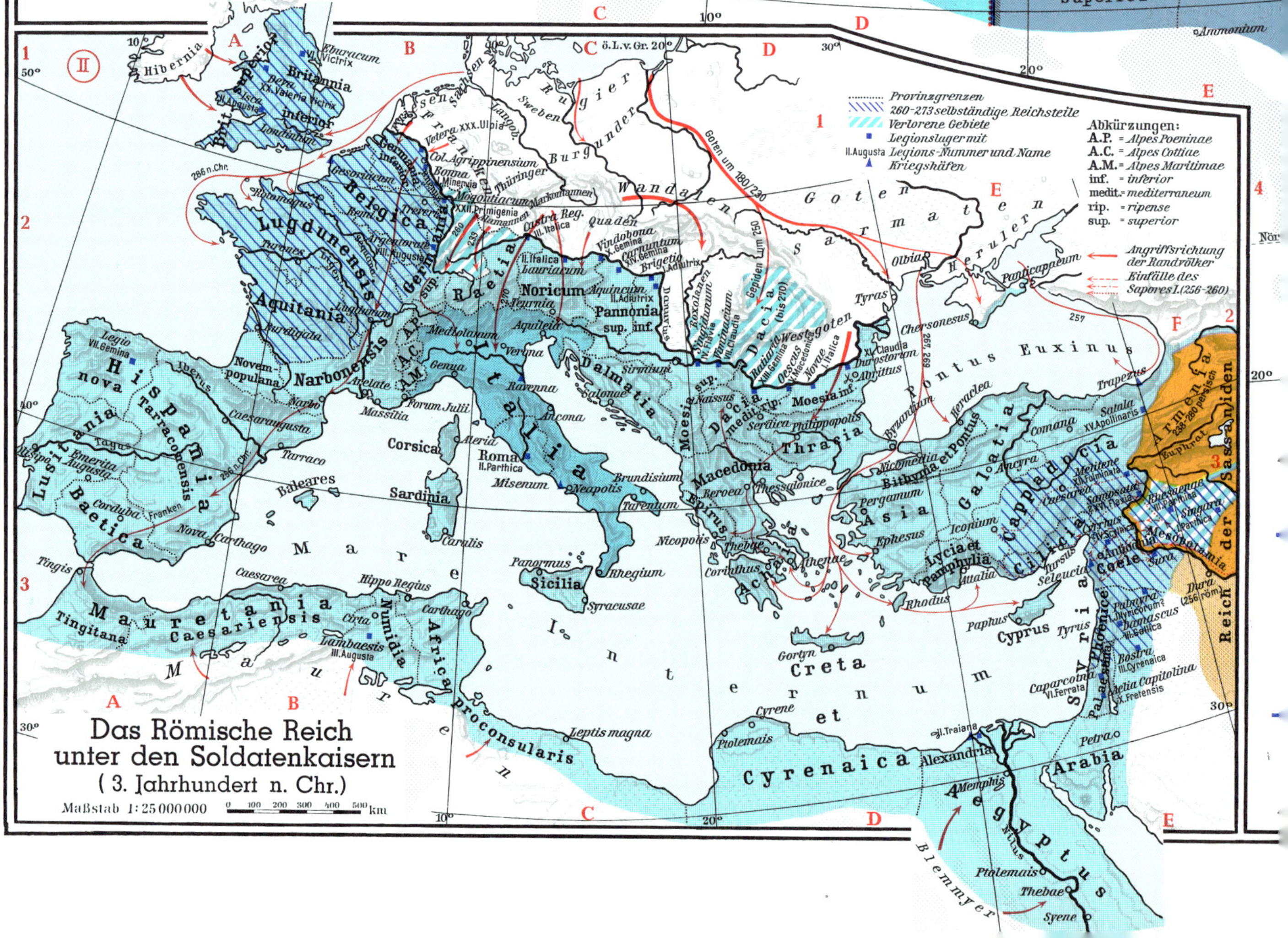

Das Römische Reich unter den Soldatenkaisern (3. Jahrhundert n. Chr.)

Maßstab 1 : 25 000 000 0 100 200 300 400 500 km

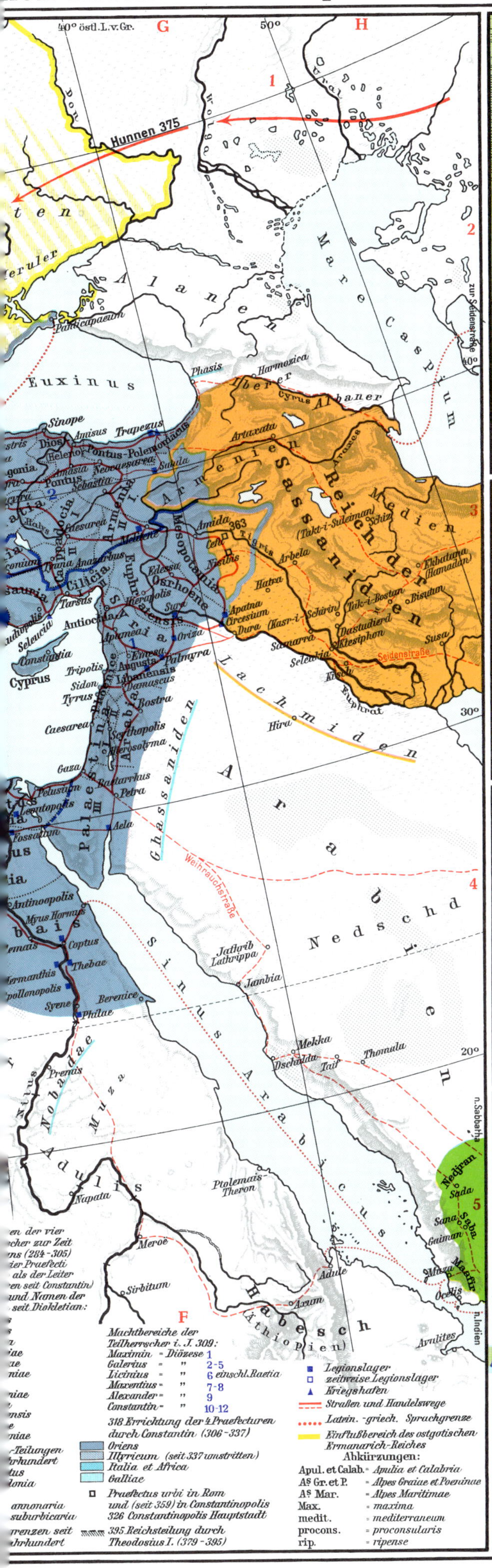
Hunnen 375
Alanen
Mare Caspium
Euxinus
Sinope
Trapezus
Phasis
Armenien
Reich der Sassaniden
Medien
Ktesiphon
Seleucia
Amida
Edessa
Antiochia
Cyprus
Tarsus
Damascus
Palmyra
Lachmiden
Ghassaniden
Arabia
Nedschd
Sinus Arabicus
Mekka
Jathrib
Nedjran
Napata
Meroe
Adulis
Axum
Habesch
Aethiopien
Machtbereiche der Teilherrscher i. J. 309:
Maximin - Diözese 1
Galerius - 2-5
Licinius - 6 einschl. Raetia
Maxentius - 7-8
Alexander - 9
Constantin - 10-12
318 Errichtung der 4 Praefecturen durch Constantin (306-337)
Oriens
Illyricum (seit 337 umstritten)
Italia et Africa
Galliae
Praefectus urbi in Rom und (seit 359) in Constantinopolis
326 Constantinopolis Hauptstadt
395 Reichsteilung durch Theodosius I. (379-395)
Legionslager
zeitweise Legionslager
Kriegshafen
Straßen und Handelswege
Latein.-griech. Sprachgrenze
Einflußbereich des ostgotischen Ermanarich-Reiches
Abkürzungen:
Apul. et Calab. - Apulia et Calabria
As Gr. et P. - Alpes Graiae et Poeninae
As Mar. - Alpes Maritimae
Max. - maxima
medit. - mediterraneum
procons. - proconsularis
rip. - ripense

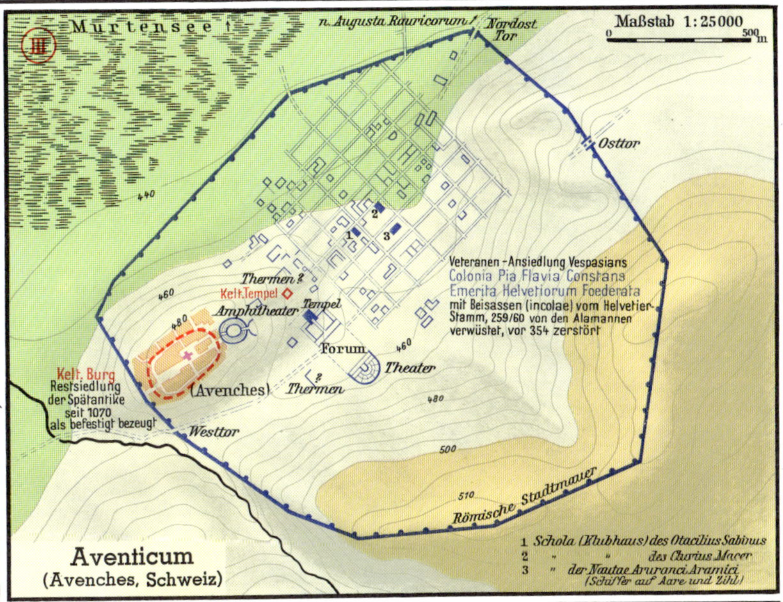
III
Murtensee
Maßstab 1:25000
Osttor
Westtor
Nordost Tor
Amphitheater
Tempel
Forum
Theater
Thermen
Kelt. Tempel
Kelt. Burg Restsiedlung der Spätantike seit 1070 als befestigt bezeugt
(Avenches)
Römische Stadtmauer
Veteranen-Ansiedlung Vespasians Colonia Pia Flavia Constans Emerita Helvetiorum Foederata mit Beisassen (incolae) vom Helvetier-Stamm, 259/60 von den Alamannen verwüstet, vor 354 zerstört
1 Schola (Klubhaus) des Otacilius Sabinus
2 " des Clavius Macer
3 " der Nautae Aruranci Aramici (Schiffer auf Aare und Zihl)
Aventicum
(Avenches, Schweiz)

IV
Colonia
Julia Faventia
gegründet 45 v. Chr.
Verkleinerung auf Kern der Kolonie mit Stadtmauer um 256 n. Chr. (Stadt des Mittelalters)
Mittelmeer
Barcino (Barcelona)
Maßstab 1:25000

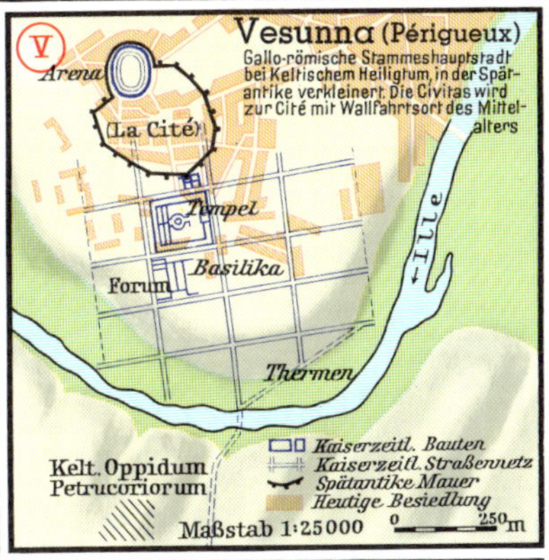
V
Vesunna (Périgueux)
Gallo-römische Stammeshauptstadt bei Keltischem Heiligtum, in der Spätantike verkleinert. Die Civitas wird zur Cité mit Wallfahrtsort des Mittelalters
Arena
(La Cité)
Tempel
Basilika
Forum
Thermen
Isle
Kelt. Oppidum Petrucoriorum
Kaiserzeitl. Bauten
Kaiserzeitl. Straßennetz
Spätantike Mauer
Heutige Besiedlung
Maßstab 1:25000

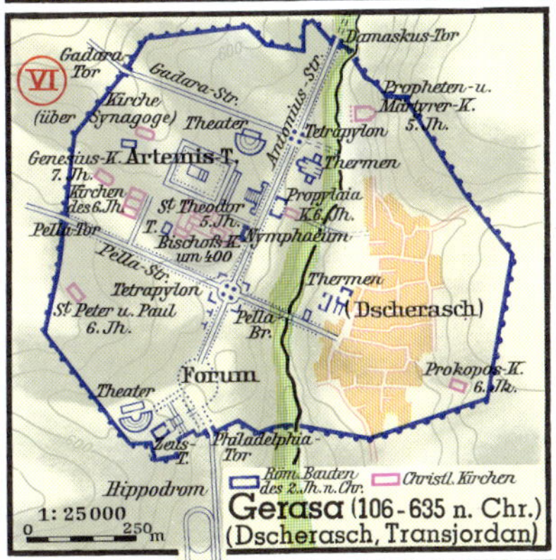
VI
Gadara-Tor
Damaskus-Tor
Artemis-T.
Forum
Theater
Thermen
Nymphaeum
Tetrapylon
Hippodrom
(Dscherasch)
Röm. Bauten des 2. Jh. n. Chr.
Christl. Kirchen
1:25000
Gerasa (106-635 n. Chr.)
(Dscherasch, Transjordan)

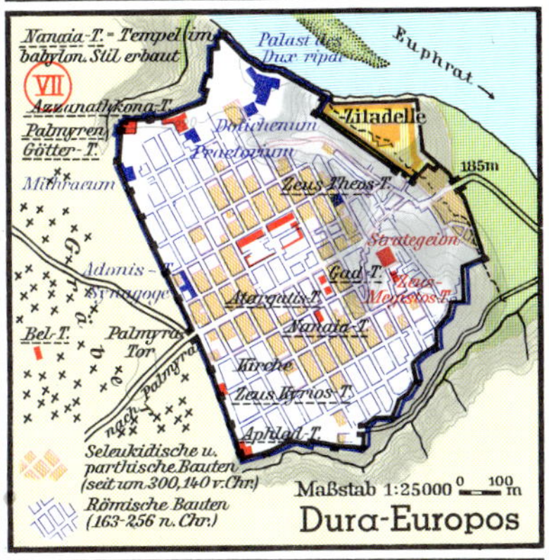
VII
Euphrat
Zitadelle
Palmyrener Tor
Seleukidische u. parthische Bauten (seit um 300, 140 v. Chr.)
Römische Bauten (163-256 n. Chr.)
Maßstab 1:25000
Dura-Europos

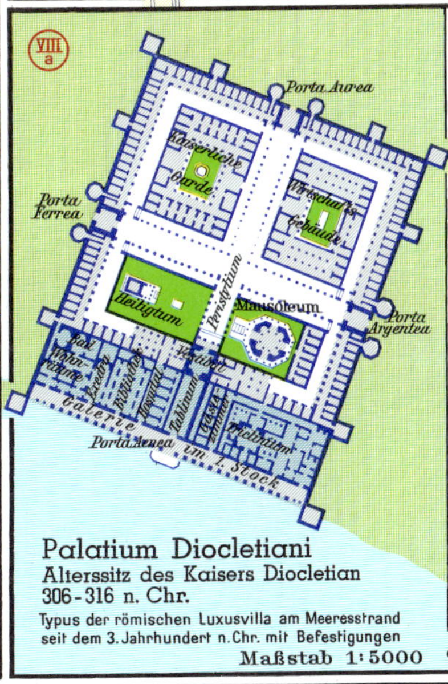
VIII a
Porta Aurea
Porta Ferrea
Porta Argentea
Porta Aenea
Mausoleum
Heiligtum
Palatium Diocletiani
Alterssitz des Kaisers Diocletian 306-316 n. Chr.
Typus der römischen Luxusvilla am Meeresstrand seit dem 3. Jahrhundert n. Chr. mit Befestigungen
Maßstab 1:5000

VIII b
Porta Aurea
Porta Ferrea
Baptisterium
Dom
Kloster
Spalato
Fluchtburg der romanischen Bevölkerung Dalmatiens seit dem 6./7. Jahrhundert bei der Einwanderung der Slawen (= Raum der mittelalterlichen Stadt)

Christentum und orientalische Religionen in der Kaiserzeit

Orientalische Religionen im Römischen Reich

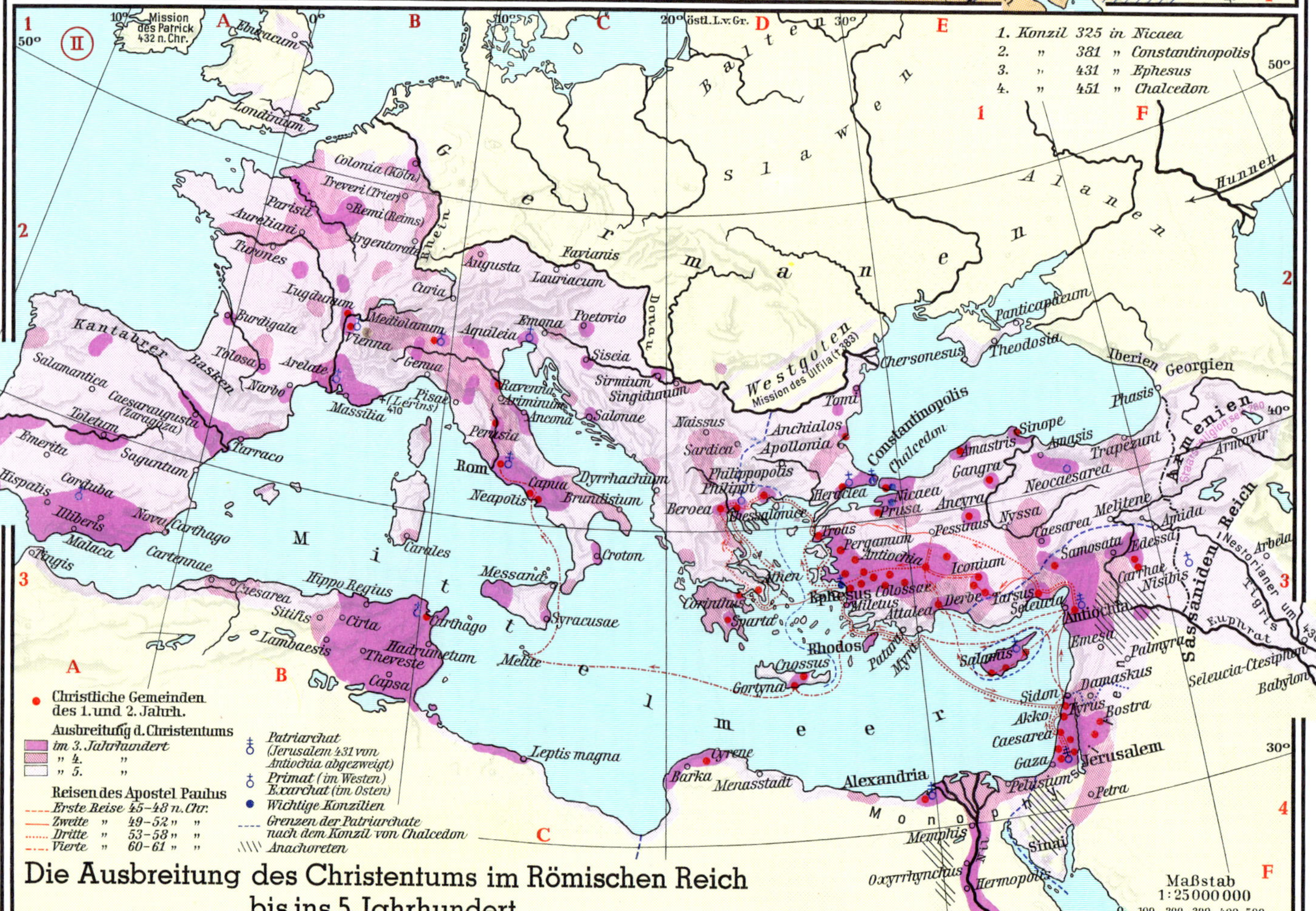

Die Ausbreitung des Christentums im Römischen Reich bis ins 5. Jahrhundert

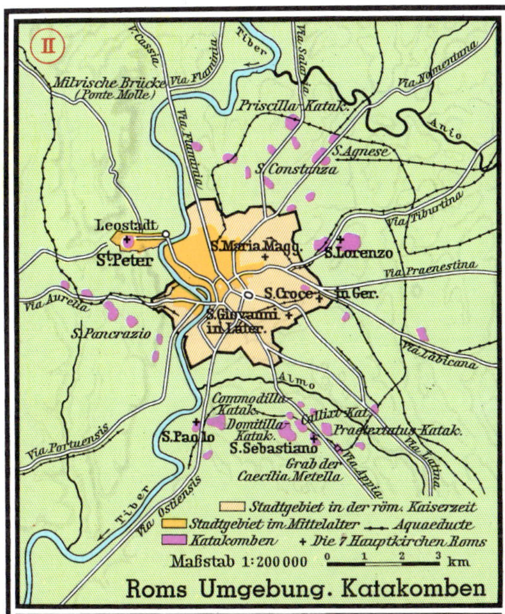
II
Roms Umgebung. Katakomben
Stadtgebiet in der röm. Kaiserzeit
Stadtgebiet im Mittelalter — Aquaedukte
Katakomben + Die 7 Hauptkirchen Roms
Maßstab 1:200 000 km
Milvische Brücke (Ponte Molle)
Via Flaminia
Via Salaria
Via Nomentana
Priscilla-Katak.
S. Agnese
S. Constanza
Via Tiburtina
Leostadt
St. Peter
S. Maria Magg.
S. Lorenzo
Via Praenestina
S. Croce i. Ger.
S. Giovanni in Later.
Via Aurelia
S. Pancrazio
Via Labicana
Almo
Commodilla-Katak.
Domitilla-Katak.
Praetextatus-Katak.
S. Paolo
S. Sebastiano
Grab der Caecilia Metella
Via Portuensis
Via Appia
Via Ostiensis
Tiber

Römische Mauern u. Ruinen
Aurelianische Mauer um 275
Reste der röm. Wasserleitungen
Mauer Papst Leos III. (847–855)
Befestigungen des 16. Jahrh.
Papstpaläste, Kirchen, Klöster
Andere wichtige Bauten u. Paläste
Pilgerherbergen u. Hospitäler
Katakomben
1 S. Spirito (Pilgerkirche u. Herberge der Engländer seit 728)
2 S. Giovanni dei Fiorentini
3 S. Maria dell'Anima (Kirche u. Hosp. der Deutschen)
4 S. Lorenzo in Damaso
5 S. Maria sopra Minerva
6 S. Maria in Ara coeli
7 S S. Cosma e Damiano
8 S. Bartolomeo
9 S. Maria in Cosmedin
10 SS. Giovanni e Paolo
11 S. Gregorio Magno
12 S. Maria in Domnica
13 Hospital S. Giovanni
14 Großes Pilgerhospiz
15 Böhmisches Hospiz
16 Pilgerhaus u. Friedhof der Deutschen seit 779
A. = Albergo d'Orso (Pilgerherberge)
Canc. = Cancelleria
Col. = Palazzo Colonna
D. = " Doria
F. = " Farnese
M. = " Madama
Mass. = " Massimo
N. = Piazza Navona
O. = Palazzo Orsini
U. = Universität (1303) (Palazzo della Sapienza) mit S. Ivo
V.M. = Villa Medici
I
Das christliche Rom des Mittelalters (um 1550)
Maßstab 1:50 000
Vatikan. Palast
St. Peter
Leostadt
Engelsburg
Porta del Popolo
S. Maria del Popolo 1472
Pincio
Quirinal
Viminal
Esquilin
Kapitol
Palatin
Aventin
Caelius
Trastevere
Gianicolo
Colosseum
S. Maria Maggiore
S. Lorenzo fuori le mura
S. Croce in Gerusalemme
Lateranpalast bis 1309 Papstresidenz
S. Giovanni in Laterano
S. Paolo fuori le mura
S. Sebastiano
Porta Maggiore
Porta Latina
Porta S. Paolo
Porta Portese
Via Appia
Via Latina
Via Aurelia
Via Ostiense
Via Portuensis
Tiber
F. Almone
Commodilla-Katak.
Katak. v. S. Felicita
Hebräische Kat.
Katak. von S. Nicomede
Katak. von SS. Processo e Martiniano
Katak. von Ponziano
Hebräische Kat. (Monteverde)

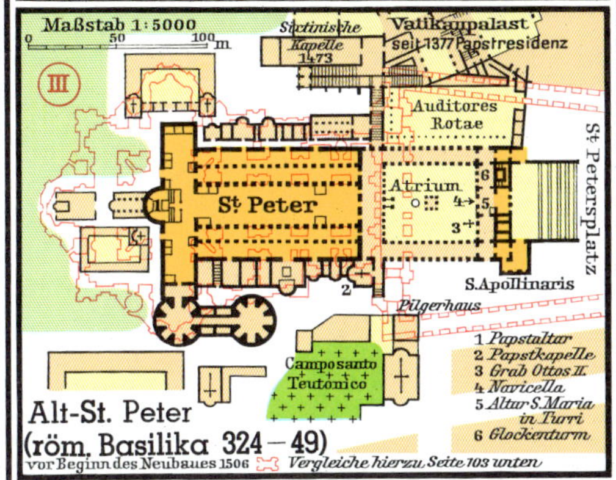
III
Maßstab 1:5000
Sixtinische Kapelle 1473
Vatikanpalast seit 1377 Papstresidenz
Auditores Rotae
St. Peter
Atrium
St. Petersplatz
S. Apollinaris
Pilgerhaus
Camposanto Teutonico
1 Papstaltar
2 Papstkapelle
3 Grab Ottos II.
4 Navicella
5 Altar S. Maria in Turri
6 Glockenturm
Alt-St. Peter (röm. Basilika 324–49)
vor Beginn des Neubaues 1506
Vergleiche hierzu Seite 103 unten

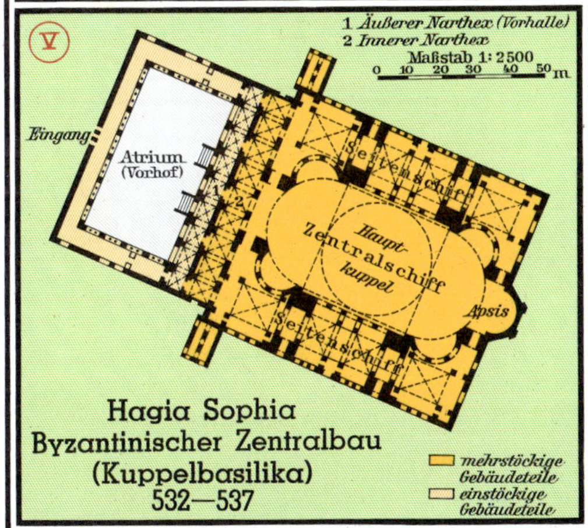
V
1 Äußerer Narthex (Vorhalle)
2 Innerer Narthex
Maßstab 1:2500
Eingang
Atrium (Vorhof)
Seitenschiff
Haupt-Zentralschiff kuppel
Apsis
Hagia Sophia
Byzantinischer Zentralbau (Kuppelbasilika) 532—537
mehrstöckige Gebäudeteile
einstöckige Gebäudeteile

VI
Coenobitische Großklöster (unter Äbten)
Idiorrhythmische Großklöster (nach 1400 demokratisch. Persönl. Eigentum erlaubt)
Skiti (von den Großklöstern abhängige Mönchsdörfer)
Ruine (ehem. Kloster Morfinon)
Wege u. Bergpfade
Ägäisches Meer
Chilandarion 1198 (Serben)
Esphigmenu 11. Jh.
Zographu 10. Jh. (Bulgaren)
Vatopedion 10. Jh.
Pantokrator 1363
Stawronikita 1542
Kastamonitu 11. Jh.
Dochiariu 11. Jh.
Karyes (Sitz der Synode)
Xenophontos um 1000
Iviron um 980 (Georgier)
Panteleimon (Rossikon) 1169 (Russen)
Kutlumusiu 11. Jh.
Xeropotamu 10. Jh.
Philotheu 12. Jh.
Karakallu 11. Jh.
Amalfitaner 11.–12. Jh.
Simonos Petra 14. Jh.
Grigoriu 14. Jh.
Athos 1953 m
Lawra 963
H. Dionysios 1374
H. Paulus 14. Jh.
Mönchsrepublik vom Heiligen Berge Athos
Maßstab 1:750 000 km

1 Mauer Kaiser Leos V. (813–820)
2 " des Kaisers Heraclius 640
3 " Kaiser Manuels I (1143–80)
4 Porphyrogenneten-Palast
Die liegenden Zahlen in Galata geben das Jahr der Ummauerung an
Goldenes Horn (Chrysokeras)
Bosporus
Galata
1267 Genuesen
Fried höfe
Adrianopel
Charsius-Tor
Juden-Friedhof
Aetius-Zisterne
Aspar-Zisterne
Deuteron
Pempton
H. Romanos Tor
Rhegion-Tor
Theodosius-Mauern 413
Mokios-Zisterne
H. Mokios
Selymbria (Pegai) Tor
Triton
Goldenes Tor
Hebdomon
Mese
Apostel-K.
Konstantin-Forum
Forum
Taurus-Forum
Philadelphion
Xerolophos
Arcadius-Säule
Bus
Venezian. Quartier
Pisaner
Genues.
Amalfi
Akropolis d. griech. Byzanz
Manganen-Palast
Arcadius-Thermen
H. Sophia
Augusteion
Senat
Kaiserpalast
Hippodrom
Kontoskalion-Hafen
Julian-Hafen
Sophien-Hafen
Eleutherios-Hafen
Studios-Kl.
H. Sergios u. Bacchos
Marmarameer (Propontis)
Bauten der römischen u. vorrömischen Zeit (Lage teilweise unsicher)
Öffentliche Plätze (Fora), nach Ausdehnung u. Lage zum Teil unsicher
Öffentliche Gebäude und Paläste
Öffentl. Bauten, deren ehem. Umfang unsicher ist
Zisternen
Kirchen, Klöster (H = Hagios, Hagia)
Stadtgebiet zur Zeit Konstantins des Gr.
Erweiterung seit Theodosius
Straßennetz u. Ausmaß der Bebauung sind nach alten Ansichten u. Schilderungen ergänzt
IV
Konstantinopel im Mittelalter
Maßstab 1:50 000

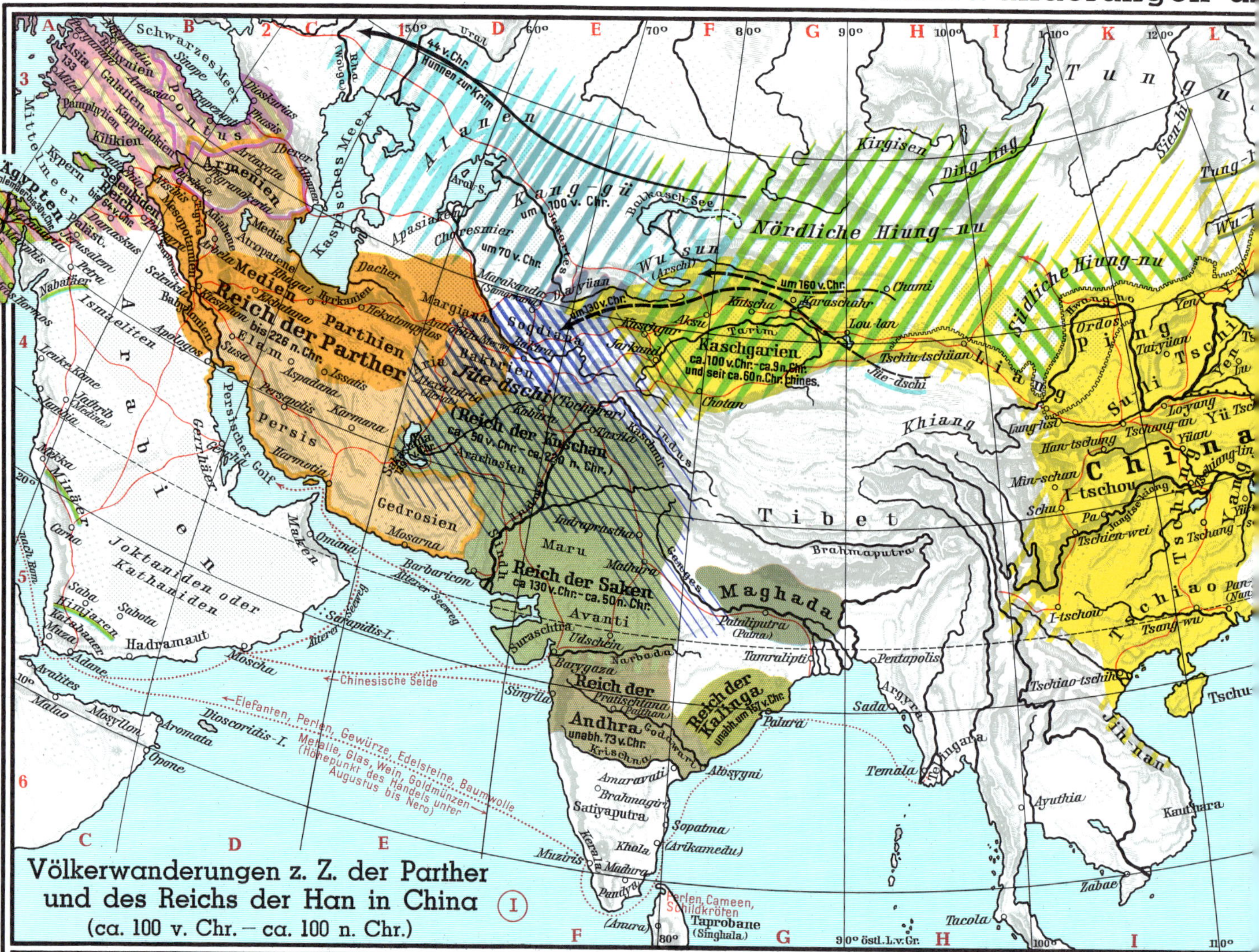

Völkerwanderungen z. Z. der Parther und des Reichs der Han in China (ca. 100 v. Chr. – ca. 100 n. Chr.) I

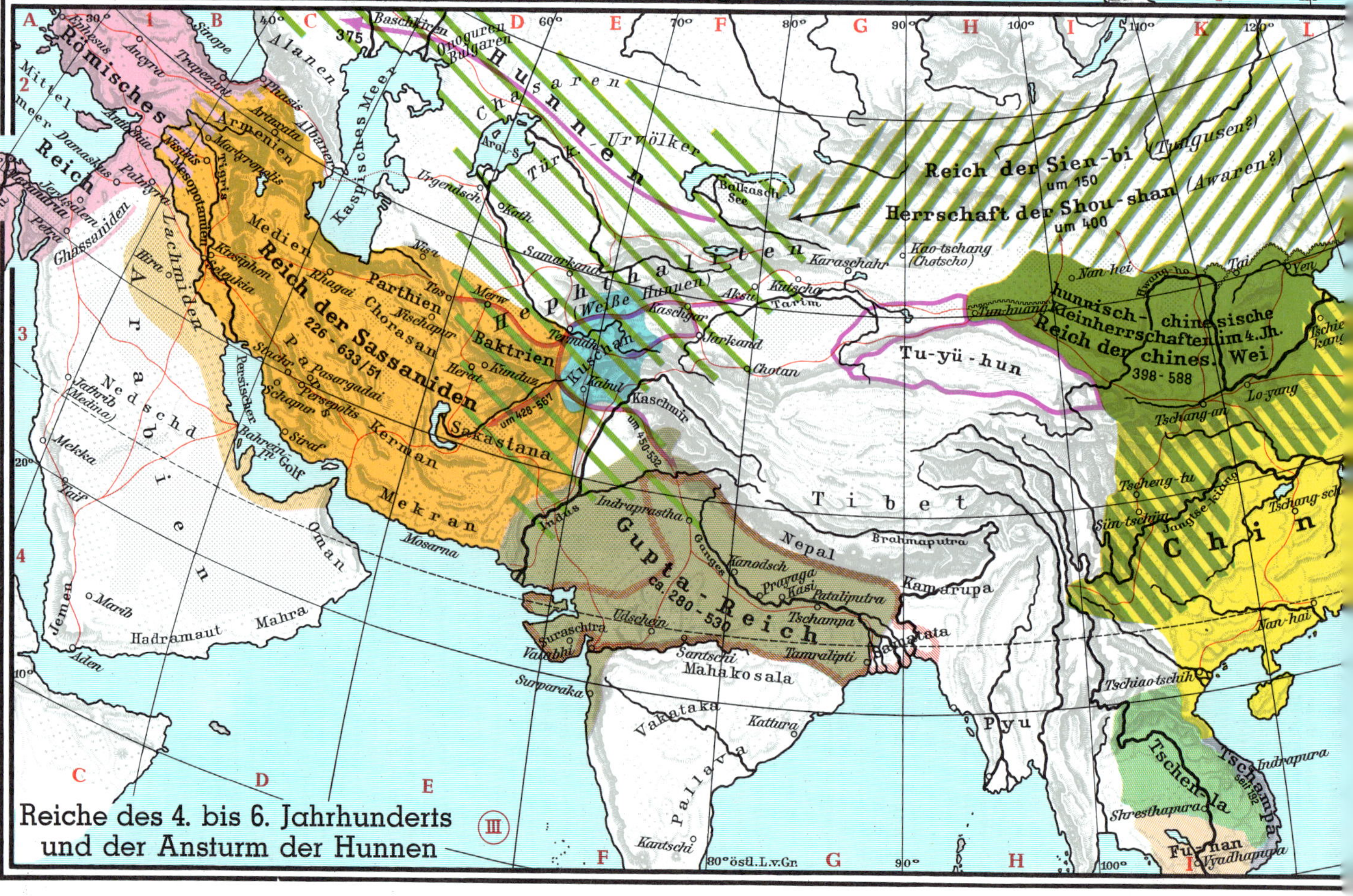

Reiche des 4. bis 6. Jahrhunderts und der Ansturm der Hunnen III

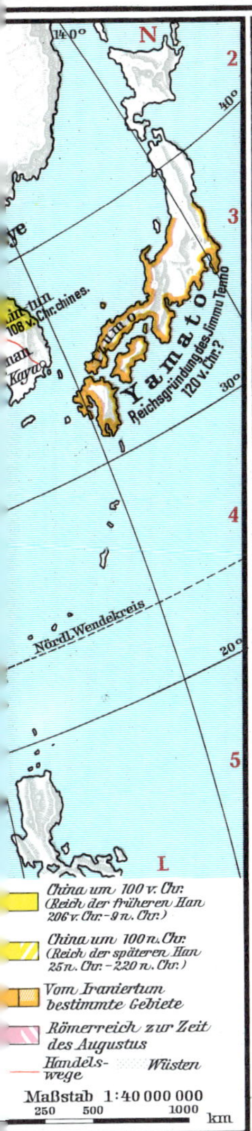
Yamato
Reichsgründung des Jimmu Tenno 120 v. Chr.?
China um 100 v. Chr. (Reich der früheren Han 206 v. Chr. - 9 n. Chr.)
China um 100 n. Chr. (Reich der späteren Han 25 n. Chr. - 220 n. Chr.)
Vom Iraniertum bestimmte Gebiete
Römerreich zur Zeit des Augustus
Handelswege
Wüsten
Nördl. Wendekreis
Maßstab 1:40 000 000

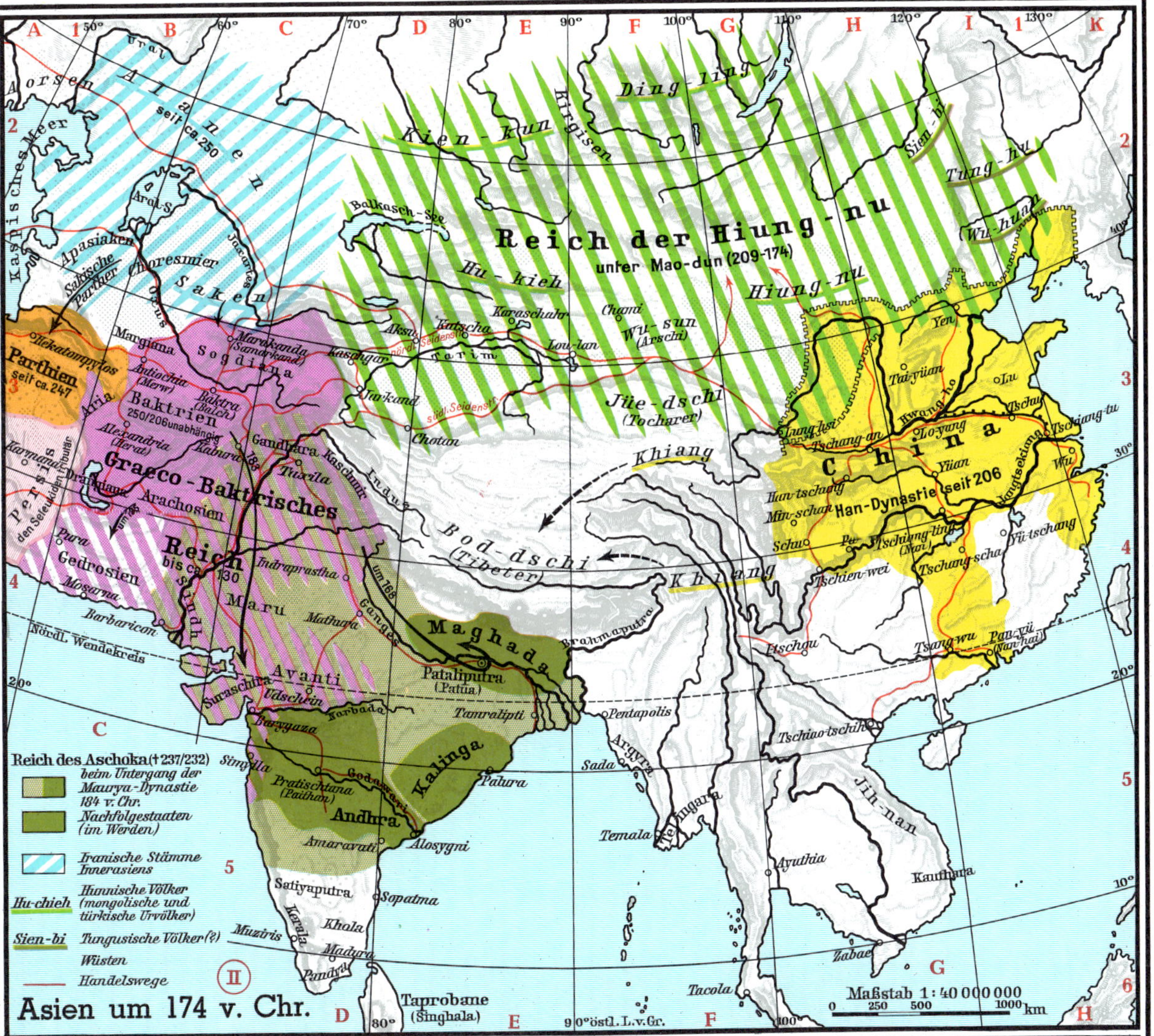
Asien um 174 v. Chr.
Reich der Hiung-nu
unter Mao-dun (209-174)
Ding-ling
Kien-kun
Kirgisen
Sien-bi
Tung-hu
Wu-huan
Hu-kieh
Hiung-nu
Wu-sun (Arsch)
Jüe-dschi (Tocharer)
Khiang
Bod-dschi (Tibeter)
China
Han-Dynastie seit 206
Alanen seit ca. 250
Saken
Choresmier
Parthien seit ca. 247
Sogdiana
Baktrien 250/206 unabhängig
Graeco-Baktrisches Reich bis ca. 130
Arachosien
Gedrosien
Maghada
Pataliputra (Patna)
Avanti
Kalinga
Andhra
Taprobane (Singhala)
Reich des Aschoka (†237/232)
beim Untergang der Maurya-Dynastie 184 v. Chr.
Nachfolgestaaten (im Werden)
Iranische Stämme Innerasiens
Hunnische Völker (mongolische und türkische Urvölker)
Tungusische Völker (?)
Wüsten
Handelswege
Maßstab 1:40 000 000

Japan
Silla
nach den Barbareneinbrüchen
eroberungen bis 410
renstaaten des 4. Jh. und das
che Kaiserreich der Wei (398-588)
unnen und Hephthaliten
e Hunnen) beherrschtes Gebiet
des Harscha in Indien (606-647)
lswege
Maßstab 1:40 000 000
Nördl. Wendekreis

Ostasien im 8. Jahrhundert
und das
Großreich der Tang-Dynastie in China
(618 - 906)
Östl. Reich der Kök-Türken
552 - 745
Reich der Uiguren
745/47 - 840
Pferde, Rinder, Schafe, Pelze, Kupfer, Eisen
Westl. Reich der Kök-Türken
552 - 745
Karluken
"Die vier Garnisonen"
Tibet
um 620 Reichsgründung (nach 800 Verfall)
China
Po-hai
Silla
Japan
Nara
Tungusen
Kirgisen
Reich der Pala
Gurdschara-Pratihara-Reich um 900
Rashtrakuta-Reich
Thai
Reich der Khmer seit ca. 800
Größte Ausdehnung von China und Tibet
Grenze des Westl. Reiches der Kök-Türken
Eroberungen der Muslime 705/715
Große chinesische Mauer
Handelswege Seide Handelswaren
Maßstab 1:40 000 000

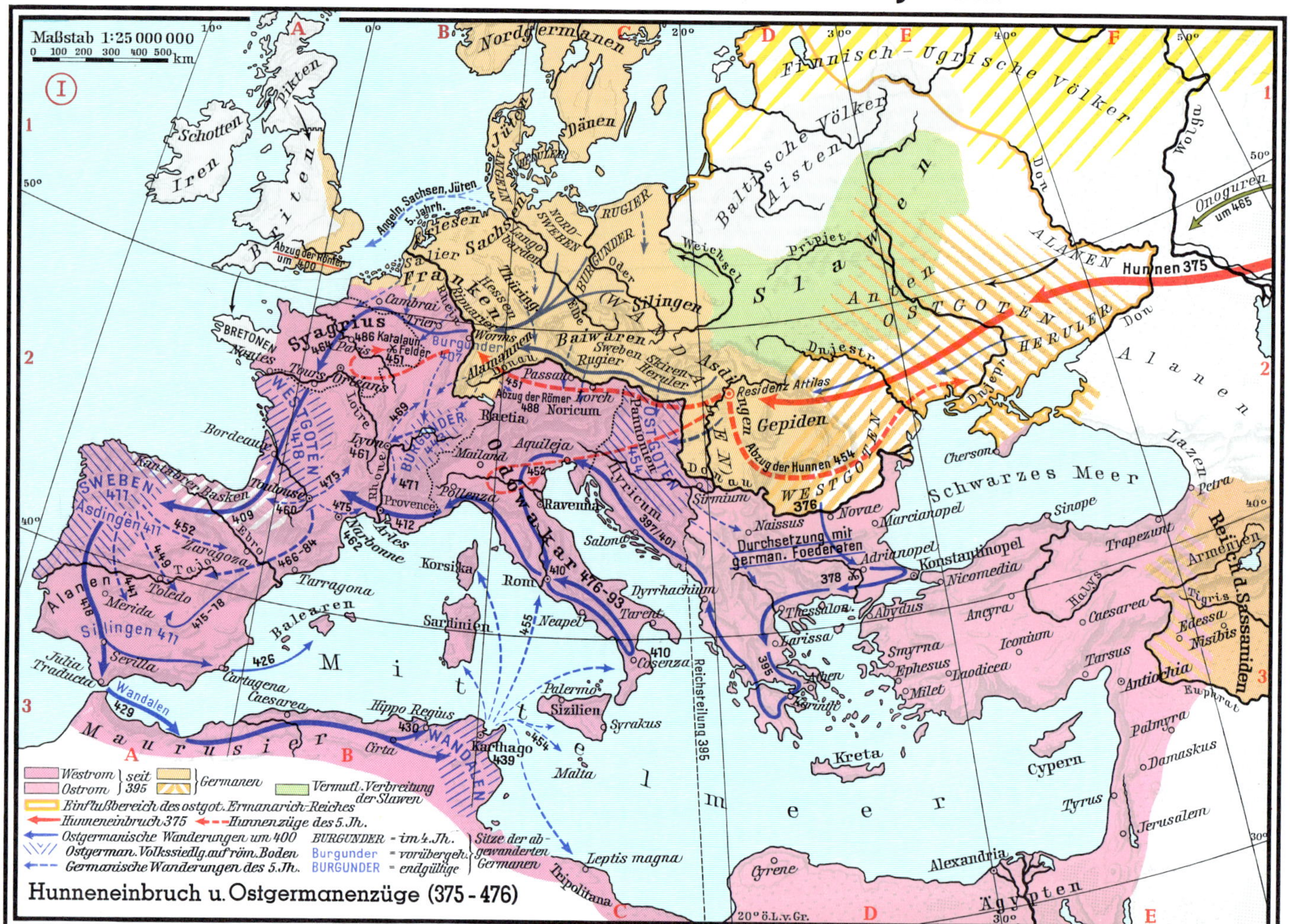

Hunneneinbruch u. Ostgermanenzüge (375 - 476)

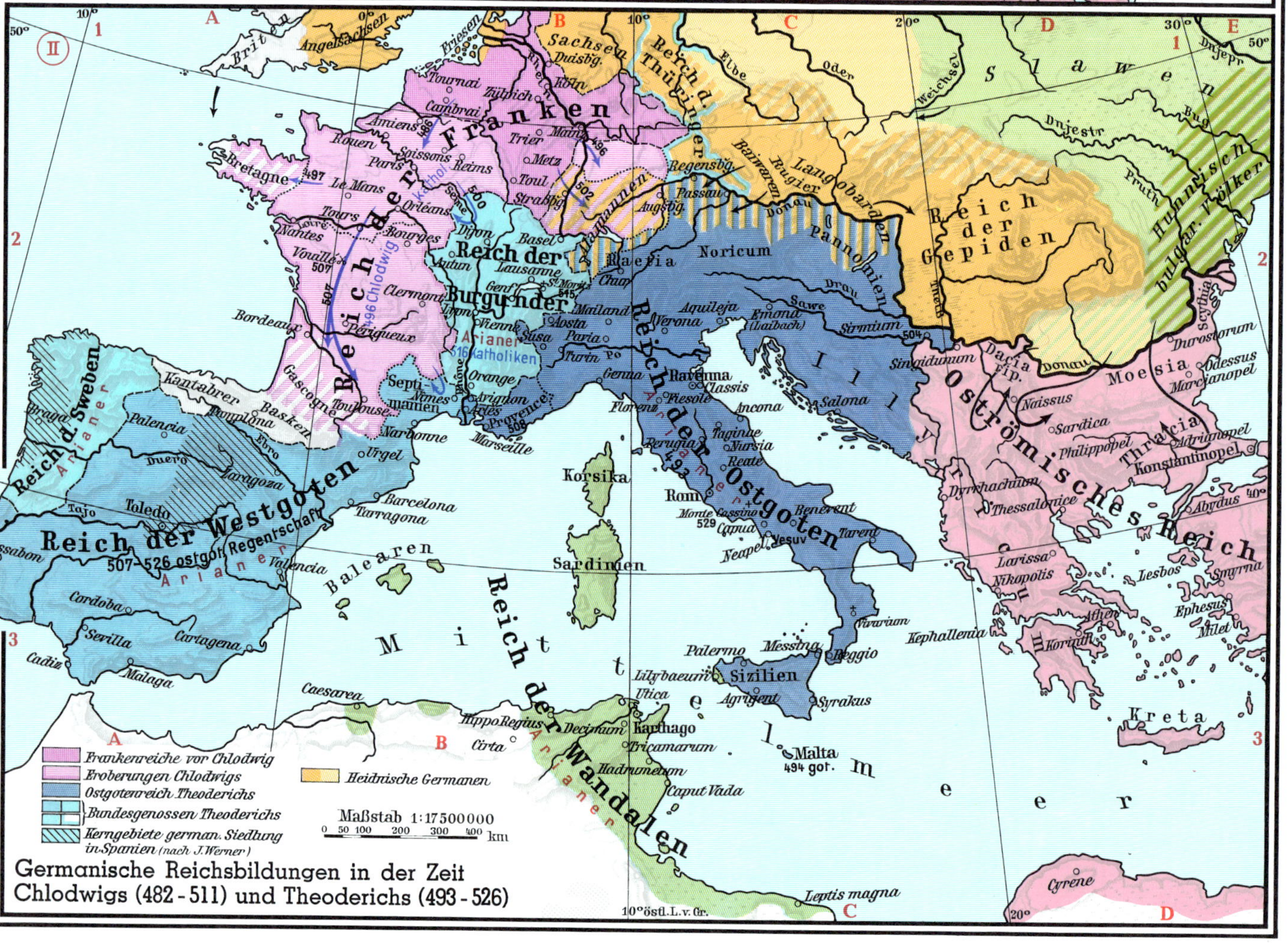

Germanische Reichsbildungen in der Zeit Chlodwigs (482 - 511) und Theoderichs (493 - 526)

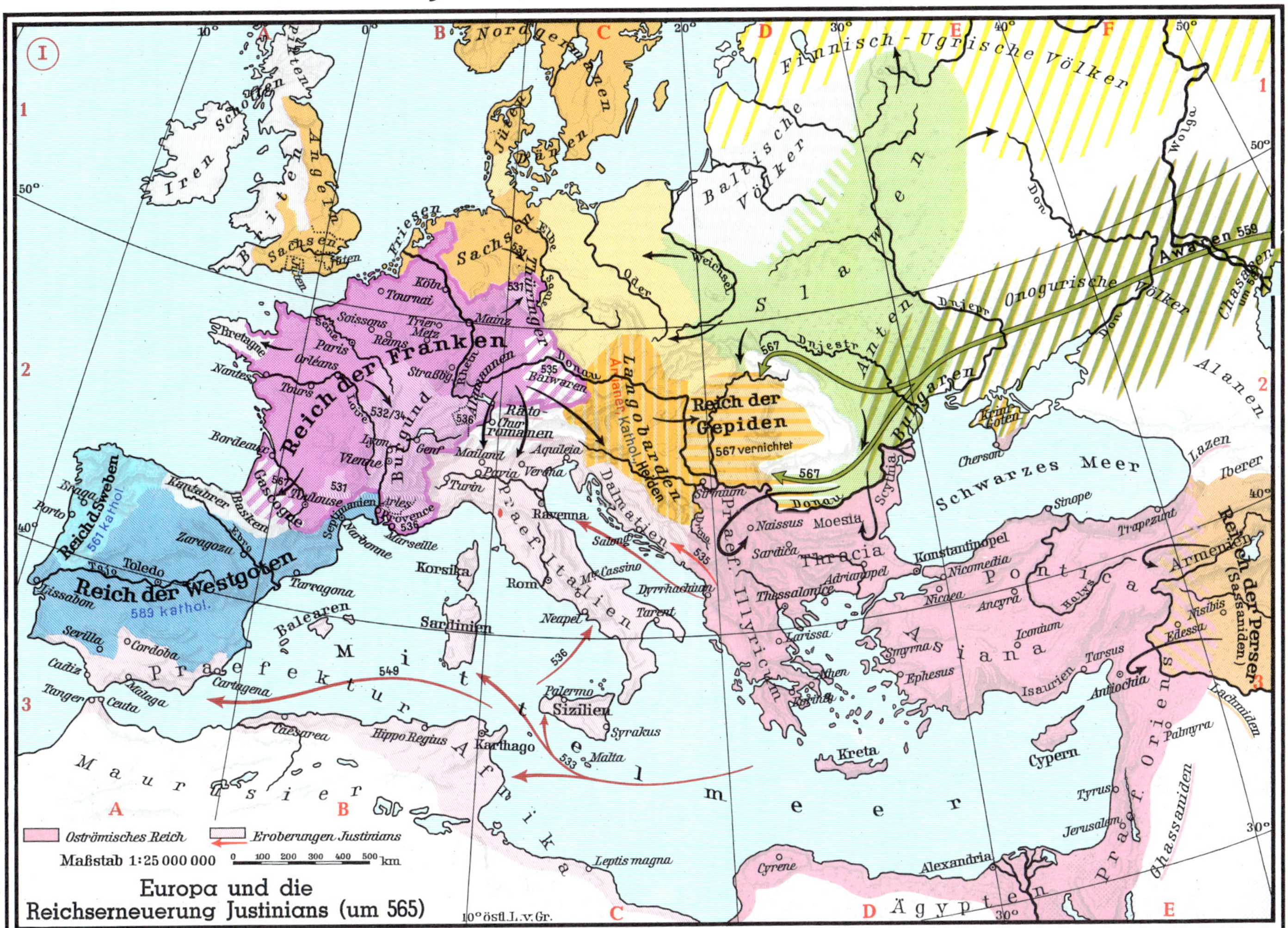

Europa und die Reichserneuerung Justinians (um 565)

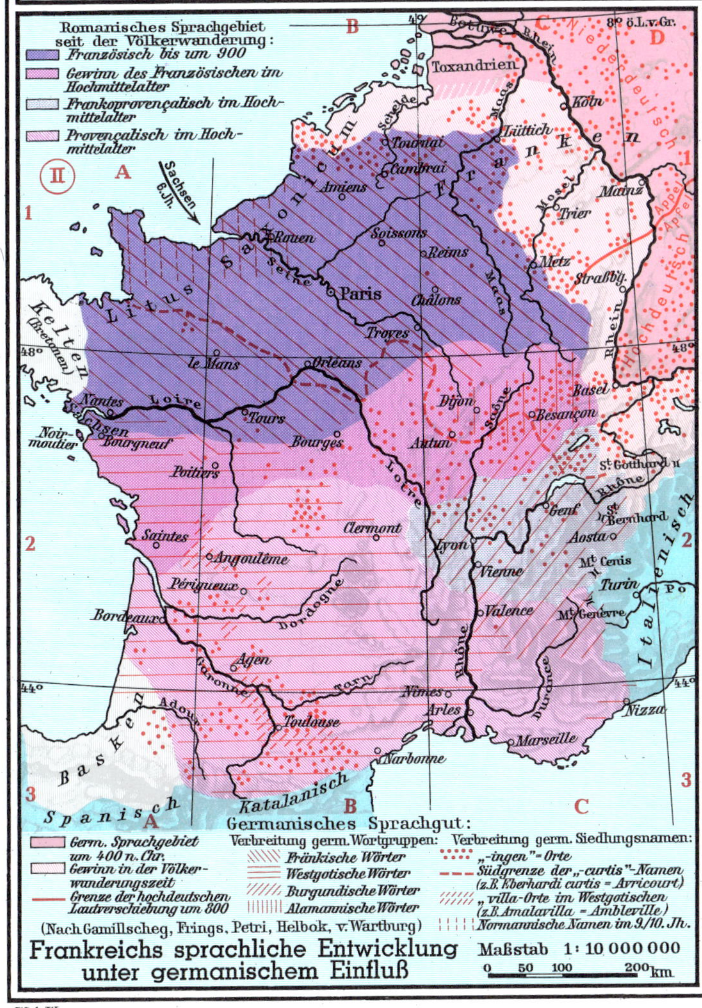

Frankreichs sprachliche Entwicklung unter germanischem Einfluß

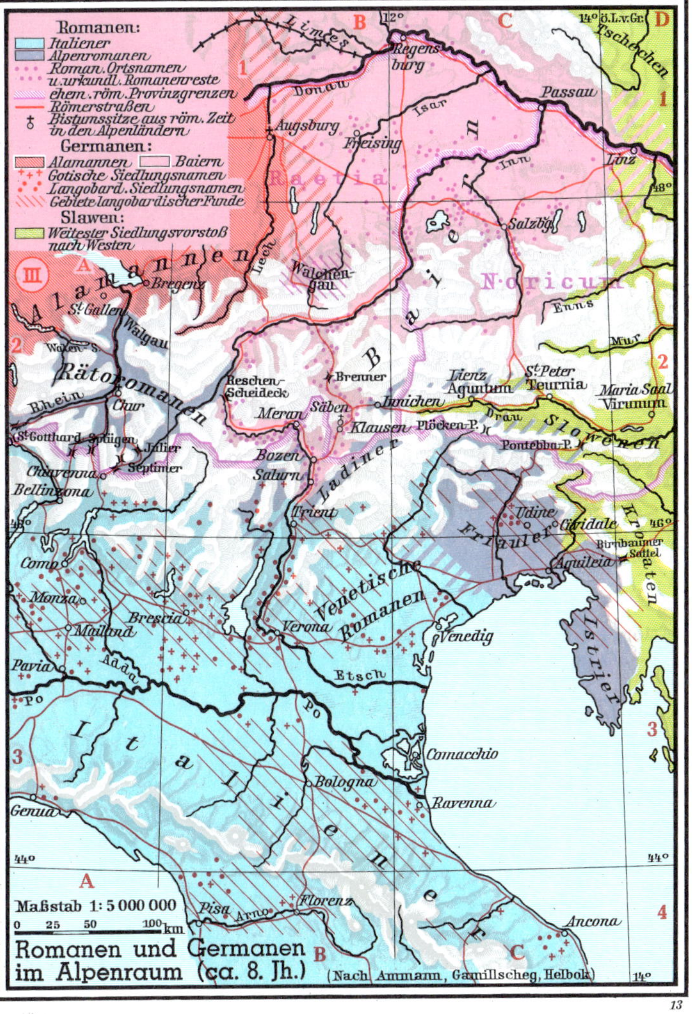

Romanen und Germanen im Alpenraum (ca. 8. Jh.)

Atlantischer Ozean
Friesisches Meer
Ostsee
Mittelmeer
Afrika
Färöer
Hjaltland (Shetland-I.) um 700 normann.
Iren
Schotten
Pikten
Briten
Northumbria
Mercia
Wessex
Ost-Anglia
Lindisfarne
Iona
Norweger
Sweonen (Schweden)
Göten
Jüten
Esten (Tschuden)
Woten
Kuren
Lettgaller
Semgaller
Schamaiten
Litauer
Pruzzen
Truso
Bornholm
Gotland
Birka
Upsala
Obodriten
Sachsen
Friesen
Dorestad
Quentowic
Liutizen
Pomoranen
Sorben
Lechen (Polen)
Masowier
Jatwingen
Dregowitschen
Wolhynier (Duleber)
Wislanen
Tschechen
Mährer
Slowaken
Reich d. Samo
Reich der Franken
Austrien
Neustrien
Aquitanien
Burgund
Alamannen
Thüringen
Bajern
Paris
Rouen
Orleans
Tours
Bordeaux
Toulouse
Narbonne
Arles
Metz
Trier
Köln
Aachen
Regensburg
Reich der Westgoten
Asturien
Basken
Sueben
Toledo
Cordoba
Lissabon
Sevilla
Merida
Saragossa
Barcelona
Valencia
Cartagena
Malaga
Gebel al Tarik
Ceuta
Tanger
Jerez de la Frontera
Balearen 798 islam.
Korsika 754 fränk.
Sardinien
Sizilien
Malta
Reich der Langobarden
Pavia
Mailand
Rom
Neapel
Ravenna
Spoleto
Benevent
Kalabrien
Reich der Awaren
Karantanen
Kroaten
Serben
Bulgaren
Walachen
Thrakien
Byzanz
Konstantinopel
Thessalonike
Hellas
Athen
Kreta
Rhodos
Maghrib
Exarchat Karthago
Karthago
Tunis
Kairuan
Tripolis
Barka
Alexandria
Libyen
Fessan
Kawar
Ghadamis
Byzantinisches Reich:
unter Herakleios (610-641)
um 750
Reste latein. u. griechischer Bevölkerung
Grenzen der Militärbezirke (Themen) seit Herakleios
Patrimonium Petri seit 754/56
Reiche und Stämme der Germanen:
Reich der Franken um 610
Erwerbungen bis 768
Reich der Westgoten um 610
Erwerbungen bis 711
Reich der Langobarden seit 568
Angelsächsische Staaten
Germanische Stämme außerhalb christlicher Reiche
Slawische Stämme
Baltische Stämme
Finnisch-ugrische Stämme
Europäische Fernhandelswege
Perserreich um 610 (Sassanidenreich)
Eroberungen bis 627
Ausbreitung des Kalifenreiches:
Herrschaftsbereich Mohammeds 632
Eroberungen seines Nachfolgers Abu Bekr bis 634
Eroberungen der ersten Kalifen bis 656
Eroberungen unter den Omaijaden 661-750
Provinzgrenzen des Kalifats
Vorstoß asiatischer Turkvölker nach Westen:
Awaren
Bulgaren
Chasaren
Andere nomadisierende Turkvölker
Staaten Innerasiens:
Grenze des kök-türkischen Reiches 552-745
Unter chines. Oberherrschaft zwischen 670 u. 751, seit 766 karlukisches Gebiet
Unter chines. Herrschaft (zeitweilig zu Tibet gehörend)
Tibetisches Gebiet um 700
Sumpf
Steppe
Wüste

Tschuden
Permier
Wepsen
Merja
Tscheremissen
Mordwinen
Bulgar
Bulgaren
7. Jahrh.
Ostjaken, Wogulen
Magyaren (Ungarn)
Kama
Tobol
Irtysch
Ural
Petschenegen
Don
Bulgaren um 500
Sarkel
Chasaren-Reich
Itil (Wolga)
Itil
Tscherkessen (Kassogen)
Abchasien
Jassi (Alanen)
Lazika
Iberien (Georgien)
Tiflis
Kura
Arran
Schirwan
Bab el Abwab (Derbent)
Kaspisches Meer
Aral-S.
Ogusen
Jaxartes (Sihun)
Farab (Otrar)
Taschkent
Isfidschab
Talas 751
Tschu
Kuz Ordu (Balasagun)
Alma Ata
Issyk-kul
Ili
Balkasch-See
Ala-kul
Karluk
Türgesch
seit 766
unabhängig
Almalik
Kutscha
Tarim
Uzgand
Kaschgar
Jarkand
Chotan
Tabgatsch
Die Vier Garnisonen
zu China
zu Tibet
Fergana
Chokand
Sogdien
Samarkand
Benaket
Buchara
Mawara an nahr (Transoxanien)
Kesch
712
Urgendsch
Choresm
Chiwa
Oxus (Dschihun)
Amul
Tirmidh
Balch
Tocharistan
Badachschan
Schighnan
Indus
Tibet
Kaschmir
Merw
Nesa
Nischapur
Chorasan
646/651
Herat
Kabul
Ghasna
Zabulistan
Kandahar
Bost
Seistan
Multan
Satledsch
Alor
712
Harschas Reich
Gurdschara
Bahmanabad
Sind
Mansura
Kusdar
Mekran
Daibul
Suraschtra
Zes Meer
Sinope
Trapezunt
Armeniakon
Sebastopolis
Kaisareia
Melitene (Malatia)
Thughur
Tarsus
Antiochia
Armenien
Theodosiopolis
Dwin
647 v. Arab. zerst.
Araxes (Aras)
Aserbeidschan
Gilan
Tabaristan
Dschurdschan
Rai
Damghan
Dschibal
Medien
Hamadan
Nehawend 642
Persisches Reich
633/51 von den Arabern vernichtet
Ispahan 643
Wüste Lut
Kerman
Bemm
Fars 646
Istachr
Schiras
Hormuz
Chusistan
Susa
Mesopotamien
Amida
Nisibis
Edessa
Mosul
Ninive
Tigris
Euphrat
Irak
Bagdad
163 gegr.
Madain
Ktesiphon
Kerbela
Kadesia 635
Kufa
Hira 633
Basra
Ullais (Vologesias) 633
Lachmiden
Syrien
Hims 635/36
Damaskus
Jarmuk 636
Ghassaniden
Syrische Wüste
Kelb
Persischer Meerb.
Jarbu
Bahrein
Hadjar
Maskat
Oman
Asad
Wüste Nefud
Amir
Tebuk
Tajj
Teima
Dhubjan
Quraisa
Cheiber
Hedschas
Nedsch d
Arabien
Dhubba
Jamama
Hanifa
Dj. Ohod
Medina
624
Bedr
Aus und Chasradsch
Suleim
Kinana
Mekka
Taif
Okas
Große Arabische Wüste
Rotes Meer
Indischer Ozean
Nördl. Wendekreis
Maßstab 1 : 20 000 000
0 100 200 300 400 500 1000 km
50° östl. L. v. Gr.

Die christliche Welt im Frühmittelalter

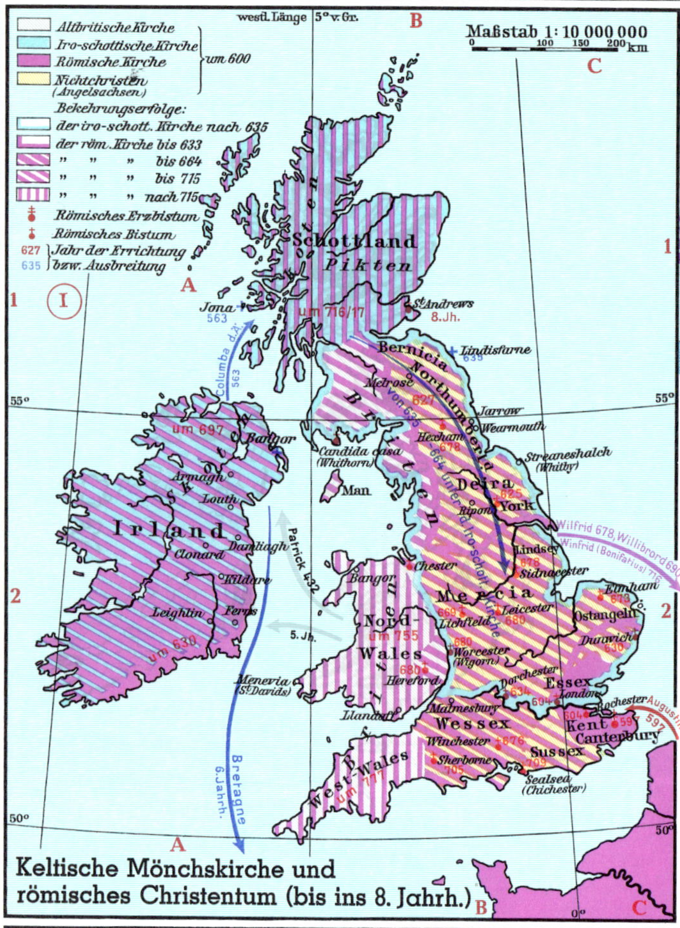

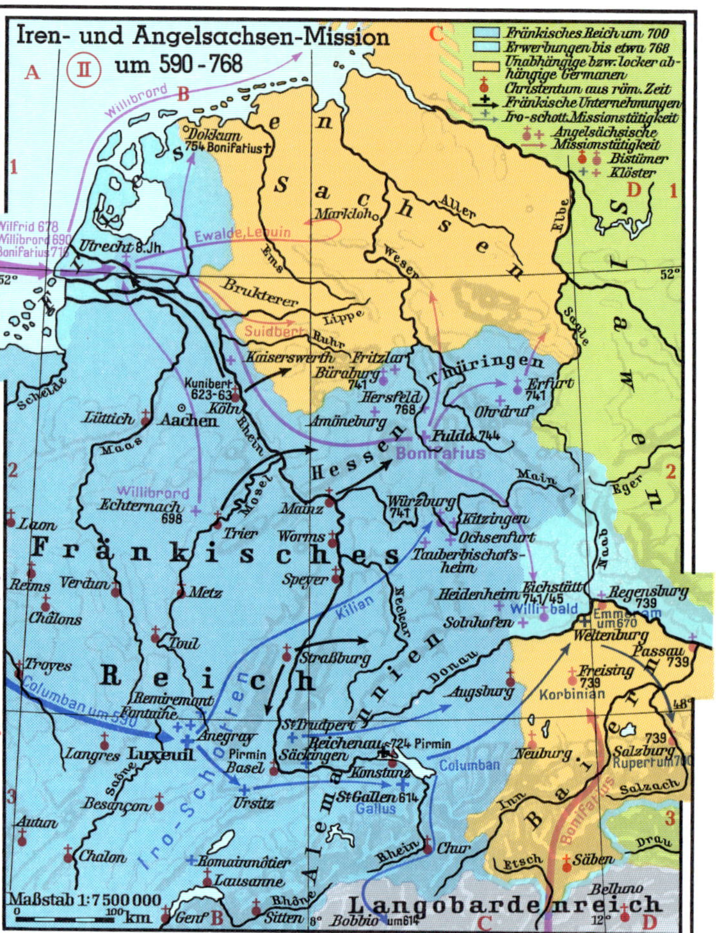

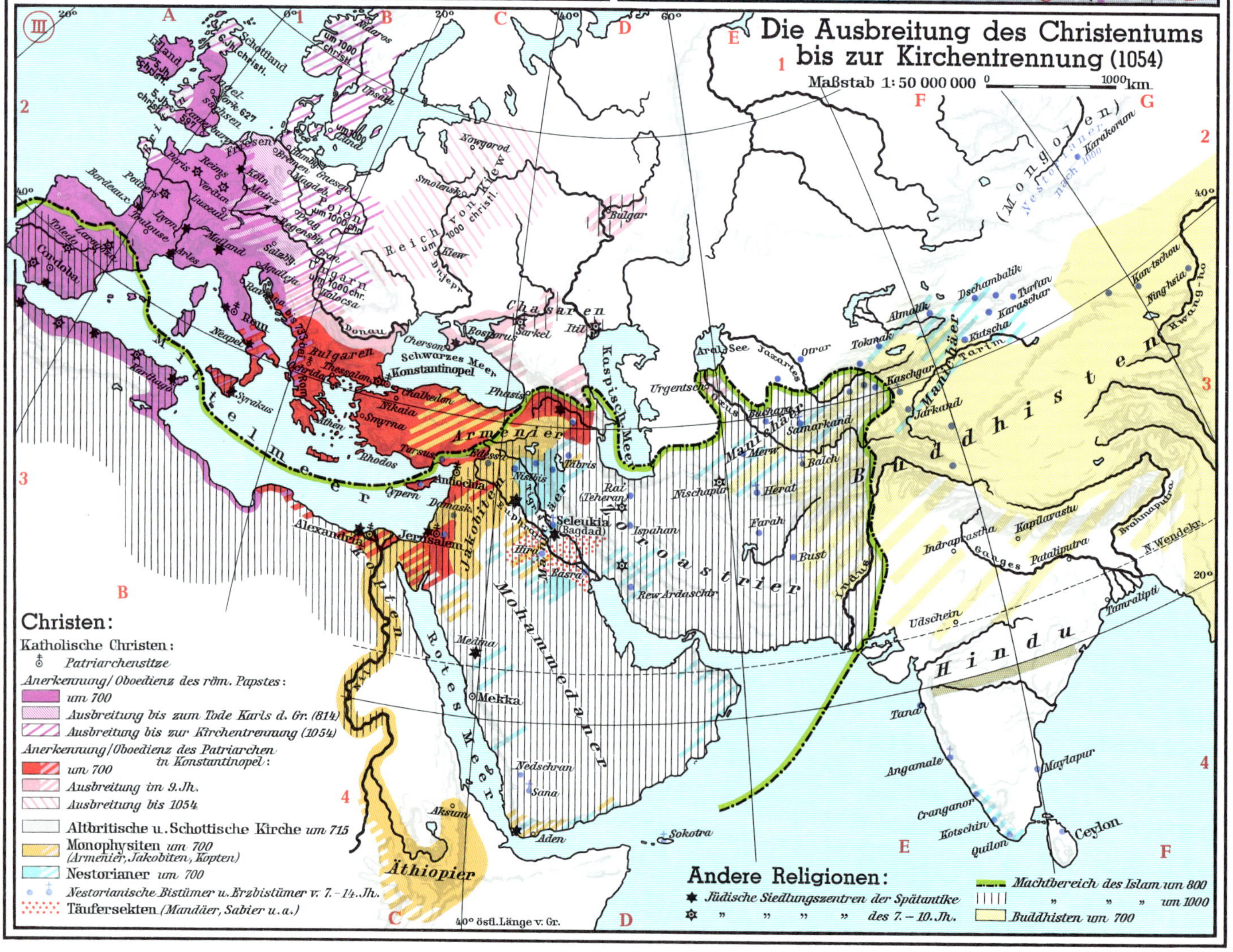

Der Kirchenstaat vom 8. bis 13. Jahrh.

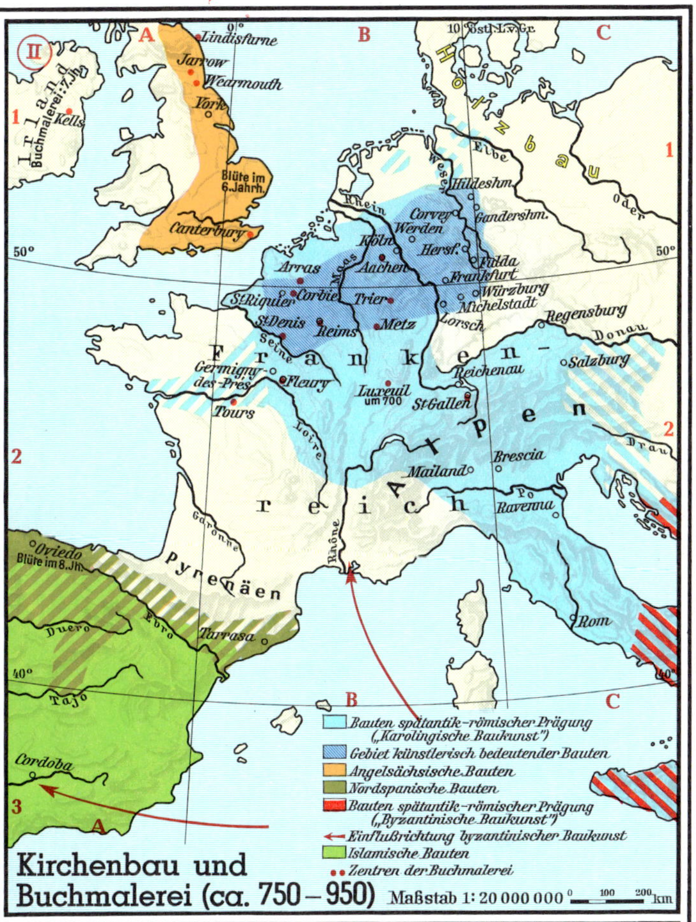

Kirchenbau und Buchmalerei (ca. 750–950)

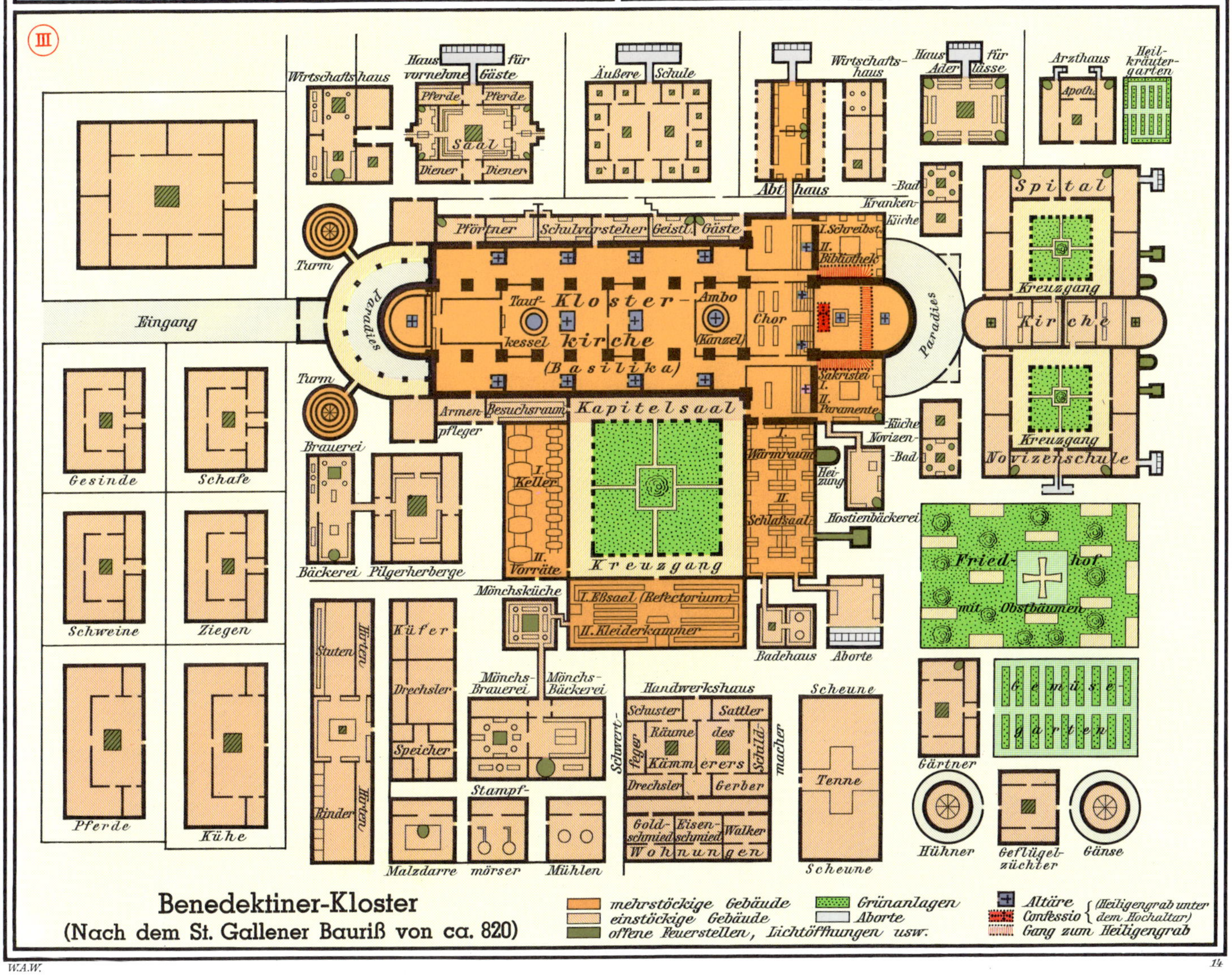

Benedektiner-Kloster
(Nach dem St. Gallener Bauriß von ca. 820)

I
Pikten
Irland
Northumbria
Mercia
Wales
Wessex
Ost-Anglia
Kent
Sussex
Westwales (Devon)
Man
Göten
Jütland
Dänenreich des Göttrik bis 810
Schonen
Bornholm
Gotland
Friesland
Sachsen
Ostfalen
Obodriten
Wilzen (Liutizen)
Heveller
Pomoranen
Polen
Silinger
Sorben
Thüringen
Hessen
Austrien
Ostfranken
Neustrien
Bretagne
Böhmen (Tschechen)
Mähren
Alamannien
Baiern
Ostmark
Kärnten
Burgund
Aquitanien
Gascogne
Septimanien
Provence
Spanische Mark
seit 812 fränk.
Mark Friaul
Kgr. Asturien
Omaijadisches Emirat Cordoba seit 756
Balearen
Korsika
Sardinien
Kirchenstaat
Tuscien
Hzm. Spoleto
Hzm. Benevent
Th. Langobardien
Th. Calabrien
Thema Sizilien
Kroaten
Th. Dalmatien
Bosnien
Abbassiden seit 750, Aghlabiden seit 800
Abbassiden seit 750, Idrisiden seit 789
Omaijaden-Kalifat bis 750
Maßstab 1:10 000 000
0 50 100 150 200 250km

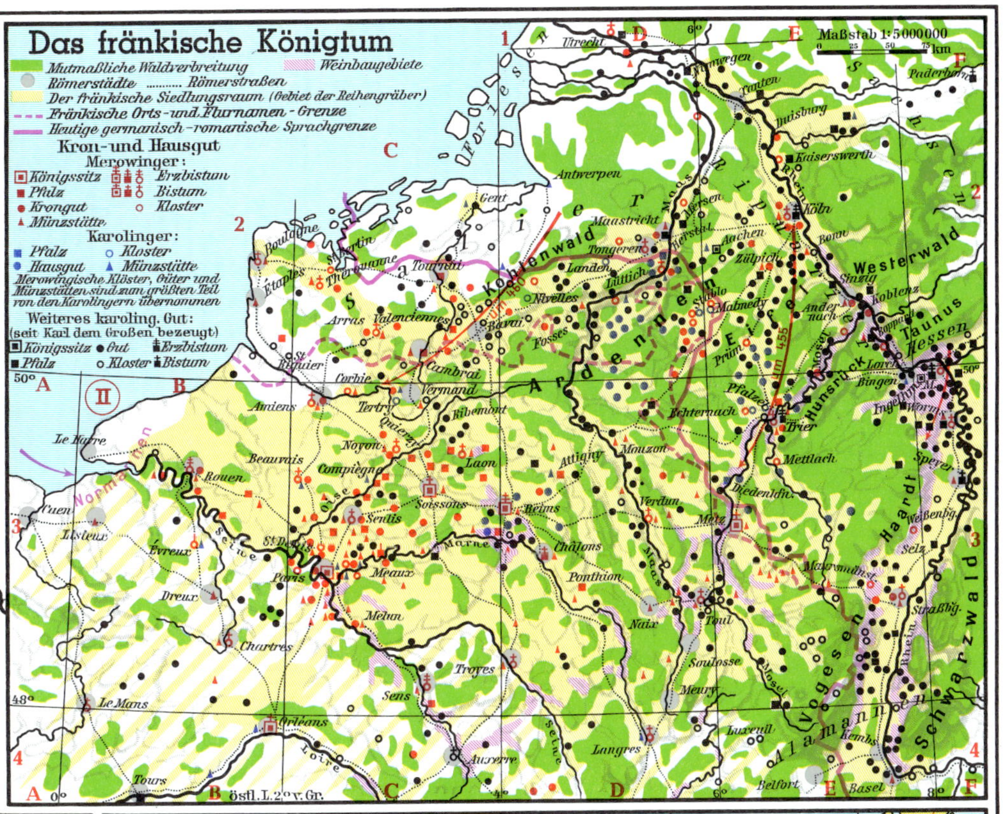

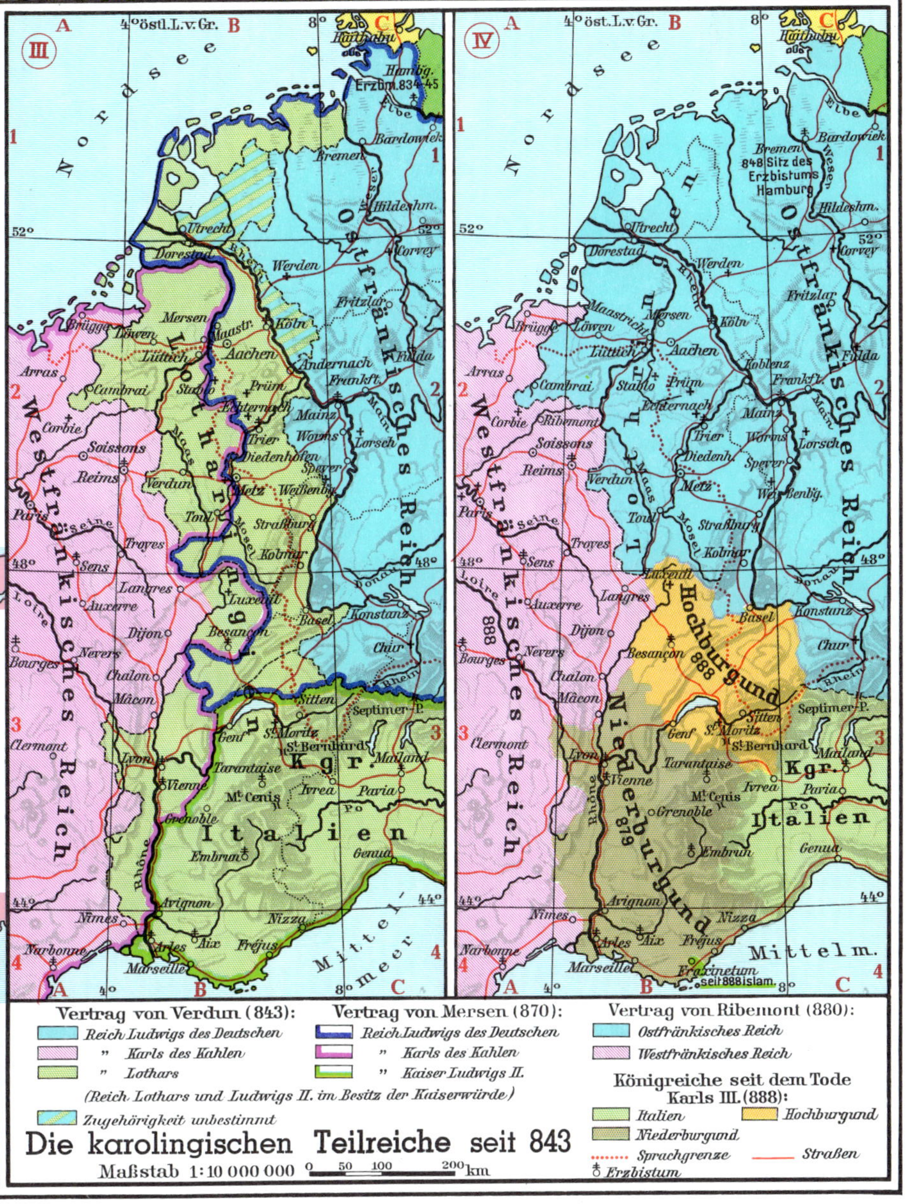

Die karolingischen Teilreiche seit 843

Frühmittelalterliche Siedlung und Mission

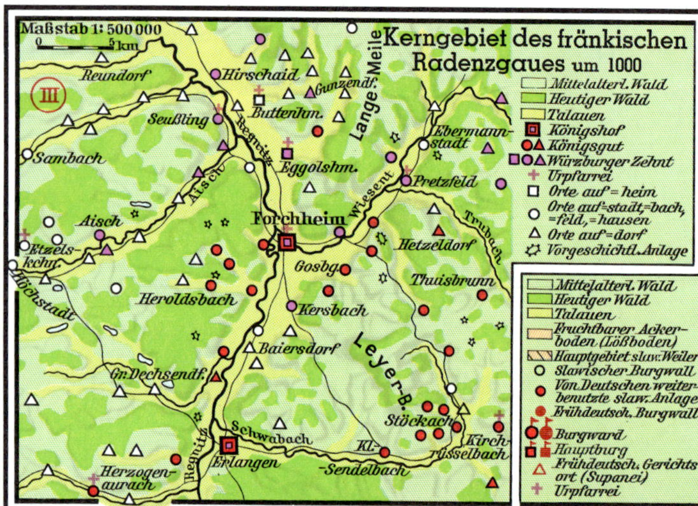

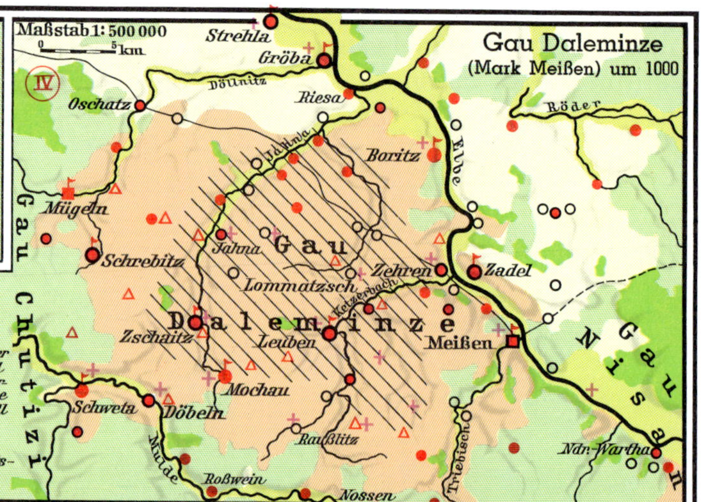

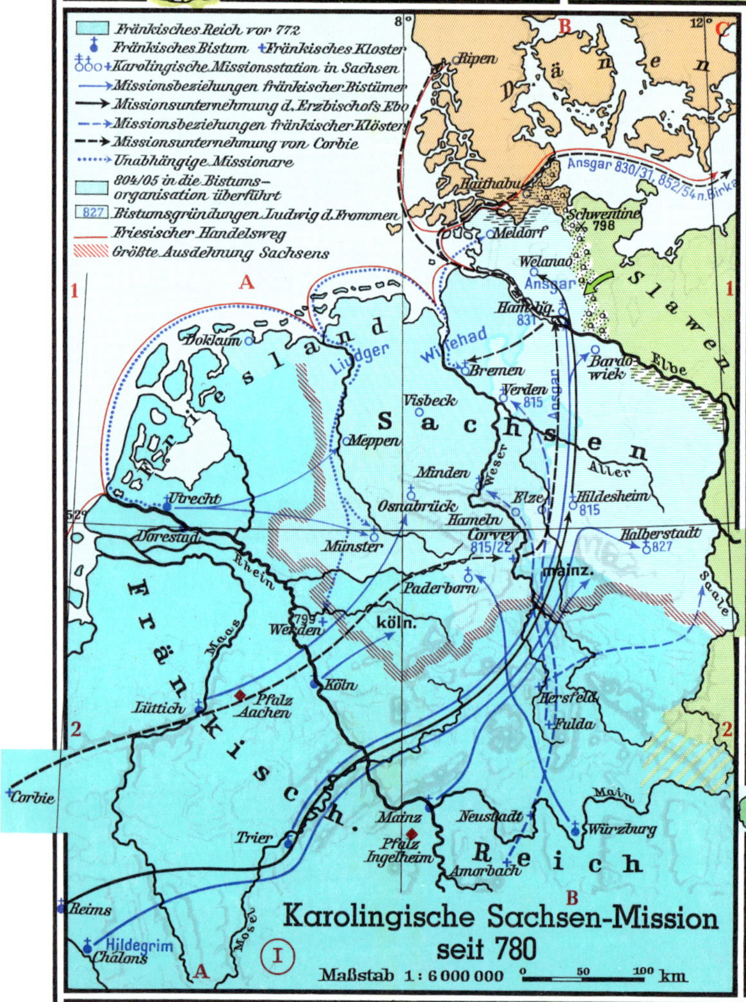

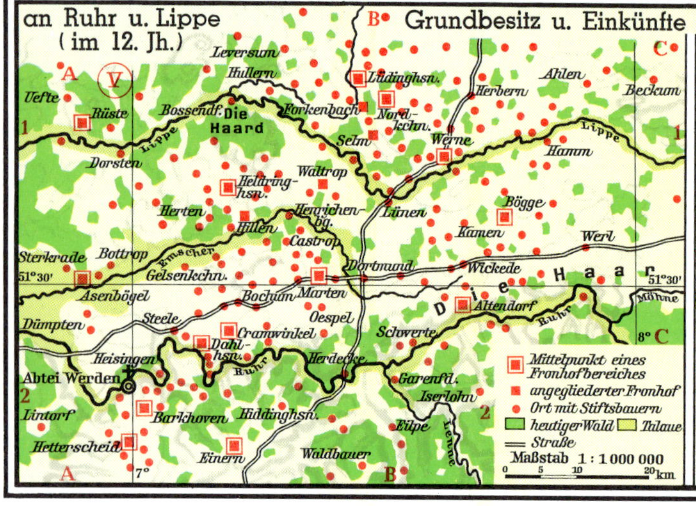

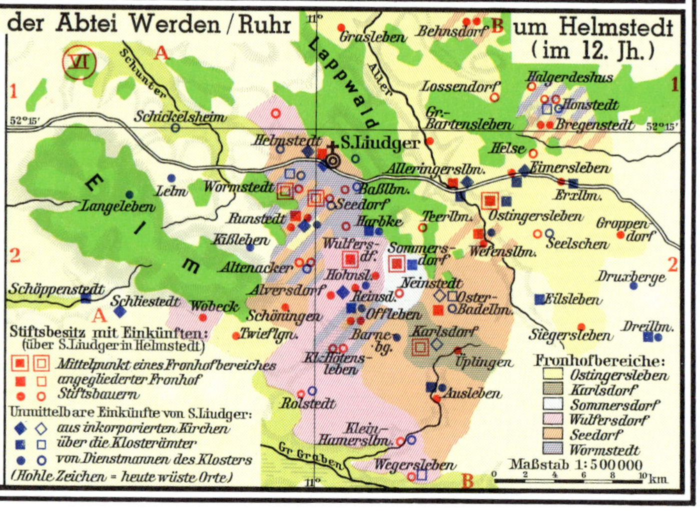

Verteidigung des Abendlandes (9. Jahrh.)

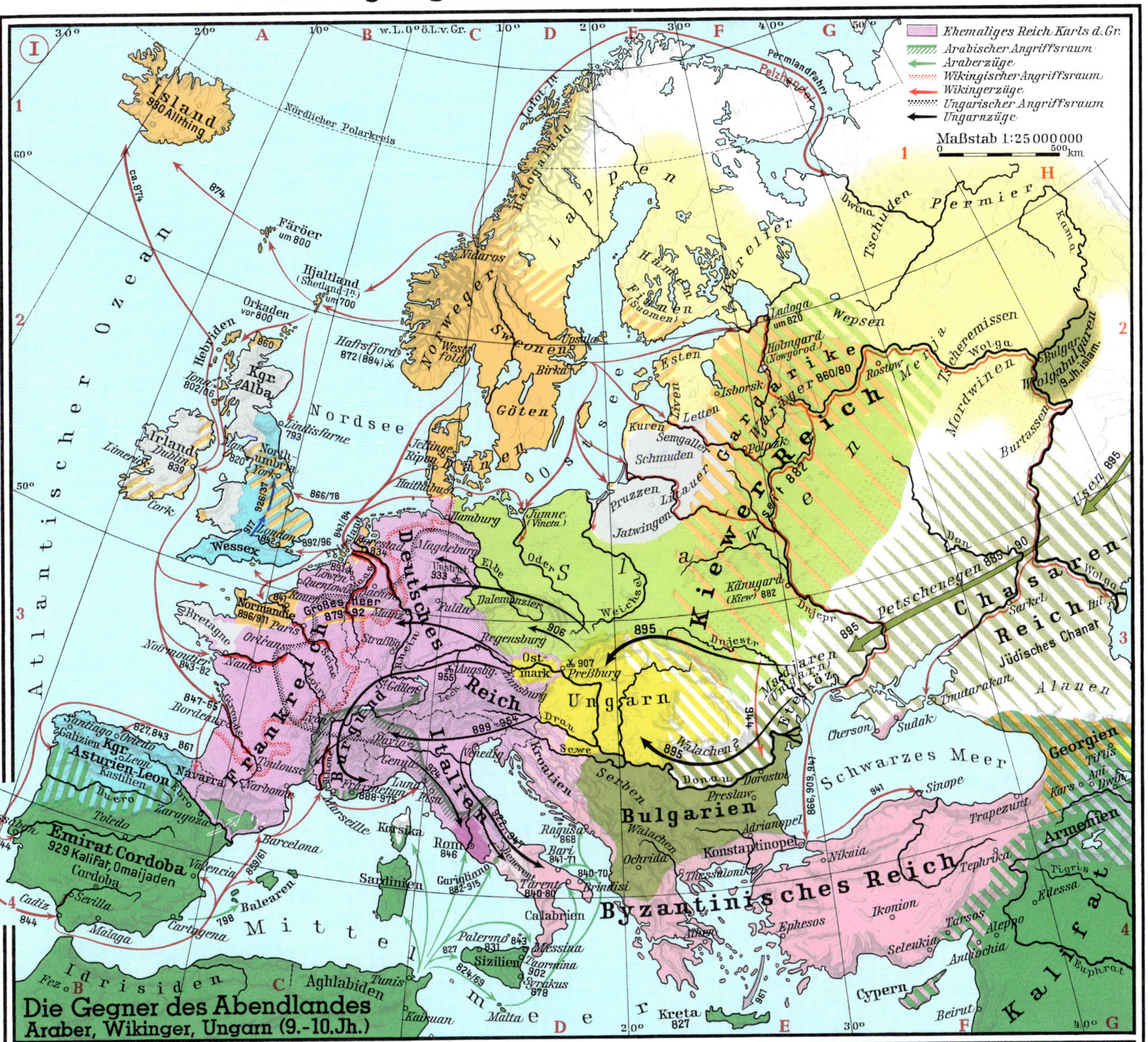

Die Gegner des Abendlandes
Araber, Wikinger, Ungarn (9.–10. Jh.)

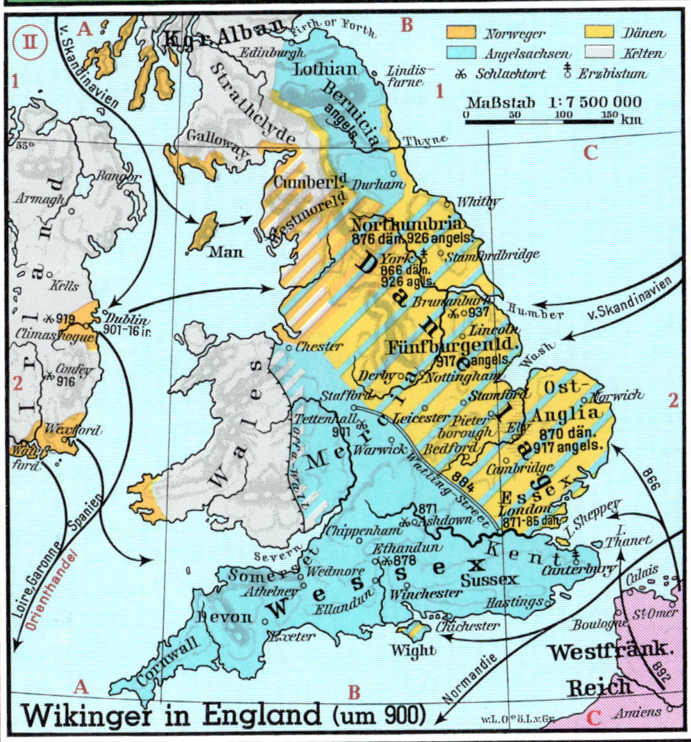

Wikinger in England (um 900)

Island im Mittelalter
(ca. 20 000 Bewohner)
Maßstab 1:7 500 000

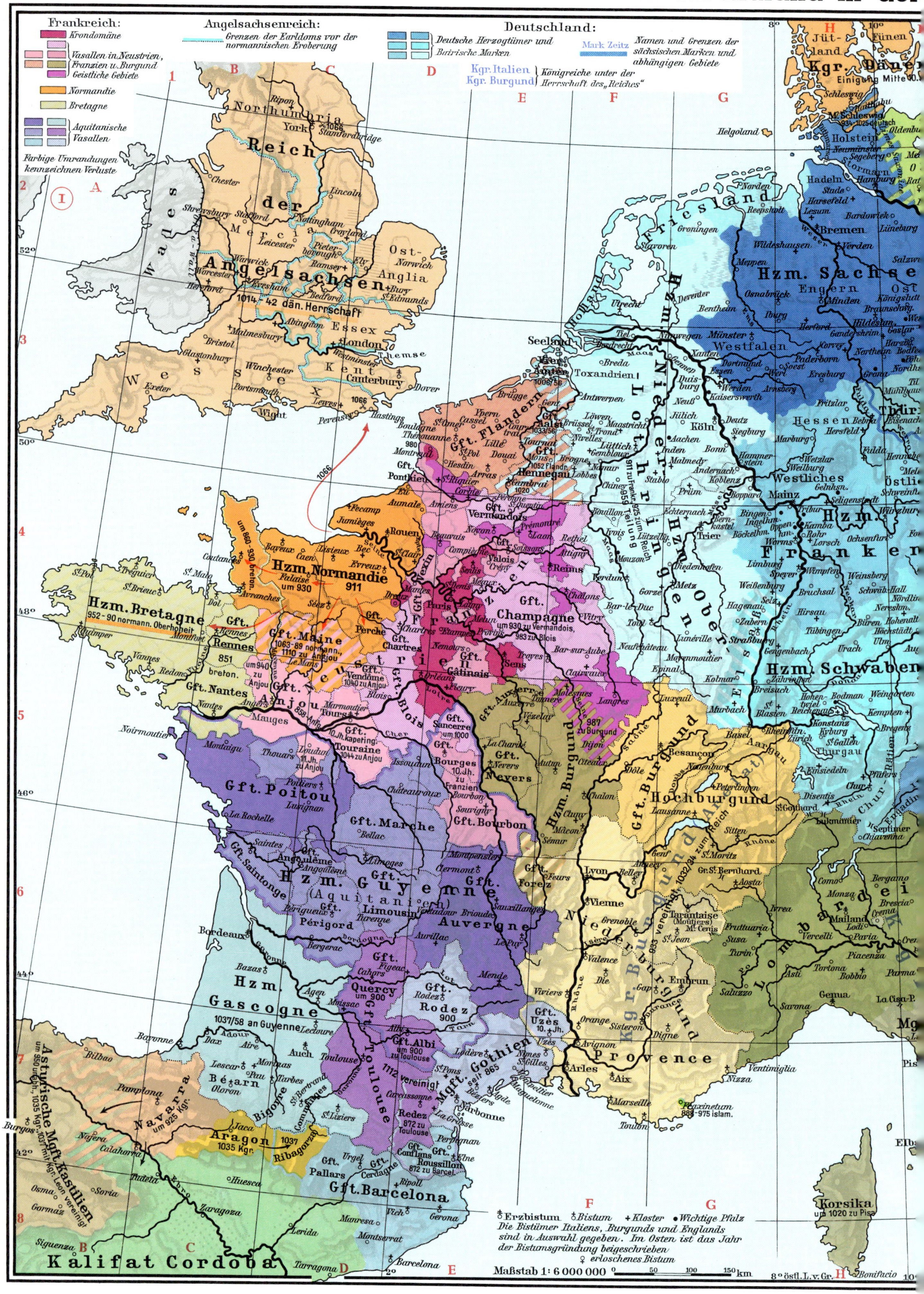
Frankreich:
Krondomäne
Vasallen in Neustrien, Franzien u. Burgund
Geistliche Gebiete
Normandie
Bretagne
Aquitanische Vasallen
Farbige Umrandungen kennzeichnen Verluste
Angelsachsenreich:
Grenzen der Earldoms vor der normannischen Eroberung
Deutschland:
Deutsche Herzogtümer und Bairische Marken
Mark Zeitz
Namen und Grenzen der sächsischen Marken und abhängigen Gebiete
Kgr. Italien
Kgr. Burgund
Königreiche unter der Herrschaft des „Reiches"
Reich der Angelsachsen
Northumbria
Mercia
Ost-Anglia
Wessex
Kent
Wales
1014-42 dän. Herrschaft
Jütland
Kgr. Dänemark
Hzm. Sachsen
Friesland
Westfalen
Engern
Hessen
Hzm. Niederlothringen
Hzm. Oberlothringen
Hzm. Franken
Hzm. Schwaben
Elsass
Gft. Flandern
Hzm. Normandie
911
Hzm. Bretagne
952-90 normann. Oberhoheit
Gft. Maine
Gft. Nantes
Anjou
Neustrien
Franzien
Gft. Champagne
Gft. Blois
Gft. Touraine
Gft. Auxerre
Gft. Nevers
Hzm. Burgund
Gft. Burgund
Hochburgund
Gft. Poitou
Gft. Marche
Gft. Bourbon
Hzm. Guyenne (Aquitanien)
Limousin
Périgord
Auvergne
Gft. Forez
Niederburgund
Kgr. Burgund
Provence
Hzm. Gascogne
1037/58 an Guyenne
Quercy
Gft. Rodez
Gft. Albi
Gft. Toulouse
Mgft. Gothien
Gft. Uzès
Béarn
Navarra
Aragon
Ribagorza
Gft. Barcelona
Gft. Pallars
Asturische Mgft. Kastilien
Kalifat Cordoba
Lombardei
Korsika
Ȯ Erzbistum Ȯ Bistum + Kloster • Wichtige Pfalz
Die Bistümer Italiens, Burgunds und Englands sind in Auswahl gegeben. Im Osten ist das Jahr der Bistumsgründung beigeschrieben
erloschenes Bistum
Maßstab 1: 6 000 000
0 50 100 150 km
8° östl. L. v. Gr.

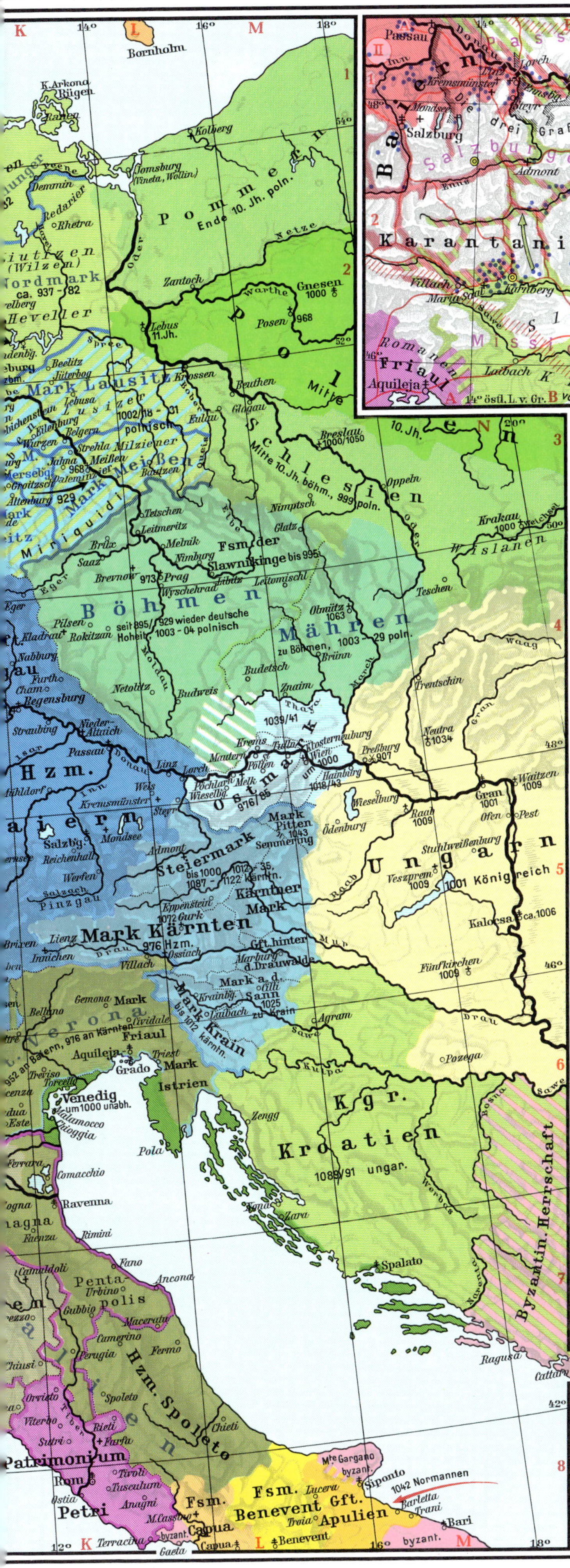

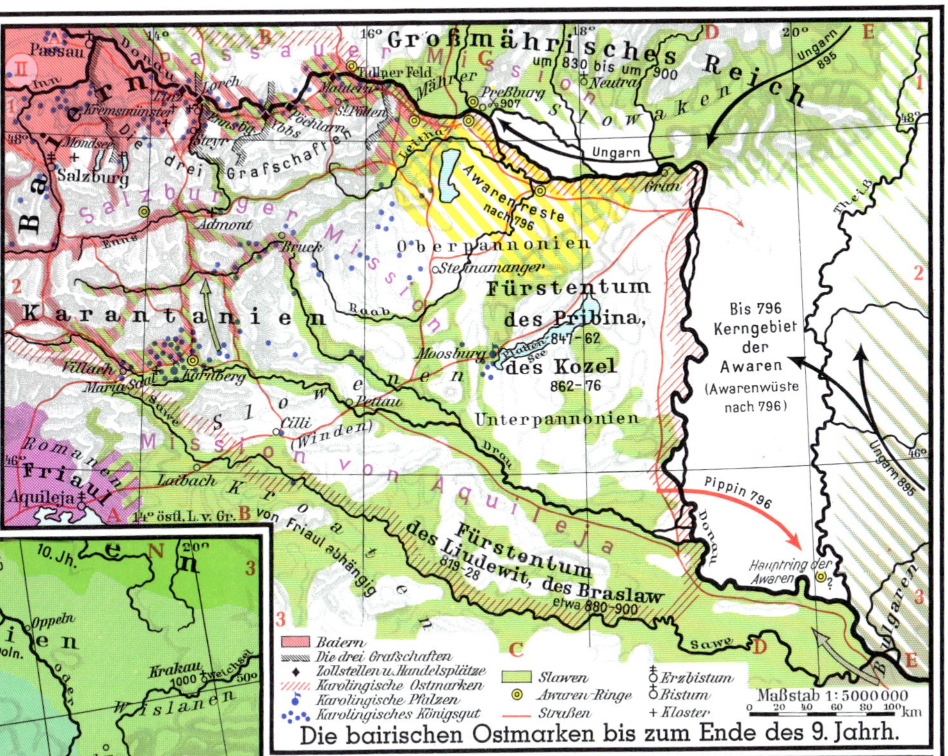

Die bairischen Ostmarken bis zum Ende des 9. Jahrh.

Die bairischen Ostmarken im 11. und 12. Jahrh.

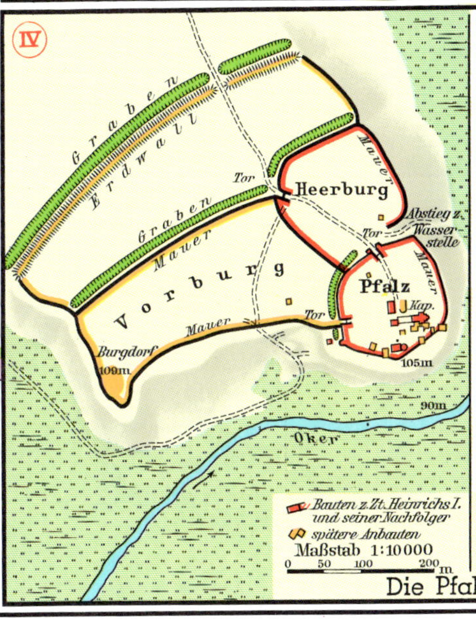

Die Pfalz Werla

Staatenbildung um 1000

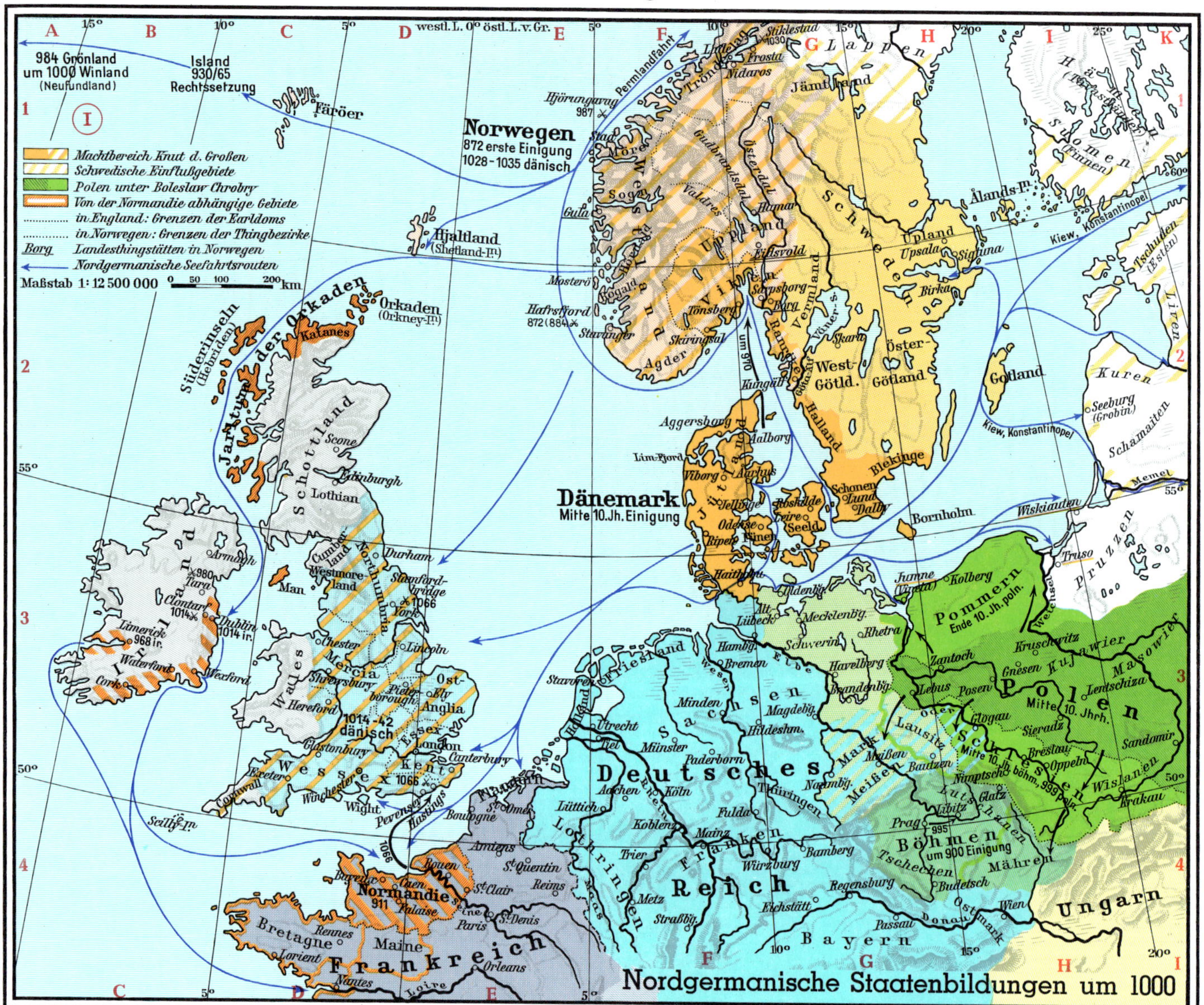

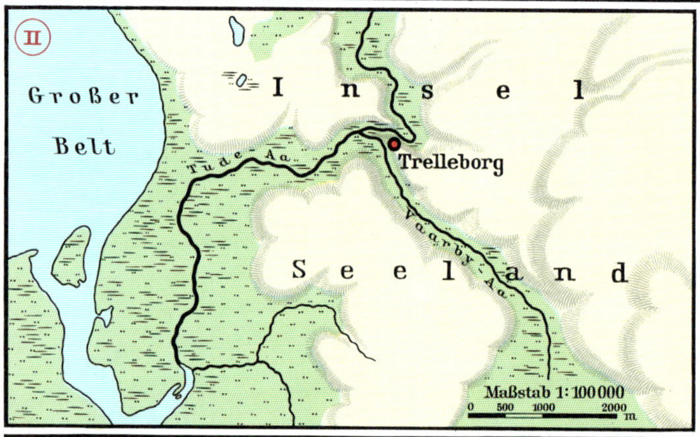

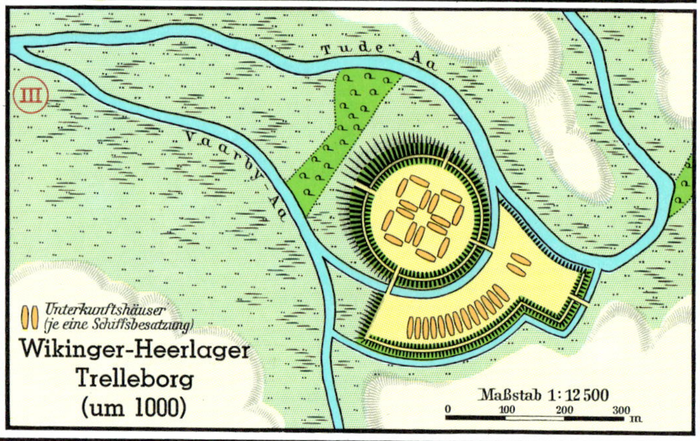

Wikinger-Heerlager Trelleborg (um 1000)

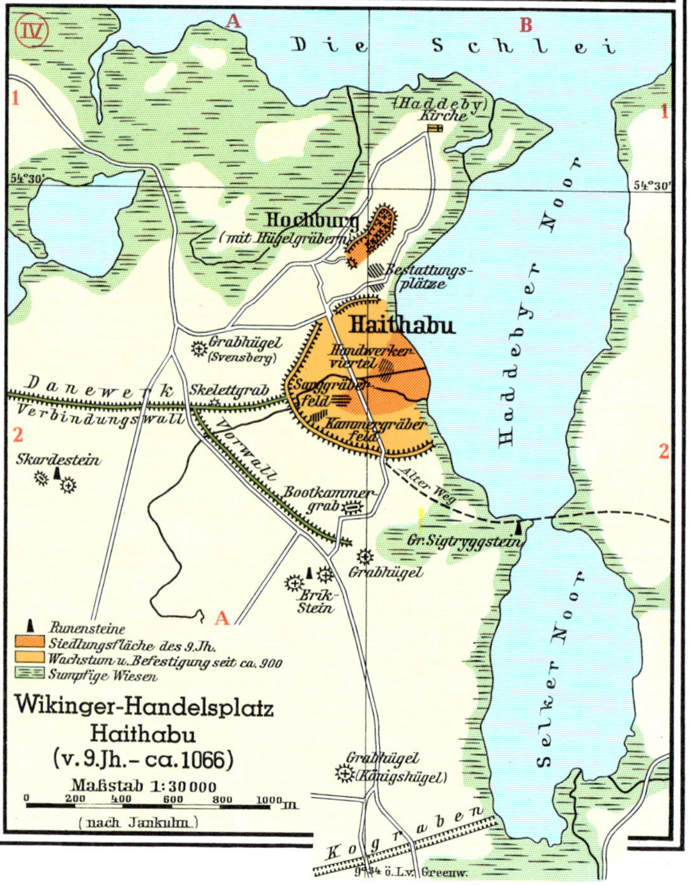

Wikinger-Handelsplatz Haithabu (v. 9. Jh. - ca. 1066)

Staatenbildung und Mission um 1000

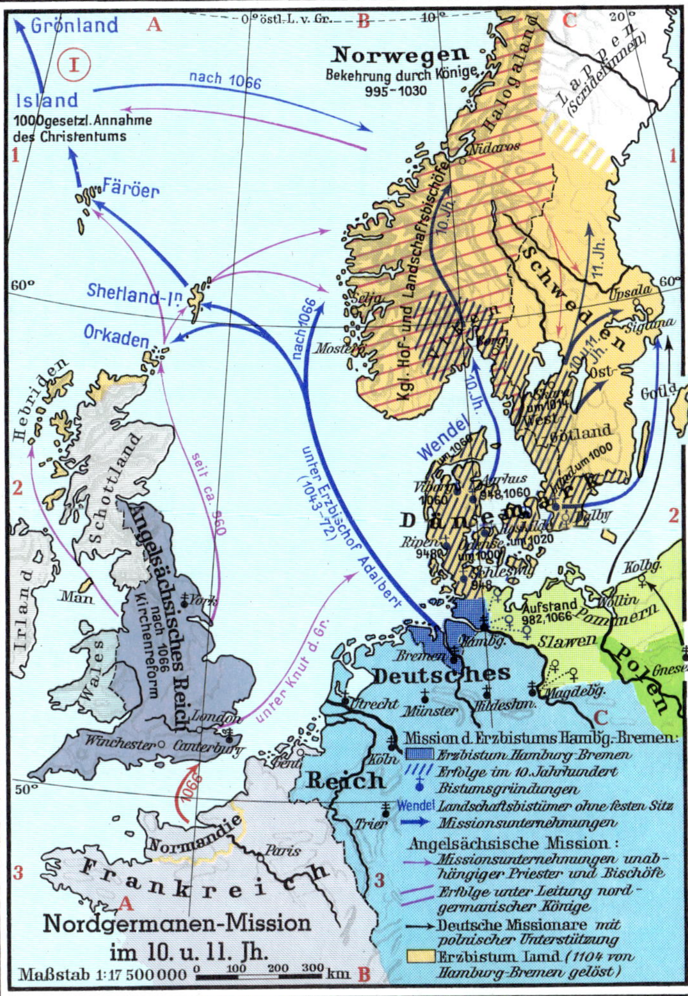

Nordgermanen-Mission im 10. u. 11. Jh.

Slawen-Mission im 10. u. 11. Jh. bis zur Kirchentrennung (1054)

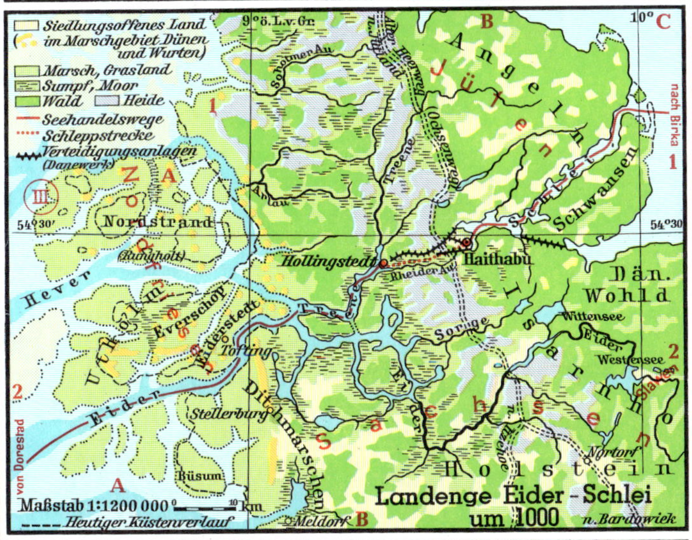

Landenge Eider-Schlei um 1000

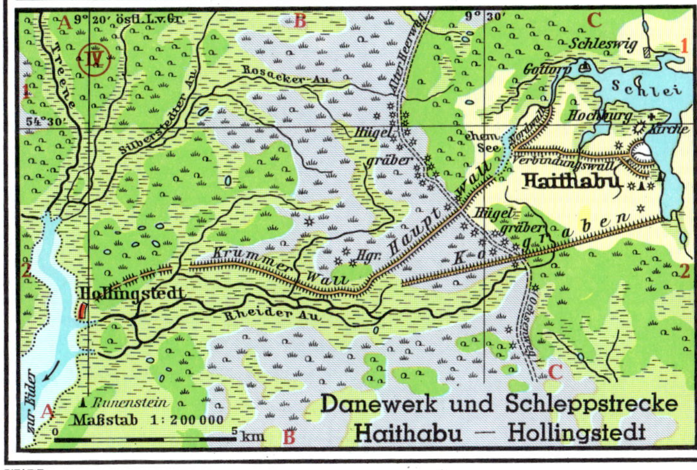

Danewerk und Schleppstrecke Haithabu — Hollingstedt

Das Kiewer Reich im 10. u. 11. Jh.

Königsgut in Deutschland

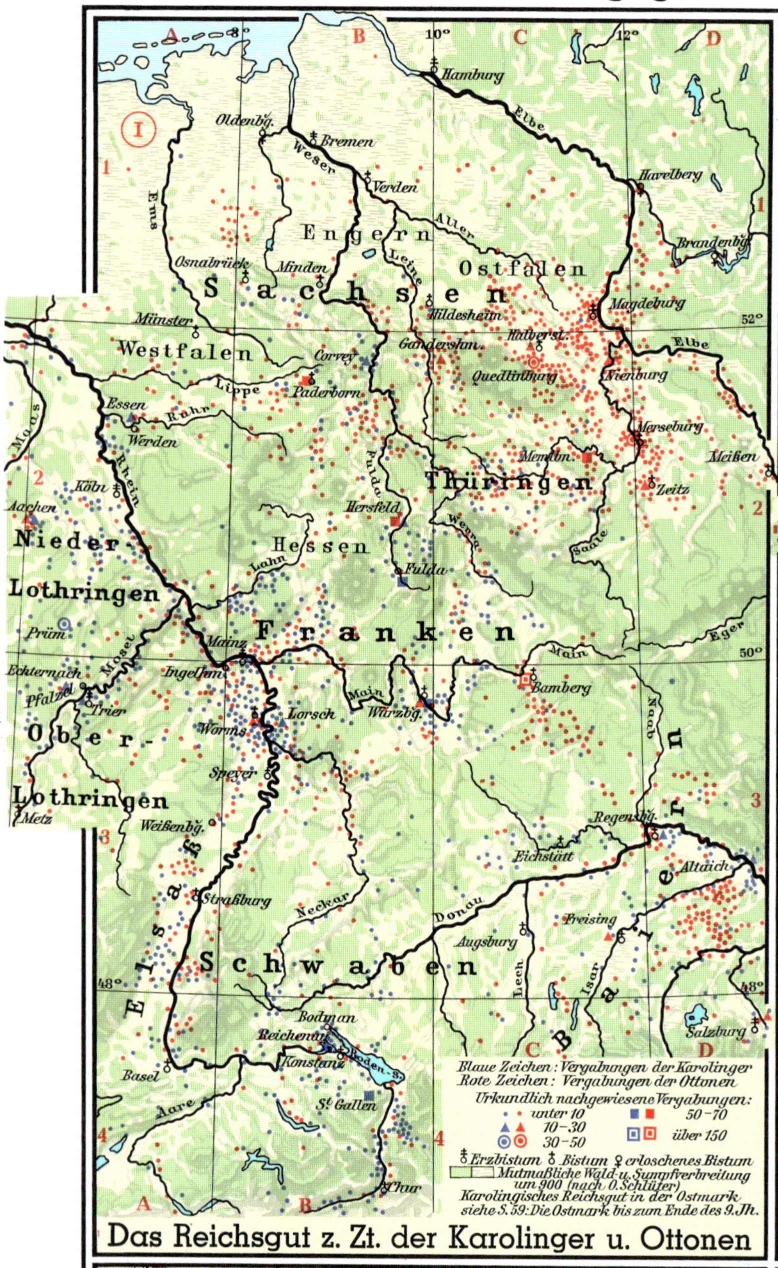

Das Reichsgut z. Zt. der Karolinger u. Ottonen

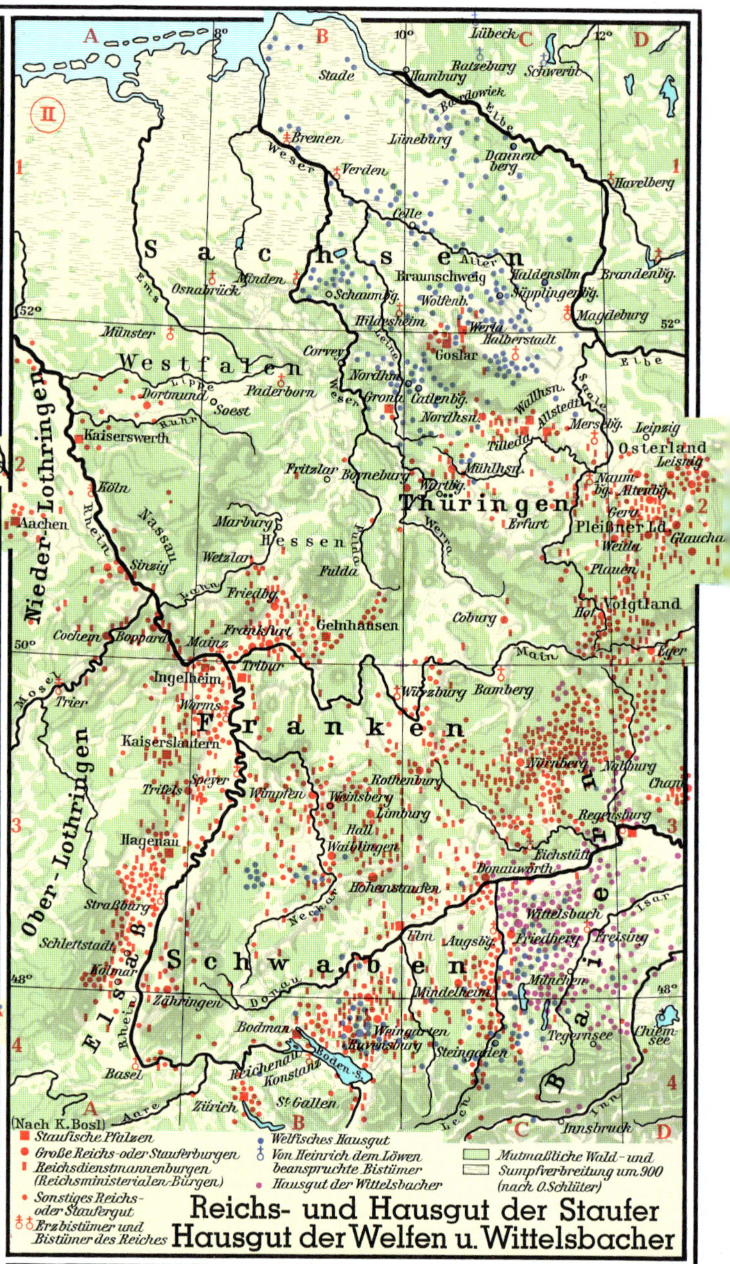

Reichs- und Hausgut der Staufer
Hausgut der Welfen u. Wittelsbacher

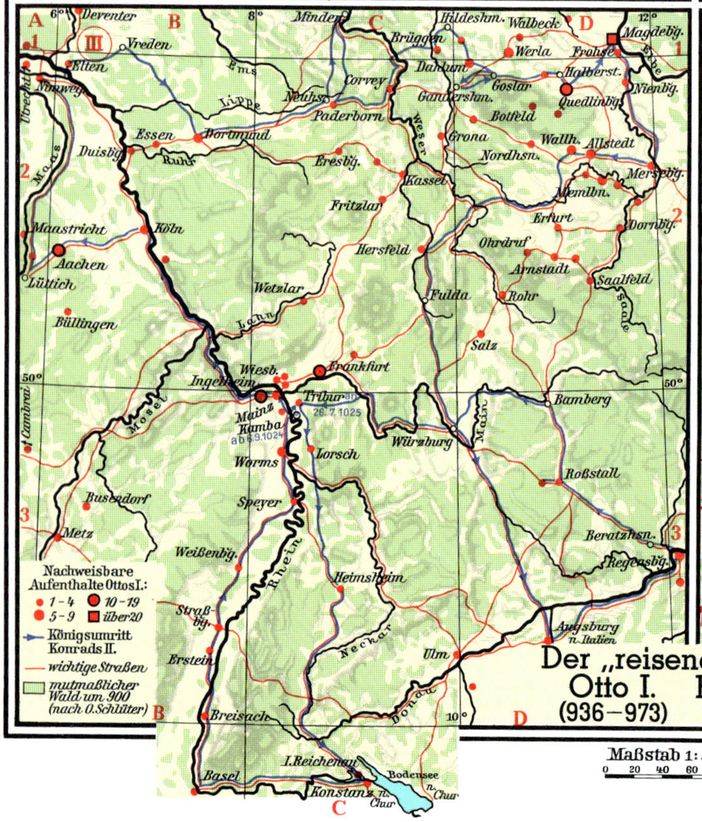

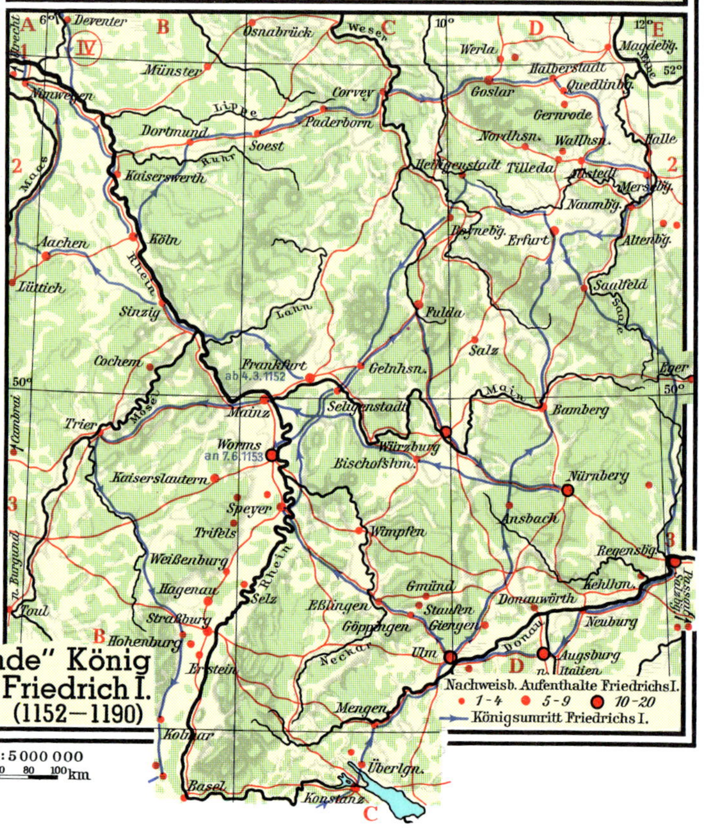

Der „reisende" König
Otto I. (936–973)
Friedrich I. (1152–1190)

Maßstab 1 : 5 000 000
0 20 40 60 80 100 km

Italien vom 11. bis zur Mitte des 12. Jahrhunderts

Staaten u. Bekenntnisse im Mittelmeerraum nach den ersten Kreuzzügen (um 1190)

Der Zusammenbruch von Byzanz und die Kreuzzüge des 13. Jahrh.

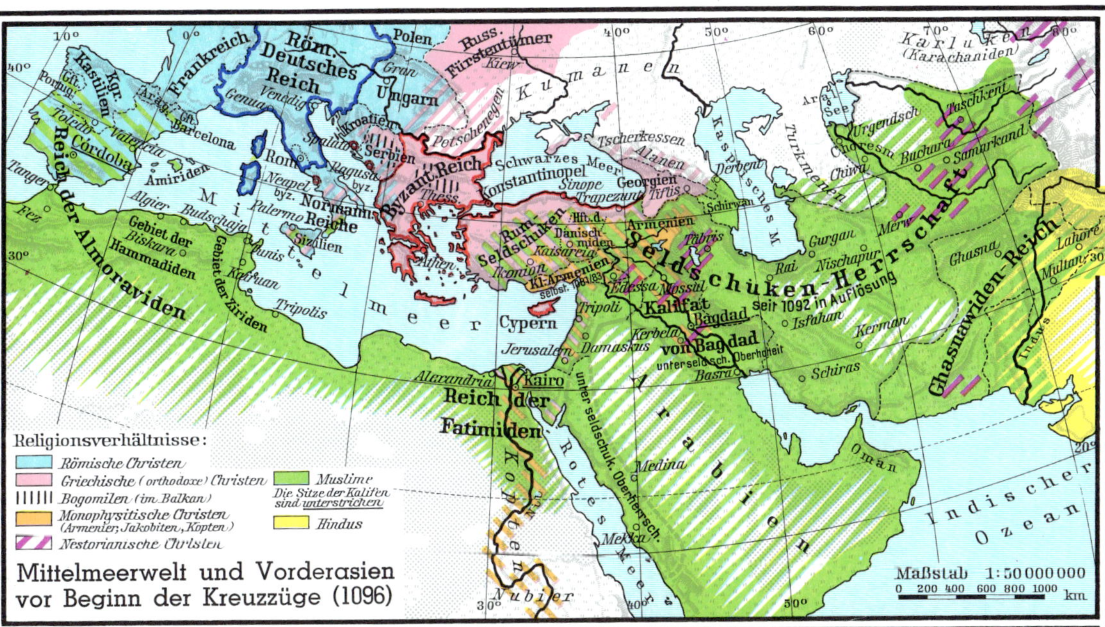
Religionsverhältnisse:
Römische Christen
Griechische (orthodoxe) Christen
Bogomilen (im Balkan)
Monophysitische Christen (Armenier, Jakobiten, Kopten)
Nestorianische Christen
Muslime
Die Sitze der Kalifen sind unterstrichen
Hindus
Mittelmeerwelt und Vorderasien vor Beginn der Kreuzzüge (1096)
Maßstab 1:50 000 000
0 200 400 600 800 1000 km

Kgr. Jerusalem in seiner größten Ausdehnung (1099-1187)
Kgr. Jerusalem nach dem Frieden von Jaffa 1229
Wiedergewonnenes Gebiet bis 1244
Gft. Tripolis in größter Ausdehnung
Gft. Tripolis um 1225
Klein-Armenien 1081/83
Kgr. Kl.-Armenien zwischen 1198 u. 1375
Unsicherer Besitz ist schraffiert
Letzte christl. Besitzungen in Syrien, 1291 geräumt
Sitze der Patriarchen
Befestigte Städte
Fränkische Kastelle u. kleinere Festen
Muslimische Reiche
Steppe
Wüste
Maßstab 1:5 000 000
0 50 100 150 km
Kreuzfahrerstaaten

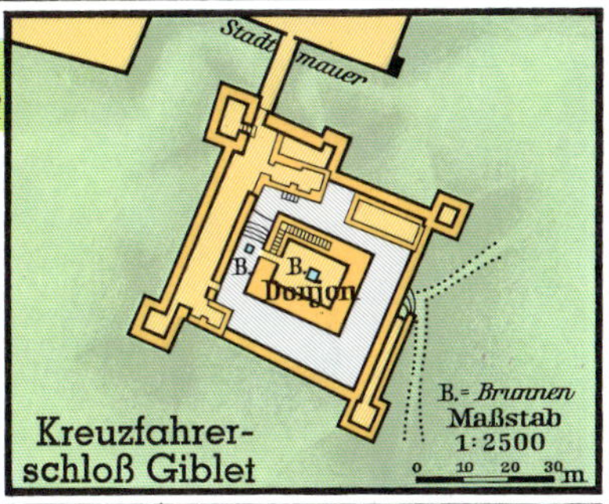
Kreuzfahrer-schloß Giblet
B. = Brunnen
Maßstab 1:2500
0 10 20 30 m

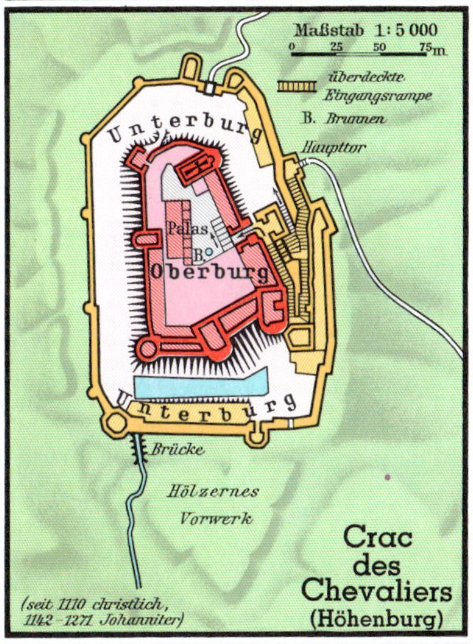
Maßstab 1:5 000
0 25 50 75 m
überdeckte Eingangsrampe
B. Brunnen
Crac des Chevaliers (Höhenburg)
(seit 1110 christlich, 1142-1271 Johanniter)

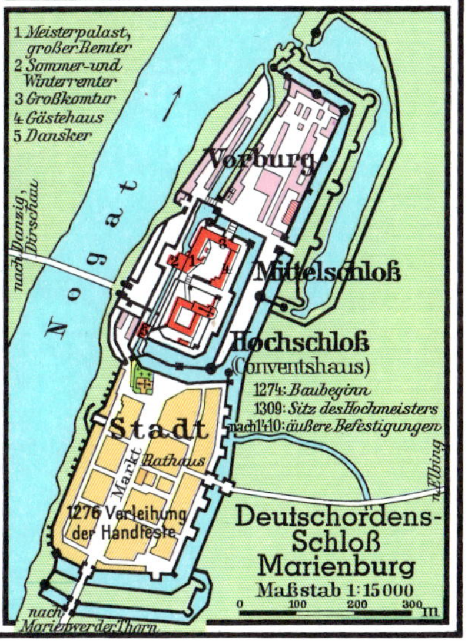
1 Meisterpalast, großer Remter
2 Sommer- und Winterremter
3 Großkomtur
4 Gästehaus
5 Dansker
Deutschordens-Schloß Marienburg
Maßstab 1:15 000
0 100 200 300 m

Das Reich und Frankreich
z. Zt. Kaiser Friedrichs I. (1152–90)
Grenze des Römisch-Deutschen Reiches
Reichsgut und Staufisches Hausgut
Staufische Herzogtümer und Grafschaften
Welfisches Hausgut
Welfische Herzogtümer
Babenberger
Wettiner
Askanier
Savoyer
Grenze des Königreiches Frankreich
Französisches Kronland
Englischer Besitz (Plantagenet)
Hausgut der Grafen von Toulouse
Lehen
Städte des Veroneser und Lombarden-Bundes (seit 1164/67)
Deutsches Reich
Kgr. Frankreich
Kgr. Italien
Kgr. Ungarn
Polen
Kgr. Dänemark
Kgr. Aragon
Maßstab 1 : 10 000 000

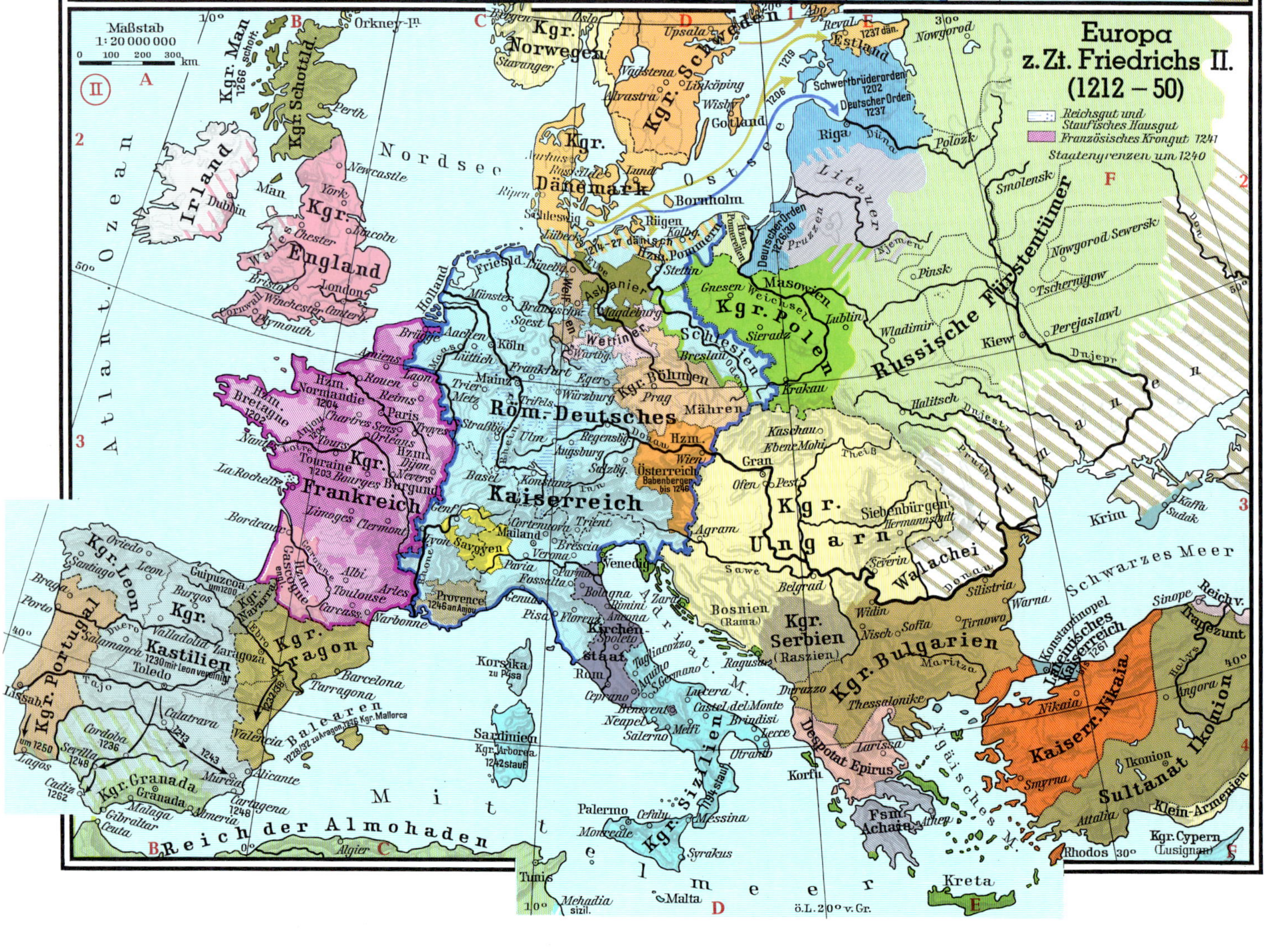
Europa
z. Zt. Friedrichs II.
(1212–50)
Reichsgut und Staufisches Hausgut
Französisches Krongut 1241
Staatengrenzen um 1240
Maßstab 1 : 20 000 000
Röm.-Deutsches Kaiserreich
Kgr. Frankreich
Kgr. England
Kgr. Schottland
Irland
Kgr. Norwegen
Kgr. Schweden
Kgr. Dänemark
Kgr. Polen
Kgr. Ungarn
Russische Fürstentümer
Kgr. Portugal
Kgr. Leon
Kgr. Kastilien
Kgr. Aragon
Kgr. Granada
Reich der Almohaden
Kgr. Sizilien
Kgr. Serbien
Kgr. Bulgarien
Kaiserr. Nikaia
Sultanat Ikonion
Mittelmeer
Schwarzes Meer

Die Zeit der Hohenstaufen

Romanische Baukunst im 11. und 12. Jahrh.

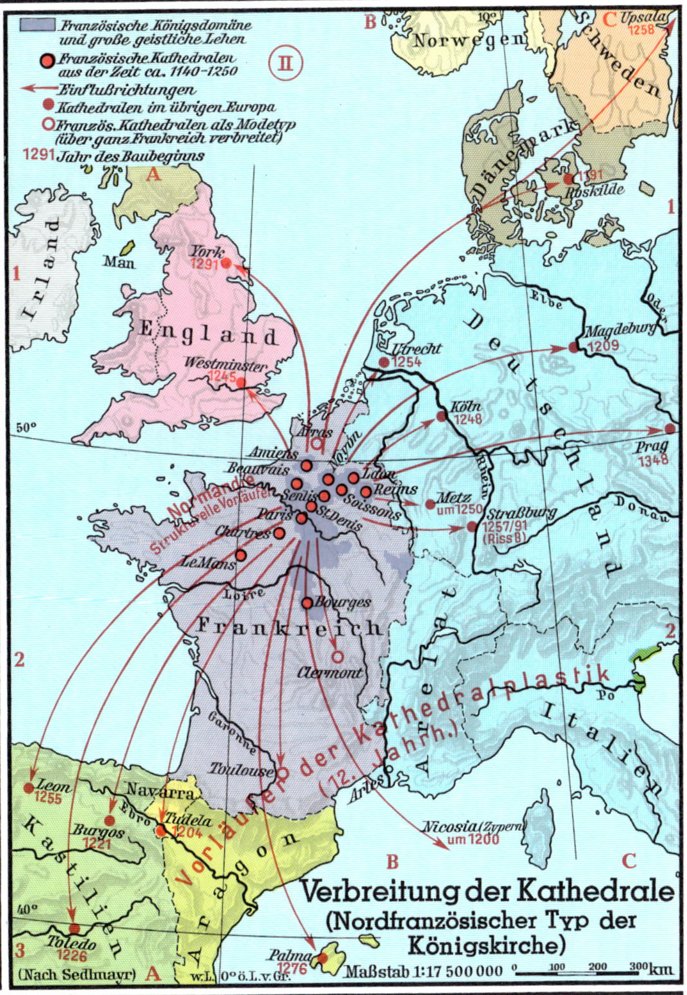

Verbreitung der Kathedrale (Nordfranzösischer Typ der Königskirche)

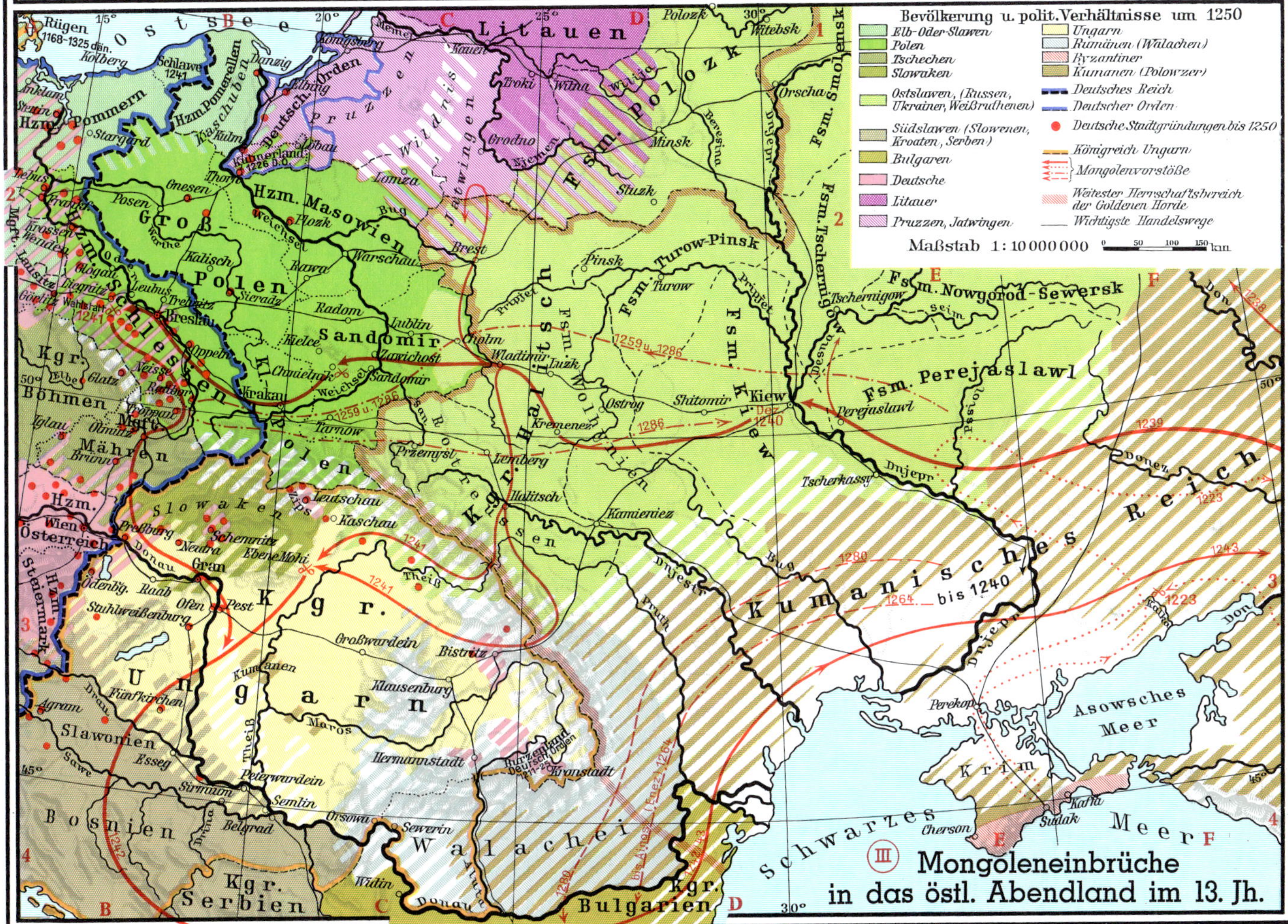

Mongoleneinbrüche in das östl. Abendland im 13. Jh.

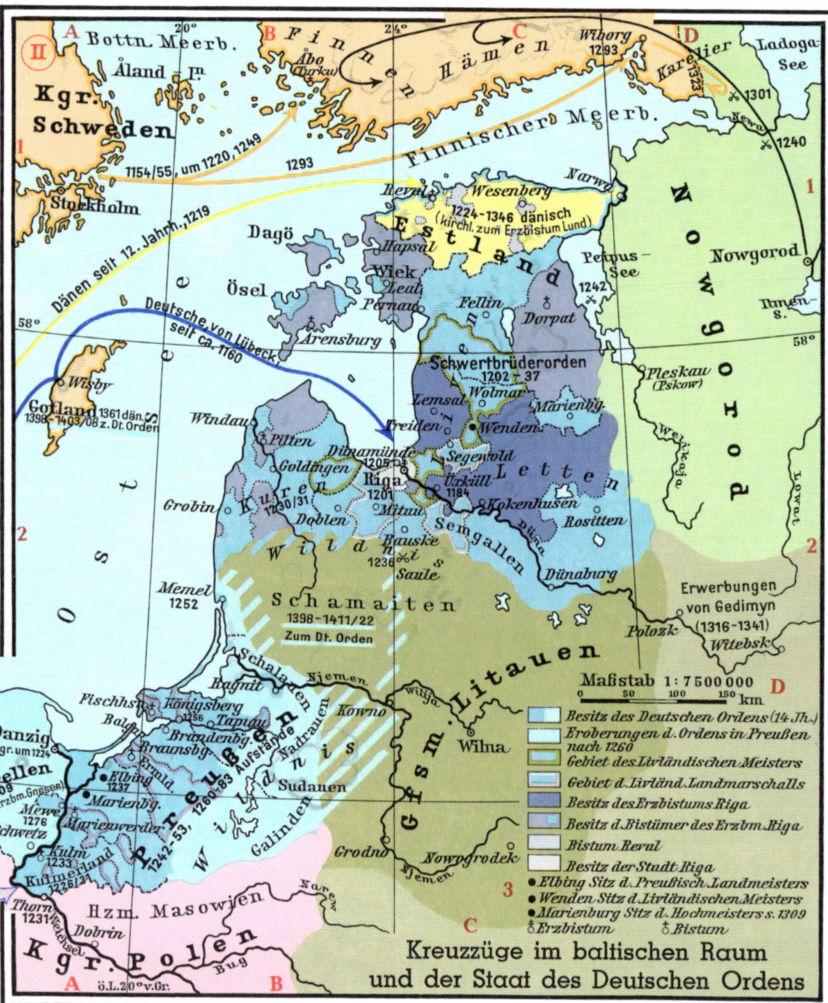

Kreuzzüge im baltischen Raum und der Staat des Deutschen Ordens

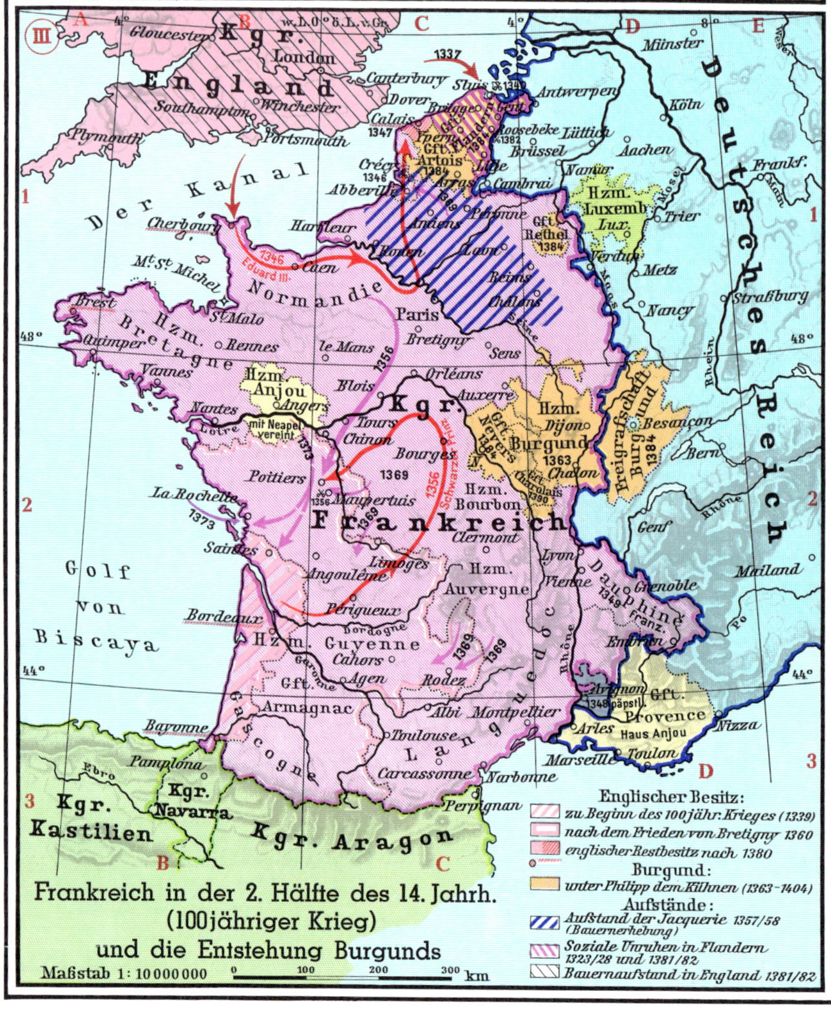

Frankreich in der 2. Hälfte des 14. Jahrh. (100jähriger Krieg) und die Entstehung Burgunds

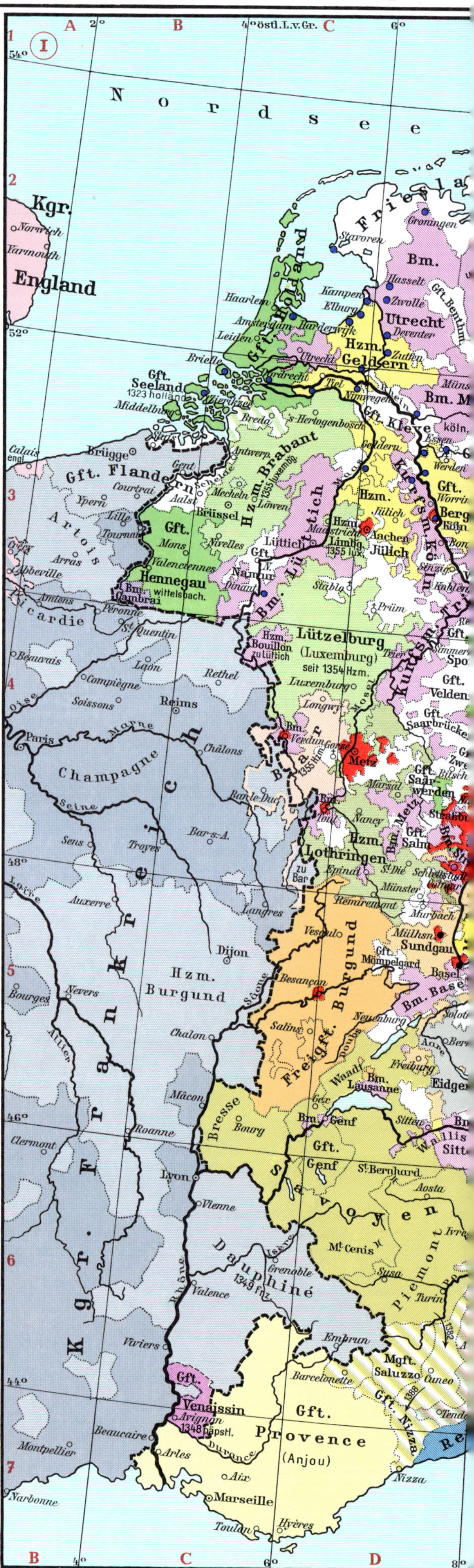

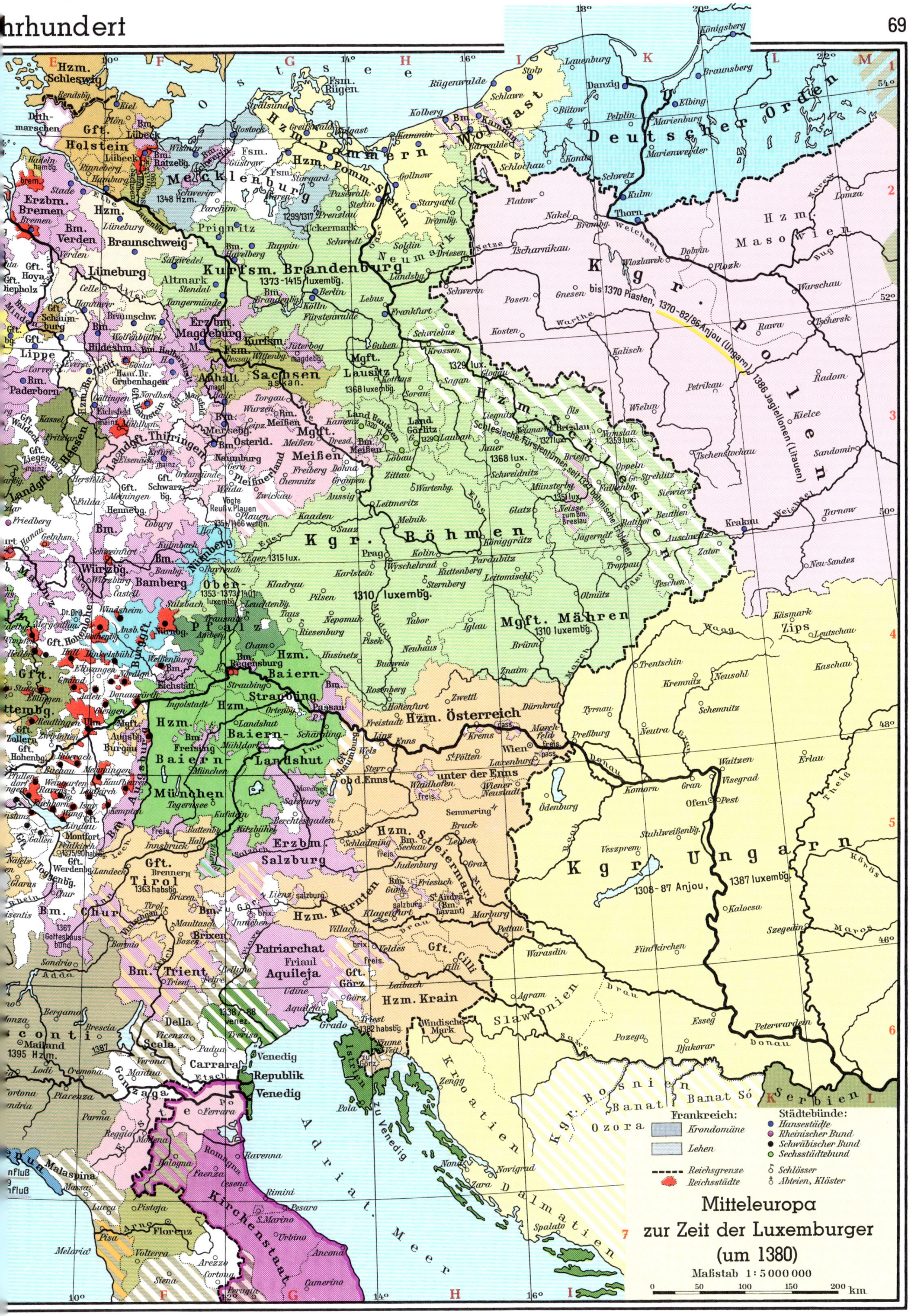

Mitteleuropa zur Zeit der Luxemburger (um 1380)

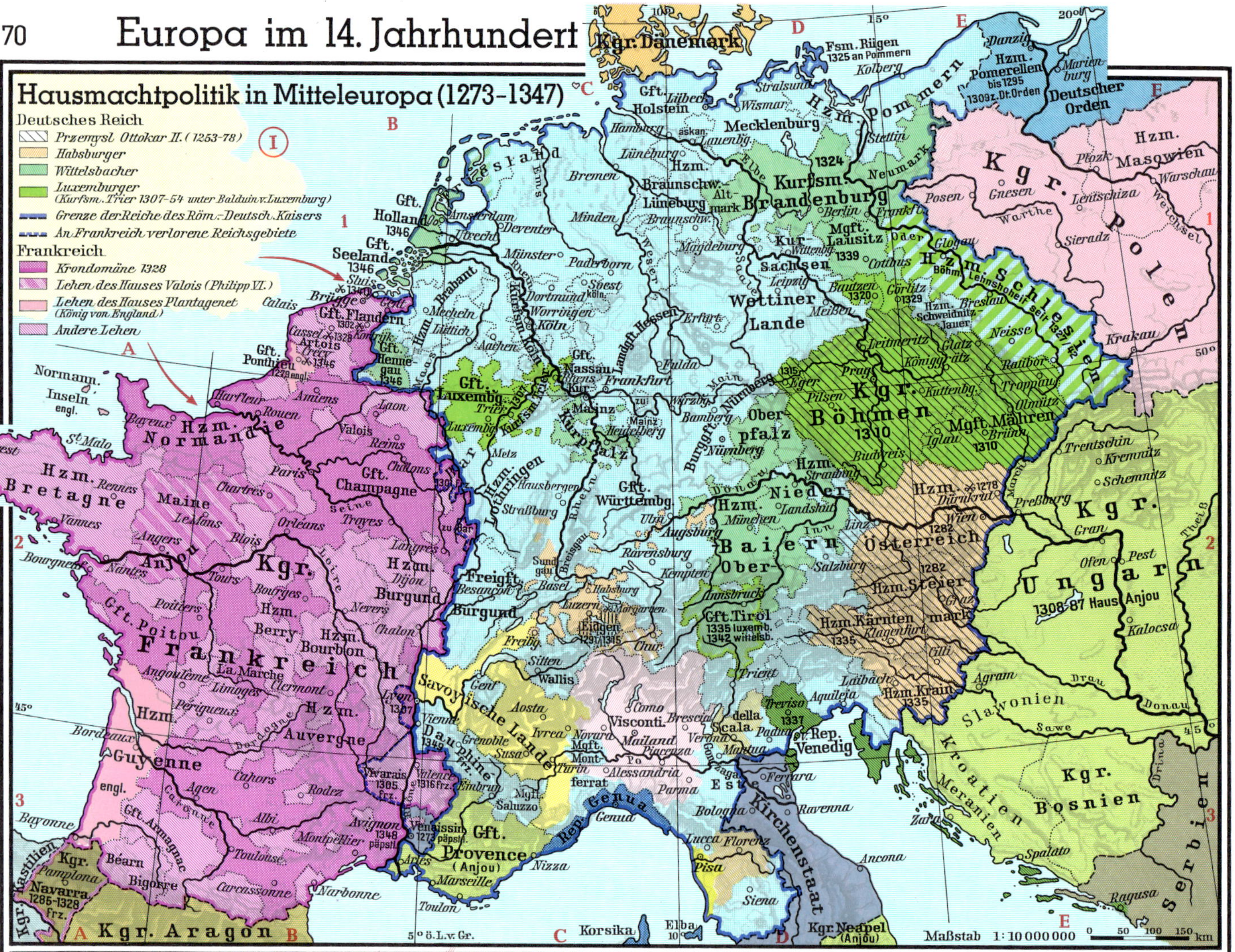

Anfänge des Osmanischen Reiches und Balkanraum um 1355

Der Aufstieg Litauens u. seine Union mit Polen (1386)

Vordringen der Türken in Europa (1355 – 1402)

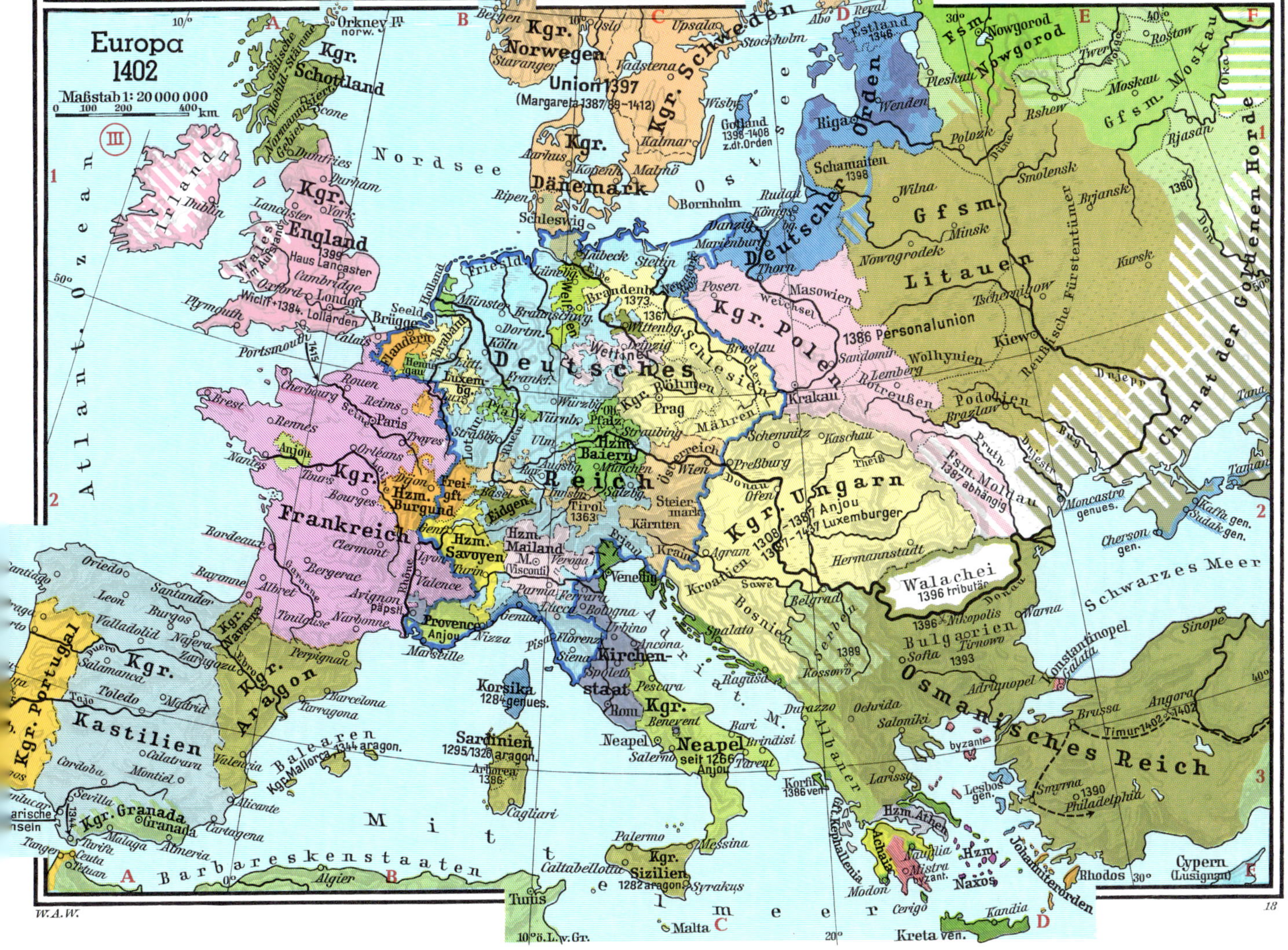

W.A.W.

Anschluß siehe untere Karte

Ostasien vom 10. bis 12. Jahrhundert

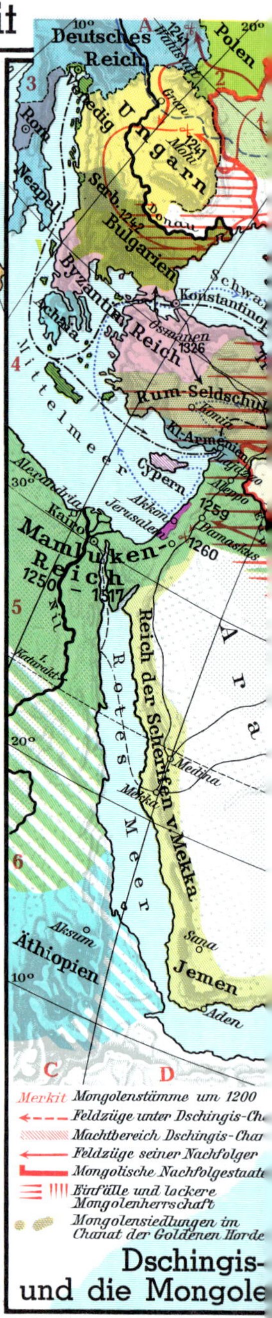

Dschingis- und die Mongole

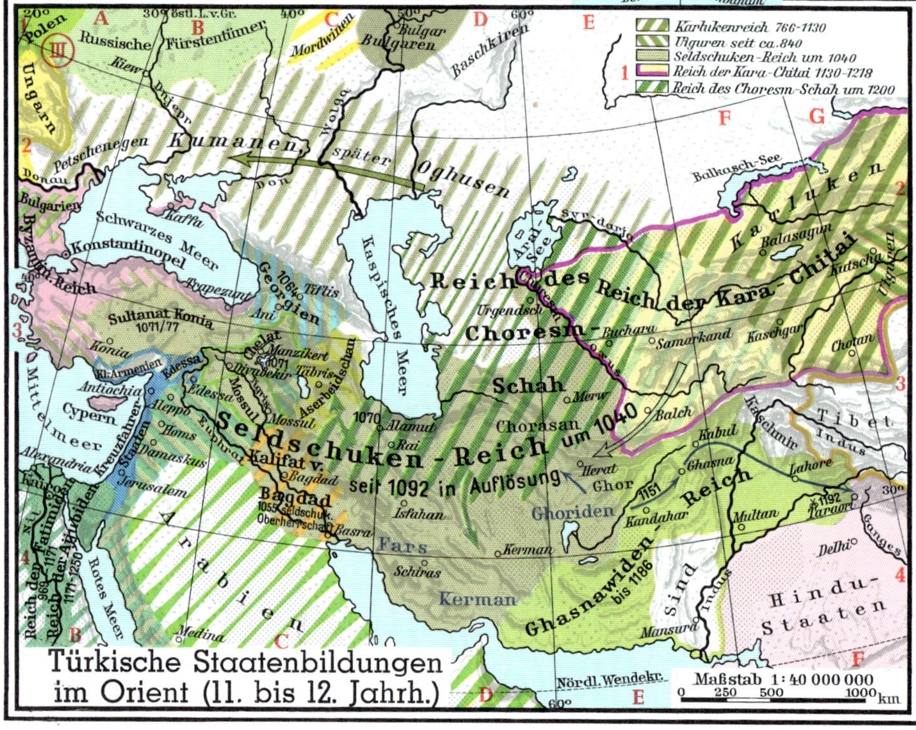

Türkische Staatenbildungen im Orient (11. bis 12. Jahrh.)

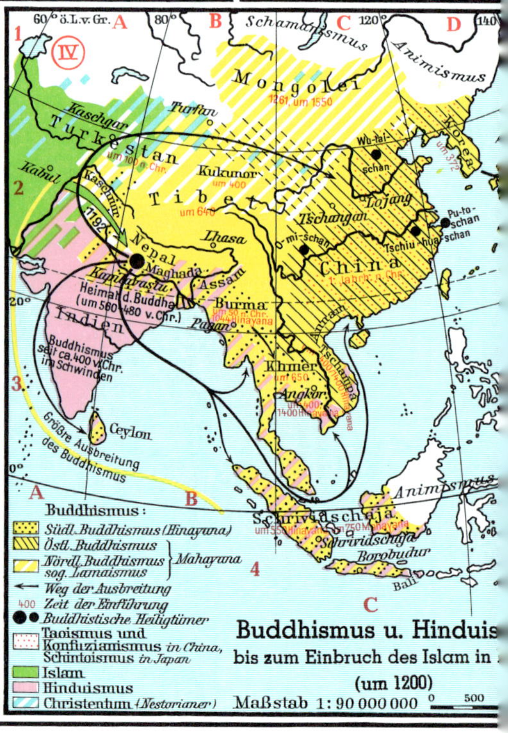

Buddhismus u. Hinduis[mus] bis zum Einbruch des Islam in [...] (um 1200)

Maßstab 1: 90 000 000

Chanat der Goldenen Horde
Weiße Horde
Chanat Tschagatai
Reich der Kara-Chitai
Reich des Choresm-Schah
Reich der Ilchane
Mongolei
Kaiserreich des Groß-Chans
Tungusen
Kirgisen
Oiraten
Merkit
Burjäten
Naiman
Kereit
Tataren
Mongolen
1204/06 Einigung der Mongolenstämme
Karakorum
Tanguten
Uiguren
Tibet
China
bis 1279 Dynastie Sung
1280-1368 Mongolen (Dynastie Yüan)
Japan (Zipangu)
Kaoli (Korea)
Mamluken-Sultanat Delhi
seit 1206
Hindu-Staaten
Yadava
Hoysala
Tschola
Pandya
Ceylon
Assam
Burma
Annam
Tschampa
Reich der Khmer
Hainan
Liu-tschiu
Schriwidschaja
Marco Polo
Kaspisches M.
Aral-S.
Balkasch-S.
Baikal-See
Samarkand
Buchara
Merw
Balch
Herat
Kabul
Kaschmir
Ladakh
Lahore
Delhi
Lhasa
Kaschgar
Chotan
Kuldscha
Beschbalik
Tarim
Peking
Kaifeng
Hangtschou
Kuangtschou (Kanton)
Schangtu
Pagan
Pegu
Angkor
Mamluken-Sultanat Delhi
Gudscherat
Bengalen
Narbuda
Deogir
Warangal
Goa
Kalikut
Madura
Oman
...n und Handelswege
...eg des Plano de Carpini 1245-47
„ Wilhelm v. Rubruk (Ruysbroek) 1253-55
„ Marco Polo 1271-95
Nördlicher Nadelwaldgürtel
...renzen der Mongolenreiche sind als ...ngssäume zu verstehen
...e Darstellung der Mongolenzüge in Seite 67
55(1167?)-1227
des 13. Jahrhunderts
Maßstab 1: 40 000 000
80° öst.L.v.Gr.

Maßstab 1: 40 000 000
Tibet
Ladakh
Kaschmir
Lahore
Multan
Delhi
Badaon
Kanodsch
Oudh
Lakhnauti
Malwa
Bihar
Sultanat Delhi
Gudscherat
Deogir (Daulatabad)
Gondwana
(Bahmani)
Warangal
Telingana
Gulbarga
Goa
Widschajanagar
Hindu-Reich Widschajanagar
um 1340 unabhängig
Mangalore
Kalikut
Madura
Sultanat Madura 1334-77 unabh.
Ceylon
Islamischer Herrschaftsbereich seit 711/13
Islamisches Sultanat Delhi:
Größte Ausdehnung 1206-1334
Restgebiet 1398
Hindu-Restgebiete und Hindu-Reiche
Weitestes Vordringen der Mongolen bis Ende des 13. Jahrh.
Straße Paß Wüste
...en unter islamischer Herrschaft 1192-1398

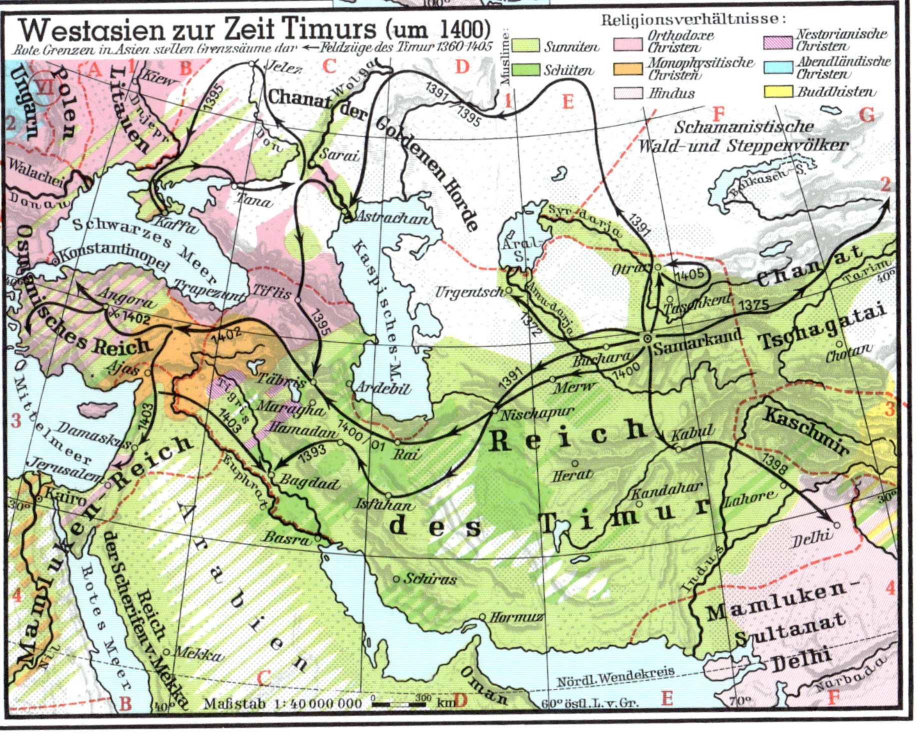
Westasien zur Zeit Timurs (um 1400)
Rote Grenzen in Asien stellen Grenzsäume dar ← Feldzüge des Timur 1360-1405
Religionsverhältnisse:
Muslime: Sunniten
Schiiten
Orthodoxe Christen
Monophysitische Christen
Hindus
Nestorianische Christen
Abendländische Christen
Buddhisten
Schamanistische Wald- und Steppenvölker
Chanat der Goldenen Horde
Polen
Litauen
Ungarn
Walachei
Schwarzes Meer
Konstantinopel
Osmanisches Reich
Angora
Trapezunt
Tiflis
Täbris
Kaspisches M.
Astrachan
Sarai
Tana
Kaffa
Urgentsch
Otrar
Taschkent
Samarkand
Buchara
Chanat Tschagatai
Merw
Herat
Kabul
Kandahar
Kaschmir
Lahore
Delhi
Reich des Timur
Mamluken-Sultanat Delhi
Bagdad
Isfahan
Hamadan
Schiras
Hormuz
Basra
Damaskus
Jerusalem
Kairo
Mamluken-Reich
Arabien
Reich der Scherifen v. Mekka
Mekka
Oman
Rotes Meer
Nördl. Wendekreis
Maßstab 1: 40 000 000
60° östl. L. v. Gr.

Mittelalterliche Ostsiedlung

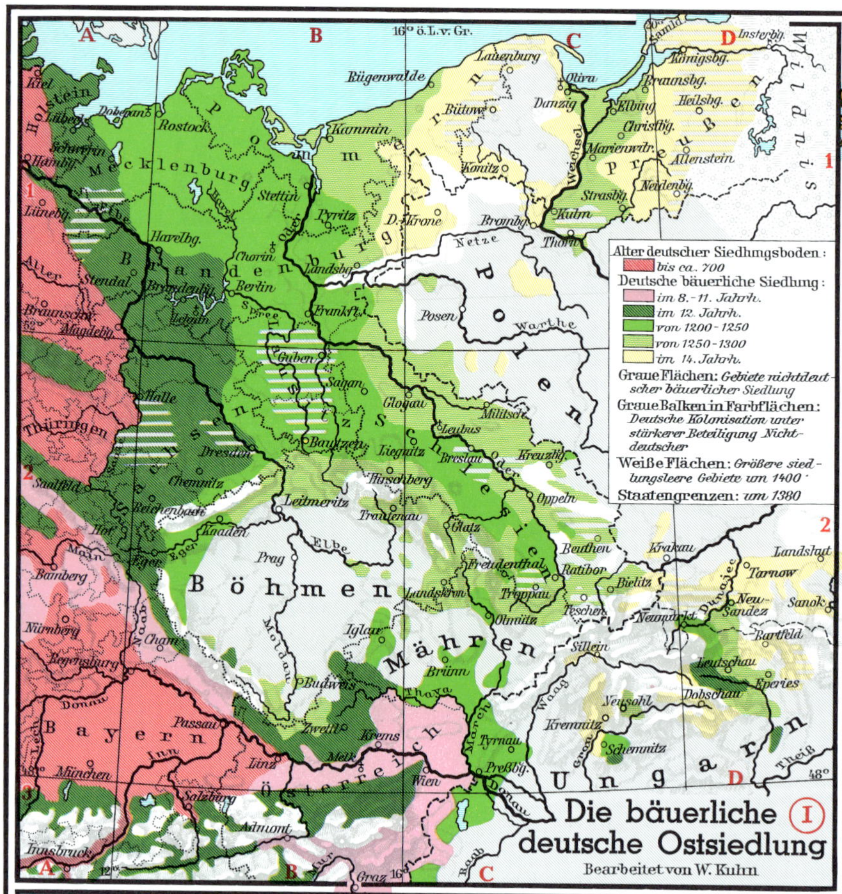

I Die bäuerliche deutsche Ostsiedlung

Bearbeitet von W. Kuhn

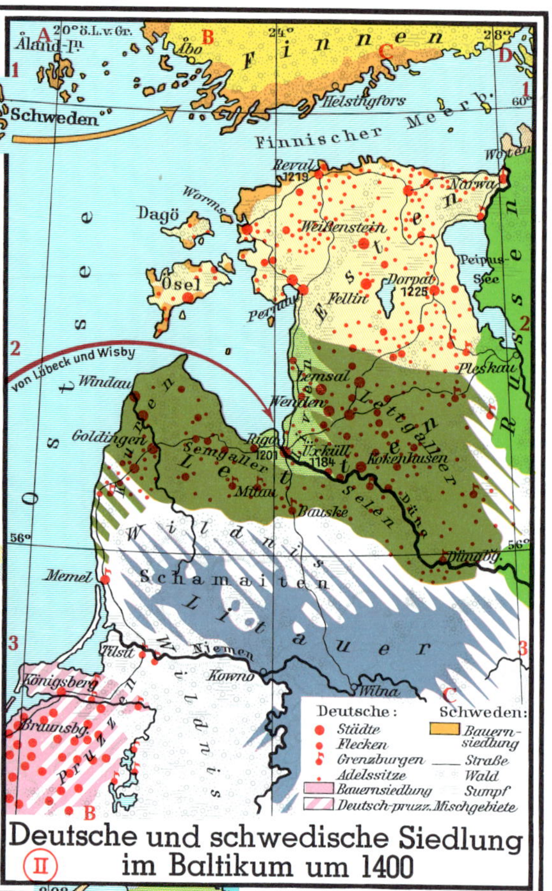

II Deutsche und schwedische Siedlung im Baltikum um 1400

III Dorfformen

Bearbeitet von W. Kuhn

Form des deutschen Rechtes:
Lübecker (Rigaer) Recht
Magdeburger (Brandenburger, Kulmer, Neumarkter, Leitmeritzer, Olmützer usw.) Recht
Flämisches Recht
Leobschützer Recht
Nürnberger (Egerer, Prager) Recht
Iglauer (Kuttenberger, Schemnitzer) Recht
Süddeutsche (Wiener, Brünner, Stuhlweißenburger usw.) Rechte
Räumlich begrenzte rechtliche Sonderformen (Schleswiger, Schweriner, Lüneburger, Goslarer, Zipser usw. Recht)
Deutsche Stadtsiedlungen in Dänemark und Schweden ohne deutsches Recht
Bei Wechsel des Stadtrechtes ist das Recht der ersten Bewidmung dargestellt
Gründungszeit:
bis 1200
1201 – 1250
1251 – 1300
1301 – 1400
1401 – 1500
1501 – 1750
Gründungen nach 1400 sind nur im Osten und Süden eingetragen.
Rechtsvororte haben größere Zeichen.
In Polen war bis zu den Teilungen das Magdeburger das allgemein geltende Stadtrecht. An den späteren östlich gelegenen Stadtgründungen, etwa jenseits Plozk–Warschau–Lublin–Lemberg, waren Deutsche nur noch in den größeren Orten an der Gründung beteiligt.
Grenzen zwischen dem oberdeutschen, mitteldeutschen und niederdeutschen Bereich in der Kolonisationszeit
(Reichs- und Ländergrenzen nach dem Stand von ca. 1380)
Maßstab 1 : 7 500 000
0 50 100 200 km
Deutsche und deutschrechtliche Städte im Osten
Bearbeitet von W. Kuhn
Schweden
Finnischer Meerbusen
Ostsee
Dänemark
Deutscher Orden
Nowgorod
Litauen
Polen
Sudeten
Beskiden
Karpaten
Ungarn
Siebenbürgen
Südkarpaten
Alpen
Böhmerwald
Zips
Stockholm
Upsala
Wisby
Gotland
Öland
Kalmar
Bornholm
Kopenhagen
Malmö
Reval 1219
Riga 1201
Dorpat 1225
Narwa
Memel 1258
Königsbg. 1286
Danzig
Elbing
Thorn 1231
Kulm
Wilna 1387
Kowno 1408
Grodno 1391
Minsk 1496
Smolensk
Warschau
Plozk
Lublin 1317
Krakau 1257
Lemberg
Kiew
Breslau
Brieg 1248
Neisse
Prag
Brünn
Olmütz
Iglau
Wien
Lübeck
Rostock 1218
Stralsund 1234
Greifswald
Stettin 1243
Magdeburg
Halle
Leipzig
Nürnberg
Kaschau
Schemnitz
Karpfen
Ofen
Pest
Stuhlweißenburg
Klausenburg
Hermannstadt
Kronstadt
Bukarest
Donau
Weichsel
Oder

Ländliche Siedlungsformen

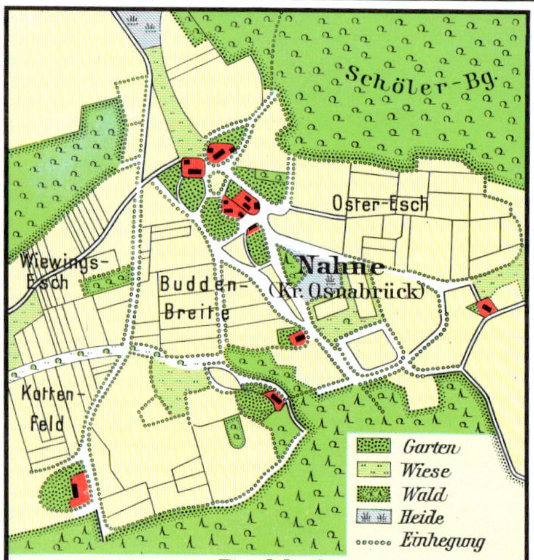

I Drubbel im Altsiedelland

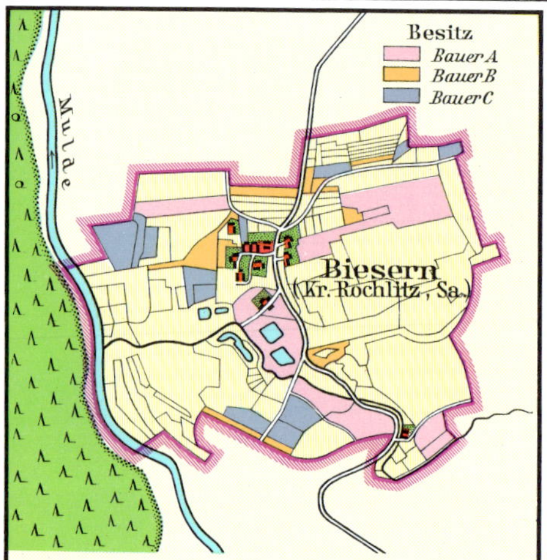

II Weiler

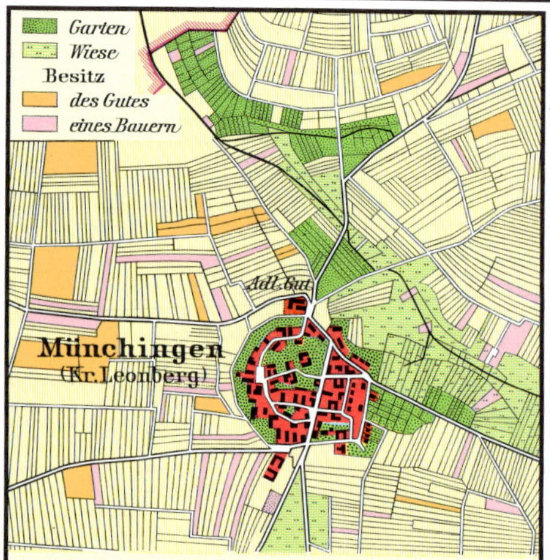

III Haufendorf im Altsiedelland

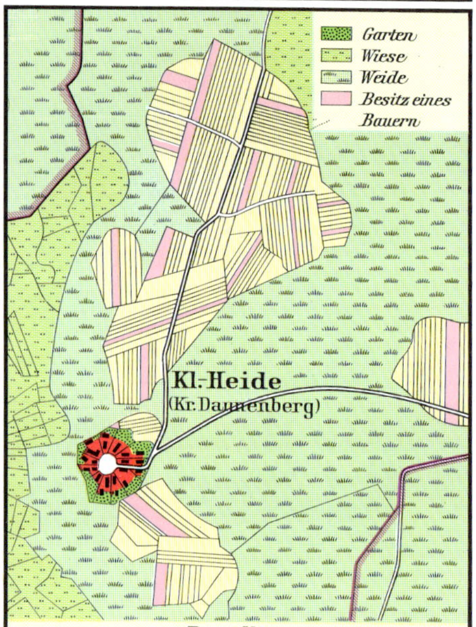

IV Rundling der Übergangszone

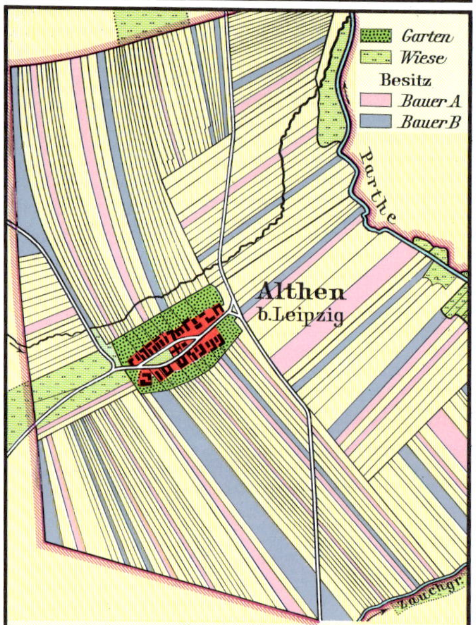

V Angerdorf der Hochkolonisation

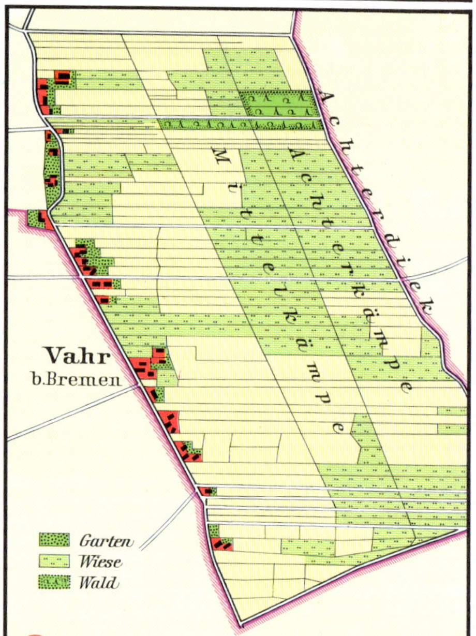

VI Koloniales Marschhufendorf

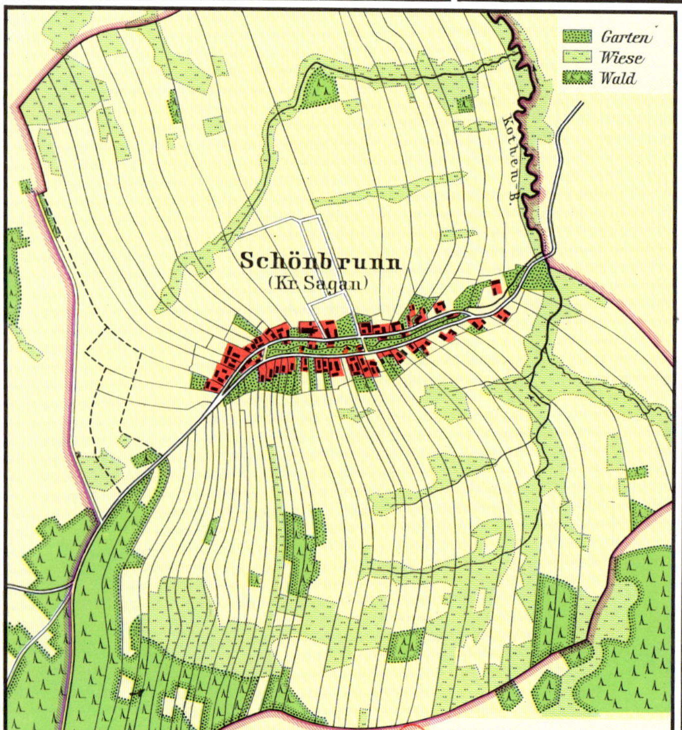

VII Waldhufendorf

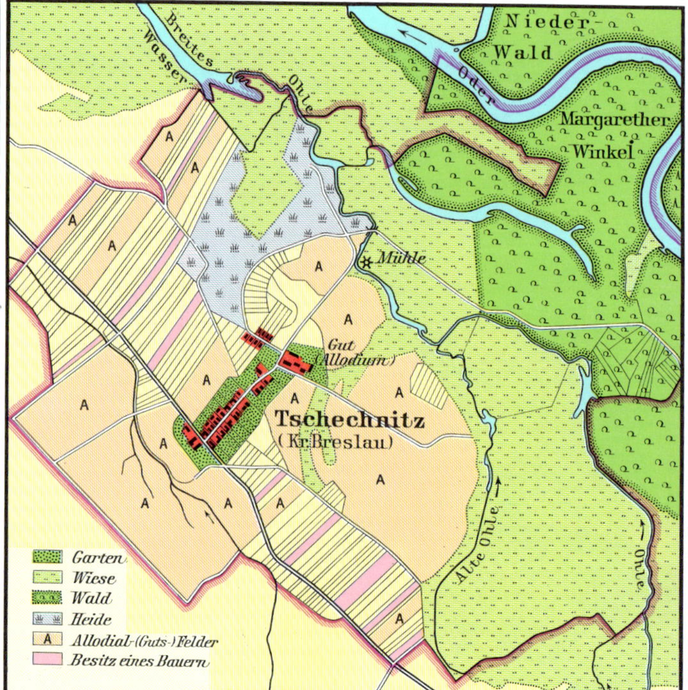

Kolonial ausgebautes Gassendorf VIII

Karte 1–5: Maßstab 1:25000 — 0 250 500 750 m Karte 6–8: Maßstab 1:50000 — 0 500 1000 1500 m

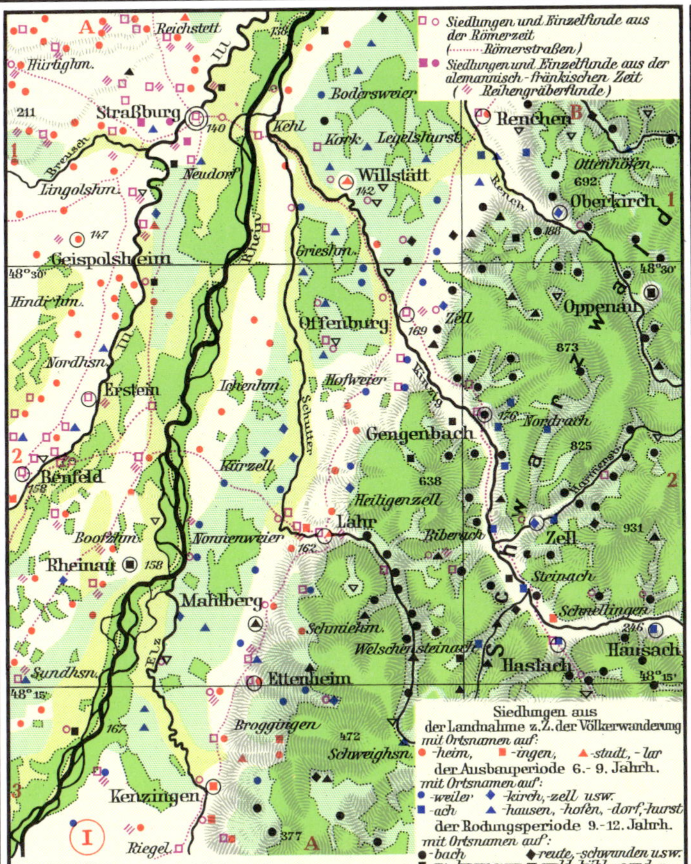

I

Besiedlung des Oberrheingebietes bis zum 12. Jahrhundert

mittelalterl. Wald — Talauen
heutiger Wald — offenes Land

Maßstab 1 : 500 000 (0 – 5 – 10 km)

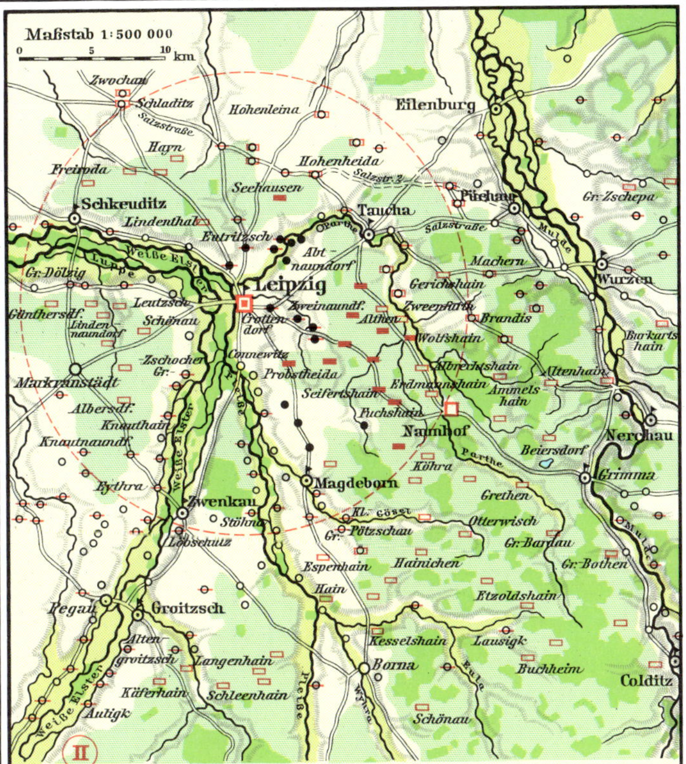

II

Kolonisation der Leipziger Bucht bis Ende des 12. Jahrh.

- Slawische Kleinform
- Slawische Kleinform mit frühem deutschen Ausbau
- Deutsche Angerdörfer der Hochkolonisation
- Gassengruppendorf (hochkolonialer Ausbau)
- Burgward um das Jahr 1000
- Frühe Marktsiedlung
- Landesherrlicher Hof (Naunhof)
- Landesherrl. Stadt mit Burgward und kolonial. Markt (Leipzig)
- Bannmeilenbereich der Stadt
- Ratsfreidörfer (als Versorgungsbasis Leipzigs von Abgaben an die Stadt befreit)
- Mutmaßl. Waldverbreitung um 900
- Waldverbreitung i. d. Neuzeit
- Flußauen, z. T. versumpft
- Offenes Land
- Mittelalterliche Straßen (Verlauf zum Teil unsicher)

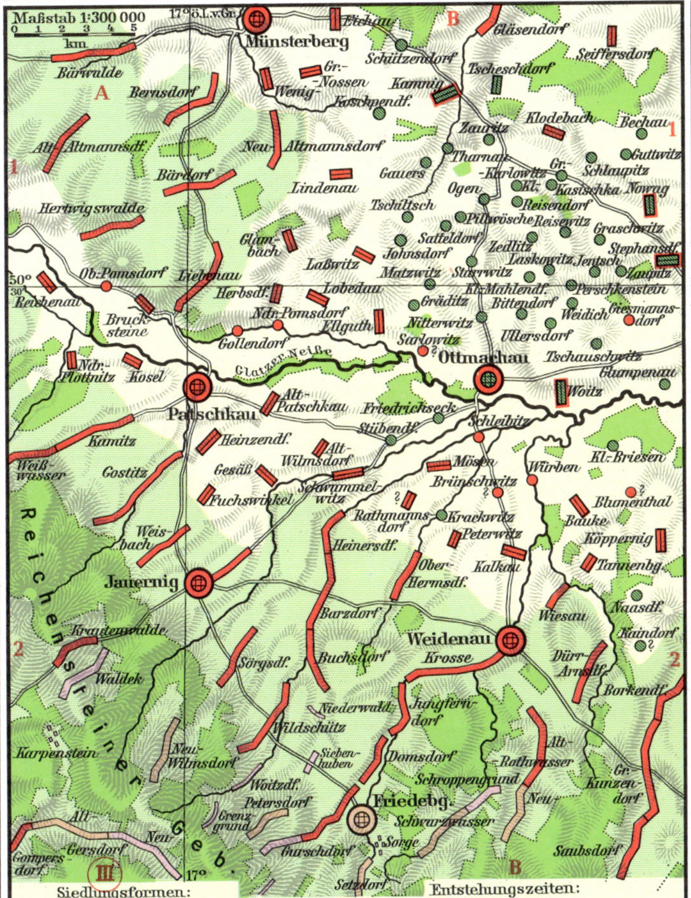

III

Siedlungsformen:
- Bauern: geschlossene Kleinform (Weiler, Gassendorf); Straßen- u. Straßenangerdorf; Waldhufendorf; Waldstreifendorf
- Gärtler: Streusiedlung im Gebirge
- Bürger: Stadt (Zentralschema)

Entstehungszeiten:
- bis ins 14. Jahrh. polnisch
- deutsche Siedlungen des 13. Jahrh.
- ursprüngl. polnisch, im 14. Jh. deutsch umgeformt
- im 15. Jh. verödet, im 16./17. Jh. wiederbesiedelt
- Neugründungen des 16. und 17. Jahrh.

Gebiet der Waldhufensiedlung — Heutiger Wald

Siedlung im schlesischen Waldgebiet seit dem 13. Jahrh.

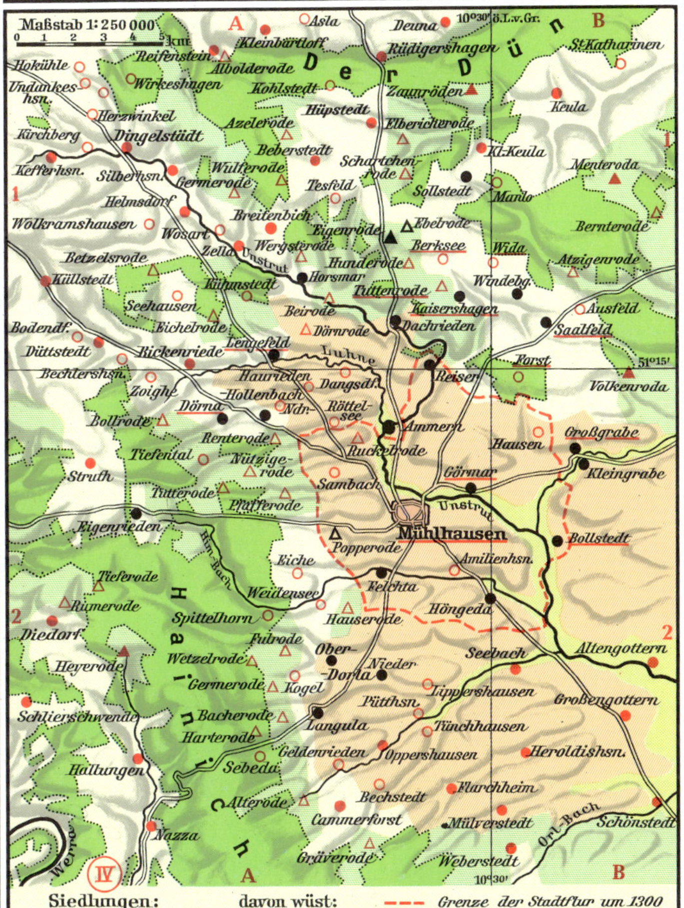

IV

Siedlungen: davon wüst:
- Orte auf -rode
- andere Ortsnamenformen
- Orte des städtischen Territoriums um 1300
- Kaisershagen = Reichsgut

- Grenze der Stadtflur um 1300
- Mittelalterliche Straßen
- Waldverbreitung um 800
- Heutiger Wald
- Talauen
- Fruchtbarer Ackerboden (Lößboden)

Siedlungsverluste in Thüringen bis Ende des 14. Jahrh.

Entwicklung der mittelalterlichen Stadt

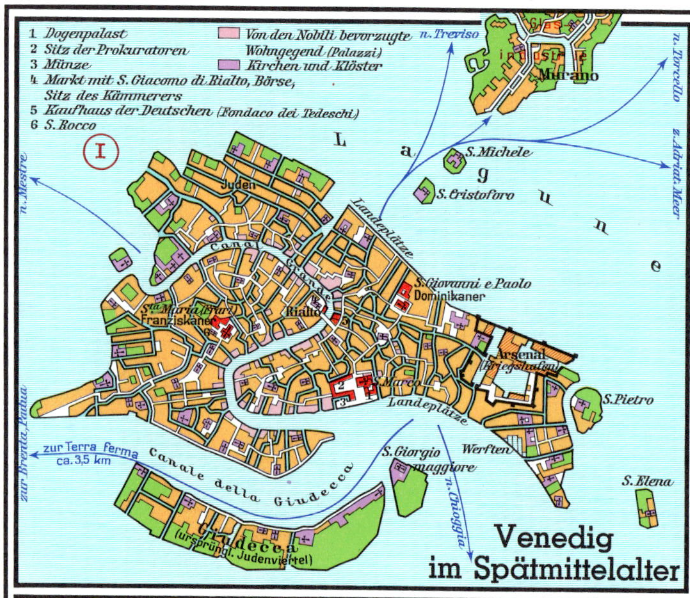

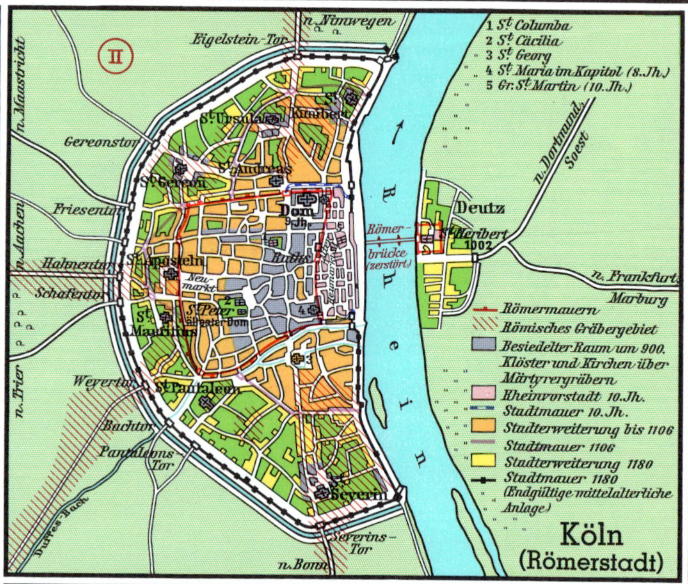

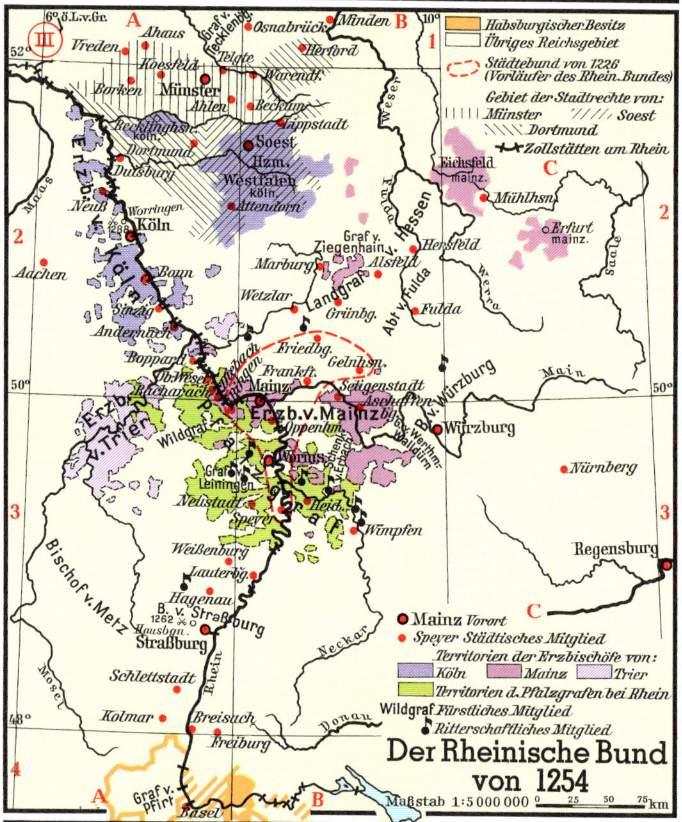

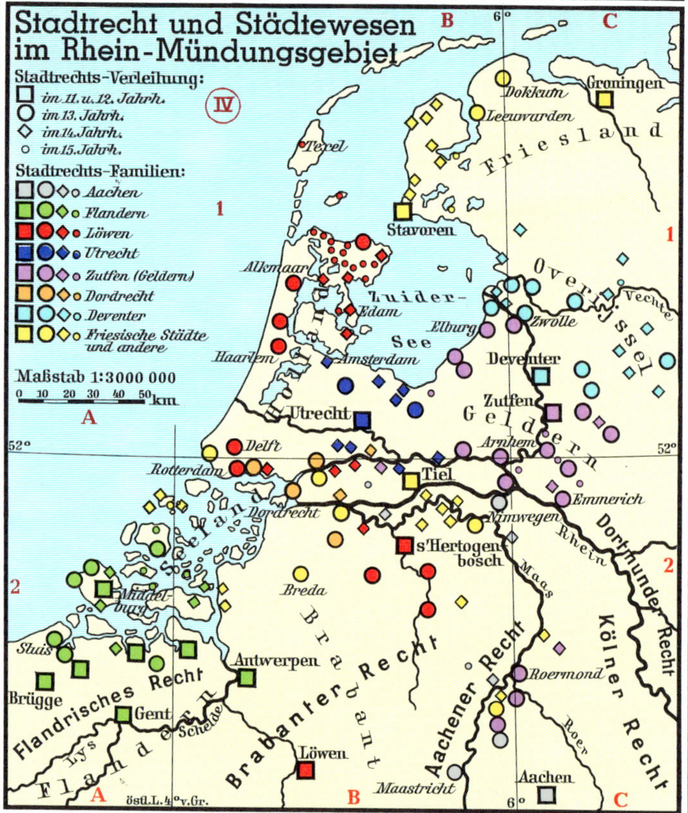

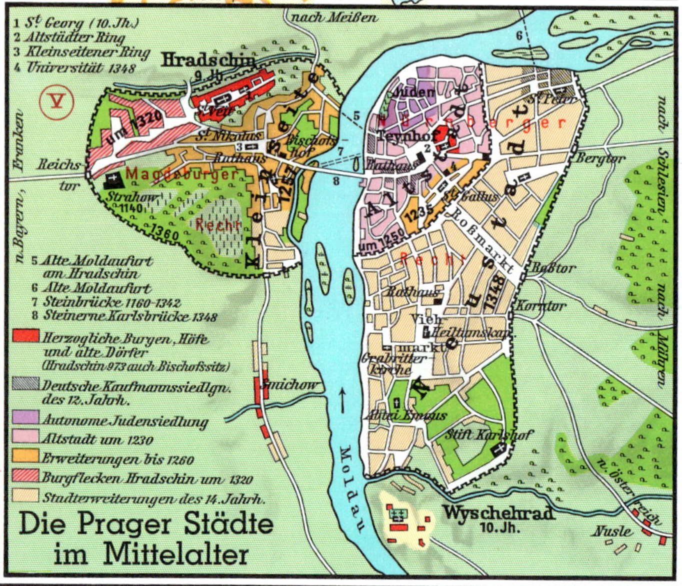

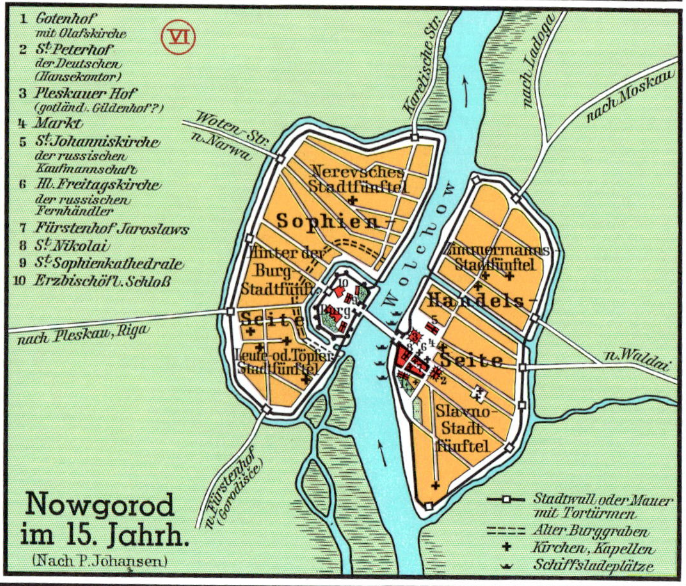

Pfalzstadt Aachen

Freiburg im Breisgau
Zähringer Stadtgründung 1118

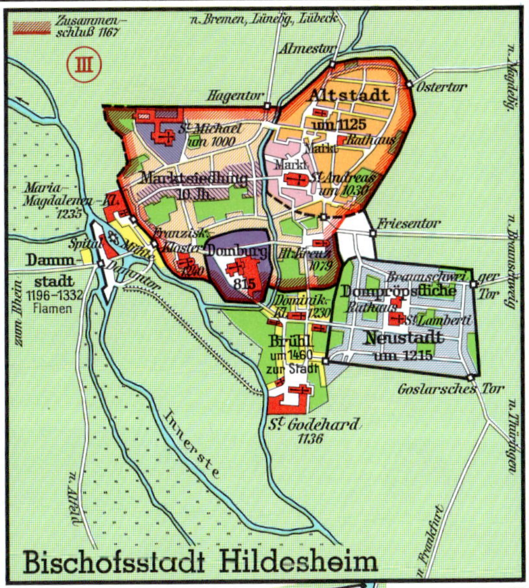

Bischofsstadt Hildesheim

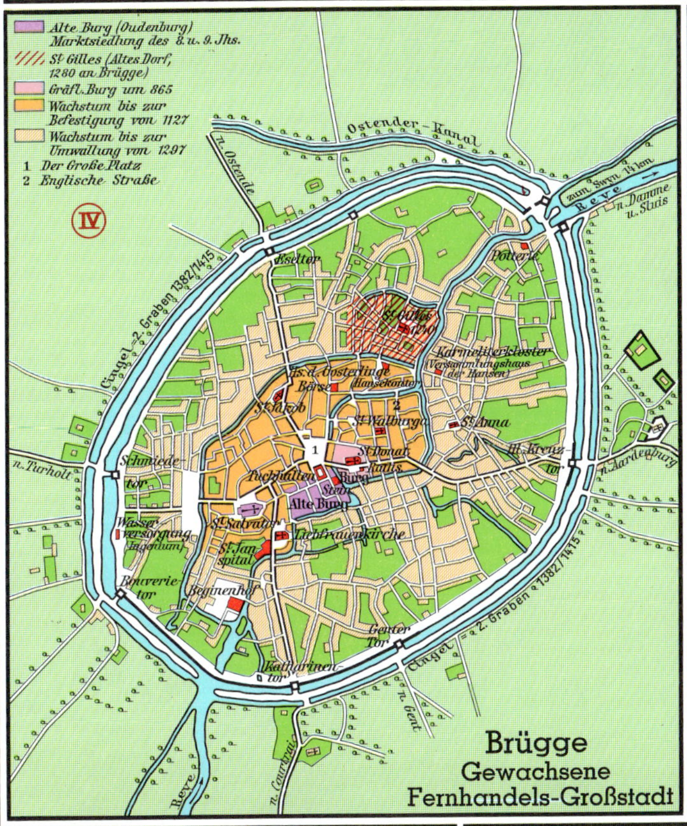

Brügge
Gewachsene Fernhandels-Großstadt

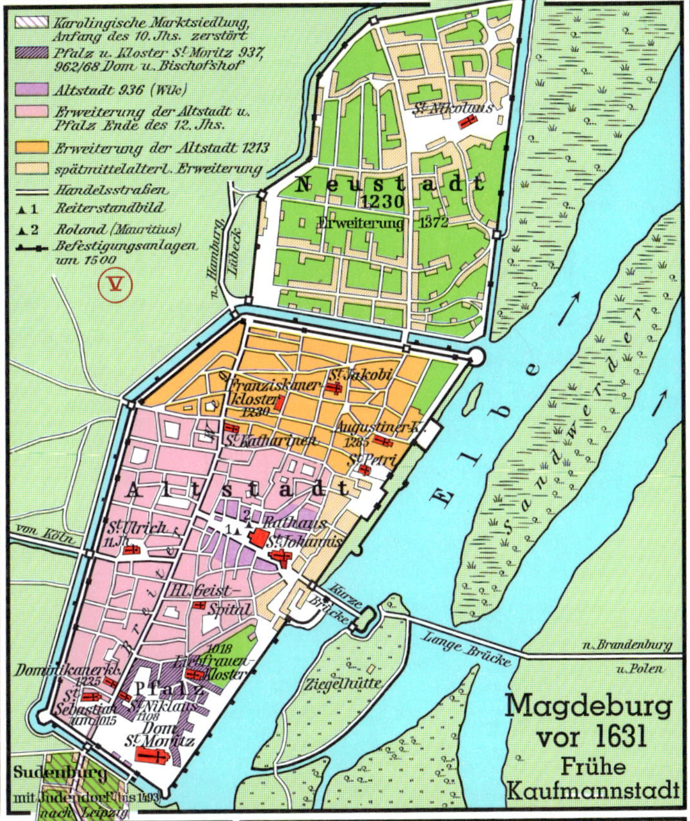

Magdeburg vor 1631
Frühe Kaufmannstadt

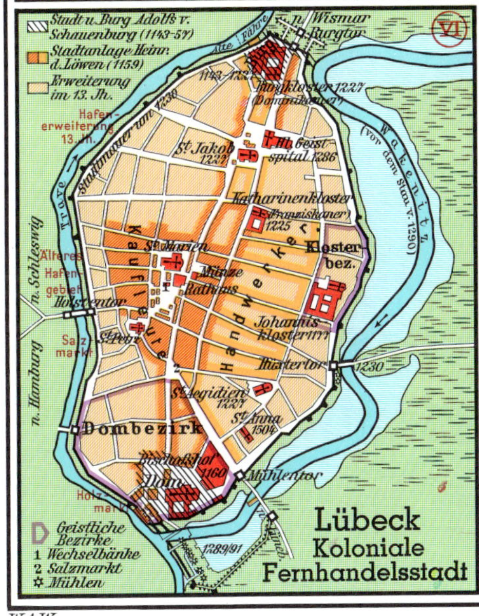

Lübeck
Koloniale Fernhandelsstadt

Krakau
Deutsche Stadtgründung von 1257

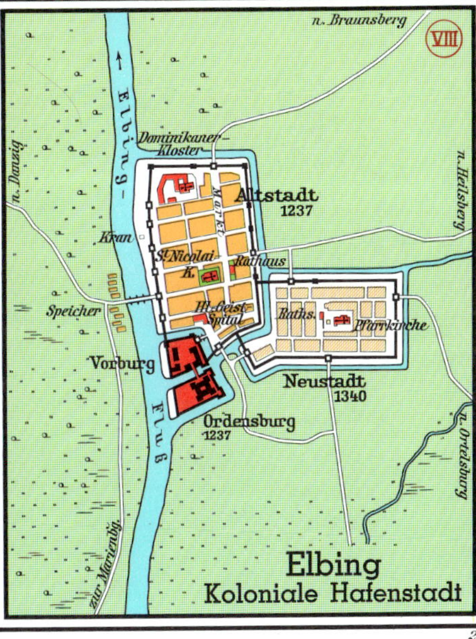

Elbing
Koloniale Hafenstadt

Maßstab 1 : 25 000
0 100 200 300 400 500 m

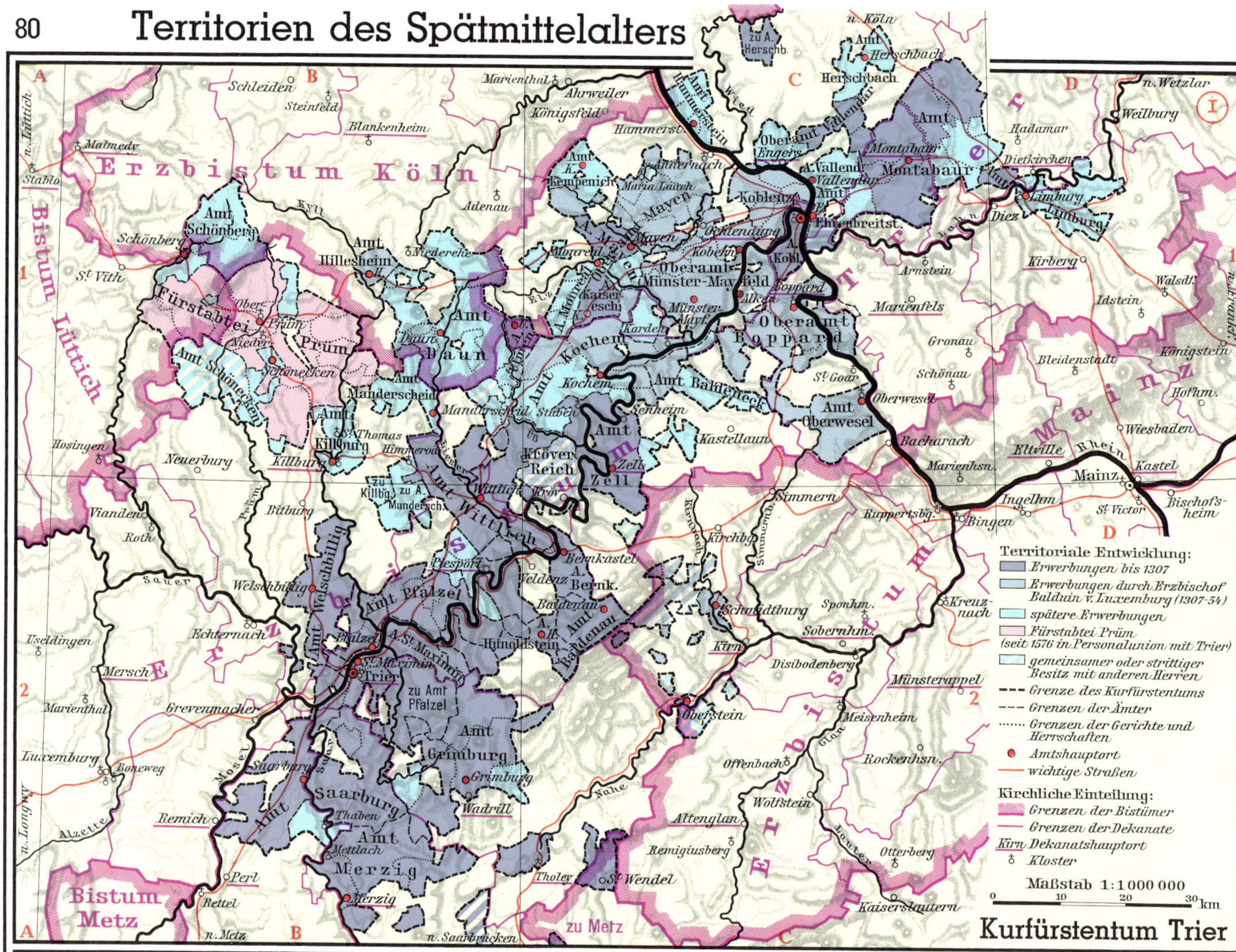
Kurfürstentum Trier
Territoriale Entwicklung:
Erwerbungen bis 1307
Erwerbungen durch Erzbischof Balduin v. Luxemburg (1307-54)
spätere Erwerbungen
Fürstabtei Prüm (seit 1576 in Personalunion mit Trier)
gemeinsamer oder strittiger Besitz mit anderen Herren
Grenze des Kurfürstentums
Grenzen der Ämter
Grenzen der Gerichte und Herrschaften
Amtshauptort
wichtige Straßen
Kirchliche Einteilung:
Grenzen der Bistümer
Grenzen der Dekanate
Kirn Dekanatshauptort
Kloster
Maßstab 1:1000000
Erzbistum Köln
Bistum Lüttich
Bistum Metz
Trier
Koblenz
Mainz

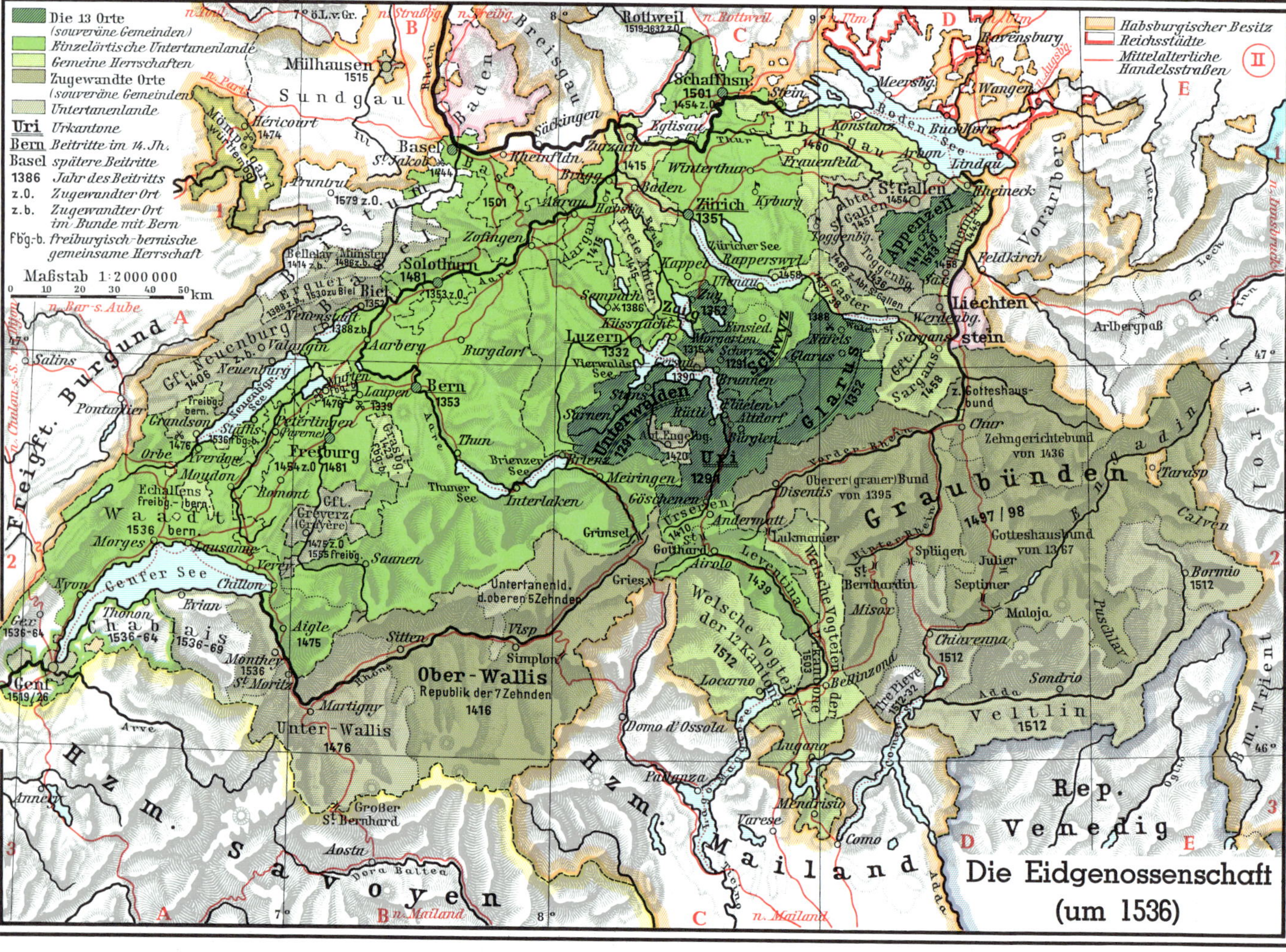
Die Eidgenossenschaft (um 1536)
Die 13 Orte (souveräne Gemeinden)
Einzelörtische Untertanenlande
Gemeine Herrschaften
Zugewandte Orte (souveräne Gemeinden)
Untertanenlande
Uri Urkantone
Bern Beitritte im 14. Jh.
Basel spätere Beitritte
1386 Jahr des Beitritts
z.O. Zugewandter Ort
z.b. Zugewandter Ort im Bunde mit Bern
Fbg.-b. freiburgisch-bernische gemeinsame Herrschaft
Maßstab 1:2000000
Habsburgischer Besitz
Reichsstädte
Mittelalterliche Handelsstraßen
Graubünden
Ober-Wallis
Unter-Wallis
Hzm. Savoyen
Hzm. Mailand
Rep. Venedig

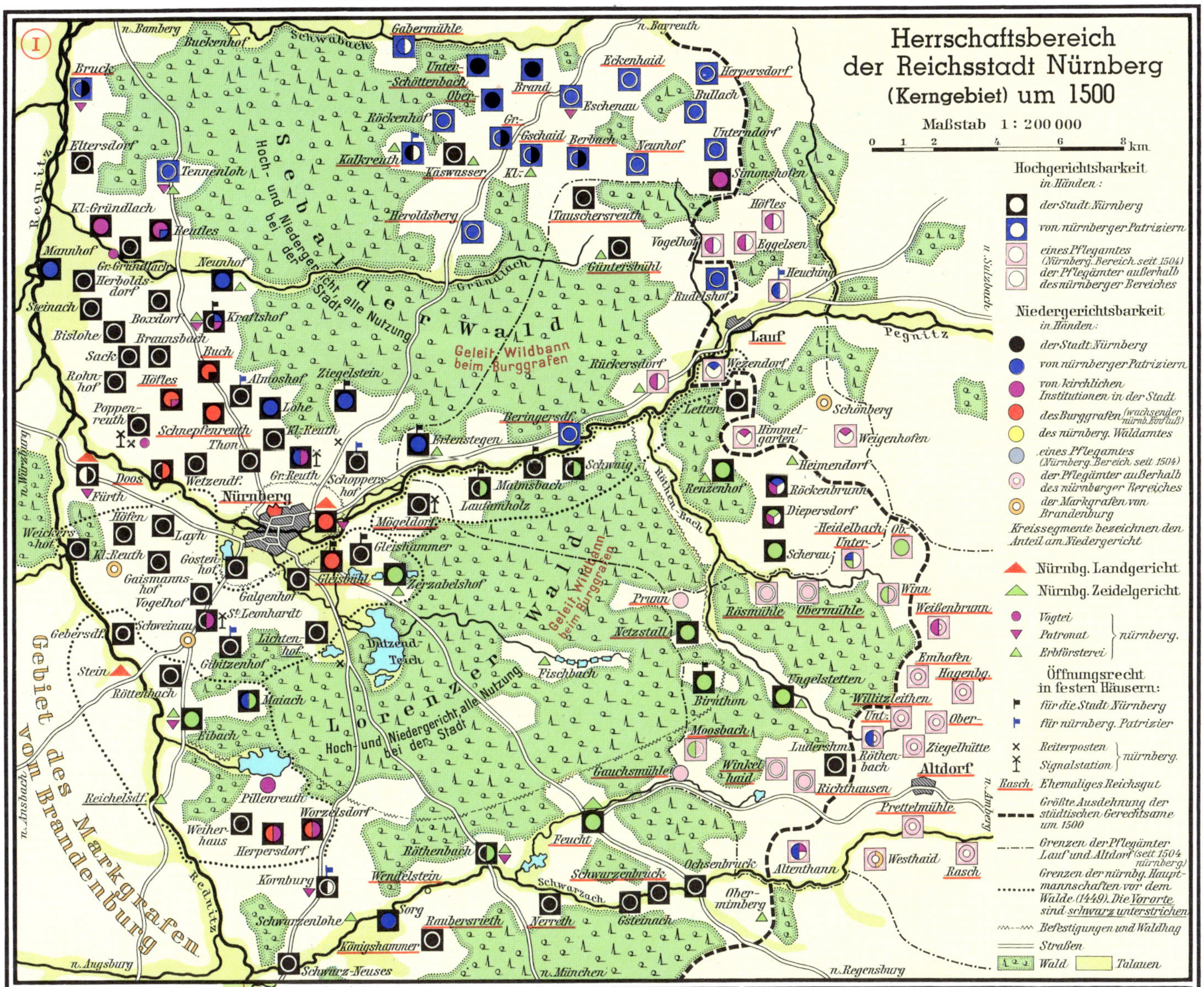
I
Herrschaftsbereich der Reichsstadt Nürnberg (Kerngebiet) um 1500
Maßstab 1 : 200 000
0 1 2 4 6 8 km
Hochgerichtsbarkeit in Händen:
der Stadt Nürnberg
von nürnberger Patriziern
eines Pflegamtes (Nürnberg Bereich seit 1504)
der Pflegämter außerhalb des nürnberger Bereiches
Niedergerichtsbarkeit in Händen:
der Stadt Nürnberg
von nürnberger Patriziern
von kirchlichen Institutionen in der Stadt
des Burggrafen
des nürnberg. Waldamtes
eines Pflegamtes (Nürnberg Bereich seit 1504)
der Pflegämter außerhalb des nürnberger Bereiches
der Markgrafen von Brandenburg
Kreissegmente bezeichnen den Anteil am Niedergericht
Nürnbg. Landgericht
Nürnbg. Zeidelgericht
Vogtei
Patronat
Erbförsterei
nürnberg.
Öffnungsrecht in festen Häusern:
für die Stadt Nürnberg
für nürnberg. Patrizier
Reiterposten
Signalstation
nürnberg.
Ehemaliges Reichsgut
Größte Ausdehnung der städtischen Gerechtsame um 1500
Grenzen der Pflegämter Lauf und Altdorf (seit 1504 nürnberg.)
Grenzen der nürnbg. Hauptmannschaften vor dem Walde (1449). Die Vororte sind schwarz unterstrichen
Befestigungen und Waldhag
Straßen
Wald
Talauen
Sebalder Wald
Hoch- und Niedergericht, alle Nutzung bei der Stadt
Geleit, Wildbann beim Burggrafen
Lorenzer Wald
Gebiet des Markgrafen von Brandenburg
Nürnberg
Lauf
Altdorf
Pegnitz
Rednitz
n. Bamberg
n. Bayreuth
n. Sulzbach
n. Amberg
n. Regensburg
n. München
n. Augsburg
n. Ansbach
n. Würzburg

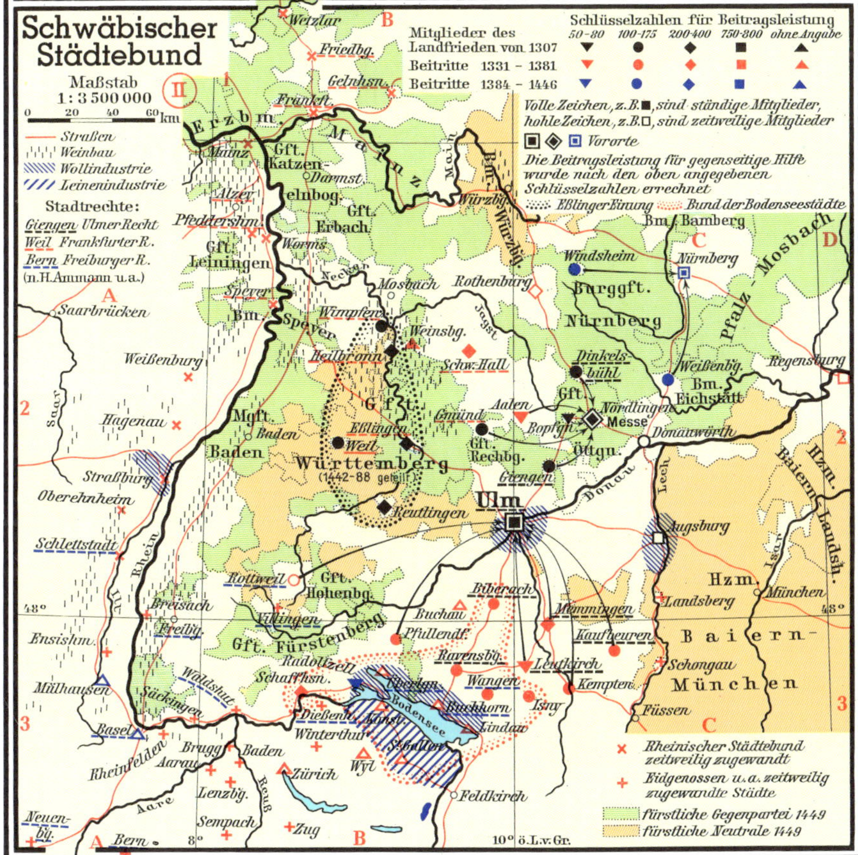
II
Schwäbischer Städtebund
Maßstab 1 : 3 500 000
0 20 40 60 km
Straßen
Weinbau
Wollindustrie
Leinenindustrie
Stadtrechte:
Giengen Ulmer Recht
Weil Frankfurter R.
Bern Freiburger R.
(n. H. Ammann u. a.)
Mitglieder des Landfrieden von 1307
Beitritte 1331 – 1381
Beitritte 1384 – 1446
Schlüsselzahlen für Beitragsleistung
50–80 100–175 200–400 750–800 ohne Angabe
Volle Zeichen, z. B. ■, sind ständige Mitglieder, hohle Zeichen, z. B. □, sind zeitweilige Mitglieder
Vororte
Die Beitragsleistung für gegenseitige Hilfe wurde nach den oben angegebenen Schlüsselzahlen errechnet
Eßlinger Einung
Bund der Bodenseestädte
Rheinischer Städtebund zeitweilig zugewandt
Eidgenossen u. a. zeitweilig zugewandte Städte
Fürstliche Gegenpartei 1449
Fürstliche Neutrale 1449
Württemberg (1442–88 geteilt)
Ulm
Nürnberg
Augsburg
Hzm. Baiern-München
Bodensee
10° ö. L. v. Gr.

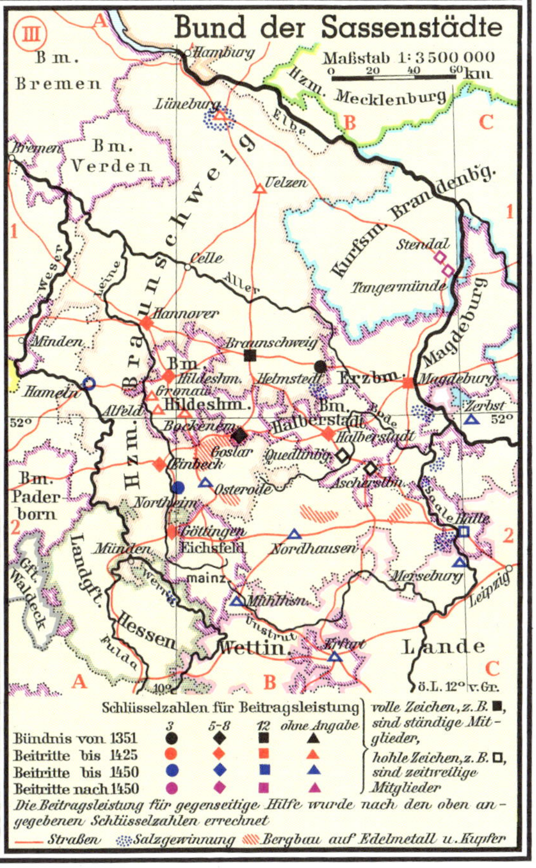
III
Bund der Sassenstädte
Maßstab 1 : 3 500 000
0 20 40 60 km
Schlüsselzahlen für Beitragsleistung
3 5–8 12 ohne Angabe
Bündnis von 1351
Beitritte bis 1425
Beitritte bis 1450
Beitritte nach 1450
volle Zeichen, z. B. ■, sind ständige Mitglieder,
hohle Zeichen, z. B. □, sind zeitweilige Mitglieder
Die Beitragsleistung für gegenseitige Hilfe wurde nach den oben angegebenen Schlüsselzahlen errechnet
Straßen
Salzgewinnung
Bergbau auf Edelmetall u. Kupfer
Bm. Bremen
Bm. Verden
Braunschweig
Mecklenburg
Kurfsm. Brandenbg.
Erzbm. Magdeburg
Hildesheim
Halberstadt
Hamburg
Lüneburg
Braunschweig
Goslar
Göttingen
Erfurt
Landgft. Hessen
Wettin. Lande
Elbe
Weser
8. L. 12° v. Gr.

Die Bevölkerung der mittelalterlichen Stadt

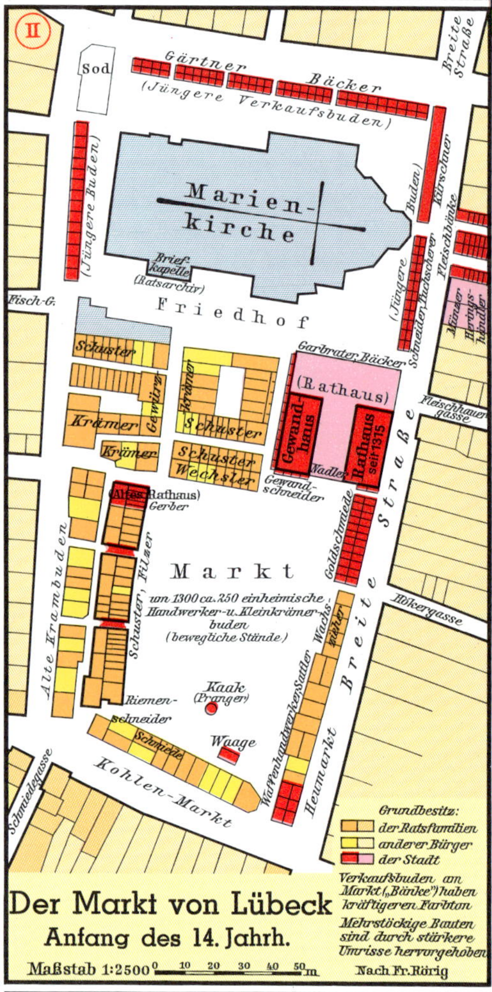

Der Markt von Lübeck
Anfang des 14. Jahrh.
Maßstab 1:2500

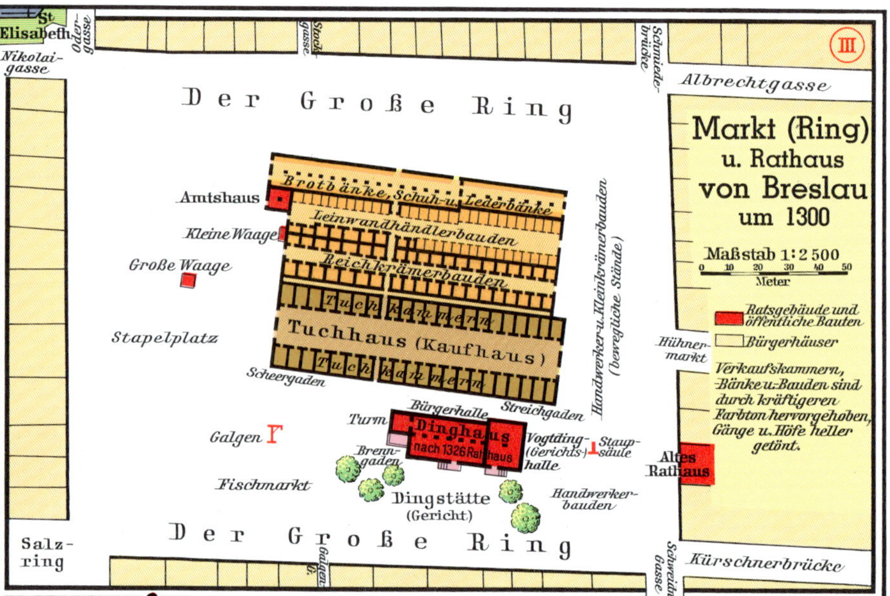

Markt (Ring) u. Rathaus von Breslau um 1300

Bevölkerung der Stadt Hannover um 1435

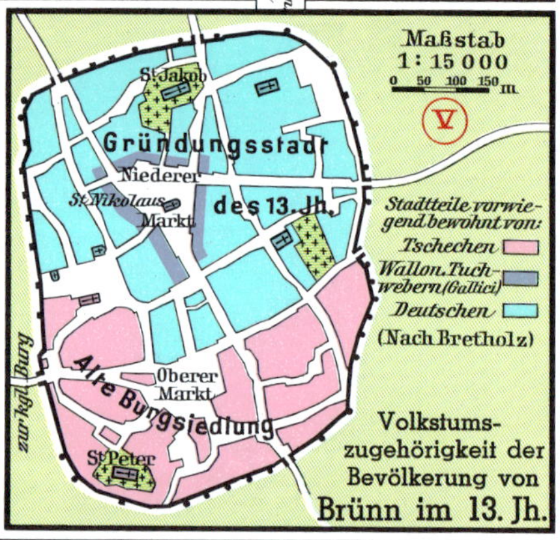

Volkstumszugehörigkeit der Bevölkerung von Brünn im 13. Jh.

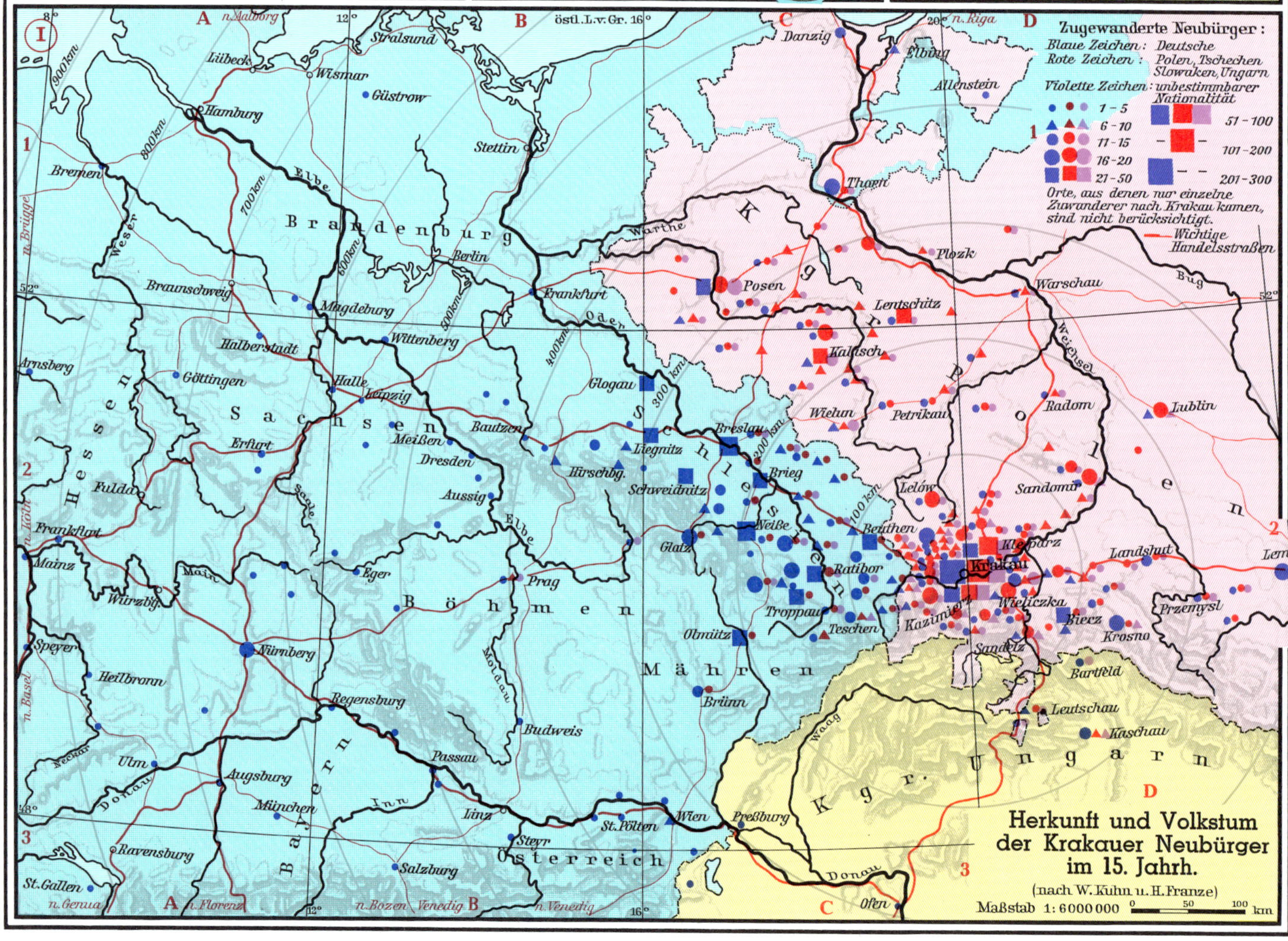

Herkunft und Volkstum der Krakauer Neubürger im 15. Jahrh.
(nach W. Kuhn u. H. Franze)
Maßstab 1:6 000 000

Anfänge der Münzprägung in Deutschland

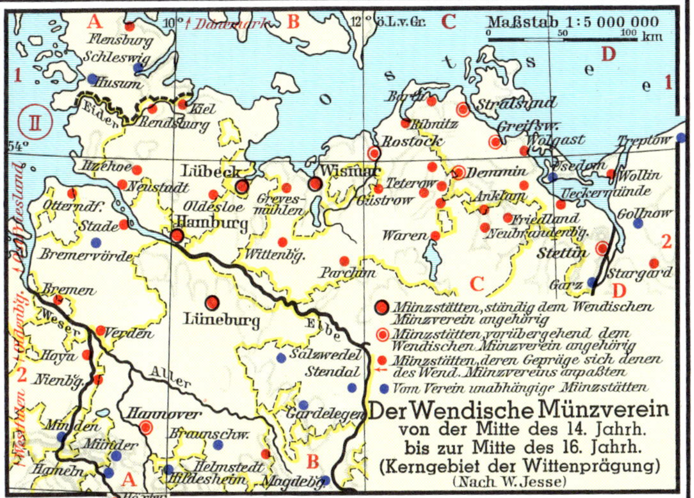

Der Wendische Münzverein von der Mitte des 14. Jahrh. bis zur Mitte des 16. Jahrh. (Kerngebiet der Wittenprägung) (Nach W. Jesse)

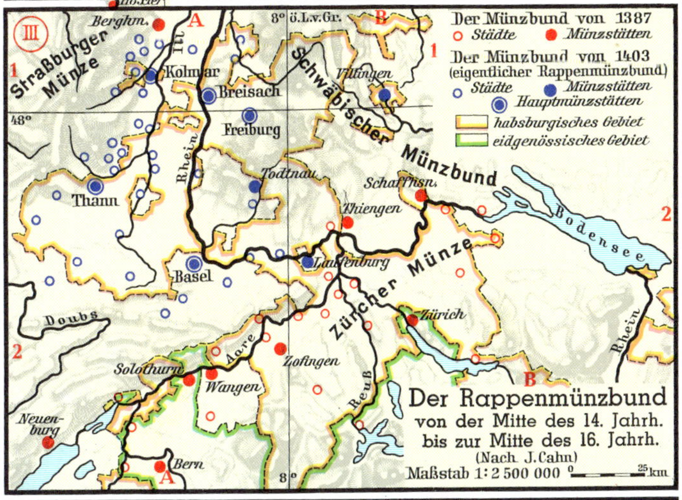

Der Rappenmünzbund von der Mitte des 14. Jahrh. bis zur Mitte des 16. Jahrh. (Nach J. Cahn) Maßstab 1: 2 500 000

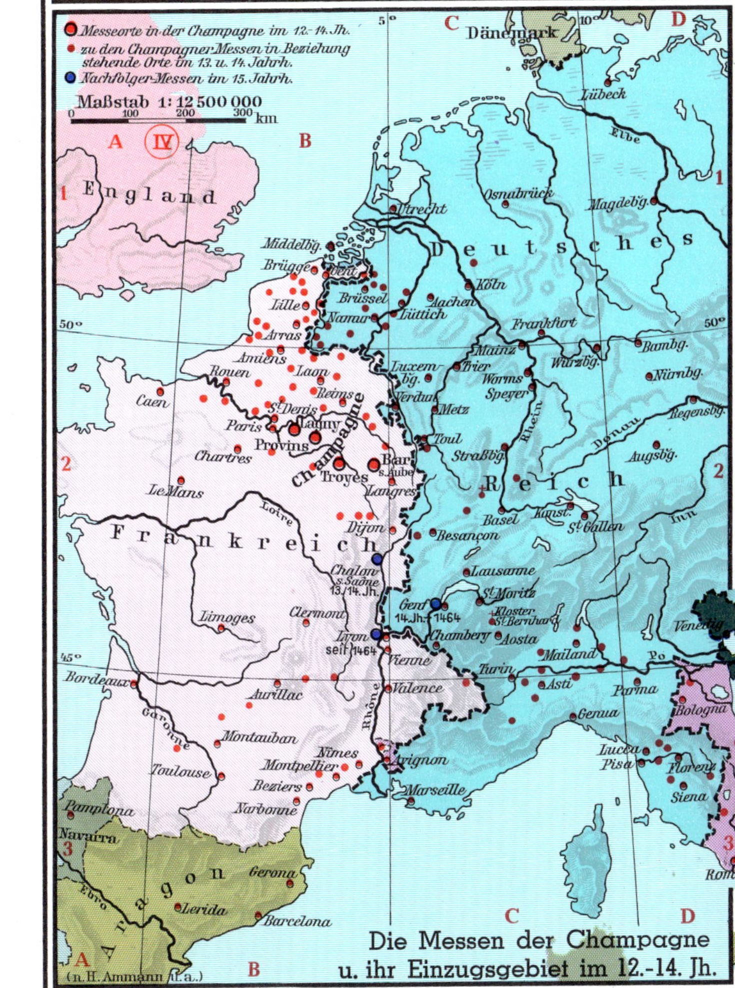

Die Messen der Champagne u. ihr Einzugsgebiet im 12.–14. Jh.
(n. H. Ammann u. a.)

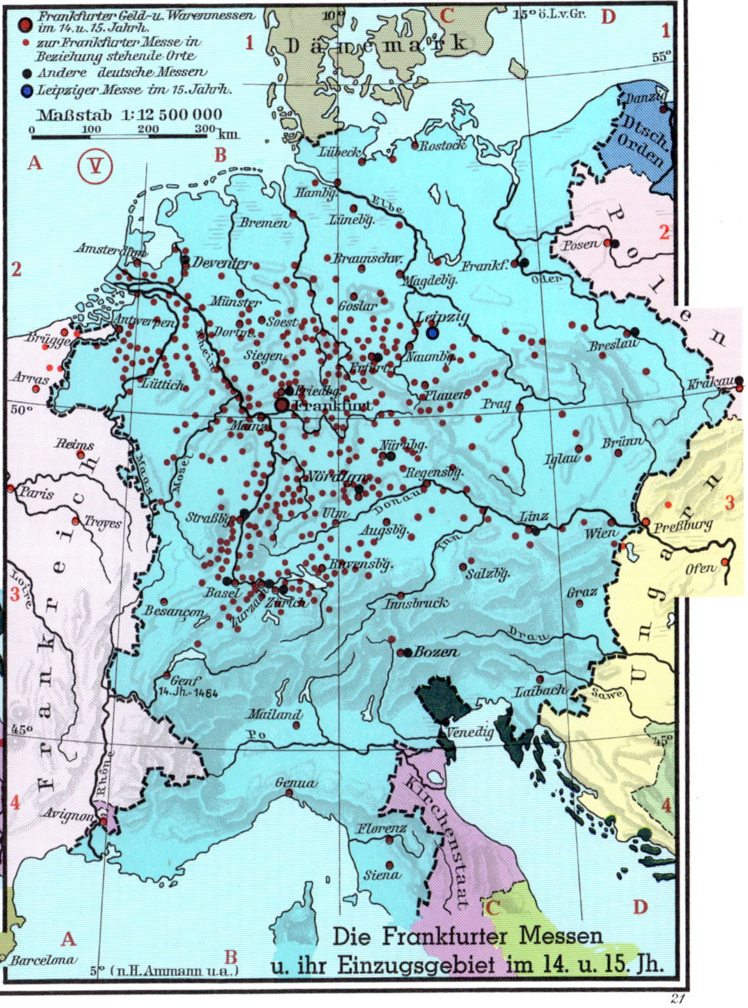

Die Frankfurter Messen u. ihr Einzugsgebiet im 14. u. 15. Jh.
(n. H. Ammann u. a.)

Die Hanse und ihr Wirtschaftsraum

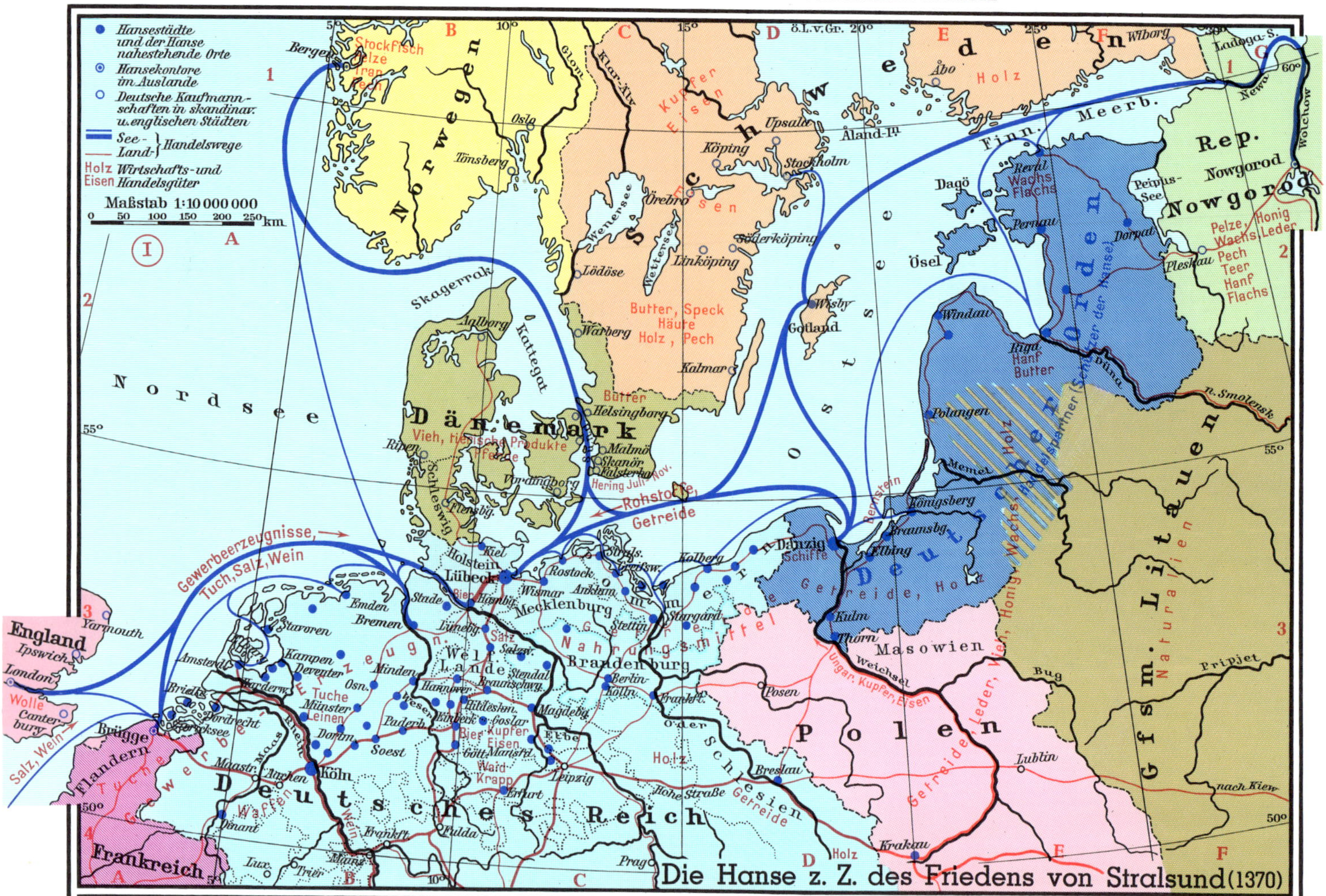

Die Hanse z. Z. des Friedens von Stralsund (1370)

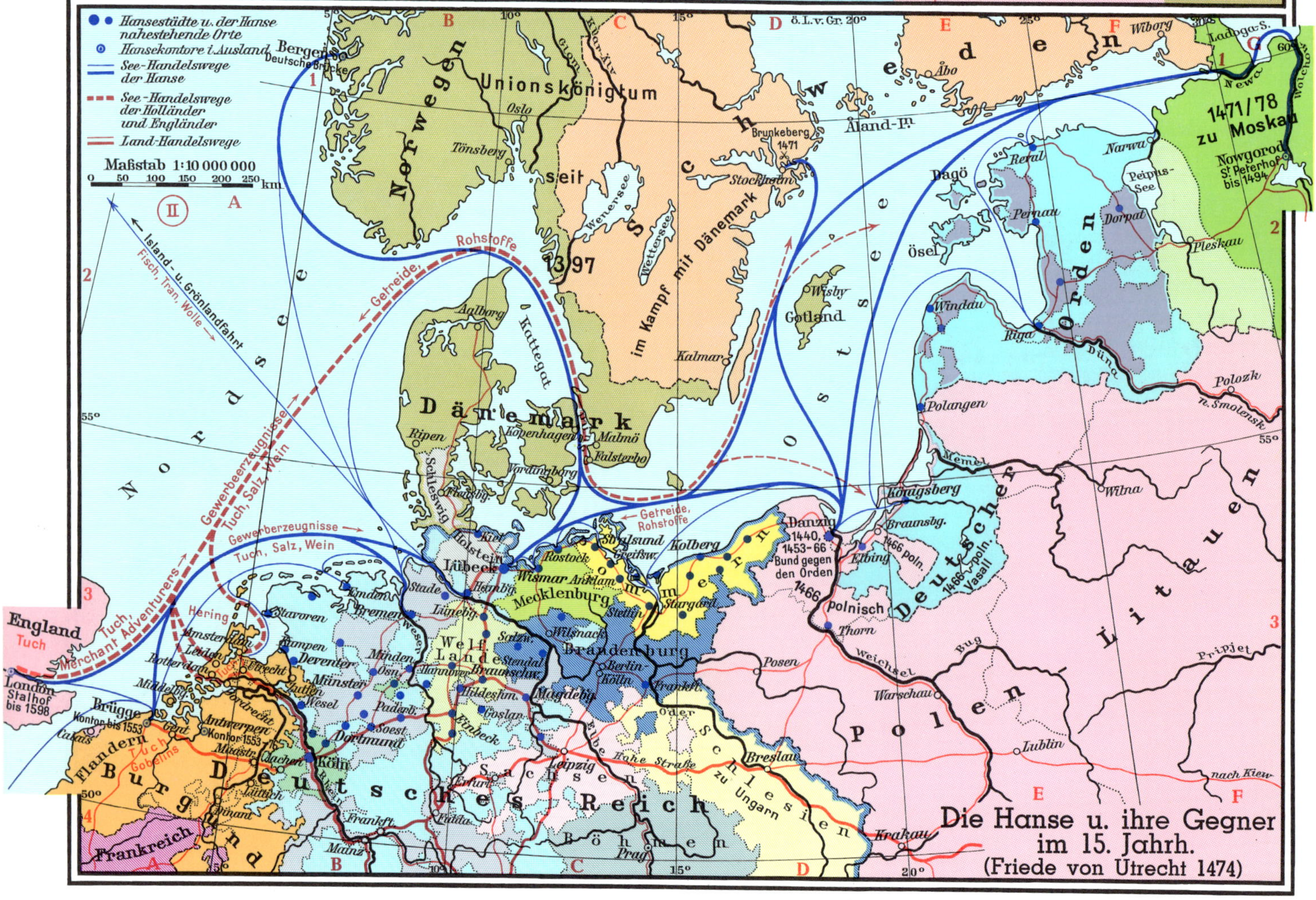

Die Hanse u. ihre Gegner im 15. Jahrh. (Friede von Utrecht 1474)

Westeuropas Handel im Spätmittelalter
Maßstab 1 : 17 500 000
Schiffahrtslinien des Mittelmeerhandels
" " " nordeuropäischen Handels
Wichtige Handelsstraßen
Burgund zur Zeit Karls des Kühnen
Golf von Biscaya
Mittel-meer
seit ca. 1500 portugiesische Gewürze
Venezianische Galeerenfahrt nach Brügge
London
Paris
Brügge
Köln
Frankfurt
Lyon
Genua
Mailand
Barcelona
Toledo
Sevilla
Lissabon

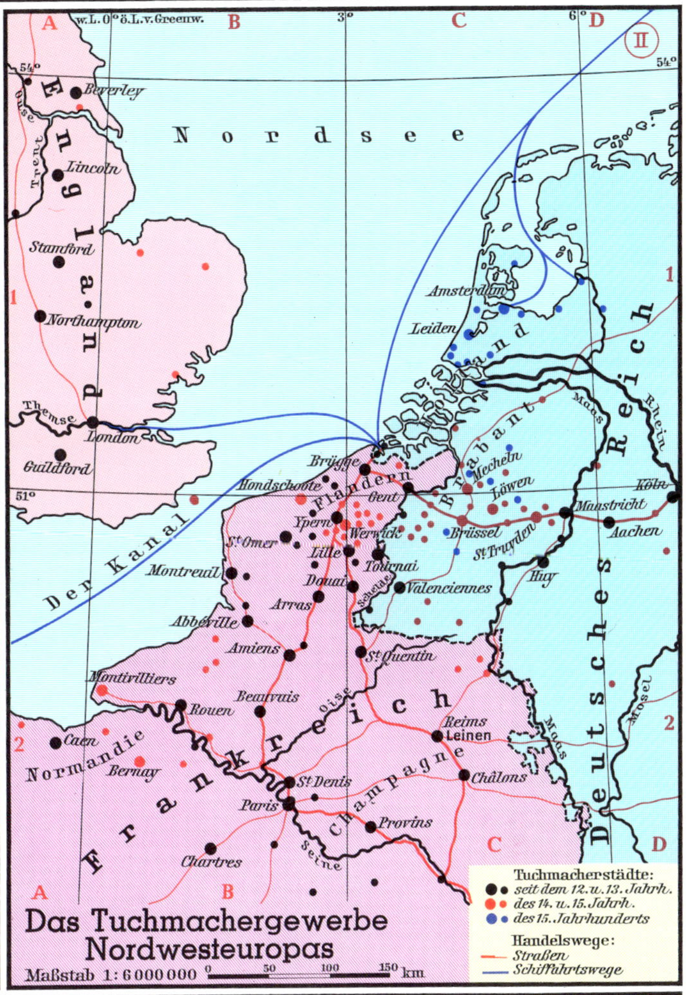
Das Tuchmachergewerbe Nordwesteuropas
Maßstab 1 : 6 000 000
Tuchmacherstädte:
seit dem 12. u. 13. Jahrh.
des 14. u. 15. Jahrh.
des 15. Jahrhunderts
Handelswege:
Straßen
Schiffahrtswege
Nordsee
England
Der Kanal
Flandern
Brabant
Holland
Frankreich
Deutsches Reich
Normandie
Champagne

Der Levantehandel im Spätmittelalter und der Einbruch der Osmanen
Maßstab 1 : 17 500 000
wichtige Handelsstraßen
Seehandelswege der Republiken Genua und Venedig
verloren gegangener genues. Besitz
verloren gegangener venezian. Besitz
Damast wichtige Handelsgüter
Bergstädte des 12.–16. Jahrh.
Vordringen der Osmanen:
Besitz um 1355
Eroberungen bis 1402
Eroberungen bis 1526
Orientwaren: Gewürze, Parfüme, Alaun, Medikamente, Farbstoffe, Baumwolle, Seide, Perlen
Getreide, Wein, Sklaven
Barchent, Tuche, Holz, Waffen
Venedig
Genua
Konstantinopel
Kreta
Cypern
Alexandria
Ägypten
Kairo
Kiew

Bergbau und Kapital

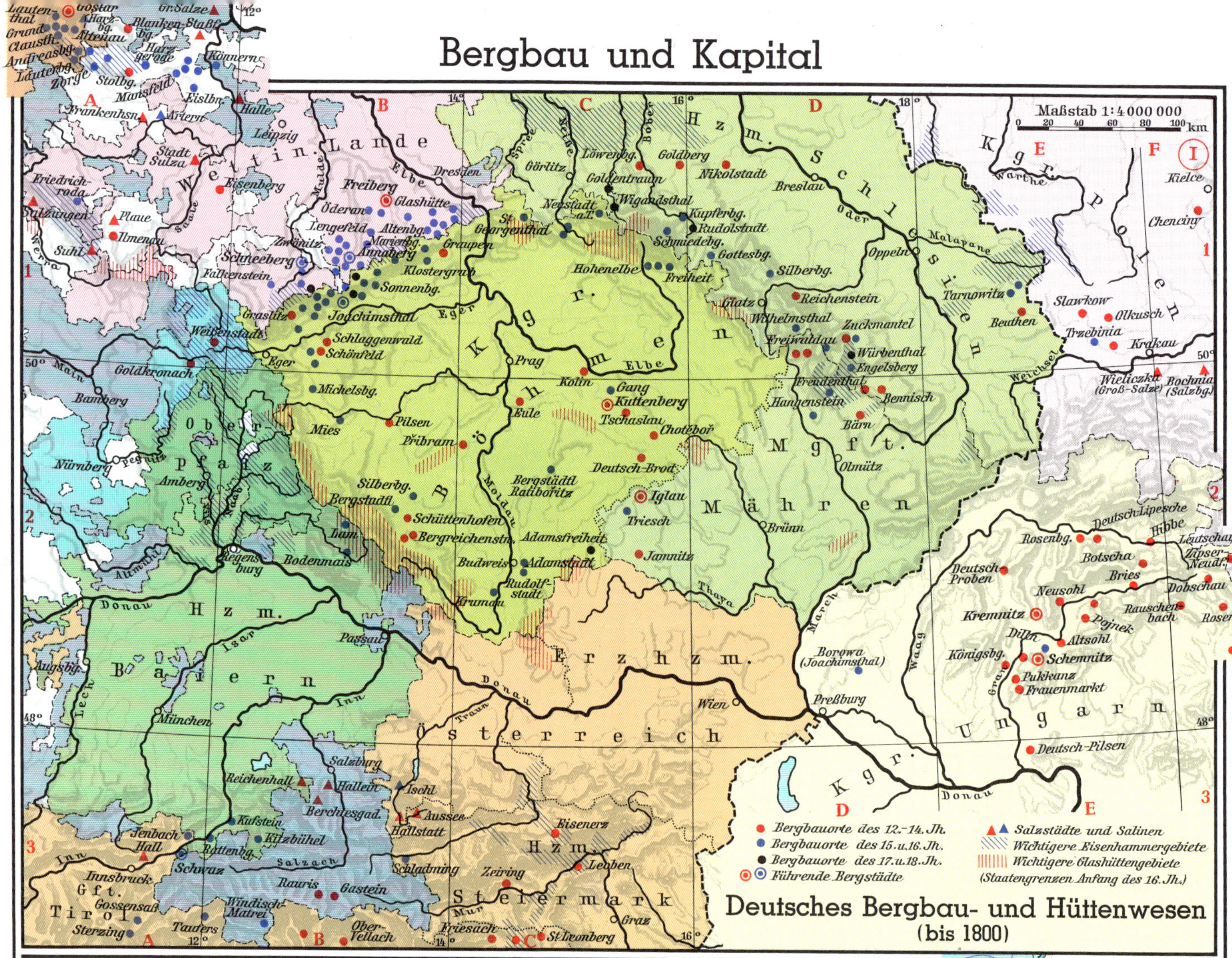

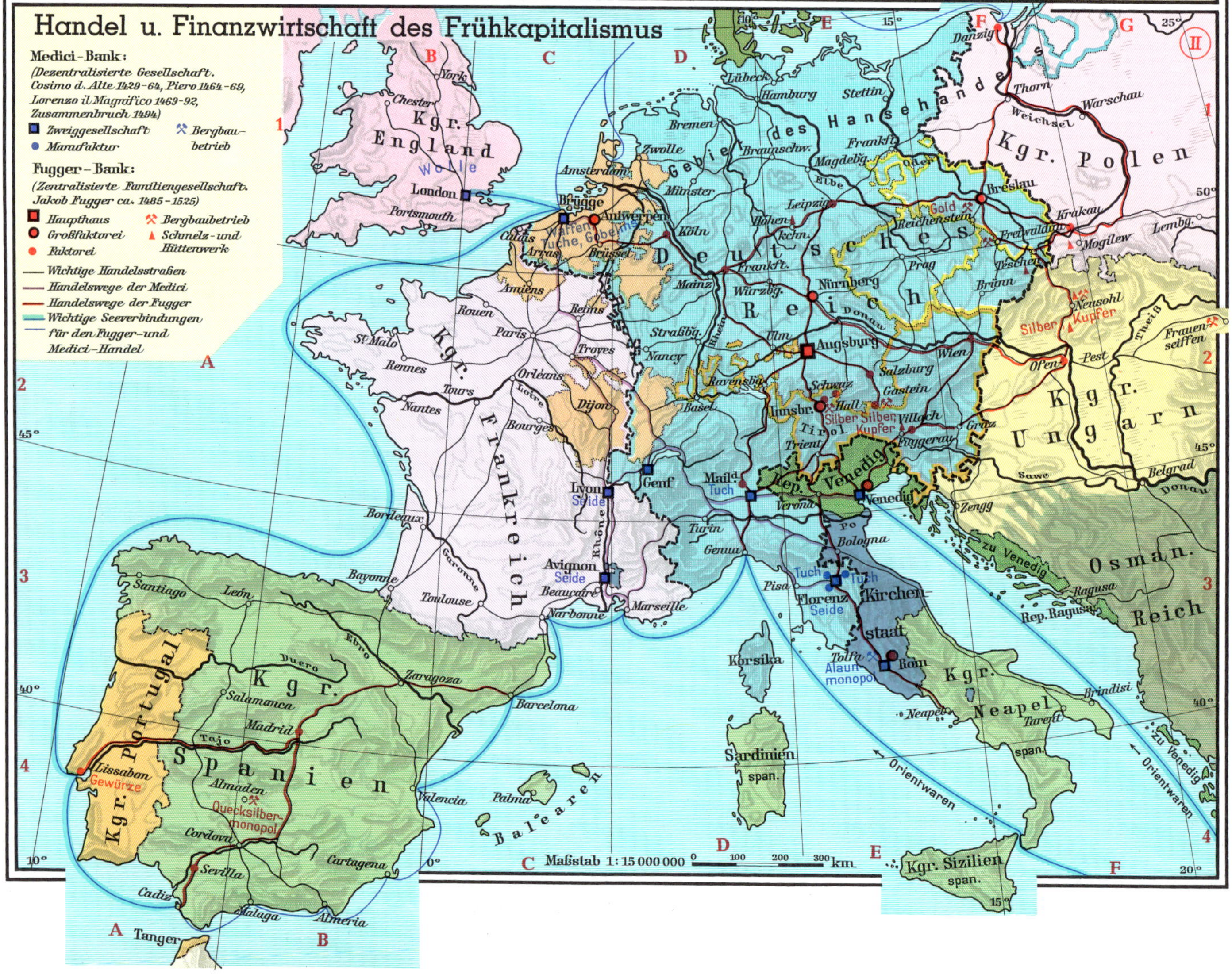

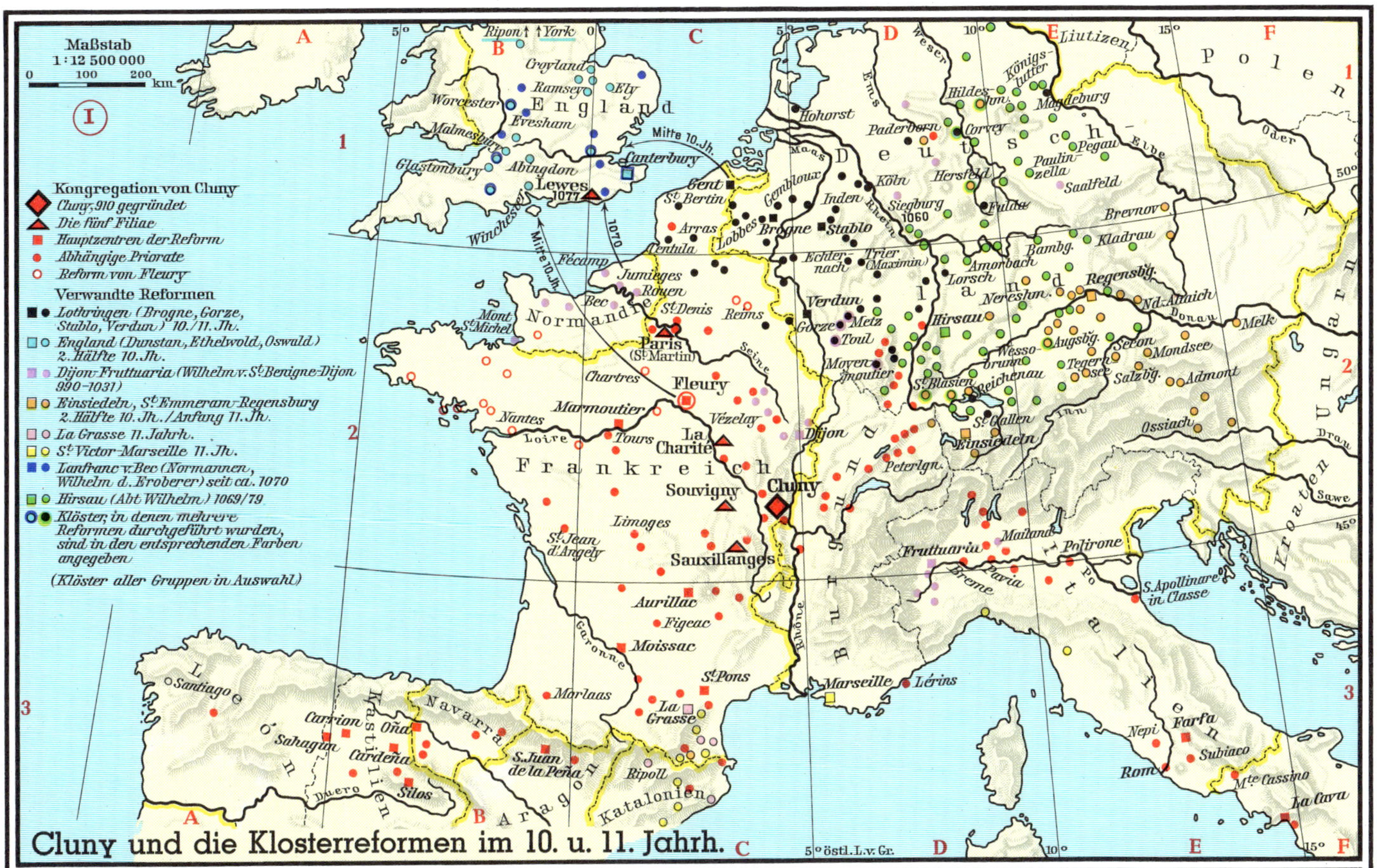

Cluny und die Klosterreformen im 10. u. 11. Jahrh.

Die Ausbreitung des Zisterzienser-Ordens im 12. Jahrh.

Kirchliche Einteilung Europas im 15. Jahrh.

Nördl. Metropolitie 1299-1328 Wladimir, 1328 Moskau 1459 unabhängig (autokephal)
Metropolitie Kiew
Poln. Unionsversuche im 14. u. 15. Jh.
Ansprüche von Ochrida
Walachei

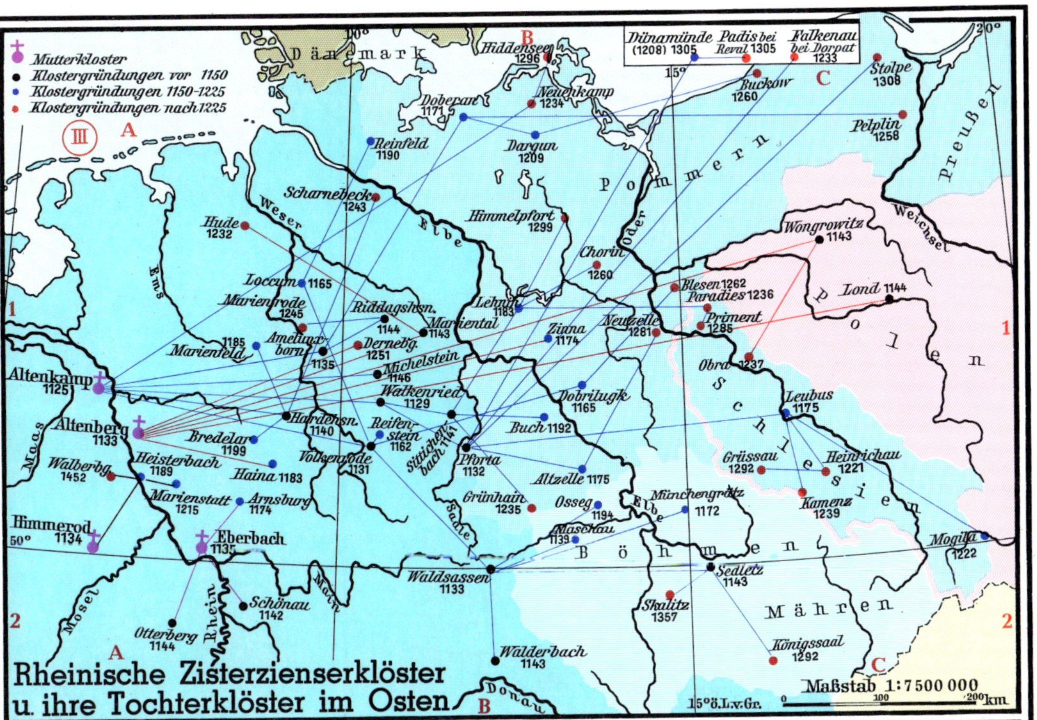
Mutterkloster
Klostergründungen vor 1150
Klostergründungen 1150-1225
Klostergründungen nach 1225
III
Rheinische Zisterzienserklöster u. ihre Tochterklöster im Osten
Maßstab 1:7 500 000

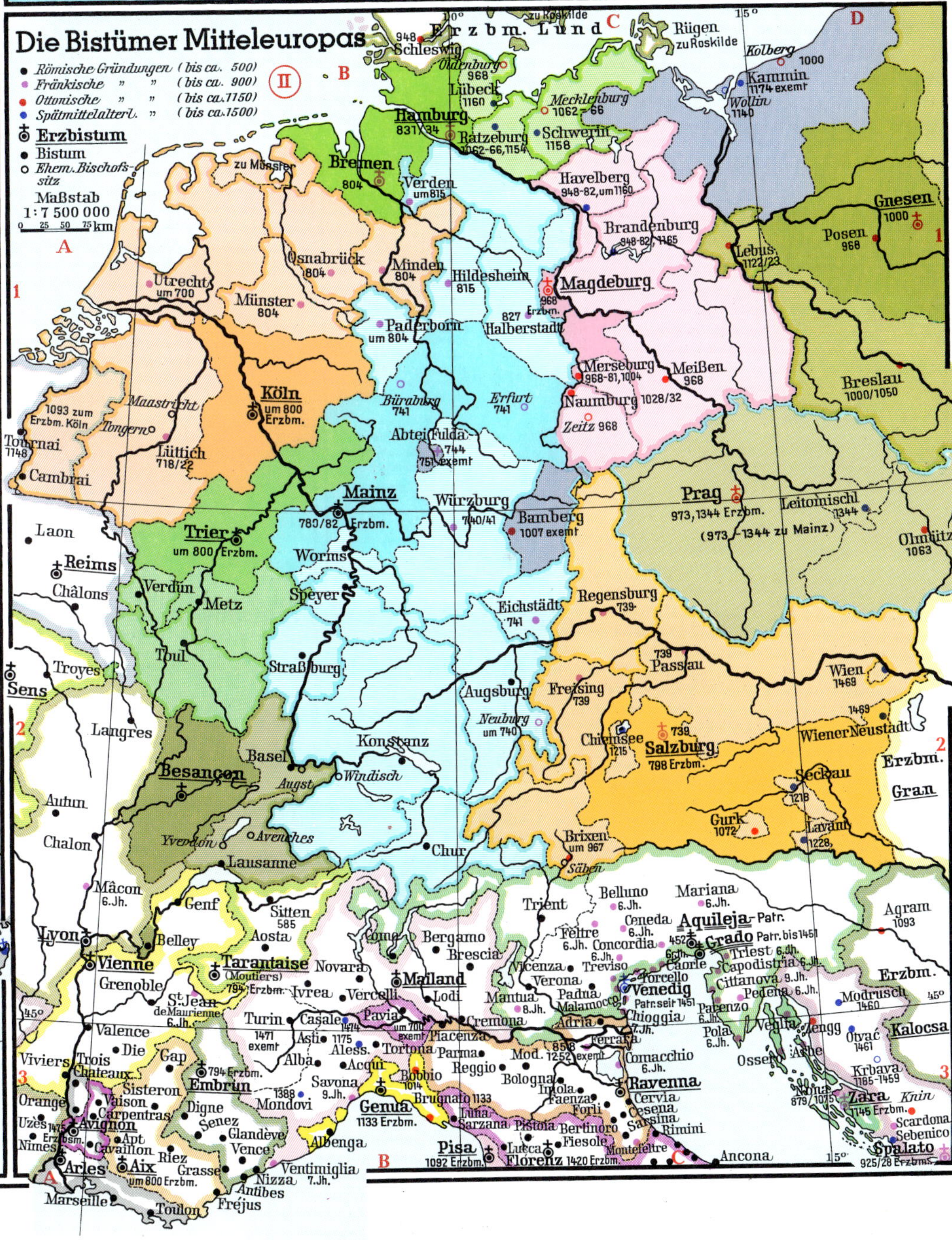
Die Bistümer Mitteleuropas
II
Römische Gründungen (bis ca. 500)
Fränkische " " (bis ca. 900)
Ottonische " (bis ca. 1150)
Spätmittelalterl. " (bis ca. 1500)
Erzbistum
Bistum
Ehem. Bischofssitz
Maßstab 1:7 500 000

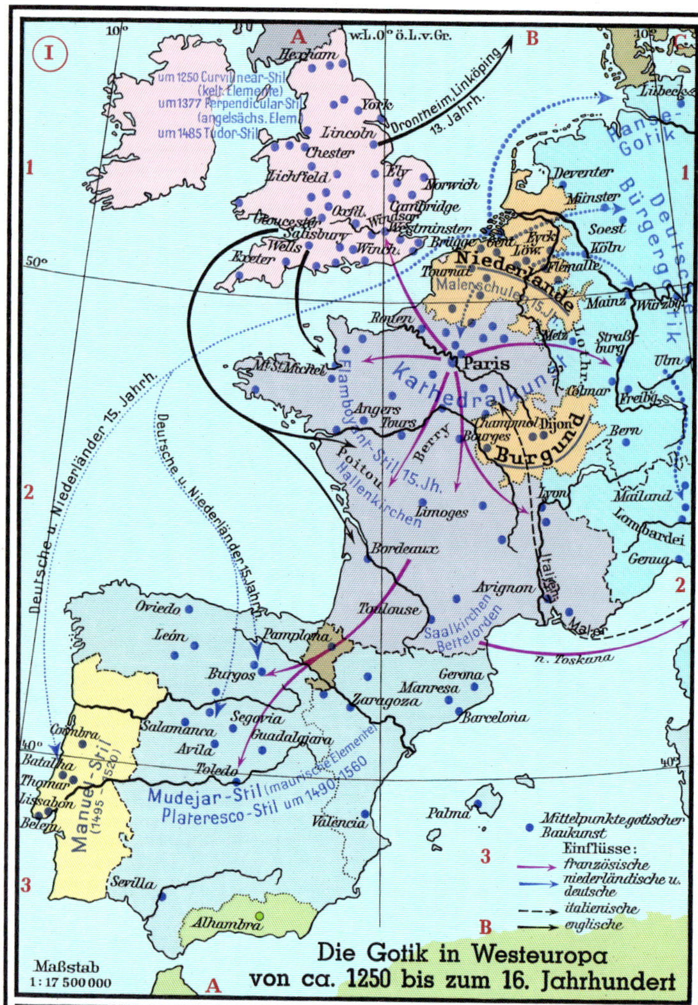

Die Gotik in Westeuropa von ca. 1250 bis zum 16. Jahrhundert

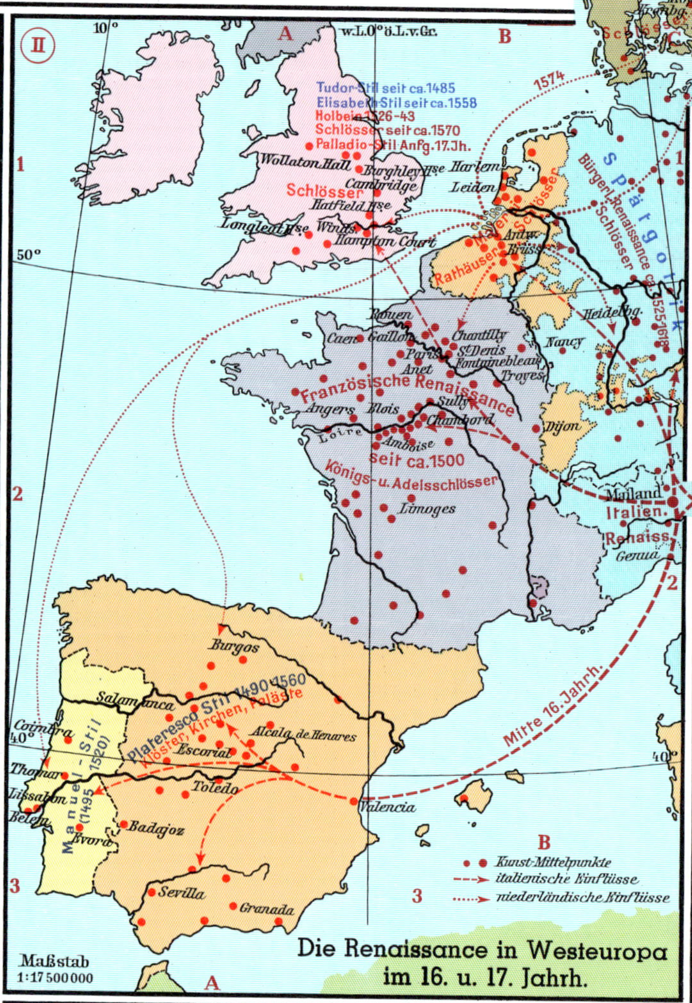

Die Renaissance in Westeuropa im 16. u. 17. Jahrh.

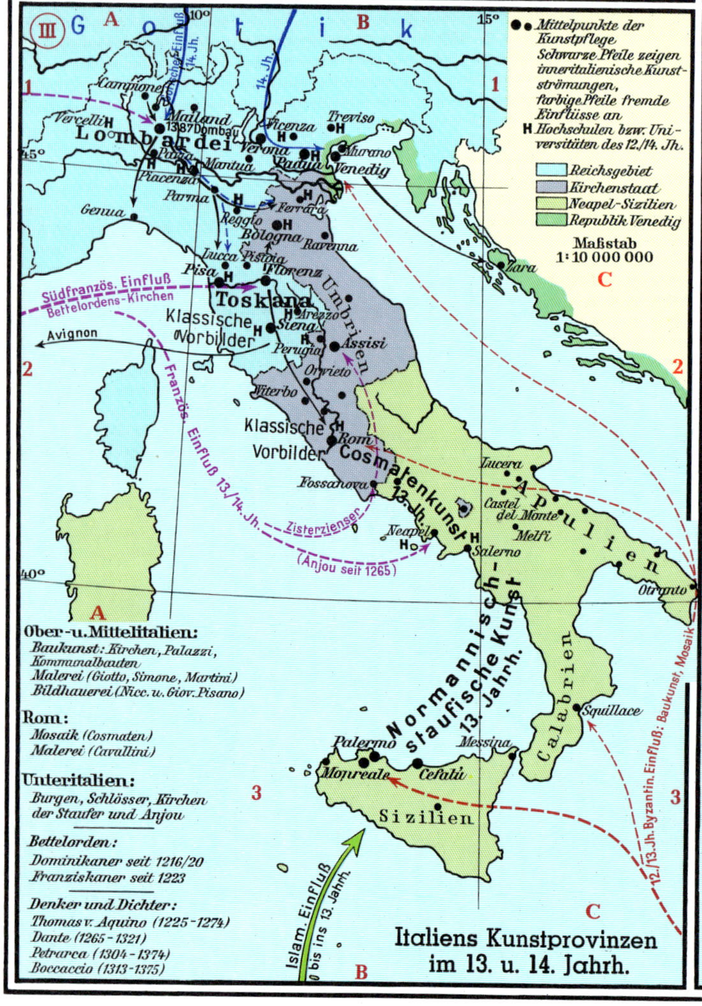

Italiens Kunstprovinzen im 13. u. 14. Jahrh.

Die Renaissance in Italien
Früh-Renaissance um 1420-1500
Hoch-Renaissance um 1500-1527
Spät-Renaissance um 1525-1580 (Manierismus)

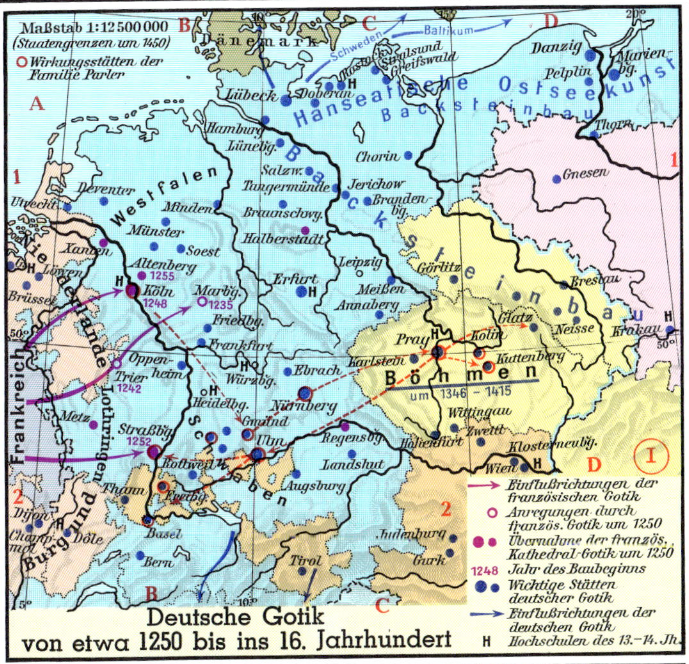
Deutsche Gotik
von etwa 1250 bis ins 16. Jahrhundert
Maßstab 1:12 500 000
(Staatengrenzen um 1450)
○ Wirkungsstätten der Familie Parler
Hanseatische Ostseekunst
Backsteinbau
Böhmen
um 1346 – 1415
Einflußrichtungen der französischen Gotik
Anregungen durch französ. Gotik um 1250
Übernahme der französ. Kathedral-Gotik um 1250
1248 Jahr des Baubeginns
Wichtige Stätten deutscher Gotik
Einflußrichtungen der deutschen Gotik
H Hochschulen des 13.–14. Jh.

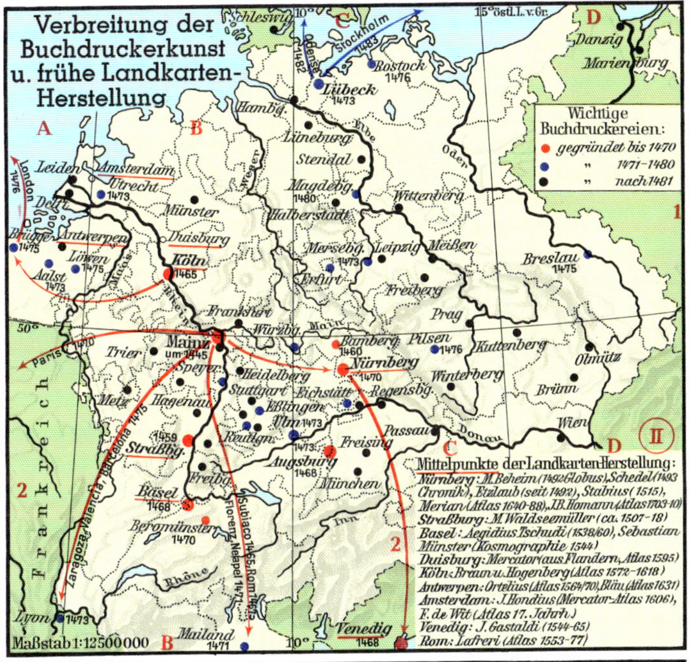
Verbreitung der Buchdruckerkunst u. frühe Landkarten-Herstellung
Wichtige Buchdruckereien:
gegründet bis 1470
" 1471–1480
" nach 1481
Mittelpunkte der Landkarten-Herstellung:
Nürnberg: M. Beheim (1492 Globus), Schedel (1493 Chronik), Etzlaub (seit 1492), Stabius (1515), Merian (Atlas 1640–88), J.B. Homann (Atlas 1703–10)
Straßburg: M. Waldseemüller (ca. 1507–18)
Basel: Aegidius Tschudi (1538/60), Sebastian Münster (Kosmographie 1544)
Duisburg: Mercator (aus Flandern, Atlas 1595)
Köln: Braun u. Hogenberg (Atlas 1572–1618)
Antwerpen: Ortelius (Atlas 1564/70), Bläu (Atlas 1631)
Amsterdam: J. Hondius (Mercator-Atlas 1606), F. de Wit (Atlas 17. Jahrh.)
Venedig: J. Gastaldi (1544–65)
Rom: Lafreri (Atlas 1553–77)
Maßstab 1:12 500 000

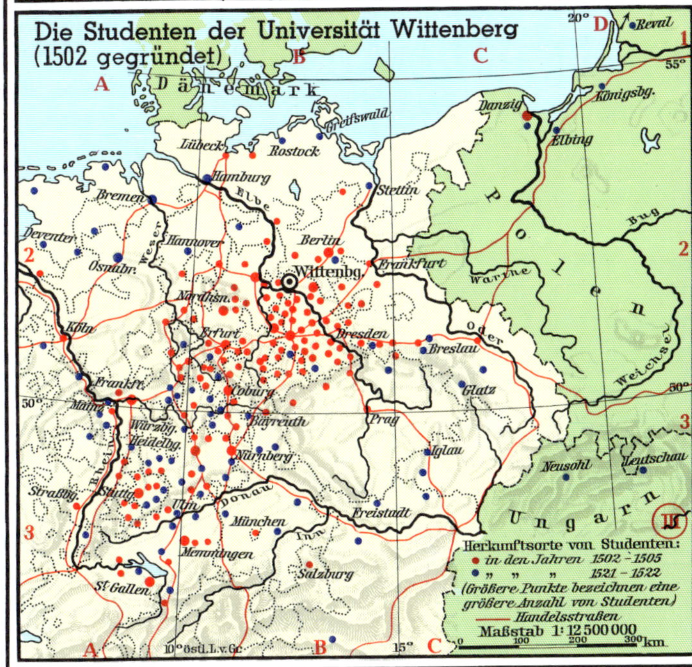
Die Studenten der Universität Wittenberg
(1502 gegründet)
Herkunftsorte von Studenten:
in den Jahren 1502–1505
" " " 1521–1522
(Größere Punkte bezeichnen eine größere Anzahl von Studenten)
Handelsstraßen
Maßstab 1:12 500 000
0 100 200 300 km

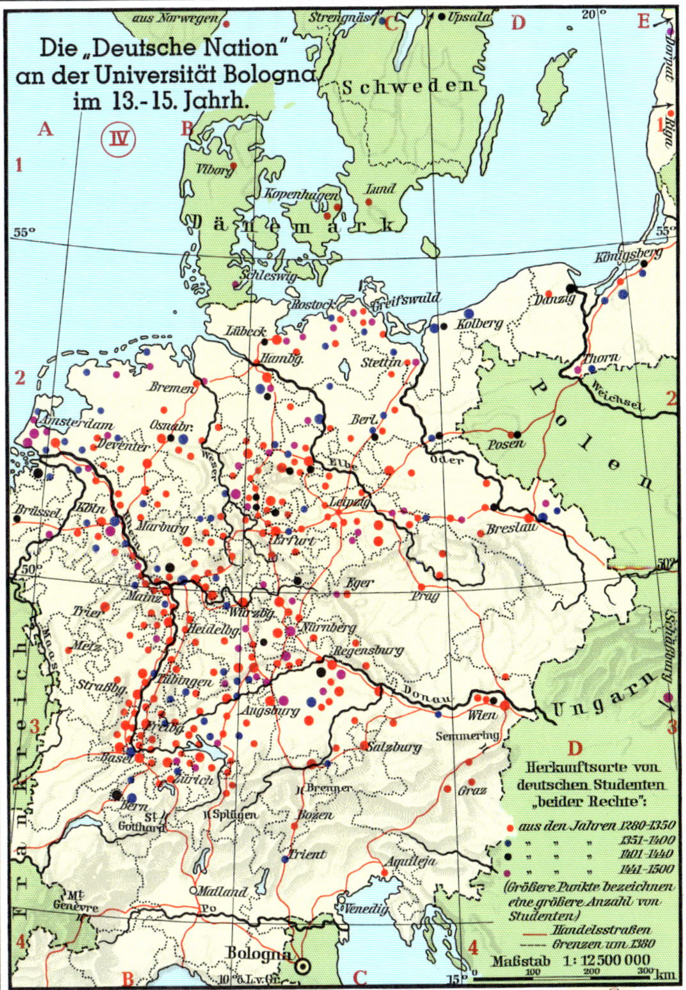
Die „Deutsche Nation" an der Universität Bologna im 13.–15. Jahrh.
Herkunftsorte von deutschen Studenten „beider Rechte":
aus den Jahren 1280–1350
" " " 1351–1400
" " " 1401–1440
" " " 1441–1500
(Größere Punkte bezeichnen eine größere Anzahl von Studenten)
Handelsstraßen
Grenzen um 1380
Maßstab 1:12 500 000
0 100 200 300 km

Die europäischen Universitäten bis 1500
Maßstab 1:22 500 000
Gründungsjahre der Universitäten:
bis 1200
1200 bis 1250
1250 bis 1300
1300 bis 1350
1350 bis 1400
1400 bis 1500
Päpstliches Privileg
Kaiserliches Privileg
Kgl.-Landesherrl. Priv.
Ohne Privileg
studium generale
unmittelbarer Gründungszusammenhang
zeitweise Wanderung größerer Studentengruppen
Universitäten mit Teilfakultas (meist ius oder med.) sind durch hohle Zeichen dargestellt.
Bologna = ältere Rechtsschulen
1173 Jahr der Privilegierung, (1059) Jahr d. Erstnennung als Hochschule

Europa 1476
England:
Partei des Hauses Lancaster
Partei des Hauses York
Frankreich:
Krongut
(1491) Jahr des Anfalls an die Krone
Deutscher Orden:
Ordensgebiet
Stadt Riga
Bistumsgebiet
Osmanisches Reich:
Ausdehnung bis 1453
Eroberungen in der 2. Hälfte des 15. Jahrh.
Reichsstädte
Maßstab 1:12 500 000
0 100 200 300 km
Atlantischer Ozean
Nordsee
Ostsee
Mittelmeer
Adriat. Meer
Der Kanal
Färöer norweg.
Shetland-I. 1468 schott.
Orkney-I. 1468 schott.
Hebriden
Kgr. Schottland
Kgr. England
1455-85 Rosenkriege
Irland
Kgr. Norwegen
Unionskönigtum seit 1397
Kgr. Schweden
Kgr. Dänemark
Hzm. Mecklenburg
Kurfsm. Brandenburg
Hzm. Pommern
Kgr. Böhmen
Mgft. Mähren
Hzm. Schlesien
Erzhzm. Österreich
Hzm. Steiermark
Hzm. Kärnten
Gft. Tirol
Hzm. Baiern
Wettin. Lande
Kgr. Frankreich
Hzm. Bretagne
Hzm. Normandie
Hzm. Burgund
Freigft.
Hzm. Savoyen
Rep. Venedig
Hzm. Mailand
Rep. Genua
Kirchenstaat
Kgr. Neapel
Kgr. Sizilien aragon.
Sardinien aragon.
Korsika genues.
Kgr. Portugal
Kgr. Kastilien
Kgr. Aragon
Kastilien u. Aragon 1479 vereinigt (Spanien)
Kgr. Navarra
Kgr. Granada 1492 span.
Balearen
Tlemsen
Barbareskenstaaten
Tunis
Malta aragon.
Ungarn
Bosnien 1463
Slawonien
Kroatien

Frankreich in der 1. Hälfte des 15. Jahrh. (Die Wende des 100jährigen Krieges)
Maßstab 1:10000000

Italien im Spätmittelalter

Die burgundische Staats bildung (1363-1477)

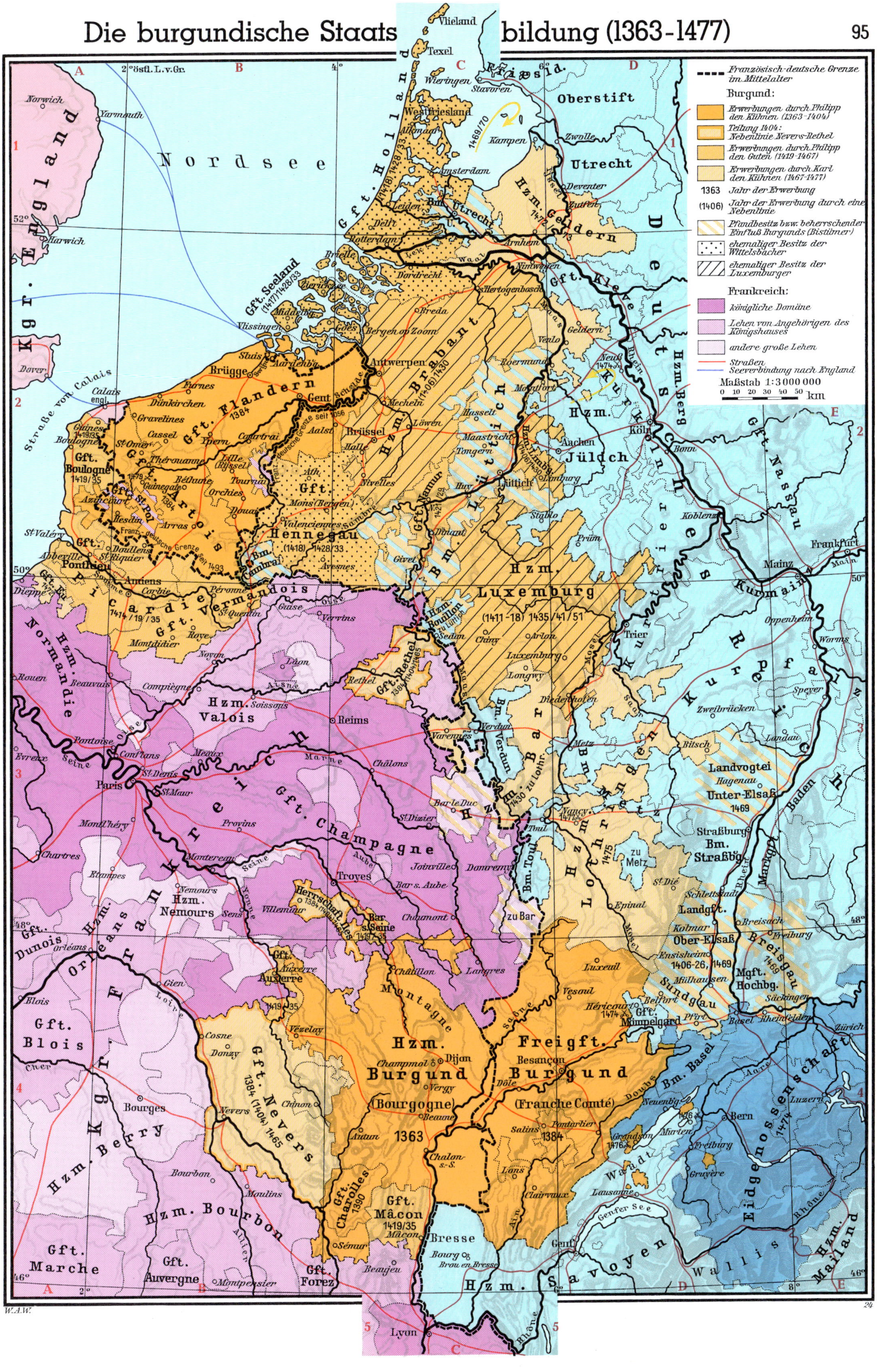

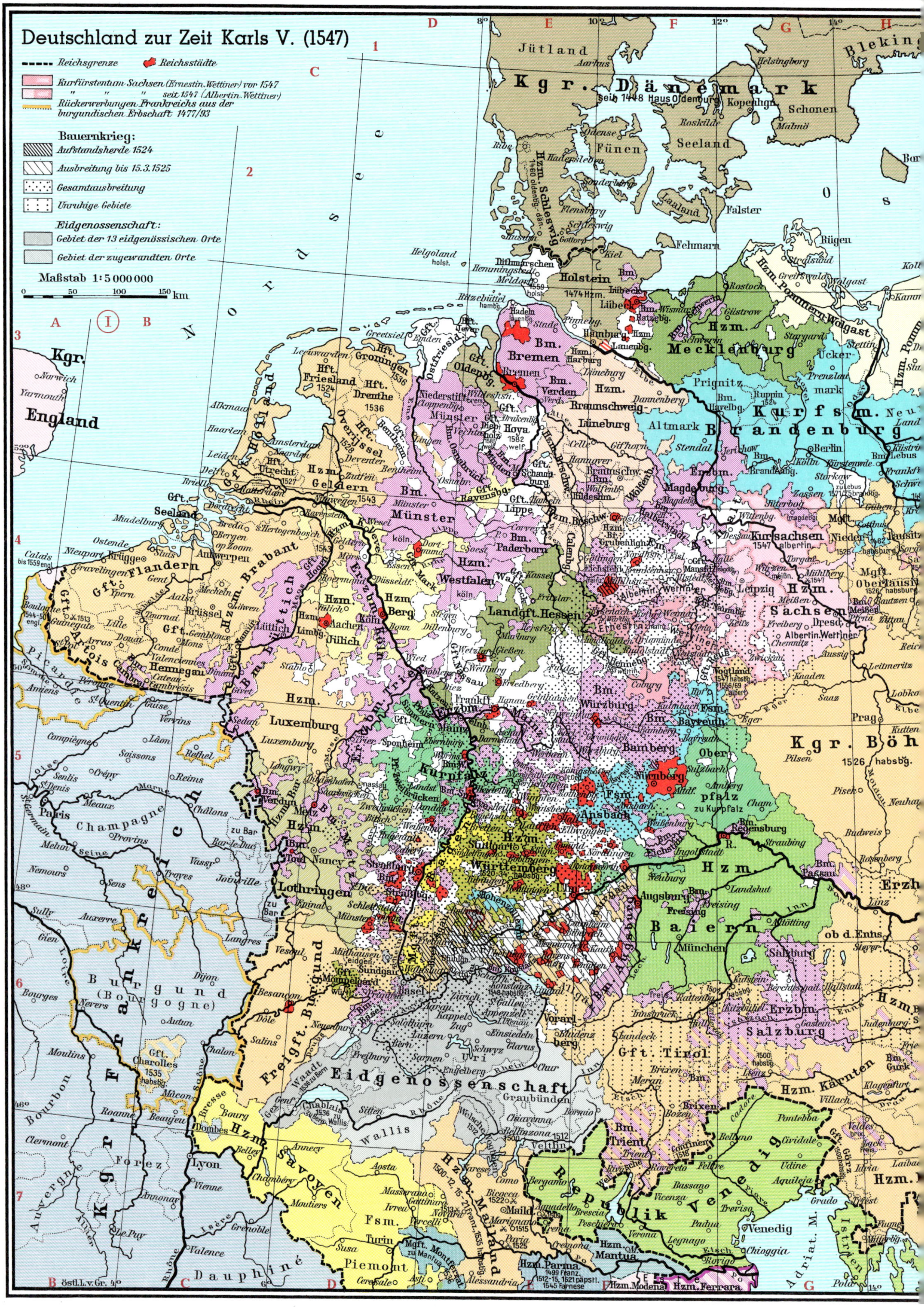
Deutschland zur Zeit Karls V. (1547)
Reichsgrenze
Reichsstädte
Kurfürstentum Sachsen (Ernestin. Wettiner) vor 1547
" " " seit 1547 (Albertin. Wettiner)
Rückerwerbungen Frankreichs aus der burgundischen Erbschaft 1477/93
Bauernkrieg:
Aufstandsherde 1524
Ausbreitung bis 15.3.1525
Gesamtausbreitung
Unruhige Gebiete
Eidgenossenschaft:
Gebiet der 13 eidgenössischen Orte
Gebiet der zugewandten Orte
Maßstab 1:5 000 000
0 50 100 150 km
Kgr. Dänemark
Nordsee
Ostsee
Kgr. England
Kgr. Frankreich
Kgr. Böhmen
Kurfsm. Brandenburg
Hzm. Mecklenburg
Hzm. Baiern
Gft. Tirol
Eidgenossenschaft
Republik Venedig
Hzm. Savoyen
Hzm. Lothringen
Luxemburg
Kurpfalz
Hzm. Württemberg
Landgft. Hessen
Bm. Münster
Westfalen
Hzm. Bremen
Freigft. Burgund
Burgund (Bourgogne)
Champagne
Flandern
Hzm. Brabant
Gft. Artois
Erzbm. Salzburg
Hzm. Mailand
Piemont
Dauphiné

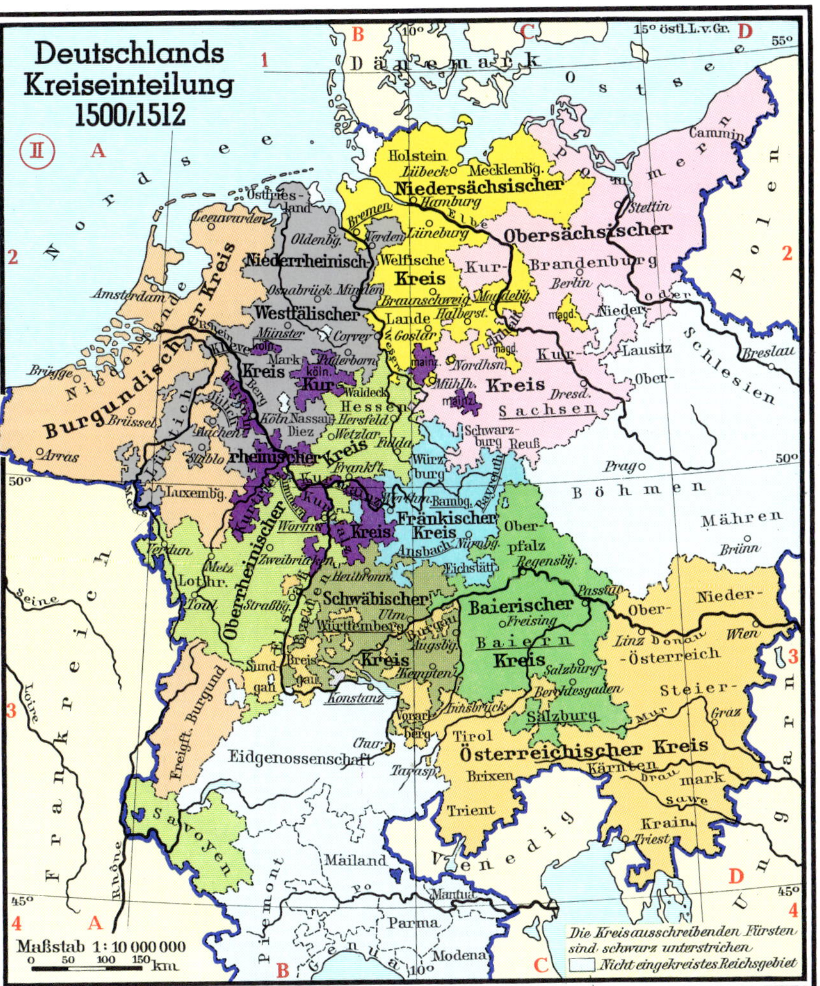

Küstenveränderungen im Mündungsgebiet von Rhein, Maas und Schelde

Stromrichtungen

Maßstab 1:2 250 000

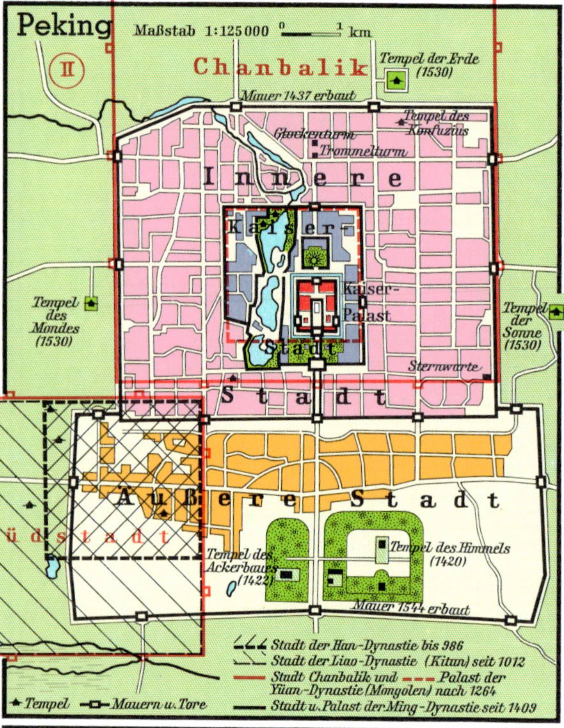
Peking
II
Maßstab 1:125 000
0 1 km
Chanbalik
Tempel der Erde (1530)
Mauer 1437 erbaut
Tempel des Konfuzius
Glockenturm
Trommelturm
Innere Stadt
Kaiser-Stadt
Kaiser-Palast
Tempel des Mondes (1530)
Tempel der Sonne (1530)
Sternwarte
Äußere Stadt
Südstadt
Tempel des Ackerbaues (1422)
Tempel des Himmels (1420)
Mauer 1544 erbaut
Stadt der Han-Dynastie bis 986
Stadt der Liao-Dynastie (Kitan) seit 1012
Stadt Chanbalik und Palast der Yüan-Dynastie (Mongolen) nach 1264
Stadt u. Palast der Ming-Dynastie seit 1409
Tempel
Mauern u. Tore

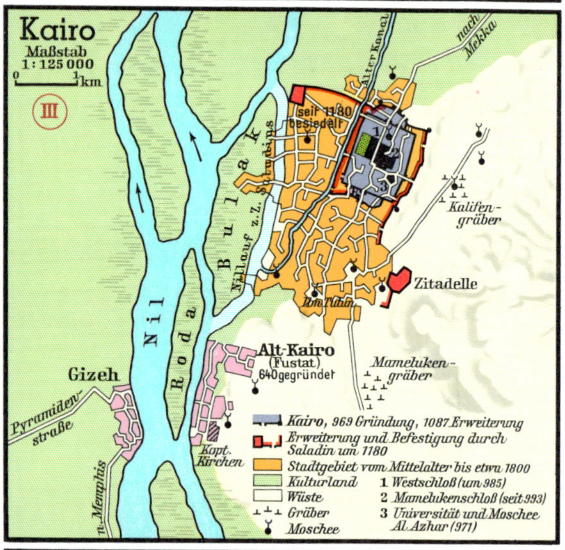
Kairo
Maßstab 1:125 000
0 1 km
III
seit 1180 besiedelt
Zitadelle
Kalifengräber
Mamelukengräber
Alt-Kairo (Fustat) 640 gegründet
Ibn Tulun
Gizeh
Pyramidenstraße
Nil
Roda
Bulak
Kopt. Kirchen
nach Mekka
Kairo, 969 Gründung, 1087 Erweiterung
Erweiterung und Befestigung durch Saladin um 1180
Stadtgebiet vom Mittelalter bis etwa 1800
Kulturland
Wüste
Gräber
Moschee
1 Westschloß (um 985)
2 Mamelukenschloß (seit 393)
3 Universität und Moschee Al-Azhar (971)

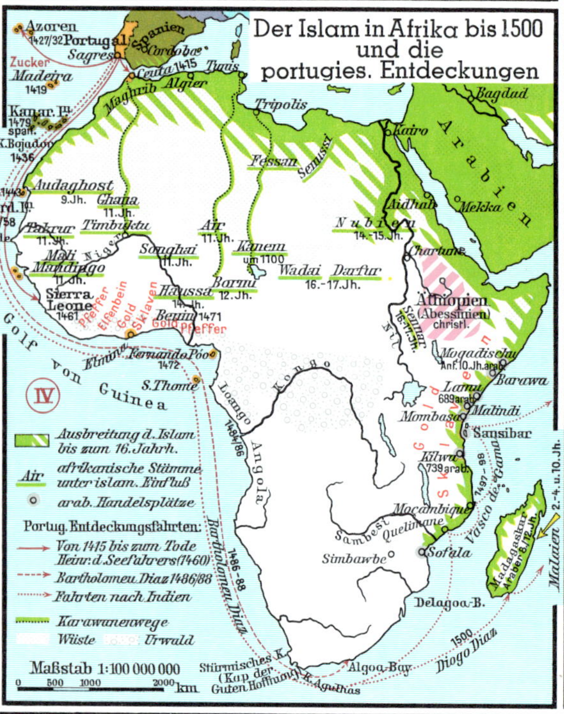
Der Islam in Afrika bis 1500 und die portugies. Entdeckungen
IV
Azoren 1427/32
Portugal
Sagres
Spanien
Cordoba
Ceuta 1415
Tunis
Algier
Madeira 1419
Zucker
Kanar. I. 1479 span.
K. Bojador 1436
Maghrib
Tripolis
Fessan
Senussi
Kairo
Bagdad
Arabien
Mekka
Aidhab
Nubien 14.-15. Jh.
Arguin 1443
Kapverd. I. 1456/58
K. Verde 1444
Audaghost 9. Jh.
Ghana 11. Jh.
Timbuktu
Tekrur 11. Jh.
Mali 13. Jh.
Mandingo
Songhai 11. Jh.
Air 11. Jh.
Kanem um 1100
Wadai
Darfur 16.-17. Jh.
Bornu 12. Jh.
Haussa 14. Jh.
Benin 1471
Sierra Leone 1461
Pfeffer
Elfenbein
Gold
Sklaven
Golf von Guinea
Fernando Poo 1472
S. Thomé
Äthiopien (Abessinien) christl.
Mogadischu
Barawa
Lamu
Malindi
Mombasa
Sansibar
Kilwa
Moçambique
Sofala
Madagaskar
Angola
Loango
Kongo
Simbabwe
Delagoa-B.
Algoa-Bay
Stürmisches K. (Kap der Guten Hoffnung)
Diogo Diaz 1500
Vasco da Gama 1497-98
Ausbreitung d. Islam bis zum 16. Jahrh.
afrikanische Stämme unter islam. Einfluß
arab. Handelsplätze
Portug. Entdeckungsfahrten:
Von 1415 bis zum Tode Heinr. d. Seefahrers (1460)
Bartholomeu Diaz 1486/88
Fahrten nach Indien
Karawanenwege
Wüste
Urwald
Maßstab 1:100 000 000
0 500 1000 2000 km

Schweden
Ostsee
Deutsches Reich
Polen-Litauen
Riga
Krakau
Kiew
Rußland
Moskau
Nowgorod
Archangelsk
Kasan
Chanat Kasan 1552
Chanat Sibir -1584
Tjumen 1585
Pelim 1592
Obdorsk 1595
Woronesch
Ungarn
Belgrad
Osmanisches Reich
Konstantinopel
Schwarzes Meer
Sinope
Anatolien
Teppiche
Karaman
Kreta
Cypern
Mittelmeer
Alexandria
Kairo
Mamluken-Reich -1517
Damaskus
Waffen
Jerusalem
Aleppo
Rakka
Mossul
Bagdad
Basra
Astrachan 1556
Kaspisches Meer
Derbent
Baku
Täbris
Aserbeidschan
Hamadan
Teheran
Isfahan
Persien seit 1603
Schiras
Seide
Kirman
Hormus 1507/15-1622 port.
Kasachen
Aralsee
Chiwa
Özbegen (Usbeken)
Buchara
Samarkand
Taschkent
Chokand
Balch
Herat
Kandahar
Kabul
Peschawar
Lahore
Delhi
Radschputana
Mogul
Sindh
Gudscherat
Diu 1535 port.
Daman 1559 port.
Bassein 1533 port.
Bombay 1530 port.
Tschoul 1522 port.
Goa 1510 port.
Mangalore 1565 port.
Kannanore 1502 port.
Kalikut
Kotschin 1502 port.
Arabien
Medina
Mekka
Dschidda
Rotes Meer
Jemen
Sana
Hodeida
Aden
Hadramaut
Oman
Maskat 1508 port.
Würz- und Duftstoffe
Zwischenhandel
Arabisches Meer
Sokotra
Äthiopien (Abessinien)
Mogadischu
Malindi
Lamu
Mombasa
Pemba-I.
Sansibar
Kilwa 1502 port.
Mozambique 1502 port.
Sofala 1502 port.
Madagaskar
Mauritius 1598 ndld.
Äquator
Haupthandelsweg der Portugiesen
Indischer Ozean
Nördl. Wendekreis
Südlicher Wendekreis

I Asien im 16. Jahrhundert

V
Das Weltbild der Araber
(Weltkarte nach Idrisi, 1154)

VI
Das christliche Weltbild des 13. Jahrh.
(Schema der Londoner Psalterkarte, 13. Jahrh.)

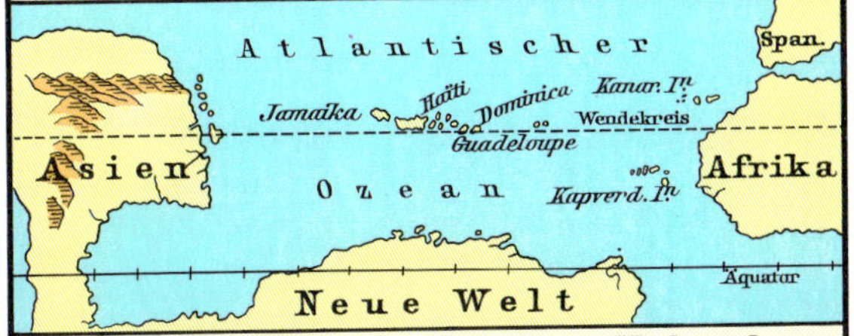

Das Weltbild zur Zeit des Kolumbus
(Karte des Atlantik von Zorzi [?] um 1503)
VII

VIII
Das Weltbild in der Mitte des 16. Jahrh.
(Weltkarte des Benedetto Bordone, Venedig, 1528)

II Mexiko zur Zeit der Entdeckung

I

III Die Entwicklung des Inkareiches

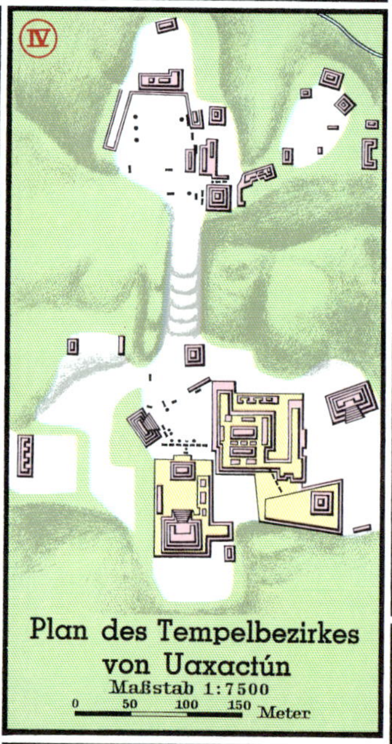
IV Plan des Tempelbezirkes von Uaxactún
Maßstab 1:7500

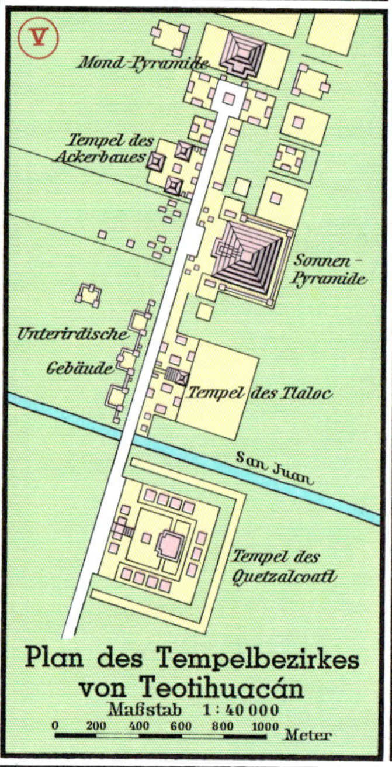

V Plan des Tempelbezirkes von Teotihuacán
Maßstab 1:40 000

VI Tenochtitlan (Mexiko) und Umgebung
Maßstab 1:1 000 000

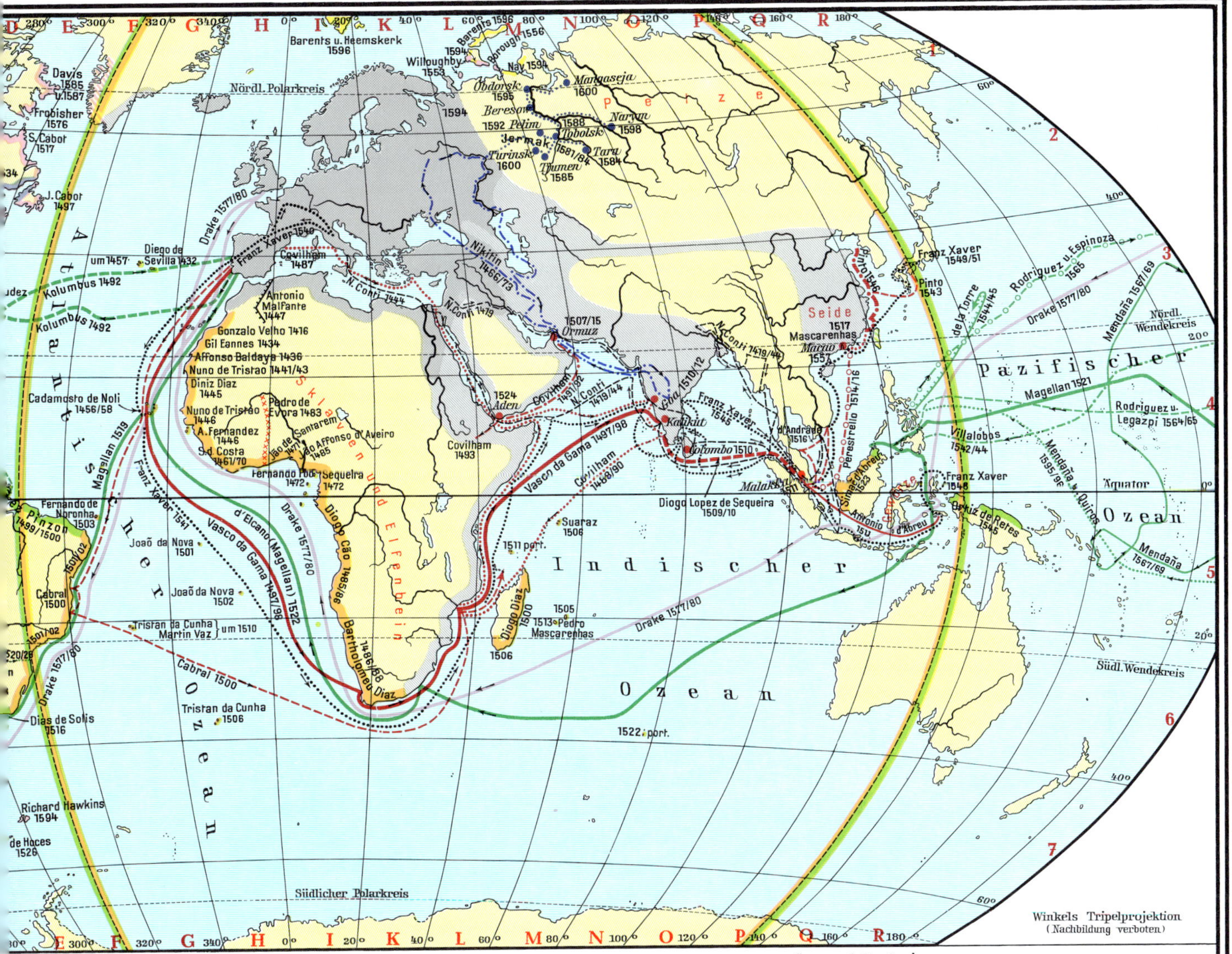

See- und Landreisen:

Tordesillas (1494)
Zaragoza (1529)
Besitznahme
...jahr

Entdeckungen und Reisen im 15. und 16. Jahrh.

Maßstab 1 : 120 000 000

Spanier — Portugiesen — Italiener — Russen — Engländer — Deutsche

Reise des Jesuiten Franz Xaver, des Apostels von Indien

Cabral 1500 — Namen der Seefahrer und Entdecker mit Jahresangabe des Unternehmens

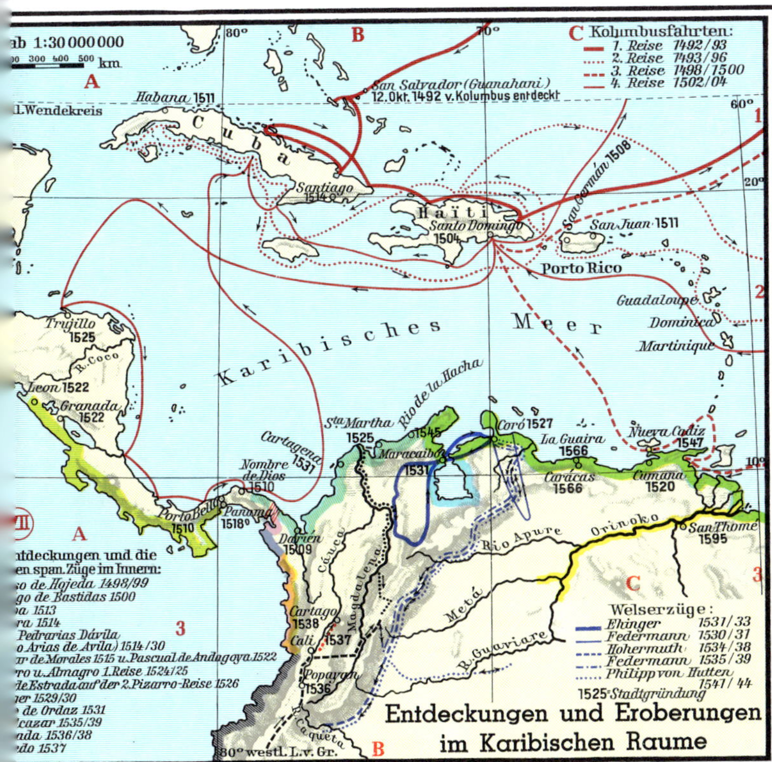

Entdeckungen und Eroberungen im Karibischen Raume

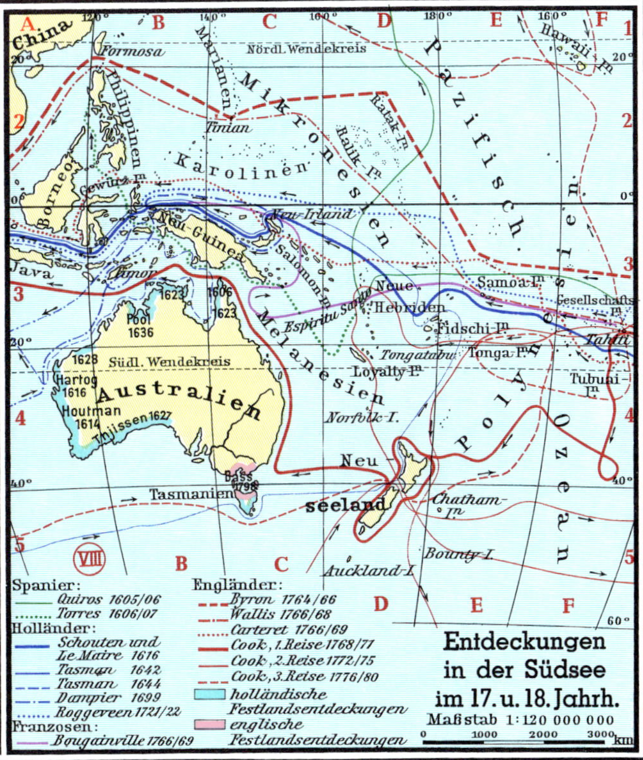

Entdeckungen in der Südsee im 17. u. 18. Jahrh.

Maßstab 1 : 120 000 000

Grenze des Deutschen Reiches („Heiliges Römisches Reich deutscher Nation")
Staatengrenzen
Grenzen von Erwerbungen
Reichsstädte
Besitz der Bourbonen (Die Stammlande Heinrichs v. Navarra sind dunkler getönt)
Osmanisches Reich bis 1500
Erwerbungen seit 1500
Unter türkischer Oberhoheit
Flächenfärbung: Großmächte
Maßstab 1:12 500 000
km
Atlantischer Ozean
Nordsee
Kgr. Schottland
Kgr. England
Kgr. Norwegen
Kgr. Schweden
Kgr. Dänemark
Kgr. Frankreich
Kgr. Spanien
Kgr. Portugal
Kgr. Granada
1492 span.
Kgr. Navarra
Deutsches Reich
Kgr. Böhmen
Erzhzm. Österreich
Hzm. Bayern
Kur-Brandenbg.
Hzm. Mecklenbg.
Pommern
Sachsen
Hzm. Schlesien
Mähren
Eidgenossenschaft
Hzm. Savoyen
Rep. Venedig
Rep. Genua
Kirchen-Staat
Kgr. Neapel
1504 span.
Kgr. Sizilien
1479 span.
Sardinien
Korsika
Balearen
Mallorca
Menorca
Ibiza
Mittelmeer
Adriat. Meer
Fez u. Marokko
Tlemsen
Algerien
1520/58 türk. Vasall
Barbareskenstaaten
Tunis
Malta
1530 Johanniter
Der Kanal
Fahrt der Großen Armada 1588
65 Schiffe, 10 000 Mann
130 Schiffe, 30 000 Mann
Paris
London
Madrid
Lissabon
Rom
Wien
Prag
Amsterdam
Barcelona
Valencia
Marseille
Neapel
Venedig
Oslo
Stockholm
Berlin
Orkney-I.
Shetland-I.
Färöer norweg.
Hebriden
Irland
Ulster
Leinster
Munster
Connaught

Zartum
Rußland
Nowgorod
Moskau
Wologda
Kostroma
Jaroslawl
Uglitsch
Twer
Wladimir
Susdal
Nishnij-Nowgorod
Murom
Kolomna
Rjasan
Kaluga
Tula
Orel
Woronesh
Moshaisk
Wjasma
Rshew
Smolensk 1514
Pskow 1510
Livland
Riga
Estland
Ladoga See
Onega-See
Bjeloosero
Grfsm.
Litauen
Weißruthenien
Sewerien
Wilna
Minsk
Mogilew
Orscha
Witebsk
Polozk
Dünaburg
Grodno
Brest Litowsk
Pinsk
Polesien
Lubliner Union
Kiew
Perejaslawl
Poltawa
Tschernigow
Starodub
Nowgorod Sewersk
Brjansk
Kursk
Wolhynien
Shitomir
Luzk
Lemberg
Podolien
Winniza
Brazlaw
Krementschug
„Wilde Felder“
Saporoger Kosaken
Chanat der Krim
Krim
Perekop
Kaffa
Sudak
Kertsch
Eupatoria
Bachtschisarai
Balaklawa
Jedisan 1526
Bender
Odessa
Otschakow
Akkerman
Kilia
Bessarabien
Moldau
Chotin
Suczawa
Jassy
Focsani
Galatz
Braila
Walachei
Bukarest
Tergowist
Kronstadt
Hermannstadt
Siebenbürgen
Klausenburg
Weißenburg
Schäßburg
Bistritz
Munkatsch
Silistria
Rustschuk
Nikopolis
Bulgarien
Tirnowo
Warna
Sofia
Philippopel
Adrianopel
Konstantinopel
Skutari
Ismid
Bosporus
Marmara M.
Brussa
Eskischehir
Angora
Kastamuni
Samastro
Sinope
Kisil Irmak
Osmanisches Reich
Anatolien
Konia
Smyrna
Adalia
Selefke
Edremit
Menderes
Schwarzes Meer
Ägäisches Meer
Lemnos
Mytilini
Chios 1566
Samos
Naxos 1566
Rhodos 1522
Negroponte
Athen
Thessalien
Larissa
Livadien
Lepanto 1571
Morea
Korinth
Patras
Nauplia 1540
Malvasia 1540
Modon 1503
Zante
Cerigo
Kandia (Kreta)
Kanea
Cypern 1571/73 türk.
Famagusta
Nikosia
Saloniki
Macedonien
Ochrida
Üsküb
Bitolia
Janina
Rumelien
Narwa
Iwangorod
Jamburg
Koporje
Sapolje
Dorpat
Wiborg
Kexholm
Kowno
Dnjepr
Dnjestr
Pruth
Bug
Don
Oka
Wolga
Donez
Desna
Pripet
Njemen
Düna
H
I
K
L
M
20°
25°
30°
35°
40°
45°
50°
55°

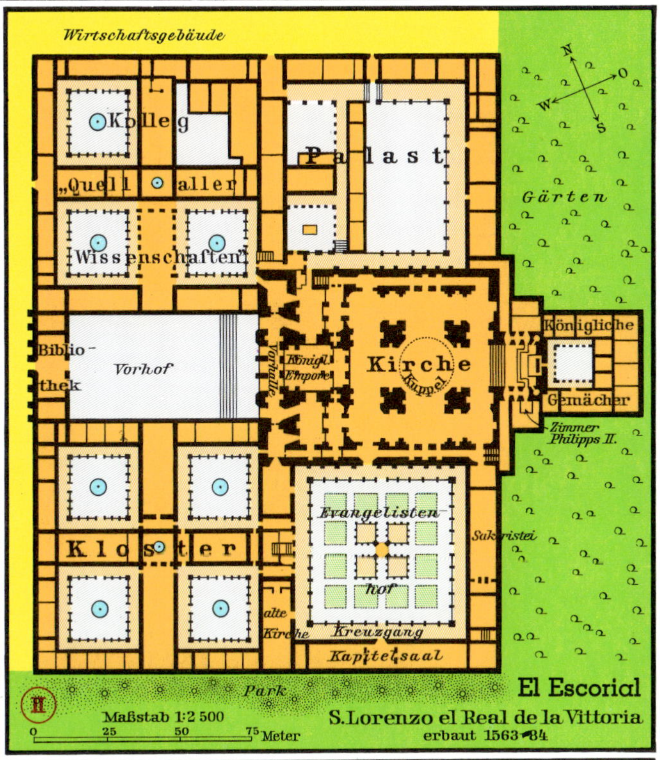
Wirtschaftsgebäude
Kolleg
„Quell aller Wissenschaften“
Palast
Gärten
Biblio-thek
Vorhof
Kirche
Kuppel
Königl. Empore
Königliche Gemächer
Zimmer Philipps II.
Kloster
Evangelisten-hof
alte Kirche
Kreuzgang
Kapitelsaal
Sakristei
Park
II
Maßstab 1:2 500
0 25 50 75 Meter
El Escorial
S. Lorenzo el Real de la Vittoria
erbaut 1563–84

Paris
z. Z. Heinrichs IV.
Pte St. Denis
Pte St. Martin
Pte du Temple
le Temple
Pte Montmartre
Pte St. Honoré
St. Eustache
St. Sauveur
les Tuileries
le Louvre
les Halles
les Innocents
Seine
Hôtel de Ville
Place de Grève
le Palais
Ste Chapelle
Notre Dame
Palais des Tournelles
Pte St. Antoine
la Bastille
les Célestins
l'Arsenal
St. Germain des Prés
Pte St. Germain
Pte St. Michel
les Bernardins
la Sorbonne
Pte St. Victor
St. Victor
III
Maßstab 1:35000
0 250 500 Meter

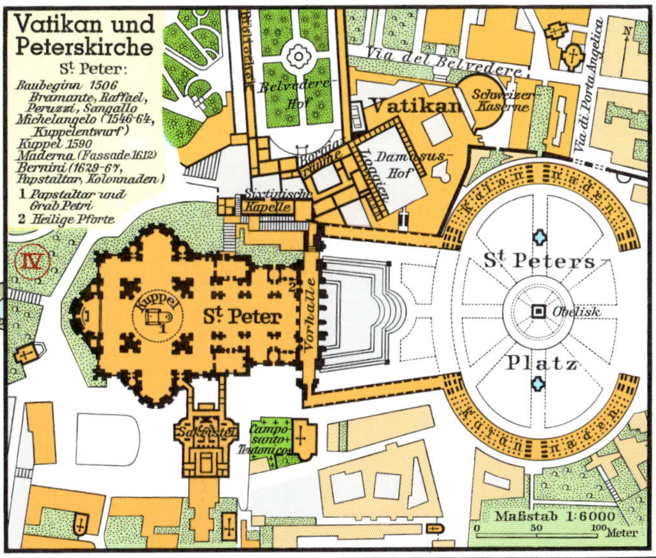
Vatikan und Peterskirche
St. Peter:
Baubeginn 1506
Bramante, Raffael, Peruzzi, Sangallo
Michelangelo (1546-64, Kuppelentwurf)
Kuppel 1590
Maderna (Fassade 1612)
Bernini (1629-67, Papstaltar, Kolonnaden)
1 Papstaltar und Grab Petri
2 Heilige Pforte
Via del Belvedere
Belvedere-Hof
Vatikan
Schweizer Kaserne
Via di Porta Angelica
Damasus-Hof
Sixtinische Kapelle
IV
Kuppel
St. Peter
Vorhalle
St. Peters Platz
Obelisk
Sakristei
Campo santo Teutonico
Maßstab 1:6000
0 50 100 Meter

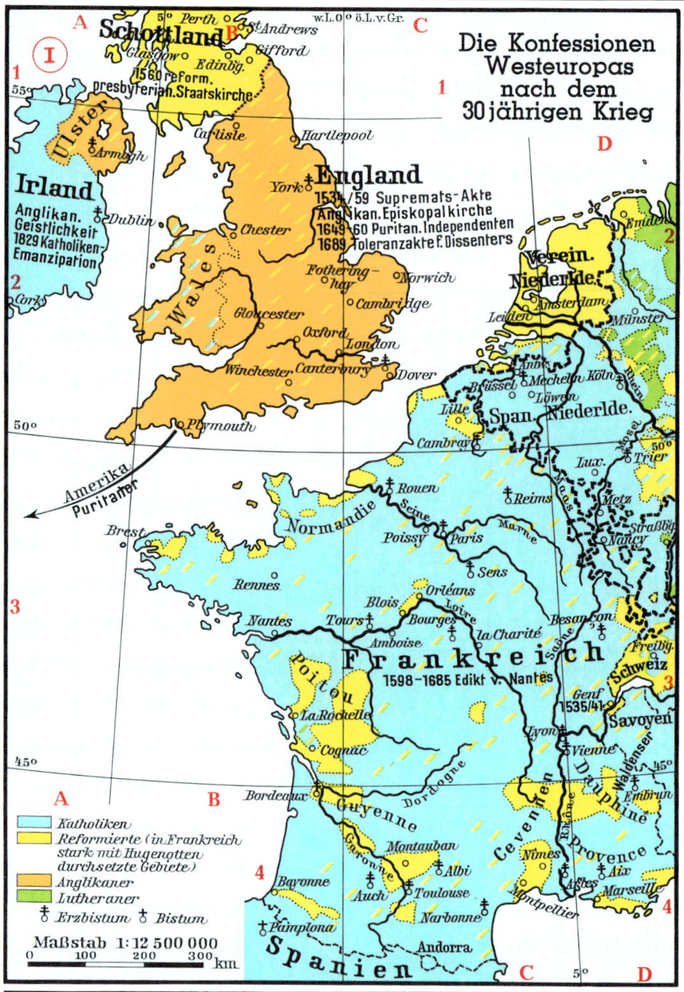
I
Die Konfessionen Westeuropas nach dem 30jährigen Krieg
Schottland
1560 reform. presbyterian. Staatskirche
Irland
Anglikan. Geistlichkeit 1829 Katholiken-Emanzipation
England
1534/59 Supremats-Akte
Anglikan. Episkopalkirche
1649/60 Purit. Independenten
1689 Toleranzakte f. Dissenters
Wales
Amerika Puritaner
Verein. Niederlde.
Span. Niederlde.
Normandie
Frankreich
1598–1685 Edikt v. Nantes
Schweiz
Savoyen
Poitou
Guyenne
Cevennen
Dauphiné
Provence
Spanien
Andorra
Katholiken
Reformierte (in Frankreich stark mit Hugenotten durchsetzte Gebiete)
Anglikaner
Lutheraner
Erzbistum
Bistum
Maßstab 1:12 500 000
km

II
Glaubensspaltung in Mitteleuropa um 1580
Schweden 1527
Kurland 1561 Hzm.
Litauen
Dänemark 1536
Preußen 1525
Mecklenburg 1549
Pommern 1534
Kur-Brandenbg. 1539
Polen
Deutsche Bürgerschaft, Adel: Reform.
Welfische Lande
Hessen 1527
Sachsen 1539
Schlesien
Böhmen
Mähren
Kur-pfalz 1556/83
Württ. 1536
Ob. Pfalz
Bayern
Österreich
Ungarn
Slowaken: Lutheraner
Adel: Reformierte
Kgr. Ungarn
Türkisch-Ungarn
Eidgenossenschaft
Tirol
Kärnten
Steiermark
Krain
Savoyen
Kirchenstaat
1545–63 Konzil Trient
Katholische Gebiete
überwiegend katholische Gebiete
weitgehend der Reformation gewonnene Gebiete
Lutherische Territorien
Reformierte Territorien (Kalvinisten)
Geistliche Territorien
1536 Einführungsjahr der Reformation
Maßstab 1:12 500 000
km

III
Die Niederlande 1586–1648
Maßstab 1:4 000 000
km
Ausgangsgebiet des Aufstandes
Gebiet der Union von Utrecht 1579
Generalitätslande 1648
Habsburgisch-spanische Niederlde.
Katholische Union von Arras 1579
Gebiet der Tuchindustrie
Merchant Adventurers, Schotten
1651 Navigationsakte
Englandfahrt
Indienfahrt
Spanien-, Frankreich-, Mittelmeerfahrt
Ostseefahrt
Hft. Friesland
Hft. Groningen
Hft. Drenthe
Hft. Overijssel
Holland
Hzm. Geldern
Bm. Münster
Gft. Seeland
Generalitätslande
Brabant
Gft. Flandern
Gft. Artois
Gft. Hennegau
Gft. Namur
Hzm. Brabant
Bm. Lüttich
Hzm. Jülich
Hzm. Kleve
Erzbm. Köln
Hzm. Luxemburg
Lothringen
Kgr. Frankreich
Antwerpen 1576 Plünderung

IV
Säkularisierung und Auflösung des Ordensstaates
Finnland
Kgr. Schweden
Finnischer Meerbusen
Ostsee
Hzm. Estland 1584
1561 schwed.
Livland 1561 poln.
Erzbm. Riga
Kurland
1561 Hzm. unter poln. Lehnshoheit
Semgallen
Rußland
1492 gegr. Iwangorod
1563–79 russ. besetzt Polozk
Schamaiten (Samogitien)
Litauen
Gfsm. Litauen
Preußen
1525 Hzm. unter poln. Lehnshoheit
Ermland
Kgr. Polen
Ordensstaat
Besitz des Ordens
Bischöflicher Besitz
Stadt Riga
1558–82 von Rußland besetzte Gebiete
Polnische Grenze 1582 (nach der Erwerbung von Riga)
Schwedische Grenze nach den Erwerbungen 1582
Gebiet des Herzogs Magnus 1583 dänisch
Maßstab 1:7 500 000
km

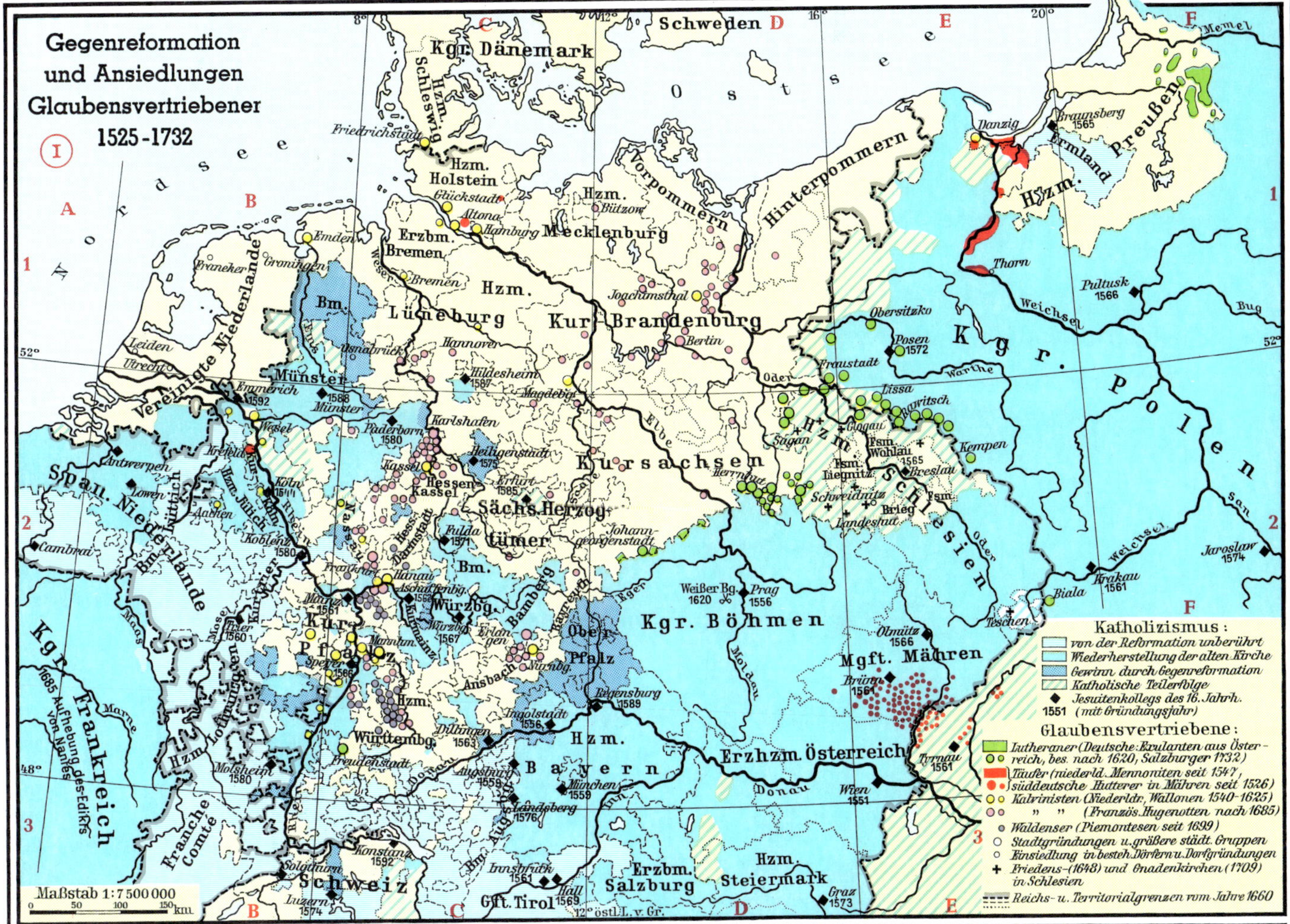
Gegenreformation und Ansiedlungen Glaubensvertriebener 1525-1732
I
Katholizismus:
von der Reformation unberührt
Wiederherstellung der alten Kirche
Gewinn durch Gegenreformation
Katholische Teilerfolge
Jesuitenkollegs des 16. Jahrh.
1551 (mit Gründungsjahr)
Glaubensvertriebene:
Lutheraner (Deutsche: Exulanten aus Österreich, bes. nach 1620, Salzburger 1732)
Täufer (niederld. Mennoniten seit 1547, süddeutsche Hutterer in Mähren seit 1526)
Kalvinisten (Niederldr., Wallonen 1540-1625)
" " (Französ. Hugenotten nach 1685)
Waldenser (Piemontesen seit 1699)
Stadtgründungen u. größere städt. Gruppen
Einsiedlung in besteh. Dörfern u. Dorfgründungen
Friedens-(1648) und Gnadenkirchen (1709) in Schlesien
Reichs- u. Territorialgrenzen vom Jahre 1660
Maßstab 1:7 500 000
Nordsee
Ostsee
Schweden
Kgr. Dänemark
Hzm. Schleswig
Hzm. Holstein
Vorpommern
Hinterpommern
Mecklenburg
Hzm. Preußen
Ermland
Danzig
Braunsberg 1565
Thorn
Pultusk 1566
Kgr. Polen
Vereinigte Niederlande
Span. Niederlande
Erzbm. Bremen
Hzm. Lüneburg
Kur-Brandenburg
Berlin
Posen 1572
Bm. Münster
Münster 1588
Paderborn 1580
Kursachsen
Sächs. Herzogtümer
Hessen Kassel
Hzm. Schlesien
Breslau
Kgr. Böhmen
Prag 1556
Mgft. Mähren
Olmütz 1566
Brünn
Oberpfalz
Kurpfalz
Würzburg
Bamberg
Hzm. Württemberg
Bayern
München 1559
Ingolstadt 1556
Erzhzm. Österreich
Wien 1551
Graz 1573
Hzm. Steiermark
Erzbm. Salzburg
Gft. Tirol
Schweiz
Kgr. Frankreich
Franche Comté
1685 Aufhebung des Edikts von Nantes
Krakau 1561
Jaroslaw 1574

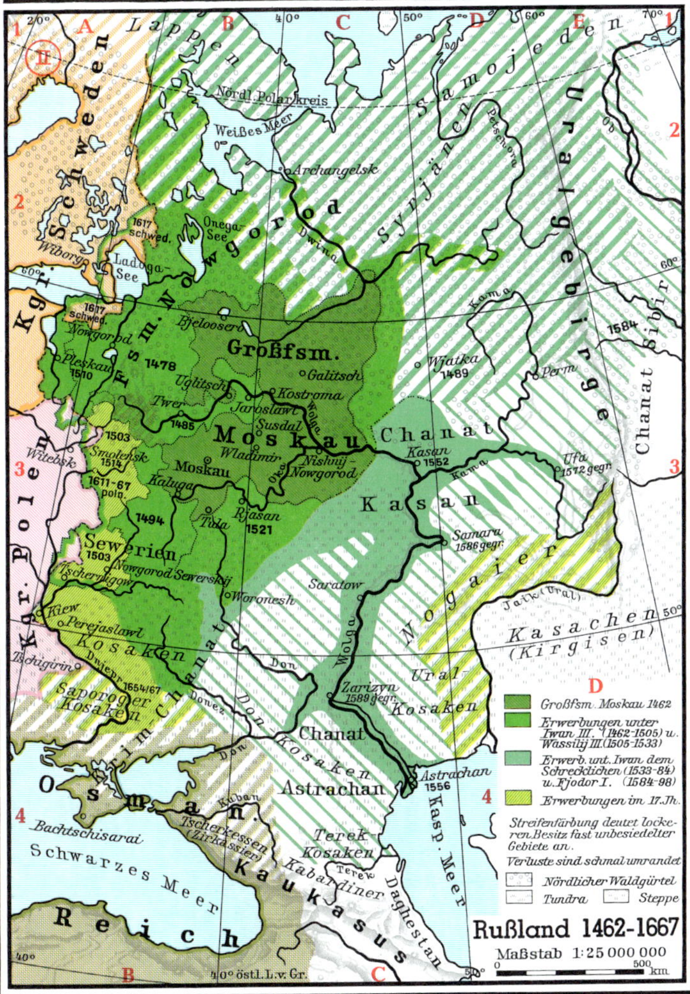
II
Rußland 1462-1667
Großfsm. Moskau 1462
Erwerbungen unter Iwan III. (1462-1505) u. Wassilij III. (1505-1533)
Erwerb. unt. Iwan dem Schrecklichen (1533-84) u. Fjodor I. (1584-98)
Erwerbungen im 17. Jh.
Streifenfärbung deutet lockeren Besitz fast unbesiedelter Gebiete an.
Verluste sind schmal umrandet
Nördlicher Waldgürtel
Tundra
Steppe
Maßstab 1:25 000 000
Lappen
Schweden
Kgr. Schweden
Weißes Meer
Archangelsk
Nördl. Polarkreis
Samojeden
Syrjänen
Uralgebirge
Chanat Sibir
Fsm. Nowgorod
Großfsm. Moskau
Moskau
Chanat Kasan
Kasan 1552
Nogaier
Kasachen (Kirgisen)
Ural Kosaken
Chanat Astrachan
Astrachan 1556
Kasp. Meer
Don Kosaken
Terek Kosaken
Kaukasus
Kgr. Polen
Sewerien
Kosaken
Saporoger Kosaken
Krim Chanat
Schwarzes Meer
Osmanisches Reich

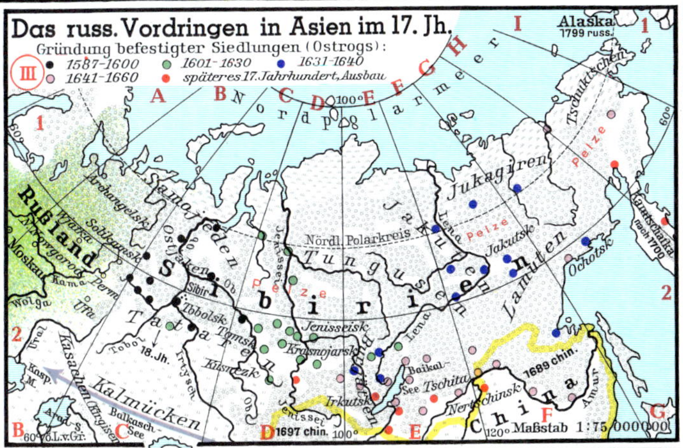
Das russ. Vordringen in Asien im 17. Jh.
Gründung befestigter Siedlungen (Ostrogs):
1587-1600
1601-1630
1631-1640
1641-1660
späteres 17. Jahrhundert, Ausbau
III
Nordpolarmeer
Nördl. Polarkreis
Alaska 1799 russ.
Rußland
Sibirien
Samojeden
Tungusen
Jakuten
Jukagiren
Tschuktschen
Tobolsk
Jenisseisk
Krasnojarsk
Jakutsk
Ochotsk
Irkutsk
Nertschinsk
Kalmücken
Kasachen
China
1689 chin.
1697 chin.
Maßstab 1:75 000 000

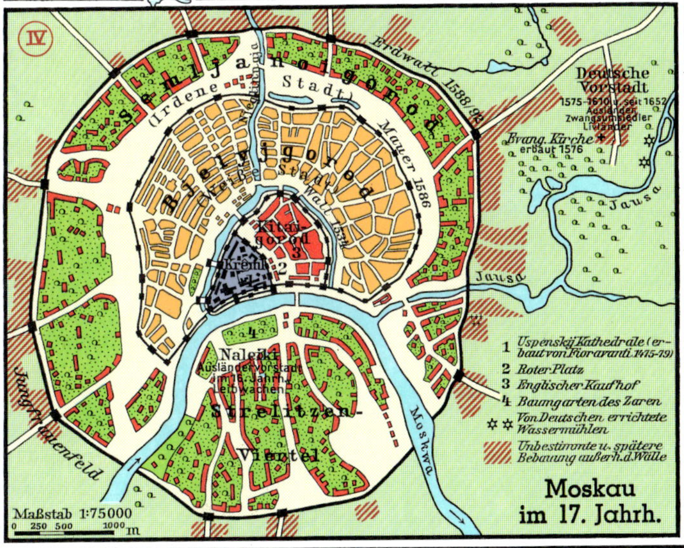
IV
Moskau im 17. Jahrh.
1 Uspenskij Kathedrale (erbaut von Fioravanti 1475-79)
2 Roter Platz
3 Englischer Kaufhof
4 Baumgarten des Zaren
Von Deutschen errichtete Wassermühlen
Unbestimmte u. spätere Bebauung außerh. d. Wälle
Deutsche Vorstadt 1575-1610 u. seit 1652 Ausländer Zwangsumsiedler Livländer
Evang. Kirche erbaut 1576
Kreml
Kitai gorod
Belyj gorod
Semljanoi gorod
Erdwall 1588/92
Steinerne Stadtmauer 1586
Strelitzen-Viertel
Moskwa
Jausa
Maßstab 1:75 000

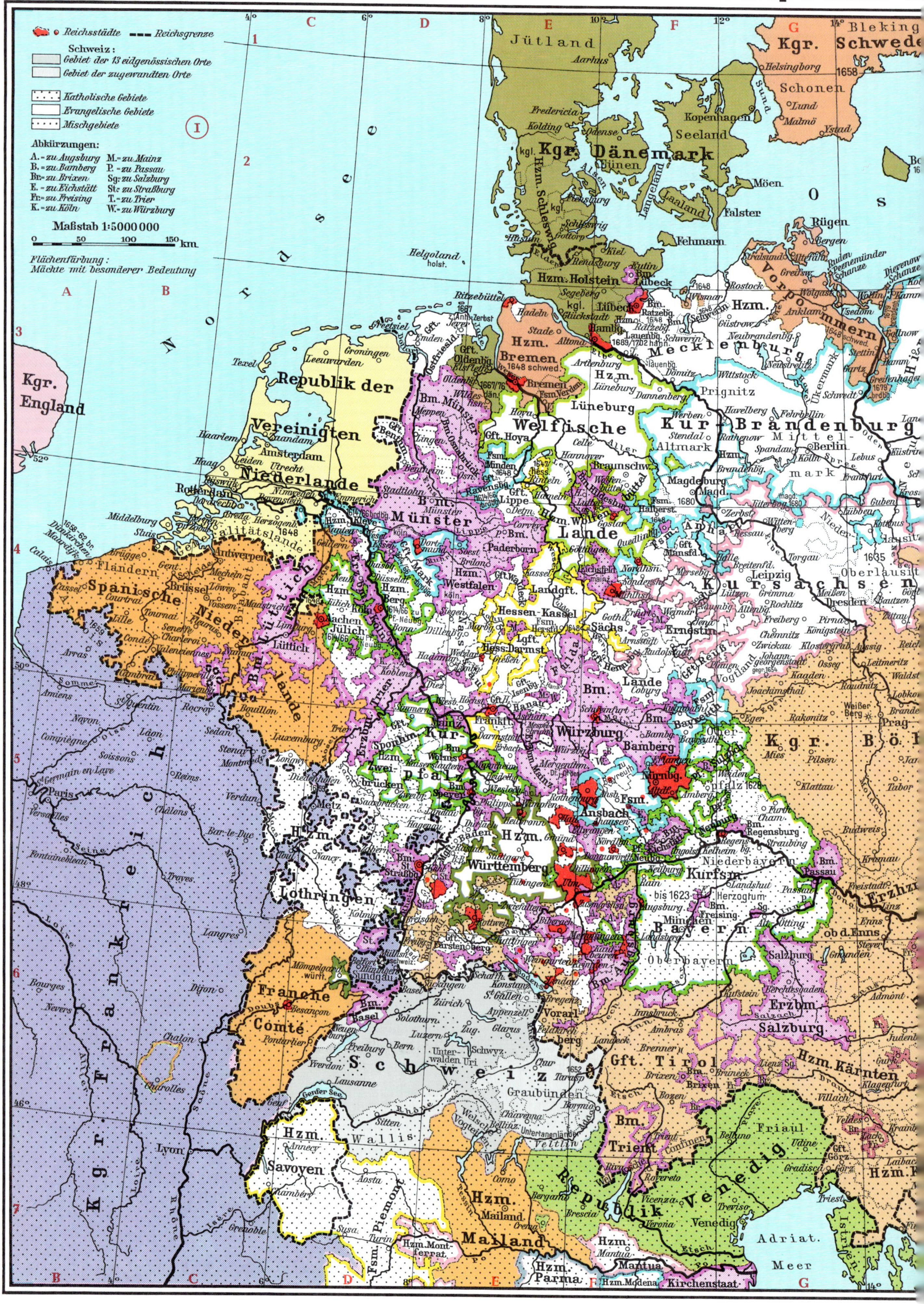
Reichsstädte
Reichsgrenze
Schweiz:
Gebiet der 13 eidgenössischen Orte
Gebiet der zugewandten Orte
Katholische Gebiete
Evangelische Gebiete
Mischgebiete
Abkürzungen:
A. = zu Augsburg
B. = zu Bamberg
Br. = zu Brixen
E. = zu Eichstätt
Fr. = zu Freising
K. = zu Köln
M. = zu Mainz
P. = zu Passau
Sg. = zu Salzburg
St. = zu Straßburg
T. = zu Trier
W. = zu Würzburg
Maßstab 1:5000000
0 50 100 150 km
Flächenfärbung:
Mächte mit besonderer Bedeutung
Nordsee
Ostsee
Jütland
Kgr. Dänemark
Kgr. Schweden
Schonen
Seeland
Hzm. Schleswig
Hzm. Holstein
Kgr. England
Republik der Vereinigten Niederlande
Spanische Niederlande
Flandern
Bremen
Welfische Lande
Kur-Brandenburg
Mecklenburg
Vorpommern
Mittelmark
Altmark
Prignitz
Kursachsen
Oberlausitz
Bm. Münster
Bm. Paderborn
Hessen-Kassel
Hzm. Westfalen
Lüttich
Luxemburg
Kurpfalz
Bm. Würzburg
Bamberg
Oberpfalz
Kgr. Böhmen
Kgr. Frankreich
Paris
Hzm. Lothringen
Hzm. Württemberg
Kurfsm. Bayern
Niederbayern
Oberbayern
Erzbm. Salzburg
Franche Comté
Schweiz
Graubünden
Wallis
Hzm. Savoyen
Piemont
Hzm. Mailand
Republik Venedig
Gft. Tirol
Hzm. Kärnten
Friaul
Hzm. Mantua
Hzm. Parma
Hzm. Modena
Kirchenstaat
Adriat. Meer
Bm. Trient
Bm. Brixen

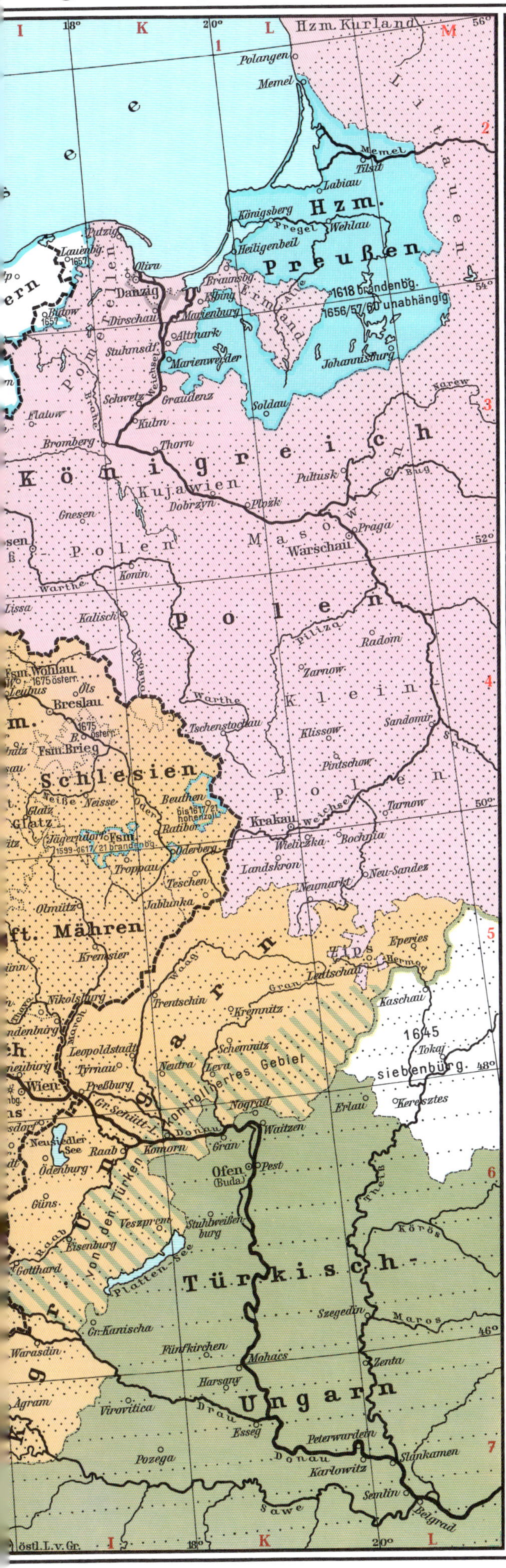

Bevölkerungsverluste durch Krieg und Seuchen im Reich 1618-1648

(nach Arbeiten von G. Franz und E. Keyser)

Volkstumsverschiebungen u. Neusiedlung im 15.-17. Jh.

Baukunst der Barock-Zeit

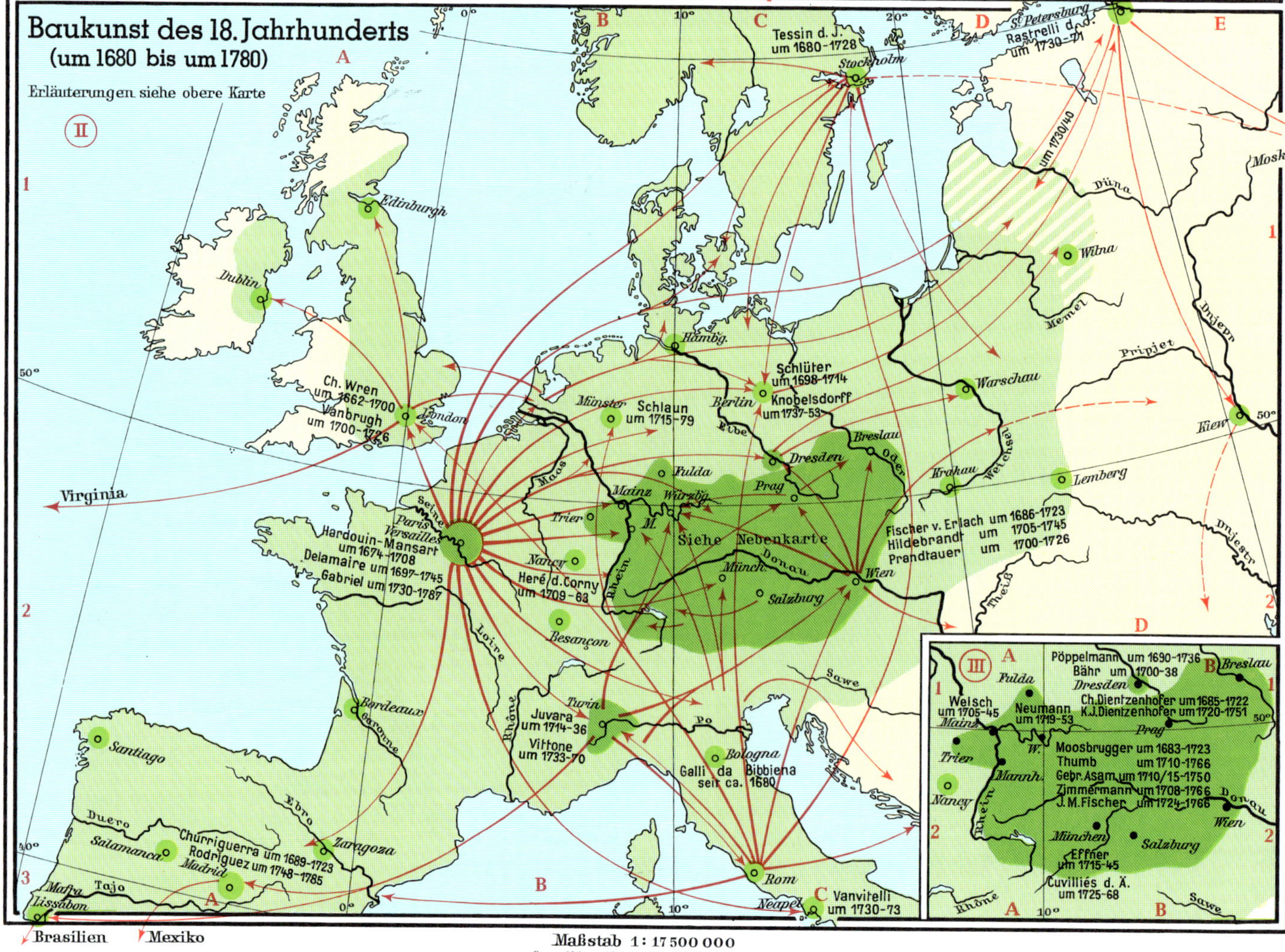

Maßstab 1:17 500 000
0 100 200 300 400 500 km

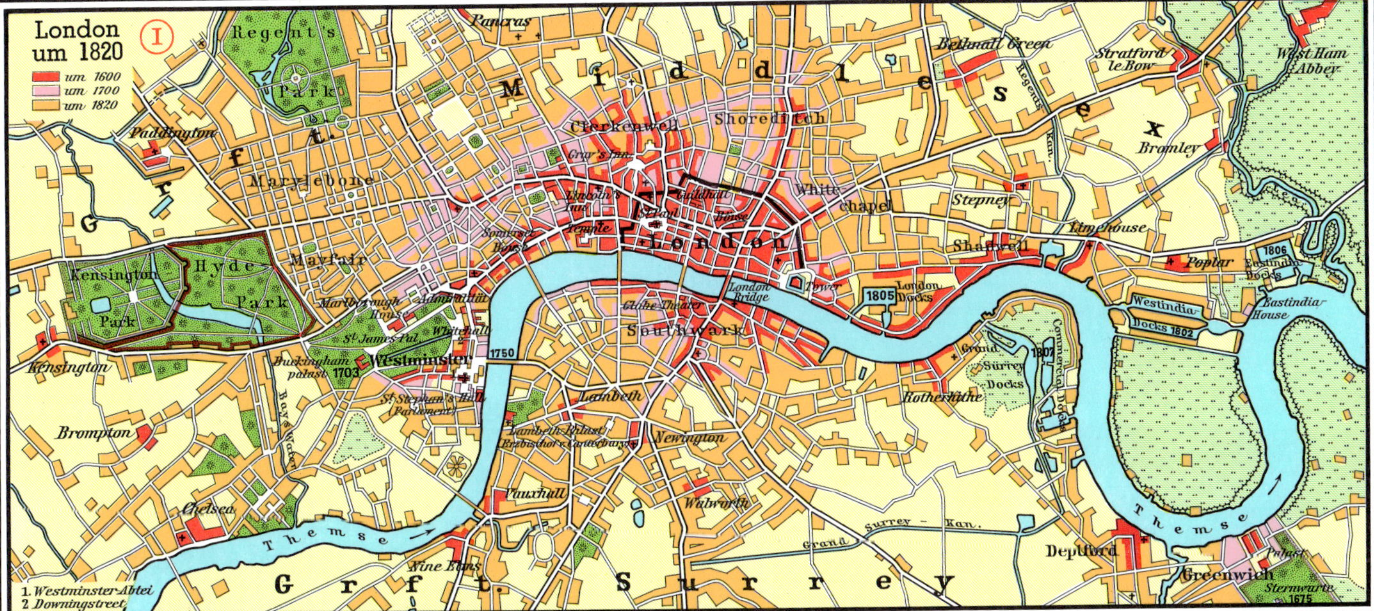

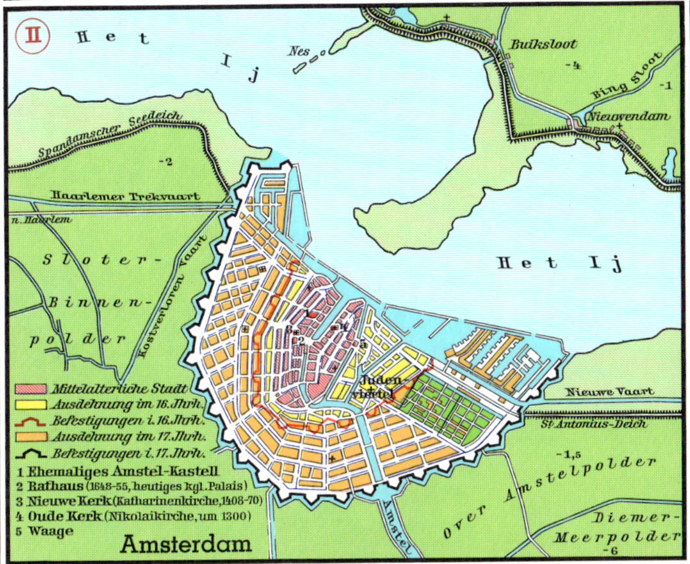

W.A.W.

Maßstab 1:75000
0 500 1000 2000 m

28

Die westeuropäischen Großmächte im 17. Jahrh.

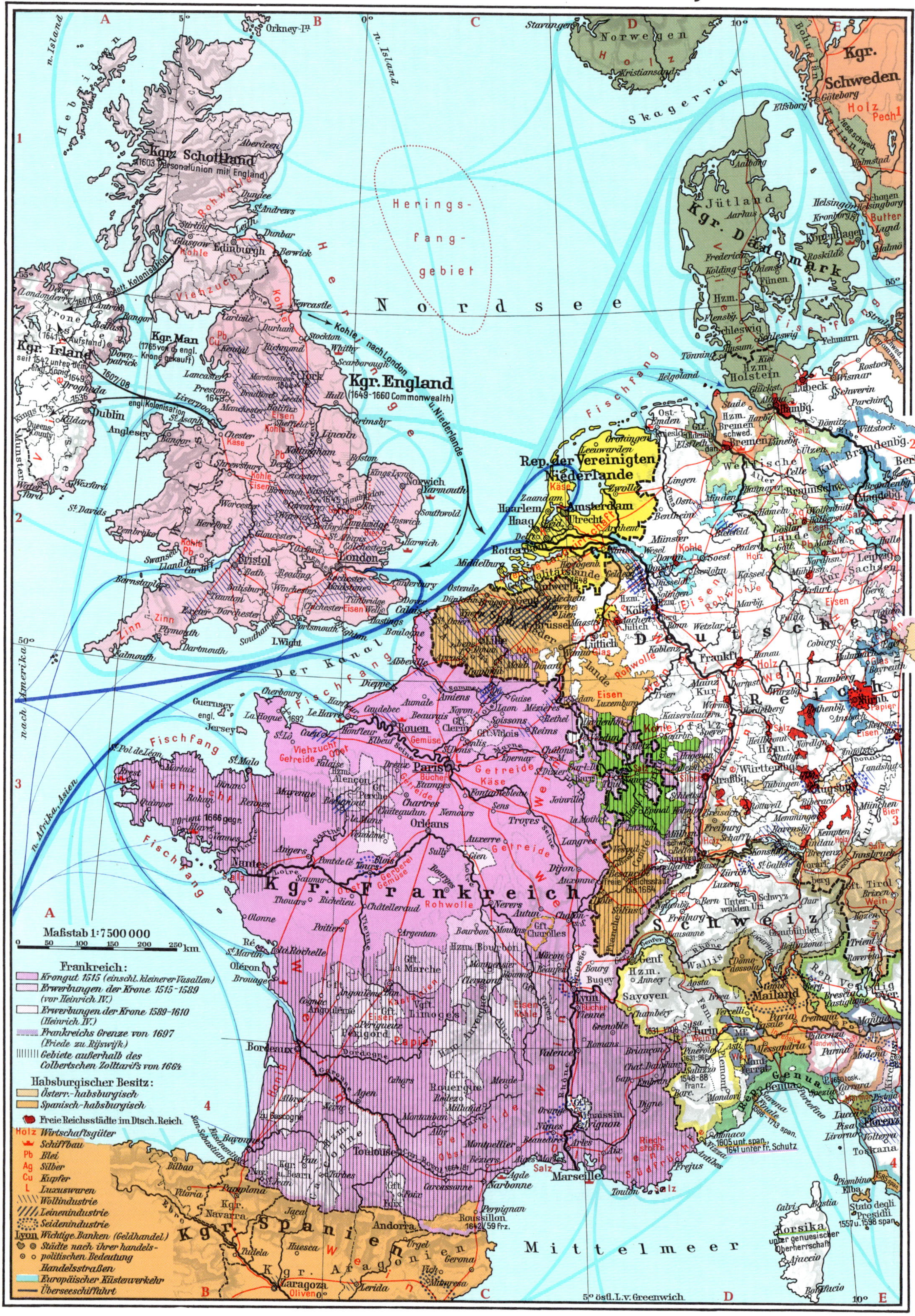

Der Atlantische Raum um 1700

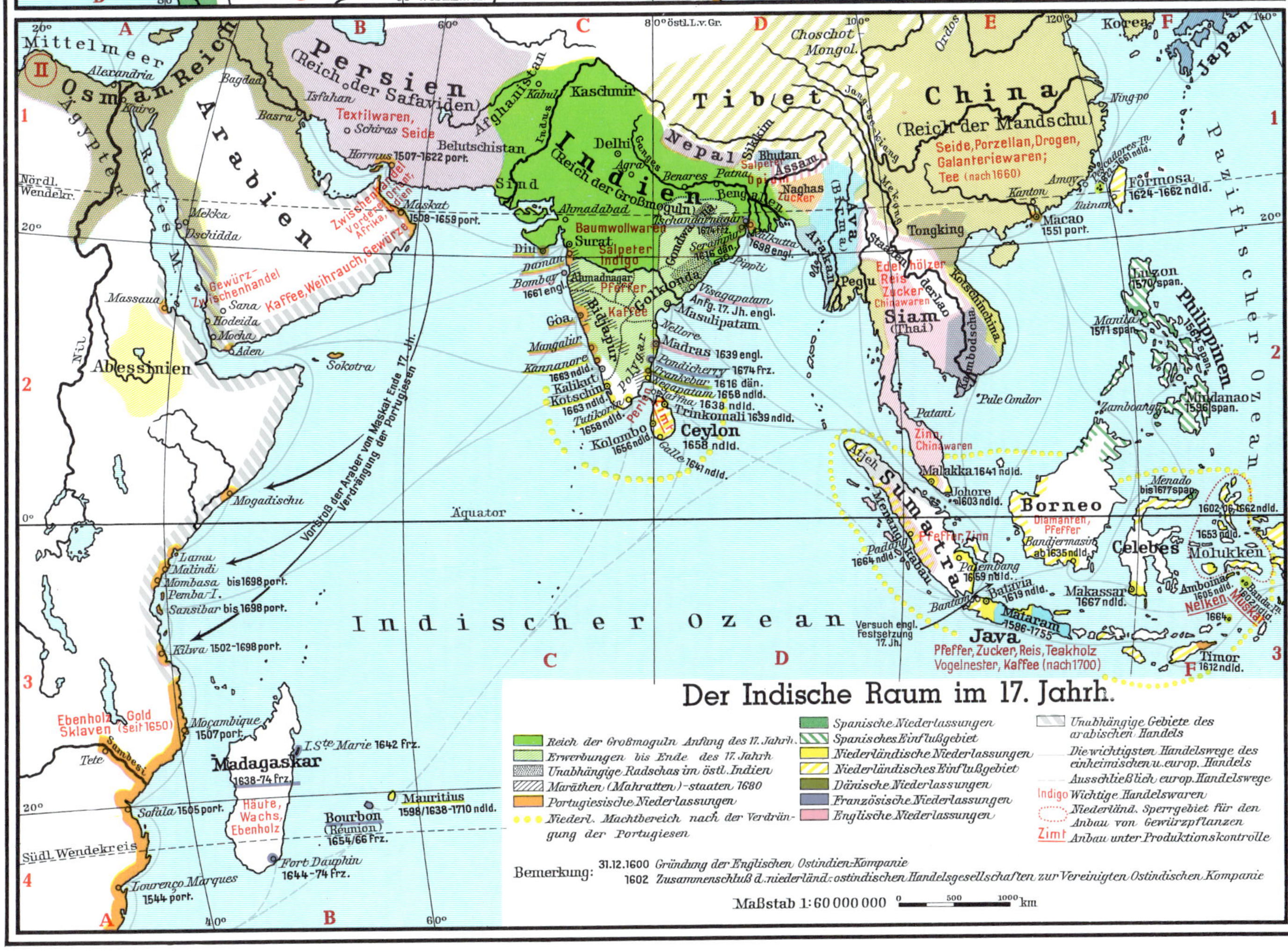

Der Indische Raum im 17. Jahrh.

I
Der Aufstieg des Osmanischen Reiches (1453-1683)
Osmanisches Reich bis 1453
Eroberungen 1453-1512
„ Sultan Selims I. (1512-1520)
„ Sultan Suleimans I. (1520-1566)
„ 1566-1683
Bandkolorit: in Europa: Tributäre Fürstentümer
in Asien: Verluste
Persische Eroberungen
Hauptverkehrswege
Maßstab 1:20 000 000
0 100 200 300 km
Mittelmeer
Schwarzes Meer
Kaspisches Meer
Anatolien
Ungarn
Polen
Rußland
Persien
Ägypten
Tripolis
Kreta 1669
Cypern 1571
Malta 1530 Johanniter
Walachei
Moldau
Siebenbürgen
Bosnien
Serbien
Kgr. Neapel
Kgr. Sizilien span.
Kgr. Sardinien span.
Österreich
Venedig
Kurdistan
Mesopotamien
Syrien
Armenien
Georgien
Aserbaidschan
Luristan
Ardilan
Krim
Konstantinopel 1453

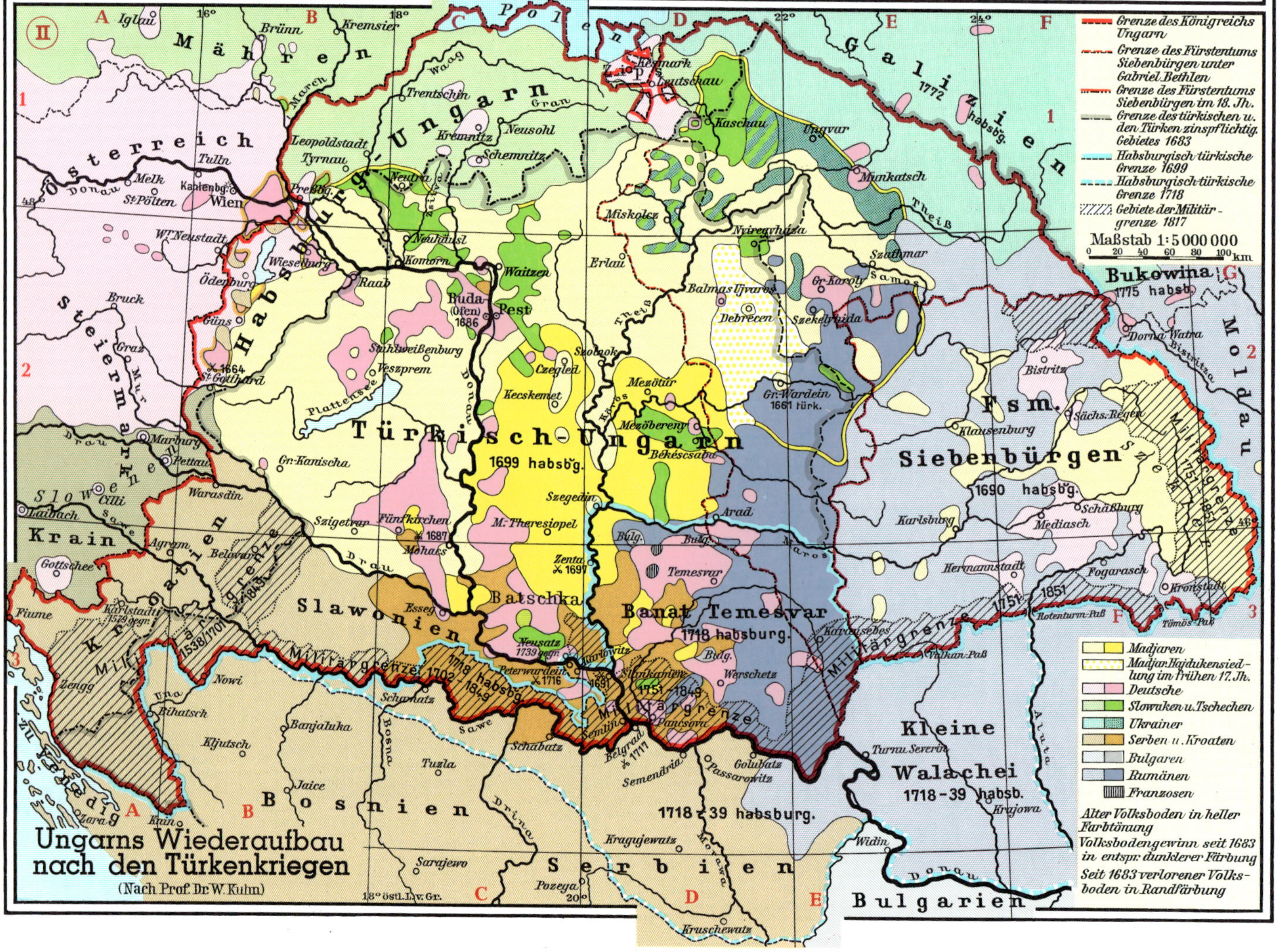
II
Ungarns Wiederaufbau nach den Türkenkriegen
(Nach Prof. Dr. W. Kuhn)
Grenze des Königreichs Ungarn
Grenze des Fürstentums Siebenbürgen unter Gabriel Bethlen
Grenze des Fürstentums Siebenbürgen im 18. Jh.
Grenze des türkischen u. den Türken zinspflichtig. Gebietes 1683
Habsburgisch-türkische Grenze 1699
Habsburgisch-türkische Grenze 1718
Gebiete der Militärgrenze 1817
Maßstab 1:5 000 000
0 20 40 60 80 100 km
Madjaren
Madjar. Hajdukensiedlung im frühen 17. Jh.
Deutsche
Slowaken u. Tschechen
Ukrainer
Serben u. Kroaten
Bulgaren
Rumänen
Franzosen
Alter Volksboden in heller Farbtönung
Volksbodengewinn seit 1683 in entspr. dunklerer Färbung
Seit 1683 verlorener Volksboden in Randfärbung
Mähren
Österreich
Steiermark
Krain
Kroatien
Slawonien
Bosnien
Serbien
Bulgarien
Kleine Walachei 1718-39 habsb.
Fsm. Siebenbürgen 1690 habsbg.
Moldau
Bukowina 1775 habsb.
Galizien 1772 habsbg.
Polen
Ungarn
Türkisch-Ungarn 1699 habsbg.
Banat Temesvar 1718 habsburg.
Batschka
Militärgrenze
1718-39 habsburg.

Schwedens Ostseeherrschaft u. Polens Abwehrkampf im Osten

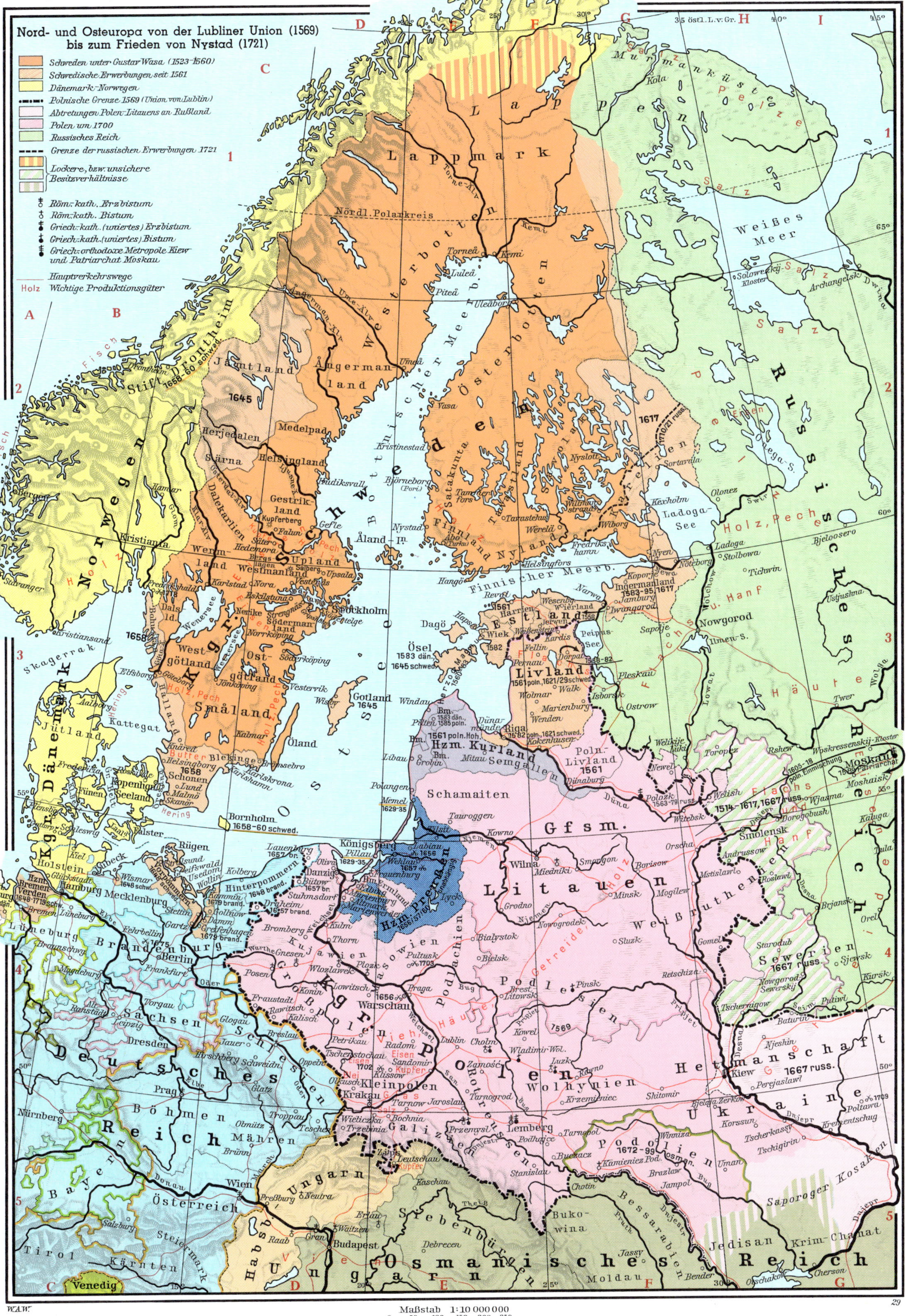

Frankreichs Nordostgrenze vom 16. Jahrh. bis 1795

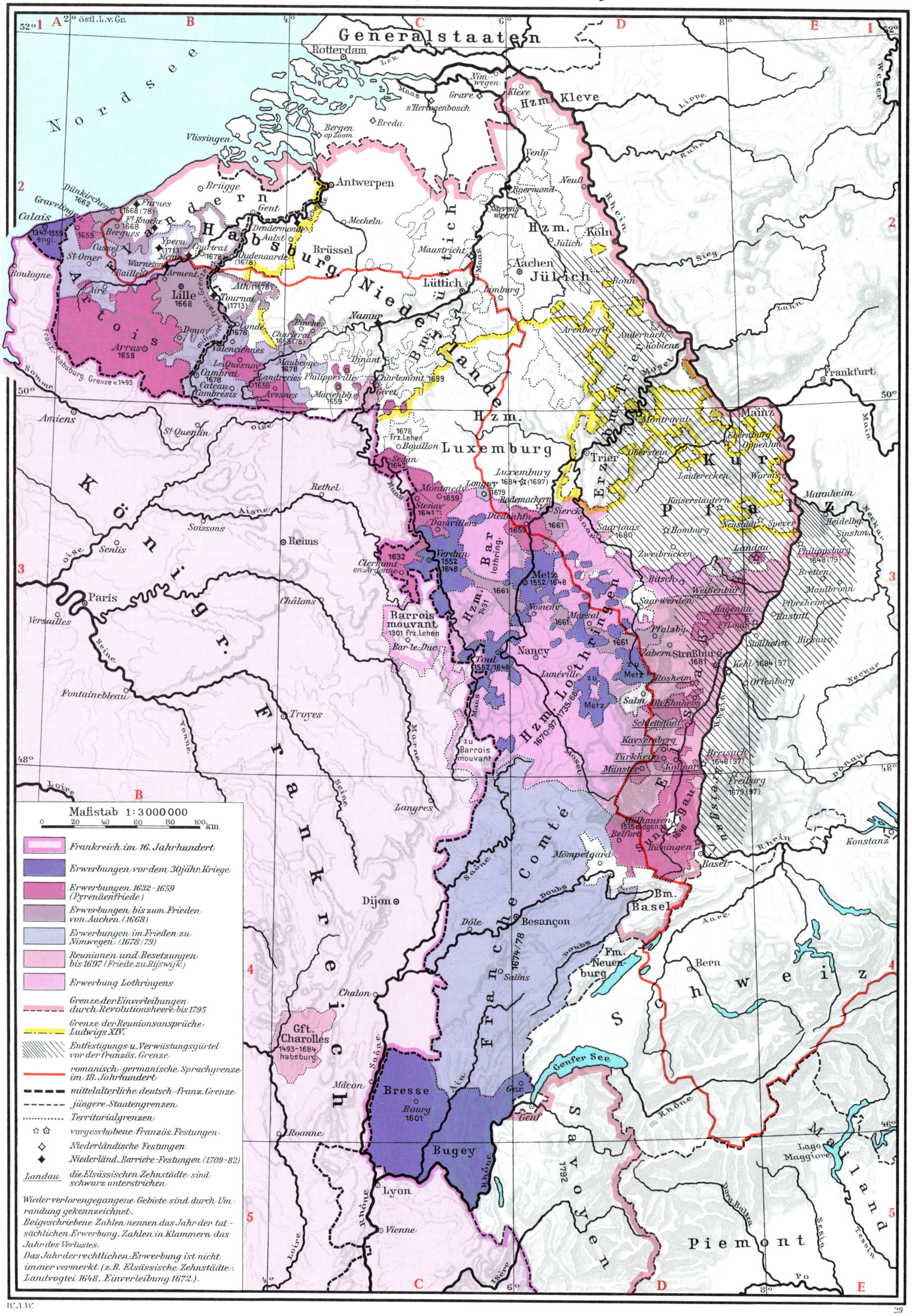

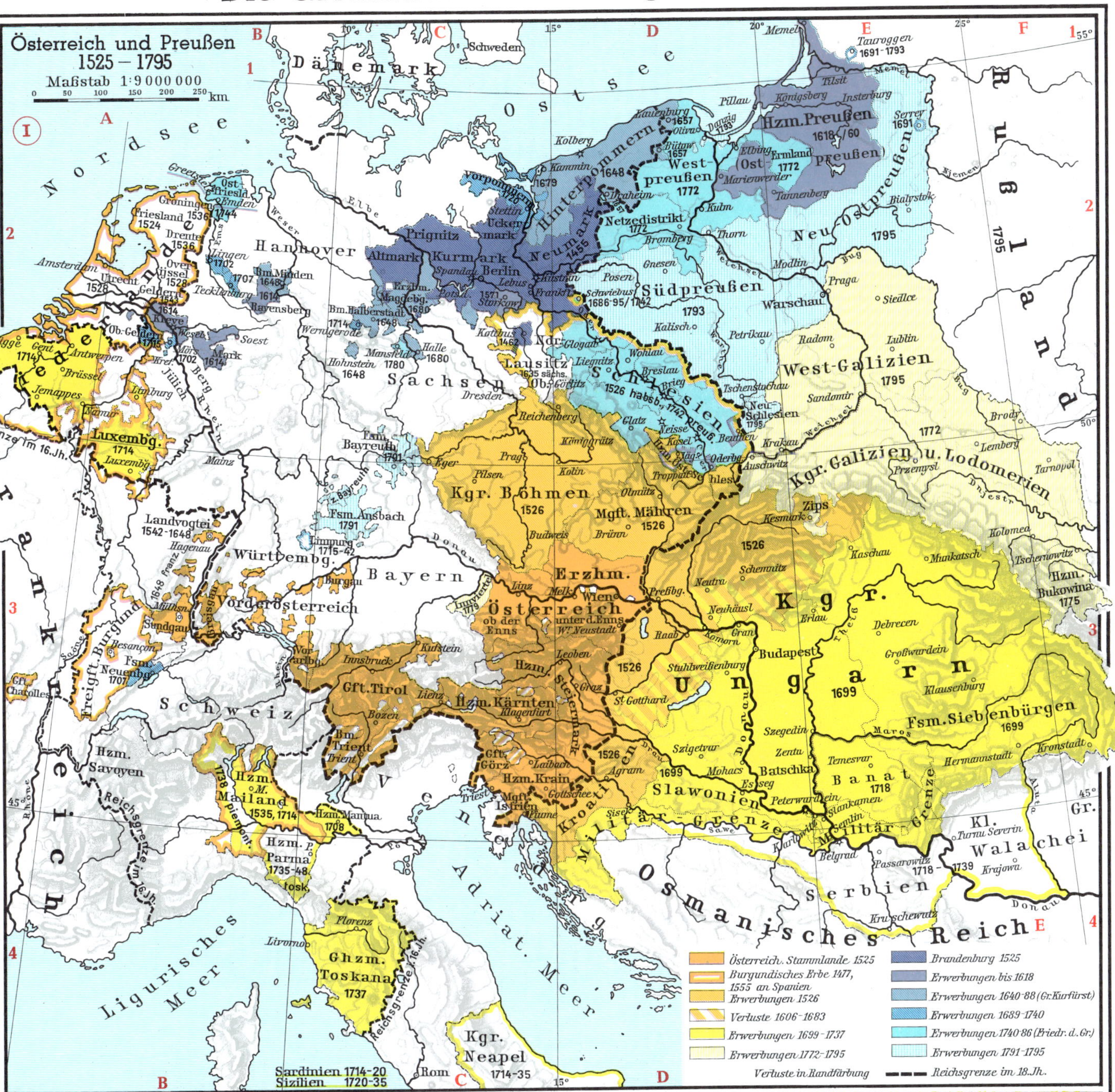
Österreich und Preußen
1525 – 1795
Maßstab 1:9 000 000
Nordsee
Ostsee
Dänemark
Schweden
Rußland
Hzm. Preußen
Ostpreußen
West-preußen
Hinterpommern
Neumark
Kurmark
Altmark
Prignitz
Netzedistrikt
Südpreußen
Neu Ostpreußen
West-Galizien
Schlesien
Neu-Schlesien
Kgr. Galizien u. Lodomerien
Hannover
Sachsen
Lausitz
Kgr. Böhmen
Mgft. Mähren
Bayern
Erzhm. Österreich
Kgr. Ungarn
Fsm. Siebenbürgen
Banat
Slawonien
Militär Grenze
Kroatien
Hzm. Kärnten
Hzm. Steiermark
Hzm. Krain
Gft. Tirol
Vorderösterreich
Württembg.
Schweiz
Hzm. Savoyen
Hzm. Mailand
Hzm. Parma
Ghzm. Toskana
Kgr. Neapel
Ligurisches Meer
Adriat. Meer
Osmanisches Reich
Serbien
Kl. Walachei
Bukowina
Frankreich
Luxembg.
Niederlande
Reichsgrenze im 16. Jh.
Sardinien 1714–20
Sizilien 1720–35
Österreich. Stammlande 1525
Burgundisches Erbe 1477, 1555 an Spanien
Erwerbungen 1526
Verluste 1606–1683
Erwerbungen 1699–1737
Erwerbungen 1772–1795
Verluste in Randfärbung
Brandenburg 1525
Erwerbungen bis 1618
Erwerbungen 1640–88 (Gr. Kurfürst)
Erwerbungen 1689–1740
Erwerbungen 1740–86 (Friedr. d. Gr.)
Erwerbungen 1791–1795
Reichsgrenze im 18. Jh.

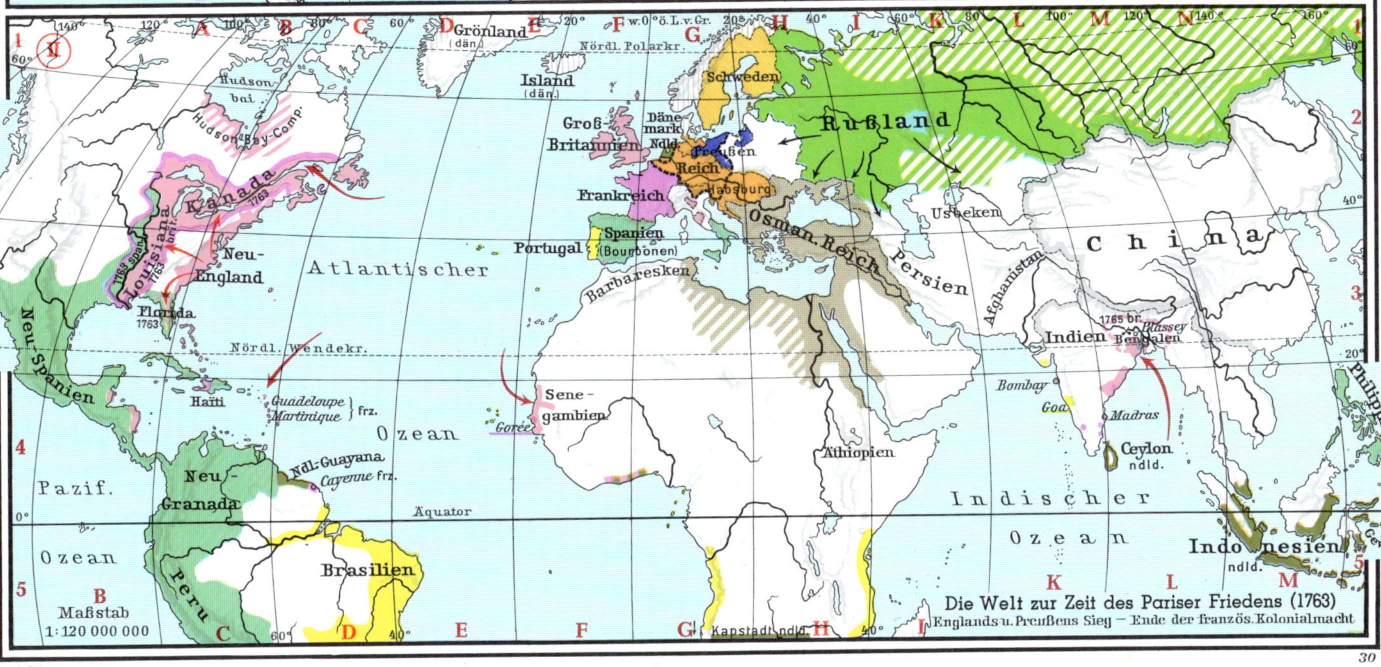
Die Welt zur Zeit des Pariser Friedens (1763)
Englands u. Preußens Sieg – Ende der französ. Kolonialmacht
Maßstab 1:120 000 000
Grönland (dän.)
Island (dän.)
Hudson bai
Hudson Bay-Comp.
Kanada
Louisiana
Neu-England
Florida 1763
Neu-Spanien
Haiti
Guadeloupe
Martinique
Neu Granada
Ndl.-Guayana
Cayenne frz.
Peru
Brasilien
Atlantischer Ozean
Pazif. Ozean
Groß-Britannien
Schweden
Rußland
Preußen
Habsburg
Frankreich
Spanien (Bourbonen)
Portugal
Osman. Reich
Barbaresken
Persien
Usbeken
Afghanistan
China
Indien
Bengalen
Bombay
Goa
Madras
Ceylon ndld.
Senegambien
Gorée
Äthiopien
Indischer Ozean
Indonesien ndld.
Philippinen
Kapstadt ndld.
Äquator

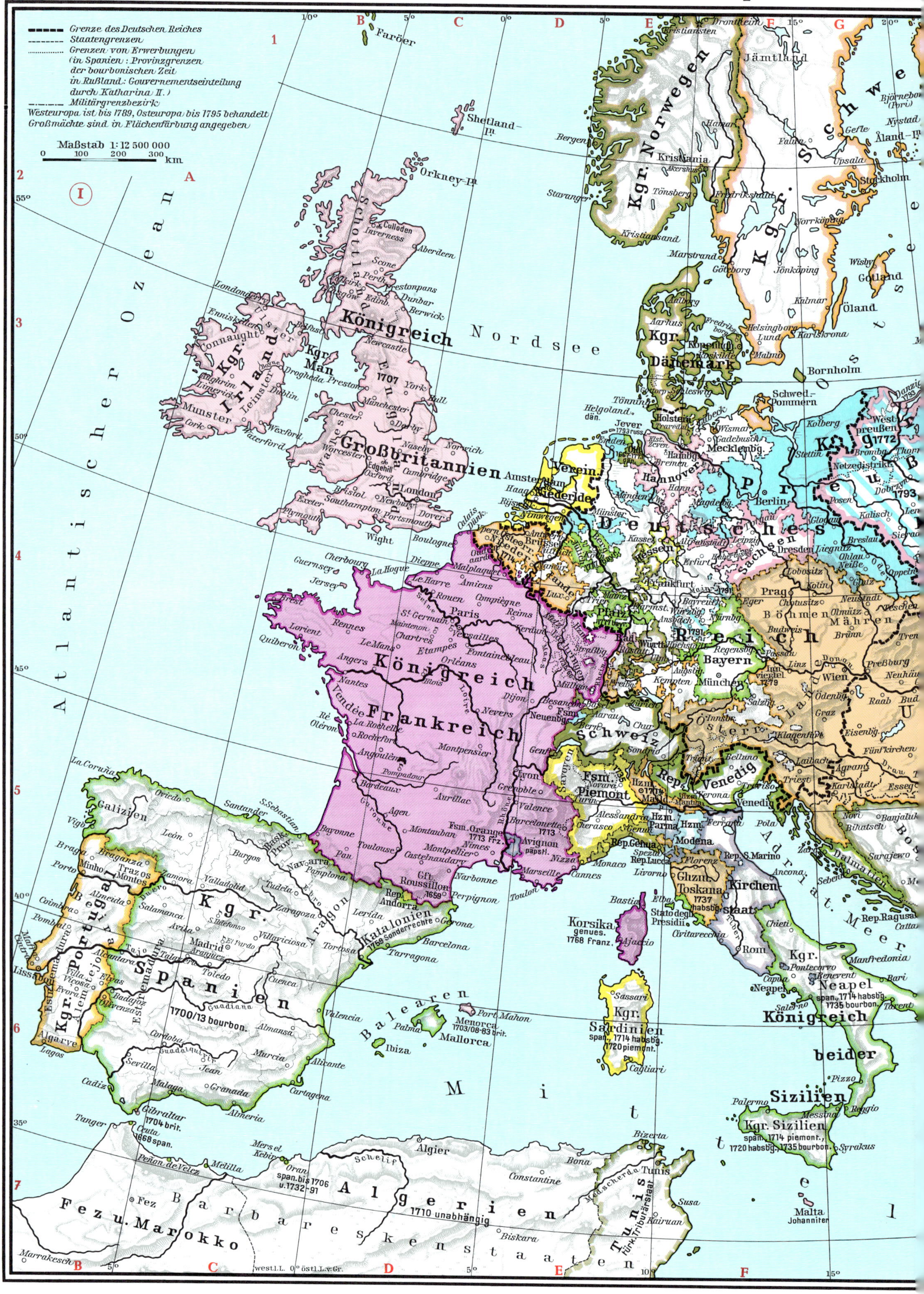
Grenze des Deutschen Reiches
Staatengrenzen
Grenzen von Erwerbungen (in Spanien: Provinzgrenzen der bourbonischen Zeit in Rußland: Gouvernementseinteilung durch Katharina II.)
Militärgrenzbezirk
Westeuropa ist bis 1789, Osteuropa bis 1795 behandelt
Großmächte sind in Flächenfärbung angegeben
Maßstab 1:12 500 000
0 100 200 300 km
I
Atlantischer Ozean
Nordsee
Mittel
Färöer
Shetland-I.
Orkney-I.
Schottland
Königreich Großbritannien
England
Wales
1707
Kgr. Irland
Ulster
Connaught
Leinster
Munster
Kgr. Man
Inverness
Culloden
Aberdeen
Perth
Scone
Edinb.
Prestonpans
Dunbar
Berwick
Glasgow
Londonderry
Enniskillen
Belfast
Drogheda
Dublin
Limerick
Aughrim
Cork
Wexford
Waterford
Newcastle
York
Hull
Preston
Manchester
Chester
Derby
Naseby
Norwich
Worcester
Edgehill
Oxford
Cambridge
London
Bristol
Newbury
Exeter
Southampton
Portsmouth
Dover
Plymouth
Wight
Kgr. Norwegen
Bergen
Stavanger
Kristiania
Akershus
Tönsberg
Fredrikshald
Kristiansand
Drontheim
Kristiansten
Jämtland
Kgr. Schweden
Falun
Upsala
Stockholm
Gefle
Nystad
Björneborg (Pori)
Åland-I.
Norrköping
Jönköping
Wisby
Gotland
Kalmar
Öland
Marstrand
Göteborg
Helsingborg
Lund
Malmö
Karlskrona
Bornholm
Kgr. Dänemark
Aalborg
Aarhus
Kopenhagen
Roskilde
Fredriksborg
Schleswig
Holstein
Tönning
Helgoland dän.
Jever 1793 russ.
Emden
Ostsee
Schwed.-Pommern
Wismar
Gadebusch
Mecklenbg.
Kolberg
Danzig
Westpreußen 1772
Stettin
Bromberg
Thorn
Netzedistrikt
Posen
Kalisch
Dobrzyn 1793
Vereinigte Niederlande
Amsterdam
Haag
Rijswijk
Nimwegen
Hannover
Hamburg
Bremen
Harz
Minden
Münster
Magdeburg
Berlin
Preußen
Deutsches Reich
Leipzig
Dresden
Sachsen
Liegnitz
Glogau
Ohlau
Neiße
Breslau
Oppeln
Glatz
Kassel
Hessen
Erfurt
Frankfurt
Mainz
Bayreuth
Ansbach
Würzburg
Nürnberg
Darmst.
Pfalz
Trier
Lux.
Eger
Prag
Lobositz
Kolin
Chotusitz
Böhmen
Mähren
Brünn
Olmütz
Neustadt
Teschen
Budweis
Regensburg
Bayern
Passau
Innviertel 1779
München
Augsburg
Kempten
Linz
Donau
Wien
Preßburg
Ödenburg
Raab
Graz
Salzburg
Innsbruck
Steiermark
Klagenfurt
Eisenbg.
Fünfkirchen
Laibach
Agram
Triest
Karlstadt
Esseg
Belluno
Venedig
Rep. Venedig
Verona
Treviso
Brescia
Bergamo
Trient
Sondrio
Chur
Schweiz
Aarau
Bern
Neuenburg
Genf
Fsm. Piemont
Savoyen
Turin
Novara
Alessandria
Cherasco
Hzm. Mailand 1714
Hzm. Parma
Hzm. Modena
Rep. Genua
Genua
Monaco
Nizza
Rep. Lucca
Spezia
Livorno
Florenz
Ghzm. Toskana 1737 habsbg.
Kirchenstaat
Rep. S. Marino
Ancona
Elba
Stato degli Presidii
Civitavecchia
Rom
Bastia
Korsika genues. 1768 Franz.
Ajaccio
Sassari
Kgr. Sardinien span. 1714 habsbg. 1720 piemont.
Cagliari
Kgr. Neapel span. 1714 habsbg. 1735 bourbon.
Königreich beider Sizilien
Pontecorvo
Benevent
Capua
Neapel
Salerno
Manfredonia
Bari
Tarent
Pizzo
Palermo
Messina
Reggio
Kgr. Sizilien span. 1714 piemont. 1720 habsbg. 1735 bourbon.
Syrakus
Malta Johanniter
Adriatisches Meer
Pola
Zara
Dalmatien
Sebenico
Sarajewo
Rep. Ragusa
Cattaro
Novi
Bihatsch
Banjaluka
Königreich Frankreich
Calais
Dünkirchen
Boulogne
Dieppe
Malplaquet
Oudenaarde
Brüssel
Österr. Niederlande
Lille
Namur
Cherbourg
La Hogue
Guernsey
Jersey
Brest
Le Havre
Rouen
Amiens
Compiègne
Reims
Verdun
Metz
Straßburg
Lothringen
Elsaß
Paris
St. Germain
Versailles
Maintenon
Chartres
Étampes
Fontainebleau
Rennes
Lorient
Quiberon
Le Mans
Angers
Orléans
Blois
Nantes
Vendée
Dijon
Besançon
Mülhausen
Fsm. Neuenburg
Nevers
La Rochelle
Ré
Oléron
Rochefort
Angoulême
Pompadour
Montpensier
Lyon
Grenoble
Valence
Barcelonnette 1713
Bordeaux
Aurillac
Agen
Montauban
Fsm. Orange 1713 Frz.
Nîmes
Avignon päpstl.
Montpellier
Toulouse
Castelnaudary
Bayonne
Pau
Gft. Roussillon 1659
Narbonne
Perpignan
Marseille
Toulon
Cannes
Rep. Andorra
La Coruña
Oviedo
Santander
S. Sebastian
Galizien
León
Bask. Prov.
Navarra
Pamplona
Burgos
Vigo
Braga
Braganza
Minho
Trás os Montes
Porto
Zamora
Valladolid
Tudela
Ebro
Zaragoza
Aragón
Lérida
Katalonien 1759 Sonderrechte
Gerona
Barcelona
Tarragona
Tortosa
Coimbra
Beira
Almeida
Salamanca
Ávila
Madrid
Aranjuez
El Pardo
Villaviciosa
Kgr. Spanien 1700/13 bourbon.
Pombal
Portugal
Kgr. Portugal
Alentejo
Estremadura
Alcántara
Talavera
Toledo
Cuenca
Lissabon
Elvas
Badajoz
Olivenza
Évora
Villa Viçosa
Guadiana
Almansa
Valencia
Algarve
Lagos
Córdoba
Jaén
Murcia
Alicante
Sevilla
Cádiz
Málaga
Granada
Almería
Cartagena
Gibraltar 1704 brit.
Balearen
Mallorca
Palma
Ibiza
Menorca 1703/08-83 brit.
Port Mahón
Tanger
Ceuta 1668 span.
Peñon de Velez
Melilla
Mers el Kebir
Oran span. bis 1706 u. 1732-91
Algier
Schelif
Bona
Constantine
Algerien 1710 unabhängig
Fez
Fez u. Marokko
Marrakesch
Barbareskenstaaten
Biskara
Bizerta
Tunis
Medscherda
Susa
Kairuan
Tunis türk. Tributärstaat
westl. L. 0° östl. L. v. Gr.

Kaiserreich Rußland
Osmanisches Reich
Schwarzes Meer
Ägäisches Meer
Krim
Moldau
Walachei
Bulgarien
Anatolien
Karaman
Livland
Wolhynien
Podolien
St. Petersburg
Moskau
Konstantinopel

Französ. Besitz
Französ. Siedlung
Britischer Besitz und Siedlung
Brit. Grenze 1763
Spanischer Besitz
Span. Grenze 1763
Hudson Bai
Kanada
Vize-Kgr. Neu-Spanien
Maßstab 1:50 000 000
Ende des französ. Kolonialreichs in Amerika 1763

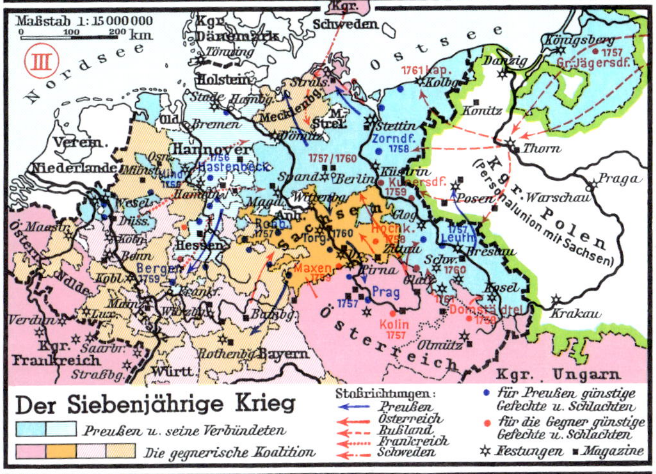
Maßstab 1:15 000 000
Ostsee
Nordsee
Kgr. Polen (Personalunion mit Sachsen)
Österreich
Kgr. Ungarn
Der Siebenjährige Krieg
Preußen u. seine Verbündeten
Die gegnerische Koalition
Stoßrichtungen:
Preußen
Österreich
Rußland
Frankreich
Schweden
Für Preußen günstige Gefechte u. Schlachten
Für die Gegner günstige Gefechte u. Schlachten
Festungen
Magazine

Unter Muslim-Fürsten um 1780
Unter Hindu-Fürsten " "
Grenzen der einzelnen indischen Staaten
Britischer Besitz um 1780
Französischer Besitz
Portugiesischer Besitz
Niederländ. Bes.
Dänischer Bes.
Afghanen-Herrschaft
Marathen-Verband
Gebiet des Nisam
Arabisches Meer
Bengalisches Meer
Ceylon
Maßstab 1:40 000 000
Zerfall des Großmogulreiches (2. Hälfte des 18. Jhs.)

Amerika bis zum Ende des 18. Jahrhunderts

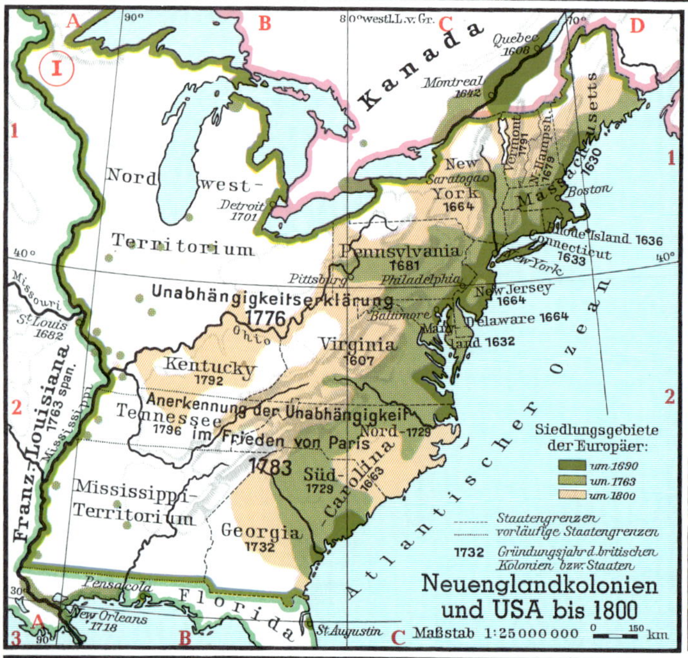

Rußland von 1689 bis 1812

W.A.W.

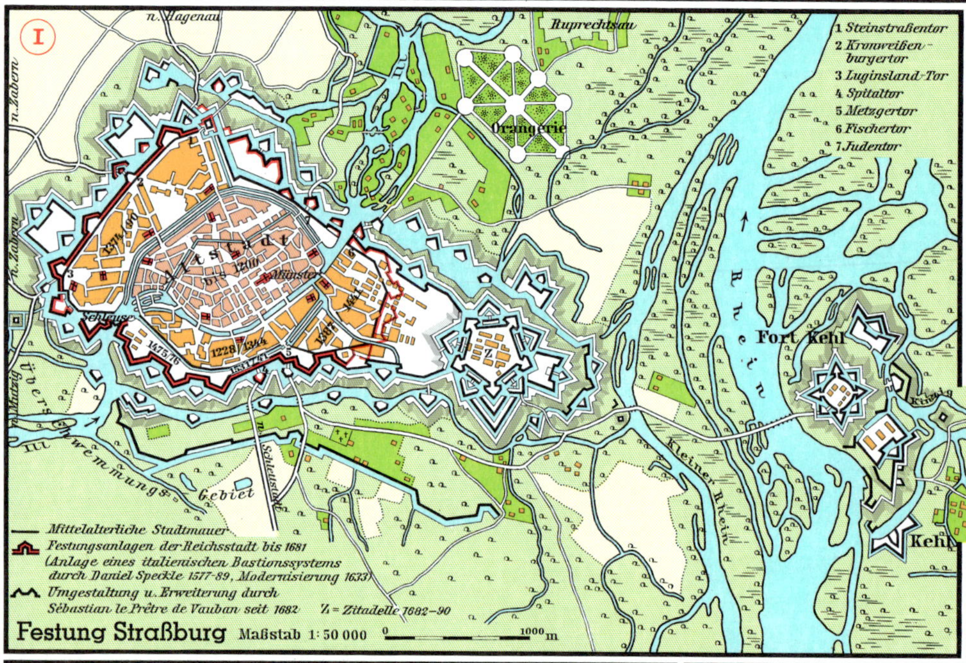
I
1 Steinstraßentor
2 Kronweißenburgertor
3 Luginsland-Tor
4 Spitaltor
5 Metzgertor
6 Fischertor
7 Judentor
Orangerie
Rhein
Fort Kehl
Kehl
Mittelalterliche Stadtmauer
Festungsanlagen der Reichsstadt bis 1681 (Anlage eines italienischen Bastionssystems durch Daniel Speckle 1577-89, Modernisierung 1633)
Umgestaltung u. Erweiterung durch Sébastian le Prêtre de Vauban seit 1682
Z = Zitadelle 1682-90
Festung Straßburg Maßstab 1:50 000

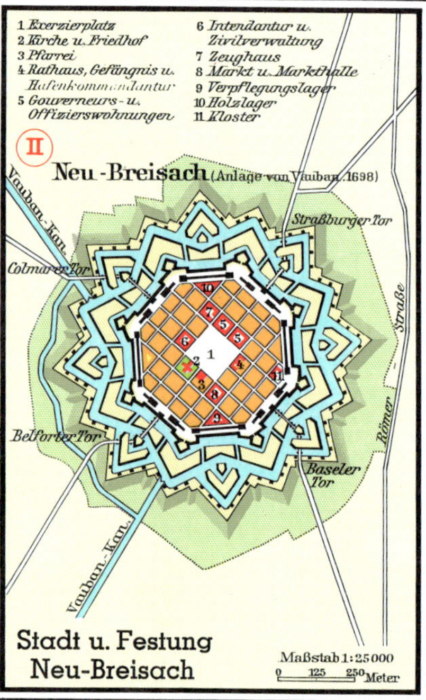
1 Exerzierplatz
2 Kirche u. Friedhof
3 Pfarrei
4 Rathaus, Gefängnis u. Hafenkommandantur
5 Gouverneurs- u. Offizierswohnungen
6 Intendantur u. Zivilverwaltung
7 Zeughaus
8 Markt u. Markthalle
9 Verpflegungslager
10 Holzlager
11 Kloster
II
Neu-Breisach (Anlage von Vauban 1698)
Straßburger Tor
Colmarer Tor
Belforter Tor
Baseler Tor
Stadt u. Festung Neu-Breisach
Maßstab 1:25 000

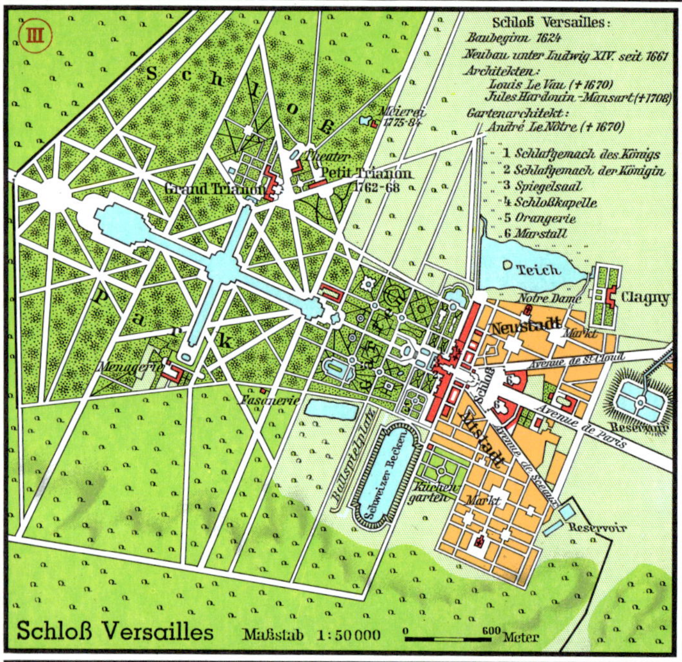
III
Schloß Versailles:
Baubeginn 1624
Neubau unter Ludwig XIV. seit 1661
Architekten:
Louis Le Vau (+1670)
Jules Hardouin-Mansart (+1708)
Gartenarchitekt:
André Le Nôtre (+1670)
1 Schlafgemach des Königs
2 Schlafgemach der Königin
3 Spiegelsaal
4 Schloßkapelle
5 Orangerie
6 Marstall
Schloß Park
Grand Trianon
Petit Trianon 1762-68
Teich
Clagny
Neustadt
Altstadt
Menagerie
Reservoir
Schloß Versailles Maßstab 1:50 000

IV
Alt-Dresden 1732 umgebaut zur Neustadt
Neustadt
Friedrichstadt 1670
Elbe
Altstadt
Großer Garten 1676/80
1 Schloß 1534/1701
2 Zwinger 1711-22 (Pöppelmann)
3 Hofkirche 1738-54
4 Palais Brühl 1737
5 Frauenkirche 1726-40 (Bähr)
6 Johanneum (Kunstgalerie)
7 Kreuzkirche u. Kreuzschule
8 Altmarkt
9 Japanisches Palais 1715 (Pöppelmann)
Die Befestigungen der Altstadt stammen aus der Zeit des Kurfürsten Moritz (1547-53), die Befestigungen der Neustadt aus dem Jahr 1632.
Stadt und Residenz Dresden
Maßstab 1:50 000

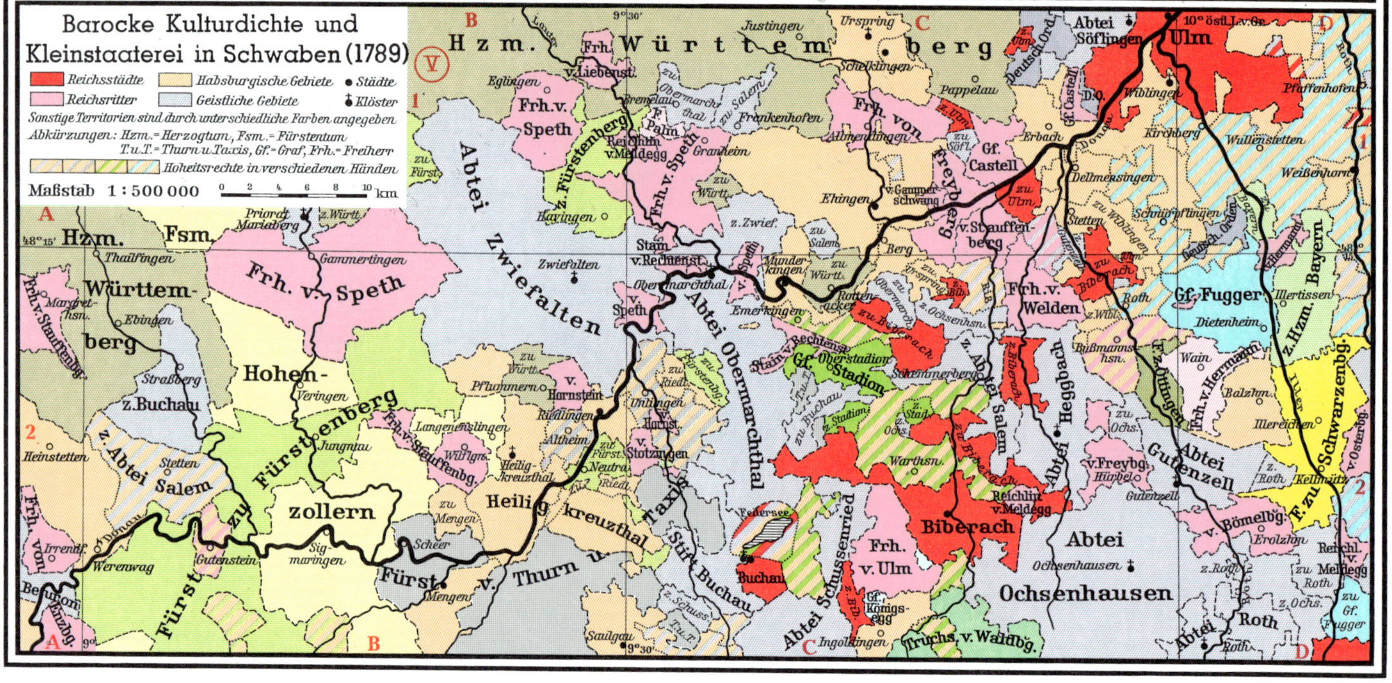
Barocke Kulturdichte und Kleinstaaterei in Schwaben (1789)
V
Reichsstädte
Habsburgische Gebiete
Städte
Reichsritter
Geistliche Gebiete
Klöster
Sonstige Territorien sind durch unterschiedliche Farben angegeben
Abkürzungen: Hzm. = Herzogtum, Fsm. = Fürstentum, T.u.T. = Thurn u. Taxis, Gf. = Graf, Frh. = Freiherr
Hoheitsrechte in verschiedenen Händen
Maßstab 1:500 000
Hzm. Württemberg
Ulm
Abtei Zwiefalten
Abtei Obermarchtal
Hohenzollern
Biberach
Abtei Ochsenhausen
Gf. Fugger
Frh. v. Speth
Heiligkreuztal
Buchau

Besitz und deutsche Siedlung im Osten (18./19. Jh.)

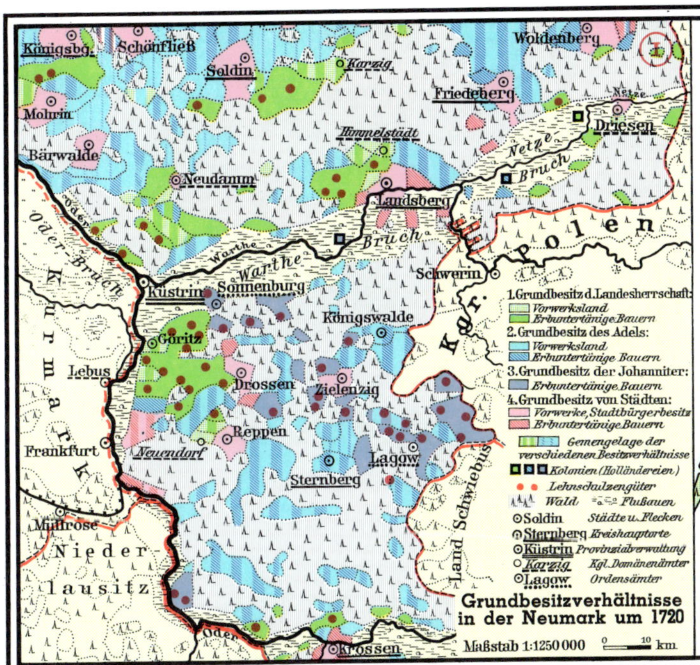

Grundbesitzverhältnisse in der Neumark um 1720

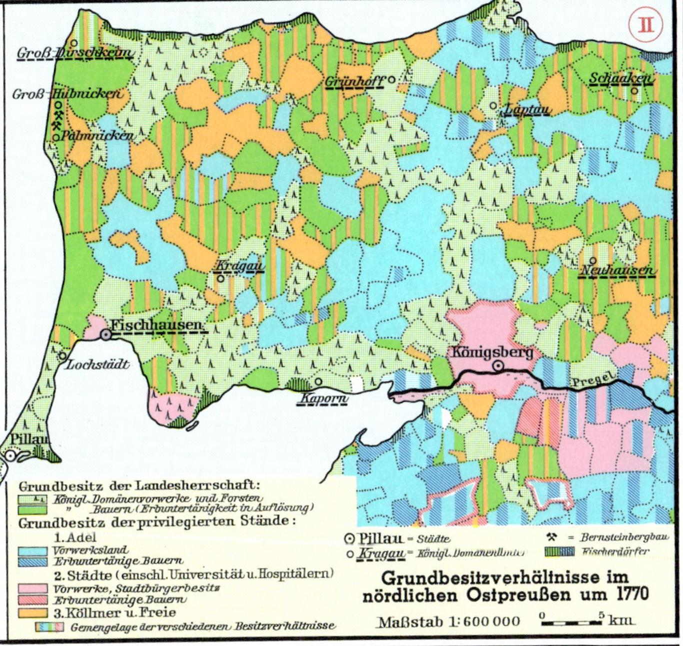

Grundbesitzverhältnisse im nördlichen Ostpreußen um 1770

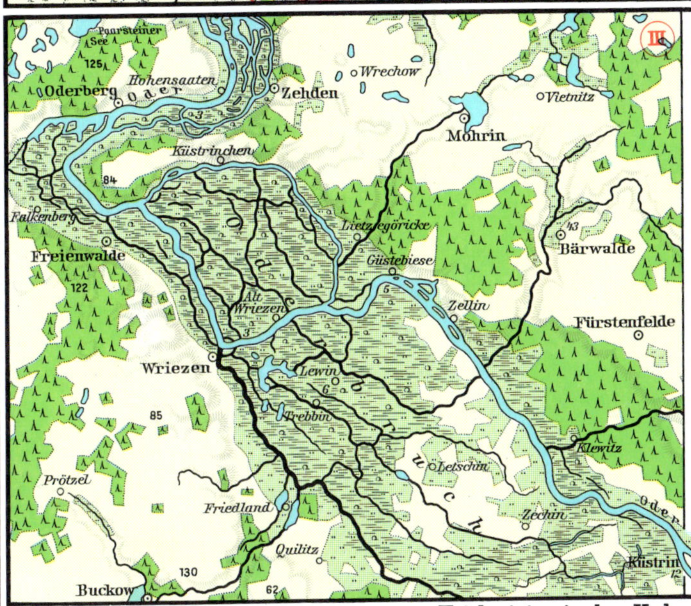

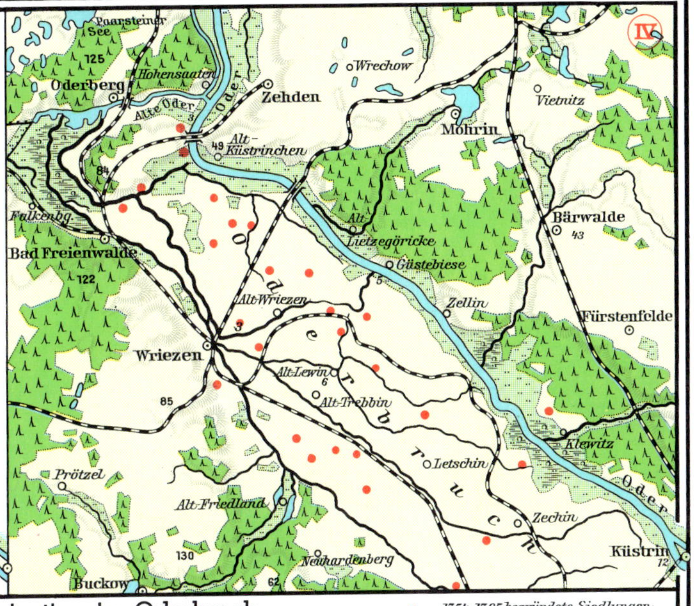

Friderizianische Kolonisation im Oderbruch

Sumpf, Moor — Wald — Wiese — Ackerland

Zustand vor der Entwässerung 1746 — Maßstab 1:500000 (0 – 5 km) — Zustand in der Gegenwart

1754–1765 begründete Siedlungen — Eisenbahnen — 85, 12 Höhenangaben in Metern über NN

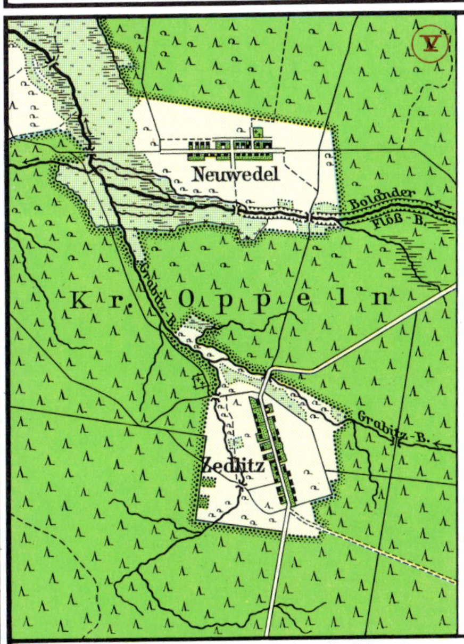

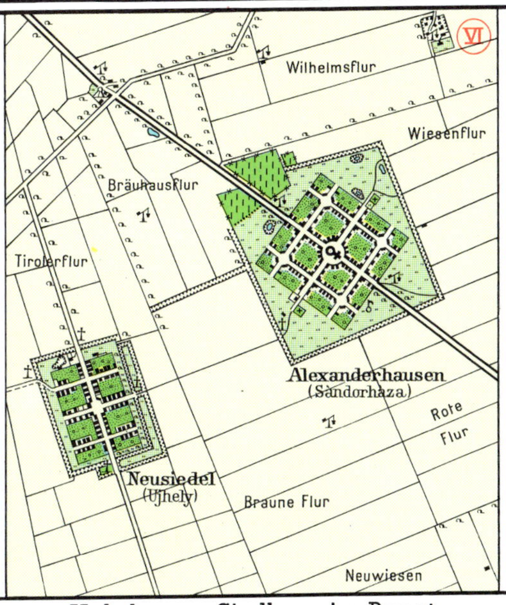

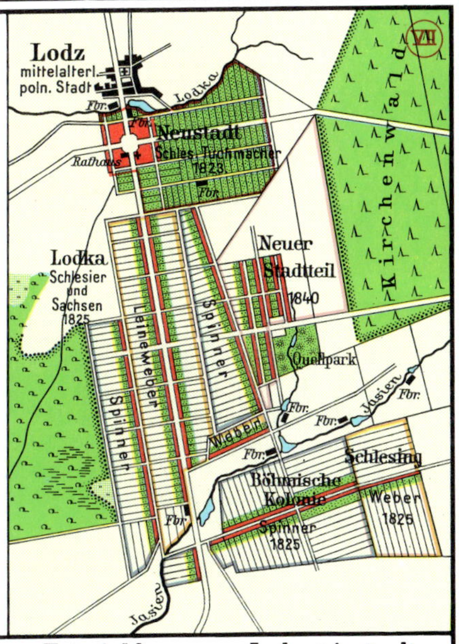

Preußische Siedlung in Schlesien

Wald — Garten — Wiese — Acker — Sumpf

Habsburger Siedlung im Banat

Maßstab 1:75000 (0 – 1 – 2 km)

Entwicklung zur Industriestadt

Weinberg — ♁ Kirche — Ziehbrunnen — Friedhof — Fbr. Fabrik

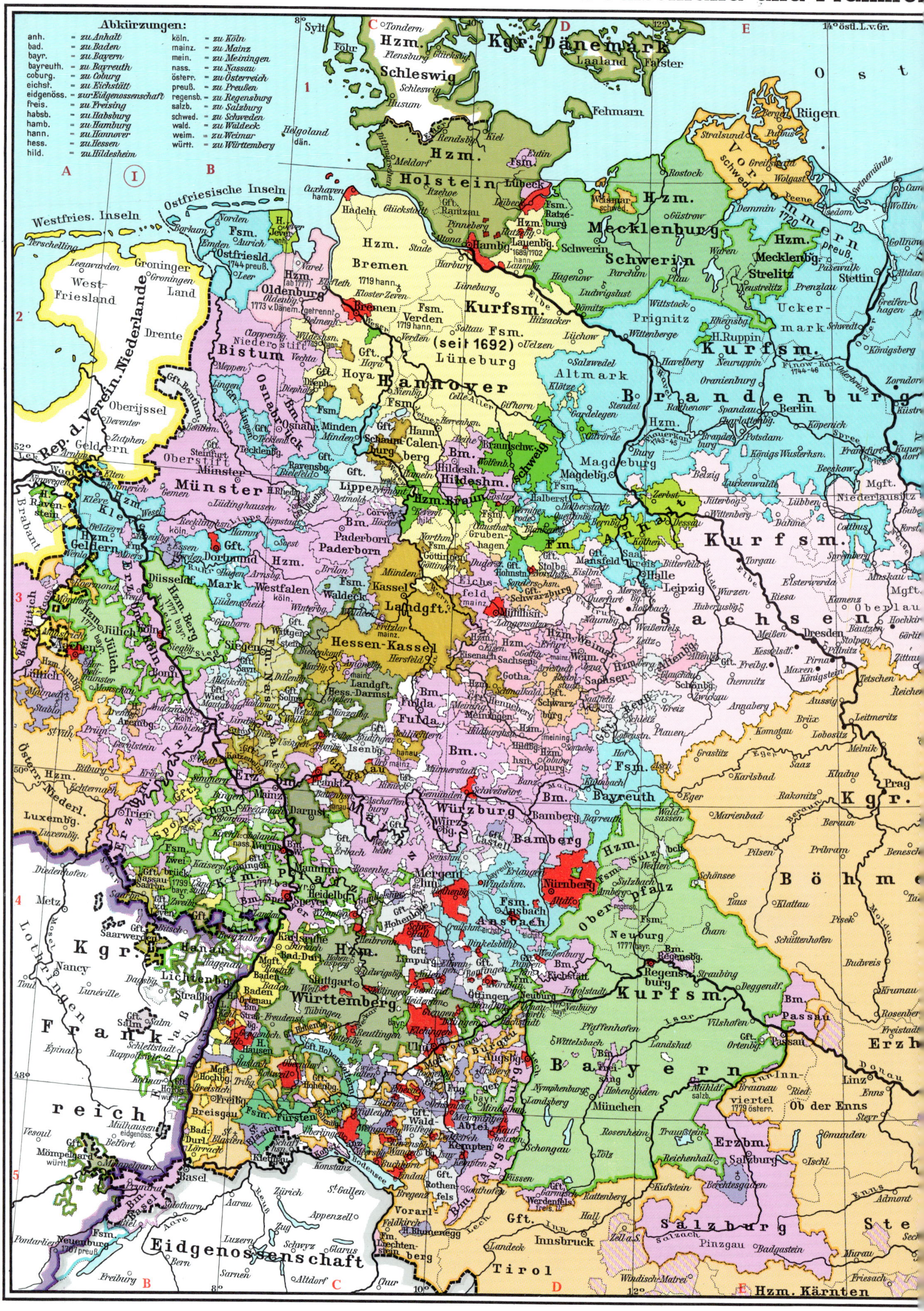
Abkürzungen:
anh. = zu Anhalt
bad. = zu Baden
bayr. = zu Bayern
bayreuth. = zu Bayreuth
coburg. = zu Coburg
eichst. = zu Eichstätt
eidgenöss. = zur Eidgenossenschaft
freis. = zu Freising
habsb. = zu Habsburg
hamb. = zu Hamburg
hann. = zu Hannover
hess. = zu Hessen
hild. = zu Hildesheim
köln. = zu Köln
mainz. = zu Mainz
mein. = zu Meiningen
nass. = zu Nassau
österr. = zu Österreich
preuß. = zu Preußen
regensb. = zu Regensburg
salzb. = zu Salzburg
schwed. = zu Schweden
wald. = zu Waldeck
weim. = zu Weimar
württ. = zu Württemberg
Kgr. Dänemark
Hzm. Schleswig
Hzm. Holstein
Ostfriesische Inseln
Westfries. Inseln
Hzm. Bremen
Kurfsm.
Fsm. Lüneburg
(seit 1692)
Hannover
Hzm. Mecklenburg Schwerin
Mecklenbg. Strelitz
Vorpommern
Ostsee
Kurfsm. Brandenburg
Magdeburg
Rep. d. Verein. Niederlande
Bistum Osnabrück
Oberstift Münster
Hzm. Westfalen
Paderborn
Hessen-Kassel
Kurfsm. Sachsen
Kurfsm. Mainz
Würzburg
Bamberg
Nürnberg
Kurpfalz
Oberpfalz
Ansbach
Hzm. Württemberg
Kurfsm. Bayern
München
Regensburg
Erzbm. Salzburg
Kgr. Böhmen
Kgr. Frankreich
Lothringen
Eidgenossenschaft
Tirol
Hzm. Kärnten

Die Territorien des Reiches (1789)
Kgr. Preußen
West-preußen 1772 preuß.
Netze-Distrikt 1772 preuß.
Kulmerland
Ermland
Ost-preußen
Kgr. Polen
Schlesien 1742 preuß.
Kgr. Galizien
Mgft. Mähren
Kgr. Ungarn
Bistümer
Klöster
Deutscher Orden
Territorien der „Grafenbank“
Gebiete der Reichsritterschaft
Reichsstädte
Farbige Balken bezeichnen Gebiete mit geteilten Hoheitsrechten
Abkürzungen:
Bm. = Bistum
Hzm. = Herzogtum
Erzbm. = Erzbistum
Kfm. = Kurfürstentum
Fm. Fsm. = Fürstentum
Kgr. = Königreich
Gft. = Grafschaft
Mgft. = Markgrafschaft
H. = Herrschaft
Rep. = Republik
H.-L. = Hanau-Lichtenberg
Städte
Schloß
Kloster
Schlachtorte der Kriege Friedrichs d. Gr.
Reichsgrenze
Territorialgrenzen
sonstige Verwaltungsgrenzen
Zum Deutschen Reich gehörige Gebiete sind in Flächenfarben, angrenzende Länder mit farbigen Bändern dargestellt. Gebiete deutscher Reichsstände unter fremder Hoheit (in Frankreich) sind farbig umrandet.
Maßstab 1:3 500 000
0 20 40 60 80 100 km

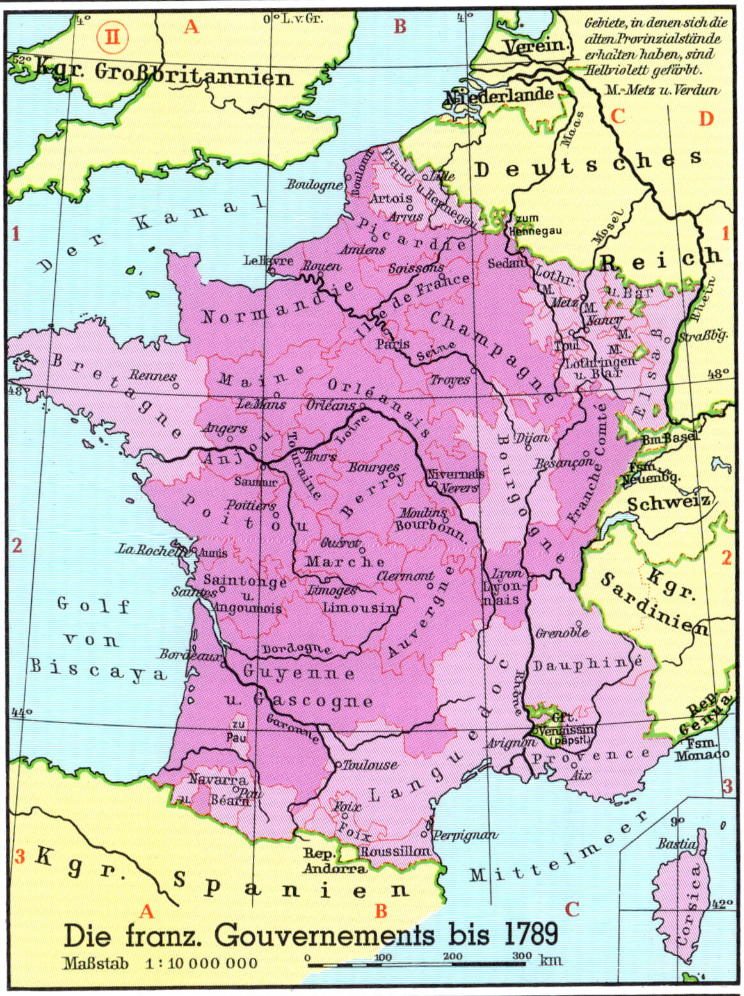
II
Gebiete, in denen sich die alten Provinzialstände erhalten haben, sind Hellviolett gefärbt.
M.-Metz u. Verdun
Kgr. Großbritannien
Verein. Niederlande
Deutsches Reich
Der Kanal
Golf von Biscaya
Kgr. Spanien
Mittelmeer
Schweiz
Kgr. Sardinien
Die franz. Gouvernements bis 1789
Maßstab 1:10 000 000
0 100 200 300 km

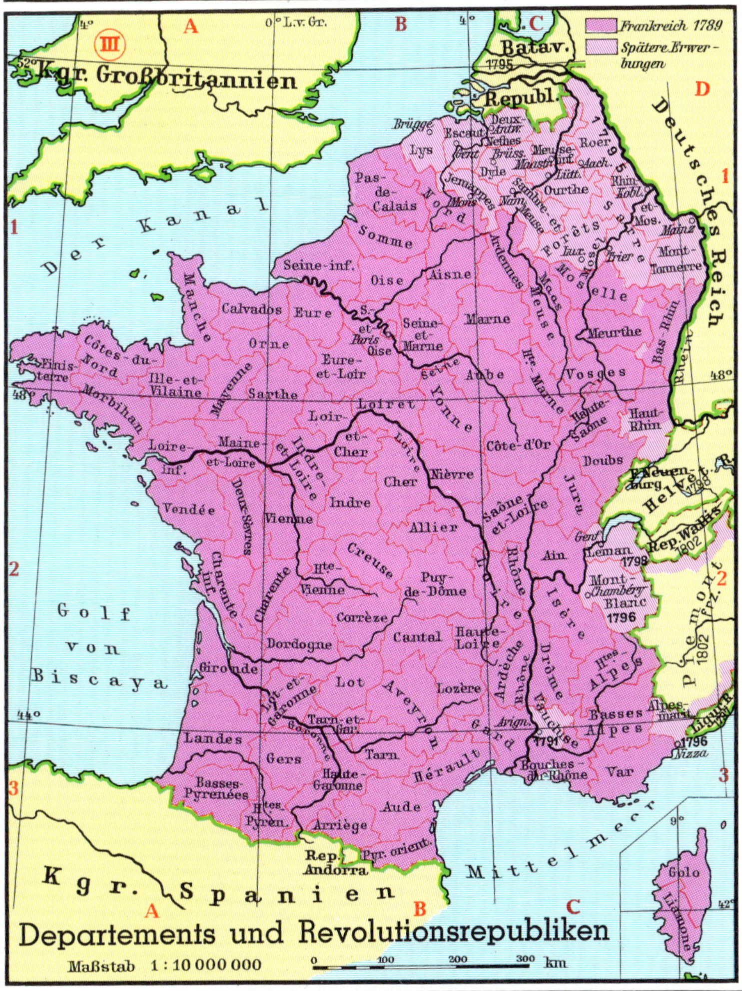
III
Frankreich 1789
Spätere Erwerbungen
Kgr. Großbritannien
Batav. Republ. 1795
Deutsches Reich
Der Kanal
Golf von Biscaya
Kgr. Spanien
Mittelmeer
Helvet. Rep.
Departements und Revolutionsrepubliken
Maßstab 1:10 000 000
0 100 200 300 km

Mitteleuropa zur Zeit Napoleons I.

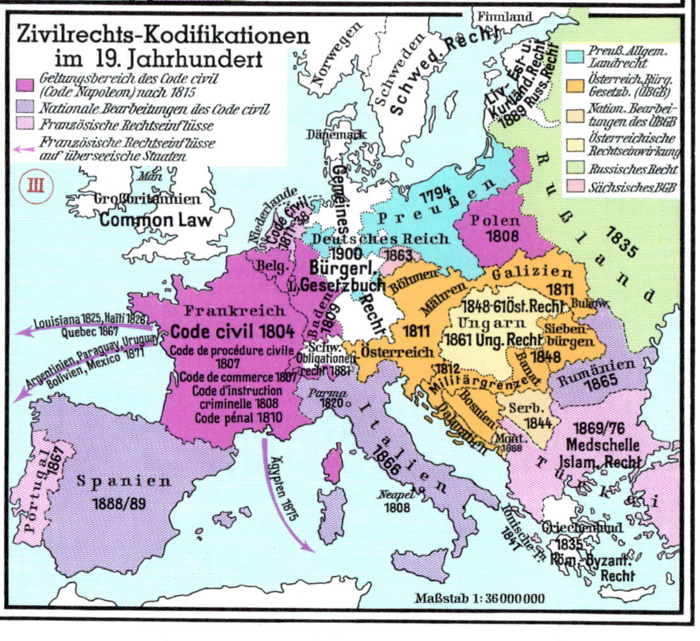

Europa unter französischer Vorherrschaft (1812)

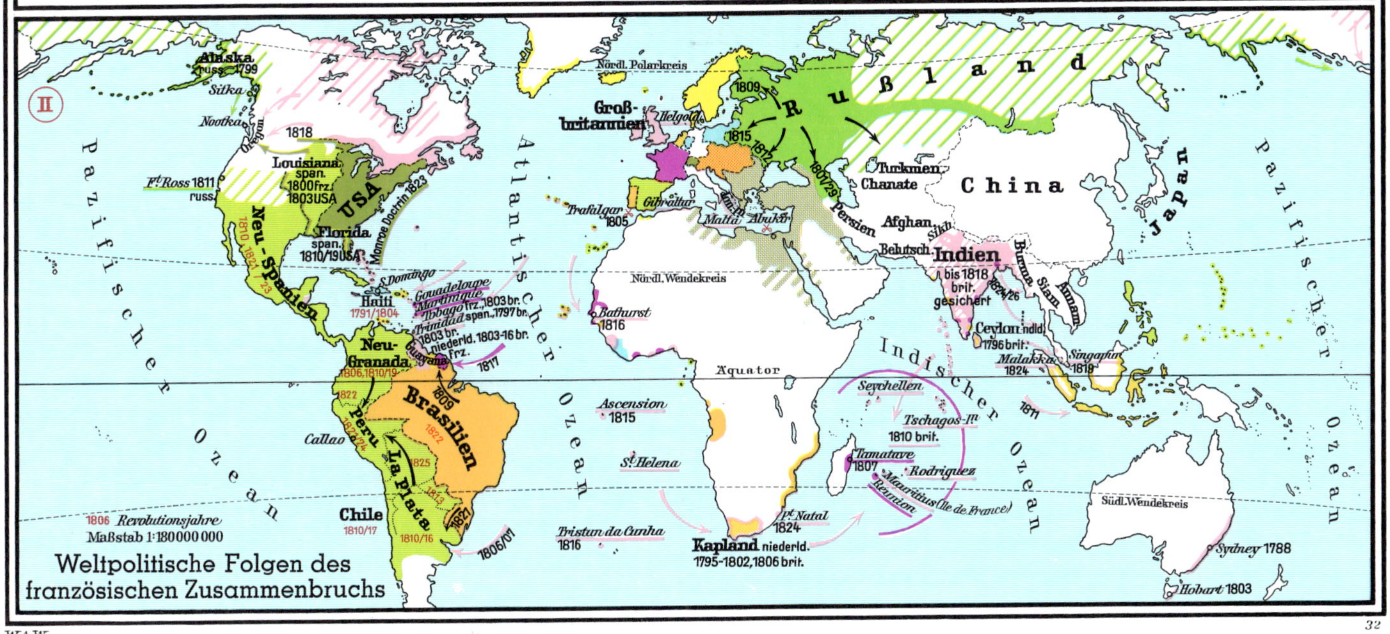

Weltpolitische Folgen des französischen Zusammenbruchs

Grenze des Deutschen Bundes
Staatengrenzen
Militärgrenzbezirk
Flächenfärbung: Großmächte
Maßstab 1:12 500 000
0 100 200 300 km
Atlantischer Ozean
Nordsee
Der Kanal
Kgr. Großbritannien u. Irland
Schottland
England
Wales
Irland
Färöer
Shetland-I.
Orkney-I.
Inverness
Aberdeen
Dundee
Perth
Edinb.
Glasgow
Dunbar
Berwick
Londonderry
Belfast
Man
Newcastle
Carlisle
Tuam
Dublin
Limerick
Wexford
Cork
York
Hull
Manch.
Liverp.
Birmingh.
Norwich
Cambridge
Oxford
Bristol
London
Themse
Dover
Exeter
Southampton
Portsmouth
Plymouth
Wight
Guernsey
Jersey
Cherbourg
Kgr. Norwegen
Kgr. Schweden
Union 1814/15
Drontheim
Bergen
Hamar
Eidsvoll
Kristiania
Stavanger
Kristiansand
Sundsvall
Falun
Gefle
Upsala
Stockholm
Åland-I.
Nyköping
Norrköping
Göteborg
Gotland
Kalmar
Öland
Helsingborg
Lund
Malmö
Karlskrona
Bornholm
Jütland
Aalborg
Kgr. Dänemark
Fredericia
Kopenhagen
Odense
Schleswig
Holst.
Lübeck
Helgoland 1808 br.
Ghzm. Mecklenbg.
Preußen
Kgr. Preußen
Danzig
Stettin
Posen
Gnesen
Berlin
Torgau
Görlitz
Breslau
Oder
Kgr. Hannover
Hamburg
Bremen
Emden
Groningen
Ghzm. Old.
Amsterdam
Haag
Rotterdam
Kgr. der vereinigt. Niederlande
Antwerpen
Brüssel
Namur
Lüttich
Ghzm. Luxemb.
Münster
Magdeb.
Hessen
Kassel
Köln
Nass.
Frankfurt
Mainz
Trier
Pfalz bayr.
Darmst.
Kgr. Sachsen
Leipz.
Dresd.
Thüring. Staaten
Erfurt
Würzburg
Nürnberg
Kgr. Bayern
Augsbg.
München
Kgr. Württemb.
Stuttg.
Ghzm. Baden
Freib.
Eger
Prag
Elbe
Kgr. Böhmen
Budweis
Troppau
Mähren
Brünn
Linz
Wien
Preßburg
Inn-viertel
Salzburg
Kaiser Österreich
Innsbr.
Tirol
Graz
Klagenfurt
Agram
Laibach
Triest
Venetien
Venedig
Udine
Trient
Lombardei
Mailand
Mantua
Sondrio
Schweiz
Basel
Bern
Zürich
Liechtenstein
Neuenbg.
Wallis
Genf
Kgr. Sardinien
Savoyen
Chambéry
Turin
Piemont
Genua
Nizza
Fsm. Monaco
Hzm. Parma
Hzm. Modena
Bologna
Rep. S. Marino
Spezia
Hzm. Lucca
Pisa
Florenz
Ghzm. Toskana
Siena
Piombino
Elba
Kirchenstaat
Ancona
Civitavecchia
Rom
Tiber
Terracina
Gaeta
Pontecorvo
Benevent
Neapel
Salerno
Königr. beider Sizilien
Manfredonia
Bari
Tarent
Reggio
Messina
Palermo
Girgenti
Catania
Syrakus
Sizilien
Malta 1800 br.
Adriat. Meer
Pola
Zengg
Spalato
Lissa
Ragusa
Korsika
Bastia
Ajaccio
Sardinien
Sassari
Cagliari
Königreich Frankreich
Calais
Boulogne
Lille
Le Havre
Amiens
Seine
Paris
Reims
Sedan
Verdun
Metz
Straßbg.
Brest
Rennes
Lorient
Chartres
Fontainebleau
Angers
Orléans
Nantes
Tours
Loire
Bourges
Dijon
Besançon
Mülhsn.
La Rochelle
Clermont
Limoges
Lyon
Rhône
Grenoble
Valence
Bordeaux
Aurillac
Garonne
Bayonne
Pau
Nîmes
Montpellier
Avignon
Toulouse
Perpignan
Marseille
Toulon
Rep. Andorra
Kgr. Spanien
Kgr. Portugal
La Coruña
Kap Finisterre
Santiago
Oviedo
Santander
S. Sebastian
León
Minho
Vitoria
Pamplona
Burgos
Oporto
Braganza
Valladolid
Duero
Tudela
Ebro
Zaragoza
Lerida
Gerona
Barcelona
Coimbra
Salamanca
El Pardo
Madrid
Villaviciosa
Tarragona
Tortosa
Cintra
Alcantara
Tajo
Toledo
Aranjuez
Lissabon
Elvas
Olivenza 1801 span.
Guadiana
Beja
Ciudad Real
Valencia
Balearen
Menorca
Port Mahon
Mallorca
Palma
Ibiza
Cordova
Guadalquivir
Sevilla
Murcia
Alicante
Granada
Cadiz
Malaga
Cartagena
Almeria
Gibraltar brit.
Tanger
Ceuta
Peñon de Velez
Melilla
Fez
Fez u. Marokko
Oran
Algier
Algerien
Constantine
Bona
Bizerta
Tunis
Tunesien türk. Vasall
Kairuan
Mittel
westl. L. 0° östl. L. v. Gr.

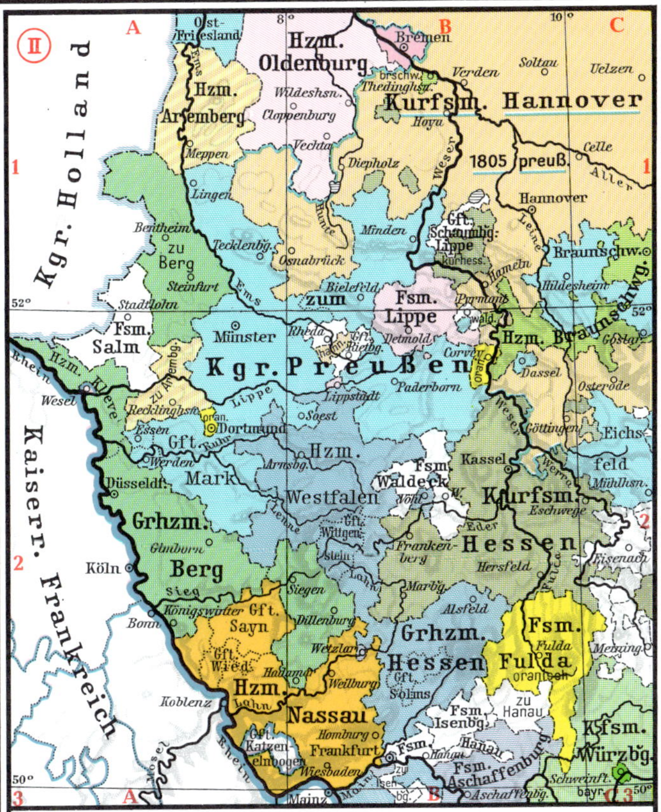

Nordwestdeutschland 1806
Maßstab 1:3 500 000 0 50 100 km

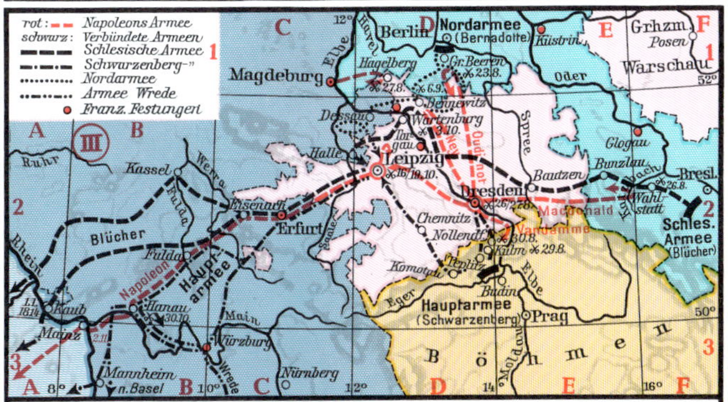

Herbstfeldzug 1813
Maßstab 1:8 000 000 0 100 200 km

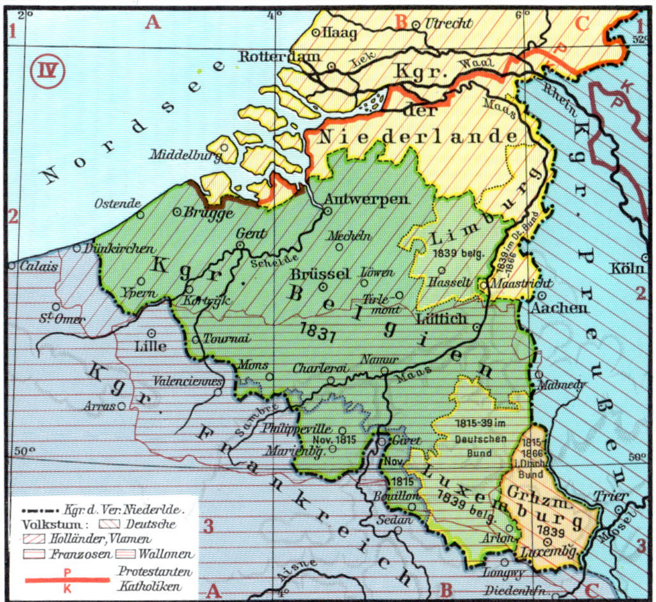

Belgiens Entstehung 1831
Maßstab 1:4 000 000 0 50 100 km

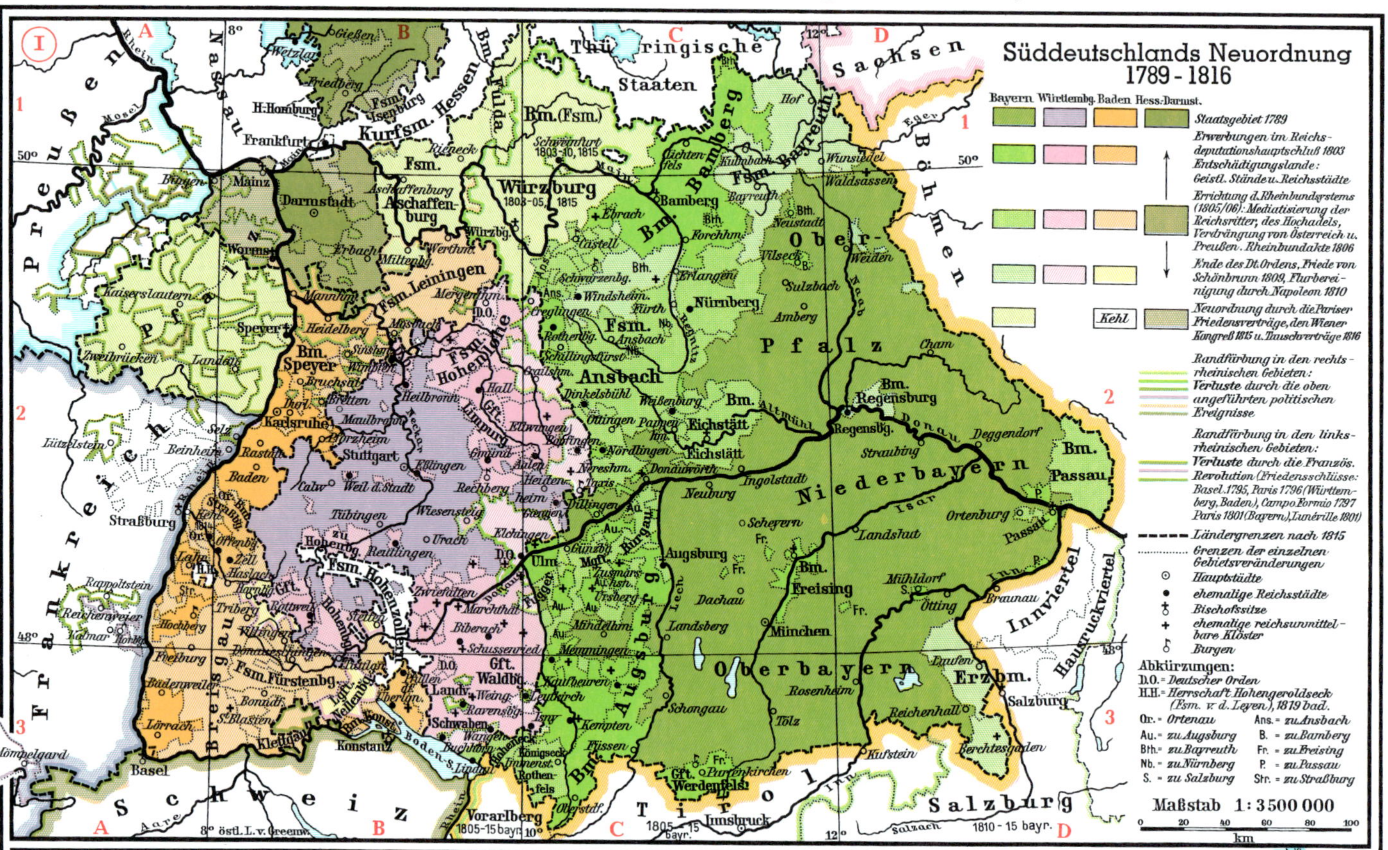

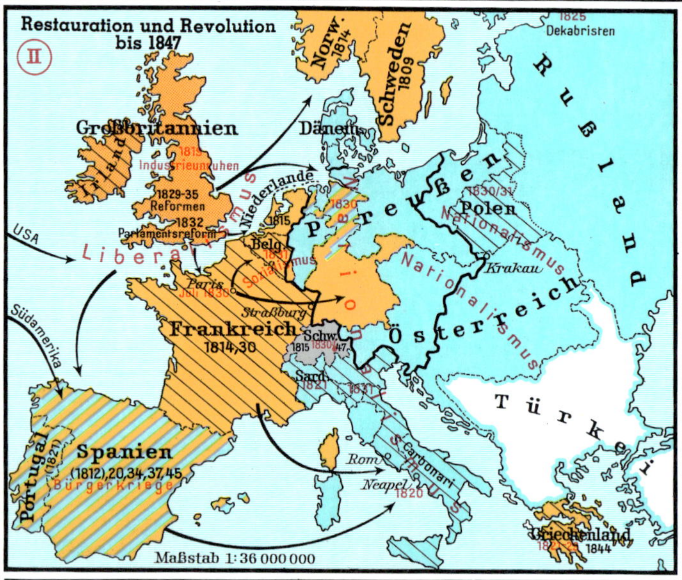

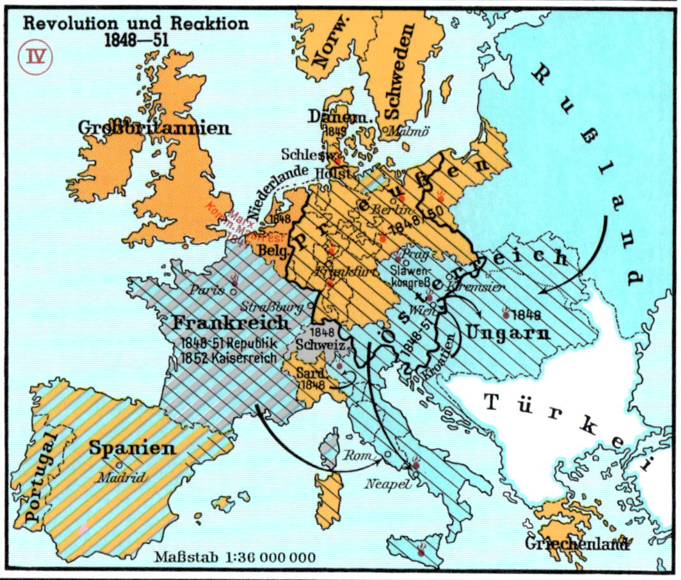

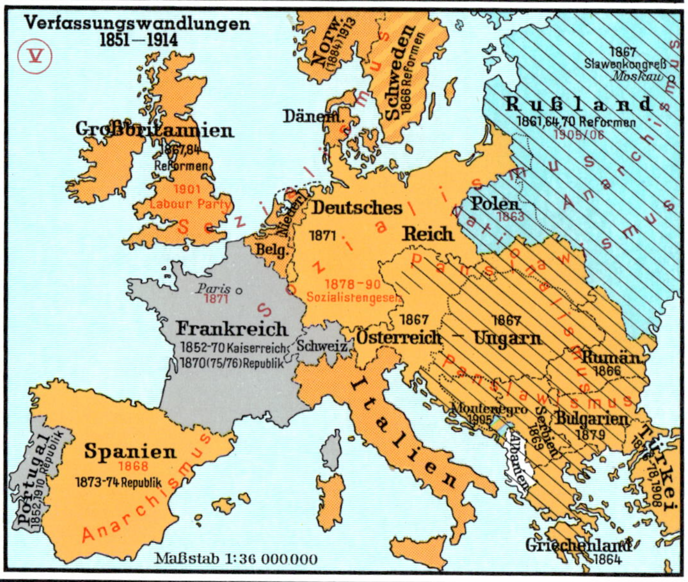

Absolutistische Monarchie
Konstitutionelle Monarchie
Parlamentarische Monarchie
Republik
Revolutionen u. Unruhen
Blutige Zusammenstöße
1830 = Revolutionen
1848 = Verfassungserneuerungen

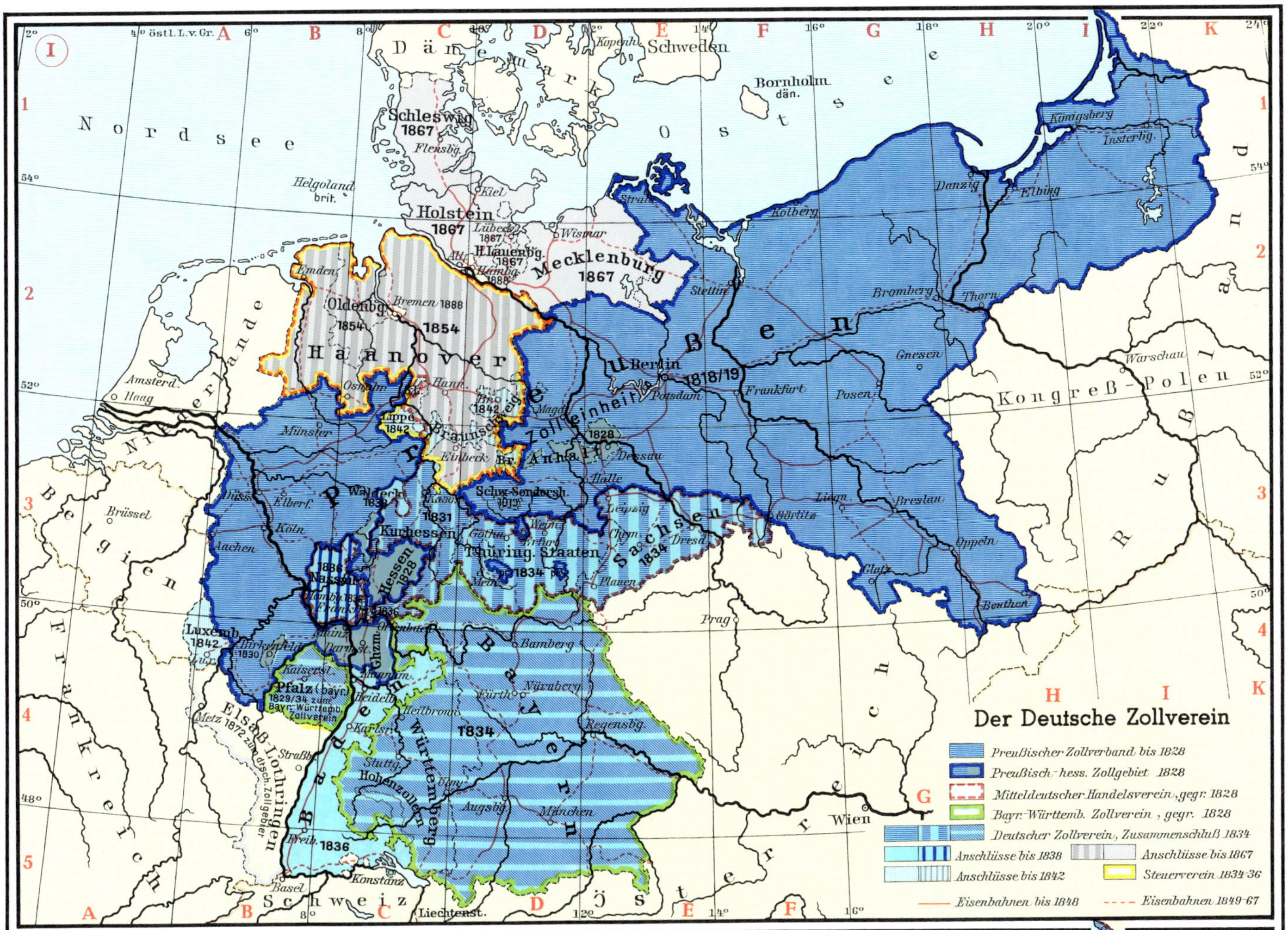

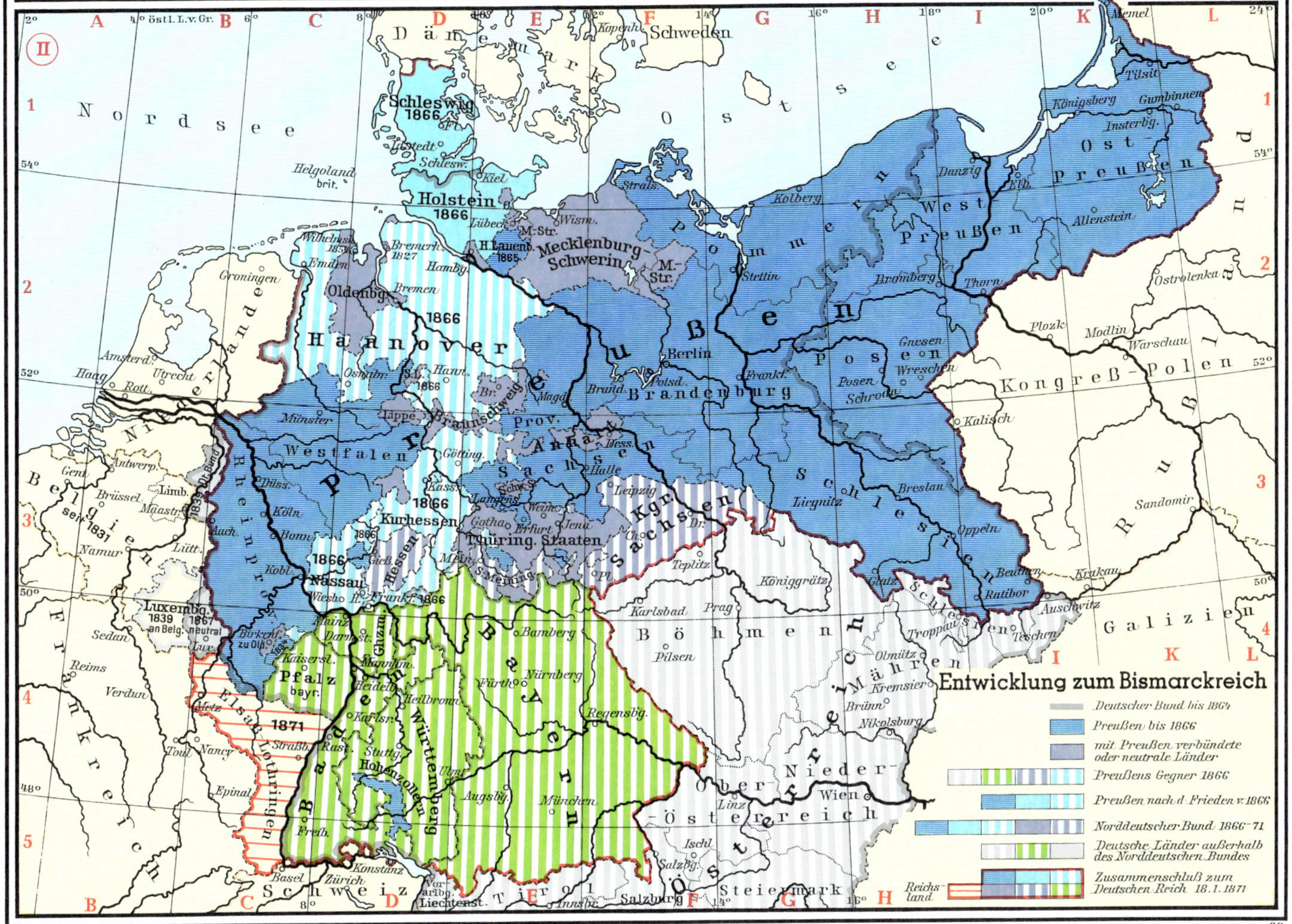

W.A.W. Maßstab 1 : 7 500 000 0 50 100 200 km

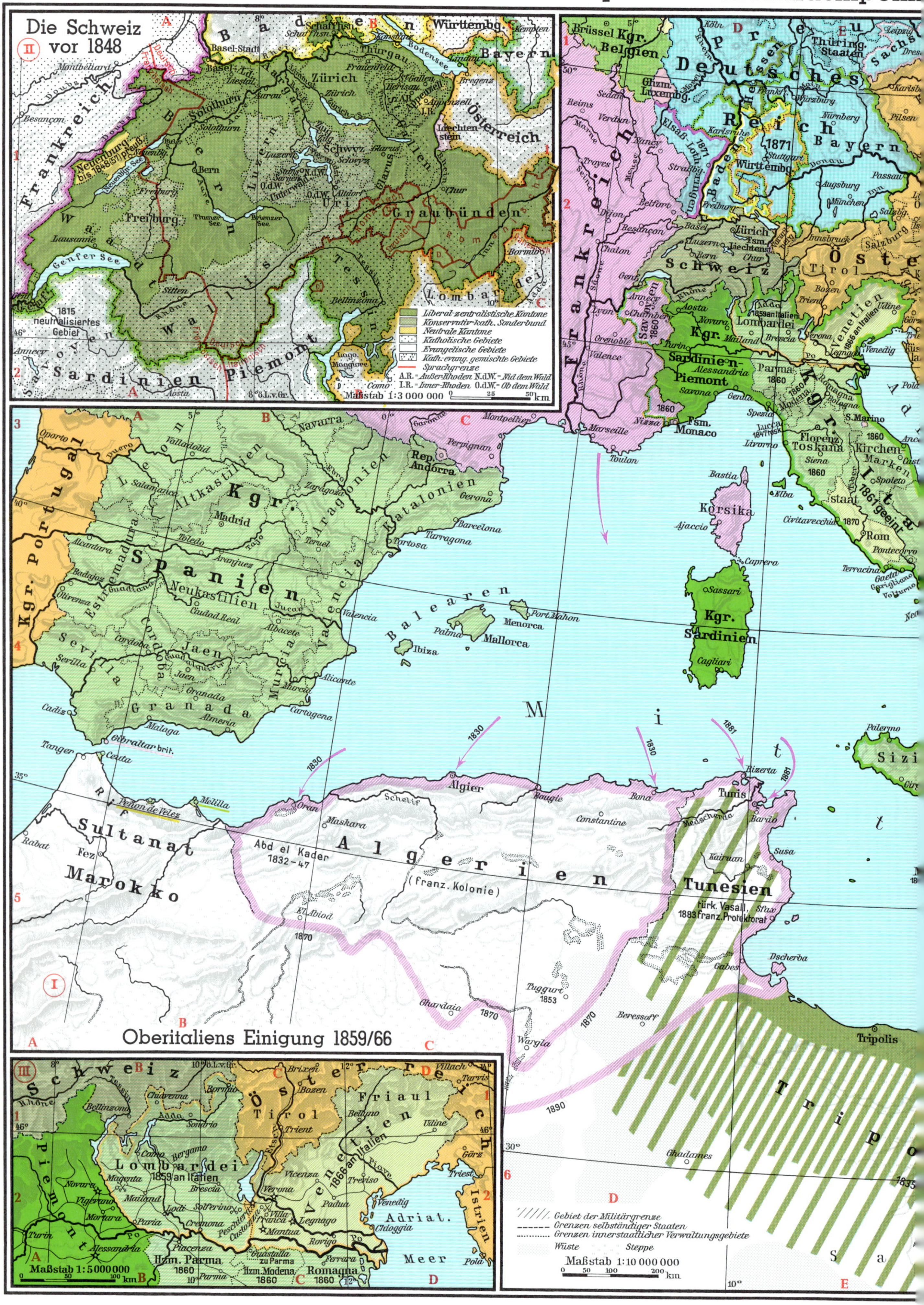
Die Schweiz vor 1848
II
Liberal-zentralistische Kantone
Konservativ kath. Sonderbund
Neutrale Kantone
Katholische Gebiete
Evangelische Gebiete
Kath.-evang. gemischte Gebiete
Sprachgrenze
A.R. = Außer-Rhoden N.d.W. = Nid dem Wald
I.R. = Inner-Rhoden O.d.W. = Ob dem Wald
Maßstab 1:3 000 000
Frankreich
Neuenburg bis 1848/57 preuß.
Bern
Zürich
Graubünden
Wallis
Tessin
Sardinien - Piemont
Österreich
Württembg.
Bayern
1815 neutralisiertes Gebiet
Kgr. Spanien
Kgr. Portugal
Frankreich
Deutsches Reich 1871
Kgr. Belgien
Ghzm. Luxembg.
Schweiz
Kgr. Sardinien-Piemont
Savoyen 1860
Lombardei
Venetien 1866 an Italien
Kgr. Italien 1861 geeint
Korsika
Kgr. Sardinien
Balearen
Mallorca
Menorca
Ibiza
Sultanat Marokko
Algerien (Franz. Kolonie)
Abd el Kader 1832-47
Tunesien türk. Vasall, 1883 Franz. Protektorat
Tripolis
I
Oberitaliens Einigung 1859/66
III
Schweiz
Piemont
Lombardei 1859 an Italien
Tirol
Österreich
Friaul
Venetien 1866 an Italien
Istrien
Adriat. Meer
Hzm. Parma 1860
Hzm. Modena 1860
Romagna 1860
Maßstab 1:5 000 000
Gebiet der Militärgrenze
Grenzen selbständiger Staaten
Grenzen innerstaatlicher Verwaltungsgebiete
Wüste
Steppe
Maßstab 1:10 000 000

Russ.-Polen
Russland
Kgr. Galizien
Ungarn
Siebenbürgen
Banat
1849–60 Kronland
Moldau
Walachei
Rumänien
Bessarabien
Bukarest
Dobrudscha
Belgrad
Serbien
1817 tribut. Fsm.
1878 unabhängig
Bosnien-
1878 von Österreich okkupiert
Sarajewo
Herzegowina
Mostar
Montenegro
1852 Fsm.
Bulgarien
1878 tribut. Fsm.
Sofia
Ostrumelien
1878 autonom
Rumelien
Konstantinopel
Marmara-Meer
Schipka-Paß
Varna
Krim
Sewastopol
Balaklawa
Asowsches Meer
Tscherkessen
bis 1829 türk., ab 1864 russ.
Schwarzes Meer
1856–71 neutralisiert
brit.
1834/55
Franz.
Sinope
Anatolien
Angora
Konia
Brussa
Smyrna
Adana
Thasos
Limnos
Mytilini
Chios
Samos
1832 tribut. Fsm.
Naxos
Rhodos
Ägäisches Meer
Griechenland
Thessalien
1881
Epirus
Larissa
Livadien
Missolunghi
Athen
Patras
Korinth
Morea
Tripolis
Kalamata
Korfu
Kephalonia
Zante
Ionische Inseln
1815 Republik unter britischem Schutz
1863 griechisch
Cerigo
Kreta
Kandia
Canea
1825–28
1822–40 ägypt.
1822
Cypern
1878 brit. Verwaltung
Nikosia
Famagusta
Syrien
Libanon
Beirut
Damaskus
Akka
Jaffa
Jerusalem
Gaza
1831
1882
Rosette
Damiette
Pt. Said
Alexandrien
Kairo
Gise
Sues
Kanalaktien des Khediven 1875 brit.
H. Sinai
Akaba
Arabien
Ägypten
1805(11) – 1849 Mehmed Ali
1833 erblicher Besitz
1866 Ismail Khedive
Oase Siwa
Nil
Rotes Meer
Barka
Bengasi
Derna
Mittelmeer
Tripolitanien
Bari
Brindisi
Durazzo
Saloniki
Makedonien
Albanien
Greenw.

Afrika von der Mitte bis zum Ende des 19. Jahrhunderts

Die Aufteilung Afrikas seit der Mitte des 19. Jahrh.

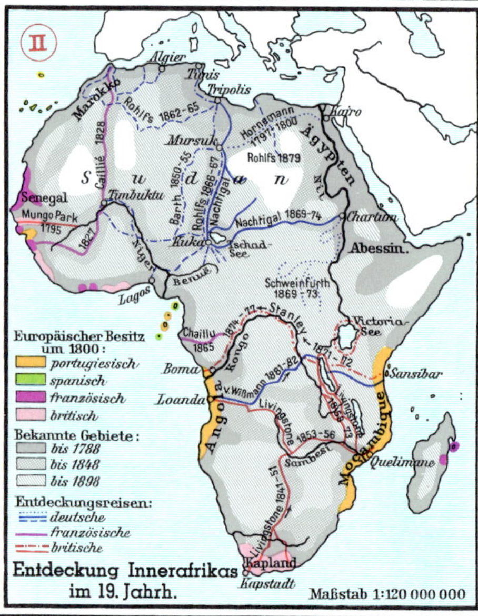

Entdeckung Innerafrikas im 19. Jahrh.

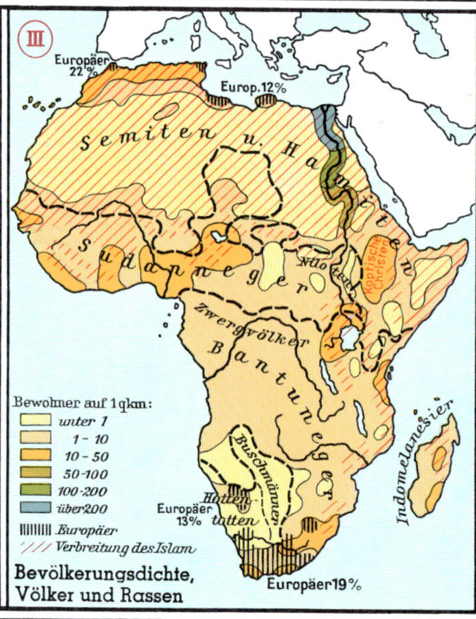

Bevölkerungsdichte, Völker und Rassen

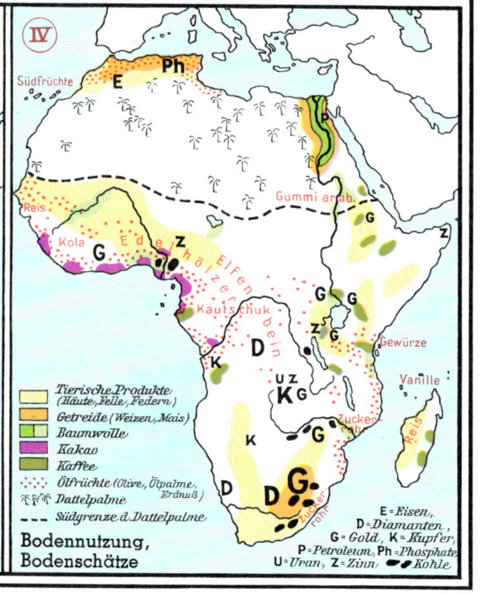

Bodennutzung, Bodenschätze

Nordamerika Politische Entwicklung seit 1783

Südamerika seit den Unabhängigkeitskämpfen

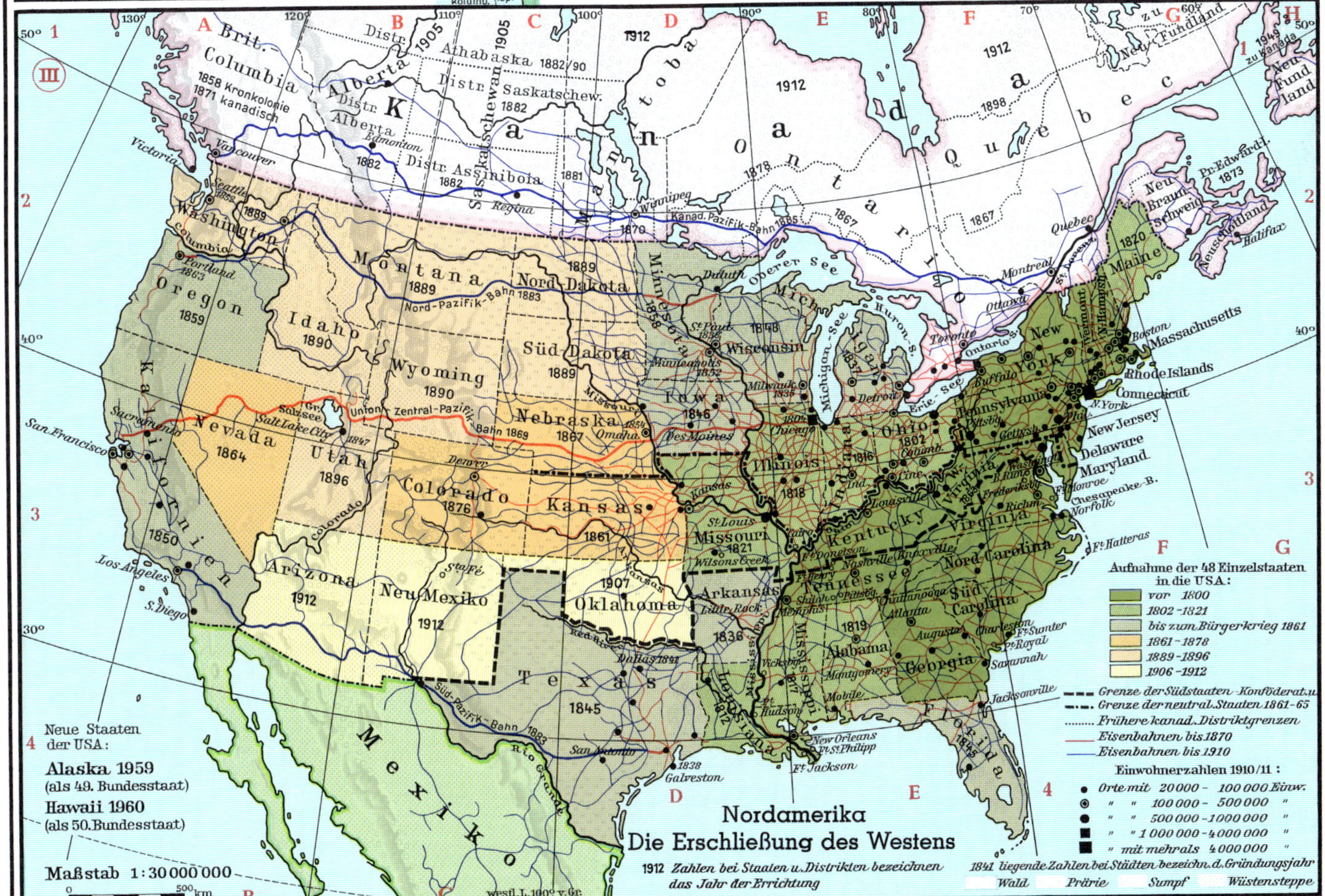

Nordamerika Die Erschließung des Westens

Rußlands Vordringen in Kaukasien 1783-1921

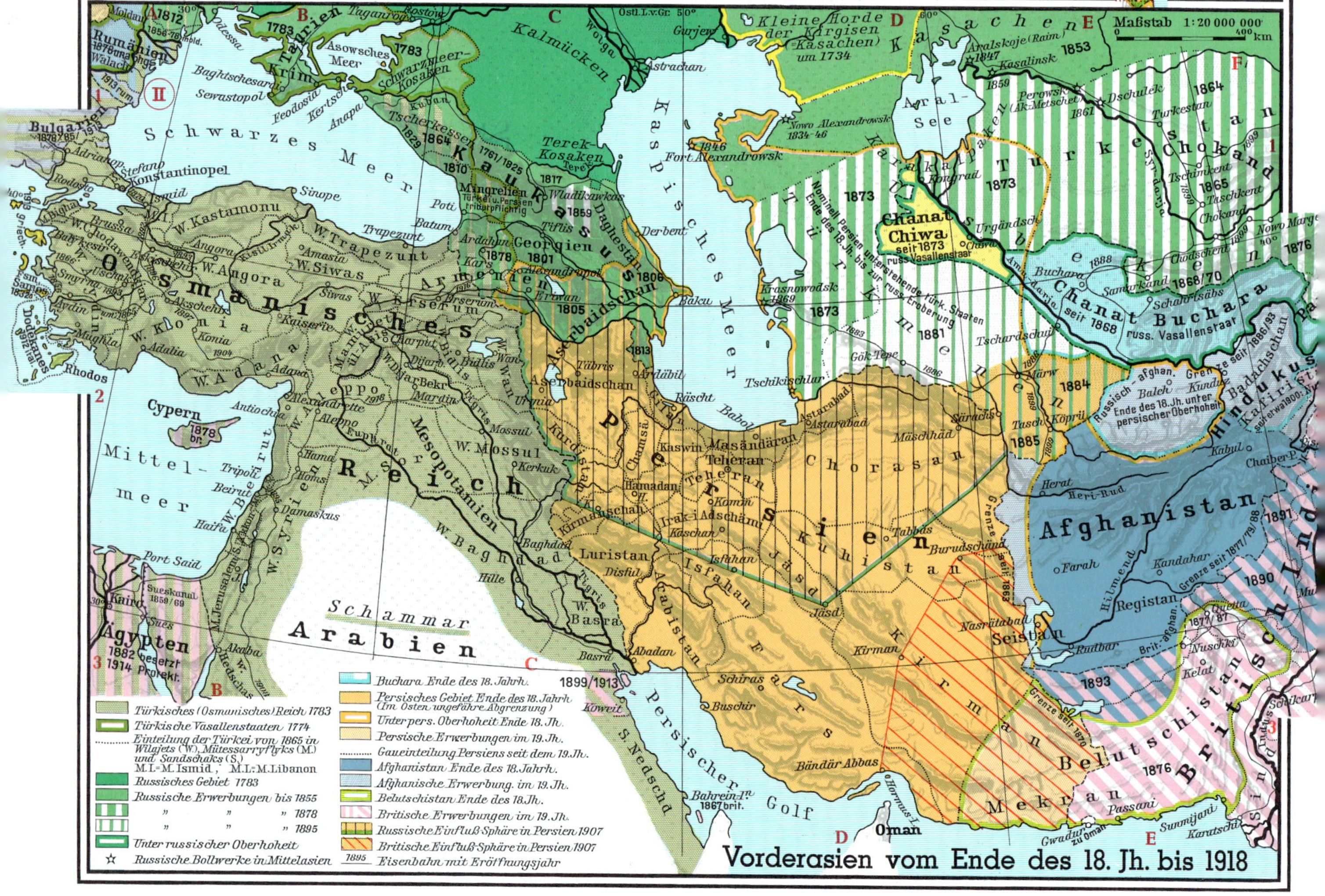

Vorderasien vom Ende des 18. Jh. bis 1918

Indiens politische Entwicklung von der Mitte des 18. Jahrhunderts bis 1918
Britische Erwerbungen:
von 1753–1775
von 1792–1805
von 1815–1858
nach 1858
Vasallenstaaten in Britisch-Indien:
dem Vizekönig unterstellt
Provinz-Regierungen unterstellt
nur unter britischer Aufsicht
1856 Jahr der Erwerbung bzw. Unterwerfung
Grenze von Britisch-Indien (Kaiserreich seit 1876)
Belutschistan Ende des 18. Jh.
Portugiesischer Besitz
Französischer Besitz
Persisches Gebiet Ende des 18. Jh. (ungefähre Abgrenzung)
Unter persischer Oberhoheit Ende des 18. Jh.
Persische Erwerbungen im 19. Jh.
Afghanistan Ende des 18. Jh.
Afghanische Erwerbungen im 19. Jh.
Chanat Buchara Ende des 18. Jh.
Unter russischer Oberhoheit seit 1868
Russische Erwerbungen bis 1895
Eisenbahnen bis etwa 1890 gebaut
Weitere wichtige Eisenbahnen nach 1890
Buchara seit 1868 russ. Vasallenstaat
Pamir 1895
Ost-Turkestan 1760–1868, 1878 zu China
Afghanistan
Hindukusch
Kaschmir
Karakorum
Tibet
Nepal
Bhutan
Assam
Pandschab
Radschputana
Belutschistan
Sind
Mewar
Marathen
Malwa
Zentral-Indien
Gudscherat
Staaten
Berar
Zentral-Prov.
Orissa
Haidarabad (Reich des Nisam)
Maisur
Ceylon 1796 teilweise bes.
Ober-Burma
Unter-Burma
Pegu 1852
Siam
China
Bengalisches Meer
Arabisches Meer
Indischer Ozean
Andamanen 1789–96, 1858 brit.
Nikobaren 1869 brit.
Lakkadiven 1791/1855 brit.
Malediven 1645 ndld. 1796/1815 brit.
Goa 1510 port.
Bombay seit 1661 brit.
Madras 1746/48 frz.
Pondicherry 1674 frz.
Sumatra
Maßstab 1:20 000 000

Javas politische Entwicklung seit dem 16. Jahrh.
Größte Ausdehnung des Reiches Mataram (1586–1755)
Pakulan 1615 Dem Reiche Mataram unterstellte Staaten Jahr der Unterwerfung der einzelnen Gebiete
Demak (1518–50) Selbständige Staaten vor Mataram und Dauer ihres Bestehens
Pakulan (1812) Wiedererstandene Staaten nach dem Zerfall Matarams
1500 Ungefährer Beginn des islamischen Einflusses
Die niederländische Besitzergreifung:
Kerngebiet der niederld. Kolonie 1619
Niederland. Einflußgebiet 1620–1684
„ „ 1685–1824
„ „ 1825–1898
„ „ 1906
1677 Jahreszahlen des niederld. Vordringens
Einteilung der niederld. Verwaltung um 1900
Verwaltungseinteilung von 1937 (West-, Mittel-, Ostjava)
Gebiet der Fürstenländer (Vorstenlande)
Wichtige Eisenbahnen
Java-See
West-Java
Mittel-Java
Ost-Java
Madura
Bali
Lombok
Sumbawa
Sumatra
Maßstab 1:7 500 000

Ostasien vom 19. Jahrhundert bis 1930

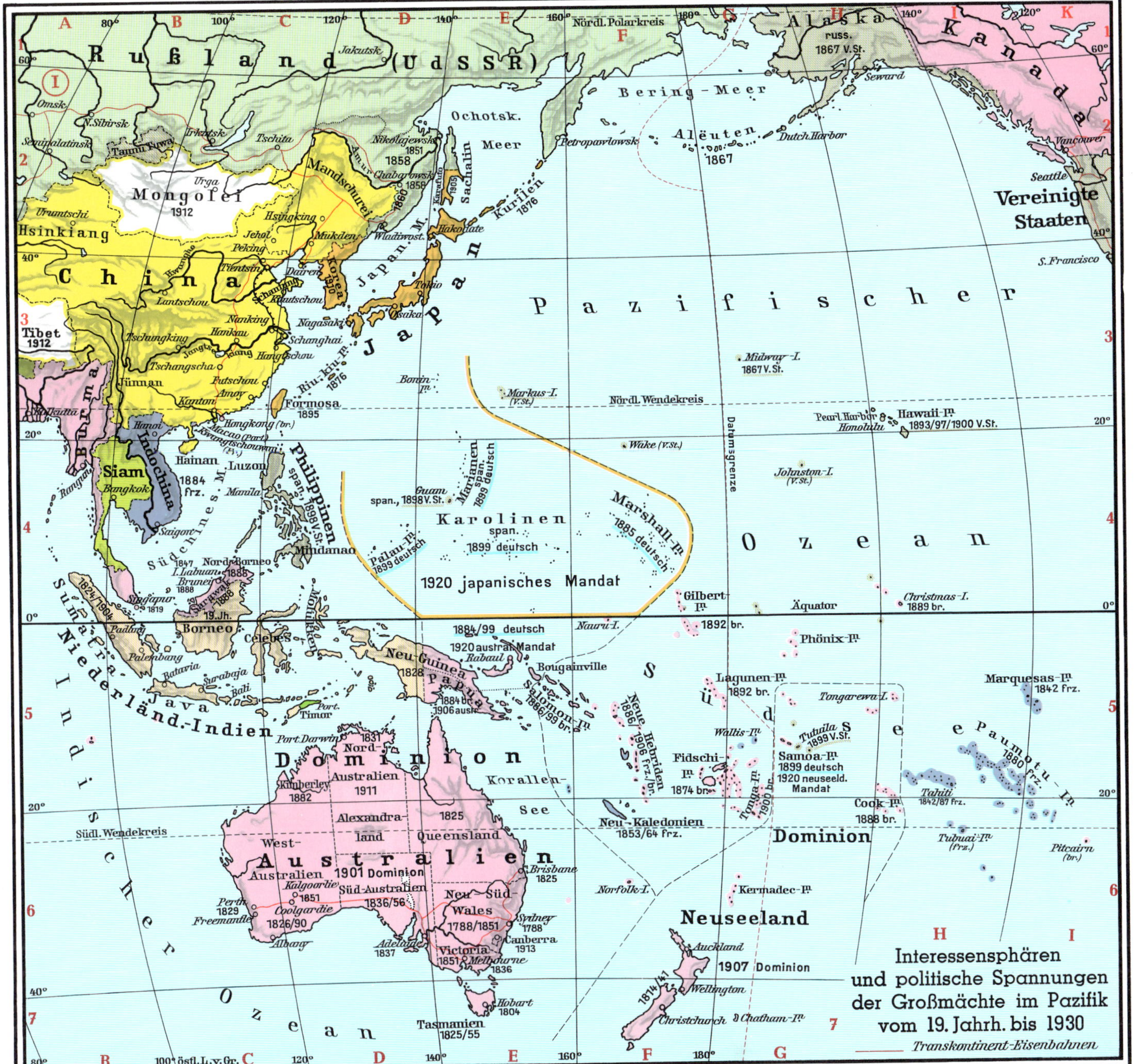

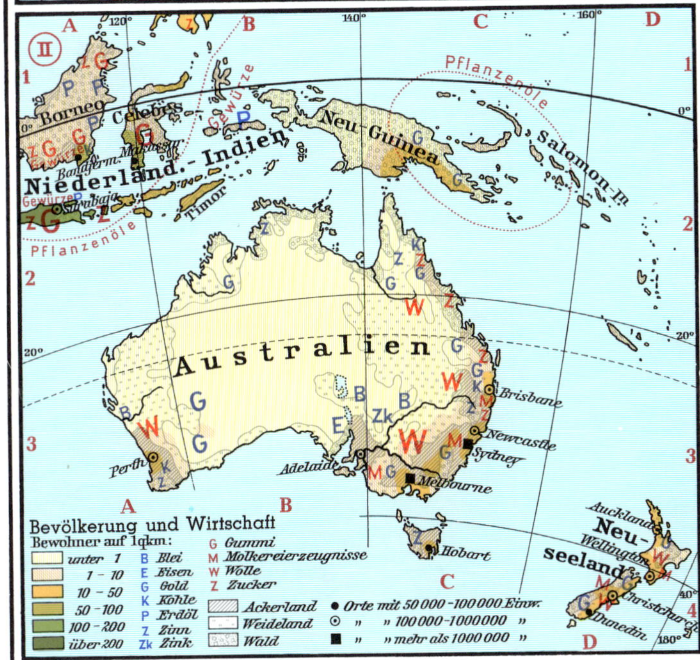

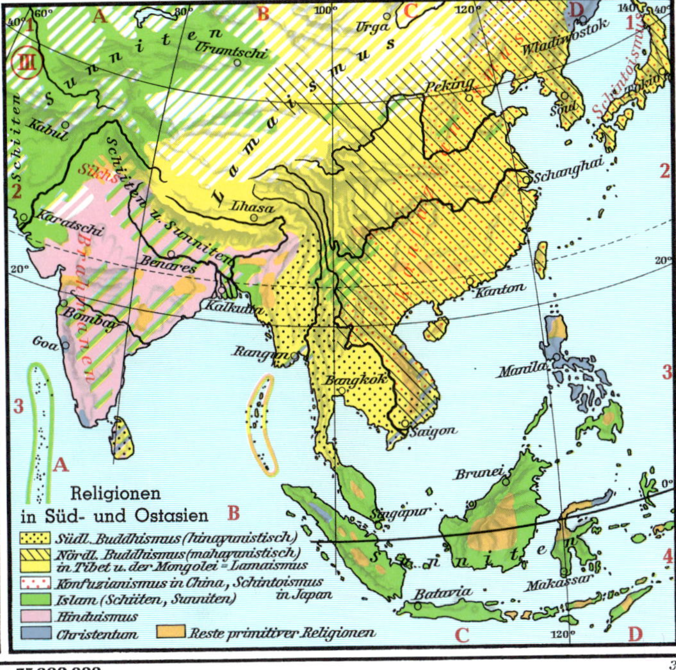

Maßstab 1 : 75 000 000

0 500 1000 2000 km

35

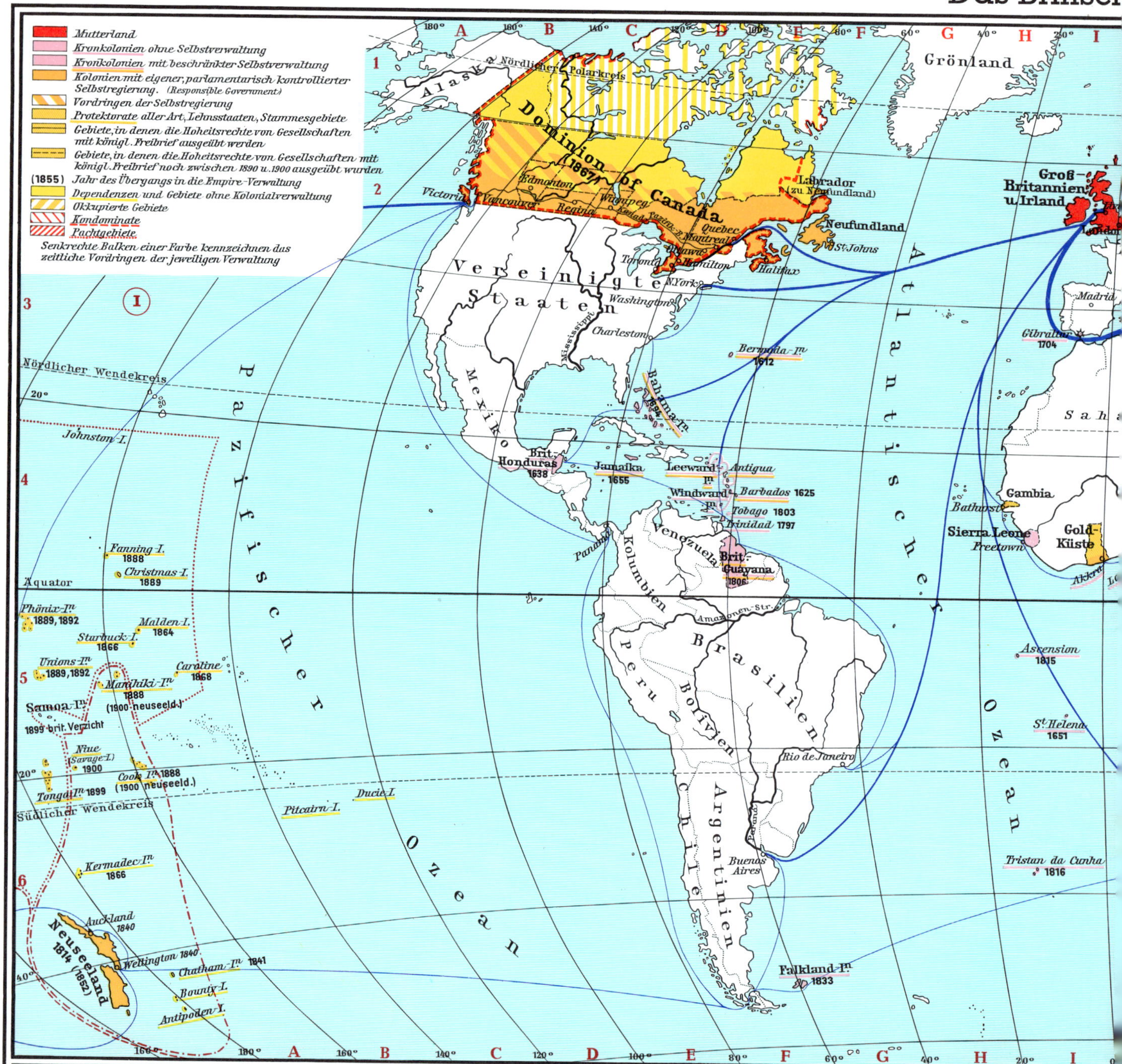

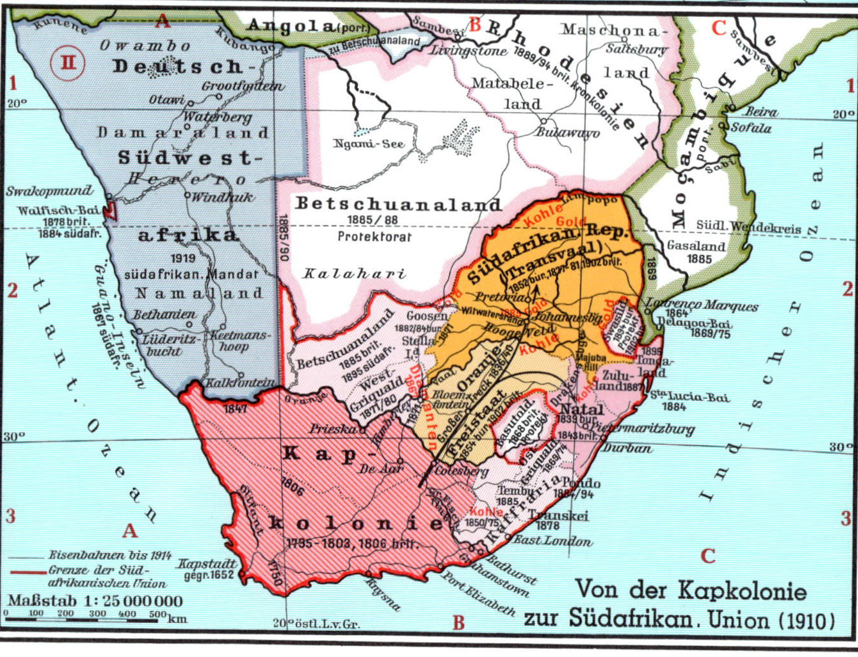

Von der Kapkolonie zur Südafrikan. Union (1910)

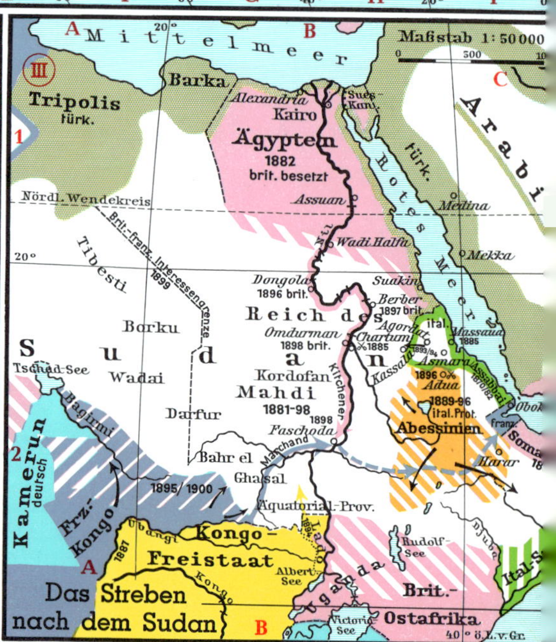

Das Streben nach dem Sudan

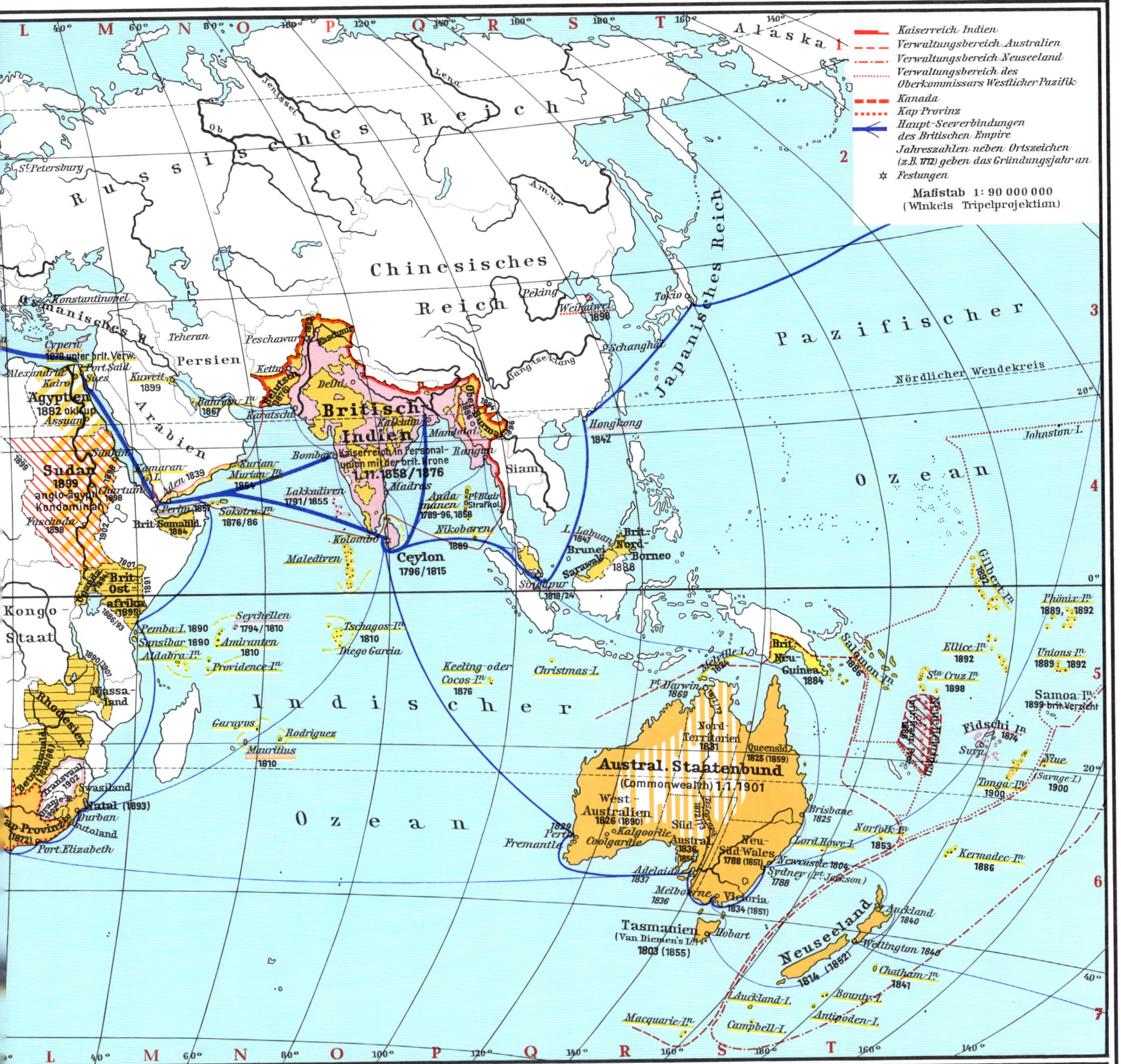

Sues-Kanal
Maßstab 1:3 000 000

Malaienhalbinsel bis 1910

Russ.-Japan. Krieg 1904/05

Agrarreform und Siedlung

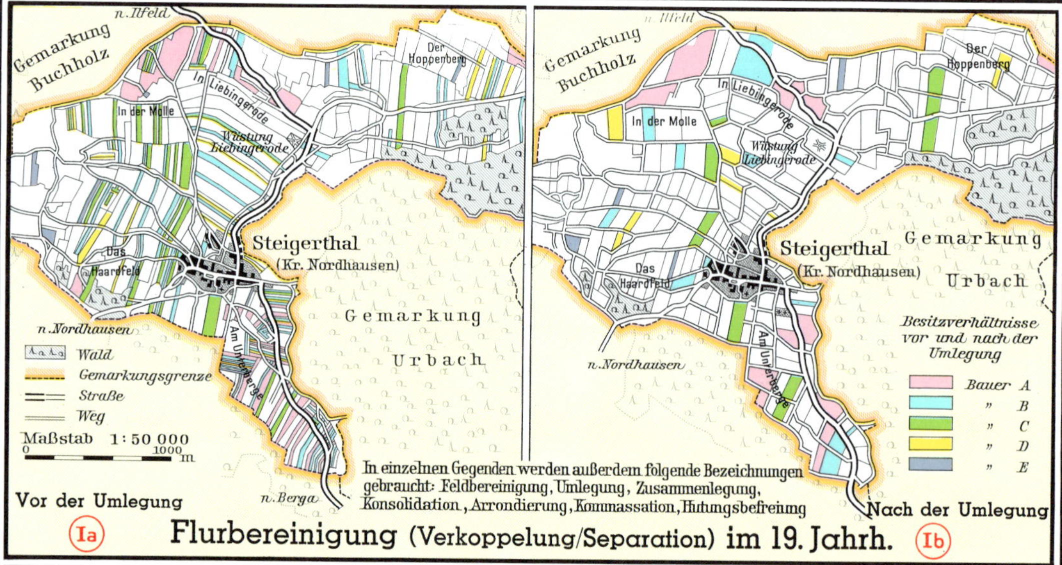

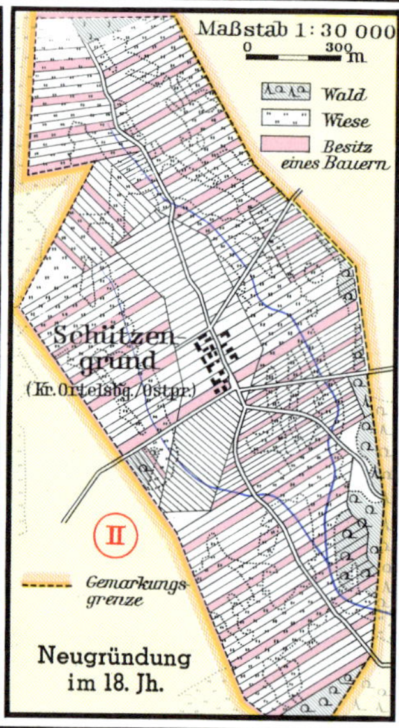

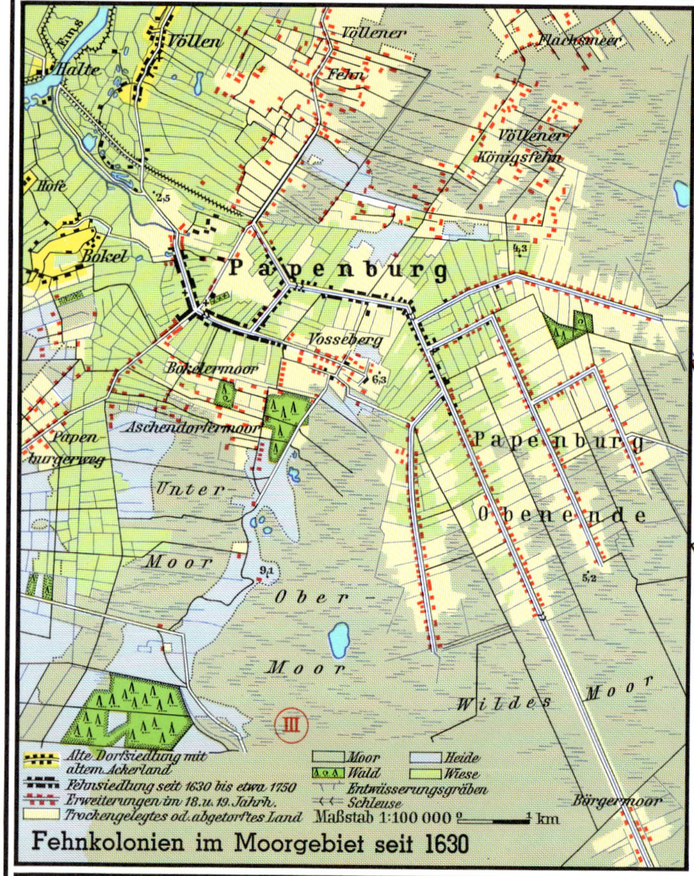

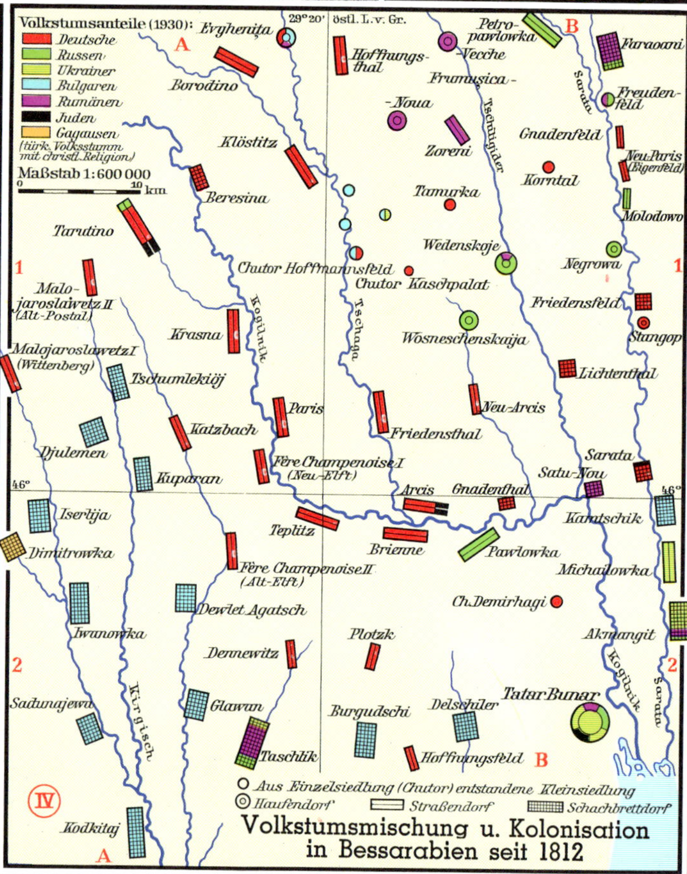

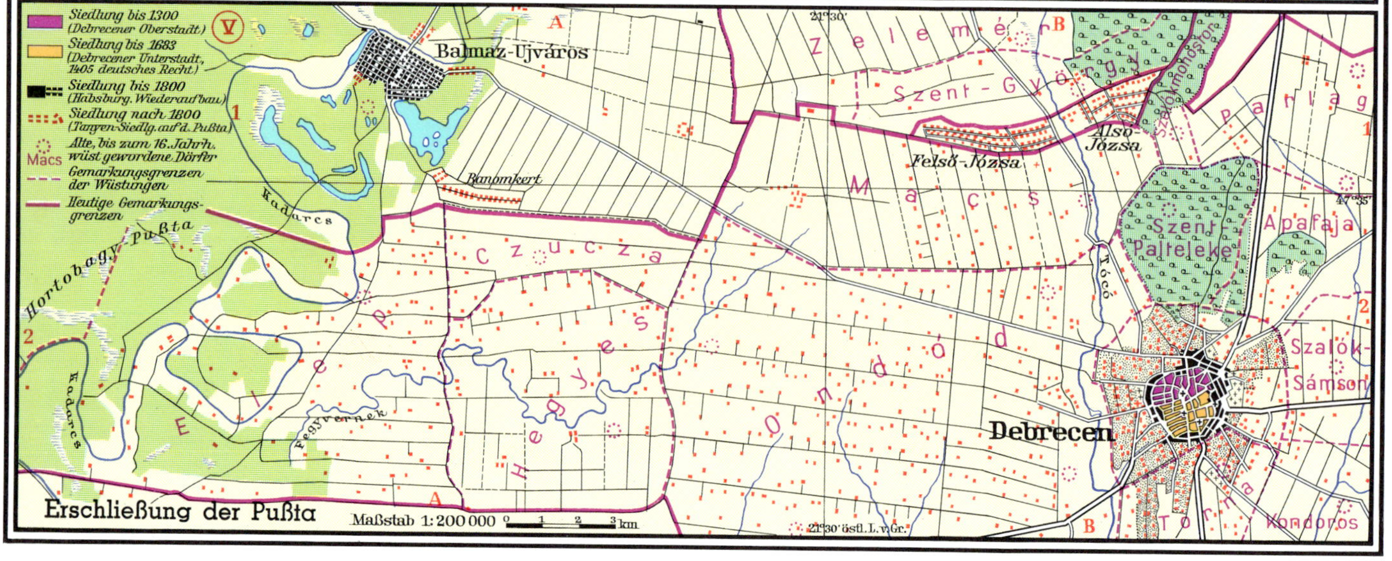

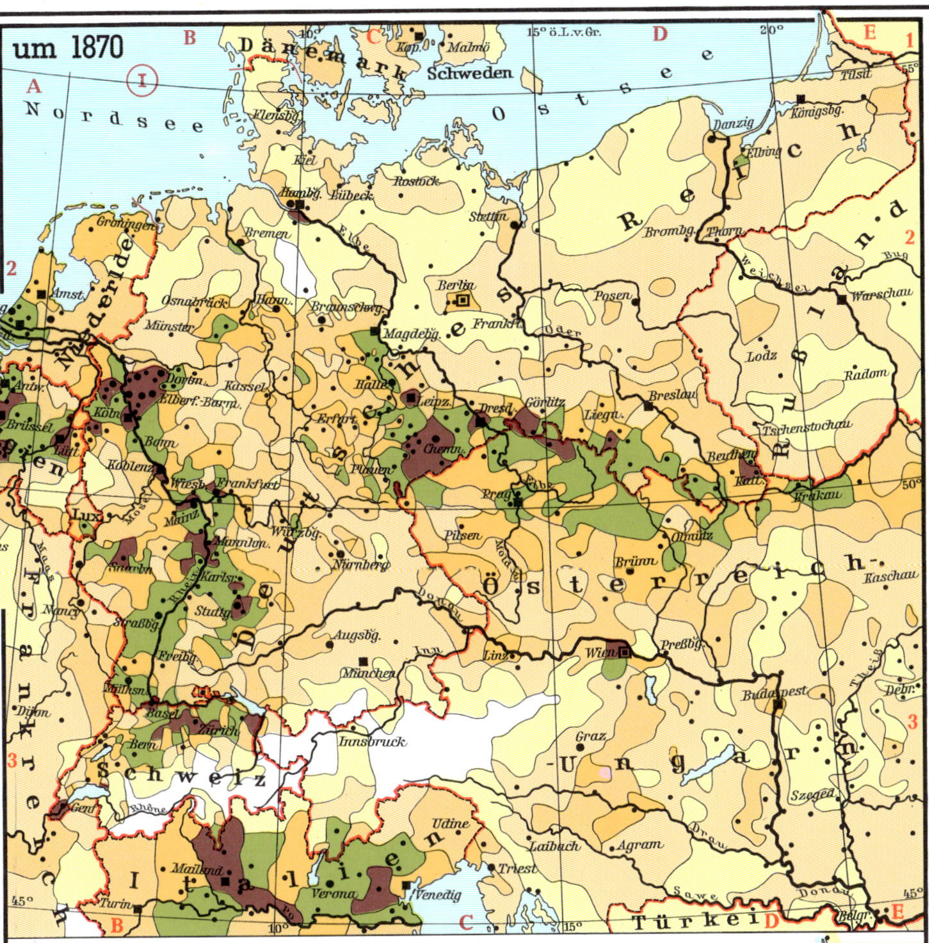

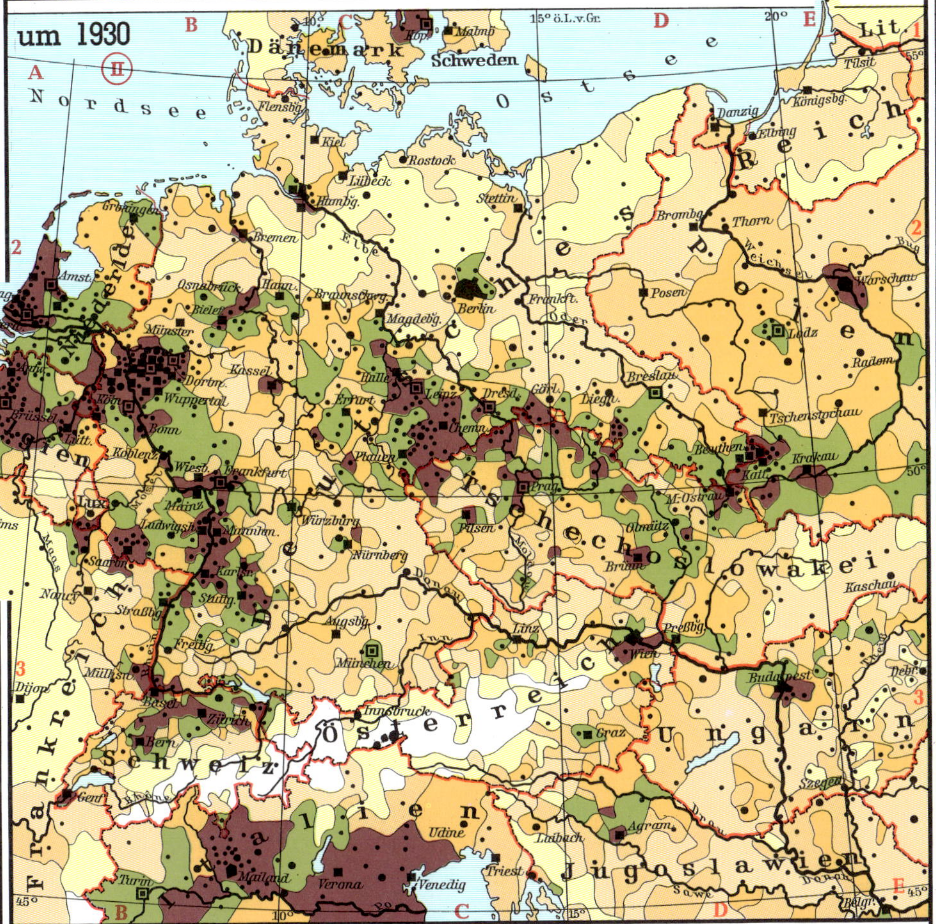

Bevölkerungsdichte

Einwohner je qkm:

- 0–20 Einwohner
- 20–40 „ „
- 40–60 Einwohner
- 60–80 „ „
- 80–100 „ „
- 100–150 Einwohner
- über 150 „ „

Städte:

- 10 000– 50 000 Einw.
- 50 000–100 000 „
- 100 000–500 000 Einw.
- 500 000–1 000 000 „
- über 1 000 000 Einw.

Geburtenhäufigkeit

Geburten auf 1000 Einwohner:

- bis 15
- 15 – 20
- 20 – 25
- 25 – 30
- über 30

Industrie-Entwicklung vom 19. zum 20. Jahrh.

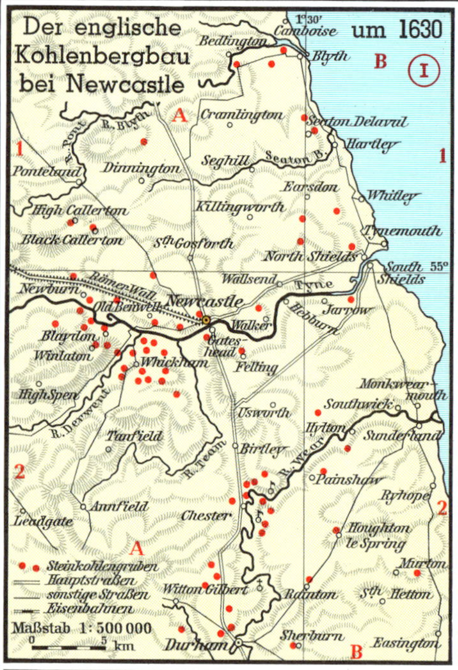

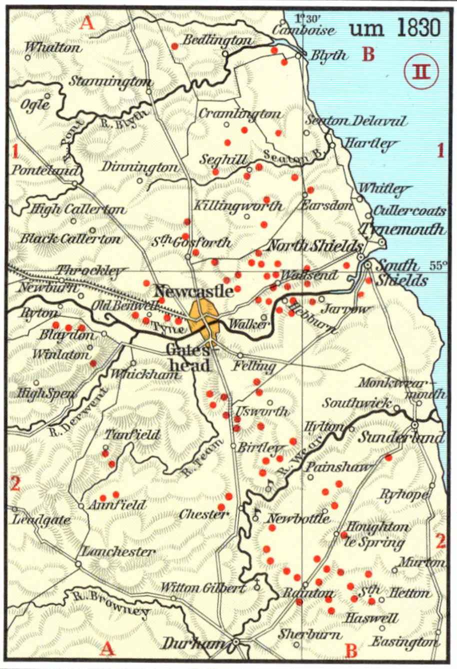

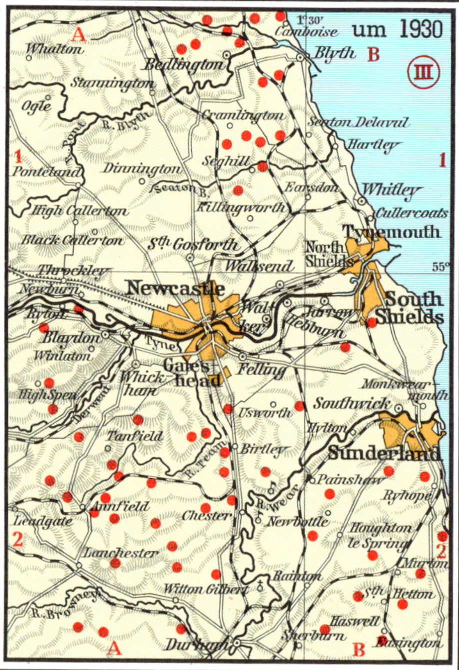

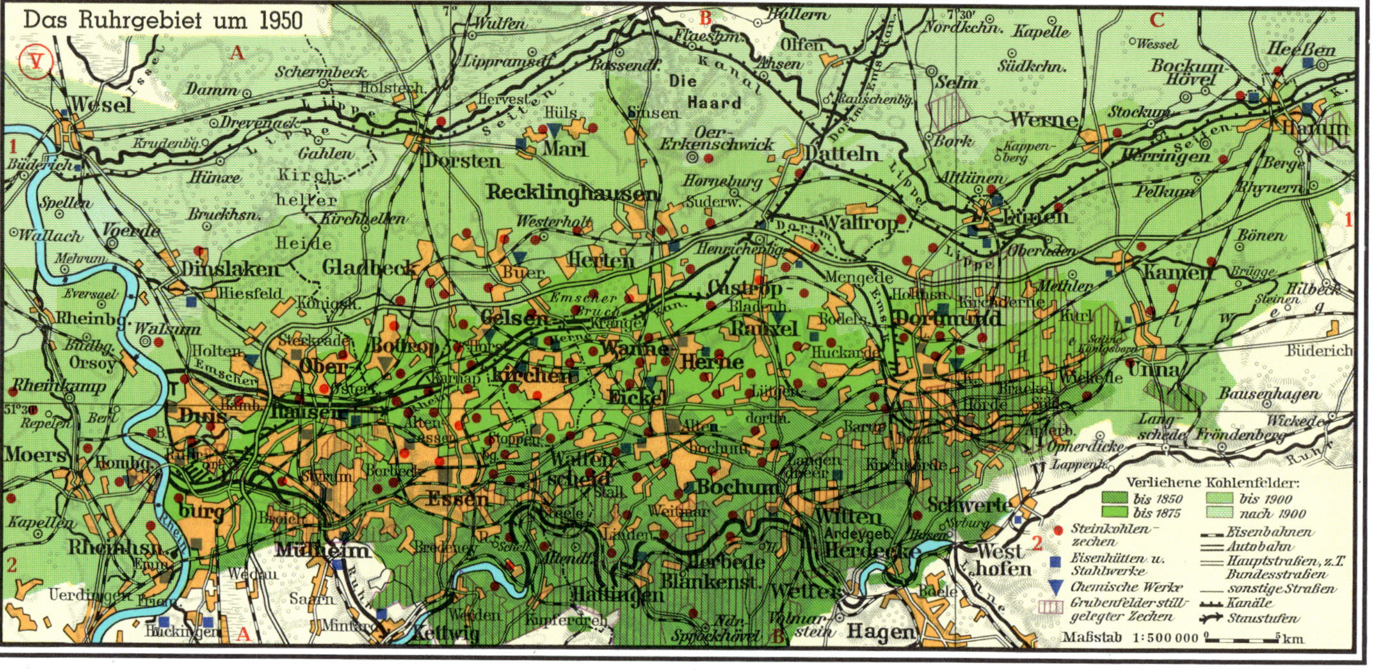

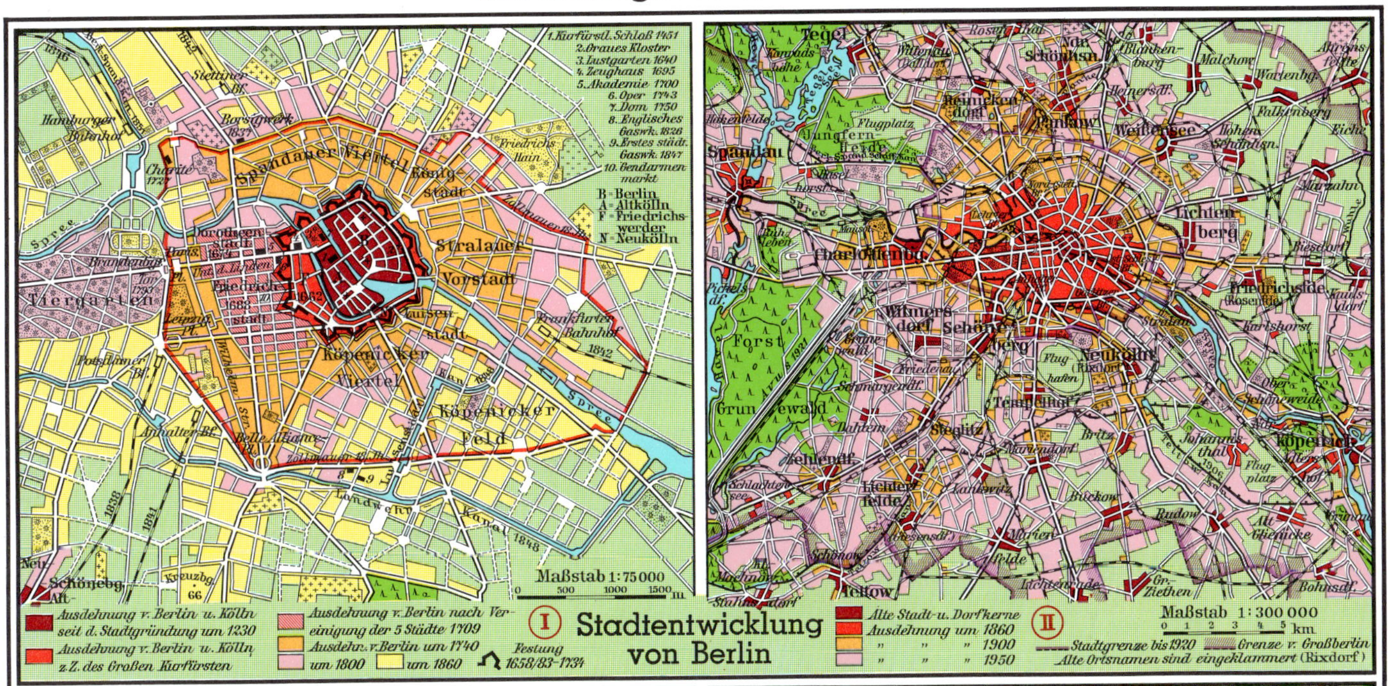
1. Kurfürstl. Schloß 1451
2. Graues Kloster
3. Lustgarten 1640
4. Zeughaus 1695
5. Akademie 1700
6. Oper 1743
7. Dom 1750
8. Englisches Gaswk. 1826
9. Erstes städt. Gaswk. 1847
10. Gendarmenmarkt
B-Berlin
A-Altkölln
F-Friedrichswerder
N-Neukölln
Spandauer Viertel
Königstadt
Stralauer Vorstadt
Luisenstadt
Köpenicker Viertel
Köpenicker Feld
Tiergarten
Spree
Landwehrkanal
Frankfurter Bahnhof
Schöneberg
Maßstab 1:75 000
Ausdehnung v. Berlin u. Kölln seit d. Stadtgründung um 1230
Ausdehnung v. Berlin u. Kölln z. Z. des Großen Kurfürsten
Ausdehnung v. Berlin nach Vereinigung der 5 Städte 1709
Ausdehn. v. Berlin um 1740
um 1800
um 1860
Festung 1658/83-1734
I
Stadtentwicklung von Berlin
II
Alte Stadt- u. Dorfkerne
Ausdehnung um 1860
" " " 1900
" " " 1950
Stadtgrenze bis 1920
Grenze v. Groß-Berlin
Alte Ortsnamen sind eingeklammert (Rixdorf)
Maßstab 1:300 000
Tegel
Spandau
Charlottenburg
Wilmersdorf
Schöneberg
Neukölln
Lichtenberg
Friedrichsfelde
Köpenick
Steglitz
Tempelhof
Lichterfelde
Grunewald
Teltow
Rudow
Weißensee
Pankow
Flughafen

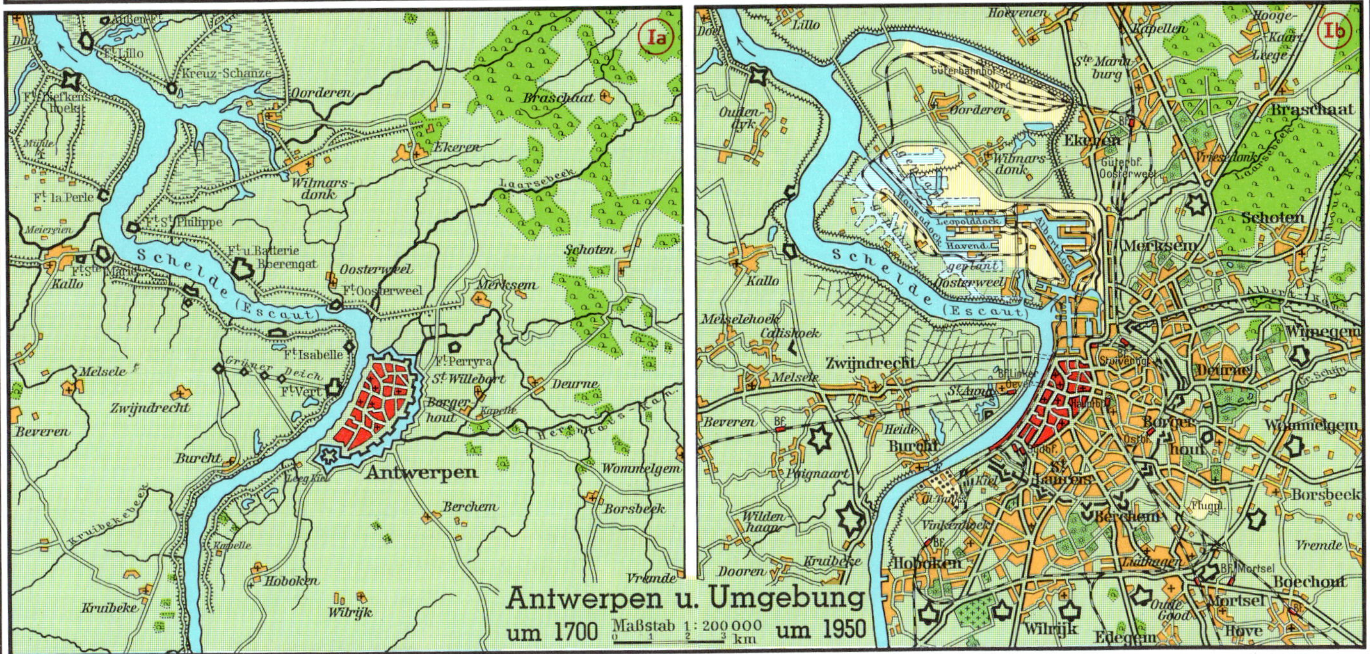
Ia
Ib
Schelde (Escaut)
Antwerpen
Berchem
Borgerhout
Deurne
Merksem
Schoten
Brasschaat
Ekeren
Wilmarsdonk
Oosterweel
Kallo
Zwijndrecht
Burcht
Beveren
Melsele
Hoboken
Wilrijk
Kruibeke
Wommelgem
Borsbeek
Mortsel
Edegem
Hove
Boechout
Vremde
Wijnegem
Lillo
Antwerpen u. Umgebung
um 1700 Maßstab 1:200 000 km um 1950

Golden Gate
Black Point
North Point
Fort Mason
Telegraph Hill
Nob Hill
Rincon Point
Mission Rock
China Basin
Lone Mt.
Golden Gate Park
Buena Vista Pk.
Mission Dolores 1776 gegr.
San Francisco Bay
III
San Francisco
1848 bis 1906
Maßstab 1:75 000 0 500 m

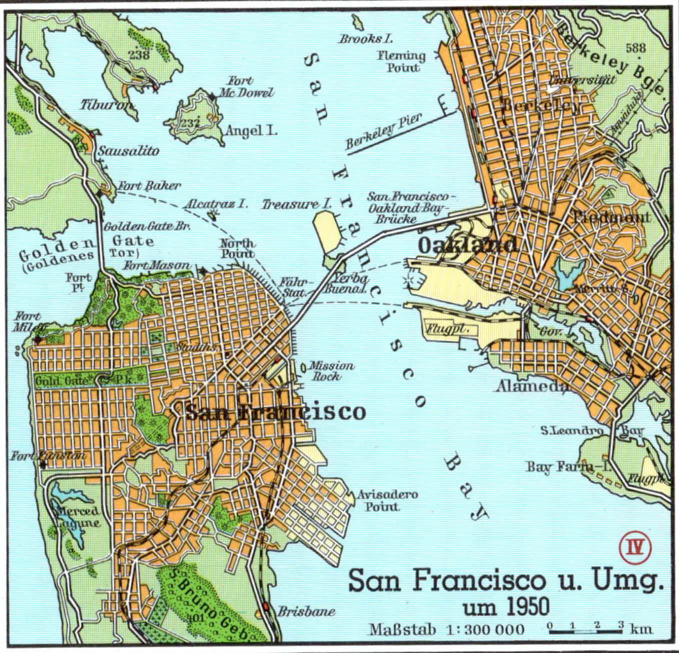
Tiburon
Sausalito
Fort Baker
Angel I.
Alcatraz I.
Treasure I.
Berkeley Pier
Berkeley
Piedmont
Oakland
Alameda
San Francisco-Oakland-Bay-Brücke
Golden Gate Br.
Golden Gate (Goldenes Tor)
San Francisco Bay
San Francisco
Mission Rock
Avisadero Point
San Leandro Bay
Bay Farm I.
Brisbane
IV
San Francisco u. Umg.
um 1950
Maßstab 1:300 000 0 1 2 3 km

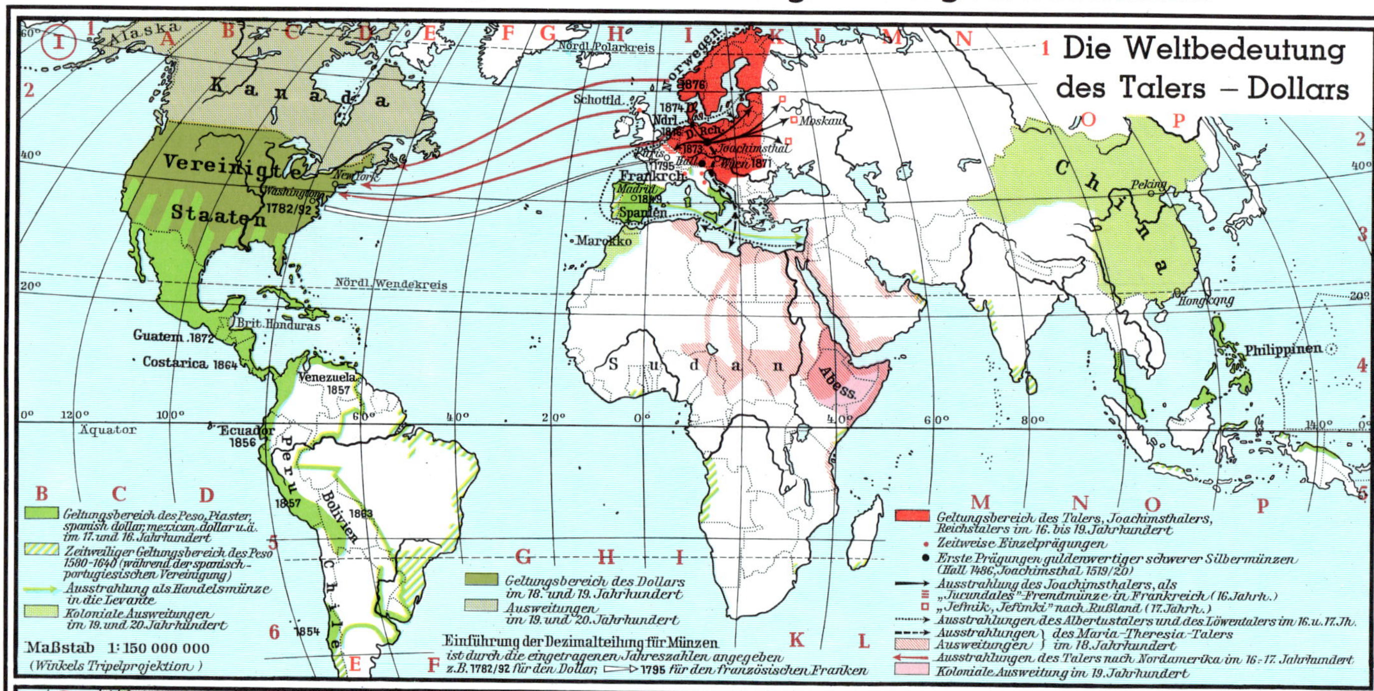
Die Weltbedeutung des Talers – Dollars
Geltungsbereich des Peso, Piaster, spanish dollar, mexican dollar u.ä. im 17. und 18. Jahrhundert
Zeitweiliger Geltungsbereich des Peso 1580–1640 (während der spanisch-portugiesischen Vereinigung)
Ausstrahlung als Handelsmünze in die Levante
Koloniale Ausweitungen im 19. und 20. Jahrhundert
Geltungsbereich des Dollars im 18. und 19. Jahrhundert
Ausweitungen im 19. und 20. Jahrhundert
Einführung der Dezimalteilung für Münzen ist durch die eingetragenen Jahreszahlen angegeben z.B. 1782/92 für den Dollar, 1795 für den französischen Franken
Geltungsbereich des Talers, Joachimsthalers, Reichstalers im 16. bis 19. Jahrhundert
Zeitweise Einzelprägungen
Erste Prägungen guldenwertiger schwerer Silbermünzen (Hall 1486, Joachimsthal 1519/20)
Ausstrahlung des Joachimsthalers, als „Jocondales" Fremdmünze in Frankreich (16. Jahrh.)
„Jefimk, Jefimki" nach Rußland (17. Jahrh.)
Ausstrahlungen des Albertustalers und des Löwentalers im 16. u. 17. Jh.
Ausstrahlungen des Maria-Theresia-Talers
Ausweitungen im 18. Jahrhundert
Ausstrahlungen des Talers nach Nordamerika im 16.–17. Jahrhundert
Koloniale Ausweitung im 19. Jahrhundert
Maßstab 1: 150 000 000
(Winkels Tripelprojektion)
Kanada
Vereinigte Staaten
Alaska
China
Sudan
Abess.
Peru
Bolivien
Chile
Frankreich
Spanien
Marokko
Norwegen
Moskau
Peking
Hongkong
Philippinen
Venezuela 1857
Ecuador 1856
Guatem. 1872
Costarica 1864
Brit. Honduras
Nördl. Polarkreis
Nördl. Wendekreis
Äquator

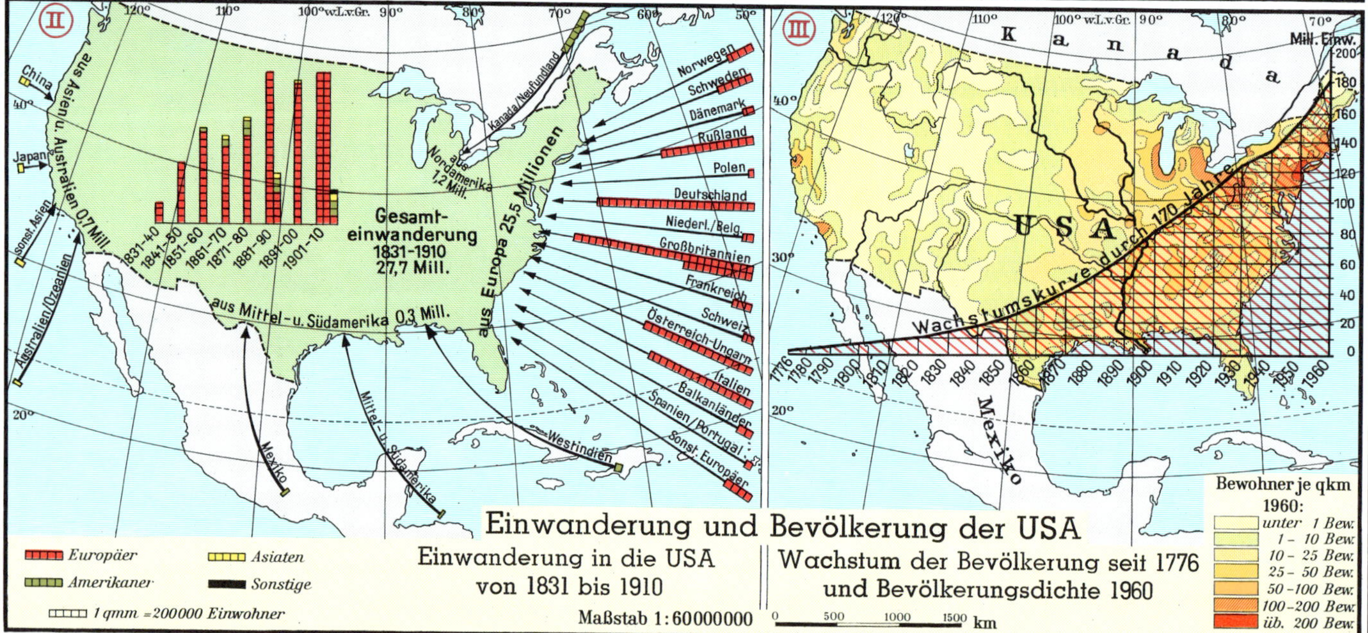
Einwanderung und Bevölkerung der USA
Einwanderung in die USA von 1831 bis 1910
Gesamteinwanderung 1831–1910 27,7 Mill.
aus Europa 25,5 Millionen
aus Asien u. Australien 0,7 Mill.
aus Nordamerika 1,2 Mill.
aus Mittel- u. Südamerika 0,3 Mill.
Norwegen
Schweden
Dänemark
Rußland
Polen
Deutschland
Niederl./Belg.
Großbritannien
Frankreich
Schweiz
Österreich-Ungarn
Italien
Balkanländer
Spanien/Portugal
Sonst. Europäer
Westindien
Mexiko
Mittel- u. Südamerika
Kanada/Neufundland
China
Japan
Sonst. Asien
Australien/Ozeanien
Europäer
Amerikaner
Asiaten
Sonstige
1 qmm = 200000 Einwohner
Wachstum der Bevölkerung seit 1776 und Bevölkerungsdichte 1960
Wachstumskurve durch 170 Jahre
USA
Kanada
Mexiko
Mill. Einw.
Bewohner je qkm 1960:
unter 1 Bew.
1 – 10 Bew.
10 – 25 Bew.
25 – 50 Bew.
50 – 100 Bew.
100 – 200 Bew.
üb. 200 Bew.
Maßstab 1: 60000000

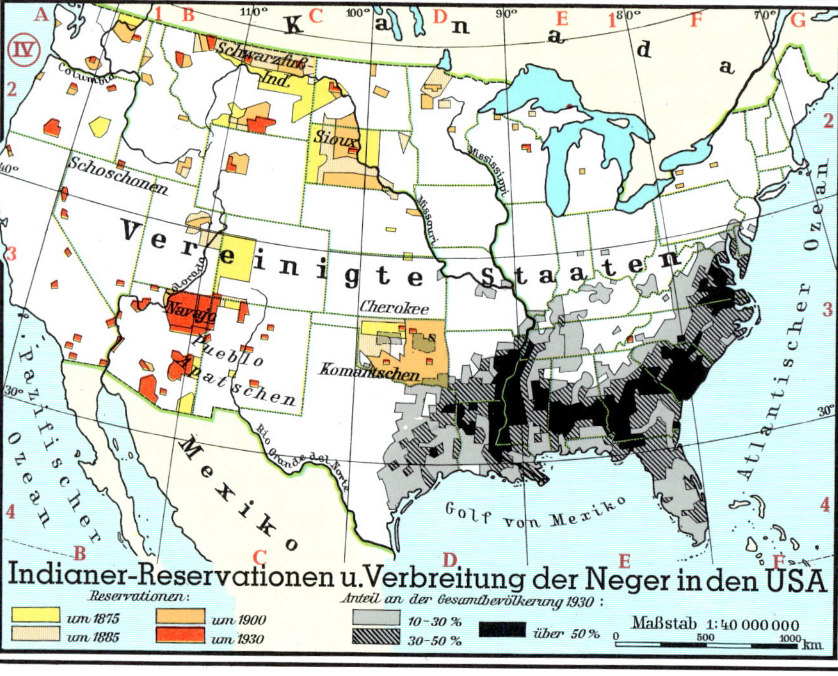
Indianer-Reservationen u. Verbreitung der Neger in den USA
Reservationen:
um 1875
um 1885
um 1900
um 1930
Anteil an der Gesamtbevölkerung 1930:
10–30 %
30–50 %
über 50 %
Maßstab 1: 40 000 000
Kanada
Vereinigte Staaten
Mexiko
Pazifischer Ozean
Atlantischer Ozean
Golf von Mexiko
Schwarzfuß Ind.
Sioux
Schoschonen
Navajo
Pueblo
Apatschen
Cherokee
Komantschen

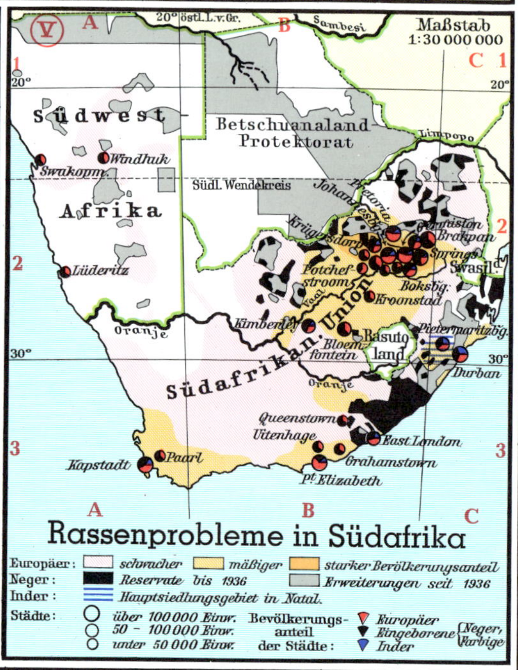
Rassenprobleme in Südafrika
Maßstab 1: 30 000 000
Europäer: schwacher / mäßiger / starker Bevölkerungsanteil
Neger: Reservate bis 1936 / Erweiterungen seit 1936
Inder: Hauptsiedlungsgebiet in Natal
Städte: über 100 000 Einw. / 50 – 100 000 Einw. / unter 50 000 Einw.
Bevölkerungsanteil der Städte: Europäer / Eingeborene (Neger, Farbige) / Inder
Südwest Afrika
Betschuanaland-Protektorat
Südafrikan. Union
Basutoland
Swasild.
Windhuk
Swakopm.
Lüderitz
Kimberley
Bloemfontein
Kroonstad
Potchefstroom
Pietermaritzburg
Durban
Queenstown
Uitenhage
East London
Grahamstown
Pt. Elizabeth
Kapstadt
Paarl
Springs
Brakpan
Boksbg.
Sambesi
Limpopo
Oranje
Südl. Wendekreis

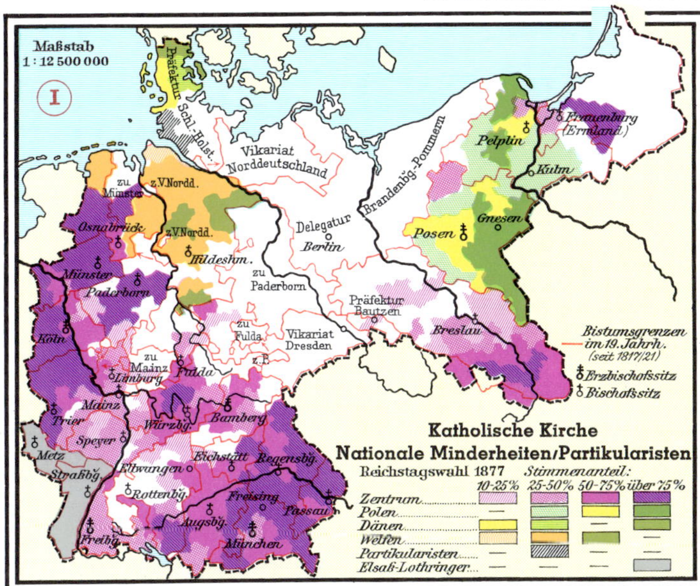

Katholische Kirche
Nationale Minderheiten/Partikularisten

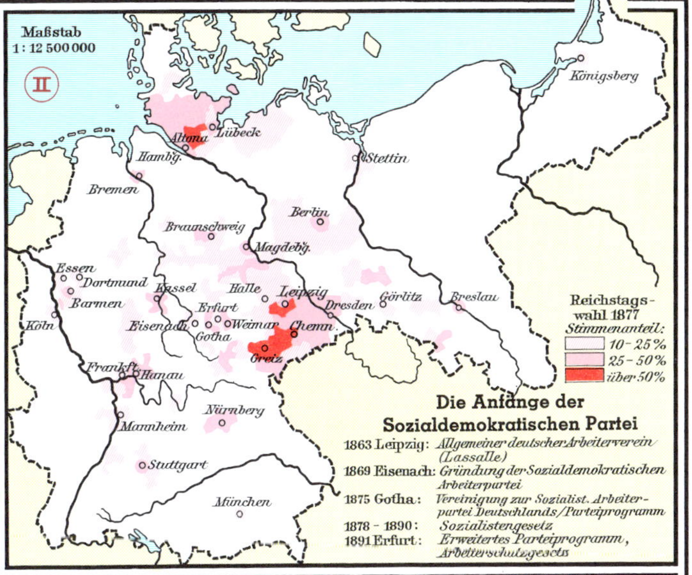

Die Anfänge der Sozialdemokratischen Partei

1863 Leipzig: *Allgemeiner deutscher Arbeiterverein (Lassalle)*
1869 Eisenach: *Gründung der Sozialdemokratischen Arbeiterpartei*
1875 Gotha: *Vereinigung zur Sozialist. Arbeiterpartei Deutschlands/Parteiprogramm*
1878 - 1890: *Sozialistengesetz*
1891 Erfurt: *Erweitertes Parteiprogramm, Arbeiterschutzgesetz*

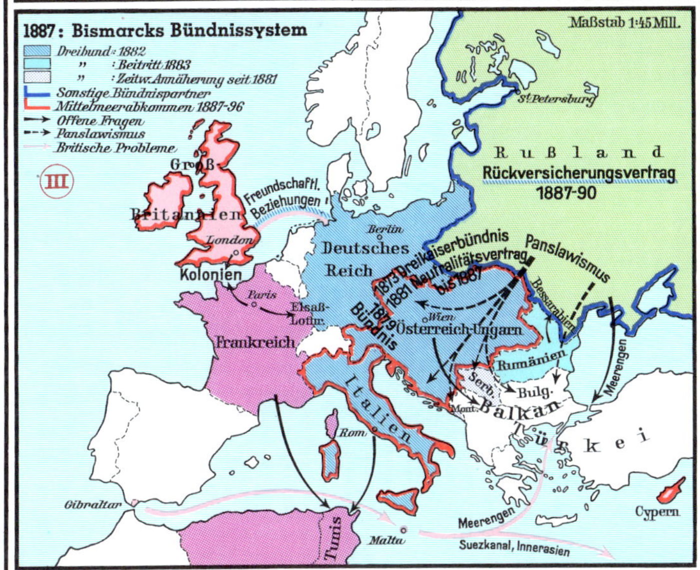

1887: Bismarcks Bündnissystem

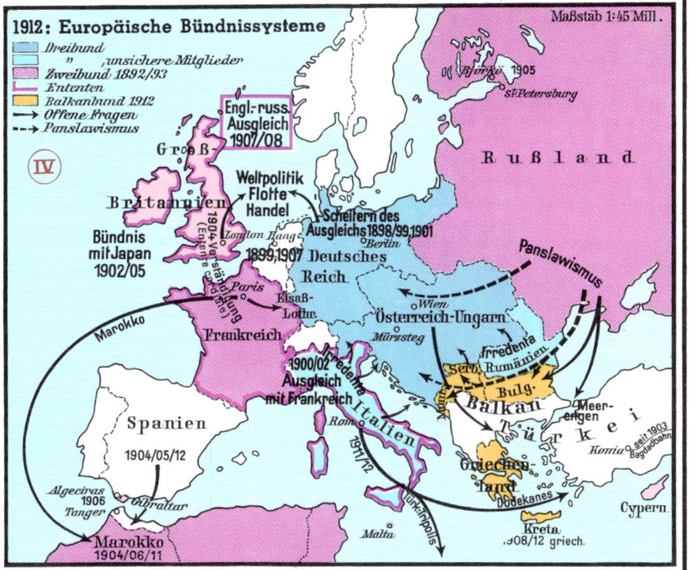

1912: Europäische Bündnissysteme

Die Großmächte im Balkanraum 1877/78

Die Balkankriege 1912/13
Aufteilung der europäischen Türkei

Die koloniale Aufteilung Afrikas nach 1900

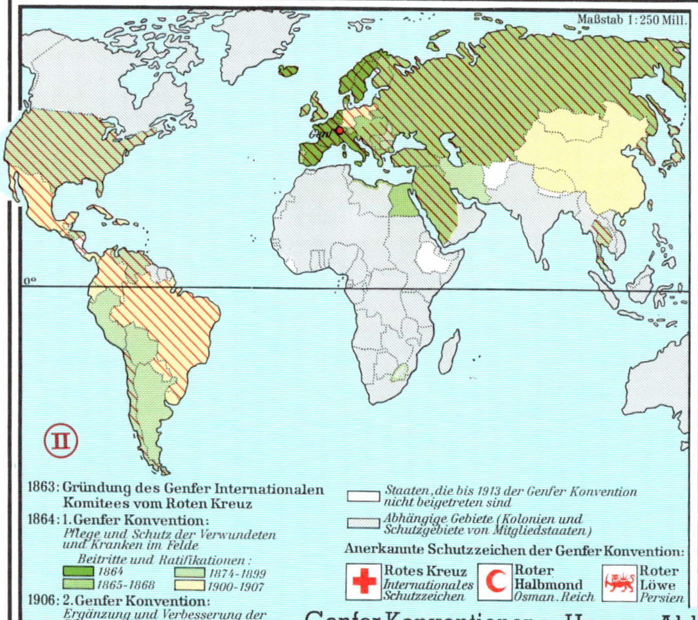

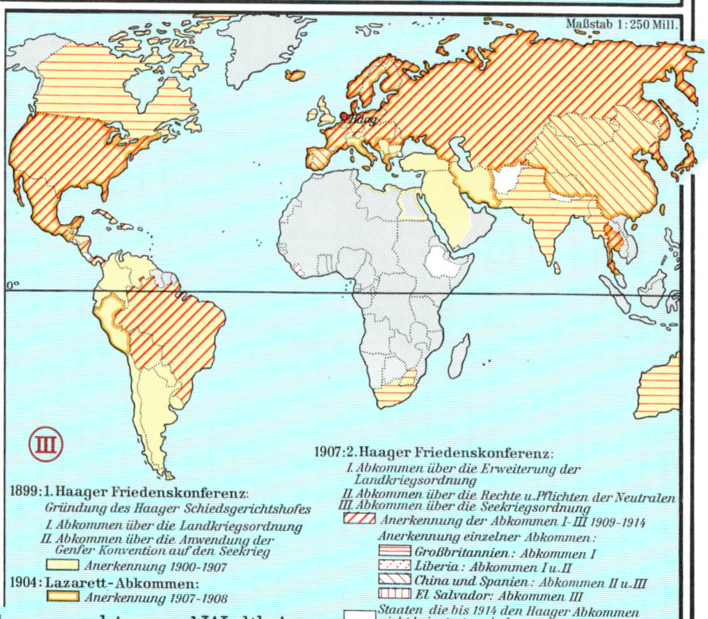

Genfer Konventionen u. Haager Abkommen bis zum 1. Weltkrieg

Entwicklung nach dem 1. Weltkrieg siehe Seite 152 ⓡ u. ⓨ

Europa vor dem 1. Weltkrieg (1914)

Der 1. Weltkrieg 1914-1918

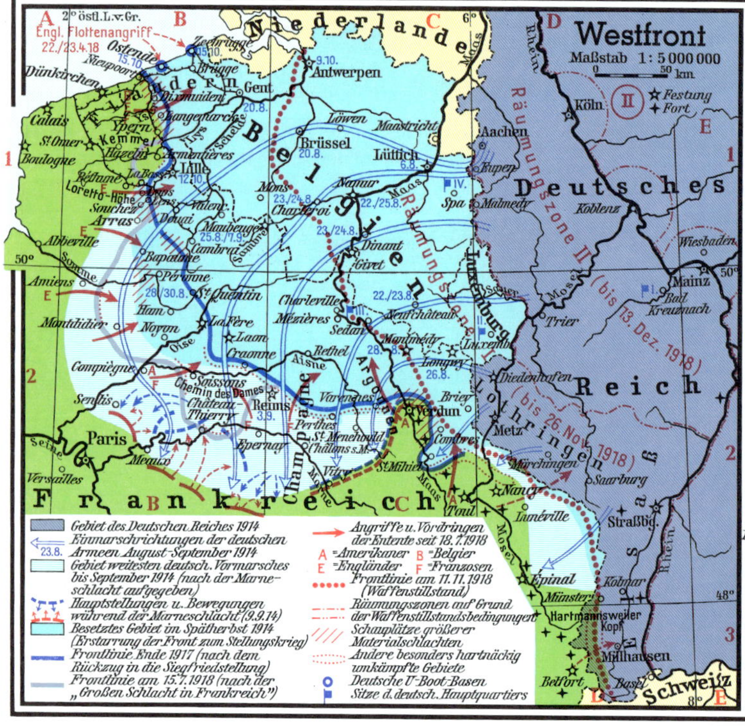

- Grenze des Russischen Reiches 1914
- Die Mittelmächte u. ihre Verbündeten
- Verbündete der Entente
- Neutrale Staaten
- Von d. Mittelmächten besetzte Gebiete
- Frontlinie am Waffenstillstandstag (15.12.1917)
- Blaue Namen: Gebiete im nationalen Aufstand gegen Rußland
- Von den Mittelmächten 1918 besetzte Sicherheitszone
- Räterepublik Rußland

Maßstab 1:50 000 000 (0 – 500 – 1000 – 1500 km)

Der Friede von Brest-Litowsk
(3. März 1918)

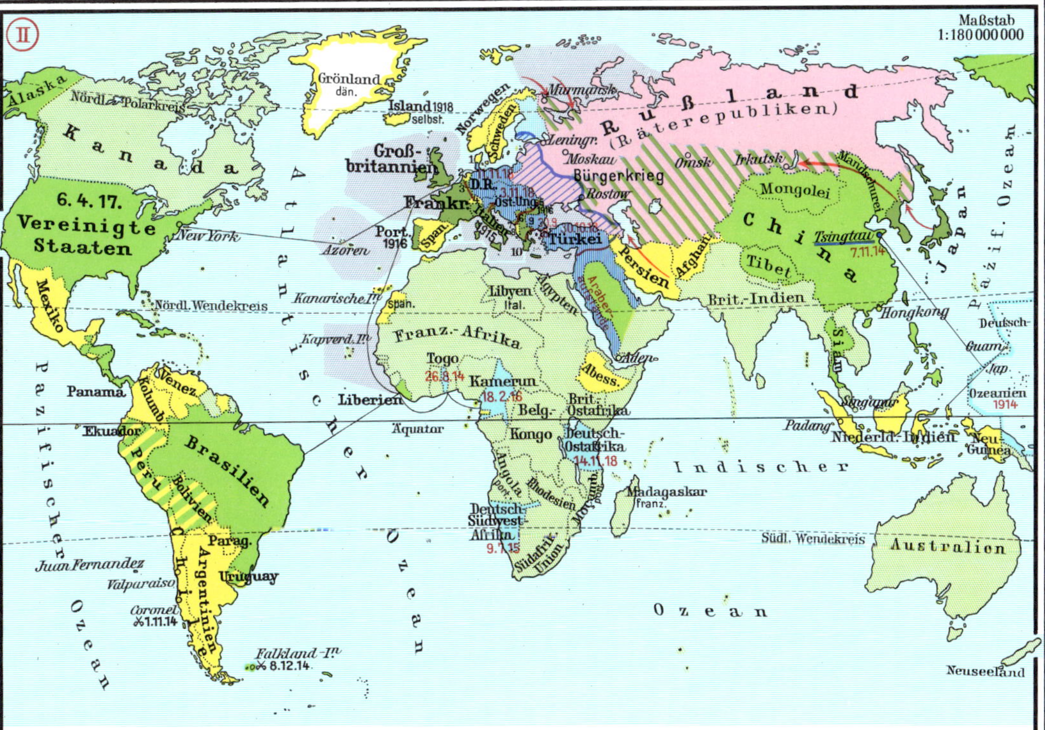

Mittelmächte	Entente und Verbündete 1914–16	Neutrale Staaten
Deutsche Kolonien	Verbündete der Entente 1917–18	Von den „Weißen" und Interventionstruppen beherrschtes Gebiet Rußlands
Von den Mittelmächten besetzte Gebiete	Dominien und Kolonien der Entente	6.4.17 Daten der Kriegserklärungen 1918
Finnland	Diplomatische Beziehungen zu den Mittelmächten 1917 abgebrochen	Fronten und Stoßrichtungen
Wichtige deutsche Überseekabel		3.11.18 Daten der Kapitulationen
Deutsche Seesperrgebiete		

1 Dänemark
2 Niederlande
3 Belgien
4 Schweiz
5 Rumänien
6 Serbien
7 Montenegro
8 Albanien
9 Bulgarien
10 Griechenland

Die Welt im Herbst 1918

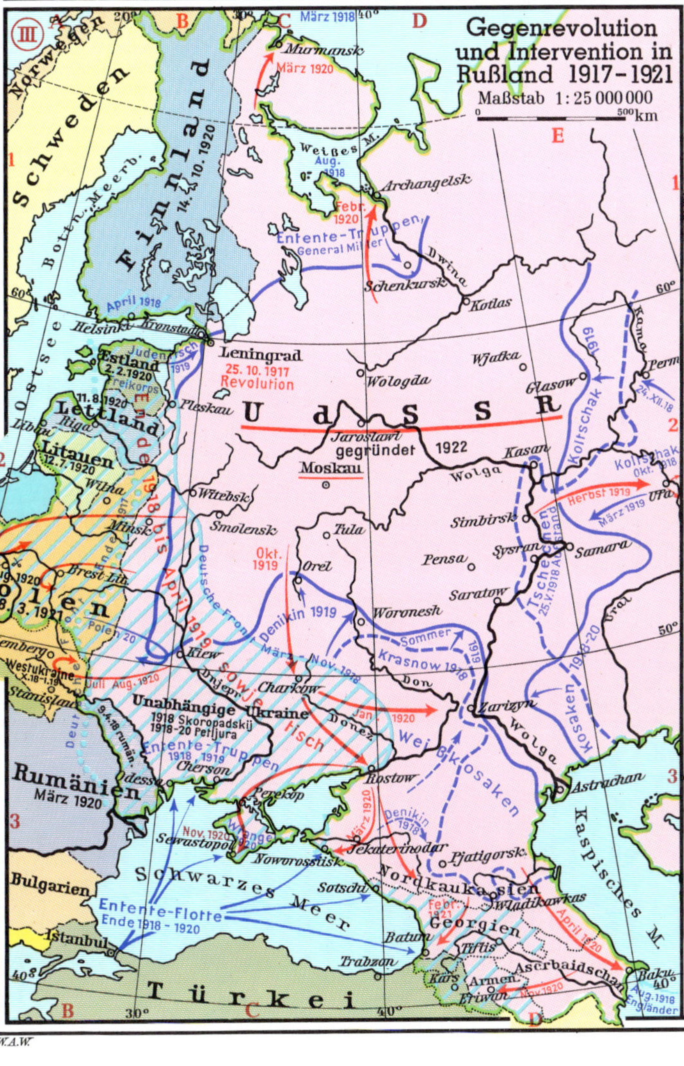

Sibirische Intervention u. Beginn des Chinesischen Bürgerkrieges

Erläuterung zur Rußland-Karte:
- Grenze des Zarenreiches
- Sowjetunion 1921
- Von d. Mittelmächten besetztes russ. Gebiet

Gegenrevolutionäre u. Interventionstruppen:
- Angriffsrichtungen 1918
- Weitestes Vordringen 1918
- Angriffsrichtungen 1919
- Weitestes Vordringen 1919
- Sowjetische Offensiven 1920

Litauen 12.7.1920: Friedensschlüsse, Anerkennung staatl. Unabhängigkeit durch die UdSSR

Erläuterung zur Asien-Karte:
Maßstab 1:75 000 000 (0 – 500 – 1000 – 1500 – 2000 – 2500 km)
- Kommunistische Staaten
- Kommunistische Stoßrichtungen
- Fronten u. Rückzugslinien der „Weißen" und der Interventionstruppen
- Von Japan besetzte Gebiete
- Vormarsch Tschiangkaischeks
- Eisenbahnen

Der bolschewistische Umsturz

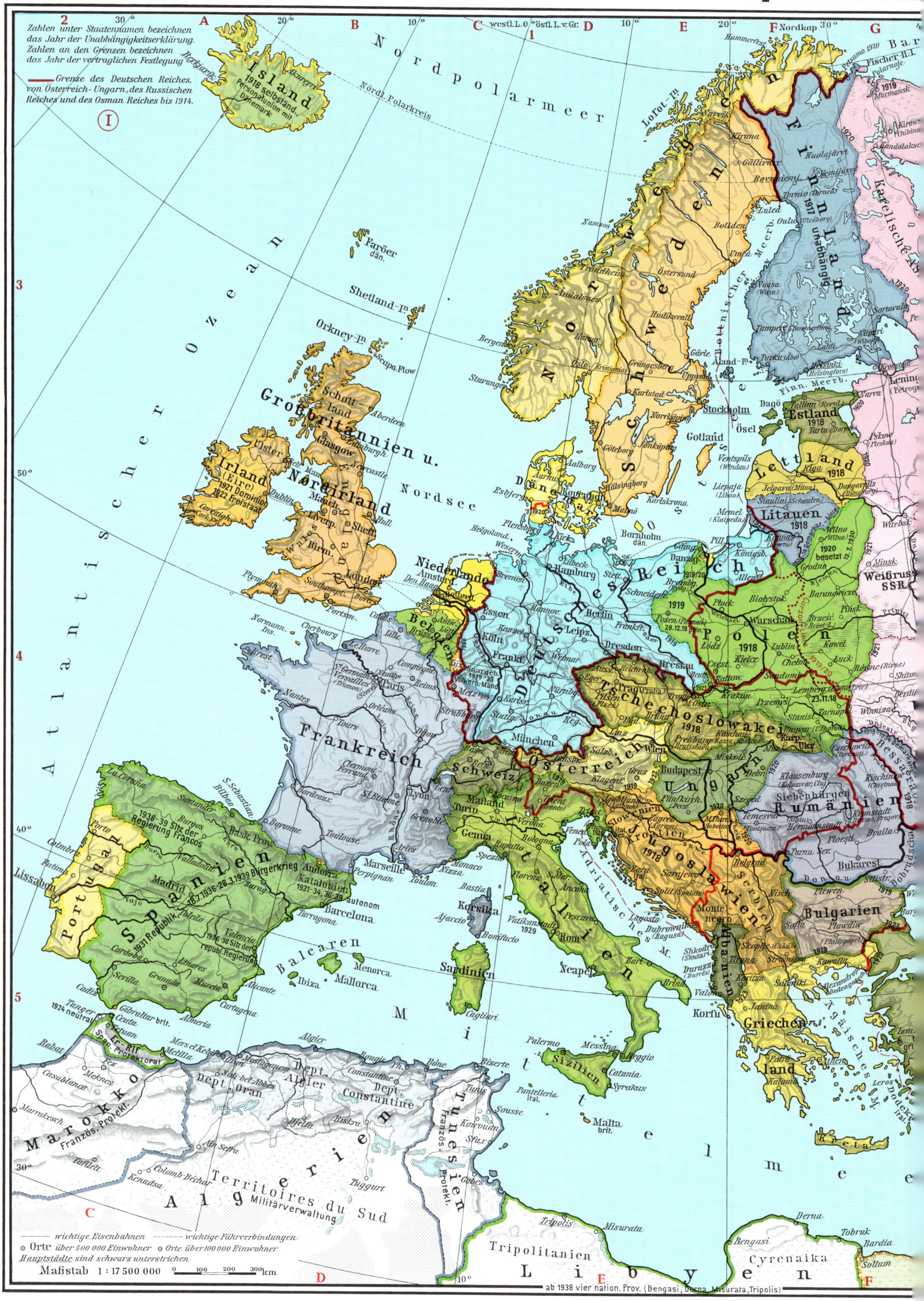

Zahlen unter Staatennamen bezeichnen das Jahr der Unabhängigkeitserklärung.
Zahlen an den Grenzen bezeichnen das Jahr der vertraglichen Festlegung
Grenze des Deutschen Reiches, von Österreich-Ungarn, des Russischen Reiches und des Osman Reiches bis 1914.
Nordpolarmeer
Nördl. Polarkreis
Island 1918 selbständ. Personalunion mit Dänemark
Atlantischer Ozean
Färöer dän.
Shetland-I.
Orkney-I.
Großbritannien u. Nordirland
Irland (Eire) 1921 Dominion 1922 Freistaat
Nordsee
Norwegen
Schweden
Finnland 1917 unabhängig
Estland 1918
Lettland 1918
Litauen 1918
Dänemark
Niederlande
Belgien
Deutsches Reich
Polen 1918
Tschechoslowakei 1918
Österreich
Ungarn
Rumänien
Frankreich
Schweiz
Italien
Jugoslawien 1918
Bulgarien
Albanien
Griechenland
Spanien
1936-39 Sitz der Regierung Francos
18.7.1936-28.3.1939 Bürgerkrieg
1931 Republik
Portugal
Andorra
Katalonien 1931-34, 36-39 autonom
Balearen
Menorca
Mallorca
Ibiza
Korsika
Sardinien
Sizilien
Malta brit.
Mittelmeer
Adriatisches M.
Ägäisches M.
Kreta
Gibraltar brit.
Tanger 1924 neutral
Span. Protektorat
Marokko Französ. Protekt.
Algerien
Dept. Oran
Dept. Algier
Dept. Constantine
Territoires du Sud Militärverwaltung
Tunesien Französ. Protekt.
Tripolitanien
Cyrenaika
Libyen
ab 1938 vier nation. Prov. (Bengasi, Derna, Misurata, Tripolis)
Weißrus. SSR
Karelische
wichtige Eisenbahnen
wichtige Fährverbindungen
Orte über 500 000 Einwohner
Orte über 100 000 Einwohner
Hauptstädte sind schwarz unterstrichen
Maßstab 1 : 17 500 000
0 100 200 300 km

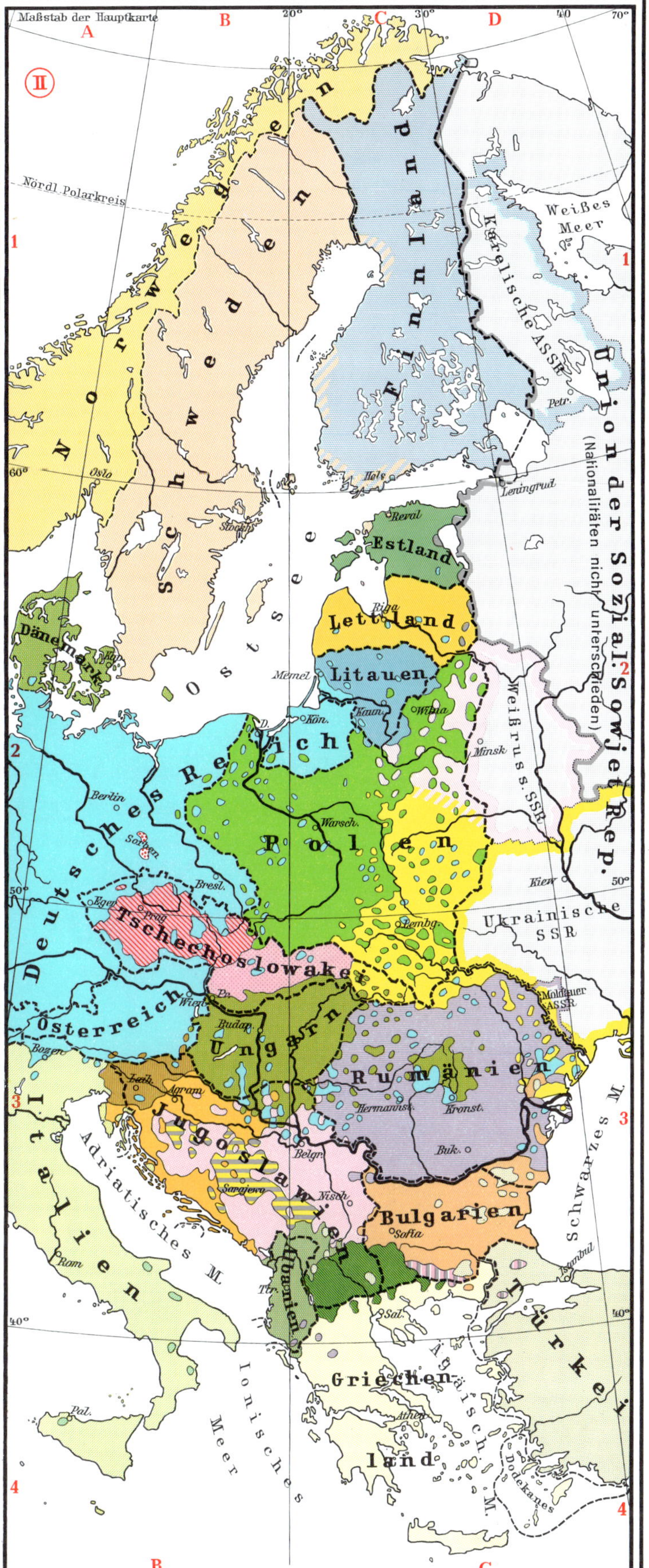

Nationalitäten
im zwischeneuropäischen Grenzraum

Ostslawen: Weißrussen, Ukrainer, Großrussen

Westslawen: Tschechen, Polen, Slowaken

Südslawen: Serben, Kroaten, Slowenen, Mazedonier, Bulgaren, Bosniaken, Pomaken

Nichtslawische Völker: Finnen, Esten, Deutsche, Letten, Litauer, Italiener, Ungarn, Rumänen, Schweden, Griechen, Albaner, Norweger, Türken, Dänen

Folgen des 1. Weltkrieges

Mittelmächte
Alliierte
Sowjetrußland
(1 mm Balkenlänge = 100000 Tote)
2,5 % = Prozentualer Anteil der Verluste an der Gesamtbevölkerung der einzelnen Staaten
Die Zahlenangaben der Verluste sind abgerundet und beruhen z. T. auf Schätzungen

Soldaten (gefallen u. gestorben)

	Soldaten	
Deutsches Reich	2400000	3,5 %
Österreich-Ungarn	1000000	2,0 %
Türkei	325000	1,5 %
Bulgarien	90000	2,0 %
Mittelmächte:	ca. 4 Mill. Tote	
Russ. Reich 1914-17	2000000	1,1 %
Weitere Kriegsverluste Sowjetrußlands bis 1920	1500000	0,8 %
Großbritannien	1185000	2,6 %
Frankreich	1140000	2,9 %
Italien	615000	1,7 %
Rumänien	160000	2,3 %
Ver. Staaten v. Amer.	125000	0,1 %
Serbien	120000	2,6 %
Belgien	65000	0,8 %
Kanada	55000	0,8 %
Alliierte:	ca. 10 Mill. Tote	

III
Bevölkerungsverluste durch den 1. Weltkrieg 1914-1918

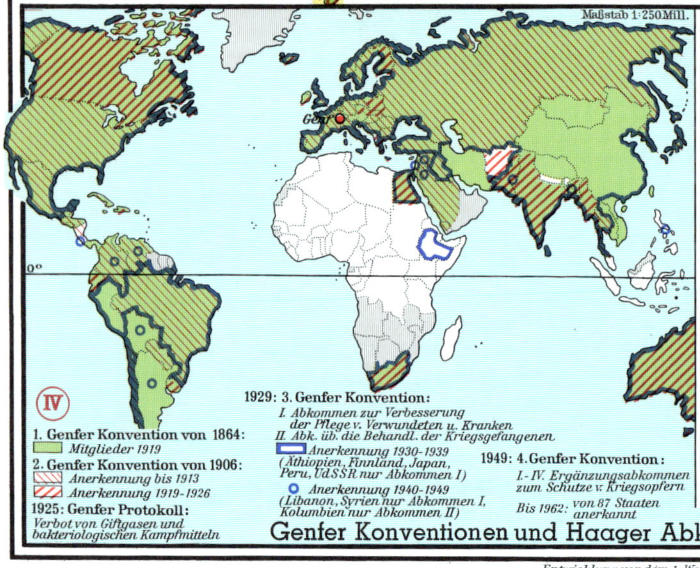

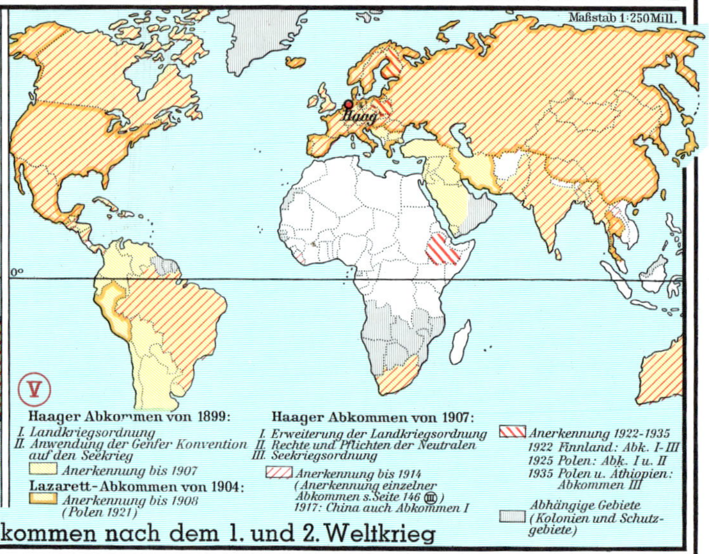

Genfer Konventionen und Haager Abkommen nach dem 1. und 2. Weltkrieg

Entwicklung vor dem 1. Weltkrieg siehe Seite 146 III

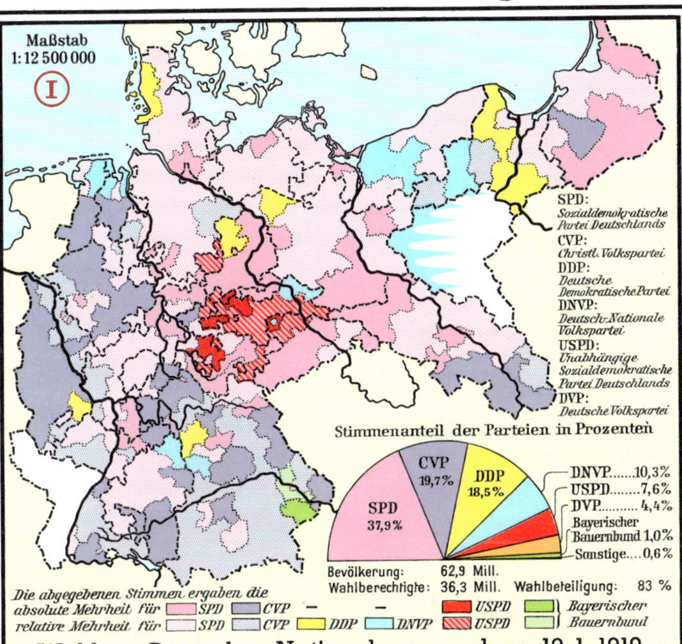

Wahl zur Deutschen Nationalversammlung 19. 1. 1919

Feinde der Weimarer Republik

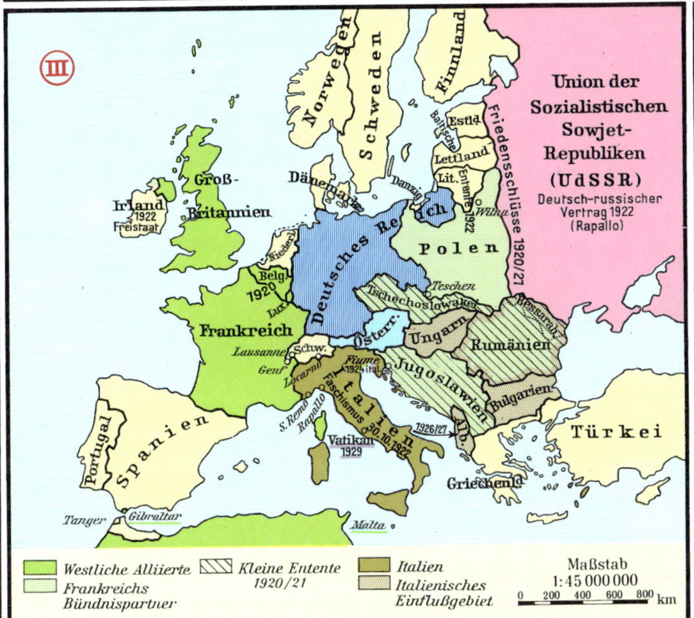

Sicherungsbündnisse in Europa nach 1920

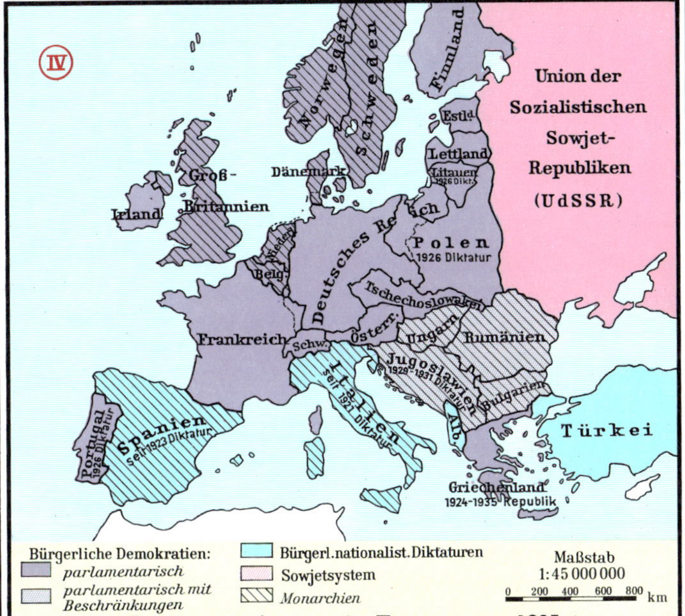

Regierungsformen in Europa um 1925

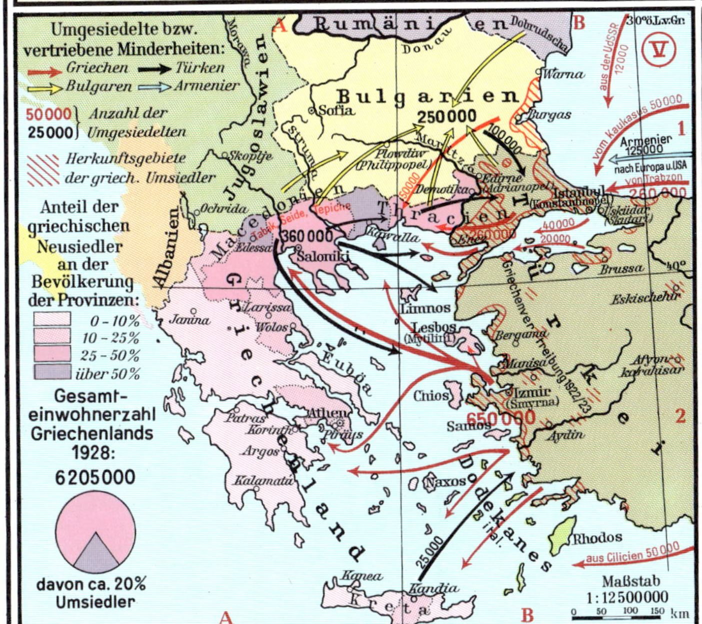

Vertreibung von Minderheiten nach dem 1. Weltkriege

Der Vordere Orient nach 1918

Von der Demokratie zur Diktatur

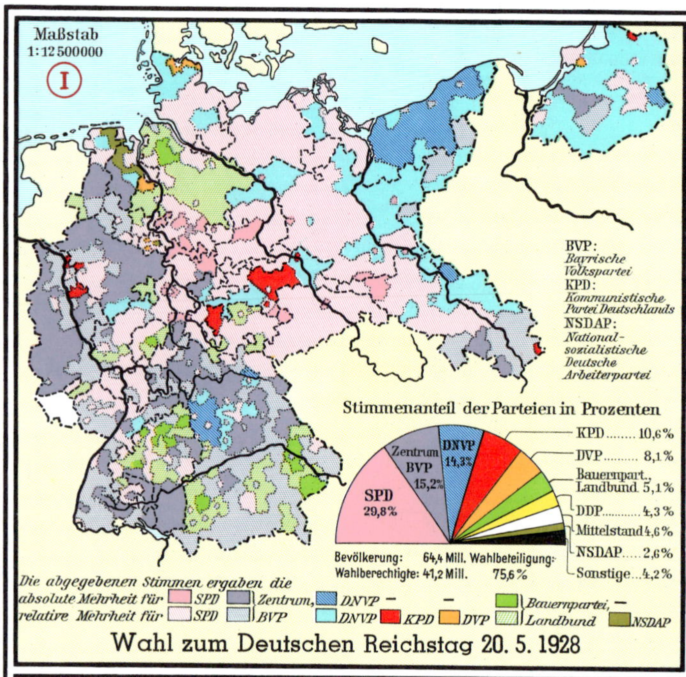

Wahl zum Deutschen Reichstag 20. 5. 1928

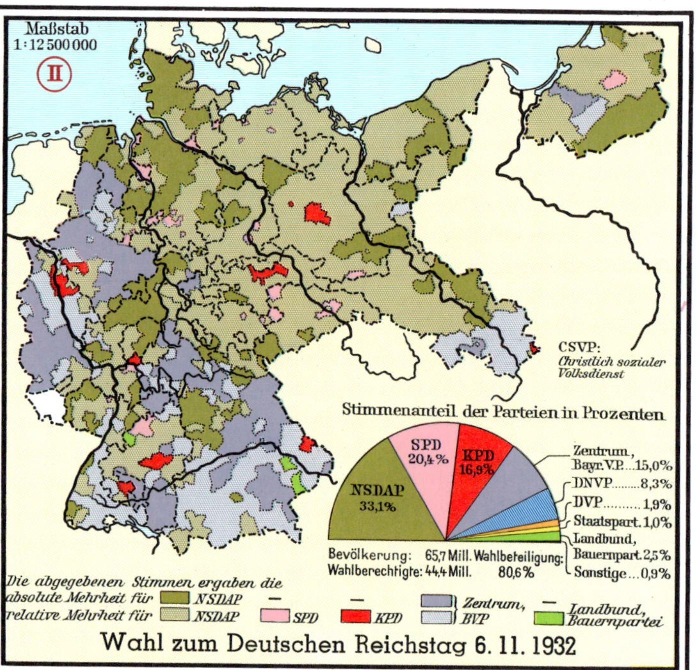

Wahl zum Deutschen Reichstag 6. 11. 1932

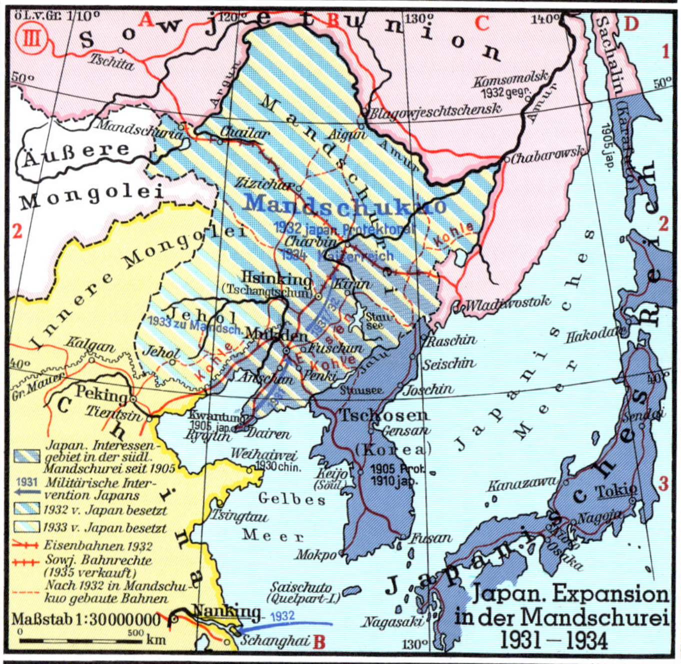

Japan. Expansion in der Mandschurei 1931 – 1934

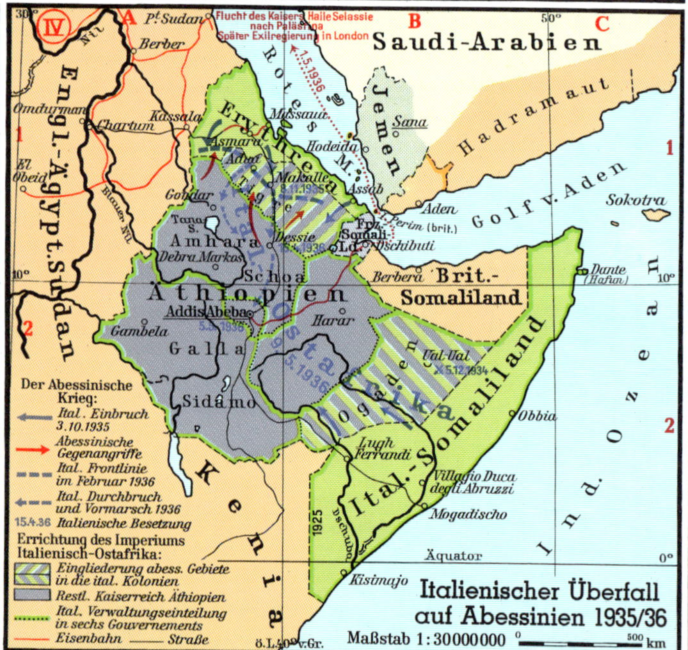

Italienischer Überfall auf Abessinien 1935/36

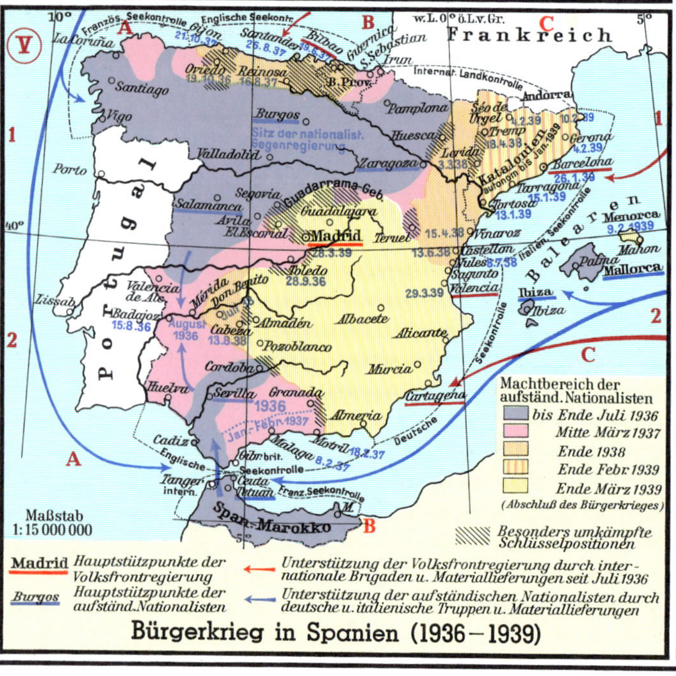

Bürgerkrieg in Spanien (1936 – 1939)

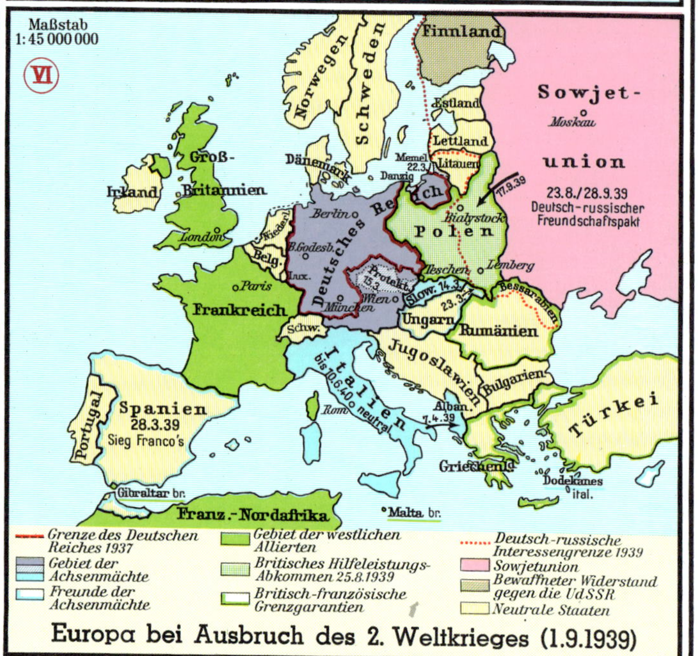

Europa bei Ausbruch des 2. Weltkrieges (1.9.1939)

Das „Großdeutsche Reich" und die Organisation der NSDAP 1933 – 1944

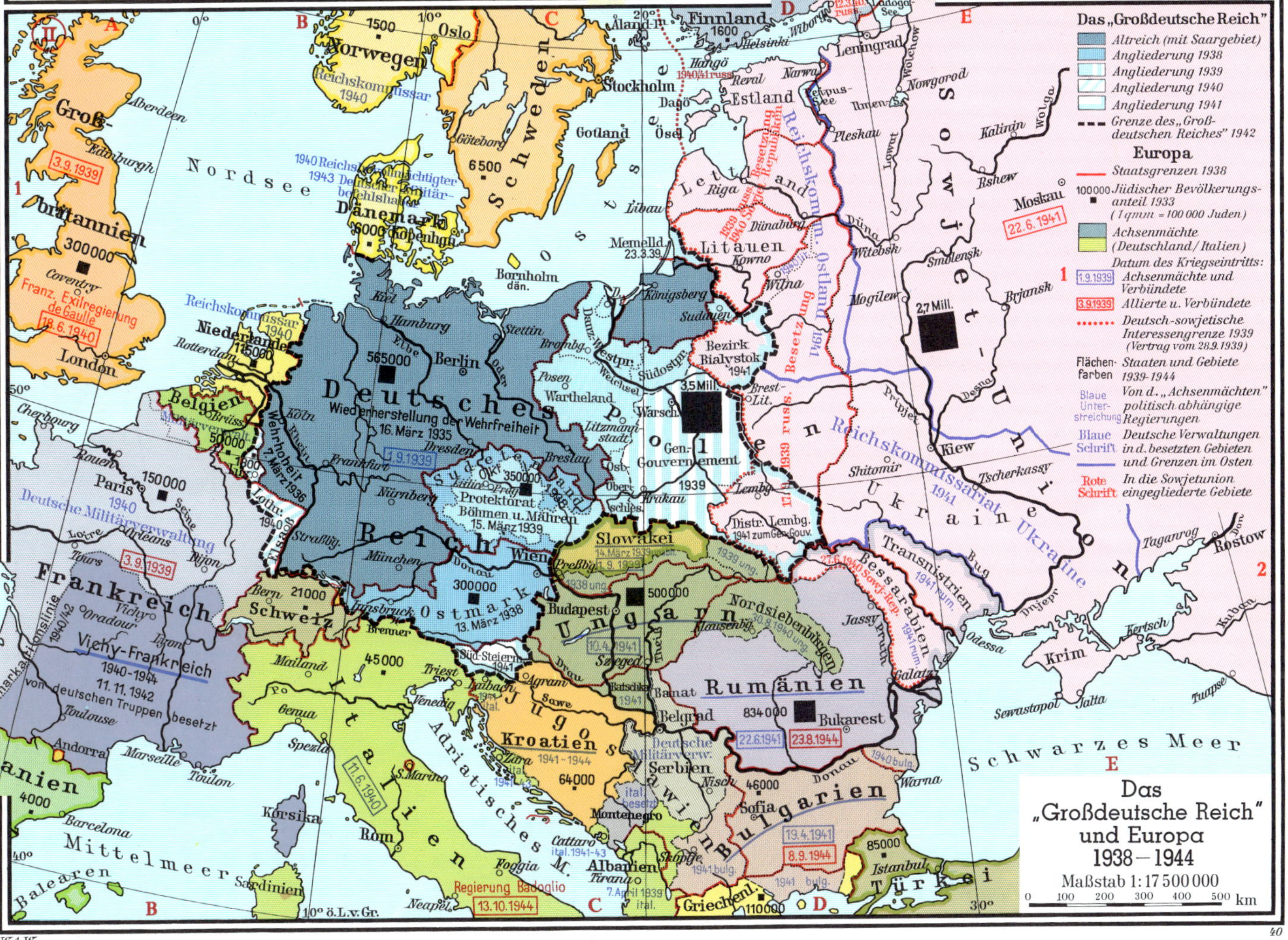

Das „Großdeutsche Reich" und Europa 1938 – 1944
Maßstab 1:17 500 000
0 100 200 300 400 500 km

Kriegshandlungen von 1939 bis Frühjahr 1944

Der Krieg im Osten seit dem 22. Juni 1941:
Weitester Vorstoß deutscher Truppen bis Dezember 1941
Deutsche Front nach der russ. Winteroffensive im Frühjahr 1942 (seit 1941 besetztes Gebiet)
Weitester deutscher Vorstoß bis November 1942
Unbesetztes sowjetisches Gebiet
Sowjet. Gewinn durch die Winteroffensive 1941/42
Russische Winteroffensive 1942/43
Russische Front Frühjahr 1943
Russische Offensive Sommer 1943–Frühjahr 1944
Russische Front Juni 1944
Maßstab 1 : 17 500 000
Union
Wolga
Kasan
Gorki
Uljanowsk
Kuibyschew
Tambow
Saratow
Woronesh
Stalingrad
Rostow
Elista
Astrachan
Maikop
Pjatigorsk
Elbrus
Kaukasus
Tuapse
Batum
Tiflis
Kars
Trabzon
Erzurum
Iran
Sivas
Dirarbekir
Mossul
Adana
Aleppo
Syrien
Homs
Irak
Beirut
Damaskus
Haifa
Jaffa
Palästina
Transjordanien
Saudi-Arabien

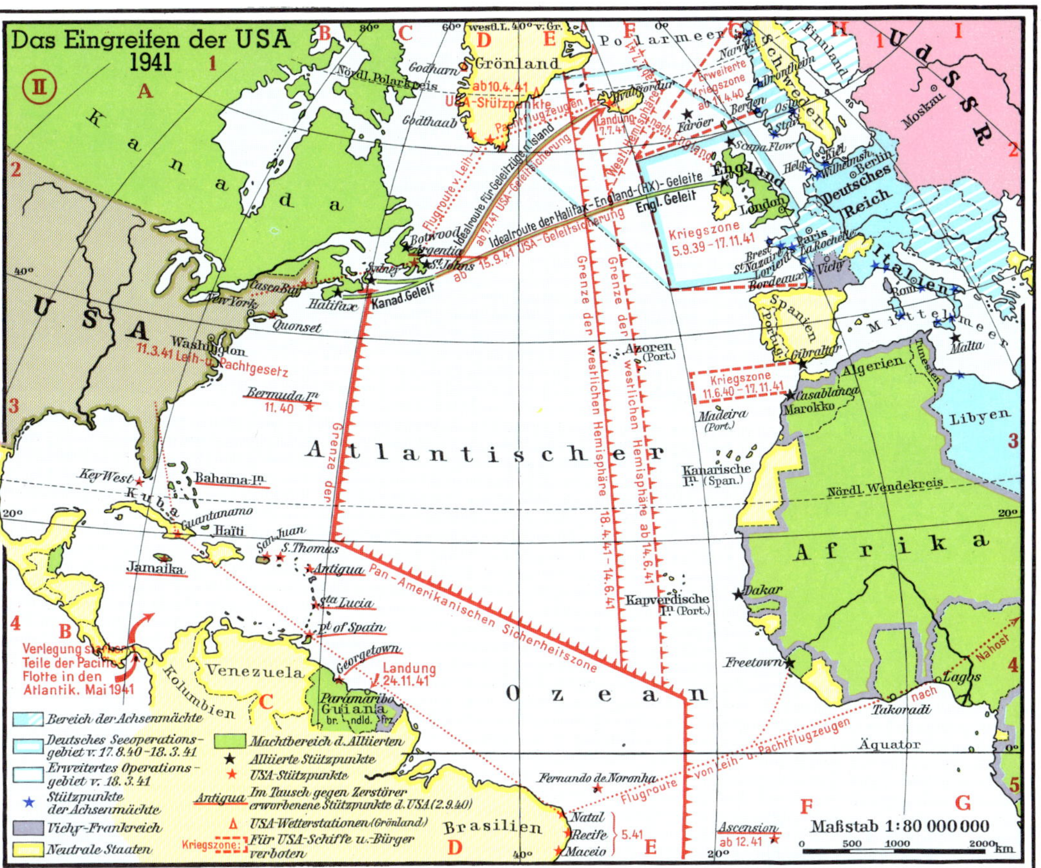
Das Eingreifen der USA 1941
II
Kanada
Grönland
USA
Washington
11.3.41 Leih- u. Pachtgesetz
New York
Halifax
Kanad. Geleit
Bermuda In. 11.40
Bahama-In.
Kuba
Haiti
Jamaika
Venezuela
Kolumbien
Guiana
Brasilien
Atlantischer Ozean
Pan-Amerikanischen Sicherheitszone
Grenze der westlichen Hemisphäre
Azoren (Port.)
Madeira (Port.)
Kanarische In. (Span.)
Kapverdische In. (Port.)
Afrika
Dakar
Freetown
Algerien
Marokko
Libyen
England
Island
Deutsches Reich
Frankreich
Spanien
Italien
Schweden
Finnland
UdSSR
Kriegszone 5.9.39–17.11.41
Kriegszone 11.6.40–17.11.41
Verlegung starker Teile der Pacific-Flotte in den Atlantik. Mai 1941
Landung 24.11.41
Bereich der Achsenmächte
Deutsches Seeoperationsgebiet v. 17.8.40–18.3.41
Erweitertes Operationsgebiet v. 18.3.41
Stützpunkte der Achsenmächte
Vichy-Frankreich
Neutrale Staaten
Machtbereich d. Alliierten
Alliierte Stützpunkte
USA-Stützpunkte
Im Tausch gegen Zerstörer erworbene Stützpunkte d. USA (2.9.40)
USA-Wetterstationen (Grönland)
Kriegszone: Für USA-Schiffe u. -Bürger verboten
Maßstab 1:80 000 000

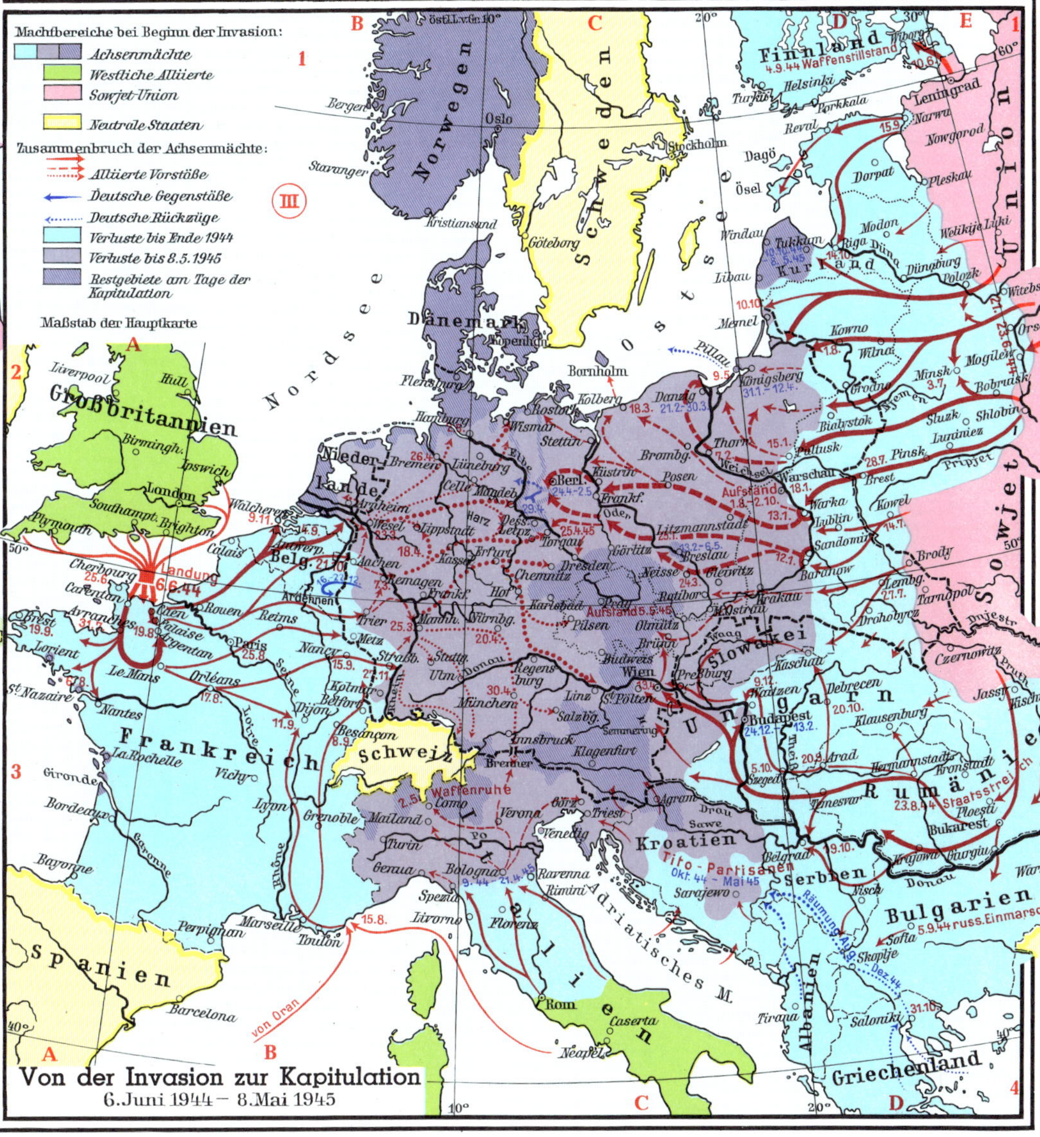
III
Machtbereiche bei Beginn der Invasion:
Achsenmächte
Westliche Alliierte
Sowjet-Union
Neutrale Staaten
Zusammenbruch der Achsenmächte:
Alliierte Vorstöße
Deutsche Gegenstöße
Deutsche Rückzüge
Verluste bis Ende 1944
Verluste bis 8.5.1945
Restgebiete am Tage der Kapitulation
Maßstab der Hauptkarte
Finnland
Norwegen
Schweden
Dänemark
Nordsee
Ostsee
Großbritannien
London
Landung 6.6.44
Frankreich
Paris
Schweiz
Deutsches Reich
Berlin
Italien
Rom
Spanien
Kroatien
Ungarn
Rumänien
Bulgarien
Serbien
Albanien
Griechenland
Slowakei
Sowjet-Union
Von der Invasion zur Kapitulation
6. Juni 1944 – 8. Mai 1945

Der 2. Weltkrieg im Pazifik (1941-1945)

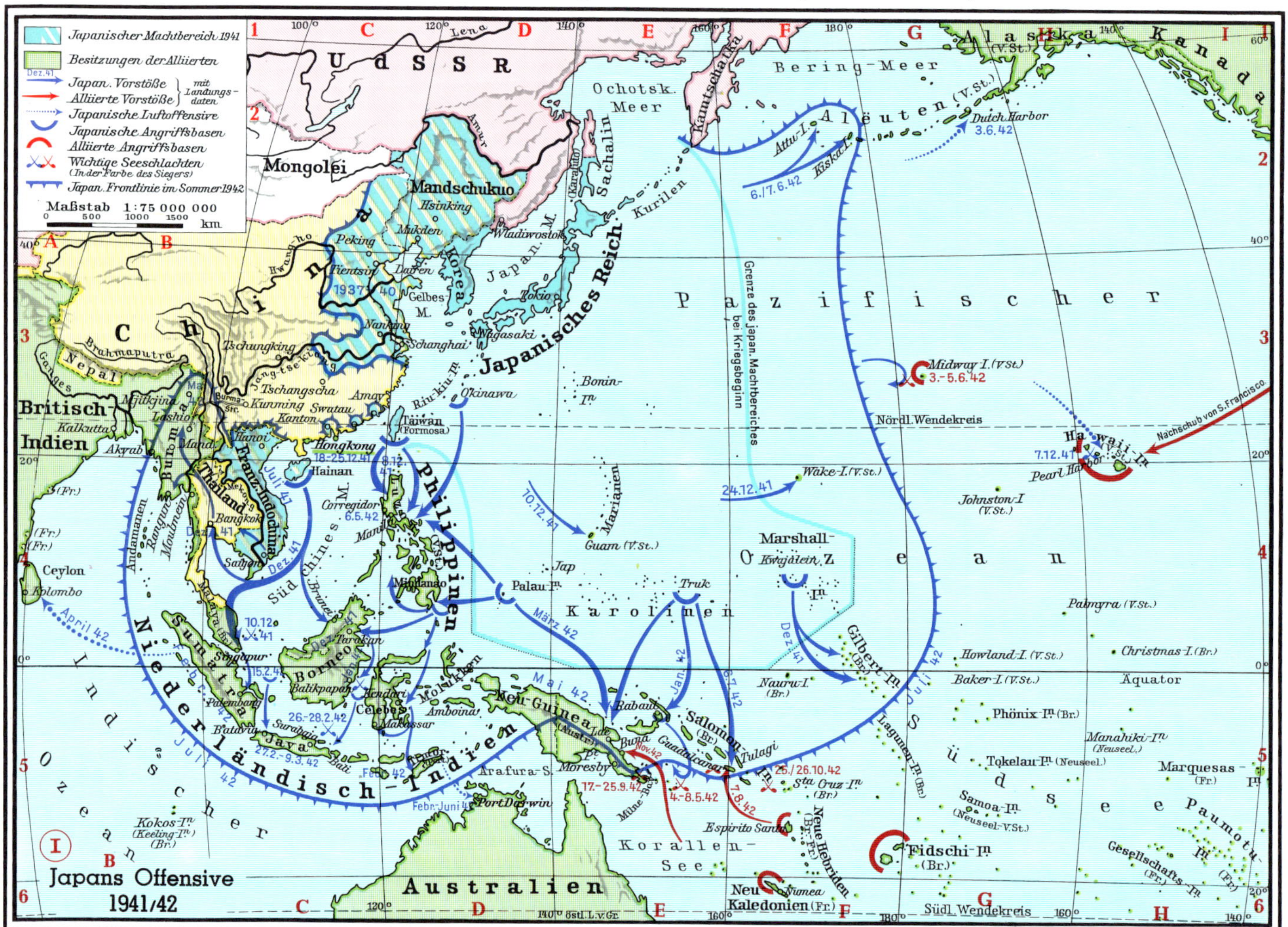

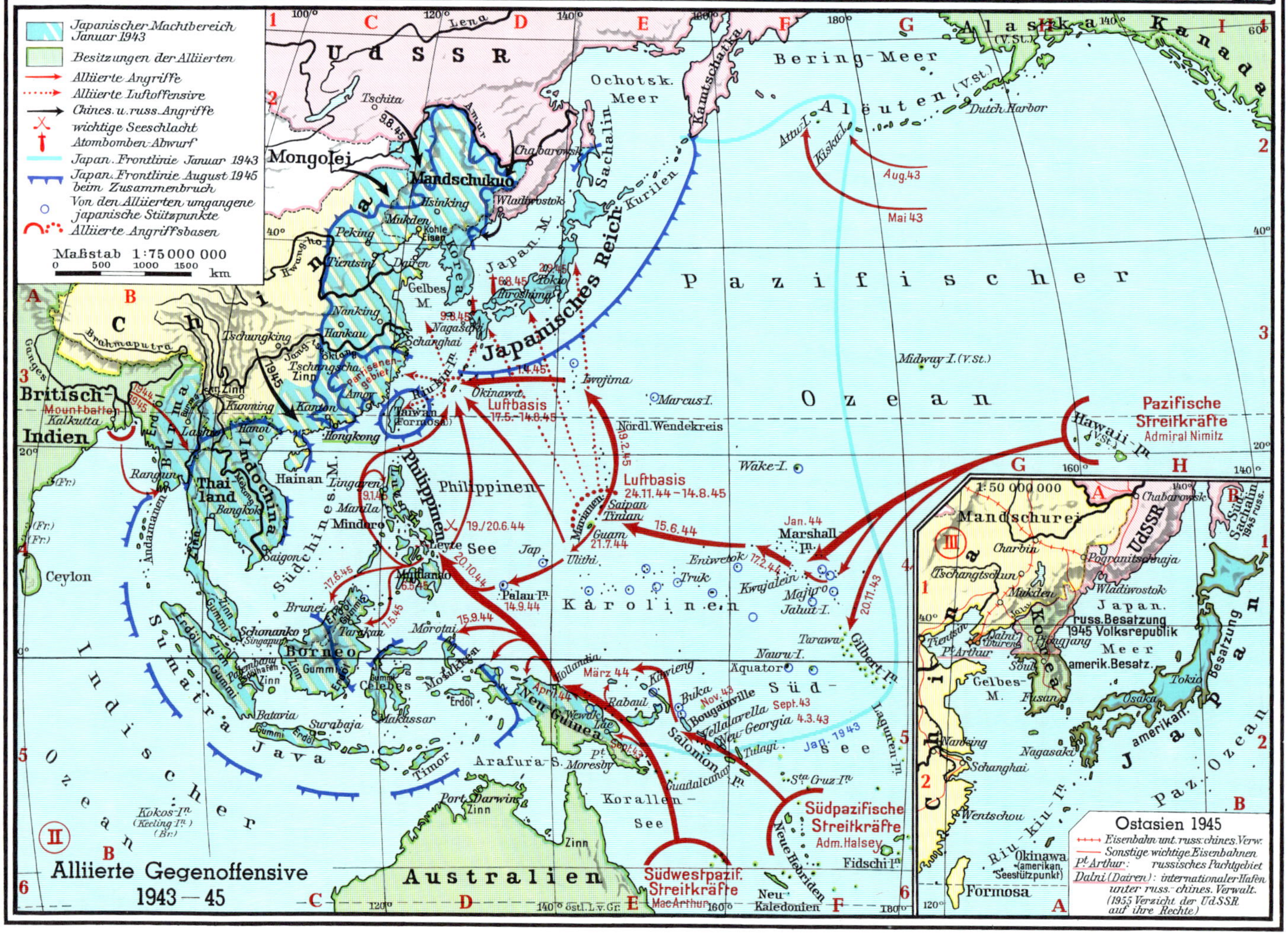

Maßstab 1: 50 000 000
0 500 1000 1500 km

W.A.W. 41

Folgen des 2. Weltkrieges

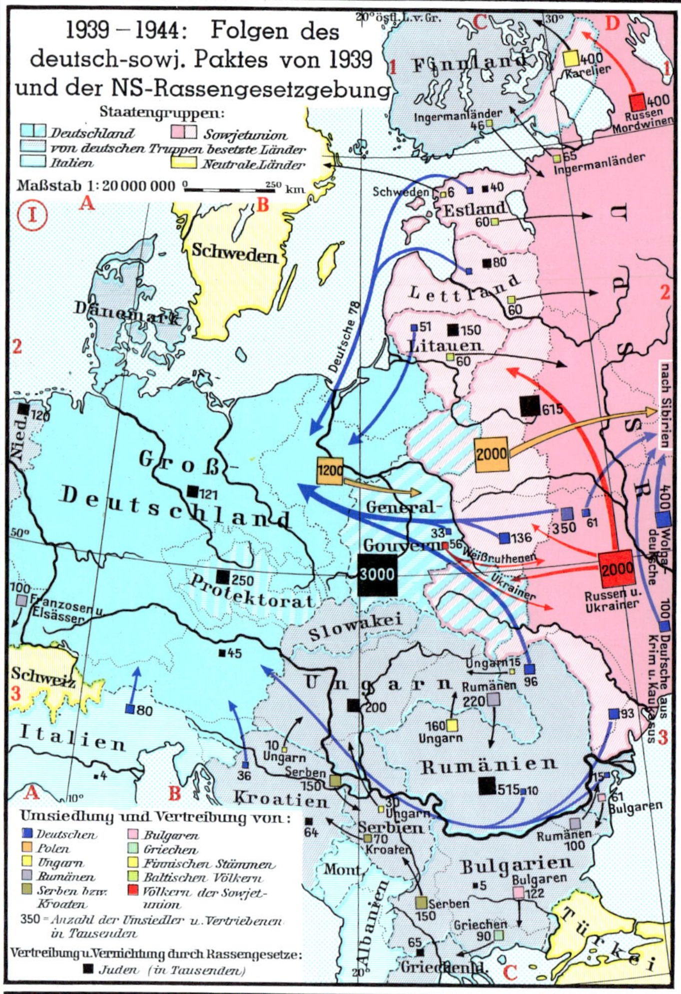

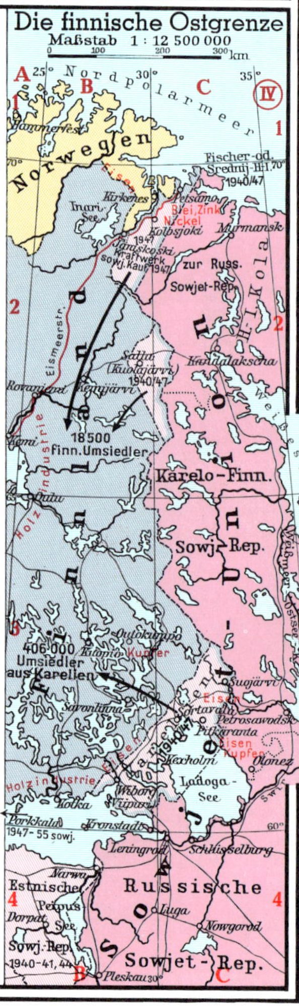

Das „geteilte" Deutschland

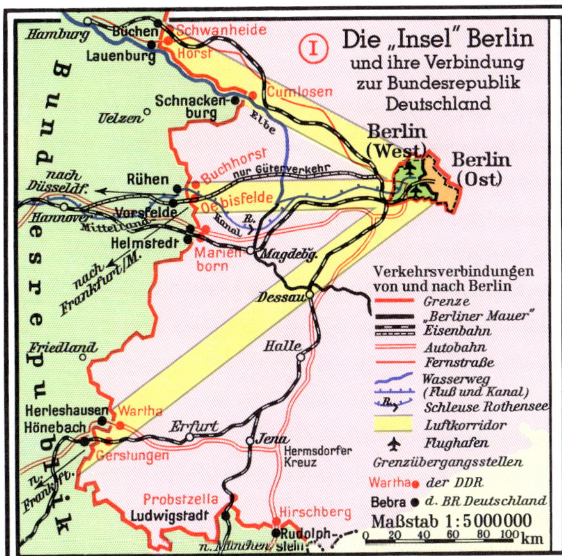

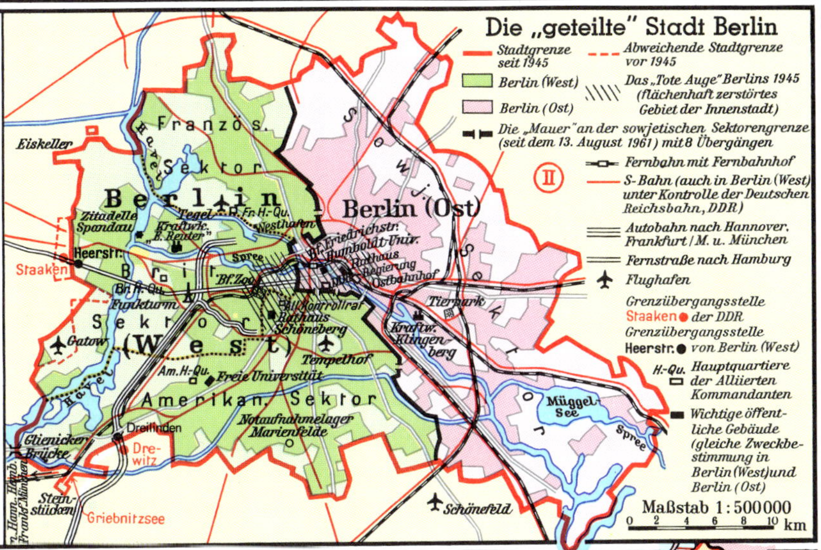

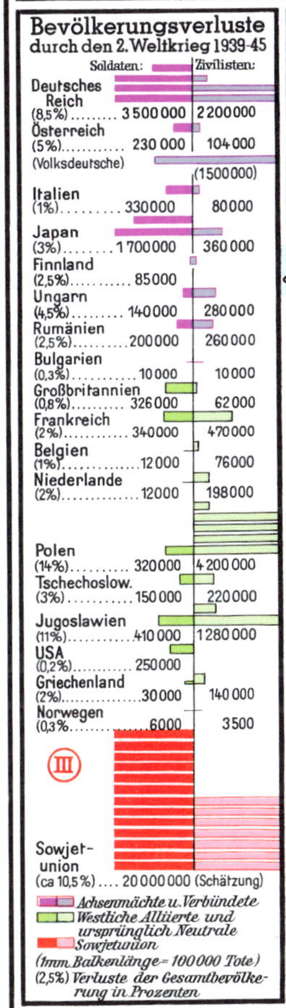

I
Sowjetunion
Mongolische Volksrepublik
Japan
Ost-chines. Meer
Süd-chinesisches Meer
Pazifischer Ozean
Philippinen
Taiwan (Formosa)
Kommunistische Aufstandsgebiete vor 1934
Der „Lange Marsch" (Rückzüge vom 16.10.1934 bis 20.11.1935)
Kommunistisches Sammelgebiet
Jenan Sitz der kommunistischen Führung 1936-1949
Kommunistischer Machtbereich nach 1945
bis April 1947
bis Juli 1948
bis Dez. 1949
1950 u. später
Peking Hauptstadt der Volksrepublik China seit 1949
Gegenangriffe der Kuomintang-Truppen
Sitze der Kuomintang-Regierung:
Nanking 1927-1937
Hankau, Tschungking, Tschöngtu während des Krieges 1937-1949
1945/46 von Kuomintang-Truppen besetzt
National-China seit 1949
Grenze des äußerst. Vordring. japan. Truppen bis 1944
Sowjetischer Einmarsch in Mandschukuo Aug. 1945
Ausbruch des Koreakrieges 26.6.1950
Der Kommunismus in China 1934-1950
Maßstab 1:60 000 000

II
Maßstab 1:60 000 000
Sowjetunion
Mongolische Volksrep.
Volksrepublik China seit 1949
Afghanistan
Pakistan 1947 unabhäng. Dominion 1956 Islamische Republik
Tibet 1912-1950 autonom
Indien 1947: Indische Union 1950: Republ. Indien
Nepal
Birma 1948 Rep.
Thaild. (Siam)
Sri Lanka (Ceylon) 1948 Dominion 1972 Republik
Malaysia 1963
Singapur
Indonesien
Japan
Philippinen
Demarkationslinie in Kaschmir vom 31.12.48
Zahl der Auslands-Chinesen (in Millionen)
Hauptstädte sind unterstrichen
Wichtige Eisenbahnen
Neue Staaten in Asien nach 1945
Vorderasien siehe unten Karte Afrika

III
Algerien 1962
Marokko 1956
Tunesien 1956
Libyen 1951, 1969 Rep.
Ägypten
Türkei
Iran (Persien)
Nedschd
Saudi-Arabien 1932
Mauretanien 1960
Mali 1960
Niger 1960
Tschad 1960
Sudan 1956
Nigeria 1960
Äthiopien seit 1. Jahrh. n. Chr. 1975 Republik
Somalia 1960
Zentralafrika 1960
Kamerun 1960
Zaire (Dem. Rep. Kongo) 1960
Kenia 1963
Tansania ab 1965
Angola 1975
Sambia 1964
Moçambique 1975
Namibia (Südwestafrika)
Rhodesien / Zimbabwe 1980
Botswana 1966
Südafrik. Union / Südafrika 1961 Republ.
Madagaskar 1960
Unabhängige Staaten:
vor 1914 selbständig
selbständig geworden:
zwischen 1918 und 1948
zwischen 1949 und 1959
1960
1961
seit 1962
Gebiete mit strittigem politischen Status
ehemalige Treuhandgebiete der UNO (nach 1945)
Überstaatliche Organisationen:
selbständige Mitglieder des Commonwealth of Nations
Mitglieder der Französischen Gemeinschaft (1978/79 aufgelöst)
Mitglieder der Liga der Arabischen Staaten
Monarchien
Abkürzungen:
R. = Ruanda, 1962 Bur. = Burundi 1962
Jem. = Jemen 1918 unabh., 1962 Republik
Maßstab 1:60 000 000
Afrikas Weg in die Unabhängigkeit

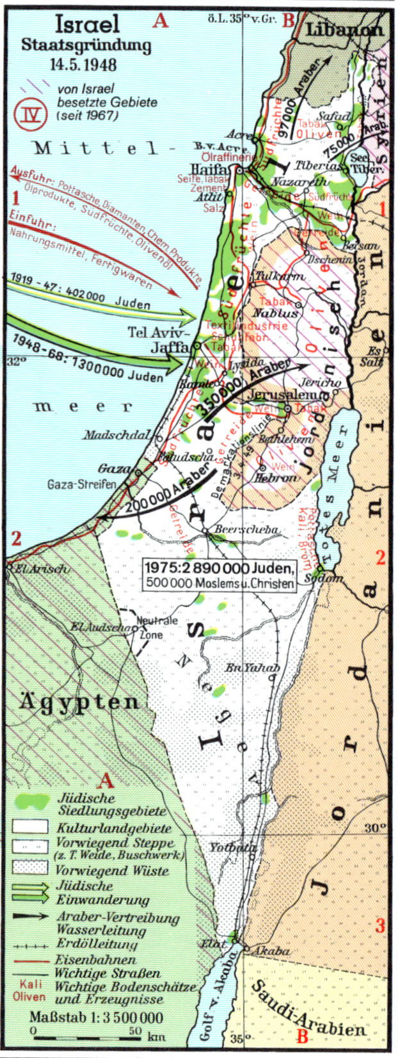
Israel
Staatsgründung 14.5.1948
von Israel besetzte Gebiete (seit 1967)
IV
Libanon
Syrien
Mittelmeer
1919-47: 402 000 Juden
1948-68: 1 300 000 Juden
350 000 Araber
200 000 Araber
1975: 2 890 000 Juden, 500 000 Moslems u. Christen
Ägypten
Jordanien
Negev
Saudi-Arabien
Jüdische Siedlungsgebiete
Kulturlandgebiete
Vorwiegend Steppe (z. T. Weide, Buschwerk)
Vorwiegend Wüste
Jüdische Einwanderung
Araber-Vertreibung
Wasserleitung
Erdölleitung
Eisenbahnen
Wichtige Straßen
Wichtige Bodenschätze und Erzeugnisse
Maßstab 1:3 500 000

V.S.K.

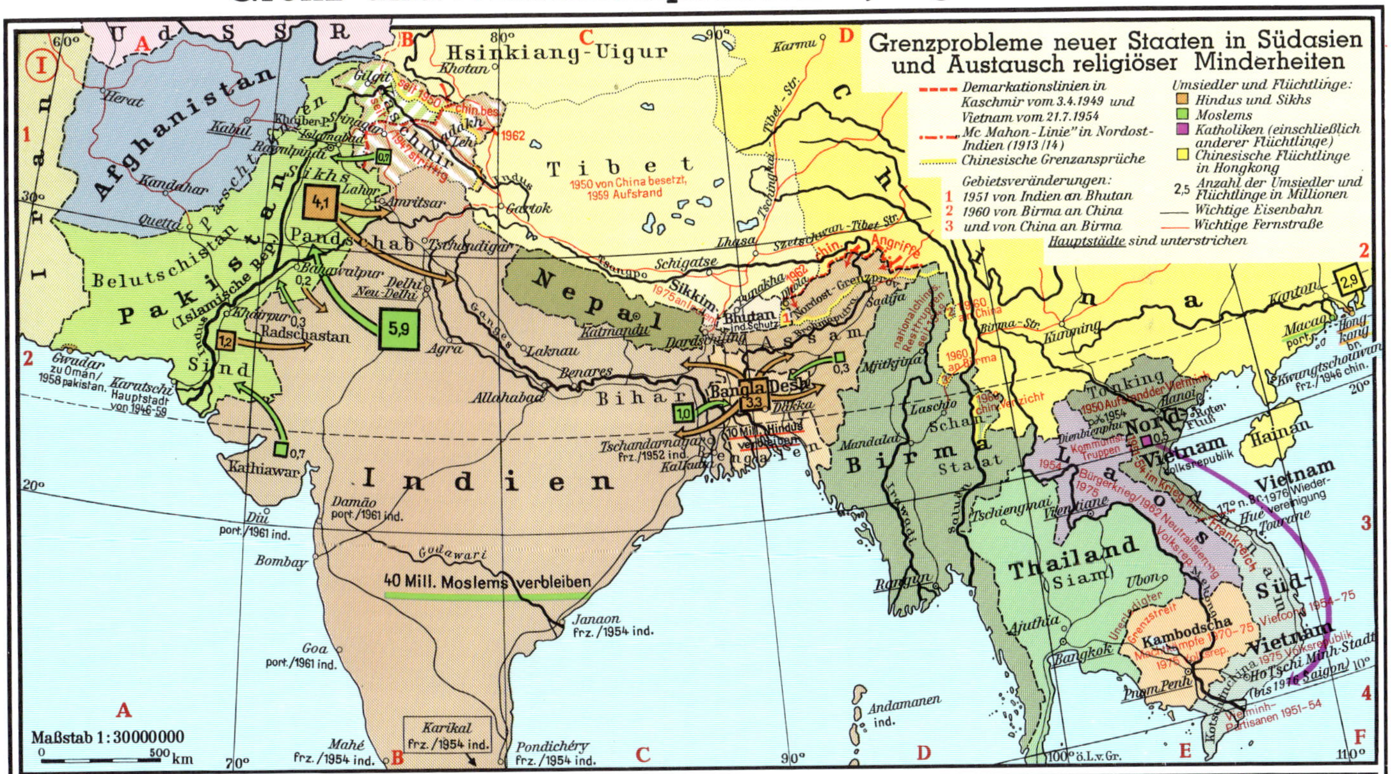
I
Grenzprobleme neuer Staaten in Südasien und Austausch religiöser Minderheiten
Demarkationslinien in Kaschmir vom 3.4.1949 und Vietnam vom 21.7.1954
„Mc Mahon-Linie" in Nordost-Indien (1913/14)
Chinesische Grenzansprüche
Gebietsveränderungen:
1 1951 von Indien an Bhutan
2 1960 von Birma an China
3 und von China an Birma
Umsiedler und Flüchtlinge:
Hindus und Sikhs
Moslems
Katholiken (einschließlich anderer Flüchtlinge)
Chinesische Flüchtlinge in Hongkong
2,5 Anzahl der Umsiedler und Flüchtlinge in Millionen
Wichtige Eisenbahn
Wichtige Fernstraße
Hauptstädte sind unterstrichen
U d S S R
Afghanistan
Iran
Pakistan
Belutschistan
Hsinkiang-Uigur
Tibet
1950 von China besetzt, 1959 Aufstand
China
Nepal
Indien
40 Mill. Moslems verbleiben
Birma
Thailand
Siam
Laos
Kambodscha
Nord-Vietnam
Süd-Vietnam
Hainan
Andamanen ind.
Maßstab 1 : 30000000
km

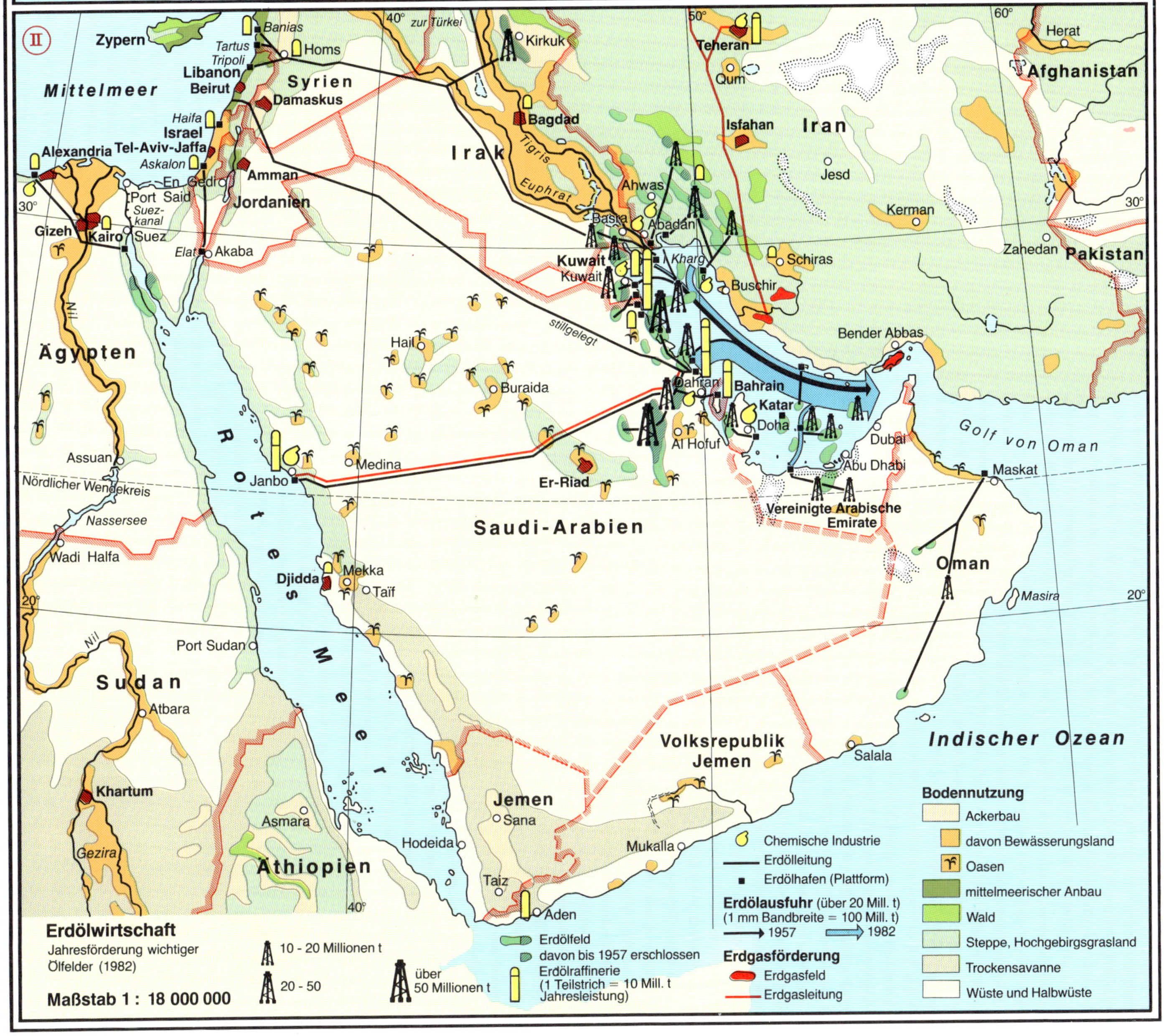
II
Zypern
Mittelmeer
Syrien
Libanon
Israel
Jordanien
Irak
Iran
Afghanistan
Pakistan
Ägypten
Kuwait
Bahrain
Katar
Saudi-Arabien
Vereinigte Arabische Emirate
Oman
Sudan
Äthiopien
Jemen
Volksrepublik Jemen
Rotes Meer
Golf von Oman
Indischer Ozean
Bodennutzung
Ackerbau
davon Bewässerungsland
Oasen
mittelmeerischer Anbau
Wald
Steppe, Hochgebirgsgrasland
Trockensavanne
Wüste und Halbwüste
Chemische Industrie
Erdölleitung
Erdölhafen (Plattform)
Erdölausfuhr (über 20 Mill. t)
(1 mm Bandbreite = 100 Mill. t)
1957
1982
Erdgasförderung
Erdgasfeld
Erdgasleitung
Erdölwirtschaft
Jahresförderung wichtiger Ölfelder (1982)
10 - 20 Millionen t
20 - 50
über 50 Millionen t
Erdölfeld
davon bis 1957 erschlossen
Erdölraffinerie
(1 Teilstrich = 10 Mill. t Jahresleistung)
Maßstab 1 : 18 000 000

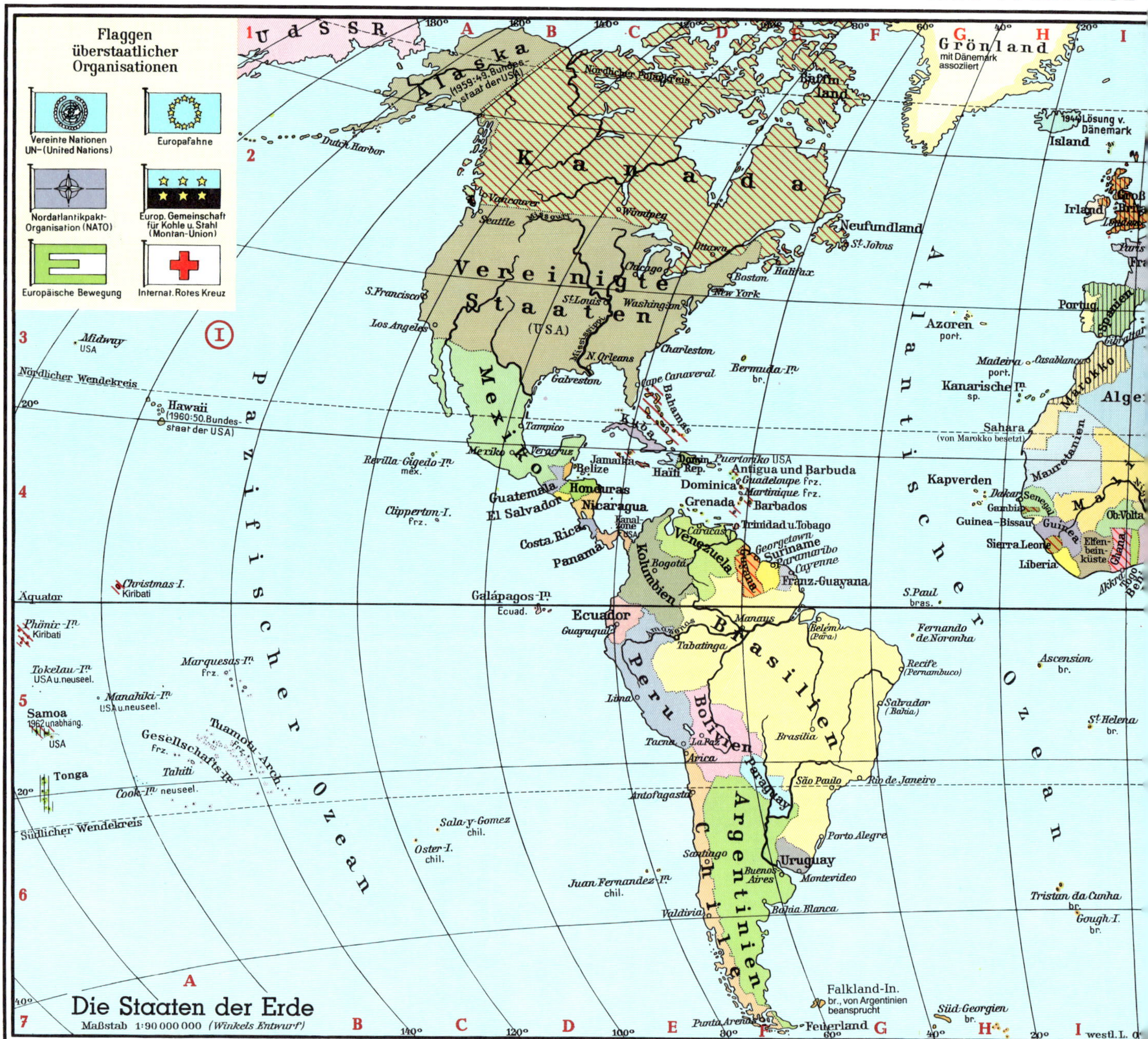

Die Staaten der Erde (I)

Maßstab 1:90 000 000 (Winkels Entwurf)

14.8.1941 Verkündung der Atlantik Charta
26.6.1945 Gründung der Vereinten Nationen (United Nations = UN) durch 51 Nationen
1983 (38. Vollversammlung) insgesamt 157 Staaten

Mitglieder der Vereinten Nationen

- westlich orientierte Industrieländer
- Entwicklungsländer
- sozialistische Länder
- Gründungsmitglieder (1945)
- Nichtmitglieder
- nicht selbständige Gebiete

Stimmenanteile bei den Vereinten Nationen (United Nations)

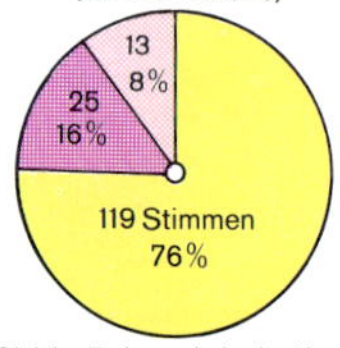

Gleiche Farben wie in der Karte

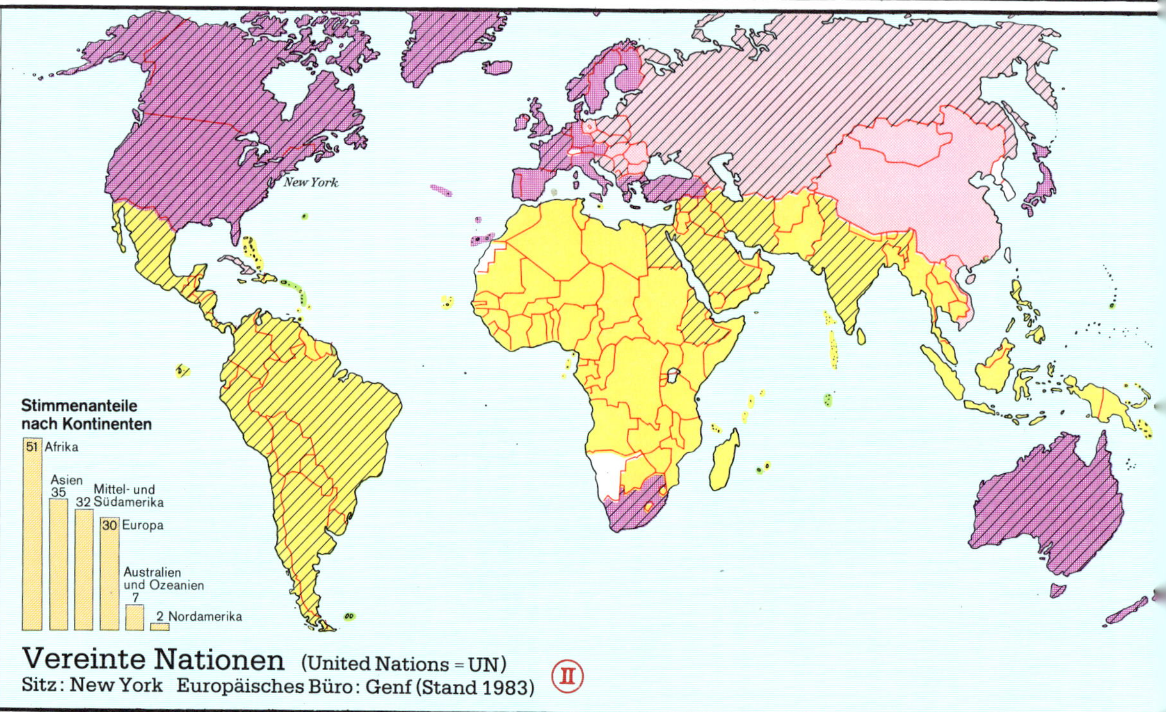

Vereinte Nationen (United Nations = UN) (II)
Sitz: New York Europäisches Büro: Genf (Stand 1983)

Maßstab 1:180 000 000

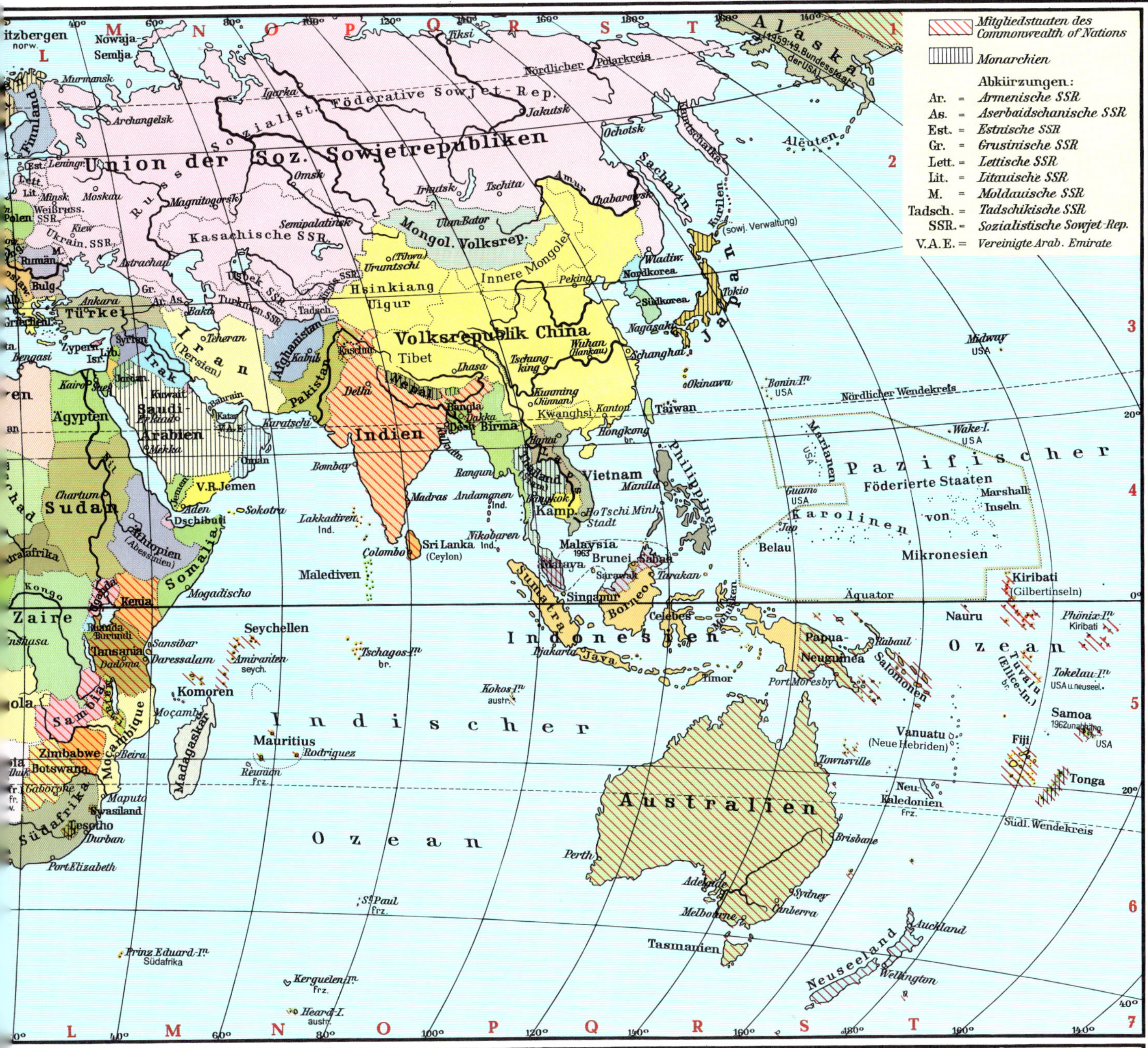

Vereinte Nationen (United Nations = UN)

Gründerstaaten 1945:

*Ägypten, Argentinien, Äthiopien, Australien, Belgien, Bolivien, Brasilien, Chile, *China (National-) 1971 ausgeschlossen, Costa Rica, Dänemark, Dominikanische Republik, Ecuador, El Salvador, Frankreich, Griechenland, Großbritannien, Guatemala, Haïti, Honduras, Indien, Irak, Iran, Jugoslawien, Kanada, Kolumbien, Kuba, Libanon, Liberia, Luxemburg, Mexiko, Neuseeland, Nicaragua, Niederlande, Norwegen, Panamá, Paraguay, Peru, Philippinen, Polen, Saudi-Arabien, UdSSR=Union der Sozialistischen Sowjet-Republiken, USA=Vereinigte Staaten von Amerika, Südafrika, Syrien, Tschechoslowakei, Türkei, Ukraine, Uruguay, Venezuela, Weiß-Rußland*

Aufgenommene Staaten:

1946: *Afghanistan, Island, Schweden, Thailand*

1947: *Jemen, Pakistan*

1948: *Birma*

1949: *Israel*

1950: *Indonesien*

1955: *Albanien, Bulgarien, Finnland, Irland, Italien, Jordanien, Kambodscha, Laos, Libyen, Nepal, Österreich, Portugal, Rumänien, Spanien, Sri Lanka (Ceylon), Ungarn*

1956: *Japan, Marokko, Sudan, Tunesien*

1957: *Ghana, Malaysia*

1958: *Guinea*

1960: *Benin (Dahomey), Elfenbeinküste, Gabun, Kamerun, Kongo (Volksrepublik), Madagaskar, Mali, Niger, Nigeria, Obervolta, Senegal, Somalia, Togo, Tschad, Zaire (Kongo, Dem. Rep.), Zentralafrika, Zypern*

1961: *Mauretanien, Mongolische Volksrep., Sierra Leone, Tansania*

1962: *Algerien, Burundi, Jamaika, Ruanda, Trinidad u. Tobago, Uganda*

1963: *Kenia, Kuwait*

1964: *Malawi, Malta, Sambia*

1965: *Gambia, Malediven, Singapur*

1966: *Barbados, Botswana, Guyana, Lesotho*

1967: *V.R. Jemen*

1968: *Äquatorial-Guinea, Mauritius, Swasiland*

1970: *Fiji*

1971: *Bahrain, Bhutan, Katar, Verein. Arabische Emirate, Volksrep. China*

1973: *Bahamas, Bundesrepublik Deutschland, DDR*

1974: *Bangla Desh, Guinea-Bissau, Grenada*

1975: *Kapverden, Komoren, Moçambique, Papua-Neuguinea, São Tomé und Principe, Suriname*

1976: *Angola, Samoa, Seychellen*

1977: *Dschibuti, Vietnam*

1978: *Dominica, Salomonen*

1979: *Saint Lucia*

1980: *Saint Vincent, Zimbabwe*

1981: *Vanuatu, Antigu u. Barbuda, Belize*

Die Welt der Gegenwart (1985)

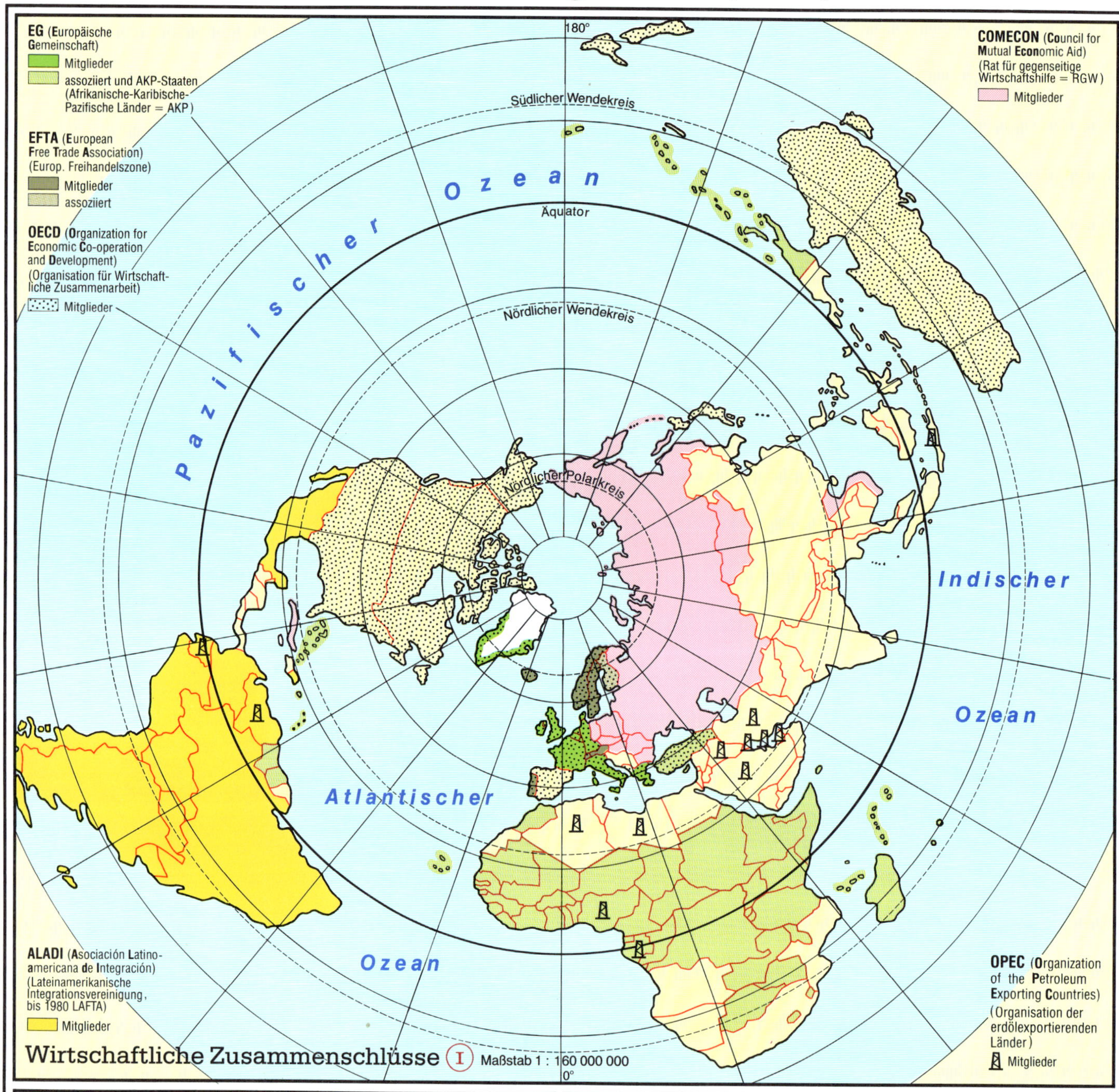

Wirtschaftliche Zusammenschlüsse (I) Maßstab 1 : 160 000 000

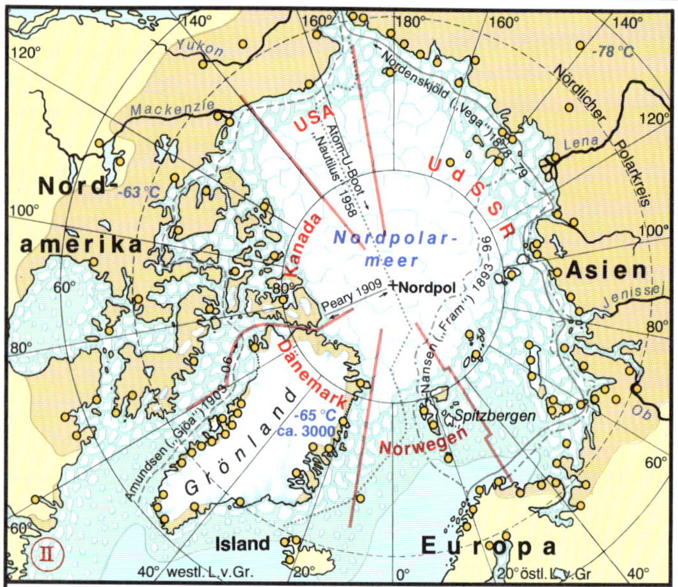

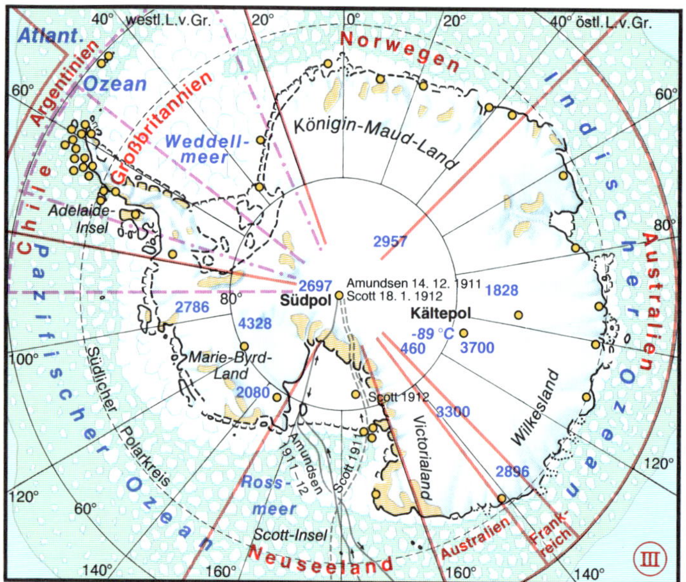

Nordpolargebiet
Maßstab 1 : 72 000 000

Inlandeis
Schelfeis
Packeis
Treibeis und Eisberge
Dauerfrostboden
-65 °C tiefste gemessene Temperatur (?)
Wetter- und Forschungsstation
Grenze der Hoheitsgebiete
Wichtige Forschungsreisen
von Chile, bzw. Argentinien beanspruchte Gebiete
3700 Eisdicke

Südpolargebiet
Maßstab 1 : 72 000 000

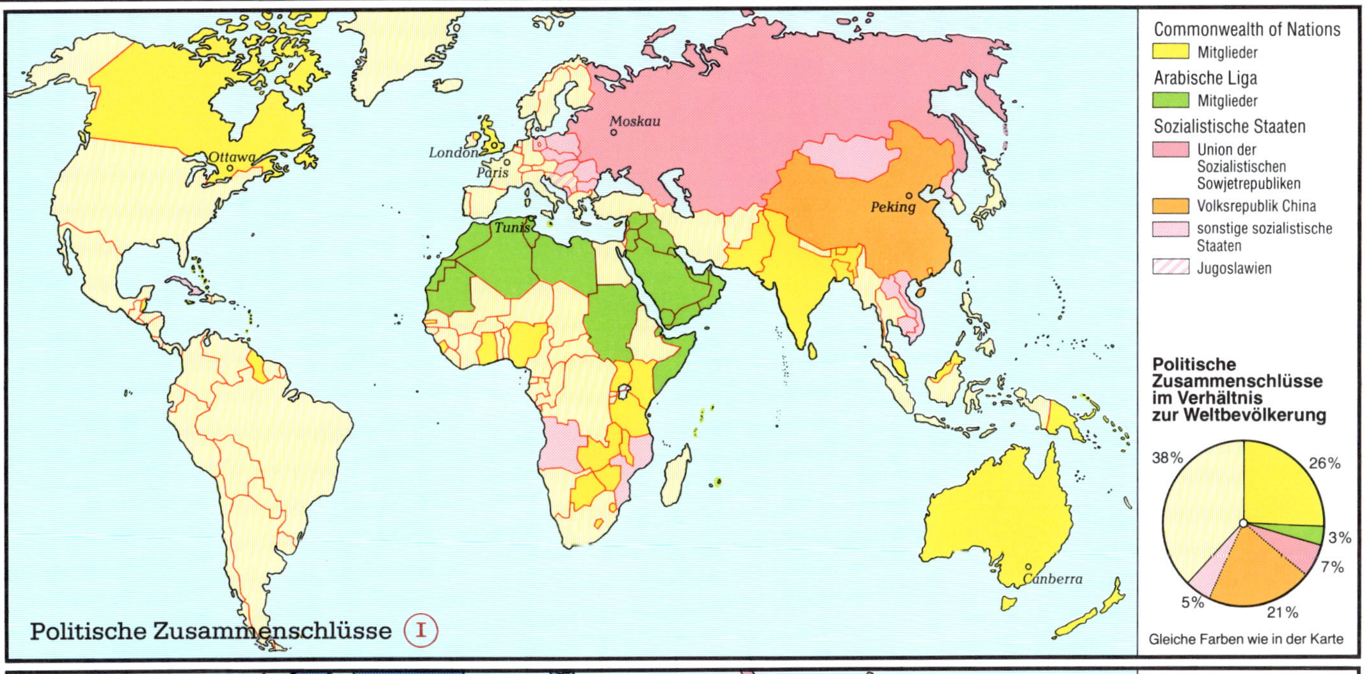

Politische Zusammenschlüsse (I)

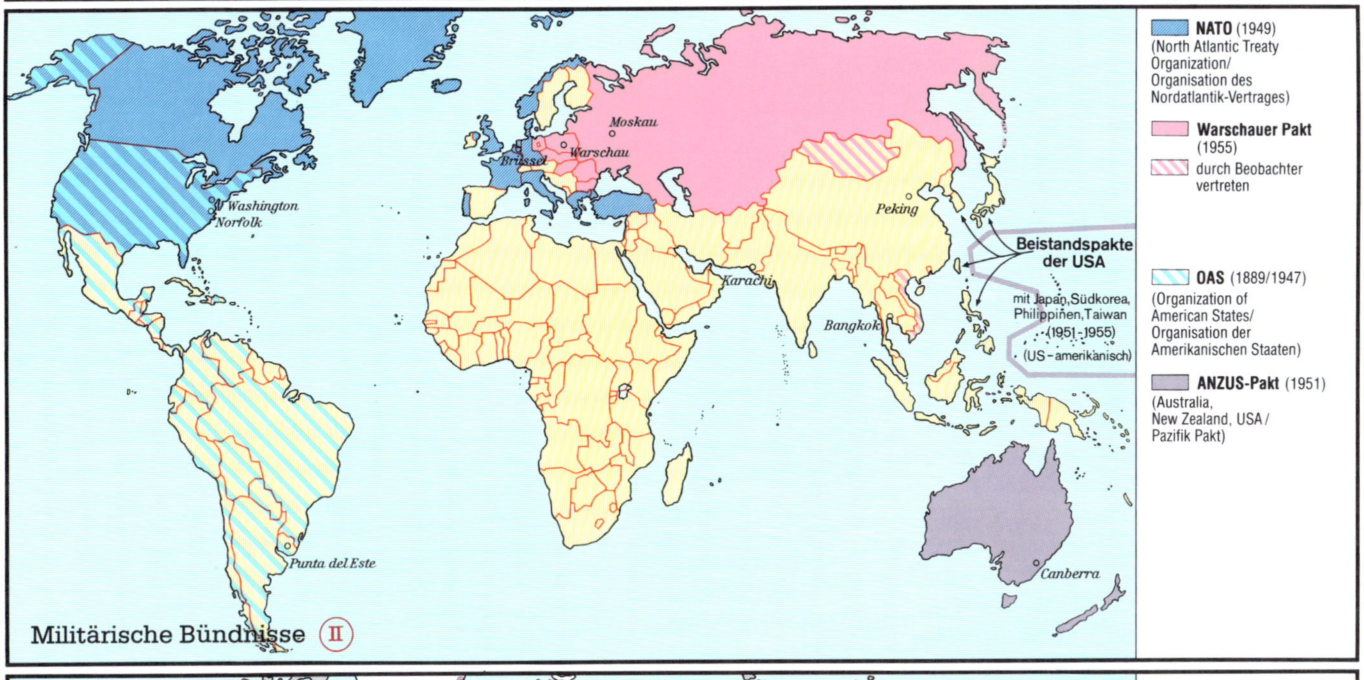

Militärische Bündnisse (II)

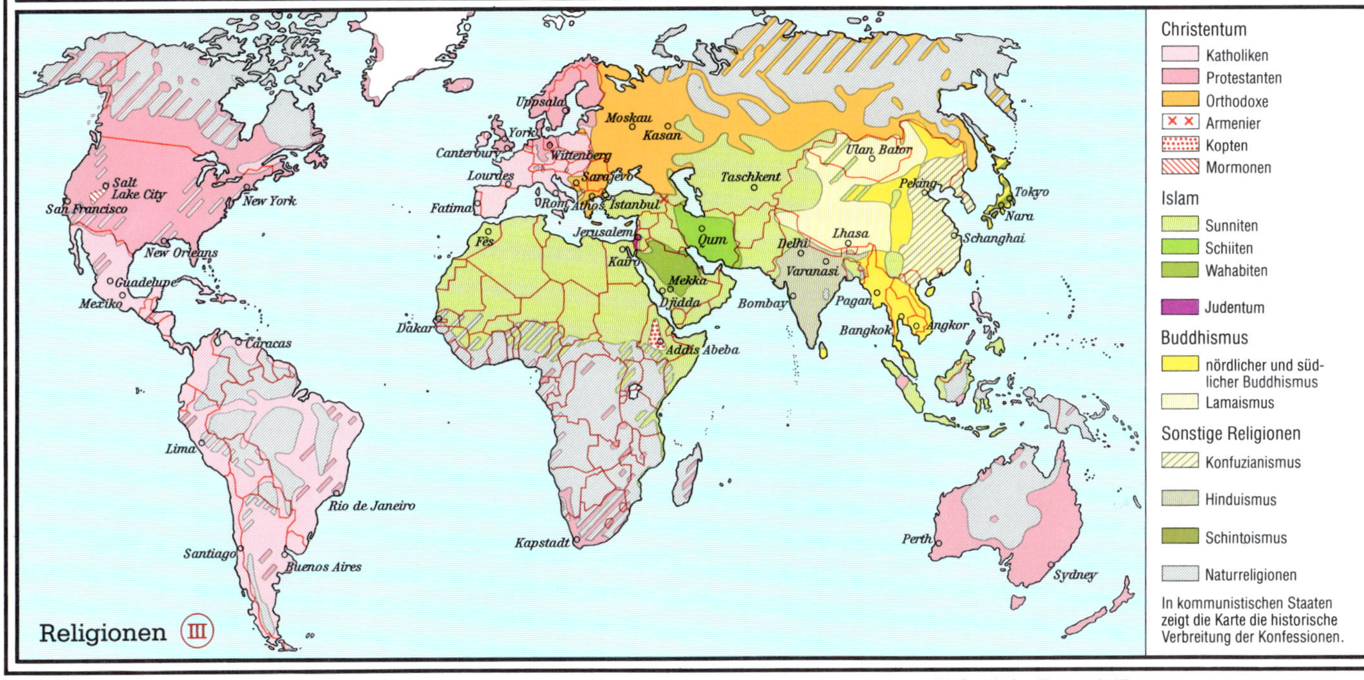

Religionen (III)

Maßstab der Karten I-III
1:180 000 000

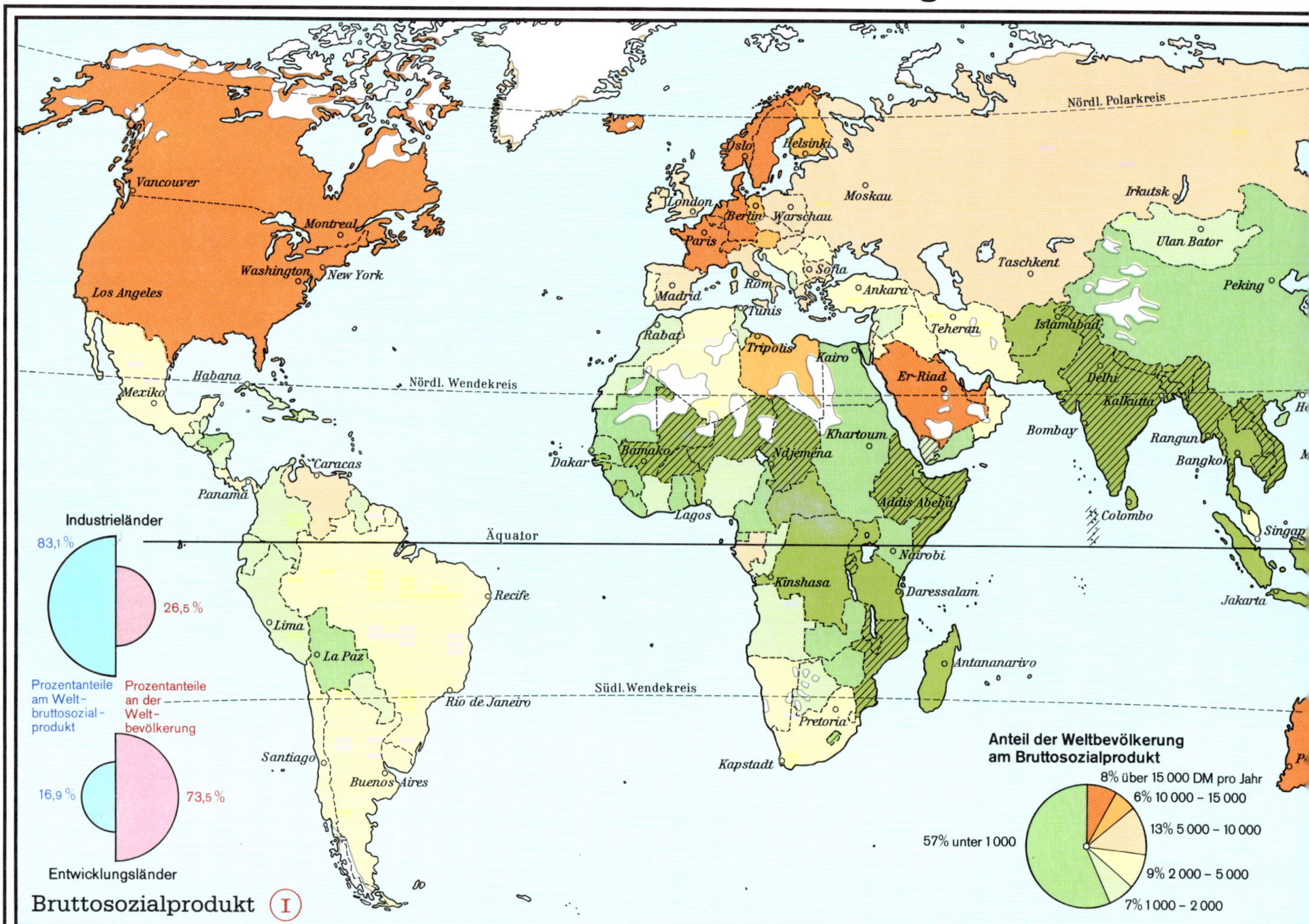

Bruttosozialprodukt (I)

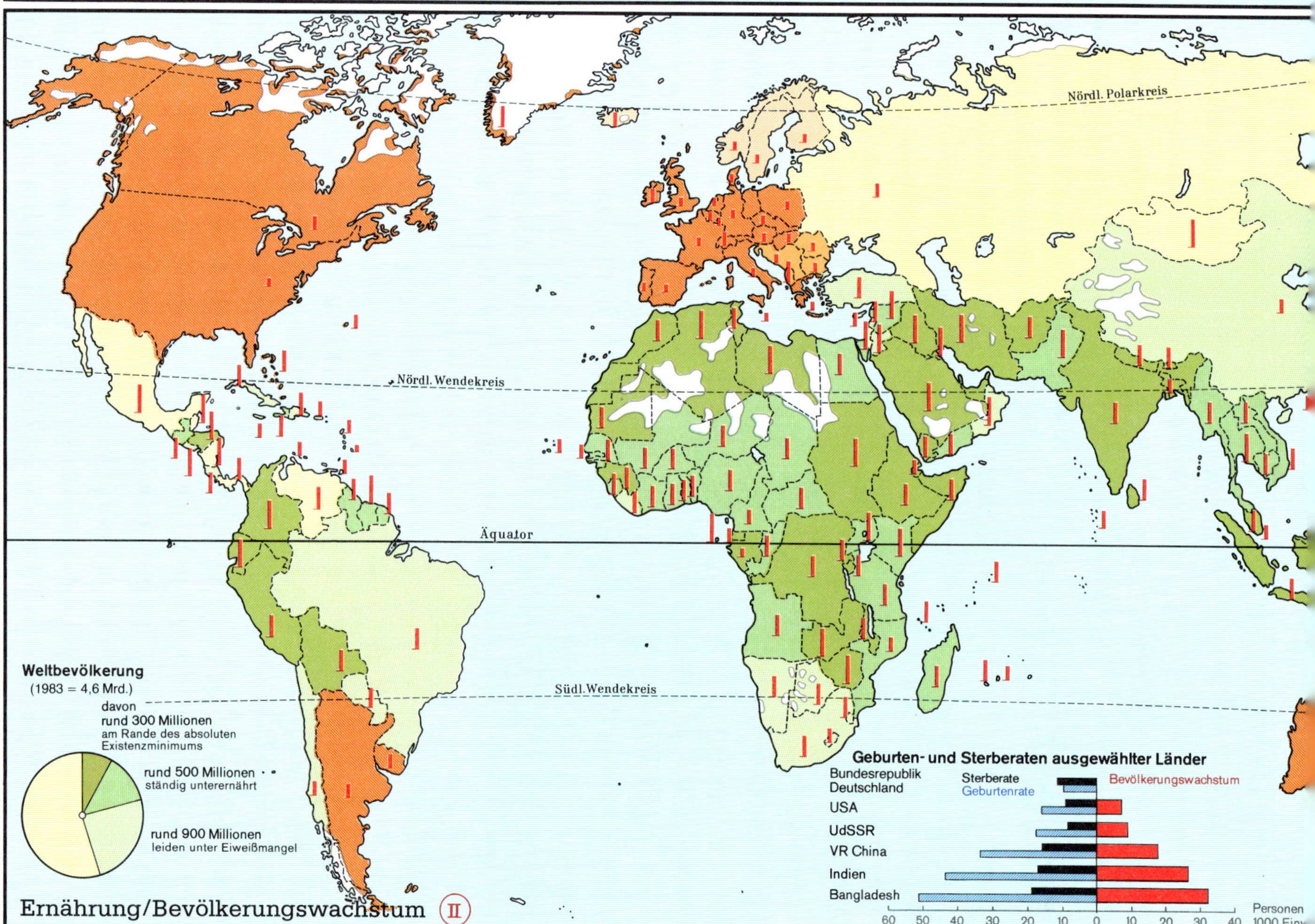

Ernährung/Bevölkerungswachstum (II)

Maßstab der Karten I und II
1:120 000 000

Jährliches Bevölkerungswachstum
(im Durchschnitt der Jahre 1970-1977)
3-4 | 2-3 | 1-2 | 0-1%

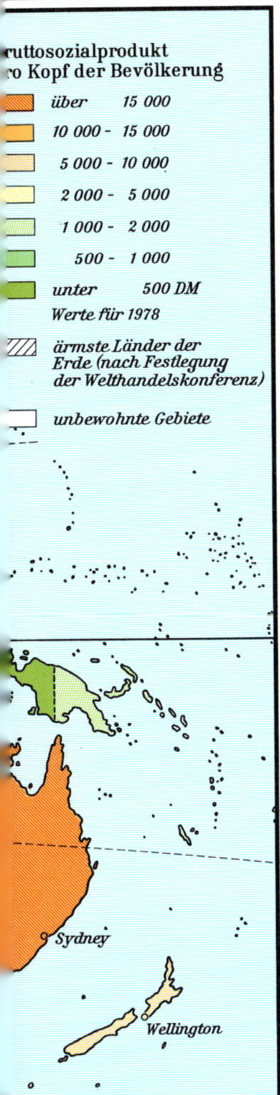

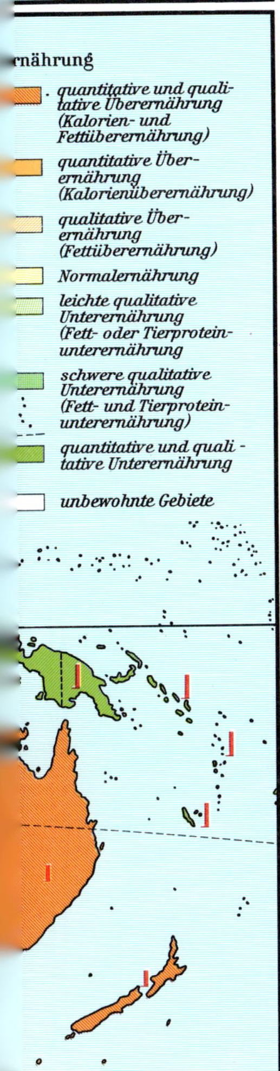

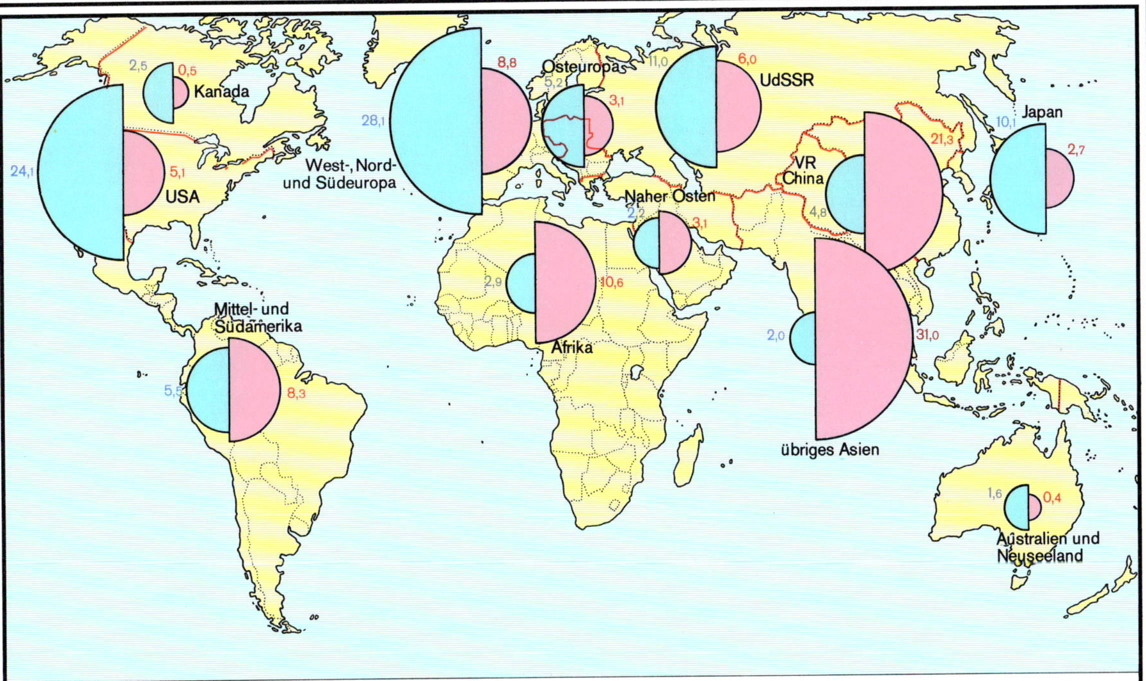

Bruttosozialprodukt und Bevölkerung (III)

Maßstab 1 : 180 000 000

Anteil in Prozent (Welt = 100)
am Bruttosozialprodukt 1,3 | 0,4 an der Bevölkerung

Weltbruttosozialprodukt ca. 17,7 Bill. DM (1978)
Weltbevölkerung ca. 4,6 Mrd. Menschen (1983)

Explosionsartiger Anstieg der Weltbevölkerung bis zum Jahre 2000 (IV)

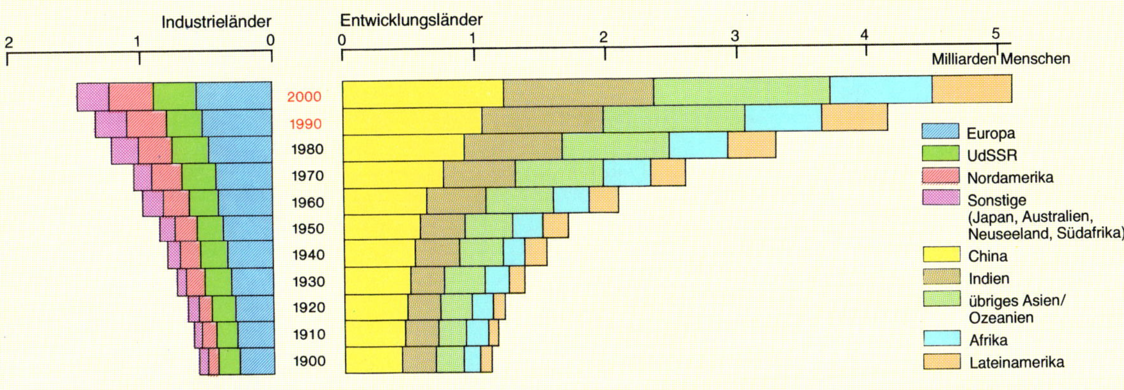

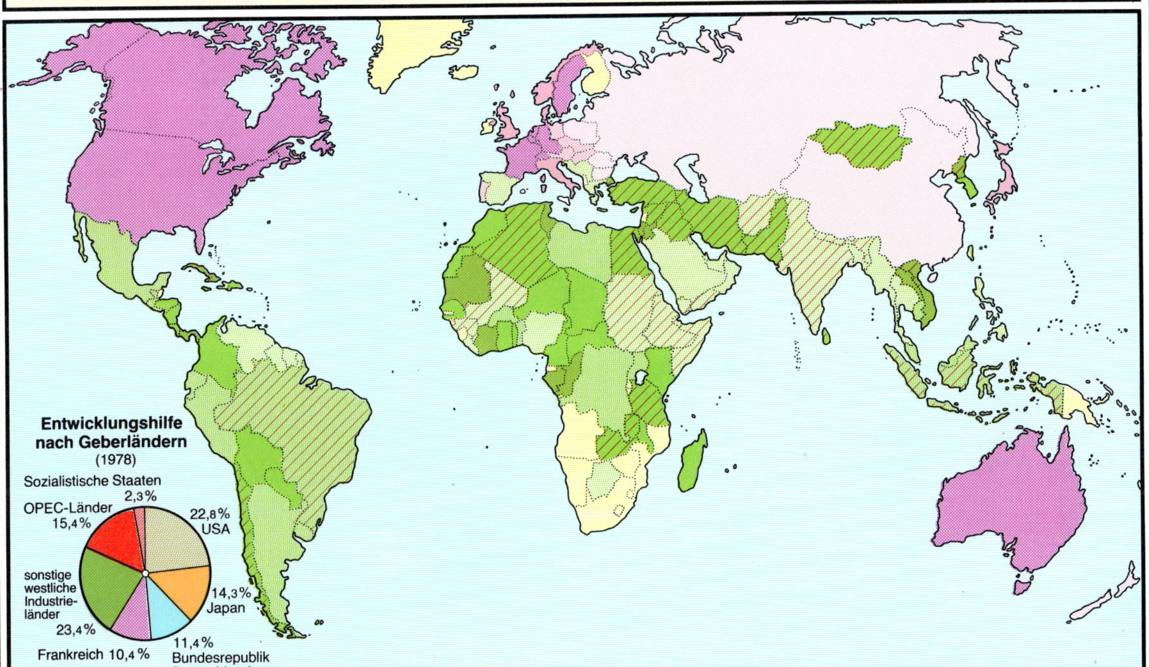

Entwicklungshilfe (V)

Maßstab 1 : 180 000 000

Entwicklungshilfe pro Jahr und Kopf der Bevölkerung (im Mittel der Jahre 1970-1975)

Geberländer				Nehmerländer			
unter 10	10 - 50	50 - 100	über 100 DM	unter 10	10 - 20	20 - 50	über 50 DM

Länder, die Entwicklungshilfe von RGW-Staaten und von der VR China erhalten

Die Welt der Gegenwart (1985)

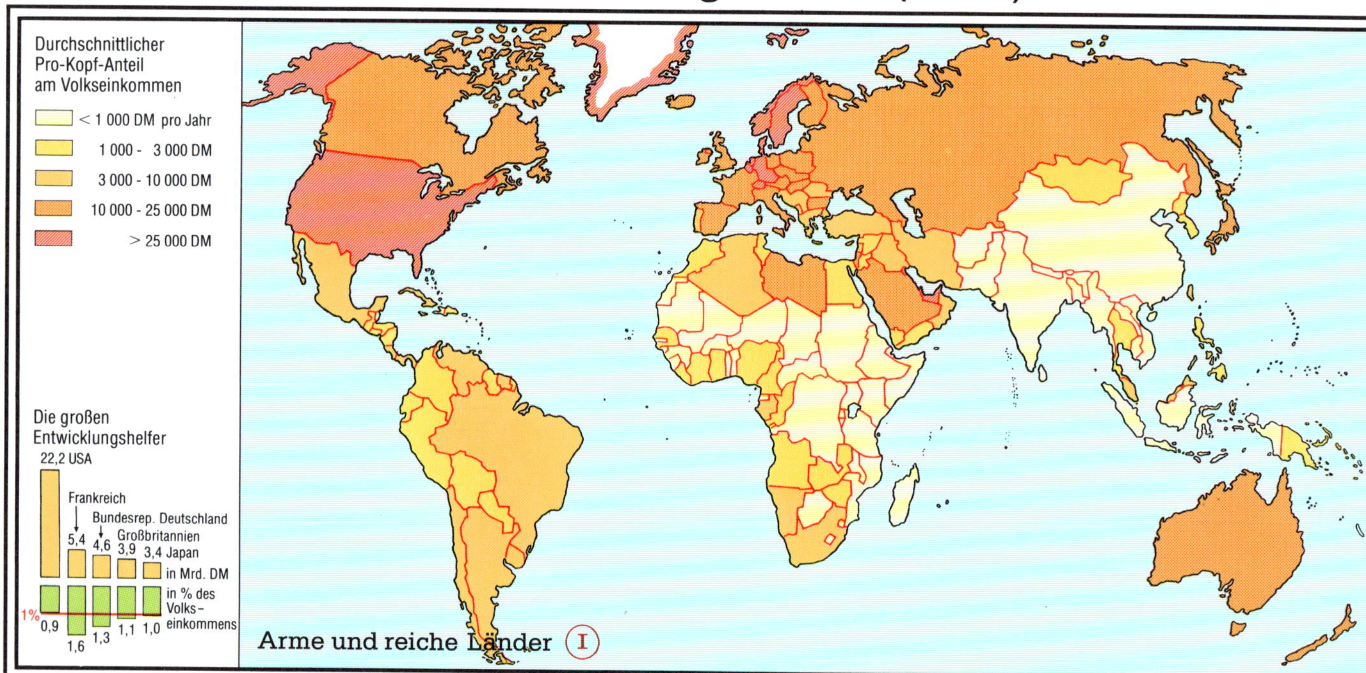

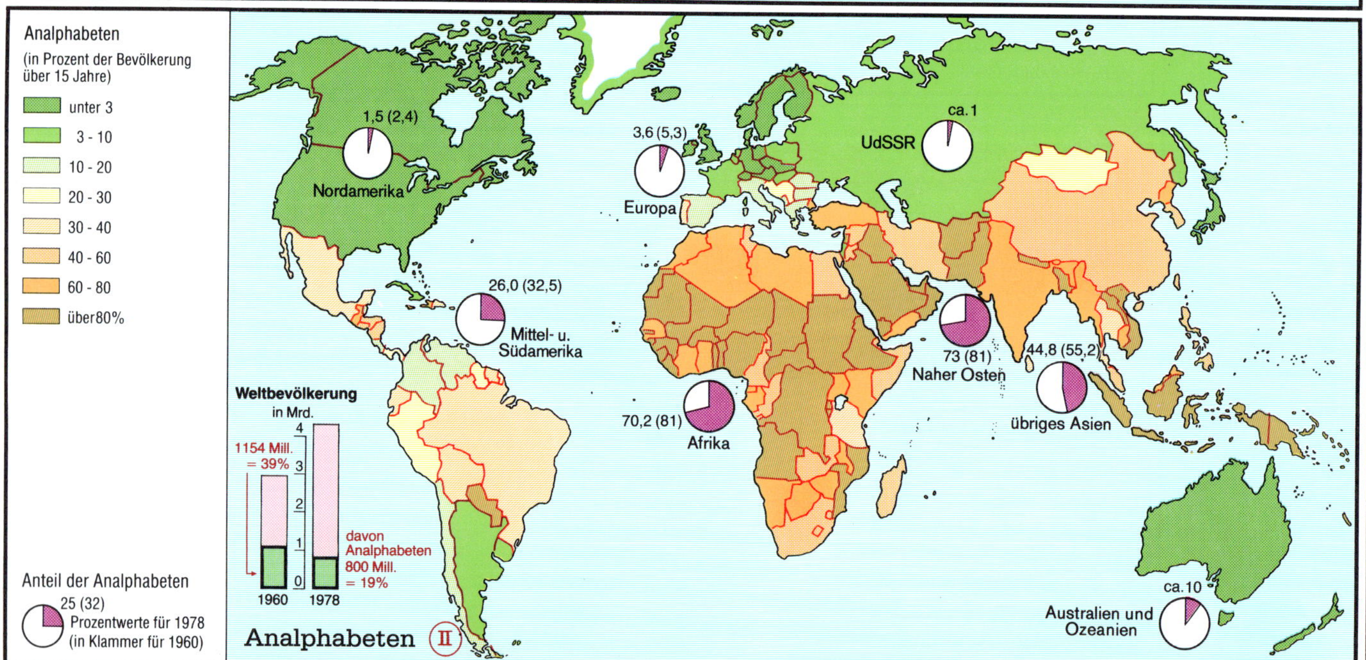

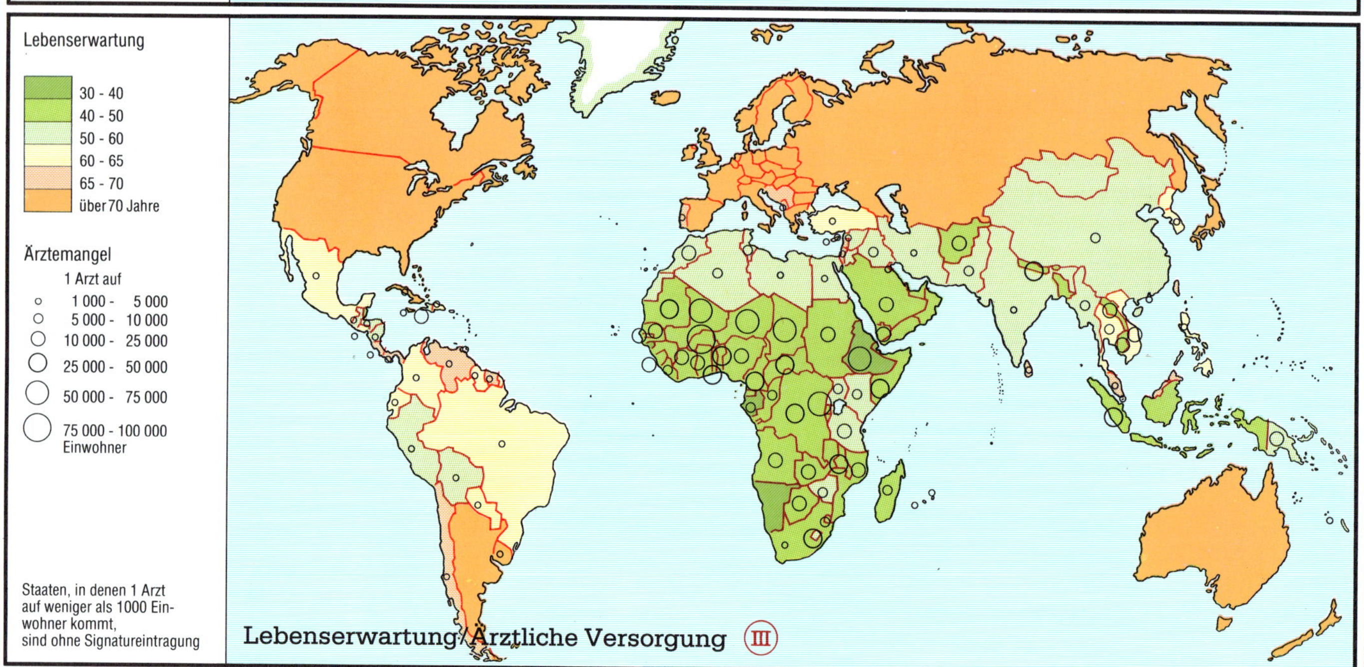

Maßstab der Karten I-III
1 : 180 000 000

Großer Atlas zur Weltgeschichte

REGISTER

	Seiten
Abkürzungen in den Atlaskarten	2 – 4
Sachregister	5 – 10
Kartenübersichten für die nationale Geschichte aller Länder und Gebiete	11 – 19
Namenverzeichnis	21 – 78

Bearbeitet von Prof. Dr. Werner Trillmich

ABKÜRZUNGEN

Das nachstehende Register enthält die Erklärung aller Abkürzungen von Worten und Begriffen, die in Atlaskarten oder in Kartenerläuterungen vorkommen, in aphabetischer Folge.

Die in Karten zum Teil verschieden abgekürzten Namen von Orten, Staaten, Territorien usw., die hier nur in einigen Ausnahmefällen aufgenommen sind, erklären sich im allgemeinen aus der vollständig ausgeschriebenen Namensform im „Namenverzeichnis“.

A

a. ... am
A. ... Amt
A. ... Anhalt
abh. ... abhängig
Abess. ... Abessinien
Abessin. ... Abessinisch
Abt. ... Abtei
achä. ... achäisch
Adl. ... Adlig
Adm. ... Admiral
Administr. ... Administratur
Adriat. ... Adriatisches
Afghan. ... Afghanistan
Afghanist. ... Afghanistan
Afrikan. ... Afrikanisch
Afrikan. ... Afrikanische
Ägat. ... Ägatische
Ägypt. ... Ägypten
ägypt. ... ägyptisch
Alb., Alban. ... Albanien
Albert. ... Albertiner
Albertin. ... Albertiner
All. ... Alliierte
Allgem. ... Allgemeines
alphabet. ... alphabetisch
amerikan. ... amerikanisch
Anfg. ... Anfang
angels. ... angelsächsisch
angelsächs. ... angelsächsisch
Anh. ... Anhalt
Anh. ... anhaltinisch
Anschl. ... Anschluß
Apoth. ... Apotheke
Äquator. ... Äquatorial
Ar. ... Armenische
Arab. ... Araber, Arabische
arab. ... arabisch
arag., aragon. aragonisch
Arch. ... Archipel
Argentin. ... Argentinien
armen. ... armenisch
As. ... Alpes
As. ... Aserbeidschanische
askan. ... askanisch
assyr. ... assyrisch
Äthiop. ... Äthiopien
äthiop. ... äthiopisch
Atlant. ... Atlantischer
ätol. ... ätolisch
Att. ... Attische
Aufst. ... Aufstand
Aug. ... August
Aug. ... Augusta
Ausdehn. ... Ausdehnung
außerh. ... außerhalb
Austr. ... Australisch
Austral. ... Australisch
Austral. ... Australien

B

... b. ... bach
B. ... Bach
B. ... Bad
B. ... Basutoland
B. ... Bay
b. ... bei
B. ... Berg
B. ... Bischof
B. ... Bistum
... b. ... bogen
B. ... Bucht
... b. ... burg
... b. ... büttel
babylon. ... babylonisch
bad. ... badisch
bair. ... bairisch
Bas. ... Basilica
Bask. Prov. ... Baskische Provinzen
Bauernpart. ... Bauernpartei
bayreuth. ... bayreuthisch
Bayr. ... Bayrisch
bayr. ... bayrisch
Belg. ... Belgien
belg. ... belgisch
Belutsch. ... Belutschistan
Berl. ... Berliner
bern. ... bernisch
Besatz. ... Besatzung
bes. ... besetzt
Bes. ... Besitz
Bessarab. ... Bessarabien
Bew. ... Bewohner
Bez. ... Bezirk
Bf. ... Bahnhof
... bg. ... berg
Bg., Bge. ... Berg, Berge
... bge. ... berge
... bğ. ... burg
bischöfl. ... bischöflich
Bm. ... Bistum
... bog. ... bogen
böhm. ... böhmisch
Böhm. ... Böhmisch
boiot. ... boiotisch
Boliv. ... Bolivien
Bosporan. ... Bosporanisch
Bottn. ... Bottnisch
bourbon. ... bourbonisch
Br. ... Braunschweig
br. ... britisch
Br. ... Brücke
brand. ... brandenburgisch
brandenb. ... brandenburgisch
brandenbğ. ... brandenburgisch
bras. ... brasilianisch
Bras. ... Brasilianisch
Braunschw. ... Braunschweig
Brazz. ... Brazzaville
brdbğ. ... brandenburgisch
brschw. ... braunschweigisch
breton. ... bretonisch
Breton. ... Bretonisch
Brix. ... Brixen
Bulgar. ... Bulgarien
bulg., bulgar. bulgarisch
bur. ... burisch
Bur. ... Burundi
bürg. ... bürgerlich
bürgerl. ... bürgerlich
Burggft. ... Burggrafschaft
byz., byzant byzantinisch
bzw. ... beziehungsweise

C

ca. ... circa
Canterb. ... Canterbury
Cast. ... Castel
chil. ... chilenisch
chin., chines. chinesisch
christl. ... christlich
Christl. ... Christliche
Circ. ... Circus
cisalp. ... cisalpina
coburg. ... coburgisch
Col. ... Colonia
Comp. ... Company
C^{ty} ... County

D

d. ... der, die, das
d. Ä. ... der Ältere
D., Dt. ... Deutsch
D., Dt. ... Deutscher
D., Dt. ... Deutsches
Dän., Dänem. Dänemark
dän., Dän. ... dänisch, Dänisch
Demokrat. ... Demokratie
Dept. ... Departement
Detachm. ... Detachment
Deutsch. ... Deutscher
Deutsch. ... Deutsches
Dez. ... Dezember
... df. ... dorf
d. Gr. ... der Große
Distr. ... Distrikt
Dj. ... Djebel
d. J. ... der Jüngere
Dom. ... Dominikanische
Dominik. ... Dominikaner
Dominik. ... Dominikanische
Dominikan ... Dominikaner
D. R. ... Deutsches Reich
Dsch. ... Dschebel
Dt. ... Deutsch
dtsch. ... deutsch
Dtsch. ... Deutscher
Dtsch. ... Deutsches

E

E. ... Estische
Ecuad. ... Ecuadorianisch
ehem. ... ehemalig
eichst. ... eichstättisch
eidgen. ... eidgenössisch
Eidgen. ... Eidgenossen
Eidgenoss. ... Eidgenossenschaft
einheim. ... einheimisch
einschl. ... einschließlich
Einw. ... Einwohner
Elfenbeink. ... Elfenbeinküste
endgült. ... endgültig
Engl. ... England
engl., Engl ... englisch, Englisch
Ernestin. ... Ernestiner
erob. ... erobert
Erzb., Erzbm. Erzbistum
Estld. ... Estland
etrusk. ... etruskisch
europ. ... europäisch
Europ. ... Europäisch
Ev., Evang. ... Evangelisch

F

F. ... Freistaat
f. ... für
Fakt. ... Faktorei
Fbr. ... Fabrik
... fde. ... felde
... fdn. ... felden
Febr. ... Februar
... fgn. ... fingen
Finn. ... Finnisch
Finn. ... Finnischer
Finnl. ... Finnland
Fl. ... Fluß
flandr. ... flandrisch
... fldn. ... felden
Fm., Fsm ... Fürstentum
fr. ... französisch
Fr. ... Frei, Freie
Fr. ... Freising
fränk. ... fränkisch
Frankr. ... Frankreich
franz., französ. französisch
Franz. ... Französisch
Franzisk. ... Franziskaner
Franziskan. ... Franziskaner
freibğ. ... freiburgisch
Freigft. ... Freigrafschaft
freis. ... freisingisch
Friedr. ... Friedrich
fries. ... friesisch
Fr.-Pr. ... Fürst-Primas
Frst. ... Freistaat
Frühj. ... Frühjahr
Fr.-W. ... Friedrich-Wilhelm
frz. ... französisch
Fsm. ... Fürstentum
F^{t} ... Fort
... ft. ... furt

G

G. ... Gebirge
G. ... Golf
G. ... Graf
... geb. ... gebiet
Geb. ... Gebirge
gegr. ... gegründet
Geistl. ... Geistlich
Gen. ... General
gen., genues. genuesisch
Gen. Gouv. ... General-Gouvernement
germ. ... germanisch
german. ... germanisch
gesetzl. ... gesetzlich
Gfsm. ... Großfürstentum
Gft. ... Grafschaft
Ghzm. ... Großherzogtum
got. ... gotisch
gotländ. ... gotländisch
Gouv. ... Gouvernement
Gr. ... Griechenland
Gr. ... Groß, Große, Großer
Gr. ... Grusinische
gräfl. ... gräflich
Grenzm. ... Grenzmark
Grfsm. ... Großfürstentum
griech. ... griechisch
Griech. ... Griechisch
Griech. ... Griechenland
Griechenl. ... Griechenland
Guin. ... Guinea

H

H. ... Hagios
habsbg. ... habsburgisch
habsburg. ... habsburgisch
... hfn. ... hafen
hamb. ... hamburgisch
hambg. ... hamburgisch
Hann. ... Hannover
hann. ... hannoverisch
heidn. ... heidnisch
hellenist. ... hellenistisch
H., Hft. ... Herrschaft
Herrsch. ... Herrschaft
Herz., Hzm. ... Herzogtum
Hess. ... Hessen
hess. ... hessisch
hethit. ... hethitisch
Hfn. ... Hafen
... hgn. ... hagen
Hgr. ... Hügelgräber
H.-I. ... Halbinsel
hild. ... hildesheimer
Hl. ... Heilig
Hlgt. ... Heiligtum
... hm. ... heim
Hohenz. ... Hohenzollern
hohenzoll. ... hohenzollerisch
Holst. ... Holstein
holst. ... holsteinisch
Hond. ... Honduras
Hosp. ... Hospital
H.-Qu. ... Hauptquartier
... hs. ... haus
... hsn. ... hausen
hussit. ... hussitisch

I

i. ... im
I. ... Insel
I. ... Isola
I^{ae} ... Insulae
I^{n} ... Inseln
Ind. ... Indianer
ind. ... indisch
Indones. ... Indonesien
intern. ... international
internat. ... international
Internat. ... International
Internat. ... Internationales
ir. ... irisch
islam. ... islamisch
Isr. ... Israel
Ital. ... Italien
it., ital. ... italienisch
italien. ... italienisch

J

jähr.	jährig
Jahrh.	Jahrhundert
Jan.	Januar
jap.	japanisch
Japan.	Japanisch
Jem.	Jemen
Jh.	Jahrhundert
jon.	jonisch
Jordan.	Jordanien
Jugosl.	Jugoslawien

K

K.	Kanal
K.	Kap
K.	Kirche
. . . k.	kirchen
K.	Kultur
K.	Küste
Kais.	Kaiser
Kaiserr.	Kaiserreich
Kamb.	Kambodscha
Kan.	Kanal
kanad.	kanadisch
Kanar.	Kanarische
Kap.	Kapelle
. . . kap.	kapelle
kapeting.	kapetingisch
Kapverd.	Kapverdische
kärntn.	kärntnerisch
karoling.	karolingisch
Kas.	Kaserne
Kaschm.	Kaschmir
Kasp.	Kaspisch
Kasp. M.	Kaspisches Meer
Kat., Katak.	Katakomben
Katalaun.	Katalaunische
kath., kathol.	katholisch
kelt.	keltisch
Kfm.	Kurfürstentum
Kg.	König
kgl.	königlich
Kgl.	Königlich
Kgr.	Königreich
Kilik.	Kilikisch
kirchl.	kirchlich
Kirgis.	Kirgisische
Kl.	Klein, Kleine, Kleiner
Kl.	Kloster
Kol.	Kolumbien
köln.	kölnisch
Kolumb.	Kolumbien
kolumb	kolumbianisch
Komm.	Kommu-nistisch
Königl.	Königlich
korinth.	korinthisch
kopt.	koptisch
Kr.	Kreis
Kraftw.	Kraftwerk
kret.	kretisch
Kroat.	Kroatien
kroat.	kroatisch
Kurf.	Kurfürsten-tum
Kurfsm.	Kurfürstentum
kurfürstl.	kurfürstlich
Kurhess.	Kurhessen
kur.	kurländisch
Kurländ.	Kurländisch

L

. . . l.	leben
L.	Lacus
Lakedämon.	Lakedämonien
Lakin.	Lakinisches
landesherrl.	landesherrlich
ländl.	ländlich
langob.	langobardisch
langobard.	langobardisch
Latein.	Lateinisch
latin.	latinisch
lauenbg.	lauenburgisch
. . . lbn.	leben
Ld.	Land
. . . ld.	land
L.-D.	Lippe-Detmold
Ldgft.	Landgrafschaft
Leop.	Leopoldville
Lett.	Lettische
Lettld.	Lettland
. . . lgn.	lingen
Lib.	Libanon
Liechtenst.	Liechtenstein
Ligur.	Ligurisches
Limb.	Limburg
limpg.	limpurgisch
Lit.	Litauen
lit.	litauisch
Lit.	Litauisch
Litzm.	Litzmannstadt
Livländ.	Livländisch
Lothr.	Lothringen
lothring.	lothringisch
lt.	laut
Luth.	Lutheraner
Lux.	Luxemburg
lux., luxemb.	luxemburgisch
Luxemb.	Luxemburg
luxembg.	luxemburgisch
Luxembg.	Luxemburgisch

M

M.	Mark
M.	Mecklenburg
M.	Meer
M.	Mons
M.	Monte
M.	Montenegro
Mdg.	Mündung
magd.	magde-burgisch
magdebg.	magdeburgisch
Mähr.	Mährisch
mainz.	mainzisch
maked.	makedonisch
Makedon.	Makedonien
makedon.	makedonisch
Mand.	Mandat
mar.	marokkanisch
Mauret.	Mauretanien
Mausol.	Mausoleum
Mittelalt.	Mittelalterlich
Mittelm.	Mittelmeer
Meckl.	Mecklenburg
Meerb.	Meerbusen
mein.	meiningisch
Meining.	Meiningen
Merid.	Meridian
Metallw.	Metallwaren
mex., mexik.	mexikanisch
mexikan.	mexikanisch
Mgft.	Markgrafschaft
mittelalt.	mittelalterlich
Moçamb.	Moçambik
mold.	moldauisch
Mongol.	Mongolische
Mont.	Montenegro
M.-Str.	Mecklenburg-Strelitz
M^{t}	Mont
M^{te}	Monte
Münst.	Münster
mutmaßl.	mutmaßlich
Myk.	Mykenisch
myken.	mykenisch

N

n.	nach
N.	New
N.	Nord
Nass.	Nassau
nass.	nassauisch
Nation.	Nationales
nationalist.	nationalistisch
Nav.	Navarra
navarres.	navarresisch
Nd., Ndr.	Nieder
Ndl.	Niederländisch
ndld.	niederländisch
neuseel.	neuseeländisch
neutr.	neutral
Nicar.	Nicaragua
Nied.	Nieder
Nied.	Niederlande
Nied.	Niederländisch
Niederl.	Niederlande
niederl.	niederländisch
Niederlass.	Niederlassung
niederld.	niederländisch
niederländ.	niederländisch
Niederldr.	Niederländer
nördl.	nördlich
Nordrh.	Nordrhein
Nordwestl.	Nordwestlich
norm.	normannisch
normann.	normannisch
Norw.	Norwegen
norw.	norwegisch
Nov.	November
nürnberg.	nürnberger, nürnbergisch

O

O.	Ozean
Ob.	Ober, Obere
Oberh.	Oberhoheit
Oberv.	Obervolta
Ochotsk.	Ochotskisches . . .
od.	oder
okkup.	okkupiert
Okt., Oktob.	Oktober
Old.	Oldenburg
oldenbg.	oldenburgisch
Opp.	Oppidum
oran.	oranisch
osman.	osmanisch
Osman.	Osmanisch
Osman.	Osmanisches
Osm. R.	Osmanisches Reich
österr.	österreichisch
ostgot.	ostgotisch
östl.	östlich
Ostpr.	Ostpreußen
Öst.-Ung.	Österreich-Ungarn

P

P.	Pakistan
P.	Paß
Pak., Pakist.	Pakistan
pakist.	pakistanisch
Pal.	Palais
Pal.	Palast
pamphyl.	pamphylisch
päpstl.	päpstlich
Parag.	Paraguay
pass.	passauisch
Patr.	Patriarchat
Patriarch.	Patriarchat
Patrim.	Patrimonium
Patrimon.	Patrimonium
Paz., Pazif.	Pazifischer . .
Peloponnes.	Peloponnesisch
pers.	persisch
Pers.	Persisch
Pers.	Persischer
peruan.	peruanisch
Pf.	Pfalz
phönik.	phönikisch
piemont.	piemontesisch
pis.	pisanisch
Pk.	Park
Pl.	Platz
polit.	politische
poln.	polnisch
poln.	polnischer
pomm.	pommerisch
Pont.	Pontika
Port., Portug.	Portugal
port.	portugiesisch,
Port.	Portugiesisch
pr.	preußisch
Pr.	Preußisch
pr.	principalis
Pr., Prom.	Promunturium
Pr.	Provinz
Praef.	Präfektur
preuß.	preußisch
Priv.	Privileg
Prot.	Protektorat
Protekt.	Protektorat
Prov.	Provinz
pruzz.	pruzzisch
P^{t}	Port
P^{ta}	Porta
Pun.	Punisch
Puritan.	Puritanisch

R

R.	Recht
R.	Reich
R.	Reuß
R.	Ruanda
Rath.	Rathaus
R. d.	Reich der
Reform.	Reformierte
Reg.	Regierungsbezirk
regensb.	regensburgisch
Reichskomm.	Reichskommis-sariat
Rep.	Republik
Republ.	Republik
republikan.	republikanisch
Rhein.	Rheinisch
Rheinl.	Rheinland
rip.	ripense
Riv.	River
röm.	römisch
Röm.	Römisch
roman.	romanisch
rum.	rumänisch
Rumän.	Rumänien
Russ.	Russisch
russ.	russisch

S

S.	Sachsen
S.	San
S.	São
S.	See
s.	seit
S.	Süd
Sa.	Sachsen
Sachs.	Sachsen
sächs.	sächsisch
salzb.	salzburgisch
Schl.	Schleswig
Schles.	Schlesien
schles.	schlesisch
Schlesw.	Schleswig
Schl.-Holst.	Schleswig-Holstein
schott.	schottisch
Schw.	Schwäbisch
Schw.	Schwarzburg
schw.	schwedisch
Schw.	Schweizer
Schwed.	Schweden
schwed.	schwedisch
schweiz.	schweizerisch
selbst.	selbständig
selbständ.	selbständig
selbstdg.	selbständig
seldsch.	seldschukisch
Seneg.	Senegal
separ.	separat, separates
Sept.	September
Serb.	Serbien
serb.	serbisch
siebenbürg.	siebenbürgisch
Siedl., Siedlg.	Siedlung
Siedlgn.	Siedlungen
sizil.	sizilianisch
skandinav.	skandinavisch
S.-L.	Schaumburg-Lippe
slaw.	slawisch
Slow.	Slowakei
sog., sogen.	sogenannt
Sondersh.	Sondershausen
sonst.	sonstige
Sorb.	Sorbisch
sowj.	sowjetisch
sowjetzon.	sowjetzonale
Sozialist.	Sozialistische
sp., span.	spanisch
Span.	Spanien
Spand.	Spandauer
. . . st.	stadt
S^{t}.	Saint
S^{t}.	Sankt
. . . st.	stein
Sta	Santa
Staatspart.	Staatspartei
städt.	städtisch
Stat.	Station
stauf.	staufisch
Steierm.	Steiermark
S^{tes}	Saintes
S^{th}	South

Str., ... str. . Straße, ... straße
Str. .... Strelitz
südafr. ...... südafrikanisch
südafrikan. . südafrikanisch
Südchines. .. Südchinesisch
südl. .... südlich
Südw. .... Südwest
Sultan. ...... Sultanat
Sw., Swasild. Swasiland
Syr. .... Syrien

T

T. .... Tempel
T. .... Tor
Tadsch. ...... Tadschistan
Tang. .... Tanganjika
Templ. ...... Templum
Terr., Territ. Territorium
... tgn. ...... tingen
Th. .... Thema
Thaild. ...... Thailand
Thessal. ..... Thessalien
Thür. .... Thüringen
Thüring. .... Thüringische
Tiber. .... Tiberias
tibet. .... tibetisch
Töpf. .... Töpfer
tosk. .... toskanisch
tribut. .... tributär
Trop. .... Tropisch
Tsch. .... Tschechoslowakei
Tschech. .... Tschechen
Tschech. .... Tschechisch
Tschechoslow. Tschechoslowakei
türk. .... türkisch
Turkmen. ... Turkmenische
Turkmen. ... Turkmenistan
tyrrhen. .... tyrrhenisch

U

u. .... und
U. .... Union
u. a. .... und andere
übr. .... übrigen
Ukrain. ..... Ukrainische
unabh. ...... unabhängig
unabhg. ..... unabhängig
unabhäng. .. unabhängig
ung., ungar. . ungarisch
Ung. .... Ungarn
Univ. .... Universität
Univers. .... Universität
unmittelb. .. unmittelbar
unt. .... unter
urkundl. .... urkundlich
ursprüngl. ... ursprünglich
Usbek. ...... Usbekische
usw. .... und so weiter

V

v. .... von
V. .... Via
V. .... Vikariat
VAR .... Vereinigte Arabische Republik
v. Chr. ...... vor Christi
v. d. .... von dem
ven. .... venezianisch
Vened. ...... Venedig
venez. .... venezianisch
Venez. ...... Venezuela
venezian. ... venezianisch
verein. ...... vereinigt
Verein ..... Vereinigte
Verfass. .... Verfassung
vermutl. .... vermutlich
Ver. .... Vereinigte
Ver. St. ..... Vereinigte Staaten
Verw. .... Verwaltung
Verwalt. .... Verwaltung
Vgb. .... Vorgebirge
Vic. .... Vicus
Völkerb. .... Völkerbund
Vorgeb. ..... Vorgebirge
V. St. .... Vereinigte Staaten

W

W. .... Wilajet
wald. .... waldeckisch
Wallon. ..... Wallonische
weim. .... weimarisch
welf. .... welfisch
Wend. .... Wendisch
Westf. .... Westfalen
westgot. ..... westgotisch
westl. .... westlich
Westpr. ..... Westpreußen
wett., wettin. wettinisch
wittelsb. .... wittelsbachisch
... wlr. ..... weiler
Württ. .... Württemberg
württ. .... württembergisch
Württemb. .. württembergisch

Z

z. .... zu, zum, zur
zeitl. .... zeitlich
zeitw. .... zeitweilig
zeitw. .... zeitweise
zerst. .... zerstört
Zielgeb. ..... Zielgebiet
z. T. .... zum Teil
z. W. .... zu Würzburg
zw. .... zwischen
z. Z. .... zur Zeit

SACHREGISTER

Das nachstehende Register enthält Namen, Tatsachen, Begriffe und Stichworte, die in der Literatur über Geschichte, Volkstum, Kunstgeschichte, Religionsgeschichte, Wirtschaftskunde usw.vorkommen und auf Karten dieses Atlaswerkes vermerkt sind.

Die Verweise beziehen sich auf Seitenzahlen und die rot eingedruckten Nummern der Einzelkarten, sofern mehrere Karten auf einer Seite stehen. Demnach bedeutet Adalbert von Bremen 61 I: Die Missionsunternehmungen Adalbert von Bremens sind auf Seite 61, Karte I zu finden.

A

Aachener Friede (1668) 114
Åbo-Friede (1743) 119
Abstimmungsgebiete, deutsche (1918—20) 152 II
Abu Bekr 50/51
Achäischer Bund 26/27 II—III
Achse Berlin-Rom. Achsenmächte 154 VI, 155 II, 156/157 I—III, 161 III
Adalbert, Eb. v. Bremen (1043—72) 61 I
Adalbert, B. v. Prag († 997) 61 II
Adels-Kolonisation im Baltikum 74 II
Ätolischer Bund 26/27 III
Afrikanisch-Madagassische Union 169 III
Agrargeschichte 8 III, 13 II—III, 17 I, 25 III, 30/31 II—III, 40 VI, 54/55 II, 56 III—VI, 57 III, 68/69 III, 74 I—III, 76 I—VIII, 77 I—IV, 81 II, 110, 112 II, 113, 118 II, 121 I—VI, 132 IV, 136 I—III, 137 II, 140 I—V, 162 IV, 163 III—IV, s. auch Coloniae
Agora s. Markt
Agricola, röm. Feldherr 36
Akbar, Sultan v. Delhi 98/99 I
Akropolis s. Stadtburg
Alarich 48 I
Alberti 90 IV
Albigenserkriege 64/65 II
Alexander d. Gr. 20 II, 22/23 I, IV, 26/27 V
Alliierte, 1. Weltkrieg 148 I—III, 149 I, II, 152 III
— 2. Weltkrieg 154 VI, 155 II, 156/157 I—III, 158 I—II, 161 III
Alpenpässe 37 I, 54/55 I, 58/59 I, 63, 80 II, 94 I—II, 156/157 III
Alphabetschrift 9 II
Alvarado, Entdecker 100/101 I
Amphiktionien 11 I, 13 III, 17 III—IV
Amphitheater 21 II, IV, 32 I, 33 I, 40 V, 42/43 III
Amundsen, Entdecker 164/165 II, IV
Anachoreten 44 II
Anabasis 22/23 III
Andrea del Sarto 90 IV
Andreas II., König v. Ungarn, Kreuzzug 64/65 II
Angiovinisches Reich, Haus Anjou-Plantagenet 64/65 I—II, 66 I—II, 68/69 III, 70 I, 71 III
Anjou, franz. Geschlecht, s. auch Angiovin. Reich 58/59 I, 64/65 II, 66 I—II, 68/69 I—III, 70 I—II, 71 I, III
Anglikaner 104 I
Ansgar 56 I
Antoninus Pius 21 II, 33 III, 40 II
Anzus-Pakt 166/167 II
Apamea-Friede (188 v. Chr.) 26/27 IV
Apartheid 144 V
Aquaedukte 21 II, 30/31 II, 32 VI, 33 I, 34/35 V, 40 V, 45 II
Araberliga 162 III, 166 I
Araberhandel s. Handel, arab.
Architekten 90 IV, 91 I, 102/103 IV, 105 IV, 108 I—III, 120 I—IV
Arianer 48 I, 49 I
Armada 102/103 I
Armenier s. Monophysiten
Arminius 37 II, 41 II
Artaxerxes II. u. III., pers. Großkönige 14/15 II
Asam, Gebr. 108 III
Askanier 66 I—II, 68/69 I
Atlantic Charta 164/165 III
Azteken 100/101 VI
Atombomben-Abwurf 158 II
Attila 48 I
Attischer Seebund 16 I, 17 IV
Aufteilung Afrikas 130/131 I, 132 I, 146 I
August II., der Starke, König v. Sachsen u. Polen 113, 116/117 III
Augustus (Octavianus) 21 II, 28 II, 33 I—III, 34/35 I, 36, 37 II, 40 II, 41 II, 46/47 I
Aureliansmauer, Rom 33 I
Auslandschinesen 143 III, 144 II, 162 II
Auslandsdeutsche/Volksdeutsche 144 II, 150/151 II, 161 III, s. auch Kolonisation u. Vertreibungen
Autobahnen (Stand 1939), s. auch Interzonenverkehr 155 I

B

Babenberger 66 I—II
Bagdadbahn, s. Eisenbahn, orientalisch
Bähr, Künstler 108 III, 120 IV
Balboa, Entdecker 100/101 I, VII
Balduin v. Luxemburg 70 I, 80 I
Balkanbund (1912) 145 IV, VI
Balkankriege (1912/13) 145 VI
Baltische Entente 153 III
Bandung-Konferenz 169 I
Bannmeile, städtische 77 II
Barbarossa, Friedrich I. 62 II, IV, 64/65 I, 66 I
Barkiden-Reich, karthagisch 26/27 II
Barock 108 I—III, 109 I—V, 120 I—V
Barrière-Festungen 114
Barth, Entdecker 132 II
Basel-Friede (1795) 114
Battony, Entdecker 164/165 IV
Bauernaufstände, russische 119
—, französische 68/69 III
—, englische 68/69 III
Bauernkrieg 96/97 I
Bauernkulturen, vorgeschichtliche 2 I, 3 II
Bauernpartei 154 I—II
Bauernsiedlung, magyar., s. auch Kolonisation 74 I, III, 106/107 III, 112 II, 140 V
—, schwed. 74 II
—, slawische 74 I, III, 105 III, 106/107 III, 112 II
—, litauische 74 I—III 106/107 III
—, französische 112 II
—, ostdeutsche 74 I—III, 76 I—VIII, 77 I—IV, 106/107 III, 112 II, 140 II, IV
—, bessarab. 140 IV
Baumeister, s. Architekten
Bauschulen, roman. 67 I
Baustile, s. Kirchenbau, Stadtpläne, Residenzen, Romanik, Gotik, Renaissance, Barock, Rokoko, Klassizismus, Mudejar-, Plateresco-, Flamboyant-, Curvilinear-, Perpendikular-, Tudor-, Elisabeth-, Manuel-Stil
Bayrische Volkspartei 154 I—II
Befestigungen 4 II, IV, 10 III, 14/15 II, 18/19 I, IV, 37 II, 40 I—IV, 41 II—III, 45 I, 60 III—IV, 61 III—V, 64/65 IV, 81 I, s. auch Festung, Grenzsicherung
Befreiungskrieg 125 I, 126/127 III
Beheim, Martin 91 II
Bekenntnisse, christl., s. auch Kirche
Arianer 48 I, 49 I
Anglikaner 104 I
Bogomilen 64/65 I, III
Griech.-Orthodoxe 64/65 I, III, 72/73 VI
Hugenotten 104 I, 105 I
Lutheraner 104 I—II, 105 I, 106/107 I
Mennoniten 105 I
Monophysiten 52 III, 64/65 I, III, 72/73 VI
Nestorianer 52 III, 64/65 I, III, 72/73 IV, VI
Reformierte (Kalvinisten) 104 I—II, 105 I, 126/127 IV, 130/131 II
Röm. Katholiken 44 II, 64/65 I, III, 71 I, 104 I—II, 105 I, 106/107 I, 113, 126/127 II, 130/131 II
Täufer 105 I
Waldenser 64/65 II, 104 I, 105 I
Belgrad-Konferenz blockfreier Staaten 169 II
Bellini 90 IV
Bellingshausen, Entdecker 164/165 IV
Beneiktiner 48 II, 53 III, 87 I—II, 102/103 II
Bergbau, Bergstädte, s. auch Bodenschätze 6 I, 13 I, 37 I, 40 VI, 41 I, 75, 81 III, 86 I—II, 106/107 III, 121 II, 136/137 V, 142 I—V, 163 IV
Berliner Kongreß 130/131 I, 134 I—II, 145 V
Bernadotte, Kg. v. Schweden 126/127 III
Bernhard v. Clairvaux 87 II
Bernini 102/103 IV, 108 I
Besatzungszonen Deutschlans, 1. Weltkrieg 152 II
—, 2. Weltkrieg 16 III, 161 I—II, IV—VII
Besiedlung, s. Siedlung
Bethlen, Gabriel, Fürst v. Siebenbürgen 112 II
Bettelorden, s. Dominikaner, Franziskaner
Bevölkerungsdichte, Bevölkerungswachstum
—, Südafrika 144 V
—, Afrika 132 III
—, Asien 136 III, 137 II, 159 I—II
—, Australien 137 II
—, Europa 141 I—IV, 159 I—II
—, Ostasien 136 III
—, USA 133 III, 144 II—IV
Bevölkerungsverluste im Dreißigjährigen Kriege 106/107 II
—, 1. Weltkrieg 152 III
—, 2. Welkrieg 161 III
—, in Sowjetrußland (1917 bis 1920) 152 III
Bildhauer 90 III—IV, 91 I, 108 I—III
Bismarckreich 129 II, 145 I—IV
Bistümer 44 II, 52 I—III, 53 I, 54/55 I—II, 56 I—II, 57 III, 58/59 I—III, 61 I—II, 62 I—II, 63 II, 71 I, 88/89 I—II, 104 I, 113, 145 I, 161 VI
Bläu, Buchdruck 91 II
Blockfreie Staaten 168, 169 II
Blücher 126/127 III
Bocaccio 90 III
Bodenschätze, s. auch Bergbau 3 II, 4 V, 6 1, 13 I, 24 I, 29 II, 36, 38/39 I—II, 81 III, 84 I—II, 85 I, III, 110, 111 I—II, 113, 118 II, 119, 132 IV, 133 II, 136 II—III, 137 II, 138/139 II, V, 142 I—V, 154 III, 158 II, 159 I—II, 160 III—IV, 162 IV, 163 II—IV, 164 II
Bodenseestädte-Bund 81 II
Bogomilen-Sekte 64/65 I, III
Boleslaw Chrobry 58/59 I, 60 I, 61 II, V
Bologna da, Giovanni, Künstler 90 IV
Bolschewismus, s. Kommunismus
Bonifatius (Winfrid) 52 I—II
Borromini, Künstler 108 I
Bougainville, Entdecker 100/101 VIII
Botticelli, Künstler 90 IV
Bourbonen, französ. 102/103 I
—, span. 116/117 I
Bramante 90 IV, 102/103 IV
Braun-Hogenberg, Buchdruck 91 II
Brest-Litowsk-Frieden 149 I
Brunelleschi, Künstler 90 IV
Bruno v. Querfurt, Missionar 61 II
Brussilow, russ. General 148 I
Bronzino, Künstler 90 IV
Buchdruck 91 II, 110
Buchmalerei 53 II
Buddhismus 52 III, 72/73 IV, VI, 137 III
Bünnissystem Bismarcks 145 III
Bundesrepublik Deutschland 161 IV
Burentreck, Burenkrieg 138/139 II
Burgen, s. auch Festungswesen, Pfalzen 43 III, 56 II, IV, 58/59 III—V, 60 IV, 61 IV, 62 I—IV, 63 I—II, 64/65 IV—VII, 66 I—II, 68/69 I, 74 II, 78 V—VI, 79 I, III—VIII, 80 II, 94 I—II, 128 I
Burgward 56 II, 77 II
Bürgerkrieg, russ. 149 I—IV
—, spanisch. 128 II, 150/151 I, 154 V
Bürgertum, s. Stadt
Byrd, Entdecker 164/165 II, IV

C

vergleiche K
Cabral, Entdecker 100/101 I
CAC 166/167 III
Caesar 21 II, 28 II, 29 I, V, 30/31 I, 33 I—III
Caillie, Entdecker 132 II
v. Campen, Architekt 108 I
Campo Formio-Friede (1797) 128 I
Carbonari, ital. Geheimbund 128 I
Casablanca-Staaten 169 III
Cavallini, Künstler 90 III
CENTO-Pakt 166/167 II
Chaillu, Entdecker 132 II
Chlodwig 48 II
Christentum, s. Bekenntnisse, christl.; Kirche
— in Asien 137 III
Christliche Volkspartei 153 I
Christlich Sozialer Volksdienst 154 II
Christus 34/35 II, V, 44 II
Churriguerra, Künstler 108 II
Claudius, röm. Kaiser 30/31 II, 34/35 I, 40 II
Cluniazensische Klosterreform 87 I
Code civil 124 III
Colbert, frz. Minister 110
Coloniae, röm. u. latinische 21 II, V, 25 I—III, 28 II, 29 I, 30/31 I, 32 V—VI, 34/35 I, III, 36, 38/39 I—II, 42/43 III—IV
Columbanus, Missionar 52 II
Commonwealth of Nations 162 III, 164/165 I, 166/167 I
Communen, ital. 66 I, 94 I—II
Convent, frz. Revolution 109 IV
Cook, Entdecker 100/101 VIII
Cordoba, Entdecker 100/101 I—II
Corny, Heré de, Architekt 108 II
Corregio, Künstler 90 IV
Cortez, 100/101 I—II
Cortona, Künstler 108 I
Cosmaten, Künstler 90 III
Crassus, röm. Feldherr 28 II
Curvilinear Stil 90 I
Curzon-Linie 150/151 I
Cuvilliés, Architekt 108 III

D

Danewerk 60 IV, 61 III—IV
Dante 90 III
Dareios, pers. Großkönig 14/15 I—II, V
Datis, pers. Feldherr 14/15 V
David 8 IV, 34/35 V
Dávila, Entdecker 100/101 I—II, VII
de Gaulle 155 II, 166 I
Dekabristen 128 I
Delamaire, Architekt 108 II
Deutscher Orden, s. Ordensstaat
Demarkationslinie, span.-portugies. 100/101 I
Demetrius, falscher 113
Demokratie, deutsche 135 I, 154 I—II
Denikin, russ. General 149 III
Départements 122/123 III, 147
Deutsche Demokratische Partei 153 I, 154 I
Deutscher Bund 126/127 I, IV, 128 III, 129 II
Deutsches Stadtrecht, s. Stadtrecht
Deutsche Volkspartei 153 I, 154 I—II
Deutschland, s. auch Deutscher Bund, Weimarer Republik, Bundesrepublik, 1. Reich 58/59 I, 60 I, 66 I—II, 68/69 I, 70 I, 71 III, 86 II, 92/93 I, 96/97 I—II, 102/103 I 106/107 I, 116/117 I, 122/123 I
—, 2. Reich 129 II, 147, 148 I
—, Das Deutsche Reich z. Zt der Weimarer Republik 150/151 I, 152 II
—, 3. Reich 155 I—II, 156/157 I, III, 160 I
—, s. auch Bundesrepublik
—, Sowjetzone 160 III, 161 IV, 164/165 I
Deutsch-Nationale Volkspartei 153 I, 154 II
Deutschritterorden, s. auch Ordensstaat und Ordensritterburgen 64/65 II, 67 III, 122/123 I, 128 I
Dialekte, griech. 10 II
Diaz, Bartolomeo, Entdecker 98/99 IV, 100/101 I
Dientzenhofer, Künstler 108 III
Diktaturen (20. Jh.) 153 IV, 155 I—II
Diocletian, röm. Kaiser 33 I, 42/43 I, VIIIa u. b
Diözesen, röm. 42/43 I
Distrikte, kanad. 133 III
Dollar-Zone 144 I, 170 II
Domänen 121 I—II
Dominien 138/139 I, 149 II
Dominikaner 90 III, s. auch Stadtpläne
Donatello, Künstler 90 IV
Dorfanlagen, vorgeschichtliche 4 II—IV
Dorfformen, deutsche 74 III, 76 I—VIII, 77 I—IV, 121 V—VI, 140 Ia—V
—, slawische 74 III, 77 II—III
Drake 100/101 I
Dreibund 145 III—IV
Dreißigjähriger Krieg 106/107 I—II, 113
Drusus 36, 40 II
Drygalski, v., Entdecker 164/165 IV
Dschingis Chan 72/73 II
Dualismus, deutscher 115 I, 116/117 I—II, 122/123 I, 126/127 I, 129 I—II
Duschan, Stephan, serb. Zar 70 II
Dynastien, ägyptische 7 I, IV—V
Dynastien, chinesische
Hia-Dynastie 3 III
Schang-Dynastie 3 III
Han-Dynastie 3 V, 46/47 I, 98/99 II
Ts'in-Dynastie 3 V
Wei-Dynastie 46/47 III
Sung-Dynastie (960—1279) 72/73 I
Yüan-Dynastie (Mongolen) 1280—1368 72/73 II, 98/99 II
Liao-Dynastie (Kitan) 98/99 II
Ming-Dynastie (1368—1644) 98/99 I
Mandschu-Dynastie 136 I

E

Edikt v. Nantes 104 I, 105 I
Eduard III., König v. England 68/69 III
Earldoms 58/59 I, 60 I

Ebo, Eb. v. Reims 56 I
Effner, Architekt 108 III
EFTA 166/167 III
Eidgenossenschaft 80 II
Einigung Deutschlands 126/127 I, 129 I—II
— Italiens 130/131 I, III
Einsiedlung/Ansiedlung/Zusiedlung, s. auch Umsiedlung, Vertreibung in
Afrika 133 III, 144 V
in Amerika 118 I—III, 144 II, IV
bessarab. 140 IV, V
fränk. 40 VI
griech. 22/23 II
Glaubensvertriebene 105 I
jüd., s. Judentum, Vertreibung
Mongolen 72/73 II
in Moskau 105 IV
ostmitteleurop. 67 III, 74 I—III, 75, 78 V—VI, 82 V, 106/107 III, 112 II, 121 VII, 150/151 II
röm., s. Coloniae
Eisenbahnen
afrikan. 132 I, 146 I, 147, 150/151 I, 154 IV, 163 III—IV
asiat. 135 II, 136 I—II, 137 I, 154 III, 162 II
balkan. 145 V—VI
deutsche 129 I, 142 V, 143 Ib, II, IV, 160 III, 161 I—II, IV
englische 142 III
europ. 145 V, 147, 150/151 I, 160 IV
hinterindische 136 II, 163 I
indische 135 I, 163 I
israel. 162 IV
mandschur. 136 I, 137 I, 138/139 VI, 154 III, 158 III
oriental. 134 II, 145 IV, 146 I, 150/151 I, 153 VI
oriental.-russ. 136 I, 137 I, 163 II
kaukasische, russische 134 I
südafrik. 138/139 II, 146 I
US-amerik. 133 III
s. auch transsibirische Eisenb., transkontinentale Eisenb.
Eisen- u. Waffenindustrie, s. Metallgewerbe u. -industrie
Eiserner Vorhang 160 III, 161 I—II, IV—VII
Eisner, Kurt 153 II
Eiszeit 1 I, III
Elisabeth-Stil 90 II
Elisabeth I. v. England 100/101 I, 102/103 I, 104 III
Ellsworth, Entdecker 164/165 II
Emmeram, Missionar 52 II
Entdeckungsreisen 6 I, 11 II, 24 I, 60 I, 72/73 II, 98/99 IV, 100/101 I—II, VII—VIII, 132 II
Entente cordinale 145 IV, 148 I, 149 II
Entkolonialisierung 153 VI, 162 I—III, 163 I, 164/165 I, III, 166/167 I, III, 169 I—IV, 170 I—II
Entmilitarisierung Deutschlands 148 II
Entwicklungshilfe 163 III—IV
Epaminondas 20 II
Erdkarten 14/15 VI, 22/23 VI, 34/35 VI, 98/99 V—VIII, 100/101 I
Ermanarich-Reich 42/43 I, 48 I
Erzberger, Matthias 153 II
Erzbistümer 52 I, III, 53 I, 54/55 I—IV, 57 II, 58/59 I—III, 61 I—II, 62 I—II, 71 I, 88/89 I—II, 104 I—II, 113, 145 I, 161 VI
Escudo-Zone 170 II
Eugen, Prinz v. Savoyen 109 V, 112 II, 115 I, 116/117 I
Evangelische Christen, s. Bekenntnisse, christl.
Hugenotten,
Kalvinisten,
Kirche,
Lutheraner,
Reformierte
Ewalde, Missionare 52 II
EWG 166/167 III
Etzlaub, Buchdruck 91 II
Exarchate 44 II, 50/51, 53 I
exemte Bistümer 88/89 I—II
Exulanten 105 I

F

Faktoreien 8 I, 11 II, 26/27 II, 45 IV, 70 II, 71 I—III, 78 I, 85 III, 86 II, 98/99 I, IV, 100/101 I, 105 III, 111 I—II, 116/117 IV, 118 III, 125 II, 132 I—II, 135 I, s. auch Vertragshäfen
Faschismus 153 III—IV, 154 IV, 155 II
Faschodakrise (1898) 132 I
Fehnsiedlung 140 III
Ferdinand v. Aragon 92/93 I, 100/101 I, VII
Fernhandel, s. Handel
Festungen 6 I, 13 I, 14/15 IV, 17 II, 18/19 I, IV, 41 II—III, 45 I, IV, 109 II, III, V, 114, 116/117 III, 120 I—II, IV, 124 I, 130/131 III, 134 II, 138/139 I, 143 I—Ia, 148 I—II, s. auch Befesigungen
Festungs-Barrière, niederld. 114
Festungslinien, s. Grenzsicherung
Filippo u. Filippino Lippi, Künstler 90 IV
Fischer, Architekt 108 III
Fischer v. Erlach, Architekt 108 II
Fjodor I., Zar 105 II
Flaggen überstaatlicher Organisationen 164/165 I
Flamboyant-Stil, s. Gotik 90 I
Flavische Kaiser 33 I—III, 34/35 I, 36, 37 I, 40 II
Flottenpolitik, deutsche 145 VI
Fluchtburgen 12 III, 13 III, 17 II, 29 V, 37 II, 41 II—III, 42/43 VIIIb, 58/59 IV
Flurbereinigung (Umlegung) 140 Ia—b
Flurkarten, Städt. 77 IV, 118 II
—, Ländl. 76 I—VIII, 140 Ia—II
Forum, s. Markt
Fra Angelico, Künstler 90 IV
Fra Bartolomeo, Künstler 90 IV
Franco, span. Staatschef 150/151 I, 154 V—VI
Franc-Zone 170 II
Fränkische Siedlungen b. Trier 40 VI
Franziskaner 90 III, 143 III, s. auch Stadtpläne
Französ.-afrikan. Gemeinschaft 162 III, 166 I
Franz Xaver, Missionar 100/101 I
Frederikshamn, Frieden 119
Freihandelsgebiet am Kongo (Kongoakte 1885) 132 I
Friedenskirchen i. Schlesien 105 I
Friedrich I. Barbarossa, Kaiser 62 II, IV, 64/65 I, 66 I
Friedrich II. v. Hohenstaufen, Kaiser 64/65 II, IV, 66 II
Friedrich II. d. Gr. v. Preußen 115 I—II, 116/117 I, III, 121 III—IV, 122/123 I, 143 I
Friesen-Handel 50/51, 54/55 I, 56 I
Fronhöfe 56 V—VI
Frühkapitalismus 86 II
Fuchs, Entdecker 164/165 IV
Fugger-Bank 86 II

G

Gabriel, Künstler 108 II
Galli da Bibbiena, Künstler 108 II
Gallischer Krieg 29 I, V
Gallus, Missionar 52 II
Gastaldı, J., Buchdruck 91 II
Gaue, ägypt. 6 I
— der NSDAP 155 I
—, pers. (15. Jh.) 134 II
—, mittelalterl. 56 III—IV
Geburtenhäufigkeit, Osteuropa 141 III, IV
Gedimyn v. Litauen 71 I
Gegenreformation 102/103 I—II, IV, 104 III—IV, 105 I
Gegenrevolution in Rußland 149 I—IV
Geiserich 48 I—II
Generalgouvernement 155 I—II, 156/157 I
Genfer Konventionen 146 II, 152 IV
Georgione, Künstler 90 IV
Georg v. Podiebrad, König v. Böhmen 92/93 I
Germanicus 37 I, 41 II
Gesellschaftsordnung, städt. 78 I, VI, 79 VI, 82 II, IV—V
Geteilte Staaten 126/127 IV, 150/151 I, 160 II—III, 161 I—II, IV—VII, 162 II, IV, 163 I, 164/165 I, 166/167 I—III, 168, 170 I—II, s. auch polnische Teilungen
Gewürzhandel 34/35 I, 46/47 I, 83 III, 86 II, 98/99 I, 111 II, 132 IV
Ghiberti 90 IV
Giotto 90 III
Glaubensvertriebene 104 I, 105 I, 153 V, 162 IV, 163 I
Gnadenkirchen i. Schlesien 105 I
Gotik 67 I—II, 90 I, III, 91 I
Gouvernements 119, 122/123 II, 154 IV, s. auch Generalgouvernement
Gottfried v. Bouillon 64/65 I
Grabanlagen, ägyptische 7 II, IV
Grafenbank 122/123 I
Grenze, deutsch-französ. 54/55 III—IV, 58/59 I, 64/65 I—II, 66 I—II, 68/69 I, III, 70 I, 71 III, 92/93 III, 95, 96/97 I—II, 102/103 I, 105 I, 106/107 I, 114, 122/123 I—III, 125 I, 126/127 I—II, 129 I—II, 130/131 I, 147, 150/151 I, 152 II, 155 I—II, 160 III, 161 IV
Grenzsicherung, Landwehr, s. auch Marken, Festungslinien, Eiserner Vorhang
Röm. Limes 34/35 I, III, 36, 37 I, III, 38/39 I—II, 40 I—III, 41 I, III, 42/43 I—II
Danewerk 61 III—IV
Limes Saxoniae 58/59 I
Chines. Mauer 3 V, 46/47 I—II, IV
Rußland 61 V, 119, 134 I
Litauen 71 I
Österreich. Militärgrenze 112 II, 115 I, 116/17 I, 124 I—III, 125 I, 130/131 I
Westwall 155 I, 156/157 I
Maginot-Linie 156/157 I
Sicherheitszone, amerik. 156/157 II
Griech. Freiheitskampf, s. Unabhängigkeitskrieg, griech.
Griech.-kathol. Bistümer 113
Griechisch-orthodoxe Bistümer 88/89 I
Griechisch-orthodoxe Christen, s. Bekenntnisse, christl. u. Kirche
Grijalva, Juan de, Entdecker 100/101 I—II
Großer Kurfürst, Friedrich Wilhelm v. Brandenburg 106/107 I—III, 108 I, 111 I, 113, 115 I, 143 I
„Großdeutsches Reich", Groß-Deutschland 155 I—II, 156/157 I—III, 160 I
Großstädte
der Antike:
Babylon 7 III
Rom zur Kaiserzeit 33 I—III
Alexandria 26/27 V
Karthago 21 II
Milet 21 VI
Konstantinopel 45 IV
des Mittelalters:
Venedig 78 I
Köln 78 II
Brügge 79 IV
Lübeck 79 VI
Paris 102/103 III
der Neuzeit:
Paris 102/103 III, 109 IV
London 109 I
Amsterdam 109 II
Wien 109 V
des 20. Jh.:
Ruhrgebiet 142 V
Antwerpen 143 Ib
Berlin 143 II, 161 II
San Francisco 143 III—IV
Guarini 108 I
Gustav Adolf 106/107 I, 113

H

Haager Abkommen 146 III, 152 V
Habsburger 68/69 I, 70 I, 71 III, 80 II, 92/93 I, 95, 96/97 I, 102/103 I, 104 III, 106/107 I, 110, 112 I, 114, 115 I, 116/117 I, 122/123 I, 124 I, 125 I, s. auch Hausmacht, Österreich-Ungarn
Hadrian, röm. Kaiser 33 III, 34/35 I, 36, 40 I—II
Hafen- u. Handelsstädte 7 I, III, VII, 11 IV, 12 V, 14/15 IV, 17 II, IV, 21 II, IV—VI, 26/27 V, 28 IV, 30/31 II—III, 32 II—III, V, 33 I, 42/43 IV, VII, VIIIb, 45 IV, 60 IV, 78 I—II, V—VI, 79 III—VIII, 109 I—II, 143 Ia—IV
Hagia Sophia 45 IV—V
Haile Selassie 154 IV
Hammurabi 6 IV, 8 II
Handel, Handelsware; s. auch Bergbau, Bodenschätze, Textilgewerbe
afrikan. 98/99 I, IV, 111 I
ägypt. 6 I, 9 III, 29 II
amerikan. 111 I, 118 III
arab. 50/51, 98/99 I, IV, 111 II
asiat. 98/99 I, 111 II, 118 III
deutsch. 81 II—III, 83 IV—V, 84 I—II, 110, s. auch Hanse
fränk. u. fries. 50/51, 54/55 I, 56 I
griech. 9 II, 10 II, 11 I—II, 14/15 I, 20 II
hellenist. 26/27 I
israel. 8 III, 162 IV
italien. 50/51, 54/55 I, 64/65 I—II, 70 II, 71 I—III, 82 II, 86 II
niederländ. 83 IV—V, 84 I—II, 85 II, 86 II, 104 III, 110
nordeurop. 84 I—II, 113, 160 IV
osteurop. 84 I—II, 85 III, 86 II, 113
oriental. 85 III, 50/51
phönik. 3 I, 8 IV, 9 II, 11 II
portugies. 98/99 IV
röm. 34/35 I, III, 36, 38/39 I—II
vorgeschichtl. 2 I—II, 3 II, 4, 5, 9 I
westeurop. 84 I—II, 85 I—II, 86 II, 98/99 IV, 104 III, 110
wiking.-waräg. 57 I—II, 61 V
Handel d. Frühkapitalismus 86 II
Handelsfaktoreien, s. Faktoreien
Handelskolonien 98/99 I, IV, 111 II, 116/117 IV, 118 III, 132 I, II, 134 II, 135 I—II, 136 I—II, 137 I—II, 138/139 I, 146 I
Handelsstädte, ital. 66 I, 70 I—II, 71 I—III, 83 IV—V, 85 III, 86 II, 92/93 I, 94/95 I—II
Handelsstützpunkte, s. Faktoreien
Handelsverein, mitteldt. 129 I
Handelsverträge 14/15 I, 166/167 III
Handelswege, s. auch Seehandelswege, Eisenbahnen
asiat. 46/47 I—IV, 72/73 II, V, 98/99 I
deutsche 54/55 I, III—IV, 80 I—II, 81 II—III, 82 I, 84 I—II, 85 I, III, 86 II, 95, 106/107 II, 110, 113
etruskische 24 II
griech. 24 II
italien. 54/55 I, 63 I—II, 80 II
oriental. 6 I, 8 III—IV, 9 I, III, 29 II, 34/35 I—II, 42/43 I, 72/73 II, 85 III, 112 I, 162 IV
osteurop. 54/55 I, 61 V, 67 III, 82 I, 85 III, 86 II, 112 I, 113, 119
Römerstraßen 30/31 I—III, 34/35 I—III, 36, 37 I, 38/39 I—II, 40 II—III, VI, 41 III, 42/43 I
vorgeschichtl. 4 V
westeurop. 50/51, 54/55 I, III—IV, 85 I—II, 86 II, 95, 110
Handelsvertrag, röm.-karthag. 25 I
Hannibal 25 I, III, 26/27 II, 28 III
Hanse 68/69 I, 79 VI, VIII, 84 I—II
Hansekontore 78 VI, 79 IV, 84 I—II, 86 II, 95
Hardouin-Mansart, Künstler 120 III, 108 II
Harzburger Front 153 II
Hasdrubal 28 III, 26/27 II
Hauptkirchen Roms 45 II
Hausgut, s. auch Königsgut, Krongut, Krondomäne
Staufer 62 II, 66 I—II
Welfen 62 II, 66 I
Wittelsbacher 62 II
Mathildisches 63 II
Hausmacht
Askanier 66 I—II, 68/69 I
Babenberger 66 I—II
Habsburger 68/69 I, 70 I, 71 III
Luxemburger 68/69 I, III, 70 I, 71 I—III, 80 I, 95
Przemysliden 66 I, 70 I
Welfen 66 I—II, 70 I, 71 III
Wettiner 66 I—II, 70 I, 71 III, 92/93 I, 96/97 I
Wittelsbacher 62 II, 66 I, 68/69 I, 70 I, 71 III, 95
vgl. die einzelnen Territorien im alphabetischen Verzeichnis
Hausmachtpolitik 62 II, 63 II, 66 I—II, 68/69 I, 70 I, 71 III
Heiligtümer
ägypt. 7 II, IV—V, 29 II
arab. 98/99 III
assyr. 7 VII
babylon. 7 I, III
buddhist. 21 III, 72/73 IV
griech. u. myken. 10 II—III, 11 I, V, 12 I—VII, 13 I, III, 14/15 III—IV, 17 I—IV, 18/19 I, IV—V, 20 IV, 21 I, IV, VI
german. 41 II, 60 IV
hellenist. 22/23 V, 26/27 V, 34/35 IV
hethitisch 7 VIII
illyrische u. ligurische 24 II
indian. 100/101 IV—V
jüdisch. 8 III—IV, 34/35 V
karthag. 17 I, 21 II
kelt. 32 IV, 40 V, 42/43 III
minoisch. 10 I, 11 III—IV
römisch. 22/23V, 30/31 I—II, 32 I—IV, VI, 33 I—III, 34/35 II, IV, 37 III, 38/39 I, 40 V—VI, 42/43 III—VIIIa, 44 I, 45 IV
sumerisch 7 I—II
chines. 98/99 II
Heinrich I., dt. Kg. 57 I, 58/59 I, IV—V
Heinrich IV., Kaiser 58/59 I, 63 I—II
Heinrich d. Löwe 62 II, 66 I, 79 VI
Heinrich d. Seefahrer 98/99 IV
Heinrich v. Navarra (IV., v. Frankreich) 102/103 I, III, 104 I, 110
Hellenistische Reiche 22/23 I—II, V, 26/27 I—V, 28 I—II, 29 II—IV, 34/35 IV, 46/47 I—II
Herakleios, byzantin. Kaiser 45 IV, 50/51
Herrera, J. de 102/103 II, 108 I
Herodes 34/35 II, V
Herodot 14/15 VI
Herzogtümer 50/51, 58/59 I—III, 68/69 I, 70 I, 94 I—II, 104 IV, 106/107 I
Hieron v. Syrakus 17 II, 25 I
Hildebrandt 108 II
Hildegrim 56 I
Hillary, Entdecker 164/165 IV
Hinduismus 64/65 III, 72/73 IV—VI, 116/117 IV, 137 III, 163 I
Hippodamischer Stadtplan, s. Schachbrettanlage 21 VI
Hitler 152 I, 153 II, 154 I—II, VI, 155 I—II, 156/157 I—III, 160 I, 161 III
Hochkulturen, oriental. 3 II, 6 III—IV
Hochmeisterschloß Marienburg 64/65 VII
Hochschulen, s. Universitäten
Hohenstaufen, Staufer 62 II, IV, 64/65 I—II, 66 I—II, 90 III
Höhlenmalerei, steinzeitl. 1 IV
Höhlensiedlung 4 I
Hölz, Max 153 II
Holbein 90 II
Homann, I. B., Buchdruck 91 II
Homerische Welt 9 II—III, 11 I
Hondius, J. Buchdruck 91 II
Hornemann, Entdecker 132 II
Hugenotten 104 I, 105 I
Hundertjähriger Krieg 68/69 III, 92/93 III, 95
Hunnen 46/47 I, III, 48 I—II
Hussitenkriege 92/93 II
Hutterer, christl. Sekte 105 I

I

Imperialismus 125 II, 130/131 I, 132 I—IV, 134 I—II, 135 I—II, 136 I—III, 137 I—II, 138/139 I—VI, 145 IV, 146 I, 147, 148 III, 149 II, 150/151 I, 152 I, 153 VI, 154 III—IV, 155 I—II, 158 I
Indianer-Reservationen in den USA 144 IV
Industrie- u. Handelsstädte in Südafrika 144 V
Industriegebiete, mitteleurop. 110, 142 I—V, 160 III—IV
Inkastraßen 100/101 III
„Inselhüpfen“ 158 II
Interessengrenze, dt.-russ. 154 VI, 155 II
—, brit.-französ. (Sudan) 138/139 III
—, brit.-russ. (Persien) 134 II
Internationale Rechtsabkommen 146 II—III, 152 IV—V
Internationale Zusammenschlüsse 152 I, 164/165 I, III, 166/167 I—III, 168, 169 I—IV, 170 I—II
Intervention in Rußland 149 II—IV
Interzonen-Verkehrswege 160 III, 161 I—II, IV—V
Invasion (1944) 156/157 III
Iroschotten-Mönche 52 II
Isabella v. Kastilien 92/93 I, 100/101 I, VII
Islam, Ausbreitung, Verbreitung, Einflußgebiete 50/51, 52 III, 54/55 I, 57 I, 64/65 I—III, 72/73 II—VI, 98/99 I, IV, 116/117 IV, 132 III, 135 II, s. auch Sunniten und Schiiten
Italiker 25 I
Iwan III. u. IV., der Schreckliche, Zaren 105 II

J

Jahrmärkte, russ. 119
Jakobiner-Klub 109 IV
Jakobiten, s. Monophysiten
Jesuiten in Asien 100/101 I
Jesuitenkollegs, deutsche 105 I
—, in San Francisco 143 III
Jesuiten-Reduktionen in Paraguay 118 III
Johanna v. Orléans 92/93 III
Johanniterorden 64/65 VI, 92/93 I, 102/103 I, 112 I, 116/117 I, 121 I
Jones, Inigo 108 I
Jonischer Aufstand 14/15 I, V
Juden-Auswanderung nach Israel 160 II, 162 IV
Judentum 9 II
—, Verbreitung 8 III—IV, 9 I, 44 I, 45 I, IV, 52 III, 78 I, V, 79 V, 109 II, 140 IV, 155 II
Judenvernichtung 160 I
Judenitsch 149 III
Jungfrau v. Orleans, s. Johanna v. Orleans
Justinian 21 VI, 32 VI, 49 I
Juvara 108 II

K

Kaisertum, chines., s. Dynastien, chines.
—, mexikan. 133 I
—, altrömisches 34/35 I
—, römisches 42/43 I
Karolinger 54 I, III—IV
Ottonen u. Salier 58/59 I
Staufer 64/65 I—III, 66 I—II
Luxemburger 68/69 I, 71 III
Habsburger 70 I, 71 III, 92/93 I, 96/97 I, 102/103 I, 106/107 I, 116/117 I, 122/123 I
Kalifat 50/51, 54/55 I, 58/59 I, 64/65 I—III, 72/73 II—III
Kalmarer Union 71 III
Kalvin 104 I
Kalvinisten 104 I—II, 105 I
Kanäle 3 V, 7 VII, 26/27 V, 29 II, 45 VI, 68/69 I, 72/73 II, 78 I, 79 IV, 96/97 IIIc—d, 98/99 III, 109 I—II, V, 120 II, 122/123 I, 130/131 I, 132 I, 133 I, 134 II, 136 I, 138/139 III—IV, 142 V, 143 Ia—II, 145 V, 148/149 II, 150/151 I, 152 II, 161 I, IV
Kantone 130/131 II, s. auch Urkantone
Kapitol, s. Stadtburg
Kapp-Putsch (1920) 153 II
Kardinals-Kollegium 53 I
Karl d. Gr. 53 I, 54/55 I, 57 I
— d. Kahle 54/55 III
— d. Kühne v. Burgund 92/93 I, 95
— Martell 50/51
— III., Kaiser 54/55 IV
— IV., Kaiser 68/69 I, 70 I, 78 V
— V., Kaiser 45 I, 96/97 I, 100/101 I—II, 102/103 I, 104 II
— XII., Kg. v. Schweden 113, 119
Karolinger 30/31 I—V, 53 I, 54 I—IV, 56 I—II, 57 I, 58/59 II, 62 I
Kaschmir-Frage 162 II, 163 I
Kasimir d. Gr. v. Polen 68/69 I, 71 I
Katakomben, röm. 33 I, 45 I—II
Katalaunische Felder 48 I
Katharina II. 116/117 I, 119
Kathedralbaukunst 67 I—II, 90 I, 91 I, 105 IV
Katholiken, römische 44 II, 52 III, 64/65 I, III, 71 I, 104 I—II, 105 I, 106/107 I, 163 I
Katholikenemanzipation, Schottl. (1829) 104 I
Kautschukplantagen 138/139 V
Khedive v. Ägypten 132 I
Kilian 52 II
Kimon 12 I, 16 I
Kirchen, evangelische in Deutschland nach 1945 (unierte, lutherische, reformierte) 161 VII, s. auch Bekenntnisse
—, kathol. 44 II, 48 II, 52 I—III, 53 I, 56 I—II, 61 I—II, 64/65 I, III, IV, 71 I, 87 I—II, 88/89 I—III, 104 I—II, 105 I, 106/107 I, 113, in Deutschland nach 1945 161 VI
—, orthodoxe 61 II, 64/65 I, III, 88/89 I, 113
Kirchenbau 53 II—III
Backsteinbauten 91 I
Bettelordenskirchen 90 I, III
Hallenkirchen 67 I
Kuppelkirchen 67 I
Saalkirchen 90 I
—, frühkristl. 45 II, V s. auch Kathedralenbaukunst, Stadtpläne
Kirchenprovinzen, mittelalterliche, s. Bistümer, mittelalterliche
—, deutsche (19./20. Jh.) 161 VI
Kirchenstaat, s. Patrimonium Petri, Papsttum, Kirche
Kirchentrennung (1054) 52 III, 61 II, 64/65 I, III, 88/89 I
Kitchener 138/139 III
Klassizismus 108 II
Klein-Deutschland, Bismarckreich 129 I—II, 145 III—IV, 147
Kleine Entente 153 III
Kleisthenes 13 I
Klientelstaaten, röm. 29 III—IV, s. auch Vasallenstaaten, Satellitenstaaten
Klosterwesen 45 VI, 52 I—II, 53 I, III, 54/55 I—II, 56 I, V—VI, 58/59 I—II, 63 II, 78 I—II, V, 79 I—VIII, 82 IV—V, 87 I—II, 88/89 I—III, 102/103 II, 120 V, 128 I
Knobelsdorff 108 II
Knut d. Gr. 58/59 I, 60 I, 61 I
Königsfrieden 20 I
Königsgut, Krongut 54/55 I—II, 56 III, 58/59 II, s. auch Reichsgut, Krondomäne
Königsstraße, pers. 14/15 I
Königsumritt, Konrads II 62 III
—, Friedrichs I. 62 IV
Kolonialreiche, Kolonialbesitz
belg. 138/139 III, 146 I
brandenburg. 111 I, 132 I
brit. 100/101 I, 111 I—II, 115 II, 116/117 I—II, IV, 118 I—III, 125 I—II, 126/127 I, 130/131 I, 132 I—II, 133 I—II, 134 II, 135 I, 136 I—II, 137 I, 138/139 I—IV, 144 V, 146 I, 147, 148 III, 150/151 I, 153 VI, 154 IV, 162 III, 163 I, 164/165 I
dänisch. 111 I—II, 116/117 IV, 118 III, 133 I, 135 I
deutsch. 118 III, 132 I, 136 I, 137 I, 138/139 II—III, VI, 144 V, 146 I, 149 II
französ. 100/101 I, 111 I—II, 115 II, 116/117 II, 118 I, III, 125 I—II, 130/131 I, 132 I—II, 133 II, 135 I, 136 I—II, 137 I, 138/139 III, 146 I, 147, 150/151 I, 153 VI, 154 IV, 162 I, III, 163 I, III, 164/165 I
japan. 136 I, 137 I, 138/139 VI, 154 III, 162 I
italien. 132 I, 138/139 III, 146 I, 147, 150/151 I, 153 V—VI, 154 IV
kurländ. 111 I, 118 III
niederländ. 98/99 I, 111 I—II, 115 II, 116/117 II, IV, 118 III, 125 II, 132 I, 133 II, 135 I—II, 136 II, 137 I, 164/165 I
portug. 98/99 I, IV, 100/101 I, 111 I—II, 115 II, 116/117 IV, 118 III, 125 II, 132 I—II, 135 I, 136 I, 137 I, 138/139 II, 146 I, 162 II—III, 163 I, 164/165 I
russ. 100/101 I, 115 II, 125 I—II, 133 I, 134 II, 136 I, 137 I, 138/139 VI, 162 I—II
schwed. 111 I
span. 100/101 I—II, VII, 111 I—II, 115 II, 116/117 I—II, 118 I, III, 125 II, 126/127 I, 130/131 I, 132 I—II, 133 I, 137 I, 146 I, 147, 150/151 I, 154 V, 162 III, 164/165 I
USA 133 I, 137 I, 162 I
Koltschak, russ. Admiral 149 III—IV
Kolonisation, s. auch Bauernsiedlung 74 I—III, 76 II, IV—VIII, 77 II—III, 105 III, 106/107 III, 112 II, 116/117 II, 118 I—III, 121 III—VII, 132 III, 133 III, 138/139 II, 140 III—V
—, friderizianische 121 III—V
—, habsburg. 112 II, 140 V
—, griechische 11 II, 17 I, 24 II
—, russ. 98/99 I, 105 III, 140 IV
—, röm., s. Coloniae
—, ostdeutsche 58/59 II, 66 I—II, 67 III, 68/69 II, 70 I, 74 I—III, 75, 76 II, IV, V, VII—VIII, 77 II—III, 78 V, 79 VI—VIII, 82 I, V, 84 I—II, 86 I, 87 I—II, 88 I—II, 106/107 III, 112 II, 121 V—VI, 140 IV—V
—, phönikische 11 II
—, städtische 17 II, 22/23 II, 24 II, 25 I—II, 28 II, 30/31, 32 VI, 34/35 I, 36, 38/39 I—II s. auch Städtegründungen
Kolumbus 100/101 I, VII
Kommunismus in China 162 I—II, 163 I, 164/165 I, III, 166/167 I—III, 168, 169 I
— in Deutschland 153 I—II, 154 I—II, 160 III, 161 I—II, IV—V, 164/165 I, 166/167 I—III, 168
— in Rußland 148 I, III, 149 I—IV, 150/151 I, 152 I, 153 VI, 154 I—II, VI, 155 II, 158 III, 160 I—IV, 162 I—II, 163 II, 164/165 I—III, 166/167 I—III, 168, 170 I—II
Kommunistischer Block 160 III, 164/165 I, III, 166/167 I—III, 168
Kommunistisches Manifest 1948 128 IV
Kommunistische Partei Deutschlands 154 I—II
Konfessionen, s. Bekenntnisse, christl.
Konfuzius 3 IV
Konfuzianismus 72/73 IV, 98/99 II, 137 III
Kongo-Akte (1885) 132 I
Konrad II., König 58/59 I, 62 III
Konrad III., König 64/65 I
Konstantin d. Gr. 33 I—III, 40 V, 42/43 I, 45 IV
Konzentrationslager 155 I
Konzilien, christl. 44 II, 104 II
Kopten, s. Monophysiten
Korbinian 52 II
Koreakrieg 162 I—II
Kosakenaufstände 119, 149 III
Krasnow, russ. General 149 III
Krateros, makedon. Feldherr 22/23 I
Kreuzfahrerstaaten 64/65 I—II, IV, 72/73 III
Kreuzzüge 64/65 I—VII, 66 I—II, 68/69 II, 70 II, 71 II—III, 72/73 II—III
Krieg, gallischer 29 I, V
Kriegsverluste 17. Jh. 106/107 II
— 1. Weltkrieg 152 III
— 2. Weltkrieg 161 III
Kriegszone, amerik. 156/157 II
Krimkrieg 130/131 I
Krondomäne, s. auch Königsgut, frz. 58/59 I, 64/65 II, 66 I—II, 67 II, 68/69 I, 70 I, 92/93 I, 95, 110
Krum, Bulgarenchan 54/55 I
Kunibert 52 II
Kunstgeschichte, s. Baustile, Schreibschulen, Bauschulen, Buchmalerei, Buchdruck
—, oriental. u. antike, s. Heiligtümer, Grabstätten, Stadtpläne
Kuomintang 162 I, s. auch Tschiangkaischek und Sunjatsen
Kurfürstenkolleg 68/69 I, 70 I, 92/93 II, 106/107 I
Küstenveränderungen 6 I, 9 I, III, 13 III, 18/19 I, V, 21 II, IV, 30/31 II, 41 II, 50/51, 96/97 IIIa—d
Kyros, Bruder Artaxerxes II 22/23 III

L

Lafreri, Buchdruck 91 II
LAFTA 166/167 III
Lamaismus 137 III
Lancaster, Haus, engl. 71 III, 92/93 I
Landeskirchen, ev., Deutschlands 161 VII
Landfriedensbünde 81 II—III
Landvermessung, römische 21 II, 28 IV
Landwehr, s. Grenzsicherung
Langer Marsch Mao Tse Tungs 162 I
Lao-tse 3 IV
Larson, Entdecker 164/165 IV
Lasalle 145 II
Latifundien 25 III
Lausanne, Frieden 153 VI
Lawrence 148 III
Lebuin 52 II
Lechfeldschlacht 57 I, 58/59 I
Lehnswesen 3 IV, 29 IV, 56 VI, 58/59 I—III, 62 I—IV, 63 I—II, 66 I—II, 68/69 I, 70 I, 83 I, 95
Leih- u. Pacht-Vertrag 156/157 II
Leinengewerbe u. -industrie, s. auch Textilgewerbe 34/35 I, 81 II, 84 I, 85 I, III, 98/99 I, 104 III, 110, 119, 121 VII
Lemercier 108 I
Le Nôtre 120 III
Leonardo da Vinci 90 IV
Leonidas 18/19 III
Leopold VI, Herzog v. Österreich, Kreuzzug 64/65 II
Leopold (von Sachsen-Coburg) I., belg. König 126/127 IV
Le Vau 108 I, 120 III
Liberalismus 128 II
Liebknecht, Karl 153 II
Liga der arabischen Staaten 162 III, 166 I
Limes, s. Grenzsicherung, röm.
Liudger 56 I
Livingstone, Entdecker 132 II
Lombardenbund 66 I
Lothar I. u. II. 54/55 III
Lubliner Union (1569) 96/97 I, 102/103 I, 113
Ludwig d. Deutsche 54/55 III, 57 I
— d. Fromme 54/55 I, 56 I
— VII. v. Frankreich, Kreuzzug 64/65 I, III
— IX. v. Frankreich, Kreuzzug 64/65 II
— XIV. v. Frankreich 108 II, 110, 114, 116/117 I, 120 III
Luftbrücke 160 III, 161 I—II, IV
Luftkrieg 156/157 I—II, 158 I—II
Lunéville-Friede 128 I
Luther 91 III, 96/97 I, 104 I—II
Lutheraner 104 I—II, 105 I, 106/107 I
Luxemburg, Rosa 153 II
Luxemburger 68/69 I, III, 70 I, 71 I—III, 80 I, 95, s. auch Hausmacht

M

Macdonald, napoleon. General 126/127 III
„Mac Mahon Linie“ (Nordostindien 1913/14) 163 I
Maderna 102/103 IV, 108 I
Mafra 108 II
Magellan 100/101 I
Maginot-Linie 156/157 I
Magnus, dän. Hzg. 104 IV
—, Heiliger 32 IV
Mahdi-Aufstand 138/139 I, III
Makedonisch-röm. Kriege 26/27 II—III
Maler 90 III—IV, 108 III
Mandatsgebiete d. Völkerbunds 137 I, 146 I, 150/151 I, 152 I—II, 153 VI
Manierismus 90 IV
Mansart, F. 108 I
Mantegna 90 IV
Manuel-Stil (in Portugal) 90 I
Manuel I., Kaiser von Byzanz 45 IV, 64/65 I
Mao Tse Tung 149 IV, 162 I—II, 163 I
Marbod 34/35 I
Marchand, franz. Hauptmann 138/139 III
Marcus Aurelius 34/35 I, 40 II
Mardonios, pers. Feldherr 14/15 V
Maria Theresia 108 II, 109 V, 112 II, 115 I—II, 116/117 I, III
Marius 24 I, 32 III
Marken, karoling. 54/55 I, 56 II, 58/59 II
—, otton. 57 I, 58/59 I, III, 63
Markt, städtischer, Agora, Forum 12 IV, VI—VII, 14/15 III, 17 II, IV, 21 V—VI, 22/23 V, 26/27 V, 32 I—III, V—VI, 33 I—III, 40 V, 42/43 III—VI, 45 IV, 60 IV, 64/65 VII, 78 I—II, V—VI, 79 I—VIII, 82 II—V, 120 IV
Marktorte 30/31 I, 77 II
Marneschlacht 148 II
Marokkofrage 145 IV
Martini 90 III
Marx, Karl 128 IV
Mathildische Güter 63 II
Matthias I., Corvinus, König v. Ungarn 92/93 I
Mauer, Berliner 161 II
Mawson, Entdecker 164/165 IV
Mediatisierung 128 I
Medici 92/93 I
—, Bank 86 II
Meerengenfrage 130/131 I, 145 III—IV, VI
Mennoniten 105 I
Menschenrassen 1 I—II, 3 I, III
Merchant adventurers 84 II, 104 III
Merian 91 II
Mersen, Reichsteilung 54/55 III
Messeplätze 17 IV, 45 IV, 54/55 I, 60 IV, 83 IV—V
Metallgewerbe und -industrie 34/35 I, 36, 84 I—II, 85 I, III, 86 I—II, 98/99 I, 104 III, 110, 119, 142 IV—V
Methodius 56 II
Metropolitien, russische 88/89 I, 113
Michelangelo 90 IV, 102/103 IV
Miezko v. Polen 58/59 I, 61 II
Militärbündnisse (20. Jh.) 166/167 II
Militärlager, röm. 29 VI, 32 V, 37 III
—, wiking. 60 II—III
Militär-Organisation, röm. 29 VI, 32 V—VI, 34/35 I, III, 36, 37 I—III, 38/39 I—II, 40 I—III, 41 II—III, 42/43 I—II
—, wiking. 60 III
—, neuzeitl. 120 II
Militärgrenzbezirk, österreich. 112 II, 115 I, 116/117 I, 124 I—II, 125 I, 126/127 I, 130/131 I
Miller, General 149 III
Minderheiten, s. Nationale Minderheiten

Minderheiten-Vertreibung 153 V, 160 I—II, IV, 162 IV, 163 I
Ministerialen, s. Reichsdienstmannen
Minoische Kultur 2 I—II, 3 II, 4 VII, 9 I, 10 I—III, 11 III—IV
Mission, christl.
angelsächs. 52 I—II, 61 I
byzantin. 56 II, 61 II
franziskan. 143 III
fränk. 52 II, 56 I—II, 58/59 II
Jesuiten 100/101 I, 118 III
irisch.-schott. 52 I—II
nordgerm. 61 I
otton. 58/59 I, 61 I—II
päpstlich. 56 II, 61 II, 71 I
Patrick 44 II, 52 I
russ. 61 II, V
Ulfila 44 II
Mithradates 29 III
Mittelmächte 148 I—III, 149 I—III, 152 II
Mittelmeerabkommen 145 III
Mittelmeerklima 11 II, 22/23 II
Mittelstand 154 I
Mönchtum 44 II, 45 VI, 52 I—II, 53 III, 87 I—II
Mogulreich, indisches 98/99 I, 111 II, 116/117 IV, 135 I
Mohammed 50/51
Mohammedaner 64/65 I, III, IV, 72/73 II—VI, 98/99 I, IV, 132 III, 137 III, 163 I, vgl. Islam. Ausbreitung, Sunniten, Schiiten
Monophysiten (Armenier, Jakobiten, Kopten) 52 III, 64/65 I, III, 72/73 VI, 132 III
Monrovia-Gruppe 169 III
Montejo, Eroberer 100/101 I—II
Moosbrugger 108 III
Morell, Entdecker 164/165 IV
Moritz v. Sachsen, Kurfürst 96/97 I, 102/103 I, 120 IV
Mudejar-Stil (maurische Elemente) 90 I
Mungo Park, Entdecker 132 II
Münster, Sebastian 91 II
Münzbund, Münzverein 83 II—III
Münzstätten 54/55 II, 83 I—III, 144 I
Mütessarryflyks, türk. Verwaltungsbezirke 134 II
Mussolini 150/151 I, 153 III, 154 IV
Mykenische Kultur 5 I, 9 I, 10 II—III, 11 V, 12 II—III

N

Nachtigal, Forscher 132 II
Napoleon I. 119, 124 I—III, 125 I—II, 126/127 III
Nationale Frage in Deutschland 129 I—II
Nationale Minderheiten, s. auch Minderheitenvertreibung 144 II, 145 I, 150/151 II
Nationalismus 92/93 II, 125 I, 128 II, V, 130/131 I, III, 145 IV—VI, 149 I, III, 150/151 I, 152 II, 153 VI, 154 IV—V, 160 I—II, IV
— im Orient 148 III, 153 V—VI
Nationalregierung, chinesische 162 I
Nationalsozialismus 153 II, 154 I—II, 155 I—II, 156/157 I—III, 160 I
Nationalversammlung, deutsche 153 I
NATO 166/167 II
Navigationsakte 104 III
Nearchos 22/23 I
Negerproblem in den USA 144 IV
— in Südafrika 144 V
Nero 14/15 III, 34/35 I, IV
Nerva 33 II—III, 34/35 I
Nestorianer 52 III, 64/65 I, III, 72/73 IV, VI
Neuilly-Friede 150/151 I
Neumann, Balthasar 108 III
Ney, napoleon. Marschall 126/127 III
Nimwegen-Friede (1678/79) 114
Nobile, Forscher 164/165 II
Norddeutscher Bund 129 II
Nordischer Krieg 113, 119
Norditalien. Liga (1454) 94 II
Normannenreich Sizilien 58/59 I, 63, 64/65 I—III
Nystadt-Frieden (1721) 113, 119

O

OAS (Organisation der amerikan. Staaten) 166/167 II—III
Octavianus, s. Augustus
Oder-Neiße-Linie 160 III, 161 IV
Odowakar 48 I
OECD 166/167 III
Oktoberrevolution, russ. 149 I, III
Ölbaum-Anbau 11 II
Olga v. Kiew 61 II
Olgerd v. Litauen 71 I
Omajaden 50/51, 54/55 I, 57 I
Orden, s.
Dominikaner
Franziskaner
Johanniterorden
Zisterzienser
Benediktiner
Jesuiten
Deutschritterorden
Ordensburgen der NSDAP 155 I
Ordensritterburgen 65 VI, VII
Ordensstaat 64/65 VII, 66 II, 67 III, 68/69 I—II, 70 I, 71 I, III, 74 I—III, 75, 79 VIII, 83 V, 84 I—II, 88/89 I, 92/93 I—II, 96/97 I, 104 IV
Orienthandel, italien., s. Handel, italien.
Ortelius, Buchdruck 91 II
Orthodoxe Christen 64/65 I, III, 72/73 VI
— Kirche, Organisation 64/65 I, 88/89 I, 113
Ostblock 168
Ostgebiete, deutsche (nach 1918) 141 II, IV, 150/151 I—II, 152 II, 153 I, 154 I—II, VI, 155 I—II, 156/157 I—III, 160 I—III, 161 IV, VI—VII
Ostindien-Kompanie, engl. u. niederld. 111 II
Ostkolonisation 66 I—II, 67 III, 68/69 II, 70 I—II, 74 I—III, 75, 76 II, IV—VIII, 77 II—IV, 79 VI—VIII, 82 I—III, V, 84 I—II, 86 I, 87 I—II, 88/89 I—III
Ostrogs 105 III
Otto d. Gr. 53 I, 58/59 I, 62 I, III
Ottonen 58/59 I, 61 II, 62 I
Ottokar II. v. Böhmen 70 I
Oudinot, napoleon. General 126/127 III

P

Pässe 112 II, 130/131 I, s. auch Alpenpässe
Palast, Pfalz, Schloß, s. auch Stadtpalast, Palaststadt, Burg
Dresden 120 IV
Escorial 102/103 II
Kaiserpaläste
Rom 33 I
Trier 40 V
Konstantinopel 45 IV
Kaiserpfalz 79 I, V
Lateran 45 I
Papstpaläste, s. Lateran u. Vatikan
Persepolis 14/15 II
Schönbrunn 109 V
Spalato 42/43 VIIIa
Vatikan 45 I, III, 102/103 IV
Versailles 120 III
Werla 58/59 IV
Palaststädte, minoische 10 I, 11 III—IV
Palladio 90 II, IV
Panslawismus 128 IV—V, 145 III—VI
Papsttum 44 II, 45 I—III, 50/51, 52 III, 53 I, 54/55 I, 56 II, 58/59 I, 61 II, 63 I—II, 64/65 I—II, 66 II, 68/69 I, 70 I, 71 III, 88/89 I, 94 I—II, 102/103 I, 124 II, 125 I, 126/127 I, 130/131 I, III, 150/151 I
Pariser Frieden (1763) 115 II
— (1796 u. 1801) 128 I
Pariser Vorortverträge (1919/20) 150/151 I, 152 II, vgl. Trianon-, Neuilly-, Sèvres-, St. Germain-, Versailler Friede
Park 109 I, V, 120 I, III—IV, 143 I, III—IV
Parler, Künstlerfamilie (14. Jh.) 91 I
Parmeggiano 90 IV
Parteien, deutsche 128 V, 145 I—II, 153 I—III, 154 I—II, 155 I
Patriarchate, röm.-kath. 44 II, 52 III, 61 II, 64/65 IV, 88/89 I—II
Patriarchate, orthodoxe 61 II, 64/65 I, 88/89 I, 113
Patrick 44 II, 52 I
Patrimonium Petri 50/51, 53 I, 94 I—II
Paulus 44 II
Peary, Entdecker 164/165 II
Peisistratos 12 II, VI, 20 IV
Peloponnesischer Bund 16 I—II, 20 I
— Krieg 16 II, 17 II
Perikles 12 I, 16 I, 20 IV
Perpendicular-Stil (angelsächs. Elemente) 90 I
Perrault 108 I
Perserkriege 14/15 I, IV—V, 18/19 III, 20 IV, 22/23 III
Perugino 90 IV
Peruzzi 102/103 IV
Peso-Geltungsbereich (17.—19. Jh.) 144 I
Pétain, franz. General 148 II, 155 II
Peter d. Gr. 113, 116/117 I, 119
Peterskirche, Rom 45 II—III, 102/103 IV
Petrarca 90 III
Petrusgrab 102/103 IV
Pfalzen, s. auch Burgen 54/55 I—II, 58/59 I—II, IV—V, 62 I—IV, 63 II, 64/65 IV, 79 I, V, 83 I
Pfalzzerstörung (1688) 114
Pharaonen, ägyptische 6 I, 7 II, IV—V, 8 II, 9 I, III
Philipp d. Gute, Herzog v. Burgund 92/93 III, 95
— d. Kühne, Herzog v. Burgund 68/69 II, 95
— II. August v. Frankreich 64/65 I—II
— II. v. Makedonien 20 II, 22/23 IV
— V. v. Makedonien 17 IV, 26/27 II—III
— II. v. Spanien 100/101 VII, 102/103 I—II, 104 III
Phylen, attische 12 V, 13 I
Piaster, Geltungsbereich (17.—19. Jh.) 144 I
Pipin 50/51, 53 I
Pirmin 52 II
Pisano, Nicc. u. Giov. 9 III
Pizarro 100/101 I, VII
Plano de Carpini 72/73 II
Plantagen- u. Sklavenwirtschaft i. Nordamerika 111 I, 118 III, 144 IV
Plantagenet, s. Angiovinisches Reich
Plateresco-Stil 90 I—II
Polis, griech. 10 III, 12 VII, 13 I—III, 18/19 I, IV—V
Polnischer Korridor 150/151 I, 152 II
Polnische Teilungen 115 I, 116/117 I, 119, 122/123 I
Polo, Marco 72/73 II
Pompeius 28 II, 29 IV
Pöppelmann 108 III, 120 IV
Portsmouth-Friede (1905) 133 I
Post 108 I
Praefecturen, röm. 42/43 I
Prandtauer 108 II
Primat, päpstlicher 44 II, 45 I, 50/51, 52 III, 53 I, 88/89 I
Primatansprüche der Patriarchate 88/89 I
Protestanten, vgl. Bekenntnisse, christl., Lutheraner, Reformationszeit
Provinzen, röm. 28 I—II, 29 I, III—IV, 34/35 I—III, 36, 37 I, 38/39 I—II, 41 I, 42 I—II
Przmysliden 66 I, s. auch Ottokar II.
Pugatschow 119
Punische Kriege 25 I, 26/27 II—III, 28 I, III
Puritaner 104 I
Pyrenäenfriede 114
Pytheas v. Massilia 24 I

R

Raffael 90 IV, 102/103 IV
Raimund v. Toulouse 64/65 I
Rainaldi, C. 108 I
Rapallo-Vertrag 153 III
Rassenpolitik der NSDAP 160 I
Rassenprobleme in Südafrika 144 V
— in den USA 144 IV
Rassenverteilung in Afrika 132 III
Rastrelli 108 II
Räterepublik Rußland 148 I, III, 149 I—II, 150/151 I
Rathenau, Walther 153 II
Raubkriege, franz. 114
Rechtsgeschichte 56 V—VI, 81 I, 121 I—II, 114, 124 III, 91 IV, s. auch Verfassung, Colonia, Gau, Rechtsverbreitung, Internat. Rechtsabkommen, Staatsrecht, Supanei, Thingbezirke
Reconquista 54/55 I, 57 I, 64/65 I—II, 66 II, 71 III, 92/93 I
Rechtsschulen, s. Universitäten
Rechtsverbreitung 124 III, s. auch Stadtrechte
Reformierte Christen, s. Kalvinisten, Kirche
Reformationszeit 96/97 I, 102/103 I, 104 I—IV, 105 I, 106/107 I
Regierungsformen (19. u. 20. Jh.) 164/165 I, 153 IV, 128 II—V
Reichsdeputationshauptschluß 124 I, 128 I
Reichsdienstmannen 62 II
Reichsgut, s. auch Königsgut, Reichskirchengut, Krondomäne 62 I—IV, 63 II, 66 I—II, 77 IV, 80 I, 83 I
Reichskirchengut 54/55 I—II, 56 I—II, 62 I—IV
Reichskommissariate Hitlers 155 I—II
Reichskreise 96/97 II
Reichsritterschaft 120 V, 122/123 I
Reichsstädte 68/69 I, 78 II, 79 I, VI, 80 II, 81 I, 92/93 I—II, 96/97 I, 102/103 I, 106/107 I, 120 I, V, 122/123 I, 128 I
Reichstag, Bismarckreich 145 I—II
—, Weimarer Rep. 154 I—II
Reichsteilung
karoling. 55/56 III—IV
röm. 42 I—II, 48 I
Reisanbaugrenze, chines. 3, IV
Religionen, s. Buddhismus, Hinduismus, Schintoismus, Konfuzianismus, Islam. Bekenntnisse, christl.
Renaissance 45 I—III, 90 II, IV, 102/103 II, IV
Republik, Weimarer, s. Weimarer Republik
Reservationen, Indianer in den USA 144 IV
—, Neger in Südafrika 114 V
Residenzen, s. auch Pfalz, Schloß, Stadtpalast, -burg
assyr. 7 VII
babyl. 7 I, III
chines. 98/99 I
hellenist. 22/23 V, 26/27 V
hethitisch 7 VIII
hunnisch 48 I
minoisch. 11 III—IV
mittelalterl. 54/55 I—II, 58/59 I, 62 I—IV, 64/65 VII, 78 V, 79 I, V, VII
mohammedan. 98/99 III
mongolisch 72/73 II, VI
myken. 10 II, 11 V, 12 II—III
neuzeitl. 45 I, III, 102/103 II—IV, 105 IV, 108 I—II, 109 I, III—V, 120 III—IV, 143 I
persisch. 14/15 II
röm. 33 I—III, 40 V, 42/43 VIIIa, 45 IV
sumer. 7 I
Réunions-Ansprüche Ludwigs XIV. 114
Revolution, deutsche (1848/50) 128 III—IV, (1918) 148 I, 153 II
—, französ. (1789) 109 IV, 116/117 I, 118 I, 122/123 II—III, (1830) 128 II, (1848) 128 IV, (1871) 128 V
—, russ. (1917) 148 I, III, 149 I—IV
—, span. (1868) 128 V
Revolutionskriege, franz. 114, 122/123 III, 128 I
Rheinbund 124 I, 125 I, 128 I
Ribemont, Reichsteilung 54/55 IV
Richard Löwenherz 64/65 I
Rijswijk-Friede 110, 114
Ritterorden, s. Deutschritterorden, Johanniterorden, Schwertbrüderorden
della Robbia, florentin. Künstlerfamilie 90 IV
Rodriguez 108 II
Rodungssiedlungen 77 I, III—IV, 121 V
Römerstraßen 25 II, 28 IV, 29 III, 30/31 I—III, 32 II, V, 33 I, 34/35 I—III, 36, 37 I, 38/39 I—II, 40 I—III, V—VI, 41 III, 42/43 I, 45 I—II, 49 III, 54/55 II, 77 I
Römische Kaiserzeit 12 I—V, 14/15 III, 21 II, IV, VI, 22/23 V, 28 II, 29 I, V, 30/31 I—II, 32 I, III—VI, 33 I—III, 34/35 I—V, 36, 37 I—III, 38/39 I—II, 40 I—VI, 41 I—III, 42/43 I—VIIIa, 44 I—II, 45 IV, 48 I
Römische Republik 14/15 I, 16 II, 20 I, 21 II, V, 22/23 I, 25 I—II, 26/27 I—II, 28 I—III, 29 I, III—VI, 30/31 I—III, 32 II
Römisch-katholische Christen, s. Bekenntnisse, christl., Röm. Katholiken
Rohlfs, Entdecker 132 II
Rokoko 108 II—III
Romanik 67 I
Rosenkriege 92/93 I
Roter Halbmond 146 II
Roter Löwe 146 II
Rotes Kreuz 146 II
Rubruck, Wilhelm v. 72/73 II
Rückversicherungsvertrag 145 III
Riiser, Entdecker 164/165 IV
Ruhrbesetzung 152 II
Rupert, Missionar 52 II
Russisch-japan. Krieg 138/139 VI
Rußlandfeldzüge
Hitlers 156/157 I, III
Karls XII. 119
Napoleons I. 119, 125 I

S

Saladin 64/65 II, 98/99 III
Salomon 8 III—IV, 34/35 V
Salpeterkrieg 133 II
Salzburger Lutheraner 105 I
Samo 50/51
Sandschaks, türk. Verwaltungsbezirke 134 II
Sangallo 102/103 IV
St. Germain, Friede 150/151 I
St. Peter, Rom, s. Peterskirche
Sanktionen nach dem 1. Weltkrieg 152 II
Sansovino 90 IV
San Stefano-Friede 145 V
Satelliten-Staaten, kommunist. 160 III
—, nationalsoz. 155 II s. auch Vasallenstaaten
Satrapien, pers. 8 IV, 14/15 I, 16 II, 22/23 I, 26/27 I
Saturninus, röm. Feldherr 36
Schachbrettanlage, Gründungsstadt, s. auch Stadtplanung 21 II, IV—VI, 26/27 V, 32 I, V—VI, 40 V, 42/43 III, V, VII, 65 VII, 74 III, 79 III, VI—VIII, 109 II—III, V, 118 II, 120 IV, 121 VI, 140 IV—V, 143 I, III, IV
Schedel, Buchdruck 91 II
Schiiten 72/73 VI, 137 III
Schintoismus 72/73 IV, 137 III
Schlachtpläne
Alesia 29 V
Cannae 28 III
Chaironeia 22/23 IV
Salamis 14/15 IV
Schlaun 108 II
Schlesische Kriege 115 I—II, 116/117 I, III, 122/123 I
Schloß, s. auch Palast, Pfalz 64/65 V, VII, 68/69 I, 90 II—III, 94 I—II, 109 V, 120 III—IV, 122/123 I, 143 II
Schlüter 108 II
Schönbrunn-Friede (1809) 128 I
Schrift 3 III, 8 I, 9 II, 10 I, 24 II
Schweinfurth, Entdecker 132 II
Schwertbrüderorden, s. Ordensstaat
Schwarzenberg, österr. Fürst 126/127 III
Schwarzer Prinz 68/69 III
Scipio 26/27 II, 29 VI
Scott, Entdecker 164/165 IV
SEATO 166/167 II
Seebund, attischer 16 I, 17 IV
See-Expedition Alexanders d. Gr. 22/23 I

Seehandelswege
brit. 110, 111 I—II, 138/139 I
westeurop. 84 II, 85 I—III, 86 II, 98/99 I, IV, 104 III, 110, 111 I—II, 118 III
arab. 50/51, 98/99 I
asiat. 46/47 I, 98/99 I, 111 II
afrikan. 111 I, 118 III
amerikan. 111 I, 118 III
vorgeschichtl. 2 I, 3 II, 4 V
phönik. 3 I, 5 II, 9 II, 11 II
ägypt. 6 I, 9 III, 29 II
griech. 9 I—II, 11 II, 20 II, 24 I
röm. 34/35 I, 36, 38/39 I, 42 I, 44 II
italien. 50/51, 54/55 I, 63 I, 64/65 I, 85 III, 86 II
fränk. 50/51, 54/55 I
fries. 50/51, 54/55 I, 61 III
wiking. 57 I—III, 60 I, 61 III, V
hanseat. 84 I—II, 86 II
Seekolonisation
„Seevölker" 3 I—II, 5 I, 9 I
Phöniker 3 I, 5 II, 11 II
Griechen 5 II, 10 II, 11 I—II, 13 III, 17 I, 18/19 I, 21 I—IV, 24 II, 30/31 I, III
Angelsachsen 42 I—II, 48 I
Araber 50/51, 54/55 I, 56 II, 57 I
Wikinger 50/51, 54/55 I, 57 I—II
Baltikum 57 I, 66 II, 68/69 I—II, 74 II, 75
europ. Kolonisation (16. bis 18. Jh.) 98/99 I, IV, 100/101 I—II, VII—VIII, 102/103 I, 110, 111 I—II, 115 II, 116/117 II, IV, 118 I—III
Seekriege
Wandalen 48 I
Byzantiner 49 I
Araber 50/51, 54/55 I, 57 I
Wikinger 57 I—II
Waräger 60 I, 61 V
span. Armada 102/103 I
Napoleon. Zeit 125 I—II
Russ.-japan. Krieg 138/139 VI
Erster Weltkrieg 148 I—III, 149 II
Zweiter Weltkrieg 156/157 I—III, 158 I—II
Seemächte
Araber 50/51, 54/55 I, 56 II, 57 I, 112 I
Aragon 64/65 II, 66 II, 70 II, 71 III, 92/93 I, 94 I—II
Engländer 100/101 I, VIII, 110, 111 I—II, 115 II, 118 III, 125 II, 130/131 I, 137 I, 138/139 I, 145 III—IV
Etrusker 14/15 I, 25 II
Franzosen 111 I—II, 115 II
Genuesen 45 IV, 63 I, 64/65 I—II, 70 I—II, 71 I—III, 85 III, 92/93 I, 94 I—II
Griechen 11 II, 14/15 I, IV—V, 16 I—II, 20 I, 24 II
Hanse 79 VI, 84 I—II
Japaner 138/139 VI, 158 I—II, 162 I
Karthager 14/15 I, 16 II, 20 I, 22/23 I, 25 I, 26/27 I—II
Kreta 3 II, 9 I, 10 II
Niederländer 98/99 I, 100/101 VIII, 104 III, 110, 111 I—II, 115 II, 118 III
Normannenreich Sizilien 61 II, 63 I, 64/65 I, III
Phöniker 3 I—II, 5 I—II, 8 II, IV, 9 I—III, 11 II
Portugiesen 98/99 I, IV, 100/101 I, 111 I—II, 115 II
Römer 26/27 II, 28 II, 29 III—IV, 30/31 III, 34/35 I, 36, 42/43 I, 49 I
Spanier 100/101 I—II, VII—VIII, 102/103 I, 111 I—II, 115 II, 118 III
US-Amerikaner 157 II, 158 I—II, 166/167 II
Venedig 45 IV, 58/59 I, 63 I, 64/65 I—II, 66 II, 70 II, 71 II—III, 78 I, 85 III, 92/93 I, 94 I—II
Wandalen 48 I—II
Wikinger 57 I—II, 60 I
Seeschlachten, s. auch Seekriege
Nilmündung 9 I
Alalia 11 II
Abukir 125 I, II
im Perserkrieg 14/15 I, IV, V, 16 I
im Peloponnes. Krieg 16 II
im Pun. Krieg 26/27 II
Tsuschima 138/139 VI
Skagerrak 148 I
Salamis 14/15 IV
Seeweg nach Indien 98/99 I, VII, 100/101 I
Shackleton, Entdecker 164/165 IV
Seidenstraßen 26/27 I, 46/47 I—IV, 98/99 I
Seidenindustrie in Frankreich 110
Seidenraupenzucht, Ostasien 136 III
Selim I., Sultan 98/99 I, 112 I
Semenow, russ. General 149 IV
Separatisten 153 II
Sèvres-Friede 150/151 I
Sicherheitsauschuß, franz. Revolut. 109 IV
Sicherheitszone, pan-amerikanische 156/157 II
Siebenjähr. Krieg 115 I—II, 116/117 I—III, 122/123 I
Siedlung, s. Bevölkerungsdichte/Bevölkerungswachstum, Kolonisation, Umsiedlung, Vertreibung, Völkerwanderung, Einsiedlung/Ansiedlung/Zusiedlung, Stadtgründungen, -pläne, Dorfformen, Volkstumsverbreitung
Siedlungsdichte im Perserreich 14/15 I
— in Germanien 36
s. auch Bevölkerungsdichte
Siedlungsformen, ost-deutsche 77 II—III, s. auch Dorfformen, Schachbrettanlage, Stadt-Land-Siedlg.
Signalsystem, karthag. 26 II
Silberflotten, span. 111 I
Simeon, Bugarenzar 56 II
Simone 90 III
Sizilische Expedition (413) 16 II, 17 II
Skagerrak-Schlacht 148 I
Sklavenhandel 50/51, 111 I, 118 III
Slawenkongreß, Prag 128 IV
—, Moskau 128 VI
Slawnikinge 58/59 I
Soldatenkaiser, röm. 42/43 II
Sowjetrepublik, s. Räterepublik
Sowjetunion, s. ASSR, RSFSR, SSR, UdSSR im alphabetischen Verzeichnis
Sozialdemokratie, deutsche 128 V, 145 II, 153 I, 154 I—II
Sozialismus 128 II, V
Sozialistengesetz 128 V
Spanischer Erbfolgekrieg 116/117 I
Spartakus-Aufstände 153 II
Speckle, Daniel, Festungsbaumeister 120 I
Sport 12 IV, VI—VII, 14/15 III, 21 IV, VI, 33 I, 120 III
Sprache, griech. 10 II
Sprachgrenze
germ.-roman. 54/55 II—IV, 114, 126/127 IV, 130/131 II
griech.-latein. 42/43 I
mitteldeutsch-niederdeutsch 75
oberdeutsch-mitteldeutsch 75
Grenze d. hochdt. Lautverschiebung um 800 49 II
Sprachenverhältnisse 49 II—III, 70 II
Sprachstämme 3 I
Staatsformen, s. Regierungsformen
Staatspartei 154 II
Stabius, Buchdruck 91 II
Stämme, deutsche 58/59 I—II, 62 I—II
—, german. 34/35 I, 36, 37 I—II, 41 I—II, 42/43 I—II, 48 I—II, 49 I, 50/51, 52 II, 53 I, 54/55 I, 56 I, 57 I
—, griech. 11 I
—, israelit. 8 IV
—, italische 17 I, 25 I—II, 30/31 I—II, 38/39 I—II
—, slawische 50/51, 54/55 I, 56 II, 57 I, 58/59 I
—, keltische 24 I—II, 26/27 II, 28 I, 29 I, 36, 37 I, 38/39 I—II
Stadtbefestigungen
vorgeschichtl. 7 VI
antik 7 I, III, VII—VIII, 11 V, 12 VI—VII, 17 II, 21 I, III—VI, 32 I—VI, 33 I, 35 V, 40 V, 42/43 III—VII, 45 I, IV
mittelalterl. 43 VIIIb, 45 I, IV, 60 IV, 64/65 VII, 78 I—II, V—VI, 79 I—VIII, 82 IV—V, 98/99 II, IV
16.—18. Jh. 45 I, 102/103 III, 105 IV, 109 II—V, 120 I—II, IV, 143 I, Ia—b
Stadtburg, Akropolis, Kapitol, s. auch Stadtpalast, Pfalz
vorgeschichtl. 7 VI
babylon. 7 I, III
griech. 12 I—II, VI, 21 VI, 45 IV
hellenist. 22/23 V
hethit. 7 VIII
jüdisch. 34/35 V
karthag. 21 II
mittelalterl. 45 I, 60 IV, 64/65 VII, 78 V—VI, 79 I, III—VIII, 82 V
myken. 11 V, 12 II—III
römische 21 V, 32 II, 33 I, III, 45 I
russische 78 VI
sumerische 7 I
Städtebünde, deutsche
Eidgenossenschaft 80 II
Hanse 68/69 I, 84 I—II, 86 II
Rheinischer 68/69 I, 78 III, 81 II
Schwäbischer 68/69 I, 81 II
Sassenstädte 81 III
Sechsstädtebund 68/69 I
Städtegründungen, s. auch Bergbau; Kolonisation, städtische; Ostkolonisation, Schachbrettanlage; Stadtplanung
—, arab. 98/99 III
—, deutschrechtliche 64/65 VII, 67 III, 68/69 I—II, 72/73 II, 74 II, 75, 77 II—III, 78 V—VI, 79 I—III, V—VIII, 82 V, 86 I, 105 I, 106/107 III, 140 V, 143 I
—, griech. 11 II, 20 III, 21 I, III—IV, VI
—, hellenist. 18/19 I, 22/23 I—II, 26/27 I, V, 29 II
—, phönik. 11 II, 21 II
—, röm. 21 II, 29 IV, 30/31 I, 32 I—VI, 40 V, 45 IV, 78 II
—, russische 98/99 I, 100/101 I, 105 III
— in Amerika 100/101 VII, 118 II
—, französ. 120 II
Stadt-Land-Siedlung 77 II—III
Stadtpalast, Stadtschloß, s. auch Stadtburg
assyr. 7 VII
arab. 98/99 III
babylon. 7 I, III
Barock 102/103 III—IV, 109 I, III—V, 120 IV
chines. 98/99 II
hellenist. 21 III, 22/23 V, 26/27 V
jüdisch. 34/35 V
minoisch. 11 III
renaiss. 45 I
röm. 33 I—III, 40 V, 45 IV
russ. 105 IV
Stadtpläne
vorgeschichtl. 7 VI
assyr. 7 VII
babylon. 7 I, III
griech. 12 VI, 17 II, 21 I, VI
hellenist. 21 III, VI, 26/27 V
hethitisch 7 VIII
jüdisch 34/35 V
karthag. 21 II
minoisch. 11 III—IV
mittelalterl. 42/43 VIIIb, 60 IV, 64/65 VII, 78 I—II, V—VI, 79 I—VIII, 82 IV—V, 143 I
myken. 11 V
neuzeitl. 45 I, 102/103 III—IV, 105 IV, 109 I—V, 118 II, 120 I—II, IV, 121 VII, 140 V, 143 I—IV, 161 II
röm. 12 VI, 32 I—VI, 33 I—III, IV, 35 V, 40 V—VI, 42/43 III—VII, 45 IV, 78 II
Stadtpläne
Aachen 79 I
Akragas 21 I
Alexandria 26/27 V
Amsterdam 109 II
Antwerpen 143 Ia—b
Assur 7 VII
Athen 12 VI
Aventicum 42/43 I
Babylon 7 II
Barcino 42/43 IV
Berlin 143 I—II, 161 II
Brünn 82 V
Brügge 79 IV
Cambodunum 32 IV
Cosa 21 V
Debrecen 140 V
Dresden 120 IV
Dura-Europos 42/43 VII
Dscherasch, s. Gerasa
Elbing 79 VIII
Emporion (Indica) 21 IV
Freiburg 79 II
Gerasa 42/43 V
Haithabu 60 IV
Hannover 82 IV
Hattusa 7 VIII
Hildesheim 79 III
Jerusalem 34/35 V
Kairo 98/99 III
Karthago 21 II
Knossos 11 III—IV
Köln 78 II
Konstantinopel 45 IV
Krakau 79 VII
London 109 I
Lodz 121 VII
Lübeck 79 VI
Marienburg 64/65 VII
Magdeburg 79 V
Milet 21 VI
Mohenjo-Daro 7 VI
Mykene 11 V
Moskau 105 IV
Neu Breisach 120 II
Nowgorod 78 VI
Ostia 32 III
Papenburg 140 III
Paris 102/103 III, 109 IV
Peking 98/99 II
Perigueux, s. Vesunna
Prag 78 V
Pompeji 32 I
Rom 32 II, 33 I, 45 I, 102/103 IV
St. Petersburg 109 III
San Francisco 143 III—IV
Spalato 43 VIIIb
Straßburg 120 I
Syrakus 17 II
Taxila 21 III
Thamugadi 32 VI
Trier 40 V
Ur 7 I
Venedig 78 I
Vesunna 42/43 V
Versailles 120 III
Wien 109 V
Xanten 32 V
Stadtplanung, s. auch Schachbrettanlage
7 III, VI, 21 II—III, IV—VI, 26/27 V, 32 I, III—VI, 33 I—III, 40 V, 42/43 III—VII, 45 I, IV, 64/65 VII, 78 I—II, V—VI, 79 I—VIII, 82 IV—V, 98/99 III—III, 102/103 III, 105 IV, 109 I—V, 120 I—IV, 121 VII, 140 III, V, 143 I—IV
Stadtrechtsfamilien 75, 78 III—IV, 81 II
Stadtrechtsverleihung 30/31 I, 75, 78 IV
Stadtterritorien, s. auch Reichsstädte, Polis 68/69 I, II, 77 IV, 80 II, 81 I, 122/123 I
Stanley, Entdecker 132 II
Staufer, Hohenstaufen 62 II, IV, 64/65 I—II, 66 I—II, 90 III
Stecknitz-Kanal 68/69 I
Stephan, der Heilige, König v. Ungarn 58/59 I, 61 II
Sterling-Zone 170 II
Stralsunder Frieden (1370) 84 I
Straßen, s. Handelswege, Römerstraßen
Studenten 91 III—V
Stützpunkte, amerik. 156/157 II, 158 III, 162 II, 164/165 II
—, athenische 20 II
—, hussitische, in Deutschland 92/93 II
—, japan. 158 II
—, karth. 25 I
—, maked. 26/27 II
—, pers. 22/23 I
—, Seeräuber, Antike 29 III
— der Volksfrontregierung in Spanien 154 III
suburbikar. Bistümer 53 I
sudetendeutsche Frage 152 II, 155 I—II, 160 II
Suidbert 52 II
Suleiman I., Sultan 98/99 I, 112 I
Sulla 25 II, 28 II, 32 III
Sunjatsen 149 IV
Sunniten 72/73 VI, 137 III
Supanei 56 IV
Suprematsakte 104 I
Syragrius 48 I

T

Tacitus 41 I
Taler, Geltungsbereich (15.—19. Jh.) 144 I
Tamerlan, s. Timur
Tasman, Entdecker 100/101 VIII
Tatareneinfall 67 III, 79 VII
Täufersekten, christliche 52 III, 105 I
Tempel, s. Heiligtümer
Territorien, deutsche, s. auch Hausmacht, Reichsgut 66 II, 70 I, 80 I—II, 81 I
— (18. Jh.) 120 V, 122/123 I
— (19. Jh.) 126/127 II, 128 I
Tessin d. Ä. 108 I
— d. J. 108 II
Teutoburger Wald, Schlacht 37 II
Textilgewerbe und -industrie 34/35 I, 36, 38/39 I, 81 II, 84 I—II, 85 I—III, 86 II, 98/99 I, 104 III, 110, 111 II, 119, 121 VII, 162 IV
Theater, griech. 12 I, IV, VII, 17 III, 22/23 V, 26/27 V
—, röm. 12 VI, 17 II, 21 II, IV, 32 I—III, V—VI, 33 I, 40 V, 42/43 III, V—VI
—, barock 120 III
s. auch Amphitheater
Themenverfassung, byzantin. 50/51, 54/55 I, 56 II
Theoderich 48 II
Theodosius 42/43 I, 45 IV
Thingbezirke 57 III, 60 I
Thomas v. Aquin 90 III
Thumb 108 III
Thutmosis III. 7 IV, 9 I
Tiberius 29 I, 33 II—III, 34/35 I, 36, 37 II, 41 II
Tigranes 29 III
Tilsiter Friede 124 I
Timur (Lenk) 72/73 VI
Tintoretto 90 IV
Tito 156/157 III, 169 II
Tizian 90 IV
Tordesillas, Schiedsspruch 100/101 I
Traian 30/31 II, 32 VI, 33 I, III, 34/35 I, 40 II
Transkontinentale Eisenbahnen in den USA 133 III, 138/139 I
— in Europa 147, 150/151 I
— in Australien 137 I
Transsibirische Eisenbahn 149 IV, 159 I—II
Treuhandgebiete der UNO
—, ehemalige 162 III
— der USA 164/165 III
— Australiens 164/165 III
Trianon-Friede 150/151 I
Trittyen 12 V, 13 I
Triumvirat 28 II
Tschiangkeaischek 149 IV, 154 III, 158 I—III, 162 I—II
Tschudi, Aegidius, Buchdruck 91 II
Tudor-Stil 90 I—II
Tuchmacherei, s. Textilgewerbe
Türkenkriege 112 II, 115 I, 116/117 I, 119

U

Überseekabel, deutsche 149 II
Überstaatliche Organisationen 152 I—II, 162 III, 164/165 I, III, 166/167 I—III, 168, 169 III—IV, 170 I—II
U-Boot-Basen 148 II
U-Boot-Krieg 149 II
Ulfila 44 II
Umsiedlungen 153 V, 160 I—II, IV, 162 IV, 163 I
Unabhängigkeitskriege, amerik. 118 I, 133 I—II
—, griech. 130/131 I
Unabhängige Sozialdemokratische Partei 153 I
Ungern Sternberg 149 IV
Uniertes Bistum, s. griech.-kath. Bistum 113
Union v. Arras 104 III
— v. Utrecht 104 III
Union Litauen-Polen (1386) 71 I, III, 92/93 I
Union v. Lublin (1563), vgl. Lubliner Union
Universalismus, s. Kirche, kathol.; Weltreiche
Universitäten, s. auch Studenten
amerik. 143 III
arab. 98/99 III
europäische bis 1500 78 V, 79 VII, 90 III, 91 I, III—V, 102/103 II, 121 II
röm. 45 I

russische 119
span. 102/103 I
UNO (Vereinte Nationen) 164/165 III, 168
Urgeschichte, s. Vorgeschichte
Urkantone 80 II
Utrechter Frieden (1474) 84 II
Utrechter Union (1579) 102/103 I, 104 III

V

Vanbrugh 108 II
Vandamme, napol. General 126/127 III
Vanvitelli 108 II
Varusschlacht 37 II
Vasco da Gama 98//99 IV, 100/101 I
Vasallenstaaten, brit. in Indien 135 I
—, napoleon. 124 I
—, russ. 134 II, 135 I
—, türk. 134 II
s. auch Satellitenstaaten, Klientelstaaten
Vasari 90 IV
Vauban 120 I—II
Vercingetorix 29 I, V
Verdun, Reichsteilung 54/55 III
—, Schlacht 148 II
Vereinte Nationen (UN) s. UNO
Verfassungen, neuzeitl. 128 II—V, 153 I, IV, 154 I—II
—, antike, s. Polis
—, mittelalterliche, s. Lehnswesen, Stadtrech
Verkehr, s. Eisenbahnen, Handelswege, Römerstraßen, Seehandeswege, Autobahnen
Veronese 90 IV
Veroneser Bund 66 I
Verrochio 90 IV
Versailler Diktat 150/151 I, 152 II
Vertragshäfen, chin. 136 I, s. auch Faktoreien
Vertreibunngen, s. Minderheiten-Vertreibung
Verwaltungsgliederung
Ägypten, s. Gaue
Äthiopien: Gouvernements unter ital. Herrschaft 154 IV
Angelsachsenreich, s. Earldoms
Aztekenreich 100/101 II
Burgund 95
Byzant. Reich, s. Themen
Brit. Empire (Kronkolonien, Protektorate, Kolonien mit Responsible Government, Dependenzen, Kondominate, Pachtgebiete, Dominions) 138/139 I
Brit.-Indien 135 I
Deutschland, s. Gaue, Territorien, Marken, Herzogtum, Hausmacht, Reichsgut, Reichskreise (1871—1918): 129 II
—, Weimarer Republik 152 II
—, Drittes Reich 155 I
— nach 1945 161 IV
Frankenreich 54/55 I, III—IV
Frankreich im Mittelalter, s. Krondomäne
—, Neuzeit, s. Gouvernements, Départements
Griech., s. Polis, Phylen, Prittyen, böotische Kreise 18/19 IV, attischer Seebund (Steuerbezirke) 16 I
Ibero-Amerikan. Kolonialreiche, Vizekönigreiche 118 III
Inkareich (Großprovinzen) 100/101 III
Kirche, kath., s. Bistum, Erzbistum, Kirchenprovinzen, Bistum: Dekanate 80 I, Erzstift: Ämter 80 I
—, evang., s. Landeskirchen
Kanada: Distrikte 133 III
Java 135 II
Niederlande 104 III
Persien, s. Satrapien, (19. Jh.) s. Gaue
Preußen (Domänenämter, Provinzialverwaltung, Kreishauptorte in der Neumark) 121 I—II, Provinzen 115 I, 129 II
Röm. Reich: Republik: 25 I, Provinzen 28 I—II, 29 III—IV, Kaiserreich: Regiones in Italien unter Augustus 30/31 I, Tribus 30/31 II, Provinzen 28 II, 34/35 I—III, 36, 37 I, 38/39 I—II, 40 II, 41 I, 42/43 I—II, 48 I
Praefecturen 49 I
Rußland: Gouvernements 116/117 I, 119, Sowjetrep. 150/151 I
Schweiz, s. Kantone, Eidgenossenschaft
Spanien, Provinzen 116/117 I, 130/131 I
türk., s. Mytessaryflyks, Sandschaks, Wilajets
USA, 133 I, III
Großserb. Reich: Banate 70 II
etrusk. Capita-Gebiete 25 II
Vespasian 33 I, III, 34/35 I—II, V
Vesuvausbruch 30/31 III
Veteranensiedlung, s. Coloniae
Vignola 90 IV, 108 I
Villae, röm. 30/31 II—III, 40 VI
Vittone 108 II
Völkerbund 152 I
Völkerbundsmandate 137 I, 146 I, 152 I—II
Völkerwanderungen
vorgeschichtl. 2 I—II, 3 I, 5 I—II, 9 I
israel. 8 IV, 162 IV
griech. 5 I—II, 10 II, 11 I—II
phönikische 11 II
keltische 24 I
skythische 24 I
german. 24 I, 34/35 I, 42/43 I—II, 48 I—II, 49 I, 50/51
hunn. 42/43 I, 46/47 I, III, 48 I
arab. 50/51, 57 I
slaw. 50/51, 54/55 I, 56 II
türk. 50/51, 54/55 I, 61 V, 64/65 I, III, 71 II, 72/73 I—III
ungar. 56 II, 57 I, 61 V
wiking. 57 I—II, 58/59 I
mongol. 67 III, 72/73 II
Ostkolonisation 68/69 II, 74 I—II, 75, 82 I, 106/107 III, 112 II
s. auch Minderheitenvertreibungen
Volksdeutsche, s. Auslandsdeutsche
Volksfrontregierung, span. 154 V
Volkstumsverbreitung, s. auch Bevölkerungsdichte, -wachstum, Kolonisation, Umsiedlung, Vertreibung, Völkerwanderung, Einsiedlung 3 I, 4 VI—VII, 6 II—IV, 8 I, III—IV, 10 I—III, 11 I, 13 I—II, 14/15 I, 17 I, 18/19 I—II, IV—V, 22/23 II, 24 I—II, 25 I—II, 29 I, 30/31 I, 36, 37, 38/39 I—II, 40 II, VI, 41 I, III, 49 II—III, 54/55 I, 56 III, 57 II, 67 III, 70 II, 77 I—IV, 105 II—III, 116/117 II, 150/151 II, 162 II, IV
Vorgeschichte 1 I—V, 2 I—II, 3 I—III, 4 I—VII, 5 I—II, 6 II, 8 I, III, 10 I, 14/15 I, 18/19 II, 24 I, 26/27 II, 100/101 II—VI
—, german. 3 I, 14/15 I, 24 I, 34/35 I, 36, 37 I, 41 I, 42/43 I—II
Vorwerk, s. Agrargeschichte

W

Währungsfond, internat. 170 I
Währungszonen der Welt 144 I, 170 II
Wahlen zur Deutschen Nationalversammlung 153 I
— Wahlen zum Deutschen Reichstag 145 I—II, 154 I—II
Waldenser 64/65 II, 105 I
Waldseemüller, M. Buchdruck 91 II
Warschauer Pakt 166/167 II
Wasa-Könige 113
Wasserleitung, aztek. 100/101 VI
—, griech. 17 II
—, röm., s. Aquädukt
Wasserstraßen, internationalisierte, Deutschlands 152 II
Wassilij III. Zar 105 II
Weberunruhen, schles. 128 III
Weddell, Entdecker 164/165 IV
Weihrauchstraße 29 II, 34/35 I
Weimarer Republik 150/151 I—II, 152 II, 153 I—IV, 154 I—II, VI
Weinbau 54/55 II, 81 II
Weiße Gegenrevolutionäre 149 II—IV
Welfen 62 II, 66 I—II, 71 III
Welsch 108 III
Welser in Amerika 100/101 VII
Weltbild, s. Erdkarten
Weltkrieg, erster 148 I—III, 149 I—IV, 152 III,
—, zweiter 156/157 I—III, 158 I—III, 160 I—IV, 161 III
Weltreiche, universale
Akkad 3 II
Ägypten 6 I, 8 II, 9 I, III
Assyrien 9 III
Babylonien 8 II, 9 III
Perserreich 14/15 I
Alexanderreich 22/23 I
Röm. Reich 34/35 I, 42/43 I—II, 48 I
Byzanz 48 II, 49 I, 50/51, 54/55 I, 57 I, 64/65 I, III
Heiliges Römisches Reich Deutscher Nation 58/59 I, 64/65 I—II, 102/103 I, 116/117 I, 122/123 I
Kalifat 50/51, 57 I
Brit. Empire 138/139 I
Welt-Wirtschaft 166/167 III
Werften, russische 119
Westfälischer Frieden 106/107 I
Westfront (1914—18) 148 II
Westmächte 168
Westwall 155 I
Wettiner 66 I—II, 70 I, 71 III, 92/93 I, 96/97 I
Wiener Kongreß 126/127 I, 128 I
Wilajets, türk. Verwaltungsbezirke 134 II
Wilfrid 52 I—II
Wilkins, Entdecker 164/165 IV
Willehad 56 I
Willibald 52 II
Willibrord 52 I—II
Wirtschaft, s. Bodenschätze, Handel, Verkehr, Agrargeschichte, Markt
Wirtschafts-Zusammenschlüsse 166/167 III, 169 IV
Wit, F. de, Buchdruck 91 II
v. Wißmann, Entdecker 132 II
Witold, Großfürst v. Litauen 71 I—III
Wittelsbacher 62 II, 66 I, 68/69 I, 70 I, 71 III, 95
Wladislaw I., König v. Ungarn (III. v. Polen) 92/93 I
Wladislaw Jagiello 68/69 I, 71 I, III
Wladimir I., d. Hl., Großfürst v. Kiew 61 II, V
Wohfahrtsausschuß, französ. Revolution 109 IV
Wollgewerbe, s. Textilgewerbe
Wrangel, russ. General 149 III
Wüstungen 77 III—IV, 140 V
Wren, Ch. 108 I—II

X

Xenophon 22/23 III
Xerxes, pers. Großkönig 14/15 II, IV—V, 45 VI

Y

York, engl. Geschlecht 92/93 I

Z

Zentrum, deutsche Partei 145 I, 153 I, 154 I—II
Zimmermann 108 III
Zisterzienser 87 II, 88/89 III, 90 III
Zollstätten 54/55 I, 58/59 II, 78 III
Zolltarif Colberts 110
Zollverein, deutscher 129 I
Zusammenbruch NS-Deutschlands 156/157 III
Zwangsumsiedlung 105 IV, s. auch Vertreibung
Zweibund 145 IV
Zwischeneuropa 150/151 I—II, 154 VI

KARTENÜBERSICHTEN
für die nationale Geschichte aller Länder und Gebiete

EUROPA

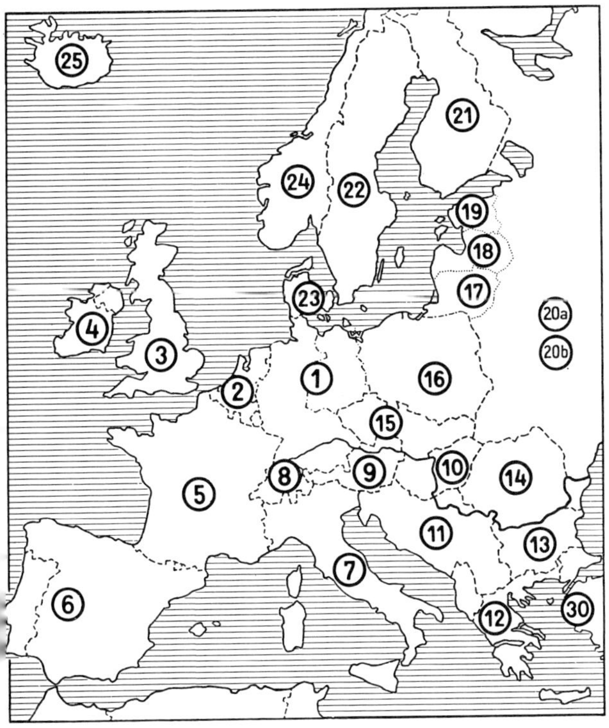

1. Deutschland

Vorgeschichte
1 I, III—V, 2 I—II, 3 I—II, 4 I—II, V, 5 I—II, 14/15 I, 24 I, 28 II, 29 I

Die Römer in Deutschland 1. Jh. v. Chr. bis 5. Jh. n. Chr.
32 IV—V, 34/35 I, 36, 37 I—III, 40 II—VI, 41 I—II, 42/43 I—II, 44 I—II, 48 I, 88/89 I—II

Völkerwanderungszeit und Frankreich 5. bis 9. Jh.
32 IV—V, 42/43 I—II, 48 I—II, 49 I—III, 50/51, 52 II—III, 53 II, 54/55 I—IV, 56 I—IV, 57 I, 58/59 II, 60 IV, 62 I, 74 I, 79 I, 83 I, 88/89 I—II

Kaiserzeit 10. bis 13. Jh.
56 V—VI, 58/59 I, III—V, 60 I, 61 I—II, 62 I—IV, 64/65 I—III, VII, 66 I—II, 67 I—III, 68/69 II, 74 I, 75, 77 I—II, 78 II, III, 79 I—III, V, VI, VIII, 83 I, IV, 85 II, 86 I, 87 I—II, 88/89 I—III, 90 I, 91 I

Spätmittelalter 14. bis 15. Jh.
64/65 VII, 68/69 I, III, 70 I—II, 71 I—III, 74 I—III, 75, 76 I—VIII, 77 III—IV, 78 II, IV, 79 I—III, V, VI, VIII, 80 I—II, 81 I—III, 82 I—IV, 83 I—V, 84 I—II, 85 I—III, 86 I—II, 88/89 I, II, 90 I, 91 I—II, IV—V, 92/93 I—III, 94 I—II, 95, 120 I

Reformationszeit
91 III, 90 II, 96/97 I—II, 102/103 I, 104 I—IV, 105 I, 106/107 I, III

Vom Dreißigjährigen Krieg bis 1795
105 I, 106/107 I—III, 108 I—II, 110, 113, 114, 115 I—II, 116/117 I, III, 119, 120 IV—V, 121 I—V, 122/123 I, III, 143 I

Napoleonische Kriege, Deutscher Bund und Bismarckreich 1795 bis 1914
124 I, III, 125 I—II, 126/127 I—IV, 128 I—V, 129 I—II, 140 I—III, 141 I, III, 142 IV, 143 I, 144 I, 145 I—IV, 147, 159 I

Erster Weltkrieg und Weimarer Republik 1914 bis 1933
141 II, IV, 148 I—II, 149 I—II, 150/151 I—II, 152 I—III, 153 I—IV, 154 I—II

Die Herrschaft des Nationalsozialismus 1933 bis 1945
154 VI, 155 I—II, 156/157 I—III, 160 I, 161 III

Deutschland seit 1945
142 V, 143 II, 159 II, 160 II—III, 161 I—II, IV—VII, 164/165 I, III, 166/167 I—III, 168, 170 I

Preußen

Die Pruzzen
50/51, 54/55, 57, 60 I, 61 II, V, 66 I

Der Deutsche Orden in Preußen bis 1525
64/65 VII, 66 II, 67 III, 68/69 I—II, 70 I, 71 I, III, 74 I—III, 75, 79 VII, 83 V, 84 I—II, 88/89 I, 91 I—IV, 92/93 I—II, 106/107 III

Das Herzogtum Preußen 1525 bis 1660
96/97 I, 102/103 I, 104 II, IV, 106/107 I, III

Brandenburg unter den Askaniern, Wittelsbachern und Luxemburgern 1157 bis 1415
66 II, 68/69 I, 70 I, 71 III, 74 I, III, 75, 84 I, 88/89 I—II, 91 I, IV
91 I, IV

Das Kurfürstentum Brandenburg unter den Hohenzollern 1415 bis 1660
83 V, 84 II, 91 III—IV, 92/93 I—II, 96/97 I—II, 102/103 I, 104 II, 105 I, 106/107 I—III

Brandenburg-Preußen vom Großen Kurfürsten bis zum Wiener Kongreß 1815
105 I, 106/107 I—III, 108 I—II, 110, 113, 115 I—II, 116/117 I, III, 119, 121 I—IV, 122/123 I, 124 I, III, 125 I—II, 126/127 I—IV, 143 I

Preußen im 19. Jh. bis 1918
128 II—V, 129 I—II, 140 II, 141 I, III, 143 I—II, 145 I—II, 148 I, 159 I

Preußen 1918 bis 1945
141 II, IV, 152 II, 153 I—II, 154 I—II, 155 I—II, 156/157 I, III, 159 II

Brandenburg nach 1945
160 III, 161 I—II, IV, VI—VII

Bayern

Von der Festsetzung der Bajuwaren bis zur Einbeziehung in das Reich Karls d. Gr. 788 (Das 1. Stammesherzogtum der Agilolfinger)
48 I—II, 49 I, III, 50/51, 52 II—III, 88/89 I—II

Bayern unter den Karolingern
52 III, 53 II, 54/55 I, 56 II, 59 II, 62 I, 83 I, 88/89 I—II

Das zweite Stammesherzogtum vom Aufkommen der Luitpoldinger bis zur Übertragung an die Wittelsbacher 1180
57 I, 58/59 I—III, 60 I, 61 II, 62 I—IV, 63 I, 64/65 I, 66 I, 67 I, 74 I, III, 83 I, 87 I—II, 88/89 I—II

Bayern unter den Wittelsbachern bis zum Landshuter Erbfolgekrieg 1180 bis 1505
62 II, 66 II, 68/69 I, 70 I, 71 III, 78 III, 81 I—II, 82 I, 83 IV—V, 85 III, 86 I, 91 I—V, 92/93 I—II, 96/97 I—II

Vom 16. Jh. bis zur Errichtung des Königreiches Bayern 1805
102/103 I, 104 II, 105 I, 106/107 I—II, VII, 108 I—III, 110, 115, 116/117 I, III, 120 V, 122/123 I

Das Königreich Bayern bis zur Weimarer Republik 1805 bis 1918
124 I, 125 I, 126/127 I, 128 I, III, 129 I—II, 130/131 I, 141 I, III, 145 I—II, 148 I

Bayern 1918 bis 1945
141 II, IV, 152 II, 153 I—II, 154 I—II, 155 I—II, 156/157 I, III

Das Bundesland Bayern nach 1945
160 III, 161 IV—VII

2. Niederlande, Belgien, Luxemburg (Benelux-Staaten)

Vorgeschichte
1 I, III—V, 2 I—II, 3 II, 4 V, 5 I—II, 24 I, 29 I

Römerzeit 1. Jh. v. Chr. bis 5. Jh. n. Chr.
28 II, 29 I, 34/35 I, 36, 41 I—II, 42/43 I—II, 44 I—II

Im Frankenreich 4. bis 9. Jh.
48 I—II, 49 I—II, 50/51, 52 II—III, 53 II, 54/55 I—IV, 56 I, 57 I, 83 I, 88/89 I—II

Kaiserzeit 10.—13. Jh.
58/59 I, 60 I, 61 I, 62 III—IV, 66 I—II, 67 I—II, 78 IV, 83 I, IV, 85 II, 87 I—II

Wirtschaftsblüte und Aufgehen im burgundischen Staat 13. bis 16. Jh.
68/69 I, III, 70 I, 71 III, 74 III, 78 IV, 79 IV, 83 IV, V, 84 I—II, 85 I—II, 86 II, 90 I—II, 91 I—V, 92/93 I, III, 95, 96/97 I—IIIb, 170 IV
Aufspaltung seit der Reformation 1555 bis 1789
90 II, 102/103 I, 104 I—III, 105 I, 106/107 I, 108 I—II, 109 II, 110, 114, 115 I, 116/117 I, III, 170 IV
Kolonialbesitz im 16. bis 18. Jh.
98/99 I, 100/101 I, VIII, 111 I—II, 115 II, 116/117 IV, 118 III, 135 I—II
Das 19. Jh. (1789—1914)
96/97 IIIc, 122/123 I, III, 124 I, III, 125 I, 126/127 I—II, IV, 128 II, IV—V, 129 I—II, 130/131 I, 141 I, 143 Ia, 144 I, 145 IV, 147, 170 IV
Kolonialbesitz im 19. Jh.
118 III, 125 II, 133 II, 135 I—II, 136 II, 137 I—II, 138/139 V
1914 bis 1939
141 II, 148 I—II, 149 II, 150/151 I, 152 I—III, 153 III—IV, 154 VI, 155 II
Kolonialbesitz bis zum Zweiten Weltkrieg
135 II, 136 II, 137 I—II, 146 I, 149 II, 158 I—II
Seit 1939
96/97 IIId, 143 Ib, 155 I—II, 156/157 I—III, 160 I, III, 161 III, 164/165 I, III, 166/167 II—III, 168, 170 I, IV

3. Großbritannien und das Commonwealth of Nations

Vor- und Frühgeschichte bis 1. Jh. v. Chr.
1 I, III—V, 2 I—II, 3 II, 4 V, 7 I—II, 14/15 I, 24 I, 29 I
Römerzeit 1. Jh. v. Chr. bis 5. Jh. n. Chr.
29 I, 34/35 I, 36, 40 I, IV, 42/43 I—II, 44 I—II, 48 I
Angelsachsen- und Wikingerreiche 5. bis 11. Jh.
48 I—II, 49 I, 50/51, 52 I, III, 53 II, 54/55 I, 57 I—II, 58/59 I, 60 I, 61 I, 87 I, 88/89 I
England in der Auseinandersetzung mit Frankreich 12. bis 15. Jh.
64/65 I—II, 66 I—II, 67 I—II, 68/69 III, 70 I, 71 III, 84 I—II, 85 I—II, 86 II, 87 II, 88/89 I, 90 I, 91 II, V, 92/93 I, III, 95
England und die Anfänge seines Kolonialreiches 16. bis 18. Jh.
90 II, 100/101 I, VIII, 102/103 I, 104 I, 108 I—II, 110, 111 I—II, 115 II, 116/117 I—II, IV, 118 I—III, 142 I
Großbritannien als Beherrscherin der Meere 19. Jh. bis 1914
109 I, 124 I, III, 125 I—II, 126/127 I, 128 II, IV—V, 130/131 I, 132 I—II, 133 I—II, 134 II, 135 I, 136 I—II, 137 I, 138/139 I—VI, 142 II, 144 I, 145 III, IV, 146 I, 147
Großbritannien und das Empire vom 1. Weltkrieg bis 1939
142 III, 146 I, 148 I—III, 149 II, 150/151 I, 152 I, III, 153 III—IV, VI, 154 IV, VI, 155 II
Großbritannien im Zweiten Weltkrieg
155 II, 156/157 I—III, 158 I—II, 161 III
Großbritannien und das Commonwealth of Nations nach 1945
159 II, 161 III, 162 II—III, 163 I, 164/165 I—IV, 166/167 I—III, 168, 170 I—II

4. Irland

Vor- und Frühgeschichte bis 8. Jh. n. Chr.
1 III, 2 I—II, 4 V, 5 I, 24 I, 42/43 I—II, 44 II, 48 I, 49 I, 50/51 I, 52 I, III, 53 II, 88/89 I
Wikingerzeit 8. bis 11. Jh.
54/55 I, 57 I—II, 60 I, 88/89 I
Irland und England im Mittelalter 12. bis 15. Jh.
66 II, 71 III, 87 II, 88/89 I, 92/93 I, 102/103 I, 104 I
Irland in der Neuzeit unter englischer Herrschaft bis 1920
104 I, 108 II, 110, 116/117 I, 125 I, 126/127 I, 128 II, 138/139 I, 147, 159 I
Eire seit 1921
150/151 I, 152 I, 153 III—IV, 154 VI, 156/157 I—II, 159 II, 164/165 I, III, 166/167 III, 168, 170 I—II

5. Frankreich (Elsaß-Lothringen vgl. auch bei Deutschland)

Vor- und Frühgeschichte bis 1. Jh. v. Chr.
1 I, III—V, 2 I—II, 3 I—II, 4 V, 5 I—II, 11 II, 14/15 I, 22/23 I, 24 I—II, 26/27 I—II, 29 I
Frankreich unter römischer Herrschaft
28 I—II, 29 I, V, 34/35 I, 36, 42/43 I—II, V, 44 I—II, 48 I
Völkerwanderungszeit und Frankenreich 5. Jh. bis 9. Jh.
48 I—II, 49 I—II, 50/51, 52 II—III, 53 II, 54/55 I—IV, 56 I, 57 I
Der Aufstieg des französischen Königtums 10. bis 13. Jh.
58/59 I, 60 I, 61 I, 64/65 I—II, 66 I—II, 67 I—II, 70 I, 83 IV, 87 I—II, 88/89 I—II, 91 V
Frankreich im Spätmittelalter 14. bis 15. Jh.
68/69 I, III, 70 I, 71 III, 83 IV, V, 85 I—III, 86 II, 88/89 I—II, 90 I—II, 91 II, V, 92/93 I, III, 94 I—II, 95
Frankreich als absolutistische Großmacht 16. bis 18. Jh.
96/97 I, 102/103 I, III, 104 I, 105 I, 106/107 I, 108 I—II, 109 IV, 110, 111 I, 114, 115 II, 116/117 I, III, 120 I—III, 122/123 II
Frankreichs erstes Kolonialreich 16. bis 18. Jh.
100/101 I, VIII, 111 I—II, 115 II, 116/117 II, IV, 118 I, III, 135 I
Frankreich von der Französischen Revolution bis zum Ersten Weltkrieg (1789—1914)
122/123 III, 124 I—III, 125 I—II, 126/127 I—IV, 128 I—II, IV—V, 129 I—II, 130/131 I, 141 I, 144 I, 145 III—IV, 147
Frankreichs Kolonialreich im 19. Jh.
125 II, 130/131 I, 132 I—II, 133 II, 136 I—II, 137 I, 138/139 III, 145 III—IV
Frankreich 1914—1939
141 II, 148 I—II, 149 II, 150/151 I, 152 I—II, 153 III—IV, 154 VI
Frankreich im Zweiten Weltkrieg
155 II, 156/157 I—III, 160 I, 161 III
Frankreich seit 1945
160 II—III, 161 IV, 164/165 I, III, 166/167 I—III, 168, 170 I—II
Frankreichs Kolonien im 20. Jh.
146 I, 147, 149 II, 150/151 I, 152 I, 156/157 I—II, 158 I—II, 162 I—III, 163 I, III, 164/165 I, IV

6. Spanien / Portugal

Vorgeschichte
1 I, III—IV, 2 I—II, 3 I—II, 4 V, 5 I—II, 21 IV, 24 I, 26/27 II
Spanien im karthagischen Einflußbereich 8. bis 3. Jh. v. Chr.
11 II, 14/15 I, 21 IV, 22/23 I, 26/27 I—II
Spanien und Portugal im Römischen Reich 3. Jh. v. Chr. bis 5. Jh. n. Chr.
21 IV, 28 I—II, 29 VI, 34/35 I, 38/39 II, 42/43 I—II, IV, 44 I—II, 48 I
Unter westgotischer Herrschaft 507 bis 711
48 II, 49 I—II, 50/51, 52 III
Islamische Reiche und christliche Reconquista 8. bis 13. Jh.
50/51, 53 II, 54/55 I, 57 I, 58/59 I, 64/65 I—III, 66 I—II, 67 I—II, 70 I, 71 III, 83 IV, 85 I, 87 I—II, 88/89 I, 90 I, 91 V
Spanien als Großmacht 15. bis 17. Jh.
86 II, 88/89 I, 90 II, 91 II, V, 92/93 I, 100/101 I, 102/103 I—II, 108 I—II, 110, 111 I
Spanien im 18. und 19. Jh.
108 II, 115 II, 116/117 I, 124 III, 125 I—II, 126/127 I, 128 II, IV—V, 130/131 I, 132 I, 144 I, 145 IV
Spanien und Portugal im 20. Jh.
147, 148 I, 149 II, 150/151 I, 152 I, 153 IV, 154 V—VI, 155 II, 156/157 I—II, 164/165 I, III, 166/167 II—III, 168, 170 I—II
Spanische und portugiesische Entdeckungsfahrten und Kolonialreiche 15. bis 18. Jh.
98/99 I, IV, 100/101 I—II, VII—VIII, 111 I—II, 115 II, 116/117 II, IV, 118 I, III, 135 I
Spanische Niederlande
102/103 I, 104 I, III, 105 I, 106/107 I, 110, 114
Spanische und portugiesische Kolonien im 19. Jh.
125 II, 130/131 I, 132 I—II, 133 I—II, 135 I, 136 I, 137 I, 138/139 II, 145 III
Spanische und portugiesische Kolonien im 20. Jh.
145 IV, 146 I, 147, 149 II, 150/151 I, 154 V, 162 III, 164/165 I

7. Italien

Vor- und Frühgeschichte
1 I, III, 2 I—II, 3 I—II, 4 V, VI, 5 I—II, 11 II, 24 I—II
Italien zur Zeit der römischen Republik 5. bis 1. Jh. v. Chr.
14/15 I, 16 II, 17 I, II, 20 I, 21 I, V, 22/23 I, 25 I—II, 26/27 I—II, 28 I—III, 30/31 I—III, 32 II—III, 33 II
Italien in der römischen Kaiserzeit 1. Jh. bis 5. Jh. n. Chr.
25 III, 30/31 I—III, 32 I, III, 33 I—III, 34/35 I, 42/43 I—II, 44 I—II, 45 II—III, 48 I, 88/89 I—II
Italien in der Völkerwanderungszeit 5. bis 8. Jh.
48 I—II, 49 I—III, 50/51, 52 II, III
Italien im Frankenreich der Karolinger 8. bis 9. Jh.
53 I—II, 54 I, III—IV, 56 II, 57 I, 88/89 I—II
Italien in der Kaiserzeit des Mittelalters 10. bis 13. Jh.
58/59 I, III, 61 II, 63 I—II, 64/65 I—III, 66 I—II, 67 I—II, 83 IV, 87 I—II, 88/89 I—II, 91 V
Italiens Zerfall im Spätmittelalter 14. bis 15. Jh.
45 I, 68/69 I, 70 I—II, 71 III, 78 I, 80 II, 83 IV—V, 85 I, III, 86 II, 88/89 I—II, 90 I—IV, 91 II, IV—V, 92/93 I, 94 I—II
Vom 16. Jh. bis 1792
90 II, IV, 96/97 I—II, 102/103 I, IV, 104 II, 106/107 I, 108 I—II, 110, 111 I, 112 I, 115 I—II, 116/117 I, 144 I
Italien im frühen 19. Jh. (ca. 1792 bis 1860)
122/123 II—III, 124 I—II, 125 I, 126/127 I, 128 II, IV

Italien von der Einigung bis nach dem Ersten Weltkrieg 1860 bis 1922
124 III, 128 V, 130/131 I—III, 132 I, 138/139 III, 141 I, 145 III—IV, VI, 146 I, 147, 148 I, 149 II, 150/151 I—II, 152 III, 153 IV, VI
Faschismus und Zweiter Weltkrieg 1922 bis 1945
141 II, 150/151 I—II, 152 I, 153 III—IV, VI, 154 IV—VI, 155 II, 156/157 I—III, 160 I, 161 III
Italien seit 1945
160 II—III, 164/165 I, III, 166/167 II—III, 168, 170 I

8. Schweiz (Eidgenossenschaft)

Vorgeschichte
1 I, III—V, 2 I—II, 3 I—II, 5 I—II, 14/15 I, 24 I, 28 I—II, 29 I
Römische Kaiserzeit 1. bis 5. Jh. n. Chr.
34/35 I, 36, 37 I, 40 III, 41 I, 42/43 I—III, 44 I—II, 48 I, 88/89 I—II
Völkerwanderungszeit und Frankenzeit 5. bis 9. Jh.
48 II, 49 I—III, 50/51, 52 II—III, 53 II—III, 54/55 I, III—IV, 57 I, 83 I
Kaiserzeit 10. bis 13. Jh.
58/59 I, 62 I—IV, 63 I, 66 I—II, 67 I, 83 I, 87 I—II, 88/89 I—II
Die Eidgenossenschaft im späten Mittelalter 13. bis 15. Jh.
68/69 I, 70 I, 71 III, 74 III, 78 III, 80 II, 81 II, 82 I, 83 III—V, 85 I, III, 86 II, 90 I, 91 I—II, IV—V, 92/93 I, 95
Die Eidgenossenschaft im 16. bis 18. Jh.
80 II, 90 II, 91 III, 96/97 I—II, 102/103 I, 104 I—II, 105 I, 106/107 I, 108 I—II, 110, 114, 115 I, 116/117 I
Die Schweiz von der Französischen Revolution bis zum Ersten Weltkrieg
122/123 I—III, 124 I—III, 125 I, 126/127 I, 128 II, IV—V, 130/131 I—III, 141 I, 147
Die Schweiz seit 1914
141 II, 148 I, 149 II, 150/151 I, 152 I, 153 IV, 154 VI, 155 II, 156 I—III, 160 III, 164/165 I, III, 166/167 III, 168

9. Österreich

Vorgeschichte
1 I, III—IV, 2 I—II, 3 I—II, 4 V, 5 I—II, 14/15 I, 24 I, 28 II
Römerzeit 1. Jh. v. Chr. bis 5. Jh. n. Chr.
34/35 I, 37 I, 38/39 I, 41 I, 42/43 I—II, 44 I—II
Völkerwanderungszeit und Frankenreich 5. bis 9. Jh.
48 I—II, 49 I, III, 50/51, 52 II—III, 53 II, 54/55 I, 56 II, 57 I, 62 I, 58/59 II, 83 I, 88/89 I—II
Kaiserzeit 10. bis 13. Jh.
58/59 I, III, 61 II, 62 I—II, IV, 64/65 I—II, 66 I—II, 67 I, III, 74 I, III, 75, 86 I, 87 I—II, 88/89 I—II
Unter Habsburger Herrschaft im späten Mittelalter (13. bis 15. Jh.)
68/69 , 70 I—II, 71 III, 75, 80 II, 82 I, 83 V, 85 III, 86 I—II, 88/89 I—II, 91 I—II, IV—V, 92/93 I—II, 94 I—II
Reformations- und Türkenzeit 16. bis 17. Jh.
86 I, 91 III, 96/97 I—II, 102/103 I, 104 II, 105 I, 106/107 I—III, 108 I, 109 V, 110, 112 I—II, 113, 115 I
Österreich im 18. Jh.
108 II—III, 115 I—II, 116/117 I, III, 119, 122/123 I
Kaiserreich Österreich-Ungarn 1804—1918
124 I—III, 125 I—II, 126/127 I, 128 I—V, 129 II, 130/131 I—III, 141 I, III, 144 I, 145 III—VI, 147, 148 I, 149 I, II, 152 III, 159 I
Österreich 1918 bis 1938
141 II, IV, 150/151 I—II, 152 I—II, 153 III—IV, 155 II
Österreich im „Großdeutschen Reich“ 1938 bis 1945
154 VI, 155 I—II, 156/157 I—III, 160 I, 161 III
Österreich seit 1945
159 II, 160 II—III, 164/165 I, III, 166/167 III, 168, 170 I

10. Ungarn (mit Slowakei, Banat, Siebenbürgen)

Vorgeschichte
1 I, III, 2 I—II, 3 I—II, 4 V, 5 I—II, 14/15 I, 24 I, 28 I—II, 41 I
Unter römischer Herrschaft 107 bis 270 n. Chr.
34/35 I, 38/39 I, 42/43 I—II
Ungarn während der Völkerwanderungen 3. bis 9. Jh.
42/43 I—II, 44 I—II, 48 I—II, 49 I, 50/51, 52 III, 54/55 I, 56 II, 57 I, 58/59 II
Ungarn von der Festsetzung der Magyaren (895) bis zum Ende des Hauses der Arpaden (1301/08)
58/59 I, III, 60 I, 61 II, V, 63, 64/65 I—III, 66 I—II, 67 III, 72/73 II, VI, 74 I, III, 75, 86 I, 87 I, 88/89 I—II
Ungarn von der Herrschaft der Anjou bis zum Türkeneinbruch 1308 bis 1526
68/69 I, 70 I—II, 71 I—III, 74 I, III, 75, 82 I, 83 V, 84 II, 85 III, 86 I—II, 88/89 I—II, 91 III—V, 92/93 I—II, 94 I—II
Habsburg in der Türkenabwehr 1526 bis 1699
96/97 I, 98/99 I, 102/103 I, 104 II, 105 I, 106/107 I, III, 108 I, 112 I—II, 113, 115 I, 119
Von der Befreiung Ungarns bis zum Zusammenbruch der Habsburger 1699 bis 1918
74 III, 108 II, 112 II, 115 I, 116/117 I, 119, 121 VI, 124 I—III, 125 I, 126/127 I, 128 II, IV—V, 130/131 I, 140 V, 141 I, III, 144 I, 145 III—VI, 147, 148 I, 149 I—II, 152 III, 159 I
Ungarn 1918 bis 1945
141 II, IV, 150/151 I—II, 152 I, 153 III—IV, 154 VI, 155 II, 156/157 I—III, 160 I, 161 III
Ungarn unter kommunistischer Herrschaft seit 1945
159 II, 160 II—III, 164/165 I, III, 166/167 I—III, 168

11. Jugoslawien (Serbien, Montenegro, Kroatien, Bosnien, Dalmatien, Mazedonien)

Vorgeschichte
1 I, III, 2 I—II, 3 I—II, 4 V, 5 I—II, 10 II, 14/15 I, 20 I—II, 22/23 I, 24 I—II, 26/27 I—III, 28 I—II
Unter römischer Herrschaft 2. Jh. v. Chr. bis 6. Jh. n. Chr.
28 I—II, 34/35 I, 38/39 I, 42/43 I—II, VIIIa, 44 I—II, 48 I—II, 49 I
Germanische Völkerwanderung und Slaveneinbruch 5. bis 10. Jh.
42/43 VIIIb, 48 I—II, 49 I, III, 50/51, 52 III, 53 II, 54/55 I, 56 II, 57 I, 58/59 II, 88/89 I—II
Südslawische Staaten 11. bis 14. Jh.
58/59 I, III, 61 II, 63, 64/65 I—III, 66 I—II, 67 I, III, 68/69 I, 70 I—II, 71 I—III, 72/73 II, 74 III, 75, 88/89 I—II, 90 III, 94 I—II
Unter osmanischer Herrschaft 15. Jh. bis 1817
83 V, 85 III, 86 II, 88/89 I—II, 92/93 I, 94 II, 96/97 I, 102/103 I, 104 II, 106/107 I, 108 I—II, 112 I—II, 115 I, 116/117 I, 124 I—III, 125 I
Aufstände und Staatenbildung 1817 bis 1918
126/127 I, 128 II, IV—V, 130/131 I, 132 I, 141 I, III, 144 I, 145 III—VI, 147, 148 I, 149 I—II, 152 III
Königreich Jugoslawien 1918 bis 1945
141 II, IV, 150/151 I—II, 152 I, 153 III—VI, 154 VI, 155 II, 156/157 I—III, 160 I, 161 III
Jugoslawien unter Marschall Tito seit 1945
160 II—III, 164/165 I, III, 166/167 I, III, 168, 169 II, 170 I

12. Griechenland / Albanien

Vor- und Frühgeschichte
1 I, III, 2 I—II, 3 I—II, 4 V, VII, 5 I—II, 9 I—III, 10 I—III, 11 I—V, 12 II—III, 17 IV, 18/19 II, IV, 20 IV
Klassisches Griechenland 6. bis 4. Jh. v. Chr.
12 I—II, IV—VII, 13 I—III, 14/15 I, III—V, 16 I—II, 17 I—IV, 18/19 I—IV, 20 I, III—IV
Makedonisch-hellenistische Zeit 4. bis 1. Jh. v. Chr.
12 I, IV, VI, 14/15 III, 17 III—IV, 18/19 I, 20 II, IV, 21 I, III—IV, VI, 22/23 I—V, 24 I, 26/27 I—V
Im Römischen Reich 2. Jh. v. Chr. bis 5. Jh. n. Chr.
12 I, IV, VI—VII, 20 IV, 28 I—II, 29 III—IV, 34/35 I, 38/39 I, 42/43 I—II, 44 I—II, 45 IV, 48 I
Slaweneinbruch und Byzantinisches Reich bis 1204
45 IV—VI, 48 II, 49 I, 50/51, 52 III, 54/55 I, 56 II, 57 I, 61 II, V, 64/65 I, III, 88/89 I
Vom Lateinischen Kaiserreich bis zur türkischen Eroberung von Byzanz 1204 bis 1453
45 VI, 64/65 II, 66 II, 70 II, 71 II—III, 72/73 II, VI, 88/89 I
Unter türkischer Herrschaft 14. bis 19. Jh.
85 III, 71 II—III, 72/73 VI, 86 II, 92/93 I, 98/99 I, 102/103 I, 112 I, 115 II, 116/117 I, 125 I, 126/127 I
Griechenland als unabhängiger Staat 1829 bis 1941
124 III, 126/127 I, 128 II, IV—V, 130/131 I, 132 I, 145 IV—VI, 147, 148 I, 149 I—II, 150/151 I—II, 152 I, 153 III—VI, 154 VI, 155 II
Griechenland seit dem Zweiten Weltkrieg 1941
156/157 I, III, 160 I—II, 161 III, 164/165 I, III, 166/167 II—III, 168, 170 I

13. Bulgarien

Vorgeschichte
1 I, III, 2 I—II, 3 I—II, 4 V, 5 I—II, 11 II, 14/15 I, 16 II, 20 I—II, 22/23 I, 24 I, 26/27 I, 28 I—II

Bulgarien unter römischer Herrschaft 1. bis 6. Jh.
29 IV, 34/35 I, 38/39 I, 42/43 I—II, 44 I—II, 48 I—II, 49 I

Germanen- und Slaweneinbrüche im 4. bis 6. Jh.
48 I—II, 49 I, 50/51, 52 III

Das Bulgarenreich des 9. bis 10. Jh.
52 III, 54/55 I, 56 II, 57 I

Bulgarien unter Byzanz 10. bis 13. Jh.
61 II, V, 64/65 I, III

Das Bulgarenreich des 13. Jh.
64/65 II, 66 II, 67 III, 70 II, 72/73 II, 88/89 I

Bulgarien unter türkischer Herrschaft 14. Jh. bis 1878
71 II—III, 72/73 VI, 85 III, 92/93 I, 102/103 I, 112 I, 116/117 I, 119, 124 III, 125 I, 126/127 I

Bulgariens Aufstieg zum unabhängigen Königtum 1878 bis 1914
128 V, 130/131 I, 134 II, 145 III—VI, 147, 159 I

Bulgarien in der Zeit der Weltkriege 1914 bis 1945
148 I, 149 I—III, 150/151 I—II, 152 I, III, 153 III—VI, 154 VI, 155 II, 156/157 I—III, 160 I, 161 III

Bulgarien seit 1945
159 II, 160 II—III, 164/165 I, III, 166/167 I—III, 168

14. Rumänien (Moldau, Walachei, Siebenbürgen, Banat vgl. bei 10. Ungarn)

Vorgeschichte
1 I, III, 2 I—II, 3 I—II, 4 V, 5 I—II, 14/15 I, 22/23 I, 24 I, 26/27 I, 28 I—II, 34/35 I, 38/39 I

Völkerwanderungen 1. bis 13. Jh.
34/35 I, 42/43 I—II, 44 I—II, 48 I—II, 49 I, 50/51, 52 III, 54/55 I, 56 II, 57 I, 61 II, V, 64/65 I—III, 66 II, 67 II
72/73 II—III

Die Fürstentümer Moldau und Walachei im 13. bis 14. Jh.
70 II, 71 I—III, 72/73 VI, 88/89 I

Tributärfürstentümer der Osmanen 1396 bis 1878
71 II—III, 75, 85 III, 88/89 I, 92/93 I, 98/99 I, 102/103 I, 112 I—II, 113, 115 I, 116/117 I, 119, 124 III, 125 I, 126/127 I, 128 V, 130/131 I

Rumänien 1878 bis 1914
130/131 I, 134 II, 145 III—VI, 147, 159 I

Rumänien in der Zeit der Weltkriege 1914 bis 1945
141 IV, 148 I, 149 I—III, 150/151 I—II, 152 I, III, 153 III—V, 154 VI, 155 II, 156/157 I—III, 160 I, 161 III

Rumänien seit 1945
159 II, 160 II, III, 164/165 I, III, 166/167 I—III, 168

15. Tschechoslowakei (Böhmen, Mähren), Slowakei s. 10. Ungarn

Vorgeschichte
1 I, III—V, 2 I—II, 3 I—II, 4 V, 5 I—II, 14/15 I, 24 I, 34/35 I, 36,* 41 I

Die Zeit der Völkerwanderungen 3. bis 9. Jh.
42/43 I—II, 48 I—II, 49 I, III, 50/51, 52 III, 54/55 I, 56 II, 57 I, 59 II

Böhmen-Mähren während der Kaiserzeit vom 10. bis 13. Jh.
52 III, 58/59 I, III, 60 I, 61 II, 64/65 I—II, 66 I—II, 67 I—III, 74 I, III, 75, 78 V, 86 I, 87 I—II, 88/89 I—III

Böhmen-Mähren von der Herrschaft der Luxemburger (1310) bis 15. Jh.
68/69 I, 70 I—II, 71 III, 75, 78 V, 82 I, 83 V, 84 I—II, 85 III, 86 I—II, 88/89 I—III, 91 I—V, 92/93 I—II, 106/107 III

Böhmen-Mähren unter den Habsburgern 1526 bis 1804
86 I, 96/97 I, 102/103 I, 104 II, 105 I, 106/107 I—III, 108 I—II, 113, 115 I, 116/117 I, III, 122/123 I

Böhmen und Mähren unter den Habsburgern 19. Jh. bis 1918
124 I, III, 125 I, 126/127 I, III, 128 II—V, 129 II, 130/131 I, 141 I, III, 144 I, 145 III, IV, 147, 148 I, 159 I

Die Tschechoslowakei 1918 bis 1938
141 II, IV, 148 I, 150/151 I—II, 152 I—II, 153 III—IV, 154 VI, 155 II

Das NS-Protektorat Böhmen-Mähren 1938 bis 1945
154 VI, 155 I—II, 156/157 I, III, 160 I, 161 III

Die Tschechoslowakei seit 1945
159 II, 160 II—III, 164/165 I, III, 166/167 I—III, 168, 170 I

16. Polen

Vorgeschichte
1 I, III—V, 2 I—II, 3 I—II, 4 IV—V, 5 I—II, 14/15 I, 24 I, 34/35 I, 41 I, 42/43 I—II

Einwanderung slawischer Stämme 4. bis 9. Jh.
48 I—II, 49 I, 50/51, 52 III, 54/55 I, 56 II, 57 I

Der polnsiche Staat bis zur Union mit Litauen 10. Jh. bis 1386
58/59 I, 60 I, 61 I—II, V, 64/65 I—II, VII, 66 I—II, 67 III, 68/69 I—II, 70 I, 71 I, 72/73 II, 74 I, III, 75, 79 VII, 84 I, 86 I, 87 II, 88/89 I—III, 91 I, IV—V

Polen-Litauen als Großmacht 1386 bis zur Real-Union von Lublin 1569
68/69 I, 71 I—III, 72/73 VI, 75, 82 I, 83 V, 84 II, 85 III, 86 I—II, 88/89 I, 91 IV, 92/93 I—II, 96/97 I

Polen-Litauen von 1569 bis 17. Jh.
102/103 I, 104 II, IV, 105 I—II, 106/107 I, III, 108 I, 112 I, 113

Die polnischen Teilungen des 18. Jh.
74 III, 108 II, 115 I—II, 116/117 I, III, 119, 122/123 I, 170 III

Polen unter fremder Herrschaft 1795 bis 1918
121 VII, 124 I, III, 125 I—II, 126/127 I, 128 II, IV—V, 129 II, 130/131 I, 141 I, III, 144 I, 145 I, III IV, 147, 148 I, 149 II, 159 I, 170 III

Polen als Republik 1918 bis 1939
141 II, IV, 149 I, III, 150/151 I—II, 152 I—II, 153 III—IV, 154 VI, 155 II, 170 III

Polen im Zweiten Weltkriege 1939 bis 1945
154 VI, 155 I—II, 156/157 I—III, 160 I, 161 III

Polen seit 1945
159 II, 160 II—III, 161 IV, VI—VII, 164/165 I, III, 166/167 I—III, 168, 170 III

17. Litauen

Vor- und Frühgeschichte bis ins 13. Jh.
1 III, V, 2 I—II, 4 V, 5 I—II, 34/35 I, 41 I, 48 I, 49 I, 50/51, 54/55 I, 57 I, 60 I, 61 V, 66 II

Litauen als Großmacht 13. bis 16. Jh.
67 III, 68/69 II, 71 I, III, 74 II, 75, 84 I—II, 88/89 I, 92/93 I, 96/97 I, 98/99 I, 102/103 I, 104 II, IV, 105 I, 113

Polen-Litauens Untergang 17. bis 18. Jh.
106/107 I, III, 108 I—II, 113, 115 I, 116/117 I

Litauen unter russischer Herrschaft 1795 bis 1917
116/117 I, 119, 124 I, III, 125 I, 126/127 I, 141 I, III, 144 I, 147, 148 I, 149 I—II, 159 I

Litauen als unabhängiger Staat 1918 bis 1940
141 II, IV, 149 I—III, 150/151 I—II, 152 I—II, 153 III—IV, 154 VI, 155 II

Litauen im Zweiten Weltkrieg und unter bolschewistischer Herrschaft seit 1940
155 I—II, 156/157 I, III, 159 II, 160 I—III, 164/165 I

18. Lettland (Livland und Kurland)

Vor- und Frühgeschichte
1 V, 2 I—II, 5 I—II, 41 I, 48 I, 49 I, 50/51, 54/55 I, 57 I, 60 I, 61 V

Unter der Herrschaft des Deutschen Ordens 13. Jh. bis 1561
66 II, 68 II, 71 I, III, 74 II, 75, 84 I—II, 88/89 I, 91 IV, 92/93 I

Unter polnischer und schwedischer Herrschaft 1561 bis 1795
102/103 I, 104 II, IV, 108 II, 113, 116/117 I, 119

Unter russischer Herrschaft 1721/95 bis 1917
116/117 I, 119, 124 III, 125 I, 126/127 I, 144 I, 147, 148 I, 159 I

Lettland als unabhängiger Staat 1918 bis 1940
149 I—III, 150/151 I—II, 152 I, 153 III—IV, 154 VI

Lettland im Zweiten Weltkrieg und unter bolschewistischer Herrschaft seit 1940
155 II, 156/157 I, III, 159 II, 160 I—II, 164/165 I

19. Estland

Vor- und Frühgeschichte
2 I—II, 5 I—II, 48 I, 49 II, 50/51, 57 I, 60 I, 61 V
Unter Dänemark und dem Deutschen Orden 13. bis 16. Jh.
66 II, 68 II, 71 I, III, 74 II, 75, 84 I—II, 88/89 I, 91 III—IV, 92/93 I
Unter schwedischer Herrschaft 1561 bis 1721
102/103 I, 104 IV, 113
Unter russischer Herrschaft 1721 bis 1917
116/117 I, 119, 124 III, 125 I, 126/127 I, 144 I, 147, 148 I, 159 I
Estland als unabhängiger Staat 1918 bis 1940
149 I, III, 150/151 I—II, 152 I, 153 III—IV, 154 VI
Estland im Zweiten Weltkrieg und unter bolschewistischer Herrschaft
155 II, 156/157 I, III, 159 II, 160 I—II, IV, 164/165 I

20 a. Rußland

(Siehe auch 20 b. Sowjetunion und 40. Russisch-Asien)

Vorgeschichte
1 I, III, 2 I—II, 3 I—II, 4 III, V, 5 I—II, 14/15 I, 24 I, 34/35 I, 42/43 I—II, 44 II
Der Schwarzmeerraum im Altertum 8. Jh. v. Chr. bis 4. Jh. n. Chr.
11 II, 14/15 I, 16 II, 20 I, 22/23 I, 24 I, 26/27 I, 28 II, 29 III—IV, 34/35 I, 38/39 I, 42/43 I—II, 44 I—II
Die Ausbreitung der Slawen 4. bis 9. Jh.
48 I—II, 49 I, 50/51
Das Kiewer Reich 9.—13. Jh.
52 III, 54/55 I, 57 I, 61 II, V, 64/65 I—III, 66 II, 88/89 I
Rußland unter tatarischer Oberhoheit 1237 bis 1480
67 III, 68/69 II, 70 II, 71 I, III, 72/73 II—III, VI, 75, 78 VI, 84 I—II, 85 III, 88/89 I
Der Moskauer Staat 1480 bis 1700
75, 92/93 I, 98/99 I, 102/103 I, 104 IV, 105 II, IV, 108 I, 112 I, 113, 144 I
Russen in Sibirien und Turkestan 16. bis 19. Jh.
98/99 I, 100/101 I, 105 III, 115 II, 119, 125 II, 132 I, 134 I—II, 136 I, 138/139 VI, 159 I
vgl. auch 40. Russisch-Asien.
Rußland seit Peter d. Gr. im 18. Jh.
108 II, 109 III, 115 I—II, 116/117 I, 119
Russen in Alaska
125 II, 133 I
Rußland 1795 bis 1917
124 I, III, 125 I—II, 126/127 I—II, 128 II, IV—V, 130/131 I, 132 I, 133 I, 134 I—II, 136 I, III, 137 I, 138/139 VI, 140 IV, 145 III—VI, 147, 159 I
Weltkriege und UdSSR siehe 20 b. Sowjetunion.

20 b. Sowjetunion

(Siehe auch 20 a. Rußland und 40. Russisch-Asien)

Erster Weltkrieg, bolschewistische Revolution und Bürgerkrieg 1917 bis 1922
148 I, III, 149 I—IV, 150/151 I, 152 III, 153 VI
UdSSR 1922 bis 1941
150/151 I—II, 152 I, III, 153 III—IV, 154 III, VI, 155 II
Die UdSSR im Zweiten Weltkrieg 1941 bis 1945
155 I—II, 156/157 I—III, 158 I—II, 160 I, 161 III
Die UdSSR als Weltmacht seit 1945
158 III, 159 II, 160 II—IV, 161 IV, 162 I—II, 163 II, 164/165 I—III, 166/167 I—III, 168

21. Finnland

Vorgeschichte bis 12. Jh.
1 I, 2 I—II, 5 I—II, 50/51, 57 I, 60 I, 61 V, 88/89 I
Finnland unter schwedischer Herrschaft 13. Jh. bis 1809
66 II, 68/69 II, 74 II, 75, 84 I—II, 92/93 I, 102/103 I, 104 IV, 105 II, 113, 116/117 I, 119, 159 I
Finnland unter russischer Herrschaft 1809 bis 1917
116/117 I, 119, 125 I—II, 126/127 I, 144 I, 145 IV, 147
Die Republik Finnland 1917 bis 1939
148 I, 149 I—III, 150/151 I—II, 152 I, 153 IV, 154 VI, 155 II
Finnland im Zweiten Weltkrieg 1939 bis 1945
155 II, 156/157 I—III, 160 I, 161 III
Finnland seit 1945
159 II, 160 II, IV, 164/165 I, III, 166/167 III, 168, 170 I

22. Schweden

Vorgeschichte
1 I, III, V, 2 I—II, 4 V, 5 I—II, 24 I, 41 I
Völkerwanderung und Wikingerzeit 4. bis 13. Jh.
48 I, 49 I, 50/51, 52 III, 54/55 I, 56 I, 57 I, 60 I, 87 II, 88/89 I, 61 I, V, 68/69 II
Schweden vom 13. bis 15. Jh.
66 II, 67 II, 68/69 II, 71 III, 74 II, 75, 84 I—II, 91 II, IV—V, 92/93 I
Schweden als Großmacht 16. bis 18. Jh.
96/97 I, 102/103 I, 104 II, IV, 105 II, 106/107 I, 108 I—II, 110, 113, 115 II, 116/117 I, III, 119, 122/123 I
Schwedische Kolonien
111 I
Schweden im 19. Jh. bis zur Auflösung der Union mit Norwegen 1905
124 I, III, 125 I, 126/127 I, 128 II, IV—V, 141 I, 144 I, 147, 159 I
Schweden im 20. Jh.
141 II, 147, 148 I, 149 II, 150/151 I—II, 152 I, 153 IV, 154 VI, 155 II, 156/157 I—III, 159 II, 160 I, 164/165 I, III, 166/167 III, 168, 170

23. Dänemark

Vorgeschichte
1 I, III—V, 2 I—II, 3 II, 4 V, 5 I—II, 24 I, 34/35 I, 36, 41 I, 42/43 I—II
Völkerwanderung und Wikingerzeit 4. bis 10. Jh.
48 I, 49 I, 50/51, 52 III, 53 II, 54/55 I, III, 56 I, 57 I, 60 II—IV
Christliches Königreich im Mittelalter 10. bis 15. Jh.
58/59 I, 60 I, IV, 61 I, III—IV, 66 I—II, 67 II, 68/69 I—II, 70 I, 71 I, III, 74 III, 75, 83 I—II, 84 I—II, 87 II, 88/89 I—II, 91 I, II, IV—V, 92/93 I
Vom 16. bis 18. Jh.
90 II, 96/97 I, 102/103 I, 104 II, IV, 105 I, 106/107 I, 108 I—II, 110, 113, 116/117 I, III, 122/123 I
Das 19. Jh.
124 I, 125 I, 126/127 I, 128 II, IV—V, 129 I—II, 141 I, 144 I
Das 20. Jh. bis zum Zweiten Weltkrieg
141 II, 147, 148 I, 149 II, 150/151 I—II, 152 I—II, 153 IV, 154 VI, 155 II, 159 I
Dänemark im Zweiten Weltkrieg
155 II, 156/157 I—III, 160 I
Dänemark seit 1945
159 II, 164/165 I, III, 166 II—III, 168, 170 I
Dänen in Übersee
57 I—II, 58/59 I, 60 I, 111 I—II, 115 II, 116/117 IV, 118 III, 125 II, 133 I, 135 I, 147, 149 II, 156/157 I—II, 164/165 I—II

24. Norwegen

Vorgeschichte
1 I, V, 2 II, 5 I—II, 24 I
Völkerwanderung, Wikingerzeit und nationales Königtum 4. bis 14. Jh.
48 I, 49 I, 50/51, 52 III, 57 I, 60 I, 61 I, 66 II, 71 III, 84 I, 87 II, 88/89 I, 90 I, 91 IV
Norwegische Wikinger in Übersee 8. bis 10. Jh. (siehe auch 25. Island)
50/51, 54/55 I, 57 I—II, 58/59 I, 60 I, 61 I
Norwegen unter dänischer Herrschaft 1397 bis 1814
71 III, 84 II, 91 IV, 92/93 I, 102/103 I, 108 II, 110, 113, 116/117 I, 119, 125 I
Personalunion mit Schweden 1814 bis 1905
126/127 I, 128 II, IV—V, 144 I, 147, 159 I
Unabhängiges Königreich 1905 bis 1940
147, 148 I, 149 II, 150/151 I—II, 152 I, 153 IV, 154 VI, 155 II
Norwegen im Zweiten Weltkrieg 1940 bis 1945
155 II, 156/157 I—III, 161 III
Norwegen seit 1945
159 II, 160 IV, 164/165 I—III, 166/167 II—III, 168, 170 I

25. Island

Frühgeschichte 9. bis 12. Jh.
57 I, III, 60 I, 61 I, 88/89 I
Island unter dänischer Herrschaft 1397 bis 1918
84 II, 115 II, 125 II, 133 I, 147
Island als selbständige Republik seit 1918
149 II, 150/151 I, 152 I, 156/157 I—II, 164/165 I—III, 166/167 II—III, 168, 170 I—II

AFRIKA

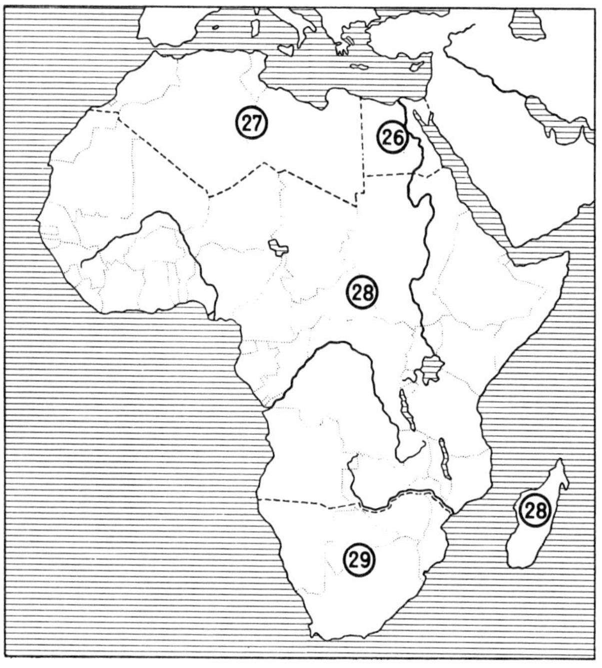

26. Ägypten

Vorgeschichte
1 I, III

Reiche der ägyptischen Hochkultur 3. bis 1. Jahrtausend v. Chr.
3 I—II, 4 V, 6 I, 7 II, IV—V, 8 II, 9 I, III

Ägypten unter persischer und hellenistischer Herrschaft
6. bis 1. Jh. v. Chr.
11 II, 14/15 I, 16 II, 20 I, 22/23 I—II, 26/27 I, V, 28 II, 29 II—IV, 46/47 I

Ägypten im Römischen Reich 1. Jh. v. Chr. bis 7. Jh. n. Chr.
34/35 I, 38/39 I, 42/43 I—II, 44 I—II, 46/47 III, 48 I, 49 I, 50/51

Ägypten im Mittelalter unter islamischer Herrschaft 7. bis 16. Jh.
50/51, 52 III, 64/65 I—III, 72/73 II—III, VI, 85 III,
98/99 I, III—IV, 100/101 I

Ägypten im Osmanischen Reiche 1517 bis 1882
111 II, 112 I, 115 II, 125 I—II, 130/131 I, 138, 139 IV, 144 I

Ägypten unter britischem Protektorat 1882 bis 1936
132 I—IV, 134 II, 138/139 I, III—IV, 146 I, 148 III, 149 II,
150/151 I, 153 VI

Ägypten als unabhängiger Staat seit 1936
152 I, 156/157 I, 162 III—IV, 163 II, 164/165 I, III, 166/167 I, 168,
169 I—IV, 170 I

27. Afrika nördlich der Sahara (Marokko, Algerien, Tunesien, Libyen)

Vorgeschichte
1 I, III, 2 I, 3 I—II, 5 II, 9 I, III

Von der phönikischen Kolonisation bis zum Untergang Karthagos
ca. 1000 bis 146 v. Chr.
11 II, 14/15 I, 16 II, 20 I, 21 II, 22/23 /, 26/27 I—II

Unter römischer Herrschaft 146 v. Chr. bis 697 n. Chr.
21 II, 28 I—II, IV, 29 II—IV, 32 VI, 34/35 I, III, 38/39 I—II,
42/43 I—II, 44 I—II, 48 I—II, 49 I, 50/51

Wandalenreich 429 bis 533
48 I—II

Islamische Reiche 697 bis zum Zerfall des Almohadenreiches (13. Jh.)
50/51, 52 III, 54/55 I, 57 I, 64/65 I—III, 66 II

Islamische Reiche vom 14. Jh. bis 1830
70 II, 71 III, 85 III, 88/89 I, 92/93 I, 98/99 IV, 100/101 I,
102/103 I, 111 I, 112 I, 116/117 I, 125 I, 126/127 I, 144 I

Von der Besetzung durch Europäer bis zum Zweiten Weltkrieg
1830 bis 1945
130/131 I, 132 I—IV, 138/139 I, III, 145 III—IV, 146 I, 147, 149 II,
150/151 I, 152 I, 153 III, VI, 154 V, VI, 156/157 I—II

Unabhängige Staaten nach dem Zweiten Weltkrieg
162 III, 163 III, 164/165 I, III, 166/167 I, 168, 169 I—IV, 170 I—II

28. Afrika zwischen Sahara und Sambesi

Vorgeschichte
1 I, 34/35 I, 42/43 I, 52 III, 72/73 II, 98/99 IV

Europäische Entdeckungsreisen und Kolonialgründungen 15. bis 18. Jh.
98/99 I, IV, 100/101 I, 111 I—II, 115 II, 125 II, 144 I

Europäischer Imperialismus vom 19. Jh. bis 1914
132 I—IV, 138/139 I, III, 144 I, 146 I

Afrika in der Zeit der Weltkriege 1914 bis 1945
146 I, 149 II, 152 I, 153 VI, 154 IV, 157 II

Unabhängige Staaten nach dem Zweiten Weltkriege
162 III, 163 IV, 164/165 I, III, 166/167 I, III, 168, 169 I—IV,
170 I—II

29. Südafrika (mit Madagaskar)

Vorgeschichte
1 I

Europäische Entdeckungsreisen und Festsetzung der Niederländer
15. Jh. bis 1795
98/99 IV, 100/101 I, 111 II, 125 II

Südafrika im Britischen Empire und Commonwealth 1795 bis 1961
125 II, 132 I—IV, 138/139 I—II, 144 V, 146 I, 149 II, 152 I, 162 III

Südafrika als unabhängige Republik seit 1961
162 III, 164/165 I, III, 166/167 I, 168, 170 I—II

ASIEN

30. Türkei

Vor- und Frühgeschichte Kleinasiens
1 I, III, 2 I—II, 3 I—II, 4 V, 5 I—II, 7 VIII, 8 I—II, 9 I—III

Griechische Besiedlung und Perserreich in Kleinasien
ca. 1500 bis 334 v. Chr.
8 I, 9 I—III, 10 II, 11 I—II, 13 III, 14/15 I, V, 16 I—II, 18/19 I, V,
20 I—III, 21 VI, 22/23 III, 24 I

Kleinasien von der Eroberung durch Alexander (334 v. Chr.)
bis 1. Jh. v. Chr.
22/23 I—II, V, 26/27 I, III—IV, 28 I—II, 29 III—IV

Kleinasien im Römerreich 1. Jh. v. Chr. bis 5. Jh. n. Chr.
22/23 V, 28 I—II, 29 III—IV, 34/35 I, 38/39 I, 42/43 I—II, 44 I—II,
46/47 III, 48 I

Kleinasien im Byzantinischen Reich 6. Jh. bis 1453
45 IV, V, 48 II, 49 I, 50/51, 52 III, 54/55 I, 56 II, 57 I, 61 II, V,
64/65 I—IV, 66 II, 70 II, 71 II—III, 72/73 II—III, 88/89 I

Der Türkeneinbruch in Kleinasien 11. bis 14. Jh.
64/65 I—IV, 66 II, 72/73 II—III

Das Osmanische Reich 1326 bis 18. Jh.
70 II, 71 II—III, 72/73 VI, 85 III, 92/93 I, 98/99 I, 102/103 I,
105 II, 112 I, 115 II, 116/117 I, 119, 144 I

Das Osmanische Reich vom 19. Jh. bis 1922
119, 124 III, 125 I—II, 126/127 I, 128 V, 130/131 I, 132 I, 134 I—II,
138/139 I, 145 III—VI, 147, 148 I, III, 149 I—III, 152 III, 153 VI,
159 I

Die Türkische Republik seit 1922
146 I, 150/151 I—II, 152 I, 153 IV—VI, 154 VI, 155 II, 156/157 I,
159 II, 160 II—III, 163 II, 164/165 I, III, 166/167 II—III, 168,
169 I, 170 I

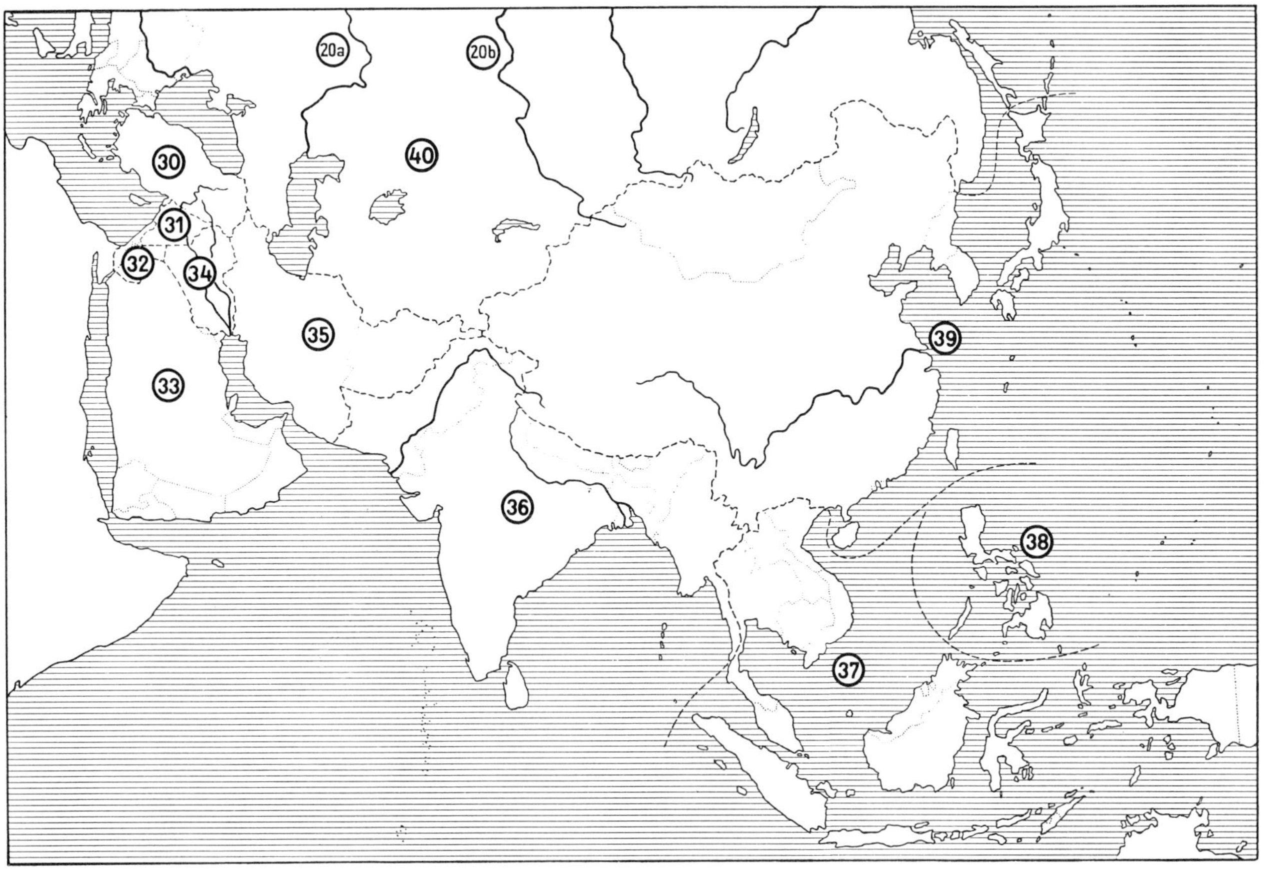

31. Syrien / Libanon

Vor- und Frühgeschichte
1 I, III, 2 I—II, 3 I—II, 5 I—II, 8 I—IV, 9 I—III, 11 II

Syrien unter persischer und hellenistischer Herrschaft 6. bis 1. Jh. v. Chr.
14/15 I, 16 II, 20 I, 22/23 I—III, 26/27 I, IV, 28 I, 29 III, 42/43 VII, 46/47 I

Syrien unter römischer Herrschaft 1. Jh. v. Chr. bis 7. Jh. n. Chr.
28 II, 29 IV, 34/35 I—II, IV, 38/39 I, 41 III, 42/43 I—II, 44 I—II, 46/47 III, 48 I, 49 I, 50/51

Syrien unter islamischer Herrschaft 7. bis 16. Jh.
50/51, 52 III, 57 I, 64/65 I—IV, 70 II, 72/73 II, VI

Kreuzfahrerstaaten 1098 bis 1291
64/65 I—II, IV—VI, 72/73 III

Syrien unter osmanischer Herrschaft 1526 bis 1918
85 III, 98/99 I, 111 II, 112 I, 125 I, 130/131 I, 132 I, 134 II, 144 I, 148 III, 159 I

Syrien als Völkerbundsmandat 1920 bis 1941
146 I, 150/151 I, 152 II, 153 VI, 156/157 I

Syriens unabhängige Staaten seit 1941
156/157 I, 159 II, 162 III, IV, 163 II, 164/165 I, III, 166/167 I, 168, 169 I—II, 170 I

32. Israel (Palästina) / Jordanien

Vorgeschichte
1 I, III, 2 I, 3 I—II, 6 I, 8 II—III, 9 I—II

Das jüdische Volk und seine Staaten
8 III—IV, 9 III, 34/35 II, V

Palästina unter persischer und hellenistischer Herrschaft 539 bis 64 v. Chr.
14/15 I, 16 II, 20 I, 22/23 I—II, 26/27 I, 28 I, 29 II—III, 46/47 I

Palästina unter römischer Herrschaft 64 v. Chr. bis 636 n. Chr.
28 II, 29 IV, 34/35 I—II, V, 38/39 I, 42/43 I—II, VI, 44 I—II, 46/47 III, 48 I, 49 I, 50/51

Palästina unter islamischer Herrschaft im Mittelalter seit 636 n. Chr.
50/51, 52 III, 64/65 I—III, 72/73 VI, 98/99 I

Kreuzfahrerstaaten 1099 bis 1291
64/65 I—II, IV, 72/73 II—III

Palästina unter osmanischer Herrschaft 1516 bis 1918
85 III, 111 II, 112 I, 125 I, 130/131 I, 132 I, 134 II, 144 I, 148 III

Jordanien und Palästina als Völkerbundsmandate 1920 bis 1946/48
146 I, 150/151 I, 152 I, 153 VI, 156/157 I

Jordanien (1946) und Israel (1948) als unabhängige Staaten
156/157 I, 162 III—IV, 163 II, 164/165 I, III, 166/167 I, 168, 169 I, 170 I

33. Arabien

Vorgeschichte
1 I, 3 I—II, 9 I—II

Arabien und seine Nachbarn: Perser, hellenistische Staaten, Römer und Parther 6. Jh. v. Chr. bis 7. Jh. n. Chr.
14/15 I, 22/23 I, 26/27 I, 34/35 I, 42/43 I—II, 44 I, 46/47 I, III, 50/51

Arabien unter dem Islam vom 7. bis 15. Jh. n. Chr.
50/51, 52 III, 64/65 I, III, 72/73 II—III, VI, 98/99 IV

Arabien seit der Zeit der europäischen Entdeckungsreisen 15. bis 18. Jh.
98/99 I, 100/101 I, 111 II, 115 II, 144 I

Arabien im 19. Jh.
130/131 I, 132 I, 134 II, 138/139 I, III

Arabien im 20. Jh. bis 1945
134 II, 146 I, 148 III, 149 II, 150/151 I, 152 I, 153 VI, 156/157 I, 159 I, 162 III

Arabien nach 1945
159 II, 162 III, 163 II, 164/165 I, III, 166/167 I, 168, 169 I—II, 170 I—II

34. Irak (Mesopotamien)

Vorgeschichte
1 I, 2 I—II

Mesopotamische Hochkulturen und Reiche 3. Jahrtausend bis 6. Jh. v. Chr.
3 I—II, 5 II, 6 II—IV, 7 I, III, VII, 8 II, 9 I, III

Mesopotamien unter persischer und hellenistischer Herrschaft 6. Jh. v. Chr. bis 2. Jh. n. Chr.
14/15 I, 22/23 I—III, 26/27 I, IV, 28 I

Mesopotamien unter parthischer und sassanidischer Herrschaft 1. Jh. v. Chr. bis 7. Jh. n. Chr.
28 II, 29 I—II, 34/35 I, 38/39 I, 41 III, 42/43 I—II, VII, 44 I—II, 46/47 I, III, 48 I, 49 I, 50/51

Mesopotamien unter islamischer Herrschaft 7. bis 15. Jh.
50/51, 52 III, 57 I, 64/65 III, 72/73 II—IV

Mesopotamien unter osmanischer Herrschaft 16. Jh. bis 1918
98/99 I, 111 II, 112 I, 132 I, 134 II, 138/139 I, 148 III, 159 I

Mesopotamien als Völkerbundsmandat 1920 bis 1932
146 I, 150/151 I, 153 VI

Irak seit 1932
150/151 I, 152 I, 156/157 I, 159 II, 162 III, 163 II, 164/165 I, III, 166/167 I, 168, 169 I—II, 170 I—II

35. Iran (Persien) / Afghanistan

Vorgeschichte
1 I, 3 I—II, 8 II, 9 I, III

Iran unter persischer und hellenistischer Herrschaft 6. Jh. v. Chr. bis um 200 v. Chr.
14/15 I—II, 22/23 I—II, 26/27 I, 46/47 II

Iran im Parther- und Sassanidenreich 250 v. Chr. bis 633/51 n. Chr.
34/35 I, 42/43 I, 46/47 I—III, 50/51

Iran unter islamischer Herrschaft 7. bis 16. Jh.
50/51, 52 III, 64/65 III, 72/73 II—VI, 98/99 I, 100/101 I, 112 I

Persien im 17. und 18. Jh.
98/99 I, 111 II, 115 II, 116/117 IV, 119, 125 II

Persien im 19. Jh. bis 1935
132 I, 134 I—II, 135 I, 137 III, 144 I, 146 I, 148 III, 149 II, 152 I, 159 I, 153 VI

Iran seit 1935
150/151 I, 159 II, 162 II—III, 163 I—II, 164/165 I, III, 166/167 II, 168, 169 I—II, 170 I

36. Indien / Sri Lanka (Ceylon) / Pakistan / Nepal

Vorgeschichte
1 I, 3 I—II, 7 VI

Indien im Altertum 6. Jh. v. Chr. bis 6. Jh. n. Chr.
14/15 I, 21 III, 22/23 I, 26/27 I, 46/47 I—III, 72/73 IV

Indien im Mittelalter 7. bis 14. Jh.
46/47 IV, 50/51, 52 III, 64/65 III, 72/73 I—VI

Das Mogulreich und die Entdeckungsfahrten der Europäer 15. bis 17. Jh.
98/99 I, 100/101 I, 111 II, 116/117 IV

Indien unter britischer Herrschaft 18. Jh. bis 1947
115 II, 116/117 IV, 125 II, 132 I, 134 II, 135 I, 136 I, 137 III, 138/139 I, 144 I, 149 II, 152 I, 158 I—II, 159 I

Unabhängige Staaten des Subkontinents seit 1947
159 II, 162 II, 163 I, 164/165 I, III, 166/167 I—II, 168, 169 I—II, 170 I—II

37. Hinterindische Staaten / Indonesien

Vorgeschichte
1 I

Die Zeit vom 1. bis 12. Jh. n. Chr.
46/47 I, III—IV, 52 III, 72/73 I, IV

Reiche des 13. bis 16. Jh.
72/73 I—II, IV—V, 98/99 I

Entstehung europäischer Kolonien 16. bis 18. Jh.
98/99 I, 100/101 V, VIII, 111 II, 115 II, 135 II

Die Zeit des europäischen Imperialismus vom 19. Jh. bis 1941
125 II, 135 I—II, 136 I—II, 137 I—III, 138/139 I, V, 144 I, 149 II, 152 I

Die Erringung der Unabhängigkeit seit 1941
158 I—II, 162 I—II, 163 I, 164/165 I, III, 166/167 I—II, 168, 169 I—II, 170 I—II

38. Philippinen

Spanische Kolonialzeit 16. bis 19. Jh.
98/99 I, 100/101 I, VIII, 111 II, 115 II, 125 II

Protektorat der USA 1898 bis 1946
137 I, III, 144 I, 149 II, 158 I—II, 162 I

Unabhängiger Staat seit 1946
162 II, 164/165 I, III, 166/167 II, 168, 169 I, 170 I

39. Ostasiatische Staaten (China, Japan, Korea, Mongolei)

Vorgeschichte
1 I, 3 III

Reiche des 11. bis 2. Jh. v. Chr.
3 III—V

Reiche des 1. Jh. v. Chr. bis 13. Jh. n. Chr.
46/47 I—IV, 72/73 I, IV

Reiche des 13. bis 18. Jh.
72/73 II, 98/99 I—II, 100/101 I, 111 II, 135 I

Die Auseinandersetzung mit den europäischen Großmächten 19. Jh. bis 1941
136 I—III, 137 I, III, 138/139 I, VI, 144 I, 149 II, IV, 152 I, 154 III, 159 I, 162 I

Der Zweite Weltkrieg (seit 1941) und seine Folgen
158 I—III, 159 II, 161 III, 162 I—II, 163 I, 164/165 I, III, 166/167 I—III, 168, 169 I, 170 I

40. Russisch-Asien (Sibirien, Turkestan)
(Siehe auch 20 a. Rußland und 20 b. Sowjetunion)

Vorgeschichte
1 I, 3 I—II

Turkestan im Altertum 6. Jh. v. Chr. bis 6. Jh. n. Chr.
14/15 I, 22/23 I, 26/27 I, 46/47 I—III

Vordringen des Islam in Innerasien 7. bis 11. Jh.
50/51, 52 III, 64/65 III, 72/73 III

Mongolenzeit 13. Jh. bis 14. Jh.
72/73 I—II, VI

Innerasien im 15./16. Jh.
98/99 I

Russisch-Asien 16. Jh. bis 1917
100/101 I, 105 III, 115 II, 119, 125 II, 134 II, 135 I, 136 I, III, 137 I, 138/139 VI, 149 II, 159 I

Russisch-Asien seit der bolschewistischen Revolution 1917
149 II, IV, 154 III, 158 I—III, 159 II, 162 I—II, 163 II, 164/165 I—III, 166/167 I—III, 168

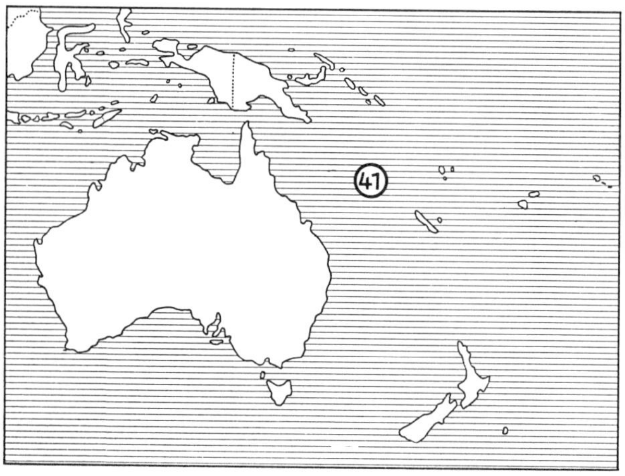

AUSTRALIEN / OZEANIEN

41. Australien, Neuseeland, Ozeanien

Vorgeschichte
1 I

Entdeckungszeit 16. bis 19. Jh.
100/101 I, VIII, 125 II, 137 I—II, 138/139 I

Das 20. Jahrhundert
137 I—II, 138/139 I, 149 II, 152 I, 158 I—II, 164/165 I, III, IV, 166/167 I—II, 168, 170 I—II

A M E R I K A

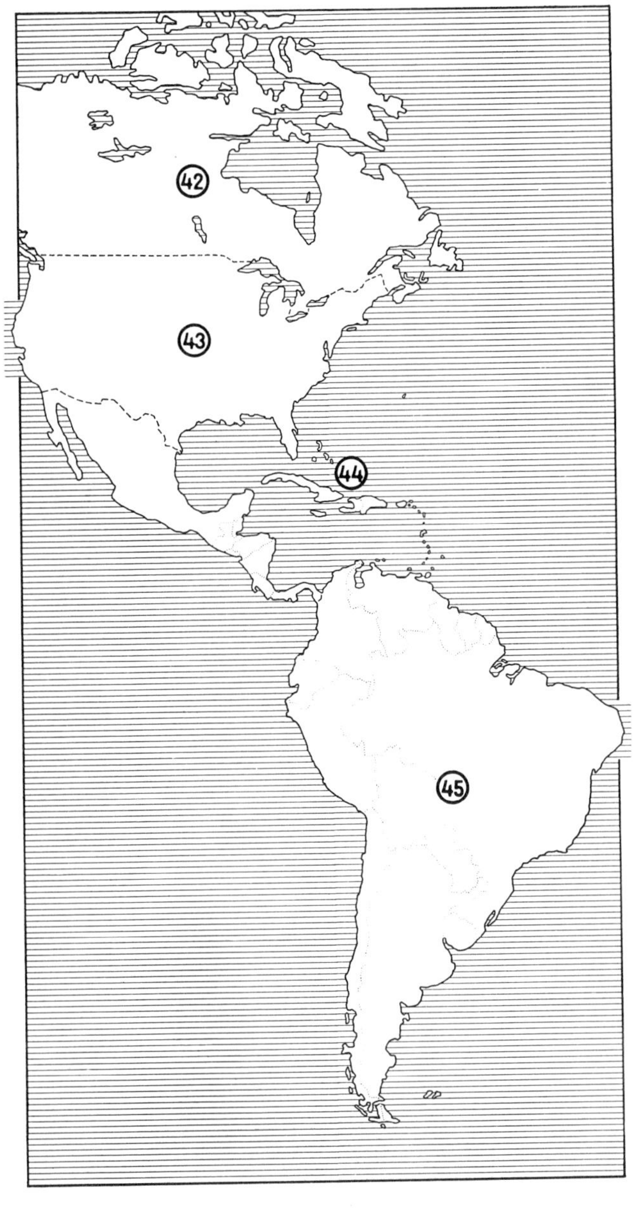

42. Kanada

Vor- und Frühgeschichte
1 I, 100/101 I
Die französische und englische Kolonisation bis 1867
111 I, 115 II, 116/117 II, 118 I, 125 II, 144 I
Kanada als britisches Dominion seit 1867
133 I, III, 137 I, 138/139 I, 149 II, 152 I, III
Das Dominion Kanada seit 1939
157 II, 158 I—II, 164/165 I—III, 166/167 I—III, 168, 170 I

43. Die USA

Vor- und Frühgeschichte bis 16. Jh.
1 I, 100/101 I
Europäische Kolonien auf dem Boden der USA bis 1776
111 I, 115 II, 117 II, 118 I—III
Entstehung und Wachstum der USA 1776 bis 1917
118 I, 125 II, 133 I, III, 137 I, 138/139 I, 143 III, 144 I—IV
Die USA in der Zeit der Weltkriege 1917 bis 1945
144 IV, 149 II, 152 I, III, 156/157 II, 158 I—II, 161 III
Die USA seit 1945
143 IV, 144 III, 164/165 I—IV, 166/167 I—III, 168, 170 I—II

44. Mexiko, Mittelamerika und die Inseln im Karibischen Meer

Vorgeschichte, Indianerreiche und europäische Entdeckungsreisen
1 I, 100/101 I—II, IV—VII
Zeit der europäischen Kolonialreiche 16. bis 18. Jh.
111, I, 115 II, 116/117 II, 118 III, 125 II, 144 I
Mittelamerikanische Staaten und Kolonien im 19. Jh.
125 II, 133 I—II, 138/139 I
Mittelamerika im 20. Jh.
144 II, 149 II, 152 I, 157 II, 164/165 I, III, 166/167 I—III, 168, 170 I—II

45. Südamerika

Vorgeschichte
100/101 I, III, VII
Die Zeit der europäischen Kolonialreiche 16. bis 18. Jh.
111, I, 115 II, 118 III, 125 II, 144 I
Südamerikas Staaten im 19. Jh.
125 II, 133 I—II, 138/139 I
Südamerikas Staaten im 20. Jh.
149 II, 152 I, 156/157 II, 164/165 I, III—IV, 166/167 I—III, 168, 170 I—II

NAMENVERZEICHNIS

Anmerkungen zur Benutzung:

Zum Auffinden der Namen sind die Karten mit Seitenzahlen versehen. Befinden sich mehrere Karten auf einer Atlasseite, trägt jede Karte zusätzlich eine römische Ziffer (rote Zahl im roten Kreis). An den oberen und unteren Kartenrändern sind die Gradfelder mit roten Buchstaben, an den beiden Seitenrändern mit roten Zahlen bezeichnet. Danach sind z. B. zu finden:
Domburg, O. 36 C 2 auf Seite 36 im Gradfeld C 2,
Braunschweig, O. 58/59 V B 1 auf der Doppelseite 58/59, Karte V im Gradfeld B 1.
Die auf den Karten abgekürzten Namen sind im Verzeichnis voll ausgeschrieben. Aufgenommen sind alle im Atlas vorkommenden Namen. Für häufig wiederkehrende Namen mußte eine Auswahl der Kartennennungen vorgenommen werden. Diese erfolgte nach verschiedenen Gesichtspunkten: Der Name ist a) der Karte des größten Maßstabs entnommen, b) Erstnennung im Atlas, c) Hinweis auf wichtige Ereignisse, d) eine Neugründung, e) auf Grund der politischen, wirtschaftlichen oder kulturgeschichtlichen Entwicklung aus bestimmten Karten aufgenommen usw.

Die Auswahl ist ferner so erfolgt, daß der Name mit mindestens je einem Hinweis im Teil Altertum, Mittelalter oder Neuzeit vorkommt. Der Benutzer kann dadurch jeden Namen auf Karten, die im Atlas nach dem jeweiligen Hinweis stehen, leicht selbst verfolgen. Für die Namen von Flüssen gilt der Verweis für diejenige Karte, auf der der Fluß möglichst mit seinem ganzen Verlauf zu finden ist.
Die Angaben im Register sind im wesentlichen Lagebezeichnungen. Die unterschiedliche Bedeutung ist durch Zusätze zum Eigennamen gekennzeichnet, z. B. Köln, Ort / Köln, Erzbistum / Köln, Universität, usw. Gleichlautenden Namen ist stets ein Zusatz als Unterscheidungsmerkmal beigefügt, z. B. Königsberg, Ort in Neumark / Königsberg, Ort in Preußen. Ist die Bedeutung eines Namens nicht eindeutig ersichtlich, so ist ihm eine nähere Erklärung hinzugesetzt: B. = Berg, Fl. = Fluß, usw.
Bei Ortsnamen ist der Zusatz: O. = Ort in der Regel nur dann verwendet, wenn mehrere gleichlautende Namen vorhanden sind oder ihre Bedeutung, z. B. Annaberg, Freiburg, Schönsee, Wuppertal, nicht ohne weiteres erkennbar ist.

Die benutzten Abkürzungen bedeuten:

Bg.	Berg	Fsm.	Fürstentum	Halbins.	Halbinsel	Ld.	Land	Rep.	Republik
Bm.	Bistum	Geb.	Gebirge	Hft.	Herrschaft	Ldsch.	Landschaft	R. St.	Reichsstadt
Burggft.	Burggrafschaft	Gfsm.	Großfürstentum	Hzm.	Herzogtum	Mgft.	Markgrafschaft	T.	Tempel
Dep.	Departement	Gft.	Grafschaft	Ins.	Insel, Inseln	O.	Ort	Terr., Territ.	Territorium
Distr.	Distrikt	Ghm., Ghzm.	Großherzogtum	Kurfsm.	Kurfürstentum	Ot.	Ortsteil	V.	Volk, Volksstamm
Ebm.	Erzbistum	Gouv.	Gouvernement	Kgr.	Königreich	Pfalzgft.	Pfalzgrafschaft		
Fl.	Fluß			Kl.	Kloster	Prov.	Provinz		
Freigft.	Freigrafschaft			Kol.	Kolonie				

In besonderen Fällen ist dem eigentlichen Namen ein erläuternder Hinweis zugesetzt, z. B. Heiligtum usw. Bei Namen lateinischen Ursprungs sind Namensteile wie castra, colonia, lacus, vicus usw. in der Regel dem eigentlichen Namen nachgestellt, während andere, wie Aqua, via, ville usw., vorgesetzt sind.
Namen, die auf verschiedenen Karten unterschiedliche Schreibung, z. B. griechische, lateinische oder deutsche, aufweisen, sind nach der zeitlichen Folge im Register aufgenommen: Akragas, Agrigentum, Girgenti, oder: Rhegion, Rhegium, Reggio. Jede Namensform erscheint außerdem noch einmal gesondert an der entsprechenden Stelle des alphabetischen Registers. Das gleiche gilt auch für Orts- und andere Namen, die im zeitlichen Ablauf der Geschichte geändert worden sind, z. B.: Kristiania, Christiania, Oslo, oder: Zarizyn, Stalingrad, Wolgagrad, usw.
Sämtliche Namen sind alphabetisch geordnet. Die Umlaute ä, ö, ü sind den Buchstaben a, o, u gleichgestellt, Namen, deren erster Buchstabe ein Umlaut ist, sind deshalb in der normalen Alphabetfolge zu suchen. Die Buchstaben I und J sind getrennt. ß ist ss gleichgestellt. Buchstaben mit Zeichen oder Akzenten aus fremden Sprachen gelten im Alphabet als einfache lateinische Buchstaben.

Aachen, Aquae 37 I A 1
—, Pfalz 54/55 II E 2
—, RSt. 68/69 I D 3, 78 IV C 2, 85 II D 2, 105 I B 2, 122/123 I B 3, 129 I B 3, 156/157 III B 2
Aachen, Bm. 161 VI
Aachen, Plan 79 I
Aalborg 84 I/II B 2, 110 D 1
Aalen, röm. Kastell 40 II D 3
—, RSt. 81 II C 2, 122/123 I C 4, 128 I C 2
Aalesund, O. 147 D 2
Aalst, O. u. Gft. 58/59 I E 3, 95 C 2, 114 C 2
Aarau 80 II C 1, 130/131 II B 1
Aarberg, O. 80 II B 1
Aardenburg, O. 95 B 2
Aare, Arurius, Fl. 37 I A/B 3, 80 II B/C 1/2
Aargau, Ldsch. u. Kanton 58/59 I G/H 5, 80 II C 1, 130/131 II B 1
Aarhus, Bm. 88/89 I D/E 2
—, O. 61 I C 2, 110 E 1
Abadan 134 II C 2, 163 II C 3
Abai 18/19 IV A 1
Aballava, Burgh 40 I A 2
Abalus, Helgoland, Ins. 24 I C 1
Abarim, Geb. 34/35 II B 3
Abbassidenreich, s. auch Kalifat 54/55 I B—E 5/6
Abbeville 85 II B 2, 95 A 2, 110 C 2, 148 II A 1
Abchasen, V. 70 II H 2, 134 I B/C 1/2
Abchasien, Ldsch. 50/51 F 3, 134 I C 2
Abdera, O. i. Spanien 11 II A 2
Abdera, O. i. Thrakien 9 II B 1, 18/19 I E 1
Abel 34/35 II B 1
Abel Keramim 34/35 II B 3
Abella 30/31 E 4
Abellinum 30/31 I E 4
Abel Mehola 8 III B 2
Abel Sittim 8 III B 3
Aberdeen, Bm. 88/98 I B 2
—, O. 92/93 I B 2, 110 B 1 156/157 I C 3
—, Universität 91 V A 1
Abeschr 132 I D 3
Abessinien, Äthiopien, Reich 98/99 I D/E 6/7, 98/99 IV 132 I D/E 3, 138/139 III B/C 2 154 IV, 162 III C/D 2, 164/165 III, 168
Abia 18/19 I C 5
Abidschan 162 III A 2
Abingdon, Kl. 87 I B 1
Abila, Bg. i. Mauretanien 38/39 II A 2
Abila, Seleukeia-, O. i. Palästina 22/23 II C 3. 34/35 II B 2
Abilene, Ldsch. 34/35 II B 1
Abkaik, Erdölfeld 163 II C 4
Abnoba mons, Schwarzwald. Geb. 37 I A/B 2/3
Åbo, Turku, Bm. 88/89 I G 1
—, O. 74 II B 1, 75 D 1, 113 E 2. 150/151 I F 2
Abodiacum, Epfach 37 I C 3
Abonuteichos, Abonutichus 38/39 I F 2
Abrittus 42/43 II D 2
Abschlag-Kulturen, altsteinzeitiche 1 III
Abstimmungsgebiete in Deutschand 152 II
Abtnaundorf 77 II
Abu Habba, Sippar 6 III B 2
Abu Hadriya, Erdölfeld 163 II C 4
Abu Hatab, Kisurra 6 III C 2
Abu Kebir 138/139 IV B 2
Abukir 125 I E 4
Abu Maria 6 IV B 1
Abu Roasch 6 I A 1
Abu Seif, Sile 6 I A 1
Abu Simbel 6 I A 3
Abusina, Eining 40 II E 3
Abusir, O. b. Giseh 6 I A 2
Abusir el Melek, O. b. Memphis 6 I A 2
Abydon, Vardaroftsa 18/19 II B 2
Abydos, Abydus, Ebm. a. Hellespont 88/89 I H 5
—, Farschut, O. i. Ägypten 6 I A 2
—, O. a. Hellespont 10 II E 1, 18/19 I G 1
Abyle 11 II A 2
Acadama, Kdeim 41 III D 2
Acadia, Ldsch. 116/117 II E 2
Acalan 100/101 II C 2
Acampsis, Fl. 38/39 I H 2
Acapulco 118 III C 2
Acci 38/39 II B 2
Acerenza, Ebm. 88/89 I F 5
—, O. 63 I E 4
Acerrae, O. b. Cremona 25 I B 1
Acerrae, O. i. Kampanien 24 II G 4
Aceruntia 30/31 I F 4
Achäer, Aioler, Arkader, Arkadokyprier, V. 10 II, 11 I
—, V. a. Cypern 8 I
—, Mykenäer, V. a. Kreta 10 III
—, Seevölker 9 I B 3
Achaia, Fsm. d. Latein. Kaiserreiches 64/65 II D 3
—, Fsm. d. Anjou 70 II D 3
—, Fsm. d. Navarresen 71 II B 4
—, Ldsch. i. Peleponnes 18/19 I B/C 3
—, Röm. Prov. 28 I D 2, 38/39 I D 3
—-Phthiotis, Ldsch. 18/19 I C 2
Achaion, Kap 18/19 I G 2
Achäische Kolonisation 11 II
Achäischer Bund 26/27 III A 2
Achalzich 134 I D 3
Acharnai 13 I B 1
Acheloos, Fl. 18/19 I B 2/3
Acheron, Fl. 18/19 I A 2
Acherusia Palus, See 30/31 III B 1
Achiasi 163 IV B 3
Achijawa, Ahhijava, Seevölker 9 I D 2, 10 II E/F 2
Achladia 10 I C 1
Achmim, Panopolis 6 I A 2
Achradina, Ot. v. Syrakus 17 I
Achschaph 8 III B 1
Achsenmächte 154 VI, 155 II, 156/157 I—III
Achseph 34/35 II B 1
Achulla 11 II C 2
Achzib, O. i. Judäa 8 III A 3
Achzib, O. i. Phönizien 8 III B 1
Acilisene, Ldsch. 38/39 I G 3
Aciris, Fl. 30/31 I G 4
Acis 25 III B 2
Acitodunum 36 C 3
Acmonia 38/39 I E 3
Acqui, Bm. 88/89 II B 3
—, O. 94 I C 2
Acrae, O. i. Sizilien 25 I E 5
Acron, O. i. Thrakien 38/39 I E 2
Acre, brasil. Territ. 133 II B 2
Acre s. Akkon 162 IV B 1
—, Bucht v. 162 IV A/B 1
Acroceraunium, Kap 38/39 I C 2
Actium, Aktion, Kap u. Tempel 18/19 I A 3, 28 II D 3
Acumincum 38/39 I D 1
Acunum 24 II B 2
Ada 163 IV C 3
Adab, Bismaya 6 III C 2
Adada 41 III D 2
Ad Aesim 30/31 I C 1
Adalia, s. auch Attalia, O. i. Pamphylien (Tekke) 92/93 I I 6, 130/131 I I 4
Adamah 8 III B 2
Adamaua, Ldsch. 132 I C 3
ad Ambronem 30/31 I B 1
Adami 8 III B 2
Adamsfreiheit, O. 86 I C 2 86 I C 2
Adamstadt, O. 36 I C 2
Adana, Antiocheia, O. i. Kilikien 9 I E 2, 22/23 II C 2. 64/65 IV A 2
—, Wilajet 134 II B 2
Adane, Aden 34/35 I G 5, 46/47 I C 5, 52 III D 4 111 II B 2, 138/139 I M 4
ad Aguas 30/31 I D 2
ad Bivium 30/31 II B 2
ad Bradanum 30/31 I G 4
ad Cales, Cales, Cagli 25 II C 1, 30/31 I C 1
ad Canales 30/31 I E 3
Adda, Addua, Fl. 24 II D 1/2, 94 I u. II C/D 1/2, 130/131 II C 1
Ad Dahal 41 III D 2
ad decem, Detzem 40 VI A 2
ad Decimum, O. am Albanerberg 30/31 II B 2
ad Decimum, O. b. Ostia 30/31 II A 2
Addis Abeba 132 I D 3, 154 IV A 2, 162 III C 2
Addua, Adda, Fl. 24 II D 1/2
Ad. Duodecimum (Delme) 37 I A 2
Adelaide 137 I D 6, 137 II B 3
Adélie-Land 164/165 IV
Aden, Adane 34/35 I G 5, 46/47 I C 5, 52 III D 4, 111 III B 2, 138/139 I M 4, 162 III D 2
Aden, Golf v. 154 IV B/C 1
Aden-Protektorat 162 III D 2
Adenau 80 I B 1
Adendros, Ins. 13 I A 2
ad Fines, Brohl 37 I A 1
Ad Fines, Pfyn. 40 III B 1
ad Fines, O. i. Toskana 30 I A 1
ad Gallinas, Primaporta 30/31 II A 2
Adiabene, Ldsch. 29 IV D 2, 46/47 I C 3
Adiaman 64/65 IV C 2
Ad Isuram 37 I D 2
ad Lamnas 30/31 II B 1
Adlershof, Ot. i. Berlin 143 II
Ad Lullia 36 C 2
Ad Lunam, Urspring 40 II C 3
Ad Majores, Negrine 34/35 III B 2
ad Martis 30/31 I D 2
Ad Mediam, O. i. Dacien 38/39 I D 2
Ad Medias, O. i. Latium 30/31 II C 3
Ad Mensulas 30/31 I B 1
Admont. Kl. 58/59 II B 2, 87 I E 2, 122/123 I F 5
Admutrium 38/39 I D 2
Ad Novas, O. b. Clusium 30/31 I B 1
Ad Novas, O. am Lacus Sebatinus 30/31 II A 1
Adour, Fl. 58/59 I C/D 7
Ad Pictas 30/31 II B 2
Ad Pirum 30/31 I E 3
Ad Quintanas 30/31 II B 2

Ad Quintum decimum 30/31 I G 3
Adra 34/35 II C 2
Adramyttion, Golf v. 18/19 I G 2
—, Adramythion, Adramyttium, O. 18/19 I G 2, 54/55 I H 5
Adrana, Eder, Fl. 37 I B 1
Adrar, Ldsch. 132 I B 2
—, O. 163 III A 3
Adrastea, Ldsch. 18/19 I H 1
Adresteia, O. 10 II E 1
Adria, Atria, O. 24 II F 2
Adria, Bm. 88/89 II C 2
Adrianopel,Ebm. 88/89 I H 5
—, Hadrianopolis, Edirne, O. 38/39 I E 2, 54/55 I H 4, 70 II E 2, 71 II C 3, 145 V u. VI C 2, 153 V B 1
Adriaticum mare, Adriatisches Meer 38/39 I B/C 1/2, 63 I D—G 2—4, 130/131 I E/F 2/3
Adromyti 10 I C 1
ad Salaria 30/31 I B 1
Adscharen, V. 134 I C/D 3
Adschlul, Beth Aglaim 8 III A 3
Adschlun 8 III B 2, 64/65 IV A 4
Adschmir 72/73 V B 2, 135 I B 2
ad Sextum, O. i. Etruria 30/31 I B 1
ad Sestum, O. b. Rom 30/31 II A 2
ad Sponsas 30/31 II B 2
ad Statuas 30/31 II B 2
Adua 138/139 III B 2, 154 IV A 1
Aduatuca, Tongeren, O. 29 I C 1
Aduatuci, Aduatuker, V. 29 I C 1
Aduatucorum, Oppidum 29 I C 1
Aduli, Adulis, Zula, O. am Roten Meer 34/35 I F 5
Adulis, Ldsch. in Kusch 42/43 I F 4/5
Adullam 8 III A 3
ad Vicesimum 30/31 II A 1
Ae, Ä, s. auch A und Ai
Aeane 38/39 I D 2
Aecae 30/31 I F 3
Aeclanum 30/31 I E 3
Aedui s. auch Haedui, V. 36 C 3
Aefula 30/31 I C 3, 30/31 II B 2
Aegae s. Aigai
Aegaeum mare, Ägäisches Meer 18/19 I C—G 1—5, 38/39 I D/E 2/3
Aegates Insulae, Ägatische Inseln 17 I A 3, 63 I D 5
Aegium, Ägion s. Aigion
Aeguum 38/39 I C 2
Aegyptus s. Ägypten
Aegyptus, röm Provinz 34/35 I E/F 3/4
—, röm. Diözese 42/43 I D—F 3/4
— Herculia, röm. Provinz 42/43 I E/F 4
— Jovia, röm. Provinz 42/43 I E/F 3
Aela, Aelana 29 II C 2
Aelia Capitolina, Jerusalem 38/39 I G 4
Aemilia, regio Italiae 38/39 I B 2
Aeminium 38/39 II A 1
Aenaria, Pithekussai, Ischia, Ins. 30/31 III A 2
Aenus, Inn, Fl. 36 E 3
Aenus, O. 38/39 I E 2
Aequana, Vico Equense 30/31 III B 2
Aequi, V. 24 II F 3, 30/31 I C/D 2
Aequiculi, V. 30/31 I D 2
Aequum Tuticum 30/31 I F 3
Aeria 24 II B 2
Aesernia 25 I E 3, 30/31 I E 3
Aesica, Great Chesters 40 I B 1
Aesis, Fl. 30/31 I D 1
Aesis, O. 25 I D 2
Aeso 38/39 II C 1
Aethiopia, Äthiopien, Kusch, Ldsch. 14/15 I D/E 4/5, 34/35 I F 4/5
—, Habesch, Ldsch. 42/43 I F/G 5
Aethiopier, V. 22/23 VI
Aetna Mons, Aitna, Bg. 17 I C/D 3
Aezani 38/39 I E 3
Afghanen-Herrschaft 116/117 IV A/B 1/2
Afghanistan, Ldsch. 111 II C 1
—, Staat 134 II E/F 2/3, 162 II A 2, 164/165 III 168
Afilae 30/31 I D 3
Afram, Fl. 163 IV B 2
Africa, röm. Diözese 42/43 I B—D 3
Africa, röm. Provinz 28 I B/C 2
Africa Byzacena, röm. Prov. 42/43 I C/D 3
Africa Proconsularis, röm. Prov. 34/35 III B/C 1/2, 42/43 I C/D 3
Africa Tripolitana, röm. Prov. 34/35 I D 3
Africum Mare, Meer 34/35 III C 1/2
Afrika, Erdteil, s. auch Nordafrika bzw. die einzelnen Staaten u. Völker 1 I, 14/15 VI, 22/23 VI, 34/35 VI
Afrika, Erdteil 98/99 IV—VIII, 111 I/II, 115 II, 125 II, 130/131 I, 132 I—IV, 138/139 I—IV, 143 III, 144 VI, 146 I/II, 149 II, 153 VI, 162 III, 164/165 I—III, 166/167 I—III, 168
Afrika, Praefektur Ostroms 49 I A—C 3
Afrikanischer gemeinsamer Markt 169 IV
Afrikanisch-madagassische Union 169 III
Afyonkarahisar 153 V B 2
Adades 132 I C 3
Agadir 132 I B 2
Ägadische Inseln, Aegates Insulae 17 I A 3, 63 I D 5
Ägäisch-altkleinasiatische Völker 3 I D/E 3
Ägäische Inseln, Byzant. Thema 54/55 I G/H 4/5
Ägäische Kultur 3 II D 3
Ägäisches Meer, Aegacum mare 18/19 I C—G 1—5, 38/39 I D/E 2/3, 92/93 I G/H 5/6, 145 V u. VI B/C 2/3
Agatha, Agathe, Agde 24 II A 3
Agathyrsen, V. 14/15 I D 2
Agde, Bm. 88/89 I C 5
—, Agatha, Agathe, O. 24 II A 3, 58/59 I E 7, 110 C 4
Agder, Ldsch. 60 I F 2
Agedabia 156/157 I F 5
Agedineum, Sens 29 I B 1
Agen, Bm. 88/89 I C 5
—, Aginnum, O. 36 C 4, 49 II B 2, 110 C 4
Ager Gallicus, Ldsch. 30/31 I C/D 1
Ager Laurens 30/31 II A 2
Aggar 34/35 III B 1
Aggarsel Nepte, Nefta 34/35 III B 2
Aggersborg 60 I F 2
Agha Jari, Erdölfeld 163 II C 3
Aghlabidenreich 54/55 I D/E 5/6
Ägina, Ins., s. auch Aigina 38/39 I D 3
Aginnum, Agen 36 C 4
Ägion, Aegium, s. Aigion 26/27 III A 2, 38/39 I D 3
Agisymba. Ldsch. 34/35 VI
Agnadello 96/97 I E 7
Agora, O. 18/19 I G 1
Agordat 138/139 III B 2
Agra 98/99 I H 5, 111 II C 1, 135 I B 2
Agrai, Ot. v. Athen 12 VI
Agraia, Ldsch. 18/19 I B 2/3
Agram, Bm. 88/89 I F 4
—, Zagreb, O. 58/59 I L 6, 70 II C 1, 75 B 5, 96/97 I H 7, 112 II A 3, 150/151 I E 4, 155 II C 2, 160 III C 3
Agriana, O. i. Kappadokien 38/39 I G 3
Agriana, O. i. Kreta 10 I B 1
Agri Decumates, s. a. Decumatland 34/35 I C 2, 40 II B/C 1—3
Agrigent, siehe Agrigentum, O.
Agrigento, Bm. 88/89 I E 6
Agrigentum, Agrigent, s. auch Akragas, Girgenti, Agrigento, O. 17 I B 3, 25 III A 2
—, Plan 21 I
Agrinion 18/19 B 3
Agripina, Agrippina, s. Colonia Agrippina 41 IV
Agropoli 63 I E 4
Agryle 12 V
Agulhas, Kap 98/99 IV
Aguntum, Lienz 38/39 I B 1, 49 III C 2
Agylla, Caere 24 II E/F 3/4
Ägypten, Aegyptus, Misri, Ld. 6 I 29 II
—, Altes u. Mittl. Reich 3 II D/E 3/4
—, Neues Reich 9 I C—E 3—6, 9 III C/D 3/4
—, Pers. Satrapie 14/15 I E 4
—, i. Alexanderreich 22/23 I D/E 2/3
—, Ptolemäerreich 26/27 I D/E 2/3
—, Röm. Provinzen, s. Aegyptus
Ägypten, Misr (islam. Ld.), s. auch Ajjubiden-Reich, Fatimiden-Reich, Mamluken-Reich 50/51 E 4/5, 52 III C 2
—, osman. 112 I C/D 2/3, 130/131 I G—I 5/6
—, Khedivenreich 132 I D 2
—, brit. Besitz 132 I D 2, 138/139 I L 3, 138/139 III B 1, 138/139 IV, 156/157 I F/G 5/6
Ägypten, Staat 162 III C 1, 163 II B 3/4, 164/165 III, 166/167 I, 168
Ägypter, V. 3 I D/E 3/4
Ägyptische Gaue 6 I
Ägyptischer Sudan, Ld. 132 I D 2/3
Agyrion, Agyrium, Agyrrhium 17 I C 3, 25 I E 5
Ahaus 78 III A 1
Ahausen 106/107 I F 5
Ahhijava, s. Achijawa, V
Ahlen 56 V B 1
Ahmadabad 89/99 I H 5. 135 I B 2
Ahmadnagar, Ldsch. 98/99 I H 6, 111 II C 2
Ahnas, Herakleopolis 6 I A 2
Ahrensburg, O. 1 IV B 1
Ahrensfelde 143 II
Ahrweiler 80 I C 1
Ahsen 142 IV u. V B 1
Ahwas, Erdölfeld 163 II C 3
Ai, Fluchtburg 8 III B 3
Aiaccio 63 I B 4, 130/131 I D 3
Aja Irini 8 I A 2
Aialon 8 III B 3
Aiane 18/19 II A 2
Aichbühl 2 I B 2
Aidepsos 18/19 I D 3
Aidhab 98/99 IV
Aidin, Aidyn, Ldsch. 70 II E 3, 71 II C 4
—, Tralles, O. 38/39 I E 3, 130/131 I H 4
—, Wilajet 134 II A 2
Aigai, O. i. Achaia 18/19 I C 3
—, O. a. Euboia 18/19 I D 3
—, O. i. Ionien 18/19 I H 3
—, Edessa, O. i. Makedonien 18/19 I C 1
Aigaion-Geb. 10 III C 1
—, Grotte 10 III C 1
Aigaleon, Geb. i. Messenien 18/19 I B 4
Aigaleos, Geb. i. Attika 13 I B 1
Aige 18/19 I D 1/2
Aigeira 18/19 I C 3
Aigiai 13 II B 2
Aigialis 18/19 I F 5
Aigilia, O. 13 I B 2
Aigilios, Ins. 11 I B 1
Aigina, Ägina, Ins. u. O. 13 I A/B 2
Aiginion 18/19 I B 2
Aigion, Ägion, Aegium 18/19 I C 3
Aigiroessa 18/19 I G 2
Aigition 18/19 I C 3
Aigle 37 I A 3, 80 II A 2
Aigospotamoi, Fl. 18/19 I G 1
Aigosthena 13 I A 1
Aiguesmortes 64/65 II B 2
Aigun 154 III B 2
Aigytis, Ldsch. 18/19 I C 4
Ain, Dép. 122/123 III C 2
—, Fl. 114 C 4/5
Aineia, O. auf Chalkidike 18/19 II B 2
Aineia, O. i. Mysien 18/19 I H 2
Ainis, Ldsch. 18/19 I C 3
Ainos 18/19 I G 1
Aïn Salah, Erdölfeld 163 II C 3
Aïn Salah, O. 132 I C 2
Ain Sefra 163 III A 2
Aintab 64/65 IV B 2, 112, I D 2
Aioler, s. auch Achäer, V. 10 II, 11 I
Aiolis, Ldsch. am Kalydon. Golf 18/19 I B 3
Aiolis, Ldsch. i. Kleinasien 18/19 I G 2/3
Aipeia 11 I B 2
Air, V. 98/99 IV, 132 I C 3
Airai 18/19 I G 3
Aire, Bm. a. Adour 88/89 I B 5
—, O. 58/59 I C 7
Aire, O. i. Artois 114 B 2
Airolo 80 II C 2
Aisch, Fl. u. O. 56 III
Aisepos, Fl. 18/19 I H 1/2
Aislingen, Ponione 40 II D 3
Aisne, Dép. 122/123 III B 1
Aisne, Axona, Fl. 36 C 3, 95 B/C 3, 114 B/C 3, 148 II B/C 2
Aison, Fl. 18/19 I C 1
Aisten, Baltische Völker 48 D/E 1
Aisumas mons, Geb. 38/39 I G/H 3
Aitha 34/35 II B 1
Aithaia 18/19 B 4
Aithalia, Elba, Ins. 24 II D/E 3
Aithikia, Ldsch. 18/19 I B 2
Aitna, Aetna, Bg. 17 I C/D 3
Aitolia, Ätolien, Ldsch. 18/19 I B 2/3
Aix, s. auch Aquae Sextiae 24 I C 3
—, Ebm. 88/89 II B 3
—, O. 58/59 I F 7
—, Universität 91 V B 2
Aixone 13 I B 2
Ajas 72/73 VI B 3
Ajena 163 IV C 2/3
Ajjubidenreich 72/73 III B 3/4
Ajos Jakovos 8 I A 2
Ajos Johannes 11 IV
Ajos Paraskeyi 8 I A 1
Ajunta 22/23 I I 3
Ajuthia, s. Ayuthia 163 I E 3
Akaba 130/131 I I/K 6, 162 IV B 3
—, Golf v. 162 IV B 3
Akademie i. Athen 12 V
Akanthos 18/19 II C 2
Akarkuf, Dur Kurikalzu 6 IV B 2
Akarnania 18/19 I A/B 3
Ake 100/101 II D 1
Akershus. Schloß 116/117 I F 2
Akjab, Akyab 135 I D 2
Akition, Ins. 10 III A 1
Akka, Akkon 130/131 I K 5
Akkad, Ldsch. 9 III F 3
—, Stadt 3 II F 3
—, Reich 3 II E/F 3, 6 III
Akkader, V. 3 I F 3
Akkar 64/65 IV B 3
Akkerman, Moncastro, Tyras 38/39 I F 1, 71 II D 2, 112 I D 1, 130/131 I I 2
Akko, Akkon, Ptolemais, Col. Claudia Felix, Caesarea Philippi, Neronias, O. 34/35 II B 2
Akkon, St. Jean d'Acre, Acre, O. 64/65 IV A 4
Akkon (Sandschak) 134 II B 2
Akkra 138/139 I I 4, 162 III A 2, 163 IV B 3
Akmangit 140 IV B 2
Ak-Metschat, Perowsk 134 II E 1
Akontion, Geb. 22/23 IV
Akr, Dur-ili 6 III C 2
Akragas, Fl. 21 I
Akragas, Agrigentum, Girgenti, Agrigento, Agrigent, O. 11 II C 2, 17 I B 3
Akragas. Agrigent, Plan 21 I
Akrah 6 IV B 1
Akrai, O. i. Aiolis 18/19 I B 3
Akrai, O. i. Sizilien 17 I C 3
Akraiphia 18/19 IV B 2
Akreai 13 II B 2, 18/19 I C 5
Akritas, Kap 18/19 I B 5
Akrite, Ins. 18/19 I G 4
Akropolis, Burg v. Athen, Pläne 12 I/II
Akropotamos 4 VII A 1
Akroreia, Ldsch. 18/19 I B 4
Akrothoon 18/19 I E 1
Aksarai, Aksaray, Archelais 38/39 I F 3, 112 I D 2
Aksche 6 I A 3
Akschehir 134 II B 2
Aksel 96/97 III A—D
Aksu 46/47 I F 2, 46/47 II D 2, 136 I A 2
Aksum, Axum, Axomis 34/35 I F 5, 42/43 I F 5
Akte, Halbinsel der Chalkidike 18/19 I D/E 1
Akte, Halbinsel i. Piräus 12 V, 14/15 IV A 2
Aktion, Actium, Kap u. Tempel 18/19 I A 3, 28 II D 3
Aktjubinsk 163 II D 1
Akureyri 147 B 2
Akyab, Akjab 135 I D 2, 158 I B 3
Alabama, amerik. Staat 133 III E 3
Alabanda, Antiocheia 22/23 II A 2
Alaça Hüyük, Hüyük 2 I E 2/3, 3 II E 2, 8 I A 1
Alagonia 18/19 I C 5
Al Ahmadi 163 II C 4
Alaki, Wadi 6 I A 3
Al Akrkar, Tukulti Ninurta 6 IV B 1
Ala-Kul 50/51 K 3
Alalach, Ldsch. 8 I B 2
—, Tell Açana, O. 8 I B 2, 9 I E 2
Alalia, Aleria 24 II D 3
Alalkomenai, O. i. Böotien 18/19 IV A 2
Alalkomenai, O. a. Ithaka 18/19 I A 3
Alamannen, V. 42/43 I C 2, 42/43 II B/C 2, 48 I B/C 2, 48 II B/C 2, 49 I B 2, 49 III A/B 1/2, 54/55 II E 4, 77 I
Alamannia, Ldsch. 41 IV
Alamannien, Hzm., Alemannien, s. auch Schwaben 50/51 B/C 3, 52 II B/C 2/3, 54/55 I D/E 3
Alamannisches Sprachgut 49 II
Alameda 143 IV
Alamut 72/73 II D/E 4
Åland-Ins. 60 I H/I 1, 113 D/E 2, 119 B/C 2, 150/151 I E/F 2
Alanen, V., östl. des Ural-Fl. 46/47 I D/E 2, 46/47 II B/C 1/2, 46/47 III C 1, 48 I E/F 1/2, 49 I F 2, 50/51 F 3, 57 I G 3
—, Alani, Jassi, V., Kaukasien 34/35 I G 2,
—, V., Spanien 48 I A 3
Älanitischer Golf 29 II B 2
Alasam, Fl. 134 I E/F 2/3
Alaschja, Ins., s. auch Iatnana, Kypros, Cypern 8 I A 2/3
Alaschja, Enkomi, O. 8 I A 2
Alaska, amerik. Besitz 133 I A 1
Alaska, Ldsch., russ. 105 III I 1, 137 I G/H 1/2
Alauna 36 B 3
Alba, Bm. i. Lombardei 88/89 II B 3
—, Schottland, Kgr. 57 I B 2, 57 II A/B 1
—, O. a. Albanersee 30/31 II B 2
—, Fucens, O. a. Fuciner See 25 I D 2, 30/31 I D 2
—, O. in der Lombardei 63 I B 2, 94 I C 2, 94 II C 2
—, O. a. d. Rhône 24 II B 2
Albacete 154 V B 2
Alba Docilia, Albissola, O. 24 II D 2
Alba mons, Schwäb. Jura, Geb. 37 I B/C 2/3
Albaner, V. i. Albanien 54/55 I G 4, 71 II A/B 3/4, 150/151 II
—, V. i. Kaukasus 42/43 I G 2, 46/47 I C 2, 46/47 III C 1
Albanien, Ldsch. a. d. Adria 70 II C/D 2, 92/93 I F/G 5, 112 I B/C 1/2, 130/131 I F/G 3
—, Staat 145 VI A/B 2/3, 148 I E/F 5/6, 150/151 I E/F 4/5, 155 II C/D 2 164/165 III, 166/167 I—III, 168
—, Ldsch. i. Kaukasien 34/35 I G 2
Albanische Sprache, Balkanhalbinsel 70 II
Albanum, Albano, O. 30/31 II B 2
—, suburbikar. Bm. 53 I B 3
Albanus lacus, See 30/31 II B 2
Albanus mons, Bg. u. T. 30/31 II B 2
Albany, Fort a. d. Hudson-Bai 116/117 II C 1
Albany, O. i. Austral. 137 I C 6
Albenga, Bm. 88/89 II B 3
—, Albium, Album Ingaunum 24 II D 2, 63 I B 2, 94 I/II C 2
Albersdorf 77 II
Alberta, kanad. Provinz 133 I C 2, 133 III B 1/2
Albert-Kanal 96/97 IIId, 143 Ib
Albert-See 138/139 III B 2
Albeta 38/39 I D/E 2
Albi, Bm. 88/89 I C 5
—, Gft. u. O. 58/59 I D/E 6/7, 64/65 I B 2, 66 I B 3
Albici, V. 36 D 4
Albiga 36 C 4
Albigenser, Sekte 64/65 II B 2
Albinia, Fl. 30/31 I B 2
Albintimilium 36 D 4

Albion, Britannia, Ins. 34/35 VI
Albis, Elbe, Fl. 34/35 I C/D 1, 41 I A—C 2
Albissola, Alba Docilia 24 II D 2
Albium, Album Ingaunum, Albenga 24 II D 2/3
Albolderode, Wüstung 77 IV A 1
Alborz, Erdölfeld 163 II D 3
Albrechtshain 77 II
Albret, Gft. 92/93 I B 5
—, Hzm. 102/103 I C 5
—, O. 110 B 4
Album Ingaunum, Albium Ingaunum, Albenga 24 II D 2
Album Intimilium, Ventimiglia 24 II C/D 3
Alburnus maior 38/39 I D 1
Alcacer el Kebir 102/103 I B 6/7
Alcaçovas 92/93 I A 6
Alcalá, O. i. Portugal 3 II A 3
Alcalá de Henares, O. i. Spanien 102/103 I C 5
—, Universität 91 V A 2
Alcantara 38/39 II A 2, 64/65 I A 3
Alcatraz, Ins. 143 IV
Alcimoenis, Kelheim 40 II E 3
Alcmona, Altmühl, Fl. 40 II D—F 2/3
Alcobaça, Kl. 87 II A 4
Aldabra-Ins. 138/139 I M 5
Alea 18/19 C 4
Aleision 11 I B 2
Alemannien s. Alamannien
Alemtejo, portug. Prov. 116/117 I B 6
Alençon, Hzm. 110 B/C 3
—, O. 102/103 I D 4
Aleppo, s. Beroea, Chalybon. Haleb, O. 8 I B 2, 64/65 IV B 2, 72/73 III B 3, 112 I D 2, 148 III A 2, 150/151 I G 5
—, Wilajet 134 II B 2
Aleria, Alalia 24 II D 3, 63 I B 3
Aleschki 92/93 I I 4, 112 I D 1
Alesia, O. 29 I C 2
—, Plan 29 V
Alessandria, Bm. 88/89 II B 3
—, O. i. d. Lombardei 66 I C 3, 94 I C 2, 94 II C 2, 130/131 III B 2
Alessio 102/103 I G 5
Alet, Bm. 88/89 I C 5
Aletium 30/31 I I 4
Aletrium 30/31 II C 2
Aleuten, Ins. 137 I F/G 2, 158 I/II F/G 2
Alexanderhausen, Sándorhaza, Plan 121 VI
Alexanders Säulen 34/35 VI
Alexandraland, Territ. 137 I D 6
Alexandreia-Antiocheia, Charax 22/23 II E 3
—, Alexandrette i. Syrien 22/23 II C 2, 64/65 IV B 2, 134 II B 2
—, Arbela 22/23 II D 2
Alexandrette, Alexandreia, Iskenderun 22/23 II C 2, 64/65 IV B 2, 134 II B 2
Alexandria, O. i. Baktrien 22/23 I H/I 2
Alexandria eschata, Chodschent 22/23 I H/I 1
Alexandria, O. i. Gedrosien 22/23 I H 3
Alexandria, Ghasni 22/23 I H 2
Alexandria, Herat 22/23 I H 2, 46/47 I E 3, 46/47 II C 3
Alexandria, O. am Hindukusch-Geb. 22/23 I H 2
Alexandria, O. am Hyphasis 22/23 I I 3
Alexandria, O. am Indus 22/23 I H 3
Alexandria, Iskenderieh, O. i. Ägypten 22/23 II A/B 3, 29 II A 1, 50/51 D 4, 52 III C 3, 112 I C 2, 130/131 I H 5, 138/139 III B 1
—, Patriarchat 64/65 I D 3
Alexandria, Kandahar 22/23 I H 2
Alexandria, O. i. Karmanien 22/23 I G 3
Alexandria Margiane, Antiochia, Merw 22/23 I H 2
Alexandria Troas 18/19 I G 2
Alexandrium 34/35 II B 2
Alexandri Vicus 30/31 II A 2
Alexandropol, O. i. Armenien 134 I D 3
Alexandropolis, O. i. Parthien 22/23 I G 2
Alexandropolis, Dedeagatsch, O. i. Thrakien 150/151 I F 4
Alexandrowsk, Fort. a. Schwarzen Meer 134 II D 1
Alexandrowsk, O. a. Eismeer 147 G 2
Alfeld 81 III A 1
Algarve, portug. Prov. 116/117 I B 6
Algarve ultramar, port.Prov. 92/93 I A 6
Algeciras 145 IV
Algerien, Ld. 102/103 I D/E 6, 116/117 I D/E 6—7
—, frz. Besitz 130/131 I B—D 4/5, 132 I B/C 2, 150/151 I C/D 5
Algerien, Staat 162 III A/B 1, 163 III, 164/165 III, 168
Algerische Sahara, Wüste 163 III
Algidum 30/31 II B 2
Algier, Département 150/151 I D 5
Algier, Icosium, O, 34/35 III A I, 64/65 I B 3, 130/131 I C 4
Algoa-Bai 98/99 IV
Algonkin-Indianer, V. 116/117 II A/B 1
Alhambra, Schloß 90 I A 3
Alicante, Lucentum 38 II B 2/3, 54/55 I B 5, 64/65 I A 3, 92/93 I B 6, 130/131 I B 4, 154 V B 2
Alife 63 I E 4
Aligarh 135 I B 2
Ali Ki 10 I B 2
Alinda 16 I D 3
Aliphera 18/19 I B 4
Alisar, Alischar 8 I B 2, 2 I E 3, 3 II E 3
Alisinensium Vicus, Wimpfen 40 II C 2
Aliso, Haltern 37 I A 1, 41 II B 2
Aljubarrota 71 III A 3
Aliwal 135 I B 1
Alken 80 I C 1
Alkmaar 78 IV B 1, 95 C 1, 104 III B 1
Alkmaionidenland in Attika 12 V
Alkofen 40 II F 3
Al Kowm 41 III D 2
Al Kwem 41 III D 2
Allahabad 116/117 IV C 2, 135 I C 2
Allauch 24 II B 3
Alle, Fl. 106/107 I L 2/3
Allegheny, Geb. 116/117 II C/D 3
Allenstein, O. 96/97 I L 3, 106/107 III C 1, 152 II J 2, 160 III D 2
Aller, Fl. 81 III A/B 1
Alleringersleben 56 IV B 2
Allgäu, Ldsch. 96/97 I E/F 6
Allia, Fl. 24 I D 3
Allier, Dép. 122/123 III B 2
Allier, Fl. 68/69 I B 5/6
Allifae 30/31 I E 3
Alliierte Mächte (1. Weltkrieg), Verluste 152 III
Alliierte Mächte (2. Weltkrieg) 154 VI, 156/157 I—III, 158 I—III
Allmendingen 120 V C 1
Allobroges, V. 29 I C 2
Allstedt, Pfalz 62 II C 2
Allthing, Thingvellir auf Island 57 III A 2
Allumiere 25 II B/C 2, 5 II C 3
Alma, O. a. d. Krim 130/131 I I 3
Alma Ata, O. i. Turkestan 50/51 J 3, 136 I A 2
Almadén 86 II B 4, 102/103 I C 6
Almalik 50/51 K 3, 52 III F 2, 72/73 I B 1
Almansa 116/117 I C 6
Alme, Fl. 37 II A 2
Almeida 116/117 I B 5
Almeria, Bm. 88/89 I B 6
—, O. 2 I A 3, 64/65 I A 3, 64/65 II A 3, 92/93 I B 6, 130/131 I B 4, 154 V B 2
Almeria-Kultur 2 I A/B 2/3
Al Mina, Poseideion 11 II E 2
Almissa, Bm. 88/89 I F 5
Almo, Almone, Fl. 45 I, 45 II
Almohadenreich 64/65 I A—C 2/3, 64/65 II A—C 3
Almone, Almo, Fl. 45 I, 45 II
Almoper, V. 10 II B 1
Almopia, Ldsch. 18/19 I C 1
Almoravidenreich 64/65 I A—C 2/3
Almoshof 81 I
Almura 18/19 V B 1
Aloa, Ldsch. 34/35 I F 5
Al Odeyr 41 III D 2
Alonae 38/39 II B 2
Alope, O. i. Lokris Eoia 18/19 IV A 1
Alope, O. i. Malis 18/19 I C 3
Alope, O. i. Oitaia 18/19 III
Alopeke 12 V
Alopekonnesos, O. 18/19 I G 1
Alor 50/51 H 5
Alos 11 I C 1
Alosygni 46/47 I G 5
Alpeion, O. i. Sparta 12 VII
Alpen, Alpes montes, Geb. 38/39 I A/B 1, 49 III,
Alpenoi 18/19 I C 3
Alpenromanen 49 III
Alpes Bastarnicae, Karpaten, Geb. 38/39 I D/E 1
Alpes Cottiae, röm. Prov. 36 D 4
Alpes Graiae et Poeninae, röm. Prov. 36 D 3
Alpes Maritimae, röm. Prov. 36 D 4
Alpes maritimes, Dép. 122/123 III C 2/3
Alpes montes, Alpen, Geb. 38/39 I A/B 1
Alpes Poeninae, röm. Prov. 42/43 II B 2
Alpheios, Fl. 18/19 I B/C 4
Alsche 9 I F 2
Alsen, Ins. 106/107 I E/F 2
Alsergrund, Ot. v. Wien 109 V
Alsfeld 78 III B 2, 126/127 II B 2
Alsietina aqua, Wasserleitung 30/31 II A 1/2
Alsietinus lacus, See 30/31 II A 1
Alsium 30/31 I C 3
Alsó-Józsa, Plan 140 V B 1
Altaich, Kl. 54/55 I E 3
Alt-Altmannsdorf 77 III A 1
Altamira, Höhle 1 IV A 2
Altamura, Blera 30/31 I G 4, 94 I G 4
Alta Ripa, Altrip 40 II B 2
Altava 38/39 II B 2
Altbritische Kirche 52 I, III
Altdamm 122/123 I F 2
Altdorf, O. b. Nürnberg 81 I, 122/123 I D 4
Altdorf, O. i. d. Schweiz 80 II C 2, 130/131 II B 1
Alteburg b. Köln, röm. Flottenstation 37 I A 1
Altefähr 106/107 I G 2
Alt-Elft, Fèse Champenoise II 140 IV A 2
Alte Maas, Fl. 96/97 III a—d
Altenacker, Wüstung 56 VI A 2
Altenau, Bg., O. 86 I A 1
Altenberg, Kl. i. Berg. Land 88/89 III A 1
Altenberg, Bg., O. i. Erzgeb. 86 I B 1
Altenbochum 142 V B 2
Altenburg, Hzm. 122/123 I E 3
Altenburg, Kl. i. Ndr.-Österreich 58/59 III C 1
Altenburg, O. a. d. Aare 40 III B 2
Altenburg, O. i. Hessen 41 II C 2
Altenburg, O. i. Sachsen 58/59 I K 3, 122/123 I E 3
Altendorf, O. a. d. Ruhr 56 V B 2, 142 IV B 2, 142 V B 2
Altenessen 142 IV A/B 2, 142 V A/B 2
Altenglan 80 I C 2
Altengottem 77 IV B 2
Altengroitzsch 77 II
Altenhain 77 II
Altenkamp, Kl. 88/89 III A 1
Altenkirchen 122/123 I B 3
Altenstadt i. Elsaß, Concordia 40 II A/B 2
Altenstadt, O. a. hess. Limes 40 II B/C 1
Alterode, Wüstung 77 IV A 2
Alter Rhein, Fl. 96/97 III a—d
Alte Schelde, Fl. 96/97 III a
Alt-Friedland, O. i. Oderbruch 121 IV
Alt-Glienicke 143 II
Altheim, O. b. Regensburg 2 II C 2
Altheim, O. b. Zwiefalten 120 V B 2
Altheim-Mondsee-Laibach-Vučedol-Kultur 2 II C 2
Althen 77 II
—, Plan 76 V
Althiburos 34/35 III B 1
Altiaiensium Vicus, Alzey 40 II B 2
Altinum 38/39 I B 1
Altis i. Olympia 14/15 III
Alt-Kairo, Fustat 98/99 III
Altkastilien, Prov. 130/131 I A/B 3
Alt-Kleinasiatische Völker 8 II A/B 1/2
Altkölln, Kölln, Ot. v. Berlin 143 I
Alt-Küstrinchen 121 IV
Alt-Lewin 121 IV
Alt-Lietzegöricke 121 IV
Alt-Lünen 142 IV C 1, 142 V C 1
Altmark, Ldsch. 66 I D 1, 68/69 I F 2, 122/123 I D 2, 124 I C 1
Altmark, O. i. Westpr. 106/107 I K 3
Altmühl, Alcmona, Fl. 40 II D/F 2/3, 128 I C 2
Alt-Ofen, Aquincum 38/39 I C 1
Altona 105 I C 1, 122/123 I C 2, 129 I C 2
Altötting 96/97 I G 5
Alt-Patschkau 77 III B 2
Alt-Postal, Malo-Jaroslawetz 140 IV A 1
Altranstädt, Alt-Ranstädt 113 C 4
Altrax 18/19 I C 2
Altrip, Alta Ripa 40 II B 2
Altsohl, Bg., O. 86 I E 2
Altsteinzeit, Kulturen 1 I—IV, 4 I
Alt-Trebbin 121 IV
Alttrier 40 VI A 2
Altun-Argu, Ldsch. 50/51 I/K 3
Altun Kupri, Zaban 6 IV B 1
Alt-Wilmsdorf 77 III B 2
Alt-Wriezen 121 III/IV
Altzelle, Kl. 88/89 III B 1
Alupka 70 II F 2
Aluta, Alutus, Fl. 38/39 I D/E 1/2, 67 III C/D 3/4, 115 I E/F 3/4
Alvastra, Kl. 87 II C 2
Alversdorf 56 VI A/B 2
Alyzia 18/19 I A 3
Alzate 24 II D 2
Alzette, Fl. 80 I A/B 2
Alzey, Vicus Altiaiensium 40 II B 2, 81 II B 2
Amada 6 I A 3
Amadia, Amat 6 IV B 1
Amalfi, Ebm. 88/89 I E 5
—, O. 63 I E 4
Amami-Insel 162 II D 2
Amanus mons, Geb. 38/39 I G 3
Amara, O. i. Ägypten 6 I A 3
Amara, O. a. Tigris 148 III B 2
Amaravati 46/47 I G 5
Amarynthion, T. 18/19 I D 3
Amasenus, Fl. 30/31 I D 3
Amasia, Amisia, Ems, Fl. 36 D 2
Amasia, O. 22/23 II B 1, 64/65 I E 2, 64/65 II E 2, 134 II B 1
Amastris 22/23 II B 1, 64/65 II E 2, 70 II F 2, 92/93 I J 5
Amat, Amadia 6 IV B 1
Amathus a. Cypern 9 II D 3, 11 II E 2, 22/23 II B 3
Amathus i. Palästina 34/35 II B 2
Amazonas, Amazonenstrom, Fl. 118 III D/E 3
Amazonen, Fabelvolk 98/99 VI
Amba Aladji 132 I D 3
Ambarri, V. 36 C/D 3
Amberg, O. 86 I A 2, 122/123 I D 4
Ambiani, Samarobriva, Amiens, O. 42/43 I C 2
Ambiani, V. 36 C 2/3
Ambidravi, Ambidravii, V. 38/39 I B 1
Ambisontes, V. 38/39 I B 1
Amboina, Ins. 111 II F 3, 158 I D 5
Amboise, Schloß 92/93 I C 4, 104 I C 3
Ambra, Amper, Fl. 37 I C 2/3, 37 I C 2/3
Ambra, Schöngeising, O. 37 I C 2
Ambrakia, Ambracia, O. 18/19 I B 2
Ambrakia, Golf v. 18/19 I A/B 3
Ambrakos 18/19 A 2
Ambras, Schloß 106/107 I F 6
Ambronen, V. 24 I C/D 2/3
Ambryssos 18/19 I C 3
Amecameca 100/101 VI B 2
Ameland, Ins. 104 III B 1
Amelunxborn, Kl., 88/89 III A 1
Ameria 25 II C 2
American Independent Oil Co. 163 II
Amerika, Erdteil 98/99 VII/VIII, 100/101 I—VII, 111 I, 115 II, 118 III, 125 II, 138/139 I
—, Nord- 116/117 II, 118 I—III, 133 I/II, 144 III—V
—, Süd- 118 III, 133 II
Amerikanische Besatzungszone Deutschlands 160 III A/B 2/3
— Österreichs 160 III B 3
Amerikanischer Sektor Berlins 161 II
Amerikanische Zuwanderung nach den USA 144 II
Amestatos 17 I B 3
Amhara, Ldsch. 154 IV A 1
Amida, s. auch Diyarbekir 9 I F 2, 38/39 I H 3, 50/51 F 4
Amiens, Ambiani, Samarobriva, O. 36 C 3, 49 III B 1, 54/55 II B/C 3, 67 II B 2, 85 II B 2, 95 B 3, 114 B 3, 148 II B 2, 156/157 I D 4
Amiens, Bm. 88/89 I C 4
Amik-See 41 III B 1
Amilienhausen, Wüstung 77 IV A 2
Amir, arab. V. 50/51 F 5
Amira 10 I B 1
Amiranten, Ins., brit. 132 I E 4
Amiriden, Hft. d. Balearen 64/65 III B 3
Amisia, Amasia, Ems, Fl. 41 II B/C 1/2
Amisos, Amisus, Samsun 11 II E 1, 38/39 I G 2, 64/65 II E 2
Amiternum 30/31 I D 2
Amitinum 30/31 I C 2
Amk, Ldsch. 9 III E 2
Ammaedara, Haidra 34/35 III B 1
Ammaia 38/39 II A 2
Amman 64/65 IV A 5, 148 III A 2, 153 VI C 2
Ammatha, El Hammam 41 III C 2
Ammelshain 77 II
Ammern 77 IV A 2
Ammon, Ammoniterland 8 IV B/C 3/4, 34/35 II B/C 2/3
Ammonion, Oase Siwa, Ammons-Oase 9 I C 4, 22/23 I D 3
Amnisos 10 I B 1
Amöneburg, Kl. 52 II C 2, 122/123 I C 3
Amorbach, Kl. 56 I B 2, 87 I D 2
Amorgos, Ins. 18/19 I F 5
Amorium, Amorion 38/39 I F 3, 50/51 E 4
Amoy 136 I E 4, 158 I/II C 3, 162 II C 2
Ampelone 29 II C 2
Ampelos, Kap 18/19 I E 2
Ampelos, O. 10 I C 1
Ampelum 38/39 I D 1
Amper, Ambra, Fl. 37 I C/D 2/3
Amphiaraion, T. 13 I B 1
Amphikleia 18/19 I C 3
Amphiktionien, griechische 11 I
Amphilocher, V. 16 I A 2
Amphilochia, Ldsch. 18/19 I B 2
Amphimalla 10 III B 1
Amphipolis, Thapsakos, O. a. Euphrat 22/23 II C 2
Amphipolis, O. i. Thrakien 16 I B 1
Amphissa 18/19 I C 3
Ampsago, Fl. 34/35 I C 3
Ampsivarii, Ampsivarier, V. 41 II B 1
Ampurias, Emporiae, Emporion 36 C 4
—, Plan 21 IV
Amrah 6 I A 2
Amri 3 II H 4
Amritsar 135 I B 1, 163 I B 1
Amrum, Ins. 24 I C 2
Amšareddi 41 III D 2
Amselfeld, Kossowo, Ldsch. 71 II B 3, 148 I F 5
Amotel, Fl. 109 II
Amsterdam 68/69 I C 2, 78 IV B 1, 85 II C 1, 104 III B 1, 124 I B 1, 125 I C 2
—, Plan 109 II
Amu-darja, Oxus, Fl. 22/23 G—I 1/2, 46/47 II B—D 2/3, 72/73 II E—G 3/4, 134 II D/E 1/2
Amul 50/51 H 4
Amunclae 30/31 I D 3

Amuntempel v. Theben (i. Karnak), Plan 7 V
Amur, Fl. 72/73 II K—N 2/3, 98/99 I L—O 2/3, 137 I C/D 2
Amur-Provinz, russ. 136 I G 1/2
Amurri, V. 9 I E 3
Amyklai, Amyklä 13 II A 1
Amyros, Fl. 18/19 I C 2
Amyzon 22/23 II A 2
Ana, Anat 6 IV B 2
Anagnia, Anagni 30/31 I D 3, 53 I B 3
Anagyrus 13 I B 2
Anaia 13 III A 1
Anaktorion 18/19 I A 3
Anapa 134 I A 1
Anaphe, Ins. u. O. 18/19 I F 5
Anaphlystos 13 I B 2
Anapos, Anapus, Fl. 17 I D 3
Anargyri 10 I A 1
Anarti, V. 38/39 I D 1
Anas, Guadiana, Fl. 38/39 II A/B 2
Anasarta, Hanäser 41 III C 2
Anat, Ana 6 IV B 2
Anatolien, Ldsch. 98/99 I D/E 4, 112 I C/D 1/2
Anatolikon, byzant. Thema 50/51 D/E 4
Anatolische Kulturen 2 I C—E 2/3
Anau 3 II G 3
Anaulochos 10 III C 1
Anazarbe, Anazarbus 38/39 I G 3, 64/65 IV A 2
Anchiale 9 III D 2, 11 II E 2
Anchialus, Anchialos 38/39 I E 2
Ancon, O. i. Peru 100/101 III B 3
Ancona, Ankon, O. 20 I B 2, 24 II F 3, 30/31 I D 1, 49 III C 4, 53 I B 2, 63 I D 3, 130/131 I E 3
Ancona, Bm. 88/89 I E 5, 88/89 II C 3
Ancona, Mark 66 I D 3, 94 I E 3
Ancoriasus mons, Geb. 34/35 III A 1
Ancrum 102/103 I C 2
Ancyra, Ankara, Ankyra, O. i. Galatien, s. auch Angora 9 III D 2, 24 I F 4, 38/39 I F 3, 50/51 E 3/4, 150/151 I G 5
Ancyra Sidera, O. i. Mysien 38/39 I E 3
Andalsnes 156/157 I D 2
Andamanen, Ins. 138/139 I O 4, 158 I/II B 4, 162 II B 3
Andania, T. 18/19 I B 4
Andautonium 38/39 I C 1
Andaval 8 I A 2
Andecavi, V. 36 B 3
Andechs, Kl. 58/59 I I 5
Andeira 18/19 I H 2
Andemantuinum, Langres 36 D 3
Anderitum 36 C 4
Andermatt 80 II C 2
Andernach, Antunnacum 1 IV B 1, 40 II A 1, 54/55 II E 2, 80 I C 1, 122/123 I B 3
Andes, V. 29 I A/B 2
Andethanna, Oberanven 37 I A 2
Andhra, Ldsch. 46/47 II D/E 5
Andhra-Reich 46/47 I F 4/5
Andidschan 136 I A 2
Andier, V. 134 I F 2
Andorra, Rep. 92/93 I C 5, 130/131 I C 3
Andreasberg, Bg., O. 86 I A 1
Andria, O. 63 I F 4
Andrizetes, V. 38/39 I C 1
Androna 41 III C 2
Andros, Bm. 88/89 I G 6
Andros, Andrus, Ins. u. O. 10 II D 3, 102/103 I H 6, 145 V B 3, 145 VI B 3
Andrussow 113 G 4
Anegray, Kl. 52 II B 3
Anem 34/35 II B 2
Anemurium, O. 38/39 I F 3
Anemurium promontorium, Kap 38/39 I F 3
Anet 90 II B 2
Angamale 52 III E 4
Angeia 18/19 I C 2
Angel-Insel 143 IV
Angele 13 I B 2
Angeln, Ldsch. 61 III B 1
Angeln, Anglier, Angli, V. 36 D 1/2, 48 I B 1, 49 I A 1
Angelsachsen, V. 48 II A/B 1, 53 II A/B 1, 57 II
Angelsachsen-Mission 52 II
Angelsachsenreich 57 I B/C 2, 57 II B/C 2, 58/59 I A—D 1—3, 60 I D/E 3, 61 I A/B 2
Angelsächsische Staaten 50/51 A/B 2, 54/55 I B/C 1/2
Angerman-Älv, Fl. 113 D 2
Ångermanland, Prov. 113 D 2
Angers, Bm. 88/89 I B 4
Angers, Juliomagus, O. 36 B 3, 58/59 I C 5, 68/69 III B 2, 110 B 3
—, Universität 91 V A 2
Anghelu-Ruju 3 II B 2
Angkor 46/47 IV E 5, 72/73 I D 4, 72/73 IV C 3
Anglesey, Ins. 110 B 2
Angli, Anglier, Angeln V. 36 D 1/2, 48 I B 1, 49 I A 1
Anglikaner, Konfession 104 I
Anglo-ägyptischer Sudan 146 I D 2
Angola, Ldsch. 98/99 IV
Angola, port. Kol. 138/139 II A/B 1, 162 III B/C 3
Angora s. auch Ancyra, Ankyra 64/65 I E 3, 70 II F 3, 72/73 VI B 3, 130/131 I J 4, 148 I H 6
Angostura, Ciudad Bolivar 118 III D 2, 133 I B 1
Angoulême, Bm. 88/89 I C 4
Angoulême, Gft. 58/59 I C/D 6, 110 B/C 3
Angoulême, Iculisna, O. 36 C 3, 49 II B 2, 58/59 I C/D 6
Angra Pequena, Lüderitzbucht 132 I C 5
Angrivarier, V. 41 I A 2, 41 II C 1
Angrivarier-Wall 41 II C 1
Angularia 30/31 II A 1
Angulum 30/31 I E 2
Anhalt, evang. Landeskirche 161 VII
Anhalt, Fsm. 68/69 I F/G 2/3, 104 II B 2, 122/123 I D/E 2/3
Anhalt, Land 152 II D/E 2/3
Anhwei, chin. Prov. 136 I E 3
Ani 72/73 III C 2
Aniane, Kl. 54/55 I C 4
Anibe 6 I A 3
Anigraia 18/19 I C 4
Anim 8 III B 3
Animismus, Religion 72/73 IV D 1, 72/73 IV C/D 3
Anio, Fl. 30/31 II B 2
Anjou, Gft. 58/59 I C/D 4/5, 66 I A 2
Anjou, Gouv. 122/123 II A 2
—, Hzm. 68 III, B 2
Anjou, Haus (Achaja) 70 II D 3
Anjou, Haus (Neapel) 70 II D 3
Anjou, Haus (Polen) 68/69 I H—M 2—4
Anjou, Haus (Provence) 66 II C 3
Anjou, Haus (Ungarn) 70 II B—E 1/2
Anjou-Plantagenet, Haus 66 I
Ankara, s. Ancyra, Angora 38/39 I F 3
Anklam 83 II C 2, 84 I C 3
Ankon, s. Ancona 30/31 I D 1
Ankyle 12 VI
Ankyra, Ancyra, Ankara, s. auch Angora 9 III D 2, 24 I F 4, 38/39 I F 3, 50/51 E 3/4
Ankyropolis, Hibe 29 II B 2
Annaberg, Bg. i. Oberschlesien 153 II
Annaberg, Bg., O. i. Sachsen 86 I B 1, 122/123 I E 3, 160 III B 2
Annam, franz. Kolonie 136 II B 1/2
Annam, Reich 72/73 I D 3/4, 98/99 I L 5/6
Annecy 80 II A 3, 106/107 I D 7, 124 II A 1, 130/131 I D 2
Annfield 142 I—III A 2
Annobom, Ins. 132 I C 4
Annonay 96/97 I C 7
Annweiler 66 I C 2
Anopolis 10 III B 1
Ansarije, Geb. 41 III B 1/2
Ansbach, Fsm. 96/97 I F 5, 115 I C 3, 122/123 I D 4, 128 I C 2
Ansbach, O. 68/69 I F 4, 122/123 I D 4
Ansbach-Bayreuth, Fsm. 104 II B 2/3, 105 I C 2
Anschan 154 III B 2
Ansedonia, s. Cosa 21 V
Antakie, Antiochia, O. a. Orontes 22/23 II C 2, 38/39 I G 3, 50/51 E 4, 64/65 IV B 2, 130/131 I K 4
Antalya, Attalea 38/39 I F 3, 150/151 I I 5
Antandros 18/19 I G 2
Antäopolis 29 II B 2
Antaradus 41 III A 3
Antarktis, Ldsch. 164/165 IV
Antarktischer Magnetpol 164/165 IV
Antella 25 II B 1
Antemnac 30/31 II A/B 2
Anten, V. 42/43 I E/F 1, 48 I D/E 1, 50/51 D/E 3
Anthedon, O. i. Böotien 18/19 IV B 2
Anthedon-Agrippias, O. i. Palästina 34/35 II A 3, 22/23 II B 3
Antheia (Thuria) 10 II B/C 3
Anthele 11 I C 1, 18/19 III
Anthemus, Fl. 18/19 I C/D 1
Anthemus, O. 22/23 II C 2
Anthene 18/19 I C 4
Anthropolithari 10 I C 1
Antibes, Antipolis, O. 24 II C 3, 94 I B 3, 94 II B 3
Antibes, Bm. 88/89 II B 3
Antigonea, O. a.m Axius (Larder) 38/39 I D 2
Antigoneia, Gigonos, O. auf Chalkidike 18/19 I D 1
Antigonia, O. i. Epirus 38/39 I C/D 2
Antigonidenreich 26/27 I D 1/2, 26/27 II D 1/2, 26/27 III A/B 1/2
Antigua, Ins. 118 III D 2, 138/139 I F 4, 156/157 II C 4
Antikyra 18/19 I C 3
Antilibanon, Geb. 8 IV C 1/2
Antillen, dän., Inseln 133 I E 4
Antimacheia 18/19 I H 5
Antiuoopolis 34/35 I F 4
Antinum 30/31 I D 3
Antiocheia, Adana, O. 22/23 II C 2
Antiocheia, Alabanda, O. 22/23 II A 2
Antiocheia, Edessa, Orrhoë. O. 22/23 II C 2
Antiocheia, Gerasa, O. 22/23 II C 3
Antiocheia, Hippos, O. 22/23 II C 3
Antiocheia, O. i. Kommagene 22/23 II C 2
Antiocheia, O. a. Mäander 22/23 II A 2
Antiocheia, Mallos, O. 22/23 II C 2
Antiocheia, Nisibis, O. 22/23 II D 2
Antiocheia, Nysa, O. 22/23 II A 2
Antiocheia, O. i. Pamphylien 22/23 II B 2
Antiocheia, Tarsos, O. 22/23 II B 2
Antiochia, O. i. Pisidien 22/23 II B 2
Antiochia, Alexandria Margiane, O., s. auch Merw 26/27 I H 2, 46/47 I E 3, 46/47 II C 3
Antiochia, Antakie, O. a. Orontes 22/23 II C 2, 41 III B 1, 50/51 E 4, 64/65 IV B 2, 134 II B 2
Antiochia, Fsm. 64/65 IV A/B 2/3
Antiochia, Patriarchat 52 III C 3
Antiparos, Ins. 4 VII B 2
Antipatrea, Antipatria 38/39 I C/D 2
Antipatris 34/35 II A 2
Antiphrae 38/39 I E 4
Antipoden-Ins. 138/139 I S 7
Antipolis, Antibes 24 II C 3
Antipyrgos, Tobruk 38/39 I D 4
Antirrhion, Kap 18/19 I B 3
Antisara 18/19 I E 1
Antissa 18/19 I G 2
Antisuyu, Ldsch. 100/101 III B/C 3
Antitaurus mons, Geb. i. Armenien 38/39 I H 3
Antitaurus mons, Geb. i. Kappadokien 38/39 I G 3
Antium, Anzio 30/31 I C 3, 53 I B 3
Antivari, Ebm. 88/89 I F 5
Antivari, O. 64/65 I C 2, 92/93 I F 5, 112 I B 1, 130/131 I F 3
Antofagasta 133 II B 3
Antonia, Burg i. Jerusalem 34/35 V
Antrim 110 A 2
Antron 18/19 I D 3
Antunnacum, Andernach 40 II A 1
Antwerpen (Hansekontor) 84 II A 3
—, O. 58/59 I F 3, 78 IV B 2, 86 II C 1, 95 C 2, 96/97 IIIa—d, 104 III B 2, 105 I B 2, 126/127 IV B 2, 148 II C 1, 156/157 III B 2
—, Plan 143 Ia/Ib
Anura 46/47 I F/G 6
Anxanum 30/31 I E 2
Anxia 30/31 I F 4
An-yang 3 III B 2
Anzan, Ldsch. 9 I G 3
Anzio, Antium 30/31 I C 3, 53 I B 3, 156/157 I E 4
Anzitene, Ldsch. 38/39 I G 3
Anzus-Pakt 166/167 II
Aoos, Fl. 18/19 I A/B 1/2
Aornos, Pir-sar 22/23 I I 2
Aorsen, V. 46/47 II A/B 2
Aorsi, V. 38/39 I G 1
Aosta, Bm. 88/89 II B 2
Aosta, O. 49 II C 2, 58/59 I G 6, 68/69 I D 6, 130/131 I D 2, 160 III A 3
Apafaja, Pußta-Wüstung 140 V B 2
Apaisos 10 II E 1
Apamea, Myrleia, O. i. Bithynien 22/23 II A 1
Apamea am Orontes, O. in Syrien 22/23 II C 2, 41 III B 2, 64/65 IV B 3
Apameia, O. am Euphrat 22/23 II C 2
Apameia, Kelainai, O. i. Phrygien 22/23 II B 2
Apameia am Orontes, siehe Apamea
Apameia, O. am Tigris 22/23 II F 3
Apasiaken, V. 46/47 I D 2
Apatna 42/43 I G 3
Apatschen, Indianer, V. 116/117 II A 3, 144 IV B/C 3
Apenestae 30/31 I G 3
Apennin-Kultur 2 II C 2, 5 I C 3
Apenninus mons, Apenninen, Geb. 30/31 I B—E 1—3, 38/39 I A/B 2, 53 I A/B 1—3
Aperopia 18/19 I D 4
Apesekari 10 I A 1
Aphaia-Tempel a. Ägina 13 I B 2
Aphek, O. i. Ephraim 8 III A 2
Aphek, O. a. See Genezareth 34/35 II B 2
Aphek, O. i. Phönizien 8 III B 2
Aphetai 18/19 I D 2
Aphidnai 13 I B 1
Aphionia 10 II A 2
Aphroditopolis, Atfiyeh 6 I A 2
Aphroditopolis, Idfeh 6 I A 2
Aphrodisias 38/39 I E 3
Aphytis 18/19 II C 2
Apiarenses, V. 38/39 I E 2
Apiolae 30/31 II B 2
Aplerbeck 142 IV C 2, 142 V C 2
Apodotoi, V. 18/19 I B/C 3
Apodulu 10 I A 1
Apollinopolis, Edfu, Apollonopolis 29 II B 3
Apollon Delios-Tempel (Kap Epidelion) 18/19 I D 5
Apollonia, O. i. Babylonien 22/23 II E 3
Apollonia, O. i. Bithynien 38/39 I E 2
Apollonia, O. auf Chalkidike 18/19 I D 1
Apollonia, O. i. Cyrenaica 11 II D 2
Apollonia, Develtus Flaviopolis, O. a. Schwarzen Meer 20 I E 2, 38/39 I E 2
Apollonia, O. i. N-Kreta 10 III C 1
Apollonia, O. i. S-Kreta 10 III B 1
Apollonia, Tripolis, O. a Mäander 22/23 II A 2
Apollonia, O. i. Palästina 22/23 II B 3, 34/35 II A 2
Apollonia, O. b. Pergamon 18/19 I H 2, 22/23 II A 2
Apollonia, O. i. Phrygien 22/23 II B 2
Apollonia, O. i. Pierien 18/19 I E 1
Apollonia, O. i. Taulantierland 11 II C 1, 38/39 I C 2
Apollonis 22/23 II A 2
Apollon Lithesios-Tempel a. Kap Malea 18/19 I D 5
Apollonopolis, Apollinopolis, Edfu 29 II B 3
Apologos 46/47 I C 3
Appenzell, O. u. Kanton 80 II D 1 130/131 II B 1
Appia 38/39 I E 3
Apri 38/39 I E 2
Apsiler, V. 34/35 I F/G 2
Apsinthia, Ldsch. 18/19 I G 1
Apsinthos, Fl. 18/19 I G 1
Apsorus, Ins. 38/39 I B 2
Apsos, Fl. 18/19 I A 1
Apt, Bm. 88/89 II B 3
Apta, Apt, O. 24 II B 3
Aptara 10 III B 1
Apuani 25 I B/C 1
Apulia, Apulien, Ldsch. 30/31 I F/G 3/4
Apulia et Calabria (Regio Italiae) 30/31 I E—I 3—5
Apulien, Gft. 63 I E/F 4
—, Thema, byzantin. 63 I F/G 4
Apulische Kultur 5 II C 3
Apulum, Karlsburg 38/39 I D 1
Apure, Rio, Fl. 100/101 VII B/C 3
Apurimae, Fl. 100/101 III B 2/3
Aqua Claudia, Wasserleitung 30/31 II B 2
Aquae, Aachen, O. 37 I A 1
Aquae, Baden-Baden, O. 40 II B 3
Aquae, Baden b. Wien, O. 2 II C 2, 38/39 I C 1
Aquae, O. a. Braccianer See 30/31 II A 1
Aquae, O. b. Cherchel 34/35 III A 1
Aquae, O. i. Nordengland 36 B 2
Aquae, Saravenae, O. 38/39 I F 3
Aquae, O. b. Vindonissa 37 I B 3
Aquae Abulae, O. 30/31 II B 2
Aquae Albunae, O. 30/31 II B 2
Aquae Apollinares, O. 30/31 I C 2
Aquae Calidae, O. a. d. Loire 36 C 3
Aquae Cutiliae, O.
Aquae Flaviae, O. 38/39 II A 1
30/31 I C/D 2
Aquae Labanae, O. 30/31 II B 1
Aquae Mattiacorum, Wiesbaden, O. 40 II B 1
Aquae Neri, O. 36 C 3
Aquae Passerianae, O. 30/31 I C 2
Aquae Pisanae, O. 30/31 I A 1
Aquae Populaniae, O. 30/31 I A 1
Aquae Salviae, O. 30/31 II A 2
Aquae Sextiae, Aix, O. (= Aquio Sestis 41 IV) 24 I C 3, 29 I C 3
Aquae Sulis, Bath, O. 36 B 2
Aquae Tacapitanae, O. 34/35 III B 2
Aquae Tarbellicae, Dax, O. 36 B 4
Aquae Tauri, O. 30/31 I B 2
Aquae Vola terranae, O. 30 I A 1
Aqua Marcia 30/31 II B 2
Aquapendente 53 I A 2
Äquatoria, Äquatorial-Provinz, sudanes. 132 I D 3, 138/139 III B 2
Äquatorialafrika, franz. Besitz 146 I C/D 2/3
Äquatorial-Guinea, Staat 162 III B 2, 164/165 I
Aqua Traiana 30/31 II A 1
Aquila, Bm. 88/89 I E 5
Aquila, O. 63 I D 3, 94 I E 3, 94 II E 3
Aquileia, a. Arno 30/31 I B 1
Aquileia, Heidenheim, O. 40 II D 3
Aquileia, Aquileja, O. in Venetien 25 I D 1, 48 I C 2, 49 III C 3, 58/59 I K 6, 94 I E 1, 94 II E 2
—, Mission 56 II A/B 2
—, Patriarchat 88/89 II C 2
—, Patriarchat (Gebiet) 68/69 I G 5/6, 94 I E 1/2
—, -Verona, Mark 56 II A/B 2
Aquilonia 30/31 I F 3
Aquincum, Alt-Ofen 38/39 I C 1
Aquino, Aquinum 30/31 I D 3, 94 I E 4, 94 II E 4
Aquis Sestis, s. Aquae Sextiae 41 IV
Aquis Tatelis 41 IV
Aquitani, Aquitanier, V. 29 I A/B 3
Aquitania, röm. Prov. 36 B/C 3/4
Aquitanien, Hzm., s. auch Guyenne 50/51 A/B 3, 54/55 I C 3, 58/59 I C—E 5—7
Araba-Tal 34/35 II B 2/3
Araban, Schadi Kani 6 IV B 1
Arabian American Oil Co. 163 II

Araber, V. 3 I E/F 4, 50/51 D 4, 57 I, 149 II, 162 IV
Arabia, röm. Provinz 34/35 I F 3/4, 38/39 I F/G 4
Arabia felix, Südarabien, Ldsch. 34/35 I G 5
Arabicus, sinus (Arabischer Golf, Rotes Meer) 12/13 I F/G 4/5, 34/35 I F/G 4/5
Arabien, Ld., s. auch Saudi-Arabien 26/27 I E/F 2/3, 34/35 I F/G 3—5, 42/43 I F/G 3—5, 46/47 I B—D 3—5, 46/47 III B—D 2—4, 50/51 E—G 4—6, 64/65 III E—G 3—5, 72/73 II C—E 4—6, 72/73 III B/C 3/4, 72/73 VI B—D 3/4, 98/99 I D—F 4—6, 111 II A/B 1/2, 130/131 I K 5/6, 132 I D/E 2/3, 134 II B/C 2/3, 148 III A/B 2/3, 153 VI, 162 III C/D 1/2
Arabien, pers. Satrepic 14/15 I E 3
Arabische Kunst 67 I A—C 3
Arabische Liga 166/167 I
Arabischer Golf, Sinus Arabicus, Rotes Meer 42/43 I F/G 4/5, 34/35 I F/G 4/5
Arabischer Handel 111 II
Arabisches Meer 98/99 I F/G 5/6
Arabische Sprache 70 II
Arabische Wüste 50/51 F/G 5/6, 138/139 IV B/C 2/3
Arabistan, Gau 134 II C/D 2
Arabona 38/39 I C 1
Arachosien, Ldsch. 26/27 I H 2, 14/15 I H 3, 22/23 I H 2, 46/47 I E 3, 46/47 II C 3
Arachthos, Fl. 18/19 I B 2
Arad, O. i. Judaea 8 III B 3
Arad, O. i. Ungarn 74 III E 3, 112 II D 2, 156/157 III D 3
Araden 10 III B 1
Aradippia 8 I A 3
Arados, Aradus 11 II E 2, 22/23 II C 3
Arae Flaviae, Rottweil 40 II B 3
Arafura-See 158 I/II D 5
Aragon, Haus (Provence) 64/65 I B 2, 64/65 II B 2
—, Sardinien-Sizilien 70 II A—C 2/3
Aragon, Aragonien, Kgr. 64/65 I A/B 2, 64/65 II A/B 2, 92/93 I B/C 5/6, 102/103 I C/D 5/6
Aragon, Prov. Aragonien, span. 130/131 I B/C 3
Araithyrea 11 I C 1/2
Arakan, Ldsch. 135 I D 2/3
Arakynthos, Geb. 18/19 I B 3
Aralsee, Oxos-See 14/15 I G/H 2, 50/51 G/H 3, 98/99 I F/G 3, 134 II D/E 1
Aralskoje, Raim 134 II E 1
Aram, Syrien, Ldsch. 8 III B 1/2, 8 IV C 2
Aramäer, V. 3 I E/F 3
Aramco, Erdölgesellschaft 163 II
Aranjuez 130/131 I B 3/4
Araphen 13 I B 2
Arapkha, Kirkuk 6 IV B 1
Arar, Saône, Fl. 36 C/D 3/4
Ararat, Bg. 9 III F 2, 134 I E 4
Aras, Arax, Araxes, Fl. 9 III F/G 2, 50/51 F 3/4, 134 I D—G 4
Ara Ubiorum, Köln, s. Colonia Agrippina 41 II B 2
Araucaner (Indianer), V. 100/101 III B 5/6
Arausio, Orange 24 I C 3, 36 C 4
Aravisci, V. 38/39 I C 1
Araxes, Aras, Arax, Fl. 9 III F/G 2, 50/51 F 3/4, 134 I D—G 4
Araxos, Kap 18/19 I B 3
Arba Ilu, Erbil 6 III B 1
Arbe, Bm. 88/89 II C 3
Arbeitsbereich Generalgouvernement 155 I D—F 2/3
Arbela, Alexandreia, O. i. Assyrien 9 I F 2, 22/23 II D 2, 46/47 I C 3
Arbela, O. i. Palästina 34/35 II B 2
Arbesbach, Fl. 109 V
Arbion 10 III C 2
Arbocala 26/27 II A 1
Arboga 92/93 I F 2
Arbon, Fl. 40 III C/D 1/2
Arbon, Arbor Felix, O. 37 I C 3, 80 II D 1
Arborea, Kgr. (Sardinien). 66 II C 3/4, 71 III B 3
Arcae 30/31 I D 3
Archanes 10 I B 1
Archangelsk, Gouvernement 119 F—I 2
Archangelsk, O. 98/99 I E 1, 119 G 2, 149 III D 1
Archanthropinen, Rasse 1 II
Archas 64/65 IV B 3
Archelais, Aksaray, O. i. Cappadocia 38/39 I F 3
Archelaïs, O. i. Palästina 34/35 II B 3
Arcis, O. i. Bessarabien 140 IV B 2
Arcole 124 I C 3
Arcot 135 I B 3
Ardäbil, Ardebil 72/73 VI C 3, 134 II C 2
Ardahan 134 I D 3, 148 III B 1
Ardanis promontorium, Kap 38/39 I E 4
Ardea 30/31 II B 2
Ardebil, Ardäbil 72/73 VI C 3, 134 II C 2
Ardèche, Dép. 122/123 III C 2
Ardennen, Arduinna Silva, Geb. 36 C/D 2/3, 54/55 II D/E 2, 156/157 III B 3
Ardennes, Dép. 122/123 III C 1
Ardettos 12 VI
Ardey-Geb. 142 IV B 2, 142 V B 2
Ardiäer, V. 24 I D 3
Ardilan, Ldsch. 112 I E 2
Ardoch 36 B 1
Arduinna Silva, Ardennen, Eifel, Geb. 36 C/D 2/3, 54/55 II D/E 2
Area Mutiae 30/31 II A 1
Arecomici, V. 29 I B/C 2/3
Arelat, Burgund, Kgr., s. auch Hochburgund, Niederburgund 58/59 E—G 5—7, 66 I C 2/3
Arelate, s. auch Arles, O 24 II B 3, 36 C 4
Aremberg, Arenberg, Hft. u. O. 114 D 2, 122/123 I B 3
Aremberg, Hzm. 126/127 II A 1
Aremorica, Ldsch. vgl. Armoricanus Tractus 36 B/C 3
Aremorica-Wessex-Kultur 5 I A 2/3
Arenberg, Aremberg, Hft. u. O. 114 D 2, 122/123 I B 3
Arene 10 II B 3
Arene Candide 2 I B 2
Arensburg, O. i. Holland 36 C 2
Arensburg, O. a. Ösel 68/69 II B 1, 75 D 2
Areopag in Athen 12 IV
Areopolis, Rabba, Rabbath Moab 34/35 II B 3
Arethusa, O. i. Spanien 22/23 II C 3, 41 III B 3
Arethusa-Quelle i. Syrakus 17 I
Arevaci, V. 38/39 II B 1
Arezzo, O., s. auch Arretium 25 II B 1, 63 I C 3, 94 I D 3, 94 II D 3
—, Universität 91 V C 2
Argaeus mons, Bg. 38/39 I G 3
Argen, Fl. 37 I B/C 3
Argentan 110 C 3, 156/157 III A 3
Argentaria 38/39 I C 2
Argentia 156/157 II D 2
Argentinien, Staat 133 II B/C 3/4, 164/165 III, 166/167 II/III, 168
Argentinische Konföderation 133 II B/C 3
Argentomagus 36 C 3
Argentorate, Straßburg 40 II A 3
Argentovaria, Harburg, O. i. Elsaß 37 I A 2
Argenus 36 B 3
Argesch, Ebm. 88/89 I G 4
Argilos 18/19 II C 2
Arginussai, Ins. 18/19 I G 2/3
Argippäer, V. 14/15 VI
Argissa 11 I C 1
Argithea 18/19 I B 2
Argiza 18/19 I H 2
Argo, Nilinsel 6 I A 4
Argolis, Argos, Ldsch. 18/19 I C/D 4
Argolischer Golf 18/19 I C/D 4
Argonnen, Geb. 148 II C 2
Argos, O. i. Argolis 9 II B 2, 16 I B 3, 56 II C 4, 145 V B 3
Argos, Ebm. 88/89 I G 6
Argos, O. a. Golf v. Ambrakia 18/19 I B 3
Argos, O. i. Makedonien 18/19 II A 2
Argous Portus 30/31 I A 2
Arguin, Ins. 98/99 IV, 132 I B 2
Argun, Fl. 72/73 II K—M 2/3
Argus (Argos), O. a. Golf v. Ambrakia 38/39 I D 3
Argyll, Ldsch. 88/89 I A/B 2
Argyra, Ldsch. 46/47 I H 4/5
Argyrokastro 130/131 I G 3
Aria, Ariana, Ldsch. 14/15 I G/H 3, 46/47 I E 3, 46/47 II B/C 3
Arialbinnum 40 III A 1
Ariana, Aria, Ldsch. (siehe Aria)
Arianer, Religion 48 II, 49 I
Ariarathia 22/23 II C 2
Ariaspen, V. 22/23 I H 2
Arica 133 II B 2
Aricia 30/31 II B 2
Arier, Indo-Iranier, V 3 I H 3
Arikamedu 46/47 I F 5
Ariminum, s. auch Rimini 25 I D 1
Ariminus, Fl. 30/31 I C 1
Arinthe 17 I E 1
Ariolica, Pontarlier 37 I A 3
Arios, s. auch Heri-Rud, Fl. 14/15 I H 3
Arisbe, O. am Hellespont 10 II E 1
Arisbe, O. auf Lesbos 18/19 I G 2
Aristonautai 18/19 I C 3
Arizona, amer. Staat 133 III B/C 3
Arka 9 III E 3
Arkader, V., s. auch Achäer 11 I
Arkades, O. 10 III C 1
Arkadia, Arkadien, Ldsch. 18/19 I B/C 4
Arkadia, O. 50/51 D 4
Arkadiopolis 54/55 I H 4
Arkado Kyprier, Achäer, V. 10 II
Arkansas, amer. Staat 133 III D 3
Arkansas, Fl. 133 III C/D 3
Arkelochori 10 I B 1
Arkesine 18/19 I F 5
Arkona, Kap 58/59 I K 1
Arkot 116/117 IV B 3
Arktis, Ldsch. 164/165 II
Arktischer Magnetpol 164/165 II
Arktonnesos, Ins. 18/19 I H 1
Arlau, Fl. 61 III B 1
Arlberg-Paß 80 II E 1
Arles, Ebm. 88/89 II A 3
Arles, Arelate, O. 49 II C 3, 58/59 I F 7, 92/93 I C 5, 110 C 4
Arlon, Orolaunum 36 D 3, 95 C 3, 126/127 IV B 3
Armada, spanische Flottenfahrt 102/103 I
Armagh, Ebm. 88/89 I A 3
Armagh, O. 52 I A 2, 104 I A 2
Armagnac, Gft. 68/69 III B/C 2/3, 102/103 I D 5
Armavir 44 II F 2, 150/151 I H 4, 163 II C 2
Armenia, Armenien, Ldsch. s. auch Klein-Armenien 14/15 I E/F 2/3, 22/23 I E/F 2, 28 I E/F 1/2, 34/35 I G 3, 46/47 I C 3, 112 I E 1, 134 II C 1
Armenia I—II (röm. Provinzen) 42/43 I F 3
Armeniakon, byzant. Thema 50/51 E 3
Armenia minor, Armenien, Klein-, (zw. Euphrat u. Halys) 38/39 I G 2/3
Armenien, Rep. 148 III B 1/2, 149 III D 3
—, SSR. 150/151 I H 4/5
—, türk. Prov. 150/151 I H 4/5
Armenier, monophysitische Christen 52 III C/D 3, 64/65 I, 64/65 III
Armenier, V. 3 I E/F 2/3, 134 I, 153 V
Armenische Sprache 70 II
Armenochori 18/19 II A 2
Arment 114 B 2
Armentières 148 II B 1
Armisensium Vicus, Metzingen 40 II C 3
Armonicanus Tractus, vgl. Aremorica 42/43 I B 2
Arna, O. i. Lakonien 13 II A 2
Arna, O. i. Umbrien 30/31 I C 1
Arnay le Duc 67 I B 2
Arne, Kierion, O. i. Thessalien 18/19 I C 2
Arneburg, O. 58/59 I I 2
Arnheiler Hof 40 II C 2
Arnhem 78 IV C 1, 95 C 1, 104 III B 2, 156/157 III B 2
Arni 10 I C 1
Arnissa 18/19 I B 1
Arno, Arnus, Fl. 30/31 I A/B 1, 63 I C 3
Arnon, Fl. 8 IV B/C 4
Arnsberg, O. 68/69 I E 3, 122/123 I C 3, 126/127 II B 2
Arnsburg, O. i. Hessen 40 II B 1
Arnsburg, Kl. 88/89 III A 1
Arnstadt 58/59 I I 3, 122/123 I D 3
Arnstein, Kl. 80 I C 1
Arnswalde 122/123 I F 2
Arnus, Arno, Fl. 30/31 I A/B 1, 63 I C 3
Aroania, Ldsch. 18/19 I C 4
Aroër, O. am Arnon 8 III B 3
Aroër, O. i. Nabatäerland 34/35 II A 3
Aromata, Kap 34/35 VI
Aromata, O. 46/47 I D 5
Arpachiya 6 II B 1
Arpi 30/31 I F 3
Arpinum 30/31 I D 3
Arran, Ldsch. 50/51 F 3
Arras, Bm. 88/89 I C 3
—, Kl. 87 I C 1
Arras, Nemetacum, O. 36 C 2, 54/55 II C 2, 85 II B 2, 95 B 2, 114 B 2, 148 II B 1
Arretium, s. auch Arezzo 24 II E 3, 30/31 I B 1
Arriège, Dép. 122/123 III B 3
Arsakidenreich, s. Partherreich 29 III C/D 2
Arsamea 38/39 I G 3
Arsamosata 38/39 I G 3
Arsanias, Fl. 38/39 I H 3
Arschi, Wu-sun, V. 46/47 I F 2, 46/47 II F 2
Arsinoë, Methone, O. i. Argolis 18/19 I D 4
Arsinoë, Marion, O. auf Cypern 22/23 II B 3
—, O. i. Nordcypern 38/39 I F 3/4
—, O. i. Ostcypern 22/23 II B 2
Arsinoë-Ephesos, O. 22/23 II A 2
Arsinoë, Krokodilopolis, O. i. Fayjum 29 II B 2
Arsinoë, O. i. Kilikien 22/23 II B 2
Arsinoë, Patara, O. i. Lykien 22/23 II A 2
Arsinoë, O. i. Phönikien 22/23 II C 2
Arsinoë, O. am Roten Meer 29 II B 1
Arslantepe, Melitene, Malatya 8 I B 2
Arsuf 64/65 IV A 4
Arta 71 II B 4, 116/117 I H 6, 130/131 I G 4
Artabis, V. 38/39 II A 1
Artagira 34/35 I G 2
Artanada 38/39 I F 3
Artaxata 22/23 II D 1/2, 46/47 I C 2
Artemision, Kap 18/19 I D 2, 14/15 V A 2
Artemision, O. i. Spanien 11 II A/B 2
Artemision, Tempel am Aisepos 18/19 I H 1
Artemision, T. auf Euboia 18/19 I D 2
Artemistempel b. Brauron 13 I B 2
Artemistempel b. Ephesos 18/19 V A 2
Artemita 22/23 II E 3
Artena 30/31 II A 2
Artern, Bg., O. 86 V A 1
Artesia 64/65 IV A 3
Artlenburg, O. 106/107 I F 3
Artois, Gouvernement 122/123 II B 1
Artois, Gft. 70 I B 1, 95 B 2, 104 III A 2, 114 B 2
Artwin 134 I C 3
Aruba, Ins. 118 III D 2
Arupium 38/39 I C 2
Arurius, Aare, Fl. 37 I A/B 3, 80 II B/C 1/2
Arus, Baetarrhus 38/39 I F/G 4
Arvad 9 I E 3
Arve, Fl. 80 II A 2/3
Arverner, Arverni, V. 29 I B 2
Arvernus mons, Bg. 36 C 3
Arvi 10 I B 2
Arzanene, Ldsch. 38/39 I H 3
Arzawa, Ldsch. V. 8 I A 2
Arzbach 40 II A 1
Asad, V. 50/51 F 5
Asa Paulini 24 II B 2
Asarcik 8 I B 2
Asberg, Asciburgium, O. 37 I A 1
Ascension, Ins. brit. 138/139 I I 5
Asch 122/123 I E 3
Aschaffenburg, Fsm. des Fürstprimas 124 I C/D 2, 128 I B 1/2
Aschaffenburg, O. 78 III B 3, 105 I C 2, 122/123 I C 4
Aschanti, Ldsch. 132 I B/C 3
Aschchabad 162 II A 2
AschendorferMoor, O. 140 III
Aschersleben 81 III B 2
Aschmunein, Hermopolis 6 I A 2
Aschoka-Reich 26/27 I
Aschtaroth 8 III C 2
Asciburgium, Asberg, O. 27 I A 1
Ascoli, Ausculum, O. i. Apulien 30/31 I F 3, 63 I E 4
Asculum, Ascoli, O. i. Picenum 30/31 I D 2, 63 I D 3
Asdingen, s. auch Wandalen 42/43 I E 2, 48 I A 2; D 2
Asdod, Azotus, Azotos 8 IV A 4, 22/23 II B 3, 34/35 II A 3
Asea 18/19 I C 4, 4 VII A 2
Asenbögel 56 V A 1
Aserbaidschan, Ldsch. 112 I E 2, 134 II C 1/2, 50/51 F 4, 72/73 III C 3, 98/99 I E 4
Aserbaidschan, pers. Gau 134 II C 2
Aserbaidschan, Rep. 148 III B 3, 149 III D 3
—, SSR 150/151 I H 4/5
Aserbaidschan-Türken, V. 134 I E/F 3/4
Aschdown 57 II B 2
Ashton, O. i. Pennsylv. 118 II A 2
Asi, Fl. s. auch Orontes 8 I B 2/3
Asia, röm. Provinz 28 I D 1/2, 38/39 I E/F 3
Asiago 148 I D 4
Asiana, röm. Diözese 42/43 I E/F 3
Asiaten in den USA 144 II
Asido 38/39 II A 2
Asien, Erdteil 1 I, 14/15 VI, 22/23 VI, 34/35 VI, 46/47 I—IV, 50/51, 52 III, 64/65 I—IV, 70 II, 71 II/III, 72/73 I—VI, 98/99 I V—VIII, 105 III, 111 II, 115 II, 116/117 IV, 125 II, 134 I/II, 135 I/II, 136 I—III, 137 I—III, 138/139 I V/VI, 149 II IV, 158 I/II, 159 I/II, 162 I/II, 163 I, 164/165 I III, 166/167 I—III, 168
Asine, O. i. Argolis 18/19 I C 4
Asine, O. i. Lakonien 18/19 I C 5
Asine, O. i. Messenia 18/19 I B 5
Asir, Ldsch. 153 VI D 4
Asisium, Assisi 25 II C 1, 30/31 I C 1, 94 I/II E 3
Askalon 8 III A 3, 22/23 II B 3, 64/65 IV A 5
Askanier, Geschlecht 66 I, 66 II D 2, 68/69 I G 2/3
Asklepieion, T. auf Kos 18/19 I H 5
Asklepios-Tempel i. Epidaurus 18/19 I D 4
Askra 18/19 IV B 2
Askyrion 18/19 I C 2
Asla, Wüstung 77 IV A 1
Asmara 138/139 III B 2, 154 IV A 1
Asmari 10 I B 1
Asopos, Fl. i. Argolis 18/19 I C 4
Asopos, Fl. i. Böotien 13 I A/B 1, 18/19 IV B/C 2
Asopos, Fl. i. Oitaia 18/19 III
Asopos, O. 18/19 I C 5
Asow, Gouvernement 119 F/H 4/5
Asow, Tana, O. 70 II G 1, 112 I D 1, 119 F 5
Asowsches Meer 67 III F 3, 130/131 I K 2
Aspadana 46/47 I D 3
Aspendos, Aspendus 11 II E 2, 38/39 I F 3
Aspergle, Klein- 24 II D 1
Aspern 124 I E 2
Aspis 26/27 I C 2
Aspledon 18/19 IV B 1
Aspromonte, Geb. 17 I D 2
Assa, Assera 18/19 I D 1
Assab, O. 154 IV B 1
Assabbai, Ldsch. 138/139 III C 2
Assam, Ldsch. 72/73 I C 3, 72/73 II I 5, 72/73 IV B 2, 98/99 I I/K 5, 135 I D 2

Assassinen, Sekte 64/65 IV B 3
Assaye 135 I B 2
Asse, Geb. 58/59 V B 1
Assen 104 III C 1
Asser, V. 8 IV B 2/3
Assera, Assa 18/19 I D 1
Assiniboia, kanad. Distr. 133 III B/C 1/2
Assisi, Asisium 25 II C 1, 30/31 I C 1, 94 I E 3, 94 II E 3
Assiut, Lykopolis 6 I A 2
Asso 25 II B/C 2
Assoros 17 I C 3
Assos, Assus 18/19 I G 2
Assuan, Syene 6 I A 3, 50/51 E 5, 138/139 III B 1
Assuan-Damm 153 VI C 3
Assur, Kalat Schirkat 6 II—IV B 1, 9 I F 2
—, Plan 7 VII
Assuras 34/35 III B 1
Assus, s. auch Assos 38/39 I E 3
Assyrer, V. 3 I
Assyrien, Ldsch. 6 II—IV B 1/2
—, röm. Prov. 34/35 I G 3,
—, Athura, pers. Satrapie 14/15 I E/F 3
Assyrisches Reich 6 IV, 8 II, 8 IV, 9 I, 9 III
Astakos, O. i. Akarnanien 18/19 I B 3
—, O. i. Bithynien 16 I E 1
Astale 10 III B 1
Astara 119 H 7
Astarab 119 I 7
Astarabad, O. u. Ldsch. 134 II D 2
Astaroth-Dion 34/35 II C 2
Astata, Ldsch. 9 I E 2
Asterion 11 I C 1
Asthianene, Ldsch. 38/39 I H 3
Asti, Bm. 88/89 II B 3
Asti, Gft. 94 I B/C 2, 94 II B/C 2
Asti, Hasta, O. 36 D 4, 63 I B 2, 94 I C 2, 94 II C 2
Astica, Ldsch. 38/39 I E 2
Ästier, V. 41 I D 1/2
Astigi, Ecija 38/39 II A 2
Astorga, Asturica Augusta, O. 38/39 II A 1
Astorga, Bm. 88/89 I A 5
Astrachan, Chanat 98/99 I E/F 2/3, 105 II C 4
—, Gouvernement 119 H 5
—, O. 72/73 VI C 2, 98/99 I E 3, 105 II C 4
Astura, Fl. 30/31 II B 2/3
Astura, Villa, O. 30/31 I C 3, 30/31 II B 3
Asturer, Astures, V. 28 I A 1, 38/39 II A 1
Asturia, Asturien, Ldsch. 38/39 II A 1
Asturica Augusta, Astorga 38/39 II A 1
Asturien, Kgr. 50/51 A 3, 57 I B 3
—, Ldsch. 64/65 I A 2
Asturische Dolmenkultur 2 I A 2
Asturische Markgft. = Kastilien 58/59 I B 7/8
Astypalaia, Astypalaea, Ins. u. O. 18/19 I G 5
Astyra, O. i. Dardanien 18/19 I G 1
Astyra, O. am Ida (Troas) 18/19 I G 2
Asuncion 118 III E 4, 133 II C 3
Atacama-Wüste 133 II B 3
Ataka, Dschebel- 138/139 IV B/C 3
Atarneus 18/19 I G 2
Ataroth 8 III B 3
Atbara, Fl. 6 I A 4
Atella, O. i. Campania 30/31 I E 4
Atella, O. i. Lukanien 30/31 F 4, 94 I/II F 4
Atenco 100/101 VI B 1
Atene 13 I B 2
Aterno, Aternus, Fl. 30/31 I D/E 2, 53 I B 2
Aternum 30/31 I E 2
Aternus, Aterno, Fl. 30/31 I D/E 2, 53 I B 2
Atesis, Etsch, Fl. 24 II E/F 2
Ateste, Este 24 II E 2
Atfiyeh, Aphroditopolis 6 I A 2
Ath 95 B 2, 114 B 2
Athabaska, kanad. Distr. 133 III B/C 1
Athamanen, V. 26/27 III A 2
Athamania, Ldsch. 18/19 I B 2
Athelney 57 II B 2
Athen, Athenae, Athenai, O. s. auch Attika, Attischer Seebund 4 VII A 2, 9 II B 2, 13 I B 2, 50/51 D 4, 92/93 I G 6, 112 I C 2, 130/131 I G 4, 153 V A 2
—, Pläne 12 I/II, 12 IV—VI
Athen, Ebm. 88/89 I G 6
Athen, Hzm. 70 II D 3, 71 II B 4
Athenai Diades, O.a. Euboia 18/19 I C 3
Athena-Tempel i. Pallene (Attika) 13 I B 1
— a. Kap Sumion 13 I C 2
Athenopolis, St. Tropez 24 II C 3
Äthiopien,Abessinien, Reich 98/99 I D/E 6/7, 98/99 IV D/E 6/7, 132 I D/E 3, 138/139 III B/C 2, 154 IV, 162 III C/D 2, 164/165 III, 168
Äthiopier, christl. Kirche 52 III C/D 4
Athlib 20 I F 4
Athlit, Burg 64/65 IV A 4
Athos, Bg. 18/19 I E 1, 145 VI B 2
Athos, Mönchsrepublik 45 VI, 88/89 I G 5
Athribis 6 I A 1
Athura, Assyrien, pers. Satrapie 14/15 I E/F 3
Atjeh, Lgsch. 111 II D 2
Atina, O. i. Campania 30/31 I D 3
Atina, O. i. Lucania 30/31 I F 4
Atintanien, Ldsch. 20 II B 2/3
Atitlan 100/101 II C 3
Atlanta 133 III E 3
Atlantischer Ozean, Okeanos, Oceanus Atlaiticus 22/23 VI, 98/99 VII/VIII, 100/101 I D—I 1—8, 111 I, 156/157 II, 164/165 I F—K 1—7
Atlantischer Raum 111 I
Atlas, Geb. 14/15 VI, 22/23 VI, 163 III A/B 1/2
Atlit 162 IV A 1
Ätoler, V. 24 I E 4
Ätolien, Aitolia, Ldsch. 18/19 I B 2/3
Ätolischer Bund 26/27 III A 2
Atrebates, V. 29 I B 1
Atrek, Fl. 119 I/K 7
Atri, s. auch Hadria 63 I D 3
Atria, s. Adria, O. 11 II C 1
Atropatene, Media Atrop. Ldsch. 26/27 I F 2, 34/35 I G 3, 46/47 I C 3
Atschin 135 I D 4
Attalea, Adalia, Antalya, Attalia, Attaleia, O. i. Pamphylien 22/23 II B 2, 50/51 E 4, 64/65 I E 3, 64/65 II E 3, 130/131 I I 4
Attaleia, O. i. Aiolis 18/19 I G 2
Attaleia, O. i. Mysien 22/23 II A 2
Attendorn 78 III A 2
Atthalia, Ilva, Elba, Ins. 30/31 I A 2
Attidium 30/31 I C 1
Attigny, Pfalz 54/55 II D 3
Attika, Ldsch. u. Polis 13 I
Attischer Seebund 16 I
Attisches Seereich 16 II D/E 2/3
Attu, Ins. 158 I/II F 2
Aturae 38/39 II B 1
Aturis, Fl. 38/39 II B 1
Atzigenrode, Wüstung 77 IV B 1
Aube, Dép. 122/123 III B/C 1
Aube, Fl. 95 B/C 3/4
Auch, Ebm. 88/89 I C 5
Auch, Elimberris, O. 36 C 4, 58/59 I D 7, 104 I C 4
Auckland, Ins., brit. 138/139 I S 7
Auckland, O. 137 I F 6, 137 II D 3
Audaghost, V. 98/99 IV
Aude, Dép. 122/123 III B 3
Audschila 50/51 D 5
Auerstedt 124 I C 2
Aufida 30/31 I D 2
Aufidena 28 III, 30/31 I E 3
Aufidus, Fl. 28 III, 30/31 I F/G 3/4
Aufinum, O. i. Samnium 30/31 I D 2
Aufinum Transmontanum, O. i. Picenum 30/31 I D 2
Augarten, Ot. v. Wien 109 V
Aughrim 116/117 I B 3
Augila 34/35 I E 4
Augment 118 II A 2
Augsburg, Bm. 88/89 II C 2, 145 I, 161 VI
—, Bm. Territ. 68/69 I F 4/5, 122/123 I D 4/5, 128 I B 2/3
—, Kl. 87 I E 2
—, O., RSt., s. auch Augusta Vindelicorum 49 III B 1, 50/51 C 3, 68/69 I F 4, 81 II C 2, 86 II E 2, 105 I C 2, 122/123 I D 4, 128 I B 2
Augst, Bm. 88/89II B 2
—, O., s. Augusta Rauricoum
Augusta, O. i. Georgia 133 III E 3
Augusta Bagiennorum, O. i. Piemont 36 D 4
Augustae, O. i. Moesia inf. 38/39 I D 2
Augusta Libanensis, röm. Provinz 42/43 I F 3
Augusta Praetoria, Aosta, O. 36 D 3
Augusta Raurica, Rauracum, Rauraci, Rauracorum, Rauricorum colonia, Augst, Kaiseraugst 40 III A 1, 41 I A 3
Augustaritum, Limoges, O. 36 C 3
Augusta Suessionum, Soissons, O. 36 C 3
Augusta Taurinorum, Turin, O. 36 D 3
Augusta Traïana, Beroea, Stara Zagora, O. 38/39 I E 2
Augusta Treverorum, Treveri, Trier, O. 37 I A 2, 40 VI A 2
Augusta Treverorum, Trier, Plan 40 V
Augusta Vindelicum, Augusta Vindelicorum, Augusta, Augsburg, O. 40 II D 3
Augusta Viromanduorum, St. Quentin, O. 36 C 3
Augustobona, Troyes 36 C 3
Augustobriga 38/39 II A 2
Augustodunum, Autun 36 C 3
Augustodurum, Bayeux 36 B 3
Augustonemetum, Clermont-Ferrand 36 C 3
Augustowo 124 I F 1
Aulef 163 III A 3
Aulerci, Aulerci Cenomani, Aulerci Diablinthes, V. 29 I A/B 1
Auliakome 18/19 V A 1
Aulis 18/19 IV C 2
Aulon, O. i. Albanien 38/39 I C 2
Aulon, Meerenge b. Andros 18/19 I E/F 4
Aulon-Tal, a. Peloponnes 18/19 I B 4
Aumale, Auzia 34/35 III A 1, 58/59 I D 4, 110 C 3
Aunjetitzer-Kultur 5 I C/D 2
Aunis, Gouv. 122/123 II A 2
Auranitis, Hauran, Ldsch. 34/35 II C 2
Aurasius Mons, Geb. 34/35 III B 1
Aureliani, s. Cenabum Aureliani, Orléans 36 C 3, 42/43 I C 2
Aurel. Vicus, Öhringen 40 II C 2
Aurgi, Jaen 38/39 II B 2
Aurich 122/123 I B 2, 161 IV A 1
Aurignac 1 III C 2
Aurillac, Kl. 87 I C 3, 116/117 I D 5
Aurinia Saturnia, s. auch Saturnia 24 II E 3, 25 II B 2
Aurunci, V. 30/31 I D 3
Aus, V. 50/51 F 5
Auschwitz, NS-Konzentrationslager 155 I D 2
Auschwitz, O. 68/69 I K 3, 115 I D 2/3, 129 II I 3
Ausci, O. 42/43 I C 2
—, V. 36 B/C 4
Ausculum, Ascoli, O. i. Apulien 30/31 I F 3, 63 I E 4
Ausetani, V. 38/39 II C 1
Ausfeld, Wüstung 77 IV B 1
Ausleben 56 VI B 2
Aussee, Bg., O. 86 I B 3
Äußere Mongolei, Staat, Mongolische Volksrepublik 136 I B—E 1/2, 136 III A/B 1/2, 149 IV D/E 2, 162 II B/C 1
Äußeres Meer, s. Oceanus 14/15 VI
Außer-Rhoden, Ldsch. 130/131 II B 1
Aussig 92/93 II C 3, 122/123 I F 3
Austerlitz 124 I E 2
Australien, Erdteil, brit. Dominion 100/101 VIII A—C 3/4, 125 II, 137 I/II, 138/139 I, 158 I/II C—E 5/6, 164/165 III, 166/167 I/II, 168
Australier in den USA 144 II
Australischer Staatenbund, Commonwealth 138/139 I P—R 5—7
Australopithecinen, Menschenrasse 1 I, 1 II
Austrien, Ldsch. 54/55 I D/E 2/3
Ausum 34/35 III A 2
Auswanderung nach den USA 144 II/III
Autafort 66 I B 2
Autariatae, Autariaten, V. 24 I D/E 3
Autessiodurum, Auxerre 36 C 3
Autobahnen 155 I, 161 I, 161 IV
Autricum 36 C 3
Autrigones, V. 38/39 II B 1
Autun, Bm. 88/89 II A 2
Autun, Augustodunum, O. 36 C 3, 49 II C 2, 95 C 4, 96/97 I C 6, 110 C 3
Auvergne, Gouv. 122/123 II B 2
Auvergne, Gft. 58/59 I E 6, 66 I B 2
—, Hzm. 68/69 III C 2, 102/103 I D 4/5, 110 C 3/4
Auxerre, Bm. 88/89 I C 4
—, Gft. 58/59 I E 5, 95 B 4
Auxerre, Autessiodurum, O. 36 C 3, 54/55 II C 4, 110 C 3
Auximum 25 I D 2
Auxonne 110 D 3
Auzia, Aumale 34/35 III A 1
Ava, Birma, Ldsch. 98/99 I K 5, 111 II D 1/2
Ava, O., 135 I D 2
Avalites 46/47 I C 5
Avalon 116/117 II F 2
Avanti, Ldsch. 46/47 I F 4, 46/47 II D 4
Avaricum, Bourges 29 I B 2
Avaris, Ramses, Tanis 6 I A 1
Ava Ubiorum, Ava Agrippinensium, Colonia, Köln 37 I A 1
Avdu 10 I B 1
Aveia 30/31 I D 2
Avenches, Bm. 88/89 II B 2
Avenches, Aventicum, A. Helveticum, O. 37 I A 3
—, Plan 42/43 III
Avennio, Avignon 24 II B 3
Avens, Nar, Fl. 24 II F 3
Aventicum, Avenches, Aventicum Helvetiorum 37 I A 3
—, Plan 42/43 III
Aventinus, Hügel Roms 32 II, 45 I
Avernubs lacus, See 30/31 III B 1
Aversa, Bm. 88/89 I E 5
Aversa, Gft. u. O. 63 I E 4
Avesnes 95 B 2, 114 B 2
Aveyron, Dép. 122/123 III B 2/3
Avezzano 53 I B 2
Avignon, Avennio, O. 24 II B 3, 66 I B 3, 68/69 I C 7, 70 I B 3, 86 II C 3, 110 C 4
Avignon. Ebm. 88/89 II A 3
Avila, Bm. i. Kastilien 88/89 I B 5
Avila, O. i. Kastilien 92/93 I B 5, 102/103 I C 5
Avila, O. i. Sizilien 63 I E 6
Aviosen, Nerthusvolk 41 I
Aviz 64/65 I A 3
Avlona, Valona 54/55 I F 4
Avranches, Bm. 88/89 I B 4
Avranches, O. 58/59 I B 4, 156/157 III A 3
Awadh, Oudh, Staat 116/117 IV B/C 2, 135 I C 2
Awaren, Shou-shan, V. 46/47 III G—L 1, 49 I F 2, 56 II C/D 2, 134 I E/F 2
Awarenreich 50/51 C/D 3, 54/55 I F/G 3, 58/59 II
Awarenring, Burg 54/55 I G 3, 58/59 II E 3
Awarenwüste 58/59 II D/E 2
Awaso 163 IV A 2
Axios, Axius, Vardar, Wardar, Fl. 38/39 I D 2
Axomis, Aksum, Axum 34/35 I F 5
Axona, Aisne, Fl. 36 C 3, 95 B/C 3
Axos 10 III B 1
Axum, Aksum, Axomis 34/35 I F 5, 42/43 I F 5
Ayacucho 133 II B 2
Aydin, Aidin, Tralles, O. 38/39 I E 3, 130/131 I H 4, 153 V B 2
—, Wilajet 134 II A 2
Ayotlan 100/101 VI B 2
Ayudhya, Ayuthia 98/99 I L 6, 136 II B 2
Azali, V. 38/39 I C 1
Azania, Ldsch. 18/19 I B/C 4
Azaz 64/65 IV B 2
Azcapotzalco 100/101 VI A 2
Azeka 8 III A 3
Azelerode, Wüstung 77 IV A 1
Azenia 13 I B 1
Azetium 30/31 I G/H 3
Azincourt 92/93 III C 1, 95 B 2
Aziris 38/39 I G 3
Azor 8 III A 2
Azoren, Ins. 98/99 IV, 111 I E 2, 132 I A 2
Azoros 18/19 I C 2, 18/19 II B 3
Azotus, Asdod 8 IV A 4, 22/23 II B 3, 34/35 II A 3
Azteken, V. 100/101 II A—C 1—3

Baala 8 III A 3
Baalbek, Heliopolis 38/39 I G 4, 44 I E 3
—, Tempel, Plan 34/35 IV
Baal Salisa 34/35 II B 2
Baar, Ldsch. 96/97 I E 6
Babba 38/39 II A 3
Bab el Abwab, Derbent 50/51 F 3
Babel, Babylon i. Babylonien 6 III B 2, 6 IV B 2
—, Plan 7 III
Babenberger, Geschlecht 66 I, 66 II D 3
Babenhausen 122/123 I C 4
Babol 134 II D 2
Babylon, Babel, O. i. Babylonien 6 III B 2, 6 IV B 2
—, Plan 7 III
Babylon Fossatum, Alt-Kairo 38/39 I F 4, 50/51 E 4
Babylonien, Sangar, Ldsch. 6 II—IV, 9 I, 46/47 I C 3
—, pers. Satrapie 14/15 I F 3
Babylonier, V. 3 I
Babylonisches Reich 8 II B/C 2
Bacalar-See 100/101 II D 2
Baccanae 30/31 II A 1
Bacharach 80 I C 1
Bacherode, Wüstung 77 IV A 2
Bachtschisarai, Baghtschesarai 92/93 I I 5, 112 I D 1, 119 E 6
Backofenhöhle 1 IV C 2
Badachschan, Ldsch. 50/51 H/I 4, 134 II E/F 2
Badajoz, Bm. 88/89 I A 6
—, O. 64/65 I/II A 3, 130/131 I A 4, 154 V A 2
Badaon, Ldsch. 72/73 V B/C 2
Badasi 6 I A 2
Baden,Aquae, O. b. Wien 2 II C 2, 38/39 I C 1, 122/123 I G 4
Baden, evang. Landeskirche 161 VII
Baden, Ghm. 124 I B/C 2/3, 124 III B/C 2/3, 128 I A/B 2/3, 128 III A/B 2/3, 129 I B/C 4/5, 129 II C/D 4/5
Badeen, Ld. 152 II B/C 4/5, 160 III A 3, 161 IV A 2
Baden, Mgft. 68/69 I D/E 4/5
Baden, NS-Gau 155 I A/B 3
Baden, O. a. Reuß 80 II C 1, 81 II B 3
Badene-Baden,Aquae, O. 40 II B 3, 81 II B 2, 122/123 I C 4
Baden-Baden, Mgft. 122/123 I C 4
Baden-Durlach, Mgft. 122/123 I B 5, C 4
Baden-Württemberg, Ld. 160 III A 3, 161 IV A/B 2
Badener Kultur 2 II C 2
Badenweiler 37 I A 3, 128 I A 3
Bades, Badias 34/35 III B 2
Bad Freienwalde 121 IV
Badgastein 122/123 I E 5
Bad Godesberg 154 VI
Badh-Gaya 22/23 I K 3
Badias, Bades, O. i. Numidien 34/35 III B 2
Badies Vicus, O. i. Sabinerland 30/31 I D 2
Baecula 26/27 II A 2
Baelo 38/39 II A 2
Baerl, Berl 142 IV A 2, 142 V A 2
Baesippo 38/39 II A 2
Baesucci 38/39 II B 2

Baetarrhus, Arus 38/39 I F/G 4
Baeterrae, Béziers 24 II A 3
Baetica, röm. Prov. 38/39 II A/B 2
Baetis, Guadalquivir, Fl. 38/39 II A/B 2
Baffinland, Ins. 164/165 I E/F 1
Bagacum, Bavai 36 C 2
Bagdad, Kalifat 72/73 III C 3
Bagdad, Baghdad, Seleukeia, Seleukia, O. 22/23 II D 3, 50/51 F 4, 52 III D 3, 72/73 II D 4, 72/73 III C 3, 72/73 VI C 3, 98/99 I E 4, 112 I E 2, 148 III B 2, 150/151 I H 5
—, Wilajet 134 II C 2
Bagdad-Bahn 145 IV
Bagdadieh 148 III B 2
Baghouz 6 II B 2
Baghtschesarai, s. Bachtschisarai 134 II B 1
Bagida 132 I C 3
Bagienni, V. 25 I A 1
Bagirmi, Ldsch. 138/139 III A 2
Bagradas, Fl., s. auch Medscherda 28 IV, 34/35 III B 1
Bahama-Inseln 116/117 II D 4, 138/139 I F 3, 156/157 II C 3
Bahawalpur, O. 135 I B 2
—, Staat 116/117 IV B 2, 135 I B 2
Bahee 8 I A/B 2
Bahia, Salvador 118 III F 3, 164/165 I H 5
Bahia Blanca 133 II B 3
Bahmanabad 50/51 H 5
Bahmani, Ldsch. 72/73 V B 3
Bahregan Sar, Erdölfeld 163 II C 4
Bahrein-Ins., Tylos-Ins. 22/23 I G 3, 132 I E 2, 138/139 I M 3
Bahrein, Ldsch. , Ins. 50/51 F/G 5, 162 III D 1
Bahrein Petroleum Co. 163 II
Bahr el Ghasel, Ldsch. 138/139 III B 2
Bahr el Ghasel, sudan. Prov. 132 I D 3
Bahrieh, Oase 6 I A 2
Bahriyat, Isin 6 II C 2
Baia, Baja, Bm. i. d. Moldau 88/89 I H 4
—, O. i. d. Moldau 75 E 5
Baiae, O. i. Campania 30/31 III B 1
Baiburt 148 III B 1
Baie, Meeresbucht a. d. Loiremündung 85 I A 2
Baierischer Reichs-Kreis 96/97 II C 3
Baiern, Hzm. (siehe auch Bayern) 50/51 C 3, 52 II C/D 2/3, 54/55 I E 3, 58/59 I I—L 3—6, 66 I D 2, 96/97 I F/G 5/6,
Baiern, Baiwasen, V. 48 I, 48 II, 49 I C 2, 49 III B/C 1/2
Baiern-Landshut, Hzm. 68/69 I F/G 4
Baiern-München, Hzm. 68/69 I F 4/5
Baiern-Straubing, Hzm. 68/69 I G 4
Baikalsee 72/73 II K 2, 136 I D 1, 149 IV E 2
Bailen 125 I B 4
Bailleud 114 B 2
Bairische Ostmarken 54/55 I, 56 II, 57 I, 58/59 I, 58/59 II, 58/59 III
Bairisch-württemberg. Zollverein 129 I
Baiwaren, Baiern, V. 48 I C 2, 48 II C 2, 49 I C 2, 49 III B/C 1/2
Baja, Baia, Bm. i. d. Moldau 88/89 I H 4
Bajasid 148 III B 2
Bajran 21 III
Bakel 132 I B 3
Baker-Ins. 158 I G 5
Bakr-Awa 6 II C 1, 6 IV C 1
Baksaya 6 IV C 2
Baktra, Balch 14/15 I H 3, 22/23 I H/I 2, 26/27 I H 2, 46/47 I E 3, 46/47 II C 3, 50/51 H 4, 72/73 II F 4, 72/73 III E 3
Baktser, V. 3 I H 73
Baktrien, Graeco-Baktrisches Reich 46/47 I F 3, 46/47 II C 3, 46/47 III E 2
Baktrien, Ldsch. u. pers. Satrapie 14/15 I H 3, 22/23 I H 2
—, Staat 26/27 I H/I 1/2
Baku, O. 112 I E 1, 134 I G 3,
—, Chanat 134 I G/H 3
Baku, Erdölfeld 163 II C 2
Balabo mons, Geb. 30/31 I F 4
Balaklawa, Cembalo 70 II F 2, 102/103 I K 5, 130/131 I I 3
Balalesa 38/39 I H 3
Balaneae, Balaneia 22/23 II C 2
Balari, V. 38/39 I A 2
Balasagun, Kuz Ordu 50/51 I 3, 72/73 I A 1, 72/73 II G 3
Balawat, Imgur Bel 6 IV B 1
Balch, s. auch Baktra 46/47 I E 3, 46/47 II C 3, 50/51 H 4, 72/73 II F 4, 72/73 III E 3, 134 II E 2
Baldenau, O. u. Amt 80 I C 2
Baldeneck, Amt 80 I C 1
Balearen, Gymnesische Inseln 14/15 I B 2/3, 38/39 II C 2, 48 I B 2/3, 48 II B 2/3, 49 I B 2/3, 50/51 B 4, 64/65 I/II B 2/3, 71 III B 2/3, 102/103 I D 6, 116/117 I D 5/6, 125 I C 3/4
Balearicum mare, Meer 38/39 II C 1/2
Balga, Burg 68/69 II A 2
Bali, Ins. 72/73 I E 6, 72/73 IV C 4, 98/99 I M 8, 135 II C/D 2, 158 I C 5
Balikesir, Balykesir 130/131 I H 4
Balikpapan 158 I C 5
Balis, O. a. Euphrat 64/65 IV C 3
Balkan, Geb. 145 V B/C 2
Balkanländer, Auswanderung nach USA 144 II
Balkanraum 112 I, 130/131 F—H 3/4, 145 V, 145 VI
Balkarer, V 134 I D 2
Balkasch 136 I A 2
Balkaschsee 50/51 I 3, 136 I A 2
Ballane 29 II B 3
Ballas, Ombos 6 I A 2
Ballenstedt 58/59 I I 3
Ballos 18/19 II B 2
Balmas Ujvaros 112 II D 2
—, Plan 140 V A 1
Balta 116/117 I I 4, 130/131 I H 2, 148 I G 4
Balten, Baltische Völker, Aisten 3 I D 1, 48 I D/E 1, 49 I C/D I, 50/51 C/D 2
Baltikum, Ldsch. 74 II
Baltim 138/139 IV B 1
Baltimore 118 I C 2
Baltische Kultur, — Bronzekultur 5 I D 2, 5 II D 2
Baltische Völker, Aisten, V. 3 I D 1, 48 I D/E 1, 49 I C/D 1, 50/51 C/D 2, 160 I, 160 II
Balykesir, Balikesir 130/131 I H 4
Balzheim 120 V D 2
Bamako 132 I B 3
Bamberg, Bm. 88/89 II C 2
—, Bm.-Territ. 122/123 I D 3/4, 128 I C 1/2
—, Ebm. 145 I, 161 IV
—, Kl. 87 I E 2
—, O. 58/59 I I 4, 122/123 I D 4
Bambyke, Hierapolis 22/23 II C 2
Bamoth Baal 8 III B 3
Banasa 38/39 II A 3
Banat (v. Temesvar) 112 II D/E 3, 124 III, 130/131 I G 2, 155 II D 2
Banda-Ins. 111 II F 3
Bändär Abbas, s. Bender Abbas 134 II D 3
Bandjermasin 111 II E 3, 137 II A 2
Bandkeramik-Kulturen 2 I, 4 II
Bandol, Tauroeis 24 II B 3
Bandung 135 II B 1
Bandung-Konferenz 169 I
Baneasa 38/39 I E 2
Baneh 148 III B 2
Bangalur 135 I B 3
Bangi 162 III B 2
Bangka, Ldsch. 72/73 I D 6
Bangkok 136 II B 2, 158 I C 4
Bangla Desh (St.) 162 II B 2, 163 I C/D 1, 164/165 I
Bangor, Bm. i. Wales 88/89 I B 3
Bangor, Kl. u. O. i. Irland 57 II A 2, 110 A 2
Bangor, O. i. Wales 52 I B 2, 110 B 2
Bangweolo-See 132 I D 4
Banijas 64/65 IV A 4, 163 II B 3
Banjaluka 112 II B 3, 130/131 I F 3
Banjamas 135 II B 1
Banjuwangi 135 II C 2
Banna, Bewcastle 40 I B 1
Banomkert 140 V A 2
Bantam, Banten, O. 98/99 I L 8, 135 II B 1
Banten, Staat 135 II B 1
Bantia 30/31 I F/G 4
Bantuneger, V. 132 III
Banu Eretna, Ldsch. 70 II G/H 3
Banz, Kl. 122/123 I D 3
Bapaume 148 II B 1
Baquaten, V. 34/35 I B 3
Bar, Hzm., s. auch Barrois 68/69 I C 4, 95 C 3, 102/103 I D/E 4, 114 C 3
Baranow 156/157 III D 2
Baranowieze, Baranowitschi 148 I G 3, 156/157 I F 3
Barathron 12 VI
Barawa 98/99 IV
Barbados, Ins. 138/139 I G 4
Barbalissus, Meskene Barbalissos 38/39 I G 3, 41 III D 2
Barbareskenstaaten 92/93 I A—E 6/7, 102/103 I B—E 7, 116/117 I B—E 6/7
Barbaricini V. 25 I B 3/4
Barbonicon 46/47 I B 4
Barbosi 38/39 I E 1
Barbuda, Ins. 118 III D 2
Barca, s. auch Barka, O. 9 III B 3
Barcelona, Bm. 88/89 I C 5
—, Gft. ,s. Katalonien 58/59 I D/E 7/8, 64/65 I B 2
—, Barciano, Barcino, O. 38/39 II C 1, 54/55 I C 4, 64/65 I B 2, 64/65 II B 2, 130/131 I C 3, 154 V C 1
—, Plan 42/43 IV
—, Universität 91 V B 2
Barcelonette 68/69 I D 6, 94 II B 2, 116/117 I E 5
Barciano, Barcelona, O. 38/39 II C 1
Bardia 156/157 I F 5
Bardo, Schloß 130/131 I E 4
Bärdorf 77 III A/B 1
Bardowiek 54/55 I E 2, 66 I D 1
Barduli 30/31 I G 3
Bareli 135 I B 2
Barenau 37 II A 1
Barent-See 156/157 I G/H 2
Bargylia 26/27 III B 2
Bargylus mons, Geb. 38/39 I G 3/4
Barhawi 6 II B 1
Bari, Ebm. 88/89 I F 5
Bari, O., s. auch Barium 50/51 C 3, 54/55 I F 4, 56 II B 3, 63 I F 4, 130/131 I F 3
Baria, Vera 38/39 II B 2
Barium, s. auch Bari 30/31 I G 3
Barka, Barca, O. 9 III B 3, 11 II D 2, 50/51 D 4
Barka, Cyrenaica, Ldsch. 50/51 D 4, 112 I C 2, 132 I D 2
Barkal, Djebel 6 I A 4
Barkhoven 56 V B 2
Bar le Duc 58/59 I F 4, 68/69 I C 4, 114 C 1
Barletta, Ebm. 88/89 I F 5
Barletta, O. 63 I F 4
Barmen 145 II
Bärn, Bg., O. 86 I D 2
Barneberg, O. 56 VI B 2
Barnus, Geb. 18/19 I B 1
Baroda 98/99 I H 5, 135 I B 2
Barotseland, Ldsch. 132 I D 4
Barramija 6 I A 2
Barrois mouvant, s. Bar, Hzm. (frz.) 114 C 3
Barsippa, Borsippa, Birs-Nimrud 6 III B 2, 6 IV B 2
Bar sur Aube, O. 95 C 3
—, Messen 83 IV B 2
Bar sur Seine, O. 95 C 3
Bartenstein, O. 74 III E 1, 124 I F 1
Bartfeld, O. 82 I D 2, 106/107 III C 2
Barth 83 II C 1
Barup 142 V B 2
Bärwalde, O. b. Münsterberg 77 III A 1
Bärwalde, O. i. Neumark 121 I, 121 III, 121 IV
Bärwalde, O. i. Pommern 68/69 I I 2
Barygaza 46/47 F 4
Barzdorf 77 III B 2
Basan, Batanaea, Ldsch. 34/35 II C 2, 8 IV C 3
Baschkiren, V. 46/47 III C/D 1, 119 K 3/4
Baschkirische ASSR 150/151 I I 3
Basch Tepe 6 IV B 1
Basel, Bm. 88/89 II B 2
—, Bm.-Territ. 80 II A/B 1, 122/123 I B 5
—- Kanton, 80 II B 1, 130/131 II A 1
—, Messen 83 V B 3
—, Basilia, O., RSt. 40 III A 1, 49 II C 2, 58/59 I G 5, 68/69 I D 5, 80 II B 1, 130/131 II A 1
—, Universität 91 IV B 2
Basken, V. 24 II B 3, 49 II A 3
Baskische Provinz Spaniens 116/117 I C 5, 154 V B 1
Basra, O. 50/51 F 4, 52 III D 3, 72/73 III C 3, 72/73 VI C 3, 98/99 I E 4, 112 I E 2, 148 III B 2
—, Wilajet 134 II C 2
Bas-Rhin, Dép. 122/123 III C 1
Bassae, Bassai 18/19 I B 4
Bassano 58/59 I I 6, 94 I D 2, 94 II D 2
Bassein, O. b. Bombay 135 I B 3
—, O. b. Rangun 135 I D 3
Basses Alpes, Dép. 122/123 III C 2/3
Basses Pyrénées, Dép. 122/123 III A 3
Bassiana 38/39 I C/D 2
Baßleben, Wüstung 56 VI B 2
Basta 30/31 I I 4
Bastar, Staat 135 I C 3
Bastarnae, Bastarnen, Peukiner, V. 24 I D/E 3, 38/39 I E 1
Bastetani V. 38/39 II B 2
Bastia 94 I C 3, 94 II C 3
Bastide-Eze 24 II C 3
Bastoon 6 II B 1
Bastuli V. 38/39 II A/B 2
Basutoland, brit. 138/139 II B 2/3
Batalha 90 I A 3
Batanaea, Basan, Ldsch. 34/35 II B/C 1/2
Bata Pagrae 38/39 I G 2
Batava castra, Passau 38/39 I B 1
Batavi, Bataver, V. 24 I C 2, 41 I A 2
Batavia, s. Djakarta, O. 135 II B 1, 158 I C 5, 158 II C 5, 162 II C 4
Batavische Republik 122/123 III B/C 1
Bath, Aquae Sulis, O. 36 B 2, 110 B 2
Bath, Bm. 88/89 I B 3
Bathnae 41 III C 1
Bathurst, O. i. Gambia 132 I B 3
Bathurst, O. i. Südafr. 138/139 II B 3
Bathys 38/39 I H 2
Batia 30/31 I C 2
Batnae 38/39 I G 3
Batschka, Ldsch. 112 II C 3, 155 II C 2
Batum 112 I E 1, 134 II C 1, 148 II B 1, 149 III D 3, 156/157 I H 4
Baturin 113 G 4
Bauernkrieg 96/97 I
Bauernkulturen, früheste 2 I, 3 II, 3 III
Bauernpartei, deutsche 154 I, 154 II
Bauke 77 III B 2
Bausenhagen 142 IV C 1, 142 V C 1
Bauske 68/69 II C 2, 74 II C 2
Bautzen, kathol. Präfektur 145 I
Bautzen, Ld. 68/69 I H 3
Bautzen, O. 58/59 I L 3, 66 I D 1, 122/123 I F 3, 161 VI
Bavai, Bagacum 36 C 2, 54/55 II C 2
Bavian 6 IV B 1
Bawean, Ins. 135 II C 1
Baxar 135 I C 2
Baycesultan, Beycesultan 5 I D 4
Bayern, Hzm. (siehe auch Baiern) 140 II B 3, 105 I C/D 2/3, 106/107 I F/G 5/6, 106/107 II
—, Kurfsm. 106/107 I F/G 5/6, 122/123 I D/E 4/5
—, Kgr. 124 I C/D 2/3, 128 I, 128 III, 129 I B—E 3—5, 129 II C—F 3—5
—, evang. Landeskirche 161 VII
—, Rep. III, 152 II B—E 3—5, 160 III A/B 3, 161 IV A/B 2
Bayeux, Augustodurum, O. 36 B 3, 58/59 I C 4
Bayeux, Bm 88/89 I B 4
Bay Farm, Ins. 143 IV
Bayonne, Bm. 88/89 I B 5
Bayonne, Lapurdum, O. 36 B 4, 58/59 I C 7, 68/69 III B 3, 92/93 III B 3, 110 B 4
Bayreuth, Fsm. s. auch Ansbach-Bayreuth 96/97 I F/G 4/5, 115 I C 2/3, 122/123 I D/E 3/4, 128 I C/D 1/2
Bayreuth, NS-Gau 155 I B/C 2/3
Bayreuth, O. 68/69 I F 4, 122/123 I D 4, 161 IV B 2
Bayrische Ostmark (NS-Gau) 155 I B/C 2/3
Bayrische Volkspartei (BVP) 154 I u. II
Bayrischer Bauernbund 153 I
Bays Water, Fl. 109 I
Bazas, Bm 88/89 I B 5
Bazas, O. 58/59 I C 6
Beacharra 2 I A 1
Beacharra-Kultur 2 I A 1
Béarn, Ldsch 58/59 I C 7, 102/103 I C 5
Beaucaire 24 II B 3, 86 II C 3, 110 C 4
Beaujeu 95 C 4
Beaumont 110 C 3
Beaune 95 C 4
Beauregard 24 II B 2/3
Beauvais, Bm 88/84 I C 4
Beauvais, O. 54/55 II C 3, 58/59 I E 4, 67 II B 2
Beberstedt 77 IV A 1
Bebra 58/59 I H 3, 161 I, 161 V
Bec, Kl. 87 I C 2
Beccaria, Hft. 94 I C 2
Bechau 77 III B 1
Becherkultur, nordwestdeutsche 2 II B 1
Bechlershausen, Wüstung 77 IV A 1
Bechstedt, Wüstung 77 IV A 2
Beck 142 IV A 2, 143 V A 2
Beckfoor 40 I A 2
Beckum 78 III B 2
Beckumer Berge 37 II A 2
Beda Vicus, Bitburg 40 VI A 2
Bedford 58/59 I C 2, 110 B 2
Bedlington 142 I A 1, 142 III A 1
Bedr 50/51 E 5
Bedriarum 25 I C 1
Beelitz 58/59 K 2
Beerseba, Beerscheba, Birscheba 8 III A 3, 148 III A 2, 162 IV A 2
Beeskow 122/123 I F 2
Begorritis-See 18/19 I B 1
Behesni 64/65 IV B 2
Behneseh 6 I A 2
Behnsdorf 56 VI B 1
Beibasar 112 I D 1
Beiersdorf 77 II
Beilan-Paß 22/23 I E 2
Beinheim 128 I B 2
Beira, O. i. Mocambique 138/139 II C 1
Beira, port. Prov. 116/117 I B 5
Beirode, Wüstung 77 IV A 1
Beirut, Berytus, Biru, Berut, Lardikeia, O., s. auch Berytos 38/39 I G 4, 64/65 IV A 4, 70 II G 4, 130/131 I K 5, 148 III A 2, 150/151 I G 5
Beirut, Wilajet 134 II B 2
Beisan 64/65 IV A 4, 162 IV B 1
Beistandspakte der USA 166 II
Beit el Wali 6 I A 3
Beit Kallaf 6 I A 2
Beja, s. Pax Julia 38/39 II A 2, 126/127 I B 6
Bekescsaba 112 II D 2
Belbina, Ins. 18/19 I D 4
Belem, Para, O. i. Brasilien 164/165 I G 5
Belem, O. i. Portugal 90 I, 90 II A 3
Belerion, Kap 24 I B 2
Belewi 18/19 V A 1
Belfast 110 A 2, 156/157 I C 3
Belfort 95 D 4, 110 D 3, 148 II D 3, 156/157 III B 3
Belgae, Belger, (in England) V. 29 I A 1
—, (in Gallien) V. 29 I B/C 1
Belgard 122/123 I F 1
Belgern 58/59 I K 3
Belgica (röm. Prov.) 36 C/D 2/3, 42/43 I C 1/2
Belgica Vicus, Billig, O. 37 I A 1
Belgien, Bevölkerungsverluste 152 III, 161 III
Belgien, Kgr. 124 III, 126/127 IV A/B 2/3, 128 II—V.

141 I A/B 2/3, 141 II A/B 2/3, 148 I B/C 3/4, 148 II B/C 1/2, 155 II B 1, 156/157 I D 3/4, 156/157 III B 2,164/165 III, 166/167 II/III, 168
Belgier in USA 144 II
Belginum, Hinzerath 37 I A 2
Belgisch-Kongo, Kol. 146 I C/D 2/3
Belgrad, Singidunum 38/39 I D 2, 50/51 D 3, 64/65 I/II D 2, 67 III C 4, 70 II D 2, 96/97 I L 7, 112 I C 1, 112 II D 3, 115 I E 4, 130/131 I G 3, 148 I F 5, 150/151 I F 4, 155 II D 2, 156/157 I F 4, 156/157 III D 3, 160 III D 4
Belize 118 III C 2
Bellac 58/59 I D 5
Bellary 135 I B 3
Bellelay 80 II B 1
Belley, Bm. 88/89 II B 2
Belley, O. 58/59 I F 6
Belli, V. 38/39 II B 1
Bellizona, Bilito 37 I B 3, 49 III A 2, 80 II D 2, 130/131 II B 1
Bellowaci 36 C 3
Belluno, Bm. 88/89 II C 2
Bellunum, Belluno, O. 24 II F 1, 58/59 I K 5, 68/69 I G 5, 94 I E 1, 94 II E 1, 130/131 III D 1
Belminatis, Ldsch. 18/19 I C 4
Belmonte 30/31 I D 1
Belovar 112 II B 3
Belsk 116/117 I H 3
Belt, Großer, Meerenge 113 C 3
—, Kleiner, Meerenge 113 B 3
Belutschistan, Ldsch. 111 II C 1, 116/117 IV A 2, 134 II E 3, 138/139 I N 3, 163 I A 2
Belvedere, O. auf Kreta 10 I B 1
Belz 71 I B 2, 75 D 4
Belzec, NS-Konzentrationslager 155 I E 2
Belzig 122/123 I E 2
Bemaltkeramik-Kulturen 2 I
Bemm 50/51 G 5
Benaket 50/51 H 3
Benares 98/99 I I 5, 111 II D 1, 116/117 IV C 2, 135 I C 2
Bender 75 F 5, 112 I C 1, 119 D 5
Bender Abbas, Bändär Abbas 134 II D 3
Bender Schah 163 II D 3
Bender Schapur 163 II C 3
Bendorf 40 II A 1
Bene 10 III C 1
Benediktbeuren, Kl. 58/59 I I 5
Benediktiner-Kloster, Idealplan 53 III
Beneschau 122/123 I F 4
Benevent, Ebm. 88/89 I E 5
—, Fsm. Hzm. 54/55 I E/F 4, 56 A/B 3, 63 I E 4, 125 I D 3
Beneventum, Benevent, Maluentum, O. 25 I E 3, 30/31 I E 3, 63 I E 4, 94 I F 4, 94 II F 4, 130/131 I E 3
Benfeld 77 I A 2
Bengalen, Ldsch. 98/99 I I/K 5, 111 II D 1, 115 II L 3, 135 I C/D 2
Bengalisches Meer 135 I C/D 2/3
Bengasi, O. 130/131 I G 5, 132 I D 2, 156/157 I F 5, 162 III C 1
—, Prov. 150/151 I E/F 5
Benguella 132 I C 4
Benha 138/139 IV B 2
Beni Hasan 6 I A 2
Beni Margana 54/55 I C 5
Benin, Ldsch. u. V. 98/99 IV, 132 I C 3
Benjamin, Benjaminiten, V. 8 II B/C 2, 8 IV B 4
Benningen, Vic. Murrensium 40 II C 3
Benninghausen 142 IV B 2, 142 V B 2
Bennisch, Bg., O. 86 I D 2
Bentheim, Gft. u. O. 58/59 I G 2, 68/69 I D 2, 122/123 I B 2, 126/127 II A 1
Bentschen 122/123 I F 2
Benuë, Fl. 132 I C 3
Benwel, Condercum 40 I C 2
Berar, Ldsch. 116/117 IV B/C 2
Berar, Staal 135 I B 2
Berat 112 I B 1, 145 V A 2, 145 VI A 2
Beratzhausen 62 III D 3
Beraun, Fl. 122/123 I E/F 3/4
Beraun, O. 122/123 I F 4
Berbach, O. 81 I
Berber, O. 138/139 III B 2
Berber V. 3 I A/B 3
Berbera 98/99 V, 132 I E 3
Berberische Sprache 70 II
Berceto, Kl. 63 II A 2
Berchem 143 Ia u. Ib
Berchtesgaden, Bg., O. 86 I B 3
Berchtesgaden, Kl. 68/69 I G 5
Berchtesgaden, O. 122/123 I E 5, 128 I D 3
Berdan 34/35 II A 3
Berditschew 116/117 I I 4, 156/157 I F 4
Beregra 30/31 I D 2
Berekum 163 IV A 2
Berenike, O. a. d. Straße v. Aden 34/35 I G 5
Berenike, O. a. Golf v. Akaba 29 II B 2
Berenike, Berenice, O. i. d. Cyrenaika 34/35 I E 3
Berenike, Pella, O. i. Palästina 22/23 II C 3
Berenike, O. a. Roten Meer 29 II C 3
Beresina, Fl. 67 III D 2, 125 I E 2
Beresina, O. i. Bessarabien 140 IV A 1
Beresow, O. a. Ob 100/101 I M 1
Beressoff, O. i. Tunesien 130/131 I D 5
Berg, Gft. 68/69 I D 3, 104 II A 2
Berg, Ghzm. 124 I B/C 1/2, 125 I C 2, 126/127 II A/B 1/2
Berg, Hzm., 95 D 2, 96/97 I D 4, 106/107 I D 4, 122/123 I B 3
Berg, O. b. Ulm 120 V C 1
Berga, Erdölfeld 163 III A 3
Bergalei V. 37 I B 3
Bergamo, b. Pergamon 92/93 I H 6, 130/131 I H 4
Bergamo, Bm. 88/89 II B 2
Bergamum, Bergamo, O. 38/39 I B 1, 63 I B 2, 94 I C 2, 94 II C 2, 130/131 III B 2
Bergbauorte 86 II
Berge, O. b. Hamm 142 IV C 1, 142 V C 1
Berge, O. a. Strymon 18/19 II C 1
Bergen, Bm. i. Norwegen 88/89 I D 1
Bergen, Deutsche Brücke, Hansekontor i. Norwegen 84 I B 1, 84 II B 1
Bergen, i. Hessen 40 II B 1, 116/117 III
—, a. d. Nahe 40 II A 2
Bergen, Mons, O. i. Belgien 95 B 2, 104 III A 2
Bergen, O. i. Norwegen 24 I C 1, 92/93 I D 1, 113 B 2, 156/157 I D 2, 156/157 II G 1
Bergen, O. a. Rügen 122/123 I E 1
Bergen-Belsen, NS-Konzentrationslager 155 I B 2
Bergen op Zoom 95 C 2, 104 III B 2
Bergerac 58/59 I D 6
Bergheim 83 III A 1
Bergidum 38/39 II A 1
Bergreichenstein, Bg., O. 86 I B 2
Bergsche Maas, Fl. 96/97 IIId
Bergslagen, Ldsch. 113 C/D 2/3
Bergstadtl i. Böhmerwald, Bg., O. 86 I B 2
Bergstädtl, Ratibořiz, Bg., O. 86 I C 2
Bergues 114 B 2
Bergvölker, westiranische 8 II B/C 2
Bergzabern 122/123 I B 4
Berjesow 98/99 I G 1
Beringersdorf 81 I
Bering-Meer 158 I F/G 1/2, 158 II F/G 1/2
Beringstraße 159 I L 1, 159 II 1
Berkeley-Berge 143 IV
Berkeley, O., Plan 143 IV
Berksee, Wüstung 77 IV A 1
Berl, Baerl 142 IV A 2, 143 V A 2
Berlichingen, Burg 96/97 I E 5
Berlin 68/69 I G 2, 105 I D 1, 115 I C 2, 129 I F 2, 129 II F 2, 152 II E 2, 155 I C 2, 156/157 III C 2, 161 I/II
—, Plan 143 I/II
Berlin, Bm. 161 VI
Berlin-Brandenburg. evang. Landeskirche 161 VII
Berlin-Ost, Pläne 161 I/II, 161 IV B 1
Berlin-West, Pläne 161 I/II, 161 IV B 1
Berlin-Spandau-Kanal 143 I/II
Bermion, Geb. 18/19 I C 1
Bermuda-Ins. 138/139 I F 3, 156/157 II C 3
Bern, Kanton u. O. 80 II B 2, 130/131 II A/B 1
Bernau 92/93 II B 2
Bernay 85 II B 2
Bernburg, O. 122/123 I D 3
Berner (Veroneser) Klause Straßenenge 58/59 I I 6
Bernicia, Ldsch. 57 II B 1/2
Bernkastel, O. u. Amt 80 I C 2
Bernsdorf 77 III A/B 1
Bernterode, Wüstung 77 IV B 1
Beroea, Beroia, s. Aleppo, Haleb 22/23 II C 2, 41 III C 1
Beroea, Berrhoia, O. i. Makedonien 18/18 II B 2, 54/55 I G 4
Beroë, O. Moesia inferior 38/39 I E 2
Beroë, Beroea Traiana Augusta, Stara Zagora 38/39 I E 2
Beroia, Beroea, s. Aleppo, Haleb 26/27 I E 2, 34/35 I F 3
Beromünster 91 II B 2
Berones V. 38/39 II B 1
Berrice 24 I B 2
Berry, Gouv. 122/123 II B 2
Berry, Hzm 92/93 I C 4, 95 A/B 4
Berry, O. 102/103 I D 4
Bersabi 34/35 II B 2
Bersera 41 III C 1
Bertinore, Bm. 88/89 II C 3
Bertiskon, Geb. 18/19 I D 1
Bertunense oppidum 32 V
Bertunum, Birten, Vicus Vetera 32 V
Berut, Beirut 9 D/E 3
Berwick 92/93 I B 2, 110 B 1
Berytus, Berytos, Biru, Berut, Laodikeia, s. auch Beirut 8 IV B 2, 22/23 II C 3
Berzovia 38/39 I D 1
Besa 13 I B 2
Besançon, Ebm. 88/89 II B 2
Besançon, Vesontio, O. 36 D 3, 49 II C 2, 58/59 I G 5, 95 D 4, 114 D 4, 156/157 III B 3
—, RSt. 68/69 I D 5
Besatzungsgebiete nach dem 1. Weltkrieg 152 II
Besatzungszonen i. Deutschland u. Österreich 160 III
Beschbalik 72/73 I B 1, 72/73 II H 3
Besidiae 30/31 I G 5
Besiktepe 4 VII B 2
Beskiden, Geb. 75 C/D 4
Bessapara 38/39 I D 2
Bessarabien, Ldsch. 102/103 I I 4, 119 D 5, 130/131 I H/I 2, 145 V C 1, 148 I G 4, 150/151 I F 4, 156/157 I F 4
Bessica, Ldsch. 38/39 I D 2
Betha Emek 8 III B 2
Beth Aglaim, Adschlul 8 III A 3
Bethania, O. i. Palästina 34/35 II B 3
Bethanien, O. i. SW-Afrika 138/139 II A 2
Betharamphta-Livias 34/35 II B 3
Beth Dagon 8 III B 2
Bethel 8 III B 3, 34/35 II B 3
Bether 8 III B 3
Beth Gamul 8 III B 3
Beth Haran 8 III B 3
Beth Hogla 34/35 II B 3
Beth Jerasch 8 III B 2
Beth Jesimoth 8 III B 3
Bethlehem 8 III B 3, 34/35 II B 3, 64/65 IV A 5, 162 IV B 2
Bethnall Green 109 I
Beth Nimra 8 III B 3
Bethoron 8 III B 3
Beth Pelet 8 III A 3
Beth Pesses 8 III B 3
Bethsaida, Julias 34/35 II B 2
Bethsean, Bethshan, Betschean, Skythopolis 8 III B 2, 22/23 II C 3, 34/35 II B 2
Bethsemes 34/35 II A 3
Bethsura, Bethsur 8 III B 3
Beth Tappuah 8 III B 3
Bethul 8 III A 3
Béthune 95 B 2, 148 II B 1
Betifuli 30/31 I D 3
Bet Proclis 41 III B/C 3
Betschean, s. Bethsean
Betschuanaland, brit. Protektorat 138/139 II B 1/2, 144 V B 2
Beturi, V. 38/39 II B 2
Betuwe, Ldsch 49 II C 1
Betzelsrode, Wüstung 77 IV A 1
Beuron, Kl. 120 V A 2
Beuthen, Fsm. u. O. a. d. Oder 58/59 I L 3, 122/123 I F 3
Beuthen i. Oberschlesien, Bg., O. 86 I E 1
—, Hft. 96/97 I K 4, 106/107 I K 4
—, O. 68/69 I K 3, 106/107 I K 4, 106/107 III B 2, 152 II H 3, 161 IV C 1
Beveren 143 Ia und 143 Ib
Beverley 85 II A 1
Bevern 122/123 I C 3
Bevölkerung der USA 144 II—IV
Bevölkerungspolitik 160 I, 160 II, 160 IV
Bevölkerungsverluste i. d. Weltkriegen 152 III, 161 III
Bewcastle, Banna 40 I B 1
Beycesultan, Baycesultan 5 I D 4
Bezek 8 III B 2
Bezereos 34/35 III B 2
Bezetha, Ot. v. Jerusalem 34/35 V
Béziers, Bm. 88/89 I C 5
Béziers, Baeterrae, O. 24 II A 3, 58/59 I E 7, 110 C 4
Bgeydid 41 III C 2
Bhagalpur 135 I C 2
Bhamo 135 I D 2
Bhapta 34/35 VI
Bharhut 22/23 I I 3
Bhir Mound, Taxila 21 III
Bhonsla von Berar, Hft. 116/117 IV B/C 2
Bhopal 135 I B 2
Bhutan, Ld. 135 I C/D 2, 162 II B 2
Biala 105 I E 2
Bialowies 160 III D 2
Bialystok, Bezirk 155 II D 1
Bialystok, O. 75 D 3, 113 E 4, 115 I E 2, 124 I F 1, 150/151 I F 3, 156/157 III D 2, 160 III D 2
Biberach, O. b. Lahr 77 I B 2
Biberach, RSt. a. Riß 68/69 I E 4, 120 V C 2, 128 I B 2
Bibiensium Vicus, Sandweier 40 II B 3
Bibracte 29 I C 2
Bibrax 29 I B 1
Bicocca 96/97 I E 7, 102/103 I E 5
Bidjapur, Ldsch. 111 II C 2
Bidlis, Bitlis, O. u. Wilajet 134 II C 2
Biecz 82 I D 2
Bieda, Blera 25 II B 2
Biedenkopf 122/123 I C 3
Biel 80 II B 1, 122/123 I B 5
Bielefeld 122/123 I C 2
Bieler See 130/131 II A 1
Bielitz 74 I C 2, 122/123 I H 4,
Biella 94 I C 2, 94 II C 2
Bielsk 75 D 3, 113 E 4
Biesdorf 143 II
Biesern, Plan 76 II
Bietigheim, Vicus Matisonensium 40 II C 3
Bigerriones, V. 36 B/C 4
Bigha, Mütessuryfyk 134 II A 1/2
Bigha, O. 112 I C 1
Big Neshaminy Creek, Fl. 118 II B 1
Bigorre, Gft. 58/59 I C/D 7
Bihar, Bm. i. Ungarn 61 II C 2
Bihar, Ldsch. i. Indien 72/73 V C 2, 98/99 I I 5, 135 I C 2
Bihatsch 96/97 I H 7, 112 I B 1, 112 II A 3
Bikaner 135 I B 2
Bikni, Demawend, Bg. 9 III H 2
Bilbar 58/59 I B 7, 102/103 I C 5, 154 V B 1
Bilbilis 38/39 II B 1
Bile, Bira 64/65 IV C 2
Bilitio, Bellinzona 37 I B 3
Biliton, Ins. 72/73 I D 6
Billig, Belgica Vicus, O. b. Bonn 37 I A 1
Billig, O. b. Trier 40 VI A 2
Billunger-Mark 58/59 I I/K 1/2
Binche 114 C 2
Bingen, Bingium 40 II A 2, 54/55 II E 3, 80 I C 2, 122/123 I B 4, 128 I A 2
Bingerville 146 I B 2
Bingium, Bingen 40 II A 2
Bing Sloot, Fl. 109 II
Bionnos, O. a. Kreta 10 III C 1
Bionnos, O. a. Kreta am Elektros-Fl. 10 III B 1
Biora 25 I B 4
Bira, Bile 64/65 IV C 2
Birdoswald, Camboglanna 40 I B 1/2
Birecik 8 I B 2
Biriciana, Biriciani, Weißenburg a. Altmühl 40 II D/E 2/3
Birka 60 I H 2
Birke 41 III D 2
Birkenfeld, oldenbg. Ldsch. u. O. 129 I B 4, 129 II C 4, 152 II B 4
Birma, Ava, s. Burma 111 II D 1/2
Birma, Staat 163 I D 2/3
Birma-Straße 163 I D/E 2
Birmingham 110 B 2
Birnbaumer Sattel 49 III D 3
Birnthon 81 I
Birosaba 38/39 I F 4
Birrens, Blatobulgium 40 I A 1
Birscheba, s. Beerseba 148 III A 2
Birs-Nimrud, Barsippa 6 III B 2
Birten, Bertunum, Vicus Vetera 32 V, 41 II B 2
Birtley 142 I—III A 2
Birtu 6 IV B 2
Biru, s. Beirut 9 III E 3
Bisaltia, Ldsch. 18/19 I D 1
Bisanthe 16 I D 1
Biscaya, Golf 85 I A 2, 122/123 III A 2
Bisceglie 30/31 I G 3
Bischofsheim, O. b. Mainz 80 I D 2
Bischofsheim, O. b. Würzburg 62 IV C 3
Bisenzio, Visentium 25 II B 2
Biserta, Bizerta 54/55 I D 5, 130/131 I D 4
Biskara 64/65 I B 3, 64/65 III B 3, 116/117 I E 7
Biskra 147 D 5, 163 III B 2
Biskupin 5 II C 2
—, Plan 4 IV
Bislohe 81 I
Bismantova 4 VI A 3
Bismaya, Adab 6 III C 2
Bissi, Geb. 41 III E 2
Bistritz, Bistritza, O. 67 III C 3, 70 II D 1, 112 II F 2
Bistritza, Fl. 112 II F/G 2
Bisungar 22/23 I I 3
Bisutun 14/15 I F 3
Bitburg, Vicus Beda 40 VI A 2, 80 I B 2, 122/123 I B 4
Bit-Hadippa 6 IV B 1
Bithguer, V. 10 II F 1, 16 I E/F 1
Bithynia, röm. Provinz 29 IV B/C 1
Bithynia et Pontus, röm. Provinz, Regnum Bospori (zu Bithynia) 28 II D/E 2, 38/39 I F 2, 38/39 I G 1/2
Bithynien, Ldsch. 9 III C/D 1 28 I D/E 1
Bitlis, Bidlis 134 II C 2, 148 III B 2
Bitolia, Bitolj, Monastir 145 VI B 2
Bitsch 95 D 3, 114 D 3
Bittendorf 77 III B 2
Bitterfeld 122/123 I E 3
Bitterseen, ägyptische 6 I A 1
Bitter-Seen b. Sues 138/139 IV C 2
Bituriges, Bourges, O. 42/43 I C 2
Bituriges, V. um Bourges 29 I B 2
Bituriges Vivisci, Biturigen, Bituriges, Virisci (um Bordeaux) V. 36 B 3
Bituriza 30/31 I B 1
Bizerta, Bizerte, Biserta 54/55 I D 5, 102/103 I E 6, 130/131 I D 4, 156/157 I D 5
Bizye 38/39 I E 2
Bjelaja, Fl. 119 I/K 3/4
Bjelaja Zerkow 75 F 4, 113 G 5
Bjelgorod 119 F 4, 156/157 I G 3
Bjeloje-See 119 F 2
Bjeloosero 92/93 I K 2, 116/117 I L 2

Bjelosensk 126/127 I L 2
Bjelyj 156/157 I G 3
Bjelyjgorod, Ot. v. Moskau 105 IV
Björkoe 145 IV
Björneborg, Pori 92/93 I G 1, 113 E 2
Black Callerton 142 I—III A 1
Blackwater, O. 102/103 I B 3
Bladenhorst 142 IV/V B 1
Blagowjeschtschensk 136 I F 1, 149 IV F 2
Blanco, Kap 132 I B 2
Blanda, O. i. Lucanien 30/31 I F 5
Blanda, O. i. Tarraconensis 38/39 II C 1
Blandona 30/31 I F 1
Blankenburg, Bg., O. 86 I A 1, 122/123 I D 3
Blankenburg, Ot. v. Berlin 143 II
Blankenheim, Kl. 80 I B 1
Blankenstein 142 IV B 2, 142 V B 2
Blatobulgium, Birrens 40 I A 1
Blauer Nil, Fl. 132 I D 3
Blaundus, Blayndos 38/39 I E 3, 22/23 II A 2
Blavet 110 B 3
Blaydon 142 I—III A 2
Bleidenstadt, Kl. 80 I D 1
Blekinge, Ldsch. 96/97 I H 1, 113 C/D 3
Blemmyer, V. 34/35 I F 4, 42/43 I E/F 4/5, 42/43 II E 4
Blera, Altamura, O. i. Apulien 30/31 I G 4
Blera, Bieda, O. i. Toscana 25 II B 2
Blesen, Kl. 88/89 III B 1
Blies, Fl. 40 II A 2
Blindheim 122/123 I D 4
Bloemfontain 138/139 II B 2, 144 V B 2
Blois, Gft. u. Schloß 58/59 I D/E 5, 92/93 III C 2, 104 I C 3
Bludenz 96/97 I E 6
Blumenegg, Hft. 122/123 I C 5
Blumenthal, O. 77 III B 2
Blyth, Fl. 142 I—III A 1
Blyth, O. 142 I—III A 1
Bobbio, Bm. 88/89 II B 3
Bobbio, Kl. 52 II C 3, 63 I B 2
Bober, Fl. 58/59 I L 3, 122/123 I F 3
Böblingen 96/97 I E 5
Bobruisk 156/157 I F 3, 156/157 III D 2
Bocchetta-Paß 63 I B 2
Bochnia, Salzberg, Bg., O. 86 I F 2, 113 E 5
Bochum 56 V B 2, 142 IV B 2, 142 V B 2
Böckelheim, Pfalz 58/59 I G 4
Bockenem 81 III B 2
Böckingen 40 II C 2
Bockum 142 IV C 1
Bockum-Hövel 142 V C 1
Boconti, s. Vocontii, V. 41 IV
Bod-dschi, Tibeter, V. 46/47 II E/F 3/4
Bode, Fl. 81 III B 2
Bodelschwingh 142 IV B 1, 142 V B 1
Bodendorf, Wüstung 77 IV A 1
Bodenmais, Bg., O. 86 I B 2
Bodensee, Lacus Venetus, See 37 B 3, 80 II D 1, 128 I B 3
Bodersweier 77 I A 1
Bodfeld, Botfeld, Pfalz 62 III D 2
Bodman, Pfalz 58/59 I H 5
Bodrog 2 II D 2
Bodrog-Keresztur-Kultur 2 II D 2
Boechout 143 I b
Boele 142 IV B 2, 142 V B 2
Boerengat, Fl. 143 I a
Bogazköy, Boghazköj, Hattusas, Hattusa 8 I A 1/2, 9 III D 2
—, Plan 7 VIII
Bögge 56 V B 1
Boghar 34/35 III A 1
Bogomilen, Sekte 64/65 I und III
Bogotá 118 III D 2, 133 II B 1
Böhmen, Hzm. 58/59 I K-M 3/4, 60 I G/H 3/4
—, Kgr. 66 I D/E 1/2, 68/69 I G—I 3/4, 70 I D/E 1/2, 71 III L 1/2, 74 I B/C 2, 86 I B—D 1/2, 92/93 I E/F 3/4, 92/93 II B—D 3/4, 96/97 I G—I 4/5, 104 II B/C 2/3, 105 I D/E 2, 115 I C/D 2/3
Böhmen, Tschechen, V. 54/55 I E/F 3
Böhmen-Mähren, Protektorat 155 I C/D 2/3
Böhmerwald, Geb. 74 III C 2
Böhming 40 II E 3
Bohnsdorf 143 II
Bohuslän, Ldsch. 113 C 3
Boiai 18/19 I D 5
Boian 3 II D 2
Boian-Kultur 2 I D 2
Boibe, O. a. Kreta 10 III B 2
Boibe, O. i. Thessalien 18/19 I C 2
Boibeis-See 18/19 I C 2
Boii (Bojer), Gallien 29 I B 2
Boinoa 18/19 I B 4
Boion, Geb. 18/19 I A 1
Boion, O. 18/19 I C 3
Boiota, Ldsch. 18/19 I C/D 3, 18/19 IV, 20 III
Bojador, Kap. 98/99 IV, 132 I B 2
Bojer, Boiil (Gallien), V. 24 I C 3
—, (Donauland) 24 I D 3, 38/39 I C 1
—, (Italien) 24 I D 3, 25 I C 1
Bokel 140 III
Bokelermoor, O. 140 III
Boksburg 144 V B 2
Bolae 30/31 II B 2
Bolama 146 I B 2
Bolander Flöß-Bach 121 V
Bolan-Paß 22/23 I H 2/3
Bolbe-See 18/19 I D 1
Bolbitinische Nil-Mündung 29 II B 1
Bolentium 38/39 I C 1
Boliden 150/151 I F 2
Bolissos 18/19 I F 3
Bolivien, Staat 133 II B/C 2/3, 164/165 III, 166/167 II und III, 168
Bollrode, Wüstung 77 IV A 2
Bollstedt 77 IV B 2
Bologna, Bm. 88/89 II C 3
—, O., s. auch Bononia, Felsina 4 VI C 2, 53 I A 1, 58/59 I I 6, 63 I C 2, 68/69 I F 6, 94 I D 2, 94 II D 2, 130/131 I E 3, 156/157 III C 3
—, Universität 91 V C 2
Bolschewistische Revolution 149 I—IV
Bolsena, Volsinii 24 II F 3, 63 I C/D 3
Boma 132 I C 4
Bomarzo 25 II C 2
Bombay 98/99 I H 6, 135 I B 3
Bömelburg, von, Reichsritter 120 V D 2
Bona, Bône, s. Hippo Regius 34/35 III B 1, 64/65 I u. II B 3, 102/103 I E 6, 130/131 I D 4, 156/157 I D 5, 163 III B 1
Boneitoi 18/19 V B 1
Bönen 142 IV u. V C 1
Boneweg, Kl. 80 I B 2
Bonifacio 94 I u. II C 4
Bonin, Ins. 137 I E 3, 158 I E 3
Bonna, Bonnac, Bonn 37 I A 1, 68/69 I D 3, 122/123 I B 3, 126/127 II A 2, 129 II C 3, 161 IV A 1
Bonndorf 128 I B 3
Bononia, Bologna, Felsina 4 VI C 2, 24 II E 2, 25 I C 1
Bononia, Gesoriacum, Boulogne 36 C 2
Bononia, Vidin 38/39 I D 2
Boofzheim 77 I A 2
Bootaxt-Kultur 2 II C/D 1
Boothby 40 I B 2
Böotien, s. Boiotia, Ldsch. 18/19 IV
Bopfingen, RSt. 81 II C 2, 122/123 I D 4, 128 I C 2
Boppard, Boudobriga, O. 40 II A 1, 54/55 II E 2
—, Oberamt 80 I C 1
Bor 8 I A 2
Borbeck 142 V A 2
Borbetomagus, Worms 40 II B 2
Borcovicium, Housesteads 40 I B 1
Bordeaux, Ebm. 88/89 I B 5
—, Burdigala, O. 36 B 4, 49 II A 2, 58/59 I C 6, 66 I A 3, 68/69 III B 2, 104 I B 4, 156/157 III A 3
—, Universität 91 V A 2
Boresti, V. 36 B 1
Borg 60 I G 2
Borgå 75 E 1
Borgerhout 143 I a/b
Börgermoor, O. 140 III
Börglum, Bm. 88/89 I D 2
Borgzarour 41 III C 2
Borissow 113 F 4, 125 I E 2
Boritz 56 IV
Bork 142 IV B 1, 142 V B 1
Borken 78 III A 2
Borkendorf 77 III B 2
Borku, Ldsch. 132 I C/D 3
Borkum, Burcana, Ins. 41 II B 1, 122/123 I B 2
Bormio 80 II E 2, 94 I D 1, 94 II D 1, 130/131 III C 1
Bormiskos 18/19 II C 2
Borna 77 II
Borneo, Kalimantan, Ins. 72/73 I D/E 5/6, 98/99 I L/M 7/8, 100/101 VIII A 2/3, 111 II E 2/3, 137 I C 4/5, 137 II A 1/2, 158 I C 4/5, 158 II C 4/5, 162 II C 3/4
Bornholm, Ins. 54/55 I E/F 1, 113 C/D 3, 156/157 III C 2
Bornhöved 66 I D 1
Bornu, V. u. Ldsch. 98/99 IV, 132 I C 3
Borobudur, Tempel 72/73 I D 6, 72/73 IV C 4
Borodino, O. i. Bessarabien 140 IV A 1
Borodino, O. b. Moskau 119 F 3
Borowa, Joachimsthal, Bg., O. i. Ungarn 86 I D 2
Borsbeek, O. 143 Ia, 143 Ib
Borshom 134 I D 3
Borsippa, Barsippa, Birs-Nimrud 6 III B 2, 6 IV B 2
Borysthenes, Dnjepr, Fl. 34/35 I F 1/2
Bosa 63 I B 4
Boscoreale 30/31 III B 1
Bosna, Fl. 58/59 I M/N 6/7
Bosniaken, V. 150/151 II
Bosnien, Bm. 88/89 I F 5
Bosnien, Rama, Ldsch. 64/65 I C 1, 64/65 II C 2, 66 I E 3, 92/93 I F 5, 112 I B 1, 130/131 I F 3, 145 V A 2, 145 VI A 2
Bosnier, V. 54/55 I F 4
Bosporanisches Reich, Bospori regnum 20 I F/G 1/2, 24 I F 3, 38/39 I G 1/2
Bosporos, Pantikapaeon, Kertsch, O. 16 II G 1, 52 III C 2
Bosporus Cimmerius, Meerenge b. Istambul 38/39 I E 2
Bosporus Thracius, Meerenge b. Istambul 38/39 I E 2, 92/93 I H 5, 130/131 I H 3
Bosra 64/65 IV B 4
Bossendorf 56 V B 1, 142 IV B 1, 142 V B 1
Bost 50/51 H 4
Boston, O. i. Amerika 118 I C 1, 133 III F 2
Boston, O. i. England 85 I A 1, 110 B 2
Bostra 38/39 I G 4
Bosworth 92/93 I B 3
Botfeld, Bodfeld, Pfalz 62 III D 2
Bothwell, Schloß 102/103 I C 2
Botscha, Bg., O. 86 I E 2
Bottaike 18/19 II B 2
Bottiaia, Ldsch. 18/19 II B/C 2
Bottiaier, V. 10 II C 1
Bottnischer Meerbusen 68/69 II A/B 1, 113 D/E 1/2
Bottrop 56 V A 1, 142 IV A 1, 142 V A 1
Botwood 156/157 II D 2
Bouc 85 I B 2
Bouchout 143 Ib
Bouches du Rhône, Dép. 122/123 III C 3
Boudobriga, Boppard 40 II A 1
Bougainville, Ins. 137 I E 5, 158 II E 5
Bougie, s. auch Budschaja, Bugia, Saldae 34/35 III B 1, 64/65 I—III B 3, 102/103 I E 6, 130/131 I C/D 4, 156/157 I D 5, 163 III A/B 1
Bouillon, Hzm. 95 C 3, 104 III B 3
—, O. 58/59 I F 4, 114 C 3
Boulogne, Gft. 95 A 2
Boulogne, Bononia, Gesoriacum, O. 34/35 I C 1, 36 C 2, 58/59 I D 3, 95 A 2, 114 A 2, 148 II A 1
Boulonnais, Gouvernement 122/123 II B 1
Bounty-Ins. 100/101 VIII E 5, 138/139 I 57
Bourbon, Gft. 58/59 I E 5
Bourbon, Hzm. 95 B 4, 110 C 3
Bourbon, O. i. Frankreich 58/59 I E 5, 110 C 3
Bourbon, Réunion, Ins. 111 II B 4
Bourbonnais, Gouv. 122/123 II B 2
Bourg en Bresse 95 C 4, 114 C 4
Bourges, Avaricum, O. 29 I B 2, 36
—, Bituriges, O. 42/43 I C 2
—, Ebm. 88/89 I C 4
—, Gft. 58/59 I E 5
—, Universität 91 V B 2
Bourgneuf 49 II A 2
Bourgogne, Gouv. 122/123 II C 2
Bourgogne, Ldsch. 102/103 I D 4
Bourgogne, s. Burgund, Hzm. 95 B/C 4
Bourg St. Andeol 44 I B 2
Bou Sâada 34/35 III A 1
Bouvet-Ins. 164/165 IV
Bouvines 66 I B 1
Bovianum Undecimanorum 30/31 I E 3
Bovianum vetus 30/31 I E 3
Bovillae 30/31 II B 2
Bovino 63 I E 4
Boxdorf 81 I
Boyle, Kl. 87 II A 2
Boybeyipunaris 8 I B 2
Boyne, Fl. 116/117 I B 3
Boyneburg, Pfalz 62 II B 2
Bozen, O. 49 III B 2, 58/59 I I 5, 68/69 I F 5, 130/131 I E 2, 150/151 I E 4
—, Messen 83 V C 3
Bozüyü-Kultur 2 I E 3
Brabant, Hzm. 68/69 I C 3, 95 C 2, 104 III B 2
Brabanter Recht 78 IV B 2
Bracara Augusta, Braga 38/39 II A 1
Bracciano 53 I B 2
Brackel 142 IV C 1, 142 V C 1
Bradanus, Fl. 30/31 I G 4
Bradford 110 B 2
Braga, Ebm. 88/89 I A 5
Braga, Bracara Augusta, O. 38/39 II A 1, 92/93 I A 5, 102/103 I B 5
Braganza 92/93 I A 5, 102/103 I B 5
Brake, Fl. 106/107 I I/K 3
Brahmanen, Religion 137 III A 2/3
Brahmaputra, Fl. 135 I C/D 2
Braila 75 F 5, 102/103 I I 4, 148 I G 4
Brakpan 144 V B 2
Brand, O. 81 I
Brandeis 106/107 I H 4
Brandenburg, Bm. 88/89 II C 1
Brandenburg, Bm., Territ. 68/69 I G 2
Brandenburg, Mgft., Kurfsm., Kur-Brandenburg 68/69 I F—H 2, 70 I D 1, 71 III C 1, 96/97 I F—I 3/4, 115 I
Brandenburg, Ld. 160 III B 2, 161 IV B 1
Brandenburg, Mark, NS-Gau 155 I B/C 2
Brandenburg, Mgft. (= Fsm. Ansbach 81 I
Brandenburg, O. i. Brandenburg 58/59 I K 2, 75 B 3, 122/123 I E 2
Brandenburg, O. i. Preußen 68/69 II B 2
Brandenburg, preuß. Prov. 152 II E/F 2/3
Brandenburg-Pommern, kath. Delegatur 145 I
Brandis 77 II
Branitschewo 64/65 I D 2
Branodunum 36 C 2
Braschaat 143 Ia u. Ib
Brasilia, O. 164/165 I G 5
Brasilien, portug. Kol., Vizekgr. 111 I C—E 3/4 1118 III E/F 2—4
—, Staat 125 II, 133 II B—D 1—3, 164/165 III 166/167 II u. III, 168
Braslaw-Fsm. 56 II B 2, 58/59 II C/D 3
Brașov, Brasso, s. Kronstadt 150/151 I F 4
Bratananium, Gauting 37 I C 2
Bratislava, s. Preßburg 150/151 I E 4
Brattia, Ins. 38/39 I C 2
Bratuspantium 29 I B 1
Braunau, O. i. Böhmen 122/123 I G 3
Braunau, O. a. Inn 122/123 I E 4
Braunsbach 81 I
Braunsberg, O. 68/69 I K 1, 104 IV A 2, 105 I E 1
Braunschweig, Hzm., s. auch Welfisches Land 81 III A/B 1/2, 122/123 I C/D 2/3, 128 III, 129 I C/D 2/3, 129 II D/E 2/3
Braunschweig, O. 58/59 V B 1, 68/69 I F 2, 122/123 I D 2
Braunschweig, Ld. Rep. 152 II C/D 2/3
Braunschweig-Calenberg, Hzm. 96/97 I E 3/4
Braunschweig-Göttingen, Hzm. 68/69 I E/F 3
Braunschweig-Grubenhagen, Hzm. 68/69 I F 3
Braunschweig-Lüneburg, Hzm. 68/69 I E/F 2, 96/97 I E/F 3
Braunschweig-Wolfenbüttel, Hzm. 96/97 I E/F 3/4
Brauron 13 I B 2
Bravonium 36 B 2
Brazlaw 71 III D 2, 113 F 5
Brazza, Ins. 94 I G 3, 94 II G 3
Brazzeville 132 I C 4, 162 III B 3
Brea 18/19 E 1
Brechin, Bm. 88/89 I B 2
Breda 68/69 I C 3, 78 IV B 2, 95 C 2, 104 III B 2
Bredelar, Kl. 88/89 III A 1
Bredenei, Bredeney 142 IV A 2, 142 V A 2
Bregenstedt 56 VI B 1
Bregenz, Brigantium 37 I B 3, 49 III A 2, 122/123 I C 5
Breidafjord 57 III A 1
Breisach, Drisiacus mons, O 37 I A 2, 95 D 3, 144 D 3, 122/123 I B 4
Breisach, Neu-, O. u. Festung, Plan 120 II
Breisgau, Ldsch. 68/69 I D/E 5, 95 D/E 4, 114 D 3/4, 115 I B 3, 128 I A/B 2/3
Breitenbich 77 IV A 1
Breitenfeld 106/107 I G 4
Breme, Kl. 87 I D 2
Bremelau 120 V C 1
Bremen, evang. Landeskirche 161 VII
Bremen, Ebm. 56 I B 1, 61 I B 2, 88/89 II B 1
—, Ebm. Territ. 68/69 I E 2, 104 II A 2
—, Hzm. 106/107 I E 3, 122/123 I C 2
Bremen, Ld. 152 II C 2, 160 III A 2
Bremen O., RSt. 54/55 I D 2, 68/69 I E 2, 105 I C 1, 122/123 I C 2, 125 I C 2, 129 I C 2, 129 II D 2, 156/157 III B 2
Bremen-Verden, Hzm. (schwed.) 113 B 4
Bremenium, High Rochester 40 I B/C 1
Bremerhaven 129 II D 2, 161 IV A 1
Bremervörde 83 II A 2
Bremetennacum, Ribchester 36 B 1
Brenne, Fl. 29 V
Brenner, Paß 37 I C 3, 49 III B 2, 156/157 III C 3
Breseia, Bm. 88/89 II C 2
Brescia, O. 49 III B 3, 63 I C 2, 94 I D 2, 94 II D 2, 130/131 III C 2
Breslau, Bm. 88/89 II D 1, 145 I
Breslau, Ebm. 161 VI
Breslau, Fsm. 122/123 I G 3
Breslau, Messen 83 V D 2
Breslau, O. 60 I H 3, 61 II B 1, 68/69 I I 3, 75 C 4, 105 I E 2, 115 I D 2, 129 I G 3, 156/157 III C 2, 160 III C 2
—, Markt Ring), Plan 82 III
Bresse, Ldsch. **95 C 4**, 114 C 4
Brest, Gesocribate, O. i. d. Bretagne 36 B 3, 68/69 III A 1, 110 B 3, 156/157 II F 2, 156/157 III A 3
Brest Litowsk, Brešć 67 III C 2, 71 I B 2, 75 D 3, 113 E 4, 116/117 I H 3, 148 I F 3, 150/151 I F 3, 155 II D 1, 156/157 III D 2, 160 III D 2
Brest Litowsk, Frieden 149 I
Bretagne, Gouv. 122/123 II A 1/2
Bretagne, Ldsch. 48 II A 2, 54/55 I B 3
—, Hzm. 58/59 I A/C 4/5, 66 I A 2, 66 II B 3, 92/93 I B 4, 92/93 III B 1/2
Bretigny 68/69 III C 1
Breton, Kap 116/117 II F 2
Bretonen, Kelten, V. 48 I A 2, 49 II A 1/2
Bretonische Mark 54/55 I B 3
Bretten 114 E 3, 128 I B 2
Breuci, V. 38/39 I C 1
Breuni V. 37 I C 3

Breusch, Fl. 77 I A 1
Brevnow, Kl. 87 I E 1
Briançon 110 D 4
Briansk, Bm 88/89 I I 3
Brieg, Fsm. 122/123 I G 3
Brieg, O. 75 C 4, 82 I C 2, 122/123 I G 3
Brielle 68/69 I C 3, 95 C 2, 96/97 III a—d, 104 III B 2
Brienne, O. i. Bessarabien 104 IV B 2
Brienz 80 II C 2
Brienzer See 80 II B 2
Bries, Bg., O. 86 I E 2
Briey 148 II C 2
Brigaecium 38/39 II A 1
Brigantes, V. i. Nordengland 36 B 2
Brigantii, V. a. Bodensee 37 I B 3
Brigantio 24 II C 2
Brigantium, Bregenz 37 I B 3
Brigantium i. Gallaecien 38/39 II A 1
Brigetio 38/39 I C 1
Brighton 110 B 2
Brigittenau. Ot. v. Wien 109 V
Brigobane. Hüfingen 37 I B 3
Brilon 122/123 I C 3
Briloner Höhen 37 II A 2
Brindisi, Ebm. 88/89 I F 5
Brindisi, O. 56 II B 3, 63 I F 4, 64/65 I C 2, 64/65 II C 2, 130/131 I F 3
Briona 24 II D 2
Brioude 58/59 I E 6
Brisbane, O. i. Australien 137 I E 6, 137 II C 3
Brisbane, Ot. v. S. Francisco 143 IV
Brisiacus mons, Breisach, O. 37 I A 2
Bristol 58/59 I B 3, 110 B 2
Britanni, V. 29 I A/B 1
Britannia, röm. Prov. 34/35 I B/C 1
—, I et II, röm. Prov. 42/43 I B/C 1
—, Inferior, röm. Prov. 36 B/C 2
—, Superior, röm. Prov. 36 A/B 2
Britanniae, röm. Diözese 42/43 I B/C 1
Britannicus oceanus, Der Kanal 36 B 2/3
Britannien, Ld. 24 I B/C 2, s. auch Albion 34/35 VI
Briten, V. 48 I A 1, 50/51 A 2/3
Britisch-Afrika 111 I, 125 II, 132 I, 138/139 I—IV, 146 I
Britisch-Amerika 111 I, 115 II, 116/117 II,, 118 I—III, 125 II, 133 I—III, 138/139 I
Britisch Columbia, kanad. Provinz 133 I B 2, 133 III A/B 1/2
Britisch-Hinterindien 125 II, 136 II, 138/139 V
Britisch-Honduras, Ldsch. 138/139 I E 4
Britisch-Indien 111 II, 115 II, 116/117 IV, 125 II
—, Vizekgr., Kaiserreich 135 I, 138/139 I
Britisch-Nord-Borneo, Kol. 138/139 I P 4
Britisch-Ostafrika, Kol. 132 I D/E 3/4, 138/139 I L/M 4/5
Britisch-Somaliland, Kol. 132 I E 3, 138/139 I M 4
Britische Besatzungszone Deutschlands 160 III A/B 2
—, Österreichs 16 III B/C 3
Britischer Common Law 124 III
Britischer Einfluß in Persien 134 II
Britischer Sektor v. Berlin 161 II
Britisches Empire 138/139 I—IV
Britolagae V. 38/39 I E 1
Britz 143 II
Brixellum, Brixillum 25 I C 1
Brixen, Bm. 88/89 II C 2
Brixen, Bm., Territ. 96/97 II C 3, 106/107 I F 6
Brixen, O. 58/59 I I 5, 68/69 I F 5, 130/131 III C 1
Brixia, Brescia 38/39 I B 1
Brixillum, Brixellum 25 I C 1
Brjansk, O. 71 I D 2, 119 E 4, 156/157 I G 3
Brno, s. Brünn 150/151 I E 4
Brocomagus, Brumath 40 II A 3
Brod 145 V A 1
Brody 115 I F 2, 156/157 III D 2
Broggingen 77 I A 3
Brogne, Kl. 87 I C 1
Brohl, ad Fines 37 I A 1
Broich 142 IV A 2, 142 V A 2
Bromberg, Bydgoszcz 74 I C 1, 74 III D 1, 106/107 I I/K 3, 106/107 III B 1, 122/123 I G 2, 124 I E 1, 129 I G 2, 152 II G 2, 155 I D 2, 160 III C 2
Bromley 109 I
Brompton 109 I
Brömsebro 113 D 3
Bronzezeit 4 IV—VII, 5 I u. II
Brooks, Ins. 143 IV
Brouage 110 B 3
Brou en Bresse, Kl. 95 C 4
Browney, Fl. 142 II u. III A 2
Broxbouyn 1 V B 1
Bruchhausen, Bruckhausen 142 IV A 1
Bruchhauser Steine 41 II C 2
Bruchium, Ot. v. Alexandria 26/27 V
Bruchsal 58/59 I H 4, 128 I B 2
Bruck a. d. Mur 58/59 II B 2, 75 B 5, 122/123 I F 5
Bruck, O. a. Regnitz 81 I
Bruckhausen 142 V A 1
Brucksteine, O. 77 III A 2
Bructeri, Burcturi, Brukterer, V. 37 II A 1/2, 41 II B/C 2
Brugg, O. a. Aare 80 II C 1
Brügge, Hansekontor 84 I A 3, 84 II A 3
—, O. i. Flandern 68/69 I B 3, 68/69 III C 1. 78 IV A 2, 85 II C 1, 86 II C 1, 95 B 2, 96/97 III a—d, 104 III A 2, 126/127 IV A 2
—, Plan 79 IV
Brügge, O. b. Kamen 142 IV C 1, 142 V C 1
Brüggen 62 III C 1
Brugnato, Bm. 88/89 II B 3
Brukterer, V. 52 II B 2
Brumath, Brocomagus 40 II A 3
Brunanburh 57 II B 2
Brundisium, s. auch Brindisi 25 I F 3
Bruneck 106/107 I F 6
Brunei, brit. Kol. 137 I C 4, 138/139 I P 4, 158 I C 4, 158 II C 4, 162 II C 3
Brunkeberg, Berg 84 II D 2
Brünn, Brno 1 IV C 2, 54/55 I F 3, 75 C 4, 105 I E 2. 122/123 I G 4, 156/157 III C 3. 160 III C 3
—, Plan 82 V
Brunnen, O. 80 II C 2
Brünschwitz 77 III B 2
Brussa, Prusa 38/39 I E 2, 64/65 II D 2, 70 II E 2, 130/131 I H 3
Brüssel 68/69 I C 3, 85 II C 2, 95 C 2, 104 III B 2, 115 I A 2, 122/123 III C 1, 126/127 I D 3, 126/127 IV B 2, 148 II C 1, 156/157 I D 3
Brutti, Bruttii, Bruttier V. 17 I E 1/2
Bruttium, Ldsch. 25 III B 1
Brüx 92/93 II B 3
Bry Kunda 10 II E 4
Bryseai, Brysiai 13 II A 1
Bubanj 2 I D 2
Bubastis 6 I A 1
Bubusti 18/19 II A 2
Buca 30/31 I E 2/3
Buch. Kl. i. Sachsen 88/89 III B 1
Buch, O. b. Nürnberg 81 I
Buch, O. i. Württ. 40 II D 3
Buchara, Chanal 134 II E/F 1/2
Buchara, O 50/51 H 4, 52 III E 3, 72/73 II F 4, 72/73 III E 3, 72/73 VI E 3, 98/99 I G 4, 134 II E 2
Buchau, RSt. 5 II B 3, 68/69 I E 4, 120 V C 2
—, Kl., Territ. 120 V B/C 2
Büchen 161 I, Karte V
Buchenwald, NS-Konzentrationslager 155 I B 2
Buchheim 77 II
Buchhorn, Friedrichshafen, RSt. 80 II D 1, 122/123 I C 5, 128 I B 3
Buchhorst 161 I, Karte V
Buchsdorf 77 III B 2
Bückeberg, Bg. 155 I B 2
Bückeberge, Geb. 37 II B 1
Buckenhof 81 I
Buckingham, Palast i. London 109 I
Buckow, Kl. 88/89 III C 1
Buckow, Ot. v. Berlin 143 II
—, O. b. Küstrin 121 III u. IV
Bucks, County 118 II B 1
Buconica, Nierstein 40 II B 2
Buczacz 113 F 5, 148 I G 4
Buda, Ofen, Ofen-Pest, Buda-Pest, Budapest 85 III C 2, 112 II C 2, 130/131 I F 2, 156/157 III C 3
Budberg, O. 142 IV A 1, 142 V A 1
Buddhismus, nördl., Mahayana, Lamaismus, Religion 52 III E—G 2—4, 72/73 IV u. VI, 137 III
Buddhismus, südl., Hynayana, Religion 52 III E—G 2—4, 72/73 IV u. VI, 137 III
Büderich, O. b. Unna 142 IV C 1, 142 V C 1
—, O. b. Wesel 37 I A 1, 142 IV A 1, 142 V A 1
Buderon 13 I A 2
Budetsch 58/59 I L 4
Budin 126/127 III E 2
Budiner, V. 14/15 VI
Büdingen 122/123 I C 3
Budoron, Buderon, O. 13 I A 2
Budoros, Fl. 18/19 I D 3
Budow, Ot. v. Berlin 143 II
Budschaja, Bougie, s. auch Saldae 64/65 I—III B 3, 130/131 I C/D 4
Budweis 86 I C 2, 122/123 I F 4
Buea 132 I C 3
Buena Vista 133 I C 3
Buenos Aires, O. 118 III D 4, 133 II C 3
Buenos Aires, Staat 133 II B/C 3
Buer 142 IV B 1, 142 V B 1
Buffalo 133 III F 2
Bug, Fl. i. Polen 61 II C 1, 67 III C 2, 116/117 I H 3
Bug, Hypanis, Fl. i. Ukraine 24 I E/F 3, 67 III D/E 3, 112 I C/D 1, 130/131 I H/I 2, 155 II D/E 2
Bugey, Ldsch. 114 C 5
Bugia, Budschaja, Bougie, Saldae 34/35 III B 1, 64/65 I—III B 3, 102/103 I E 6, 130/131 I C/D 4
Buguruslan 163 II D 1
Buhen 6 I A 3
Bui 163 IV A 1
Buiksloot 109 II
Buitenzorg 135 II B 1
Buka, Ins. 158 II E 5
Bukarest 75 E 5, 92/93 I H 5, 112 I C 1, 130/131 I H 3, 148 I G 5, 156/157 III D 3
Bukation 18/19 I B 3
Bukephala 22/23 I I 2
Bukolianoi 18/19 V B 1
Bukowina Ldsch. 113 F 5, 115 I F 3, 130/131 I H 2
Bukowina, Nord-, Ldsch. 160 III E 3
Bulak. Nilinsel 98/99 III
Bulawayo 138/139 II B 2
Buleleng 135 II D 2
Bulgar, O. 50/51 F 2, 52 III D 2, 57 I G 2, 72/73 II D 2, 72/73 III C 1
Bulgaren. Onoguren, Wolga-Bulgaren, V. 46/47 III D 1, 48 II D/E 2, 49 I D/E 2, 50/51 D 3, 50/51 E/F 3, 50/51 F/G 2, 67 III, 150/151 II, 153 V, 161 I
Bulgaren in Bessarabien, V. 140 IV
Bulgarenreich, Bulgaren 54/55 I G/H 3/4, 56 II C/D 3, 61 II C 2, 64/65 I D 2, 64/65 II D 2, 66 II D/E 3, 70 II D/E 2, 71 II B/C 3
Bulgarien, Bevölkerungsverluste 152 III, 161 III
Bulgarien, Fsm., Kgr. 128 V, 130/131 I G/H 3, 145 III—VI B/C 2, 148 I F/G 5, 150/151 I F 4, 155 II D 2, 156/157 I F 4, 156/157 III D 3
Bulgarien, Patriachat 88/89 I G/H 5
Bulgarien, türk. Prov. 116/17 I H/I 5
Bulgarien, Volksrep. 160 III D/E 4, 164/165 III, 166/167 I—III, 168
Bulgarmaden 8 I A 2
Bulis 18/19 IV A 2
Bullach 81 I
Bulla Regia 34/35 III B 1
Büllingen 62 III B 2
Bumelitaia 18/19 IV B 1
Bumiaju 135 II B 1
Buna 158 I E 5
Bundekhand, Staat 135 I B/C 2
Bundesrepublik, Deutschland 161 I, 161 IV—VII
Bunzelwitz 122/123 I G 3
Bunzlau 92/93 II C 3, 122/123 I F 3
Buphagion 18/19 I B 4
Buprasion, Buprosion 18/19 I B 3
Bura 18/19 I C 3
Büraburg, Bm. 52 II C 2, 88/89 II B 1
—, O. 54/55 I D 2
Burcana, Borkum, Ins. 41 II B 1, 122/123 I B 2
Burcht 143 I a—b
Burcturi, s. Bructeri, V. 41 IV
Burdigala, Bordeaux 36 B 4
Büren 58/59 I H 4
Burer, V. 41 I C/D 3
Bürg 40 II C 2
Burg b. Eschenz, Tasgaetium 40 III B 1
Burg, O. a. Fehmarn 75 A 3
Burg, O. b. Magdeburg 122/123 I D 2
Burgar, Erdölfeld 163 II C 4
Burgas 71 II C 3, 145 V C 2, 145 VI C 2
Burgau, Mgft. 96/97 I F 6, 115 I C 3, 128 I B 2
Burgdorf, O. i. d. Schweiz 80 II B 1
Burgh, Aballava 40 I A 2
Burghley House, Schloß 90 II A 1
Burghöfe, Summuntorium 40 II D 3
Burginatium 37 I A 1
Bürglen 80 II C 2
Burgos, Bm. 88/89 I B 5
Burgos, O. 54/55 I B 4, 67 II A 2, 102/103 I C 5
Burgudschi 140 IV B 2
Burgund, fränk. Besitz 49 I B 2, 50/51 B 3, 54/55 I C/D 3/4, 57 I C 3
Burgund, Gft., Freigft. Franche Comté 58/59 I F/G 5, 68/69 I C/D 5, 95 C/D 4, 96/97 I C/D 6, 114 C/D 4, 115 I B 3
Burgund, Hzm., Bourgogne 58/59 I F 5, 95 B/C 4
Burgund, Kgr., Arelat, s. auch Hochburgund, Niederburgund 58/59 I E—G 5—7, 66 I C 2/3
Burgund, Staat d. Spät-MA 95
Burgundarholm, Bornholm, Ins. 41 I B/C 1
Burgunder, V. 42/43 I D 1, 48 I C 1, 48 I B 2
Burgunderreich (German.) 48 II B 2
Burgundischere Kreis 96/97 II A/B 2/3
Burgundisches Erbe der Habsburger 115 I
Burgundisches Sprachgut 49 II
Burjäten, V. 72/73 II K 2
105 III E 2
Burkartshain 77 II
Burkendorf 122/123 I G 3
Burladingen 40 II C 3
Burlus-See 138/139 IV A/B 1
Burma, Birma, Ldsch., s. auch Ober-, Unter-Birma 72/73 II I 5, 72/73 IV B 2, 111 II D 1/2, 135 I D 2/3, 138/139 I O 3/4, 158 I B 3/4, 158 II B 3/4
Burma, Birma, Staat 162 II B 2/3, 164/165 III, 168
Burma-Straße 136 II A/B 1, 158 I B/C 3, 158 II B/C 3
Burmesen, V. 46/47 IV, D 4
Burnum 38/39 I C 2
Burridava 38/39 I D 2
Burtassen, V. 57 I G 2
Burudschänd 134 II D 2
Burundi, Staat 162 III C 3, 164/165 III, 168
Bury St. Edmunds, Kl. 58/59 I D 2
Burzenland, Ldsch. 67 III D 3
Busaddir, Melilla 38/39 II B 2
Busca 24 II C 2
Buschir 134 II D 3
Buschmänner, V. 132 III
Busendorf 62 III B 3
Busiris 6 I A 1
Bußmannshausen 120 V C 2
Bust 52 III E 3
Büsum, Ins. 61 III A 2
Butadai, Ot. i. Athen 12 VI
Butheia 18/19 I G 3
Buthrotum 38/39 I D 3
Butmir 2 I C 2
Butmir-Kultur 2 I C 2
Buto 6 I A 1
Bütow 96/97 I I 2, 106/107 I
Butrinto 71 II B 4, 102/103 I G 5/6
Butschak, Ldsch 92/93 I H 4, 112 I C 1
Buttenheim 56 III
Butuntum 30/31 I G 3
Butzbach 40 II B 1
Bützow 105 I D 1
Buxar 116/117 IV C 2
Buxentum, Pyxus 30/31 I F 4
Buxu 1 IV A 2
Buxus 30/31 II A 2
BVP, Bayr. Volkspartei 154 I u. II
Byblos, Byblus, Gubla, Gebal 8 I B 3, 22/23 II C 3
Bydgoszcz, s. Bromberg 150/151 I E 3
Bylazora 26/27 II D 1
Byllis 38/39 I C 2
Byrsa, Burg v. Karthago, Plan 21 II
Büyük-Kale 7 VIII
Büyük-kaya-deresi, Fl. 7 VIII
Byzacena, röm. Prov. 42/43 I C/D 3
Byzantiner, Griechen, V. 67 III
Byzantin. Reich, s. auch Oströmisches Reich, Römisches Kaisertum 48 I C—F 2/3, 48 II C/D 2/3. 49 I C—F 2/3, 50/51 A—F 3—5 54/55 I C—H 4/5, 63 I D—G 2—6, 64/65 I—III C—F 2/3, 70 II D/E 2, 71 II
Byzantion, Byzantium, Byzanz, s. auch Konstantinopel 38/39 I E 2
—, Plan 45 IV

C vergleiche auch K
Caba 30/31 II B 2
Cabali, V. 36 C 4
Caballio, Cabellio, Cavaillon 24 II B 3
Cabeza 154 V A 2
Cabillonum, Chalon s. Saône 36 C 3
Cabira, Kabira 28 I E 1
Cabul, O. i. Galilaea 8 III B 2, 34/35 II B 2
Cabyle, Kabyle 38/39 I E 2
Cac, Central American Community 166/167 III
Cáceres, Norba 38/39 II A 2
Cades, Kedesch 34/35 II B 1
Cadi 38/39 I E 3
Cadiz, Bm. 88/89 I A 6
Cadix, Cadiz, Gades, Gadir 38/39 II A 2, 48 II A 3, 49 I A 3, 64/65 I u. II A 3, 111 I F 2, 130/131 I A 4
Cadore 94 I E 1, 94 II E 1
Cadouin, Kl. 87 II B 3
Cadurci, V. 36 C 4
Caecina, Fl. 30/31 A/B 1
Caelia, Ceglie 30/31 I G 3
Caelianum 30/31 I G 4
Caelio Monte, Kellmünz, O. 37 I C 2
Caelium, O. 30/31 I H 4
Caelius, Celio, Hügel in Rom 32 II, 45 I
Caen, O. 58/59 I C 4, 110 B 3, 156/157 III A 3
—, Universität 91 V A 2
Caenica, Ldsch. 38/39 I E 2
Caere, Agylla, Cerveteri 24 II F 3/4
Caerlon, Isca 36 B 2
Caerwent, Venta Silurum 36 B 2
Caesaraugusta, Zaragoza 38/39 II B 1
Caesarea, Kaisareia, Kaisaria, Kayseri, O. i. Kappadokien 38/39 I G 3, 48 I E 3, 64/65 I E 3, 70 II G 3
Caesarea, Iol, Cerchel, O. i. Mauretanien 34/35 III A 1, 48 I B 3, 50/51 B 4
Caesarea, Stratonsturm, O. i. Palästina 34/35 II A 2. 64/65 IV A 4
Cäsarea, O. a. Orontes 64/65 IV B 3
Caesarea Germanicia, O. i. Commagene 38/39 I G 3
Caesarea Philippi, Col. Claudia Felix, Neronias, Ptolemais, s. auch Akko 34/35 II A/B 2
Caesarea Philippi, Paneas 34/35 II B 1
Caesarobriga 38/39 II B 2
Caesarodunum, Tours 36 C 3
Caesaromagus, O. b. Beauvais 36 C 3
Caesaromagus, O. i. England 36 C 2
Caesena, Cesena 30/31 I C 1. 94 I E 2, 94 II E 2
Caetobriga 38/39 II A 2

Cagdin 8 I B 2
Cagli, ad Cales, Cales 30/31 I C 1, 63 I D 3
Cagliari, Ebm. 88/89 I D 6
Cagliari, s. auch Caralis, O. 11 II B 2, 54/55 I D 5, 130/131 I D 4
Cahors, Bm. 88/89 I C 5
Cahors, Divona, O. 58/59 I D 6
—, Universität 91 V B 2
Caiatia 30/31 I E 3
Cairo, O. i. Illinois 133 III E 3
Caistor b. N., Venta Icenorum 36 C 2
Caithness, Halbins., s. Katanes 88/89 I B 2
Cajamarca 100/101 III B 2, 118 III D 3
Cakchiquel-Reich der Maya 100/101 II C 3
Calabar 132 I C 3
Calabria, Calabrien, Kalabrien, Ldsch. 30/31 I H/I 4/5, 50/51 C 4, 64/65 I C 3
—, byzant. Thema 57 I D 4, 63 I E/F 5/6
Calagurris 38/39 II B 1
Calahorra, Bm. 88/89 I B 5
Calahorra, O. 58/59 I B/C 7
Calais 68/69 III C 1, 95 A 2, 114 A 2, 148 II A 1
Calais, Straße von 95 A 2
Calakmul 100/101 II D 2
Calama 34/35 III B 1
Calapverdi 8 I B 2
Calatia 30/31 I E 3
Calatrava 64/65 I A 3, 64/65 II A 3, 102/103 I C 6
Calava 36 B 2
Calbe, Kl. 58/59 I I 3
Calchedon, s. Chalkedon 38/39 I F 2
Caledonia, Ldsch. 36 B 1
Calena 30/31 I E 3
Calenberg, Fsm. 122/123 I C 2
Cales, O. i. Kampanien 30/31 I E 3
Cales, ad Cales, Cagli, O. i. Umbrien 25 II C 1, 30/31 I C 1, 63 I D 3
Caletes, Caleti, V. 36 C 3
Caletra, Marsiliana 25 II B 2
Cali 100/101 VII B 3
Calishock 143 Ib
Callaici, Gallaeci, V. 28 I A 1
Callao 118 III D 3, 133 II B 2
Callatis, Mangalia, s. Kallatis 38/39 I E 2
Calleva Atsebatium 36 B 2
Callipolis, Kallipolis, O. i. Calabrien 30/31 I H 4
Callipolis, Kallipolis, Gallipoli 18/19 I G 1
Callishoek 143 Ib
Calor, Fl. 30/31 I E 3
Calpo mons, Gibraltar, Bg. 38/39 II A 2
Caltabellotta 63 I D 6
Caltanisetta 17 I C 3
Caluci, V. 37 I B 3
Calucones, V. 36 E 2
Calugareni 102/103 I I 5
Calvados, Dép. 122/123 III A/B 1
Calven, Ldsch. 80 II E 2
Calvi 94 I C 3, 94 II C 3
Calvörde 122/123 I D 2
Calw 128 I B 2
Calycadnus, Kalykadnos, Fl. 38/39 I F 3
Camaldoli, Kl. 94 I D 3, 94 II D 3
Camarina, s. Kamarina 25 I E 5
Cambete, Kembs 40 III A 1
Cambodunum, Kempten 37 I C 3
—, Plan 32 IV
Camboglanna, Birdoswald 40 I B 1/2
Camboise 142 I—III A 1
Cambrai, Bm. 88/89 II A 1
Cambrai, Bm., Territ. Gft. 95 B 2, 104 III A 2
Cambrai, O. 49 II B 1, 54/55 II C 2, 58/59 I E 3, 105 I A 2, 114 B 2, 148 II B 1
Cambridge, O. 57 II C 2, 110 C 2
—, Universität 91 V B 1
Cambuläer, V. 9 III G 3
Camellaria 30/31 I C 1
Camen, Kamen 142 IV C 1, 142 V C 1
Cameria 30/31 II B 1
Camerinum, Camerino 30 I D 1, 63 I D 3, 94 I E 3, 94 II E 3
Camertes, V. 30/31 I C 1/2
Camineti, Hft. i. Treviso 94 I D/E 1/2
Cammerforst, O. 77 IV A 2
Cammin, Bm., Terr., s. auch Kammin 96/97 II D 2
Cammin, Kammin, O. 115 C 2, 122/123 I F 2
Campania, Kampanien, Ldsch. 30/31 I C—F 3/4, 30/31 III B/C 1/2
Campbell, Ins. brit. 138/139 I S 7
Campeche 100/101 II C 2
Campiglia 25 II A 1
Campigny 1 V B 2
Campione 94 I C 2, 94 II C 2
Campo 30/31 I E 2
Campobasso 94 I F 4, 94 II F 4
Campoformio 124 II C 1
Campus Martius, Marsfeld i. Rom 32 II
Campus salinarum Romanarum, Lagune 30/31 II A 2
Camulodunum, Colchester 36 C 2
Canada, Kanada, Ldsch., brit. Dominium 111 I C 1, 115 II B/C 2, 116/117 II C/E 1/2, 118 I B/D 1, 133 I A—E 1/2, 133 III A—H 1/2, 138/139 I B—G 1/2
Canale, O. 17 I E 2
Canal Royal, Kanal 110 C 4
Canatha 38/39 I G 4
Canberra 137 I E 6
Candarli 4 VII B 2
Candia, Chandax, Herakleion, s. auch Kandia, O. 11 IV
Candida casa, Whithorn 52 I B 2
Candidum Promontorium, Kap 34/35 III B 1
Canea, Kanea 130/131 I G 4
Caninefates, V. 36 C 2
Canino 25 II B 2
Cannae, Canne 26/27 II C 1, 30/31 I G 3, 63 I F 4
—, Schlachtplan 28 III
Cannes 116/117 I E 5
Canossa, Burg 63 II B 2
Cannstatt 40 II C 3
Cantabri, Kantabrer, V. 38/39 II B 1
Cantabricum mare, Golf v. Biscaya 36 B 3/4
Cantal, Dép. 122/123 III B 2
Canterbury, Ebm. 52 I C 2, 88/89 I C 3
—, Kl. 87 I C 1
Canterbury, Durovernum, O. 36 C 2, 57 II C 2, 104 I C 2
Cantii, V. 36 C 2
Canusium 30/31 I G 3
Caorle, Bm. 88/89 II C 2
Caparcotna 42/43 II E 3
Capareas 41 III B 2
Cape Coast Castle 132 I B 3, 163 IV B 3
Capelle, Kapelle, O. b. Nordkirchen 142 IV C 1, 142 V C 1
Capena 30/31 I C 2
Capera 38/39 II A 1
Capestrano 24 II F 3
Capharnaum 34/35 II B 2
Capidava 38/39 I E 2
Capitolias 34/35 II B 2
Capitolium i. Rom, Capitol, Kapitol 32 II, 33 I—III
Capitulum Hernicorum 30/31 I D 3
Capodistria, Bm. 88/89 II C 2
Capolago 24 II D 1/2
Capori, V. 38/39 II A 1
Cappadocia, röm. Provinz s. auch Kappadokien 38/39 I G 2/3
—, I et II, röm. Provinzen 42/43 I F 3
Cappenberg, Schloß 142 IV C 1, 142 V C 1
Capracotta Agnone 30/31 I E 3
Capraria, Ins. 38/39 II C 2
Caprasia, Ins. 38/39 I A 2
Caprasia, O. i. Bruttium 17 I E 1
Capreae, Capri, Ins. 30/31 III B 2
Capri, Capreae, Ins. 30/31 III B 2
Caprivi-Zipfel 132 I D 4
Capsera, Ins. 130/131 I D 3
Capsa, Gafsa 34/35 III B 2
Capua, Bm. 88/89 I E 5
Capua, Fsm. 63 I D/E 4
Capua 24 II G—4, 30/31 I E 3, 63 I D/E 4, 130/131 I E 3
Caput Aquae, Kl. 87 II B 3
Caput Vada 48 II C 3
Caqueta, Rio, Fl. 100/101 VII B 3
Caracalla-Mauer (Dacien) 38/39 I D/E 2
Carácas 100/101 VII C 2, 118 III D 2, 133 II B 1
Caraceni, V. 30/31 I D/E 3
Caralis, Carales, Cagliari, Karalis 11 II B 2
Carambis prom., Kap 38/39 I F 2
Carana 38/39 I H 3
Carasa 38/39 II B 1
Carberry Hill, Bg. 102/103 I C 2
Carcaso, Carcasso, Carcassonne, O. 36 C 4, 58/59 I E 7, 66 I B 3
Carcassonne, Bm. 88/89 I C 5
Carcinites-Golf 38/39 I F 1
Cardamyla, Kardamyle (Lakonien) 18/19 I C
Cadeña, Kl. 87 I B 3
Carecium inferior, O. 30/31 I E 3
— superior, O. 30/31 I E 3
Careiae 30/31 II A 1
Carem 8 III B 3
Carentan 156/157 III A 3
Caria, röm. Provinz, s. auch Karien 38/39 E 3, 42/43 I E 3
Carlisle, Bm. 88/89 I B 3
Carlisle, Luguvallium 40 I B 2, 92/93 I B 3, 104 I B 2
Carmel, O. 8 III B 3
Carmo 38/39 II A 2
Carna 46/47 I C 5
Carnae, Heiligtum i. d. Bretagne 5 I A 3
Carnarvon, Segontium 36 B 2
Carni, V. 38/39 I B 1
Carnonacae, V. 36 A 1
Carnuntum 38/39 I C 1, 54/5 I F 3
Carnutes, V. 36 C 3
Carolath 122/123 I F 3
Carolina, amer. Staat 116/117 II C/D 3
Carolina, Nord- u. Süd-, amer. Staat 118 I B/C 2, 133 III E/F 3
Caroline-Ins. 138/139 I B 5
Carpathus, Ins. s. Karpathos 38/39 I E 3
Carpentras, Bm. 88/89 II B 3
Carpetana Iuga, Geb. 38/39 II B 1/2
Carpetani, Karpetaner, V. 38/39 II B 1/2
Carpentorate 36 D 4
Carpi, Karpen, V. 38/39 I D 1
Carpis, O. i. Afrika 28 IV B 2
Carrara, Hft. i. Padua 94 I D/E 2
Carrara, O. 63 II B 2
Carrhae, Harran, Karrhä 8 II B 2, 22/23 II C 2, 28 II E 3, 41 III D 1, 46/47 I B/C 3
Carrion, Kl. 87 I B 3
Carrodunum 38/39 I C 1
Carrowburgh, Procolitia 40 I B 1
Carsioli 25 I D 2
Carsulae 30/31 I C 2
Cartagena-Murcia, Bm. 88/89 I B 6
Cartagena, Nova Carthago, O. i. Spanien 38/39 II B 2, 48 I A/B 3, 48 II A/B 3, 49 I A/B 3, 54/55 I B 5, 64/65 II A 3, 130/131 I B 4, 154 V B 2
Cartagena, O. i. Kolumbien 100/101 VII B 2, 118 III D 2, 133 II B 1
Cartago, O. i. Venezuela 100/101 VII B 3
Carteia 38/39 II A 2
Cartenna, Cartennae, Ténès 34/35 III A 1
Carthaginiensis Hispania, röm. Prov. 42/43 I B 3
Carthago, Karthago 11 II C 2, 26/27 II C 2, 28 IV B 2
—, Plan 21 II
Cartima 38/39 II B 2
Caruentum 30/31 II B 2
Carusa 38/39 I G 2
Carvoran, Magnae 40 I B 1/2
Casablanca 132 I B 2, 156/157 I C 5, 156/157 II F 3
Casablanca-Staaten 169 III
Casale, Bm. 88/89 II B 2
Casale, O. 94 I C 2, 94 II C 2
Casalmarittimo 25 II A 1
Casamari, Kl. 87 II C 3
Casarano 30/31 I I 4
Casca-Bai, O. 156/157 II C 2
Cascia 24 II F 3
Caserta 94 I F 4, 94 II F 4, 130/131 I E 3
Cashel, Ebm. 88/89 I A 3
Casilinum 30/31 I E 3
Casinalbo 4 VI B 2
Casinum 30/31 I D 3
Caspium mare,s. Kaspisches Meer 43/43 I G/H 2/3
Cassandrea, s. Kassandreia 38/39 I D 2
Cassel, O. i. Flandern 70 I B 1, 95 B 2, 114 B 2
Castel Arizano 63 II B 1
Castellazzo 4 VI A 2
Castelbellino 30/31 I D 1
Castel del Monte, Burg 94 I G 4
Castelfidardo 130/131 I E 3
Castell, Gft. i. Franken 122/123 I D 4
Castell, Schloß i. Franken 68/69 I F 4, 128 I C 2
Castell, Gf. Reichsritter i. Schweden 120 V C 1
Castellamare, Stabiae 30 III B 2
Castellieri-Kultur 24 II F/G 2
Castellina 25 II B 1
Castello, O. b. Florenz 25 II B 1
Castello di Sangro, Burg 94 I F 4
Castellon 154 V B 2
Castelluccio, O. i. Nordsizilien 2 II C 3
Castelluccio, O. b. Syrakus 17 I C 4
Castellum Dimmidi, Messad 34/35 III A 2
Castellum Firmanum 30/31 I D 1
Castellum Mattiacorum, Kastel 40 II B 1
Castellum Menapiorum 36 C 2
Castellum Tingitanum, Orléansville 34/35 III A 1
Castelmezzano 30/31 I F 3
Castelnaudary 116/117 I D 5
Castelsecco 25 II C 1
Castiglioncello 25 II A 1
Castiglione 110 E 3
Castillejo b. Numuntia, Römerlager, Plan 29 VI
Castillon 92/93 III B/C 2
Castlesteads, Uxellodunum 40 I B 1
Castor, Durobrivae 36 B 2
Castra Batava, Passau 38/39 I B 1
Castra Exploratorum, Netherby 40 I B 1
Castra Hannibalis 25 I F 4
Castra nova, Perrégaux 38/39 II C 2
Castra Regina, Regensburg, Legio Ratisbona, Ratisbona 37 I D 2, 40 II F 2/3
Castra Vetera, Birten, Plan 32 V
Castres, Bm. 88/89 I C 5
Castres, O. 92/93 I C 5
Castrionoenium 30/31 II B 2
Castrop 56 V B 1, 142 IV B 1
Castrop-Rauxel 142 V B 1
Castrum Mineroae 30/31 I I 4
Castrum Novum, O. b Caere 25 II B 2
Castrum Novum, O. i. Picenum 30/31 I D 2
Castrum Truentinum 30/31 I D 2
Castula, Arretium, Fidentius 30/31 I B 1
Castulo 38/39 II B 2
Castulonensis saltus, Geb. 38/39 II B 2
Casuentini, V. 30/31 I B 1
Casuentus, Fl. 30/31 I G 4
Catabathmus maior 34/35 I E 3
Catana, Catania, Katana, Katane, O. 17 I D 3, 63 I E 6, 130/131 I F 4
Catania, Bm. 88/89 I E 6
—, Universität 91 V C 3
Cateau Cambrésis, Schloß 96/97 I B 4, 114 B 2
Catlenburg 62 II C 2
Cattaro, Bm. 88/89 I F 5
Cattaro, Kottor, O. 63 I G 3, 64/65 I C 2, 112 I B 1, 125 I D 3, 130/131 I F 3, 156/157 I E 4
Cattenates, V. 37 I C 2/3
Catterick 54/55 I B 2
Cattigara 34/35 VI
Catubrini, V. 38/39 I B 1
Caturiges, V. 41 IV
Catuvellauni, V. 36 B/C 2
Cauca, O. 38/39 II B 1
Cáuca, Rio, Fl. 100/101 VII B 3
Caucasus mons, s. Kaukasus, Geb. 38/39 I G/H 2
Caucones, V. 38/39 I F 2
Caudebec 110 C 3
Caudini, V. 30/31 I E 3/4
Caudium 25 I E 3, 30/31 I E 3
Caulonia, Kaulonia 17 I E 2
Caunus s. Kaunos 38/39 I E 3
Caurium 38/39 II A 1
Causennae 36 B 2
Cavaillon, Bm. 88/89 II B 3
Cavaillon, Caballio, Cabellio, O. 24 II B 3
Cavares, V. 41 IV
Cayenne 118 III E 2, 133 II C 1
Ceará, Fortaleza 118 III F 3
Cebenna mons, Geb. 36 C 4
Cebro 38/39 I D 2
Cefa 42/43 I G 3
Cefalu, Bm. 88/89 I E 6
Cefalu, O. 63 I E 5
Ceglie, Caelia 30/31 I G 3
Celadussae, Ins. 30/31 I F 1
Celbis, Kylt, Fl. 40 VI A 1/2
Celebes, Sulawesi, Ins. 98/99 I M/N 7/8, 111 II E/F 2/3, 137 I C/D 4/5, 137 II A/B 1/2, 158 I C/D 4/5, 158 II C/D 4/5, 162 III C/D 3/4
Celeia, Cilli 38/39 I C 1
Celeusum, Pförring 40 II E 3
Celio, Caelius, Hügel i. Rom 32 II, 45 I
Celle 81 III B 1, 122/123 I D 2, 155 I B 2
Celsa 38/39 II B 1
Celtiberi, Keltiberer, V. 24 I B 3/4
Celtici, V. 38/39 II A 2
Celticum prom., Kap 38/39 II A 1
Cembalo, Balaklawa 70 II F 2
Cemenelum, Cimiez 24 II C 3
Cempoallan 100/101 II B 2
Cenabum Aureliani, Orléans, s. auch Aureliani 36 C 3
Ceneda, Bm. 88/89 II C 2
Cenia 38/39 I B 1/2
Cenomani, Aulerci-, V. 29 I A/B 1
Cento-Pakt 166/167 II
Centoripa, Kentoripa 17 I C 3
Central American Community, Cac 166/167 III
Centula, St. Riquier, Kl. 87 I C 1
Centumcellae 30/31 I B 2
Centum Putea 41 III C 3
Cephallenia, Ins., s. Kephallenia 38/39 I D 3
Cephaloedium, Kephaloidion 17 I C 2
Ceprano 53 I B 3
Cerasus, s. Kerasus 38/39 I G 2
Ceraunilia 30/31 I F 3
Cercenna-Insel 34/35 III C 2
Cerdagne, Gft. 58/59 I D/E 7
Cereatae 30/31 I D 3
Ceresale 96/97 I D 7
Cereta, Burg 63 II C 1
Cerfennia 30/31 I D 2
Cerigo, Kythera, Kythira, Ins. 18/19 C/D 5, 70 II D 3, 102/103 I H 6, 126/127 I H 6, 145 V B3, 145 VI B 3
Cerignola 94 I F 4, 94 II F 4
Cerilli, Kerilloi 17 I D 1
Cernauti, Czernowitz 150/151 I F 4
Cernusco 24 II D 2
Cerretani, V. 38/39 II C 1
Certose di Pavia, Kl. 90 IV A 1
Cervara 30/31 II B 2
Cerveteri, s. Caere 25 II C 3
Cervia, Bm. 88/89 II C 3
Cervia, O. 94 I E 2, 94 II E 2
Cervini, V. 38/39 I A 2
Ceryneia 38/39 I F 3
Cesena, Bm. 88/89 II C 3
Cesena, Caesena, O. 30/31 I C 1, 94 I u. II E 2
Cesi 25 II C 2
Cessetani, V. 38/39 II C 1
Cetinje 130/131 I F 3, 148 I E 5
Cetium, St. Pölten 38/39 I C 1
Cetona 25 II B 2
Ceus, Ins., s. Keos 38/39 I D 3
Ceuta 50/51 A 4, 92/93 I A 6, 102/103 I B 6, 116/117 I B 6
Ceutrones, V. 29 I C 2
Cevennen, Geb. 104 I C 3/4
Ceyhan, Fl. 8 I B 2
Ceylon, Tuprobane, Singhala, Ins. 46/47 I F/G 6, 72/73 I A/B 5, 72/73 II G/H 7, 72/73 IV B 3, 98/99 I H/I 7
Ceylon, ndl. Ins. 111 II C/D 2, 116/117 IV B/C 4
—, brit. Ins. 135 I B/C 4, 138/139 I N/O 4
Ceylon, Staat (Sri Lanka) 162 II A/B 3, 164/165 III, 166/167 I, 168
Ceyreste, Kitharista 24 II B 3
Chabarowsk 138/139 VI C 2

Chablais, Ldsch. 80 II A 2
Chaboras, Fl. 38/39 I H 3
Chaco-Indianer, V. 100/101 III C 4/5
Chagar Bazar 6 II, III u. IV B 1
Chaiber-Paß 135 I A 1
Chailar 154 III A 2
Chaironeia, Chäronea, Schlachtplan 22/23 IV
Chala 22/23 II E 3
Chalai 18/19 I C 2
Chalaion 18/19 I C 3
Chalcedon s. Chalkedon
Chalcidice s. Chalkidike
Chalcis s. Chalkis
Chalco 100/101 II B 2, 100/101 VI B 2
Chalco-See 100/101 VI B 2
Chaldac. V. 38/39 I G 2
Chaldän, Ldsch. 22/23 II E 3
Chaldäer, V. 3 I F 3, 9 I F/G 3, 9 III F/G 3
Chaldäerreich, Neubabylonisches Reich 9 III E—G 2/3
Chalkedon, Chalcedon, Kalchedon 11 III D 1, 38/39 I E 2, 50/51 D 3, 52 III C 2
Chalkidike, Halbinsel 18/19 I C—E 1/2, 18/19 II B/C 2/3
Chalkis, Chalcis, O. b. Aleppo 22/23 II C 2, 41 III C 2
Chalkis, Chalcis, O. b. Baalbek 22/23 II C 3
Chalkis.a. Euböa, Chalcis, O. 11 II D 2, 18/19 I D 3
Chalkis, O. a. Kalydon. Golf 18/19 I B 3
Chalon sur Saône, Bm. 88/89 II A 2
—, Messen 83 IV B 2
—, O. 58/59 I F 5, 95 C 4, 114 C 4
Châlons sur Marne, Bm. 56 I A 2, 88/89 II A 2
—, O. 54/55 II D 3, 58/59 I F 4, 114 C 3, 148 II C 2
Chalyber, Chalybes, V. 38/39 I G 2
Chalybon, Haleb, s. Aleppo 22/23 I E 2
Cham 68/69 I G 4, 122/123 I E 4
Chamaizi 10 I C 1
Chamars, s. Clusium 24 II E 3
Chamavi, Chamaven, V. 36 D 2
Chambalik, Peking, O. 72/73 II L 4
—, Plan 98/99 II
Chambéry 96/97 I C 7, 110 D 3, 122/123 III C 2, 130/131 I D 2
Chambord, Schloß 90 II B 2, 102/103 I D 4
Chametula 10 I C 1
Chami, Kumul 46/47 I H 2, 72/73 I C 1, 136 I C 2
Chamonix 94 I B 2, 94 II B 2
Champagne, Gouvernement 122/123 II B/C 1/2
Champagne, Gft. 58/59 I E/F 4, 95 B/C 3, 148 II C 2
Champagne-Messen 83 IV
Champmol, Kl. 95 C 4
Champotoon 100/101 II C 2
Chamsä, Gau 134 II C 2
Chandax, Candia, Herakleion, Kandia 11 IV
Chanhu-Daro 3 II H 4
Chantilly 90 II B 2
Chaoner, V. 26/27 III A 2
Chaonia, O. 22/23 II C 2
Chaonien, Ldsch. 20 II A/B 2/3
Chapultepec 100/101 VI A 2, 164/165 III
Charadra, O. i. Doris 18/19 I C 3
Charadra, O. i. Epirus 18/19 I A 2
Charax, Alexandreia, Antiocheia, O. a. Pers. Golf 22/23 II E 3
Charax, O. a. d. Syrte 26/27 II C 2
Charbin 136 I F 2, 136 III C 2, 138/139 VI B 2, 162 II D 1
Charente, Dép. 122/123 III A/B 2
Charente inférieure, Dép. 122/123 III A 2
Chari, Fl. 162 III B 2
Charidemi prom., Kap. 38/39 II B 2
Charkow, Charkiv 119 F 5, 149 I C 2, 149 III C 3, 156/157 I G 3/4
Charlemont 114 C 2
Charleroi 114 B 2, 126/127 IV B 2, 148 II C 2
Charleston 116/117 II C/D 3, 133 III F 3
Charlottenburg, O. 143 II
Charmande, Hit 22/23 III C 2
Charolles, Charolais, Gft. 95 C 4, 114 C 4
Charolles, O. 106/107 I C 6
Charput 134 II B 2
Charran, s. Harran 14/15 I E/F 3
Chartres, Bm. 88/89 I C 4
Chartres, Gft. 58/59 I D 4
Chartres, O. 54/55 II B 3, 85 II B 2, 110 C 3
Chartum, Khartum 98/99 IV, 138/139 I L 4, 138/139 III B 2, 162 III C 2
Charuneh 6 I A 2
Chasaren, V. 46/47 III D/E 1, 49 I F 2, 52 III C/D 2
Chasarenreich, Chanat 50/51 E—G 2/3, 57 I F/G 2/3
Chasradsch, V. 50/51 F 5
Chassey, O. 2 I B 2
Chassey-Kultur 2 I B 2
Chasuarier, Chasuarii, V. 41 II B/C 1
Château Dauphin 110 D 4
Châteaudun 110 C 3
Châteauroux 58/59 I D 5
Château Thierry 148 II B 2
Châtelleraud 110 C 3
Chatham- Ins. 138/139 I T 7
Châtillon, Burg b. Aosta 94 I B 2, 94 II B 2
—, O. i. Bourgogne 95 C 4
Chattanooga 133 III E 3
Chatten, Chatti, V. 37 I B 1, 41 II C 2
Chattuarii, V. 36 D 2
Chauaca 100/101 II D 1
Chauchitsa 18/19 II B 1
Chauken, Chauci, Ch. minores et maiores, V. 36 D 2
Chaumont 95 C 3
Chauvigny 67 I B 2
Chavin 100/101 III B 2
Chavos, Fl. 11 V
Chefrenpyramide i. Giseh, Plan 7 II
Cheiber, O. i. Arabien 50/51 E 5
Chelat, Ldsch. 72/73 III C 3
Chelidonische Ins. 16 II F 3
Chelles 1 III C 2
Chelm, Cholm, Bm. i. Polen 71 I B 2, 88/89 I G 3
—, O. 67 III C 2, 113 E 4, 124 I F 2, 148 I F 3, 156/157 I G 3
Chelmno, NS-Konzentrationslager 155 I D 2
Chelonatas, Kap 18/19 I B 4
Chelonatas-Golf 18/19 I B 4
Chelsea 109 I
Chemchemal 6 IV B 1
Chemin des Dames 148 II B 2
Chemnitz, Karl-Marx-Stadt 68/69 I G 3, 122/123 E 3, 141 I C 2, 141 II C 2, 161 IV B 1
Chenciny, Bg., O. 86 I F 1
Chenoboskion 29 II B 2
Cheopspyramide i. Giseh, Plan 7 II
Cher, Dép. 122/123 III B 2
Cher, Fl. 58/59 I D/E 5
Cherasco 124 II A 1
Cherbourg 68/69 III B 1, 110 B 3, 156/157 III A 3
Cherchel, Iol, s. Caesarea 34/35 III A 1, 48 I B 3, 50/51 B 4
Cheribon 136 II B 4
Cherokee-Indianer, V. 144 IV D 3
Cherso, Ins. 94 I F 2, 94 II F 2
Cherson, Chersonesos, Chersonesus, Korssun, Sewastopol, O. 11 II E 1, 38/39 I F 2, 50/51 E 3, 52 III C 2, 61 V 3, 70 II F 2
Cherson, O. am Dnjepr 116/117 I K 4, 149 III C 3
Chersonasos, Chersonesus, O. a. Kreta 10 III C 1
Chersones Hellespont, 16 D 1, 20 II F 2, 26/27 III B 1
Chersonesos, Chersonesus, Sebastopol, O. 11 II E 1
Chersonesos, Kap auf Euböa 18/19 E 3
Chersonesos, Kap auf Kreta 10 III A 1
Chersonesus, Chersonesos, Sewastopol, O. 38/39 I F 2, 44 E 2
Chersonesus Tanrica, Halbinsel Krim 38/39 I F/G 1/2
Chertsey 54/55 I B 2
Cherusci, Cherusker, V. 37 I B 1, 37 II A/B 1, 41 II C 1
Cherusker, Cherusci, V. 37 I B 1, 37 II A/B 1, 41 II C 1
Chesapeake-Bai 133 III F 3
Chester, County (Pennsylv.) 118 II A 1/2
Chester, Deva, O. b. Liverpool 36 B 2, 54/55 I B 2, 110 B 2
Chester, O. b. Newcastle 142 I—III A 2
Chesterholm, Vindolanda 40 I B 2
Chesters, Cilurnum 40 I B 1
Chester Township, O. i. Pennsylv.) 118 II A 2
Chetumal 100/101 II D 2
Chiavenna, Clavenna 49 III A 2, 58/59 I H 5, 80 II D 2, 130/131 III B 1
Chiaravalle, Kl. 87 II B 3
Chibinogorsk, Kirowsk 150/151 I G 2
Chicago 133 III E 2
Chichen Itza 100/101 II D 1
Chichester, Bm. 88/89 I B 3
Chichester, Noviomagus, Sealsea, O. 36 B 2, 52 I B 2, 110 B 2
Chichimeken, V, 100/101 II A/B 1
Chiemsee, Bm. 88/89 II C 2
Chiemsee, See 62 II D 4
Chieri 94 I B 2
Chieti, Bm. 88/89 I E 5
Chieti, O. 63 I E 3, 94 I F 3, 94 II F 3
Chihuahura 118 III B 1
Chilantarion, Athos-Kl. 45 VI B 1
Chile, Staat, 118 III D 4, 125 II, 133 II B 3/4, 164/165 III, 166/167 II u. III, 168
Chilemat, Fl. 38/39 II C 2
Chillon 80 II A 2
Chiloë, Ins. 118 III D 5
Chilokku, Mazaka 9 III E 2
Chinchasuyu, Chinus-Reich 100/101 III A/B 2
Chin-Dynastie i. China (Ts'in) 3 V
China, Mandschu-Reich 105 III E/F 2, 111 II D—F 1/2, 136 I u. III, 138/139 VI A/B 2/3
China, Reich 3 III—V, 46/47 I F—L 2—5, 46/47 II G/I 2—4, 46/47 III I/K 2/3, 46/47 IV A—G 2—5, 72/73 I D—F 2—4, 72/73 II K—M 4—6, 72/73 IV C 2
China, Rep. 149 IV C—F 2—4, 158 I u. II A—D 2/3, 159 I u. II E—H 2/3,
—, National-China 162 I B/C 2., 164/165 III, 168
—, Volks-Rep. 162, I, 166/167 I—III
Chinalaph, Fl. 38/39 II C 2
Chin-an 46/47 III K 3
Chinchasuyu, Ldsch. 100/101 III A/B 2/3
Chinesen, V., im Ausland 144 II, 162 II, 163 I
Chinesische große Mauer 3 V A—C 1/2, 136 I D/E 2/3
Chinnereth 8 III B 2
Chinon, O. a. Vienne 68/69 III C 2
—, O. i. Gft. Nevers 95 B 4
Chinus-Reich, Chinchasuyu 100/101 III A/B 2
Chiny 95 C 3
Chioggia, Bm. 88/89 II C 2
Chioggia, O. 94 I u. II E 2,
Chios, Ins. u. O. 11 I D/E 1, 18/19 I F/G 3, 64/65 I u. II D 3, 70 II E 3, 112 I C 2, 145 V u. VI C 3
Chippenham 57 II B 2
Chişinau s. Kischinew 150/151 I F 4
Chitai, Kitan-Reich, Lino-Reich 46/47 IV F/G 2, 72/73 I D—G 1
Chiusi, s. Clusium 25 II B/C 1/2, 63 I C 3, 94 I D 3, 94 II D 3
Chiusure 25 II B 1
Chivasso 94 I B 2, 94 II B 2
Chiwa, Chanat 134 II D/E 1
Chiwa, O. 50/51 H 3,134 II E 1
Chmielnik 67 III C 2, 75 E 4
Choarene, Ldsch. 9 III H 2
Choaspes, Uknu, Fl. 9 I G 3
Chodawendkjar, Wilajet 134 II A/B 1/2
Chodschant, Chodschent, Alexandria eschata 22/23 I H 1, 72/73 II F 3, 134 II E 1
Chodzibej 112 I C 1
Choi 148 III B 2
Choinobaskion 6 I A 2
Choirospilia 4 VII A 2
Chokand 50/51 I 3, 98/99 I H 3, 134 II E/F 1
Cholargos 13 I B 1
Cholleidai 13 I B 1
Cholm, O. a. Lowat 116/117 I K 2
Cholm, Chelm, Bm. i. Polen 71 I B 2, 88/89 I G 3
—, O. 67 III C 2, 113 E 4, 124 I F 2, 148 I F 3, 156/157 I F 3
Cholmogory 119 G 2
Cholon 136 II B 2
Cholula 100/101 II B 2
Chondria 18/19 V A 1
Choner, V. 17 I E 1
Chorasan, Ldsch. u. pers. Gau 46/47 III D 2, 50/51 G/H 4, 72/73 II F 4, 72/73 III D/E 3, 134 II D/E 2
Chorasmier, Choresmier, V. 3 I G/H 2, 22/23 I G/H 1
Chorazin, O. 34/35 II B 2
Choresm, Choresmien, Ldsch. 14/15 I G/H 2, 50/51 G/H 3, 72/73 II E/F 3, 72/73 III D/E 2
Choresmier, Choasmier, V. 46/47 I D/E 2
Choresm-Schah, Reich des 72/73 II E/F 3/4, 72/73 III D/E 2/3
Chorin, Kl. 88/89 III B 1
Chortitza 119 E 5
Choschot-Mongolen, V. 111 II D 1
Chotan 46/47 I F 3, 72/73 II G 4, 135 I B 1
Chotěboř, Bg., O. 86 I C 2
Chotin 92/93 I H 4, 113 F 5, 119 D 5, 126/127 I I 4
Chotscho-Idykut schachri, Kara, Kao-tschang 72/73 I B 1
Chotusitz 122/123 I F 4
Christburg, O. 74 I C 1
Christchurch 137 I F 7, 137 II D 4
Christentum s. Kirchen
Christentum in Asien 137 III
Christiania, Kristiania, Oslo 148 I D 2
Christlich soziale Volkspartei (CSVP) 154 II
Christliche Volkspartei (CVP) 153 I
Christmas-Ins., brit., (b. Java!) 138/139 I P 5
Christmas-Ins., br. (i. Südsee) 138/139 I B 4
Christos, O. 10 I A 2
Christos-Insel 10 I B 1
Chrysa, Chryse 10 II E 2
Chrysafa 13 II B 1
Chrysokeras, Goldenes Horn, Meeresbucht 45 IV
Chubuskia 9 III F 2
Chullu 34/35 III B 1
Chur, Bm. 88/89 II B 2
—, Bm.-Territ. 68/69 I E/F 5
—, Curia, O. 37 I B 3, 49 III A 2, 58/59 I H 5, 80 II D 2, 130/131 II B 1
Churchill, Fort 116/117 II B 1
Chur-Rätien, Ldsch. 58/59 I H 5
Chusistan, Ldsch. 50/51 F/G 4
Chutbe 6 I A 2
Chutizi, Gau 56 IV
Chyretiai 18/19 I C 2
Chytri, Chytroi 8 I A 2
Cibalae 38/39 I C 1
Cibyra, Kibyra 26/27 IV A 2
Cidamus, Ghadames 34/35 I C 3
Ciliba 28 IV B 2
Cilicia (röm. Prov.) 28 II E 3, 38/39 I F/G 3
—, I et II (röm. Prov.) 42/43 I F 3
s. auch Kilikien
Cilli, Gft. 68/69 I H 5
Cilli, Celeia, O. 38/39 I C 1, 58/59 III C 2, 112 II A 2
Cilurnum, Chesters 40 I B 1
Cimbri, Kimbern, V. 24 I B—D 2/3, 41 I A/B 1
Cimiez, vgl. Cemenelum 24 II C3
Ciminius mons, Bg. 30/31 I C 2
Cimithier, V, 34/35 I C/D 3
Cinceo 98/99 I M 5
Cicinnati 133 III E 3
Cingari 28 IV A 2
Cingulum 30/31 I D 1
Cintra 92/93 I A 6, 116/117 I B 6
Circaeum prom., Kap 38/39 I B 2
Circeji, Circei 30/31 I D 3
Circesium 38/39 I H 3
Circus maximus (in Rom) 33 I
Ciro, Krimissa 17 I F 1
Cirta, Cirta colonia, Constantina, Constantine 34/35 III B 1, 48 I B 3, 43 II B 3
Cisalpinische Republik 124 II B/C 1/2
Cisternino 30/31 I H 4
Citeaux, Kl. 87 II B 3
Citium, s. Kition 38/39 I F 4
Citta Castellana, Civita Castellana, Falerii 25 II C 2, 63 I D 3
Citta di Castello, Tifernum Tiberinum 25 II C 1, 94 I E 3, 94 II E 3
Citta di Pieve 25 II C 2
Cittanova, Bm. 88/89 II C 2
Citta Vecchia, O. a. Malta 25 III A 2
Ciudad Bolivar, Angostura 133 II B 1
Ciudad Real 130/131 I B 4
Ciudad Rodriguez, Bm. 88/89 I A 5
Ciudad Rodriguez, O. 125 I B 3
Cius, Ins.,s. Kios 38/39 I E 2
Cividale 49 III C 2, 63 I D 1, 94 I E 1, 94 II E 1
Civita, O. i. Sardinien 63 I B 4
Civita Castellana, Citta Castellana , Falerii 25 II C 2, 63 I D 3
Civitas Ulpia Sueborum Nicretum, Lopodunum, Ladenburg 40 II B 2
Civitas Taunensium Nida, Heddernheim 40 II B 1
Civitate 63 I E 4
Civitavecchia 53 I A 2, 130/131 I E 3
Civitella 94 I E 3, 94 II E 3
Clacton 1 III C 1
Clairvaux, Kl. 87 II B 3, 95 C 3
Clampetia 17 I E 1
Clanius, Fl. 30/31 I E 3—4
Clanoventa 36 B 2
Clanus, Fl. 30/31 I B/C 1/2
Clarenna, Donnstetten 40 II C 3
Classis 48 II C 2
Claudiopolis, O. i. Bithynien 38/39 I F 2
Claudiopolis, O. i. Kilikien 38/39 I F 3
Clausentum 36 B 2
Clausthal, Bg. O. 86 I A 1, 122/123 I D 3
Clavenna, s. Chiavenna 17 I B 3
Clazomenai, s. Klazomenai 38/39 I E 3
Clerkenwell, Ot. v. London 109 I
Clermont en Argonne 114 C 3
Clermont-Ferrand, Bm. 88/89 I C 4
Clermont-Ferrand, Augustonemetum, O. 36 C 3, 49 II B 2, 58/59 I E 6, 110 C 3
Cleve, s. auch Kleve 106/107 I D 4
Climashogue 57 II A 2
Clipperton, Ins. 164/165 I D 4
Cliternia 30/31 I D 2
Clodiana 38/39 I C 2
Clonard 52 I A 2
Clontarf 60 I C 3
Cloppenburg, O. 68/69 I E 2, 122/123 I B 2, 126/127 II B 1
Clostra 30/31 II B 3
Cluacaria 28 IV A 2
Cluentus, Fl. 30/31 I D 1
Cluj, Kolozsvar, Klausenburg 150/151 I F 4
Clunia am Duero 38/39 II B 1
Clunia, Feldkirch 37 I B 3
Cluny, Kl. 58/59 I F 5, 87 I C 2
Clumiazenser-Klöster 87 I
Clupea 34/35 III C 1
Clusium, Chamars, s. auch Chiusi 24 I D 3, 25 II B/C 1/2, 30/31 I B 1
Clusium Novum 25 II B 1
Cluviae 30/31 I E 3
Cnidus, s. Knidos 38/39 I E 3
Cnossus, s. Knossos 38/39 I E 3
Coatepec, Rio, Fl. 100/101 VI B 2
Coatepec, O. 100/101 VI B 2
Coatitlan 100/101 VI A 1
Cobbs, Fl. 118 II A/B 1/2
Coburg, Hzm. 122/123 I D 3
Coburg, O. 68/69 I F 3, 106/107 I u. II F 4, 152 II D 3

Cochem, Kochem 80 I C 1
Cochinchina, Ld. 136 II B 2/3
Coco, Rio, Fl. 100/101 VII A 2
Cocos-Ins., Keeling, brit. 138/139 I O 5
Coelaletica, Ldsch. 38/39 I D/E 2
Coelesyria, Ldsch. 38/39 I G 4, 42/43 II E 3
Cognac 104 I B 3, 110 B 3
Cohors Breucorum 38/39 II C 2
Coimbra, Bm 88/89 I A 5
Coimbra, O. 64/65 I A 2, 64/65 II A 2, 102/103 I B 5
—, Universität 91 V A 2
Coistoboci, V. 38/39 I D 1
Colchester, Camulodunum 36 C 2, 54/55 I C 2, 110 C 2
Colchis, Ldsch, s. Kolchis 38/39 I H 2
Col de Grimone, Bg. 26/26 II B 1
Colditz 77 II
Colesberg 138/139 II B 3
Colhuacan 100/101 VI A 2
Collasuyu, Ldsch. 100/101 III B/C 3—5
Collatia, O. i. Apulien 30/31 I F 3
Collatia, O. i. Latium 30/31 II B 2
Colle 94 I D 3
Collippo 38/39 II A 2
Colmar, Kolmar, RSt. 68/69 I D 4, 95 D 3
Colomb Béchar 150/151 I C 5
Colombo, Kolombo 100/101 I N 4, 162 II A/B 3
Colonia Augusta Rauricorum, Rauraci, Augst, Kaiseraugst, s. Augusta Raurica 40 III A 1, 41 I A 3
Colonia Claudia Ara Agrippinensium, Colonia Agrippina, Ara Ubiorum, Colonia, Köln 37 I A 1
Colonia Claudia Felix, s. Caesarea Philippi, Neronias, Akko, Ptolemäis 34/35 II B 2
Colonia Julia, Karthago, Plan 21 II
Colonia Julia Equestris, Nyon 37 I A 3
Colonia Julia Faventia, Barcino, Barcelona, Plan 42/43 IV
Colonia Marciana Traiana, s. Thamugadi, Plan 32 VI
Colonia Traiana, Colonia Ulpia Traiana, Xanten 34/35 I C 1
—, Plan 32 V
Colonna 63 I D 4
Colorado, amer. Staat 133 III C 2/3
Colorado, Fl. 144 IV B/C 2/3
Colossae 44 II D 3
Columbia, Brit.-, kanad. Distrikt 133 I B 2, 133 III A/B 1/2
Columbia, Fl. 133 III A/B 2
Columbus, O. i. Ohio 133 III E 3
Columnata 34/35 III A 1
Comacchio, Bm. 88/89 II C 3
Comacchio, O. 53 I B 1, 94 I E 2, 94 II E 2
Comana, O. i. Pamphylien 38/39 I F 3
Comana, Hieropolis, O. i. Kappadokien, s. Komana 38/39 I G 3
Comana, O. i. Pontus, s. Komana 38/39 I G 2
Combres 148 II C 2
Comecon 166/167 III
Comer See 80 II D 3
Cominium 30/31 I D 3
Commagene, Ldsch., s. Kommagene 38/39 I G 3
Comminges, Bm. 88/89 I C 5
Comminges, Gft. 58/59 I D 7
Commonwealth of Australia 138/139 I P—R 5—7
Commonwealth of Nations 166/167 I
Como, Bm. 88/89 II B 2
Como, Comum, O. 38/39 I A 1, 49 III A 3, 63 I B 2, 94 I u. II C 2, 130/131 III B 2, 156/157 III B 3
Compiègne 54/55 II C 3, 58/59 I E 4, 106/107 I B 5, 148 II B 2, 156/157 I D 4
Compitum Anagninum 30/31 II C 2
Compleutica 38/39 II A 1
Compsa 30/31 I F 4
Comum, Como 38/39 I A 1
Concepcion 118 III D 4
Concordia, Altenstadt, O. i. Elsaß 40 II A 2
Concordia, O. i. Venetien 38/39 I B 1
Concordia, Bm. 88/89 II C 2
Condate, O. a. d. Loire 36 C 3
Condate, Rennes 36 B 3
Condatomagus, Graufesengue 36 C 4
Condé 96/97 I B 4, 114 B 2
Condercum, Benwell 40 I C 2
Condom, Bm. 88/89 I C 5
Condrusi, Kondruser, V. 29 I C 1
Confey 57 II A 2
Conflans, Gft. i. Pyrenäen 58/59 I E 7
Conflans, O. a. d. Seine 95 B 3
Confluentes, Koblenz 40 II A 1
Conii, Cynetes, V. 38/39 II A 2
Connaught, Ldsch. 102/103 I B 3
Connecticut, amer. Staat 118 I C 1, 133 III F 2
Connewitz 77 II
Consentia, Cosentia, Cosenza 17 I E 1, 48 I C 3
Consilinum 30/31 I F 4
Constantia, O. a. Cypern 42/43 I F 3
Constantia, Konstanz 40 III C 1
Constantina, Constantine, O. i. Algerien, s. auch Cirta 42/43 I C 3, 50/51 B 4, 130/131 I D 4, 132 I C 2, 163 III B 1
Constantine, Département 147 D 5
Constantinopolis, Nova Roma, s. auch Byzantium, Konstantinopel 42/43 I E 2
Constanza, s. Tomis-Constantiana 38/39 I E 2
Consuantes, V. 37 I C/D 2
Contestani, V. 38/39 II B 2
Contionacum, Konz 40 V A 2
Contrebia 38/39II B 1
Conza, Ebm. 88/89 I F 5
Cook-Ins., brit. 138/139 I B 5/6
Coolgardie 137 I D 6
Copan 100/101 II D 3
Copia, Thurii 30/31 I G 5
Coptus 42/43 I F 4
Cora 30/31 II B 2
Coracensi, V. 25 I B 3
Corato 30/31 I G 3
Corbie, Kl. 54/55 II C 2, 56 I A 2, 95 B 3
Corbio 30/31 II B 2
Corbridge, Carstopitum 36 B 2, 40 I B/C 2
Corcaigh, Cork 60 I C 3, 102/103 I B 3
Corcyra, Ins., s. Korkyra 38/39 I C/D 3
Corcyra Nigra, Ins. 38/39 I C 2
Cordoba, Bm. 88/89 I B 6
Cordoba, Omoijaden-Emirat, Kalifat 54/55 I B/C 4/5, 57 I B 4
Cordoba, Cordova, Corduba, O. 38/39 II B 2, 48 II A 3, 49 I A 3, 57 I B 4, 64/65 I A 3, 64/65 II A 3, 130/131 I B 4
Cordoba, span. Prov. 130/131 I A/B 4
Cordova, Cordoba 85 I A 3, 92/93 A/B 6
Corduba, Cordoba 38/39 II B 2
Corduene, Cordyene, Gordyene, Ldsch. 28 II F 3
Coreae 34/35 II B 2
Corfinium 30/31 I D 2
Coria, Bm. 88/89 I A 6
Coriallum 36 B 3
Corinium 42/43 I B 1, 36 B 2
Corinthus, s. Korinthos 38/39 I D 3
Corioli 30/31 II B 2
Coritani, V. 36 B 2
Cork, Corcaigh 60 I C 3, 102/103 I B 3
Cornacum 38/39 I C 1
Cornavii, V. 36 B 1
Corneto, s. Tarquinii 25 II B 2, 63 I C 3
Corniculum 30/31 II B 1
Cornovii, V. 36 B 2
Cornwall, Ldsch., s. auch Wales 57 II A/B 2, 102/103 I C 3
Coró 100/101 VII C 2, 118 III D 2
Coronea, s. Koroneia 38/39 I D 3
Coronel 149 II
Corpillica, Ldsch. 38/39 I E 2
Corregidor 158 I D 4
Corrèze, Dép. 122/123 III B 2
Corrientes 118 III E 4, 133 II C 3
Corsi, V. 24 II D 3/4, 25 I B 3
Corsica, Gouv., s. auch Korsika 122/123 II
Corsica, s. Korsika, Ins. 25 I B 2/3, 38/39 I A 2
Corstopitum, Corbridge 36 B 2, 40 I B/C 2
Cortaillod, O. 2 I B 2
Cortaillod-Kultur 2 I B 2
Corte 94 I C 3, 94 II C 3
Cortenuova 66 II C 3
Cortina 94 I E 1, 94 II E 1
Cortona, O. i. Katalonien 38/39 II C 1
Cortona, O. i. Umbrien 24 II E 3, 30/31 I B 1, 94 I D 3, 94 II D 3
Corvey, Kl. 56 I B 2, 68/69 I E 3, 87 I D 1, 122/123 I C 3, 126/127 II B 2
Corvini, V. 25 I B 2
Corycus 38/39 I F 3
Cos, Ins. u. Stadt, s. Kos 38/39 I E 3
Cosa, O. i. Aquitanien 36 C 4
Cosa, Cusi, Ansedonia, O. i. Toskana 24 II E 3, 30/31 I B 2
—, Plan 21 V
Cosentia, Consentia, Cosenza, O. 17 I E 1, 48 I C3
Cosenza, Ebm. 88/89 I F 6
Cosne 95 B 4
Cossa, Kossa 17 I E 1
Cossura, Kossyra, Ins. 11 II C 2, 34/35 III C 1
Costarica, Kostarika, Staat 133 I D 4, 164/165 III, 166/167 II u. III, 168
Costebelle 24 II C 3
Côte d'Or, Dép. 122/123 III C 2
Côtes du Nord, Dép. 122/123 III A 1
Cotiaium, Kutaya 38/39 I E 3
Cotit Regnus 41 IV
Cotrone 63 I F 5
Cottbus, Kottbus 68/69 I H 3, 96/97 I H 4, 122/123 I F 3
Cotyora, Kotyora 38/39 I G 2
Courtrai 95 B 2, 114 B 2
Coutances, Bm. 88/89 I B 4
Coutances, O. 58/59 I C 4
Coutras 102/103 I C 4
Coveliacae 37 I C 3
Coventry, Bm. 88/89 I B 3
Coventry, O. 110 B 2, 156/157 I C 3
Coyoacan 100/101 VI A 2
Cozumel, Ins. 100/101 II D 1
Crac des Chevaliers, Krak, Kurdenschloß, Burg 64/65 IV B 3
—, Plan 64/65 VI
Crailsheim, RSt. 122/123 I D 4, 128 I C 2
Craiova, Pelendava 38/39 I D 2
Cramlington 142 I, II u. III A 1
Cramond 36 B 1
Cramwinkel 56 V B 2
Cranganor 52 III E 4
Crange, Krange 142 IV B 1, 142 V B 1
Crannon, Krannon 18/19 I C 2
Craonne 148 II B 2
Crateae, Ins. 30/31 I F 1
Crater sinus, Cumanus sinus, Golf. v. Neapel 30/31 III B 1/2
Crathis, Fl. 30/31 I G 5
Crawford 102/103 I C 2
Crécy 68/69 III C 1
Creglingen 128 I C 2
Crema 63 I B 2, 94 I C 2, 94 II C 2
Cremna 38/39 I F 3
Cremona, Bm. 88/89 II C 2
Cremona, O. 25 I B/C 1, 63 I C 2, 94 I D 2, 94 II D 2, 130/131 III C 2
Crépy 58/59 I E 4, 102/103 I D 4
Crespellano 4 VI C 2
Creswell 1 IV A 1
Creta, Ins., s. Kreta 38/39 I D/E 3/4
Creta et Cyrenaica, röm. Provinz 42/43 II D 3
Creuse, Dép. 122/123 III B 2
Crimisa, Krimissa, Ciro, O. 17 I E 1
Crimisa promontorium, Krimissa, Kap 17 I F 1
Crisia, Fl. 38/39 I D 1
Crobyzi, V. 38/39 I E 2
Croccia Cognato 30/31 I G 4
Cro Magnon 1 III C 2
Crossen, Krossen 122/123 I F 2
Crössinsee, NS-Ordensburg 155 I D 2
Crostolo, Fl. 4 VI B 2
Croto, Croton, s. Kroton 25 I F 4
Crottendorf 77 II
Croyland, Kl. 87 I B 1
Crozet-Ins. 164/165 IV
Crudenburg (Krudenburg) 142 IV A 1
Crustumerium 30/31 II B 1
Crutisium, Pachten 37 I A 2
Crysea, Ins. 10 III C 2
Csanad, Bm. 88/89 I G 4
Csanad, O. 61 II C 2
CSVP Christl. soziale Volkspartei) 154 II
Ctesiphon, s. Ktesiphon 42/43 I G 3
Cuba, s. auch Kuba, Ins. 100/101 VII A/B 1
Cubulteria 30/31 I E 3
Cuculle 38/39 I B 1
Cucuta 133 II B 1
Cucuteni, O. 2 I D 2, 2 II D 2
Cucuteni-Tripolje-Kultur 2 I D 2
Cuenza, Bm. 88/89 I B 5
Cuenza, Cuenca, O. 54/55 I B 4, 116/117 I C 5/6
Cuetlaxtlan 100/101 II B 2
Cugerni, V. 37 I A 1
Cuicul, Djemila 34/35 III B 1
Cuitlahuac 100/101 VI A 2
Cularo, Grenoble 24 II B 2
Cullercoats 142 II B 1, 142 III B 1
Culloden 116/117 I C 2
Cumae, Kyme 11 II C 1, 30/31 III B 1
Cumana 100/101 VII C 2
Cumanus sinus, sinus crater, Golf v. Neapel 30/31 III B 1/2
Cumberland, Ldsch. 60 I D 3
Cumlosen 161 I u. V
Cuneo 94 I B 2, 94 II B 2
Cunetio 36 B 2
Cuntisuyu, Ldsch. 100/101 III B 3
Cuppae 38/39 I D 2
Cupra Maritima, Cupra 30/31 I D 1
Cupra Montana 30/31 I D 1
Curaçao, Ins. 118 III D 2
Cures 30/31 II B 1
Curia, Chur 37 I B 3
Curiga 38/39 II A 2
Curiosolites, V. 29 I A 1
Curium 38/39 I F 4
Curl, Kurl 142 IV C 1, 142 V C 1
Curubis 34/35 III C 1
Curzola, Bm. 88/89 I F 5
Curzola, Ins. 94 I G 3, 94 II G 3
Curzon-Linie 150/151 I F3/4
Cusi, s. Cosa 24 II E 3
Custozza 130/131 III C 2
Cuxhaven 122/123 I C 2
Cuyabá 118 III E 3
Cuzcatlan 100/101 II D 3
Cuzco 100/101 III B 3, 118 III D 3, 133 II B 2
CVP (Christliche Volkspartei) 153 I
Cydonia, s. Kydonia 38/39 I D 3
Cygnus 38/39 I H 2
Cyllene, Kyllene i. Elis 18/19 I B 4
Cynetes, Conii, Kyneten, V. 38/39 II A 2
Cyparissae, Ins. 38/39 I D 3
Cypern, Cyprus, Kypros, Alaschja, Iatnana, Ins., s. auch Kypros 38/39 I F 3/4, 46/47 I B 3, 50/51 E 4, 64/65 I u. II E 3, 64/65 IV A 3, 92/93 I I 7, 112 I D 2, 130/131 I I 4/5, 138/139 I L 3, 148 III A 2
—, Kgr. 64/65 II E 3, 64/65 IV A 3
Cypern, Zypern, Staat 162 III C 1, 164/165 III, 166/167 I, 168
Cyprische Kultur 2 II E 3
Cyprus, siehe Cypern
Cypsela, Kypsela 18/19 I G 1
Cyrenaica, Barka, Cyrenaika, Kyrenaika, Ldsch. 22/23 I D 2, 28 II D 3, 125 I E 4, 132 I D 2, 156/157I F 5
Cyrene, Kyrene, O. 11 II D 2, 38/39 I D 4, 48 I D 3
Cyrrhus, Kyrrhos i. Syrien 41 III B 1
Cyrus, Fl. 42/43 I G 2
Cytaea 38/39 I H 2
Cythera, Ins., s. Kythera 38/39 I D 3
Cythnus, Ins., s. Kythnos 38/39 I D 3
Cytorus 38/39 I F 2
Cyzicos, Cyzicus 38/39 I E 2
Czegled 112 II C 2
Czernavoda 148 I G 5
Czernowitz, Cernauti 148 I G 4, 150/151 I F 4, 156/157 I F 4
Czersk 71 I B 2
Częstochowa, s. Tschenstochau 150/151 I E 3
Czikador, Kl. 87 II C 3
Czucza, Pußta-Wüstung 140 V A 2

Dabarkot 3 II H 4
Daberoth 8 III B 2
Dabik 112 I D 2
Dachau, O. 128 I C 2
—, NS-Konzentrationslager 155 I B 3
Dacher, V. 46/47 I D 3
Dachrieden 77 IV A 1
Dacia, röm. Diözese 42/43 I D/E 2
Dacia Apulensis, Ldsch. 38/39 I D 1
Daciae, röm. Prov. 34/35 I E 2
Dacia inferior, röm. Prov. 38/39 I D/E 1
Dacia Maluensis, Ldsch. 38/39 I D 1
Dacia mediterranea, röm. Provinz 42/43 I E 2, 42/43 II D 2
Dacia Porolissensis, Ldsch. 38/39 I D 1
Dacia ripuaria, röm. Prov. 42/43 I E 2, 42/43 II D 2
Dacia superior, röm. Prov. 38/39 I D/E 1
Dacore 54/55 I B 2
Dadaissas, Ldsch. 8 I A 2
Daesitiates, V. 38/39 I C 2
Daghestan, Ldsch. 112 I E 1, 134 I F 2/3, 134 II C 1
Daghestanische ASSR 150/151 I H 4
Daghestanische Völker 134 I
Dagö, Ins. 68/69 II B 1, 74 II B 2, 104 IV B 1, 113 E 3, 116/117 I H 2, 148 I F 2, 150/151 I F 3
Dagsburg, O. 122/123 I B 4
Daher, V. 14/15 I H 2, 22/23 I G 2
Dahlem 143 II
Dahlhauseen 56 V B 2
Dahlum, Pfalz 62 III D 2
Dahme 122/123 I E 3
Dahomé, frz. Kol. 132 I C 3
Dahome, Dahomey, Staat 162 III B 2, 164/165 III, 166/167 I u. III, 168
Daibul 50/51 H 5
Dairen, Dalni 136 I F 3, 136 III C 3, 149 IV F 3, 158 I D 3, 158 II D 3, 162 I C 2
Dajaëni, Taocher, V. 9 III F 1
Dakar 132 I B 3, 156/157 II F 4, 162 III A 2
Daker, V. 24 I E 3
Dakka 135 I D 2
Dakkee, Dakkeh, Pselchis 6 I A 3, 29 II B 3
Dakota, s. Nord-, Süd- 133 III C/D 2
Dalambangan, Staat 135 II C 1/2
Dalby, Bm. 61 I C 2
—, O. 60 I G 2
Dalekarlien, Ldsch. 113 C 2
Daleminze, Gau 56 IV
Daleminzier, V. 54/55 I E 2, 56 II A 1
Dallas 133 III D 3
Dalldorf, Wittenau 143 II
Dalmater, V. 28 I C 1
Dalmatia, röm. Provinz 38/39 I C 2
Dalmatien, röm. Prov. 49 II C 2
—, byzant.Thema 56 II A/B 3
—, ungar. 68/69 I H/I 6/7
—, venez. 94 II F/G 2/3, 116/117 I G5
Dalmatien, französ. 124 I D/E 3/4
—, habsbg. Kgr. 124 II C/D 1/2, 130/131 I F 3
Dalni s. Dairen
Dalsland, Ldsch. 113 C 3
Dalton 40 I B 2
Daman, Damão 98/99 I H 5, 135 I B 2, 162 II A 2/3
Damanhur 6 I A 1
Damania 10 I B 1
Damão 163 I B 2
Damaraland, Ldsch. 138/139 II A 2
Damaskus 8 IV C 2, 22/23 II C 3, 50/51 E 4, 64/65 IV B 4, 72/73 III B 3, 72/73 VI B 3,

98/99 I D 4, 130/131 I K 5, 148 III A 2, 150/151 I G 5
Dambach 40 II D 2
Damghan, Ldsch. 50/51 G 4
Damiette 64/65 II E 3, 130/131 I I 5, 138/139 IV B 1
Damliagh 52 I A 2
Damm, O. a. d. Oder 113 C 4
—, O. b. Wesel 142 IV A 1, 142 V A 1
Damman, Erdölfeld 163 II C 4
Damonii, V. 36 B 1
Damvillers 114 C 3
Dan, O. 8 III B 1
Dan, V. 8 IV B 2
Dana, Tyana 22/23 III B 2
Danaba 38/39 I G 4
Dandarier, V. 20 I G/H 2
Danelag, Hft. 57 II B/C 2
Dänemark, Kgr. 60 I F/G 2/3, 61 I B/C 2, 66 II C/D 2, 71 III B/C 1, 84 I B/D 2/3, 84 II B/D 2/3, 102/103 I E—G 2/3, 104 II A/B 1/2, 105 I C/D 1, 113 B/C 3/4, 126/127 I E/F 2/3, 128 II, IV u. V, 129 I C—F 1, 129 II D—I 1, 156/157 I D/E 3, 164/165 III, 166/167 II u. III, 168
Dänemark-Norwegen, Kgr. 113 B—G 1/4
Dänen, V. 48 I C 1, 49 I C 1, 54/55 I D/E 1, 150/151 II
Dänen im Bismarck-Reich 145 I
Dänen in England, V. 57 I u. II, 60 I
Dänen in den USA 144 II
Dänenreich des Göttrik 54/55 I D/E 1
Danewerk, Befestigung 60 IV A 2, 61 III B 2, 61 IV B 2
Dangsdorf, Wüstung 77 IV A 2
Dänisch-Amereika 118 III
Dänische Kolonien 111 I u. II
Dänischer Besitz in Indien 116/117 IV, 135 I
Dänischer Wohld, Grenzwald 61 III B/C 2
Danischmandiden-Herrsch. 64/65 III E 2/3
Dannemora 102/103 I G 1
Dannenberg, O. 96/97 I F 3
Dante, Hafun 154 IV C 1
Dantheletica, Ldsch. 38/39 I D 2
Danuna, Ldsch. 9 I E 2
Danuvius, Fl., Ister, Donau 38/39 I A—E 1/2
Danzig, Bm. 161 VI
Danzig, O. 68/69 I K 1, 68/69 II A 2, 104 II C 2, 104 IV A 2, 105 I E 1, 106/107 III B 1, 122/123 I H 1, 155 I D 1, 160 III C 2
—, Rep. (1807) 124 I E 1
Danzig, Freie Stadt 152 II H 1
Danzig-Westpreußen, NS-Gau 155 I D 1/2
Daphne, O. i. Ägypten 11 II E 2
Daphne, O. b. Antiochia 41 III B 1
Daphni, O. i. Attika 14/15 IV A 1
Daphnos, Fl. 18/19 I B/C 3
Daphnus, O. i. Lokris 18/19 IV A 1
Dara 38/39 I H 3
Daraw 6 I A 3
Darbandi Balula 6 III C 2
Darbandi Kawur 6 III C 1
Darby, Fl. u. O. 118 II A 2
Dardanellen, Meerenge 130/131 I H 3, 145 V C 2, 145 VI C 2, 148 I G 5
Dardaner, V. i. Illyrien 22/23 I D 1
Dardaner, V. i. Troas 10 II E 1/2
Dardania, Ldsch. am Hellespont 18/19 I G 1
Dardania, Ldsch. i. Illyrien 38/39 I D 2
Dardanos 18/19 I G 1
Dardschiling 135 I C 2
Darende 8 I B 2
Daressalam 132 I D 4, 162 III C 3
Darfur. Ldsch. 98/99 IV
Darfur, sudan. Prov. 138/139 III B 2
Darginer, V. 134 I F 2/3
Dargo 134 I F 2
Dargun, Kl. 88/89 III B 1
Darién 100/101 VII B 3
Dariorigum, Vannes 36 B 3
Darmstadt 96/97 I E 5, 122/123 I C 4
Darnis, Derna 38/39 I D 4
Dartmouth 110 B 2
Darum, Burg 64/65 IV A 5
Daschur 6 I A 2
Daskyleion, Daskylion 16 II E 2
Dasonari 10 I C 1
Dassaretae, V. 38/39 I D 2
Dassaretis, Ldsch. 18/19 I A 1
Dassel 66 I C 1, 126/127 II B 2
Dastudierd 42/43 I G 3
Daton 18/19 I E 1
Datteln 142 IV B 1, 142 V B 1
Daubornerhof 40 II A 2
Daugavpils s. Dünaburg
Daulaiyat 6 II B 1
Daulatabad, Deogir 72/73 V B 3
Daulis 18/19 IV A 1
Daun, O. u. Amt 80 I B 1
Dauni, V. 30/31 I F/G 3
Dauphin, Fort 111 II B 4
Dauphiné, Gouv. 122/123 II C 2
Dauphiné, Ldsch. 68/69 I C/D 6, 104 I D 3/4
Dausara 41 III D 2
Davidgorodok 75 E 3
Dax, Bm. 88/89 I B 5
Dax, Aquae Tarbellicae, O. 36 B 4, 54/55 I B 4
Da-yüan, V. 46/47 I E/F 2
DDP, Deutsche demokr. Partei 153 I, 154 I
DDR, s. „Deutsche demokr. Rep.", sowjet. Besatzungszone
Dea 24 II B 2
De Aar 138/139 II B 3
Debir 8 III A 3
Debra Markos 154 IV A 1
Debrecen, Debreczin 75 D 5, 112 II D 2, 150/151 I F 4, 156/157 III D 3, 160 III D 3
—, Plan 140 V B 2
Decantae, V., 36 B 1
Decetia 29 I B 2
Decimum 48 II C 3
Decs 75 D 5
Decumatland, Agri Decumates 34/35 I C 2, 40 II B/C 1—3
Dedan, Öla 34/35 I F 4
Dedeagatsch, Alexandropolis 145 V C 2, 145 VI C 2, 150/151 I F 4
Defenneh 6 I A 1
Degeangli, V. 36 B 2
Deggendorf 122/123 I E 4
Dehibat 34/35 III C 2
Deira, Ldsch. 52 I B 2
Deirades 13 I B/C 2
Deiradiotai 13 I C 2
Deir el Bahari, Tempel (Theben), Plan 7 IV
Deir el-Medine (Theben) 7 IV
Dekopolis, Ldsch. 34/35 II B 2
Dekeleia 13 I B 1
Dekkan, Ldsch. 22/23 I I 3
Dekkhan-Sultanate 98/99 I H/I 5/6
Delagoa-Bai 138/139 II C 2
Delaware, amer. Staat 118 I C 2, 133 III F 3
Delaware, Fl. 118 II A/B 1/2
Delft 78 IV B 1, 104 III B 1
Delfzijl 104 III C 1
Delhi, O. 72/73 II G 5, 72/73 V B 2, 111 II C 1, 116/117 IV B 2, 135 I B 2
Delhi, Sultanat 72/73 V A—C 1—3
Deli Abbas 148 III B 2
Delidsche, Fl. 8 I A/B 1/2
Delion 18/19 IV C 2
Dellmensingen 120 V C 1
Delmatae, V. 38/39 I C 2
Delme, Ad Duodecimum. O. 37 I A 2
Delmenhorst 122/123 I C 2
Delminium 38/39 I C 2
Delos, Heiligtum, Plan 17 IV
Delos, Delus, Ins. 10 II D 3, 16 I C 3
Delphi, Pytho, Heiligtum, Plan 17 III
Delphi, O. 10 II C 1, 18/19 I C 3
Delschiler 140 IV B 2
Delus, Ins. s. Delos 38/39 I D 3
Demak, Staat u. O. 135 II B/C 1
Demawend, Bikni, Bg. 9 III H 2
Demblin 148 I F 3
Demetae, V. 36 A/B 2
Demeter-Tempel i. Eleusis 13 I B 1
—, Plan 20 IV
Demetrias, O. i. Thessalien 18/19 I C 2
Demetrias, O. a. Tigris 22/23 II D 2
Demirkagi 140 IV B 2
Demjansk 156/157 I G 3
Demmin 58/59 I K 2, 122/123 I E 2
Demotika, Dimotika 145 V C 2, 145 VI C 2
Dendera, Tentyra 6 I A 2
Dendermonde 114 C 2
Dendur 6 I A 3
Deneuvre, Donnabriga 37 I A 2
Denia, Dianium 38/39 II C 2
Den Haag s. Haag
Denisli 112 I C 2
Dennewitz, O. i. Bessarabien 140 IV A 2
Dennewitz, O. i. Sachsen 126/127 III D 2
Denning 37 I C 2
Denpasar 135 II D 2
Dentheliatis, Ldsch. 18/19 I C 4/5
Denver 133 III C 3
Deobriga 38/39 II B 1
Deogir, Ld. 72/73 V B 2
Deogir, Daulatabad, O. 72/73 V B 3
Deptford 109 I
Der 6 III B 2, 6 IV B 2
Deraa 148 III A 2
Derbani, Ldsch. 38/39 I C 2
Derbe 38/39 I F 3
Derbent, Bab el Abwab 9 III G 1, 50/51 F 3, 112 I E 1, 134 I G 2
Derby 57 II B 2, 110 B 2
Der el-Gebrawi 6 I A 2
Derna, Darnis, O. 38/39 I D 4, 130/131 I G 5 132 I D 2, 156/157 I F 5
Derna, Provinz 150/151 I F 5
Derneburg, Kl. 88/89 III B 1
Derr 6 I A 3
Derrhis, Kap 18/19 I D 2
Derry, Londonderry 110 A 1/2
Dertona 38/39 I A 2
Dertosa 38/39 II C 1
Derwent, Fl. 142 I, II u. III A 2
Deschasche 6 I A 2
Des Moines 133 III D 2
Desna, Fl. 71 I D 2, 113 G 4
Dessau 68/69 I G 3, 122/123 I E 3, 152 II E 3, 156/157 III C 2
Dessie 154 IV A 1
Dessobriga 38/39 II B 1
Dessueri 17 I C 3
Detmold 37 II A 2, 54/55 I D 2, 126/127 II B 2
Détroit 118 I B 1, 133 III E 2
Detzem, ad Decem 40 VI A 2
Deuna 77 IV A 1
Deurne 143 Ia u. Ib
Deutsch-Afrika 132 I, 146 I
Deutsch-Brod, Bg., O. 86 I C 2
Deutsche, V. 106/107 III, 150/151 II, 160 I u. II
Deutsche in Bessarabien, V. 140 IV
Deutsche i. d. Niederlanden, V. 126/127 IV
Deutsche in Ungarn, V. 112 II
Deutsche in den USA 144 II
Deutsche Demokratische Rep. (DDR) 161 I u. IV B 1, 166 I u. III
Deutsche demokrat. Partei (DDP) 153 I, 154 I
Deutsche Entdeckungsreisen 100/101 I u. VII
Deutsche Kolonien 132 I, 137 I, 138/139 VI
Deutsche Nationalversammlung 153 I
Deutsche Siedlungstätigkeit 56 III, IV, V u. VI, 58/59 II, 67 III, 70 II, 74 I, II u. III, 75, 76 I, II, III, IV, V, VI, VII u. VIII, 77 I, II, III u. IV
Deutsche Sprache, Sprachgrenze 49 II u. III, 54/55 II, III u. IV, 130/131 II
Deutsche Südseekolonien 137 I
Deutscher Bund 126/127 I E—G 3/4, 128 III, 129 II
Deutscher Orden 64/65 II D 2, 67 III B/C 2, 67 III C/D 3, 68/69 I I—M 1/2, 68/69 I E 4, 68/69 II, 71 I A—C 1/2, 71 III C/D 1, 96/97 I K—M 1—3, 104 IV
Deutscher Orden, Mergentheim 122/123 I C 4
Deutscher Orden inSchwaben 120 V C 1, 128 I B 2
Deutscher Reichstag 154 I u. II
Deutscher Zollverein 129 I
Deutsches Recht 124 III
Deutsches Reich, Bevölkerungsverluste 152 III, 161 III
Deutsches Reich, Deutschland, Kgr. 58/59 I E—M 1—6, 66 I B—E 1/2, 66 II C/D 2/3, 68/69 I, 92/93 III D/E 1/2, 96/97 I
Deutsches Reich im Hl. Röm. Reich 102/103 I D—G 3/4, 104 II, 105 I, 106/107 I, 115 I, 122/123 I
Deutsches Reich, Bismarck-Reich 124 III, 128 V, 129 II, 141 I, II, III u. IV, 145 III u. IV, 148 I C—F 2—4
Deutsches Reich, Weimarer Rep. 152 II
—, Großdeutsches Reich, NS-Reich 155 I u. II, 156/157 I D—F 3/4, 156/157 II G 2, 156/157 III B—D 2/3, 160 I u. II
Deutsche Volkspartei, DVP 153 I, 154 I u. II
Deutsch-Krone 74 I C 1, 122/123 I G 2
Deutschland, s. Deutsches Reich
Deutschland, Besatzungszonen 160 III
Deutschland, Bundesrepublik 161 I, IV, V, VI, VII, 166/167 II u. III
Deutsch-Lipesche, Bg.O. 86 I E 2
Deutschnationale Volkspartei, DNVP 153 I, 154 I u. II
Deutsch-Ostafrika 132 I D 4
Deutsch-Pilsen, Bg.O. 86 I E 3
Deutsch-Proben, Bg.O. 86 I E 2
Deutsch-sowjet. Interessengrenze 154 VI, 155 II
Deutsch-Südwest-Afrika 132 I C/D 4/5, 138/139 II A B 1/2
Deutz, Divitia 42/43 I C 1, 58/59 I G 3
—, Plan 78 II
Deux Nethes, Dép. 122/123 III C 1
Deux Sèvres, Dép. 122/123 III A 2
Deva, Chester 36 B 2
Develtos, Develtus Flaviopolis, s. Apollonia 54/55 I H 4
Deventer, Messen 83 V B 2
Deventer, O. 68/69 I D 2, 78 IV C 1, 104 III C 1
Déversoir 138/139 IV C 2
Devils Dyke, Burgwall 40 IV
Devon, Westwales, Ldsch., s. auch Wales 54/55 I B 2, 57 II B 2
Dewlet Agatsch 140 IV A 2
Dharmarajika 21 III
Dhola 163 I D 2
Dhubba, V. 50/51 F 5
Dhubjan, V. 50/51 E 5
Dia, Ins. 10 I B 1
Diablinthes, Aulerci-, V. 29 I A/B 1
Diamantina 118 III E 3
Diana 34/35 III B 1
Dianium, Ins. 30/31 I B 2
Dianium, Denia, O. i. Spanien 38/39 II C 2
Diatonion 10 III C 1
Dibon 8 III B 3
Dibschiya 6 II, III u. IV A 1
Dictynnaeum 38/39 I D 3
Didoer, V. 134 I E 2
Didyma, Apollonheiligtum 13 III A 2
Didymoteichos 18/19 I H 1, 71 II C 3
Die, Bm. 88/89 II B 3
Die, O. 58/59 I F 6
Diebach, O. 78 III A 2
Dieburg, Vicus V. V. 40 II B 2
Diedenhofen 54/55 II E 3, 95 D 3, 114 D 3, 148 II D 2
Diedorf 77 IV A 2
Diefkenshoek 143 Ia
Diego Garcia, Ins. brit. 138/139 I N 5
Diego Suarez 132 I E 4
Diemel, Fl. 37 I B 1
Dienbienphu 163 I E 2
Diependorf 81 I
Diepholz, Gft. u. O. 68/69 I E 2, 122/123 I C 2, 126/127 II B 1
Dieppe 95 A 3, 110 C 3, 156/157 I D 4
Dießen 81 II B 3
Dietenheim 120 V D 2
Dietkirchen, Kl. 80 I D 1
Dievenow-Schanze 106/107 I H 2
Diez 80 I D 1, 122/123 I C 3
Digda 18/19 V C 1
Digne, Bm. 88/89 II B 3
Digne, O. 58/59 I G 6, 110 D 4
Dijala, Turnat, Fl. 9 III F/G 3
Dijarbekr, O. u. Wilajet, s. auch Diyarbekir, Amida 72/73 III C 3, 134 II C 2
Dijon, Kl. 87 I C/D 2
—, O. 49 II C 2, 58/59 I F 5, 95 C 4, 110 D 3
Dikaia 18/19 I F 1
Dikaiarcheia, Puteoli, Puszuoli 30/31 III B 1
Dikoa 132 I C 3
Diktaion 10 III D 1
Dikte, Ldsch. 10 III D 1
Diktynna-Heiligtum a. Kreta 10 III A 1
Dilbat, Dulaim 6 III B 2, 6 IV B 2
Dilla, Bg. O. 86 I E 2
Dilldorf 142 IV B 2
Dillenburg 122/123 I C 3, 126/127 II B 2
Dillingen 105 I C 2, 122/123 I D 4, 128 I C 2
Dilmun, Ins. 9 III G 4
Dimeh 6 I A 2
Dimini 2 I D 3, 4 VII A 2
Dimitrowka 140 IV A 2
Dimotika, Demotika 145 V C 2, 145 VI C 2
Dinagelia 38/39 I E 1
Dinan 110 B 3
Dinant 68/69 I C 3, 95 C 2, 114 C 2, 148 II C 1
Dindings 138/139 V A 2
Dingelstädt 77 IV A 1
Ding-ling, V. 46/47 I H/I 2, 46/47 II F/G 1
Dinkelsbühl, RSt. 68/69 I F 4, 122/123 I D 4, 128 I C 2
Dinnington 142 I, II u. III A 1
Dinslaken 142 IV A 1, 142 V A 1
Diolindum 36 C 4
Diomedeae, Ins. 30/31 I F 2
Diomeia, Ot. i. Athen 12 VI
Dion, O. i.Chalkidike 18/19 I E 1
Dion, O. i. Dekapolis 22/23 II C 3
Dion, O. a. Euböa 18/19 I C 3
Dion, O. a. Kreta 10 III C 1
Dion, O. i. Pierien 18/19 II B 2
Dionysopolis 22/23 II A 2
Dionysos-Tempel i. Ikaria 13 I B 1
—, b. Panakton 13 I A 1
Diorhyktos, Meerenge 18/19 I A 3
Dioscoridis insula, Sokotra, Ins. 46/47 I D 5
Dios Hieron, Pyrgion 18/19 V C 1
Dioskurias, Sebastopolis 34/35 I G 2, 38/39 I H 2, 46/47 I C 2
Diospolis, Theben i. Ägypten 29 II B 2
Dios-Pontus, röm. Prov. 42/43 I F 2
Dipaia, Dipäa 18/19 I C 4
Dipoina 18/19 I C 4
Dira Abu el-Naga 7 IV
Dire, Kap 34/35 I G 5
Dirphys, Geb. 18/19 I D 3
Dirschau 92/93 II E 1, 106/107 I K 2
Disentis, Kl. 80 II C 2
Disful 112 I E 2, 134 II C 2
Disibodenberg, Kl. 80 I C 2
Dithmarschen, Ldsch. 61 III B 2, 96/97 I E 2/3
Ditiones, V. 38/39 I C 2
Diu 98/99 I H 5, 135 I B 2, 162 II A 2
Dium, O. i. Dekapolis, s. Dion 34/35 II B 2
Dium, O. i. Makedonien, s. Dion 38/39 I D 2
Divitia, Deutz 37 I A 1
Divodurum, Metz 37 I A 2
Divona, Cahors 36 C 4
Dixmuiden 104 III A 2, 148 II B 1
Diyalo, Fl. 22/23 III C 2
Diyan 6 II B 1
Diyarbekir, Amida, O. 38/39 I H 3, 72/73 III C 3, 134 II C 2
Djakarta, Batavia, O. 135 II B 1, 162 II C 4
Djakarta, Staat 135 II B 1
Djakovar, Djakowo, O. 68/69 I K 6
Djakowo, Bm. 88/89 I F 4
Djapan, Staat 135 II C 1
Djapara 135 II C 1

Djebel Ohod, Bg. 50/51 F 5
Djelfa, O. i. Algerien 34/35 III A 2, 150/151 I D 5
Djemdet Nasr 6 III B 2
Djemila, Cuicul 34/35 III B 1
Djibuti, Dschibuti 132 I E 3
Djipang, Staat 135 II C 1
Djohor, Sultanat 138/139 V B 2
Djokjakarta, Mataram, O. 135 II C 1
Djokjakarta, Staat 135 II B/C 1
Djuba, Dschuba, Fl. 132 I E 3, 154 IV B 2
Djulemen 140 IV A 1
Dnjepr, Borysthenes, Fl. 24 I F 2/3, 57 I E/F 2/3, 67 III E 1/3, 119 E 3–5
Dnjepr-Kultur 2 II D/E 1
Dnjeprodsershinsk 150/151 I G 4
Dnjepropetrowsk, Jekaterinoslaw 156/157 I G 4
Dnjestr, Tyras, Fl. 38/39 I E/F 1, 67 III C—E 3, 113 E—G 5, 116/117 I H/I 4, 130/131 I G/I 4
DNVP, Deutsch-nationale Volkspartei 153 I, 154 I u. II
Dob, Edfu 6 I A 3
Döbeln 56 IV
Doberan, Kl. 88/89 III B 1
Doblen 68/69 II B 2
Döbling 109 V
Dobrilugk, Kl. 88/89 III B 1
Dobrin, Dobrzyn 68/69 I K 2, 116/117 I G 3
Döbritz 1 IV C 1
Dobrudscha, Ldsch. 71 II C 2/3, 112 I C 1, 130/131 I H 3, 145 V C 2, 145 VI C 2, 160 III E 4
Dobrzyn, Dobrin 106/107 I K 3, 116/117 I G 3
Dobschun, Bg. O. 86 I F 2
Dobu 6 I A 2
Dobuni, V. 36 B 2
Dochiariu, Athos-Kl. 45 VI B 1
Docimium 38/39 I F 3
Doclea 38/39 I C 2
Docleatae, V. 38/39 I C 2
Dodekanes, Inselgruppe 145 VI C 3, 156/157 I F 5
Dodekaschoinos, Zwölfmeilenland 29 II B 3
Dodona 10 II B 2, 18/19 I A 2
Doel 143 I a—b
Döffingen 68/69 I E 4
Doggerbank i. d. Nordsee 148 I B 2/3
Doha 163 II D 4
Dohna 68/69 I G 3
Dokimeion 22/23 II B 2
Dokkum 52 II B 1, 78 IV B/C 1
Dol, Bm. 88/89 I B 4
Dol, O. 58/59 I C 4
Dôle, O. 58/59 I F 5, 95 C 4, 114 C 4
—, Universität 91 V B 2
Dolgubnii, Dulgubnier, V. 41 I B 2
Doliche, O. a. Euphrat 38/39 I G 3, 44 I E 3
Doliche, O. i. Thessalien 18/19 II B 2
Dolina 75 E 4
Doliones, V. 38/39 I E 2
Dollar-Währung 144 I
Dollart, Bucht 106/107 I D 3
Dollarzone 170 II
Dolleyrup 3 C D 1
Döllnitz, Fl. 56 IV
Doloper, V. 16 I A/B 2
Dolopia, Dolopien, Ldsch. 18/19 I B 2
Domavia 38/39 I C 2
Dombas 156/157 I D 2
Dombes, Ldsch. 96/97 I C 6
Domburg, O. 36 C 2, 96/97 III a
Dominica, Ins. 100/101 VII C 2
Dominikanische Republik 133 I E 4, 164/165 I F 4, 164/165 III F 4, 166/167 II u. III, 168
Dömitz 75 A 3, 122/123 I D 2
Domodossola 80 II C 2
Domremy 95 C 3
Domsdorf 77 III B 2
Domstädtel 116/117 III
Don, Tanais, Fl. 34/35 I F/G 1/2, 50/51 E/F 2/3, 105 II B/C 3/4, 119 F/G 4/5
Donau, Danuvius, Ister, Fl. 38/39 I A—E 1/2, 54/55 I D—H 3/4, 102/103 I E—I 4/5, 116/117 I E—I 4/5, 130/131 I D—H 2/3
Donaueschingen 128 I B 3
Donauländ. Kulturen 2 I
Donauwörth, RSt. 68/69 I F 4, 106/107 I F 5
Donbecken, Ldsch. 164/165 II
Don Benito 154 V A 2
Donelson, Fort 133 III E 3
Donez, Fl. 61 V C 3, 119 F/G 4/5, 149 III C/D 3, 156/157 I G/H 4
Donezbecken 159 II C 2
Dongola 138/139 III B 2
Don-Kosaken, V. 112 I E 1
Donnabriga, Deneuvre 37 I A 2
Donnersberg 40 II A 2
Donnstetten, Clarenna 40 II C 3
Donon 37 I A 2
Donusa, Ins. 18/19 I F 4
Donzy 95 B 4
Dooren, O. b. Antwerpen 143 I b
Doos 81 I
Dora, Dor, O. 8 III A 2, 22/23 II B 3, 34/35 II A 2
Dora Baltea, Duria, Fl. 24 II C 2, 114 D/E 5
Dorchester, Bm. 52 I B 2
Dorchester, O. 110 B 2
Dordogne, Dép. 122/123 III B 2
Dordogne, Fl. 58/59 I C—E 6, 104 I B/C 3/4
Dordrecht 68/69 I C 3, 78 IV B 2, 96/97 III a—d, 104 III B 2
Dörenschlucht, Paß 37 II A 2
Dorer, Dorier, V. 10 II u. III, 11 I
Dorestadt 54/55 I D 2, 57 I C 2
Dorion, O. i. Ionien 18/19 I G 3
Dorion, O. i. Messinien 11 I B 2
Doris, Ldsch. i. Kleinasien 18/19 I H 4/5, 11 I E/F 2/3
Doris, Ldsch. i. Mittelgriechenland) 18/19 I C 3
Dorische Siedlungen 11 II
Dorisch-nordwestgriech. Zuwanderer 5 II
Doriskos, O. 18/19 I G 1
Doriskos, Ebene v. 18/19 I F/G 1
Dorkeia, Quelle 12 VII
Dorla, Ob., Ndr. 77 IV A 2
Dörna 77 IV A 2
Dorna Watra 112 II F 2
Dornbach, Bach 109 V
Dornburg, Pfalz 62 III D 2
Dornoch, Bm. 88/89 I B 2
Dörnrode, Wüstung 77 IV A 1
Dorogobusch 113 G 4
Dorostol, Silistria, Durostorum 38/39 I E 2, 48 II D 2, 54/55 I H 4
Dorotheenstadt, Ot. i. Berlin 143 I
Dorpat, Bm. 88/89 I H 2
—, Bm. Territ. 68/69 II, 104 IV C 1/2
Dorpat, Jurgew, Tartu, O. 75 E 2, 104 IV C 1, 148 I G 2, 150/151 I F 3, 156/157 III D 2, 160 IV B 4
Dorsten 56 V A 1, 142 IV A 1, 142 V A 1
Dortmund, Pfalz 58/59 I G 3
—, RSt. 68/69 I D 3, 122/123 I B 3, 126/127 II A 2, 142 IV B 1, 142 V B 1
Dortmund-Ems-Kanal 142 V B 1
Dortmunder Recht 78 IV C 2
Dorylaeum, Dorylaion, Eskischehir 22/23 II B 2, 38/39 I F 3, 64/65 I E 3, 64/65 II E 3
Dothan, Dothain 8 III B 2
Douai 85 II C 2, 95 B 2, 114 B 2, 148 II B 1
Doubs, Dép. 122/123 III C 2
Doubs, Dubis, Fl. 37 I A 3, 95 C/D 4, 114 C/D 4
Douglas, Burg 92/93 I B 2
Doullens 95 B 2
Douz 34/35 III B 2
Dover 58/59 I D 3, 110 C 2
Downpatrick 110 A 2
Drabeskos 16 I C 1
Drachenfels, O. 40 II B 2
Dragmos 10 III D 1
Draheim 113 D 4
Drakenburg 96/97 I E 3
Drakensberge, Bg. 138/139 II B/C 2
Drakones 10 I B 1
Drama 145 VI B 2
Dramburg, O. 68/69 I H 2, 122/123 I F 2
Drangajökull, Berg 57 III A 1
Drangiana, Ldsch. 22/23 I H 2, 46/47 II C 3
Drapsaka 22/23 I H 2
Draschna Valeni 38/39 I E 1
Drau, Dravus, Fl. 58/59 II B—D 2/3, 112 II A—D 2/3
Drauwald, Gft. hinter d. — 58/59 III C 2
Dravus, Drau, Fl 38/39 I B/C 1
Drawidische Völker 3 I H/I 3/4
Dregowitschen, V. 54/55 I G/H 2
Drei Grafschaften (Oberösterr.) 58/59 II A/B 1/2
Dreileben 56 VI B 2
Dreilinden, Ot. v. Berlin 161 II
Dreisam, Fl. 79 II
Drenthe, Drente, Hst. 96/97 I D 3, 104 III C 1
Drepanon, Drepanum 17 I A 3
Dreros 10 III C 1
Dresden, kathol. Vikariat 145 I
—, O. 68/69 I G 3, 122/123 I E 3, 156/157 III C 2, 161 IV B 1
—, Plan 120 IV
Dreux 58/59 I D 4, 110 C 3
Drevenack 142 IV A 1, 142 V A 1
Drewljanen, V. 54/55 I H 2
Driburg 37 II B 2
Driesen 68/69 I H 2, 121 I
Drilon, Fl. 38/39 I D 2
Drin, Fl. 145 V A/B 2, 145 VI A/B 2
Drinus, Drina, Fl. 38/39 I C 2, 54/55 I F 4, 130/131 I F 3
Drobeta 38/39 I D 2
Drogheda 110 A 2
Drohobycz 156/157 III D 3, 160 III D 3
Drôme, Dép. 122/123 III C 2
Drontheim, Ebm. 88/89 I E 1
Drontheim, Trondheim, O. 92/93 I E 1, 113 C 2, 156/157 I E 2
Drontheim, Stift 113 B/C 2
Drossen 121 I
Druentia, Durance, Fl. 24 II B/C 2/3
Drusen-Gebiet 150/151 I G 5
Druxberge 56 VI B 2
Drymos 18/19 I C 3
Drymussa, Ins. 18/19 I G 3
Dryopis, Ldsch. 18/19 I E 3
Drys 18/19 I F 1
Dschabalpur 135 I B 2
Dschaffna, Dschafna 98/99 I I 7, 135 I C 4
Dschaipur, O. i nördl. Sarkars 135 I C 3
Dschaipur, O. i. Radschputana 135 I B 2
Dschambalik 52 III F 2, 72/73 I B 1
Dschammu, Ldsch. 162 II A 2
Dschamna, Fl. 135 I B/C 2
Dschats, Staat 116/117 IV B 2
Dschawan 50/51 C 5
Dschelfa 163 III A 2
Dschenin 162 IV B 1
Dscherasch, Gerasa, Plan 42/43 VI
Dscherba, Ins. 130/131 I E 5
Dschibal, Ldsch. 50/51 F/G 4
Dschibuti, Djibuti 162 II D 2
Dschidda 42/43 I F 4, 98/99 I D 5, 111 II A 1
Dschihun, Oxus Fl. 50/51 H 3/4
Dschodhpur 135 I B 2
Dschohor 98/99 I L 7
Dschuba, Djuba, Fl. 154 IV B 2
Dschulek 134 II E 1
Dschunije 64/65 IV A 4
Dschurdschan, Ldsch. 50/51 G 4
Dschurtschen, Mandschu, V. 98/99 I N 3
Dschurtschen-Reich, Kin 72/73 I D—G 1/2
Dsungarei, Ldsch. 136 I B 2
Duala 132 I C 3
Dubis Fl., Doubs 36 D 3
Dubitza 75 C 5
Dublin, Ebm. 88/89 I A 3
Dublin, O. 57 II A 2, 60 I C 3, 110 A 2
Dubno 75 E 4, 148 I G 3
Dubrae 36 C 2
Dubrownik, s. Ragusa 150/151 I E 4
Ducie, Ins. 138/139 I C 6
Duderstadt 122/123 I D 3
Duero, Durius, Fl. 57 I B 3, 130/131 I A/B 3
Duisburg 58/59 I G 3, 106/107 I D 4, 142 IV A 2, 142 V A 2
Dulaim, Dilbat 6 III B 2
Duleigno 145 V A 2, 145 VI A 2
Dulduli, Hit 6 III B 2, 6 IV B 2
Dulebner, Wolhynier, V. 50/51 D 2/3
Dulgadyr, Ldsch. 70 II G/H 3
Dulgubnier, Dolgubnii, V. 41 I B 2
Duluth 133 III D 2
Dumbarton Oaks 164/165 III
Dumfries 71 III A 1
Dumna, Ins. 36 A 1
Dumnio, Dumnissus, Kirchberg, 40 II A 2
Dumnonii, V. 36 B 2
Dümpten 56 V A 2
Dün-Geb. 77 IV A/B 1
Düna, Fl. 68/69 II C/D 2, 113 E/G 3
Dünaburg, Daugavpils, Dwinsk 74 II C 3, 75 E 3, 104 IV C 2, 113 F 3, 116/117 I I 2, 156/157 I F 3, 156/157 III D 2
Dunajec, Fl. 74 I D 2
Dünamünde, Kl. 88/89 III C 1
Dünamünde, O. 68/69 II C 2
Dunapentele, Intercisa 38/39 I C 1
Dunbar 54/55 I B 1, 110 B 1
Dunblane, Bm. 88/89 I B 2
Dundee 110 B 1
Dunedin 137 II D 4
Dungul, Oase 6 I A 3
Dunkeld, Bm 88/89 I B 2
Dünkirchen 95 B 2, 114 B 2, 148 II B 1, 156/157 I D 3
Dunkwa 163 IV B 3
Dunois, Gft. 92/93 I C 4
Dunwich, Bm. 52 I C 2
Duodecimum Ad., Delme 37 I A 2
Duquesne, Fort 116/117 II C 2
Dura-Europos, —us, Dura 22/23 II D 3, 38/39 I H 4
—, Plan 42/43 VII
Durance, Fl. 58/59 I F/G 6/7
Durango 118 III B 1
Duranius, Dordogne, Fl. 36 B/C 3/4
Durazzo, Ebm. 88/89 I F 5
Durazzo, Durres, Dyrrhachium 50/51 C 3, 64/65 I C 2, 64/65 II C 2, 102/103 I G 5, 145 V A 2, 145 VI A 2
Durban 138/139 II C 2, 144 V C 2
Durham, Bm. 88/89 I B 3
Durham, O. 57 II B 2, 142 I—III A 2
Duria, Dora Baltea, Fl. 24 II C 2, 114 D/E 5
Dur-ili, Akr 6 III C 2, 6 IV C 2
Durius, Duero, Fl. 38/39 II A/B 1, 57 I B 3, 130/131 I A/B 3
Dur Kurigalzu, Kurikalzu, Akarkuf 6 IV B 2
Durlach 122/123 I C 4
Dürnkrut 70 I E 2
Durnovaria 36 B 2
Dürnstein 66 I D/E 2
Durobrivae, Castor 36 B 2
Durobrivae, Rochester 36 C 2
Durocortorum, Reims 36 C 3
Durostorum, Dorostel, Silistua 38/39 I E 2, 48 II D 2
Durotriges, V. 36 B 2
Durovernum, Canterbury 36 C 2
Dürr-Arnsdorf 77 III B 2
Durres, Durazzo 150/151 I E 4
Dur Scharrukin, Khorsabad, Sargonsburg 6 IV B 1, 9 III F 2
Dur-Umtasch 9 I G 3
Düsseldorf, O. 96/97 I D 4, 122/123 I B 3, 126/127 II A 2, 129 I B 3, 129 II C 3, 161 IV A 1
Düsseldorf, NS-Gau 155 I A 2
Dutch Harbor 137 I G 2, 158 I G 2, 158 II G 2
Düttstedt 77 IV A 1
Dutzendteich, O. bei Nürnberg 81 I
Duvensee, O. 1 V C 1
Dux 75 B 4
Dvaravati, Ldsch. 72/73 I C/D 4, 72/73 II I/K 6
Dvin, Dwin, O. 50/51 F 3
DVP, Deutsche Volkspartei 153 I, 154 I u. II
Dwin, Dvin, O. 50/51 F 3
Dwina, Fl. 50/51 F 1, 119 G/H 2
Dwinsk, s. Dünaburg
Dyle, Dép. 122/123 III C 1
Dyme 18/19 I B 3
Dyrrhachion, byzant. Thema 54/55 I F 4
Dyrrhachium, Dyrrhachion, Durazzo, Epidamnos, O. 38/39 I C 2, 50/51 C 3, 64/65 I C 2, 64/65 II C 2, 102/103 I G 5, 145 V A 2, 145 VI A 2
Dystos 18/19 I E 3
Earsdon 142 I—III B 1
Easington 142 I—III B 2
East London 138/139 II B 3, 144 V B 3
East Town 118 II A 1
Ebal, Bg. 34/35 II B 2
Ebchester, Vindomora 40 I C 2
Ebelrode, Wüstung 77 IV A 1
Eberbach, Kl. 88/89 III A 1
Ebermannstadt 56 III
Ebernburg, Burg 96/97 I D 5, 114 D 3
Ebingen 120 V B 2
Ebrach, Kl. 87 II C 3
Ebora, Evora 38/39 II A 2, 116/117 I B 6
Ebrach 128 I C 2
Ebro, Iberus, Fl. 54/55 I B/C 4, 130/131 I B/C 3
Ebrodurum 42/43 I C 2
Eburacum, York 36 B 2
Eburodunum, Yverdon 37 I A 3
Eburones, V. 29 I C 1
Eburovices, V. 29 I A/B 1
Eburum 30/31 I F 4
Ebusos, Ebusus, Ins. u. O. 38/39 II C 2
Ecab 100/101 II D 1
Ecatepec 100/101 VI A 1
Eccobriga 38/39 I F 3
Ecdippa 34/35 II B 1
Echallens, Ldsch. 80 II A 2
Echedoros, Fl. 18/19 I C 1
Echelidai 14/15 IV A 2
Echet Aten, Echut Aten, Tell el-Amarna 6 I A 2
Echetla 17 I C 3
Echinaden, Ins. 18/19 I A/B 3
Echinos 18/19 I C 3
Echternach, Kl. 52 II B 2, 54/55 II E 3, 87 I D 2, 104 III C 3
Echut Aten, Echet Aten, Tell el-Amarna 6 I A 2
Echzell 40 II B 2
Ecija, Astigi 38/39 II A 2
Eckenhaid 81 I
Ecker, Fl. 58/59 V B 2
Ecnomus Mons, Eknomos, Kap 17 I B 3
Ecuador, Ekuador, Staat 133 II A/B 1/2, 164/165 III, 166/167 II u. III, 168
Edam 78 IV B 1, 104 III B 1
Edegem 143 I b
Eder, Adrana, Fl. 37 I B 1, 126/127 II B 2
Edessa, Gft. 64/65 IV B/C 1/2
Edessa, Aigai, O. i. Makedonien 18/19 II B 2, 153 V A 1
Edessa, Antiocheia, Orrhoë, Urfa, O. i. Orrhoëne 22/23 II C 2 38/39 I G 3, 50/51 E 4, 52 III C 3, 64/65 IV C 2
Edessa, Reich von 29 III C/D 2
Edfu, Dob, Apollinopolis 6 I A 3, 29 II B 3
Edgehill 116/117 I C 3
Edinburgh 60 I D 2, 92/93 I B 2, 110 B 1
Edirne, s. Adrianopel, Hadrianopolis 153 V B 1
Edmonton 133 III B 1
Edom, Ldsch. 8 IV A/B 5
Edoner, Edones, V. 10 II C 1, 16 I C 1
Edrei 8 III C 2
Edremit 102/103 I I 6
Edscheleh, Erdölfeld 163 III B 3
Edschura 163 IV B 2
Eetioneia, Bg. 12 V
Efta, Europ. Freihandelszone 166/167 III
Eger, Fl. 58/59 I K 3, 122/123 I E/F 3
Eger, O., 58/59 I K 3, 68/69 I G 3, 75 B 4, 106/107 I G 4, 106/107 II G 4
Egeta 38/39 I D 2
Eggegebirge 37 II A 2
Eggelsen 81 I
Eggmühl 124 I D 2
Eggolsheim 56 III
Eglingen 120 V B 1
Eglisau 80 II C 1
Eglon 8 III A 3
Egmond 104 III B 1
Egra, Higr 34/35 I F 4
Egres, Kl. 87 II D 3

Egriköy 8 I B 2
Ehingen 120 V C 1
Ehl, Helellum 40 II A 3
Ehrenbreitstein, Amt 80 I C 1
Eibach, O. 81 I
Eichau 77 III B 1
Eiche, Ot. in Berlin 143 II
Eiche, Wüstung 77 IV A 2
Eichelrode, Wüstung 77 IV A 1
Eichsfeld, Ldsch. 81 III B 2, 104 II A/B 2, 122/123 I D 3, 126/127 II C 2
Eichstädt, Bm. 88/89 II C 2, 145 I, 161 VI
Eichstätt, Bm-Territ. 68/69 I F 4, 122/123 I D 4, 128 I C 2
Eichstätt, O. 58/59 I I 4
Eickel 142 IV B 1
Eider, Fl. 61 III A/B 2, 122/123 I C 1
Eidenstedt, Ins. 61 III A 2
Eidgenossenschaft, Territ. 80 II, 102/103 I E/F 4, 104 II A/B 3
Eidsvold, Eidsvoll 60 I G 1, 126/127 I F 1
Eifel, Geb. 54/55 II E 2
Eigenfeld, Neu-Paris 140 IV B 1
Eigenrieden 77 IV A 2
Eigenrode 77 IV A 1
Eilenburg, O. 77 II
Eilpe 56 V B 2
Eilsleben 56 VI B 2
Eimersleben 56 VI B 2
Einbeck 81 III A 2, 84 I B 3, 84 II B 3
Eindhoven 104 III B 2
Einem 56 V B 2
Eining, Abusina 40 II E 3
Einsiedeln, Kl. 80 II C 1, 87 I D 2
Einwanderung in die USA 144 II u. III
Einzelgrabkultur, jütländische 2 II B 1
Eion 18/19 II C 2
Eiones 18/19 I C 4
Eircte Mons, Bg. 25 I D 4
Eire, Irland, Staat 150/151 I C 3
Eisenach, Hzm. 122/123 I D 3
—, O. 68/69 I F 3
Eisenbahnen in Deutschland 129 I
—, in den USA 133 III
Eisenberg, Bg. O. 86 I A 1
Eisenburg, O. 75 C 5, 106/107 I I 6
Eisenerz, Bg. O. 86 I C 3
Eisenhüttenstadt, Stalinstadt 161 IV B 1
Eisenstadt 122/123 I G 5
Eisenzeit-Kulturen 4 VI, 5 II
Eiserner Vorhang 161 V
Eisernes Tor, Donau-Durchbruch 148 I F 5
Eisernes Tor, Paß b. Derbent 9 III G 1
Eiskeller, Ot. v. Berlin 161 II
Eisleben, Bg. O. 86 I A 1, 122/123 I D 3
Eismeer, s. Nordpolarmeer
Eismeerbahn 156/157 I G 2
Eismeerkanal 156/157 I G 2
Eismeerstraße 160 IV B 2
Eiszeit-Kulturen 1 I—III
Ekallate 6 IV B 1
Ekbatana, Hamadan, Epiphaneia 9 III G 3, 22/23 II E 3, 46/47 I C 3
Ekeren 143 I a—b
Eknomos, Kap 17 I B 3
Ekrek 8 I B 2
Ekron 8 IV A 4
Ekuador, Ecuador, Staat 133 II B 1/2
El Abiod 130/131 I B 5
El Agheila 156/157 I E 5
Elaia, Golf v. 18/19 I G 3
Elaia, Eläa, O. i. Pergamon 18/19 I H 3
Elaius, O. i. Jonien 18/19 I G 3
Elaius, O. d. thrak. Chenones 18/19 I G 1
Elaiusai, Ins. 13 I A 2
El Akaba 148 III A 3, 150/151 I G 6
El Alamein 156/157 I F 5
Elam, Elymais, Ldsch., Staat 8 II C 2, 26/27 I F 2, 46/47 I C/D 3
Elamiten, V. 3 I F 3, 8 II
Elaos 18/19 I B 3
El Argar 5 I A 4
—, Kultur 5 I A/B 3/4
El Arisch 148 III A 2, 162 IV A 2
Elateia, Elatea 18/19 IV A 1
Elath 6 I B 2, 162 IV A 3
El Audscha 162 IV A 2
Elaver, Allier, Fl. 24 II A 1/2
Elba, Aithalia, Ilva, Ins. 24 II D/E 3, 25 II A 2, 63 I C 3, 124 II B 2, 130/131 I E 3
Elbasan 112 I C 1
Elbe, Albis, Fl. 34/35 I C/D 1, 41 I A—C 2, 54/55 I E 2, 75 A/B 3/4, 122/123 I D—F 2/3
El Benia 38/39 I D 4
Elberfeld 129 I B 3
Elberfeld-Barmen 141 I B 2
Elbericherode, Wüstung 77 IV A 1
El Bersche 6 I A 2
Elbeuf 110 C 3
Elbing-Fluß 79 VIII
Elbing, O. 68/69 I K 1, 68/69 II A 2, 96/97 I K 2, 113 D 4, 115 I D 2, 160 III C 2
Elbing,Plan 79 VIII
Elbistan 5 I E 4, 8 I B 2
Elb-Oder-Slawen, V. 67 III
Elbrus, Berg 134 I D 2, 156/157 I H 4
Elburg, O. 68/69 I C 2, 78 IV B 1
Elburs-Geb. 9 III H 2
El Castillo 1 IV A 2
El Charge, Hibe, Große Oase 6 I A 2, 9 I C/D 4
Elche, Ilici 38/39 II B 2
Elchingen, Kl. 122/123 I D 4, 128 I C 2
Eldena, Kl. 87 II C 2
El Djem 34/35 III C 1
Elea, Velia 30/31 I F 4
Elealeh 8 III B 3
Eleasa 34/35 II B 3
Elektros, Fl. 10 III B 1
Eleon 18/19 IV B 2
Elep, Pußta-Wüstung 140 V A 2
Elephantine, Nil-Insel 6 I A 3
El Escorial, Schloß 102/103 I C 5
—, Plan 102/103 II
Eleusis, O. i. Attika 13 I B 1
—, Heiligtum, Plan 20 IV
—, Bucht v. 13 I A/B 1
Eleusis, Juliopolis, Ot. v. Alexandria (Ägypten) 26/27 V
Eleutherai, Ldsch. 13 I A 1
Eleutherna 10 III B 1
Eleutheros, Fl. 9 I E 3
El-Far 41 III C 2
El Faye 41 III C 3
Elfenbeinküste, frz. Kol. 132 I B 3
Elfenbeinküste, Staat 162 III A 2, 164/165 III, 166/167 I u. III, 168
Elfsborg 113 C 3
El Gassi, Erdölfeld 163 III B 2
El Gazala 156/157 I F 5
El Geili 6 I A 4
Elgin, Bm. 88/89 I B 2
El Golea 163 III A 2
El Habbat 41 III B 2
El Hammam, Ammatha 41 III C 2
El Hassa, Ldsch. 112 I E 3, 153 VI D 3
El-Hiba, Urukug 6 II C 2
El Hibeh 6 I A 2
El Hoch 6 I A 3
Elimberris, Auch 36 C 4
Elimeia, Elimea, Ldsch. 18/19 II A/B 2
Eliocroca, Lorca 38/39 II B 2
Elis, Ldsch. u. O. 18/19 I B 4
Elisabethville 162 III C 3
Elista 156/157 I H 4
El Kab, Necheb 6 I A 2
El Kahira, Kairo 112 I D 2
El Kantara 138 IV C 2, 148 III A 2
el Kasr el Kebir 64/65 I A 3, 64/65 II A 3
El Khadra 34/35 III A 2
Ellandun 54/55 I B 2
Ellenais 10 I A 1
Elleporos, Fl. 20 I C 3
Ellera, O. i. Indien 22/23 I I 3
Ellera-S. Mariano, O. i. Umbrien 25 II C 1
Ellerbek 1 V C 1
Ellguth 77 III B 2
Ellice-Ins., brit. 138/139 I S 5
Ellingen 40 II E 2
Ellrich 161 V
Ellwangen, Kl. 54/55 I D 3, 68/69 I F 4, 122/123 I D 4, 128 I C 2
Elm, Geb. 56 VI A 2
El Mansura 138/139 IV B 1
Elmham, Bm. 52 I C 2
Elmina 98/99 IV, 132 I B 3
Elne, Bm. 88/89 I C 5
Elne, O. 58/59 I E 7
El Obeid 132 I D 3
Elone 11 I C 1
El Qued 34/35 III B 2
El Pardo, Schloß 116/117 I C 5
El Paso 118 III B 1, 133 I C 3
Elsa, Fl. i. Toskana 25 II A/B 1
El Salvador, Staat 164/165 I E 4, 166/167 II u. III, 168
Elsaß, Gouvernement 122/123 II C 1/2
Elsaß, Ldsch. 50/51 B 3, 58/59 I G 4, 114 D 3/4, 122/123 I B 4/5, 148 II D 2/3, 152 II B 4/5, 155 I A 3
Elsaß, Landvogtei Unter-Elsaß, Ober-Elsaß, s. auch Sundgau 95 D/E 3/4
Elsässer, V. 160 I
Elsaß-Lothringen, Reichsland 129 I B 4/5, 129 II C 4/5
Elsaß-Lothringer im Reich, V. 145 I
Else, Fl. i. Teutoburger Wald 37 II A 1
Elsfleth 122/123 I C 2
Elster, Fl. 77 II
Elsterwerda 122/123 I E 3
Eltekeh 8 III A 3
Elten 62 III B 2, 122/123 I B 3
Eltersdorf 81 I
Eltville 80 I D 1
Eltynaia 10 III C 1
El Ubaid 6 II C 2, 6 III C 2
El Uëd 163 III B 2
Elusa, O. i. Aquitanien 42/43 I C 2
Elusa, O. i. Nabataca 34/35 II A 3
Elvas 92/93 I A 6, 102/103 I B 6
Ely, Bm. 88/89 I C 3
Ely, Kl. u. O. 87 I C 1
Elymais, Elam, Ldsch., Staat 8 II C 2, 26/27 I F 2
Elymer, V. 17 I A 3
Elymnion 18/19 I D 3
Elyros 10 III A 1
Elz, Fl. i. Baden 77 I A 2/3
Elz, Nebenfl. d. Mosel 80 I C 1
Elze 56 I B 1
Emba, Erdölfeld 163 II D 2
Emba, Fl. 163 II D 2
Emba, O. 159 II D 2
Embrun, Ebm. 88/89 II B 3
Embrun, O. 58/59 I G 6, 68/69 I D 6, 104 I D 4
Emden 84 I B 3, 84 II B 3, 104 II A 2, 105 I B 1, 106/107 I D 3, 115 I B 2
Emerita Augusta, Merida 38/39 II A 2
Emerkingen 37 I B 2, 120 V C 2
Emesa, Homs 41 III B 3
Emhofen 81 I
Emilia, Ldsch. 94 II D 2
Emirgazi 8 I A 2
Emisheim 95 D 4
Emma 41 III B 1
Emmaus 34/35 II A 3
Emmer, Fl. 37 II B 1/2
Emmerich, O. b. Kleve 78 IV C 2, 105 I B 2, 122/123 I B 3
Emmerich, O. b. Rheinhausen 142 IV A 2, 142 V A 2
Emodus, Ldsch. 34/35 VI
Emona, Laibach 38/39 I B 1, 48 II C 2
Empire, britisches 138/139 I—V
Emporia, der Karthager 26/27 I C 2
Emporiae, Emporio, Ampurias, O. i. Spanien 11 II B 1
Emporio, O. a. Chios 18/19 I F 3
Emporion, Emporiae, Ampurias, O. i. Spanien 11 II B 1
—, Plan 21 IV
Ems, Amisia, Fl. 41 II B/C 1/2, 58/59 I G/H 2/3, 122/123 I B/C 2/3
Ems, Bad, O. 40 II A 1
Emscher, Fl. 56 V A/B 1/2, 142 IV A—C 1/2, 142 V A—C 1/2
Emscher Bruch, Moor 142 IV B 1, 142 V B 1
Endor 8 III B 2
Enez, Ebm. 88/89 I H 5
Enez, O 153 V B 1
Engadin, Ldsch. 80 II D/E 2
Engannim 8 III B 2
Engedi 34/35 II B 3
Engelberg, Kl. 80 II C 2
Engelsberg, Bg. O. 86 I D 1
Engelsk 150/151 I H 3
Engern, Ldsch. 58/59 I H 2
Engers 80 I C 1
Enghien 104 III B 2
England, s. auch Angelsachsen, Angelsachsenreich
England, Kgr., (dän.) 57 II, 58/59 I, 60 I, 67 I
—, Kgr. (normann.) 60 I, 67 I
—, Kgr. (13.—15. Jh.) 66 II B/C 2, 68/69 III A—C 1, 71 III A/B 1, 85 II A/B 1/2, 92/93 I A—C 2/3, 92/93 III A—C 1
England, Kgr. (16.—17. Jh.) 102/103 I A—D 2/3, 104 I A—C 1/2, 110 A—C 1/2, 156/157 II F/G 2
Englianos 10 II B 3
Englisch-ägyptischer, s. anglo-ägypt. Sudan 154 IV A 1/2
Englische Entdeckungsreisen 100/101 I u. VIII
Englische Kolonien, s. Britische Kolonien, Empire, Britisches
Englische Lehen in Frankreich 64/65 I A/B 2, 64/65 II A/B 2, 70 I
Enipeus, Fl. 18/19 I C 2
Eniwetok, Ins. 158 II F 4
Enkenbach 40 II A 2
Enkhuizen 104 III B 1
Enkomi, Alaschja 8 II A 2
Enna 17 I C 3, 63 I E 6
En Nachl 148 III A 3
Ennetach 37 I B 2
Enniskillen 116/117 I B 3
Enns, Fl. 58/59 II A/B 1/2, 58/59 III B/C 1/2, 68/69 I G/H 5, 122/123 I E/F 4/5
Enns, O. 68/69 I H 4, 122/123 I F 4
Ennsburg, Burg 58 59 II B 1
Enope 11 I C 2
Enos 145 VI C 2
En Rimmon 8 III A 3
Enseli 148 III B 2
Ensérune 24 II A 3
Entdeckungsreisen 98/99 I u. IV, 100/101 I u. II, 100/101 VII u. VIII
Entebbe 162 III C 2/3
Entella 17 I B 3
Entente, baltische 153 III
Entremont 24 II B 3
En Yahab 162 IV B 2
Enza, Fl. 4 VI A 2
Enzberg, Frh. v., Reichsritter 120 V A 2
Eordaia, Ldsch. 18/19 II A 2
Eordaikos, Fl. 18/19 I A 1
Eorder, V. 10 II B 1
Epakria, Ldsch. 13 I B 1/2
Epamanduodurum 37 I A 3
Epanockorio 10 I B 1
Epeiros, Epirus, Ldsch. 18/19 I A/B 1/2
Eperies 74 I D 2, 106/107 I L 5
Epernay 110 C 3, 148 II B 2
Epfach, Abodiacum 37 I C 3
Ephesos, Ebm. 88/89 I H 6
Ephesos, Ephesus, Arsinoë, O. 4 VII B 2, 18/19 I H 4, 18/19 V A 2, 22/23 II A 2, 50/51 D 4
—, Polis 18/19 V A/B 1/2
Ephraim, O. 34/35 II B 3
—, V. 8 IV B 3
—, Geb. 8 III B 2/3
Ephron 34/35 II B 2
Ephyra, Ins. 18/19 I E 5
Ephyra, O. i. Elis 11 I B 2
Epidamnos, Dyrrhachion, Durazzo 11 II C 1, 38/39 I C 2
Epidaurum, O. i. Dalmatien 38/39 I C 2
Epidauros, Epidaurus, O. i. Argolis 18/19 I D 4
Epidauros Limera 18/19 I D 5
Epidelion, Kap 18/19 I D 5
Epikephisia, Ldsch. 12, V
Epinal 68/69 I D 4, 95 D 3, 122/123 I B 4, 148 II D 2
Epiphaneia, Ekbatana, Hamadan 22/23 II E 3
Epiphania, O. i. Cilicien 29 IV C 2
Epiphania, Hamath, O. a. Orontes 9 III E 2, 22/23 II C 2, 41 III B 2
Epipolai, Burg b. Syrakus, Plan 17 I
Epiros, Epirus, Epeiros, Ldsch. 10 II B 1/2, 18/19 I A/B 1/2, 20 II B 2/3, 70 II D 3, 112 I C 2, 145 V A/B 2/3, 145 VI A/B 2/3
—, osman. Prov. 92/93 I G 6
Epirus, Despotat 64/65 II C/D 2/3, 66 II D/E 3/4
Epirus, röm. Prov. 38/39 I D 3
— nova, — vetus, röm. Prov. 42/43 I D/E 2/3
Episkopi 10 I B 1
Epitalion 18/19 I B 4
Epomeus mons, Bg. 30/31 III A 2
Eporedia, Ivrea 36 D 3
Eppenstein, Burg 58/59 III C 2
Epte, Fl. 58/59 I D 4
Equizeto 34/35 III A 1
Eragiza 41 III C 1
Erana 18/19 I B 4
Erasinos, Fl. 13 I B 2
Eratyra 18/19 I B 1
Erbach, Gft. 81 II B 2, 122/123 I C 4
Erbach, O. i. Odenwald 128 I B 2
Erbach, O. b. Ulm 120 V C 1
Erbach, Schenk v., Gf. 78 III B 3
Erbessus 25 I D 5
Erbil, Arba-Ilu 6 III B 1
Ercavia 38/39 II B 1
Erchia, O. i. Attika 13 I, B 2
Erchie, O. i. Calabrien 30/31 I H 4
Erdmannshain 77 II
Erdölfelder, -Gesellschaften, -Leitungen 163 II u. III
Erebus, Bg. 164/165 IV
Erechtheion, T. i. Athen 12, I
Eregli, Herakleia, O. i. Kappadokien 64/65 IV A 2
—, O. a. Schwarzen Meer 70 II F 2, 130/131 I I 3
Ereikinion 18/19 I C 2
Erfurt, Bm. 52 II C 2
—, Messen 83 V C 2
—, O. 58/59 I I 3, 68/69 I F 3, 105 I C 2, 122/123 I D 3, 129 II E 3
—, Universität 91 V C 1
Eresburg, Burg 54/55 I D 2, 58/59 I H 3
Eressos 18/19 I F 2
Eretia, Ldsch. 18/19 I D/E 3
Eretria, O. 11 II D 2, 18/19 I D 3
Eretum 30/31 II B 1
Erg, großer, Wüste 163 III A/B 2/3
Ergitium 30/31 I F 3
Erguel, Ldsch. 80 II A/B 1
Eridanos, Fl. 12 VI
Eridu, Schahrain 6 II C 2, 6 IV C 2
Erie-See 133 III E/F 2
Erigon, Fl. 26/27 III A 1
Erikeia 13 I B 1
Erimi 2 I E 3
Erin, Iris, Irland, Ins. 24 I B 2
Erineos, O. i. Achaia 18/19 I B 3
Erineos, O. i. Doris (Mittelgriechenland) 18/19 I C 3
Eriwan, Jerewan, O. 112 I E 1, 134 I E 3, 134 II C 1, 148 III B 1, 149 III D 3
—, Chemat 134 I D/E 3
Eriza 38/39 I E 3
Erkilet 8 I B 2
Erlangen 56 III, 105 I C 2, 122/123 I D 4, 128 I C 2
Erlau, Bm. 88/89 I G 4
Erlau, O. 74 III E 3, 112 II D 2
Erlenstegen 81 I
Ermanak 112 I D 2
Ermes 104 IV C 2
Ermland-Frauenburg, Bm. 88/89 I G 3, 145 I, 161 VI
—, Bm. Territ. Ldsch. 68/69 II A/B 2/3, 92/93 I F/G 3, 105 I E/F 1, 106/107 I K/L 2/3, 115 I D/E 2
Ernestinische Lande, s. auch Wettinische Lande 106/107 I F 4
Erolzheim 120 V D 2
Erösd, O. 2 I D 2
Erösd-Kultur 2 I D 2
Er Riad 153 VI D 3
Er Rif, Ldsch 147 C 5, 150/151 I C 5
Erserum, Erzerum, Erzurum, O. 9 III F 2, 64/65 I F 3, 64/65 II F 3, 148 III B 2, 112 I E 2
—, Wilajet 134 II B/C 1/2
Ersindschan 112 I D 2, 148 III A 2
Erstein, O. 77 I A 2
Ertebölle 1 V B 1
Erxleben 56 VI B 2
Erykes, Fl. 17 I C 3
Erymanthos, Fl. 18/19 I B 4
Erymanthos, Geb. 18/19 I B 3/4
Erythräisches Meer, Indischer Ozean 22/23 VI
Erythrai, O. i. Böotien 18/19 IV B 2

Erythrai, Erythrä, O. i. Jonien 18/19 I G 3
Erythraion, Kap 10 III D 2
Erythrea, ital. Kol. 132 I D/E 3
Eryx, Bg. u. O. 17 I A 2
Erzbahn, schwedische 156/157 I E/F 2
Erzerum, Erzurum, s. Erserum
Erzgebirge, Geb. 74 III C 2
Esbjerg 147 D 3, 150/151 I D 3, 156/157 I D 3
Escaut, Dép. 122/123 III B/C 1
Escaut, Schelde, Fl. 143 I a/b
Eschenau 81 I
Eschnuna, Tell Asmar 6 III B 2, 6 IV B 2
Eschtaol 8 III A 3
Eschtemoh 8 III B 3
Eschwege 126/127 II C 2
Eschweilerhof 40 II A 2
Escorial, Schloß 90 II A 2, 108 I A 2
—, Plan 102/103 II
Escudo-Zone 170 II
Escum 37 I C 3
Esdraela, Jesreel, O. 34/35 II B 2
Esdrelon- od. Jesreel-Ebene in Samaria 8 III B 2, 34/35 II B 2
Esesfeld 54/55 I D 2
Eskilstuna 113 D 3
Eski Mosul 6 IV B 1
Eskischehir, Dorylaeum 38/39 I F 3, 92/93 I I 6, 134 II B 2, 153 V B 2
Esne, Latopolis 6 I A 2, 50/51 E 5
Española, Ins. (Haiti) 118 III D 2
Espenhain 77 II
Esphigmenu, Athos-Kl. 45 VI B 1
Espiritu Santo, Ins. 100/101 VIII D 3, 158 I F 5
Esquilinus, Hügel in Rom 32 II, 45 I
Esrom, Kl. 87 II C 2
Es Salt 162 IV B 1
Esseg 68/69 I K 6, 112 II C 3
Essen, Bm. 161 VI
Essen, Kl. u. O. 58/59 I G 3, 68/69 I D 3, 122/123 I B 3, 126/127 II A 2, 142 IV B 2, 142 V A/B 2
Essen, NS-Gau 155 I A 2
Essequibo, Ldsch. 111 I D 3, 118 III E 2
Essex, Ldsch. 54/55 I C 2, 57 II C 2
Esslingen, RSt. 68/69 I E 4, 81 II B 2, 122/123 I C 4, 128 I B 2
Este-Hft. 68/69 I F 6, 94 I D/E 2, 94 II D/E 2
—, Ateste, O, 24 II E 2, 63 II C 1, 94 I D 2, 94 II D 2
Esten, Tschuden, V. 50/51 D 2, 74 II C 2, 150/151 II
Estiones, V. a. d. Iller 37 I C 3
Estland, russ. Gouv. 116/117 I H/I 2
Estland, Ldsch. 68/69 II C 1, 104 IV B/C 1, 113 E/F 3, 119 C/D 3
Estland, Staat 149 III B 2, 150/151 I F 3
Estnische Sowjetrep. 155 II D 1, 156/157 I F 3
Estremadura, portug. Prov. 116/117 I B 6
Estremadura, span. Prov. 130/131 I A 3/4
Etam 8 III B 3
Etampes 95 B 3, 116/117 I D 4
Etanna 24 II B 2
Étaples 54/55 II B 2
Etelköz, Ldsch. 57 I E/F 3
Eteokreter, Minoër, V. 10 III
Eteokretische Sprache 9 II C 2/3
Eteokyprische Sprache 9 II D 3
Ethandun 57 II B 2
Ether 8 III A 3
Etruria, Etrurien, Ldsch., s. auch Toscana 24 II, 26/27 I C 1
—, Regio Italiae 30/31 I A—C 1/2
Etrurien, Kgr. 124 II B 2
Etrusker, V. 9 I C 3, 24 II
Etsch, Atesis, Fl. 37 I C 3, 49 III B/C 2/3, 130/131 III C/D 1/2
Ettal, Kl. 87 I E 2
Ettenheim 77 I A 2
Et Tih, Wüste 148 III A 2
Ettlingen 40 II B 3
Etzelskirchen 56 III
Etzoldshain 77 II
Eu, Gft. 95 A 2/3
Euboia, Golf v. 18/19 I D 3
Euboia, Euboea, Ins., s. auch Negroponte 18/19 I C—E 3, 64/65 I D 3, 64/65 II D 3, 92/93 I G 6, 130/131 I G 4
Euboia, O. a. Sizilien 17 I D 3
Eucarnia 38/39 I F 3
Eudosen, V. 36 D/E 1, 41 I A 1
Euenos, Fl. i. Mittelgriechenld. 18/19 I B/C 3
Euenos, Fl. i. Mysien 18/19 I G/H 2
Euhesperides 11 II C/D 2
Eula, Fl. 77 II
Euläos, Ulai, Fl. 9 I G/H 3
Eulau 58/59 I L 3
Eulbach, O. 40 II C 2
Eule, Bg. O. i. Böhmen 86 I C 2
Eumenia, Eumeneia 22/23 II A 2, 38/39 I E 3
Euonymeis 12 V
Eupalion 18/19 I B 3
Eupatoria, O. a. d. Krim 102/103 I K 4, 116/117 I K 4
Eupatoria, O. i. Pontus 22/23 II C 1
Eupen 152 II B 3
Euphrat, Fl. 6 II—IV, 8 I B 1/2, 50/51 E/F 4, 72/73 II C/D 4, 134 II B/C 2
Euphratensis, röm. Prov. 42/43 I F 3
Eupyridai 13 I B 1
Eure, Dép. 122/123 III B 1
Eure et Loir, Dép. 122/123 III B 1
Euripos, Meerenge 13 I C 1
Euroia 18/19 I A 2
Europa, Erdteil 22/23 VI, 98/99 V—VIII
Europa, röm. Prov. 42/43 I E 2
Europäer in Afrika 132 III
— in Südafrika 144 VI
— in den USA 144 II
Europäische Freihandelszone, Efta 166/167 III
Europäische Wirtschaftsgemeinschaft, EWG 166/167 III
—, afrikan. assoziierte Staaten 169 IV
Europos, Fl. 18/19 I C 1/2
Europos, O. a. Euphrat 22/23 II C 2
Europos, O. i. Makedonien 18/19 II B 2
Europos, Rhagai 22/23 II F 2
Europus, Karkemisch 38/39 I G 3
Eurotas, Fl. 13 II
Eurydikeia, Smyrna 22/23 II A 2
Euryelos, Burg i. Syrakus 17 I
Eurymedon, Fl. 20 I F 3
Eurytania, Ldsch. 18/19 I B 3
Eusebeia-Mazaka 22/23 II C 2
Eusebeia, Tyana 22/23 II B 2
Eutin 122/123 I D 1
Eutresia, Ldsch. 18/19 I C 4
Eutresis 18/19 IV B 2
Eutritzsch 77 II
Euxeinos Pontos, Euxinus Pontus, Schwarzes Meer 38/39 I E—H 1/2
Evangelische Christen 104 I u. II, 105 I, 126/127 IV, 130/131 II
Eversael 142 IV A 1, 142 V A 1
Everschop, Ins. 61 III A 2
Everstein, Burg 68/69 I E 3
Evesham, Kl. 87 I B 1
Evgheniţa 140 IV A 1
Evian 80 II A 2
Evora, Bm. 88/89 I A 6
Evora, Ebora, O. 38/39 II A 2, 92/93 I A—C, 116/117 I B 6
Evraeokastro 18/19 I D 2
Evreux, Bm 88/89 I C 4
Evreux, Mediolanum, O. 54/55 II B 3, 95 A 3
Ewers, Fl. 40 I A/B 1/2
EWG, Europäische Wirtschaftsgemeinschaft 166/167 III
—, afrikan. assoziierte Staaten 169 IV
Exaloth 34/35 II B 2
Exeter, Bm. 88/89 I B 3
Exeter, Isca Dumnoniorum, O. 36 B 2, 57 II B 2, 110 D 2
Exetra 30/31 II C 2
Exulanten, lutheranische, aus Österreich 105 I
Eyck 90 I B 1
Eythra 77 II
Ezion-geber 8 IV A 6
Fabrateria vetus, Fabrateria nova 30/31 I D 3
Fabriano 30/31 I C 1, 53 I B 2
Faenza, Bm. 88/89 II C 3
Faenza, O. 36 E 4, 53 I A 1, 94 I D 2, 94 II D 2
Faesulae, Fiesole 24 II E 3, 25 II B 1, 63 I C 3
Fagifulae 30/31 I E 3
Fagutal, Tal i. Rom 32 II
Faied 138/139 IV C 2
Faimingen, Ponione 40 II D 3
Fairbanks 164/165 II
Fajum a. Moerissee 3 II, 50/51 E 5, 130/131 I I 6
Falaise 60 I D 4,
Falciu 75 F 5
Falerii novi et vetus, Città Castellana 25 II C 2, 30/31 I C 2
Falerio 30/31 I D 1
Falesia 30/31 I A 2
Falisci, Falisker, V. 25 II C 2
Falkenau, Kl. 88/89 III C 1
Falkenberg, Ot. i Berlin 143 II
Falkenberg, O. i. Oderbruch 121 III u. IV
Falkenberg, O. i. Schlesien 68/69 I I 3
Falkenburg am Crössinsee 155 I D 2
Falkenstein, Bg. O. 86 I B 1
Falkirk 116/117 I C 2
Falkland-Ins. 138/139 I F/G 7, 149 II
Falmouth 110 A 2
Falster, Ins. 122/123 I D/E 1
Falsterbo 75 B 3, 84 I C 2
Falterona 25 II B 1
Faludscha 162 IV A 2
Falun 113 D 2
Famagusta 64/65 IV A 3, 85 III E 3, 130/131 I I 4
Fanning-Ins. 138/139 I B 4
Fano, O. 54/55 I 4, 63 I D 3, 94 II E 3
Fanum Clitumni, T. b. Spoletium 30/31 I C 2
Fanum Cupriae, T. b. Fermo 30/31 I C 1
Fanum Fortunae, Fano 30/31 I D 1, 63 I D 3
Fao 163 II C 3/4
Fara, Scharuhen 8 III A 3
Fara, Schuruppak 6 III C 2
Farab, Otrar 50/51 H 3
Farah 52 III E 3, 134 II E 2
Faraoani 140 IV B 1
Faras 6 I A 3
Farfa, Kl. 63 I D 3, 87 I E 3
Farma 50/51 E 4
Faro 102/103 I B 6
Färöer, Bm. 88/89 I A 1
Färöer, Ins. 57 I B 1, 61 I A 1, 102/103 I B 1, 156/157 II F 1
Fars, Persis, Ldsch. 50/51 G 4, 134 II D 2/3
Farschut, Abydos 6 I A 2
Fasaneninsel b. S. Sebastian 110 B 4
Faschismus 153 III u. IV
Faschoda, Kodok 138/139 III B 2
Fasiler 8 I A 2
Fatjanowo-Kultur 2 II E/F 1
Fatimidenreich, s. auch Ägypten 64/65 I D/E 3/4
Fauglia 25 II A 1
Faustinopoli 38/39 I F 3
Faustkeil-Kulturen 1 III
Faventia, Faenza 36 E 4, 53 I A 1, 94 I D 2, 94 II D 2
Faviana, Favianis, Mautern 38/39 I B 1
Faxafloi, Bai 57 III A 2
Fécamp, Kl. 87 I C 2
Feddersen, Wierde 36 D 2
Federsee, See 1 V B 2, 120 V C 2
Fegyvernek, Fl. 140 V A 2
Fehmarn, Ins. 122/123 I D 1
Fehrbellin 113 C 4
Feingerät-Kulturen 1 V
Felchta 77 IV A 2
Feldberg, O. i. Taunus 40 II B 1
Feldkirch, Clunia 37 I B 3, 68/69 I E 5, 122/123 I C 5
Fellin 75 E 2, 104 IV C 1
Felling 142 I A 2, 142 II A 2, 142 III A 2
Felluja, Palukat 6 IV B 2
Felsina, Bononia, Bologna 4 VI C 3, 24 II E 2
Felsö-Józsa, Plan 140 V B 1
Feltre, Bm. 88/89 II C 2
Feltria, Feltre, O. 38/39 I B 1, 63 I C 1, 68/69 I F 5, 94 I D 1, 94 II D 1
Fen, Ldsch. 110 B 2
Fennen, Finno-Ugrier, V. 41 I D 1
Feodosia, Kaffa 119 F 5
Feraig 6 I A 3
Fère Champenoise I, Neu-Elft 140 IV A 1
Fère Champenoise II, Alt-Elft 140 IV A 2
Fère en Tardenois 1 V B 2
Ferentinum 30/31 I D 3, 30/31 II C 2
Ferentium 25 II C 2, 30/31 I C 2
Fergana, Ldsch. 22/23 I H/I 2, 50/51 I 3
Fèriana, Thelepte 34/35 III B 2
Ferme Romanette 34/35 III A 1
Fermo, Firmum 30/31 I C 1, 53 I B 2, 63 I D 3, 94 I E 3, 94 II E 3
Fernando de Noronha, Ins. 156/157 II E 5
Fernando Póo, Ins. 98/99 IV, 132 I C 3
Fernöstliche Rep. 149 IV E/F 2
Fern-Paß 37 I C 3
Ferns 52 I A 2
Feronia, Feroniae 25 II C 2
Ferrara, Bm. 88/89 II C 3
Ferrara, Hzm., s. auch Este 94 II D/E 2
Ferrara, O. 53 I A 1, 63 I C 2, 68/69 I F 6, 94 I D 2, 94 II D 2, 102/103 I F 5, 124 I C 3, 124 II B 1, 130/131 III C 2
—, Universität 91 V C 2
Fescennia 25 II C 2
Fessan, O. u. Ldsch. 50/51 C 5, 98/99 IV, 132 I C 2
Feucht 81 I
Feuerland, Ld. 164/165 I F 7
Feurs 58/59 I F 6
Fez, O. 50/51 A 4, 130/131 I B 5, 132 I B 2
Fez u. Marokko, Sultanat 102/103 I B/C 7
Ficana 30/31 II A 2
Ficulea 30/31 II B 2
Fidenae, O. a. Tiber 30/31 II B 2
Fidenae Etruscae, O. a. Tiber 30/31 II B 2
Fidschi-Ins. 100/101 VIII D 3, 138/139 I S/T 5, 158 I F 5, 158 II F 5
Fiener Bruch 1 V C 1
Fiesole, Bm. 88/89 II C 3
Fiesole, Faesulae 24 II E 3, 25 II B 1, 63 I C 3
Figeac, Kl. 87 I C 3
Figig 132 I B 2
Filehne 124 I E 1
Finale 110 D 4
Finisterre, Dép. 122/123 III A 1/2
Finisterre, Kap 125 I B 3
Finnen, Suomen, V. 60 I I 1, 150/151 II, 160 I
Finningen 40 II D 3
Finnischer Meerbusen 68/69 II C/D 1, 113 E/F 2/3
Finnisch-ugrische Völker, Fennen 3 I E—G 1, 41 I D 1, 48 I D—F 1, 49 I D—G 1, 50/51 C—H 1/2
Finnland, Bevölkerungsverluste 161 III
Finnland, Ld. 113 E 2, 119 C—E 1/2
Finnland, russ. Gftm. 126/127 I H/I 1
Finnland, Staat 149 I B/C 1, 149 III B/C 1, 156/157 I F/G 2, 156/157 III D/E 1, 160 IV A—C 1—3, 164/165 III, 166/167 III, 168
Finocchito 17 I C/D 3/4
Finow-Kanal 122/123 I E/F 2
Fiora, Fl. 25 II B 2
Fiore Matiena 30/31 I D 2
Fiorentino, Burg 94 I F 4, 94 II F 4
Firaktin 8 I B 2
Firenzuola 94 I D 2
Firmum, Fermo 30/31 I C 1
Firth of Forth, Meeresbucht 57 II B 1
Fiscellus Mons, Geb. 30/31 I D 2
Fischbach, O. 81 I
Fischer-, Srednij-Halbins. 156/157 I G 2, 160 IV C 2
Fischhausen, Bm. Territ. 68/69 II
Fischhausen, O. 68/69 II B 2, 121 II
Fischhausen-Samland, Bm. 88/89 I F/G 3
Fitero, Kl. 87 II A 3
Fiume, 63 I E 2, 68/69 I H 6, 106/107 I H 7, 130/131 I E 2, 150/151 I E 4
Fivizzano 94 I D 2, 94 II D 2
Flachsmeer, O. 140 III
Flaesheim 142 IV B 1, 142 V B 1
Flamen, V. 126/127 IV
Flaminia, röm. Prov. 42/43 I D 2
Flandern, Gft. 58/59 I E 3, 68/69 I B 3, 68/69 III C 1, 85 II B/C 1/2, 95 B/C 5, 104 III A 2, 114 B 2, 148 I B 1
Flandern u. Hennegau, frz. Gouvernement 122/123 II B/C 1
Flandrisches Recht 78 IV A/B 2
Flarchheim 77 IV A 2
Flatow 68/69 I I 2, 106/107 I I 3
Flatters, Fort 163 III B 3
Flavia Caesariensis, röm. Provinz 42/43 I B/C 1
Flavia Solva, O. 38/39 I C 1
Flavinium 30/31 II B 1
Flaviobriga 38/39 II B 1
Flemalle 90 I B 1
Flensburg, O. 84 I B 3, 84 II B 3, 122/123 I C 1, 156/157 III B 3
Fleurus 124 I B 2
Fleury, Kl. 87 I C 2
Flevo lacus, Zuidersee 41 II A 1
Floci 75 F 5
Flodden 102/103 I C 2
Florenz, Ebm. 88/89 I E 5, 88/89 II C 3
—, Florentia, O. 25 II B 1, 49 III B 4, 63 I C 3, 86 II E 3, 130/131 I E 3
—, Rep. 68/69 I F 7, 94 I D 3, 94 III 3
—, Universität 91 V C 2
Florida, amer. Staat 133 III E 3/4
Florida, span. u. brit. Besitz 116/117 II C 3/4, 118 III C 1,
Florina 18/19 I B 1, 145 VI B 2
Flossenbürg, NS-Konzentrationslager 155 I C 3
Flüelen 80 II C 2
Fochabers 36 B 1
Focsani 148 I G 4
Föderation Arabischer Emirate 162 III D 1
Foederaten, german. 48 I D 2
Foetes, Füssen 37 I C 3
Fogarasch 112 II F 3
Foggia 94 I F 4, 94 II F 4, 156/157 I E 4
Föhr, Ins. 122/123 I C 1
Foix, Gouv. 122/123 II B 3
Foix, Gft. 92/93 I C 5, 110 C 4
Foix, O. 92/93 III C 3, 122/123 II B 3
Fokschani 75 E 5, 130/131 I H 2
Fontaine, Kl. 52 II B 3
Fontainebleau, Schloß 90 II B 2, 114 B 3
Fontanka, Kanal i. Petersburg 109 III
Font de Gaume, O. 1 IV B 2
Fonte Avellana, Kl. 63 I D 3
Fontenoy 54/55 I C 3
Fontveille 24 II B 3
Food-Vessel-Kultur 5 I A 2
Forchheim 54/55 I E 3, 56 III, 128 I C 2
Forentinum 30/31 II B 2
Forentum 30/31 I F 4
Forêts, Dép. 122/123 III C 1
Forez, Gft. u. O. 58/59 I E/F 6, 110 C 3
Forkenbach, O. 56 V B 1
Forli, Bm. 88/89 II C 3
Forli, Forum Livii 38/39 I B 2, 53 I A 1, 63 I D 2, 94 I E 2, 94 II E 2
Formiae 38/39 I B 2
Formosa, Liu-tschiu, Taiwan, Ins. 72/73 II M 5, 98/99 I N 5, 111 II F 1, 136 I F 4, 158 I D 3, 158 II 3
Foronovo 94 I D 2, 94 II D 2
Foronovo, Bm. u. O. 53 I B 2
Forst, O. 122/123 I F 3
Forst, Wüstung 77 IV B 1
Fortaleza, Ceará 133 II D 2
Fort Dauphin 146 I E 4
Fortetsa 11 IV
Fort Lamy, s. auch Lamy 162 III B 2
Fortrose, Bm. 88/89 I B 2
Fortunatae Insulae, Ins. 34/35 VI
Foruli 30/31 I D 2
Forum Appi, O. 30/31 II B 3
Forum Aureli, O. 30/31 I B 2
Forum Boarium, Platz i. Rom 32 II
Forum Cassii, O. 30/31 I C 2

Forum Clodii, Materano, O. 30/31 II A 1
Forum Deci, O. 30/31 I D 2
Forum Flamini, O. 30/31 I C 2
Forum Julii, Fréjus, O. 36 D 4
Forum Julii, O. i. Friaul 38/39 I B 1
Forum Livii, Forli, O. 36 E 4, 38/39 I B 2
Forum Novum, V. i. Samnium 30/31 I F 3
Forum Novum, O. i. Umbrien 30/31 I C 2
Forum Popili, O. i. Emilia 30/31 I C 1
Forum Popili, O. i. Lucanien 30/31 I F 4
Forum Romanum, Platz in Rom, Plan 33 II u. III
Forum Semproni, O. i. Ager Gallicus 30/31 I C 1
Forum Vulcani, O. b. Neapel 30/31 III B 1
Fosna-Kultur 1 V B 1
Fossa-Kultur i. Italien 5 II C 3
Fossalta 66 II D 3
Fossanova, Kl. 87 II C 3
Fossa Papiriana, O. 30/31 I A 1
Fossatum, Babylon-, Alt-Kairo 42/43 I F 3/4
Fosses 54/55 II D 2
Fotheringhay, Schloß 104 I B 2
Francavilla 30/31 I H 4
Francford, O. 118 II B 1
Francford Creek, Fl. 118 II B 1
Franche Comté, s. Burgund, Freigft. 95 C/D 4, 114 C/D 4
Franche Comté, Gouvernement 122/123 II C 2
Franco-Regierung Spaniens 150/151 I C 4, 154 V
Franc-Zone 170 II
Franeker 105 I B 1
Franken, Hzm. 58/59 I G—I 3/4,
—, Siedlung 49 II, 54/55 II, 56 III
—, V., s. auch Mainfranken, Ostfranken 42/43 I C 1, 48 I B 1, 49 II C/D 1, 54/55 I D/E 3
Franken, NS-Gau 155 I B 3
Frankenberg, O. 126/127 II B 2
Frankenhausen, Bg. O. 86 I A 1
Frankenhofen 120 V C 1
Frankenreich 48 II A—C 1/2, 49 I A—C 1/2, 50/51 A—C 2/3, 52 II, 54/55 I B—F 2—4, 57 I, 58/59 II
Frankfurt/Main, Messen 83 V B 2
—, O. 54/55 I D 2
—, Recht 81 II
—, RSt. 68/69 I E 3, 105 I C 2, 122/123 I C 3, 129 I C 3, 129 II D 3, 160 III A 2
Frankfurt/Oder, Messen 83 V C 2
—, O. 67 III A 2, 68/69 I H 2, 122/123 I F 2, 156/157 III C 2, 160 III B 2
Fränkische Mission 52 II, 56 I u. II, 58/59 II
Fränkische Saale, Fl. 40 II C 1
Fränkischer Kreis 96/97 II B/C 2/3
Fränkisches Sprachgut 49 II
Franklin, kanad. Ldsch. 133 I C—E 1
Frankoprovençalische Sprache 49 II
Frankreich, Bevölkerungsverluste 152 III, 161 III
Frankreich, Kaiserreich 124 I A—C 2—4, 124 III B/C 2/3, 125 I B—D 2/3, 128 IV, 128 V
Frankreich, Kgr. 57 I C 3, 58/59 I A—F 3—8, 66 I A—C 1—3, 66 II B/C 2/3, 67 II A/B 1/2, 68/69 III A—D 1—3, 70 I A—C 1—3, 83 IV A—C 1—3, 86 II B/D 2/3, 91 V A/B 2, 92/93 I B—D 4/5, 92/93 III B—D 4/5, 95 A—C 2—4, 102/103 I C—E 3—5, 104 I B—D 2—4, 105 I A/B 2/3, 110 B—D 2—4, 114 A—C 2—5, 122/123 II, 126/127 I C—E 3—5, 128 II
Frankreich, Rep. 122/123 III, 124 II A/B 1/2, 128 IV u. V, 148 I A—C 3—5, 148 II A—D 1—3, 153 III u. IV, 155 II A/B 1/2, 156/157 I C/D 3/4, 156/157 III A/B 2/3, 164/165 III, 166/167 I—III, 168
Franzien, Ldsch. 58/59 I D/E 4
Franzosen, V. 160 I
Franzosen i. d. Niederlanden, V. 126/127 IV
Franzosen i. Ungarn, V. 112 II
Franzosen i. d. USA 144 II
Französisch-Afrika 132 I, 146 I
Französisch-afrikan. Gemeinschaft 166/167 I
Französisch-Amerika 118 III
Französisch Äquatorialafrika 146 I C/D 2/3
Französisch-deutsche Sprachgrenze 130/131 II
Französisch-Guinea 146 I B 2
Französisch-Indien 135 I
Französisch-Indochina 136 II, 158 I C 3/4
Französisch-ital. Sprachgrenze 130/131 II
Französisch-Kongo, Ld. 132 I C 3/4
Französisch-Nordafrika 130/131 I B—E 4/5
Französisch Somaliland 154 IV B 1
Französisch-Westafrika 146 I B/C 1/2
Französische Entdeckungsreisen 100/101 I u. VIII
Französische Kolonien 111 I u. II, 115 II, 116/117 II u. IV, 125 II, 132 I, 136 II, 137 I, 138/139 III
Französische Republik 124 II A/B 1/2, s. Frankreich, Republik
Französische Sprache 49 II
Französische Zonen Deutschlands u. Österreichs 160 III A/B 2/3
Französischer Besitz i. d. Antarktis 164/165 IV
Französischer Code civil 124 III
Französischer Sektor Berlins 161 II
Friedeberg, O. i. Reichensteiner Geb. 77 III B 2
Friedenau 143 II
Friedenfeld 140 IV B 1
Friedenskirchen, lutherische, i. Schlesien 105 I
Friedensthal, O. 140 IV B 1
Friedland, O. i. Böhmen 106/107 I H 4
Friedland, O. b. Göttingen 161 I A 1, 161 IV A 1
Friedland, O. i. Mecklenburg 83 II C 2
Friedland, O. i. Oderbruch 121 III u. IV
Friedland, O. i. Ostpreußen 124 I F 1
Friedrichroda, Bg. O. 86 I A 1
Friedrichseck 77 III B 2
Friedrichsfelde, Rosenfelde 143 II
Friedrichshain, Ot. i. Berlin 143 I
Friedrichstadt, Ot. i. Berlin 143 I
Friedrichstadt, O. a. d. Düna 75 E 2
Friedrichstadt, O. i. Schleswig 105 I C 1
Friedrichstraße, Ot. v. Berlin 161 II
Friedrichswerder, Ot. i. Berlin 143 I
Friedrich-Wilhelm-Kanal 122/123 I F 2
Friemersheim 142 IV A 2, 142 V A 2
Friesach, Bg. O. 68/69 I H 5, 86 I C 3, 122/123 I F 5
Friesen, Frisii, V. 36 D 2
— maiores et minores 41 I A 2, 48 I B 1, 48 II B 1 50/51 B 2, 52 II A—C 1/2
Friesisches Meer, Nordsee 50/51 B 2
Friesland, Hft., niederld. 96/97 I C/D 3, 104 III B/C 1
Friesland, Ldsch., s. auch Ostfriesland 56 I A 1, 58/59 I F/G 2, 68/69 I C/D 2
Frigidis 38/39 II A 3
Frisches Haff 122/123 I H 1
Fritzlar 52 II C 2, 83 I C 2, 122/123 I C 3
Frohse, Pfalz 62 III D 1
Fröndenberg, O. 142 IV C 2, 142 V C 2
Frosta 60 I G 1
Frühgermanen, V. 24 I
Frühgriechen, V. 5 I u. II
Frumusica 140 IV B 1
Frusino 30/31 II C 2
Frusteniae 30/31 I D 2
Fruttuaria, Kl. 87 I D 2
Fuchshain, O. 77 II
Fuchswinkel 77 III B 2
Fucinus lacus, See 30/31 I D 2/3
Fufluna, s. Populonia 24 II E 3
Fugger, Gft. 120 V C/D 2, 122/123 I C/D 4, 128 I B 2
Fuggerau 86 II E 2
Fukien, chin. Prov. 136 I F 4
Fukuoka 46/47 III M 2
Fulda, Bm. 145 I, 161 VI
Fulda, Bm.-Territor. 122/123 I C 3, 128 I B 1
Fulda, Fl. 37 I B 1, 78 III B 2, 122/123 I C 3
Fulda, Fsm. (oran.) 126/127 II B 2
Fulda, Kl., O. 52 II C 2, 56 I B 2, 87 I D 1, 105 I C 2, 106/107 II
—, Kl. -Territ. 68/69 I E 3
Fulginiae 30/31 I C 2
Fulrode, Wüstung 77 IV A 2
Fumay 104 III B 3
Französischer Sudan 146 I B/C 2
Französisches Recht 124 III
Frascati 53 I B 3
Frassinoro, Kl. 94 I D 2
Frauenburg, Ermland, Bm. 145 I
Frauenburg, O. 113 D 4, 161 VI
Frauenfeld, O. 80 II C 1, 130/131 II B 1
Frauenmarkt, Bg. O. 86 I E 2
Frauenseiffen, Bg. O. 86 II G 2
Fraustadt 105 I D 1, 122/123 I G 3, 152 II G 3
Fraxinetum, Burg 58/59 I G 7
Fredericia 106/107 I E 2
Frederiksborg, Schloß 90 II C 1
Frederiksburg, O. i. Virginia 133 III F 3
Frederiksnager, Srirampur 135 I C 2
Fredrikshald 113 C 3
Fredrikshamn 113 F 2, 116/117 I I 1
Freemantle 137 I C 6
Freetown 132 I B 3, 156/157 II F 4
Fregellae 30/31 I D 3
Fregenae 25 II C 3
Freiberg, Bg. O. 75 B 4, 86 I B 1, 122/123 I E 3
Freiburg/Breisgau, Ebm. 145 I, 161 VI
—, O. 95 D 4, 114 D 4, 122/123 I B 5
—, Plan 79 II
—, Recht 81 II
—, Universität 91 V B 2
Freiburg, O. i. d. Schweiz 68/69 I D 5, 80 II B 2, 130/131 II A 1
Freie Ämter (Schweiz) 80 II C 1
Freienwalde 121 III u. IV
Freiheit, Bg. O. i. Böhmen 86 I C 1
Freiroda 77 II
Freising, Bm. 52 II C 2, 88/89 II C 2
—, Bm.-Territ. 96/97 I F 5, 122/123 I D 4
—, O. 49 III B 1, 68/69 I F 4
Freistadt, O. i. Österreich 122/123 I F 4
Fréjus, Bm. 88/89 II B 3
Fréjus, Forum Julii, O. 36 D 4, 94 I B 3, 94 II B 3
Freiwaldau, Bg. O. 86 I D 1, 86 II F 1
Frentani, V. 30/31 I E/F 2/3
Frento, Fl. 30/31 I F 3
Fretum Gaditanum, Meerenge v. Gibraltar 38/39 II A 2
Fretum Gallicum, Straße v. Bonifacio 38/39 I A 2
Freudenfeld 140 IV B 1
Freudenstadt 105 I C 2, 122/123 I C 4
Freudenthal, Bg. O. 86 I D 2
Freyberg, Frhr. v., Reichsritter 120 V C 1/2
Friaul, Mgft. 54/55 I E 3, 58/59 I K 5/6, 58/59 III A—C 2/3
Friauler, V. 49 III C 2/3
Friedberg, O. i. Bayern 62 II C 3
Friedberg, O. i. Hessen, RSt. 40 II B 1, 96/97 I E 4, 122/123 I C 3, 128 I B 1
—, Messen 83 V B 2
Friedberg, O. i. d. Steiermark 122/123 I G 5
Friedeberg, O. i. d. Neumark 92/93 II C 2, 121 I
Fu-nan, Ldsch. 46/47 III I 4
Fundi 25 I D 3, 30/31 I D 3
Fünen, Ins. 96/97 I E/F 2, 106/107 I E/F 2
Fünfburgenland, Ldsch. 57 II B/C 2
Fünfhaus, Ot. v. Wien 109 V
Fünfkirchen, Bm. 88/89 I F 4
Fünfkirchen, Pecs, O. 75 C 5, 112 II C 2
—, Universität 91 V C 2
Furfo 30/31 I D 2
Furnes 95 B 2, 114 B 2
Furni 28 IV A 2
Fürstenberg, Gft. 81 II B 2/3
Fürstenberg, O. 106/107 I E 6
—, Fsm. 122/123 I C 4/5, 128 I B 3
Fürstenfelde 121 III u. IV
Fürstenwalde 68/69 I H 2
Fürstprimas v. Aschaffenburg-Regensburg 124 I C/D 2
Fürth, O. b. Nürnberg 81 I, 129 I D 4
Furth im Walde 58/59 I K 4, 106/107 I G 5
Fusan 158 III A 2
Fuschun 154 III B 2
Füssen, Foetes 37 I C 3, 81 II C 3, 122/123 I D 5, 128 I C 3
Fustat, Alt-Kairo 98/99 III
Futa Djalon, Ldsch. 132 I B 3
Futa-Paß 63 II C 2
Fu-tschou 72/73 I E 3, 136 I E 4

Gaba, O. a. Karmel 34/35 II B 2
Gabae, Gabai, Isfahan 22/23 I G 2
Gabala, O. i. Syrien 38/39 I G 3
Gabali, V. 29 I B 2
Gaban 64/65 IV B 2
Gabara 34/35 II B 2
Gabbula 41 III C 1
Gabermühle 81 I
Gabes, Kabis, Tacapsae 34/35 III C 2, 50/51 C 4, 130/131 I E 5, 156/157 I E 5
Gabii 30/31 II B 2
Gablonz 122/123 I F 3
Gabun, frz. Kol. 132 I C 4
Gabun, Staat 162 III B 2/3, 164/165 III, 166/167 I u. III, 168
Gach Saran, Erdölfeld 163 II D 3
Gad, V. 8 IV B 3/4
Gadara 22/23 II C 3, 34/35 II B 2
Gadda 34/35 II C 2
Gadebusch 124 I C 1
Gadeira 14/15 VI
Gades, Gadir, Cadix 11 II A 2, 38/39 II A 2
Gaekwar, Ldsch. 116/117 IV B 2
Gaeta, Bm. 88/89 I E 5
Gaeta, O. 63 I D 4, 130/131 I E 3
Gaetuler, Gaetuli, V. 28 II A/B 3
Gaetulia, Gaetulica, Ldsch. 22/23 I B 2
Gafsa, Capsa 34/35 III B 2, 156/157 I D 5
Gagar 64/65 IV C 2
Gagausen, V. i. Bessarabien 140 IV
Gagra, Fl. 135 I C 2
Gahlen 142 IV A 1, 142 V A 1
Gaiella 25 II C 1
Gaillon 90 II B 2
Gaiman 42/43 I G 5
Gaimersheim 40 II E 3
Gaismannshof 81 I
Gaisonis Limne, Ldsch. 13 III A 1
Gaja 135 I C 2
Galapagos-Ins. 133 II A 2
Galarina 17 I C 3
Galassa 10 I B 1
Galata 71 II C 3
—, Plan 45 IV
Galater, V. 24 I E/F 3/4
Galatia, röm. Prov. 38/39 I F 2/3, 42/43 II E 2/3
Galaticus Pontus, Ldsch. 38/39 I F/G 2
Galatien, Ldsch. 29 III C 1/2, 46/47 I B 3
Galatz 102/103 I I 4, 130/131 I H 2
Gale 18/19 I D 1
Galepsos 18/19 I E 1
Galgenhof 81 I
Galilaea, Ldsch. 34/35 II B 2
Galinden, Ldsch. 68/69 II B 3
Gälische Hochlandstämme, V. 71 III A 1
Galitsch 105 II C 3
Galizien, Ldsch. i. Polen 113 E 5
— u. Lodomerien, Kgr., habsburg. 115 I E 3, 116/117 I H/I 3/4
Galizien, Ldsch. i. Spanien 57 I B 3, 116/117 I B 5
Galla, Ldsch. 154 IV A 2
Gallaeci, Callaici, V. 38/39 II A 1
Gallaecia, röm. Provinz 38/39 II A 1
Galle 111 II D 2
Galli, Gallier, V., s. auch Kelten 29 I A—C 1/2
— (Poebene) 20 I A/B 1/2
Gallia, Gallien (Frankreich) 29 I, 36
Gallia, G. cisalpina (Poebene) 28 II B/C 2
Galliae, röm. Diözese 42/43 I B/C 1/2
Gallia Belgica, röm. Prov. 36 C/D 2/3
— Lugdunensis, röm. Prov. 36 B/C 3
— Narbonnensis, röm. Prov. 29 I B/C 2/3, 36 C/D 3/4
Gallien s. Gallia
Gallier s. Galli
Gallipoli, Kallipolis 64/65 I D 2, 70 II E 2, 130/131 I H 3, 148 I G 5
Gällivare 147 F 2
Galloway, Ldsch. 57 II B 1/2
Galtellia 63 I B 4
Galveston 133 III D 4
Galway 92/93 I A 3, 102/103 I B 3
Gamala 34/35 II B 2
Gambela 154 IV A 2
Gambia, brit. Kol. 132 I B 3, 138/139 I I 4
Gambia, Fl. 132 I B 3
Gambreion 18/19 I H 2
Gammerschwang, v. Reichsritter 120 V C 1
Gammertingen 120 V B 2
Gandersheim, Kl. 58/59 I I 3
Gandhara, Ldsch. 14/15 I H/I 3, 26/27 I I 2, 46/47 II D 3
Gando, Ldsch. 132 I C 3
Gändschä, Chanat 134 I E/F 3
Gändschä, Jelisawetpol, O. 134 I F 3
Gang, Bg. O. 86 I C 2
Ganges, Fl. 22/23 I I/K 3, 46/47 I F/G 4, 135 I B/D 2
Gangra 38/39 I F 2
Ganos, O. 18/19 I H 1
—, Geb. 18/19 I H 1
Gansheim 40 II D 3
Gap, Bm. 88/89 II B 3
Gap, O. 58/59 I G 6
Garama 34/35 I D 4
Garamanten, V. 34/35 I C/D 4
Garayos, Ins., brit. 138/139 I M 5
Gar Cahal 3 II A 3
Gard, Département 122/123 III B/C 2/3
Garda, O. 63 II B 1, 94 I D 2, 94 II 2
Gardar, Bm. 88/89 I A 1
Gardarike, Waräger-Reich 57 I E/F 2
Garda-See 63 II B 1
Gardelegen 83 II B 2, 122/123 I D 2
Garenfeld 56 V B 2
Gargani promontorium, Kap 30/31 I G 3
Garganus, Geb. 30/31 I F/G 3
Gargara, O. 18/19 I G 2
Gargaros, Geb. 18/19 I G/H 2
Garhwal, Ldsch. 135 I B 1
Gariannonum 36 C 2
Garigliano, Fl. 57 I D 3, 130/131 I E 3, 156/157 I E 4
Garion 41 III B 3
Garizim, Berg, Heiligtum 8 III B 2
Garmisch 122/123 I D 5
Garon de Sanary 24 II B 3
Garonne, Garumna, Fl. 36 B/C 4, 58/59 I C/D 6/7, 110 B/C 4
Garsaura 9 III D 2
Gartok 136 I B 3
Gartz 106/107 I H 3
Garumna, Garonne, Fl. 36 B/C 4

Garut 135 II B 1
Garz 83 II D 2
Gasaland, Ldsch. 138/139 II C 2
Gascogne, Ldsch. 54/55 I B/C 4
—, Hzm. 58/59 I C/D 6/7, 64/65 I A/B 2, 64/65 II A/B 2, 66 I A/B 3, 68/69 III B/C 3, 110 B/C 4
Gasgäer, Kaskäer, V. 9 I E 1, 9 III E 1/2
Gastein, Bg. O. 86 I B 3, 86 II E 2
Gaster, Ldsch. 80 II D 1
Gasul 8 III B 3
Gasus, Wadi 6 I A 2
Gateshead 142 I—III A 2
Gâtinais, Gft. 58/59 I E 4/5
Gath 8 III A 3
Gath Rimmon 8 III B 2
Gathun 34/35 II B 1
Gatschina 126/127 I K 2
Gattinara 96/97 I E 7
Gauchsmühle 81 I
Gaudenzdorf 109 V
Gaudos, Ins. 10 III B 2
Gauers 77 III B 1
Gaugamela 22/23 I F 2
Gaulanitis, Ldsch. 34/35 II B 1/2
Gaurion 18/19 I E 4
Gaurus mons, Bg. 30/31 III B 1
Gauting, Bratananium 37 I C 2
Gävle 147 E 2
Gavurkale 8 I A 2
Gaza 8 III A 3, 22/23 II B 3, 64/65 II E 3, 64/65 fV A 5, 130/131 I I 5, 148 III A 2
Gaza-Streifen 162 IV A 2
Gazellengau, ägypt. 8 II B 3
Gazi 10 I B 1
Gaziantep 8 I B 2
Gdingen 152 II H 1
Gebal, Gubla, s. auch Byblos 8 I B 3
Gebel al Tarik, Gibraltar 50/51 A 4
Gebelen 6 I A 2
Gebel Silsile, Ldsch. 29 II B 3
Gebersdorf 81 I
Gederoth 8 III A 3
Gedid 132 I D 3
Gedrosien, Ldsch., pers. Satrapie 14/15 I H 4, 46/47 I E 4, 46/47 II C 4
Gedser 161 IV B 1
Gefle 113 D 2
Gehrden 37 II B 1
Geigal 8 I B 2
Geislingen 40 II B 3
Geispolsheim 77 I A 1
Gela, O. 11 II C 2, 17 I C 3
Gelas, Fl. 17 I C 3
Gelbes Meer 138/139 VI B 3
Geldenrieden, Wüstung 77 IV A 2
Geldern, Hzm. 68/69 I C/D 2/3, 95 C/D 1/2, 96/97 I C/D 3, 104 III B/C 1/2
—, O. 95 D 2, 122/123 I B 3
—, niederld. Prov. s. auch Obergeldern 122/123 I A/B 2
Gelduba, Gellep 37 I A 1
Gelnhausen, Pfalz 58/59 I H 3
—, RSt. 68/69 I E 3
Gelsenkirchen 56 V B 1, 142 IV B 1, 142 V B 1
Gem Aten, Kawa 6 I A 4
Gembloux, Kl. 87 I C 1, 104 III B 2
Gemeinsamer Afrikanischer Markt 169 IV
Gemellae 34/35 III B 2
Gemen 122/123 I B 3
Gemona 38/39 I B 1, 58/59 I K 5
Gemünden 122/123 I C 3
Genauni, V. 37 I C 3
Genava, Genf 36 D 3
Geneffa 138/139 IV C 2
Generalgouvernement (Polen) 155 I D—F 2/3, 156/157 I F 3/4, 160 I B/C 2/3
Generalitätslande 104 III B 2
Generalstaaten, s. auch Niederlande 114 B—D 1/2
Genèvre, Mont, Bg. 26/27 II B 1
Genezareth, Tiberias, O. 34/35 II B 2
—, See 34/35 II B 2
Genf, Bm. 88/89 II B 2
—, Bm.-Territ. 68/69 I D 5
—, Gft. 68/69 I C/D 5/6
—, Messen 83 IV C 2, 83 V B 3
—, Genava, O. 36 D 3, 49 II C 2, 58/59 I G 5, 80 II A 2, 86 II D 2, 104 I D 3, 130/131 II A 1
Genfer Konventionen (Rotes Kreuz) 146 II, 152 IV
Genfer See 80 II A 2, 114 D 4
Gengenbach, Kl. u. O. 58/59 I H 4, 77 I B 2
—, RSt. 122/123 I C 4
Gennep 58/59 I G 3
Gensan 154 III B 3
Gent, Kl. 87 I C 1
Gent, O. 54/55 II C 2, 58/59 I E 3, 78 IV A 2, 85 II C 1, 95 B 2, 104 III A 2, 126/127 IV A 2
Genua, Ebm. 88/89 II B 3
—, Golf v. 124 I B/C 3—4
—, O. 24 II D 2, 49 III A 3, 50/51 B 3, 63 I B 2, 102/103 I E 5, 124 I C 3, 130/131 I D 3
Genua, Republik (Territor.) 68/69 I D/E 6/7, 94 I B/C 2—4, 94 II B/C 2—4, 110 D 4
Genueser Besitz 70 II, 71 II
Genusia 30/31 I G 3
Georgetown, O. i. Guayana 133 II C 1
—, O. i. Malaya 138/139 V A 1
Georgia, amer. Staat 118 I B 2, 133 III E 2
Georgien, Grusinien, Iberien, Ldsch. 50/51 F 3, 57 I G 3, 112 I E 1, 134 I E 2/3, 148 III B 1, 149 III D 3
—, Kgr. 64/65 III F 2, 72/73 III D 3
—, osman. u. pers. 98/99 I E 3
Georgier, V. 70 II H 2 134 I C—F 2/3
Georgijewsk 134 I D 1
Georgische Völker 134 I
Gepiden, V. 42/43 II D 2, 48 I D 2
Gepidenreich 48 II C/D 2, 49 I C/D 2
Gera 68/69 I G 3, 75 A 4, 122/123 I E 3, 161 IV B 1
Geraistos, O. 18/19 I E 4
—, Kap 18/19 I E 4
Gerara 34/35 II A 3
Gerasa, Antiocheia, Dscherasch 22/23 II C 3, 34/35 II B 2
—, Plan 42/43 VI
Gerenia 18/19 I C 5
Gerf Hussen 6 I A 3
Gergis 18/19 I G 2
Gergovia 29 I B 3
Gerichshain 77 II
Gerichstetten 40 II C 2
Germa 38/39 I F 3
German Township, O. b. Philadelphia 118 II B 1
Germanen, Germani (Sprach- u. Volksgruppe) s. auch Nordgermanen 3 I B/C 1, 24 I, 44 II B—E 1/2, 48 I u. II, 49 I—III, 50/51, 52 I u. II
Germani, V. 24 I C 1
Germania, röm. Provinz 34/35 I C 1/2
— I et II, röm. Provinzen 42/43 I C 1/2
— inferior, röm. Provinz 36 C/D 2
— superior, röm. Provinz 36 C/D 2/3
Germanicum, Kösching 40 II E 3
Germanicum mare, Germanisches Meer, Nordsee 36 B—D 1/2
Germanien, Ldsch. 34/35 I C—E 1, 36 D/E 2, 41 I
Germanisches Meer s. Germanicum mare
Germe 18/19 I H 2
Germerode, 2 Wüstungen 77 IV A 1, 77 IV A 2
Germersheim, Julius Vicus 40 II B 2
Germia 38/39 I F 2
Germigny des Prés, Kl. 53 II B 2
Germijan, Ldsch. 70 II E/F 3, 71 II C/D 4
Germiston 144 V B 2
Gernrode, Pfalz 62 IV D 2
Gernsheim 40 II B 2
Gerolstein 122/123 I B 3
Gerona, Bm. 88/89 I C 5
Gerona, O. 54/55 I C 4, 130/131 I C 3
Geronthrai 13 II B 2
Gerrha, O. 22/23 I G 3, 46/47 I C 4
Gerrhäer, V. 14/15 I F/G 4, 46/47 I C 4
Gers, Département 122/123 III B 3
Gersau 80 II C 1/2
Gersdorf, Alt- u. Neu- (b. Jauernig) 77 III A 2
Gersthof 109 V
Gerstungen 161 V
Gerunium 30/31 I E 3
Geryville 34/35 III A 2
Gerzeh 6 I A 2
Gesäß 77 III B 2
Gesellschafts-Ins. 100/101 VIII F 3, 158 I H 5/6
Gesichtsurnen-Kultur 14/15 I C/D 1
Gesocribate, Brest 36 B 3
Gesoriacum, Bononia, Boulogne 36 C 2
Gestrikland, Ldsch. 113 D 2
Getae, Geten, V. 14/15 I D 2, 38/39 I E 2
Getty Oil Co. 163 II
Gettysbury 133 III F 2
Gewürzinseln, Molukkken 100/101 VIII B 2, 111 II F 2/3
Gewürzinseln, Seeweg zu den 98/99 I N 8
Gex 80 II A 2, 114 D 4
Gezer 8 III A 3
Ghadames, Cidamus, Ghadamis 34/35 III C 2, 50/51 B 4, 130/131 I D 5, 132 I C 2
Ghana V. 98/99 IV
Ghana, Staat 162 III A 2, 163 IV, 164/165 III, 166/167 I, 168
Ghardaia 163 III A 2
Ghasi Tschelebi, Ldsch. 70 II F/G 2
Ghasna, Ghasni, Alexandria 22/23 I H 2, 50/51 H 4
Ghasnawiden-Reich 72/73 III D—F 3/4, 72/73 V A 1/2
Ghassaniden, V. 42/43 I F 3/4, 46/47 III B 2/3
Ghat 132 I C 2
Ghawar, Erdölfeld 163 II D 4
Ghor, Ldsch. 72/73 III E 3
Ghoriden, Hft. 72/73 III D/E 3
Gianicolo, Hügel in Rom 45 I
Gibea 8 III B 3
Gibeon 8 III B 3
Gibitzenhof 81 I
Giblet, O. 64//65 IV A 3
—, Burg, Plan 64/65 V
Gibraltar, Gebel el Tarik 50/51 A 4, 64/65 I A 3, 116/117 I B 6, 138/139 I I 3
Giebichenstein, Burg 58/59 I K 3
Gien 95 B 4
Giengen, RSt. 68/69 I F 4, 81 II C 2, 122/123 I D 4
Giesendorf 143 II
Giesmannsdorf 77 III B 2
Gießen 122/123 I C 3
Gifford 104 I B 1
Gifhorn 122/123 I D 2
Gigonos, Antigoneia 18/19 II C 2
Gigthis 34/35 III C 2
Gihon-Quelle in Jerusalem, s. auch Gion 34/35 V
Gijon 154 V A 1
Gilan, Ldsch 50/51 F/G 4, 72/73 II D/E 4, 134 II C 2
Gilbert-Ins., brit. 138/139 I S 4/5, 158 I F 4/5, 158 II F 4/5
Gilboa, Bg. 8 III B 2
Gilead, Ldsch. 8 IV B 3
—, Geb. 34/35 II B 2
Gilgal, b. Jericho 34/35 II B 3
—, in d. Ebene Saron 8 III A 2
Gilgit 135 I B 1
Giloh 8 III B 3
Gimborn 122/123 I B 3, 126/127 II A 2
Gindarus 41 III B 1
Ginoë 34/35 II B 2
Gion, Paradieses-Fl., s. auch Gihon 98/99 VI
Giophyra, Fl. 11 IV
Giophyrakia 10 I B 1
Girba, Girbe, Dscherba, Ins. 34/35 III C 2
Girgenti, Agrigent, s. auch Akragas, Agrigentum, Agrigento 63 I D 6, 130/131 I E 4
Girnar 72/73 V B 2
Gironde, Dép. 122/123 III A 2
Gironde, Fl. 156/157 III A 3
Gischala 34/35 II B 1
Giseh, Gize Gizeh 6 I A 2, 98/99 III, 130/131 I I 5
—, Pyramiden (Memphis), Plan 7 II
Gisons 66 I B 2
Gitschin 106/107 I H 4
Gitta Hepher 8 III B 2
Gittaim 8 III 2
Giubiasco 24 II D 1
Giurgewo 145 V C 2
Giurgiu 156/157 III D 3
Givet 95 C 2, 114 C 2, 148 II C 1
Gize, Gizeh, Giseh 6 I A 2, 98/99 III, 130/131 I I 5
Gjantse 135 I C 2
Gladbeck 142 IV A 1, 142 V A 1
Glambach 77 III B 1
Glamujökull, Bg. 57 III A 1
Glan, Fl. 80 I C 2
Glandève, Bm. 88/89 II B 3
Glanis, Fl. 25 II B/C 1/2
Glanum, St. Rémy 24 II B 3
Glaphyrai 18/19 I C 2
Glarus, O. u. Kanton 68/69 I E 5, 80 II C/D 1/2, 130/131 II B 1
Gläsendorf 77 III B 1
Glasgow, Ebm. 88/89 I B 2
Glasgow, O. 92/93 I B 2, 110 B 1
—, Universität 91 V A 1
Glashütte, Erzgeb., Bg. O. 86 I B 1
Glasinac 5 II C 3
Glasow 149 III E 2
Glastonbury, Kl. 87 I B 1
Glatz, Gft. 96/97 I I 4, 122/123 I G 3
—, O. 60 I H 3, 67 III B 2, 115 I D 2, 161 IV C 1
Glauberg, O. 40 II C 1
Glauchau 62 II D 2, 122/123 I E 3
Glauke Limen, Ins. 13 III A 1
Glaukos, Fl. 18/19 I B 3
Glawan 140 IV A 2
Gleisbühl 81 I
Gleishammer 81 I
Gleiwitz 92/93 II E 3, 156/157 III C 2, 160 III C 2
Glenmailen 36 B 1
Glevum, Gloucester 36 B 2
Glienicker Brücke, Ot. v. Berlin 161 II
Glina 2 II D 2
Glinditiones, V. 38/39 I C/D 2
Glisas 18/19 IV B 2
Glockenbecher-Kultur 2 II A—D 1—3
Glogau, Hzm. 122/123 I F/G 3
Glogau, O. 58/59 I M 3
Glom, Fl. 113 C 2/3
Gloucester, Glevum 36 B 2, 92/93 I B 3, 104 I B 2
Glücksburg, Schloß 122/123 I C 1
Glückstadt 105 I C 1
Glumpenau 77 III B 2
Glympeis 13 II B 1
Gmünd, O. i. Ndr.-Öst. 122/123 I F 4
Gmünd, s. Schwäb.-Gmünd
Gmunden 122/123 I E 5
Gnadenfeld 140 IV B 1
Gnadenkirchen, lutherische 105 I
Gnadenthal 140 IV B 2
Gnathia 30/31 I H 4
Gnesen-Posen, Bm., 145 I
Gnesen, Ebm. 88/89 II D 1
Gnesen, O. 58/59 I M 2, 67 III B 2, 113 D 4, 115 I D 2
Gnotzheim, Mediana 40 II D 2
Goa 98/99 I H 6, 135 I B 3, 162 II A 3
Gobi, Wüste 136 I D/E 2
Godawari, Fl. 46/47 I F/G 5, 135 I B/C 3
Godesberg, O. 161 IV A 1
Godhavn 156/157 II D 1
Godmanchester 36 B 2
Gödöllö 130/131 I F 2
Godthaab 133 I F 1, 156/157 II D 1
Goes 95 B 2
Gog, Fabelvolk 98/99 V
Göksa, Fl. 8 I A 2
Gök-Tepe 134 II D 2
Golan, Gaulanitis, Ldsch. 34/35 II B 1/2
Goldap 75 D 3
Goldberg, O. a. Donau 2 I C 2
Goldberg, Bg. O. i. Schlesien 86 I C 1
Goldene Horde (Chanat) 67 III, 71 III D—F 1/2, 72/73 II B—F 2/3
Goldenes Horn, Chrysokeras, Meeresbucht 45 IV
Goldenes Tor, Golden Gate, Meerenge 143 IV
Goldentraum, Bg. O. 86 I C 1
Goldingen 74 II B 2, 75 D 2
Goldkronach, Bg. O. 86 I A 1
Goldküste, brit. Kol. 132 I B/C 3, 138/139 I I 4, 163 IV A—C 3
Golgatha, b. Jerusalem 34/35 V
Golkonda, Ldsch 98/99 I I 6, 111 II C/D 2
Gollendorf 77 III B 2
Göllheim 68/69 I E 4
Göllnitz, Bg. O. 86 I F 2
Gollnow 68/69 I H 2, 106/107 I H 3, 122/123 I F 2
Golo, Dép. (Corsica) 122/123 III
Golubatz 112 II D 3
Gomadingen 40 II C 3
Gomel 75 F 3, 113 G 4, 116/117 I K 3, 148 I H 3, 156/157 I G 3
Gompersdorf 77 III A 2
Gomphoi, Gomphi 18/19 I B 2
Gondar, Ldsch. 154 IV A 1
Gondorf 40 II A 1
Gondwana, Ldsch. 72/73 V B/C 2, 98/99 I I 5, 111 II D 1
Gonia 4 VII A 2
Gonies 10 I A 1
Gonnos 18/19 II B 3
Gonzaga, Burg 63 II C 2, 94 I D 2, 94 II D 2
Gonzaga 68/69 I F 6
—, Hft. i. Mantua, Mgft. 68/69 I F 6, 94 I D 2, 94 II D 2
Goosen, Ldsch. 138/139 II B 2
Gophna 34/35 II B 3
Göppingen 62 IV C 3
Gorbeus 29 IV C 2
Gordion, Gordium 2 I E 3, 38/39 I F 3
Gordyene, Kordilene, Ldsch. 29 IV D 2
Gorée 115 II F 4
Gorgippia 38/39 I G 2
Gorgobina 29 I B 2
Gorinchem 96/97 III a—d
Göritz 121 I
Gorki, Nishnij Nowgorod 150/151 I H 3
Gorlice 148 I F 4
Görlitz, Land 68/69 I H 3
Görlitz, O. 67 III A 2, 92/93 II C 3, 106/107 I H 4, 115 I C 2, 161 IV B 1
Gorlowka 163 II B 2
Görmer 77 IV A 2
Gormaz 58/59 I B 8
Gorneae 34/35 I G 2
Gorodki 163 II D 1
Gorontia, Ins. 18/19 I E 2
Gortyn, Gortyna 10 I A 1, 38/39 I D 3
Gortys 18/19 I C 4
Gön, Gft. 68/69 I F/G 5/6, 96/97 I G 6/7, 115 I C 3
Görz, O. 63 I D 2, 75 B 5, 148 I D 4, 130/131 II D 2
Gorzano 4 VI B 2
Gorze, Kl. 87 I D 2
Gosberg 56 III
Göschenen 80 II C 2
Gösel-Bach 77 II
Goslar, Bg. O. 86 I A 1
—, Pfalz 58/59 I I 3, 58/59 V A 2
RSt. 68/69 I F 3, 75 A 4, 122/123 I D 3, 126/127 II C 2, 155 I B 2
Gossensass, Bg. O. 86 I A 3
Gostenhof 81 I
Gostitz 77 III A 2
Göta-Älf, Fl. 60 I G 2, 113 C 3
Göteborg 113 C 3
Goten, Gotonen, V., s. auch Westgoten, Ostgoten 42/43 II D/E 1/2, 41 I C 2
Göten, V. 57 I D 2
Gotha 122/123 I D 3, 152 II D 3
—, Hzm. 122/123 I D 3
Gothien, Septimanien, Mgft. 58/59 I E 7
Gotische Kunst 67 II, 90 I
Gotische Siedlungsnamen 49 III
Gotische Sprache (Krim) 70 II F 1
Gotland Ins. 41 I C 1, 50/51 C 2, 68/69 II A 2, 84 I D 2, 84 II D 2, 113 D 3
Götland, s. Ost-Götland, West-Götland
Gotonen, s. Goten, Westgoten, Ostgoten
Götterwagen-Berg 34/35 VI
Gottesberg, Bg. O. 86 I D 1
Gotteshausbund, Hft. 80 II D 2
Gotthard-Paß 80 II C 2
Göttingen, O. 68/69 I E 3, 122/123 I C/D 3, 126/127 II B 2
Gottorp, Schloß 61 IV C 1, 106/107 I E 2
Gottschee 75 B 5, 96/97 I H 7, 112 II A 3
Göttweig, Kl. 106/107 I H 5
Gouadeloupe, Ins., s. Guadeloupe
Gouda 96/97 III a—d
Gough, Ins. 164/165 I I 7
Gozo, Ins. 25 III A 2
Gräbelsberg 40 II B 3
Grabitz-Bach 121 V

Gracchurris 38/39 II B 1
Graechwil, b. Bern 24 II C 1
Graeco-Baktrisches Reich 46/47 II C/D 2—4
Gradisca 106/107 I G 7 46/47 II C/D 2/4
Gräditz 77 III B 2
Grado, O. 63 I D 2, 68/69 I G 6
Grado, Patriarchat 88/89 II C 2
Grahamland, Ld. 164/165 IV
Grahamstown 138/139 II B 3, 144 V B 3
Grai Resch 6 II B 1
Gran, Ebm. 88/89 I F 4
Gran, Fl. 86 I E 2/3, 112 II C 1/2
Gran, O. 75 C 5, 58/59 I N 5, 106/107 I K 6, 115 I D 3
Granada, Ebm. (Span.) 88/89 I B 6
Granada, Kgr. 64/65 II A 3, 92/93 I A/B 6, 102/103 I C 6
Granada, O. i. Mittelamerika 100/101 VII A 2
Granada, Iliberris, O. i. Spanien 64/65 I A 3, 130/131 I B 4, 154 V B 2
Granada, Prov. Spaniens 130/131 I A/B 4
Gran Chaco, Ldsch. 133 II B 3
Grandson 95 D 4
Grand Surrey-Kanal 109 I
Grängesberg, O. 150/151 I E 2
Granheim 120 V C 1
Granikos, Fl. 18/19 I G/H 1/2, 22/23 I D 1
Gran Sasso 156/157 I E 4
Gras 10 III D 1
Grasberg, Ldsch. 80 II B 2
Graschwitz 77 III B 1
Grasleben 56 VI B 1
Graslitz, Bg. O. 86 I B 1
Grasse, Bm. 88/89 II B 3
Graubünden, Kanton 80 II C—E 2, 124 II B 1, 130/131 II B/C 1
Graudenz 106/107 I K 3, 122/123 I H 2, 124 I E 1
Grauer Bund, oberer Bund, Hft. 80 II C/D 2
Graufesenque, Condatomagus 36 C 4
Graupen, Bg. O. 68/69 I G 3, 86 I B 1
Graupius mons, Geb. 36 B 1
Grave 114 C 2
Gravedona 24 II D 1
Gravelingen, Gravelines 95 B 2, 114 B 2
Gräverode, Wüstung 77 IV A 2
Graviscae 30/31 I B 2
Graz 68/69 I H 5, 75 B 5, 105 I D 3
Great Chesters, Aesica 40 I B 1
Great Yarmouth 148 I B 3
Greenwich 109 I
Greetsiel 96/97 I D 3, 115 I B 2
Greifenhagen 106/107 I H 3
Greiffenberg 92/93 II C 3
Greifswald, O. 68/69 I G 1, 75 B 3, 122/123 E 1
—, Universität 91 V C 1
Greiz 122/123 I E 3
Grenoble, Bm. 88/89 II B 2
Grenoble, Cularo, O. 24 II B 2, 58/59 I F 6, 68/69 I C 6, 130/131 I D 2
—, Universität 91 V B 2
Grenzgrund, O. 77 III B 2
Grenzmark Posen-Westpreußen 152 II F/G 2
Grenzprovinzen, nordwestl., indische 135 I A/B 1
Gresik 135 II C 1
Grethen 77 II
Grevenmacher 80 I B 2
Grevesmühlen 83 II B 2
Greyerz, Gruyère, Gft. 80 II B 2
Griechen, V. 3 I, 150/151 II, 153 V, 160 I u. II
Griechenland, Ld. 18/19, 38/39 I
Griechenland, Bevölkerungsverluste 161 III
Griechenland, Kgr., Rep. 124 III, 128 II, 128 IV u. V, 130/131 I F/G 4, 145 IV, 145 V B 3, 145 VI B/C 3/4, 148 I F 5/6, 156/157 I F 4/5, 156/157 III D 3/4, 164/165 III, 166/167 II u. III, 168
Griechische orthodoxe Kirche 52 III, 56 II, 61 II u. V, 64/65 I u. III, 88/89 I
Griechische Sprache 70 II
Griechisch-kyprische Silbenschrift 9 II D 2
Griesbach, O. 153 II
Griesheim 77 I A 1
Gries-Paß Schweiz) 80 II C 2
Grigoriu, Athos-Kl. 45 VI B 2
Grimaldi 1 III C 2
Grimburg, O u. Amt 80 I B 2
Grimma 77 II, 106/107 I G 4
Grimsby 110 B 2
Grimsel-Paß 80 II C 2
Grinario, Köngen 40 II C 3
Grion, Geb. 13 III A/B 2
Gripsholm, Schloß 113 D 3
Gröba 56 IV
Grobin, Seeburg 60 I I 2, 75 D 2, 113 E 3
Grodno 67 III C 2, 75 E 3, 116/117 I H 3, 148 I F 3, 156/157 III D 2, 160 III D 2
Grohnde 37 II B 1
Groitzsch 77 II
Grone, Pfalz b. Göttingen 62 II B 2
Gronau, Kl. b. Oberwesel 80 I C 1
Gronau, O. b. Elze 81 III A 1
Groningen, Hft. 96/97 I D 3, 104 III C 1
Groningen, O. 68/69 I D 2, 78 IV C 1, 104 III C 1
Groningen, Prov. 115 I B 2
Groninger Land 122/123 I B 2
Grönland, Bm. 88/89 I A 1
Grönland, Ins. 60 I A/B 1, 61 I A 1
Grönland, dän. Besitz 135 I F/G 1, 156/157 II D/E 1
Groote Schijn-Bach 143 I b
Grootfontein 138/139 II A 1
Groppendorf 56 VI B 2
Grosny, Erdölfeld 163 II C 2
Grosnyj, O. 134 I E 2, 156/157 I H 4
Groß-Bardau 77 II
Groß-Bartensleben 56 VI B 2
Groß-Beeren 126/127 III D 1
Groß-Betschkerek 145 V B 1
Groß-Bothen 77 II
Großbritannien, Auswanderung n. d. USA 144 II
—, Bevölkerungsverluste 152 III, 161 III
Großbritannien u. Irland, Verein. Kgr. 115 II F 2, 116/117 I A—D 1—4, 128 II, 138/139 I I/K 2, 145 III u. IV, 148 I A/B 2/3
Großbritannien u. Nordirland, Kgr. 150/151 I C/D 3, 156/157 I B/D 3, 156/157 III A/B 2, 164 III, 166/167 I—III, 168
Großbritann. Besitz i. d. Antarktis 164/165 IV
Großchan-Kaiserreich 72/73 II H—N 2—5
Groß-Dechsendorf 56 III
Großdeutsches Reich 155 I u. II, 156/157 I—III, 160 I
Groß-Dirschkeim 121 II
Groß-Dölzig 77 II
Große Cayman Ins. 116/117 II C 5
Große Kabardei, Ldsch. 134 I D/E 1/2
Große Kuhlake, Ot. v. Berlin 161 II
Große Oase, El Charge, Hibe 9 I D 4
Großengottern 77 IV B 2
Großer Erg, Wüste 163 III A/B 2/3
Großer Fisch-Fluß 138/139 II B 3
Großer Graben, Fl. (am Elm) 56 VI A/B 2
Großer Salzsee 133 III B 2
Großer St. Bernhard-Paß 58/59 I G 6
Grosseto 24 II E 3, 63 I C 3, 94 I D 3, 94 II D 3
Groß-Friedrichsburg, brandenburg. Kol. 111 I F 3, 163 IV A 3
Groß-Gerau 40 II B 2
Großgrabe, O. 77 IV B 2
Groß-Griechenland, Groß-Hellas, Ldsch. 17 I, 25 I D—G 3—5, 30/31 I D—I 4/5
Groß-Gründlach 81 I
Groß-Hubnicken 121 II
Groß-Jägersdorf, O. i. Ostpr. 116/117 III
Groß-Kanischa 96/97 I I 6, 106/107 I I 6, 112 II B 2
Groß-Karoly 112 II E 2
Groß-Kolumbien, Ld. 133 II A—C 1/2
Groß-Krotzenburg 40 II B 1
Großmährisches Reich 56 II A/B 1/2, 58/59 II C/D 1
Großmogulreich 111 II C/D 1/2, 116/117 IV
Groß-Nossen 77 III B 1
Groß-Polen, Ldsch. 67 III B 2, 106/107 I H—K 3
Groß-Reuth 81 I
Großrussen, V, 134 I, 150/151 II
Groß-Salze, Bg. O. 86 I A 1
Großsteinbauten, —gräber, 2 II, 3 II
Großsteingrab-Kultur 2 I
Groß-Strehlitz 68/69 I K 3
Großwardein, Bm. 88/89 I G 4
Großwardein, O. 75 D 5, 102/103 I H 4, 112 II D 2, 160 III D 3
Groß-Ziehen 143 II
Groß-Zschepa 77 II
Grotenburg 37 II A 2
Grottaglia 30/31 I H 4
Grotta oscura 30/31 II A 1
Grotte di Torri 30/31 II B 1
Grubenhagen, Fsm. 122/123 I D 3
Grumbach, Burg 96/97 I F 5
Grumentum 30/31 I F 4
Grumum 30/31 I G 3
Grünau, O. i. Berlin 143 II
Grünberg, O. i. Hessen 78 III B 2
Grünberg, O. i. Schlesien 122/123 I F 3
Grund, Bg. O. 86 I A 1
Grundlach-Bach 81 I
Grunewald, Forst 143 II
Grunewald, O. 143 II
Grünhain, Kl. 88/89 III B 1
Grünhoff 121 II
Grünwald, O. a. Isar 37 I C 2
Grünwinkel 40 II B 2/3
Grusinien, s. Georgien, Ldsch. 134 I E 2/3
Grusinische Heerstraße 134 I E 2/3
Grusinische SSR 150/151 I H 4
Grüssau, Kl. 88/89 III C 1 106/107 I I 4
Gruyère, Greyerz, Gft. u. O. 80 II B 2
Grylios, Fl. 18/19 I G/H 2
Gryneion 18/19 I H 3
Grytviken, Ins. 164/165 IV
Gschaid, Gr.-, Kl.- 81 I
Gsteinach 81 I
Guadalajara, O. i. Mexico 118 III B 1
Guadalajara, O. i. Spanien 90 I A 2, 154 V B 1
Guadalcanar, Ins. 158 I E/F 5, 158 II E/F 5
Guadaloupe, Gouadeloupe, Guadeloupe, Ins. 100/101 VII C 2, 118 III D 2, 133 II B 1
Guadalquivir, Wadi al Kebir, Baetis, Fl. 38/39 II A/B 2, 64/65 I A 3, 130/131 I A/B 4
Guadarrama, Geb. 154 V B 1
Guadiana, Fl. 92/93 I A/B 6, 130/131 I A/B 4
Guadix, Bm. 88/89 I B 6
Guam Ins., span. V. St. 137 I E 4, 158 I E 4, 158 II E 4
Guanahani, San Salvador, Ins. 100/101 VII B 1
Guanajuato 118 III B 1
Guano-Inseln, brit. 138/139 I K 6, 138/139 II A 2
Guantanamo 156/157 II C 3/4
Guarani, V. 118 III E 4
Guarda, Bm. 88/89 I A 5
Guardiana, Anas, Fl. 38/39 II A/B 2
Guastalla, Fsm. u. O. 63 II B 2, 94 I D 2, 94 II D 2, 124 I C 3, 124 II B 1, 130/131 III C 2
Guatemala, Staat 133 I D 4, 144 I D 4, 164/165 III, 166/167 II u. III, 168
-, O. 118 III C 2
Guaviase, Rio, Fl. 100/101 VII B/C 3
Guayana, brit., ndld., frz. Kol. 118 III D/E 2, 125 II, 133 II B/C 1, 138/139 I F/G 4, 156/157 II C/D 4
Guayaquil 118 III D 3, 133 II B 2
Gubbio, Iguvium 25 II C 1, 53 I B 2
Guben 68/69 I H 3, 96/97 I H 4, 122/123 I F 3
Gubla, Gebal, s. auch Byblos 8 I B 3
Gudbrandsdal, Ldsch. 60 I F/G 1
Gudenushöhle 1 IV C 2
Gudscherat, Ldsch. 72/73 II G 5, 72/73 V A/B 2, 98/99 I G/H 5, 135 I B 2
Gudschrat, O. 135 I B 1
Gudvala, Kl. 87 II C 2
Guéret 122/123 II B 2
Guernsey, Ins. 92/93 I B 4, 110 B 3
Guhrau 122/123 I G 3
Guildford 85 II A 1
Guinea, Golf von 98/99 IV 132 I B/C 3/4
Guinea, frz. Kol. 132 I B 3
—, portug. Kol. 132 I B 3
—, span. Kol. 162 III B 2
Guinea, Staat 162 III A 2, 164/165 III, 168
Guinegate 95 B 2
Guines 95 A 2
Guipuzcoa, Ldsch. 66 I A 3, 66 II B 3
Guise 95 B 3, 110 C 3
Guium 38/39 II C 2
Gula 60 I F 1
Gulberga 72/73 V B 3
Gülistan 134 I F 3
Gumbinnen 129 II L 1
Gumelnitza 2 I D 2
Gumelnitza-Kultur 2 I D 2
Gummis 28 IV B 2
Gundelsheim 122/123 I C 4
Gunib 134 I F 2
Gundremmingen 40 II D 3
Güns 54/55 I F 3, 75 C 5, 106/107 I I 6, 112 II B 2
Güntersbühl 81 I
Günthersdorf 77 II
Guntia, Günzburg 40 II D 3
Guntur 135 I C 3
Gunuga 34/35 III A 1
Günzburg, Guntia 40 II D 3 128 I C 2
Günz-Eiszeit 1 II
Gunzendorf 56 III
Gunzenhausen 40 II D 2
Gupta-Reich 46/47 III E—G 2—4
Gurdschara-Pratihara-Reich 46/47 IV B/C 4
Gurgan 64/65 III G 3
Gurgum, Ldsch. 9 III E 2
Gurien, Ldsch. 134 I C/D 2/3
Gurina 24 II F 1
Gurjew 119 I 5, 163 II D 2
Gurk, Bm. 88/89 II C 2
Gurk, Bm.-Territ. 96/97 I H 6
Gurk, O. 58/59 I L 5
Gurnes 10 I B 1
Gurnet Murai i. Theben 7 IV
Gurnia 10 I B 1
Gurschdorf 77 III B 2
Gurulis 25 I B 3
Gürün 8 I B 2
Güstebiese 121 III u. IV
Güstrow 82 I B 1, 83 II C 2, 122/123 I E 2
Gutäer, V. 3 II F 3
Gutenfürst 161 V
Gutenstein, O. 120 V B 2
Gutenzell, Kl. 120 V D 1/2
Guttwitz 77 III B 1
Guyenne, Aquitanien, Hzm. 58/59 I C—E 5—7, 66 I A/B 2, 68/69 III B/C/2, 70 I A/B 2/3, 92/93 III B/C 2, 102/103 I C/D 5
Guyenne et Gascogne, Gouvernement 122/123 II A/B 2/3
Guzana, Tell Halaf 6 IV B 1
Gwadar 135 I A 2
Gwalior 72/73 V B 2, 98/99 I H 5, 135 I B 2
Gyantse 136 I B 4
Gyaros, Ins. 18/19 I E 4
Gymnesische Ins., Balearen 14/15 I B 2/3
Gymnias 22/23 III C 1
Gyrton 18/19 I C 2
Gytheion, Gzthion, Gythium 13 II B 2

Haag, Den Haag 104 III B 1
Haager Konferenzen, Konventionen 146 III, 152 V
Haar-Geb. 37 II A 2, 56 V B 1/2
Haard-Wald, b. Recklinghausen 56 V B 1 142 IV B 1, 142 V B 1
Haardt, Geb. a. Oberrhein 54/55 II E 3
Haarlem 78 IV B 1, 104 III B 1
Habana, Havanna 100/101 VII A 1, 118 III C 1
Habana, Havana 118 III C 1
Habesch, Äthiopien, Ldsch. u. Staat 34/35 I F/G 5, 42/43 I F/G 5
Habitancium, Risingham 36 B 1
Habsburg, Burg 68/69 I E 5, 80 II C 1
Habsburger, Geschlecht 70 I, 71 III, 96/97 I u. II
Habsburger Lande, s. auch Österreich 102/103 I, 104 III, 106/107 I, 110, 114, 115 I, 116/117 I, 122/123 I
Habsburgisch-Ungarn, s. auch Ungarn, Kgr. 102/103 I F—H 4/5, 106/107 I H—L 5—7, 112 I B/C 1, 112 II B/D 1/2, 115 I C—E 3/4
Hadamar, Kl. 80 I D 1, 124 I C 2, 126/127 II B 2
Haddeby 60 IV B 1
Haddebyer Noor 60 IV B 1/2
Hadeln, Ldsch. 68/69 I E 2, 122/123 I C 2
Hadersleben 96/97 I E 2
Hadid 8 III A 3
Haditha 163 II C 3
Hadjar 50/51 G 5
Hadramaut, Ldsch. 46/47 I C/D 5, 98/99 I E/F 5/6, 164/165 I M 4
Hadranon, Hadranum 17 I C 3
Hadria, O. i. Picenum 30/31 I D 2
Hadriani, O. i. Mysien 38/39 I E 3
Hadrianopolis, Adrianopel, Edirne 38/39 I E 2
Hadrianopolis, O. i. Epirus 38/39 I D 3
Hadriansstadt, Ot. i. Athen, Plan 12 VI
Hadrianswall, Vallum Hadriani 36 B 1/2, 40 I
Hadrianutherae 38/39 I E 3
Hadrumetum, Sousse 11 II C 2, 34/35 III C 1, 48 II C 3
Haedui, Aedui, Häduer, V. 29 I B/C 2
Haemimontus (röm. Prov.) 42/43 I E 2
Haemi promuntorium, Kap 38/39 I E 2
Haemos, Haemus mons, Geb. 38/39 I D/E 2
Haffküstenkultur 2 II C/D 1
Hafrsfjord, Fjord 57 I C 2
Hafsiden-Herrschaft 70 II A/B 3
Haft Kel, Erdölfeld 163 II C 3
Haft Safid, Erdölfeld 163 II C 3
Hafun, Dante 154 IV C 1
Hagelberg, O. 126/127 III D 1
Hagen 122/123 I B 3, 142 IV B 2, 142 V B 2
Hagenau 5 I B 3, 62 II A 3, 68/69 I D 4, 95 D 3, 114 D 3, 115 I B 3
Hagenberg, O. 81 I
Hagenow 122/123 I D 2
Hagir Eirene 10 I B 3
Hagia Marina 2 II D 3, 4 VII A 2
Hagia Pelagia 10 I B 1
Hagia Photia 10 I B 1
Hagia Sophia, Kirche i. Konstantinopel, Plan 45 V
Hagia Triada 10 I A 1
Hagiorgitika 4 VII A 2
Hagios Dionysios, Athos-Kl. 45 VI B 2
Hagios Georgios-Insel 14/15 IV A 2
Hagios Johannis 10 I B 1
Hagios Kosmas 12 V
Hagios Mamas 10 II C 1
Hagios Nikolaos 10 I B 1
Hagios Paulos, Athos-Kl. 45 VI B 2
Hagios Sabas 10 I B 2
Hagios Theodoros 10 I B 1
Hagnus 13 I B 2
Haidarabad, O. a. Indus 135 I A 2
Haidarabad, O. i. Südindien 135 I B 2
Haidarabad, Reich des Nisam von 116/117 IV B/C 3, 135 I B/C 3
Haidra, Ammaedara 34/35 III B 1
Haifa 64/65 IV A 4, 134 II B 2, 162 IV A 1
Haikal 6 IV B 1
Hail 153 VI D 3
Haimon, Fl. 22/23 IV
Hain, O. b. Boma 77 II
Haina, Kl. 88/89 III A 1
Hainan, Ins. 72/73 I D/E 4, 136 I D/E 5, 158 I C 4, 158 II C 4
Hainburg, O. 58/59 I M 4
Hainich, Geb. 77 IV A 2
Hainichen 77 II
Haiphong 136 II B 1
Haithabu 56 I B 1, 57 I C 2, 58/59 I H 1, 61 III B 2, 61 IV C 2
—, Plan 60 IV
Haïti, Ins. 100/101 VII B/C 2 115 II C 4, 125 II

Haïti, Rep. 133 I E 4, 164/165 III, 166/167 II u. III, 168
Hajdu-Böszörmény 5 II D 3
Hajduken, madjarische, V. 112 II
Hajdu-Samson 5 I D 3
Hakenfelde 143 II
Hakodate 137 I E 2
Halai, O. i. Ost-Attika 13 I C 2
—, O. i. Süd-Attika 13 I B 2
—, O. i. Lokris Eoia 18/19 IV B 1
Halaisa, Halaesa 17 I C 2
Halasarna 18/19 I H 5
Halberstadt, Bm. 56 I B 2, 88/89 II C 1
—, Bm.-Territ. 81 III B 1/2, 115 I C 2
—, Fsm. 122/123 I D 2/3
—, O. 68/69 I F 3, 81 III B 2, 122/123 I D 3
Haldensleben 62 II C 1
Haleb, Aleppo, Chalybon, Beroia 8 I B 2, 22/23 II C 2, 130/131 I K 4
Halgerdeshus, Wüstung 56 VI B 1
Halheim 40 II D 3
Haliakmon, Haliacmon, Wistritsa, Fl. 18/19 II A/B 2/3
Haliartos, O. i. Böotien 18/19 IV B 2
Haliartos, O. i. Messenien 18/19 I B 4
Halicyae, Halikyai 17 I A 3
Halieis 18/19 I D 4
Halifax, O. i. England 110 B 2
Halifax i. Neu-Schottld. 116/117 II E 2, 156/157 II C 2,
Halikarnassos, Halicarnassus 11 I E 2, 18/19 I H 4
Halikyai, Halicyae 17 I A 3
Halimus 12 V, 13 I B 2
Halis, Fl. i. Jonien 18/19 I H 3
Halitsch, Bm. Ebm. 88/89 I G 4,
—, Fsm. 64/65 I D 1/2, 64/65 II D 1/2
—, Kgr. 67 III C/D 2/3
—, Metropolitie 88/89 I G 4
—, O. 61 II C 2, 67 III C 3, 71 I B 3
Halkyonischer Golf 13 I A 1
Hall s. Schwäb. Hall
Hall, Bg. O. i. Tirol 86 I A 3, 86 II E 2, 105 I C 3, 144 I I 2
Halland, Ldsch. 60 I G 2, 113 C 3
Halle, O. i. Brabant 95 C 2
Halle, O. a. d. Saale 54/55 I E 2, 68/69 I F 3, 75 A 4, 86 I B 1, 115 I C 2, 122/123 I D/E 3
Halle-Merseburg, NS-Gau 155 I B/C 2
Hallein, Bg. O. 86 I B 3
Hallstadt, O. i. Franken 54/55 I E 3
Hallstatt, Bg. O. i. Salzkammergut 24 I D 3, 86 I B 3
Hallstatt-Kultur 5 II, 24 I
Hallungen 77 IV A 2
Halmstad 110 E 1
Halogaland, Ldsch. 57 I D 1
Halone, Ins. 18/19 I H 1
Halonnesos, Ins. 18/19 I E/F 2
Halos 18/19 I C 2
Halpi 9 III E 2
Hälsingborg s. Helsingborg
Halte 140 III
Haltern, Aliso 37 I A 1, 41 II B 2, 142 IV B 1
Halton, Hunnum 40 I B/C 1
Haluntium 25 III A 1
Halupe 6 IV B 1
Halus 18/19 I C 4
Halwan Alaman, Saripul 6 IV C 2
Halykos, Halycus, Fl. 17 I B 3
Halys, Kisil I., Kizil Irmak, Fl. 38/39 I F/G 2/3, 50/51 E 3/4, 70 II F/G 2/3
Ham, O. i. Frankreich 148 II B 2
Hama, O. i. Syrien 64/65 IV B 3, 134 II B 2
Hamadan, Gau 134 II C 2
Hamadan, Ekbatana, Epiphaneia, O. 9 III G 3, 22/23 II E 3, 50/51 F 4, 98/99 I E 4, 112 I E 2
Hamar, Bm. 88/89 I E 1
—, O. 60 I G 1, 113 C 2
Hamath, Epiphania, O. a. Orontes 8 I B 2, 22/23 II C 2, 41 III B 2
Hamaxitos 18/19 I G 2
Hambach, O. 128 III
Hamborn 142 IV A 2, 142 V A 2
Hamburg, Ebm. 56 I B 1, 61 I, 88/89 II B 1
Hamburg, evang. Landeskirche 161 VII
—, NS-Gau 155 I B 2
—, O. 54/55 I D/E 2, 68/69 I F 2, 75 A 3, 105 I C 1
—, Freie Stadt 122/123 I D 2, 125 I C 2, 129 I D 2, 141 I B/C 2, 141 II B/C 2, 152 II C/D 2, 156/157 III B/C 2, 160 III A 2
Hamburg-Ahrensburger Kultur 1 IV B/C 1
Hamburg-Bremer Mission 56 I, 61 I
Hameln 37 II B 1, 56 I B 1, 81 III A 1, 122/123 I C 2
Hämen, Tavastländer, V. 60 I I/K 1
Hameriten, V. 34/35 I G 5
Hamid, Ldsch. 70 II F 3, 71 II C/D 4, 112 I C/D 2
Hamilton, O. i. Kanada 138/139 I F 2
Hamilton, O. i. Schottland 102/103 I C 2
Hamiten, Völkergruppe 3 I B—D 3/4, 132 III
Hamm, O. i. Pommern 106/107 I H 3
Hamm, O. i. Westfalen 56 V B 1, 122/123 I B 3, 142 IV C 1, 142 V C 1
Hammadiden-Reich 64/65 I B 3
Hammamat, Wadi 6 I A 2
Hammath a. See Genezareth 8 III B 2
Hammelburg, Pfalz 54/55 I D 2
Hammerfest 147 F 1
Hammerstein, O. u. Amt 80 I C 1
Hammon, O. i. Phönizien 34/35 II B 1
Hamtha 8 III B 2
Hampton Court, Burg 90 II A 1
Han-Dynastie i. China 3 V
Han, Staat 3 V B 2
Hanäser, Anasarta 41 III C 2
Hanau, Gft. 122/123 I C 3
—, Fsm. 126/127 II B 2
Hanau 68/69 I E 3, 105 I C 2, 126/127 II B 2, 126/127 III B 2
Hanau-Lichtenberg, Gft. 122/123 I B 4
Handelsverein, mitteldeutscher 129 I
Hangenstein, Bg. O. 86 I D 2
Hangö 113 E 3, 156/157 I F 3
Hang-tschou 72/73 I E 2, 136 I E/F 3/4
Hanifa, V. 50/51 F 5
Hankau, Wuhan 136 I E 3, 136 III B 3, 158 II C 3, 162 I B 2, 162 II C 2, 164/165 I P 3
Hannathon 8 III B 2
Hannover, evang. Landeskirche 161 VII
Hannover, Kgr. 128 III, 129 I B—D 2/3, 129 II C—E 2/3
—, Kurfsm., s. auch Welfische Lande 116/117 III, 122/123 I C/D 2
—, O. 37 II B 1, 68/69 I E 2, 105 I C 1, 122/123 I C 2, 160 III A 2
—, Plan 82 IV
Hannover, preuß. Prov. 152 II B—D 2
Hanoi 72/73 I D 3, 136 II B 1, 158 I C 3, 158 II C 3, 162 II C 2
Hanse, Hansehandel 68/69 I, 84 I u. II
Han-tschung 46/47 I I 3
Hanyeri, Comana, Hieropolis, Komana 8 I B 2, 38/39 I G 3
Hapalla, Ldsch. 8 I A 2
Hapsal, Bm. 88/89 I G 2
Hapsal, O. 75 D 2, 104 IV B 1, 113 E 3
Harada 6 IV B 1
Harae 41 III D 3
Harappa 3 II I 3
Harar 138/139 III C 2, 154 IV B 2
Harbke 56 VI B 2
Harburg, Argentovaria, O. i. Elsaß 37 I A 2
Harburg, Hzm. 96/97 I E 3
Harburg, O. a. d. Elbe 122/123 I C 2
Hardehausen, Kl. 88/89 III A 1
Harderwijk 68/69 I C 2
Harenatium 37 I A 1
Harfleur 92/93 III C 1, 110 C 3
Haridu 6 IV B 2
Harier, V. 41 I
Harim, Burg 64/65 IV B 2
Hariri, Mari 6 III B 2
Harlingen 104 III B 1
Harma 18/19 IV B 2
Harmal 6 III B 2, 6 IV B 2
Harmatus, Kap 18/19 I G 3
Harmersbach, Fl. 77 I B 2
Harmonassa-Caesarea 38/39 I G 2
Harmotia, Harmozia, Hormus 22/23 I G 3, 46/47 I D 4, 50/51 G 5, 72/73 II E 5, 111 II B 1, 134 II D 3
Harmozica, Harmozika 34/35 I G 2
Haroscheth 8 III B 2
Harpagion 18/19 I H 1
Harpii, V. 38/39 I E 1
Harpis, O. 38/39 I E 1
Harran, Carrhas, Charan i. Mesopotamien 8 II B 2, 22/23 II C 2, 28 II E 3, 41 III D 1, 64/65 IV C 2
Harran i. Syrien 41 III B 2
Harrien, Ldsch. 104 IV C 1
Harrouard, Fort 2 I B 2
Harsany 106/107 I K 7
Harscha-Reich (Indien) 46/47 III E—H 2/3
Harsefeld, Kl. 58/59 I H 2
Harterode, Wüstung 77 IV A 2
Hartlepool 54/55 I B 2, 104 I B 2
Hartley 142 I—III B 1
Hartmannsweilerkopf, Bg. 148 II D 3
Haruden, V. 24 I C/D 1/2
Harwich 110 C 2
Harz, Geb. 74 III B 2, 156/157 III C 2
Harzburg, Burg, Bg. O. 58/59 V B 2, 86 I A 1
Harzburger Front 153 II
Harzgerode, Bg. O. 86 I A 1
Hase, Fl. 37 II A 1
Haselhorst 143 II
Hasengau, ägypt. 8 II B 3
Hasenpoth 75 D 2
Haslach 77 I B 2, 122/123 I C 4
Hasmonäer-Staat 28 I E 2, 29 III C 2
Hasor 8 III B 1
Hasselt, O. i. Bm. Utrecht 68/69 I D 2
—, O. i. Bm. Lüttich 95 C 2, 104 III B 2, 126/127 IV B 2
Hassi-Geb. 41 III C 2
Hassi Messaud, Erdölfeld 163 III B 2
Hassi R'mel, Erdölfeld 163 III A 2
Hassuna 6 II B 1, 6 IV B 1
Hasta, Asti 36 D 4
Hasta, O. i. Baetica 38/39 II A 2
Hasta, O. i. Toskana 30/31 I B 2
Hastenbeck 116/117 III
Hastinapur 22/23 I I 3
Hastings 60 I E 3
Haswell 142 II B 2, 142 III B 2
Hatay, Ldsch. 150/151 I G 5
Hatfield House, Schloß 90 II A 1
Hatien 136 II B 2
Hatita 34/35 II C 2
Hatnub 6 I A 2
Hatra, Ot. i. Alexandria (Ägypten) 26/27 V
Hatra, O. i. Mesopotamien 34/35 I G 3
Hatteras, Fort 133 III F 3
Hatti, Hethiter, V. u. Ldsch. 8 I A 2, 8 I B 2
Hattiland der Großreichzeit, s. auch Hethiter 8 I A/B 2
Hattin, Ldsch. b. Alexandrette 8 I B 2
Hattin, O. i. Palästina 64/65 IV A 4
Hattingen 142 IV B 2, 142 V B 2
Hattusa, Hattusas, Bogazköy 8 I A 1
—, Plan 7 VIII
Hatvaner Kultur 5 I D 3
Hauran, Auranitis, Ldsch. 8 IV C 3
Haurieden, Wüstung 77 IV A 1
Hausach 77 I B 2
Hausberg 40 II B 1
Hausbergen, O. 78 III A 3
Hausen, Hft. 122/123 I C 4
Hausen, Wüstung 77 IV B 2
Hauserode, Wüstung 77 IV A 2
Hausruckviertel, Ldsch. 128 I D 2/3
Haussa, V. 98/99 IV
Haute Garonne, Dép. 122/123 III B 3
Haute Loire, Dép. 122/123 III B/C 2
Haute Marne, Dép. 122/123 III C 1/2
Hautes Alpes, Dép. 122/123 III C 2
Haute Saône, Dép. 122/123 III C 2
Hautes Pyrenées, Dép. 122/123 III A/B 3
Haute Vienne, Dép. 122/123 III B 2
Haut-Rhin, Dép. 122/123 III C 1/2
Havana, Habana 100/101 VII A 1, 118 III C 1
Havel, Fl. 58/59 I K 2, 122/123 I E 2
Havelberg, Bm. 88/89 II C 1
—, Bm.-Territ. 68/69 I G 2
—, O. 58/59 I K 2, 122/123 I E 2
Haverford Township 118 II A 2
Havuzköy 8 I B 2
Hawaii-Ins. 100/101 VIII F 1, 137 I H 3/4, 158 I H 3/4, 158 II H 3/4
Hawara 6 I A 2
Hayingen 120 V B 1
Hayn, O. b. Leipzig 77 II
Hazar-enan 8 IV D 1
Hazebrook 148 II B 1
Heard-Ins. 164/165 I N 7
Heba, Magliano 25 II B 2
Hebburn 142 I—III A 2
Hebräisches Alphabet 9 II D/E 3
Hebriden, Bm. 88/89 I A 2
Hebriden, Süderinseln 60 I C 2, 102/103 I B 2
—, Kgr. Man 66 II B 2
—, schott. 92/93 I A 2
Hebron 8 III B 3, 34/35 II B 3, 64/65 IV A 5, 162 IV B 2
Hebros, Hebrus, Maritza, Fl. 18/19 I G 1, 38/39 I E 2
Hebuden, Hemoden, V. 24 I B 2
Heddernheim, Civitas Taunensium Nida 40 II B 1
Heddesdorf 40 II A 1
Hedemora 113 D 2
Hedschas, Ldsch. 50/51 E/F 5, 162 III C 1
Hedschas, Wilajet 132 I D 2, 134 II B 3
Hedschas u. Nedschd, Kgr. 146 I D/E 1, 153 VI C/D 3, 162 III C/D 1
Hedschas-Bahn 148 III A 3
Heerstraße, Ot. v. Berlin 161 II
Heeßen 142 IV C 1, 142 V C 1
Heftrich 40 II B 1
Heggbach, Kl. 120 V C 2
Hegyes, Pußta-Wüstung 140 V A 2
Heide, O. b. Antwerpen 143 Ib
Heidelbach, Ober-, Unter-, O. 81 I
Heidelberg, Rufiniana, O. 40 II B 2, 68/69 I E 4, 106/107 II, 114 E 3, 128 I B 2
—, Universität 91 V B 2
Heidengraben, O. 40 II C 3
Heidenheim 52 II C 2
Heidenheim, Aquileia, O. 40 II D 3, 128 I C 2
Heidweiler 40 VI A 2
Heilbronn, RSt. 54/55 I D 3, 68/69 I E 4, 122/123 I C 4, 128 I B 2
Heiligenbeil 106/107 I K/L 2
Heiligenberg b. Heidelberg 40 II B 2
Heiligenberg, O. i. d. Vogesen 40 II A 3
Heiligenkreuz, Kl. 87 II C 3
Heiligenkreuzthal, Kl. 120 V B 2
Heiligenstadt 62 IV D 2, 105 I C 2
Heiligenzell, O. 77 I A 2
Heiligerlee 104 III C 1
Heiliges Römisches Reich deutscher Nation 102/103 I, 104 II, 105 I, 106/107 I u. II, 116/117 I, 122/123 I
Heilsberg, O. 96/97 I L 2, 122/123 I I 1
Heilsberg (Ermland), Bm. 88/89 I G 3
Heimendorf 81 I
Heimsheim 62 III C 3
Heinersdorf, Ot. v. Berlin 143 II
Heinersdorf, O. b. Ottmachau 77 III B 2
Heiningen, Kl. 58/59 V B 1
Heinrichau, Kl. 88/89 III C 1
Heinstetten 120 V A 2
Heinzendorf 77 III B 2
Heisingen 56 V B 2
Heisterbach, Kl. 88/89 III A 1
Hekale 13 I B 1
Hekatompedon, T. i. Athen 12 II
Hekatompylos, O. i. Hyrkanien 22/23 I G 2, 46/47 I D 3
Hekatonnesoi, Ins. 18/19 I G 2
Hekla, Berg 57 III B 2
Hela 96/97 K 2, 122/123 I H 1
Heleia 10 III D 1
Heldenbergen 40 II B 1
Helder 104 III B 1
Heldringhausen 56 V B 1
Helela 41 III D 3
Helellum, Ehl 40 II A 3
Helena, Ins. 13 I C 2
Heleno-Pontus, Dios Pontus, röm. Prov. 42/43 I F 2
Helgoland, Abalas, Ins. 24 I C 2, 58/59 I G 1, 68/69 I D 1, 152 II B 1, 122/123 I B 1, 124 I B 1
Helike 18/19 I C 3
Helikon, Geb. 18/19 IV A/B 2
Heliopolis, O. i. Ägypten 6 I A 1, 125 I F 4
Heliopolis, Baalbek 38/39 I G 4
—, Tempel, Plan 34/35 IV
Helisier, V. 41 I
Helisson, Fl. 18/19 I C 4
Helkat 8 III B 2
Helladische Kultur 2 I D 3, 2 II D 3, 10 II
Hellana 30/31 I B 1
Hellas, Ldsch. a. Golf v. Malia 10 II C 2
—, s. Griechenland 22/23 I D 2
Hellas, byzant. Thema 54/55 I G 5
Hellenpütz 40 II A 1
Hellespontos, Hellespontus, Meerenge 18/19 I G 1
Hellopia, Ldsch. 18/19 I A/B 2
Hellweg, Straße 37 II A 2, 37 II B 1, 142 IV C 1, 142 V C 1
Helmsdorf 77 IV A 1
Helmstedt, O. 81 III B 1, 161 I u. V
—, Kloster St. Liudger
Heloros, Helorus 17 I D 4
Helos, O. i. Jonien 18/19 I G 3
Helos, O. i. Lakonien 13 II B 2
Helse, Wüstung 56 VI B 2
Helsingborg 84 I C 2, 110 E 1, 113 C 3
Helsingfors, Helsinki 74 II C 1, 113 F 2, 119 C 2, 148 I F 1, 156/157 I F 2, 156/157 III D 1
Helsingland, Ldsch. 113 C/D 2
Helsingör 110 E 1
Helväonen, V. 41 I
Helvetier, Helvetii, V. 29 I C/D 2, 37 I A/B 3
Helvetische Republik 124 II A/B 1
Helvii, V. 36 C 3/4
Helvillum 30/31 I C 1
Hemamije 6 I A 2
Hemeroskopeion, Hemeroskopion 11 II A 2
Hemmingstedt 96/97 I E 2
Hemoden, Hebuden, V. 24 I B 2
Hengstburg, Burg 58/59 III C 2
Henneberg, Gft. 96/97 I F 4, 122/123 I D 3
Henneberg, O. 58/59 I I 3
Hennegau, Gft. 58/59 I E/F 3, 68/69 I B/C 3, 95 B/C 2, 96/97 I B/C 4, 104 III A/B 2
Hennen 142 IV C 2
Henrichenburg, O. 56 V B 1, 142 IV B 1, 142 V B 1
Henry, Fort 133 III E 3
Hepha 8 III B 2
Hephaistia 18/19 I F 2
Hephthaliten, weiße Hunnen, V. 46/47 III F/G 1/2
Heptanomis, Ldsch. 29 II B 2
Heräa, Heraia 20 III A 2
Heraclea Cybistra, Eregli, O. i. Kappadokien 38/39 I F 3, 64/65 IV A 2
Heraclea, Herakleia, O. i. Lukanien 30/31 I G 4
Heraclea, O. i. Makedonien 38/39 I D 2
Heraclea Minoa, O. a. Sizilien s. auch Herakleia Minoa 17 I B 3

Heraclea Pontica, s. auch Herakleia, Heraklea, Eregli, O. am Schwarzen Meer 11 II E 1, 38/39 I F 2, 70 II F 2
Heraclea Sintica, O. am Strymon 38/39 I D 2
Heraeum, T. i. Lukanien 30/31 I E 4
Heraia, Heräa 18/19 I B 4
Heraion, T. i. Argolis 18/19 I C 4
Heraion, Perachora, T. a. Isthmos 18/19 I C 3
Heraion, T. a. Samos 18/19 I G 4
Heraion Teichos, O. i. Thrakien 20 II E 2
Herakleia, O. i. Aiolis 18/19 I G 2
Herakleia, O. a. Hermos-Fl. 18/19 I H 3
Herakleia, O. a. Marmarameer 44 II D 2, 54/55 I H 4
Herakleia, O. i. Medien 22/23 II E 3
Herakleia Minoa, Heraclea Minoa, O. a. Sizilien 17 I B 3
Herakleia, Heraklea, Heraclea Pontica, Eregli, O. a. Schwarzen Meer 11 II E 1, 38/39 I F 2, 70 II F 2
Herakleia, Pleistarcheia, O. i. Jonien 13 III B 2
Herakleia, Sporaden-Ins. 18/19 I F 5
Herakleia, Trachinia, O. i. Oitaia 18/19 I C 3
Herakleion, Chandax, Candia, Kandia, O. a. Kreta 10 III C 1, 11 IV, 156/157 I F 5
Herakleion, O. i. Kempanien 24 II G 4
Herakleion, O. i. Thessalien 18/19 II B 3
Herakleion, T. i. Attika 12 V
Herakleion, T. i. Korydaller-Geb. 14/15 IV A 2
Herakleopolis, Ahnas 6 I A 2
Herakles Monoikos, Monaco 24 II C 3
Herat, Alexandria 22/23 I H 2, 46/47 I E 3, 50/51 H 4, 52 III E 3, 72/73 II F 4, 134 II E 2
Hérault, Dép. 122/123 III B 3
Herbede 142 IV B 2, 142 V B 2
Herbern 56 V B 1, 142 IV C 1
Herboldsdorf 81 I
Herbsdorf 77 III B 2
Herculaneum 30/31 III B 1
Herculis, Ins. 38/39 I A 2
Herdecke 56 V B 2, 142 IV B 2, 142 V B 2
Herdoniae 30/31 I F 3
Hereford, Bm. 88/89 I B 3
Hereford, O. 60 I D 3
Herentals-Kanal 143 Ia
Herero, V. 138/139 II A 2
Herford, Kl. 37 II A 1, 58/59 I H 2
Héricourt 95 D 4
Heri-Rud, Fl. 134 II E 2
Herisau 130/131 II B 1
Herjedalen, Ldsch. 113 C 2
Herleshausen 161 I u. V
Hermaeum promontorium, Kap 38/39 I E 4
Hermann, Frhr. v., Reichsritter 120 V D 1/2
Hermannstadt, Sibiu 67 III C 3, 75 E 5, 112 II F 3, 150/151 I F 4, 156/157 III D 3
Herminius mons, Geb. 38/39 II A 1
Hermione 18/19 I D 4
Hermokapeleia 18/19 I H 3
Hermon, Geb. 8 IV B/C 2, 34/35 II B/C 1
Hermonthis 6 I A 2
Hermopolis, Aschmunein 6 I A 2
Hermos, Hermus, Fl. 18/19 I H 3
Hermos, O. i. Attika 13 I B 1
Hermunduri, Hermunduren, V. 41 I B 2/3
Hermus, Hermos, Fl. 18/19 I H 3
Hernad, Fl. 106/107 I L 5
Hernals 109 V
Herne 142 IV B 1, 142 V B 1
Hernici, V. 24 II F 4, 30/31 II C 2
Herodeion 34/35 II B 3
Heroldishausen 77 IV B 2
Heroldsbach, O. 56 III
Heroldsberg, O. 81 I
Heroopolis 29 II B 1
Heroopolitischer Golf 29 II B 2
Herpersdorf 81 I
Herrenhausen, Schloß 122/123 I C 2
Herrevad, Kl. 87 II C 2
Herringen 142 V C 1
Herrnburg 161 V
Herrnhut 105 I D 2, 161 VII
Herschbach, O. u. Amt 80 I C 1
Hersfeld, Fsm. 106/107 I E 4
Hersfeld, Kl. 52 II C 2, 56 I B 2, 87 I D 1
Hersfeld, O. 126/127 II B 2
Herstal, Pfalz 54/55 II D 2
Herstelle 37 II B 2
Herten 56 V B 1, 142 IV B 1, 142 V B 1
Hertogenbosch 78 IV B 2, 95 C 2, 104 III B 2
Hertwigswalde 77 III A 1
Heruler, Heruli, V. 36 E 1, 42/43 I F 2, 48 I C 1, 48 I C 2, 48 I E 2
Hervest 142 IV B 1, 142 V B 1
Herzegowina, Ldsch. 92/93 I F 5, 130/131 I F 3, 145 V A 2, 145 VI A 2
Herzogenaurach 56 III
Herzwinkel, Wüstung 77 IV A 1
Herzynischer Wald, Geb. 24 I C/D 1/2
Hesbon 8 III B 3
Hesdin 95 B 2, 104 III A 2
Hesselbach, O. 40 II C 2
Hessen, Kurfsm. (Kurhessen) 126/127 II B/C 2, 129 I C/D 3, 129 II D/E 3
Hessen, Ld. 152 II C 3/4, 160/III A 2
Hessen, Landgft. 68/69 I E 3, 96/97 I E/F 4
—, Ldsch. 58/59 I H 3
—, V. 42/43 I C 1, 52 II C 2
Hessen-Darmstadt, Ldgft. 122/123 I C 3/4
—, Grhzm. 124 I B/C 2, 128 I A/B 1/2, 128 III A/B 1/2, 129 I C 3/4, 129 II D 3/4
Hessen-Homburg 128 I B 1
Hessen-Kassel, Ldgft. 104 II A 2, 122/123 I C/D 3
Hessen-Nassau, evang. Landeskirche 161 VII
Hessen-Nassau, NS-Gau 155 I A/B 2/3
Hestiaia 11 I C 1
Hestiaiotis, Ldsch. 18/19 I B/C 2
Hethiter, Hatti, V. 3 I E 3, 8 I B 2, 8 II B 2, 9 I
Hethiter-Kultur 5 I D—F 2/3, 5 II E/F 4
Hethiterreich 2 II E 2, 8 I, 9 I
Hethitische Bilderinschriften 8 I
Hethitische Hieroglyphen 9 II D/E 2
Het Ij, Meeresarm 109 II
Hetterscheid 56 V A 2
Hetzeldorf 56 III
Heuching 81 I
Heuneburg 24 I C 3
Heveller, V. 54/55 I E 2
Hever, Fl. 61 III A 2
Hexham, Bm. 52 I B 2
Heyerode 77 IV A 2
Hia 3 III B 2
Hia-Dynastie 3 III
Hibbe, Bg. O. 86 I E 2
Hibe, Ankyropolis 29 II B 2
Hibe, El Charge, Große Oase 6 I A 2, 9 I C/D 4
Hibernia, Iris, Erin, Irland, Ins. 24 I B 2, 34 I B 1
Hiddensee, Kl. 88/89 III B 1
Hiddinghausen 56 V B 2
Hierakonpolis, Nechen, Kom el Ahmar 6 I A 2
Hierapetra 10 I B 1/2
Hierapolis Bambyke, Membig, O. a. Euphrat 22/23 II C 2, 38/39 I G 3, 41 III C 1
Hierapolis Castabala, Kastabala, O. i. Cilicien 22/23 II C 2, 38/39 I G 3
Hierapolis, O. i. Phrygien 38/39 I E 3, 22/23 II A 2
Hierapytna 10 III C 1
Hierasus, Sereth, Fl. 38/39 I E 1
Hierasykaminos, Maharraka 29 II B 3
Hieron-Geb. 10 III C 1
Hieron, O. a. Bosporus 20 II F 2
Hieropolis, Comana, Hanyeri 38/39 I G 3
Hierosolyma, s. Jerusalem, Aelia Capitolina 42/43 I F 3, 42/43 II E 3
Hiesfeld 142 IV A 1, 142 V A 1
High Callerton 142 I—III A 1
High Rochester, Bremenium 40 I B/C 1
High Spen 142 I—III A 2
Higr, Egra 34/35 I F 4
Hilara, Iller, Fl. 37 I C 2/3
Hilbeck 142 IV C 1, 142 V C 1
Hildburghausen, Hzm. u. O. 122/123 I D 3
Hildesheim, Bm. 56 I B 1, 88/89 II B 1, 145 I, 161 VI
—, Bm.-Territ. 81 III A/B 1, 96/97 I E/F 3, 122/123 I C/D 2/3
—, Kl. 87 I D 1
—, O. 68/69 I E 2, 83 II B 2, 105 I C 1
—, O., Plan 79 III
Hille 134 II C 2
Hillen 56 V B 1
Hillesheim, O. u. Amt 80 I B 1
Hilmend, Fl. 134 II E 2
Him-Bach 77 IV A 2
Himalaja, Geb. 22/23 I I/K 2/3, 135 I B/D 1/2
Himella, Fl. 30/31 I C/D 2
Himern, Fl. 17 I B/C 3
Himera, O. 17 I B 3
Himeras, Fl. 17 I B 3
Himjaren, V. 46/47 I C 5
Himmelgarten, O. 81 I
Himmelpforte, Kl. 88/89 III B 1
Himmelstädt 121 I
Himmerod, Kl. 88/89 III A 1
Hinayana, südl. Buddhismus, Religion 72/73 IV, 137 III
Hindana 6 IV B 2
Hindisheim 77 I A 2
Hinduismus, Religion 52 III E/F 3/4, 72/73 IV, 137 III A/B 2/3
Hindukusch, Parapamisos, Geb. 22/23 I H/I 2, 135 I A/B 1
Hindus in Indien u. Pakistan 163 I
Hindu-Staaten 72/73 II G/H 5—7, 72/73 III F 4, 72/73 V, 116/117 IV
Hinnom, Fl. b. Jerusalem 34/35 V
Hinterindien, Ld. 136 II
Hinterpommern, Ldsch. 115 I C/D 2, 122/123 I F/G 1/2
Hinter-Rhein, Fl. 80 II D 2
Hinzerath, Belginum 37 I A 2
Hipparis, Fl. 17 I C 4
Hippo Diarrhytos 11 II B 2, 34/35 III B 1
Hipponion 17 I E 2
Hippo Regius, Bône 11 II B 2, 34/35 III B 1, 48 I B 3
Hippos, Antiocheia 22/23 II C 3
Hippotomadai 13 I B 1
Hira 42/43 I G 3, 46/47 III C 2, 50/51 F 4, 52 III D 3
Hiragla 41 III D 2
Hiroshima 158 II D 3
Hirpini, V. 30/31 I E 3
Hirsau, Kl. 87 I D 2, 114 E 3
Hirschaid 56 III
Hirschberg 82 I B 2, 122/123 I F 3
Hispalis, Sevilla 38/39 II A 2
Hispania Baetica, röm. Provinz 38/39 II A/B 2
Hispania citerior, — ulterior, röm. Provinzen 28 I A/B 1/2, 28 II A/B 2/3
Hispania Gallaecia, röm. Prov., Hispania nova 38/39 II A 1
Hispania Lusitania, röm. Provinz 38/39 II A 1/2
Hispania nova, röm. Prov. 42/43 II A 2
Hispania Tarraconensis, röm. Provinz 38/39 II A/B 1/2
Hispaniae, röm. Diözese 42/43 I B/C 2/3
Hispellum 30/31 I C 2
Histiaia, Histiäa 18/19 I D 3
Histonium 30/31 I E 2
Histri, Istres, V. 25 I D 1
Histria, Istria, Istrien, Ldsch. 28 I C 1, 38/39 I B 1/2
Histria-Istrus, O. i. Moesia inferior 38/39 I E 2
Hit, Dulduli, Charmande 6 III B 2, 22/23 III C 2, 148 III B 2
Hitzacker 122/123 I D 2
Hiung-nu, Hunnen, Hunnische Völker, nördl. u. südl. Hunnen, V. 3 I I/K 2, 3 IV A/B 1, 42/43 I G/H 2, 46/47 I D—K 2
Hiung-nu, Hunnen-Reich 46/47 II D—I 1/3
Hjaltland-Ins., Shetland-Ins. 57 B 1
Hjörungavag 60 I F 1
Hobart 137 I E 7, 137 II C 4
Hoboken, O. b. Antwerpen 143 Ia u. Ib
Hoby 36 E 2
Hochberg, Mgft. 95 D 4, 122/123 I B 4
Hochberg, O. 128 I A 2
Hochburgund, Kgr. 54/55 IV B/C 3, 58/59 I G 5
Hochdeutsche Sprache 49 II C/D 1/2
Hochkirch 122/123 I F 3
Höchst 40 II B 1, 106/107 I E 4, 106/107 II E 4
Höchstadt, O. i. Franken 56 III
Höchstedt, O. a. d. Donau 58/59 I I 4, 122/123 I D 4
Hodeida 98/99 I E 6, 132 I E 3
Hoek van Holland 96/97 IIId
Hoevenen 143 Ib
Hof 68/69 I F 3, 122/123 I D 3, 160 III B 2, 161 V
Hofe, O. b. Papenburg 140 III
Höfen 81 I
Hoffmannsfeld 140 IV B 1
Hoffnungsfeld 140 IV B 2
Hoffnungsthal 140 IV B 1
Hofheim 40 II B 1, 80 I D 1
Höfles 81 I
Hofsjökull, Berg 57 III B 2
Hofweier 77 I A 2
Hoggar, Ldsch. 132 I C 2
Hohenaltheim 58/59 I I 4
Hohenasperg, Burg 122/123 I C 4
Hohenberg, Gft. (Württemberg) 81 II B 2, 122/123 I C 4, 128 I B 2
Hohenburg, Burg (Elsaß) 62 IV B 3
Hohenburg, O. b. Nürnberg 58/59 I I 4
Hoheneck, Gft. 128 I B/C 3
Hohenelbe, Bg. O. 86 I C 1
Hohenfriedeberg, O. 122/123 I G 3
Hohenfurt 68/69 I H 4
Hohengeroldseck, Hft., v. d. Legen, Fsm. 128 I A 2
Hohenheida 77 II
Hohenkirchen 86 II E 1
Hohenleina 77 II
Hohenlinden 124 I C/D 2
Hohenlohe, Gft. 68/69 I E 4, 122/123 I C 4
Hohenlohe, Fsm. 128 I B 2
Hohenmauth 122/123 I G 4
Hohensaaten 121 III u. IV
Hohensalza, Inowrazlaw 122/123 I H 2
Hohen-Schönhausen 143 II
Hohenstaufen, Staufen, (Burg) 62 IV C 3
Hohenstaufen, Staufer, Geschlecht 62 II u. IV, 63 I u. II, 64/65 I—IV, 66 I u. II, 67 III
Hohentwiel, Burg 58/59 I H 5
Hohenzollern, Gft., Fsm. 96/97 I E 5, 120 V B 1/2, 122/123 I C 4, 128 I B 2/3, 128 III B 2/3, 129 I C 4
—, Ld. 152 II C 4/5
Hohenzollern, Haus 92/93 A—C 2—4
Hohe Straße 84 I B—E 3/4, 84 II B—E 3/4, 85 III B—D 1/2
Höhlenkultur, Altsteinzeit 1 IV,
—, Jungsteinzeit 2 I A 2
Höhnebach, O. 161 V
Hohnsleben 56 VI B 2
Hohnstein, Gft. 68/69 I F 3, 122/123 I D 3
Hohnstein, O. 115 I C 2
Hohorst, Kl. 87 I D 1
Hokühle, Wüstung 77 IV A 1
Holar, Bm. u. O. 57 III B 1
Holkar, Ldsch. 116/117 IV B 2
Holland, Gft. 58/59 I F 2, 68/69 I C 2/3, 78 IV B 1, 95 C 1, 104 III B 1/2
Holland, Kgr. 124 I A/B 1/2
Holländer, V. 126/127 IV
Hollandia 158 II E 5
Holländische Entdeckungsreisen 100/101 I u. VIII
Hollenbach, Ndr. Wüstung 77 IV A 2
Hollenstein 122/123 I F 5
Hollingstedt 61 III B 2, 61 IV A 2
Holmgard, s. Nowgorod 57 I F 2
Holstein, Gft. 58/59 I H 1, 68/69 I E/F 1/2
Holstein, Hzm. 96/97 I E/F 2/3, 105 I C 1, 122/123 I C/D 1/2, 129 I C/D 1/2, 129 II D/E 1/2
Holsterhausen 37 I A 1, 142 IV A 1, 142 V A 1
Holten 142 IV A 1, 142 V A 1
Holthausen 142 IV B 1, 142 V B 1
Holwan 9 III G 3
Holzhausen 40 II A 1
Homberg, O. b. Moers 142 IV A 2, 142 V A 2
Homburg, O. i. d. Pfalz 114 D 3
Homburg, O. i. Taunus 122/123 I C 3, 129 I C 3
Homilai 18/19 III
Homolion 18/19 I C 2
Homonadeis, Ldsch. 38/39 I F 3
Homo sapiens, Menschenrasse 1 I—III
Homs, Emesa 41 III B 3, 50/51 E 4, 64/65 I E 3, 64/65 IV B 3, 130/131 I K 5
Honan, chin. Prov. 136 I E 3
Honan-Kultur 3 III B 2
Hondo, Ins. 72/73 I G/H 1/2, 136 I G 3
Hondschoote 85 II B 2
Honduras, brit. 138/139 I E 4
Honduras, Staat 133 I D 4, 164/165 III, 166/167 II u. III, 168
Honfleur 110 C 3
Höngede 77 IV A 2
Hongkong 136 I E 4, 136 III B 4, 158 I C 3, 158 II C 3, 162 I B 2, 163 I F 2
Honolulu 137 I H 3
Honstedt, Wüstung 56 VI B 1
Honte, Wester-Schelde, Fl. 96/97 IIIa—d
Hooge Veld, Ldsch. 138/139 II B 2
Hoorn, Gft. 96/97 I C 4, 104 III B/C 2
Hoorn, O. 104 III B 1
Hoorn, O. 104 III B 1
Hopei, Tschili, chines. Prov. 136 I E 2/3
Horburg, Gft. u. Burg 128 I A 2
Hördaland, Ldsch. 60 I F 1/2
Horde, s. weiße H., goldene H.
Hörde 142 IV C 2, 142 V C 2
Horgener Kultur 2 II B 2
Horma 8 III A 3
Hormoita 18/19 I H 3
Hormuz, Hormus, Harmotia, Harmozia 22/23 I G 3, 46/47 I D 4, 50/51 G 5, 72/73 II E 5, 111 II B 1, 134 II D 3
Horn, Kap a. Island 57 III A 1
Horn, O. i. Mähren 122/123 I F 4
Horn, O. i. Westfalen 37 II A 2
Horn, Paß 37 II A 2, 41 II C 2
Hornberg, O. b. Triberg 128 I B 2
Horneburg, O. 142 IV B 1, 142 V B 1
Hornos de la Peña 1 IV A 2
Hornstein, v., Reichsritter 120 V B 2
Horodez 75 E 4
Horodlo 71 I B 2
Horreum Margi, O. 38/39 I D 2
Horsmar 77 IV A 1
Horst, O. a. d. Emscher 142 IV B 1, 142 V B 1
Horst, O. b. Lauenburg 161 I u. V
Horta, Orte 30/31 I C 2
Hortobagy-Pußta, Ebene 140 V A 2
Hosingen, Kl. 80 I B 1
Hottentotten, V. 132 III
Houghton le Spring 142 I—III B 2
Housesteads, Borcovicium 40 I B 1
Hove, O. b. Antwerpen 143 I b
Hovedö, Kl. 87 II C 2
Hövel 142 IV C 1
Howland, Ins. 158 I G 4
Höxter 37 II B 2, 54/55 I D 2, 122/123 I C 3

Hoya, Gft. 96/97 I E 3, 122/123 I C 2
Hoya, O. 83 II A 2, 126/127 II B 1
Hoysala, Ldsch. 72/73 II G 6
Hreybe 41 III D 2
Hromkla, Rumkalat 64/65 IV B 2
Hsi-an 72/73 II K 4, 98/99 I L 4, 136 I D 3
Hsi-kang, chin. Prov. 136 I C/D 3/4
Hsiliang 72/73 II K 4
Hsin, O. 3 IV B 2
Hsin-yang, O. 3 IV A 2
Hsingan 136 I D 3
Hsinkiang-Uigur, Prov., s. auch Sinkiang 162 II A/B 1/2
Hsinking, Hsingking, Tschang-tschun 136 I F 2, 136 III C 2, 138/139 VI B 2, 158 I D 2, 158 II D 2
Hsü, Ldsch. 46/47 I K/L 3
Hu 6 I A 2
Huamanga 100/101 III B 3
Huancapampa 100/101 III B 2
Huang-ho, s. Hwang-ho, Fl. 46/47 IV D—F 2/3
Huanuco 100/101 III B 3
Huaxteken, V. 100/101 II B 1
Hubertusburg, Schloß 122/123 I E 3
Huckarde 142 IV B 1, 142 V B 1
Huckingen 142 IV A 2, 142 V A 2
Hude, Kl. 88/89 III A 1
Hudiksvall, O. 113 D 2
Hudson-Bai 111 I B/C 1, 116/117 II B—D 1
Hudson-Bay-Company 133 I C—E 1—2
Huë 163 I E 3
Huelva 154 V A 2
Huesca, Bm. 88/89 I B 5
—, Osca, O. 38/39 II B 1, 58/59 I C 7, 64/65 I A 2
—, Universität 91 V A 2
Huexotlan 100/101 VI B 2
Hüfingen, Brigobane 37 I B 3
Hügelgräber-Kultur 5 I B/C 2/3, 5 II B/C 2/3
Hugenotten, französ. 104 I, 105 I
Hu-kieh, V. 46/47 II E 2
Hulaya, Ldsch. u. Staat 8 I A 2
Hull 110 B 2, 156/157 I C 3
Hullern 56 V B 1, 142 IV B 1, 142 V B 1
Hüls 142 IV B 1, 142 V B 1
Hulst 96/97 III a—d, 104 III B 2
Hultschin 152 II H 4
Humaitá 133 II C 3
Humber, Fl. 57 II B 2
Hunan, chines. Prov. 136 I D/E 4
Hunderode, Wüstung 77 IV A 1
Hundsfluß, Nahr-el-kelb, Fl. 8 IV B 1/2
Hüningen 124 I B 3
Hunkjar-Skelessi 130/131 I H 3
Hunnen, Hiungnu (südl. u. nördl.), V. 3 I I/K 2, 3 IV A/B 1, 42/43 I G/H 2, 46/47 I D—K 2, 46/47 III D/E 1, 48 I D—F 2
Hunnen-, Hiung-nu-Reich 46/47 II D—I 1—3
Hunnen, weiße, Hephthaliten, V. 46/47 III E—G 1/2
Hunnisch-chinesische Reiche 46/47 III H—K 1/2
Hunnische Völker 48 II D/E 2
Hunnum, Halton 40 I B/C 1
Hunoldstein, O. u. Amt 80 I C 2
Hunsrück, Geb. 54/55 II E 2/3
Hunte, Fl. 41 II C 1, 126/127 II B 1
Huntingdon 110 B 2
Hünxe 142 IV A 1, 142 V A 1
Hunyad 102/103 I H 4
Hunzel 40 II A 1
Hupei, chines. Prov. 136 I C/D 3/4
Hüpstedt 77 IV A 1
Hürbel 120 V C 2
Hurghada, Erdölfeld 163 II B 4
Huron-See 133 III E 2
Hurri, Hurriter, Naharain, V. 3 I E/F 3, 8 II B/C 2, 9 I E/F 2
—, -Kultur 2 II E 3
Hürtigheim 77 I A 1
Huschi 75 F 5
Husen 142 IV B 2, 142 V B 2
Hussinetz, Husinetz 92/93 II B/C 4
Hussitenkriege 92/93 II
Husum 96/97 I E 2, 122/123 I C 1
Huszt 75 D 4
Hutterer-Sekte in Mähren 105 I
Huwaisch 6 IV B 1
Huy 85 II C 2, 95 C 2
Hüyücek i. Aiolis 4 VII B 2
Hüyük, Alaça Hüyük, O. i. Anatolien 2 I E 2/3, 3 II E 2, 8 I A 1
Hvalfjordur 156/157 II E 1
Hvar 2 I C 2
Hwang-ho, Fl. 3 III—V A/B 1/2, 46/47 I H—K 2/3, 72/73 I C—E 1/2, 136 I C—E 2/3
Hwicce, Ldsch. 54/55 I B 2
Hyampolis 18/19 IV A 1
Hybanda 13 III A 1
Hydaspes, Fl. 22/23 I I 2
Hyde Park in London 109 I
Hydra, Ins. 130/131 I G 4
Hydramos 10 III B 1
Hydrax 38/39 I D 4
Hydrea, Insel 18/19 I D 4
Hydruntum, Hydrus 30/31 I I 4
Hyères, Olbia 24 II C 3, 68/69 I D 7
Hyettos 18/19 IV B 1
Hykkara 17 I B 2
Hyksos, V. 3 I E 3, 8 B 2
Hyle 18/19 IV B 2
Hylleer, V. 9 I B 2
Hylike-See 18/19 IV B 2
Hylton 142 I—III B 2
Hymettos, Geb. 13 I B 2
Hypaipa, O. u. Ldsch. 18/19 V B 1
Hypanis, ukrain. Bug, Fl. 24 I E/F 3
Hypanis, Kuban, Fl. 24 I F/G 3, 38/39 I G 1
Hypata 18/19 I C 3
Hyperasia 18/19 I C 3
Hyperborei, V. 34/35 VI
Hyperesta 11 I B 1
Hyperteleaton, T. 18/19 I C 5
Hyphasis, Fl. 22/23 I I 2/3
Hypos, Fl. b. Akragas 21 I
Hypothebai 11 I C 1
Hypsas, Fl. b. Selinus 17 I A/B 3
Hyria 18/19 IV C 2
Hyrkanien, Ldsch. 14/15 I G 3, 46/47 I D 3
Hyrkanis, O. 22/23 II A 2
Hyrkanisches Meer, s. Kaspisches Meer 14/15 I F/G 2/3
Hyrmine 11 I B 1
Hyrminos, Fl. 17 I C 4
Hyrtakina 10 III A 1
Hysiai, O. i. Argolis 18/19 I C 4
Hysiai, O. i. Böotien 13 I A 1, 18/19 IV B 2

Iaca 38/39 II B 1, 58/59 I C 7
Iacetani, V. 38/39 II C 1
Ialysos 10 II F 3
Iammura 41 III B 3
Ianiculum, Hügel in Rom 33 I
Iapudes, Iapuden, V. 38/39 I B/C 1/2
Iatnana, Cypern, Ins. 9 III D 2/3
Iasos 18/19 I H 4
Iasos, Golf v. 18/19 I H 4
Iberia, Iberien, Ldsch. i. Kaukasien 34/35 I G 2, 38/39 I H 2
Iberer, V. i. Kaukasien 42/43 I G 2, 49 I F 2
Iberer, V. i. Spanien 3 I A/B 2/3, 24 I B/C 3/4
Ibericum mare, West-Mittelmeer 38/39 II B/C 2
Iberien, Georgien, Ldsch. 50/51 F 3
Ibero-Amerika, Erdteil 118 III, 133 II
Ibero-Mauretanische Kultur 2/1 A/B 3
Iberus, Ebro, Fl. 38/39 II B/C 1
Ibiza, Ins. 64/65 I B 3, 130/131 I C 4
Ibrahim Bayis 6 II—IV B 1
Ibrim, Primis 6 I A 3, 29 II B 3
Iburg 37 II A 1, 58/59 I H 2
Ibzaikh 6 III C 2, 6 IV C 2
Icaria, Ikaria, Ins. 38/39 I E 3
Ichenheim 77 I A 2
Ichmul 100/101 II D 1
Ichnai 22/23 II C 2
Ichthys, Kap 18/19 I B 4
Iceni, V. 36 C 2
Iciniacum, Theilenhofen 40 II D 2
Iconium, Ikonion, Konia 38/39 I F 4, 48 I E 3, 50/51 E 4, 64/65 I E 3, 70 II F 3
Icorigium, Jünkerath 37 I A 1
Icosium, Algier 34/35 III A 1
Iculisna, Angoulême 36 C 3
Ida, Geb. a. Kreta 10 I A 1
Ida, Geb. i. Troas 18/19 I G 2
Ida-Grotte, Idaion, a. Kreta 10 III B 1
Idaho, amer. Staat 133 III B 2
Idalion 8 I A 2
Idfeh, Aphroditopolis 6 I A 2
Idice, Fl. 4 VI C/D 2/3
Idimum 38/39 I D 2
Idistaviso 37 II A/B 1, 41 II C 1
Idomene 18/19 I B 2
Idria 96/97 I H 7
Idrisidenreich 54/55 I B/C 5/6
Idstein, Kl. 80 I D 1
Idstedt 129 II D 1
Idubeda mons, Geb. 38/39 II B 1
Idumäa, Ldsch. 34/35 II A/B 3
Ierne, Irland, Ins. 22/23 VI
Iflatunpunar 8 I A 2
Ifni 132 I B 2
Igarka 164/165 I O 1
Igel 40 VI A 2
Igilgili 34/35 III B 1
Igilium, Ins. 30/31 I A 2
Iglau, Bg. O. 75 B 4, 86 I C 2, 106/107 I H 5
Igli 132 I B 2
Iguala 133 I D 4
Iguvium, Gubbio 24 II F 3
Ij, het, Meeresbucht 109 II
Ijssel, Fl. 95 C/D 1, 96/97 IIIa—d
Ikaria 18/19 I G 4
Ikaria, O. i. Attika 13 I B 1
Ikarisches Meer b. Samos 18/19 I G 4
Ikkur 6 I A 3
Ikonion, Iconium, Konia, O. 38/39 I F 4, 50/51 E 4, 64/65 I E 3, 70 II F 3
Ikonion-Reich, Rum-Seldschuken-Sultanat, Konia-Sultanat 64/65 I E 3, 72/73 II B/C 3/4
Ikos, Ins. u. Ort 18/19 I D 2
Iktis, Ins. 24 I 24 I B 2/3
Ilchane-Reich 72/73 II C—F 3—5
Ile de France, Gouvernement 122/123 II B 1
Ile de France, Ldsch. i. Frankreich 67 I B 2
Ile de France, Mauritius, Ins. 125 II
Ilercavones, V. 38/39 II B/C 1
Ilerda 38/39 II C 1, 50/51 B 3
Ilergeten, Ilergetes, Illergetes, V. 38/39 II B/C 1
Iles, Hft. 95 B/C 3/4
Ilhéos 118 III F 3
Ili, Fl. 50/51 I/K 3
Ili, Kuldscha, O. 136 I B 2
Iliberris, Illiberis, Granada 38/39 II B 2
Ilici, Elche 38/39 II B 2
Ilig-Chane, s. Karlukenreich, Karachaniden 72/73 I A—C 1/2
Ilion, Ilium, O. i. Troas 18/19 I G 2
Ilipa, O. 38/39 II A 2
Ilipula maior, O. 38/39 II B 2
Ilipula mons, Geb. 38/39 II A/B 2
Ilissos, Fl. 12 V
Iliturgicola 38/39 II B 2
Iliturgis 38/39 II B 2
Ilium, s. Ilion
Ill, Fl. 77 I A 1/2, 83 III A 1/2
Illahun 6 I A 2
Ille, Fl. 42/43 V
Ille et Vilaine, Dép. 122/123 III A 1/2
Iller, Hilara, Fl. 37 I C 2/3, 122/123 I D 4/5
Illereichen 120 V D 2
Illergetes, Ilergetes, Ilergeten, V. 38/39 II B/C 1
Illertissen 120 V D 2
Illiberris, Iliberis, Granada 38/39 II B 2
Illig 146 I E 2
Illinois, amer. Staat 133 III D/E 2/3
Illyrer, V. 3 I C 2, 9 I A 1, 24 I D 2
Illyricum, Illyrien, Ldsch. 38/39 I C 1/2
Illyricum, röm. Praefektur 48 I C 2, 48 II C/D 2/3
—, oström. Praefektur 49 I C/D 2/3
Illyricum, röm. Provinz 28 II C 2, 34/35 I D 2
Illyrien, Kgr. 130/131 I E/F 2
Illyrische Provinzen Frankreichs 125 I D 3
Ilmenau, Bg. O. 86 I A 1
Ilmensee, See 75 F 2, 113 G 3, 156/157 I G 3
Ilmen-Slawen, V. 50/51 D/E 2
Iluro, Oloron 36 B 4
Ilva, Ins., Atthalia, Elba 30/31 I A 2
Imam Ibrahim, Kutha 6 III B 2
Imam Kulu 8 I B 2
Imaus, Ldsch. 34/35 VI
Imbros, Imbrus, Ins. u. O. 18/19 I F 1, 145 VI C 2
Imeretien, Ldsch. 134 I D 2/3
Imgur-Ellil, Imgur Bel, Balawat 6 IV B 1, 9 III F 2
Immenstadt 128 I C 3
Imola, Bm. 88/89 II C 3
—, O. 63 I C 2, 94 I D 2, 94 II D 2
Imperium Romanum, Römerreich 28 I u. II, 29 III u. IV, 34/35 I, 42/43 I u. II
Imprimeta 25 II B 1
Ina, O. i. Sizilien 25 III B 2
Ina, O. i. Syrien 34/35 II B 1
Inachos, Fl. i. Argolis 18/19 I C 4
Inachos, Fl. i. Ätolien 18/19 I B 2/3
Inari-See 160 IV B 2
Inatos 10 III C 2
Inchuthill 36 B 1
Inden, Kl. 87 I D 1
Inder, V. 3 I H/I 3, 14/15 I H/I 4
Inder in Südafrika, V. 144 V
Indiana, amer. Staat 133 III E 2/3
Indianapolis 133 III E 3
Indianer, V. 100/101 II—VI
Indianer-Reservationen 144 IV
Indianer, trop. Waldvölker 100/101 III B/C 2/3
Indica, O. i. Spanien, Plan 21 IV
Indicetes, V. 36 C 4
Indien, Ld. 3 I I 3/4, 3 II H/I 3/4, 14/15 I H/I 3/4, 22/23 I H—K 2—4, 26/27 I H/I 2/3, 46/47 I—IV, 50/51, 52 III, 72/73 I—VI
Indien, Ld. 111 II C/D 1/2, 115 II K/L 3/4, 116/117 IV
—, brit. 125 II, 135 I
—, brit., Kaiserreich 138/139 I N/O 3/4
Indien, Indische Union, Rep. 162 II A/B 2/3, 163 I A—D 1—3, 164/165 III, 166/167 I, 168
Indische Nordwestl. Grenzprovinzen 135 I A/B 1
Indischer Ozean 98/99 I D—L 5—10, 100/101 I L—O 3—6, 138/139 I M—P 3—6
Indische Zentralprovinz 135 I B/C 2
Indochina, Ld., frz. 136 I D 4/5, 137 I C 3/4, 158 I C 3/4, 158 II C 3/4
Indoeuropäer, V. 3 I
Indo-Iranier, Arier 3 I H 3, 8 II C 2
Indomelanesier, V. 132 III
Indonesien, ndl. 115 II L—N 4/5
Indonesien, Staat 162 II B—D 3/4, 164/165 III, 168
Indore 135 I B 2
Indraprastha 22/23 I I 3, 46/47 I F 4
Indrapura 46/47 III I 4
Indre, Dép. 122/123 III B 2
Indus, Fl. 22/23 I H/I 2/3, 46/47 I E/F 3/4, 50/51 H/I 4/5, 72/73 II F/G 4/5, 135 I A/B 1/2
Indus-Kultur 3 II H/I 3/4, 7 VI
Industria 36 D 3
Inessa Aitna 17 I C 3
Ingauni, V. 36 D 4
Ingelfingen 40 II C 2
Ingelheim, Pfalz 54/55 II F 3, 80 I D 2
Ingermanland, Ldsch. 113 F/G 3, 119 D/E 3
Ingermanland, russ. Gouv. 116/117 I I/K 2
Ingermanländer, V. 160 I
Ingoldingen 120 V C 2
Ingolstadt, O. 68/69 I F 4, 105 I C 2, 122/123 I D 4
—, Universität 91 V C 2
Inguschen, V. 134 I E 2
Inheiden 40 II B 1
Inka-Reich 100/101 III A—C 1—5
Inkerman 130/131 I I 3
Inn, Aenus, Fl. 38/39 I B 1, 49 III B/C 1/2, 58/59 I I/K 4/5, 122/123 I D/E 4/5
Innere Mongolei, Ldsch., s. auch Mongolei 136 I C—E 2/3, 136 III A/B 2/3, 162 II C 1
Inneres Meer, Mittelmeer 22/23 VI
Inner-Rhoden, Ldsch. 130/131 II B 1
Innerste, Fl. 79 III
Inner-Tibet, chin. Prov. 136 I C 3/4
Innviertel, Ldsch. 122/123 I E 4
Innsbruck, O. 68/69 I F 5, 86 II E 2, 105 I C 3, 124 I C 3, 124 II B 1
Innichen, Kl. 49 III B 2
Inowrazlaw, Hohensalza 122/123 I H 2
In Portu 30/31 I A 1
In Salah 163 III A 3
Insterburg, O. 96/97 I L 4, 106/107 III C 1, 148 I F 3
Insubrer, Insubres, V. 26/27 II B 1
Insulae, röm. Prov. 42/43 I E 3
Insulinde, Ldsch. 98/99 I K—N 7/8
Interamna Lirenas 30/31 I D 3
Interamna Nahars 30/31 I C 2
Interamnia, O. i. Picenum 30/31 I D 2
Interamnium, Mordillo, O. i. Bruttium 17 I E 1
Intercatia 38/39 II A 1
Intercisa, Dunapentele 38/39 I C 1
Interlaken 80 II B 2
Internationaler Währungsfond 170 I
Internum mare, Mittelmeer 28 I A—E 1/2
Interocrium 30/31 I D 2
Interpronium 30/31 I D 2
Intervention, antibolschewistische 149 II—IV
Interzonenverkehr, Interzonenwege 160 III, 161 I
Intimilii, V. 36 D 4, 38/39 I A 2
Inuca 28 IV B 2
Inverness 116/117 I C 2
Iol, Caesarca, Cherchel 34/35 III A 1
Iolla 18/19 I G/H 2
Iomnium, Tigzirt 34/35 III A 1
Iona, Ins, Kl. 52 I A 2, 54/55 I A 1
Ioner, Ionier, V. 10 II, 11 I
Ionia, Ionien, Ldsch. 11 I D/E 1/2, 14/15 I D 3, 18/19 I G/H 3/4
Ionische Inseln 102/103 I G/H 6, 125 I E 4, 130/131 I F/G 4, 145 V A/B 3, 145 VI A/B 3
Ionische Kolonisation 11 II
Ionisches Meer, Ionium mare 34/35 I D/E 3, 145 V A 3, 145 VI A 3
Ios, Ins. u. Ort 18/19 I F 5
Iotape 38/39 I F 3
Iowa, amer. Staat 133 III D 2
Ipek, Peć, Patriarchat 88/89 I G 5
Ipek, O. 145 V B 2, 145 VI B 2
Ipoh 136 II B 3
Ipsos, Ipsus 26/27 I E 2
Ipswich 110 C 2, 156/157 III B 2
Irak, Staat 150/151 I G/H 5/6, 163 II B/C 3/4, 164/165 III, 166/167 I, 168
Irak-i Adschämi, pers. Gau 134 II C/D 2
Iran, Persien, Kaiserreich 150/151 I H 5, 164/165 III, 166/167 III, 168
Iranion Oil Exploration and Producing Co. 163 II
Iranische Völker 134 I
Iraq Petroleum Co. 163 II
Irawadi, Fl. 46/47 IV D 4/5, 136 II A 1/2
Irbit 119 L 3
Iren, V. 48 I A 1
Irenmission 52 I—III
Irgenhausen 37 I B 3
Iria Flavia 38/39 II A 1
Iris, Fl. 38/39 I G 2

Iris, Erin, Irland, s. Hibernia 24 I B 2
Irkat 9 I E 3
Irkutsk 105 III E 2, 137 I C 2, 149 IV E 2
Irland, Erin, Hibernia, Iris, Ld. 24 I B 2, 52 I A 2, 60 I C 3, 71 III A 1
Irland, Kgr., brit. 102/103 I B 3, 104 I A 1/2, 110 A 1/2
Irland, Eire, Staat 150/151 I C 3, 164/165, 166/167 III, 168
Irokesen, V. 116/117 II C/D 2
Iroschottische Kirche u. Mission 52 I u. II
Irrendorf 120 V A 2
Irrhesia, Ins. 18/19 I E 2
Irsuna 30/31 I G 4
Irtysch, Fl. 50/51 I/K 1/2, 98/99 I H/I 2/3, 105 III C/D 2
Irun 154 V B 1
Isar, Isara, Fl. 37 I C/D 2/3, 49 III B/C 1/2, 128 I C/D 2/3
Isara, Isère, Fl. 24 II B/C 2, 58/59 I F/G 6
Isara, Oise, Fl. 36 C 3
Isarci, V. 37 I C 3
Isarnho, Wald 61 III B/C 2
Isarnia 130/131 I E 3
Isauria, röm. Provinz 42/43 I F 3
Isaurien, Ldsch. 9 III D 2, 26/27 I E 2, 49 I E 3
Isborsk 57 I E 2, 61 V B 2, 104 IV C 2
Isca, Caerlon 36 B 2
Isca Dumnoniorum, Exeter 36 B 2
Ischali, Kabalati 6 III B 2, 6 IV B 2
Ischewsk 163 II D 1
Ischia, Aenaria, Ins. 30/31 III A 2
Ischimbajewo 163 II D 1
Ischl, Bg. O. 86 I B 3, 122/123 I E 5
Isel, Berg 124 I C 3
Isenburg, Gft. 122/123 I C 3
—, Fsm. 126/127 II B 1/2, 128 I B 1
Iseo-See 63 II B 1
Isère, Dép. 122/123 III C 2
Isère, Isara, Fl. 24 II B/C 2, 38/39 I F/G 6, 106/107 I C/D 7
Iserlija 140 IV A 2
Iserlohn 56 V B 2
Isernia 94 I F 4
Isfahan, Gau 134 II C/D 2
Isfahan, Gabai, Ispahan, O. 9 III H 3, 22/23 I G 2, 50/51 G 4, 52 III D 3, 134 II D 2
Isfendijar Ogullary, Ldsch. 70 II F 2
Isfidschab 50/51 H 3
Ishewsk 150/151 I I 3
Isin, Bahriyat 6 II—IV C 2
Isjum 130/131 I K 2, 156/157 I G 4
Iskenderieh, Alexandria 112 I C 2
Iskenderun, Alexandretta 8 I B 2, 148 III A 2
Iskhaim 6 III C 2, 6 IV C 2
Iskine 163 II D 2
Islahiye 8 I B 2
Islam (Religion), s. auch Mohammedaner 50/51, 52 III, 54/55 I, 57 I, 64/65 I—IV, 70 II, 71 II u. III, 72/73 II—VI, 98/99 I K 7/8, 98/99 IV K 7/8, 163 I
Islam (Religion) in Afrika 132 III
Islam, Schiiten, Sunaiten in Asien (Religion) 135 II, 137 III
Islam (Religion) in Indien 116/117 IV
Islamabad 163 I B 1
Islamiisches Recht 124 III
Island, Ins., dän. 57 I A 1, 57 III A 1, 61 I A 1, 133 I G/H 1, 156/157 I A/B 2
Island, Staat 164/165 III, 166/167 II u. III, 168
Ismaeliten, V. 46/47 I B/C 4
Ismaiil 116/117 I I 4, 130/131 I H 2, 145 V C 1
Ismailije, Ismailia 138/139 IV C 2
Ismed, Mütessaryflik 134 I A/B 1
Ismid, Nikomedia, O. 92/93 I H 5, 130/131 I H 3
Isnik, Nikaia 92/93 I H 5, 112 I C 1
Isny, RSt. 68/69 I F 5, 81 II C 2, 122/123 I D 5, 128 I B 3
Isopata 11 IV
Ispahan, Isfahan 50/51 G 4, 52 III D 3
Ispekcür 8 I B 2
Israel, Staat 162 IV, 164/165 III, 168
Israel, Israeliten, V. 3 I E 3, 8 III u. IV
Isrye 41 III C 2
Issa, Ins. 20 I C 2, 28 I C 1
Issa, O. b. Reate 30/31 I C 2
Issachar, V. 8 IV B 3
Issatis 46/47 I D 3
Issedoner, V. 14/15 VI
Issel, Fl. 142 IV A 1, 142 V A 1
Issorion 12 VII
Issos 22/23 I E 2
Issoudun, 58/59 I D 5
Issyk-kul, Ldsch. 50/51 I/K 3
Istablat 6 III B 2
Istachr 50/51 G 4/5
Istambul, Stambul, Konstantinopel 150/151 I F 4, 153 V B 1
Istapata 34/35 II B 2
Istaritz 1 IV A 2
Ister, Istros, Danuvius, Donau, Fl. 38/39 I A—E 1/2
Isthmos v. Korinth, Landenge 18/19 I C 4
Isthmos, O. a. Kos 18/19 I G 5
Istrer, Histri, V. 26/27 II C 1
Istres, O. 24 II B 3
Istria, Histria, Istrien, Ldsch. 28 I C 1, 54/55 I E 3
—, Mark 58/59 I K/L 6
—, Mgft., österr. 115 I C 3
Istrien, venez. 63 I D 2, 94 I E 2, 94 II E 2, 106/107 I G/H 7, 124 I D 3, 124 II C 1
Istrier, V. 49 III C 4
Istron, O. a. Kreta 10 III C 1
Istros, Histria, Istrus, O. i. Moesien 11 II D 1, 38/39 I E 2
Istros, Ister, s. Danuvius, Donau, Fl. 29 III B 1
Isurium Brigantum 36 B 2
Isuwa, Ldsch. 8 I B 2
„Italia", Ldsch. i. Calabrien 17 I D/E 2
Italia, Italien, Ld. 25 I, 30/31 I
Italia, röm. Diözese 42/43 I C/D 2/3
— annonaria, röm. Diözese 42/43 I C/D 2
— suburbicaria, röm. Diözese 42/43 I D 2/3
Italica 38/39 II A 1
Italien, Bevölkerungsverluste 152 III, 161 III
Italien, s. auch Italia, Ld. 25 I, 30/31 I
Italien, byzant. Praefektur 49 I B/C 2/3
—, Kirchl. Ordnung 53 I, 88/89 I
—, Kgr. (Kaiserzeit d. Mittelalters) 58/59 I G—L 5—8, 63 I, 64/65 I B/C 2, 64/65 II B/C 2, 66 I C/D 2/3, 66 II B/C 2, 68/69 I, 87 II B/C 3, 94 I u. II
—, Kgr. d. Karolinger 54/55 I D/E 3/4, 54/55 III B/C 3/4, 54/55 IV B/C 3/4
—, Kgr. d. Langobarden 50/51
—, Kunst 53 II, 67 I u. II, 90 III u. IV
—, Odowakar-Reich 48 I
—, Ostgotenreich 48 II
—, Volkstum 49 III
Italien, Kgr. 124 I C/E 3/4, 124 III C/E 3/4, 125 I C/D 3, 128 V, 130/131 I D—F 2—4, 145 III u. IV, 148 I C—E 4—6, 150/151 I D—E 4/5, 155 II B/C 2, 156/157 I D/E 4/5, 156/157 II G 2/3
Italien, Rep. 156/157 III B/C 3/4, 160 III A/B 3/4, 164/165 III, 166/167 II u. III, 168
Italiener, V. 49 III A—C 2—4, 150/151 II, 160 II
Italiener in den USA 144 II
Italienisch-Afrika 132 I, 146 I, 154 IV
Italienische Entdeckungsreisen 100/101 I
Italienische Republik 124 II B/C 1/2
Italienisch-Ostafrika 154 IV
Italienisch-Somaliland 132 I E 3
Italienische Sprache 49 II C/D 2/3, 49 III C/D 2/3, 70 II
Italienische Sprachgrenze 130/131 II
Italiker, V. 3 I C 2, 24 II, 25 I
Italiotenbund 20 I B/C 2/3
Itanos, Kap u. O. 10 III D 1
Ith, Geb. 37 II B 1/2
Ithaka, Ins. u. O. 18/19 I A 3, 130/131 I G 4
Ithome, Bg., T., Burg i. Messenien 18/19 I B 4
—, O. i. Thessalien 18/19 I B 2
Itil, O. 50/51 F 3, 52 III D 2
Itil, Wolga, Fl. 50/51 E/F 2/3
Itius Portus 29 I B 1
Iton, T. 18/19 I C 2
Itschang 136 I D 3
I-tschou, Ldsch. 46/47 I I 3
I-tschou, O. 46/47 I I 4
Ittenweiler 40 II A 3
Itu, Tekrit 9 III F 3
Ituraea, Ldsch. 34/35 II B 1
Ituwa Aestuarium, Meer 40 I A 2
Itzehoe 75 A 3, 83 II A 2, 122/123 I C 2
Iuvanum 30/31 I E 3
Iuvavum, Salzburg 38/39 I B 1
Iviron, Kl. 45 VI B 2
Ivois 58/59 I F 4
Ivrea, Bm. 88/89 II B 2
Ivrea, O. 63 I A 2, 94 I B 2, 94 II B 2
Ivriz 8 I A 2
Ivry 102/103 I D 4
Iwangorod 104 IV D 1
Iwanowka 140 IV A 2
Iwanowo 150/151 I H 3
Iwojima, Ins. 158 II E 3
Ixil, Ldsch. 100/101 II C 2
Iximché, Quauhtemallan 100/101 II C 3
Ixtapan, Rio, Fl. 100/101 VI B 1
Iytos-Berg 10 III C 1
Izabal-See 100/101 II D 2
Izgin 8 I B 2
Izmid, s. Nicomedia 38/39 I E 2
Izmir, s. Smyrna 38/39 I E 3, 153 V B 2
Iznik, s. Nicaea 38/39 I E 2
Iztapalapen 100/101 VI A 2
Izumo, Ldsch. 46/47 I M 3

Jabbok, Fl. 34/35 II B/C 2/3
Jabes, Jabes Gilead 8 III B 2
Jablunkapaß 54/55 I F 3
Jablunkau, O. 106/107 I K 5
Jabneel 8 III A 3
Jabrud 1 III F 3
Jackson, Fort 133 III E 4
Jacksonville 133 III E 3
Jade, Meeresbucht 106/107 I E 3
Jader, Zorra 38/39 I C 2
Jaen, Bm. 88/89 I B 6
—, Aurgi, O. 38/39 II B 2, 64/65 I A 3, 130/131 I B 4
—, span. Prov. 130/131 I B 4
Jaffa, O. 64/65 IV A 4, 130/131 I I 5, 162 IV A 1
Jaffa u. Askalon, Gft. 64/65 IV A 5
Jaffna 111 II D 2
Jägerndorf, Fsm. 96/97 I I 4/5, 106/107 I I 4/5
Jägerndorf, O. 68/69 I I 3, 122/123 I G 3
Jagiellonen, Geschlecht in Polen u. Litauen 68/69 I, 71 I—III
Jagst, Fl. 40 II C/D 2, 81 II B/C 2
Jagsthausen 40 II C 2
Jahna, Fl. u. O. 56 IV
Jaice 92/93 I F 5, 112 II B 3
Jaik, Ural, Fl. 119 I/K 4/5
Jainagar, Orissa, Ldsch. 72/73 V C 2
Jakobiten, monophysit. Christen 52 III C/D 3, 64/65 I u. III
Jakobstadt 75 E 2 148 I G 2
Jakuten, V. 105 III E/F 1
Jakutsk 105 III F 1
Jalman, Geb. 9 III F 3
Jalta 70 II F 2, 155 II E 2
Jalu, Fl. 154 III B 2
Jaluit, Ins. 158 II F 4
Jamaika, Ins. 98/99 VII, 118 III D 2, 138/139 I F 4
Jamaika, Staat 164/165 III, 168
Jamama, Ldsch. 50/51 F 5
Jambia 42/43 I F 4
Jamburg, O. 113 F 3
Jamchad, Ldsch. 8 II B 2
Jamnia 34/35 II B 2
Jamnitz, Bg. O. 86 I C 2
Jampol 113 F 5
Jämtland, Ldsch 60 I G/H 1, 113 C/D 2
Jamutbal, Ldsch. 8 II C 2
Janaon 135 I C 3, 162 II B 3
Jandial 21 III
Jangtse-kiang, Fl. 46/47 I H—K 3/4, 136 I C—F 3/4
Janina, Ebm. 88/89 I G 6
Janina, O. 71 II B 4, 112 I C 2, 130/131 I G 4, 145 V B 3, 145 VI B 3
Jäniskoski 160 IV B 2
Jankau 106/107 I H 5
Jan Mayen, Ins. 164/165 II
Jap, Ins. 149 II, 158 I D 4, 158 II D 4
Japan, Bevölkerungsverluste 161 III
Japan, Reich 46/47 I M 3, 72/73 I F—H 1/2, 98/99 I O 3/4, 136 I F—H 2/4, 136 III C—E 2/4, 137 I D/E 2/3, 138/139 VI C/D 2/3, 149 IV F/G 2/4, 158 I C—F 2/4, 158 II C—F 2/4, 158 III A/B 1/2, 162 I C/D 1/2, 162 II D/E 1/2, 164/165 III, 166 II, 168
Japan, Yamato, Reich 46/47 I M 3
—, Zipangu, Reich 72/73 II NO 3/4
Japaner in USA 144 II
Japan. Mandate 137 I D/F 4
Japanisches Meer 98/99 I O 3/4, 138/139 VI B/D 1/3
Japyger, V. 5 II, 14/15 I C 2
Jarbu, V. 50/51 F 5
Jarkand 46/47 I F 3, 50/51 I 4, 52 III E 3, 136 I A 3
Jarmouth 8 III A 3
Jarmuk, Fl. 34/35 II B/C 2, 50/51 E 4, 64/65 IV A/B 4
Jarnae 102/103 I C 4
Jaroslau, Jaroslaw, O. a. San 105 I F 2
Jaroslawl, Fsm. a. d. Wolga 71 I E 1
—, O. 92/93 I K 2
Jaroslawl, O. a. d. Wolga 105 II B 3, 119 G 3
Jarrow 52 I B 2, 142 I—III B 2
Jarwana 6 IV B 1
Jäsd, pers. Gau u. O. 134 II D 2
Jaser 8 III B 2
Jasien, Fl. 121 VII
Jassi, Alanen, V. 50/51 F 3
Jassy, O. 75 E 5, 130/131 I H 2
Jastorf 24 I D 2
Jastrow 106/107 III B 1
Jathir, O. i. Phönizien 34/35 II B 1
Jathira, O. i. Idumaea 34/35 II A/B 3
Jathrib, Lathrippa, Medina 34/35 I F/G 4, 42/43 I F 4, 46/47 I B/C 4
Jativa, Saetabis 38/39 II B 2
Jatwingen, V. 54/55 I G 2, 67 III C 2
Jauer, Hszm. 70 I E 1, 122/123 I F/G 3
—, O. 68/69 I I 3
Jauernig 77 III B 2
Jaufen-Paß 58/59 I I 5
Jauja 100/101 III B 3
Jaunde 132 I C 3, 162 III B 2
Jausa, Fl. 105 IV
Java, Ins. 1 I, 72/73 I D/E 6, 98/99 I L/M 8, 111 II E 3, 135 II, 158 I C 5, 158 II C 5, 162 II C 4
Java-See 135 II B/C 1
Jaxartes, Fl., Sihun, s. Syrdarja 14/15 I H/I 2, 50/51 H/I 3
Jazyges, V. am Dnjepr 38/39 I F/G 1
—, V. a. Theiß 38/39 I C/D 1
Jebusiter, V. 8 IV B 4
Jedisan, Ldsch. 92/93 I H/I 4, 102/103 I I/K 4, 119 D/E 5
Jedo 98/99 I O 4
Jeha 34/35 I F 5
Jehol, O. 136 I E 2, 154 III A/B 2
Jehol, chines. Prov. 136 I E/F 2
Jekaterinburg, Swerdlowsk, O. 119 L 3, 149 IV C 2, 150/151 I K 3
Jekaterinodar, Krasnodar 134 I B 1, 150/151 I G 4
Jekaterinoslaw, Dnjepropetrowsk 116/117 I K 4, 148 I H 4, 150/151 I G 4
Jelez 92/93 I K 3, 116/117 I L 3
Jelgava, Mitau 150/151 I F 3
Jelisawetgrad, Kirowograd 116/117 I K 4, 150/151 I G 4
Jelisawetpol, Gändschä, O. 134 I F 3
Jellinge 60 I F 2
Jemappes, Dép. 122/123 III B/C 1
Jemappes, O. 115 I A 2
Jemen, Ldsch. 72/73 II D 6, 98/99 I E 6
Jemen, Staat 162 III D 2, 164/165 III, 166/167 I, 168
Jena 96/97 I F 4, 122/123 I D 3
Jenahin 163 IV A 2
Jenan 162 I B 2
Jenbach, Bg. O. 86 I A 3
Jendrzejow, Kl. 87 II D 2
Jenikalé 119 F 5
Jenissei, Fl. 98/99 I I/K 1/2, 105 III D 1/2
Jenisseisk 105 III D 2
Jentsch 77 III B 1
Jerachmeel 8 IV A 4
Jerewan, Chanat 134 I D/E 3
Jerewan, Eriwan, O. 134 I E 3
Jerez de la Frontera 50/51 A 4
Jericho, O. 2 I E 3, 8 III B 3, 162 IV B 2
Jerichow, Kl. 96/97 I G 3
Jersey, Ins. 92/93 I B 4, 110 B 3
Jerusalem, Kgr. 64/65 IV A 4/5
—, Aelia Capitolina, Hierosolyma, O. 8 III B 3, 22/23 I E 2, 34/35 II B 3, 38/39 I G 4, 50/51 E 4, 130/131 I K 5, 148 III A 2, 162 IV B 2
—, Mütessaryflyk 134 II B 2
Jerusalem, Plan 34/35 V
—, Patriarchat 44 II E 3, 52 III C 3
Jerwen, Ldsch. 104 IV C 1
Jesreel- od. Esdrelon-Ebene in Samaria 8 III B 2, 34/35 II B 2
Jesreel, O. i. Judea 8 III B 3
Jesreel, Esdraela, O. in Samaria 8 III B 2, 34/35 II B 2
Jesuitenkollegs 105 I
Jesuitenreduktionen in Amerika 118 III
Jever, Hft. u. O. 83 I B 1, 96/97 I D/E 3, 106/107 I D 3, 116/117 I E 3
Jibleam 8 III B 2
Jigodin 38/39 E 1
Jih-nan, Ldsch. 46/47 I I 5
Joachimsthal, O. i. Brandenburg 105 I D 1
Joachimsthal, Bg. O. i. Erzgeb. 86 I B 1, 106/107 I G 4, 144 I I 2
Joachimsthal, Borowa, Bg. O. i. d. Slowakei 86 I D 2
Johannesburg, O. i. Südafrika 1 I, 138/139 II B 2, 144 V B 2
Johanngeorgenstadt 105 I D 2, 106/107 I G 4
Johannisburg, O. i. Ostpr. 75 D 3, 106/107 I L 3
Johannisthal, Ot. v. Berlin 143 II
Johanniterorden, Besitz in der Neumark 121 I
Johanniterorden auf Malta 112 I B 2
Johanniterorden, Hft., auf Rhodos 70 II E 3
Johnsdorf 77 III B 1
Johnston, Ins. 137 I G 4
Johore 111 II E 2
Joinville 95 C 3, 110 D 3
Jokha, Umma 6 III C 2
Joktaniden, Kathaniden, V. 46/47 I C/D 5
Jola 132 I C 3
Jolkos 18/19 I C 2
Jomsburg, O., s. Vineta, Wollin, Jumne 58/59 I L 2
Jönköping 113 C 3
Joppe 8 III A 2
Jordan, Fl. 8 III B 2/3, 64/65 IV A 4/5, 162 IV B 1/2
Jordanien, Kgr., s. auch Transjordanien 162 III C 1, 164/165 III, 166/167 I, 168
Jordansmühl 2 I C 1, 2 II C 1
Josaphat-Tal in Jerusalem 34/35 V
Joschin 154 III B 2
Joseph, V. 8 IV B 3
Josephstadt, Ot. v. Wien 109 V
Jotschou 136 I E 4
Juan Fernandez, Ins. 164/165 I E/F 6
Juba 162 III C 2
Jucar, Fl. 54/55 I B 5, 130/131 I B 4
Juchen, V. 98/99 O 3

Juchhöh 161 I u. V
Juda, V. 8 IV A/B 4
Juda, Wüste, Geb., Ldsch. 8 III B 3
Judaea, Ldsch. 34/35 II A/B 3, 34/35 II B/C 3
Juden, V. 155 II, 160 I u. II, 162 IV
Juden, V. in Bessarabien 140 IV
Judenburg, O. 68/69 I H 5, 122/123 I F 5
Judentum, Religion 52 III, 57 I G 3
Jüe-dschi, „Tocharer", V. 3 I I 3, 3 IV A 2, 3 V A 2, 46/47 I E/F 3, 46/47 I H 3, 46/47 II F 3
Juelinge 36 E 2
Jugoslawien, Bevölkerungsverluste 161 III
Jugoslawien, Staat 141 II C—E 3/4, 141 IV A—C 3/4, 150/151 I E/F 4, 155 II C/D 2, 156/157 I E/F 4, 164/165 III, 166/167 I u. III, 168
Jukagisen, V. 105 III F/G 1
Juktas 10 I B 1
Juliacum, Jülich 37 I A 1
Julias, s. Bethsaida 34/35 II B 2
Julia Traducta, Tarifa 38/39 II A 2, 48 I A 3
Jülich, Gft., Hzm. 68/69 I D 3, 95 C/D 2, 105 I B 2, 106/107 I C/D 4, 122/123 I A/B 3
Jülich, Juliacum, O. 37 I A 1, 58/59 I G 3, 114 D 2
Julier-Paß 37 I B 3, 80 II D 2
Juliobona 36 C 3
Juliobriga 38/39 II B 1
Juliomagus, Angers 34/35 I B 2, 36 B 3
Juliomagus, Schleitheim 37 I B 3
Juliopolis, Eleusis, Nicopolis, Ot. in Alexandria 26/27 V, 38/39 I E/F 4
Juliopolis, O. i. Bithynien 38/39 I F 2
Julis 18/19 I E 4
Julium Carnicum 36 E 3
Julius Vicus, Germersheim 40 II B 2
Jumièges- Kl. 87 I C 2
Jumne, Vineta, Jomsburg, Wollin 57 I D 2, 60 I G 3
Jungbunzlau 122/123 I F 3
Jungferndorf 77 III B 2
Jungfernheide, Forst b. Berlin 143 II
Jungnau 120 V B 2
Jungsteinzeit 2 I u. II, 4 II u. III
Junin 133 II B 2
Jünkerath, Icorigium 37 I A 1
Jünnan, Kunming, O. 72/73 I D 3, 98/99 I L 5, 136 I D 4
Jünnan, chin. Prov. 136 I C/D 4
Jupiter Latiaris, T. 30/31 II B 2
Jura, Dép. 122/123 III C 2
Jura Mons, Geb. 37 I A 3
Jurjew, s. Dorpat, Tartu 147 F 3
Justingen 120 V C 1
Juta 34/35 II B 3
Jüten, V. 48 I B 1, 61 III B 1
Jüterbog 68 I G 3, 122/123 I E 3
Jütland, Ldsch. 60 I F 2, 113 B/C 3
Jütländ. Einzelgrabkultur 2 II B 1

K vergleiche auch C
Kaaden 68/69 I G 3
Kaart, Hooge- u. Leege- 143 I b
Kaarta, Ldsch. 132 I B 3
Kabalati, Ischali 6 III B 2, 6 IV B 2
Kabardei, große, Ldsch. 134 I D/E 1/2
Kabardiner, V. 134 I C 1, 134 I D/E 2
Kabinda 132 I C 4
Kabira, Cabira 28 I E 1
Kabirion, T. 13 I A 1
Kabis, Gabes 50/51 C 4
Kabseel 8 III A 3
Kabul, Kabura 22/23 I H 2, 26/27 I H 2, 46/47 I E 3, 50/51 H 4, 72/73 II F 4, 111 II C 1, 116/117 IV A 1, 134 II E 2
Kabura, siehe Kabul
Kabyle, Cabyle 20 II E 1
Kachetien, Ldsch. 134 I E/F 2/3
Kadares, Fl. 140 V A 1/2
Kade 163 IV B 2
Kader Mohra 21 III
Kadesch, Kinza 9 I E 3
Kadesia 50/51 F 4
Kadiston, Ldsch. 10 III C 1
Kadoi 22/23 II A 2
Kadusier, V. 22/23 I F 2
Kaenepolis i. Armenien 34/35 I G 2
Käferhain 77 II
Kaffa 64/65 I E 2, 70 II G 1/2, 92/93 I K 4/5, 112 I D 1, 119 F 5
Kaffraria, Ldsch. 138/139 II B 3
Kafiristan, Nuristan, Ldsch. 135 I A/B 1
Kafti, Kreta, Ins. 3 II D 3, 9 I B/C 3
Kagul 119 D 5
Kahlenberg, Bg. 112 II B 1
Kaifeng 72/73 I E 2, 98/99 I M 4
Kaikiai, Ins. 13 I A 2
Kaikos, Fl. 18/19 I H 2/3
Kaims 36 B 1
Kainai 22/23 III C 2
Kaindorf 77 III B 2
Kaine 11 II A 2
Kainepolis 18/19 I C 5
Kairatos, Fl. 11 IV
Kairo (Alt-), Babylon Forsatum 38/39 I F 4
Kairo, El Kahira, s. auch Fustat 50/51 E 4/5, 112 I D 2, 138/139 IV B 2, 162 III C 1
—, Plan 98/99 III
Kairuan 50/51 C 4, 102/103 I F 6, 130/131 I E 4
Kaisanoi 18/19 V B 1
Kaisareia, Kaisaria, Caesarea, Kaisarieh, O. i. Kappadokien 50/51 E 4, 64/65 I E 3
Kaisarieh, Kaiserië, Kaiserieh, O. i. Kappadokien 134 II B 2
Kaiseraugst, Rauraci, s. Augusta Raurica 40 III A 1
Kaiseresch, O. u. Amt 80 I C 1
Kaisershagen 77 IV A 1
Kaiserslautern 62 II A 3, 114 D 3, 122/123 I B 4, 152 II C 5
Kaiserswerth, Pfalz 54/55 II E 2
—, Kl. 52 II B 2
Kaisertum, Römisches, s. Byzantinisches Reich, Karolingerreich, Oströmisches Reich, Römisches Reich, Römisches Reich deutscher Nation
Kaiser-Wilhelm-, Nord-Ostsee-Kanal 148 I C 3
Kaja 46/47 IV G 3
Kaki Thalassa, T. 13 I C 2
Kakovatos 10 II B 3
Kakzu, Kasr Schamamok 6 IV B/C 1
Kalabrien, Calabrien, röm. Prov. 50/51 C 4
—, byzant. Thema 54/55 I F 5
—, normann. 63 I E/F 5
Kalabsche, Talmis 6 I A 3
Kalach, Larisa, Nimrud 6 III B 1, 6 IV B 1, 9 III F 2, 22/23 III C 2
Kalahari, Wüste 138/139 II B 2
Kalamä 147 E 5
Kalamafka 10 I B 1
Kalamata 130/131 I G 4
Kalamyde 10 III A 1
Kalanau, Ldsch. 72/73 V B 1
Kalat el Mutiq 8 I B 2
Kalat-Esch-Schirgat, Kalat Schirkat, Assur 6 II B 1, 148 III B 2
Kalathiana 10 I A 1
Kalauveia, O. u. T. 18/19 I D 4
Kalauvos, Geb. 18/19 I C/D 1
Kalchedon, s. Chalkedon 11 II D 1
Kale Akte, Kap a. Kreta 10 III A 1
Kale Akte, O. i. Sizilien 17 I C 2
Kaleb, V. 8 IV B 4
Kalergi 10 I B 1
Kalgan 154 III A 2
Kalgoorlie 137 I D 6
Kalifenreich, Kalifat 50/51 A—I 3—5, 57 I F/G 4, 64/65 III F 3
Kalifornien, Ldsch. 118 III B 1
Kalifornien, amerik. Staat 133 I B/C 2/3, 133 III A/B 2/3
Kalikut 72/73 II G 6, 98/99 I H 6, 111 II C 2 116/117 IV B 3, 135 I B 3
Kalimantan, s. Borneo, Ins. 162 II C 3/4
Kalinga-Reich 46/47 I G 4/5,
Kalinga, Ldsch. 72/73 I B 3/4
Kalinin, Twer 156/157 I G 3
Kaliningrad, Königsberg 160 III D 2
Kalinschar 72/73 I B 3
Kalisch 68/69 I K 3, 106/107 I K 4, 106/107 III B 2, 116/117 I G 3, 126/127 I G 3, 152 II H 3
Kalka, Fl. 67 III F 3
Kalkau 77 III B 2
Kalkfontein 138/139 II A 2
Kalkreuth 81 I
Kalkutta 135 I C 2, 162 II B 2
Kallatis, Mangalia, Callatis 38/39 I E 2
Kallidromos, Geb. 18/19 III
Kallion 18/19 I C 3
Kallipolis, Callipolis, O. i. Calabrien 30/31 I H 4
Kallipolis, Callipolis. s. auch Gallipoli, O. a. Dardanellen 18/19 I G 1
Kallipolis, O. i. Sizilien 17 I D 2
Kallistai 18/19 I C 3
Kallo 143 I a—b
Kalmar 75 C 2, 113 D 3
Kalmücken, Oiraten, V. 98/99 I I/K 2/3, 105 III C 2, 112 I E/F 1, 119 G/H 5, 160 II
Kalmückische ASSR 150/151 I H 4
Kalochorio 10 I B 1
Kalocsa, Ebm. 88/89 I F 4
Kalocsa, O. 74 III D 3
Kaloi 10 III B 2
Kalpaki, Passaron 18/19 I A 2
Kalpe 20 I F 2
Kaluga 92/93 I K 3, 105 II B 3. 119 F 4, 156/157 I G 3
Kalundborg 102/103 I F 2
Kalvinisten, s. Reformierte 104 I u. II, 105 I
Kalydon 18/19 I B 3
Kalydonischer Golf 18/19 B 3
Kalykadnos, Calycadnus, Fl. 38/39 I F 3
Kalymnos, Ins. u. O. 18/19 I G/H 4/5, 4 VII B 2
Kalynda 22/23 II A 2
Kama, Fl. 50/51 G 2, 119 I/K 2/3
Kamakura, 72/73 II N 4
Kamaon, Ldsch. 135 I B/C 1/2
Kamara, Ins. b. Kreta 10 III C 1
Kamaran, Ins. i. Roten Meer 138/139 I M 4
Kamares 10 I A 1
Kamarina, Camarina, 17 I C 4, 25 I E 5
Kamaru, Ldsch. 72/73 V D 2
Kamarupa, Ldsch. 46/47 III H 3
Kamba 62 III C 3
Kambodscha (Khmer), Staat 98/99 I L 6, 111 II E 2, 136 II B 2, 162 II C 3, 163 I E 3, 164/165 III, 168
Kameiros 10 II E 3
Kamen, Camen 56 V B 1. 142 IV C 1, 142 V C 1
Kamenz, Kl. i. Schlesien 88/89 III C 1
Kamenz, O. i. Lausitz 68/69 I H 3
Kamerun, dt. Kol., Mandat 132 I C 3, 152 I
Kamerun, Staat 162 III B 2, 163/165 III, 166/167 I u. III, 168
Kamieniez Podolsk, Bm. 88/89 I H 4
Kamieniez Podolsk, O. 67 III D 3, 71 I C 3, 113 F 5, 119 D 5
Kamin, O. i. Westpreußen 122/123 I G 2
Kaminaki 10 I B 1
Kaminia 18/19 I F 2
Kamitz 77 III A 2
Kammanu 9 III E 2
Kammin, Cammin, Bm. 88/89 II C 1
—, Bm. Territ. 68/69 I H/I 1/2
Kammin, Cammin, O. 66 I D 1, 106/107 I H 3
Kamnig 77 III B 1
Kampanien, Campania 24 II. 30/31 I u. III D—F 3/4
Kampen, O. a. Zuidersee 68/69 I C 2
Kamtschatka, Halb-Ins. 105 III G/H 2
Kamtschik 140 IV B 2
Kana Fl. 34/35 II A 2
Kana, O. i. Galilaea 34/35 II B 2
Kana, O. i. Phönizien 8 III B 1
Kanaan, Ld. 9 I D/E 3
Kanaanäer, V. 3 I E 3, 8 III
Kanada, Canada, Ld., 8 III B 1
Dominion 111 I C 1, 115 II B/C 2, 116/117 I C—E 1/2, 118 I B—D 1, 133 I, 138/139 I B—G 1/2, 156/157 II A—D 1/2, 164/165 III, 166/167 I u. III, 168
Kanada, Bevölkerungsverluste 152 III
Kanada-Pazifik-Eisenbahn 133 III A—F 1/2
Kanadier in USA 144 II
Kanai 18/19 I G 2
Kanal, La Manche, Ärmelkanal 68/69 III A—C 1, 110 B/C 2/3
Kanal, großer (China) 72/73 II L 4
Kanara, Ldsch. 135 I B 3
Kanarische Inseln 98/99 IV, 111 I F 2, 132 I B 2
Kanarische Inseln, Bm. 88/89 I A 6
Kanastraion, Kap 18/19 I D 2
Kanazawa 136 I G 3
Kandahar, Alexandria 22/23 I H 2, 50/51 H 4, 72/73 II F 4, 134 II E 2
Kandalakscha 156/157 I G 2
Kandia, Ebm. 88/89 I H 6
Kandia, s. Kreta, Ins. 64/65 I D 3, 64/65 II D 3, 102/103 I H/I 6, 112 I C 2. 130/131 I G/H 4/5, 145 V B/C 3/4, 145 VI B/C 3/4
Kandia, Herakleion 54/55 I H 5, 102/103 I I 6. 112 I C 2, 145 V C 3, 145 VI C 3, 156/157 I F 5
Kandy 135 I C 4
Kane, Geb. 18/19 I G 3
Kanea 102/103 I H 6, 112 I C 2
Kanem, Ldsch. 98/99 IV, 132 I C 3
Kanesch, Kültepe 3 II E 3, 8 II B 2
Kanew 75 F 4
Kangean-Ins 135 II D 1
Kang-gü, V. 3 I I 3, 46/47 E/F 2
Kanis, s. Kanesch, Kültepe 8 II B 2, 9 I E 2
Kanli Kastelli 10 I B 1
Kannanore, Kannanur 98/99 I H 6, 135 I B 3
Kano 132 I C 3, 162 III B 2
Kanodsch 46/47 III G 3
Kanopische Nil-Mündung 29 II B 1
Kanopos 29 II B 1
Kanpur 135 I C 2
Kansas, amer. Staat 133 III C/D 3
Kansas, O. 133 III D 3
Kansipura 72/73 I A/B 4
Kansu, chin. Prov. 136 I D 3
Kansu-Kultur 3 III A 1/2
Kantabrer, Cantabri, V. 38/39 II B 1, 48 I A 2, 48 II A 2
Kantabrisches Meer, Cantabricum, mare, Golf v. Biskaya 34/35 I B 2
Kantanos 10 III A 1
Kantharos, Hafen v. Piräus 12 V
Kantier, Cantii, V. 29 I B 1
Kanton, Kuang-tschou 72/73 II L 5, 136 I E 4, 136 III B 4, 158 I C 3. 158 II C 3, 162 I B 2
Kantschi 46/47 III F 4
Kan-tschou 46/47 IV E 3, 52 III F/G 3, 136 I E 4
Känugard, s. Kiew 57 I F 2
Kao-li, Korea, Ld. 72/73 I F 2. 98/99 I N 3/4
Kao-tschang, Chotscho 46/47 III G 1
Kap delle Colonne 63 I F 5
Kap der Guten Hoffnung, Stürmisches Kap 98/99 IV
Kapelle, Capelle, O b. Nordkirchen 142 IV C 1, 142 V C 1
Kapellen, O. b. Antwerp 143 Ib
Kapellen, O. b. Koblenz 40 II A 1
Kapellen, O. b. Mörs 142 IV A 2, 142 V A 2
Kapersburg 40 II B 1
Kaphereus, Kap 18/19 I E 3
Kaphtor, Kafti, Kreta, Ins. 9 I
Kaphyai 18/19 I C 4
Kapilavasta, Kapilavastu 22/23 I K 3, 72/73 IV B 2
Kapitol in Rom, Capitolium 45 I
Kap-Kolonie 138/139 II A/B 2/3
Kapland, Ldsch. 125 II, 132 I C/D 5
Kapolna 130/131 I G 2
Kaporn 121 II
Kappadokien, Ldsch. 22/23 I E 2, 26/27 IV B/C 2, 28 I E 2
Kappadokische Buntkeramik 2 II E 3
Kappel 80 II C 1, 104 II A 3
Kappenberg, Cappenberg 142 IV C 1, 142 V C 1
Kapp-Putsch 153 II
Kap-Provinz, Kap-Kolonie 138/139 I K/L 6, 138/139 II A/B 2/3
Kapros-Hafen 18/19 I D 1
Kapstadt 138/139 II A 3, 144 VI A 3
Kaputschen, V. 134 I F 2
Kap Verde 98/99 IV
Kapverdische Inseln 98/99 IV, 111 I E 3
Kara, Ldsch. i. Indien 72/73 V B/C 2
Kara, Chotscho-Idykutschachri, O. i. Tarimbecken 72/73 I B 1
Karabagh,Chanat 112 I E 1/2, 134 I E/G 3/4
Kara Balgasun 46/47 IV E 2
Karabel 10 II E 2
Karaburçlu 8 I B 2
Karaburun 8 I A 2
Karachanidenreich, Karlukenreich der Ilig-Chane 46/47 IV B/C 2, 50/51 I/K 3, 72/73 I A—C 1/2
Kara Chitai, westl. Liao-Reich, Kitan 72/73 I A—C 1/2, 72/73 II F—H 3, 72/73 III E—G 2/3
Karadagh 8 I A 2
Karafuto, Sachalin, Ins. 136 I H 2, 137 I E 2
Karaganda, O. u. Ldsch. 159 II E 2
Karahissar 70 II F 3
Karahüyük 8 I B 2
Karakallu, Athos-Kl. 45 VI B 2
Karakalpaken, V. 134 II D/E 1
Karakorum, Geb. 136 I A 3
Karakorum, Ordu-Balyk, O. 46/47 IV E 2, 52 III G 2, 72/73 II K 3
Karakuyu 8 I B 2
Karalis, Caralis, Cagliari 11 II B 2
Karaman, Ldsch. 70 II F 3, 92/93 I I 6
Karaman, Laranda, O. 38/39 I F 3, 98/99 I D 4, 112 I D 2
Karanagi 34/35 I F 4
Karanis 29 II B 2
Karanlik 4 VI B 2
Karansebes 112 II E 3
Karantanen, V. 50/51 C 3
Karantanien, Ldsch., s. Kärnten 58/59 II A/B 2
Karapapachen, V. 134 I D 3
Karaschahr 46/47 I G 2, 52 III F 2
Kara-See, Karisches Meer 159 I D/E 1, 159 II D/E 1
Kar Assur 9 III F 3
Karasy, Ldsch. 70 II E 3
Karatschaier, V. 134 I C/D 2
Karatschi 135 I A 2, 137 III A 2, 163 I A 2
Kara Tepe, O. i. Babylonien 6 II B 2, 6 IV B 2
Kara tepe am Ceyhan- Fl. 8 I B 2
Karchedon, s. Karthago 14/15 I C 3
Kardamyle, O. a. Chios 18/19 I G 3
Kardamyle, Cardamyla, O. i. Lakonien 18/19 I C 5
Karden, Kl. 80 I C 1
Karden, O. 40 II A 1
Kardia 18/19 I G 1
Kardis 113 F 3
Kardiumverzierte Keramik 2 I
Karduchen, V 22/23 III C 2
Kar-Duniasch, Ldsch. 9 I F/G 3
Karelien, Ldsch. 113 F/G 2, 119 D/E 2, 160 II D 1, 160 IV B/C 3

Karelier, V. 50/51 D/E 1, 68/69 II D 1, 160 I D 1
Karelische ASSR 150/151 I G 2
Karelo-finnische SSR 160 IV B/D 1—3
Karene 18/19 I G 2
Karer, V. 8 II A 2
Karesos, Fl. 18/19 I H 1/2
Karfreit 24 II F 1
Karga 8 I B 2
Karia, Karien, Caria, Ldsch. 9 I C 2, 22/23 II A 2, 38/39 I E 3
Karibisches Meer 100/101 VII A—C 2, 111 I B/C 3, 118 III C/D 1/2
Karikal 135 I B/C 3, 162 II A 3
Karische Schrift 9 II C 2
Karisches Meer, siehe Kara-See
Karkemisch, Europus 6 II—IV A 1, 8 I B 2
Karkine 16 II F 1
Karl-Marx-Stadt, Chemnitz 161 IV B 1
Karlowitz, Gr. u. Kl., O. b. Ottmachau 77 III B 1
Karlowitz, O. i. Ungarn 112 II C 3
Karlsbad 122/123 I E 3
Karlsburg, Bm. 88/89 I G 4
Karlsburg, Apulum, O., Bg. O. 38/39 I D 1, 75 D 5, 112 II E 2
Karlsdorf, Wüstung 56 VI B 2
Karlshafen 105 I C 2
Karlshamn 113 C 3
Karlshorst 143 II, 161 II
Karlskrone 113 D 3
Karlsruhe 122/123 I C 4, 141 I B 3, 141 II B 3, 161 IV A 2
Karlstadt, O. i. Schweden 113 C 3
Karlstadt, O. i. Kroatien 96/97 I H 7, 112 II A 3
Karlstadt, O. a. Main 96/97 I E 5
Karlstein, Burg 68/69 I H 4
Karluken-, Karachaniden-Reich 46/47 IV B/C 2, 50/51 I/K 3, 72/73 I A—C 1/2
Karmana, O. 22/23 I G 2, 46/47 I D 3
Karmanien, Ldsch. 22/23 I G 3
Karmel-Gebirge 8 III B 2
Karmu 163 I D 1
Karnaim 8 III C 2
Karnak, Amuntempel v. Theben, Plan 7 V
Karnap 142 IV B 1, 142 V B 1
Karnatak, Ldsch. 116/117 IV B 3, 135 I B 3/4
Karnberg, Burg 58/59 II B 2
Karnos, Insel 18/19 I A 3
Kärnten, Mark, Karantanien 54/55 I E/F 3, 58/59 II A/B 2
—, Hzm. 58/59 III B/C 2, 68/69 I G/H 5, 70 I D 2, 104 II B 3, 106/107 I G/H 6, 115 I C 3
Kärnten, NS-Gau 155 I C 3
Kärntner Mark 58/59 I L 5
Karolinen-Inseln 100/101 VIII B/C 2, 137 I E 4, 158 I E 4, 158 II E 4
Karolingerreich, s. auch Frankenreich 54/55 I—IV, 56 I—II, 57 I, 58/59 II, 62 I
Karolingische Kunst 53 II u. III
Karpaten, Geb., s. auch Alpes Bastarnicae 3 II D 2, 74 III E/F 2/3
Karpathos, Carpathus, Ins. 38/39 I E 3, 145 VI C 3
Karpato-Ukraine, Ld. 150/151 I F 4, 160 III D 3
Karpen, Carpi, V. 34/35 I E 2
Karpenstein 77 III A 2
Karpetaner, Carpetani, V. 38/39 II B 1/2
Karpfen, Bg., O. 75 C 4
Karrhä, s. Carrhae, Harran 26/27 IV C 2
Kars 57 I G 3, 112 I E 1, 134 I D 3, 149 III D 3
Kartachen, V. 134 I F 2
Kartalinien, Ldsch. 134 I D/E 2/3
Kartan 8 III B 1
Kartasura 135 II C 1
Karthagisches Reich 14/15 I A—C 3, 17 I A/B 2/3, 22/23 I A—C 1/2, 26/27 I A—C 1/2, 26/27 II A—C 1/2
Karthago, Exarchat 50/51 B/C 4
Karthago, Karchedon, O. 11 II C 2, 34/35 III C 1, 48 I C 3, 48 II C 3
Karthago, Plan 21 II, 28 IV
Karthago, Neu-, s. Carthagena, Nova Carthago 26/27 II A 2
Karthaia 18/19 I E 4
Karthause v. Pavia, Kl. 94 II C 2
Kar Tukulti Ninurta 9 I F 2
Karumpais 10 I C 1
Karyai 18/19 I C 4
Karydaki 10 I B 1
Karydi 10 I C 1
Karyes 45 VI B 2
Karystos 18/19 I E 3
Karzig 121 I
Kasachen, Kirgisen, Kleine Horde, V. 98/99 I F—H 3, 105 III B/C 2, 119 I/K 4/5, 134 II D/E 1
Kasachische SSR 150/151 I H/I 3/4
Kasakstan, Ldsch. 136 I A 2
Kasalinsk 134 II E 1
Kasan-Chanat, Reich 98/99 I E/F 2, 105 II C/D 3
Kasan, Gouvernement 119 G/K 3/4
Kasan, O. 105 II C 3, 119 H 3
Kasbek, Bg. 134 I E 2, 156/157 I H 4
Kaschau, Košice, Kassa 75 D 4, 106/107 I L 5, 106/107 III C 2, 112 II D 1, 115 I E 3, 150/151 I F 4
Kaschgar, Chanat 98/99 I H/I 3/4
Kaschgar, O. 46/47 I F 3, 52 III E 2, 72/73 II G 4, 136 I A 3
Kaschgarien, Ldsch. 46/47 I F/G 2/3
Kaschjar-Geb. 9 I E/F 2
Kaschmir, Ldsch. 22/23 I I 2, 46/47 I F 3, 72/73 II G 4, 98/99 I H 4, 116/117 IV B 1, 135 I B 1, 138/139 I N 3, 162 II A 2
Kaschpalat 140 IV B 1
Kaschuben, V. 67 III B 2, 106/107 III B 1
Kasi 46/47 III G 3
Kasischka 77 III B 1
Kaskäer, Gasgäer, V. 9 III E 1/2
Kaskaskia 116/117 II C 3
Käsmark, Kesmark, O. 68/69 I L 4, 112 II D 1, 115 I E 3
Kasos, Ins. 11 I E 3
Kaspatyrus a. Indus 14/15 VI
Kaspier, V. 14/15 I F 3
Kaspirer, V. 14/15 I I 3
Kaspische Pforte, — Tore, Paß 9 III H 2, 22/23 I G 2
Kaspisches Meer, Caspium mare, Hyrkanisches Meer 14/15 I F/G 2/3, 46/47 I C/D 2/3, 72/73 II D/E 3/4, 98/99 I E/F 3/4, 119 H/I 5—7, 134 II C/D 1/2
Kasr ibn Wardan 41 III C 2
Kasr-i-Schirin 42/43 I G 3
Kasr Schamamok. Kakzu 6 IV B/C 1
Kassa, Košice, s. Kaschau 150/151 I F 4
Kassai, Fl. 132 I C/D 4
Kassala 132 I D 3, 138/139 III B 2
Kassandreia, Poteidaia, Kassandrea, Cassandrea 18/19 II C 2
Kassel 68/69 I E 3, 105 I C 2, 122/123 I C 3, 156/157 III B 2, 161 IV A 1
Kassiten, V. 6 IV, 8 II C 2
Kassogen, Tscherkessen, V. 50/51 E/F 3
Kassope 18/19 I A 2
Kassopia, Ldsch. 18/19 I A 2
Kastabala, Hieropolis 22/23 II C 2
Kastal 41 III C 2
Kastamonitu, Athos-Kl. 45 VI B 1
Kastamonu, Wilajet 134 II B 1
Kastamuni 92/93 I 75, 130/131 I I 3
Kastel, Castellum Mattiacorum, O. b. Mainz 40 II B 1, 80 I D 1
Kastellaun 80 I C 1
Kastelli, O. a. Kreta 10 I B 1
Kasthanaia 18/19 I C 2
Kastilien, Mgft. 57 I B 3, 58/59 I B 7/8
—, Kgr. 64/65 I A 2/3, 64/65 II A 2/3, 92/93 I A/B 5/6, 102/103 I B/C 5/6
Kastolupedion, Ebene 22/23 III A 2
Kastoria 145 V B 2
Kastritsa 4 VII A 2
Käswasser, O. 81 I
Kaswin, pers. Gau. u. O. 134 II C/D 2
Katabaner, V. 46/47 I C 5
Katak 135 I C 2
Katakomben in Rom 45 I u. II
Katalanen in Griechenland, Hft. 70 II D 3
Katalanische Sprache 49 II B 3
Katalaunische Felder 48 I B 2
Katalonien, Gft. Barcelona, Ldsch. 64/65 I B 2, 64/65 II B 2, 116/117 I D 5
Katalonien, Prov. 130/131 I C 3, 154 V C 1
Katane, Katana, Catania 17 I D 3
Katanes, s. Caithness, Ldsch. 60 I D 2
Katanga, O. 132 I D 4
—, Ldsch. 146 I D 3, 162 III C 3
Katar, Ldsch. 162 III D 1, 163 II D 4
Katar Petroleum Co. 163 II D 4
Katchreti 163 II C 2
Kath 50/51 H 3
Kathaniden, Joktaniden, Hft. 46/47 I C/D 5
Kathedral-Kunst, französische 67 II, 90 I
Kathiawar, Ldsch. 22/23 I H/I 3, 135 I A/B 2
Katholiken, Konfession 104 I—III, 105 I
Katholiken (Konfession) i. d. Niederlanden 126/127 IV
—, i. d. Schweiz 130/131 II
Katholiken in Vietnam 163 I E 3
Katholische, Römische Christen, — Kirche, — Mission, s. auch Kirchenstaat, Klosterwesen, Patrimonium Petri 48 II, 49 I, 52 I—III, 56 I u. II, 58/59 II, 61 I u. II, 64/65 I, III u. IV
Katholische, Römische Kirche (Organisation) 88/89 I u. II
Katholische Kirche in Deutschland 145 I, 161 VI
Katholisch Hennersdorf 122/123 I F 3
Katif 163 II D 4
Katmandu 135 I C 2
Katna 8 II B 2
Kato Elunta 10 I B 1
Kato Sime 10 I B 1
Katsamba 10 I B 1
Katsch, Ins. 135 I A/B 2
Kattegat 84 I C 2, 84 II C 2
Kattowitz 141 I D 2, 141 II D 2, 141 III B 2, 141 IV B 2, 152 II H 3, 156/157 I E 3
Kattura 46/47 III G 4
Katyn 156/157 I G 3
Katzbach, Fl. 126/127 III E/F 2
Katzbach, O. i. Bessarabien 140 IV A 1
Katzenelnbogen, Gft. 96/97 I D/E 4/5, 122/123 I B/C 3, 126/127 II A/B 2
Kaub 126/127 III A 2
Kau el-Kebir 6 I A 2
Kauen, s. Kowno 67 III C 1/2
Kaufbeuren, RSt. 68/69 I F 5, 81 II C 3, 122/123 I D 5, 128 I B 3
Kaukasien, Ldsch. 134 I
Kaukasische Sprachen 70 II
Kaukasische Völker 134 I, 160 II
Kaukasus, Geb. 22/23 I F 1, 119 G/H 6, 134 I, 156/157 I G/H 4
Kaulonia, Caulonia 17 I E 2
Kausldorf 143 II
Kaulun 136 I E 4
Kaunas, s. Kowno 150/151 I F 3
Kaunos, Caunus 9 III C 2, 38/39 I E 3
Kauthara, Ldsch. 46/47 I I 5
Kavusi 10 I B 1
Kawa, Gem Aten 6 I A 4
Kawalla 130/131 I G 3, 145 V B 2, 145 VI B 2, 156/157 I F 4
Kawar, Ldsch. 50/51 B/C 5
Kaweri, Fl. 135 I B 3
Kawieng, Ins. 158 II E 5
Kawkasskaja 134 I C 1
Kawla Kandal 6 II B 1, 6 IV B 1
Kaya 46/47 I L 3
Kayara, Erdölfeld 163 II C 3
Kayseri, Caesarea, O. i. Kappadokien 38/39 I G 3, 150/151 I G 5
Kaysersberg 114 D 3
Kaystros, Fl. 18/19 V
Kazanli, O. i. Kilikien 8 I A 2
Kazanlik, O. i. Ost-Rumelien 145 V C 2
Kazimierz, O. b. Krakau 79 VII, 82 I C 2
Kdeim, Acadama 41 III D 2
Kebakeb 41 III E 2
Kebrene 18/19 I G 2
Kecskemet 112 II C 2
Kedah, Staat 138/139 V A 1
Kedemoth 8 III B 3
Kedesch, Cades 8 III B 1
Kedin 135 II C 1
Kediri 72/73 I E 6
Kedoi 13 I B 2
Kedréer, V. 9 III E 3
Keeling-, Cocos-Ins., brit. 138/139 I O 5, 158 I B 5, 158 II B 5
Keetmanshop 138/139 II A 2
Keewatin, canad. Territor. 133 I C/D 1
Kefferhausen 77 IV A 1
Kehl 77 I A 1, 114 D 3, 161 IV A 2
—, Fort, Plan 120 I
Kehlheim 62 IV D 3
Keijo, Söul 154 III B 3
Keiriadai, Ot. i. Athen 12 VI
Kekaumene, Laodikeia 22/23 II B 2
Kekryphaleia, Ins. 18/19 I D 4
Kelänä, Kelainai, Apameia 9 III D 2, 22/23 II B 2
Kelantan, Sultanat 138/139 V A/B 1/2
Kelanten, O. 72/73 I D 5
Kelat 134 II E 3
Kelb, Ldsch. 50/51 E 4
Kelenderis 11 II E 2
Keletron 18/19 I B 1
Kelheim, Alcimoenis 40 II E 3, 106/107 I F 5
Kelischin 6 IV B 1
Kelle 18/19 I B 1
Kellmünz, Caelio Monte 37 I C 2, 120 V D 2
Kells, Kl. 57 II A 2
Kelten, Bretonen, V. 49 II A 1/2
— d. brit. Inseln, V. 57 II
Kelten, Gallier, V. 3 I B/C 2, 24 I, 29 I
Keltiberer, Celtiberi, V. 24 I B 3/4
Kem 156/157 I G 2
Kembs, Cambete 40 III A 1, 54/55 II E 4
Kemel 40 II B 1
Kemi, Fl. 113 E/F 1
Kemi, O. 113 E 1, 160 IV A 2
Kemijärvi 160 IV B 2
Kemmel, Bge. 148 II B 1
Kempen, O. i. Polen 105 I E 2
Kempenich, O. u. Amt 80 I C 1
Kempser, V. 14/15 I A 3
Kempten, Cambodunum 37 I C 3
Kempten, Kl. 58/59 I I 5
—, RSt. 68/69 I F 5, 81 II C 2, 122/123 I D 5, 128 I C 3
Kenadsa 150/151 I C 5
Kenchreai 18/19 I C/D 4
Kendal 110 B 2
Kendari 158 I D 5
Kendel, Fl. 142 IV A 1/2, 142 V 1/2
Kene, Wadi 6 I A 2
Keng 3 III B 2
Kenia, Ldsch., brit. Besitz 1 I, 146 I D/E 2/3
Kenia, Staat 162 III C 2/3, 164/165 III, 168
Keniter, V. 8 IV B 4
Kenninghall 102/103 I D 3
Kensington 109 I
Kent, Ldsch. 52 I C 2, 54/55 I C 2, 58/59 I C/D 3
Kentoripa, Centoripa 17 I C 3
Kentrites, Fl. 22/23 III C 2
Kentucky, amer. Staat 118 I B 2, 133 III E 3
Kenzingen 77 I A 3
Keos, Bm. 88/89 I G 6
Keos, Ceus, Ins. 18/19 I E 4
Kephale 13 I B 2
Kephallenia, Kephalonia, Ins. 18/19 I A 3, 54/55 I G 5, 56 II C 4, 64/65 II D 3, 70 II D 3, 92/93 I G 6, 102/103 I H 6, 126/127 I H 6, 130/131 I G 4
Kephalonia, Bm. 88/89 I G 6
Kephaloidion, Cephaloedium 17 I C 2
Kephisia 13 I B 1
Kephisos, Fl. i. Böotien 18/19 IV A 1/2
Kephisos, Fl. b. Eleusis 13 I A/B 1
Kephissos, Kephisos, Fl. b. Athen 13 I B 1/2
Kepoi, Ot. v. Athen 12 VI
Keräti, V. 72/73 II I/K 3
Keraitai 10 III A 1
Kerak, Krak von Moab, Burg 64/65 IV A 5
Kerala, Ldsch. 46/47 I F 5
Kerameikos, Ot. i. Athen
Kerasus, Cerasus, Kerasun Pharnakeia 11 II E 1, 22/23 II C 1, 148 III A 1
Keratos 10 I B 1
Kerbela 50/51 F 4, 148 III B 2, 150/151 I H 5
Keresztes 106/107 I L 6
Kerguelen, Ins. 164/165 I N 7
Keria, Ins. 18/19 I F 5
Kerilloi, Cerilli 17 I D 1
Kerinthos 18/19 I D 3
Kerketeus, Geb. 18/19 I G 4
Kerkina, Ins. 26/27 II C 2
Kerkuk 134 II C 2, 148 III B 2
Kerma 6 I A 4
Kermadec-Ins., neuseeld. 138/139 I I 6
Kerman, Kirman, Ldsch. 50/51 G 4/5, 134 II D/E 2/3
—, O. 64/65 III G 3, 72/73 II E 4, 134 II D 2
Kermian, Ldsch. 92/93 I H/I 6
Kernbeilkulturen 1 V
Kersbach, O. 56 III
Kersen 64/65 IV B 2
Kertosono 135 II C 1
Kertsch, Bm. 71 I E 3
Kertsch, Panticapaeum, O. 102/103 I L 4, 119 F 5, 156/157 I G 4
Keryneia, Geb. 18/19 I B/C 4
Keryneia, O. 18/19 I C 3
Kerynitis, Fl. 18/19 I B/C 3/4
Kesalon 34/35 II B 3
Kesch 50/51 H 4
Kesmark, s. Käsmark 112 II D 1
Kesselsdorf 122/123 I E 3
Kesselshain 77 II
Kesselstadt 40 II B 1
Kete-Kratschi 163 IV B/C 2
Ketta 138/139 I N 3
Kettwig 142 IV A 2, 142 V A 2
Ketzerbach, Fl. 56 IV
Keula 77 IV B 1
Kexholm 113 G 2, 160 IV C 3
Key West 156/157 II B 3
Khafaja 6 II—IV B 2
Khaiber-Paß 163 I B 1
Khairpur 163 I A 2
Khanakin 148 III B 2, 163 II C 3
Khandesch, Ldsch. 135 I B 2
Khark 163 II D 4
Kharput 148 III A 2
Khartum, Chartum 6 I A 4
Khiang, V. 46/47 II F/G 3/4
Khmer, s. Kambodscha (St.)
Khmer-Reich 46/47 IV E 5, 72/73 I D 4, 72/73 II I/K 5—7, 72/73 IV B/C 3
Khola, Ldsch. 46/47 I F 5
Khorsabad, Dur Scharrukin 6 IV B 1
Khotan 136 I A 3
Khurais, Erdölfeld 163 II C 4
Khursag-Kalama, Nghara 6 III B 2 u. 6 IV B 2
Kiangsi, chin. Prov. 136 I E 4, 162 I B 2
Kiangsu, chin. Prov. 136 I E/F 3
Kiautschou, dt. Kol. 138/139 VI A/B 3
Kibyra, Cibrya 38/39 I E 3
Kibyraioton, byzantin. Thema 50/51 D/E 4
Kichyros 18/19 I A 2
Kidi Basikin 6 II B 1, 6 IV B 1
Kidron, Fl. 34/35 V
Kiel, O. b. Antwerpen 143 Ib
Kiel, O. i. Holstein 68/69 I F 1, 122/123 I D 1, 152 II D 1, 156/157 I E 3, 161 IV B 1
Kielce 75 D 4, 156/157 I F 3
Kien-Kun, V. 46/47 II D/E 1
Kierion, Arne 18/19 I C 2
Kieros, Prusias 22/23 II B 1

Kiew, Ebm., Metropolitie, ruthen. Metropolitie 61 II C 1, 88/89 I 73
Kiew, Fsm. 67 III D/E 2/3
Kiew, Gouvernement 119 E/F 5/6
Kiew, Känugard, O. 57 I F 2, 67 III E 2, 71 I D 2, 113 G 4, 119 E 4, 148 I H 3, 149 I C 2, 156/157 I G 3
Kiewer Reich 57 I E/F 2/3, 61 V B/C 1—3
Kighi 148 III B 2
Kikonen, V. 10 II D 1
Kikynna 13 I B 2
Kildare 52 I A 2
Kilia 71 I C 3, 92/93 I H 4, 116/117 I I 4, 130/131 I H 2
Kiliker, V. 9 III D/E 2
Kilikien, s. auch Cilicia 14/15 I E 3, 38/39 I F/G 3
Kilikische Pforte, Paß 16 II F 3
Kilimandscharo, Bg. 132 I D 4
Killa 18/19 I G 2
Killburg, Amt u. Ort 80 I B 1
Killingworth 142 I—III A 1
Kilwa 98/99 I D 8, 98/99 IV D 8, 111 II A 3, 132 I D 4
Kimberley, O. 138/139 II B 2, 144 V B 2
Kimberley, Territ. 137 I D 5
Kimbern, Cimbri, V. 24 I B—D 2/3, 41 I A/B 1
Kimbrisches Vorgebirge 24 I C/D 2
Kimmerier, V, 3 I E/F 2, 5 II F 3, 9 III G 1
Kimmerischer Bosporus, Bosporos, Straße von Kertsch 24 I F 3
Kimolos, Ins. u. O. 18/19 I E 5
Kinana, Ldsch. 50/51 E 5
Kinaros, Ins. 18/19 I G 5
Kinburn 119 E 5
Kindu 132 I D 4
Kings County 110 A 2
Kings Lynn 110 C 2
Kinloss, Kl. 87 II A 2
Kinneroth, Genezareth, See 8 III B 2
Kin-Reich, Dschurtschen 72/73 I D—G 1/2
Kinsale 102/103 I B 3
Kinshasa 162 III B 3
Kintampo 163 IV B 1
Kinyps, O. 11 II C 2
—, Fl. 14/15 I C 3
Kinza, Kadesch 9 I E 3
Kinzig, Fl. 40 II A/B 3, 77 I A/B 1/2
Kios, Chios, O. a. Chios 11 II D 2
Kios, Cius, O. a. Propontis 38/39 I E 2
Kioto 72/73 I G 2, 136 I I 3, 136 III D 3
Kirberg, O. b. Limburg/Lahn 80 I D 1
Kirchberg, Dumnio, Dumnissus 40 II A 2
Kirchberg, Wüstung b. Mühlhausen/Thür. 77 IV A 1
Kirchberg, O. b. Simmern 80 I C 2
Kirchberg, O. b. Ulm 120 V D 1
Kirchderne 142 IV u. V C 1
Kirche, christl. u. Sekten, siehe unter:
Albigenser
Anglikaner
Arianer
Armenische Kirche
Griechische Kirche
Hugenotten
Jakobiten
Katholische Kirche
Koptische Kirche
Lutheraner
Monophysiten
Nestorianer
Orthodoxe Kirche
Protestanten
Reformierte
Römische, Kathol. Kirche
Unierte Kirchen
Waldenser
Kirchen i. Niederlanden 126/127 IV
Kirchenstaat, Patrimonium Petri 53 I, 58/59 I I/K 6—8, 64/65 II C 2, 94 I D/E 2—4, 94 II D/E 2—4, 102/103 I F 5, 116/117 I F 5, 124 II B/C 2, 130/131 I E 3
Kirchheimbolanden 122/123 I B 4
Kirchhellen 142 IV A 1, 142 V A 1
Kirchheller Heide 142 IV A 1, 142 V A 1
Kirchhörde 142 IV B 2, 142 V B 2
Kirchrüsselbach 56 III
Kirgisch, Fl. 140 IV A 2
Kirgisen, Kasachen, Kleine Horde, V. 46/47 I H 1, 72/73 I B—D 1, 105 III B/C 2, 119 I/K 4—5
Kirgisen-Steppe 156/157 I H 4
Kirgisische SSR. 159 II E 2
Kiriath 8 III B 3
Kirin 136 I F 2
Kirjathaim 8 III B 3
Kirkenes 156/157 I F 2
Kirkjubö, Bm. 88/89 I A 1
Kirk Kilisse 145 VI C 2
Kirkuk, Arapkha, O. 6 IV B 1, 163 II C 3
Kirkuk, Erdölfeld 163 II C 3
Kirkwall, Bm. 88/89 I B 2
Kirman, s. Kerman
Kirmanschah, Gau u. O. 134 II C 2, 148 III B 2
Kir Moab 34/35 II B 3
Kim 80 I C 2
Kirnbach, Fl. 80 I C 2
Kirow, Wjatka 163 II C 1
Kirowo 156/157 I G 4
Kirowograd, Jelisawetgrad 150/151 I G 4
Kirowsk, Chibinogorsk 150/151 I G 2
Kirrha 18/19 I C 3
Kiruna 147 F 2
Kisamon, Kap 10 III B 1
Kisamos 10 III A 1
Kisch, Uhaimir 6 II B 2, 6 IV B 2
Kischinew, Chişinau 119 D 5, 130/131 I H 2, 150/151 I F 4, 156/157 I F 4
Kisil Irmak, Kizil Irmak, Halys, Fl. 38/39 I F/G 2/3, 70 II F/G 2/3, 130/131 I I/K 3/4
Kisimajo 154 IV B 3
Kision 8 III B 2
Kiska, Ins. 158 I F 2, 158 F 2
Kisljar 134 I F 2
Kison, Fl. 34/35 II B 2
Kissenbrück 58/59 V B 1
Kißleben 56 VI A 2
Kissus 18/19 I G 3
Kista 6 IV B 1
Kistan 9 III E 2
Kisthene 18/19 I G 2
Kisurra, Abu Hatab 6 III B 2
Kitaigorod, Ot. i. Moskau 105 IV
Kitan, westl. Lino-Reich, Kara-Chitai 72/73 I A—C 1/2
Kithairon, Geb. 13 I A 1, 18/19 IV B 2
Kitharista, Ceyreste 24 II B 3
Kition, Citium 9 II D 3, 38/39 I F 4
Kitzbühel, Bg. O. 86 I B 3
Kitzingen, Kl. 52 II C 2
Kiuschu, Ins. 72/73 I F/G 2
Kiutschwan, Sutschou 164/165 I O 3
Kivik 5 II C 2
Kizil dagh 8 I A 2
Kizil Irmak, s. Kisil Irmak, Halys, Fl.
Kizlar-kaya-deresi, Fl. 7 VIII
Kizzuwatna, Ldsch. 8 I B 2
Kjachta 136 I D 1
Kladeos, Fl. 14/15 III
Kladno 122/123 I F 3
Kladrau, Kl. 87 I E 2
Klagenfurt 68/69 I H 5, 106/107 I H 6, 155 I C 3
Klaipeda, s. Memel, O. 150/151 I F 3
Klar-Älv, Fl. 113 C 2/3
Klaros 18/19 I H 3
Klattau 122/123 I E 4
Klause, Berner (Veroneser), (Straßenenge) 58/59 I I 6
Klausen, O. 49 III B 2
Klausen, Salurner (Straßenenge) 58/59 I I 5
Klausenburg, Cluj, Kolozsvar, Napoca, O. 38/39 I D 1, 75 D 5, 112 II E 2, 150/151 I F 4, 156/157 III D 3
Klazomenai, Klazomenä 18/19 I G 3, 38/39 I E 3
Klčevac 5 I D 3
Klein-Armenien, Ldsch. i. Kappadokien, s. Armenia minor 26/27 IV C/D 1/2
Klein-Armenien, Fsm., Kgr. i. Kilikien 64/65 I E 3, 64/65 II E 3, 64/65 III E 3
Kleinasien, Ld. 38/39 I E—G 2/3, 50/51, 52 III, 64/65 I—IV, 70 II, 71 II, 72/73 IV
Kleinasiatische Urbevölkerung, s. Ägäisch-altkleinasiat. Völker 3 I D/E 3, 3 II D/E 3
Klein-Aspergle 24 I C 3
Kleinbartloff 77 IV A 1
Klein-Briesen 77 III B 2
Kleine Horde der Kasachen (s. auch Kasachen, Kirgisen) 119 I/K 4/5
Kleine Oase i. Ägypten 29 II A 2
Kleine Sunda-Inseln 164/165 I P/Q 5
Kleine Walachei, Ldsch. 112 II E/F 3
Kleingrabe 77 IV B 2
Klein-Gründlach 81 I
Klein-Hamersleben, Wüstung 56 VI B 2
Klein-Heide, Plan 76 IV
Klein Hötensleben, Wüstung 56 VI B 2
Klein-Keula 77 IV B 1
Klein-Machnow 143 II
Klein-Mahlendorf 77 III B 1
Kleinpolen, Ldsch. 67 III B/C 2/3, 106/107 I K—M 4
Klein-Reuth (2 Dörfer b. Nürnberg) 81 I
Klein-Schnellendorf 122/123 I G 3
Klein-Sendelbach, O. 56 III
Kleitor 18/19 I C 4
Kleonai, O. i. Argolis 18/19 I C 4
Kleonai, O. a. Chalkidike 18/19 I E 1
Kleparz, O. b. Krakau 79 VII, 82 I D 2
Klephten, V. 130/131 I G 4
Klepsydra, Quelle 12 I u. II
Klettgau, Ldsch. 122/123 I C 5, 128 I B 3
Kleve, Gft. 95 D 2
—, Hzm. 96/97 I D 4, 115 I B 2, 122/123 I B 3
Kleve, O. 114 D 2
Klewitz 121 III u. IV
Klingenberg-Kraftwerk i. O.-Berlin 161 II
Klisidi 10 III C 1
Klissow 106/107 I L 4
Kljutsch 112 II B 3, 145 V A 2
Klodebach, O. 77 III B 1
Klostergrab, Bg. O. 86 I B 1, 106/107 I G 4
Klosterneuburg, Kl. 58/59 III D 1
Klosterwesen, christliches 45 VI, 52 II, 53 III, 87 I u. II, 88/89 III
Klöstitz 140 IV A 1
Klötze 122/123 I D 2
Klysma 29 II B 2
Knäred 113 C 3
Knauthain 77 II
Knautnaundorf 77 II
Kneblinghausen 37 II A 2
Knemis, Geb. 18/19 I C 3
Knidos, Alt-, Neu-, Cnidus 18/19 I H 5
Knin, Bm. 88/89 I F 5, 88/89 II D 3
Knin, O. 112 II B 3
Knocke, Forst 114 B 2
Knossos, Cnossus 10 I B 1
—, Plan 11 III u. IV
Knoviz 5 II C 2
Knoxville 133 III E 3
Knysna 138/139 II B 3
Kobe 136 I G 3, 136 III D 3
Kobern 80 I C 1
Koblenz, Amt 80 I C 1
Koblenz, Confluentes, O. 40 II A 1, 54/55 II E 2, 80 I C 1, 105 I B 2, 122/123 I B 3, 152 II B 3
Koblenz-Trier, NS-Gau 155 I A 2/3
Koburg, s. Coburg
Kochem, Cochem, O. u. Amt 80 I C 1
Kocher, Fl. 37 I B/C 2
Kodkitaj 140 IV A 2
Kodok, Faschoda 132 I D 3
Koesfeld, Coesfeld 78 III A 2
Koevorden 104 III C 1
Koforidua 163 IV B 2
Köge 75 B 3
Kogel, Wüstung 77 IV A 2
Kogilnik, Fl. 140 IV A/B 1/2
Kohlenwald, Geb. 54/55 II C/D 2
Kohlstedt, Wüstung 77 IV A 1
Köhra 77 II
Koile, Ot. i. Athen 12 VI
Kokala 22/23 I H 3
Kokenhusen 68/69 II C 2, 75 E 2, 104 IV C 2
Kokoretsa, Fl. 11 V
Kokos-, Keeling-Ins. 158 I B 5, 158 II B 5
Kok Tepe 6 III B 1, 6 IV B 1
Kök-Türken-Reiche 46/47 IV A—G 1—3, 50/51 G—K 3/4
Ko-ku-rye, Korea, Ld. 46/47 I L—2/3, 46/47 III L 1/2
Kola, O. 119 E 1
—, Halbinsel 160 IV C/D 2
Kolapur 135 I B 3
Kolas 18/19 V C 1
Kolbatz, Kl. 87 II C 2
Kolberg, Bm. 88/89 II D 1
Kolberg, O. 61 I C 2, 68/69 I H 1, 75 B 3, 124 I D 1, 156/157 III C 2
Kolcher, V. 26/27 IV D 1
Kolchis, Colchis, Ldsch. 38/39 I H 2
Kolding 106/107 I E 2
Kolin, Bg. O. 86 I C 1, 116/117 III, 122/123 I F 3
Kollam, Quilon 135 I B 4
Kölln, O. b. Berlin 68/69 I G 2, 143 I
Kollytos, Ot. i. Athen 12 VI
Kolmar, Colmar 95 D 3, 114 D 3
Köln, Ebm. 88/89 II B 2, 145 I, 161 VI
—, Ebm.-Territ., Kur-Köln, Kurfsm. 78 III A 2, 122/123 I B 3
Köln, Colonia Claudia Ara Agrippinensium, Ara Ubiorum, Colonia, O., RSt. 37 I A 1, 49 II C 1, 52 III B 2, 54/55 II E 2, 68/69 I D 3, 105 I B 2, 141 I B 2, 141 II B 2, 152 II B 3, 156/157 I D 3
Köln, Plan 78 II
—, Universität 91 V B 1
Köln-Aachen, NS-Gau 155 I A 2
Köln-Lindenthal 2 I B 1
—, Plan 4 II
Kölner Recht 78 IV C 2
Kölln, Altkölln b. Berlin 144 I
Kolombo, Colombo 98/99 I H 7, 135 I B 4
Kolomea 75 E 4, 115 I F 3, 156/157 I F 4
Kolomna 102/103 I L 2
Kolomyjscyna 2 I E 1
—, Plan 4 III
Kolonai, O. a. Hellespont 18/19 I G 1
Kolonai, O. i. Troas 18/19 I G 2
Kolonides 18/19 I B 5
Kolonos Hippios 12 V
Kolophon 18/19 I H 3
Kolosjoki 160 IV C 2
Kolozsvar, Cluj, s. Klausenburg 150/151 I F 4
Kolumbien, Staat 133 II A/B 1/2, 164/165 III, 166/167 II u. III, 168
Kolumbien, Groß- (Staat) 113 II A—C 1/2
Kolyma 159 I I/K 1, 159 II I/K 1
Komana, Comana, Hanyeri, Hieropolis, O. i. Kappadokien 9 I E 2, 38/39 I G 3
Komana, Comana, O. i. Pontus 9 I E 1, 38/39 I G 2
Komantschen-Indianer, V. 116/117 II A 2, 144 IV C/D 3
Kom el-Ahmar, Hierakonpolis, Nechen 6 I A 2
Kom el Hisn 6 I A 1
Komi-ASSR 150/151 I I 2
Komm 134 II D 2
Kommagene, Commagene, Ldsch. 38/39 I G 3
Kommunistische Partei Deutschlands, KPD 154 I u. II
Kommunistische Revolutionen 149 I—IV, 160 III, 162 I u. II
Kommunistischer Staatenblock 166/167 I
Komo, O. a. Kreta 10 I A 1
Komoren, Ins. 132 I E 4
Komorin, Kap 135 I B 4
Komorn 68/69 I K 5, 106/107 I K 6, 112 II C 2
Komotau 92/93 II B 3, 122/123 I E 3, 126/127 III D 2
Komsomolsk 154 III C 1
Konakry 132 I B 3, 162 III A 2
Kondoros, Pußta-Wüstung 140 V B 2
Kondruser, Condrusi, V. 29 I C 1
Konfuzianismus, Religion 72/73 IV, 137 III
Kong, Ldsch. 132 I B 3
Köngen, Grinario 40 II C 3
Kongo, Fl. 132 I C/D 3/4, 132 II C/D 3/4
Kongo, frz. Kol. 132 I C 3/4
Kongo-Freihandelsgebiet 132 I
Kongo-Freistaat 138/139 I K/L 4/5, 138/139 III A/B 2/3
Kongo (-Brazzaville), Staat 162 III B 2/3, 164/165 III, 166/167 I u. III, 168
Kongo (Demokrat. Rep., Zaire), Staat 162 III B/C 2/3, 164/165 III, 166/167 III, 168
Kongolo 132 I D 4
Kongostaat 132 I C/D 3/4
Kongrad 134 II D 1
Kongreß-Polen, Kgr. 126/127 I G/H 3, 129 I G—K 2/3
Konia, Iconium, Ikonion, O. 38/39 I F 3, 70 II F 3, 130/131 I I 4
—, Wilajet 134 II B 2
Konia, Sultanat, s. Rum-Seldschuken, Ikonion-Reich 64/65 I E 3, 64/65 II E/F 2/3
Königgrätz 68/69 I H 3, 106/107 III A 2
Königsberg, Bg. O. a. Grau 86 I E 2
Königsberg, O. i. Neumark 121 I, 122/123 I F 2
Königsberg, O. i. Preußen 68/69 II B 2, 121 I, 122/123 I I 1, 156/157 III D 2, 160 III D 2
Königsborn, Saline 142 IV C 1, 142 V C 1
Königseck, Königsegg, Gft. 120 V C 2, 128 I B/C 3
Königsfeld 80 I C 1
Königshammer 81 I
Königshardt 132 IV A 1, 132 V A 1
Königshofen, O. i. Franken 96/97 I E 5
Königshofen, O. b. Straßburg 40 II A 3
Königslutter, Kl. 58/59 I I 2, 87 I E 1
Königssaal, Kl. 88/89 III C 2
Königstadt, Ot. v. Berlin 143 I
Königstein, O. a. Elbe 122/123 I F 3
Königstein, O. i. Taunus 80 I D 1
Königsstraße, persische 14/15 I D—F 3
Königswalde, O. 121 I
Königsweg, Straße b. Brilon 37 II A 2
Königswinter 126/127 II A 2
Königs-Wusterhausen 122/123 I E 2
Konin 122/123 I H 2
Konitz 75 C 3, 122/123 I G 2
Konkan, Ldsch. 135 I B 3
Könnern, Bg. O. 86 I A 1
Konope 18/19 I B 3
Konradshöhe, Ot. v. Berlin 143 II
Konstantinopel, Byzanz, Zarigrad, Istanbul, O. 50/51 D 3, 64/65 II D 2, 92/93 I H 5, 112 I C 1, 153 V B 1
—, Plan 45 IV
—, Plan d. Hagia Sophia 45 V
—, Patriarchat, s. auch orthodoxe Kirche 88/89 I H 5
Konstanz, Bm. 88/89 II B 2
Konstanz, Bm.-Territ. 122/123 I C 5, 128 I B 3
Konstanz, Constantia, O., RSt. 40 III C 1, 54/55 I D 3, 68/69 I E 5, 105 I C 3, 128 I B 3
Konstanza 145 V C 2, 145 VI C 2
Konya, s. Ikonion, Iconium, Konia
Konz, Contionacum 40 VI A 2
Konzentrationslager 155 I
Kopai 18/19 IV B 2
Kopais-See 18/19 IV B 2
Kopenhagen, O. 75 B 3, 113 C 3, 124 I D 1,
—, Universität 91 V C 1
Köpenick 143 II
Köping 75 B 2
Koporja, Koporje 113 F 3
Kopperberg, O. 75 B 2
Köppernig 77 III B 2
Kopros 13 I A 1
Kopten, monophysit. Christen 52 III C 3, 64/65 I, 64/65 III E 4/5, 132 III
Koptos 6 I A 2
Kora 116/117 IV B 2
Koraku 4 VII A 2
Korallensee, Meer 158 I E/F 5, 158 II E/F 5
Korax, Geb. 18/19 I C 3

Korbilon 24 I B 3
Kordilene, Gordyene, Cordyene, Corduene, Ldsch. 29 IV D 2
Kordofan, sudan. Prov, 132 I D 3, 138/139 III B 2
Korea, Ko-ku-rye, Kao-li, Tschosen, Ld., s. auch Nord-K., Süd-K. 46/47 I L 2/3, 46/47 III L 1/2, 72/73 I F 2, 72/73 II M 4, 72/73 IV D 1/2, 98/99 I N 3/4, 136 I F 2/3, 138/139 VI B 2/3, 158 I D 2/3, 158 II D 2/3, 162 II D 1/2
Korea-Straße, Meerenge 138/139 VI B 3
Koresia 18/19 I E 4
Korfu, Ebm. 88/89 I F 6
Korfu, Ins., s. auch Korkyra 54/55 I F 5, 64/65 II C 3, 70 II C/D 3, 116/117 I G 6, 125 I D 4, 130/131 I F 4
Korinth, Corinthus, Korinthos, O. 18/19 I C 4, 54/55 I G 5, 102/103 I H 6, 130/131 I G 4
—, Golf v. 18/19 B/D 3
Korinthia, Ldsch. 18/19 I C/D 4
Koritza 145 V B 2, 145 VI 2
Kork, O. b. Kehl 77 I A 1
Korkyra, Corcyra, Ins., s. auch Korfu 9 II A 2, 38/39 I C/D 3
Komburg 81 I
Körne 142 IV C 1, 142 V C 1
Kornelimünster, Kl. 122/123 I B 3
Korneuburg 122/123 I G 4
Korntal 140 IV B 1
Korone 18/19 I B 5
Koroneia, Koronea, Coronea 18/19 IV A 2
Koronta 18/19 I B 3
Korope 18/19 I D 2
Körös, Crisia, Fl. i. Ungarn 74 III E 3, 112 II D 2
Koros, O. i. Syrien 64/65 IV B 2
Korosko 6 I A 3
Körös-Starčevo-Sesklo-Kultur 2 I C/D 2
Korseia 18/19 IV B 1
Korsiai, Ins. 18/19 I G 4
Korsiai, O. i. Böotien 18/19 IV A 2
Korsika, Corsica, Kyrnos, Ins. 11 II B 1, 25 I B 2/3, 48 I B 2, 48 II B 2, 50/51 B 3, 63 I B 3/4, 116/117 I E 5
Korssun, Chersonesos, O. a. Krim 61 V C 3
—, O. b. Kiew 75 F 4, 113 G 5
Korthion 18/19 I E 4
Korti 6 I A 3
Kortrijk, s. Courtrai 126/127 IV A 2
Korvey, s. Corvey 58/59 I H 3
Korydalleis, O. 14/15 IV A 2
Korydallos, Geb. 14/15 IV A 2
Korykas, O. 10 III A 1
Korykos, Geb. 18/19 I G 3
Korykos, Kap 18/19 I G 3
Koryphasion, Kap 18/19 I B 5
Koryphe, Ldsch. 18/19 I G 3
Kos, Ins. u. Ort 18/19 I H 5, 145 VI C 3
Kosaken, V. 98/99 I D/E 3, 102/103 I K 4, 105 II B—D 4
Kosaken, am Don 112 I E 1
Kosaken, Saporoyer 112 I D 1, 116/117 I K/L 4
Kosala, Ldsch. 22/23 I K 3
Koschan 134 II D 2
Kösching, Germanicum 37 I C 2
Koschpendorf 77 III B 1
Koseir, Weißer Hafen 6 I A 2, 29 II B 2
Kosel, O. a. Oder 116/117 III, 122/123 I H 3
—, O. b. Patschkau 77 III A 2
Košice, Kassa, s. Kaschau 150/151 I F 4
Köslin 122/123 I G 1, 161 IV C 1
Kossa, Cossa 17 I E 1
Kossäer, V. 14/15 I F 3
Kossowo, Amselfeld 71 II B 3, 112 I C 1
Kossyra, Cossura, Ins. 11 II C 2, 34/35 III C 1
Kostarika, Staat 133 I D 4
Kostelatz, Viminacium 38/39 I D 2
Kosten 68/69 I I 2
Kostroma 105 II C 3, 119 G 3
Kostromskaja 24 I G 3
Köterberg, Bg. 37 II B 2
Köthen 122/123 I D 3
Kothen-Bach 76 VII
Kothokidai 13 I B 1
Kothon, Hafen v. Karthago, Plan 21 II
Kotiner, V. 41 I C 3
Kotka 116/117 I I 1, 160 IV B 3
Kotlas 150/151 I H 2
Kotschin 52 III E 4, 98/99 I H 6, 135 I B 4
Kotschinchina, Ld. 111 II E 2
Kottbus, Cottbus 68/69 I H 3, 122/123 I F 3
Kottor, s. Cattaro 160 III C 4
Kötükale 8 I B 2
Kotyora, Cotyora 38/39 I G 2
Kotyrta 18/19 I C 5
Kou-wu, Staat 3 IV B 2
Koweit, s. Kuwait 134 II C 3
Kowel 74 III F 2, 113 E 4, 156/157 I F 3, 156/157 III D 2
Kowno, Kauen, Kaunas 67 III C 1/2, 68/69 II B 2, 75 D 3, 116/117 I H 2/3, 150/151 I F 3, 156/157 I F 3, 156/157 III D 2, 160 III C 3
Köylütolu 8 I A 2
Kozel-Fsm. 58/59 II C/D 2
Kozielsk 71 I E 2
KPD, Kommunistische Partei Deutschlands 154 I u. II
Krackwitz 77 III B 2
Kraftshof 81 I
Kragau 121 II
Kragujewatz 112 II D 3
Krain, Mark 58/59 I L 5/6
—, Hzm. 68/69 I H 6, 106/107 I H 7, 112 II A 3, 115 I C/D 3, 130/131 I E 2
Krajowa 112 II E 3, 115 I E 4, 148 I F 5, 156/157 III D 3
Krak, Kurdenschloß, Crac desChevaliers 64/65 IV B 3
—, Plan 64/65 VI
Krak vonMoab, Kerak 64/65 IV A 5
Krak von Montréal, Schaubek 64/65 IV A 5
Krakau, Bm. 61 II B 1, 88/89 I F 3
—, Messen 83 V D 2
—, O. 67 III B 2, 68/69 I K 3, 75 D 4, 82 I, 105 I E 2, 115 I D 2, 150/151 I E 3, 155 I D 2
—, Plan 79 VII
Kranai 18/19 I A 3
Kranburg 59/59 I L 5, 106/107 I H 6
Krange, Crange 142 IV B 1, 142 V B 1
Kranniaios-Grotte 10 III B 1
Krannon, Crannon 18/19 I C 2
Krapjak, Ldsch. 135 II B 1
Krasi 10 I B 1
Krasna 140 IV A 1
Krasnik 148 I F 3
Krasnodar, Jekaterinodar 163 II B 2
Krasnojarsk 105 III D 2, 159 II F 2
Krasnowodsk 163 II D 2
Krathis, Fl. 18/19 I C 3/4
Krautenwalde 77 III A 2
Krbava, Bm. 88/89 II D 3
Krefeld 105 I B 2, 115 I B 2
Kreimbach, O. 40 II A 2
Kremenez 67 III D 2
Kremenskaja 156/157 I H 4
Krementschug 113 G 5, 156/157 I G 4
Kreml, Burg i. Moskau 105 IV
Kremnitz, Bg. O. 86 I E 2, 112 II C 1
Krems 75 B 4, 122/123 I F 4, 155 I C 3
Kremsier 92/93 II D 4, 122/123 I G 4
Kremsmünster, Kl. 58/59 II B 1
Krenai 18/19 I B 3
Krestonia, Ldsch. 18/19 I D 1
Kreta, Creta, Kafti, Kandia, Kaphtor, Ins. 10 I—III, 54/55 I G/H 5, 56 II C/D 4, 64/65 II D 3, 102/103 I H/I 6, 112 I C 2, 130/131 I G/H 4/5, 145 V B/C 3/4, 145 VI B/C 3/4, 156/157 I F 5
Kreter, V. 9 I C 2/3
Kretisch-mykenische Kultur 5 I, 10 II
Krëusis 18/19 IV B 2
Kreuzberg, Ot. i. Berlin 143 I
Kreuzburg, O. i. Schlesien 92/93 II E 3, 122/123 I H 3
Kreuzfahrerstaaten 64/65 I, II u. IV, 72/73 III B 3
Kreuznach 40 II A 2, 80 I C 2, 122/123 I B 4
Kreuz-Paß i. Kaukasus 9 III F 1
Krewo 71 I C 2
Krim, Halbinsel 24 I F 3, 67 III E/F 3/4, 130/131 I I/K 2/3, 148 I H/I 4/5, 156/157 I G 4
Krim-ASSR 150/151 I G 4
Krim-Chanat 71 I D/E 3/4, 92/93 I I/K 4/5, 98/99 I D 3, 105 II B 3/4, 112 I D/E 1, 119 D—G 5/6
Krimgoten, V. 49 I E 2
Krimgotische Sprache 70 II F 1
Krimisa, Kap, Crimisa 17 I F 1
Krimissa, Ciro, O. 17 I F 1
Krim-Tataren, V. 160 II
Krio 4 VII B 2
Krisa 10 II C 2
Krischna, Fl. 46/47 I F/G 5, 135 I B/C 3
Kristiania, Oslo 113 C 3
Kristiansand, O. 113 B 3, 156/157 I D 3
Kristiansten, Festung 116/117 I F 1
Kristinestad 113 E 2
Krith, Fl. 34/35 II B 3
Kritsana 4 VII A 1
Kriu Met, Kap 10 III A 1
Kriwitschen, V. 50/51 E 2
Kriwoi Rog 156/157 I G 4, 163 II B 2
Kroaten, V. 50/51 C 3, 56 II B 2/3, 112 II, 150/151 II, 160 I
Kroaten, schwarze, V. 54/55 I F 2/3
Kroaten, weiße, V. 54/55 I G/H 3
Kroatien, Kgr. 56 II B 2/3, 58/59 I L—N 5—7, 64/65 I C 2, 64/65 II C 2, 70 II C 2, 112 II A/B 2/3, 115 I D 3
Kroatien, Rep. 155 I C/D 3, 156/157 III C 3
Kroatien-Slawonien, Kgr. 130/131 I E/F 2/3
Kroja 71 II A 3, 116/117 I G 5
Krokeai 13 II B 2
Krokodilopolis, Arsinoë 29 II B 2
Krommyon 13 I A 2
Kronach 58/59 I I 3
Kronberg, Festung 90 II C 1, 110 E 1
Krone 122/123 I G 2
Kronos-Hügel i. Olympia 14/15 III
Kronstadt, Braşov, Brasso, O. i. Siebenbürgen 67 III D 3, 112 II F 3, 150/151 I F 4, 156/157 III D 3
Kronstadt, O. b. St. Petersburg 116/117 I I 1/2, 148 I G 1/2, 149 III B 1
Kroonstad, O. i. Oranje 144 V B 2
Kropia 13 I B 1
Krosno, Krossen, O. i. Galizien 82 I D 2, 106/107 III C 2
Krosse, O. b. Weidenau 77 III B 2
Krossen, Crossen, O. a. d. Oder 75 B 3, 121 I, 122/123 I F 2
Krotalos, Fl. 17 I E 1/2
Kroton, Croto, Croton 17 I F 1
Kròv 80 I C 2
Kröver Reich, Wald 80 I C 1
Krudenburg 142 V A 1
Krügendorp 144 V B 2
Krugiai, Ins. 13 I A 2
Kruibeke 143 Ia/b
Kruibekebeek, Fl. 143 Ia
Krumau, Bg. O. 86 I C 2, 122/123 I F 4
Kruppwerke bei Essen 142 IV A 2
Kruschewatz 112 II D 4
Kruschwitz 60 I H 3
Krzemieniec Wolhynsk 113 F 4
Ktesiphon, Ctesiphon 29 III D 2, 50/51 F 4, 148 III B 2
Ktimene 18/19 I C 2
Kuala Lumpur 138/139 V A 2
Kuango, Fl. 132 I C 4
Kuang-tschou, Kanton 46/47 IV F 4
Kuba, Ins., Staat 118 III C/D 1, 133 I D/E 3/4, 164/165 III, 168
Kuba, O. u. Chanat i. Kaukasus 134 I G 3
Kuban, Fl., Hypanis 24 I F/G 3, 38/39 I G 1, 70 II G/H 1/2, 134 I A—C 1/2, 156/157 I G/H 4
Kuban-Bronzekultur 5 II F 3
Kubango, Fl. 138/139 II A/B 1
Kubanije 6 I A 3
Kuban-Kultur 2 II F 2
Kuban-Terek-Kultur 5 I E/F 3
Kubban 6 I A 3
Kuë, Ldsch. 9 III D/E 2
Kuënlun, Geb. 136 I B—D 3
Kufa 50/51 F 4
Kufra, Oase 132 I D 2
Kufstein, Bg. O. 86 I B 3, 122/123 I E 5, 128 I D 3
Kuhistan, pers. Gau 134 II D/E 2
Kühmstedt, Wüstung 77 IV A 1
Kuibyschew, Samara 163 II D 1
Kujawien, Ldsch. 66 I E 1, 113 D 4
Kujawien-Wlozlawek, Bm. 88/89 I F 3
Kujawier, V. 60 I H/I 3
Kuka 132 I C 3
Kük-Koba 1 III F 2
Kuku 10 III D 1
Ku-ku-nor, See 46/47 IV D/E 3
—, chines. Prov. 72/73 IV B 2, 136 I C 3
Kukuvitsa 18/19 I B 4
Kuldscha, Ili, O. 72/73 II H 3, 136 I B 2
Küllstedt 77 IV A 1
Kulm, Bm.-Territ. 68/69 II
Kulm, O. i. Böhmen 126/127 III D 2
Kulm, O. a. d. Weichsel 68/69 I K 2, 75 C 3, 106/107 III B 1, 115 I D 2, 156/157 I E 3
Kulm-Kulmsee, Bm. 88/89 I F 3
Kulm-Pelplin, Bm. 145 I
Kulmbach, O. 92/93 II A 3, 122/123 I D 3, 128 I C 1
Kulmerland 67 III B 2, 122/123 I H 2
Kulmsee, Bm. 88/89 I F 3
Kul Oba 24 I F 3
Kulpa, Fl. 58/59 I L/M 6, 106/107 I H/I 7
Kültepe, Kanesch 2 II E 3, 3 II E 3, 8 I B 2
Kum 163 II D 3
Kuma, Fl. 134 I D—F 1
Kumanen, Polowzer, V. 61 V C/D 2/3, 64/65 I D—F 2, 67 III B/C 3
Kumanenreich, Kumanisches Reich 64/65 II D—F 2, 67 III D—F 2—4
Kumanowo 145 VI B 2
Kumasa 10 I B 2
Kumasi 163 IV B 2
Kumme 6 I A 3
Kummuch, Ldsch. 9 III E 2
Kummuch, Samosata, O. 9 III E 2
Kumpfmühl 40 II F 3
Kumtepe A VII B 2
Kumüken, V. 134 I F 2
Kumul, Chami 72/73 I C 1
Kunaxa 22/23 III C 2
Kunde 132 I C 3
Kunduz 46/47 III E 2, 134 II E 2
Kunene, Fl. 132 I C 4
Kuneni, O. 10 I C 1
Kunersdorf 116/117 III, 122/123 I F 2
Kungälf, O. 60 I G 2
Kuniako 18/19 I C 3
Kunming, Jünnan, O. 136 I D 4, 158 I C 3, 158 II C 3, 162 II C 2
Kunzendorf, Gr.- 77 III B 2
Kuolajärvi, Salla 156/157 I F 2, 160 IV B 2
Kuomintang-Partei 149 IV E 3, 162 I
Kuopio 160 IV B 3
Kuparan 140 IV A 1
Kupferberg, Bg. i. Schweden 113 D 2
Kupferberg, Bg. O. i. Schlesien 86 I C 1, 106/107 III A 2
Kupferdreh 142 V B 2
Kupferzeit-Kulturen 2 II
Kuphonisi, Ins. 10 I C 2
Kuphowuno 4 VII A 2
Kura, Fl. 134 I D/F 3
Kur-Brandenburg, s. Brandenburg, Kurfsm. 96/97 II C/D 2, 115 I
Kurden, V. 70 II G/H 3, 134 I
Kurdenschloß, Krak, Crac des Chevaliers, Burg 64/65 IV B 3
Kurdische Sprache 70 II
Kurdistan, Ldsch. 112 I E 2, 134 II C 2
Kuren, V. 54/55 I G 1, 74 II B 2, 106/107 III
Kurg, Ldsch. 135 I B 3
Kurgane, skythische Grabhügel 24 I
Kurhessen, s. Hessen,Kurfsm. 129 I C/D 3, 129 II D/E 3
—, NS-Gau 155 I B 2
Kurhessen-Waldeck, evang. Landeskirche 161 VII
Kurian-Murian, Ins., brit. 138/139 I M 4
Kurilen, Ins. 137 I E 2, 158 I E 2, 158 II E 2
Küriner, V. 134 I F/G 3
Kurion 8 I A 3
Kurköln, s. Köln, Kurfsm.
Kurkur, Oase 6 I A 3
Kurl, Curl 142 IV C 1, 142 V C 1
Kurland, Bm. 88/89 I G 2
—, Bm.-Territ. 104 IV B 2
Kurland, Hzm. 104 II D 1, 104 IV B/C 2, 113 E/F 3, 119 C/D 3
Kurland, Ldsch. 92/93 I G 2, 148 I F/G 2, 156/157 III D 2
Kurländ. Kolonie Tobago 118 III D 2
Kur-Mainz, s. Mainz, Ebm., Kurfsm.
Kurmark, Ldsch. 106/107 II, 115 I C 2
Kurmark, NS-Gau 155 I C 2
Kurna 148 III B 2
Kurno 18/19 I C 5
Kurpfalz, s. Pfalz, Rheinpfalz, Kurfsm. 68/69 I D/E 4, 104 II A 3, 105 I B/C 2, 106/107 II, 114 D/E 3, 122/123 I B/C 3/4
Kurrheinischer Kreis 96/97 II B 2/3
Kur-Sachsen, s. Sachsen, Kurfsm. 104 II B 2, 105 I C/D 2, 106/107 II, 122/123 I D—F 2/3
Kursk 71 III E 1, 119 F 4, 156/157 I G 3
Kürtoglu 8 I B 2
Kur-Trier, s. Trier, Kurfsm., Ebm.
Kurtzes 18/19 I B 1
Kuru, Ldsch. 22/23 I I 2/3
Kurubel 8 I B 2
Kürzell 77 I A 2
Kus, O. 6 I A 3
Kusä, O. 6 I A 2
Kusch, ägypt. Vizekgr. 6 I A 2/3, 9 I D 5/6
—, Äthiopien, Reich 14/15 I D/E 4/5
Kuschan-Reich 46/47 I E/F 3, 46/47 III E/F 2
Kusdar 50/51 H 5
Kuse 10 I A 1
Kusnezk, Leninsk-K., O. 105 III D 2
Kusnezk-Becken, Ldsch. 159 II F 2
Kusseri 132 I C 3
Küssnacht 80 II C 1
Küstendil, Pautalia 38/39 I D 2, 145 VI B 2
Küstenland, Istrien, Ldsch. 130/131 I E 2/3
Küstrin 121 I, III u. IV, 122/123 I F 2, 156/157 III C 2
Küstrinchen 121 III
Kutahia 130/131 I H 4
Kutais 134 I D 2
Kutalla, Tell Sifir 6 III C 2, 6 IV C 2
Kutaya, Cotiaium 38/39 I E 3
Kut el Amara 163 II C 3
Kutha, Imam Ibrahim 6 III u. IV B 2
Kutlumusiu, Athos-Kl. 45 VI B 2
Kutno 156/157 I E 3
Kutscha 46/47 I G 2, 52 III F 2
Kutsch Bihar 135 I C 2
Kütschük-Kainardschi 116/117 I I 5
Kutsokera 10 I A 2
Kuttenberg, Bg. O. 86 I C 2, 122/123 I F 4
Kuwait Oil Co. 163 II C 4
Kuweit, Ld. 138/139 I M 3, 148 III B 3, 163 II C 3, 166/167 I
Kuz Ordu, Balasagun 50/51 I 3
Kwajalein, Ins. 158 I F 4, 158 II F 4
Kwangsi, chin. Prov. 136 I D/E 4
Kwangtschouwan, frz. 136 I E 4, 162 II C 2
Kwangtung, chin. Prov. 136 I E 4
Kwantung, Halbinsel 136 I F 3
Kweijang 136 I D 4
Kweilin 136 I E 4
Kweitschou, chin. Prov. 136 I D 4
Kybeleia 18/19 I G 3

Kyburg, Burg 80 II C 1
Kydathenaion, Ot. v. Athen 12 VI
Kydonia 10 III B 1
Kykale 13 I B 1
Kykladen, Ins. 18/19 I E/F 4, 145 V B 3, 145 VI B 3
Kykladische Kultur 2 I D 3, 2 II D 3
Kyll, Fl. 80 I B 1
Kyllene, Bg. i. Arkadien 18/19 I C 4
Kyllene, Golf v. 18/19 I B 3/4
Kyllene, O. i. Aiolis 18/19 I G 3
Kyllene, Cyllene, O. i. Elis 18/19 I B 4
Kylt, Celbis, Fl. 37 I A 1/2
Kyme, O. i. Aiolis 18/19 I G 3
Kyme, Cumae, O. i. Campanien 24 II F 4
Kyme, O. a. Euboia 18/19 I E 3
Kynaitha 18/19 I C 3
Kyneten, Cynetes, Conii, V. 38/39 II A 2
Kynos 18/19 IV B 1
Kynoskephalä 26/27 III A 2
Kynosura, Halbinsel auf Salamis 14/15 IV A 2
—, Halbinsel a. Euripos 13 I C 1
—, Spartiatendorf 12 VII
Kynuria, Ldsch. 10 II C 3
Kyoros 34/35 II B 3
Kyparisseeis 10 II B 3
Kyparissia, Golf von 18/19 I B 4
Kyparissia, O. 18/19 I B 4
Kypern, s. Cypern 46/47 I B 3
Kyphanta 18/19 I C 5
Kypros, s. auch Alaschja, Cypern, Insel 8 I A 2/3
Kypsela 18/19 I G 1
Kyraunis, Insel 14/15 VI
Kyrenaika, Cyrenaica, Ldsch. 22/23 I D 2
Kyrene, Cyrene 11 II D 2, 38/39 I D 4
Kyreschata 14/15 I H 2
Kyrnos, Korsika, Ins. 14/15 VI
Kyrrhos, O. i. Makedonien 18/19 I C 1
—, Cyrrhus, O. i. Syrien 22/23 II C 2, 41 III B 1
Kyrtone 18/19 IV B 1
Kytaion 10 III C 1
Kyterion 17 I F 2
Kythera, Kythira, Cerigo, Ins. u. O. 18/19 I C/D 5, 145 V B 3, 145 VI B 3
Kytherros, Spata 13 I B 2
Kythnos, Bm. 88/89 I G 6
Kythnos, Cythnus, Ins. u. O. 18/19 I E 4
Kytinion 18/19 I C 3
Kyzikos, Cyzicos, Cyzicus 38/39 I E 2, 54/55 I H 4

Laaland, Lolland, Ins. 122/123 I D 1
Laarsebeck, Fl. 143 Ia/b
Laas, Las 11 I C 2
Laba, Fl. 134 I B/C 1/2
La Bassée 148 II B 1
Labeates lacus, See v. Skutari 38/39 I C 2
Labiau 113 E 4
Labici 30/31 II B 2
Labitolosa 38/39 II C 1
Labrador, Winland, Ldsch. 60 I A/B 1
Labrador, neufundld. Ldsch. 133 I E/F 2, 138/139 I F 2
Labuan, Ins. brit. 138/139 I P 4
La Cava, Kl. 87 I E 3
Lachania 10 II E 4
La Chapelle, O. b. Paris 109 IV
La Charité, Kl. u. O. 87 I C 2, 104 I C 3
Lachisch 8 III A 3
Lachmiden, V. 42/43 I G 3/4, 46/47 III C 2
Laciburgium 36 E 2
La Ciotat 24 II B 3
La Cisa-Paß 63 II A 2
Lack 96/97 I H 6, 106/107 I H 6
La Coruña 102/103 I B 5
Lactarius mons, Bg. 30/31 III C 2
Ladakh, Ldsch. 72/73 II G/H 4, 72/73 V B/C 1, 163 I B 1
Lade, Ins. 13 III A 1
Lade, O. i. Norwegen 60 I G 1
Ladenburg, Lopodunum, Civitas Ulpia Sueborum Nicretum 40 II B 2
Ladiner, V. 49 III B 2
Lado, Ldsch. 138/139 III B 2,
—, O. 132 I D 3
Ladoga, O. 57 I F 1
Ladoga-See 92/93 I I 1, 113 G 2, 156/157 I G 2
Ladon, Fl. 18/19 I B/C 4
Lae 158 I E 5, 158 II E 5
La Fère 148 II B 2
La Ferrassie 1 IV B 2
La Ferté, Kl. 87 II B 3
Lafta, Lateinamerikan. Freihandelszone 166/167 III
Lagaria 17 I E 1, 30/31 I G 5
Lagasch, Telloh 6 II C 2, 6 III C 2, 6 IV C 2
Laghouat 34/35 III A 2, 163 III A 2
Lagny, Messeort 83 IV B 2
La Goletta 102/103 I F 6
Lago Maggiore, See 80 II C 2/3, 130/131 II B 1/2
Lagona, Lahn, Fl. 37 I A/B 1
Lagos, brit. Kol. u. O. i. Afrika 132 I C 3, 138/139 I K 4, 156/157 II G 4, 162 III B 2
Lagos, O. i. Portugal 92/93 A 6, 116/117 I B 6
Lagosta, Ins. 150/151 I E 4
Lagow 121 I
Lagozza, O. 2 I B 2
Lagozza-Kultur 2 I B/C 2
La Grace-Dieu, Kl. 87 II A 3
La Grasse, Kl. 87 I C 3
La Guaira 100/101 VII C 2
Lagunen-Ins. 137 I F 5, 158 I F/G 5, 158 II F/G 5
Lagussa, Ins. 18/19 I F 5
Lahawur, Lahore 116/117 IV B 1, 135 I B 1
Lahn, Lagona, Fl. 37 I A/B 1, 62 I A/B 2, 126/127 II A/B 2
La Hogue 116/117 I C 4
Lahore, Lahawur, O. 72/73 I A 2, 72/73 II G 4, 116/117 IV B 1, 135 I B 1
—, Ldsch. 72/73 V B 1
Lahr 37 I A 2, 77 I A 2, 128 I A 2
Lahti 148 I G 1
Laiatico 25 II A 1
Laibach, Emona, Ljubljana 38/39 I B 1, 48 II C 2, 54/55 I E 3, 58/59 III C 2, 112 II A 2, 115 I C 3, 125 I D 3, 130/131 I E 2, 150/151 I E 4, 155 II C 2
Laietani, V. 38/39 II C 1
Laimgruben, Ot. v. Wien 109 V
Lajazzo 64/65 IV A 2
Lakedaimon, s. Lakonien 10 II C 3
Laken, V. 134 I F 2/3
Lakhnauti, Ldsch. 72/73 V C 2
Lakiadori 12 V
Lakinion, Kap, Lakinisches Vorgebirge 17 I F 1
Lakkadiven, Ins., brit. 138/139 I N 4, 162 II A 3
Lakmos, Geb. 18/19 I B 2
Laknau 98/99 I I 5, 135 I C 2
Lakonia, -en, Lakedaimon, 13 II, 18/19 I C 4/5
Lakonischer Golf 18/19 I C 5
Lalassis 38/39 I F 3
Lali, Erdölfeld 163 II C 3
Lam, Bg. O. 86 I B 2, 106/107 III A 2
Lama 30/31 I E 2
La Madelaine 1 IV B 2
Lamaismus, Mahayana, nördl. u. östl. Buddhismus 72/73 IV, 137 III B/C 1/2
La Marche, Marche, Gft. 58/59 I D/E 5/6, 110 C 3
Lambach, Kl. 58/59 III B 1
Lambaesis, Lambèse 34/35 III B 1
Lambeth 109 I
Lame, O. i. Kamerun 132 I C 3
Lamego, Bm. 88/89 I A 5
Lametos, Golf 17 I D/E 2
Lamia 18/19 I C 3, 38/39 I D 3
Laminium, O. i. Bruttium 30/31 I F 5
Laminium, O. i. Tarraconensis 38/39 II B 2
Lamon 10 III B 1
La Mothe 110 D 3
Lampacao 98/99 I M 5
Lamponeia 18/19 I G 2
Lampsakos, Lampsakus, Lampsacus 18/19 I G 1
Lampsimandos, Ins. 18/19 I H 4
Lamptrai 13 I B 2
Lamu, Ins. u. O. 98/99 I E 8, 98/99 IV E 8
Lamuten, V. 98/99 I N/O 2, 105 III F/G 1/2
Lamy, Fort 132 I C 3, 162 III B 2
Lancaster, Hzm. 92/93 I B 3
Lancaster, O. 71 III A 1
Lanchester 142 II A 2, 142 III A 2
Lanci, V. 37 I B 1
Lancia 38/39 II A 1
Lanciano 63 I E 3
Landau, RSt. 96/97 I E 5, 114 E 3, 128 I B 2
Landbund, Partei 154 I u. II
Landeck, O. i. Tirol 68/69 I F 5, 122/123 I D 5
Landen 54/55 II D 2
Landes, Dép. 122/123 III A 2/3
Landeshut, O. i. Schlesien 92/93 II D 3, 105 I E 2, 122/123 I G 3
Landrecies 114 B 2
Landsberg, O. a. Lech 81 II C 2, 105 I C 2, 122/123 I D 4
Landsberg, O. a. d. Warthe 68/69 I H 2, 121 I
Landshut, O. i. Bayern 68/69 I G 4, 122/123 I E 4
Landshut, O. i. Galizien 82 I D 2, 106/107 III C 2
Landskron 74 I C 2, 106/107 I K 5
Landstraße, Ot. v. Wien 109 V
Landstuhl 40 II A 2, 96/97 I D 5, 122/123 I B 4
Landvogtei Unter-Elsaß 95 D/E 3, 115 I B 3
Landwehr-Kanal i. Berlin 143 I
Langanes, Kap 57 III C 1
Langeland, Ins. 106/107 I F 2
Langeleben 56 VI A 2
Langemarck 148 II B 1
Lange Mauern v. Athen 12 V
Lange Meile, Ldsch. 56 III
Langendreer 142 IV B 2, 142 V B 2
Langenenslingen 120 V B 2
Langenhain, O. b. Groitzsch 77 II
Langenhain, O. a. Taunus 40 II B 1
Langensalza 58/59 I I 3, 122/123 I D 3
Langjökull, Berg 57 III A 2
Langobarden, Langobardi V. 41 I A/B 2, 48 I B/C 1, 48 II C 2, 49 I C 2, 49 III
Langobardenreich 50/51 B/C 3
—, = Kgr. Italien 54/55 I D/E 3/4
Langobardien, byzant. Thema 54/55 I F 4
Langobardische Siedlungsnamen 49 III
Langos 10 I A 1
Langres, Bm. 88/89 II B 2
—, Bm.-Territ. 58/59 I F 5
Langres, Andemantunnum, Lingones 36 D 3, 42/43 I C 2, 54/55 II D 4, 95 C 4, 114 C 4
Langschede 142 IV C 2, 142 V C 2
Langside 102/103 I C 2
Languedoc, Gouv. 122/123 II B/C 2/3
Languedoc, Ldsch. 68/69 III C/D 2/3
Langula 77 IV A 2
Lankwitz 143 II
Lantschou 136 I D 3
Lanuvium 30/31 II B 2
Laodikeia-Berytos, Beirut 22/23 II C 3
Laodikea, Laodicea, Laodikeia, O. i. Karien 22/23 II A 2, 38/39 I E 3, 64/65 I D 3
Laodikeia, Laodicea, Lattakie, O. i. Syrien 41 III A 2, 22/23 II C 2, 64/65 IV A 3
Laodikeia Kekaumene, Laodicea Catacecaumene, O. i. Lykaonien 22/23 II B 2, 38/39 I F 3
Laodikeia, Laodicea (ad Libanum) 22/23 II C 3, 41 III B 3
Laokai 136 II B 1
La Oliva, Kl. 87 II A 3
Laon, Bm. 88/89 I C 4
Laon, O. 54/55 II C 3, 58/59 I E 4, 110 C 3, 148 II B 2
Laos, Ld. 98/99 I L 5/6, 136 II B 1/2
—, Staat 162 II C 2/3, 164/165 III, 168
Laos, O. i. Bruttium 17 I D 1
Lao-Staaten 111 II D/E 1/2
La Pasiega 1 IV A 2
Lapathos, Lapethos, O. a. Cypern 20 I F 3, 22/23 II B 2
Lapathus, O. i. Thessalien 18/19 I C 2
La Paz 118 III D 3, 133 II B 2
Lapidaria 37 I B 3
Lapinna 18/19 I B 1
La Plata, Vizekgr. 118 III D/E 4, 125 II
La Portelle 64/65 IV B 2
Lappa 10 III B 1
Lappen, Scridefinnen, V. 57 I D/E 1, 61 I C 1, 113 E/G 1
Lappenhausen 142 IV C 2, 142 V C 2
Lappmark, Landsch. 118 B—D 1
Lappmark, Prov. 113 D/F 1
Lappwald, Bg. 56 VI B 1
Laptau 121 II
Laptew-See, Nordenskiöld-See 159 I G/H 1, 159 II G/H 1
Lapurdum, Bayonne 36 B 4
Larak 6 III C 2, 6 IV C 2
Laranda, Karaman 38/39 I F 3
Larga 37 I A 3
Larino 63 I E 4
Larinum 30/31 I E 3
Larisa, O. i. Ionien 18/19 V B 1
Larisa, O. i. Malis 18/19 I C 3
Larisa, Larissa, O. i. Thessal. 18/19 I C 2
Larisa, Kalach, O. a. Tigris 22/23 III C 2
Larisa, O. i. Troas 18/19 I G 2
Larissa, O. i. Aiolis 18/19 I H 3
Larissa, O. i. Argolis 10 II C 3
Larissa, Ebm. 88/89 I G 6
Larissa, Sizara, O. i. Syrien 22/23 II C 2, 41 III B 2
Larissa, O. i. Thessalien 18/19 I C 2, 54/55 I G 5, 71 II B 4, 102/103 I H 6, 130/131 I G 4
Laroche, Lixus 38/39 II A 2
La Rochelle 68/69 III B 2, 104 I B 3, 111 I F 1, 156/157 II F 2, 156/157 III A 3
Larsa, Sinkara 6 III C 2, 6 IV C 2
Larymna 18/19 IV B 1
Las, Laas 18/19 I C 5
Lasaia 10 III B 2
Lascaux 1 IV B 2
Laschio 136 II A 1
Lascuta 38/39 II A 2
Lasem 135 II C 1
Lasen, V. 134 I C/D 3
La Serena 118 III D 4
Lashio 158 I B 3, 158 II B 3
Lasion 18/19 I B 4
La Skirra 163 III C 2
Laskowitz 77 III B 1
Las Palmas, Bm. 88/89 I A 6
La Spezia, s. Spezia
Lassithi, Geb. 10 I B 1
Laßwitz 77 III B 1
Latakia, Laodikeia, O. u. Ldsch. 150/151 I G 5
Lateinamerikan. Freihandelszone, Lafta 166/167 III
Lateinisches Kaiserreich 64/65 II D 2/3, 66 II E 3
La Tène, O. 24 I C 3
La Tène-Kultur 14/15 I B/C 2, 24 I
Lateran, Papstsitz i. Rom 45 I u. II
Lathrippa, Jathrib, Medina 42/43 I F 4
Latini, Latiner, V. 24 II F 4, 32 II
Latinisches Recht 25 I
Latino-Falisker 5 II C 3, 30/31 I u. II
Latium, Ldsch. 16 II B 2, 30/31 II
Latium et Campania, Regio Italiae 30/31 I C—F 3/4
Latmos, Geb. 13 III B 1/2
Lato 10 III C 1
Latobici, V. 38/39 I B/C 1
Latopolis, Esne 6 I A 2
Lattakie, s. Laodicea 38/39 I G 3
La Trappe, Kl. 87 II B 3
Lauban 68/69 I H 3, 122/123 I F 3
Lauenburg, Sachsen-L., Hzm. 68/69 I F 2, 122/123 I D 2, 129 I D 2, 129 II E 2
—, O. a. d. Elbee 70 I D 1, 122/123 I D 2, 161 I u. V
Lauenburg, O. i. Pommern 75 C 3, 96/97 I I 2, 113 D 4, 122/123 I G 1
Lauf 81 I
Laufamholz 81 I
Laufen, O. a. d. Salzach 128 I D 3
Laufenburg 83 III B 2
Lauffen, O. a. Neckar 96/97 I E 5
Laugerie 1 IV B 2
Laun 106/107 III A 2
Laupen 80 II B 2
Laupheim 96/97 I E 5
Laureion, Geb. 13 I C 2
Laurentes, Ager Laurens 30/31 I C 3, 30/31 II A 2
Lauriacum, Lorch, a. d. Donau 38/39 I B 1
Lauro-Laurentum 30/31 II A 2
Laus, Lodi 36 D 3, 63 I B 2
Lausanne, Bm. 88/89 II B 2
—, Bm. Territ. 68/69 I D 5
Lausanne, Lousanna, O. 37 I A 3, 80 II A 2, 130/131 II A 1
Lausigk 77 II
Lausitz, Niederlausitz, s. auch Niederlausitz, Oberlausitz
Mark, Mgft. 58/59 I K/L 3, 61 II B 1, 66 I D 1, 68/69 I G/H 3, 70 I D 1, 92/93 II B/C 2/3, 102/103 I F 3, 104 II B 2, 115 I C/D 2
Lausitzer Kultur 4 IV, 5 I u. II
Laussel 1 IV B 2
Lautenthal, Bg. O. 86 I A 1
Lauter, Fl. i. d. Pfalz 80 I C 2
Lauter, Fl. i. Württemberg 120 V B/C 1
Lauterberg, Bg. O. i. Harz 86 I A 1
Lauterburg, O. i. Elsaß 78 III B 3
Lauterecken 114 D 3
Lautlingen 40 II B 3
Lavant, St. Andrä, Bm. 88/89 II C 2
—, Bm.-Territ. 68/69 I H 5
Lavaur 66 I B 3
Lavernae 30/31 I D 2
La Vilette 109 IV
Lavinium 30/31 II A 2
Lawra, Athos-Kl. 45 VI B 2
Laxenburg, O. 68/69 I I 4
Layh 81 I
Lazen, V. 34/35 I G 2, 49 I F 2
Lazika, Ldsch. 50/51 F 3
Lea, Fl. b. London 109 I
Lea, Fl. b. St. Albans 40 IV
Leadgate 142 I A 2, 142 II A 2, 142 III A 2
Leal 68/69 II B 1
Leba, O. 122/123 I G 1
Lebadeia 18/19 IV A 2
Lebedos, Ptolemais 18/19 I G 3, 22/23 II A 2
Lebena 10 III B 2
Lebinthos, Ins. 18/19 I G 4/5
Lebus, Bm. 88/89 II C 1
—, Bm., Territ. 96/97 I H 3
Lebus, O. 58/59 I L 2, 68/69 I H 2, 121 I
Lebusa, Burg 58/59 I K 3
Lecce 63 I G 4
Lech, Licca, Fl. 37 I C 2/3, 68/69 I F 4/5, 128 I C 2/3
Lechaion 18/19 I C 4
Lechen, Polen, V. 50/51 C 2
Lechfeld, Ldsch. 58/59 I I 4
Le Creusot 147 D 4
Lectoure, Bm. 58/59 I D 7
Ledon 18/19 IV A 1
Ledosus, Lezoux 36 C 3
Leeds 110 B 2
Leer 83 I B 1, 122/123 I B 2
Leese 37 II B 1
Leeuwarden 78 IV B 1, 104 III B 1
Leeward-Ins. 138/139 I F 4
Legelshurst 77 I A 1
Legio VII, Gemina, Leon 38/39 II A 1
Legio Ratisbona, s. Castra Regina, Regensburg 40 II F 2/3
Legnago 130/131 III C 2
Legnano 63 I B 2
Leh 163 I B 1
Le Havre 54/55 II B 2, 110 C 3
Lehnin, Kl. 88/89 III B 1
Leicester, Bm. 52 I B 2
Leicester, Ratae, O. 36 B 2, 54/55 I B 2, 57 II B 2, 102/103 I C 3
Leiden 85 II C 1, 104 I C 2, 104 III B 1
Leighlin 52 I A 2
Leine, Fl. 37 I B/C 1, 81 III A 1—3, 126/127 II B 1/2
Leiningen, Fsm. zw. Neckar u. Main 128 I B 2
Leiningen, Gft. i. d. Pfalz 81 II A/B 2, 122/123 I B/C 4
Leinster, O. u. Gft. 110 A 2
Leipsydrion 13 I B 1

Leipzig, O. 68/69 I G 3, 75 B 4, 77 II, 122/127 I E 3, 126/127 III D 2, 141 I C 2, 141 II C 2, 145 II
—, Universität 91 V C 1
Leipziger Messen 83 V C 2
Leise, Leithra 50/51 C 2, 60 I G 2
Leisnig 62 II D 2
Leith 110 B 1
Leitha 58/59 II C 2, 58/59 III D 1/2
Leithra, Leire 50/51 C 2, 60 I G 2
Leitmeritz 75 B 4, 122/123 I F 3
Leitomischl, Bm. 88/89 II D 2
Leitomischl, O. 58/59 I M 4
Leitschou 136 I D 4
Lek, Fl. 95 C 2, 96/97 III a—d, 126/127 IV B 2
Lekton, Kap 18/19 I G 2
Lelantische Ebene 18/19 D 3
Lelantos 18/19 I D 3
Leleger, V. 10 II E 2/3
Lelm 56 VI A 2
Lelów 82 I C 2
Leman, Dép. 122/123 III C 2
Lemanore 36 C 2
Le Mans, Bm. 88/89 I C 4
Le Mans, Suindinum, O. 36 C 3, 49 II B 1, 58/59 I D 4, 122/123 II B 1, 156/157 III B 3
Lemanus Lacus, Genfer See 37 I A 3
Lemba 34/35 II B 3
Lemberg, Ebm. 71 I B 3, 88/89 I G 4
Lemberg, NS-Distrikt 155 I E/F 2/3
Lemberg, Lviv, Lwow, O. 75 E 4, 113 E 5, 115 I E 3, 148 I F 4, 150/151 I F 4, 155 I F 3, 156/157 III D 3, 160 III D 3
Lembet, Sindos 18/19 II C 2
Lemgo 37 II A 1
Lemincum 24 II B 2
Lemnos, Lemnus, Limnus, Ins. 18/19 I F 2, 64/65 I D 3, 64/65 II D 3, 70 II E 3, 92/93 I H 6, 112 I C 2, 145 V C 3, 145 VI C 3
Lemonum, Limonum, Poitiers 29 I B 2
Lemsal 68/69 II C 2, 75 E 2
Le Moustier 1 III C 2
Lemovices 29 I B 2
Lemovier, V. 41 I B/C 2
Lena, Fl. 98/99 I L—N 1/2, 105 III E/F 1/2
Lengefeld, O. b. Mühlhausen 77 IV A 1
—, Bg. O. i. Erzgeb. 86 I B 1
Lengyel, O. 2 I C 2
Lengyel-Kultur 2 I C/D 2
Leningrad, Petrograd, St. Petersburg 149 III C 3, 156/157 I G 3, 156/157 III E 2, 160 IV C 4
Leninsk-Kusnezk 159 II F 2
Lenkai 18/19 I G 3
Lenne, Fl. 126/127 II A/B 2
Lens 110 C 2, 148 II B 1
Lentia, Linz 38/39 I B 1
Lentschiza, Lentschitz 60 I H 3, 122/123 I H 2
Lenzburg 81 II B 3
Lenzen 58/59 I I 2
Leoben, Bg. O. 86 I C 3, 122/123 I F 5
Leobschütz 75 C 4
Leon, Bm. i. Spanien 88/89 I A 5
—, Kgr. 57 I B 3, 64/65 I A 2, 64/65 II A 2
—, Legio VII Gemina, O. i. Spanien 38/39 II A 1, 64/65 I A 2, 64/65 II A 2, 102/103 I B 5
—, O. i. Mittelamerika 100/101 VII A 2
—, span. Prov. 130/131 I A/B 3
Leonidas-Hügel 18/19 III
Leontes, Lita, Fl. 34/35 II B 1
Leontinoi, Leontini 17 I D 3
Leontion 18/19 I B/C 3/4
Leontopolis 6 I A 1
Leopoldstadt, O. a. d. Waag 106/107 I I 5, 112 II B 1
Leopoldstadt, Ot. v. Wien 109 V
Leopoldville 132 I C 4
Leostadt, Ot. i. Rom, Plan 45 I u. II
Lepanto 92/93 I G 6, 112 I C 2
Lepinus mons, Geb. 30/31 II B/C 2
Lepontii, Lepontier, V. 37 I B 3
Lepreon 18/19 I B 4
Lepsia, Ins. 18/19 I G 4
Lepte, Syrias promontorium, Kap 38/39 VI F/G 2
Leptis, Leptis magna, O. i. Libyen 11 II C 2, 14/15 I C 3, 48 I C 3, 48 II C 3
Leptis, Leptis-minor, O. i. Libyen 11 B/C 2, 20 I B 3
Le Puy, Bm. 88/89 I C 4
Le Puy, O. 54/55 I C 4
Le Quesnoy 114 B 2
Lerida, Bm. 88/89 I C 5
Lerida 54/55 I C 4, 64/65 I B 2, 102/103 I D 5, 154 V C 1
—, Universität 91 V B 2
Lérias, Kl. 87 I D 3
Lérins, O. 44 II B 2
Lerna 4 VII A 2, 18/19 I C 4
Leros, Ins. u. O. 18/19 I G 4, 150/151 I F 5
Lesbos, Lesbus, Mytilini, Ins. 18/19 I G 2, 54/55 I H 5, 70 II E 3, 92/93 I H 6, 112 I C 2, 145 V C 3, 145 VI C 3
Lescar, Bm. 88/89 I B 5
Les Combarelles 1 IV B 2
Lesghische Völker 134 I
Lesgier, V. 112 I E 1
Lesina, Bm. 88/89 I F 5
Lesina, Ins. 94 I u. II G 3
Leskowatz 145 V B 2
Lesur, Lieser, Fl. 40 VI A 1/2
Lesum, Kl. 58/59 I H 2
Lete, Saratsi 18/19 II C 2
Lethaios, Fl. 10 III B/C 1
Letitschew 75 E 4
Letocetum 36 B 2
Letopolis 6 I A 1
Letrinoi 18/19 I B 4
Letschin 121 III u. IV
Letten, O. b. Nürnberg 81 I
Letten, V. 57 I E 2, 74 II B/C 2, 150/151 II, 160 I u. II
Lettgaller, V. 50/51 D 2, 74 II C 2
Lettland, Rep. 149 III B 2, 150/151 I F 3
—, SSR. 155 II D 1, 156/157 I F 3
Leuben (Burgward) 56 IV
Leubus, Kl. 88/89 III C 1, 106/107 I I 4
Leuchtenburg, Burg 68/69 I G 4
Leuci, V. 36 D 3
Leuka, Geb. 10 III A/B 1
Leukas, Leucas, Ins. u. O. 18/19 I A 3, 145 V B 3
Leukates, Kap 18/19 I A 3
Leuke, Ins. 10 III D 2
Leuke, O. 18/19 I C 5
Leuke Kome 26/27 I E 3, 34/35 I F 4, 46/47 I B 4
Leukonoë 13 I B 1
Leukopetra, Kap 17 I D 2/3
Leukos-Limen, Weißer Hafen, Koseir 26/27 I E 3, 29 II B 2
Leuktra 18/19 IV B 2
Leuktron 18/19 I C 5
Leuna 153 II
Leusaba 38/39 I C 2
Leuthen 116/117 III, 122/123 I G 3
Leutkirch, RSt. 68/69 I F 5, 81 II C 2, 122/123 I D 5, 128 I B 3
Leutschau 75 D 4, 86 I F 2, 112 II D 1
Leutzsch 77 II
Leva, O. 106/107 I K 5
Levantehandel 85 III
Leventina, Ldsch. 80 II C 2
Leversum 56 V B 1
Lewes, Kl. 87 I B 1
Lewin 121 III u. IV
Lexovii, V. 29 I A/B 1
Leyen, v. d., Fsm., Hft. Hohengeroldseck 124 I B/C 2, 128 I A 2
Leyen, Gft. v. d., i. Pfalz 122/123 I B 4
Leyer-Berg 56 III
Leyte 158 II D 4
Lezoux, Ledosus 36 C 3
Lezuza, Libisosa 38/39 II B 2
Lhasa 46/47 IV D 4, 72/73 I C 3, 136 I C 4, 137 III B 2, 162 II B 2
Liamone, Dép. (Corsica) 122/123 III
Liampo 98/99 I N 5
Liang, Ldsch. 46/47 I H/I 3
Lianokladi 4 VII A 2, 10 II C 2
Liaojang, Liaoyan 72/73 I F 1, 138/139 VI B 2
Liao-Reich (östl.), Kitan-Reich, Chitai 72/73 I D—G 1
Liao-Reich (westl.), Kitan, Kara-Chitai 72/73 I A—C 1/2
Liaoyan, Liaojang 72/73 I F 1, 138/139 VI B 2
Liautung, Halbinsel 136 I F 2/3
Libanon, Geb. 8 IV B 1/2
Libanon, Mandat, Staat 150/151 I G 5, 162 III C 1, 164/165 III, 166/167 I, 168
Libanon (Mütessaryflyk) 130/131 I K 4/5
Libarna 24 II D 2
Libau, Liepaja 75 D 2, 104 IV B 2, 119 C 3, 150/151 I F 3, 156/157 I F 3, 156/157 III D 2
Liberia, Liberien, Staat 132 I B 3, 162 III A 2, 164/165 III, 168
Libisosa, Lezuza 38/39 II B 2
Libitz 60 I H 3
Libna 8 III A 3
Libreville 132 I C 3
Libu, Libyer, V. 3 II C/D 3/4
Liburni, Liburner, V. 24 II F 3, 24 II G 2
Libya, röm. Prov. 38/39 I D 4
Libya inferior, Libya superior (röm. Provinzen) 42/43 I E 3/4
Libyen, Putujaman, Ldsch. 9 III B 3, 22/23 I C/D 2/3, 50/51 D 4
Libyen, ital. Kol. 132 I C/D 2, 156/157 I E/F 5
Libyen, Staat 162 III B/C 1, 164/165 III, 166/167 I, 168
Libyer, V. 3 I B—D 3/4, 9 I B 3
Libysche Wüste 138/139 IV A/B 2/3
Licata 17 I B 3
Licates, V. 37 I C 2/3
Licca, Lech, Fl. 37 I C 2/3
Lichfield, Bm. 52 I B 2
Lichtenberg, O. i. Berlin 143 II
Lichtenfels 128 I C 1
Lichtenhof 81 I
Lichtenrade 143 II
Lichtenthal 140 IV B 1
Lichterfelde 143 II
Licordia 17 I C 3
Lida 75 E 3
Lidice 155 II C 1
Liebenau 77 III A/B 1/2
Liebenburg 58/59 V A 1
Liebenstein, Frhr. v., Reichsritter 120 V B 1
Liebingerode, Wüstung 140 Ia u. Ib
Liechtenstein, Fsm. 80 II D 1, 130/131 II B 1
Liegnitz, Fsm., Hzm. 96/97 I H/I 4, 105 I D/E 2, 122/123 I G 3
Liegnitz, O. 68/69 I I 3, 115 I D 2
Lienz, Aguntum 49 III C 2, 68/69 I G 5, 96/97 I G 6, 115 I C 3
Liepaja, Libau 150/151 I F 3
Lier 104 III B 2
Lieser, Lesura, Fl. 37 I A 1/2, 80 I B 1/2
Liestal, O. 130/131 II A 1
Lietzegöricke 121 III
Liga der arabischen Staaten 166/167 I
Liger, Fl. Loire 36 B/C 3
Ligurer, Ligures, V. 3 I B 2, 24 I C 3, 24 II B/C 3
Ligures Baebiani, O. i. Apulien 30/31 I E 3
Ligures Corneliani, O. i. Apulien 30/31 I E/F 3
Liguria, Regio Italiae 36 D 4
Liguria et Aemilia, röm. Prov. 42/43 I C/D 2
Ligurische Castellieri 24 II C—E 2
Ligurische Kultur 5 I B 3
Ligurische Republik 124 II A/B 1/2
Ligusticum mare, Ligusticus sinus, Ligurisches Meer 24 II A—D 3/4, 124 II A/B 1/2
Ligyer, V. 14/15 VI
Lihyan, Ldsch 34/35 I F/G 4
Lilaia 18/19 I C 3
Lille, Rijssel 85 II B 2, 95 B 2, 104 I C 1, 104 III A 2, 114 B 2, 148 II B 1
Lillehammer 156/157 I E 2
Lillo, Fort u. O. 143 Ia u. Ib
Lilybaion, Lilybäon, Lilybaeum 17 I A 3, 48 II C 3
Lima 118 III D 3, 133 II B 2
Limasol 64/65 I E 3, 64/65 II E 3
Limburg. Amt a. Lahn 80 I D 1
—, O. a. Lahn 122/123 I C 3
Limburg, belg. Prov. 126/127 IV B 2
Limburg, Bm. a. Lahn 145 I, 161 VI
Limburg, Limpurg, Gft. i. Schwaben 115 I B 3, 122/123 I C 4, 128 I B 2
Limburg, Hzm. 68/69 I C/D 3, 95 C/D 2, 96/97 I C/D 4, 104 III B/C 2
Limburg, Kl. a. d. Hardt 58/59 I H 4
Limburg, ndld. Prov. 126/127 IV B/C 2
Limburg, O. u. Hzm. 95 C/D 2
Limburg, Pfalz i. Schwaben 62 II B 3
Limehouse, O. 109 I
Limerick 60 I C 3, 102/103 I B 3
Limes, römische Grenzsicherung i. Africa u. Numidien 34 III
—, i. Britannien 40 I
—, i. Germanien 40 II u. III
Limes Saxoniae, Grenze Sachsens 58/59 I I 1/2
—, i. Syrien 41 III
—, Traiani i. Dacien 38/39 I D 2
Lim-Fjord 60 I F 2
Limmat, Fl. 130/131 II B 1
Limnai, O. i. Messenien 18/19 I C 4
Limnai, Spartiatendorf 12 VII
Limnai, O. (thrak. Chersones) 18/19 I G 1
Limnaia 18/19 I B 3
Limnaion 18/19 I B/C 2
Limnos, Ins., s. Lemnos 130/131 I H 4
Limoges, Bm. 88/89 I C 4
—, Augustaritum, O. 36 C 3, 54/55 I C 3
—, Gft. 110 C 3
—, Kl. 87 I C 2
Limonum, Lemonum, Poitiers 36 C 3
Limousin, Gouv. 122/123 II B 2
Limousin, Gft. 58/59 I D/E 6
Limpopo, Fl. 138/139 II B/C 2
Limpurg, Limburg, Gft. i. Schwaben 115 I B 3, 122/123 I C 4, 128 I B 2
Limyra 9 II D 2, 20 I F 3
Linares 150/151 I C 5
Lincoln, Bm. 88/89 I B 3
Lincoln, Lindum, O. 36 B 2, 57 II B 2, 85 II A 1
Lindau, RSt. 80 II D 1, 122/123 I C 5, 128 I B 3
Linden, O. a. Ruhr 142 IV B 2, 142 V B 2
Lindenau 77 III B 1
Lindenhorst 142 IV B 1, 142 V B 1
Lindennaundorf 77 II
Lindenthal 77 II
Lindisfarne, Kl. 52 I B 1, 54/55 I B 1
Lindos 10 II F 3
Lindsey, Ldsch. 52 I B 2, 54/55 I B 2
Lindum, Lincoln, O. 36 B 2
Linearbandkeramik 2 I B—D 1/2
Lingayen 158 II D 4
Lingen, O. 115 I B 2
—, Gft. 122/123 I B 2
Lingolsheim 77 I A 1
Lingones, V. i. Gallen 36 C/D 3
Lingones, V. a. Po 25 I C 1
Lingones, Langres, O. 42/43 I C 2
Linköping, Bm. 88/89 I F 2
Linköping, O. 75 B 2
Linksradikale Aufstände in Deutschland 153 II
Lintorf 56 V A 2
Lin-tun, Ldsch. 46/47 I L 3
Linz, Lentia, O. 38/39 I B 1, 49 III D 1, 58/59 II B 1, 122/123 I F 4, 155 I C 3, 160 III B 3
—, Messen 83 V C 3
Lipan 92/93 II C 3/4
Liparae Insulae 17 I C 2, 63 I E 5
Liparia, Lipara, O. 17 I C 2
Liparische Inseln 17 I C 2, 63 I E 5
Lipno 122/123 I H 2
Lippe, evang. Landeskirche 161 VII
Lippe, Lupia, Fl. 37 I A/B 1, 52 II B/C 2, 56 V A—C 1, 126/127 II A/B 2, 142 IV A—C 1, 142 V A—C 1
Lippe, Gft. 68/69 I E 2/3
Lippe, Lippe-Detmold, Gft., Fsm. 122/123 I C 2/3, 126/127 II B 1/2, 128 III, 129 I C 2/3, 129 II D 2/3
—, Ld. (Rep.), s. auch Schaumburg-Lippe 152 II C 2/3
Lippe-Seiten-Kanal 142 V A—C 1
Lippenhausen, Wüstung 77 IV A 2
Lippramsdorf 142 IV B 1, 142 V B 1
Lippspringe 54/55 I D 2
Lippstadt 126/127 II B 2, 156/157 III B 2
Lipsokutali, Psyttaleia, Ins. 14/15 IV A 2
Liri, Liris, Fl. 30/31 I D 3, 53 I B 3
Liria 38/39 II B 2
Lischt 6 I A 2
Lisieux, Bm 88/89 I C 4
Lisieux, O. 54/55 II B 3
Lismore, Bm. 88/89 I A 2
Lissa, Ins. 130/131 I F 3
Lissa, O. i. Posen 96/97 I I 4, 105 I E 2, 106/107 III B 2
Lissa, O. i. Schlesien 122/123 I G 3
Lissabon, Ebm. 88/89 I A 6
Lissabon, s. auch Olisipo, O. 38/39 II A 2, 48 II A 3, 50/51 A 4, 64/65 I A 3, 102/103 I B 6
—, Universität 91 V A 3
Lissos, Lissus, O. i. Dalmatien 20 I C 2, 38/39 I C 2
Lissos, O. a. Kreta 10 III A 1
Lita, Leontes, Fl. 34/35 II B 1
Litarba 41 III B 1
Litauen 67 III C/D 1/2
—, Gfsm., eigentliches 71 I B/C 1/2
—, Gfsm. 71 III D/E 1, 113 E—G 3/4
Litauen, Rep. 148 I F/G 2, 149 III B 2, 150/151 I F 3
—, SSR. 155 II D 1, 160 III D/E 1/2
Litauen-Polen, Unionskgr. 92/93 I F—K 2/4
Litauer, V. 50/51 D 2, 67 III, 106/107 III, 150/151 II, 160 I u. II
Liternum 30/31 I E 4
Little Rock, O. 133 III D 3
Litus Saxonicum, Ldsch. 42/43 I B/C 1/2
Litzmannstadt, Lodz 155 I D 2
Liudewit, Fsm. i. Pannonien 58/59 II C/D 3
Liutizen, Wilzen, V. 54/55 I E 2, 58/59 I K 2
Liu-tschiu, Formosa, Ins. 72/73 II M 5
Livadia, O. 130/131 I I 3
Livadien, Ldsch. 102/103 I H 6, 130/131 I G 4
Liven, V. 50/51 D 2, 74 II C 2
Liverpool 110 B 2, 138/139 I I 2
Livingstone, O. 138/139 II B 1
Livland, Ldsch. 68/69 II
Livland, poln. 104 IV C 1/2, 113 E/F 3
—, poln. Restgebiet 116/117 I I 2
Livland, russ. Gouv. 119 C/D 3, 149 I B 2
Livland, schwed. 113 E/F 3
Livno 145 V A 2
Livorno 63 I C 3, 130/131 I E 3
Lixos, Lixus, Laroche 38/39 II A 2, 11 II A 2
Ljubljana, Laibach 150/151 I E 4
Ljusne-Älv, Fl. 113 C/D 2
Llandaff, Bm. 88/89 I B 3
Llandaff, O. 52 I B 2, 110 B 2
Loanda 132 I C 4
Loango, Ldsch. 98/99 IV
Löbau, O. i. Kulmerland 67 III B 2, 96/97 I K 3, 122/123 I H 2, 124 I E 1
Löbau, O i. Oberlausitz 68/69 I H 3, 92/93 II C 3
Lobbes, Kl. 87 I C 1
Lobedau 77 III B 2
Lobenfeld, Nediensium, Vicus 40 II B 2
Lobenstein 122/123 I D 3
Lobetani, V. 38/39 II B 2
Lobkowitz 96/97 I H 4, 106/107 I H 4
Lobositz 122/123 I F 3
Löbschütz 77 II
Locarno 80 II C 2, 94 I C 1, 94 II C I, 150/151 I D 4
Loccum, Kl. 88/89 III A 1
Lochham 5 I C 3
Lochias, Kap b. Alexandreia 26/27 V
Lochleven 102/103 I C 2
Lochstädt 121 II

Locri, Lokri, Lokroi 17 I E 2
Locus Felicis, Mauer, O. 44 I C 2
Lodève, Bm. 88/89 I C 5
Lodi, Bm. 88/89 II B 2
Lodi, Laus, O. 36 D 3, 63 I B 2, 124 I C 3
Lodka, Fl. 121 VII
Lodka, Ot. v. Lodz, Plan 121 VII
Lodomerien, Kgr. 115 I E/F 3
Lödöse 84 I C 2
Lodz, Litzmannstadt 141 I D 2, 141 II D 2, 148 I E 3, 150/151 I E 3, 155 I D 2, 156/157 I E 3, 156/157 III C 2
—, Plan 121 VII
Lofot-Ins. 57 I D 1
Lohe 81 I
Loir et Cher, Dép. 122/123 III B 1/2
Loire, Dép. 122/123 III B/C 2
Loire, Liger, Fl. 36 B C 3, 49 II A—C 2, 110 B/C 3
Loire inférieure, Dép. 122/123 III A 2
Loire-Schlösser 90 II A/B 2
Loiret, Dép. 122/123 III B 1/2
Lo-jang 46/47 IV F 3
Lokri, Lokroi, O. 17 I E 2
Lokris Eoia, Ldsch. 18/19 I C/D 3
Lokris Ozolis, Ldsch. 18/19 I B/C 3
Lokroi, Lokri 17 I E 2
Lolland, s. Laaland, Ins. 122/123 I D 1
Lombardei, Ldsch. 63 I A—C 1—3
Lombardei, österr. u. ital. 126/127 I E/F 4, 130/131 III B/C 1/2
Lombardenbund 66 I
Lombok, Ins. 135 II D 2
Lome 132 I C 3, 162 III B 2
Lommatzsch 56 IV
Lomza, Lomscha 67 III C 2, 124 I F 1, 148 I F 3
Lond, Kl. 88/89 III C 1
Londa 25 II B 1
London, Bm. 88/89 I B 3
Londinium, London, O. 36 B/C 2, 54/55 I B 2, 57 I B/C 2, 57 II B 2, 110 B 2
London (s. auch Londinium), Plan 109 I
—, Stalhof (Hansekontor) 84 I A 3, 84 II A 3
Londonderry, Derry 110 A 1/2
Lone, Bg. 143 III
Longa 18/19 I B 5
Longleat House, Burg 90 II A 1
Longula 30/31 II B 2
Longwy 95 C 3, 126/127 IV B 3, 148 II C 2
Lons 95 C 4
Loos 148 II B 1
Lopodunum, Ladenburg, Civitas Ulpia Sueborum Nicretum 40 II B 2
Lorca, Eliocroca 38/39 II B 2
Lorch, Lauriacum, O. a. Donau 38/39 I B 1, 54/55 I E 3, 58/59 II B 1
Lorch, O. a. Rhein 54/55 II E 2
Lorch, O. i. Schwaben 40 II C 3
Lörchingen, Vicus Saravus 37 I A 2
Lord Howe Ins. 138/139 I R 6
Lorenzer Wald, b. Nürnberg 81 I
Loreto 53 I B 2
Lorettohöhe 148 II B 1
Lorient, L'Orient 60 I D 4, 110 B 3, 156/157 II F 2, 156/157 III A 3
Lorium 30/31 II A 2
Lörrach 122/123 I B 5
Lorsch, Kl. 54/55 I D 3, 87 I D 2
Losaneusis Lacus, s. Lemanus Lacus 41 IV
Los Angeles 118 III B 1, 133 III B 3
Loslau Hft. u. O. 122/123 I H 3/4
Los Millares, O. 2 II A 3
Los Millares-Kultur 2 II A 3
Losodica, Munningen 40 II D 3
Lossendorf, Wüstung 56 VI B 1
Lot, Dép. 122/123 III B 2
Lot, Fl. 58/59 I D/E 6
Lot et Garonne, Dép. 122/123 III B 2
Loteva, Luteva, Lodève 42/43 I C 2
Lotharingien, s. Lothringen 54/55 III A—C 1—4
Lothian, Ldsch. 57 II B 1
Lothringen, Ldsch. 152 II B 4, 155 I A 3
Lothringen, Stammes-Hzm. 54/55 III A—C 1—4, 58/59 I F/G 2—5
—, Hzm. (Territor.) 68/69 I D 4, 95 D 3/4, 114 D 3 s. auch Lothringen, Ndr.-, Ober-Lothringen
Lothringen u. Bar, frz. Gouv. 122/123 II C 1
Lötzen 148 I F 3
Loudun 58/59 I D 5
Louis, Fort 114 E 3
Louisburg 116/117 II E 2
Louisiana, amer. Territ. 125 II, 133 I D 3
—, amer. Staat 133 III D/E 3/4
Louisiana, frz. u. span. Territor. 111 I B 2, 115 II B 2/3, 116/117 II B/C 3, 118 III C 1
Louisville 133 III E 3
Lou-lan 46/47 I G/H 2, 72/73 I C 1
Lourenço Marques 132 I D 5, 138/139 II C 2
Lousanna, Lausanne 37 I A 3
Louth 52 I A 2
Lowat, Fl. 75 F 2, 113 G 3, 156/157 I G 3
Löwen, O. 57 I C 2, 68/69 I C 3, 78 IV B 2, 85 II C 2, 104 III B 2, 105 I B 2, 126/127 IV B 2, 148 II C 1
—, Universität 91 V B 1
Löwenberg, Bg. O. 75 B 4, 86 I C 1
Lowicz, Lowitsch 113 D 4
Lowtschen, Bg. 148 I E 5
Loyalty-Ins. 100/101 VIII D 4
Lo-yang, Tschöng-tschou 3 IV B 2, 46/47 I K 3
Loyola, Schloß 102/103 I C 5
Lozère, Dép. 122/123 III B 2
Lu, O. 46/47 I K 3
Lu, Staat 3 IV B 2
Luanda 162 III B 3
Lubartow 106/107 III C 2
Lübben 106/107 I G 4, 106/107 III A 2
Lübeck, Alt- 60 I G 3
Lübeck, evang. Landeskirche 161 VII
Lübeck, Bm. 88/89 II C 1
—, Bm. Territ. 68/69 I F 1/2
—, Fsm. 122/123 I D 1/2
—, RSt. 68/69 I F 2, 75 A 3, 84 I C 3, 84 II C 3, 129 I D 2, 129 II E 2, 152 II D 2, 161 IV B 1, 161 V B 1
—, —, Plan 79 VI
—, Markt, Plan 82 II
Lübecker Recht 75
Lublin 67 III C 2, 75 D 4, 113 E 4, 115 I E 2, 156/157 III D 2
Lubliner Union Polen-Litauen 102/103 I G—L 2—4
Lublinitz 122/123 I H 3
Lübsow 36 E 2
Luca, Lucca 30/31 I A 1
Lucani, Lukaner, V. 20 I C 2, 24 II G 4, 30/31 I F/G 4
Lucania, Regio Italiae 30/31 I F/G 4
Lucca, Bm. 88/89 II C 3
—, Fsm., Hzm. 124 I C 4, 130/131 I E 3
—, Rep. 68/69 I F 7, 94 I D 2/3, 94 II D 2/3, 124 II B 1/2
Lucca, O. 30/31 I A 1, 63 I C 3
Lucentum, Alicante 38/39 II B 2
Lucera, Luceria 30/31 I F 3, 63 I E 4
Lüchow 122/123 I D 2
Luckenwalde 122/123 I E 2
Luçon, Bm. 88/89 I B 4
Lucrinus Lacus, See 30/31 III B 1
Lucus Angiliae 30/31 I D 3
Lucus Asturum, Oviedo 38/39 II A 1
Lucus Augusti, Lugo 38/39 II A 1
Lucus Feroniae 30/31 II B 1
Lucus Fratrum Arvilium, Heiligtum 30/31 II A 2
Lüdenscheid 122/123 I B 3
Lüderitz 144 V A 2
Lüderitzbucht, Angra Pequena, O. 132 I C 5, 138/139 II A 2
Ludersheim 81 I
Lüdinghausen 56 V B 1, 122/123 I B 3
Ludwigsburg 122/123 I C 4
Ludwigshafen 141 II B 3
Ludwigslust 122/123 I D 2
Ludwigstadt 161 I u. V
Luftkorridore 160 III, 161 I u. IV
Luftkrieg (2. Weltkrieg) 156/157 I
Luga 50/51 A 3, 160 IV B 4
Lugano 80 II C 2
Lugdunensis (röm. Prov.) 36 B/C 3
Lugdunum, Lyon 36 C 3
Lugdunum, O. a. Garonne 36 C 4
Lugier, V. 41 I C 2
Lugh Ferrrandi 154 IV B 2
Lugo, Lucus Augusti 38/39 II A 1
Luguido 25 I B 3
Luguvallium, Carlisle 40 I B 2
Luhne, Fl. 77 IV A 1/2
Luisenstadt, Ot. v. Berlin 143 I
Luisenstädter Kanal 143 I
Luithagen 143 I b
Lukaner, Lucani, V. 24 II G 4, 30/31 I F/G 4
Lu-kiang, Saluen, Fl. 135 I D 2/3, 136 II A 1/2
Lukmanier-Paß 80 II C 2
Lukow 75 D 4
Luleå 113 E 1
Lülle Burgas 145 VI C 2
Lulubäer, V. 3 II F 3
Lumadjang 135 II C 2
Luna, O. 24 II D 2, 57 I C/D 3
Luna-Sarzana, Bm. 88/89 II B 3
Lund, Ebm. 61 I C 2, 88/89 I E 2
Lund O. 60 I G 2, 113 C 3
Lunda, Ldsch. 132 I C/D 4
Lundenburg 106/107 I I 5
Lundi Nala, Fl. 21 III
Lüneburg, Hzm. 122/123 I C/D 2
Lüneburg, O. 68/69 I F 2, 75 A 3, 122/123 I D 2, 156/157 III C 2
Lünen 56 V B 1, 142 IV C 1, 142 V C 1
Lunéville 58/59 I G 4, 114 D 3, 148 II D 2
Lunga, Ins. 94 I F 2/3, 94 II F 2/3
Lung-hsi 3 V A 2, 46/47 I I 3,
Lung-Pien 46/47 IV E 4
Lungtschou 136 I D 4
Luniniec 156/157 III D 2
Lupatia 30/31 I G 4
Lupia, Lippe, Fl. 37 I A/B 1, 41 II B/C 2
Lupiae, O. 30/31 I I 4
Luristan, Ldsch. 9 I G 3, 98/99 I E 4, 112 I E 2, 134 II C 2
Lurn 58/59 III B 2
Lusaka 162 III C 3
Lusia 12 V
Lusignan, Kgr. v. Cypern 66 II F 4, 71 III E 3
Lusignan, O. 58/59 I D 5
Lusitani, V. 38/39 II A 2
Lusitania, röm. Provinz 34/35 I B 2/3, 38/39 II A 1/2
Lusizer, V. 58/59 I K/L 3
Lusoi 18/19 I C 4
Lusones, V. 38/39 II B 1
Lut, Wüste 50/51 G 4
Lüta 164/165 I Q 3
Lutetia, Paris, s. auch Parisii 36 C 3
Luteva, Lodeva, Lodève 36 C 4
Lutheraner, Konfession 104 I u. II, 105 I
Lutherische Landeskirche Deutschlands 161 VII
Lutra 10 I A 1
Lutraki 10 I B 1
Lutsa 13 I C 2
Lutschanen, V. 60 I H 3/4
Lutter am Barenberge 106/107 I F 4
Lüttgendortmund 142 IV B 1, 142 V B 1
Lüttich, Bm. 88/89 II B 1
Lüttich, Bm.-Territ. 95 C 2, 104 III B 2, 114 C 2
Lüttich, O. 49 II C 1, 54/55 II D 2, 95 C 2, 114 C 2, 126/127 IV B 2, 148 I C 1
Lützelbach 40 II C 2
Lützelburg, s. Luxemburg 58/59 I G 4
Lützelstein 128 I A 2
Lützen 106/107 II
Luvier, V. 8 II B 2
Luxemburg, Hzm. 95 C/D 2/3, 102/103 I E 3/4, 115 I B 2/3
—, Grhzm. 126/127 IV B/C 2/3, 128 III, 129 I A/B 3/4, 129 II B/C 3/4, 148 II C/D 1/2, 155 I A 2/3, 164/165 III, 166 II u. III, 168
Luxemburg, Lützelburg, O. 58/59 I G 4, 95 D 3, 114 D 3, 152 II B 4
Luxemburg, belg. Prov. 126/127 IV B 2/3
Luxemburger, Herrscherhaus 68/69 I, 70 I, 71 II u. III, 92/93 II
Luxeuil, Kl. 52 II B 3,
Luxor 6 I A 2
Luzern, O. u. Kanton 80 II C 1, 130/131 II A/B 1
Luzk, Bm. 88/89 I H 3
Luzk, O. 67 III D 2, 75 E 4, 113 F 4
Luzon, Ins. 98/99 I N 6, 111 II F 2, 137 I D 4, 158 I D 4, 158 II D 4
Lwów, Lemberg, Lviv 150/151 I F 4
Lycaonia, Lykaonia, Lykaonien, Ldsch. 26/27 IV B 2, 34/35 I F 3
Lycia, s. Lykien, Ldsch.
Lycia et Pamphylia, röm. Provinz 38/39 I F 3, 42/43 II D/E 3
Lychnidus 38/39 I D 2
Lyck 124 I F 1
Lycus, Fl. 38/39 I G 2
Lydda 34/35 II A 3, 162 IV A 2
Lyder, V. 8 II A 2
Lyderreich 9 III C/D 1/2
Lydia, Lydien, Ldsch. 18/19 I H 2/3, 22/23 II A 2
—, pers. Satrapie 14/15 I D/E 3
Lykabettos, Bg. 12 VI
Lykaion, Geb. 18/19 I B 4
Lykaonia, Lycaonia, Lykaonien, Ldsch. 26/27 IV B 2
Lykastos 10 III C 1
Lykeion, T. b. Athen 12 V
Lykien, Lycia, Ldsch. 9 I C/D 2, 22/23 II A/B 2, 34/35 I E/F 3
Lykier, V. 8 II A/B 2
Lykische Schrift 9 II C/D 2
Lykoa 18/19 I B 4
Lykopolis, Assiut 6 I A 2
Lykosura 18/19 I C 4
Lyktos 10 III C 1
Lyngby 1 V B 1
Lynkestis, Ldsch. 18/19 I B 1, 20 II B 2
Lynkos, Geb. 18/19 I A/B 2
Lyon, Ebm. 88/89 I C 4
—, Messen 83 IV B 2
—, Luydunum, O. 36 C 3, 49 II C 2, 58/59 I F 6, 68/69 I C 6, 110 C 3
Lyonnais, Gouv. 122/123 II C 2
Lyrkeia 18/19 I C 4
Lyrnessos 18/19 I H 2, 10 II E 2
Lyrus, Fl. 34/35 I G 2/3
Lys, Dép. 122/123 III B 1
Lys, Fl. 104 III A 2
Lyse, Kl. 87 II B 1
Lysianka 75 F 4
Lysias, i. Phönikien 22/23 II C 2
—, i. Phrgien 22/23 II B 2
Lysimacheia, O. i. Aiolis 22/23 II A 2
Lysimachia, Lysimacheia, O. a. thrak. Chersones 18/19 I G 1
Lysimeleia-Sümpfe b. Syrakus 17 II
Lystra 38/39 I F 3
Maadi 3 II E 4, 6 I A 2
Maafir, Ldsch. 42/43 I G 5
Maagga 34/35 II C 1
Ma'an, Maan 64/65 IV A 5, 148 III A 2
Maardijk 106/107 I B 4
Maas, Mosa, Fl. 36 C/D 2/3, 54/55 II D 2/3, 58/59 I F 3/4, 95 C/D 2/3, 114 C/D 2/3
Maasmündung 96/97 IIIa—d
Maastricht, Bm. 88/89 II B 2
Maastricht, O. 54/55 II D 2, 78 IV B 2, 95 C 2, 104 III B 2, 126/127 IV B 2
Macao 98/99 I M 5, 111 II E 1, 136 I E 4
Macchia 25 II B 2
Machu Picchu 100/101 III B 3
MacDonald-Ins. 164/165 IV
Macedonia, röm. Provinz 28 I D 1, 38/39 I D 2
Macedonia, röm. Diözese 42/43 I D/E 2/3
Macedonien, Makedonien, Ldsch. 71 II B 3, 130/131 I G 3, 145 VI B 2, 153 V A 1
Maceio 156/157 II E 5
Macerata 53 I B 2
Machaerus 38/39 I G 4
Machatsch Kala 134 I F 2, 150/151 I H 4, 163 II C 2
Machern 77 II
Maciejovice 116/117 I H 3
Mackenzie, Fl. 133 I B/C 1/2
Mackenzie, Ldsch. 133 I B/C 1
Mâcon, Bm. 88/89 II A 2
—, Gft. 95 C 4
—, Matisco, O. 36 C 3, 58/59 I F 5, 114 C 4
Macquarie, Ins., brit. 138/139 I R 7
Macs, Pußta-Wüstung 140 V B 1/2
Mactaris 34/35 III B 1
Madagaskar, Ins. 98/99 IV, 111 II B 3/4, 132 I E 4/5
Madagaskar, Staat 162 III D 3/4, 164/165 III, 166/167 I u. III, 168
Madain, Ktesiphon 50/51 F 4
Mad'arovce 5 I C 3
Madaura, Madaurus 34/35 III B 1
Madeba 8 III B 3
Madeira, Ins. 98/99 IV, 132 I B 2
Madeira, Rio, Fl. 133 II B/C 2
Mäder, V. 20 II C 2
Madi 6 I A 2
Madiun 135 II C 1
Madjapahit, Reich 72/73 I D/E 6, 98/99 I K—N 7/8
Madjaren, Magyaren, s. Ungarn, V. 50/51 G/H 2, 57 I E/F 3, 112 II
Madnasa 18/19 I H 4
Madras 111 II D 2, 116/117 IV C 3
Madrid 86 II B 3, 130/131 I B 3, 154 V B 1
Madschdal 162 IV A 2
Madura, Ldsch. i. Java 72/73 I E 6, 135 II C 1
Madura, O. i. Südindien 46/47 I F 6, 135 I B 4
Madura, Sultanat i. Südindien 72/73 V B 3/4
Madytos 18/19 I G 1
Maeander, Maiandros, s. auch Menderes, Fl. 16 I D/E 2/3
Maedica, Ldsch. 38/39 I D 2
Maenuba 38/39 II B 2
Maeotis, Mäotis, Asowsches Meer 14/15 E 2, 38/39 I G 1
Maezaei, V. 38/39 I C 2
Mafeking 146 I D 4
Mafia, Ins. 132 I D 4
Mafra 116/117 I B 6
Magadha, Ld. u. Reich, s. Maghada
Magaga 6 I A 2
Magara, Neapolis v. Karthago, Plan 21 II
Magasa 10 I C 1
Magdalena, Rio, Fl. 100/101 VII B 3
Magdalénien-Kultur 1 IV
Magdeborn 77 II
Magdeburg, Ebm. 61 II B 1, 88/89 II C 1
—, Ebm.-Territ., Hzm. 68/69 I F 2, 115 I C 2, 122/123 I D/E 2/3
—, Kl. 87 I E 1
—, O. 54/55 I E 2, 58/59 I I 2, 68/69 I F 2, 105 I C 1, 106/107 II, 156/157 III C 2
—, Plan 79 V
Magdeburg-Anhalt, NS-Gau 155 I B/C 2
Magdeburger Recht 75 A 3
Magenta 130/131 III B 2
Magetobriga 29 I C 2
Maghada, Ldsch. 22/23 I K 3, 46/47 I G 4, 46/47 II E 4,
Maghar 6 II B 1, 6 IV B 1
Maghara, Wadi 6 I A 2
Maghrib, Ldsch. 50/51 A/B 4
Magia, Maienfeld 37 I B 3
Magidunum 40 III A 1
Magione 25 II C 1
Magiovinium 36 B 2
Maglemose 1 V C 1
Magliano, Heba 25 II B 2
Magnae, Carvoran, O. i. Nordengland 40 I B 2
Magnae, O. i. Wales 36 B 2
Magnesia, Ldsch. i. Thessalien 14/15 V A 2, 18/19, I C/D 2
Magnesia, O. a. Hermos 18/19 I H 3
Magnesia, Manisa, O. a. Mäander 18/19 I H 4
Magnitogorsk 150/151 I I 3
Magog, Fabelland 98/99 V
Magre 24 II E 2
Maguelonne, Bm. 88/89 I C 5
Maguellonne, O. 58/59 I E 7
Magula, Fl. 12 VII

Magyaren, Madjaren, s. Ungarn, V. 50/51 G/H 2, 57 I E/F 3, 112 II
Mahakosala, Ldsch. 46/47 III F/G 3
Mahalic 8 I A 2
Mahanadi, Fl. 135 I C 2
Mahanaim 8 III B 2
Maharraka, Hierasykaminos 29 II B 3
Mahayana, Lamaismus, nördl. u. östl. Buddhismus 72/73 IV, 137 III
Mahdi-Reich 138/139 III B 2
Mahé 135 I B 3, 162 II A 3
Mahlberg, O. 77 I A 2
Mahon, s. Port Mahon 154 V C 2
Mahra, Ldsch. 46/47 III D 4
Mahratten-, Marathen-Staaten 111 II C 2, 116/117 IV A—C 2/3, 135 I B 2
Mähren, Mgft., s. auch Großmährisches Reich 58/59 I L/M 4, 67 III B 3, 70 I E 2, 86 I C—E 1/2, 92/93 II C/D 3/4, 105 I D/E 2, 106/107 I H—K 5
Mährer, V. 54/55 I F 3, 56 II B 2
Mährische bemalte Keramik 2 I C 2
Mährisch-Neustadt 122/123 I G 4
Mährisch-Ostrau 141 I D 3, 156/157 III C 3
Mährisch-Trübau 122/123 I G 4
Maia, Meran-Obermais 37 I C 3
Maiach 81 I
Maiandros, Maeander, Menderes, Fl. 16 I D/E 2/3
Maidstone 110 C 2
Maienfeld, Magia 37 I B 3
Maikop, Erdölfeld 163 II C 2
Maikop, O. 2 II F 2, 134 I C 1, 156/157 I H 4
Mailand, Ebm. 88/89 II B 2
—, Hft. d. Visconti 68/69 I D—F 5/6, 94 I B—D 1/2
—, Hzm. 94 II B—D 1/2, 96/97 I E 7, 115 I B/C 3/4
—, Kl. 87 I D 2
—, Mediolanum 38/39 I A 1, 49 III A 3, 63 I B 2, 86 II D 2, 110 D 3, 124 I C 3, 130/131 III B 2, 156/157 III B 3
Maillezais, Bm. 88/89 I B 4
Main, Moenus, Fl. 37 I B/C 1/2, 68/69 I E/F 3/4, 122/123 I C/D 3/4, 128 I B/C 1/2
Maina, Ldsch. 130/131 I G 4
Mainake 11 II A 2
Mainalia, Ldsch. 18/19 I C 4
Mainalos, Geb. 18/19 I C 4
Mainalos, O. 18/19 I C 4
Maine, amer. Staat 133 III F/G 2
Maine, frz. Gouvernement 122/123 II A/B 1/2
Maine, Gft. 58/59 I C/D 4/5, 92/93 I B 4, 92/93 III B/C 1
Maine et Loire, Dép. 122/123 III A 2
Mainfranken, NS-Gau 155 I B 2/3
Mainhardt 40 II C 2
Maintenon, Schloß 116/117 I D 4
Mainz, Bm. 145 I, 161 VI
Mainz, Ebm. 52 II C 2, 88/89 II B 2
—, Ebm.-Territ., Kurfsm., Kur-Mainz 78 III B 2/3, 78 III C 1, 122/123 I B/C 3/4
—, Mogontiacum, O. 40 II B 1/2, 49 II D 1, 54/55 II F 3, 105 I C 2, 124 I C 2, 128 I B 2, 161 IV A 1
—, Universität 91 V B 2
Maioner, V. 10 II F 2
Maisur, O. u. Staat 116/117 IV B 3, 135 I B 3
Majdanek, NS-Konzentrationslager 155 I E 2
Majuba Hill, Bg. 138/139 II C 2
Majuro, Ins. 158 II F 4
Maka, Ldsch., pers. Satrapie 14/15 I H 4
Makajewka 150/151 I G 4
Makalle 154 IV A 1
Makarska, Bm. 88/89 I F 5
Makasser 111 II E 3, 137 II A 2, 137 III C 4, 158 I C 5, 158 II C 5
Makedonen, V. 9 II B 1
Makedonia, Makedonien, Ld. u. Reich, s. auch
Macedonia 18/19 II, 20 II B/C 2
Makedonien, Macedonien, Ldsch. 71 II B 3, 130/131 I H 5, 145 VI B 2, 160 III D 4
Makedonien, byzant. Thema 54/55 I G/H 4
Makedonische Bronzekultur 5 I D 3
— Kultur 2 II D 2
Maken, V. i. Oman 14/15 I G 4, 46/47 I D 4
Maker, V. i. Beludschistan 3 I H 4
Makistos 18/19 I B 4
Makria, Kap 18/19 I G 3
Makrobier, V. 14/15 VI
Makrygialos 10 I B 1
Malaca, Malaga, O. 11 II A 2, 38/39 II B 2, 48 II A 3, 50/51 A 4, 130/131 I B 4, 154 V B 2
Malaga, Bm. 88/89 I B 6
Malaien, V. 98/99 IV
Malaienhalbinsel 138/139 V
Malaienstaaten, föderierte u. nicht föderierte, brit. Protektorat 136 II B 3, 138/139 V
Malakka, O. 98/99 I L 7, 111 II E 2, 138/139 V B 2
Malakka, Straße v. 138/139 V A/B 2
Malakka, Sultanat 138/139 V B 2
Malamocco, Bm. 88/89 II C 2
Malamocco, O. 63 I D 2
Malang 135 II C 1
Malao 46/47 I C 5
Malapane, Fl. 86 I E 1
Mälar-See 113 D 3
Malaskert 148 III B 2
Malaspina, Hft. Massa 68/69 I E/F 6
Malatesta, Herrsch. v. Rimini 94 I E 2/3
Malatia, Ldsch. 8 I B 2
Malatia, Melitene 50/51 E 4
Malatya, Arslantepe, Melitene, O. 8 I B 2, 50/51 E 4, 64/65 IV C 1, 70 II G 3, 112 I D 2
Malaya, Ldsch., Staat 158 I B/C 4, 162 II C 3, 164/165 III, 166/167 I, 168
Malaysia, Staat 162 II C 3
Malborghet 124 I D 3
Malborghetto 30/31 II A 1
Malchow 143 II
Malden-Ins. 138/139 I B 5
Malea, Kap 18/19 I D 5
Malediven, Ins., brit. 135 I B 4, 138/139 I N 4, 162 II A 3
Mali, Staat 162 III A/B 1/2, 164/165 III, 166/167 I u. III, 168
Mali, V. 98/99 IV
Malia, Golf v. 18/19 I C 3
Malindi 98/99 I D/E 8, 98/99 IV D/E 8
Malis, Ldsch. 18/19 I C 3
Malischer Golf,, G. v. Malia 18/19 I C 3
Malla 10 III C 1
Maller, V. 22/23 I I 2
Mallia 10 I B 1
Malloia 18/19 I C 2
Mallorca, Ins. 64/65 I B 3, 130/131 I C 4
—, Kgr. (Balearen) 66 II C 3/4, 71 III B 2/3
Mallus, Mallos, Antiocheia 38/39 I G 3, 22/23 II C 2
Malmaison, Schloß 125 I C 3
Malmedy, Kl. u. O. 54/55 II E 2, 80 I B 1, 122/123 I B 3, 126/127 IV C 2, 152 II B 3
Malmesburg, Kl. 87 I B 1
—, O. 54/55 I B 2
Malmö 75 B 3, 84 I C 2, 84 II C 2, 102/103 I F 2, 113 C 3
Malmsbach, O. 81 I
Maloja-Paß 80 II D 2
Malo-Jaroslawetz = Alt-Postal, O. i. Bessarabien 140 IV A 1
Malojaroslawetz = Wittenberg, O. i. Bessarabien 140 IV A 1
Malojaroslawez, O. b. Moskau 125 I F 2
Malplaquet 116/117 I D 3
Maginot-Linie 156/157 I D 4
Malta, Bm. 88/89 I E 6
—, Melita, Melite, Ins. 2 I C 3, 11 II C 2, 48 I C 3, 48 II D 3, 56 II A 4, 63 I E 7, 71 III C 3, 125 I D 4, 138/139 I K 3, 156/157 I E 5
Malta, Johanniterorden-Hft. 102/103 I F 6
Maltai 6 IV B 1
Malthi 4 VII A 2, 1C II B 3
Maluentum, s. Beneventum 30/31 I E 3
Malvasia, Ebm., Bm. 88/89 I G 6
Malvasia, Monemwasin, O. 50/51 D 4, 92/93 I G 6, 112 I C 2
Malvito 17 I D 1
Malwa, Ldsch. 72/73 V B 2, 135 I B 2
Mamas 18/19 II C 2
Mamertium 17 I D 2
Mamistra 64/65 IV A 2
Mamlukenreich (Ägypten/Syrien) 64/65 II D/E 3/4, 72/73 II B—D 4—6, 98/99 I C/D 4/5
Mamluken-Sultanat in Delhi 72/73 II F/H 4/5
Mamre, Heiligtum 34/35 II B 3
Mamuret ül Asis, Wilajet 134 II B 2
Man, Ins. 52 I B 2, 57 I B 2, 57 II B 2
Man, Kgr. 110 B 2
Man, Kgr. (Hebriden) 66 II B 2
Manaos, Manaus 118 III D 3
Manahiki, Ins. 158 I H 5
Manasse, V. 8 IV B 3
Manche, Dép. 122/123 III A 1
Manchester, Mancunium 36 B 2, 110 B 2, 156/157 I C 3
Manching, Vallatum 40 II E 3
Mancunium, Manchester 36 B 2
Mandacheregg 40 III B 1
Mandäer-Sekte 52 III
Mandalai 135 I D 2, 158 I B 3
Mandate d. Völkerbundes i. Afrika 146 I, 152 I
Manderscheid, Amt u. O. 80 I B 1
Mandingo, V. 98/99 IV
Mandola 30/31 II B 1
Mandschu, Dschurtschen, V. 98/99 I N 3
Mandschukuo, jap. Protektorat, Kaiserreich 136/I E—G 1—3, 136 III B—D 1—3, 154 III, 158 I C/D 2, 158 II C/D 2
Mandschurei, Ld. 136 I E—G 1—3, 138/139 VI A—C 1—3, 149 IV F 2, 159 I H 2, 159 II H 2, 162 II D 1
Mandschu-Reich, China 111 II D—F 1/2
Mandschuria, O. 138/139 VI A 2
Mandubii, V. 36 C/D 3
Manduria 30/31 I H 4
Manfredonia, Ebm. 88/89 I F 5
Manfredonia, O. 94 I F 4, 94 II F 4, 116/117 I G 5
Mangalia, Callatia, Kallatis 38/39 I E 2, 145 V C 2
Mangalore, Mangalur 98/99 I H 6, 116/117 IV B 3
Mangaseja 98/99 I H 1
Mangku-Negara, Staat 135 II C 1/2
Mani 100/101 II D 1
Manichäer, Religion 52 III D 3, 52 III E 3, 52 III E/F 2/3
Manihiki-Ins. 138/139 I A/B 5
Manika 4 VII A 2
Manila 98/99 I N 6, 111 II F 2, 158 I D 4, 158 II D 4, 162 II D 3
Manila-Handel 118 III B 1/2
Manimer, V. 41 I
Manipur, Staat 135 I D 2
Manisa, Manissa, Magnesia 130/131 I H 4, 153 VI B 2
Manitoba, kanad. Provinz 133 I C/D 2, 133 III C/D 1/2
Manliana, O. b. Clusium 30/31 I B 1
Manliana, O. b. Populonia 30/31 I A 2
Manlo, Wüstung 77 IV B 1
Mannäer, V. 9 III F/G 2
Mannersdorf 106/107 I I 6
Mannheim 105 I C 2, 114 E 3, 122/123 I C 4, 128 I B 2, 156/157 III B 3
Mannhof 81 I
Manosca 24 II B 3
Manresa 58/59 I D 8
Mansfeld, Gft. 68/69 I F 3, 122/123 I D 3
—, Bg. O. 86 I A 1, 115 I C 2
Mansura, Ldsch. i. Sind 72/73 V A 2
—, O. i. Sind 50/51 H 5
Mansurah, O. i. Ägypten 64/65 II E 3
Mantes 58/59 I D 4
Mantineia, Mantinea 18/19 I C 4
Mantinum 25 I B 2
Mantua, Bm. 88/89 II C 2
—, Hft. d. Gonzaga 94 I D 2
—, Hzm. 96/97 I F 7, 106/107 I F 7, 115 I C 3
—, Mgft. 94 II D 2
—, O. 4 VI B 1, 24 II E 2, 25 I C 1, 63 I C 2, 130/131 III C 2
Manuel-Stil, portugies. Gotik 90 I u. II
Manzikert 72/73 III C 3
Maon 8 III B 3
Mäotis, Maeotis, Asowsches Meer 14/15 E 2, 38/39 I G 1
Mapungubwe 132 I D 5
Maracaibo 100/101 VII B 2, 118 III D 2, 133 II B 1
Marada, Wannah-was-Sadum 6 III B 2, 6 IV B 2
Maragha 72/73 II D 4
Marakanda,Samarkand 14/15 I H 3, 22/23 I H 2, 26/27 I H 2, 46/47 I E 3
Maran, Fl. 40 IV
Marand, Ulchu 9 III G 2
Maranhão, O. 118 III E 3
Marañon, Fl. 100/101 III B 2, 133 II B 2
Maras, Marasch 8 I B 2, 64/65 IV B 2
Marathen-, Mahratten-Staaten 111 II C 2, 116/117 IV A—C 2/3, 135 I B 2
Marathesion 18/19 H 4
Marathokephala 10 I A 1
Marathon, O. 13 I B 1
—, Ebene v. 13 I B/C 1
Marathos 18/19 IV A 2
Marburg, O. a. d. Drau 58/59 III C 2, 75 B 5, 112 II A 2, 156/157 I E 4
Marburg, O. a. d. Lahn 58/59 I H 3, 68/69 I E 3, 122/123 I C 3
March, Fl. 86 I D 2, 112 II B 1
Marche, Gouv. 122/123 II B 2
Marche, La Marche, Gft. 58/59 I D/E 5/6
Marchfeld, Ldsch. 68/69 I I 4
Marchthal, Kl. 128 I B 2
Marcianopolis, Marcianopel 38/39 I E 2, 48 I D 2
Marcina 30/31 I E 4
Marcomagus, Marmagen 37 I A 1
Marcomanni, V., s. Markomannen 36 E 2/3
Marcus-Ins. 158 I E 3, 158 II E 3
Marder, V. 22/23 I F 2
Mardin 8 II C 2, 134 II C 2
Marea 29 II A 1
Marengo 63 I C 2, 124 I C 3
Mareotis-See b. Alexandrien 26/27 V
Marescha 8 III A 3
Margareten, Ot. i. Wien 109 V
Margiana, Ldsch. 46/47 I D/E 3
Margiane, Alexandria Margiane, Meno, O. 14/15 I H 3, 22/23 I H 2, 26/27 I H 2
Margos, Margus, Morawa, Fl. 38/39 I D 2
Margos, Fl. i. Baktrien 14/15 I H 3
Margrethausen 120 V A 2
Margum 38/39 I D 2
Margus, Margos, Morawa, Fl. 38/39 I D 2
Mari, O. a. Cypern 8 I A 3
Mari, Hariri, O. a. Euphrat 6 III B 2, 6 IV B 2, 8 II C 2
Mari, V. 61 V D 2
Mari-ASSR 150/151 I H/I 3
Mariaba, Marib 34/35 I G 5
Mariaberg, Kl. 120 V B 1
Mariahilf, Ot. i. Wien 109 V
Maria Laach, Kl. 80 I C 1
Mariampol 124 I F 1
Mariana, Bm. 88/89 II C 2
Mariana, O. a. Korsika 38/39 I A 2
Mariana, O. i. Tarragonensis 38/39 II B 2
Mariandyni, Mariandyner 38/39 I F 2
Marianen, Ins. 100/101 VIII B/C 1/2, 137 I E 4, 158 I E 4, 158 II E 4, 164/165 I R 3/4
Marianum, O. a. Korsika 38/39 I A 2
Marianus saltus, Geb. 38/39 II A 2
Maria Saal, Virunum 49 III D 2
Maria-Theresiopel, Subotica 112 II C 2, 150/151 I E 4
Marib, Mariaba 34/35 I G 5, 46/47 III C 4
Maridunum 36 B 2
Marienbad 122/123 I E 4
Marienberg, Bg. O. i. Erzgeb. 86 I B 1
Marienborn, O. 161 I u. V
Marienburg, Marienbourg, O. b. Givet 114 C 2, 126/127 IV B 2
Marienburg, O. i. Livland 68/69 I C 2, 104 IV C 2
Marienburg, Burg i. Preußen 68/69 II A 3, 104 IV A 2/3
—, Plan 64/65 VII
Mariendorf 143 II
Marienfeld, Kl. 88/89 III A 1
Marienfelde, Ot. v. Berlin 143 II, 161 II
Marienfels, O. 40 II A 1, 80 I C 1
Marienhaus 104 IV C 2
Marienhausen, Kl. 80 I C 1
Marienrode, Kl. 88/89 III A 1
Marienstatt, Kl. 88/89 III A 1
Mariental, Kl. a. d. Aller 88/89 III B 1
Marienthal, Kl. a. d. Ahr 80 I C 1
Marienthal, Kl. i. Luxemburg 80 I B 2
Marienwerder, O. 68/69 II A 3, 104 IV A 3, 152 II H 2
Marienwerder-Pomesanien, Bm. 88/89 I F 3
—, Bm.-Territ. 68/69 II
Marignano 96/97 I E 7
Marion-Ins. 164/165 IV
Marion, Arsinoë, O. 22/23 II B 3
Maris 6 II C 2
Marisa 22/23 II B 3, 34/35 II A 3
Marisia, Marosch, Fl. 38/39 I D 1
Maritime Kultur Chinas 3 III B/C 1
Maritza, Fl. 54/55 I G/H 4, 130/131 I G H 3, 145 V B/C 2, 145 VI B/C 2
Mariupol 116/117 I L 4
Mari-Zeit 8 II
Mark, Gft. 96/97 I D 4, 104 II A 2, 106/107 I D 4
Mark, O. b. Hamm 142 IV C 1
Markab, Burg 64/65 IV A 3
Markasch 9 III E 2
Mark Brandenburg, NS-Gau 155 I B/C 2
Marken, ital. Ldsch. a. Adria 94 II E 3, 130/131 I E 3
Markiya 64/65 IV A 3
Markloh 52 II C 1
Marköbel 40 II B 1
Markomannen, Marcomanni, V. 41 I B/C 3
Markranstädt 77 II
Markus-Ins., V. St. 137 I E 3
Marl 142 IV B 1, 142 V B 1
Marmagen, Marcomagus 37 I A 1
Marmaketo 10 I B 1
Marmarameer, Propontis 92/93 I H 5, 130/131 I H 3
Marmarica, Ldsch. 38/39 I D/E 4
Marmariden, V. 26/27 I D 2
Marmoutier, Kl. 87 I C 2
Marne, Dép. 122/123 III B/C 1
Marne, Matrona, Fl. 36 C/D 3, 54/55 II C/D 3, 95 B/C 3/4, 114 B/C 3, 148 I B/C 4, 148 II B/C 2
Marokko, Sultanat 64/65 II A 3, 130/131 I A/B 4/5, 132 I B 2
Marnia, Numerus Syrorum 38/39 II B 3
Marokko, Ldsch., Staat 150/151 I C 5, 162 III A 1, 164/165 III, 166/167 I, 168
Maronea, O. i. Samnium 30/31 I E 3
Maronia, O. i. Kreta 10 I C 1
Maroneia, O. i. Thrakien 18/19 I F 1
Maros, Mieresch, Fl. 67 III C 3, 112 II D—F 2/3
Maros Vasarheli 148 I F 4
Marpessa, Bg. 18/19 I F 4
Marple 118 II A 2
Marquesas-Ins., frz. 137 I H/I 5
Marra 64/65 IV B 3
Marrakesch 132 I B 2
Marrana 63 I B 3
Marrucini, V. 24 II F/G 3/4, 30/31 I E 2

Marruvium 30/31 I D 2/3
Marsal 68/69 I D 4, 114 D 3
Marsa Matruk 156/157 I F 5
Marsciano 25 II C 2
Marseille, Bm. 88/89 II B 3
—, Kl. St. Victor 87 I D 3
—, Massilia, O. 36 D 4, 49 II C 3, 104 I D 4, 110 D 4, 156/157 I D 4, 156/157 III B 3
Marshall-Ins., dt., jap. 137 I F 4, 158 I F 4, 158 II F 4, 164/165 I S 4
Marsi, Marser, Germanen, V. 37 I B 1, 37 II A 2, 41 I A 2, 41 II B/C 2
Marsi, Marser, Italiker, V. 24 II F 4, 30/31 I D 3
Marsigner, V. 41 I C 3
Marsiliana, Caletra 25 II B 2
Marstommoor 110 B 2
Marstrand 116/117 I F 2
Marta, Fl. 30/31 I B 2
Martanum 30/31 I B 2
Marten 56 V B 2
Martigny, Octodurus 37 I A 3, 80 II B 2
Martineschti, Rimnik 116/117 I I 4
Martinique, Ins. 100/101 VII C 2, 118 III D 2, 133 II B 1
Martyrapolis 38/39 I H 3, 46/47 III C 2
Maru, Ldsch. 46/47 I F 4
Märw, siehe Merw
Maryland, amer. Staat 118 I C 2
Marylebone 109 I
Marzabotto 4 VI C 3, 24 II E 2
Marzahn 143 II
Masada 34/35 II B 3
Masändäran, pers. Gau 119 I 7
Masat 8 I B 1
Maschau, Kl. 88/89 III B 1
Mäschhäd 134 II D 2
Maschonaland, Ldsch. 138/139 II B/C 1
Masclianae 34/35 III B 1
Mas d'Azil 1 IV B 2
Mases 18/19 I D 4
Masjid i Sulaiman, Erdölfeld 163 II C 3
Masilia Graecorum, Massalia, s. Massilia 24 II B 3
Maskara 130/131 I C 4
Maskat, O. 50/51 G 5, 98/99 I F 5, 111 II B 1
Masowien, Hzm. 67 III B/C 2, 71 I A/B 2, 96/97 I K/L 3 113 D/E 4
Masowien-Plozk, Bm. 88/89 I F/G 3
Masowier, V. 50/51 C/D 2
Masrata 112 I B 2
Massa di Carrara 68/69 I F 6, 94 I D 2, 94 II D 2
Massa, O. a. Po 63 II C 1
Massa, O. i. Toskana 94 I D 3, 94 II D 3
Massachusetts, amer. Staat 118 I C/D 1, 133 III F 2
Massageten, V, 14/15 I H/I 2
Massaua 34/35 I F 5, 111 II A 2, 138/139 III B 2, 154 IV A 1
Massa Veternensis 30/31 I A 1
Masserano 96/97 I E 7
Massilia, Massalia, Masilia Graecorum, Marseille 24 II B 3
Massina, Ldsch. 132 I B 3
Mastaura 38/39 I E 3
Mastia 26/26 I A 2
Masulipatum 98/99 I I 6, 111 II D 2, 116/117 IV C 3, 135 I C 3
Masuren, V. 106/107 III C 1
Matala 10 III B 2
Matabeleland, Ldsch. 138/139 II B 1
Mataram, Djokjakarta, O. 135 II C 1
Mataram, Reich 98/99 I L/M 8, 111 II E 3, 135 II
Matera, Ebm. 88/89 I F 5
Matera 2 II C 2, 30/31 I G 4, 63 I F 4
Materano, Forum Clodii 30/31 II A 1
Maternum 30/31 I B 2
Mathan, Ldsch. 46/47 I L 3
Mathildische Güter 63 II
Mathura 22/23 I I 3, 46/47 I F 4, 135 I B 2
Matilica 30/31 I D 1
Matinum 30/31 I G 3
Matisco, Mâcon 36 C 3
Matisonensium vicus, Bietigheim 40 II C 3
Mato Grosso, brasil. Prov. 118 III E 3, 133 II C 2
Matreium 37 I C 3
Matricorum 41 IV
Matrida 70 II G 1
Matrinum 30/31 I E 2
Matrona, Marne, Fl. 36 C 3
Matschwa, Banat 70 II C/D 2
Matsu, Ins. 162 I B/C 2
Mattana 8 III B 3
Mattara 6 II B 1
Matthia, O. a. Kreta 10 I B 1
—, O. i. Messenien 18/19 I B 5
Mattiaker, V. 41 I A 2
Mattium 41 II C 2
Matzwitz 77 III B 1/2
Maubeuge 114 B 2, 148 II B 1
Mauer, Locus Felicis, O. a. d. Donau 44 I C 2
Mauer, O. b. Heidelberg 1 III C 2
Mauges, Ldsch. 58/59 I C 5
Maulbronn, Kl. 87 II B 3, 114 E 3, 128 I B 2
Mauls 44 I C 2
Maultasch, Burg 68/69 I F 5
Mau-Mau-Bewegung 162 III C 2
Maupertuis 68/69 III C 2
Mauren, V. 14/15 I A 3
Mauretania, röm. Prov. 34/35 I B/C 3
— Caesariensis, röm. Prov. 34/35 III A/B 1/2, 38/39 II B/C 2/3, 42/43 I B/C 3
— Tingitana, röm. Prov. 38/39 II A/B 2/3, 42/43 I B/C 3
Mauretanien, Ldsch. 28 I A 2, 28 II A/B 3, 132 I B 3
Mauretanien, Staat 162 III A 1/2, 164/165 III, 166/167 I u. III, 168
Maurische Kunst 53 II, 67 I A—C 3
Mauritius, Ile de France, Ins. 98/99 I F 9/10, 132 I E 5, 138/139 I M 5
Maursmünster 54/55 II E 3
Maurusier 48 I A/B 3
Maurya-Dynastie i. Indien 26/27 I
Mautern, Favianae, Favianis 38/39 I B 1, 54/55 I F 3, 58/59 II B 1
Mauthausen, NS-Konzentrationslager 155 I C 3
Mavrospelio 11 IV
Ma wara an nahr. Transoxanien, Ldsch. 50/51 H/I 4
Maxen 122/123 I E 3
Maxima Caesariensis, röm. Prov. 42/43 I B 1
Maxima Sequanorum, röm. Prov. 42/43 I C 2
Maxula 34/35 III C 1
Maxyer, V. 9 I C 3
Mayakultur 100/101 II C/D 1—3
Mayapan 100/101 II C 1
Mayen, Amt, Oberamt 80 I C 1
Mayen, O. 40 II A 1, 80 I C 1
Mayenne, Dép. 122/123 III A 1/2
Mayenne, Fl. 58/59 C 4/5
Mayenne, O. 110 B 3
Mayfair, Ot. i. London 109 I
Maylapur, Nestorianer-Bm. 52 III E 4
Mayo, Fl. 100/101 III C 3
Mazaghan 54/55 I C 5
Mazaka, Eusebeia, Chilokku 9 III E 2, 22/23 II C 2
Mazara, Bm. 88/89 I E 6
Mazara, O. 17 I A 3, 54/55 I E 5
Mazatlan 100/101 II C 2
Mazedonier, V. 150/151 II
Maziker, V. 34/35 I B 3
Meaux, Bm. 88/89 I C 4
Meaux, O. 54/55 II C 3, 148 II B 2
Mecheln 85 II C 1, 104 III B 2, 126/127 IV B 2
Mecklenburg, Bm. 88/89 II C 1
—, Fsm., Hzm. 68/69 I F/G 1/2, 96/97 I F/G 2/3, 106/107 II
—, Ghzm. 129 I D/E 1/2
—, O. 58/59 I I 2
Mecklenburg, evang. Landeskirche 161 VII
Mecklenburg, Land 160 III B 2, 161 IV B 1
Mecklenburg, NS-Gau 155 I B/C 1/2
Mecklenburg-Schwerin, Hzm. 122/123 I D/E 1/2, 124 I C/D 1, 129 II E/F 1/2
Mecklenburg-Schwerin, Land 152 II D/E 1/2
Mecklenburg-Strelitz, Hzm. 122/123 I E 2, 124 I D 1, 129 II E/F 2
Mecklenburg-Strelitz, Land, 152 II D/E 2
Meclosedum 29 I B 1
Medamut 6 I A 2
Medan 136 II A 3
Medellin 133 II B 1
Medelpad, Ldsch. 113 D 2
Medeon, O. i. Akarnanien 18/19 I B 3
Medeon, O. i. Phokis 18/19 I C 3
Meder, V. 3 I F/G 3
Mederreich 9 III D—H 1—4
Mediana, Gnotzheim 40 II D 2
Mediasch 112 II F 2
Media-Atropatene, Ldsch. 46/47 I C 3
Medicerra 34/35 III C 1
Medici-Bank 86 II
Medici-Hft. 92/93 I E 5
Medien, Ldsch. 22/23 I F/G 2, 46/47 I C/D 3
—, pers. Satrapie 14/15 I F 3
Medina, Jathrib, Lathrippa 34/35 I F 4, 46/47 I B 4, 50/51 E 5, 52 III C 3, 72/73 II C/D 5, 98/99 I D 5, 132 I D 2
Medina de Rioseco 85 I A 2
Medina Sidonia 102/103 I B 6
Medinet 6 I A 2
Medinet Habu 7 IV
Mediolanium, Saintes 36 B 3
Mediolanum, Evreux 36 C 3
Mediolanum, Mailand, 25 I B 2, 38/39 I A 1
Mediomatrici, V. 36 D 3
Medische Mauer Nebukadnezars 9 III F 3
Medma, Fl. 17 I D/E 2
Medma, O. 17 I D 2
Medscherda, Fl. 92/93 I D 6, 130/131 I D/E 4
Medulli, V. 38/39 I A 1
Medullia 30/31 II B 1
Meer, äußeres, s. Okeanos, oceanus 14/15 VI
Meerengen v. Konstantinopel 145 III u. IV
Meerland, Kilikien 16 II F 3
—, Sumer 8 II C 2, 9 III G 3
Meersburg, O. 80 II D 1, 122/123 I C 5
Mefula 30/31 I D 2
Megalith-Bauten, Großsteingräber-Kultur 3 II
Megalopolis 18/19 I C 4, 20 III B 2
Meganthropus, Rasse 1 I, 1 II
Megara, O. a. Isthmos 13 I A 1/2
Megara Hybläa, O. i. Sizilien 17 I D 3
Megaris, Ins. 30/31 III B 1
Megaris, Ldsch. 13 I A 1/2
Megiddo 8 III B 2, 9 III E 3
Meg Vryssi 10 I B 1
Mehadia 64/65 I C 3
Mehalla el Kobra 138/139 IV B 2
Mehebel 8 III B 1
Mehrum, 142 IV A 1, 142 V A 1
Meidum 6 I A 2
Meilberg, O. 58/59 III D 1
Meiningen, O. 122/123 I D 3, 152 II D 3, 161 VI
—, Hzm. 122/123 I D 3
Meir 6 I A 2
Meiringen 80 II C 2
Meisenheim 80 I C 2
Meißen, Bm. 88/89 II C 1, 161 VI
—, Bm. Territ. 68/69 I G/H 3
—, Mark 56 IV, 58/59 I K/L 3, 68/69 I G 3
—, O. 56 IV, 122/123 I E 3
Mekbere 8 III B 2
Mekka 34/35 I F/G 4, 42/43 I F 4, 50/51 F 5, 98/99 I D 5, 132 I D/E 2, 153 VI C 3
Mekka-Scherifen, Reich der 72/73 II C/D 5/6
Meknes 150/151 I C 5
Mekong, Fl. 72/73 I C/D 2—4, 98/99 I K/L 4—6, 136 I C/D 3—5, 136 II A/B 1/2
Mekran, Ldsch. 50/51 H 5, 134 II D/E 3
Mekyberna 18/19 I D 1
Melaina, Kap 18/19 I G 3
Melainai 18/19 IV C 2
Melanesien, Ldsch. 100/101 VIII C/D 3/4
Melas, Fl. 18/19 I G 1
Melas-Golf 18/19 I G 1
Melbourne 137 I E 6, 137 II C 3
Meldi, V. 36 C 3
Meldorf 56 I B 1, 122/123 I C 1
Meleagrum 41 III B 1
Meleda, Ins. 94 I G 3, 94 II G 3
Melfi, Bm. 88/89 I F 5
Melfi, O. 63 I E 4
Melibocus mons, Harz-Geb. 37 I C 1
Meliboia 18/19 I C 2
Melid 9 III E 2
Melilla, Busaddir 38/39 II B 2, 50/51 A 4, 102/103 I C 6, 130/131 I B 4
Melita, Melite, Malta, Ins., s. auch Malta 2 I C 3, 11 II C 2
Melita, O. i. Armenien 20 I G 3
Melitaia 18/19 I C 2
Melite, Ot. v. Athen 12 VI
Melitene, Malatia 38/39 I G 3, 50/51 E 4
Melito 30/31 I E/F 3
Melitopol 148 I I 4
Melk, Kl. 58/59 III C 1, 87 I F 2, 122/123 I F 4
Mellaria 38/39 II A 2
Mellifont, Kl. 87 II A 2
Mellrichstadt 58/59 I I 3
Melnik 58/59 I L 3,
Meloria, Ins. 68/69 I F 7
Melos, Ins. u. Ort 18/19 I E 5
Melpum 24 II D 2
Melrose, Kl. 87 II A 2
—, O. 54/55 I B 1
Melsele 143 I a—b
Melselehoek 143 I b
Melta 38/39 I D 2
Mélun 54/55 II C 3
Melus, Melos, Ins. 38/39 I D 3
Melville-Ins., brit. 138/139 I Q 5
Membidsch 64/65 IV B 2
Membig, Hierapolis Bombyke 38/39 I G 3
Membressa 28 IV A 2
Memel, Njemen, Fl. 1 V D 1, 67 III C/D 1/2, 115 I E/F 1/2
Memel, Klaipeda, O. 68/69 II B 2, 104 IV B 2, 106/107 III C 1, 113 E 3, 152 II I 1, 156/157 I F 3, 160 III D 1
Memelland, Ldsch. 152 II I/K 1, 155 I E 1, 155 II D 1
Memleben, Pfalz 58/59 I I 3
Memmingen, RSt. 68/69 I F 5, 81 II C 2/3, 122/123 I D 4/5, 128 I B 2/3
Memphis, O. i. Ägypten 6 I A 2, 29 II B 2, 50/51 E 5
Memphis, Pyramiden (Giseh), Plan 7 II
Memphis, O. i. Tennessee 133 III E 3
Menado 111 II F 2
Menangkabau, Staat 111 II D/E 2/3
Menapier, Menapii, V. 29 I B/C 1, 36 C 2
Menasstadt 44 II D 3
Mende, Bm. i. Frankreich 88/89 I C 5
Mende, O. a. Chalkidike 18/19 II C 3
Mende, O. i. Frankreich 58/59 I E 6
Menderes, Mäander, Fl. 130 131 I H 4
Mendes 6 I A 1
Mendesische Nil-Mündung 29 II B 1
Mendoza, O. i. Argentinien 133 II B 3
Mendrisio 80 II C 3
Menekine 17 I E 1
Menelaion, T. 13 II A 1
Menelaoshafen 20 I D 4
Menevia, St. Davids 52 I A 2
Mengede 142 IV B 1, 142 V B 1
Mengen 62 IV C 3, 120 V B 2
Mengtze 136 I D 4
Menin 114 B 2
Meninx, Ins. 26/27 II C 2
Mennoniten, niederld. (Konfession) 105 I
Menorca, Ins. 64/65 I B 2/3, 102/103 I D 6, 116/117 I D 5/6, 125 I C 3/4
Mensale-See 138/139 IV B/C 1
Mensine 10 I B 1
Menteroda 77 IV B 1
Mentesche, Ldsch. 70 II E 3, 71 II C 4
Mephaat 8 III B 3
Meppen 56 I A 1, 122/123 I B 2, 126/127 II A 1
Meran 49 III B 2, 96/97 I F 6
Meranien, Ldsch. 70 I E 3
Meran-Obermais, Maia 37 I C 3
Merawe, Merowe 6 I A 4, 9 I D 6
Mercia, Kgr., Ldsch. 52 I B 2, 54/55 I B 2, 57 II B 2
Mercurii Promontorium, Kap 34/35 III C 1
Mergentheim, Besitz d. Deutschen Ordens 68/69 I E 4, 122/123 I C 4, 128 I B 2
Merida, O. i. Mexico 118 III C 1
Merida, s. Emerita Augusta, O. i. Spanien 38/39 II A 2, 50/51 A 4, 154 V A 2
Merida, O. i. Venezuela 133 II B 1
Merimde 6 I A 1
Merinum 30/31 I G 3
Merja, V. 50/51 E/F 2, 57 I G 2
Merkit, V. 72/73 II K 2
Merksem 143 I a—b
Meroë, Umm Ala 6 I A 4
Merom 8 III B 2
Merowe, Merawe 6 I A 4, 9 I D 6
Merowingerreich 48 II, 49 I u. II, 50/51, 52 II, 54/55 II
Mersa Umbarek 6 I A 2
Mersch 80 I B 2
Merseburg, Bm. 88/89 II C 1
—, Bm. Territ. 68/69 I F/G 3
—, Mark 58/59 I K 3
—, O. 62 I C 2, 122/123 I D/E 3
Mersen 54 II D 2, 54 III B 2, 54 IV B 2
Mersin, Mersina 2 I E 3, 8 II B 2, 64/65 IV A 2, 150/151 I G 5
Mers el Kebir 102/103 I C 6, 150/151 I C 5
Meru-See 132 I D 4
Merw, Märw, Antiochia, Alexandria Margiane, Margiane 14/15 I H 3, 22/23 I H 2, 26/27 I H 2, 46/47 I E 3, 50/51 H 4, 52 III E 3, 72/73 II F 4, 134 II E 2
Merzig, O. u. Amt 40 VI A 2, 80 I B 2
Meschesch 6 I A 2
Mesembria, O. i. Moesien 11 II D 1, 38/39 I E 2. 54/55 I H 4
Mesembria, O. i. Thrakien 18/19 I F 1
Mesene, Ldsch. i. Elam 34/35 I G 3
Meseritz 122/123 I F 2
Meskene, Barbalissus 38/39 I G 3
Mesoa, Spartiatendorf 12 VII
Mesogeion, Ldsch. 13 I B 1/2
Mesouisia 10 I A 1
Mesopotamia, röm. Prov. 38/39 I G/H 3, 42/43 I F/G 3, 42/43 II E/F 3
Mesopotamien, Ldsch. 6 II—IV, 22/23 I E/F 2, 50/51 E/F 4, 112 I D/E 2
Mespelbrunn, Schloß 106/107 I E 5
Mespila, Ninive 22/23 III C 2
Messa 18/19 I C 5
Messad, Castellum Dimmidi 34/35 III A 2
Messalios, Fl. 10 III B 1
Messana, Zankle-, O. i. Sizilien 17 I D 2
Messapii, Messapier, V. 25 I F/G 3, 30/31 I H/I 4
Messara, Ebene 10 I A/B 1
Messeleres 10 I B 1
Messene, Ithome, Bg., T., Burg i. Messenien 18/19 I B 4, 20 III A 2
Messenia, Messenien, Ldsch. 18/19 I B/C 4
Messenischer Golf 18/19 I C 5
Messina, Ebm. 88/89 I F 6
Messina, Messana, Zankle, O. 17 I D 2, 48 II C 3, 54/55 I F 5, 56 II B 4, 63 I E 5, 130/131 I F 4
Messina, Straße von 17 I D 2
Messoyis, Geb. 18/19 I H 3/4
Metá, Rio, Fl. 100/101 VII B/C 3
Metallkulturen, frühe 2 I
Metapontum, Metapont, Metapontion 30/31 I G 4
Metauro, Metaurus, Fl. 30/31 I C/D 1, 53 I B 2
Metauron, O. 17 I D 2
Metellinum 38/39 II A 2
Methana 18/19 I C 4
Methler 142 IV C 1, 142 V C 1

Methone, O. i. Argolis 18/19 I D 4
Methone, O. i. Makedonien 18/19 II B 2
Methone, Methoni, Modon, O. i. Messenien 18/19 I B 5, 50/51 D 4, 70 II B 4
Methone, O. i. Susiana 22/23 II E/F 3
Methydrion 18/19 I C 4
Methymna 18/19 I G 2
Metropolis, O. i. Akarnanien 18/19 I B 3
Metropolis, O. a. Golf v. Ambrakia 18/19 I B 3
Metropolis, O. b. Ephesos 18/19 V A 1
Metropolis, O. i. Thessalien 18/19 I B 2
Metropolitie (nördl. Rußland) 88/89 I H—K 2
Mettlach, Kl. 54/55 II E 3, 80 I B 2
Metz, Bm. 88/89 II B 2, 145 I
—, Bm. Territ. 68/69 I D, 114 D 3
—, Kl. 87 I D 2
—, Divodurum, O., Pfalz, RSt. 37 I A 2, 49 II C 1, 54/55 II E 3, 68/69 I D 4, 114 D 3, 148 II D 2, 152 II B 4
Metz u. Verdun, Gouvernement 122/123 II C 1
Metze, Mattium 41 II C 2
Metzingen, Armisensium Vicus 40 II C 3
Metztitlan, Ldsch. 100/101 II B 1
Meurthe, Dép. 122/123 III C 1
Meury 54/55 II D 3
Meuse, Dép. 122/123 III C 1
Meuse, s. Maas, Fl.
Meuse inférieure, Dép. 122/123 III C 1
Mevania 30/31 I C 2
Mevaniola 30/31 I B 1
Mewar, Ldsch. 135 I B 2
Mewe 68/69 II A 3
Mexiko, Golf v. 100/101 II B/C 1/2
Mexiko, Ld. 100/101 II
Mexiko, Tenochtitlán, O. 100/101 VI A 2, 118 III C 2
Mexiko, Staat 133 I C/D 3/4, 164/165 III, 166/167 II u. III, 168
Mexikaner i. d. USA 144 II
Mézières 110 C 3, 148 II C 2
Mezöbereny 112 II D 2
Mezötur 112 II D 2
Miamu 10 I A 2
Miao, V. 3 III B 3
Michailowka 140 IV B 2
Michelsberg, O. i. Böhmen 86 I B 2
Michelsberg, O. a. Rhein 2 I B 2
Michelsberg-Kultur 2 I B 1/2
Michelstadt 53 II B 2
Michelstein, Kl. 88/89 III B 1
Michigan, amer. Staat 133 III E 2
Michigan-See 133 III E 2
Micia 38/39 I D 1
Midaeon, Midasstadt 5 II E 4, 9 II D 2, 9 III D 2
Midasgrab 9 III D 2
Midasstadt, siehe Midaeon
Middelburg 78 IV A 2, 104 III A 2, 126/127 IV A 2
Middle East, Erdölzone 163 II B/C 4
Middlesex, Gft. 109 I
Middletown, O. i. Pennsylvania 118 II A 2
Mideia, O. i. Argolis 18/19 I C 4
Midia, O. i. Thrakien 145 IV C 2, 145 V C 2
Midian, V. u. Ldsch. 8 IV A/B 6
Midway-Ins., V. St. 137 I G 3, 158 I G 3, 158 II G 3
Miedniki, Bm. 88/89 I G 2
Miedniki, O. 113 F 4
Mieresch, Maros, Fl. 112 II D/F 2/3
Mies, Bg. O. 86 I B 2, 106/107 I G 5
Miëza 18/19 I C 1
Mikrolith-Kulturen 1 V
Mikronesien, Ldsch. 100/101 VIII C/D 2/3
Milas, s. Mylasa 10 II E 3, 38/39 I E 3
Milatos, O. a. Kreta 10 I B 1
Milaveče 5 II C 3
Mileto, Bm. i. Calabrien 88/89 I F 6
Milet, Ebm. i. Kleinasien 88/89 I H 6
—, Miletos, Miletus, O. 13 III A 1, 18/19 I H 4, 48 I D 3, 48 II D 3
—, Plan 21 VI
Miletopolis 38/39 I E 2
Mileu, Mileu Colonia 34/35 III B 1
Milford 92/93 I A/B 3
Milhaud 110 C 4
Miliana, Zucchabar 34/35 III A 1, 38/39 II C 2
Milionia 30/31 I D 3
Militärgrenze, österreich.-ungar. 112 II, 130/131 I E/H 2/3
Militärverwaltung, französ. i. Algerien 150/151 I D 5
Militsch, Hft. u. O. 122/123 I G 3
Millesimo 124 I C 3
Milne-Bay 158 I E 5
Milos, Melos, Ins. 145 V B 3, 145 VI B 3
Miltenberg 40 II C 2, 128 I B 2
Milvische Brücke, Ponte Molle 45 II
Milwaukee 133 III E 2
Milziener, V. 58/59 I K/L 3
Mimas, Geb. 18/19 I G 3
Min, V. 3 IV B 3
Mina, Relizane, O. i. Algerien 34/35 III A 1
Mina Al Ahmadi, O. i. Kuweit 163 II C 4
Minäer, V. 34/35 I G 5, 46/47 I C 4/5
Miñas Geraes, Ldsch. 118 III E 3
Mindanao, Ins 98/99 I N 7, 111/II F 2, 137 I D 4, 158 I D 4, 158 II D 4
Mindeleiszeit 1 II
Mindelheim 62 II C 3, 122/123 I D 4, 128 I B 2
Minden, Bm. 56 I B 1, 88/89 II B 1
—, Bm. Territ. 68/69 I E 2, 115 I B 2
—, Fsm. 122/123 I C 2
—, O. 37 II A 1, 84 I B 3, 84 II B 3
Mindoro, Ins. 158 II D 4
Minervae promontorium, Kap 30/31 III B 2
Minervino 30/31 I G 3
Mingrelien, Ldsch. 134 I C/D 2, 134 II C 1
Ming-tschou 46/47 V G 4
Minho, Minius, Fl. 38/39 II A 1, 126/127 I B 5
Minho, port. Prov. 116/117 I B 5
Minius, Minho, Fl. 38/39 II A 1
Minneapolis 133 III D 2
Minnesota, amer. Staat 133 III D 2
Minnodunum, Moudon 37 I A 3
Minoa, O. a. Amorgos 18/19 I F 5
Minoa, O. Lakonien 18/19 I D 5
Minoa, O. i. Nord-Kreta 10 III B 1
Minoa, O. i. Ost-Kreta 10 III C 1
Minoer, Eteokreter, V. 5 I, 10 I u. III
Minoische Kultur 2 I D 3, 2 II D 3, 9 I, 10 I u. II
Min-schan 46/47 I I 3
Minsk 67 III D 2, 71 I C 2, 75 E 3, 113 F 4, 119 D 4, 148 I G 3, 149 III B 2, 156/157 III D 2, 160 III E 2
Mintard 142 IV A 2, 142 V A 2
Minturnae 30/31 I D 3
Min-yüeh, Ldsch. 46/47 I K 4
Mirandola 63 II C 2
Mirat 135 I B 2
Mires 10 I A 1
Mirgisseh 6 I A 3
Miriquidi, Erzgebirge 58/59 I K 3
Mirobriga 38/39 II A 1
Miropol 75 E 4
Mirsaani 163 II C 2
Mirsapur 135 I C
Misenum 30/31 III B 1
Misis 8 I B 2
Miskolcz 112 II D 1
Misox 80 II D 2
Misr, Misri, s. Ägypten, Ld. 9 III C/D 3/4, 50/51 E 4/5
Missanello 30/31 I G 4
Mission, christliche angelsächs. 52 I u. II, 61 I; byzantin. 56 II, 61 II u. V; deutsch 56 II, 61 I u. II; fränk. 52 II, 56 I u. II, 58/59 II; irisch 52 I u. II; päpstl.-röm. 52 I, 56 II
Mississippi, amer. Staat 133 III D/E 3
Mississippi, Fl. 111 I B 1/2, 116/117 II B/C 2—4, 133 I D 2/3
Mississippi-Territorium 118 I B 2
Missolunghi 130/131 I G 4
Missouri, amer. Staat 133 III D/E 2/3
Missouri, Fl. 144 IV C/D 2/3
Missouri-Territorium 133 I C/D 2/3
Mistra, Despotat 71 II B 4
Mistra, O. 70 II D 3, 92/93 I G 6
Misurata, O. 147 E 5
Misurata, Prov. 150/151 I E 5
Mitanni, V. 3 I E/F 3, 8 II B/C 2
—, Reich 9 I E/F 2
Mitau, Jelgava 68/69 II B 2, 75 D 2, 113 E 3, 119 C 3 150/151 I F 3
Mitla 100/101 II B 2
Mitrowitza 145 VI B 2
Mittelamerika 118 III, 133 I
Mittelamerikaner i. d. USA 144 II
Mitteldeutscher Handelsverein 129 I
Mittelkongo, franz. Besitz 146 I C 2/3
Mittelland-Kanal 161 I
Mittelmächte 152 III
Mittelmark, Ldsch. 106/107 I G 3
Mittelmeer, Inneres Meer 14/15 I B—E 2/3, 50/51 A—E 3/4, 64/65 I A—E 2/3, 130/131 I B—K 2—5, 156/157 I C—G 4/5
Mittelmeerklima 11 II
Mittelstandspartei, deutsche 154 I
Mittelsteinzeit 1 V
Mittenwald, Scarbia 37 I C 3
Mitterburg, O. 96/97 I G 7
Mitzeli 18/19 I D 2
Mixteco-Zapoteken, V. 100/101 II B 2
Mizda 34/35 III C 2
Mizpa 8 III B 3
Mizquic 100/101 VI B 2
Mjitkjina 136 II A 1, 158 I B 3
Mlawa 96/97 I L 3, 124 I F 1
Mo 3 III B 2
Moab, Ldsch. u. Staat 8 III B 3, 8 IV B/C 4
Moabiter, V. 8 III
Mobile 133 III E 3
Moçambique, Mozambique, Mosambik, O. 98/99 I E 9, 98/99 IV E 9, 132 I E 4
Moçambique, Mosambik, port. Kol. 132 I D/E 4/5, 132 II D/E 4/5, 138/139 II C 1/2, 162 III C/D 3/4
Moccadeni, V. 38/39 I E/F 3
Mocha 111 II B 2
Mochau (Burgward) 56 IV
Moche 100/101 III B 2
Möchling 58/59 III C 2
Mochlos 10 I B 1
Mochos 10 I B 1
Modein 34/35 II B 3
Modena, Bm. 88/89 II C 3
—, Hft. d. Este 68/69 I F 6, 94 I D 2
—, Hzm. 94 II D 2, 102/103 I F 5, 130/131 I E 3
Modena, Mutina, O. 4 VI B 2, 38/39 I B 2, 63 II B 2, 124 I C 3
Modica 17 I C 4, 63 I E 6
Modin 8 III B 3
Modion 10 III A 1
Modlin 124 I F 1, 148 I F 3, 156/157 I F 3
Modon, Bm. 88/89 I G 6
Modon, Methone, O. i. Griechenland 50/51 D 4, 70 II D 3, 112 I C 2
Modon, O. i. Livland 156/157 III D 2
Modrusch, Bm. 88/89 II D 2
Möen, Ins. 106/107 I G 2
Moenus, Main, Fl. 40 II B—D 1/2
Moeris-See, Fajjum 6 I A 2
Moers, Fsm. 122/123 I B 3
Moesia, röm. Provinz 34/35 I F 2, 48 II D 2
— I et II, röm. Provinz 42/43 I D/E 2
— superior, röm. Provinz 38/39 I D 2, 42/43 II C/D 2
— inferior, röm. Provinz 38/39 I D/E 2, 42/43 II D 2
Moesia, röm. Diözese 42/43 I D/E 2/3
Mogadischo, Mogadischu 98/99 I E 7, 98/99 IV E 7, 132 I E 3, 162 III D 2
Mögeldorf 81 I
Mogentianae 38/39 I C 1
Mogila, Kl. 88/89 III C 1
Mogilew, O. a. Dnjepr 71 I D 2, 75 F 3, 113 G 4, 116/117 I K 3, 156/157 I G 3, 156/157 III E 2
—, O. b. Krakau 86 II F 2
Mogontiacum, Mainz 40 II B 1/2, 41 II C 2
Mogulreich 98/99 I G—K 4—6, 111 II C/D 1/2, 116/117 IV B 2
Mohacs 112 I B 1, 112 II C 2
Mohammedaner, Moslems, Muslime, s. auch Islam 52 III, 64/65 III, 72/73 VI, 98/99 IV, 163 I
Mohenjo-Daro 3 II H 4
—, Plan 7 VI
Mohi, Theißebene 67 III B 3, 72/73 II B 3
Möhne, Fl. 56 V B/C 2
Mohra, Moliarah 21 III
Mohra Moradu 21 III
Mohrin 121 I, III u. IV
Mohrungen, O. i. Ostpr. 124 I E 1
Moissac, Kl. 87 I C 3
Mokpo 154 III B 3
Mola 94 I G 4, 94 II G 4
Molada 34/35 II B 3
Moldau, Fl. 86 I B/C 2, 122/123 I F 3/4
Moldau, Fsm. 70 II E 1, 71 I C 3, 112 I C 1, 119 D 5
Moldau, Ldsch. 130/131 I H 2
Moldauische ASSR 150/151 I F/G 4
Moldauische SR 160 III E 3
Molde 147 D 2
Molesmes, Kl. 87 II B 3
Molfetta, Natiolum 2 I C 2, 30/31 I G 3
Mollwitz 122/123 I G 3
Molodowo 140 IV B 1
Moloeis, Fl. 13 I A 1
Molosser, V. 16 I A 2
Molossis, Ldsch. 18/19 I A 2
Molotow, Perm 150/151 I I 3
Molsheim 105 I B 2
Molukken, Gewürzinseln 111 II F 2/3, 158 I D 4/5, 158 II D 4/5
Molykreion 18/19 I B 3
Mombasa 98/99 I D 8, 98/99 IV D 8, 111 II A 3, 132 I D 4, 162 III C 3
Momein 136 I C 4
Mömpelgard, Gft. 80 II A 1, 122/123 I B 5
Mömpelgard, Montbéliard, O. 106/107 I D 6, 130/131 II A 1
Monaco, Fsm. 94 II B 3, 130/131 I D 3
Monaco, Monoikos, Herakles Monoikos, O. 24 II C 3
Monastir, Bitolj, Bitolia 145 V B 2, 145 VI B 2, 148 I F 5
Monastiraki 10 I A 1
Moncastro, Bm. 88/89 I I 4
Moncastro, Akkerman, O. 70 II F 1
Monceaux 109 IV
Mönchengladbach, O. 161 IV A 1
Moncontour 102/103 I C 4
Mondberge, Geb. 98/99 V
Mondoñedo, Bm. 88/89 I A 5
Mondovi, Bm. 88/89 II B 3
Mondovi, O. 94 I B 2, 94 II B 2, 124 I B 3
Mondsee, Kl. 58/59 II A 2, 87 I E 2
Mondsee, O. 2 II C 2
Mondsee-Laibach-Vučedol-Kultur 2 II C 2
Monemwasia, Malvasia 50/51 D 4, 92/93 I G 6
Mongolei, Ldsch. 72/73 II I—M 3, 72/73 IV B/C 1, 98/99 I K—M 3
Mongolei, chines. Vasall 137 I B/C 2
Mongolei, Äußere, Volksrep. 136 I B—E 1/2, 136 III A/B 1/2, 162 II B/C 1, 164/165 III, 166/167 I u. III, 168
Mongolei, Innere 136 I C—E 2/3, 136 III A/B 2/3
Mongolen, Tataren, V. 1 II, 52 III F/G 2, 67 III, 72/73 II, 134 I
Mongolenreich 72/73 II
Monkwearmouth 142 I—III B 2
Monoikos, Herakles, Monoikos, Monaco 24 II C 3
Monophysiten, christl. Bekenntnis 44 II D/E 3, 52 III 64/65 I u. III, 72/73 VI
Monopoli 94 I G 4
Monreal, O. u. Amt a. d. Mosel 80 I C 1
Monreale, Ebm. i. Sizilien 88/89 I E 6
—, O. 63 I D 5
Monroe, Fort 133 III F 3
Monrovia, O. 132 I B 3
Monrovia-Staatengruppe 169 III
Mons, Bergen 95 B 2, 104 III A 2, 126/127 IV A 2
Monschau 122/123 I B 3
Montabaur, O. u. Amt 80 I C 1
Montagne, Ldsch. 95 C 4
Montaigu 58/59 I C 5
Montalcino 25 II B 1
Montalto 25 II B 2
Montana, amer. Staat 133 III B/C 2
Montauban, O. 83 IV B 3, 104 I C 4
Montbéliard, s. Mömpelgard 130/131 II A 1
Mont Blanc, Dép. 122/123 III C 2
Mont Cenis, Paß 58/59 I G 6, 68/69 I D 6, 160 III A 3
Montdidier, O. 95 B 3, 148 II B 2
Monte Alban, O. i. Mexico 100/101 II B 2
Monte Cassino, Kl. 48 II C 2, 63 I D 4, 87 I E 3, 156/157 I E 4
Montefeltre, Bm. 88/89 II C 3
Montefeltro, Burg 63 I D 3
—, Gft. 94 I E 3
Monteferrand, O. i. Syrien 64/65 IV B 3
Montefiascone, O. 53 I B 2
Monte Gargone, Geb. 58/59 I L/M 8
Montegiorgio 30/31 I D 1
Monteleone di Spoleto 24 II F 3
Montenegro, Ldsch., Fsm. 92/93 I F 5, 112 I B 1, 128 V, 130/131 I F 3, 145 V A 2, 145 VI A/B 2, 148 I E/F 5, 155 II C/D 2, 160 III C 4
Montenotte 124 I C 3
Monteoru-Kultur 5 I D 3
Monte Pelosa, O. 63 I F 4
Montepulciano 25 II B 1, 53 I A 2
Montereau, O. 95 B 3
Monteriggioni, O. 25 II B 1, 53 I A 2
Monterrey 133 I C 3
Montesa 64/65 II A 3
Montescudaio 25 II A 1
Montevideo 118 III E 4, 133 II C 3
Montferrat, Mgft., Hzm. 68/69 I E 6, 94 I B/C 2, 94 II B/C 2, 96/97 I D/E 7, 106/107 I D/E 7, 110 D 3/4
Montfort, Gft. a. Bodensee 68/69 I E/F 5
—, O. i. d. Bretagne 58/59 I C 4
—, O. a. d. Maas 95 C 2
Mont Genèvre, Paß 49 II C 2
Montgomery, Schloß. i. Wales 102/103 I C 3
—, O. i. VSt. 133 III E 3
Monthey 80 II A 2
Montiel 71 III A 3
Montivilliers 85 II B 2
Montlaurès 24 II A 3
Montl'héry 95 B 3
Montmartre, O. 109 IV
Montmedy 114 C 3, 148 II C 2
Montone, Fl. 53 I A/B 1
Montpellier, O. 58/59 I E 7, 104 I C 4
—, Universität 91 V B 2
Montpensier 95 B 4, 102/103 I D 4
Montreal 118 I C 1, 133 III F 2
Montreuil 85 II B 2
Montroyal 114 D 3
Mont St. Michel, Kl. 87 I B 2
Montserrat, Kl. 58/59 I D 8
Mont Tonnerre, Dép. 122/123 III C/D 1
Monza 49 III A 3, 63 I B 2
Moosbach, O. b. Nürnberg 81 I
Moosburg, O. 58/59 II C 2
Mopsion 18/19 I C 2
Mopsuestia, Mopsuhestia, Seleukeia 9 III E 2, 22/23 II C 2, 38/39 I G 3

Morawa, Fl. 56 II C 3, 130/131 I G 3, 145 V B 2, 145 VI B 2
Moray, Ldsch. 88/89 I B 2
Morbihan, Dép. 122/123 III A 1/2
Mörchingen 148 II D 2
Mordillo, Interamnium 17 I E 1
Mordwinen, V. 50/51 F 2, 119 H/I 4, 160 I
Mordwinische ASSR 150/151 I H 3
Möre, Ldsch. 60 I F 1
Morea, Peleponnes, Ldsch. 92/93 I G 6, 112 I C 2, 116/117 I H 6, 130/131 I G 4
Moreruela, Kl. 87 II A 3
Morescheth 8 III A 3
Morfinon, Athos-Kl. 45 VI B 2
Morgarten 80 II C 1
Morges 80 II A 2
Moriah, Hügel i. Jerusalem 34/35 V
Morimond, Kl. 87 II B 3
Morimondo, Kl. 87 II B 3
Morini, V. 36 C 2
Morlaas, Kl. 87 I B 2
Morlaix 110 B 3
Mormonda 18/19 I H 3
Morotai 158 II D 4
Mörs, O. 115 I B 2, 142 IV A 2, 142 V A 2
Mortara 130/131 III B 2
Mortsel 143 Ib
Mosa, Maas, Fl. 36 C/D 2/3
Mosambik, s. Moçambique
Mosarna 46/47 I E 4
Mosbach, O. a. Neckar 81 II B 2, 128 I B 2
Moscha 46/47 I D 5
Mosdok 134 I E 2
Mosella, Mosel, Fl. 37 I A 1/2, 80 I B/C 1/2, 95 D 2—4, 114 C/D 2/4
Moselland, NS-Gau 155 I A 2/3
Moselle, Dép. 122/123 III C 1
Mösen 77 III B 2
Moshaisk 125 I F 2
Moskau, Gouv. 119 F/G 3/4
—, Gfsm. 71 I E/F 1, 92/93 I I—L 1—3, 105 II B/C 2/3
—, Metropolitie 88/89 I H—K 2
—, O. 71 I E 1, 98/99 I D 2, 113 H 3, 119 F 3, 125 I F 2, 149 I C 2, 149 III C 2, 156/157 I G 3
—, Plan 105 IV
—, Patriarchat 113 H 3
Moskau-Wolga-Kanal 150/151 I G 3
Moskwa, Fl. 126/127 I L 2
Moslems, s. Mohammedaner
Mosquito-Küste 118 III C 2
Mossamedes 132 I C 4
Mossi, Ldsch. 132 I B 3
Mossul, Mosul, O. 50/51 F 4, 72/73 II D 4, 112 I E 2, 148 III B 2, 163 II C 3
—, Wilajet 134 II C 2
Mossynoiker, Mosynoeci, V. 38/39 I G 2
Mostaganem 150/151 I D 5
Mostar, O. i. Bosnien 94 I G 3, 130/131 I F 3, 145 V A 2, 145 VI A 2
Mostene 18/19 I H 3
Mosterö, Ins. 60 I F 2
Mosul, siehe Mossul
Mosyllon 46/47 I C 5
Mosynoeci, Mossynoiker, V. 38/39 I G 2
Mosyr 75 F 3
Motril 154 V B 2
Motye 17 I A 3
Moudon, Minnodunum 37 I A 3, 80 II A 2
Moulins 95 B 4, 110 C 3
Moulmein 136 II A 2, 158 I B 4
Moûtiers, Tarantaise, Ebm. 88/89 II B 2
—, O. 58/59 I G 6
Mouzon 54/55 II D 3
Moyenmoutier, Kl. 87 I D 2
Moys 122/123 I F 3
Mozambique, Moçambique, O. 98/99 I E 9, 98/99 IV E 9, 132 I E 4
Mpraeso 163 IV B 2
Mseira 6 II B 2
Mstislawl 113 G 4, 116/117 I K 3
Muansa 132 I D 4
Mudejar-Stil, span. Gotik 90 I
Mudros 148 I G 6
Mugaiyar, Ur 6 II C 2
Mugan-Steppe 134 I G 4
Mugelli, V. 30/31 I B 1
Mügeln 56 IV
Müggel-See 161 II
Mughla 134 II A 2
Mühlacker 40 II B 3
Mühlbach, O. 75 E 5
Mühlberg, O. 96/97 I G 4,
Mühldorf 58/59 III B 1, 68/69 I G 4, 122/123 I E 4, 128 I D 2
Mühlhausen, RSt. i. Thüringen 68/69 I F 3, 77 IV A 2, 122/123 I D 3, 126/127 II C 2
Mukden, Schenjang 136 I F 2, 136 III C 2, 138/139 VI B 2, 158 I D 2, 158 II D 2, 162 I C 1
Mulde, Fl. 77 II, 86 I B 1
Mühlhausen, RSt. i. Elsaß 80 II B 1, 114 D 4, 124 I B 3, 148 II D 3
Mülheim, O. a. d. Ruhr 142 IV A 2, 142 V A 2
Muliana 10 I B 1
Müllrose 121 I
Multen, O. u. Ldsch. 50/51 I 4/5, 72/73 III F 3, 116/117 IV B 1, 135 I B 1
Mulucha, Fl. 28 I A 2
Mülverstedt 77 IV B 2
Mümling, Fl. 40 II C 3
Mumpf 40 III A 1
München 66 I D 2, 105 I C 2, 122/123 I D 4, 152 II D 4, 153 II, 155 I B 3, 161 IV B 2
München-Freising, Ebm. 145 I, 161 VI
Münchengrätz, Kl. 88/89 III B 1
München-Oberbayern, NS-Gau 155 I B/C 3
Münchingen, Plan 76 III
Münchshöfen 2 I C 2
Munda 28 II A 3, 38/39 II A 2
Münden, Hannoversch- 81 III A 2, 122/123 I C 3
Münder 83 II A 2
Munderkingen 120 V C 2
Munichia, Festung u. Hafen 12 V, 14/15 IV A 2
Munkatsch, Munkacs 112 II E 1, 150/151 I F 4
Münnerstadt 122/123 I D 3
Munningen, Losodica 40 II D 3
Munster, Gft., Ldsch. i. Irland 92/93 I A 3, 110 A 2
Münster, O. b. Biel 80 II B 1
Münster, O. i. Elsaß 68/69 I D 4, 114 D 3, 148 II D 2
Münster i. Westfalen, Bm. 56 I A 2, 88/89 II B 1, 145 I, 161 VI
—, Bm.-Territ. 96/97 I D/E 3/4, 122/123 I B/C 2/3
—, Niederstift 122/123 I B/C 2
—, Oberstift 122/123 I B/C 2/3
—, O. 68/69 I D 3, 105 I B 2, 124 I B 2, 125 I C 2, 126/127 I E 3, 155 I A 2, 161 IV A 1
Münsterappel 80 I C 2
Münsterberg, O. 77 III B 1, 92/93 II D 3
—, Fsm. 96/97 I I 4, 122/123 I G 3
Münster-Mayfeld, O. u. Amt 80 I C 1
Münzenberg, O. 122/123 I C 3
Munzingen 1 IV B 2
Mur, Fl. 58/59 III B—D 2, 106/107 I G—I 6
Murab-Ba'at 34/35 II B 3
Murano, Plan 78 I
Muranum 30/31 I G 5
Murau 58/59 III C 2, 122/123 I F 5
Murbach, Kl. 58/59 I G 5
Murbogi, V. 38/39 II B 1
Murcia, Bm. 88/89 I B 6
Murcia, O. 54/55 I B 5, 64/65 II A 3, 130/131 I B 4
Murcia, Prov. 130/131 I B 4
Murgantia 30/31 I E 3
Murmanküste 113 G—I 1
Murmansk, Romanowsk 149 I C 1, 149 III C 1, 156/157 I G 2
Murom 61 V D 2, 119 G 3
Murray, Fl. 164/165 IV
Murrensium Vicus, Benningen 40 II C 3
Murrhardt 40 II C 3
Mursa 38/39 I C 1
Mursuk 132 I C 2
Murten 95 D 4
Murten-See 42/43 III
Murton 142 I B 2, 142 II B 2, 142 III B 2
Murus 37 I B 3
Murviedro, Saguntum 38/39 II B 2
Mürzsteg 145 IV
Musalamer, Musulami, V. 34/35 III B 1/2
Musasir 9 III F 2
Musauwarat 6 I A 4
Musch 148 III B 2
Museion, T. 18/19 IV B 2
Musga, Fl. 12 VII
Musignano 25 II B 2
Muskau 122/123 I F 3
Muski, Phrygisches Reich 9 III C/D 1/2
Muslime, s. Islam, Mohammedaner
Mussomeli 17 I B 3
Musulami, Musalamer, V. 34/35 III B 1/2
Mutenum 38/39 I C 1
Mutina, Modena 25 I C 1
Muza, Ldsch. i. Kusch 42/43 I F 4
Muza, O. i. Arabien 34/35 I G 5
Muziris 46/47 I F 5
Muzri, V. 9 I F 2
Myania 18/19 I C 3
Mygdonia, Mygdonien 18/19 I C/D 1
Mykale, Geb. 13 III A 1, 18/19 I H 4
Mykalessos 18/19 IV C 2
Mykenäer, s. auch Achäer, V. 10 II u. III
Mykenai, Mykene 10 II C 3
—, Plan 11 V
Mykerinos-Pyramide, Plan 7 II
Mykonos, Ins. u. Ort 18/19 I F 4
Mylä, Mylai, O. i. Sizilien 17 I D 2, 28 II C 3
Mylai, O. i. Thessalien 18/19 I C 2
Mylasa, Milas 10 II E 3, 38/39 I E 3
Myndos 18/19 I H 4
Myos Hormos, Myus Hormos 29 II B 2, 46/47 I B 4
Myra 38/39 I F 3
Myriandos 20 I G 3
Myrina, O. i. Jonien 18/19 I H 3
Myrina, O. a. Lemnos 18/19 I F 2
Myrkinos 18/19 I D 1
Myrlea, Myrleia, Apameia 22/23 II A 1, 26/27 III B 1
Myron 30/31 I I 4
Myrrhinus 13 I C 2
Myrrhinutte 13 I C 1
Myrsinos 11 I B 2
Myrtilis 38/39 II A 2
Myrto, Ins. 18/19 I E 4
Myrtoisches Meer 18/19 I D/E 4/5
Myrtuntion 18/19 I 83
Myser, V. 10 II E 1/2
Mysia, Mysien, Ldsch. 18/19 I H 1/2
Mysio, Fl. 18/19 I H 2
Mytilini, Ebm. 88/89 I H 6
Mytilini, Lesbos, Ins. 112 I C 2, 145 V C 3, 145 VI C 3
Mytilene, O. 18/19 I G 2
Mytistraton 17 I C 3
Myus, O. i. Jonien 13 III A 1
Myus Hormos, Myos Hormos, i. Ägypten 29 II B 2, 46/47 I B 4
Mzcheth 134 I E 3

Naab, Fl. 86 I B 2, 128 I D 2
Naarden 96/97 I C 3, 104 III B 1
Naasdorf 77 III B 2
Nabatäer, V. 9 III E 3, 38/39 I G 4, 46/47 I B 3/4
Nabburg 58/59 I K 4
Nablus, Neapolis, Sichen 64/65 IV A 4, 162 IV B 1
Naburni, V. 41 IV
Nachdschowan, Nachitschewan, O. 134 I E 4
—, Chanat 134 I E/F 4
Nachod 92/93 II D 3
Nacolea 38/39 I F 2
Nadeshdinsk 150/151 I K 3
Nadsauen, Ldsch. 68/69 II B 2
Näfels 80 II D 1
Naft i Schah 163 II C 3
Naft Khaneh 163 II C 3
Naga 6 I A 4
Naga ed Deir 6 I A 2
Nagasaki 98/99 I O 4, 136 III C 3, 158 I D 3, 158 II D 3
Naghas, V. 111 II D 1
Nagidos 11 II E 2
Nagoja 46/47 IV H 3
Nagpur 135 I B 2
Nahalal 8 III B 2
Nahanarvalen, V. 41 I
Naharain, Hurri, Mitanni, V. u. Reich 9 I E/F 2
Nahe, Nava, Fl. 40 II A 2, 80 I C 2,
Nahne, Plan 76 I
Nahr-el-kelb, Hunds-Fl. 8 IV B 1/2
Naiman, V. 72/73 II I 2/3
Nain 34/35 II B 2
Naïri, Ldsch. 9 III E/F 2
Nairobi 132 I D 4, 162 III C 3
Naissus, Nisch 38/39 I D 2, 48 I D 2, 50/51 D 3, 71 II B 3
Naix 54/55 II D 3
Najera 58/59 I B 7
Nakel 68/69 I I 2, 122/123 I G 2
Nakkar 6 II B 2
Nakrasa 22/23 II A 2
Nal 3 II H 4
Naleiki, Ot. v. Moskau 105 IV
Naltschik 150/151 I H 4
Namaland, Ldsch. 138/139 II A 2
Nammerlager 37 II A 1
Namnetes, V. 36 B 3
Namri, V. 9 III G 3
Namslau 68/69 I I 3
Namsos 156/157 I E 2
Namur, Gft. 95 C 2, 104 III B 2
Namur, O. 36 C 2, 58/59 I F 3, 114 C 2, 126/127 IV B 2, 148 II C 1
Nan, Tschiang-ling, Ying 3 IV B 2, 46/47 II H 3
Nancy 68/69 I D 4, 95 D 3, 114 D 3, 148 II D 2, 156/157 III B 3
Nan-hai, Nanhei, Pan-yü, O. i. Südchina 3 V B 3, 46/47 I K 4
Nan-hei, O. i. d. Mongolei 46/47 III I 1
Nanking 98/99 I M 4, 136 I F 3, 136 III B 3, 158 I C 3, 158 II C 3, 162 I B 2
Nanning 136 I D 4
Nantes, Bm. 88/89 I B 4
—, Gft. 58/59 I B/C 5
—, Kl. 87 I B 2
—, Portus Namnetum, O. 36 B 3, 49 II A 2, 58/59 I C 5, 110 B 3, 156/157 I C 4, 156/157 III A 3
—, Universität 91 V A 2
Nantschang 98/99 I M 5, 136 I E 4
Nantuani, V. 41 IV
Nantuati, V. 29 I C 2
Napata 6 I A 4
Napcuis, Fl. 38/39 I E 2
Nape 18/19 I G 2
Naphtali, Geb. 34/35 II B 1/2
Naphtali, V. 8 IV B 2/3
Napoca, Klausenburg 38/39 I D 1
Nar, Fl. 30/31 I C/D 2
Nara 46/47 III M 2
Narbada, Fl. 46/47 I F 4, 135 I B/C 2
Narbo Martius, Narbonne, O. 36 C 4
Narbonensis, röm. Prov. 28 II B 2, 36 C/D 3/4, — I et II 42/43 I C 2
Narbonne, Ebm. 88/89 I C 5
Narbonne, Narbo Martius, O. 36 C 4, 49 II B 3, 50/51 B 3, 104 I C 4
Narce 25 II C 2
Narenses, V. 38/39 I C 2
Narenta, Fl. 58/59 I M/N 7
Narentana, V. 54/55 I F 4
Narew, Fl. 68/69 II B 3, 124 I F 1
Narisker, V. 41 I B 3
Narni, Narnia, Nequinum 30/31 I C 2, 53 I B 2
Narona 38/39 I C 2
Narotsch-See 148 I G 3
Narthakion 18/19 I C 3
Narvik 156/157 I E 2, 156/157 II G 1
Narwa 75 F 2, 104 IV D 1, 119 D 3, 155 II D 1, 156/157 I F 3, 156/157 III D 2
Naryka 18/19 IV A 1
Narym 98/99 I I 2
Nasamonen, V. 34/35 I D 3
Naseby 116/117 I C 3
Nashville 133 III E 3
Nasium 36 D 3
Nasrätabad 134 II E 2
Nasridenreich, Kgr. Granada 64/65 II A 3
Nasrya 148 III B 2
Nassau, Fort, a. Bahama-Ins. 118 III D 1
Nassau, Gft. 68/69 I D/E 3, 104 II A 2
Nassau, Hzm. 126/127 II A/B 2, 128 III, 129 I B/C 3
Nassau, O. 68/69 I D 3
Nassau-Diez, O. 96/97 II B 2
Nassau-Saarbrücken, Gft. 122/123 I B 4
Nassenfels, Vicus Scuttar. 40 II E 3
Natal, brit. Besitz 138/139 II B/C 2/3
Natal, O. i. Brasilien 156/157 II E 5
Natiolum, Molfetta 30/31 I G 3
Nationalsozialismus 153 II, 154 I u. II, 155 I u. II, 160 I
Nationalversammlung, deutsche 153 I
Nato-Pakt 166/167 II
Natron-Tal i. Ägypten 6 I A 1
Natzweiler, NS-Konzentrationslager 155 I A 3
Naukratis, Naucratis 11 II E 2, 38/39 I F 4
Naulochos, O. b. Milet 13 III A 1
Naulochus, O. a. Sizilien 28 II C 3
Naumburg, Bm. 61 II B 1, 88/89 II C 1
—, Bm. Territ 68/69 I F/G 3
—, O. 58/59 I I 3, 122/123 I D 3
Naunhof 77 II
Naupaktos, Naupactus 18/19 I B 3, 38/39 I D 3
Nauplia, Nauplion 18/19 I C 4, 50/51 D 4, 71 II B 4, 112 I C 2, 130/131 I G 4
Nauportus 38/39 I B 1
Nauru, Ins. 137 I F 5, 158 I F 5, 158 II F 5
Nava, Nahe, Fl. 40 II A 2
Navajo-Indianer, V. 144 IV B/C 3
Navarin, Pylos 130/131 I G 4, 145 V B 3
Navarra, Kgr. 58/59 I C 7, 64/65 I A 2, 70 I A 3, 102/103 I C 5
Navarra, span. Prov. 130/131 I B 3
Navarra et Béarn, Gouv. 122/123 II A 3
Navarra u. Béarn, Kgr. (frz.) 110 B 4
Navas de Tolosa 64/65 II A 3
Naxos, Hzm 64/65 II D 3, 70 II D/E 3
Naxos, Naxus, Ins. u. O. 18/19 I F 4/5, 54/55 I H 5, 112 I C 2, 130/131 I H 4
Naxos, O. a. Sizilien 17 I D 3
Nazareth 34/35 II B 2, 64/65 IV A 4, 148 III A 2, 162 IV B 1
Nazca 100/101 III B 3
Nazerini, V. 38/39 I G 3
Nazianzus 38/39 I F 3
Nazza 77 IV A 2
Neaithos, Fl. 17 I E 1
Neandertal, Tal 1 III C 1
Neandertaler, Menschenrasse 1 I u. II
Neandreia, Neiandreia 18/19 I G 2
Neanthropinen, Menschenrasse 1 II
Neapel, Ebm. 88/89 I E 5
—, Kgr. 70 II B/C 2/3, 92/93 I E/F 5/6, 116/117 I F/G 5/6, 124 II C/D 2, 125 I D 3/4
Neapel, Neapolis, O. i. Italien 24 II G 4, 48 I C 2, 63 I E 4, 130/131 I E 3, 156/157 I E 4, 156/157 III C 3
—, Universität 91 V C 2
Neapolis, Nablus, Sichem 64/65 IV A 4
Neapolis, O. i. Afrika 34/35 III C 1
Neapolis, Ot. v. Alexandria 26/27 V
Neapolis, O. i. Calabrien 30/31 I H 3
Neapolis, O. a. Chalkidike 18/19 I D 1
Neapolis, Ot. v. Emporion, Plan 21 IV
Neapolis, O. a. Euphrat 22/23 II D 3
Neapolis, Magara, Ot. v. Karthago, Plan 21 II
Neapolis, O. a. Krim 38/39 I F 2
Neapolis, O. a. Propontis 18/19 I H 1
Neapolis, Sichem 38/39 I F/G 4
Neapolis, O. i. Thrakien 18/19 I E 1
Nebit Dag 163 II D 3
Nebo, Bg. 8 III B 3
—, O. 8 III B 3
Nebraska, amer. Staat 133 III C/D 2

Nebrissa 38/39 II A 2
Nebrodes Mons, Geb. 17 I C 3
Necheb, El Kab 6 I A 2
Nechen, Hierakonpolis, Kom el Ahmar 6 I A 2
Neckar, Nicer, Fl. 40 II B/C 2/3, 81 II B 2
Neckarburken 40 II C 2
Neda, Fl. 18/19 I B 4
Nediensium Vicus, Lobenfeld 40 II B 2
Nedjran, Ldsch. 42/43 I G 5
Nedschd, Ldsch. 42/43 I G 4, 50/51 F 5, 162 III C/D 1/2
Nedschd, Sandschak 134 II C 3
Nedschd, Sultanat 153 VI C/D 3
Nedschran, Nestorianer-Bm. 52 III D 4
Nedwiyet al Odeyr 41 III D 2
Neeton, Neetum 17 I D 4, 25 I E 5
Neferis 28 IV B 2
Nefta, Aggarsel Nepte 34/35 III B 2
Nefud, Wüste 50/51 E/F 5
Negade, Negadeh 6 I A 2
Negapatam, Negapattan 98/99 I H/I 6, 135 I B 3
Negeb, Ldsch. 8 IV A/B 5
Negervölker 1 II, 6 I A 4
Neger in Südafrika 144 V
Neger in den USA 144 IV
Negerhandel 118 III
Negev, Ldsch. 162 IV A/B 2/3
Negrine, Ad Majores 34/35 III B 2
Negri Sembilan, Staatenbund 138/139 V A/B 2
Negroponte, Euböa, Ins. 70 II D 3, 112 I C 2
Negrowa 140 IV B 1
Negub 6 IV B 1
Neiandreia, Neandreia 9 II C 2, 18/19 I G 2
Neidenburg 74 I D 1, 106/107 III C 1
Neikaia 18/19 V C 1
Neinstedt, Wüstung 56 VI B 2
Neiße, Glatzer, Fl. 96/96 I I 4
—, Görlitzer, Fl. 106/107 I H 4, 160 III B 2
—, Fsm. 68/69 I I 3, 122/123 I G 3
—, O. 67 III B 2, 75 C 4
Nekawend 50/51 F 4
Nellenburg, Landgft. 128 I B 3
Nellore, Nellur 111 II C 2, 135 I B 3
Nelson, Fl. 133 I D 2
Nemausus, Nîmes 24 II B 3
Nemea 18/19 I C 4
Nemesis-T. b. Rhamnus 13 I C 1
Nemetacum, Arras 36 C 2
Nemetes, Nemeter, V. 37 I A/B 2
Nemetobriga 38/39 II A 1
Nemi 24 II F 4
Nemora Vacunae 30/31 I D 2
Nemorensis lacus, See 30/31 II B 2
Nemours, Hzm. 95 B 3
Nemors, O. 58/59 I E 4
Nemrud Dagh 44 I E 3
Nemus Dianae, T. 30/31 II B 2
Neocaesarea 38/39 I G 2
Neonteichos 18/19 I H 3
Nepal, Ld. 22/23 I K 3, 46/47 III G 3, 72/73 IV B 2, 98/99 I I 5, 135 I C 2, 136 I B 4, 162 II B 2, 164/165 III, 168
Nepet, Nepete, Nepi 24 II F 3, 25 II C 2, 30/31 I C 2
Nephin, Burg 64/65 IV A 3
Nephtoah 8 III B 3
Nepi, O. u. Kl. 25 II C 2, 87 I E 3
Nepomuk 68/69 I G 4
Neptunia 30/31 I H 4
Neptunius mons, Geb. 17 I D 2/3
Nequinum, Narni 25 II C 2
Nera, Fl. 53 I B 2
Nera, Ins. 14/15 IV A 2
Nérac 110 C 4
Nerchau 77 II
Neresheim, Kl. 87 I E 2, 128 I C 2
Neretum 30/31 I I 4
Nerike, Ldsch. 113 C/D 3
Nerium promontorium, Kap 38/39 II A 1
Neronias, Akko, Ptolemais, Col. Claudia Felix, Caesarea Philippi 34/35 II B 2
Nerreth 81 I
Nersae 30/31 I D 2
Nerthusvölker 41 I A/B 2
Nertobriga, O. i. Baetica 38/39 II A 2
Nertobriga, O. i. Tarragonensis 38/39 II B 1
Nertschinsk 105 III F 2
Nerulum 30/31 I F/G 5
Nervier, Nervü, V. 29 I B/C 1
Nesa 50/51 G 4
Nesactium, Nesazio 24 II F 2, 25 I D 1
Nesis, Ins. b. Neapel 30/31 III B 1
Nesis, O. i. Kaukasien 38/39 I G 2
Nesos 18/19 I G 2
Nesswish 75 E 3
Nestorianer, christl. Bekenntnis 44 II F 3, 52 III, 64/65 III, 72/73 IV u. VI
Nestos, Fl. 18/19 I E 1, 20 II C/D 2/3
Nethe, Fl. 37 II B 2
Netherby, Castra Exploratorum 40 I B 1
Netolitz 58/59 I L 4
Netteia 10 II E 3
Netze, Fl. 74 III C/D 1, 122/123 I F/G 2
Netzebruch, Ldsch. 121 I
Netze-Distrikt 122/123 I G 2
Netze-Warthe-Kanal 122/123 I G 2
Netzstall 81 I
Neu-Altmannsdorf 77 III B 1
Neu-Amsterdam 111 I C 1
Neu-Arcis 140 IV B 1
Neubabelsberg, Ot. v. Berlin 161 II
Neubabylonisches Reich, Chaldäerreich 9 III E—G 2/3
Neubau, Ot. v. Wien 109 V
Neubrandenburg, O. 83 II C 2, 106/107 I G 3
Neu-Braunschweig, Kanad. Provinz 133 III G 2
Neu-Breisach, O. u. Festung, Plan 120 II
Neuburg, Bm. i. Baiern 52 II C 3, 88/89 II C 2
Neuburg, O. a. d. Donau 40 II E 3, 58/59 I I 4, 128 I C 2
Neuburg, Pfalz-, Fsm. 122/123 I D/E 4
Neudamm 121 I
Neu-Delhi 163 I B 2
Neudorf b. Straßburg 77 I A 1
Neue Hebriden, Ins. 100/101 VIII D 3, 137 I F 5, 158 I F 5/6, 158 II F 5/6
Neu-Elft, Fère Champenoise 140 IV A 1
Neue Maas, Fl. 96/97 IIIc u. IIId
Neuenburg, Fsm. 115 I B 3, 130/131 II A 1
Neuenburg, Gft. 80 II A/B 1/2
Neuenburg, Neufchâtel, O. 80 II A 2, 130/131 II A 1
Neuenburger See 80 II A 2
Neuendorf, O. i. Neumark 121 I
Neuengamme, NS-Konzentrationslager 155 I B 2
Neu-England-Kolonien, -Staaten 118 I
Neuenhaus 40 II C 3
Neuenkamp, Kl. 88/89 III B 1
Neuenstadt, O. a. Bieler See 80 II B 1
Neuerburg, O. i. Eifel 80 I B 1
„Neue Welt" 98/99 VII u. VIII
Neufchâteau, O. a. Maas 58/59 I F 4
Neufchâtel, s. Neuenburg, O. i. d. Schweiz 148 II C 2
Neu-Fundland, brit., kanad. Provinz 111 I D 1, 116/117 II F 1/2, 133 I F 2
Neufundländer i. den USA 144 II
Neu-Georgia, Ins. 158 I E 5, 158 II E 5
Neu-Granada, Vizekgr. 118 III D 2/3, 125 II
Neu-Guinea, Ins., s. auch West-Irian 100/101 VIII B/C 3, 137 I D/E 5, 137 II B/C 2, 158 I E 5, 158 II D/E, 162 II D 2, 164/165 I Q/R 5
Neuhardenberg, O. 121 IV
Neuhaus, O. i. Böhmen 68/69 I H 4, 122/123 I F 4
Neuhaus, O. i. Solling 62 III C 2
Neuhäusel 115 I D 3
Neuhausen, O. i. Livland 104 IV C 2
—, O. i. Samland 121 II
Neu-Holland, O. 106/107 III A 1
Neuilly 150/151 I D 4
Neu-Irland, Ins. 100/101 VIII C 3
Neu-Kaledonien, Ins., frz. 137 I F 6, 158 I F 6, 158 II F 6
Neu-Karthago, Nova Carthago 26/27 II A/B 2
Neukastilien, span. Prov. 130/131 I B 3/4
Neukölln, Rixdorf, Ot. v. Berlin 144 I u. II
Neu-Lerchenfeld 109 V
Neumagen, Noviomagus 40 VI A 2
Neumark, Ldsch. 68/69 I H 2, 71 III C 1, 96/97 I H 3, 106/107 I H 3, 115 I C/D 2
Neumarkt, O. Beskiden 75 C 4, 106/107 I L 5, 106/107 III C 2
Neumarkt, O. i. Kärnten 58/59 III C 2
Neumarkt, O. i. Schlesien 75 C 4
Neu-Mexiko, amer. Staat 133 III C 3
Neu-Milet, Plan 21 VI
Neumittelwalde, Hft. u. O. 122/123 I G 3
Neumünster 58/59 I H 1
Neunhof (2 Orte b. Nürnberg) 81 I
Neu-Ostpreußen, Ldsch. 115 I E 2
Neu-Paris, Eigenfeld 140 IV B 1
Neuruppin 122/123 I E 2
Neu-Sandez 68/69 I L 4, 106/107 I L 5, 106/107 III C 2
Neusatz, O. i. Ungarn 112 II C 3
Neu-Schlesien, Ldsch. 115 I D 2
Neuschottland, kanad. Provinz 133 III G 2
Neuschweden, Ldsch. 111 I C 2
Neuseeland, Dominion 137 I F—H 5—7, 137 II D 3/4, 164/165 III, 166/167 I u. II, 168
Neu-Seeland, Ins. 100/101 VIII D 4/5
Neuseeland, brit. Verwaltungsbereich 138/139 I S/T 5—7
Neuseel. Besitz i. Antarktis 164/165 IV
Neusiedel. Ujhely, Plan 121 VI
Neusiedler See 106/107 I I 6
Neusohl 86 I F 2, 86 II F 2, 112 II C 1
Neu-Spanien, Vizekgr. 118 III B/C 1/2
Neuß, Novaesium 37 I A 1, 54/55 I D 2, 95 D 2, 122/123 I B 3
Neustadt, Kl. a. Main 56 I B 2
Neustadt, O. a. d. Haardt 78 III A/B 3, 114 E 3, 155 I B 3, 161 IV A 2
Neustadt, O. i. Holstein 83 II A 2
Neustadt, O i. Mähren 116/117 I G 4
Neustadt, O. i. d. Oberpfalz 128 I C 2
Neustadt, O. a. d. Saale 96/97 I F 4
Neustadt an der Tafelfichte, 86 I C 1
Neustadtl, O. i. Krain 106/107 I H 7
Neustettin 106/107 III B 1
Neustrelitz 122/123 I E 2
Neustrien, Ldsch. 50/51 B 3, 54/55 I B/C 3, 58/59 I C—E 4/5
Neu-Süd-Wales, Territ. 137 I E 6
Neutra, Bm. 61 II B 2, 88/89 I F 4
Neutra, O. i. Schwaben 120 V B 2
Neutra, O. i. Ungarn 56 II B 2, 75 C 4, 112 II C 1
Neuwedel, Plan 121 V
Neuwerk, Ins. 68/69 I E 2
Neu-Wilmsdorf 77 III A 2
Neuzelle, Kl. 88/89 III B 1
Nevada, amer. Staat 133/III B 2/3
Nevers, Bm. 88/89 I C 4
—, Gft. 58/59 I E 5, 95 B/C 4
—, O. 58/59 I E 5
Newa, Fl. 84 I G 2, 84 II G 2, 109 III, 113 G 3
Newbottle 142 II, 142 III B 2
Newbrough 40 I B 2
Newburn 142 I—III A 2
Newburg 116/117 I C 3
Newcastle, O. i. Australien 137 II C 3, 138/139 I R 6
Newcastle, Pons Aelius, O. i. England 92/93 I B 2/3, 110 B 1/2, 142 I—III A 2
Newel 113 F 3, 156/157 I F 3
New Grange 5 I A 2
New Hampshire, amer. Staat 118 I C 1, 133 III F 2
Newington 109 I
New Jersey, amer. Staat 118 I C 2, 133 III F 3
New Orleans 116/117 II B 3
New Town 118 II A 2
New York, O. 133 III F 2
New York, amer. Staat 118 I C 1, 133 III F 2
Ngami-See 138/139 II B 2
Nghara, Khursay-Kalama 6 III B 2, 6 IV B 2
Nheyla 41 III E 2
Niagara, Fort 116/117 II C 2
Niamey 162 III B 2
Nicäa, Nicaea, Nikaia, Isnik, Iznik, O. i. Bithynien, 38/39 I E 2, 44 II D/E 2, 50/51 D/E 3, 64/65 I D/E 2, 64/65 II D/E 2
Nicaea, siehe Nicäa
Nicaragua, s. Nikaragua
Nicephorium Callinicum. Rakka 41 III D 2
Nicer, Neckar, Fl. 40 II B/C 2/3
Nicomedeia, Nicomedia, Nikomedia, Ismid 26/27 IV A 1, 38/39 I E 2, 48 I D 2, 70 II E 2
Nicopolis, Nikopolis, O. i. Epirus 38/39 I D 3
Nicopolis, O. i. Kappadokien 38/39 I G 2
Nicopolis, O. i. Kilikien 22/23 II C 2, 38/39 I G 3
Nicopolis ad Istrum, Nikjup, Nikopolis, O. i. Moesien 38/39 I E 2
Nicopolis, O. i. Thrakien 38/39 I D 2
Nicosia, Nikosia, O. a. Cypern 70 II F 3
Nida, Civitas Taunensium, Heddernheim 40 II B 1
Nidaros 60 I G 1
Nid dem Wald, Ldsch. i. Unterwalden 130/131 II B 1
Nidri 10 II B 2
Nidum 36 B 2
Nieder-Altaich, Kl. 87 I E 2
Nieder-Baiern, Hzm., s. auch Baiern-Landshut, Baiern-Straubing 70 I D 2, 128 I C/D 2
Nieder-Berg, O. 40 II A 1
Niederbieber 40 II A 1
Niederbronn 40 II A 3
Niederburgund, Kgr. 54/55 IV B 3/4, 58/59 I E—G 5—7
Niederdeutsche Sprache 49 II C/D 1
Niederdonau, NS-Gau 155 I C/D 3
Niederehe 80 I B 1
Nieder-Kalifornien, Ldsch. 133 I C 3
Niederlande, Bevölkerungsverluste 161 III
Niederlande, Ldsch. 90 I B 1
Niederlande, Kgr. 124 III, 128 II—V, 141 I A/B 2, 141 II A/B 2, 155 II B 1, 156/157 I D 3, 156/157 III B 2, 160 I A 2, 160 II A 2, 164/165 III, 166/167 II u. III, 168
—, Kgr. d. vereinigten 126/127 I D/E 3/4, 126/127 IV A—C 1/2
Niederlande, österreich. 114 B—D 2/3, 115 I A/B 2
Niederlande, Rep. d. verein. 104 I C/D 2, 104 III
Niederlande, spanische 102/103 I D/E 3, 104 III A—C 2/3, 105 I A/B 2, 114 B—D 2/3
Niederländer in den USA 144 II
Niederländ.-Amerika, Kol. 118 III
Niederländ.-Java 135 II
Niederländ.-Indien 116/117 IV, 137 I B—E 4/5, 137 II A/B 1/2, 158 I B—D 4/5
Niederländische Kolonien 111 I u. II
Niederländ. Kolonien i. Asien 98/99 I
Nieder-Lausitz, Mgft. 92/93 II B/C 2/3, 96/97 I G/H 4, 122/123 I F 2/3
Nieder-Lothringen, Hzm. 58/59 I F/G 2—4
Niedernberg, O. 40 II C 2
Niederösterreich, s. Österreich
Nieder-Plottnitz 77 III A 2
Nieder-Pomsdorf 77 III B 2
Niederrheinisch-Westfälischer-Reichs-Kreis 96/97 II A/B 2
Niedersachsen, Land 160 III A/B 2, 161 IV A/B 1
Niedersächsischer Reichs-Kreis 96/97 II B/C 2
Niederschlesien, NS-Gau 155 I C/D 2
Nieder-Schöneweide 143 IV
Nieder-Schönhausen 143 II
Nieder-Sprockhövel 142 IV B 2, 142 V B 2
Niederwald, O. i. Schlesien 77 III B 2
Nieder-Wartha 56 IV
Nienburg a. d. Saale 62 I C 2
Nienburg, O. a. d. Weser 83 II A 2, 122/123 I C 2
Nierstein, Buconica 40 II B 2
Nieuport 96/97 I B 4, 148 II B 1
Nieuwendam 109 II
Nièvre, Dép. 122/123 III B 2
Niffar, Nippur 6 II C 2
Nigde, Tyane 64/65 IV A 2
Niger, Fl., 132 I B/C 3
Niger-Kolonie, franz. Besitz 146 I C 2
Niger, Staat 162 III B 1/2, 164/165 III, 166/167 I u. III, 168
Nigeria, Staat 162 III B 2, 164/165 III, 166/167 I, 168
Nigerien, brit. Besitz 132 I C 3, 138/139 I K 4
Nija 9 I E 2
Nikäa, Nikaia, Nizza 11 II B 1, 24 II C 3
Nikaea, O. i. Kaschmir 22/23 I I 2
Nikaia, Kaiserreich 64/65 II D/E 2/3, 66 II E/F 3/4
Nikaia, Nicaea, Nicäa, Isnik, Iznik, O. i. Bithynien 38/39 I E 2, 44 II D/E 2, 50/51 D/E 3, 64/65 I D/E 2
Nikaia, Nikäa, Nizza 11 II B 1, 24 II C 3
Nikaragua, Staat 133 I D 4, 164/165 III, 166/167 II u. III, 168
Nikatoris 22/23 II C 2
Nikephorion 22/23 II C 2
Nikjup, Nikopolis ad Istrum 38/39 I E 2
Nikobaren, Ins. brit. 136 II A 3, 162 II B 3
Nikolajew 130/131 I I 2
Nikolajewsk 137 I E 2
Nikolaistad, Vaasa, Wasa 147 F 2
Nikolsburg 129 II H 4
Nikolstadt, Bg. O. 86 I D 1
Nikomedia, Nikomedeia, Nicomedia, Ismid, Izmid 22/23 II A 1, 38/39 I E 2, 48 I D 2, 70 II E 2
Nikopol, O. a. Dnjepr 150/151 I G 4
Nikopolis, Byzantin. Thema i. Epirus 54/55 I G 5
Nikopolis, Nicopolis, O. i. Epirus 38/39 I D 3, 48 II D 3
Nikopolis, Nicopolis, O. i. Kilikien 22/23 II C 2, 38/39 I G 3
Nikopolis, Nicopolis ad Istrum, Nikjup, O. i. Moesien 38/39 I E 2, 70 II D 2, 71 II B 3, 112 I C 1
Nikopolis, O. i. Thrakien 38/39 I D 2
Nikosia, Nicosia 70 II F 3, 112 I D 2, 130/131 I I 4
Nikotera 17 I D 2
Niksar 112 I D 1
Nikschitsch 145 V A 2
Nil, Nilus, Fl. 6 I, 29 II B 1/3, 98/99 IV, 132 I D 2/3, 138/139 III B 1/2, 138/139 IV B 1/2, 162 III C 1/2
Nildelta 29 II A/B 1
Nilgaue, altägyptische 6 I
Nilkatarakte 6 I A 3/4, 72/73 II C 5
Niloten 132 III
Nilus siehe Nil
Nimburg, O. 92/93 II C 3
Nîmes, Bm. 88/89 I C 5
Nîmes, s. Nemausus, O. 36 C 4, 48 II B 2, 49 II C 3, 104 I C 4

Nimit Ischtar, Tell Afar 6 IV B 1
Nimptsch 58/59 I M 3, 92/93 II D 3
Nimrud, Kalach 6 III B 1
Nimwegen, Noviomagus 36 D 2, 54/55 II D 2, 68/69 I C 3, 78 IV B 2, 114 C 2
Nina, Surghul 6 II C 2, 6 III C 2
Ninaia 17 I D 1
Nine Elms 109 I
Ning-hsia, Nestorianer-Bm. 52 III G 3
Ninghsia, chin. Prov. 136 I D 3
Ningpo 136 I F 4
Ninive, Mespila 6 II B 1, 6 III B 1, 6 IV B 1, 50/51 F 4
Niort 92/93 I B 4
Nippur, Niffar 6 II C 2, 6 III C 2, 6 IV C 2
Niru Chani 10 I B 1
Nisa 46/47 III D 2
Nisaia 18/19 IV B 3, 13 I A 2
Nisam von Haidarabad, Reich des 116/117 IV B/C 3, 135 I B/C 3
Nisan, Gau 56 IV
Niscemi 17 I C 3
Nisch, Naissus 38/39 I D 2, 48 I D 2, 50/51 D 3, 71 II B 3, 112 I C 1, 130/131 I G 3, 148 I F 5, 155 II D 2, 156/157 I F 4, 156/157 III D 3
Nischapur 46/47 III D 2, 50/51 G 4, 52 III D 3
Nishnij Nowgorod, Gorki, O. 119 G 3
—, Gouvernement 119 G/H 3/4
Nisibin, Nisibis, Antiocheia 6 IV B 1, 22/23 II D 2, 38/39 I H 3, 50/51 F 4, 52 III D 3, 112 I E 2, 148 III B 2
Nisteri, V. 37 I B 1
Nisyros, Ins.u. O. 18/19 I H 5
Nitiobroger, Nitiobroges, V. 36 C 4
Nitterwitz 77 III B 2
Niue, Savage-Ins. 138/139 I T 5
Nivelles, Kl. 54/55 II D 2, 87 II B 2
Nivernais, Gouv. 122/123 II B 2
Nizza, Bm. 88/89 II B 3
Nizza, Gft. 68/69 I D 6/7
Nizza, Nikaia, O. 49 II C 3, 63 I A 3, 110 D 4, 124 I B 4, 130/131 I D 3
Njarasa-See 1 I
Njassaland, brit. Besitz 132 I D 4, 162 III C 3
Njemen, Memel, Fl. 67 III C/D 1/2, 115 I E/F 1/2, 148 I F/G 2/3, 160 III D/E 1/2
Njeshin 75 F 4, 113 G 4
Nobadae, V. 42/43 I F 4
Nob Hill, Ot. i. S. Francisco 143 III
Nocera, O. b. Assisi 53 I B 2
—, O. i. Campanien 63 I E 4
Nogaier, V. 105 II C/D 3, 134 I E/F 1
Nogat, Fl. 64/65 VII, 122/123 I H 1/2
Nograd 106/107 I K 6
Noia 30/31 I G 3
Noirmoutier, Ins. 57 I B 3
Nola 30/31 I E 4, 94 I F 4, 94 II F 4
Nollendorf 126/127 III D 2
Nombre de Dios, O. 100/101 VII B 3
Nomentum 30/31 II B 1
Nomeny 114 D 3
Nomia, Ldsch. 18/19 I B 4
Nona, Bm. 61 II B 2
Nona, O. 54/55 I F 4
Nonantola, Kl. 4 VI C 2, 63 II C 2
Nonnenweier 77 I A 2
Nootka 125 II
Nora, O. i. Sardinien 25 I B 4
Nora, O. i. Schweden 113 C 3
Norba, O. i. Apulien 30/31 I H 4
Norba, Cáceres 38/39 II A 2
Norba, O. i. Latium 30/31 II B 2
Norchia 25 II C 2
Nord, Dép. 122/123 III B 1
Nordamerika, Erdteil 111 I, 115 II, 116/117 II, 118 I u. II, 125 II, 133 I u. III, 138/139 I, 143 III
Nordaustralien, Nord-Territorien 137 I D 5, 138/139 I Q 5/6
Nord-Borneo, brit. Besitz 138/139 I P 4, 162 II C 3
Nord-Bukowina, Ldsch. 160 III E 3
Nord-Carolina, amer. Staat 118 I B/C 2, 133 III E/F 3
Nord-Dakota, amer. Staat 133 III C/D 2
Norddeutscher Bund 129 II
Norddeutschland, Kathol. Vikariat 145 I
Norden, O. 58/59 I G 2, 122/123 I B 2
Nordenskiöld-See, Laptew-See 159 I G/H 1, 159 II G/H 1
Nordeurasische Kultur 2 I C—E 1
Nordfriesen, V. 61 III A 1/2
Nordgau, bair. Mark 54/55 I E 3
—, Mgft. 58/59 I I/K 4
Nordgermanen, V. 48 I B/C 1, 50/51, 57 I—III, 60 I—IV, 61 I—V
Nordhausen, NS-Konzentrationslager 155 I B 2
Nordhausen, O. i. Elsaß 77 I A 2
Nordhausen, O. i. Thüringen 62 II C 2
—, RSt. 68/69 I F 3, 122/123 I D 3, 124 I C 2
Nordischer Kulturkreis 5 I B/C 1
Nordische Trichterbecherkultur 2 I B—D 1
Nordisch-norddeutsche Bronzekultur 5 II B—D 1/2
Nordkap 156/157 I F 1
Nordkaukasien, Ldsch. 149 III D 3
Nordkirchen 56 V B 1, 142 IV C 1, 142 V C 1
Nord-Korea, Staat 162 I C 1/2, 166/167 III
Nordleute, Sachsen, V. 54/55 I D/E 2
Nördliche Sarkars, Ldsch. 116/117 IV C 3
Nördlicher Okeanos 22/23 VI
Nördliches Eismeer, Nordpolarmeer 159 I A—L 1, 159 II A—L 1
Nördliches Meer = Mittelmeer 14/15 VI
Nördlingen, RSt. 40 II D 3, 68/69 I F 4, 81 II C 2, 122/123 I D 4, 128 I C 2
—, Messen 83 V C 3
Nordmark (Havelland) 58/59 I K 2
Nordost-Grenzprovinz, indische 163 I D 2
Nord-Ostsee-Kanal, Kaiser-Wilhelm-Kanal 152 II C/D 1/2, 161 IV A 1
Nord-Pazifik-Bahn (USA) 133 III A—D 2
Nordpol 164/165 II
Nordpolargebiete 164/165 II
Nordpolarmeer 105 III A—I 1, 156/157 II F/G 1, 164/165 II
Nordrach 77 I B 2
Nordrhein-Westfalen, Ld. 160 III A 2, 161 IV A 1
Nord-Rhodesien, brit. Besitz 162 III C 3
Nordsee, Friesisches Meer, Germanisches Meer, Mare Germanicum 36 B—D 1/2, 50/51 B 2, 57 I C 2, 84 I A/B 1—3, 84 II A/B 1—3, 110 B—D 1/2, 148 I A—C 2/3, 156/157 I D 3
Nordsiebenbürgen, Ldsch. 155 II D 2
Nordstrand, Ins. 61 III A 1
Nordsweben, V. 48 I C 1
Nord-Territorien, Nordaustralien 138/139 I Q 5/6
Nord-Vietnam, Staat 162 II C 2/3, 166/167 I u. III
Nordwales, Wales, Ldsch. 52 I B 2, 57 II B 2
Nordwest-Griechen, V. 10 II C 2, 11 I
Nordwestl. Grenzprovinzen (in Indien) 135 I B 1
Nordwest-Territorium (in Kanada) 133 I B—E 1/2
Nordwest-Territorium (USA) 118 I A/B 1/2
Noreia 24 I D 3
Norfolk, Ins. 100/101 VIII D 4, 138/139 I S 6
Norfolk, Ldsch. i. England 102/103 I D 3
Norfolk, O. i. d. USA 133 III F 3
Noricum, röm. Provinz 38/39 I B/C 1, 48 I C 2, 48 II C 2
— mediterraneum, römische Provinz 42/43 I D 2
— ripense, röm. Prov. 42/43 I D 2
Noriker, Taurisker, V. 24 I D 3
Normandie, Gouvernement 122/123 II A/B 1
Normandie, Hzm. 58/59 I C/D 4, 66 I A/B 2, 68/69 III B/C 1
Normannen, Norweger, Wikinger, V. 54/55 I A/B 1—3, 57 I—III
— (aus Normandie in Italien), V. 53 I B 3, 63 I D—F 4—7
Normannenreich in Italien, s. auch Sizilien, Kgr. 63 I D—F 4—7
Normannische Inseln (im Kanal) 70 I A 2, 147 C 4
Normannische Kunst 67 I A/B 1, 67 I C 2/3, 90 III B/C 2/3
Normannisierung Schottlands 71 III A 1
Norrköping 113 D 3
Northampton 85 I A 1, 85 II A 1
North Atlantic Treaty Organisation, NATO 166/167 II
Northeim 58/59 I I 3, 81 III A/B 2, 122/123 C/D 3
North-Shields 142 I—III B 1
Northumbria, Northumberland, Kgr. , Ldsch. 52 I B 1/2, 54/55 I B 1/2, 57 II B 2
Nortorf 61 III B 2
Norwegen, Bevölkerungsverluste 161 III
Norwegen, Kgr. 155 II B/C 1, 156/157 I D—F 1—3, 156/157 III B/C 1/2, 164/165 III, 166/167 I u. III, 168
Norweger, Normannen, V. 50/51 B 1/2, 57 I C/D 1/2, 150/151 II
Norweger i. d. USA 144 II
Norwegischer Besitz i. d. Antarktis 164/165 IV
Norwich, Bm. 88/89 I C 3
Norwich, O. 57 II C 2, 110 C 2
Nossen 56 IV
Nossi Bé 132 I E 4
Nöteborg 113 G 3
Notion, O. b. Ephesos 18/19 I H 3
Notion, O. a. Hermos 18/19 I H 3
Notion, O. b. Smyrna 18/19 I H 3
Notre Dame de l'Isle de Ré, Kl. 87 II A 3
Nottingham 57 II B 2
Nouveau Orléans, s. New Orleans 111 I B 2
Nova Carthago, Cartagena, Neu-Karthago 26/27 II A/B 2, 38/39 II B 2
Novae, O. i. Dalmatien 38/39 I C 2
Novae, Svistov, O. i. Moesien 38/39 I E 2
Novaesium, Neuß 37 I A 1
Novantae, V. 36 B 1
Novara, Bm. 88/89 II B 3
Novara, O. 66 I C 2, 94 I C 2, 94 II C 2, 96/97 I E 7, 130/131 III B 2
Novaria, O. 25 I B 1
Nova Roma, s. Constantinopolis 42/43 I E 2
Novempopulana, röm. Provinz 42/43 I B/C 2, 42/43 II A/B 2
Novi, Nowi 116/117 I G 4, 145 V A 1/2
Novigrad, Nowigrad 94 I F 2, 94 II F 2
Novilara 24 II F 3
Noviodunum, O. i. Belgien 29 I B 1
Noviodunum, O. i. Biturigenland 29 I B 2
Noviodunum, O. i. Moesien 38/39 I E 1
Noviodunum, Nevers 29 I B 2
Noviodunum, Nyon 36 D 3
Noviomagus, Chichester 36 B 2
Noviomagus, Neumagen 40 VI A 2
Noviomagus, Nimwegen 36 D 2
Noviomagus, O. i. d. Normandie 36 C 3
Noviomagus, Speyer 37 I B 2
Nowag 77 III B 1
Nowaja Semlja, Ins. 164/165 I M/N 1
Nowgorod a. Ilmensee, Ebm. 88/89 I I 2
—, Fsm. 68/69 II D 1/2, 92/93 I H—K 1/2, 105 II B/C 2/3
—, Gouvernement 119 E/F 2/3
—, Holmgard, O. 57 I F 2, 98/99 I D 2, 119 E 3, 156/157 I G 3
—, Plan 78 VI
—, St. Peterhof, Hansekontor 84 I G 2, 84 II G 2
Nowgorod-Sewersk, Fsm. 67 III E/F 2
Nowgorod-Sewersk, -Sewerskij, O. 66 II F 2, 71 I D 2 113 G 4
Nowi, Novi 112 II B 3, 145 V A 1/2
Nowigrad, Novigrad 94 I F 2, 94 II F 2
Nowipasar, O. u. Sandschak 130/131 I F/G 3, 145 V A/B 2, 145 VI A/B 2, 148 I F 5
Nowo-Alexandrowsk 134 II D 1
Nowogrodek (Metropolitie) Ebm. 88/89 I H 3
Nowogrodek, O. 71 I C 2, 75 E 3, 113 F 4, 116/117 I I 3
Nowo Margelan 134 II F 1
Noworossijsk 134 I A 1, 156/157 I G 4
Nowosibirsk 137 I B 2
Nowosil 71 E 2
Noyon, Bm. 88/89 I C 4
Noyon, O. 54/55 II C 3, 58/59 I E 4, 148 II B 2
Nsawam 163 IV B 3
NSDAP, Nationalsozialistische deutsche Arbeiterpartei 153 II, 154 I u. II
NS-Staat 155 I u. II, 160 I
Nuakschott 162 III A 2
Nubien, Ld. 4 V, 6 I 3/4, 98/99 IV
Nubier, V. 64/65 III E 5
Nuceria, O. i. Bruttium 17 I E 1
Nuceria, O. i. Umbrien 30/31 I C 1
Nuceria Alfaterna, O. i. Kampanien 30/31 I E 4
Nucha 134 I F 3
Nueva Cadiz 100/101 VII C 2
Nuitonen, V. 41 I
Nules 154 V B 2
Numana 30/31 I D 1
Numantia, O. 28 I A 1, 38/39 II B 1
Numantia, Römerlager, Plan 29 VI
Numea 158 I F 6
Numerus Syrorum, Marnia 38/39 II B 3
Numider, V. 3 I A/B 3
Numidia, röm. Provinz 28 II B 3, 34/35 III A/B 1/2
Numidicus Sinus, Golf 34/35 III B 1
Numidien, Ldsch., Staat 28 I A—C 2
Numistrum 30/31 I F 4
Nuraghenkultur 2 II B 3/4, 5 I B 3/4
Nuri 6 I A 4
Nuristan, Kafiristan 135 I A/B 1
Nürnberg, Burggft., s. auch Ansbach-Bayreuth, Fsm. 68/69 I F 3/4
—, Pfalz 58/59 I I 4
—, O., RSt. 68/69 I F 4, 81 I, 86 II E 2, 105 I C 2, 122/123 I D 4, 128 I C 2, 155 I B 3, 156/157 III C 3
Nürnberger Messen 83 V C 3
— Recht 75 A 4
Nursia 30/31 I D 2, 53 I B 2
Nusa Penida, Ins. 135 II D 2
Nuschki 135 I A 2
Nützigerode, Wüstung 77 IV A 2
Nuzi, Yorgan Tepe 6 III B 1, 6 IV B 1
Nydala, Kl. 87 II C 2
Nyen 113 G 2
Nyiregyháza 112 II D 2
Nyköping 126/127 I G 2
Nyland, Ldsch. (finn.) 113 E/F 2
Nymphaion, Kap auf Chalkidike 18/19 I E 1
Nymphaion, O. i. Lydien 18/19 I H 3
Nymphäon, O. a. d. Krim 16 II G 1
Nymphenburg, Schloß 122/123 I D 4
Nyon, Col. Julia Equestris, a. Noviodunum 37 I A 3, 80 II A 2
Nysa, Antiocheia, O. a. Mäander 22/23 II A 2, 38/39 I E 3
Nysa, Geb. 14/15 VI
Nyslott 113 F 2
Nyssa 38/39 I F 3
Nystad 113 E 2

Oakland, O., Plan 143 IV
OAS, Organisation of American States 166/167 II
Oase, große, El Charge, Hibe 6 I A 2
—, kleine 29 II A 2
Oaxaca 118 III C 2
Ob, Fl. 98/99 I G—I 1/2, 138/139 I N 1/2
Oba 38/39 II A 2
Obbia 154 IV B 2
Ob dem Wald, Ldsch. i. Unterwalden 130/131 II B 1
Obdorsk 100/101 I M 1
Oberaden 37 I A 1, 41 II B 2, 142 IV C 1, 142 V C 1
Oberägypten, Ld. 6 I A 2/3
—, Gaue 6 I A 2/3
Oberanven, Andethanna 37 I A 2
Oberbayern, Hzm. 70 I D 2, 106/107 I F/G 6
Ober-Burma, Ldsch. brit. 135 I D 2, 138/139 I O 3
Oberdonau, NS-Gau 155 I C 3
Oberdorf, Opia 40 II D 3
Ober-Ehnheim 81 II A 2, 114 D 3
Ober-Elsaß, Landgft. 95 D 3/4
Oberer Bund (Graubünden) 80 II C/D 2
Oberer See 133 III D/E 2
Ober-Florstadt 40 II B 1
Ober-Geldern, Hzm. 104 III B/C 2, 115 I B 2
Oberhausen 142 IV A 1, 142 V A 1/2
Ober-Hermsdorf 77 III B 2
Oberijssel, Overijssel, Hfl. 104 III C 1
Oberkirch 77 I B 1
Oberkrain, NS-Gau 155 I C 3
Ober-Lausitz, Mgft. 92/93 II C 3, 115 I C/D 2, 122/123 I F 3
Oberleuken 40 VI A 2
Ober-Lothringen, Hzm. 58/59 I F/G 3—5
Obermarchthal, Kl. u. Territ. 120 V C 1/2
Obermarsberg 37 II A 2
Ober-Mimberg 81 I
Obermühle, O. 81 I
Obernburg 40 II C 2
Oberndorf 122/123 I C 4
Ober-Österreich, s. Österreich
Ober-Peru, Ldsch. 118 III D 3
Oberpfalz, Pfalzgft., Hzm. 68/69 I F/G 4, 86 I A/B 2, 104 II B 3, 106/107 I F/G 5, 128 I C/D 2
Ober-Pomsdorf 77 III A 1
Oberrheinischer Reichskreis 96/97 II B 2/3
Obersächsischer Reichskreis 96/97 II C/D 2
Obersalzberg, O. 155 I C 3
Ober-Scheidenthal 40 II C 2
Oberschlesien, NS-Gau 155 I D 2/3
—, Polenaufstand 153 II
—, preuß. Provinz 152 II G/H 3/4
Ober-Schöneweide, Ot. v. Berlin 143 II
Obersitzko 105 I E 1
Oberstadion 120 V C 2
Oberstdorf 128 I C 3
Oberstein 80 I C 2, 114 D 3
Oberstimm 40 II E 3
Ober-Vellach, Bg. O. 86 I B 3
Ober-Volta, Ldsch. 146 I B/C 2
Obervolta, Staat 162 III A/B 2, 164/165 III, 166/167 I u. III, 168
Ober-Wallis, Ldsch. 80 II B/C 2/3
Oberwesel, Vosolvia, O. 40 II A 1, 80 I C 1
—, Oberamt 80 I C 1
Ober-Winterthur, Vitudurum 40 III B 1
Öbisfelde 161 I u. V
Obodriten, V. 54/55 I E 2, 58/59 I I 1/2
Obok, frz. Besitz 138/139 III C 2
Obra, Kl. 88/89 III C 1
Obulco 38/39 II B 2
Obulenses, V. 38/39 I E 2
Ocaña, O. i. Kolumbien 133 II B 1

—, O. i. Spanien 125 I B 4
Occaraba 41 III C 2/3
Oceanus, Äußeres Meer, Atlantischer Okeanos 14/15 VI, 22/23 VI
Oceanus Indicus, Südliches Meer 14/15 VI, 34/35 VI
Ocelis 42/43 I G 5
Ocelodurum, Zamora 38/39 II A 1
Oche, Bg. 18/19 I E 3
Ochotsk 105 III G 2
Ochotskisches Meer 137 I E 2
Ochrida, O. 56 II C 3, 130/131 I G 3, 145 V B 2, 145 VI B 2
Ochrida, Patriarchat 61 II C 2, 88/89 I G 5
Ochsenbruck 81 I
Ochsenfurt, Kl. 52 II C 2
Ochsenhausen, 120 V C/D 2
Ochsenweg, Straße 61 III B 1, 61 IV B/C 1/2
Ochtendung 80 I C 1
Ockergräber-Kultur 2 II E 2, 5 I D—F 2/3
Ocriculum 30/31 I C 2
Octavianum 30/31 III B 1
Octodurus, Martigny 37 I A 3
Octogesa 38/39 II C 1
Oddi 57 III A 2
Ödenburg, Scarbantia 38/39 I C 1, 58/59 III D 2, 75 C 5, 106/107 I I 6, 112 II B 2
Odense, Bm. 88/89 I E 2
Odense, O. 60 I G 2, 75 A 3, 106/107 I F 2
Oder, Fl. 41 I B/C 2/3, 58/59 I L—N 2—4, 106/107 I H—K 3—5, 156/157 III C 2
Oder-Neiße-Linie 160 III B 2, 161 IV
Öderan, Bg. O. 81 I B 1
Oderberg, Hft. i. Schlesien 96/97 I K 5, 106/107 I K 5, 115 I D 3
Oderberg, O. i. Oderbruch 121 III u. IV
Oderbruch, Ldsch. 121 III u. IV
Oder-Schnurkeramik 2 II C 1
Oderwald, Bge. 58/59 V A/B 1
Odessa, O. i. d. Ukraine 116/117 I K 4, 148 I H 4, 149 III C 3, 156/157 I G 4
Odessos, Odessus, o. i. Bulgarien 38/39 I E 2
Odowakar-Reich 48 I C 2
Odrysae, V. 38/39 I E 2
Odrysenreich der Thraker 16 II D/E 2
Oëa, O. i. Libyen 11 II C 2, 34/35 I D 3
OECD, Organisation for Economic Cooperation and Development 166/167 III
Oels, Fsm. u. O. 68/69 I I 3, 96/97 I I 4, 122/123 I G 3
Oenanthea 38/39 I G 2
Oenoanda 38/39 I E 3
Oer 142 IV B 1
Oer-Erkenschwick 142 V B 1
Oëroë, Fl. 13 I A 1
Oëroë, O. 18/19 IV B 2
Oescus, O. u. Fl. 38/39 I D 2
Ofen, Buda, Ofen-Pest, s. auch Budapest 38/39 I C 1, 58/59 I N 5, 75 C 5, 112 II C 2
—, Universität 91 V C 2
Offa-Wall 57 II B 2
Offenbach, Kl. 80 I C 2
Offenbach, O. 129 I C 3
Offenburg, RSt. 40 II A 3, 68/69 I D 4, 77 I A 2, 114 D 3, 128 I B 2
Offleben 56 VI B 2
Ofnethöhle 1 IV C 2
Ogaden, Ldsch. 132 I E 3, 154 IV B 2
Ogen 77 III B 1
Oglasa, Ins. 30/31 I A 2
Ogle 142 II A 1, 142 III A 1
Oghusen, Ogusen, V. 50/51 G/H 3, 72/73 III D 2
Oglio, Fl. 63 II A/B 1
Ogowe, Fl. 132 I C 4
Ogusen, Oghusen, V. 50/51 G/H 3, 72/73 III D 2
Ohanet, Erdölfeld 163 III B 3
Ohio, Fl. 116/117 II C/D 2/3, 118 I B/C 1/2, 133 III E 3
Ohio, amer. Staat 133 III E 2/3
Ohlau 122/123 I G 3
Ohle, Fl. 76 VIII
Ohod, Bg. 50/51 F 5
Ohrberg, Bg. 37 II B 1
Ohrdruf, Kl. 52 II C 2
Öhringen, Vicus Aurel. 40 II C 2
Ohrum 58/59 V B 1
Oia 13 I B 1
Oiantheia 18/19 I C 3
Oichalia 18/19 I B 3
Oine 18/19 I G 4
Oineon 18/19 I B/C 3
Oiniadai, Öniadä 18/19 I B 3
Oinoë, O. i. Argolis 18/19 I C 4
Oinoë, O. b. Marathon 13 I B 1
—, O. i. West-Attika 13 I A 1
Oinoë, O. a. Golf v. Korinth 18/19 I D 3
Oinophyta 13 I B 1
Oinotrer, Oenotrer, V. 17 I E 1
Oinus, Fl. 13 II A 1
Oinus, O. 18/19 I C 4
Oinussai, Ins. 18/19 I B 5
Oion 12 V
Oiraten, Kalmücken, V. 72/73 II I/K 2, 98/99 I I/K 2/3
Oise, Dép. 122/123 III B 1
Oise, Fl. 95 B/C 3, 114 B 3, 148 II B 2
Oistrymnische Ins. 24 I B 3
Oisyme 18/19 I E 1
Oita, Geb. 18/19 I C 3
Oitaia, Ldsch. 18/19 I C 3
Oitaier, V. 20 III A/B 1
Oitylos 18/19 I C 5
Oka, Fl. 61 V C/D 2, 119 F/G 3/4
Okalea 18/19 IV B 2
Okarben 40 II B 1
Okas 50/51 F 5
Okeanos, Atlantischer, s. auch Oceanus 22/23 VI
Okeanos, nördlicher 22/23 VI
Okeanos, östlicher 22/23 VI
Oker, Fl. 58/59 V
Okinawa, Ins. 158 I D 3, 158 II D 3, 162 II D 2
Oklahoma, amer. Staat 133 III D 3
Öla, Dedan 34/35 I F 4
Öland, Ins. 75 C 2, 113 D 3
Olantaytambo 100/101 III B 3
Olba 38/39 I F 3
Olbasa 38/39 I F 3
Ölbaumgrenze am Mittelmeer 11 II
Ölberg, Bg. b. Jerusalem 34/35 V
Olbia, Hyères 24 II C 3
Olbia, O. a. Sardinien 25 I B 3
Olbia Borysthenes, O. a. Schwarzen Meer 38/39 I F 1
Olcachites Sinus, Golf 34/35 III B 1
Old Benwell 142 I A 2, 142 II A 2
Old Church 40 I B 2
Oldenburg, Bm. i. Wagrien 88/89 II C 1
Oldenburg, evang. Landeskirche 161 VII
Oldenburg, Gft. 68/69 I D/E 2, 96/97 I D/E 3, 106/107 I D/E 3
Oldenburg, Ghzm. 129 I B/C 2, 129 II C/D 2
Oldenburg, Hzm. 122/123 I B/C 2, 124 I B/C 1
Oldenburg, L.d 152 II B/C 2
Oldenburg, O. i. Oldenburg 62 I B 1, 122/123 I C 2
Oldenburg, O. i. Wagrien 58/59 I I 1
Oldesloe 1 V C 1, 83 II B 2
Olenos, O. i. Achaia 18/19 I B 3
Olenos, O. a. Acheloos, Fl. 11 I B 1
Oléron, Ins. 110 B 3
Oleros 10 III C 1
Olfen 142 IV B 1, 142 V B 1
Olgassys mons, Geb. 38/39 I F 2
Oliaros, Ins. 18/19 I F 4/5
Olicana 36 B 2
Olifant, Fl. 138/139 II A 3
Olisipo, Lissabon 38/39 II A 2
Olita 75 D 3, 148 I F 3
Oliva, Kl. 87 II C 2, 92/93 II E 1, 106/107 I K 2, 161 VI
Olivenza, O. i. Brasilien 111 I C 4
Olivenza, O. i. Spanien 116/117 I B 6, 126/127 I B 6
Olizon 18/19 I D 2
Olkaden, V. 26/27 II A 1/2
Olkusch, Bg. O. 86 I E 1, 113 D 4
Ollioules 24 II B 3
Olmones 18/19 IV B 1
Olmütz, Bm. 88/89 II D 2
Olmütz, O. 54/55 I F 3, 75 C 4, 105 I E 2, 106//107 II, 106/107 III B 2
Olonez, Bm. 88/89 I I 1
Olonez, O. 113 G 2, 160 IV C 3
Olonne 110 B 3
Oloosson 18/19 II B 3
Olophyxos 18/19 I E 1
Oloron, Bm. 88/89 I B 5
Oloron, Iluro, O. 36 B 4, 58/59 I C 7
Olos 18/19 I C 4
Olpai, Olpä 18/19 I B 3
Olt, Alutus, Fl. 38/39 I D/E 1/2
Olten 37 I A 3
Olty 134 I D 3
Olus 10 III C 1
Olympia, Heiligtum, Plan 14/15 III
Olympia, O. 18/19 I B 4
Olympos, Bg. i. Attika 13 I B 2
Olympus mons, Bg. i. Bithynien 38/39 I E 3
—, Bg. i. Jonien 18/19 I H 3
—, Bg. i. Thessalien 18/19 I C 1, 145 V B 2
Olynthos 18/19 II C 2
Ölzone Middle East, s. auch Erdöl 163 II B/C 4
Omaha 133 III D 2
Omaijaden-Emirat, Kalifat Cordoba 54/55 I B/C 4/5 57 I B 4
Omaijadenreich, Kalifat 50/51 A—I 3—5, 54/55 I B—E 5/6
Omalais 10 I B 1
Oman, Staat, auch Maskat und Oman 46/47 III D 3, 50/51 G 5, 72/73 II E 5, 98/99 I F 5, 132 I E 2, 162 III D 1/2, 164/165 I M 4
Omana, O. 46/47 I D 4
Omari 6 I A 2
Ombos, O. b. Assuan 6 I A 3
Ombos, Ballas, O. b. Theben 6 I A 2
Ombrone, Fl. 53 I A 2
Omdurman 138/139 III B 2
O-mi-schan, Heiligtum 72/73 IV C 2
Ommelande, Groninger, Ldsch. 104 III C 1
Omsk 137 I A 2, 149 IV C 2
Oña, Kl. 87 I B 3
Onchestos 18/19 IV B 2
Ondod, Pußta-Wüstung 140 V B 2
Onega-See 61 V C 1, 113 G/H 2
Öniadä, Oiniadai 16 I A 2
Onide 10 I A 1
Ono 8 III A 2
Onoba 38/39 II A 2
Onoguren, Onogurische Völker, s. auch Bulgaren. V. 46/47 III D 1, 48 I F 2, 49 I D/F 1/2
Ontario, kanad. Provinz 133 III D—F 1/2
Ontario-See 133 III F 2
Onuphrios 10 I A 1
Onysia, Ins. 10 III D 1
Oorderen 143 I a—b
Ooster-Schelde, Fl. 96/97 III a—d
Oosterweel 143 I a—b
Ophel, Hügel in Jerusalem 34/35 V
Opherdecke, Opherdicke 142 IV C 2, 142 V C 2
Ophioneis, Ldsch. 18/19 I B/C 3
Ophiusa, Ins. d. Pityusen 38/39 II C 2
Ophiusa, Ins. i. d. Propontis 18/19 I H 1
Ophra, Heiligtum b. Gilboa 8 III B 3
Ophra, O. b. Jericho 8 III B 3
Ophryneion 18/19 I G 1
Opia, Oberdorf 40 II D 3
Opini, V. 25 I B 2
Opinum 30/31 I F 4
Opis, Seleukeia 9 III F 3. 22/23 II D 3
Opitergium, Oderzo 38/39 I B 1
Oplontiae 30/31 III B 1/2
Opolanen, V. 50/51 C 2/3
Opone 46/47 I D 6
Oporto 130/131 I A 3
Oppeln, Fsm., Hzm. 96/97 I I/K 4, 122/123 I G/H 3
Oppeln, O. 58/59 I M 3, 106/107 III B 2, 152 II G 3, 161 IV C 1, 161 VI C 1
Oppenau 77 I B 2
Oppenheim 95 E 3, 114 E 3
Oppershausen 77 IV A 2
Oppidum Novum 34/35 III A 1
Opsikion, byzant. Thema 50/51 D/E 3/4
Opus, Kap 18/19 I C 3
Opus, O. i. Böotien 18/19 IV B 1
Opus, O. i. Elis 18/19 I B 4
Oradour 155 II B 2
Oran, Dép. 147 C/D 5
Oran, O. 3 II A 3, 54/55 I B 5, 102/103 I C 6, 116/117 I C 6, 130/131 I B 4, 163 III A 1
Orange, Bm. 88/89 II A 3
Orange, Fsm. 116/117 I D 5
Orange, O. 58/59 I F 6, 110 C 4
—, Universität 91 V B 2
Oranienbaum, O. 156/157 I F 3
Oranienburg, O. 122/123 I E 2
Oranier-Fsm. Fulda 126/127 II B/C 2
Oranje, Fl. 138/139 II A/B 2/3
Oranje-Freistaat 138/139 II B 2/3
Orb 122/123 I C 3
Orbe, Urba 37 I A 3, 80 II A 2
Orbetello 25 II B 2, 94 I D 3, 94 II D 3, 124 II B 2
Orchies 95 B 2, 104 III A 2
Orchoë, Uruk 22/23 II E 3
Orchomenos, O. i. Arkadien 18/19 I C 4
Orchomenos, O. i. Böotien 18/19 IV A 2
Orda 34/35 II A 3
Ordersus 38/39 I F 1
Ordessus, Fl. 38/39 I E 2
Ordos, Ldsch. 46/47 I I 3, 98/99 I L 3, 111 II E 1
Ordovices, V. 36 B 2
Ordshonikidse, Wladikawkas 150/151 I H 4
Ordu-Balyk, Karakorum 46/47 IV E 2
Örebro 75 B 2
Oregon, amer. Staat 133 III A/B 2
Oregon-Territorium 133 I B/C 2
Oreioi, Geb. 10 III A 1
Orel 119 F 4, 156/157 I G 3
Orenburg, O. 119 K 4, 149 III E 2, 163 II D 1
Oreos, Ldsch. 18/19 I D 3
Orestheion 18/19 I C 4
Orestis, Ldsch. 18/19 I A/B 1
Öresund, Sund, Meerenge 113 C 3
Oretana iuga, Geb. 38/39 II B 2
Oretaner, Oretani, V. 38/39 II B 2
Oretum 38/39 II B 2
Orgas 13 I A 1
Orgjejew 75 F 5
Orgon 24 II B 3
Oria 63 I F 4
Oriens, Praefektur 49 I E 3
Oriens, Röm. Diözese 42/43 I F 3
Orihuela, Bm. 88/89 I B 6
Orinoko, Fl. 100/101 VII C 3, 118 III D 2
Orippo 38/39 II A 2
Orissa, Jajnagar, Ldsch., Staat 72/73 II H 5/6, 72/73 V C 2, 98/99 I I 5, 135 I C 2
Oristano, Ebm. 88/89 I D 6
Oriza, Tayibe 41 III D 2
Orizaba, O. 133 I D 4
Orkaden-Jarltum 60 I C/D 2
Orkaden, Orkanen, Orkney-Ins. 24 I B/C 2, 57 I B 2, 92/93 I B 2, 102/103 I C 2
Orkanen, Orkaden, Orkney-Ins. 24 I B/C 2
Orkas, Kap 24 I B 2
Orkney-Ins., s. Orkaden
Orkney-Ins., Bm. 88/89 I B 2
Orlamünde 68/69 I F 3
Orl-Bach 77 IV B 2
Orléanais, Gouvernement 122/123 II B 1/2
Orléans, Bm. 88/89 I C 4
Orléans, Hzm. 95 A/B 3/4
Orléans, Cenabum Aureliani, O. 36 C 3, 49 II B 2, 54/55 II B 4, 92/93 III C 2, 102/103 I D 4, 104 I C 3, 156/157 I D 4, 156/157 III B 3
—, Universität 91 V B 2
Orléansville, Castellum Tingitanum 34/35 III A 1
Örlinghausen 37 II A 2
Ormenion, Orminion, O. a. Golf v. Pagasai 18/19 I D 2
Ormenion, O. i. Thessalien 11 I C 1
Ormuz, Hormus 100/101 I L 3
Ornavasso 24 II D 2
Orne, Dép. 122/123 III A/B 1
Orneiai, Orneai 18/19 I C 4
Ornies 10 I B 1
Orobiai 18/19 I D 3
Orolaunum, Arlon 36 D 3
Oron, Uromagus 37 I A 3
Orontes, Asi, Fl. 8 I B 2/3, 41 III B 1/3, 64/65 IV A/B 2/3
Oropia, Ldsch. 13 I B 1
Oropos, Oropus, O. i. Attika 13 I B 1
Oropos, O. i. Epirus 18/19 I A 2
Oropos, Fl. 18/19 I A 2
Oropus, Oropos 38/39 I D 3
Orospeda mons, Geb. 38/39 II B 2
Orrhoë, Antiocheia-Edessa 22/23 II C 2
Orscha 75 F 3, 119 E 4, 148 I H 3, 156/157 I G 3, 156/157 III E 2
Orsk 163 II D 1
Orsowa 67 III C 4, 145 V B 2, 145 VI B 2
Orsoy 142 IV A 1, 142 V A 1
Orte, Horta 25 II C 2
Ortenau, Hft. 122/123 I C 4
Ortenburg, O. u. Gft. 68/69 I G 4, 128 I D 2
Orthe, O. i. Achaia Phthiotis 18/19 I C 2
Orthe, O. a. Peneios 11 I C 1
Orthodoxe, griech. Christen, Kirche 52 III, 64/65 I u. III, 72/73 VI, 88/89 I
Orthosia 22/23 II C 3, 41 III A 3
Ortona 30/31 I E 2
Ortopla 38/39 I B 2
Ortygia, Ot. v. Syrakus 17 II
Orvai, Kl. 87 II B 3
Orvieto, Volsinii 25 II C 2, 63 I D 3
Orvinium 30/31 I D 2
Osaka 72/73 I G 2, 136 III D 3
Osca, Huesca 38/39 II B 1
Oschatz 56 IV
Osci, Osker, V. 24 II F/G 3/4, 30/31 III B 2
Ose, Fl. 29 V
Ösel, Ins. 68/69 II B 1, 74 II B 2, 113 E 3, 116/117 I H 2, 148 I F 2, 150/151 I F 3, 156/157 I F 3, 156/157 III D 2
Ösel-Wiek, Bm. 88/89 I G 2
Ösel-Wiek, Bm.-Territ. 104 IV B/C 1
Osen, V. 41 I C 3
Oserain, Fl. 29 V
Osere, Kl. 87 II A 3
Oseriates, V. 38/39 I C 1
Oseyrad-Dibel 41 III D 2
Osimo 94 I E 3, 94 II E 3
Osismier, Osismii, V. 36 B 3
Osker, V. 24 II F/G 3/4, 30/31 III B 2
Oslo Bm. 88/89 I E 2
Oslo, Kristiania, O. 84 I C 2, 84 II C 2, 150/151 I E 3, 156/157 I E 3
Osma, Bm. 88/89 I B 5
Osma, O. 58/59 I B 8
Osmanen, V. 72/73 II B/C 3/4, 134 I A—D 3/4
Osmanisches Reich, s. auch Türkei, Türkisches Reich 70 II, 71 II A—D 2—4, 72/73 VI A/B 2/3, 85 II C—F 1—3, 98/99 I B—E 3/4, 112 I, 119 C—G 5—7, 130/131 I D—K 2—6, 134 II A—C 1—3, 145 V A—C 2/3, 153 VI
Osnabrück, Bm. 56 I B 1, 88/89 II B 1, 145 I, 161 VI
Osnabrück, Bm.-Territ. 68/69 I D/E 2, 122/123 I B/C 2
Osnabrück, O. 37 II A 1, 54/55 I D 2, 68/69 I E 2, 106/107 I E 3, 124 I C 1, 126/127 II B 1
Osning, Geb. 37 II A 1
Osorno 118 III D 5
Öspel 56 V B 2
Osrhoene, Ldsch. 29 IV C 2, 38/39 I G 3
Ossa, Geb. 18/19 I C 2
Osseg, Kl. 88/89 III B 1
Osseg, O. 106/107 I G 4
Ossen, Osseten, V. 134 I
Ossero, Bm. 88/89 II C 3
Osseten, V., siehe Ossen
Ossetien, Ldsch. 134 I D/E 2
Ossiach, Kl. 87 I E 2
Ossola, s. Domodossola 68/69 I E 5
Ossonoba 38/39 II A 2
Ossowiec 148 I F 3
Ostafrika, brit. Besitz 138/139 I L/M 4/5
Ostafrika, dt. Kolonie 132 I D 4
—, brit. Mandat 152 I
Ost-Anglia, Ostangeln, Kgr. 50/51 B 2, 57 II C 2, 58/59 I D 2
Ostanitza 18/19 I A 1/2
Ost-Apennin-Kultur 4 VI
Ostasien, Ldsch. 46/47 I—IV, 72/73 I, II u. IV, 98/99 I,

136 I—III, 158 I—III, 162 I u. II
Ostblockstaaten 164/165 I, 168
Ostchines. Meer 136 I F 3/4
Ostende 96/97 I B 4, 126/127 IV A 2, 148 II B 1
Oster-Badeleben 56 VI B 2
Osterbg., v., Reichritter 120 V D 2
Österbotten, Ldsch. 113 E/F 1/2
Osterburken 40 II C 2
Österdal-Älv, Fl. 113 C/D 2
Österdal, Ldsch. 60 I G 1
Österfeld 142 IV A 1, 142 V A 1
Oster-Insel 164/165 I D 6
Osterland, Ldsch. 66 I D 1
Osterode 81 III B 2, 126/127 II C 2
Österreich, Ostmark (bair. Mark) 54/55 I E/F 3, 56 II A/B 2, 57 I D 3, 58/59 I L/M 4/5, 58/59 II L/M 4/5, 58/59 III C/D 1/2
Österreich, Besatzungszonen 160 III
Österreich, Bevölkerungsverluste 152 III, 161 III
Österreich, Hzm., Erzhm. (ob d. Enns = Oberösterreich, unter d. Enns = Niederösterreich) 66 I D/E 2, 68/69 I G—I 4/5, 70 I D/E 2, 105 I D/E 2/3, 106/107 I G—I 5/6
Österreich, Kaiserreich, s. auch Habsburg 124 I D—F 1—3, 124 II B—D 1/2, 124 III, 125 I D/E 2/3, 126/127 I E—I 3—5, 128 II—IV
Österreich, Rep. 141 II B—D 3, 141 IV A/B 3, 152 II C—F 4/5, 160 III A—C 3, 164/165 III, 166/167 III, 168
Österreicher u. Ungarn in den USA 144 II
Österreichische Lande, s. auch Habsburgische Lande 115 I
Österreichischer Reichskreis 96/97 II C/D 3
Österreichisches bürgerl. Gesetzbuch 124 III
Österreichisch-Schlesien 129 II H/I 3/4
Österreich-Ungarn, Kaiserreich-Kgr. 128 V, 130/131 I D—H 1—3, 141 I B—E 2/3, 141 III A—C 2—4, 145 III u. IV, 145 V A/B 1/2, 145 VI A/B 1/2, 148 I C—G 3—5, 150/151 I D—F 3/4
Österreich-Ungarn, Bevölkerungsverluste 152 III
Östersund, O. 147 E 2
Ostfalen, Ldsch. 54/55 I E 2, 58/59 I I 2
Ostfranken, Ldsch., s. Mainfranken 54/55 I D/E 3
Ostfränkisches Reich 54/55 III B/C 1—3, 54/55 IV A—C 1—3, 56 II
Ostfriesische Inseln 122/123 I B 2
Ostfriesland, Gft., Fsm. 96/97 I D 3, 106/107 I D 3, 115 I B 2, 124 I B 1
Ostgoten, V. 42/43 I F 2, 48 I C 2, 48 I D/E 2, 49 III
Ostgotenreich 48 II B/C 2/3
Ostgötland, Östergötland, Ldsch. 60 I G/H 2, 61 I C 2, 113 C/D 3
Ost-Griqualand, Ld. 138/139 II B 3
Osthannover, NS-Gau 155 I B 2
Ostia, suburbikarisches Bm. 88/89 I E 5
Ostia, O. 30/31 II A 2, 53 I B 3
—, Plan 32 III
Ostingersleben 56 VI B 2
Ostjaken, Wogulen, V. 50/51 G/H 2, 98/99 I G/H 1, 105 III C 1
Ostkolonisation, deutsche 67 II, 68/69 II, 74 I—III, 75, 76 IV—VIII, 77 2/3, 78 V, 79 V—VIII, 82 I—III u. V
Östlicher Okeanos 22/23 VI
Östliches großes Erg, Wüste 163 III A/B 2/3
Ostmark, bair., = Österreich 54/55 I E/F 3, 56 II A/B 2, 57 I D 3, 58/59 I L/M 4/5, 58/59 II, 58/59 III C/D 1/2
Ostmark = NS-Österreich 155 II C 2, 156/157 I E 4
Ostoberschlesien, Ldsch. 152 II H 3/4, 155 II C 1/2
Ostpreußen, Hzm. Preußen 115 I D/E 1/2
—, preuß. Prov. 129 II I—L 1/2, 152 II H—K 1/2, 160 III C/D 2
Ostpreußen, NS-Gau 155 I D/E 1/2
Ostra 30/31 I D 1
Ostrog 67 III D 2
Ostrolenka 124 I F 1, 148 I F 3
Oströmisches Reich, s. auch Byzantinisches Reich 48 I C—E 2/3, 48 II C/D 2/3
Ostrow, O. a. Welikaja 92/93 I H 2, 113 F 3
—, O. i. Wolhynien 71 I C 2
Ostrowo, O. i. Polen 122/123 I G 3
Ost-Rumelien, Ldsch. 145 V B/C 2
Ostrymner, V. 14/15 I A 2
Ostsee, Meer 50/51 C/D 1/2, 57 I D/E 1/2, 75 A—F 1—3, 84 I C—F 1—3, 84 II C—F 1—3, 113 C—F 1—4, 148 I D—G 1—3, 156/157 I E/F 2/3, 156/157 III C/D 1/2
Ostsee-Weißmeer-Kanal 150/151 I G 2
Ostslawen, V. 67 III, 106/107 III, 150/151 II
Ost-Turkestan, Sinkiang, Ld. 136 I A—C 2/3
Osurgeti 134 I C 3
Oswego, Fort 116/117 II D 2
Otadini, V. 36 B 1
Otawi 138/139 II A 1
Othniel, V. 8 IV A 4
Othrys, Geb. 18/19 I C 2/3
Otranto, Ebm. 88/89 I F 5
Otranto, O. 63 I G 4, 102/103 I G 5
Otrar, Farab 50/51 H 3, 52 III E 2, 72/73 II F 3
Otryne 13 I B 2
Otschakow 119 E 5
Ottakring 109 V
Ottawa 133 III F 2
Ottenhöfen 77 I B 1
Otterberg, Kl. 80 I C 2, 88/89 III A 2
Otterndorf 83 II A 2
Otterwisch 77 II
Ötting, s. Altötting 128 I D 2
Öttingen, Frhr. v. 120 V C/D 2
Öttingen, Gft. 81 II C 2, 122/123 I D 4
Öttingen, O. 128 I C 2
Ottitz 2 I C 1/2
Ottmachau 77 III B 2, 92/93 II D 3
Otvac, Bm. 88/89 II D 3
Otzaki 4 VII A 2
Oude Good 143 Ib
Oudenaarde 114 B 2
Oudendyk, O. 143 Ib
Oudh, Awadh, Ldsch., Staat 72/73 V C 2, 98/99 I I 5, 116/117 IV B/C 2
Ouessant, Uxisama 24 I B 3
Oulu, Uleaborg 150/151 I F 2
Ourique 64/65 I A 3
Ourthe, Dép. 122/123 III C 1
Ouse, Fl. 110 B 2
Outokumpo 160 IV B 3
Overijssel, Hft., s. auch Oberijssel 78 IV C 1, 96/97 I D 3, 104 III C 1
Oviedo, Bm. 88/89 I A 5
Oviedo, Lucus Asturum, O. 38/39 II A 1, 50/51 A 3, 102/103 I B 5, 154 V A 1
Ovilava, Wels 38/39 I B 1
Owambo, V. 138/139 II A 1
Owrutsch 75 F 4
Oxford, O. 92/93 I B 3, 104 I B 2
—, Universität 91 V A 1
Oxos-See, Aral-See 14/15 I G/H 2
Oxos, Oxus, Dschihun, Amu-darja, Fl. 14/15 I G—I 2/3, 22/23 I G—I 1/2, 26/27 I G—I 1/2, 50/51 H 3/4, 72/73 II E—G 3/4, 72/73 III E/F 2
Oxydraken, V. 22/23 I I 2/3
Oxyrrhynchos 29 II B 2
Özbegen, Usbeken, V. 98/99 I F/G 3/4
Ozeanier in den USA 144 II
Ozora, Banat 70 II C 2

Pa 46/47 I I 4, 46/47 II G 4
Paarl 144 V A 3
Paarsteiner See 121 III
Pacatnamu 100/101 III B 2
Pachacamac 100/101 III B 3
Pachten, Crutisium 37 I A 2
Pachyammos 10 I B 1
Pachynos, Pachynon, Kap 17 I D 4
Packeisgrenze i. d. Polarmeeren 164/165 II u. IV
Padang 111 II E 3
Paddington 109 I
Paderborn, Bm. 56 I B 2, 88/89 II B 1, 145 I
Paderborn, Bm.-Territ. 68/69 I E 3, 122/123 I C 3
—, Ebm. 161 VI
—, O. 37 II A 2, 54/55 I D 2, 68/69 I E 3, 105 I C 2, 126/127 II B 2
Padis, Kl. 88/89 III C 1, 104 IV B 1
Padjang 135 II C 1
Padua, Bm. 88/89 II C 2
Padua, Hft., Carrara 68/69 I F/G 6, 94 I D 2, 94 II D 2
Padua, Patavium, O. 38/39 I B 1, 63 I C 2, 130/131 III C 2
—, Universität 91 V C 2
Padus, Po, Fl. 25 I A—D 1
Paeligni, V. 24 II F 3, 30/31 I D 2
Paemanen, V. 24 I
Paeoner, Paioner, V. 10 II C 1, 24 I E 3
Paeonia, Paionia, Ldsch. 38/39 I D 2
Paestanus sinus, Golf v. Salerno 30/31 I E 4
Paestum, s. auch Poseidonia 30/31 I E 4
Pagai 13 I A 1
Pagan, O. 72/73 I C 3, 72/73 II I 5, 72/73 IV B 2
Pagan-Reich 72/73 I C 3/4
Pagasä, s. Pagasai, O.
Pagasai, Golf v. 18/19 I C/D 2
Pagasai, Pagasä, O. 18/19 I C 2
Pago, Ins. 94 I F 2, 94 II F 2
Pagrae 41 III B 1
Pagus Urbanus, O. 30/31 I E 2
Pahang, Sultanat 138/139 V A/B 2
Paiania 13 I B 2
Paias 64/65 IV B 2
Painshaw 142 I—III B 2
Paioner, V. 10 II C 1, 24 I E 3
Paionia, Päonien, Ldsch. 18/19 II C 1
Paionidai 13 I B 1
Paisos 18/19 I G 1
Paitak-Paß 148 III B 2
Paithan, Pratischtana 46/47 I F 5, 46/47 II D 5
Pakhoi 136 I D 4
Pakistan, Islam. Rep. 162 II A/B 2, 163 I A—D 1/2, 164/165 III, 168
Pakulan, Staat 135 II C 1
Paläanthropinen, Rasse 1 II
Palaeolithikum, s. Altsteinzeit
Palaeopolis, O. b. Neapel 30/31 III B 1
Palaer, V. 8 II B 1
Palaeste, Palaiste, O. 9 I A 1
Palaestina, Ld. 8 III u. IV, 34/35 II
—, röm. Provinz 38/39 I F/G 4, 42/43 II E 3
— I—III, röm. Provinzen 42/43 I F 3/4
Palaia 13 II B 2
Palaiapolis, Emporion, Plan 21 IV
Palaikastro 10 I C 1
Palaipharsalos 18/19 I C 2
Palairos 18/19 I A 3
Palali 46/47 IV C 4
Palamedion 18/19 I G 2
Palanga 8 I B 2
Pala-Reich 46/47 IV C 4
Palästina, Ldsch., s. Palaestina
Palästina, Mandats-Land 150/151 I G 5/6
Palatinus mons, Hügel in Rom 32 II, 33 I u. II, 45 I
Palatium, O. 30/31 I C 2
Palatium Diocletiani, Spalato, Plan 42/43 VIIIa/b
Palau, Ins. 137 I D 4, 158 I D 4, 158 II D 4
Pale 18/19 I A 3
Palembang, Schrividschaja, O. 72/73 I D 6, 111 II E 3, 158 I C 5, 158 II C 5
Palencia, Bm. 88/89 I B 5
Palencia, O. 48 II A 2
—, Universität 91 V A 2
Palenque 100/101 II C 2
Palermo, Ebm. 88/89 I E 6
Palermo, s. auch Panormos, O. 48 I C 3, 56 II A 4, 63 I D 5, 130/131 I E 4
Palestrina, Praeneste, O. u. suburbikar. Bm. 30/31 II B 2, 53 I B 3
Palibothra 34/35 VI
Palike 17 I C 3
Palime 163 IV C 2
Palla 25 I B 3
Pallakottas-Kanal 22/23 I F 2
Pallanthion 18/19 I C 4
Pallantia 38/39 II B 1
Pallanum 30/31 I E 2
Pallanza 80 II C 3
Pallars, Gft. 58/59 I D 7
Pallava, Hft. 46/47 III F/G 4
Pallene, Halbinsel a. Chalkidike 18/19 I D 1/2
Pallene, O. i. Attika 13 I B 1
Pallia, Fl. 30/31 I B/C 2
Palm, Frhr. v., Reichsritter 120 V C 1
Palma, Bm. 88/89 I C 6
Palma, O. a. d. Balearen 38/39 II C 2, 54/55 I C 5, 85 I B 3, 130/131 I C 4
—, Universität 91 V B 3
Palma di Montechiaro, O. a. Sizilien 17 I B 3
Palmella 3 II A 3
Palmnicken 121 II
Palmyra, Tadmor 9 III E 3, 38/39 I G 4, 48 I E 3
Palmyra-Ins. 158 I G 4
Palos 85 I A 3, 102/103 I B 6
Paltus 38/39 I G 3
Paludes Pomptinae, Sümpfe 30/31 II B/C 2/3
Paluka 14/15 IV A 2
Palukat, Felluja 6 IV B 2
Palura 46/47 I G 4/5
Palyuros 38/39 I D 4
Pamekasan 135 II C 1
Pamir, Ldsch. 22/23 I I 2, 135 I B 1
Pamisos, Fl. 18/19 I B/C 4
Pamisos-Quelle, T. 18/19 I C 4
Pampas-Indianer 100/101 III B/C 5/6
Pamphylia (röm. Prov.), siehe auch Lyciaet Pamphylia 34/35 I F 3, 42/43 I F 3
Pamphylien, Ldsch. 9 I D 2,
Pamphylische Sprache 9 II D 2
Pamplone, Bm. 88/89 I B 5
Pamplona, Pompaelo, O. 38/39 II B 1, 48 II A 2, 54/55 I B 4, 58/59 I C 7, 110 B 4
Panachaikon, Geb. 18/19 I B/C 3
Panagia, O. 10 I B 1
Panaitolion, Geb. 18/19 I B 3
Panakton 13 I A 1
Panama, O. 100/101 VII B 3, 118 III D 2
Panama, Staat 133 I D/E 4, 164/165 III, 166/167 II u. III, 168
Panama-Kanalzone 133 I E 4
Panamerikanische Sicherheitszone 156/157 II
Panaria, Ins. 17 I D 2
Panaro, Fl. 4 VI C 1/2
Panarukan 135 II C 1
Pancras, O. i. Middlesex 109 I
Pancsova 112 II D 3
Panda 18/19 I H 3
Pandateria, Ins. 30/31 I D 4
Pandosia, O. i. Bruttium 17 I E 1
Pandosia, O. i. Epirus 18/19 I A 2
Pandsch, Fl. 135 I A/B 1
Pandschab, Ldsch. 22/23 I I 2, 26/27 I I 2, 135 I B 1
Pandya 46/47 I F 6
Paneas, Caesarea Philippi 34/35 II B 1
Pangaion, Geb. 18/19 I D/E 1
Pangkor-Insel 138/139 V A 2
Panion, O. .a thrak. Chersonesos 18/19 I G 1
Panion, O. i. Syrien 26/27 I E 2
Panionion, Tempel 11 I E 2, 13 III A 1
Panipat 72/73 V B 2, 135 I B 2
Panke, Fl. 143 II
Pankow, Ot. v. Berlin 143 II, 161 II
Panmunjon 162 II D 2
Pannonia, röm. Provinz 34/35 I D 2
— inferior, röm. Provinz 38/39 I C 1/2, 42/43 II C 2
— superior, röm. Provinz 38/39 I C 1, 38/39 II C 2
— I et II,röm. Provinzen 42/43 I D 2
Pannoniae, röm. Diözese 42/43 I D 2
Pannonien, Ldsch. 48 I C 2, 48 II C 2
Pannonier, V. 41 I
Pannonische Marken 54/55 I F 3, 58/59 II
Panopeus 18/19 IV A 1
Panopolis, Achmim 6 I A 2
Panormos, Meeresbucht b. Milet 13 III A 2
Panormos, O. a. Kreta 10 III B 1
Panormos, O. b. Megara 18 I A 1
Panormos, O. a. Naxos 18/19 I F 5
Panormos, O. a. Peparethos 18/19 I D 2
Panormos, Panormus, Palermo, O. a. Sizilien 17 I B 2
Panormus, Panormos, Palermo, O. 25 I D 4, 44 I C 3
Pansgrotte, Heiligtum i. Attika 13 I B 1
Panslawismus 128 V, 145 III u. IV
Pantalica 17 I D 3
Pantanus lacus, See 30/31 I F 3
Panteleimon, Rossikon, Athos-Kl. 45 VI B 2
Pantelleria, Ins. 2 II C 3, 54/55 I E 5, 156/157 I E 5
Panticapaeum, Kertsch 38/39 I G 1
Pantikapäon, Bosporos (Kertsch) 11 II E 1, 16 II G 1
Pantokrator, Athos-Kl. 45 VI B 2
Pantschewo 145 V B 2
Panysus, Fl. 38/39 I E 2
Pan-yü, Nan-hai 46/47 I K 4
Paos 18/19 I B 4
Papaloapan, Rio, Fl. 100/101 II B 2
Papenburg, O., Plan 140 III
Papenburg-Obenende, O., Plan 140 III
Papenburgerweg, O. 140 III
Paphlagoner, V. 9 III D 1
Paphlagonia, Paphlagonien, Ldsch. 20 I F/G 2, 26/27 IV B 1, 38/39 I F 2
Paphos, Paphus 8 I A 3
Papirianus, See 30/31 II A 1
Pappelau 120 V C 1
Pappenheim, Gft. 122/123 I D 4
Pappenheim, O. 128 I C 2
Papua, austral. Kolonie 137 I E 5
Pará, Belem 118 III E 3
Paracas 100/101 III B 3
Paradies d. ersten Menschen 98/99 VI
Paradies, Kl. 88/89 III C 1
Paraetakene, Ldsch. 26/27 I F/G 2
Paraguay, Fl. 118 III E 3/4
Paraguay, Staat 133 II B/C 2/3, 164/165 III, 166/167 II u. III, 168
Parahyba 118 III F 3
Paraitonion, Paraetonium 38/39 I E 4
Paralia, Ldsch. 13 I A/B 1, 13 I B/C 1/2
Paramaribo 133 II C 1
Paraná, Fl. 133 II C 3
Paraná, O. 133 II B/C 3
Paraná, brasil. Prov. 133 II C 3
Paranymphi 10 I B 2
Parapamisos, Hindukusch, Geb. 22/23 I H/I 2
Parapotamioi 18/19 IV A 1
Parauaia, Ldsch. 18/19 I A 1, 20 II B 2
Paray le Monial, Kl. 67 I B 2
Parchim 83 II B 2, 122/123 I D 2
Parczow 92/93 I G 3
Pardubitz 122/123 I F 3
Parentium, Parenzo, O. 38/39 I B 1
Parenzo, Bm. 88/89 II C 2
Parga 116/117 I H 6
Parion, Parium 18/19 I H 1
Paris, O. i. Bessarabien 140 IV A 1
Paris, Bm. i. Frankreich 88/89 I C 4
—, Kl. St. Martin 87 I C 2

—, Lutetia Parisiorum, Parisii, O. i. Frankreich 36 C 3, 42/43 I C 2, 49 II B 1, 52 III B 2, 54/55 II C 3, 58/59 I E 4, 92/93 III C 1, 110 C 3, 148 II B 2, 156/157 I D 4, 156/157 III B 3
—, Pläne 102/103 III, 109 IV
—, Universität 91 V B 2
Parisii, V. 36 C 3
Parium, Parion 38/39 I E 2
Parlag, Pußta-Wüstung 140 V B 1
Parlais 38/39 I F 3
Parma, Bm. 88/89 II C 3
Parma, Fl. 4 VI A 2, 53 I A 1
Parma, Hzm. 96/97 I E/F 7, 115 I B/C 4, 130/131 I D/E 2/3
Parma, O. 4 VI A 2, 25 I C 1, 63 I C 2, 94 I D 2, 94 II D 2, 124 II B 1, 124 III B 1
Parmunca 100/101 III B 3
Parnassos, Geb. 18/19 I C 3, 18/19 IV A 1/2
Parnes, Geb. 13 I B 1, 18/19 I D 3
Parnon, Geb. 13 II B 1
Paros, Parus, Ins.u. Ort 18/19 I F 4/5
Parrhasia 18/19 I B/C 4
Parrodunum, Unterhausen 40 II E 3
Pars, Fars, s. auch Persis, Ldsch. 46/47 III D 2/3
Parsus, Ldsch. 9 III G 2
Partenkirchen, Parthanum 37 I C 3, 58/59 I I 5, 128 I C 3
Parthanum, s. Partenkirchen
Parthe, Fl. 77 II
Parthenion, O. a. Leros 18/19 I G 4
Parthenion, T. i. Arkadien 18/19 I C 4
Parthenium promont., Kap 38/39 I F 2
Parthenon, T. i. Athen, Plan 12 I u. II
Partheopäische Republik 124 II C/D 2
Parther, sakische, V. 3 I H 2, 46/47 II B 2/3
Parther-Reich 26/27 I G/H 2, 34/35 I F—H 3, 46/47 I B—E 3/4
Parthien, Ldsch. 22/23 I G 2, 26/27 I G/H 2, 46/47 I D 3, 46/47 II B 3
—, Pers. Satrapie 14/15 I G 3
Partira 10 I B 1
Parus, Ins., s. Paros 38/39 I D 3
Paschtunen, V. 163 I A/B 1
Pas de Calais, Dép. 122/123 III B 1
Pasewalk 122/123 I E 2
Passani 135 I A 2
Passaron, Kalpaki 18/19 I A 2
Passarowitz 112 II D 3
Passau, Bm. 52 II D 2, 88/89 II C 2, 145 I, 161 VI
Passau, Bm.-Territ. 68/69 I G 4, 122/123 I E 4, 128 I D 2
Passau, Castra Batava, Batava, O. 38/39 I B 1, 49 III C 1, 75 B 4, 122/123 I E 4
Passauer Mission 56 II, 58/59 II A—D 1
Pasto 133 II B 1
Pasurgadae, Pasurgadai 14/15 I G 3, 22/23 I G 2, 46/47 III D 2
Pasuruan 135 II C 1
Patagonien, Ldsch. 133 III B 4
Patalia 135 I B 1
Pataliputra, Patna 22/23 I K 3, 46/47 I G 4
Patani 111 II E 2
Patara, Arsinoë 22/23 II A 2
Patavium, Padua 38/39 I B 1
Patay 92/93 III C 1
Pateli 18/19 II A 2
Paternum 30/31 I H 5
Pati 135 II C 1
Patmos, Ins. u. O. 18/19 I G 4
Patna, Pataliputra 22/23 I K 3, 98/99 I I 5, 135 I C 2
Patrae, Patrai, Patras, O. 18/19 I B 3, 50/51 D 4, 130/131 I G 4
Patras, Ebm. 88/89 I G 6
Patriarchate 52 III, 88/89 I
Patrimonium Petri, s. auch Kirchenstaat 50/51 C 3, 53 I A/B 2/3
Patroklunesos, Ins. 13 I B 2
Patronis 18/19 IV A 1
Patschkau 77 III B 2
Patsos 10 I A 1
Pattala 22/23 I H 3
Patti, Bm. 88/89 I E 6
Patura 34/35 VI
Pau 58/59 I C 7, 110 B 4
Paulinzella, Kl. 87 I E 1
Paumotu-Ins., frz. 137 I H/I 6/7, 158 I H 6
Pausilypon 30/31 III B 1
Pausulae 30/31 I D 1
Pautalia, Küstendil 38/39 I D 2
Pautou 159 II G 2
Pavia, Bm. 88/89 II B 2
Pavia, Hft. Beccaria 94 I C 2
Pavia, O. 49 III A 3, 50/51 B 3, 63 I B 2, 102/103 I E 4, 124 I C 3, 130/131 III B 2
—, Universität 91 V B 2
Pawlowka 140 IV B 2
Pax Julia, Beja 38/39 II A 2
Payerne, s. auch Peterlingen 80 II A 2
Pazanan, Erdölfeld 163 II D 3
Pazarli 9 II D 1
Pazifik, westlicher, brit. Verwaltungsbereich 138/139 I A/B 4—6, 138/139 I R—T 4—6
Pazifik-Bahnen, s. auch Nord-, Union-Zentral-, Süd-, Kanad.-Bahn 133 III
Pazifischer Ozean 100/101 I A—E 1—8, 100/101 I P—R 1—8, 100/101 VIII B—F 1—5, 111 II F 1/2, 137 I D—I 1—6, 138/139 I A—F 1—7, 138/139 I Q—T 1—7, 158 I D—I 1—6, 158 II D—I 1—6, 164/165 II u. IV
Pearl Harbor 137 I H 3, 158 I H 3
Peć, Ipek, Patriarchat 88/89 I G 5
Pecs, s. Fünfkirchen 150/151 I E 4
Pedasa 18/19 I H 4
Pedasos 11 I B 2
Pedena, Bm. 88/89 II C 2
Pedieis 18/19 IV A 1
Pedion, Ldsch. 13 I B 2
Pedo 24 II C 2
Pedum 30/31 II B 2
Peene, Fl. 58/59 I K 2, 122/123 I E 2
Peenemünder Schanze 106/107 I G 2
Pegae, O. i. Syrien 38/39 I G 3
Pegai, O. i. Adrastea 18/19 I H 1
Pegau, O. 77 II
—, Kl. 87 I E 1
Pegnitz, Fl. 81 I, 86 I A 2
Pegu, O. 46/47 IV D 5, 72/73 I C 4
—, Ldsch. 72/73 II I 6, 98/99 I K 6, 111 II D 2, 135 I D 3
Peine 122/123 I D 2
Peipussee 68/69 II C 1, 113 F 3
Peiraieus, Piräus 12 V
Peiraion 18/19 I C 3
Peirasiai 18/19 I C 2
Peiros, Fl. 18/19 I B 3
Pekalongan 135 II B 1
Pekche, Hft. 46/47 III L 2
Peking, Chanbalik 72/73 II L 4, 98/99 I M 4, 136 I E 3, 136 III B 3, 158 I C 3, 158 II C 3, 162 I B 2
—, Plan 98/99 II
Peking-Mensch 1 I
Pelagonien, Ldsch. 20 II B/C 2
Pelasger, V. 10 II E 2
Pelasgiotis, Ldsch. 18/19 I C 2
Pele, Ins. 18/19 I G 3
Pelekes 13 I B 1
Pelendava, Craiova 38/39 I D 2
Pelendones, V. 38/39 II B 1
Pelim 98/99 I G 2
Pelinna 18/19 I B 2
Pelion, Geb. 18/19 I C/D 2
Pelion, O. 18/19 I A 1, 20 II B 2
Pelkin 10 III A 1
Pelkum 142 IV C 1, 142 V C 1
Pella, O. i. Makedonien 18/19 II B 2
Pella, Berenike, O. i. Palästina 22/23 II C 3, 34/35 II B 2
Pella, Reich von —, Makedonien 16 I B 1
Pellana 13 II A 1
Pelle, O. i. Judäa 34/35 II A 3
Pellene 18/19 I C 3
Peloponnesos, s. auch Morea, Halbins. 18/19 I B—D 3—5,
Peloponnes, byzant. Thema 54/55 I G 5
—, byzant. Restgebiet 70 II D 3
Peloponnesischer Bund 9 III B 2, 16 II
Pelos A VII A 2
Pelplin, Kl. 88/89 III C 1
Pelplin-Kulm, Bm. 145 I
Pelso lacus, Plattensee 38/39 I C 1
Peltai 22/23 II A 2
Peltainum 30/31 I D 2
Pelusion, Pelusium 6 I A 1
Pelusische Nilmündung 29 II B 1
Pelva 38/39 I C 2
Pemba-Ins. 98/99 I D 8, 111 II A 3, 138/139 I L 5
Pembroke 110 A 2
Peneios, Fl. i. Elis 18/19 I B 4
Peneios, Penius, Fl. i. Thessalien 18/19 I B/C 2
Penki 154 III B 2
Penneloci, Villeneuve 37 I A 3
Pennes 24 II B 3
Pennsylvania, amer. Staat 118 I C 1, 133 III E/F 2
Pennsylvanien, Siedlungspläne 118 II
Peñon de Velez 130/131 I B 4
Pensa 119 G/H 4, 149 III D 2
Pensacola 118 III C 1
Pentamodi 10 I B 1
Pentapolis, Cyrenaica, Ldsch. 34/35 I E 3
Pentapolis inferior, Ldsch. 38/39 I D 4
Pentapolis, Ldsch. i. Italien 33 I B 2
Pentapolis, O. i. Burma 46/47 I H 4, 46/47 II F 4
Pentele 13 I B 1
Pentelikon, Geb. 13 I B 1
Pentri, V. 30/31 I E 3
Penuel 8 III B 2
Peparethos, Ins. u. O. 18/19 I D 2
Pephnos 13 II A 2
Perachora, Heraion, T. 18/19 I C 3
Peraea, Ldsch. 34/35 II B 2/3
Perak, Sultanat 138/139 V A 1/2
Perche, Gft. 58/59 I D 4
Perejaslawl, Bm. 88/89 I I 3
Perejaslawl, Fsm. 67 III E/F 2
Perejaslawl, O. 67 III E 2, 113 G 4
Perekop 67 III E 3, 102/103 I K 4, 149 III C 3
Pergamon, Pergamum, Bergama, O. i. Kleinasien 18/19 I H 2, 38/39 I E 3, 54/55 I H 5
—, Plan 22/23 V
Pergamon, O. i. Thrakien 18/19 I E 1
Pergamon, Reich 26/27 I D 2, 26/27 III B 2, 26/27 IV A/B 1/2, 28 I D/E 1/2
Pergamos, O. a. Kreta 10 III A 1
Pergase 13 I B 1
Perge 9 II D 2, 38/39 I F 3
Perichanaxis 18/19 I H 2
Périgord, Gft. 58/59 I D 6, 110 C 3
Périgueux, Bm. 88/89 I C 4
Périgueux, Petrocorii, Vesunna, O. 36 C 3, 49 II B 2, 58/59 I D 6
—, Plan 42/43 V
Perim, Ins. 132 I E 3
Perinth, Perinthos, Perinthus 14/15 V B 1, 38/39 I E 2
Perithoidai 18/19 IV C 3
Perkiomen Creek, Fl. 118 II A 1
Perkote 18/19 I G 1
Perl 80 I B 2
Perlis, Staat 138/139 V A 1
Perm, Molotow 105 II D 3, 119 K 3, 149 III E 2, 150/151 I I 3
Permier, V. 50/51 G 1/2
Permlandfahrt, Seeroute 57 I D—G 1
Pernambuco, Recife 118 III F 3
Pernau 75 E 2, 84 I E 2, 84 II 2, 104 IV C 1, 119 C 3, 148 I F 2
Péronne 95 B 3, 148 II B 2
Perowsk, Ak-Metschat 134 II E 1
Perpendicular-Stil, engl. Gotik 90 I
Perperene 18/19 I G 2
Perpignan, O. 58/59 I E 7, 110 C 4, 156/157 I D 4
—, Universität 91 V B 2
Perrégaux, Castra nova 38/39 II C 2
Perrhaibia, Ldsch. 18/19 I B/C 2
Perschkenstein, O. 77 III B 1/2
Persepolis, O. 14/15 I G 4, 46/47 I D 4
—, Palast, Plan 14/15 II
Perser, V. 3 I G 3, 9 III H 3/4
Perserreich 14/15 I D—I 2—4, 16 II E—G 2—4, 20 I E—H 2—4, 22/23 III
Perserreich, Sassanidenreich 46/47 III B—E 2/3, 50/51 D—H 3—5
Persiceto 4 VI C 2
Persien, Iran, islam. Staat 98/99 I E—G 4/5, 111 II B/C 1, 112 I E/F 2, 134 I E—H 3/4, 134 II C—E 1—3, 149 II, 164/165 I M 3
Persis, Fars, Pars, Ldsch. 14/15 I G 3/4, 46/47 I D 4, 50/51 G 4
Persischer Golf 14/15 I F/G 3/4, 50/51 F/G 4/5, 134 II C/D 4
Persische Tore, Paß 22/23 I G 2/3
Perth, O. i. Schottland 66 II B 2, 102/103 I C 2
—, O. i. Australien 137 I C 6, 137 II A 3
Perthes 148 II C 2
Peru, Vizekgr. 118 III D 3
—, Staat 125 II, 133 II A/B 2, 164/165 III, 166/167 II u. III, 168
Perugia, Bm. 88/89 I E 5
—, Dukat 53 I B 2
Perugia, Perusia, O. 24 II F 3, 50/51 C 3, 53 I B 2/3, 102/103 I F 5
—, Universität 91 V C 2
Pesaro, Pisaurum 24 II F 3, 53 I B 2
Pescadores, Ins. 111 II E 1, 136 I E 4
Pescara 94 I F 3, 94 II F 3
Peschawar 72/73 II G 4, 98/99 I H 4, 116/117 IV B 1, 135 I B 1, 138/139 I N 3
Peschiera 94 I D 2, 94 II D 2, 130/131 III C 2
Peschwa, Ldsch. 116/117 IV B 3
Pessinus 22/23 II B 2, 38/39 I F 3
Pest, s. auch Budapest 58/59 I N 5, 112 II C 2
Petaliai, Ins. 18/19 I E 3/4
Petelia 17 I F 1
Petén-See 100/101 II C/D 2
Peteon 18/19 IV B 2
Peter I.-Ins. 164/165 IV
Peterborough 102/103 I C 3
Peterhof 126/127 I I 2
Peterlingen, Payerne, Kl. 58/59 I G 5, 87 I D 2
Petersberg, O. b. Bonn 161 IV A 1
Petersburg, s. St. Petersburg, Petrograd, Leningrad
Petersdorf 77 III B 2
Peterwardein 67 III B 3, 112 II C 3
Peterwitz 77 III B 2
Petinesca 37 I A 3
Petra, O. i. Mauretanien 34/35 III A 1
Petra, O. i. Nabataeerland 38/39 I G 4, 46/47 I B 3
Petra, O. i. Pierien 18/19 I C 1
Petra, O. a. Schwarzen Meer 48 I F 2
Petra Herculis, Ins. 30/31 III B 2
Petrais 10 I C 1
Petriana, Stanwik 40 I B 2
Petrikau 68/69 I K 3, 106/107 III B 2, 115 I D 2, 124 I E 2
Petrocorii, O., Petrucoriorum oppidum, Périgueux, Vesunna 36 C 3, 42/43 I C 2
—, Plan 42/43 V
Petrocorii, V. 36 C 3
Petrograd, s. St. Petersburg, Leningrad 148 I H 1
Petropawlowka 140 IV B 1
Petropawlowsk 137 I E 2, 164/165 II
Petrosawodsk 119 E 2, 156/157 I G 2
Petsamo 156/157 I G 2, 160 IV C 2
Petschenegen, V. 50/51 F/G 3, 57 I F/G 3, 61 V C 3, 64/65 I D 2
Petschora, Fl. 119 I/K 1/2
Petsofa 10 I C 1
Pettau 58/59 II B 2, 112 II A 2
Peucetii, V. 30/31 I G/H 3/4
Peuke, Donau-Ins. 20 II D 1
Peukelaotis 22/23 I I 2
Peukiner, Bastarnen, V. 41 D 3
Peuma 18/19 I C 2
Pevensey 58/59 I D 3
Pfäfers, Kl. 58/59 I H 5
Pfaffenhofen, O. i. Bayern 122/123 I D 4
—, O. b. Ulm 120 V D 1
Pfafferode, Wüstung 77 IV A 2
Pfahlbau-Kultur am Po 5 I C 3
Pfalz, Kurfsm., Kurpfalz 68/69 I D/E 3/4, 106/107 II, 122/123 I B/C 4
—, bay., Prov. 128 I A/B 2, 129 I B/C 4
Pfalz, ev. Landeskirche 161 VII
Pfalz-Mosbach, Pfalzgft. 81 II C/D 2
Pfalz-Neuburg, Hzm. 106/107 I F/G 5
Pfalz-Simmern, Pfalzgft. 96/97 I D 4/5
Pfalz-Sulzbach, Hzm. 106/107 I F/G 5
Pfalz-Zweibrücken 96/97 I D 5
Pfalzburg, O. 114 D 3
Pfalzel, O. u. Amt 54/55 II E 3, 80 I B 2
Pfeddersheim 81 II B 2
Pfirt, Gft. 78 III A 4
—, O. 95 D 4
Pflummern 120 V B 2
Pförring, Celeusum 40 II E 3
Pforta, Kl. 88/89 III B 1
Pforzheim, Port. Vicus 40 II B 3, 114 E 3, 128 I B 2
Pfullendorf, RSt. 68/69 I E 5, 81 II B 3, 122/123 I C 5, 128 I B 3
Pfünz, Vetoniana 40 II E 3
Pfyn, Ad Fines 40 III B 1
Phaeniana, Unter-Kirchberg 40 II D 3
Phagres 18/19 I D 1
Phaia, Pheia 18/19 I B 4
Phaika 18/19 I B 2
Phaistinos 18/19 I C 3
Phaistos, Phästos 10 I A 1
Phalanna, O. a. Kreta 10 III B 1
Phalanna, O. i. Thessalien 18/19 I C 2
Phalara 18/19 I C 3
Phalasarna 10 III A 1
Phalerische Mauer Athens 12 V
Phaleron 12 V
Phaloreia 18/19 I B 2
Phanagoria-Agrippeia 38/39 I G 1
Phanai 18/19 I F 3
Pharai, O. i. Achaia 18/19 I B 3
Pharai, O. i. Böotien 13 I A 1
Pharis 11 I C 2
Pharkadon 18/19 I B 2
Pharmakussai-Ins. 14/15 IV A 2
Pharnakeia, Kerasus 22/23 II C 1
Pharos-Ins. i. Alexandria 26/27 V
Pharos, Ins., Pharus, i. Dalmatien 20 I C 2
Pharphar, Fl. 34/35 II B/C 1
Pharsala, Ebm. 88/89 I G 6
Pharsalos 18/19 I C 2, 26/27 III A 2
Pharus, Ins., Pharos, i. Dalmatien 28 I C 1
Phasaëlis, O. i. Samaria 34/35 II B 2
Phaselis, O. i. Lykien 38/39 I F 3
Phasis, Fl. 38/39 I H 2
Phasis, O. i. Kolchis 38/39 I H 2, 46/47 I C 2
Phatnitische Nil-Mündung 29 II B 1
Phaura, Ins. 13 I B 2
Phayttos 18/19 I C 2
Phazania, Ldsch. 34/35 I C/D 4
Phegaia 13 I B 1
Pheia, Phaia 18/19 I B 4
Phellus 38/39 I E 3
Pheneos 18/19 I C 4
Pherai, Pherä, O. i. Messenden 18/19 I C 2
Pherai, Pherä, O. i. Thessalien 18/19 I C 2
Phigaleia, Phigalia 18/19 I B 4
Philä, Nilinsel 6 I A 3
Philadelphia, County i. Amerika 118 II A/B 1

Philadelphia, O. i. Ägypten 29 II B 2
Philadelphia, O. i. Amerika 118 I C 1/2, 118 II B 2
Philadelphia, O. i. Kleinasien 71 II C 4
Philadelpheia, O. i. Lydien 22/23 II A 2
Philadelpheia, Rabbath Ammon 22/23 II C 3, 34/35 II B 3
Philaidai 13 I C 2
Philänen-Altäre 14/15 I C 3
Philetaireia 22/23 II A 2
Philippeville, Rusicade, O. i. Algerien 34/35 III B 1, 150/151 I D 5
Philippeville, O. i. Belgien 114 C 2, 126/127 IV B 2
Philippi 20 II D 2, 28 II D 2
Philippinen, Ins. 98/99 I M/N 6/7, 111 II F 2, 137 I D 4
—, Staat 158 I D 4, 158 II D 4, 162 I C 3, 164/165 I Q 4, 166/167 II, 168
Philippinen-See 158 II D 4
Philippolis, Philippopel, Plovdiv, O. 38/39 I D 2, 54/55 I G 4, 70 II D 2, 130/131 I G 3, 145 V B 2, 145 VI B 2, 150/151 I F 4
Philippopel, Ebm. 88/89 I G/H 5
Philippsburg, O. 106/107 I E 5, 114 E 3
Philippupolis, O. i. Ostjordanland 38/39 I G 4
Philistäa, Ldsch. 8 III A 3, 8 IV A 3/4
Philister, V. 3 I E 3, 8 III, 8 IV A 3/4, 9 I A 2, 9 I C/D 3
Philomelium, Philomelion 38/39 I F 3, 22/23 II B 2, 64/65 I E 3
Philoteras 29 II B 2
Philoteris 29 II B 2
Philotheria 22/23 II C 3
Philotheu, Athos-Kl. 45 VI B 2
Phintias 25 I D 5
Phison, Paradieses-Strom 98/99 VI
Phistyon, T. 18/19 I B 3
Phlegraei campi, Ldsch. 30/31 III B 1
Phleius, Phlius 18/19 I C 4
Phlya 13 I B 1
Phoboliais 10 I C 1
Phocaea, s. Phokaia 38/39 I E 3
Phoenice, Phoenicia, röm. Provinz 38/39 I G 4, 42/43 I F 3
Phoenice, Phoenike, O. i. Epirus 38/39 I D 3
Phoenix, a. Kreta (2 Orte!) 10 III B 1
Phöniker, Phönikier, Phönizier, V. 3 I C/D 3
Phönikien, Ldsch. 8 III B 1/2, 8 IV B/C 1/3
Phönikische Kultur 5 I E 4 u. 5 II E 4
Phoinikus, O. i. Jonien 18/19 I G 3
Phoinikus, O. i. Messensien 18/19 I B 5
Phoitiai 18/19 I B 3
Phokaia, Phocaea 11 II D 2, 18/19 I G 3, 70 II E 3
Phokikon, T. 18/19 IV A 2
Phokis, Ldsch. 18/19 I C 3
Pholegandros, Ins. 18/19 I E 5
Pholoë, Bg. 18/19 I B 4
Phönix-Ins., brit. 138/139 I T 5, 158 I G 5
Phoris, Vafio 13 II A 1
Phoron Limen, Schmugglerhafen i. Piräus 12 V
Photice 38/39 I D 3
Phrada 22/23 I H 2
Phrearrioi 13 I C 2
Phrixa 18/19 I B 4
Phryger, V. 3 I D 2, 9 II C/D 2
Phrygia, röm. Provinz 28 II D/E 3, 38/39 I E/F 3
Phrygien, Ldsch 14/15 I D/E 3
Phrygisches Reich, Muski 9 III C/D 1/2
Phryskos, Fl. 22/23 III C 2
Phthia, Ldsch. 18/19 I C 2
Phthiotis, Achaia, Ldsch. 18/19 I C 2
Phycus 38/39 I D 4
Phylakai, Phylake, O. i. Thessalien 18/19 I C 1
Phylake, O. auf Leukas 18/19 I A 3
Phylakopi 4 VII A 2
Phyle 13 I B 1
Phyllos 18/19 I C 2
Pi 3 III B 2
Piacenza, Bm. 88/89 II B 2
—, Hft. 94 I C 2
—, O. 63 I B 2, 130/131 III B 2
—, Universität 91 V B 2
Piadena 63 II B 1
Piakos 17 I C 3
Pialeia 18/19 I B 2
Piasek 79 VII
Piasten, Herrschergeschlecht i. Polen 68/69 I
—, i. Schlesien 71 I A 2/3
Piatra 75 E 5
Piave, Fl. 68/69 I G 5/6, 130/131 III D 1/2, 148 I D 4
Piazza Armerina 25 III A 2
Picardie, Gouv. 122/123 II B 1
Picardie, Ldsch. 95 A/B 2/3
Picener Kultur 5 II C 3
Picenses, V. i. Moesien 38/39 I D 2
Picentes, V. i. Italien 24 II F 2/3, 30/31 I D 1/2
Picentia 30/31 I E 4
Picenum, Ldsch. (Regio Italiae) 30/31 I D/E 1/2
Pichelsdorf 143 II
Pichincha 133 II B 2
Pictones, V. 36 B 3
Piedmont, Ot. v. Oakland 143 IV
Piedras Negras, O. 100/101 II C 2
Piemont, Fsm., Hzm. 68/69 I D 6, 94 II B 2, 110 D 3/4, 116/117 I E 4/5, 124 II A/B 1
Piemont-Sardinien, Kgr. 116/117 I E 4—6, 130/131 I D 2—3
Piemontesische Waldenser-Sekte 105 I
Pienza 25 II B 1, 90 IV B 2
Pierer, V. 10 II C 1
Pieria, Ldsch. i. Makedonien 18/19 II B 2
Pieria, Ldsch. i. Thrakien 18/19 I E 1
Pieros, Geb. 18/19 I C 1
Pieterborough 58/59 I C 2
Pietermaritzburg 138/139 II C 2, 144 V C 2
Pietole 4 VI B 1
Pieve di Cadore 24 II F 1
Pieve Torino 30/31 I D 1
Pikten, V. 50/51 A 2 52 I B 1
Piliza, Fl. 74 III D/E 2, 124 I E/F 2
Pillau 113 D 4, 121 II, 156/157 III C 2
Pillenreuth 81 I
Pillnitz, Schloß 122/123 I E 3
Pillwösche 77 III B 1
Piloros 18/19 I D 1
Pilsen, Plzeň, Bg. O. 86 I B 2, 106/107 I G 5, 150/151 I E 4
Pilten, Bm. 88/89 I G 2
—, Bm.-Territ. 68/69 II B 2
—, O. 75 D 2, 113 E 3
Pinang, Sultanat, Ins. 138/139 V A 1
Pincius, Pincio, Hügel i. Rom 32 II, 33 I, 45 I
Pincour 109 IV
Pindal 1 IV A 2
Pindassos, Geb. 18/19 I G/H 2
Pind Gakr 21 III
Pindora 21 III
Pindos, Geb. 18/19 I B 2
Pindos, O. 18/19 I C 3
Pinerolo 94 I B 2, 94 II B 2, 110 D 4
Ping, Ldsch. 46/47 I I/K 3
Pinguente 94 I E 2
Pinkie 102/103 I C 2
Pinna 30/31 I D 2
Pinneberg, O. u. Gft. 96/97 I E 3, 122/123 I C 2
Pinsk, O. 75 E 3, 92/93 I H 3, 113 F 4, 116/117 I I 3, 148 I G 3, 156/157 I F 3, 156/157 III D 3, 160 III E 2
—, Fsm. (Turow-P.) 67 III D 2
Pintschow 106/107 I L 4
Pinus mons, Geb. 38/39 I B 1
Pinzgau, Ldsch. 58/59 I K 5, 122/123 I E 5
Piombino, Fsm. 124 II B 2
Piombino, Hzm. 94 II D 3
—, O. 25 II A 2, 63 I C 3, 110 E 4, 126/127 I F 5
Pipil, V. 100/101 II C/D 3
Pippli 111 II D 1/2
Pirano 94 I E 2, 94 II E 2
Piratenküste, Ldsch. 146 I E 1
Piräus, Peiraieus 12 V, 145 V B 3, 145 VI B 3
Pirna 122/123 I E 3
Pirot 130/131 I G 3, 148/I F 5
Pir-sar, Aornos 22/23 I I 2
Pisa, O. i. Elis 18/19 I B 4
Pisa, Ebm. i. Toskana 88/89 I E 5
—, Republik 94 I D 3
Pisa, Pisae, O. 30/31 I A 1, 63 I C 3, 126/127 I F 5
—, Universität 91 V C 2
Pisatis, Ldsch. i. Elis 18/19 I B 4
Pisaurum, Pesaro, O. 30/31 I C 1
Pisaurus, Fl. 30/31 I C 1
Pisek 68/69 I H 4
Pisga-Geb. 34/35 II B 3
Pisida 34/35 III C 2
Pisider, V. 9 III D 2
Pisidia, Pisidien, Ldsch. 26/27 IV B 2, 38/39 I F 3
Pisidische Kultur 2 I D/E 3
Pisino 94 I E 2
Piskokephali 10 I C 1
Pistagi 10 I A 1
Pisticci 30/31 I G 4
Pistoia, Bm. 88/89 II C 3
Pistoia, Pistoriae, O. 30/31 I A 1, 63 I C 3
—, Rep. 94 I D 3
Pitane, O. i. Aiolis 18/19 I G 3
Pitane, Spartiatendorf 12 VII
Pitassa, Ldsch. u. V. 8 I A 2
Pitcairn-Ins. 138/139 I C 6
Piteå 113 E 1
Piteschti 75 E 5
Pithecanthropus, Menschenrasse 1 I u. II
Pithekussai, Aenaria, Ischia, Ins. u. O. 30/31 III A 1/2
Pithom 6 I A 1
Pitigliano, Hft. 94 I D 3
—, Statonia, O. 25 II B 2, 94 II D 3
Pitinum 30/31 I D 2
Pitinum Mergens 30/31 I C 1
Pitinum Pisaurense 30/31 I C 1
Pitkäranta 160 IV C 3
Pitten, Mark 58/59 III C/D 2
Pittsburg, O. i. Pennsylvania 118 I C 1, 133 III F 2
Pittsburg, O. i. Tennessee 133 III E 3
Pitya, Pityeia 18/19 I H 1
Pityus, O. 38/39 I G/H 2
Pityusae, Pityusai, Pityusen, Ins. d. Balearen 38/39 II C 2
Pityussa, Ins. i. Argol. Golf 18/19 I D 4
Pizzo 116/117 I G 6
Pizzughi 24 II F 2
Pjatigorsk 134 I D 1, 149 III D 3, 156/157 I H 4
Pjöngjang 162 I C 2
Placentia, Piacenza 24 II D 2, 25 I B 1
Plaka, Kap 10 I C 1
Plakos, Geb. 18/19 I H 2
Planasia, Ins. 30/31 I A 2
Planina 30/31 I D 1
Plantagenet, Herrscherhaus 66 I, 70 I
Plasencia, Bm. 88/89 I A 5
Plaß, Kl. 87 II C 2/3
Plassey 135 I C 2
Plaszow 155 I E 2
Plataiai 13 I A 1
Platanistas, Ot. v. Sparta 12 VII
Platanistus, Kap 18/19 I C 5
Platanos 10 I A 1
Plateresco-Stil, span. Gotik 90 I u. II
Plattensee, See 58/59 II C/D 2, 112 II B/C 2
Platy 10 I B 1
Plau, O. i. Mecklenburg 75 B 3
Plaue, Bg. O. i. Thüringen 86 I A 1
Plauen, O. 62 II D 2, 122/123 I E 3
Plauen, Vögte Reuß v. 68/69 F/G 3
Plauer Kanal 122/123 I D/E 2
Plavis, Piave, Fl. 24 II F 1/2
Pleiße, Fl. 77 II
Pleißnerland, Ldsch. 66 I D 1, 68/69 I G 3
Pleistarcheia, Herakleia 22/23 II A 2
Plemmysion, Kap 17 I D3/4
Pleraei, V. 38/39 I C 2
Pleskau, Bm. 88/89 I H 2
Pleskau, Pskow, O. 68/69 II D 2, 104 IV D 2, 105 II A 3, 148 I G 2, 150/151 I F 3, 156/157 I F 3
—, Fsm. 92/93 I H 2
Pleß, O. u. Hft. 96/97 I K 4/5, 122/123 I H 3/4
Plessis, Burg 92/93 I C 4
Plestia 30/31 I C 1
Pleuron 18/19 I B 3
Plewen, s. Plewna
Plewna, Plevna, Plewen 130/131 I G 3, 145 V B 2
Pliska 54/55 I H 4
Plöckenpaß, 24 II F 1, 49 III C 2
Ploëşti 145 VI C 2, 148 I G 5, 156/157 III D 3
Plön 68/69 I F 1
Plotheia 13 I B 1
Plotinopolis 38/39 I E 2
Plotzk, O. i. Bessarabien 140 IV B 2
Plovdiv, Plowdiw, s. Philippopolis 38/39 I D 2, 150/151 I F 4, 156/157 I F 4
Plozk-Masowien, Bm 88/89 I F/G 3
Plozk, O. 67 III B 2, 75 C 3, 106/107 III B 1
Plymouth 68/69 III A 1, 104 I B 2, 156/157 I C 3, 156/157 III A 2
Plymouth-Township (Pennsylv.) 118 II A 1
Plzeň, s. Pilsen
Pniel 34/35 II B 2
Pnom-Penh 72/73 II K 6, 98/99 I L 6, 136 II B 2, 162 II C 3
Pnyx, Hügel i. Athen 12 VI
Po, Padus, Fl. 24 II C—F 2, 63 I A—D 2, 130/131 I D/E 2/3
Po, O. i. China 3 III B 2
Pöchlam 58/59 II B 1
Podandus 38/39 I F/G 3
Podgoritza 145 V A 2
Podhajce 113 F 5
Podlachien, Ldsch. 113 E 4
Podlesien, Ldsch. 113 E/F 4
Podolien, Ldsch. 71 I C 3, 92/93 I H/I 4, 113 F 5, 116/117 I I 4
Po-Ebene 4 VI
Poetovio, Pettau 38/39 I C 1
Poggibonsi 94 I D 3, 94 II D 3
Poggio allemura 25 II B 1
Pogon 18/19 I D 4
Pogranitschnaja 158 III A 1
Po-hai, Hft. 46/47 IV G 2
Pöhlde, Pfalz 58/59 I I 3
Poieessa, O. a. Keos 18/19 I E 4
Poieessa, O. i. Messenien 11 I C 2
Poignaart 143 Ib
Poikilassos 10 III A 1
Poimanenon 22/23 II A 1
Pojnek, Bg. O. 86 I E 2
Poissy 104 I C 3
Poitiers, Bm. 88/89 I C 4
Poitiers, Limonum, O. 36 C 3, 49 II B 2, 50/51 B 3, 52 III B 2, 68/69 III C 2, 91 V B 2, 110 C 3
—, Universität 91 V B 2
Poitou, Gouv. 122/123 II A/B 2
Poitou, Gft. 58/59 I C/D 5, 104 I B 3
Pola, Bm. 88/89 II C 3
Pola, O. 24 II F 2, 54/55 I E 4, 94 I E 2, 94 II E 2, 102/103 I F 5, 130/131 I E 3, 150/151 I E 4
Polaben, V. 58/59 I I 2
Polangen, O. 84 I E 2, 84 II 2, 113 E 3
Polarmeere, s. auch Eismeere 164/165 II u. IV
Polarnoje 150/151 I G 2
Polch 40 II A 1
Polemoniacus Pontus, Ldsch. 38/39 I G 2
Polen, Gfsm., Kgr. 60 I H/I 3, 61 II B/C 1/2, 71 I A/B 2/3, 92/93 I F—H 3/4, 104 II C/D 2/3, 106/107 III A—C 1/2, 113 D—H 3—5, 116/117 I G—K 2—4
Polen, Ghzm. Warschau 124 I D—F 1/2, 124 III, 125 I D/E 2
—, Kgr. russisch), Kongreßpolen 126/127 I G/H 3, 148 I E/F 3
Polen, Republik 149 I A/B 2, 149 I A/B 2, 149 III A/B 2/3, 150/151 I E/F 3/4, 156/157 I E/F 3/4
—, Volksrepublik 160 II B/C 2/3, 160 III C/D 2/3, 164/165 III, 166/167 I—III, 168, 170 III
Polen, Lechen, V. 50/51 C 2, 67 III, 112 II C/D 1, 150/151 II, 160 I u. II
Polen, Bevölkerungsverluste 161 III
Polen (V.) im Bismarckreich 145 I
Polen in den USA 144 II
Polenaufstand in Oberschlesien 153 II
Polen-Litauen, Unions-Kgr. 71 III C—E 1/2
Polesien, Ldsch. 102/103 I H/I 3
Policastro 63 I E 4
Polichna, O. i. Lakonien 18/19 I C 4
Polichna, O. b. Syrakus 17 II
Polichne, O. i. Jonien, Halbins. Mimas 18/19 I G 3
Polichne, O. i. Jonien b. Klazomenai 18/19 I G 3
Polichne, O. a. Kreta 10 III B 1
Polichne, O. i. Messenien 18/19 I B 4
Polichne, O. i. Mysien 18/19 I H 2
Polimartium 30/31 I C 2
Poliochni 18/19 I F 2, 4 VII B 2
Polirone, Kl. 87 I E 2
Polis, O. a. Golf v. Korinth 18/19 I C 3
Polis, O. auf Ithaka 4 VII A 2
Poljanen, V. 50/51 D/E 2/3
Poljanowa 116/117 I K 2
Pollentia, Pollenza, O. i. Ligurien 38/39 I A 2, 48 I B 2
Pollentia, O. a. Mallorca 38/39 II C 2
Pollenza, O. i. Ligurien, siehe Pollentia
Pollusca 30/31 II B 2
Polnische Teilungen 116/117 I G—K 2—4
Polnisch-Livland, Ldsch. 113 F 3, 116/117 I I 2
Polnisch verwaltete deutsche Ostgebiete 161 IV B—D 1
Polowzer, Kumanen, V. 61 V C/D 2/3, 67 III B/C 3
Polozk, Bm. 88/89 I H 2
Polozk, Fsm. 67 III D 2
Polozk, O. 57 I E 2, 71 I C 1, 75 F 3, 113 F 3, 116/117 I I 2, 156/157 III D 2
Poltawa 119 E 5, 148 I H 4
Polyaigos, Ins. d. Sporaden 18/19 I E 5
Polyaigos, Ins. östl. Thessalien 18/19 I E 2
Polygar, Ldsch. 111 II C 2
Polynesien, Inseln 100/101 VIII E/F 2—4
Polyrrhenia 10 III A 1
Polystylo 4 VII A 1
Pomaken, V. 150/151 II
Pomarance 25 II A 1
Pomaria, Tlemsen 38/39 II B 3
Pomavico 30/31 I G 4
Pombal 116/117 I B 6
Pomerellen, Hzm. 66 I E 1, 67 III B 2, 68/69 II A 2/3, 96/97 I I/K 2/3, 106/107 I I/K 2/3
Pomesanien, Bm. 88/89 I F 3
Pommern, evang. Landeskirche 161 VII
Pommern, poln. Besitz 60 I H 3
—, Hzm. 66 I D/E 1, 84 I C/D 3, 84 II C/D 3, 104 II B/C 2, 106/107 II
Pommern, Schwedisch- 124 I D 1
—, Preuß. Prov., s. auch Hinterpommern, Vorpommern 124 I D/E 1, 129 II F—H 1/2
Pommern, Land 160 III B/C 2, 161 IV B/C 1
Pommern, NS-Gau 155 I C/D 1/2
Pommern-Stettin, Hzm. 68/69 I G/H 2
Pommern-Wolgast, Hzm. 68/69 I G—I 1/2
Pomoranen, V. 54/55 I F 2
Pompadour, Schloß 116/117 I D 4
Pompaelo, Pamplona 36 B 4
Pompeiupolis, O. i. Galatien 38/39 I F 2
Pompeiupolis, O. i. Kilikien 38/39 I F 3
Pompeji 30/31 III B/C 1/2
—, Plan 32 I
Pomposa, Kl. 53 I B 1
Pondicherry 135 I B 3, 162 II A 3
Pondo, Ld. 138/139 II B/C 3
Ponione, Aislingen 40 II D 3
Ponione, Faimingen 40 II D 3
Ponorogo 135 II C 1
Pons Aelius, Newcastle 40 I C 2
Pons Aeni, Rosenheim 37 I D 3
Pons Aluti 38/39 I D 2

Pons Saravi, Saarburg 37 I A 2
Pont, Fl. 142 I—III A 1
Pontarlier, Ariolica 37 I A 3, 95 D 4, 122/123 I B 5
Pont de Cé 110 B 3
Pontebba, O. 96/97 I G 6
Pontebba-Paß 49 III C 2
Pontecagnano 24 II G 4, 30/31 I E 4
Pontecorvo, Fsm. 125 I D 3
Pontecorvo, O. 94 I E 4, 94 II E 4, 102/103 I F 5
Ponteland, O. 142 I A 1, 142 II A 1, 142 III A 1
Ponte Molle, Milvische Brücke 45 II
Pontes 36 B 2
Ponthieu, Gft. 70 I B 1, 95 A 2
Ponthion, Pfalz 54/55 II D 3
Pontia, O. 30/31 I C 4
Pontiae, Ins. 30/31 I C 4
Pontica, röm. Prov. 49 I E 2/3
Pontigny, Kl. 87 II B 3
Pontische Bronzekultur 5 II D—F 2/3
Pontoise 95 B 3
Pontos, s. Pontus
Pontsemoli 63 II A 2, 94 I C 2, 94 II C 2, 124 II B 1
Pontus, Pontos, Ldsch. 22/23 I E 1
—, Röm. Diözese 42/43 I E/F 2/3
—, Staat 28 I E 1, 29 III C 1
Pontus Euxinus, Pontos Euxeinos, Schwarzes Meer 38/39 I E—H 1/2
Pontus Galaticus, röm. Prov. 38/39 I F/G 2
— Polemoniacus, röm. Prov. s. auch Dios Pontus, Bithynia et Pontus 38/39 I G 2, 42/43 I F/G 2
Ponzone 94 I C 2
Poopó-See 100/101 III C 3
Popayan 100/101 VII B 3, 133 II B 1
Poplar 109 I
Popocatepetl, Berg 100/101 VI B 2
Poppenreuth 81 I
Popperode, Wüstung 77 IV A 2
Populonia, Fufluna, Populonium 24 II E 3, 30/31 I A 2, 53 I A 2
Pori, Björneborg 113 E 2
Porkkala 156/157 III D 1, 160 IV A 3
Porolissum 38/39 I D 1
Poros-Reich i. Indien 22/23 I I 2
Porsulae 38/39 I E 2
Port Arthur 138/139 VI B 3, 158 III A 2, 162 I C 2, 162 II D 2
Port Blair 138/139 I O 4
Port Darwin 138/139 I Q 5, 158 I D 5, 158 II D 5
Port Elizabeth 138/139 II B 2, 144 V B 3
Port Florence 132 I D 3/4
Port Francqui 146 I D 3
Port Fuad 138/139 IV C 1
Porthmos 18/19 I E 3
Port Hudson 116/117 II B 3, 133 III D 3
Porti 10 I A 2
Port Jackson, Sydney 138/139 I R 6
Portland, O. 133 III A 2
Port Mahon 116/117 I D 6, 130/131 I C 4
Port Moresby 158 E 5, 158 II E 5
Port Natal, s. Natal 125 II
Porto, Bm i. Portugal 88/89 I A 5
Porto, Portus Cale, O. i. Portugal 38/39 II A 1, 49 I A 2, 64/65 I A 2, 125 I B 3
Porto, suburbikar. Bm. 53 I B 3
Porto Alegre 118 III E 4
Porto Bello 100/101 VII B 3, 118 III D 2
Porto Cabello 133 II B 1
Portofino 110 D 4
Port of Spain 156/157 II C 4
Porto Maurizio 94 I C 3, 94 II C 3
Porto Novo, O. i. Dahomé 132 I C 3, 162 III B 2
Porto Rico, Ins. 100/101 VII C 2
Porto Seguro 118 III F 3
Portovecchio 94 I C 4, 94 II C 4
Portovenere 94 I C 2, 94 II C 2
Port Royal, O. i. Carolina 133 III E 3
—, O. i. Neu-Schottland 116/117 II E 2
Port Said 138/139 IV C 1, 148 III A 2
Port St. Simeon 64/65 IV A 2
Portsmouth, O. i. England 58/59 I C 3, 110 B 2, 156/157 I C 3
—, O. i. d. USA 133 I E 2
Port Sudan 153 VI C 4
Port Tewfik 138/139 IV C 3
Portugal, Gft. 64/65 I A 2/3
—, Kgr. 64/65 II A 2/3, 92/93 I A 5/6, 102/103 I B 5/6, 111 I F 1/2, 124 III, 125 I B 3/4, 126/127 I B 5/6, 128 II, IV u. V
Portugal, Republik 147 C 4/5, 164/165 III, 166/167 II u. III, 168
Portugiesen i. d. USA 144 II
Portugiesisch-Afrika 132 I
Portugiesisch-Amerika 118 III
Portugiesische Entdeckungsreisen 100/101 I
Portugiesische Kolonien 98/99 I, 100/101 I, 111 I u. II
Portugiesisch-galicische Bronzekultur 5 I A 3/4
Portugiesisch Guinea, Ldsch. 146 I B 2
Portugiesisch-Indien 116/117 IV, 135 I
Portunate, Ins. 30/31 I F 1
Portus Cale, Porto 38/39 II A 1
Portus-Divini 38/39 II B 2
Portus Herculis, O. i. Bruttium 17 I D 2
Portus Herculis, O. i. Etnirien 30/31 I B 2
Portus Julius 30/31 III B 1
Portus Magnus 38/39 II B 2
Portus Namnetum, Nantes 36 B 3
Portus Pisanus 30 I A 1
Portus, Portus Romae 30/31 II A 2
Portus Syracusanus, O. auf Korsika 25 I B 3
Portus Traianus, O. i. Etrurien 25 II A 2
Portus Vicus, Pforzheim 40 II B 3
Poseideion, Al Mina, O. i. Phönikien 11 II E 2
Poseideion, Kap. i. Jonien 18/19 I H 4
—, Kap a. Pallene 18/19 I D 2
—, Kap a. Strymonischen Golf 18/19 I D 1
—, T. i. Argolis 18/19 I C 4
—, T. i. Jonien 13 III A 2
Poseidion, O. auf Euboa 18/19 I D 3
Poseidonia, s. Paestum, O. 11 II C 1, 30/31 I E 4
Poseidonion, T. i. Sunion 13 I C 2
Posen, Bm. 88/89 II D 1
—, Messen 83 V D 2
Posen, Poznań, O. 58/59 I M 2, 105 I E 1, 106/107 III B 1, 113 D 4, 115 I D 2, 150/151 I E 3, 155 I D 2, 156/157 III C 2
Posen, preuß. Prov. 152 II F/G 2/3
Posen-Gnesen, Ebm. 145 I
Posen-Westpreußen, Grenzmark 152 II F/G 2
Posidium promontorium, Kap i. Lucanien 30/31 I E 4
Poswol 104 IV C 2
Potaissa 34/35 I E 2, 38/39 I D 1, 44 I D 2
Potamiais 10 I B 1
Potamos, O. i. Ost-Attika 13 I C 2
—, O. am Kephissos 13 I B 1
Potchefstroom, O. 144 V B 2
Potaidaia = Kassandreia 18/19 II C 2
Potentia, Potenza, O. i. Lucanien 30/31 I F 4, 63 I E 4
Potentia, O. i. Picenum 30/31 I D 1
Potenza, O., siehe Potentia (Lucanien)
Pothia 10 II E 3
Poti 134 I C 2
Potniai 13 I A 1
Potosi 118 III D 3, 133 II B 2
Potsdam 122/123 I E 2, 152 II E 2, 160 III B 2
Pötzschau, Gr.- u. Kl.- 77 II
Powjenez 119 E 2
Pozega, O. i. Serbien 112 II D 4
Pozega, O. i. Slawonien 58/59 I M 6, 96/97 I I 7, 106/107 I I 7
Poznań, s. Posen 150/151 I E 3
Pozoblanco 154 V B 2
Prachatitz 92/93 II B 4
Pradl 38/39 I D 1
Praeneste, Palestrina, Praineste 24 II F 4, 30/31 II B 2
Praetorium 38/39 I D 1
Praetutti, V. 24 II F 3, 30/31 I D 2
Praevalitana, röm. Provinz 42/43 I D 2
Prag, Bm. 61 II B 1
—, Ebm. 88/89 II C 1
—, Praha, O. 54/55 I E 2, 75 B 4, 105 I D 2, 106/107 I H 4, 106/107 II, 106/107 III A 2, 148 I D 3, 150/151 I E 3, 155 I C 2, 156/157 III C 2
—, Plan 78 V
—, Universität 91 V C 1
Praga bei Warschau 96/97 I L 3, 115 I E 2
Praha, s. Prag
Prä-homo-sapiens-Rassen 1 I—III
Praineste, Palestrina, Praeneste 24 II F 4, 30/31 II B 2
Praisos 10 III D 1
Praitoria 10 I B 1
Praktion 10 II E 1
Prambanam 72/73 I D 6
Prasa 10 I B 1
Prasiai, O. i. Attika 13 I C 2
Prasiai, O. i. Lakonien 18/19 I C 4
Prason, Kap 34/35 VI
Prater, Ot. i. Wien 109 V
Pratihara-Reich 46/47 IV B/C 4
Pratischtana, Paithan 46/47 I F 5
Prato 25 II B 1, 94 I D 3, 94 II D 3
Praunheim 40 II B 1
Prayaga 46/47 III G 3
Preanger Regentschaften 135 II B 1
Predeal-Paß 148 I G 4
Predmost 1 III D 2
Pregel, Fl. 106/107 I L/M 2
Premberg, O. 54/55 I E 3
Premis, Primis, Ibrim 29 II B 3, 42/43 I F 4
Prémontu, Kl. 58/59 I E 4
Prenzlau 68/69 I G 2, 75 B 3, 122/123 I E 2
Prepesinthos, Ins. 18/19 I F 5
Prerau 122/123 I G 4
Preschau 106/107 III C 2
Preslaw 50/51 D 3, 54/55 I H 4
Prespa 54/55 I G 4
Preßburg, Bratislava, O. 58/59 II C 1, 58/59 III D 1, 112 II B 1, 150/151 I E 4
—, Universität 91 V C 2
Prestea 163 IV A 3
Preston 110 B 2
Prestonpans 116/117 I C 2
Pretoria 138/139 II B 2, 144 V B 2
Prettelmühle 81 I
Pretzfeld 56 III
Preußen, Deutsch-Ordensland 68/69 II A/B 2/3, 74 I C/D 1
—, Hzm. (Ostpreußen) 96/97 I K—M 2/3, 104 II C/D 1/2, 104 IV A/B 2/3, 105 I E/F 1, 106/107 I K—M 2/3, 115 I D/E 1/2
Preußen, Kgr. 115 I, 124 I C—F 1/2, 124 III C—F 1/2, 129 I B—K 1—4, 129 II C—L 1—4
Preußen, Republik 152 II B—K 1—4
Preußen, V., s. Pruzzen
Preußischer Zollverband 129 I
Preußisches allgem. Landrecht 124 III
Preußisch Eylau 124 I F 1
Preußisch-hessisches Zollgebiet 129 I
Preußisch Stargard 122/123 I H 2
Prevesa 145 VI B 3
Priansos 10 III C 1
Priapos 18/19 I H 1
Pribina-Fsm. 56 II B 2, 58/59 II C/D 2
Příbram, Bg. O. 86 I C 2, 122/123 I F 4
Priene 13 III A 1
Prieska 138/139 II B 2
Prifernum 30/31 I D 2
Prignitz, Ldsch. 68/69 I F/G 2, 122/123 I D/E 2
Prilep 54/55 I G 4, 148 I F 5
Primaporta, Villa ad Gallinas 30/31 II A 2
Priment, Kl. 88/89 III C 1
Primis, Ibrim, Premis 29 II B 3
Principe, Ins. 132 I C 3
Prinias, Rhizenia 10 I A 1
Priniat. Pyrgos 10 I B 1
Prinsen-Ins. 135 II B 1
Prinz-Edward-Ins., Kanad. Prov. 133 III G 2
Pripjet, Pripet, Fl. 54/55 I H 2, 113 E—G 4, 148 I F—H 3, 156/157 I F 3, 156/157 III D 2
Pripjetsümpfe 50/51 D 2
Prischtina 71 II B 3, 145 V B 2, 145 VI B 2, 148 I F 5
Prisren 145 V B 2, 145 VI B 2, 148 I F 5
Prista 38/39 I E 2
Privernum 30/31 II C 3
Probalinthos 13 I B 1
Probstfels 1 IV B 2
Probstheida 77 II
Probstzella 161 I u. V
Prochyta, Ins. 30/31 III B 1/2
Procolitia, Carrowburgh 40 I B 1
Proërna 18/19 I C 2
Prokonnesos, Ins. u. O. 18/19 I H 1
Prome 46/47 IV D 5
Pronnoi 18/19 I A 3
Prophthasia 22/23 I H 2
Propontis, Marmara-Meer 18/19 I H 1, 38/39 I E 2
Prosna, Fl. 122/123 I G/H 2/3
Prospalta 13 I B 2
Prosymna 18/19 I C 4
Prote, Ins. 18/19 I B 4
Protektorat Böhmen u. Mähren 155 I C/D 2/3, 155 II C 1/2
Protesilaos-Grab 4 VII E 1
Protestanten i. d. Niederlanden 126/127 IV
Protestantismus 104 I u. II, 105 I
Protohattier, V. 8 II B 2
Prötzel 121 III u. IV
Provençalische Sprache 49 II
Provence, Gouv. 122/123 II C 3
Provence, Gft., aragon. 66 I C 3
—, Gft., burgund. 58/59 I F/G 6/7
—, Gft., französ. 92/93 I D 5, 104 I C/D 4
—, Gft., Haus Anjou 66 II B/C 3
Provence, Ldsch., röm. 48 I B 2
—, gotisch 48 II B 2
—, fränkisch 49 I B 2
Providence, Ins., brit. 138/139 I M 5
Providence, O. i. Pennsylv. 118 II A 2
Provins, O. 85 II C 2
—, Messen 83 IV B 2
Prüfening 58/59 I K 4
Prüm, Fl. 80 I B 1/2
Prüm, Fürstabtei (Territ.) 80 I B 1
Prüm, Kl. 54/55 II E 2
Prüm, O. 122/123 I B 3
Prum 81 I
Pruntrut, Porrentruy 80 II B 1, 122/123 I B 5
Prusa, Brussa 22/23 II A 1, 38/39 I E 2
Prushany 75 E 3
Prusias, Kieros 22/23 II B 1
Prusias, Kios 22/23 II A 1
Pruth, Fl. 54/55 I H 3, 130/131 I G/H 2, 148 I G 4, 155 II D 2
Pruzzen, V. 50/51 C/D 2, 67 III C 2
Prymnessus 38/39 I F 3
Przemysl, Bm. 88/89 I G 4
Przemysl, O. 67 III C 3, 115 I E 3, 148 I F 4, 156/157 I F 4
Przemysliden, Geschlecht 66 I D/E 1/2, 70 I
Psakon, Kap 10 III A 1
Psammathus 18/19 I C 5
Psaphis 13 I B 1
Pseira 10 I B 1
Pselchis, Dakke 29 II B 3
Psessius, Fl. 38/39 H 1/2
Pskow, s. Pleskau 68/69 II D 2
Psophis 18/19 I B 4
Pssiol, Fl. 67 III E/F 2/3
Psycheion, Kap 10 III B 1
Psycheion, O. 10 III B 1
Psychro 10 I B 1
Psyra, Ins. u. O. 18/19 I F 3
Psyttaleia, Ins., Lipsokutali 14/15 IV A 2
Pteleon, O. i. Achaia Phthiotis 18/19 I C 2
Pteleon, O. i. Jonien 18/19 I G 3
Ptoion 18/19 IV B 2
Ptolemäerreich 26/27 I C—E 2/3, 29 II, 29 III B/C 2, 29 IV B/C 2
Ptolemais, Col. Claudia Felix, Caesarea Philippi, Neronias, s. Akko 34/35 II B 2
Ptolemais, O. i. Ägypten 29 II B 2
Ptolemais, Lebedos 22/23 II A 2
Ptolemais, O. i. Pamphylien 22/23 II B 2
Ptolemais, Tolmeta, O. i. Cyrenaika 38/39 I D 4
Ptolemais-Theron 34/35 I F 5
Pucara 100/101 III B 3
Püchau 77 II
Pueblo, O. 133 I D 4
Pueblo-Indianer 144 IV C 3
Puertoriko, Ins. 118 III D 2, 133 I E 4
Pukkanz, Bg. O. 86 I E 2
Pulchrum promontorium, Kap 34/35 III C 1
Pule Condor, Ins. 111 II E 2
Pulikat 135 I C 3
Pultusk 75 D 3, 105 I F 1, 148 I F 3, 156/157 III D 2
Puna 135 I B 3
Punakha 163 I C 2
Punier, V. 3 I B/C 3
Punt, Somaliland, Weihrauchland 6 I A 2, 9 I E 6
Punta Arenas 133 II B 4
Punta del Este 166 II u. III
Pura 22/23 I H 3, 46/47 II C 4
Puritaner (Konfession) 104 I
Puru, Ldsch. 22/23 I I 2
Pusan 98/99 I N 4, 136 I F 3, 136 III C 3
Puschlav, Ldsch. 80 II E 2
Pußta (Ebene) 140 V
Putbus 122/123 I E 1
Puteoli, Puzzuoli, Dikaiarcheia 30/31 III B 1
Putignano 30/31 I H 4
Putiwl 113 G 4
Pu-to-schan, Heiligtum 72/73 IV D 2
Pütthausen, Wüstung 77 IV A 2
Putujaman, Libyen, Cyrenaica, Ld. 9 III B 3
Putzig 106/107 I K 2
Puy de Dôme, Dép. 122/123 III B 2
Pazurisch Dagan 6 III C 2, 6 IV C 2, 6 III u. IV C 2
Puzzuoli, s. Puteoli, Dikaiarcheia 30/31 III B 1
Pydna 18/19 I C 1, 28 I D 1
Pygela 18/19 I H 4
Pylene 11 I B 1
Pyloros 10 III B 2
Pylos, i. Elis u. Golf v. Kyparissia 18/19 I B 4
Pylos, O. i. Elis a. Peneios 11 I B 2
Pylos, Navarin, O. i. Messenien 18/19 I B 5, 145 V B 3, 145 VI B 3
Pyramiden, ägyptische 6 I
— v. Memphis, Giseh 125 I F 5
—, Plan 7 II
Pyramis, Fl. 38/39 I G 3
Pyramus, Fl. 64/65 IV A/B 1/2
Pyranthos 10 III C 1
Pyrasos 18/19 I C 2
Pyrenaei Montes, Pyrenäen, Geb. 38/39 II B/C 1, 53 II A/B 2
Pyrenaeum promontorium, Kap 36 C 4
Pyrene 14/15 VI
Pyrénées orientales, Dép. 122/123 III B 3
Pyretus, Pruth, Fl. 38/39 I E 1
Pyrgi, Pyrgoi, Santa Severa 24 II E 3, 25 II B 2, 30/31 I B 2
Pyrgion, Dios Hieron 18/19 V C 1
Pyrgos, O. i. Attika 4 VII A 2
Pyrgos, O. i. Elis 18/19 I B 4
Pyrgos, Priniat, O. auf Kreta 10 I B 1
Pyritz 74 I B 1
Pyrmont 126/127 II B 2
Pyrrha, O. a. Lesbos 18/19 I G 2
Pyrrha, O. b. Milet 13 III A 1
Pyrrhichos 18/19 I C 5

Pythikos, Fl. 18/19 I H 3
Pythion 18/19 I C 1
Pytho, s. Delphi 17 III
Pyu, Ldsch. 46/47 III H 4, 46/47 IV D 5
Pyxus, Buxentum 30/31 I F 4

Quadi, Quaden, V. 41 I C 3
Quasr Duib 34/35 III C 2
Quatrebras 125 I C 2
Quauhtemallan, Iximché 100/101 II C 3
Quauhtitlan, Rio, Fl. 100/101 VI A 1
Quauhtitlan, O. 100/101 VI A 1
Quaunahuac 100/101 II B 2
Quebec, kanad. Provinz 133 III F/G 1/2
Quebec, O. 118 I C 1
Quedlinburg 58/59 I I 3, 62 I C 2, 122/123 I D 3
Queens County 110 A 2
Queensland, Territ. 138/139 I R 5/6
Queenstown 144 V B 3
Queis, Fl. 58/59 I L 3
Quelimane 98/99 IV, 132 II
Queipart- Ins., Saischuto 154 III B 3
Quemoy, Ins. 162 I B 2
Quentowik 54/55 I C 2
Quercianello 25 II A 1
Quercy, Gft. 58/59 I D 6
Queretaro 133 I C 3
Querfurt 58/59 I I 3, 122/123 I D 3
Quetta 3 II H 3, 135 I A 1
Quezon 162 II D 3
Quiberon 116/117 I C 4
Quiché-Reich der Maya-Indianer 100/101 II C 2/3
Quierzy, Pfalz 54/55 II C 3
Quilitz 121 III
Quilon, Kollam 52 III E 4, 135 I B 4
Quimper, Bm. 88/89 I B 4
Quimper, O. 58/59 I A 4/5
Quirigua 100/101 II D 2
Quirinalis, Hügel i. Rom 32 II, 45 I
Quito 100/101 III B 1/2, 118 III D 3, 133 II B 2
Qumran 34/35 II B 3
Quonset 156/157 II C 2
Quraisa, V. 50/51 E 5

Raab, Bm. 88/89 I F 4
Raab, Fl. 58/59 II B/C 2, 122/123 I F/G 5
Raab, O. 58/59 I M 5, 75 C 5, 112 II B 2
Raabs, Burg 58/59 III C 1
Raas, Ins. 135 II C 1
Rabat 92/93 I A 7, 130/131 I A 5, 162 III A 1
Rabaul 137 I E 5, 158 I E 5, 158 II E 5
Rabba, Areopolis, Rabbath Moab 34/35 II B 3, 38/39 I G 4
Rabbath Moab, s. Rabba
Rabbath Ammon, Philadelphia 8 III B 3
Rabutin, Fl. 29 V
Rachmani 4 VII A 2
Radenzgau, Ldsch. 56 III
Radicofani 53 I A 2
Radimitschen, V. 50/51 E 2
Radnor Township 118 II A 1
Radolfszell 81 II B 3
Radom 67 III C 2, 113 E 4, 115 I E 2
Radschastan, Ldsch. 163 I B 2
Radschputana, Ldsch. 98/99 I G/H 5, 135 I B 2
Radschputen-Staaten 116/117 IV B 2
Radstatt 75 B 5
Raebiana 30/31 II A 2
Raedykes 36 B 1
Raeti, Raeter, V. 3 I C 2, 24 II D/E 1/2
Raetia, röm. Prov. 34/35 I C/D 2, 38/39 I A/B 1, 49 III A/B 1/2
Rafa 148 III A 2
Ragnit 68/69 II B 2
Ragosero 156/157 I G 2
Ragusa, Ebm. 88/89 I F 5
Ragusa, Dubrownik, O. 50/51 C 3, 57 I D 3, 63 I G 3, 126/127 I G 5, 150/151 I E 4
Ragusa, Rep. 70 II C 2, 94 I G 3, 94 II G 3, 102/103 I G 5
Rai, Rhagai, Theran 50/51 G 4, 52 III D 3, 72/73 II E 4
Rajagriha 22/23 I K 3
Raim, Aralskoje 134 II E 1
Rain 106/107 I F 5
Rainton 142 I B 2, 142 II B 2, 142 III B 2
Raipur 135 I C 2
Rakabeh 6 I A 3
Rakka, Nicephorium Callinicum 41 III D 2, 112 I D 2
Rakkath 8 III B 2
Rakonitz 122/123 I E 3
Rakowa 92/93 I H 4, 112 I C 1
Ralik-Ins. 100/101 VIII D 2
Rama, Bosnien, Ldsch. 66 I E 3, 66 II D 3
Rama, O. i. Palästina 8 III B 3
Ramandagh, Erdölfeld 163 II C 3
Ramadi 148 III B 2
Ramathaim 8 III B 2
Ramle 162 IV A 2
Ramoth-Gilead 8 III C 2
Ramses, Tanis, Avaris 6 I A 1
Ramsey, Kl. 87 I B 1
Randeia 34/35 I F 3
Ranen, V. 58/59 I K 1
Rangun 135 I D 3, 158 I B 4, 158 II B 4, 162 II B 3
Rania 6 II B 1, 6 IV B 1
Ranrike, Ldsch. 60 I G 2
Ranthambhor 72/73 V B 2
Rantzau, Gft. 122/123 I C 2
Rapae, Schwabmünchen 37 I C 2
Rapallo 94 I C 2, 94 II C 2, 150/151 I D 4
Raphana 34/35 II C 2
Raphanea 41 III B 3
Raphia 29 II B 1
Raphina 4 VII A 2
Raphon 8 IV C 3
Rapidum 34/35 III A 1
Rapiku 6 IV B 2
Rappenmünzbund 83 III
Rapperswyl 80 II C 1
Rappoltstein 128 I A 2
Rappoltsweiler 122/123 I B 4
Ras, Rasch, O. i. Serbien 64/65 I D 2, 64/65 II D 2
Rasch, O. b. Nürnberg 81 I
Raschin 154 III C 2
Räscht, Rescht 134 II C 2
Rasenna = Etrusker, V. 24 II E/F 3/4
Ras Gharib, Erdölfeld 163 II B 4
Rashtrakuta-Reich 46/47 IV B 4/5
Raska, Raszien, Ldsch. 54/55 I F/G 4
Raslavice 116/117 I H 3
Ras Schamra, Ugarit 8 I B 2, 5 I E 4
Rassenpolitik 160 I
Ras Tanura 163 II C/D 4
Rastatt 114 E 3, 122/123 I C 4
Raszien, Kgr. Serbien 66 II D/E 3
Ratae, Leicester 36 B 2
Ratak-Ins. 100/101 VIII D 2
Ratekau 124 I C 1
Räterepublik, bayrische 153 II
Räterepublik, russische, s. Sowjetunion 149 II
Rathenow 122/123 I E 2
Rathmannsdorf 77 III B 2
Ratiaria 38/39 I D 2
Ratibor, O. 68/69 I K 3, 156/157 III C 3
—, Fsm. 96/97 I K 4, 106/107 III B 2, 122/123 I H 3
Ratibořitz, Bergstädtl, Bg. O. 86 I C 2
Ratisbona, s. Regina Castra 42/43 I D 2
Rätoromanen, V. 49 III A/B 2
Rätoromanische Sprache 70 II
—, Sprachgrenze 130/131 II
Ratta Pind 21 III
Rattenberg, Bg. O. 86 I B 3
Ratzeburg, Bm. 88/89 II C 1
Ratzeburg, Bm.-Territ., Fsm. 68/69 I F 2, 122/123 I D 2
Ratzeburg, O. 58/59 I I 2
Raubersrieth 81 I
Raudnitz 106/107 I H 4
Rauraci, V. 37 I A 3
Rauraci, Raurica, s. Augusta Rauricorum, Augst 40 III A 1
Rauris, Bg. O. 86 I B 3
Rauschenbach, Bg. O. 86 I F 2
Rauschenburg, Burg 142 IV B 1, 142 V B 1
Rausslitz 56 IV
Rauwijan, Nilinsel 6 I A 4
Ravenna, Ebm. 88/89 II C 3
—, Exarchat (Romagna) 50/51 C 3/4, 53 I A/B 1
Ravenna, O. 24 II F 2, 49 III C 2, 102/103 I F 5, 156/157 III C 3
—, Universität 91 V C 2
Ravensberg, Gft. 68/69 I E 2/3, 115 I B 2
Ravensbrück, NS-Konzentrationslager 155 I C 2
Ravensburg, Pfalz a. Bodensee 66 I C 2
—, RSt. 80 II D 1, 81 II B 3, 122/123 I C 5, 128 I B 3
Ravenstein, Hft. u. O. 122/123 I A 3
Rawa 67 III C 2
Rawalpindi 135 I B 1, 162 II A 2
Rawitsch 105 I E 2, 106/107 III B 2
Rbedha 6 II B 2, 6 III B 2
Rbeyt 41 III C 2
Ré, Ins. u. Kl. 87 II A 3, 110 B 3
Reading 110 B 3
Reate 30/31 I C 2, 48 II C 2
Rechberg, Gft. 81 II B 2
Rechberg, O. 128 I B 2
Rechtsradikale Aufstände in Deutschland 153 II
Recife, s. Pernambuco 156/157 II E 5
Reckberg 37 I A 1
Recklinghausen 78 III A 2, 122/123 I B 3, 124 I B 2, 126/127 II A 2, 142 IV B 1, 142 V B 1
Recuay 100/101 III B 2
Redarier, V. 58/59 I K 2
Redeyef 3 II B 3
Redez, Gft. 58/59 I E 7
Rednitz, Fl. 81 I
Redon 58/59 I B 5
Redones, V. 36 B 3
Red River, Fl. 133 III C/D 3
Redut Kalé 134 C 2
Reepsholt 58/59 I G 2
Reformierte, s. auch Kalvinisten (Konfession) 104 I u. II, 105 I
Reformierte Landeskirchen Deutschlands 161 VII
Regen, Sächsisch-, O. 112 II F 2
Regensburg, Bm. 88/89 II C 2, 145 I, 161 VI
—, Bm.-Territ 68/69 I G 4, 122/123 I E 4, 128 I D 2
—, Kl. St. Emmeram 87 I E 2
Regensburg, Regina Castra, Legio Ratisbona, Ratisbona, O. RSt. 40 II F 2/3, 49 III C 1, 68/69 I G 4, 105 I D 2
Regents-Kanal, London 109 I
Regent's Park, London 109 I
Reggio / Calabria, Ebm. 88/89 I F 6
—, O. 63 I E 5, 102/103 I G 6
Reggio, O. i. Emilia, Bm. 88/89 II C 3
—, Hft. der Este 94 I D 2
—, O. 4 VI B 3, 63 II B 2
—, Universität 91 V C 2
Regiates, V. 25 I C 1
Regillus lacus, See 30/31 II B 2
Regina, O. i. Kanada 133 III C 1
Regina castra, s. Regensburg 40 II F 2/3
Registan, Ldsch. 134 II E 2
Regium Lepidi 38/39 I B 2
Regni, V. 29 I A/B 1
Regnitz, Fl. 56 III, 81 I, 128 I C 2
Regulbium 36 C 2
Rehme 37 II A 1
Rehob 8 III B 2
Rei, Riez 24 II C 3
Reichelsdorf 81 I
Reichenau, Kl. im Bodensee 52 II C 3, 87 I D 2
Reichenau, O. i. Schlesien 77 III A 1/2
Reichenbach, O. i. Erzgeb. 74 I B 2
Reichenbach, O. i. Schlesien 122/123 I G 3
Reichenberg, O. 122/123 I F 3, 155 I C 2
Reichenhall, O. 86 I B 3, 122/123 I E 5
Reichenstein, O. 86 I D 1, 86 II F 1, 106/107 III B 2
Reichensteiner Geb. 77 III A/B 2
Reichenweier 128 I A 2
Reichlin v. Meidegg, Reichsritter 120 V B—D 1/2
Reichsbevollmächtigter f. Dänemark 155 II B/C 1
Reichskommissariat Niederlande 155 II B 1
—, Norwegen 155 II B/C 1
—, Ostland 155 II D 1
—, Ukraine 155 II D/E 1/2
Reichsgrafen 122/123 I
Reichsritterschaft 120 V, 122/123 I
Reichsstadt, O. 124 I D 2
Reichsstädte 122/123 I
Reichstag, deutscher (Weimarer Rep.) 154 I u. II
Reichstett 77 I A 1
Reifenstein, Kl. 88/89 III B 1
—, O. 77 IV A 1
Reims, Ebm. 88/89 I C 4
Reims, Durocortorum, Remi, O. 36 C 3, 54/55 I C 3, 58/59 I E/F 4, 85 II C 2, 114 C 3, 148 II C 2, 156/157 III B 3
Reinfeld, Kl. 88/89 III B 1
Reinickendorf 143 II
Reinosa 154 V B 1
Reinsdorf 56 VI B 2
Reis Apollinaris, Rei, Riez 41 IV
Reisendorf 77 III B 1
Reiser 77 IV A 1
Reisewitz 77 III B 1
Reitervölker 3 I D—G 1/2
Relizane, Mina 38/39 II C 2
Rellinghausen 142 IV B 2, 142 V B 2
Remada 34/35 III C 2
Remagen, Rigomagus 37 I A 1, 156/157 III B 2
Remedello, O. 2 II C 2
Remedello-Kultur 2 II B/C 2
Remi, V. 36 C 3
Remi, O., Reims, s. auch Durocortorum 42/43 I C 2
Remich 80 I B 2
Remigiusberg, Kl. 80 I C 2
Remiremont, Kl. 52 II B 2
Remisiana 38/39 I D 2
Renaisance, Kunst 90 II—IV
Rench, Fl. 77 I B 1
Renchen, O. 77 I B 1
Rendsburg, O. 83 II A 1, 122/123 I C 1
Rennes, Bm. 88/89 I B 4
Rennes, Gft. 58/59 I C 4
Rennes, Condate, O. 36 B 3, 54/55 I B 3, 110 B 3
Reno, Fl. 4 VI C 2/3, 63 II C 2
Rens, Rhens 68/69 I D 3
Renterode, Wüstung 77 IV A 2
Repelen 142 IV A 2, 142 V A 2
Reppen 121 I
Rerik 54/55 I E 2
Resapha 38/39 I G 3
Reschen-Scheideck-Paß 37 I C 3, 49 III B 2
Rescht, Räscht 134 II C 2, 148 III B 2
Restan 8 I B 3
Rethel, Gft. 95 C 3
Rethel, O. 58/59 I F 4, 114 C 3, 148 II C 2, 156/157 I D 4
Rettel, Kl. 80 I B 2
Retz 92/93 II C 4
Retzuni 18/19 II B 3
Reudigner, V. 41 I A/B 2
Reundorf 56 III
Réunion, Bourbon, Ins. 111 II B 4
Reuß, Fl. 80 II C 1, 130/131 I D 3
Reuß, Fsm. 124 I D 2
Reuß, Gft. 96/97 I F/G 4, 122/123 I D/E 3
Reuß von Plauen, Vögte, s. auch Vogtland 68/69 I F/G 3
Reußische Fürstentümer Litauens 71 I C/D 2/3
Reutles 81 I
Reutlingen, RSt. 68/69 I E 4, 81 II B 2, 122/123 I C 4, 128 I B 2
Revel, Bm. 88/89 I G 2
—, Bm.-Territ. 68/69 II C 1
Reval, Tallinn, O. 68/69 II C 1, 74 II C 2, 84 I E 2, 84 II E 2, 104 IV C 1, 113 E 3, 148 I F 2, 150/151 I F 3, 156/157 I F 3, 156/157 III D 2
Revilla-Gigedo, Ins. 164/165 I N 5
Rewa, Staat 135 I C 2
Rewandus 148 III B 2
Rew Ardaschir 52 III D 3
Reye, Fl. 79 IV
Reykjanes, Kap 57 III A 2
Reykjavik 147 A 2
Rha, Wolga, Fl. 34/35 VI, 46/47 I C 2
Rhagä, Rhagai, Rai 9 III H 2, 46/47 I C/D 3
Rhakidai 13 I B 1
Rhakotis 20 I E 4
Rhakotis, Ot. v. Alexandria 26/27 V
Rhamnus 13 I C 1
Rhaukos 10 III C 1
Rheda, Hft. 122/123 I C 3
Rheda, O. 126/127 II B 2
Rhegion, Rhegium, O. i. Bruttium 17 I D 2, 25 I E 4
Rheider Au, Fl. 61 IV B/C 2
Rhein, Rhenus, Fl. 36 C/D 2/3, 41 I A 2/3, 58/59 I F/H 3/5, 115 I B 2/3, 156/157 I D 3/4, 156/157 III B 2/3
Rheinau 40 II A 3, 77 I A 2
Rheinberg, O. 122/123 I B 3, 142 IV A 1, 142 V A 1
Rheinbund 124 I
Rheine 41 II B 1
Rheineck 80 II D 1
Rheinfelden 80 II B 1
Rheingönheim 40 II B 2
Rheinhausen 142 V A 2
Rhein-Herne-Kanal 142 V A/B 1
Rheinischer Städtebund 68/69 I, 78 III, 81 II
Rheinkamp 142 V A 1
Rheinland, evang. Landeskirche 161 VII
Rheinland-Separatismus 153 II
Rheinland-Pfalz, Land 160 III A 2/3, 161 IV A 1/2
Rhein-Mündung, Fl. 96/97 III a—d
Rheinprovinz, preuß. 129 II C 3/4, 152 II B/C 3/4
Rheinsberg, O. 122/123 I E 2
Rheintal, Ldsch. i. d. Schweiz 80 II D 1
Rheinzabern, Tabernae 40 II B 2
Rheitoi-Seen 14/15 IV A 1
Rheneia, Ins. 18/19 I F 4
Rhens, s. Rens 70 I C 1
Rhenus, Rhein, Fl. 36 C/D 3/4, 41 I A 2/3
Rhesaenae 38/39 I G 3
Rhesos, Fl. 18/19 I H 1
Rhethymna 10 III B 1
Rhetra 58/59 I K 2
Rhin et Moselle, Dép. 122/123 III C 1
Rhinokolura 29 II B 1
Rhion, Kap 18/19 I B 3
Rhion, O. 18/19 I B 3
Rhipaea, Geb. 34/35 VI
Rhizenia, Prinias 10 III B 1
Rhizon 26/27 II C 1
Rhizus, O. i. Pontus 38/39 I H 2
Rhizus, O. i. Thessalien 18/19 I C 2
Rhodae, Rhoda 36 C 4
Rhodamus, Rhône, Fl. 36 C 3/4
Rhode Island, amer. Staat 118 I C 1, 133 III F 2
Rhodesien, Ld. (Nord-, Süd-) 1 I, 132 I D 4, 138/139 I L 5/6, 162 III C 3/4
Rhodios, Fl. 18/19 I G 1
Rhodope mons, Geb. 38/39 I D 2
Rhodope, röm. Prov. 42/43 I E 2
Rhodos, Ebm. 88/89 I H 6
—, Ins., s. auch Johanniterorden 4 VII B 2, 10 II E/F 3/4, 50/51 D 4, 70 II E 3, 112 I C 2, 145 V C 3, 145 VI C 3, 156/157 I F 5
Rhodos, O. 20 I E 3
Rhoidias, Fl. 18/19 I C 1
Rhoiteion 18/19 I G 1
Rhône, Dép. 122/123 II C 2
Rhône, Rhodanus, Fl. 37 I A 3, 49 II C 2/3, 130/131 I C/D 2/3, 156/157 III B 3
Rhône-Kultur 5 I B 3
Rhynern 142 IV C 1, 142 V C 1
Rhypes 18/19 I C 3
Rhytion 10 III C 2
Ribagorza, Gft. 58/59 I D 7
Ribchester, Bremetennacum 36 B 1
Ribe, Ripen, Bm. 88/89 I D 2
—, O. 75 A 3
Ribemont, O. 54/55 II C 3, 54/55 IV A 2
Ribla 9 III E 3
Ribnitz 83 II C 1
Riburg 40 III A 1
Richelieu 110 C 3
Richmond, O. i. England 92/93 I B 3, 110 B 2
—, O. i. Virginia 116/117 II D 3, 133 III F 3
Richthausen 81 I
Ricina 30/31 I D 1
Rickenriede 77 IV A 1
Ridania 112 I D 3
Riddagshausen, Kl. 88/89 III B 1
Ridly-Township 118 II A 2
Ried, Ldsch. 96/97 I E 5

Ried, O. i. Innviertel 122/123 I E 4
Riedlingen 120 V B 2
Riegel 37 I A 2, 77 I A 3
Rieneck, Gft. 122/123 I C 3
Rieneck, O. 128 I B 1
Riesa 56 IV, 122/123 I E 3
Riesenburg, Burg 68/69 I G 4
Rietberg, Gft. 122/123 I C 3
Rieti 53 I B 2
Riez, Bm. 88/89 II B 3
Riez, Rei, O. 24 II C 3
Rif, Geb. 130/131 I A/B 4/5
Rifeh 6 I A 2
Riga, Ebm. 88/89 I G 2
Riga, Ebm.-Territ. 68/69 II C 2, 104 IV C 2
Riga, O. 68/69 II C 2, 84 I E 2, 84 II E 2, 104 IV C 2, 113 E 3, 116/117 I H 2, 148 I F 2, 150/151 I F 3, 156/157 I F 3, 156/157 III D 2
Rigodulum (Riol) 40 VI A 2
Rigomagus, O. a. Po 25 I B 1
Rigomagus, Remagen 37 I A 1
Rigusci, V. 37 I B 3
Rijssel, Lille 95 B 2
Rijswijk 106/107 I C 4
Rimini, Bm. 88/89 II C 3
Rimini, Ariminum, O. 24 II F 2, 53 I B 1, 94 I E 2, 94 II E 2
Rimmon, Gath 8 III B 2
Rimnik, Martineschti 116/117 I I 4
Rinaldone-Kultur 2 I C 2
Rinteln 37 II B 1, 106/107 I E 3
Rio Colorado, Fl. 100/101 III C 5
Rio de Janeiro, O. 118 III E 4, 166 III
Rio de la Hacha, O. 100/101 VII B 2
Rio de la Plata, Fl. 118 III E 4
Rio de las Balsas, Fl. 100/101 II B 2
Rio de Oro, span. Kol. 132 I B 2
Rio Grande, Fl., Nebenfl. d. Amazonas 100/101 III C 2/3
Rio Grande(del Norte), Fl. 118 B/C 1, 133 III C/D 3/4
Rio Grande, O. i. Brasilien 118 III E 4
Rio Grande do Sul, brasil. Prov. 133 II C 3
Riol, Rigodulum 40 VI A 2
Riom 156/157 I D 4
Rio Muni, span. Kol., s. auch Spanisch-Guinea 132 I C 3
Rion, Fl. 134 I C/D 2
Rio Negro, Fl. 133 II B 2
Rio-Pakt 166/167 II
Rio Papaloapen, Fl. 100/101 II B 2
Ripatransone 30/31 I D 1/2
Ripen, Ribe, Bm. 88/89 I D 2
—, O. 56 I B 1
Ripoll, Kl. 87 I C 3
Ripon, Kl. 54/55 I C 1, 87 I B 1
Ripuarier, fränk. V. 54/55 II E 2
Risapha, Sergiopolis 41 III D 2
Rischenau 37 II B 2
Risingham, Habitancum 40 I B/C 1
Risinium 38/39 I C 2
Riß, Fl. 120 V C 1/2
Rißeiszeit 1 II
Rissen 1 IV B 1
Rißtissen, Riusiava 40 II C 3
Rittium 38/39 I D 2
Ritzebüttel 106/107 I E 3
Ritzingen 40 VI A 2
Riu-kiu-Inseln 136 I F 4, 158 I D 3, 158 II D 3, 158 III A 2
Riusiava, Rißtissen 40 II C 3
Riva 96/97 I F 7
Rivne, s. Rowne, Rowno 150/151 I F 3
Rivoli 124 I C 3
Rixdorf, Neukölln 143 II
Rjasan, Fsm. 71 E 2
—, O. 71 III E 1, 105 II B 3, 119 F 4
Rjetschiza 113 G 4
Roanne 68/69 I C 5, 114 C 4
Roboraria 30/31 II B 2
Rocca Vecchia 30/31 I I 4
Rochefort 116/117 I C 4
Rochester, Bm. 88/89 I C 3
—, Durobrivae, O. 36 C 2, 52 I C 2
Rochlitz 106/107 I G 4
Röckenbrunn, O. 81 I
Rockenhausen 80 I C 2
Röckenhof 81 I
Rocroy 106/107 I C 5
Roda, Nilinsel 98/99 III
Rodemachern 114 D 3
Röder, Fl. 56 IV
Rodez, Bm. 88/89 I C 5
—, Gft. 58/59 I E 6
Rodez, Segodunum, O. 36 C 4, 68/69 III C 2
Rodna 75 E 5
Rodosto 145 V C 1
Rodriguez, Ins., brit. 138/139 I N 5
Roer, Dép. 122/123 III C 1
Roer, Fl. 78 IV C 2, 104 III C 2
Roermond 78 IV C 2, 95 D 2, 122/123 I A 3
Rogaland, Ldsch. 60 I F 2
Roggenburg, O. 122/123 I C/D 4
Rohan 110 B 3
Rohilas, Staat 116/117 IV B 2
Rohilkhand, Ldsch. 135 I B/C 2
Rohnhof 81 I
Rohr, O. a. Rhein 58/59 I H 4
—, O. b. Fulda 62 III D 2
Rokitzan 58/59 I K 4
Rolstedt, Wüstung 56 VI A 2
Rom (Dukat) 53 I A/B 2/3
Rom (Klöster) 87 I E 3, 87 II C 3
Rom, Roma, Ruma, O. 24 II F 4, 30/31 II A/B 2, 48 II C 2, 53 I B 3, 86 II E 3, 130/131 I E 3
—, Pläne 32 II, 33 I—III, 45 I u. II
Rom, Papstsitz 88/89 I E 5
—, St. Peter, Pläne 45 I—III, 102/103 IV
—, Universität 91 V C 2
Roma nova, s. Constantinopolis
Romagna, Exarchat Ravenna, Ldsch. 53 I A/B 1
Romagna, Ldsch. 63 I C/D 2, 94 II D/E 2, 130/131 I E 3
Romainmôtier, Kl. 52 II B 3
Romanen, V. 49 II u. III
Romanische Baukunst 67 I
Romanische Sprachen 49 II u. III
Romanowsk, s. Murmansk 149 I C 1
Romans 110 C 4
Romanum imperium, Römisches Reich 28 I u. II, 29 III u. IV, 34/35 I—III, 42/43 I u. II
Römer-Wall am Tyne, s. Hadrianswall 142 I A 2, 142 II A 2, 142 III A 2
Römische Christen, Kirche, s. Katholische Christen, Kirche
Römische Republik 124 II B/C 2
Römisches Reich, unter römischen Kaisern 46/47 III A/B 1—3, 48 I u. II, 49 I
—, unter fränkischen Kaisern, s. auch Karolingerreich 54/55 I u. III
—, unter deutschen Kaisern, Hl. Röm. Reich deutscher Nation, s. auch Deutsches Reich, Kaisertum 58/59 I, 61 II, 64/65 I—III, 66 I u. II, 68/69 I, 70 I u. II, 71 III, 96/97 I u. II, 102/103 I, 122/123 I
Römisches Reich, Ostrom, s. Byzantinisches Reich
Romont 80 II A 2
Romula 38/39 I D 2, 44 I D 2
Romulea 30/31 I F 4
Roncaglia 63 I B 2
Roncevalles, Paß 54/55 I B 4
Ronciglione, Burg 53 I B 2
Rönne 75 B 3
Roosebeke 68/69 III C 1
Roquepertuse 24 II B 3
Rosacker Au, Fl. 61 IV B 1
Rosario 133 II B 3
Rosenau, Bg. O. 86 I F 2
Rosenberg, O. i. Böhmen 68/69 I H 4, 122/123 I F 4
—, O. i. Franken 122/123 I C 4
—, O. i. Oberschlesien 122/123 I H 3
—, Bg. O. a. Waag 86 I E 2
Rosenfelde, Friedrichsfelde 143 II
Rosenheim, Pons Aeni 37 I D 3, 122/123 I E 5
Rosenthal, O. i. Berlin 143 II
Rosette 130/131 I I 5
Rosheim 114 D 3
Rositten, Rossitten, O. i. Livland 68/69 II C 2
Roskilde, Bm. 61 I C 2, 88/89 I E 2
Roskilde, O. 96/97 I G 2, 113 C 3
Rösmühle 81 I
Ross, Fort 125 II
Ross, Ldsch. 88/89 I A/B 2
Ross-Meer 164/165 IV
Rossano, Ebm. 88/89 I F 6
Rossano, O. 63 I F 5
Roßbach 122/123 I D 3
Rössen 2 I C 1
Rössener Kultur 2 I B/C 1/2
Rossikon, Panteleimon, Athos-Kl. 45 VI B 2
Rosslawl 113 G 4
Roßstall, Pfalz 62 III D 3
Rosswein 56 IV
Rostock, O. 68/69 I G 1, 75 B 3, 122/123 I E 1
—, Universität 91 V C 1
Rostow, O. a. Don 130/131 I K 2, 148 I I 4, 156/157 I G 4, 163 II B 2
Rostow, O. a. d. Wolga 57 I F 2, 92/93 I K 2
—, Fsm. 71 I E 1
Rotae 30/31 I E 3
Rote Armee im Ruhrgebiet 153 II
Rotebro 92/93 I F 2
Rotenturm-Paß 112 II F 3
Roter Fluß i. Jünnan, Tongking 163 I E 2
Rotes Kreuz, Genfer 146 II
Rotes Meer, s. Arabicus sinus 14/15 I E 4/5, 52 III C/D 3/4, 72/73 II C/D 5/6, 98/99 I D/E 5/6, 111 II A/B 1/2, 154 IV A/B 1
Roth, Fl. 120 V C/D 1/2
Roth, Kl. i. Schwaben 120 V C/D 2
Roth, Kl. b. Vianden 80 I B 2
Roth, O. b. Ulm 120 V C 2
Röthenbach, Fl. 81 I
Röthenbach, O. 81 I
Rothenburg/Tauber, Pfalz 66 I D 2
—, RSt. 68/69 I F 4, 81 II C 2, 122/123 I D 4, 128 I C 2
Rothenfels, Gft. 122/123 I D 5, 128 I B/C 3
Rothensee, Schleuse 161 I
Rotherhithe 109 I
Rothwasser, Alt-, Neu-, O. b. Ottmachau 77 III B 2
Rotomagus, Rouen 36 C 3
Rotreußen, Ldsch. 67 III C/D 2/3, 71 I B/C 2/3, 113 E 4/5
Röttelsee, Wüstung 77 IV A 2
Rottenacker 120 V C 2
Röttenbach, O. 81 I
Rottenburg, Bm. 145 I, 161 VI
Rottenburg, Sumelocenna, O. 40 II B 3, 122/123 I C 4
Rotterdam 78 IV B 1, 96/97 IIIa—d, 126/127 IV B 2, 156/157 I D 3
Rottweil, Arae Flaviae, O., RSt. 40 II B 3, 68/69 I E 4, 80 II C 1, 122/123 I C 4, 128 I B 2
Rouen, Ebm. 88/89 I C 4
—, Kl. 87 I C 2
—, Rotomagus, O. 36 C 3, 49 II B 1, 54/55 II B 3, 58/59 I D 4, 85 II B 2, 156/157 I D 4, 156/157 III B 3
Rouergue, Gft. 110 C 4
Roussillon, Gouv. 122/123 II B 3
Roussillon, Gft. 58/59 I E 7, 66 I B 3, 92/93 I C 5, 116/117 I D 5
Roussillon, Ruscino, O. 24 II A 3, 110 C 4
Rovaniemi 156/157 I F 2
Rovegno 94 I C 2
Roveseto 94 I D 2, 94 II D 2, 106/107 I F 7
Rovigno 94 I E 2, 94 II E 2
Rovigo 96/97 I F 7, 130/131 III C 2
Rowness 40 I A 2
Rowno, Rowne, Rivne 113 F 4, 156/157 I F 3
Rowuma, Fl. 132 I D 4
Roxolani, Roxolanen, V. 38/39 I G 1
Roye 95 B 3
Rshew 71 I D 1, 113 G 3, 156/157 I I 3
Ruanda, Staat 162 III C 3, 164/165 III, 168
Ruben, V. 8 IV B 3/4
Rubi, Ruvo 30/31 I G 3
Rubico, Fl. 30/31 I C 1
Rucantii, V. 37 I C/D 2
Ruckelrode, Wüstung 77 IV A 2
Rückersdorf 81 I
Rückingen 40 II B 1
Ruda, Bg. O. 86 I F 2
Rudau 71 III D 1
Rudbar 134 II E 2
Rudchester, Vindobala 40 I C 1
Rudelshof 81 I
Ruden 106/107 I G 2
Rudiae, O. i. Apulien 30/31 I G 3
Rudiae, O. i. Calabrien 30/31 I I 4
Rüdigershagen 77 IV A 1
Rudolf-See 138/139 III B 2
Rudolfstadt, Bg. O. 86 I C 2
Rudolstadt, Bg. O. i. Schlesien 86 I D 1
Rudolstadt, O. i. Thüringen 96/97 I F 4, 122/123 I D 3
Rudow 144 II
Ruessium 36 C 3
Ruffenhofen 40 II D 2
Rufiniana, Heidelberg 40 II B 2
Rufrae 30/31 I D/E 3
Rügen, Ins. 41 I B 2, 58/59 I K 1, 67 III A 2, 122/123 I E 1
—, Fsm. 70 I D 1
—, kirchlich 88/89 II C 1
Rügenwalde, O. 68/69 I I 1, 122/123 I G 1
Rugier, V. 34/35 I D 1, 41 I B 2, 48 I C 1/2
Rühen 161 I u. V
Ruhleben 143 II
Ruhr, Fl. 41 II B/C 2, 52 II B/C 2, 56 V A/B 2, 126/127 II A/B 2, 142 IV A—C 2, 142 V A—C 2
Ruhrgebiet 142 IV u. V
Ruhrkontrolle, alliierte 160 III A 2
Ruhrort 142 IV A 2, 142 V A 2
Ruma, s. Roma 24 II F 4
Ruma, O. i. Palästina 8 III B 2
Rumänen, Walachen, V. 67 III, 112 II, 150/151 II, 160 I u. II
Rumänen, V. i. Bessarabien 140 IV
Rumänen, Bevölkerungsverluste 152 III, 161 III
Rumänien, Fsm., Kgr. 124 III, 128 V, 130/131 I G/H 2/3, 145 III u. IV, 145 V B/C 1/2, 145 VI B/C 1/2, 148 I F/G 4/5, 150/151 I F 4, 155 II D 2, 156/157 I F 4, 156/157 III D 3, 160 I C 3
Rumänien, Volksrepublik 160 II C 3, 160 III D/E 3/4, 164/165 III, 166/167 I—III, 168
Rumänische, walachische, wlachische Sprache 70 II
Rumelien, Ldsch 145 V B/C 2
Rumerode, Wüstung 77 IV A 2
Rumkalat, Hromkla 64/65 IV B 2
Rummelsburg, O. 122/123 I G 1
Rummunidu 6 IV B 1
Rum-Seldschuken, Sultanat der,s. auch Ikonion-, Konia-Sultanat 64/65 I E/F 2/3, 64/65 E/F 2/3
Rum-Seldschuken, V., s. auch Seldschuken 64/65 III D/E 2/3, 72/73 II C 3/4
Rungholt 61 III A 2
Runstedt 56 VI A 2
Rupert, Fort 116/117 I D 1
Rupertsland, Ld. 116/117 II C/D 1/2
Ruphais 10 I A 1
Ruppertsberg, Kl. 80 I C 2
Ruppin, Hft. 96/97 I G 3, 122/123 I E 2
Ruppin, O. 68/69 I G 2
Rusaddir, Melilla 38/39 II B 2
Rusazus 34/35 III A 1
Ruscino, Roussillon 24 II A 3
Rusella 30/31 I B 2
Rusguniae 34/35 III A 1
Rusicade, Philippeville R. colonia 34/35 III B 1
Ruspina 34/35 III C 1
Russais 10 I B 1
Russan 24 II B 3
Russe, s. Rustschuk 160 III E 4
Russen, Großrussen, V. 67 III, 74 II C/D 2/3, 160 I u. II
Russen, V. i. Bessarabien 140 IV
Russen i. d. USA 144 II
Russische Fürstentümer 66 II E/F 2/3, 71 I, 72/73 II B—E 1—3
Russische Kolonien in Asien 100/101 I
Russischer Einfluß in Persien 134 II
Russische SFSR 150/151 I F—K 2—4, 159 II C—L 1/2, 164/165 I L—T 1/2
Russisches Recht 124 III
Russisches, Reich, Rußland, Kaiserreich (Zartum) 98/99 I C—G 1—3, 105 II u. III, 113 F—I 1—4, 115 II H—N 1/2, 116/117 I H—M 1—5, 119, 124 III, 125 I E—G 1—3, 134 I u. II, 136 I A—G 1/2, 145 III u. IV, 145 V C 1, 145 VI C 1, 148 I E—I 1—4, 148 III B 1/2, 149 I u. II, 159 I B—L 1—3
Russisches Reich, Bevölkerungsverlust (1914—17) 152 III
Russisch-Polen, Ld. 130/131 I F/G 1
Russu 10 III D 1
Rüste 56 V A 1
Rustschuk, Russe, O. 130/131 I H 3, 145 V C 2, 145 VI C 2
Rusuccuru 34/35 III A 1
Ruteni, V. 29 I B 2/3
Ruthenborn 142 IV C 2
Rütli 80 II C 2
Rutulen, V. 134 I F 3
Rutupiae 36 C 2, 42/43 I C 1
Ruvo, Rubi 30/31 I G 3
Rybinsk 156/157 I G 3
Ryhope 142 I—III B 2
Ryojun 154 III B 3
Ryton 142 II A 2, 142 III A 2

Saacidava 44 I D 2
Saale, Fränk., Fl. 37 I B/C 1
Saale, Thüring., Fl. 74 I A 2, 122/123 I D/E 3
Saalekreis, preuß. Bezirk 122/123 I D/E 3
Saalburg (Kastell) 40 II B 1
—, Plan 37 III
Saalfeld a. d. Saale, O. 58/59 I I 3, 124 I C 2
—, Kl. 87 I E 1
Saalfeld b. Mühlhausen, O. 77 IV B 1
Saanen 80 II B 2
Saar, Saravus, Fl. 37 I A 2, 95 D 3, 114 D 3
Saarbrücken, Gft. 68/69 I D 4
Saarbrücken, O. 40 II A 2, 96/97 I D 5, 122/123 I B 4, 141 I B 3, 141 II B 3, 152 II B 4, 155 I A 3, 161 IV A 2
Saarburg, Amt 80 I B 2
Saarburg, Pons Saravi, O. 37 I A 2, 80 I B 2, 148 II D 2
Saargebiet 150/151 I D 2
Saarland 160 III A 3, 161 IV A 2
Saarlouis 114 D 3
Saarn 142 IV A 2, 142 V A 2
Saarpfalz, NS-Gau 155 I A/B 3
Saarwerden, Gft. u. O. 68/69 I D 4, 122/123 I B 4
Saaz 68/69 I G 3, 92/93 II B 3
Saba, Ldsch. i. Arabien 42/43 I F 5
Saba, O. i. Arabien 46/47 I C 5
Saba, O. i. Äthiopien 34/35 I F 5
Saba, O. a. Kreta 10 I B 1
Sabaa, O. i. Babylonien 6 IV B 2
Sabäer, V. 34/35 I S 5
Sabaritu 6 IV B 2
Sabate 30/31 II A 1
Sabatinus lacus, See 30/31 II A 1
Sabatos, Fl. 17 I E 1
Sabeller, V. 20 I B/C 2
Säben, Bm. 88/89 II C 2
Säben, Saebio, Burg 37 I C 3, 49 III B 2
Sabend, Bg. 9 III G 2
Sabi, Fl. 138/139 II C 1/2
Sabier (Täufersekte) 52 III
Sabina, Ldsch. 53 I B 3 2/3
Sabini, Sabiner, V. 24 II F 3, 30/31 I C/D 2, 30/31 II B 1
Sabota 46/47 I C 5
Sabra, Sabratha 11 II C 2, 34/35 III C 2, 50/51 C 4
Sabus 38/39 I G 3
Sacae, Saken, V. 34/35 VI
Saccaea 38/39 I G 4
Sacco, Fl. 53 I B 3
Sachalin, Karafuto, Ins. 138/139 VI D 1/2, 149 IV G 2,

158 I E 2, 158 II E 2, 158 III B 1
Sachsen (Land), evang. Landeskirche 161 VII
— (Provinz), evang. Landeskirche 161 VII
Sachsen, Hzm. d. Kaiserzeit, s. auch Welfische Lande 58/59 I G/H 1—3, 66 I C/D 1
—, Hzm. d. Albertinischen Wettiner 96/97 I G/H 4
—, Hzm. d. Ernestinischen Wettiner 106/107 I F 4
—, Kgr. 124 I C/D 2, 124 III, 126/127 I F 3, 128 III, 129 I E/F 3, 129 II F/G 3
Sachsen, Kurfsm. d. Albertin. Wettiner 96/97 I G 3/4, 106/107 I F/H 3/4, 106/107 II
—, Kurfsm. d. Askanier 68/69 I G 2/3
—, Kurfsm. d. Ernestin. Wettiner 96/97 I F/G 3/4
—, Kurfsm. d. Wettiner, s. auch Kursachsen, Wettiner Lande 92/93 II A/B 3
Sachsen, Land 152 II E/F 3, 16 III B 2, 161 IV B 1
Sachsen, NS-Gau 155 I C 2
Sachsen, preuß. Prov. 129 II E/F 2/3, 152 II D/E 2/3
Sachsen, V. Stammesgebiet 42/43 I C 1, 52 II B/C 1/2, 54/55 I D/E 2, 56 I A/B 1/2
—, V., in Frankreich, s. auch Saxonicum litus 49 II A 2
—, V., in England, s. auch Angelsachsen 49 I A/B 1
—, Obersachsen, Neustamm 74 I A/B 2
Sachsen, s. auch Thüringische Herzogtümer, Wettiner Lande, Altenburg, Coburg, Eisenach, Gotha, Hildburghausen, Meiningen, Rudolstadt, Weimar
Sachsen-Anhalt, Land 160 III B 2, 161 IV B 1
Sachsenhausen, NS-Konzentrationslager 155 I C 2
Sachsen-Hildburghausen, Hzm. 128 III
Sachsen-Lauenburg, Hzm. 68/69 I F 2
Sachsen-Meiningen, Hzm. 129 II E 3
Sachsen-Rudolstadt, Hzm. 128 III
Sachsen-Weimar, Ghzm. 128 III
Sächsische Herzogtümer 105 I C/D 2
Sächsisch-Ernestinische Lande 106/107 I F 4
Sächsisches bürgerl. Gesetzbuch 124 III
Sächsisch Regen, O. 112 II F 2
Sacile 124 I D 3
Sack 81 I
Säckingen, O. 81 II A 3
—, Kl. 52 II B 3
Sacramento, O. i. Kalifornien 133 III A 3
Sacramento, O. i. Uruguay 118 II E 4
Sacrum promontorium, Kap auf Korsika 38/39 I A 2
Sacrum promontorium, Kap i. Portugal 38/39 II A 2
Sada, O. i. Arabien 42/43 I G 5
Sada, O. i. Burma 46/47 I H 4
Sadija 135 I D 2
Sadunajewa 140 IV A 2
Saena, Siena 30/31 I B 1
Saepinum 25 I E 3, 30/31 I E 3
Saepta 38/39 II A 2
Saetabis, Jativa 38/39 II B 2
Safad 162 IV B 1
Safanyia, Erdölfeld 163 II C 4
Safar 34/35 I G 5
Safavidenreich, Persien 111 II B/C 1
Sagan, Fsm., Hzm. 96/97 I H 4, 122/123 I F 3
Sagan, O. 68/69 I H 3, 105 I D 2, 122/123 I F 3
Sagara 72/73 I D 4
Sagartien, Ldsch. (Pers. Satrapie) 14/15 I G 3/4
Sagartier, V. 22/23 I G 2
Sagasik 138/139 IV B 2
Sagra, Fl. 17 I E 2
Sagres 98/99 IV
Sagros, Zagros, Geb. 163 II C/D 3
Sagunto 154 V B 2
Saguntum, Murviedro 26/27 II A 2, 38/39 II B 2
Sahagun, Kl. 87 I A/B 3
Sahara, Wüste 138/139 I I/K 3
Sahara-Atlas, Geb. 163 III A/B 1/2
Sahiun, Burg 64/65 IV B 3
Sai, Nilinsel 6 I A 3
Saida 163 II B 3
Saigon 98/99 I L 6, 136 II B 2, 158 I C 4, 158 II C 4, 162 II C 3
Saint, Sainte, Saintes:
St. Acheul 1 III C 2
St. Albans, Verulamium 36 B 2, 40 IV 110 B 2
St. Andrews, Ebm. 88/89 I B 2
St. Andrews, O. 52 I B 1, 110 B 1
—, Universität 91 V A 1
St. Antoine (Faubourg i. Paris) 109 IV
St. Asoph, Bm. 88/89 I B 3
—, O, 110 B 2
St. Augustin 118 III C 1
St. Bertin, Kl. 87 I C 1
St. Blaise 24 II B 3
St. Brieuc, Bm. 88/89 I B 4
St. Brieuc, O. 58/59 I B 4
St. Chaptes 24 II B 3
St. Clair, Kl. 58/59 I D 4
St. Cloud, Schloß 125 I C 3
St. Davids, Bm. 88/89 I A 3
St. Davids, Menevia, O. 52 I A 2, 110 A 2
St. Denis, O. (u. Faubourg v. Paris) 88 II B 2, 109 IV
—, Kl. 54/55 II C 3, 87 I C 2
St. Dié 95 D 3
St. Dizier 95 C 3
Sainte Mariaburg 143 Ib
Ste. Marie, Ins. 132 I E 4
Saintes, Bm. 88/89 B 4
Saintes, Mediolanium 36 B 3, 49 II A 2, 68/69 III B 2
Stes. Maries 24 II B 3
St. Etienne 147 D 4
St. Flour, Bm. 88/89 I C 4
St. Germain des Prés, (Faubourg i. Paris) 109 IV
St. Germain en Laye 106/107 I B 5, 150/151 I D 4
St. Gilles 67 I B 2
St. Helena, Ins. 132 I B 4, 138/139 I I 5
St. Honoré (Faubourg i. Paris) 109 IV
St. Hubert 104 III B 2
St. Jaques (Faubourg i. Paris) 109 IV
St. Jean, O. i. Béam 110 B 4
St. Jean d'Acre, Akkon 64/65 IV A 4, 125 I F 4
St. Jean d'Angely, Kl. 87 I B 2
St. Jean de Losne 66 I B 2
St. Jean de Maurienne, Bm. 88/89 II B 2
—, O. 58/59 I G 6
St. Johns 138/139 I G 2, 156/157 II D 2
St. Ives 85 I A 1
St. Laureis 143 Ib
St. Liziers, Bm. 88/89 I C 5
St. Liziers, O. 58/59 I D 7
St. Lô 110 B 3
St. Louis, O. a. Senegal 132 I B 3
St. Louis, O. i. d. USA 116/117 II B 3, 118 I A 2, 133 I D 3, 133 III D 3
St. Malo, Bm. 88/89 I B 4
St. Malo, O. 85 I A 2, 85 III A 2, 110 B 3
St. Marcel (Faubourg i. Paris) 109 IV
St. Martin (Faubourg i. Paris) 109 IV
St. Martin, O. auf Ré 110 B 3
St. Maur 95 B 3
St. Menehould 148 II C 2
St. Michel (Faubourg v. Paris) 109 IV
St. Mihiel 148 II C 2
St. Nazaire 156/157 I C 4, 156/157 II F 2, 156/157 III A 3
St. Nectaire, Kl. 67 I B 2
St. Omer 54/55 I C 2, 114 B 2, 126/127 IV A 2, 148 II B 1
Saintonge et Angoumois, Gouv. 122/123 II A/B 2
Saintonge, Gft. 58/59 I C 6
St. Paul, Ins. i. Atlantik 164/165 I H 4
St. Paul, Ins. i. Ind. Ozean 164/165 I N 6
St. Paul, O. i. d. USA 133 I D 2, 133 III D 2
St. Philipp, Fort 133 III E 4
St. Pierre, Fort 116/117 II B 2
St. Pol, O. i. Artois 58/59 I E 3
—, Gft. 95 B 2
St. Pol, O. i. d. Bretagne 58/59 I A/B 4
—, Bm. 88/89 I B 4
St. Pol de Léon 110 B 3
St. Pons, Bm. 88/89 I C 5
St. Pons, Kl. 87 I C 3
St. Quentin, Augusta Viromanduorum 36 C 3, 58/59 I E 4, 144 B 3, 148 II B 2
St. Rémy, Glanum 24 II B 3
St. Riquier, Centula, Kl. 54/55 II B 2, 87 I C 1
St. Savin, Kl. 67 I B 2
St. Trond, Truyden, Kl. 58/59 I F 3
—, O. 85 II C 2
St. Tropez, Athenopolis 24 II C 3
St. Truyden, Kl., s. St. Trond 85 II C 2
St. Valéry 95 A 2
St. Victor (Faubourg i. Paris) 109 IV
St. Vith 80 I B 1, 122/123 I B 3
St. Wandrille, Kl. 54/55 I C 3
St. Willebort 143 Ia
Saipan, Ins. 158 II E 4
Saïs 6 I A 1
Saischuto, Quelpart-Ins. 154 III B 3
Sakaria, Fl. 8 I A 1/2
Sakastana, Ldsch. 46/47 I E 3/4, 46/47 III E 2
Sakataly 134 I F 3
Sakçagözü 2 I E 3, 8 I B 2
Saken, Sacae, V. 3 I H 2, 14/15 I F—H 2, 26/27 I H 1, 46/47 II C 2
Sakenreich 46/47 I E/F 3/4
Sakische Parther, V. 46/47 II B 2/3
Sakkara 6 I A 2
Sala 38/39 II A 3
Salacia 38/39 II A 2
Salaga 163 IV B 1
Salamanca, Bm. 88/89 I A 5
Salamantica, Salamanca, O. 38/39 II A 1, 50/51 A 3, 130/131 I A 3
—, Universität 91 V A 2
Salaminias 41 III C 2
Salamis, Ins. u. O. 13 I A/B 2
Salamis, O. a. Cypern 9 III D 2, 38/39 I F 3
Salapia, O. i. Apulien 30/31 I F 3
Salapia, vicus, O. i. Apulien 30/31 I G 3
Salapia, O. i. Calabrien 30/31 I I 4
Salaria 38/39 II B 2
Salasser, V. 34/35 I C 2
Sala y Gomez, Ins. 164/165 I D 6
Salbacus mons, Geb. 38/39 I E 3
Salberg, Bg. 113 D 3
Salculza 2 I D 2
Saldae, Bougie 34/35 III B 1
Sale 18/19 I F 1
Salebro 30/31 I A 2
Saleh 85 I A 3
Salem, Kl. 87 II B 3
—, Kl.-Territ. 120 V B/C 2
Salem, O. i. Indien 135 I B 3
Saleph, Fl. 64/65 I E 3
Salerno, Ebm. 88/89 I E 5
—, Fsm. 63 I E 4
Salernum, Salerno, O. 30/31 I E 4, 54/55 I E 4, 130/131 I E 3, 156/157 I E 4
—, Universität 91 V C 2
Saletio, Selz 40 II B 3
Salganeus 18/19 IV C 2
Salice, Taprobane, Ins. Ceylon 34/35 VI
Salier (Franken), V. 54/55 II C/D 2
Salinae, O. i. Apulien 30/31 I F/G 3
Salinae, O. i. Picenum 30/31 I E 2
Salinae Tubunenses (Salzseen) 34/35 III A/B 1
Salinarum Romanarum campus, Lagune 30/31 II A 2
Salins 95 C 4, 114 C 4
Saliop. Vicus, Sinsheim 40 II B 2
Salisbury, Bm 88/89 I B 3
Salisbury, O. i. England 90 I A 1, 110 B 2
Salisbury, O. i. Rhodesien 132 I D 4
Salla, Kuolajärvi 156/157 I F 2, 160 IV B 2
Sallentini, V. 30/31 I H/I 4/5
Sallentinum, Japygium prom., Kap 30/31 I I 5
Salluvii, V. 29 I C 3
Salm, Fsm. i. Westfalen 126/127 II A 1/2
Salm, Gft. u. O. i. Elsaß 68/69 I D 4, 122/123 I B 4
Salmona, Fl. 40 VI A 1/2
Salmydessus, Salmydessos 38/39 I E 2
Salomon-Ins. 100/101 VIII C/D 3, 137 I E/F 5, 158 I E/F 5, 158 II E/F 5
Salona, Salonae, Spalato 38/39 I C 2, 50/51 C 3
Salona, O. i. Griechenland 71 II B 4
Saloniki, Thessalonike, Ebm. 88/89 I G 5
Saloniki, s. Thesalonike, O. 71 III D 2, 112 I C 1, 145 V B 2, 145 VI B 2, 148 I F 5, 156/157 I F 4, 156/157 III D 3
Salpensa 38/39 II A 2
Salsette, Ins. 135 I B 3
Saltigis 38/39 II B 2
Salt Lake City 133 III B 2
Saluen, Salwin, Lu-kiang, Fl. 72/73 I C 3/4, 135 I D 2/3
Salumias 34/35 II B 2
Salurn 49 III B 2
Salurner Klausen 58/59 I I 5
Saluzzo, O. 58/59 I G 6, 110 D 4
—, Mgft. 94 I B 2, 94 B 2
Salvador, Bahia, O. 164/165 I H 5
Salvador, El (Staat) 133 I D 4
Salwin, Saluen, Fl. 46/47 IV D 3—5
Salz 62 III D 2, 62 IV D 2
Salzach, Fl. 58/59 I K 5, 122/123 I E 4/5
Salzburg, Bm. 52 II D 3
—, Ebm. 88/89 II C 2
—, Ebm.-Territ. 68/69 I G 5, 122/123 I E 5, 128 I D 3
—, Kl. 87 I E 2
—, Kurfsm. 124 II C 1
Salzburg, NS-Gau 155 I C 3
Salzburg, Iuvavum, O. 38/39 I B 1, 49 III C 2, 130/131 I E 2, 155 I C 3, 160 III B 3
—, österr. Ld. 130/131 I E 2
Salzburger Mission 56 II, 58/59 II A—C 2
Salzburger Lutheraner, Konfession 105 I
Salzdahlum 58/59 V B 1
Salzgitter 161 IV B 1
Salzstraße b. Leipzig 77 II
Salzstraße, b. Rom 32 II
Salzungen, Bg. O. 86 I A 1
Salzwedel 68/69 I F 2, 75 A 3, 122/123 I D 2
Samachonitis-See 34/35 II B 1
Sam'al, Zincirli 8 I B 2
Samara, O. i. Mesopotamien 148 III B 2
Samara, Kuibyschew, O. i. Rußland 105 II D 3, 149 III E 2, 163 II D 1
Samaria, Ldsch. 34/35 II B 2
Samaria, Sebaste, O. 8 III B 2, 22/23 II C 3, 34/35 II B 2
Samarkand, Bm. 52 III E 3
—, Marakanda, O. 1 I, 22/23 I H 2, 46/47 I E 3, 64/65 III H 3, 72/73 II F 4, 98/99 I G 4, 134 II E 2
Samarobriva, Amiens, s. auch Ambiani 29 I B 1
Samarra 6 II B 2
Samastro 102/103 I K 5
Samatata, Ldsch. 46/47 III G/H 3
Sambach, O. i. Radenzgau 56 III
Sambach, Wüstung b. Mühlhausen 77 IV A 2
Sambesi, Fl. 98/99 IV, 132 I D 4, 132 II D 4
Sambor 75 D 4
Sambre, Fl. 95 B C2, 126/127 IV A/B 2, 148 II B/C 1
Sambre et Meuse, Dép. 122/123 III C 1
Same 10 II B 2, 16 I A 2, 18/19 I A 3
Samikon 18/19 I B 4
Samland, Bm. 88/89 I F/G 3
Samland, Ldsch. 54/55 I G 2, 121 II
Sammonion, T. 10 III D 1
Samniten, Samnites, V. 24 II G 4, 30/31 I E 3
Samnitenbund 25 I
Samnium, Ldsch., Regio Italiae 30/31 I E/F 3
Samoa-Ins. 100/101 VIII E 3, 137 I G 5, 138/139 I T 5
Samogitien, Schamaiten, Ldsch. 104 IV B/C 2, 119 C 3
Samojeden, V. 98/99 I F/H 1, 119 I/K 1
Samonium, Sammonion prom., Kap 38/39 I E 3
Samo-Reich 50/51 C 2/3
Samos, Fl. 112 II E 2
Samos, Fsm. 130/131 I H 4, 145 V C 3, 145 VI C 3
Samos, Samus, Ins. u. O. 4 VII B 2, 18/19 I G 4, 64/65 II D 3, 70 II E 3, 102/103 I I 6, 156/157 I F 5
—, byznt. Thema 54/55 I H 5
Samosata, Kummuch 9 III E 2, 38/39 I G 3, 64/65 IV C 2
Samothrake, Samothrace, Ins. u. Ort 18/19 I F 1
Samsat 8 I B 2
Samsun, s. Amisos 38/39 I G 2, 70 II G 2, 112 I D 1
Samur, Fl. 134 I F/G 3
Samus, Ins., s. Samos 38/39 I E 3
San, Fl. 74 III E 2, 124 I F 2
Sana, O. 34/35 I G 5, 72/73 II D 6, 111 II B 2, 162 III D 2
—, Bm. 52 III D 4
San Antonio 116/117 II B 4, 133 I D 3, 133 III D 4
Sancerre, Gft. 58/59 I E 5
Sandarna 1 V C 1
Sandetz, s. auch Neu-Sandez 82 I D 2
San Diego 118 III B 1, 133 III B 3
San Domingo, span. Gen.-Kapitanat 116/117 II D/E 5
San Domingo, O. 118 III D 2
Sandomir, O. 67 III C 2, 113 E 4, 115 I E 2, 150/151 I F 3, 156/157 III D 2
—, Hzm. 67 III C 2
Sàndorhaza, Alexanderhausen, Plan 121 VI
Sandschak Nowipasar, Ldsch. 130/131 I F/G 3
Sandweier, Bibiensium Vicus 40 II B 3
Sane 18/19 II C 2
San Francisco Bay (Meeresbucht) 143 III u. IV
San Francisco, Fl. 133 II C/D 2
San Francisco, O. 133 I B 3, 133 III A 3
—, Plan 143 III u. IV
Sangala 22/23 I I 2
Sangar, Babylonien, Ldsch. 9 I F/G 3
Sangarios, Sangarius, Fl. 26/27 IV B 1—2, 38/39 I F 2—3
San Germán 100/101 VII C 2
San Germano 63 I D 4
San Gimignano 94 I D 3, 94 II D 3
S. Godenzo-Paß 63 I C 3
Sangrus, Sangro, Fl. 30/31 I E 2/3, 156/157 I E 4
San Ildefonso, Schloß 116/117 I C 5
San Juan, O. a. Porto Rico 100/101 VII C 2, 156/157 II C 4
San Juan de la Peña, Kl. i. Aragon 87 I B 3
Sankt:
St. Andrä, Lavant, Bm.-Territ. 68/69 I H 5
St. Andreas 111 I F 3
St. Anna, O. b. Antwerpen 143 Ib
St. Bernhard, Großer (Paß) 80 II B 3
—, Kl. 83 IV C 2
St. Bernhardin, Paß 80 II D 2
St. Blasien, Kl. 87 I D 2, 122/123 I C 5, 128 I B 3
St. Emmeran, Kl. i. Regensburg 87 I E 2
St. Gallen, Kl. 52 II C 3, 87 I D 2
—, —, Idealplan 53 III
—, Kl.-Territ. 80 II D 1
—, O. 81 II B 3
St. Gallen, Kanton 130/131 II B 1
St. Georgenthal, Bg. O. 86 I C 1
St. Goar 80 I C 1, 122/123 I B 3
St. Gotthard, O. i. Ungarn 112 II B 2
St. Gotthard, Paß 58/59 I H 5, 124 I C 3
St. Helena, Ins. brit. 138/139 I I 5
St. Jakob, Kl. b. Basel 80 II B 1
St. Katharinen, O. b. Mühlhausen 77 IV B 1
St. Laureis, Ot. v. Antwerpen 143 Ib
St. Leonberg, Bg. O. 86 I C 3
St. Leonhard, O. b. Nürnberg 81 I

St. Lorenz-Strom, Fl. 116/117 II D/E 2, 133 III F 2
St. Mariaburg 143 Ib
St. Maximin, Kl. u. Amt 80 I B 2
St. Moritz, Kl. u. O. 48 II B 2, 80 II A/B 2
St. Peter, Kirche i. Rom, Pläne 45 I—III, 102/103 IV
St. Peter im Holz, Teurnia 49 III C 2
St. Petersburg, O., s. auch Petrograd, Leningrad 119 E 3, 148 I H 1, 149 I C 2
—, Plan 109 III
—, Gouvernement 119 D—F 2/3
St. Pölten, Cetium 38/39 I C 1 58/59 II B 1, 112 II A 1, 156/157 III C 3
St. Thomas, Ins., dän. 111 I C 3
S. Thomas, Ins. 156/157 II C 4
St. Thomas, Kl. a. Kyll 80 I B 1
St. Trudpest, Kl. 52 II B 3
St. Victor, Kl. b. Mainz 80 I D 2
St. Wendel 44 I B 2, 80 I C 2
Sanlucar 85 I A 3, 102/103 I B 6
San Marco de Leon, Ritterpriorat 88/89 I A 6
San Marino, Rep. 94 I E 3, 94 II E 3, 130/131 I E 3
San Mauro Forte 30/31 I G 4
Sann-Mark 58/59 I L 5/6
Sanntal-Gft. 58/59 III C 2/3
Sanok 75 D 4
San Pietro, O. i. Toscana 25 II A 1
San Remo 24 II C 3, 94 I B 3, 94 II B 3
San Salvador, Guanahani, Ins. 100/101 VII B 1
San Sebastian 116/117 I C 5
San Severo 94 I F 4, 94 II F 4
Sansibar, Ins. 98/99 I D 8, 111 II A 3, 132 I D 4
Sansibar, Sultanat 132 I D/E 4
San Silvestro, Kl. b. Civita Castellano 63 I D 3
San Stefano, Kl. i. Kalabrien 87 II C 4
San Stefano, O. i. Thrakien 130/131 I H 3
Sta. Barbara, Ins. 118 III B 1
Santa Caterina, O. 118 III E 4
Santa Catherina, brasil. Prov. 133 II C 3
Santa Cruz-Ins., brit. 138/139 I S 5, 158 I F 5, 158 II F 5
Santa Fé, O. i. Argentien 118 III D 4
Santa Fé, O. i. Neu-Mexiko 118 III B 1, 133 I C 3, 133 III C 3
Sta. Lucia, Ins. 156/157 II C 4
Santa Lucia, O. i. Friaul 24 II F 1
Sta. Lucia-Bai 138/139 II C 2
Santa Martha, O. i. Kolumbien 100/101 VII B 2, 133 II B 1
Sta. Maura, Leukas, Ins. 102/103 I H 6
Santander 71 III A 2, 102/103 I C 5, 154 V B 1
Sant Angelo di Muxaro 17 I B 3
Sant Apollinare in Classe, Kl. 87 I E 3
Santarem, Scallabis 38/39 II A 2, 64/65 I A 3, 102/103 I B 6
Sta. Rufina, suburbikar. Bm. 53 I B 3
Santa Severa, Pyrgi 24 II E 3, 25 II B 2
Santa Severina, Ebm. 88/89 I F 6
Stes. Creus, Kl. 87 II B 3
San Thomé, Ins. 98/99 IV, 132 I C 3
San Thomé, O. a. Orinoco 100/101 VII C 3
Santiago, O. i. Chile 118 III D 4
Santiago, O. auf Cuba 100/101 VII B 2, 133 I E 3/4
Santiago di Compostela, Ebm. 88/89 I A 5
Santiago di Compostela, O. 57 I B 3, 102/103 I B 5
Santicum, Villach 38/39 I B 1
Sant Ilario 4 VI A 2
Santo Domingo, O. auf Haiti 100/101 VII C 2
Sant Omero 30/31 I D 2
Santonen, Santones, Santoni, V. 36 B 3
Sant Onofrio 30/31 II A 2
Santorin, Ins. 145 VI C 3
Santos 118 III E 4
Santo Spirito, Kl. auf Sizilien 87 II C 4
Santschi 22/23 I I 3, 46/47 III F 3
S. Vicente, Kap 92/93 I A 6
San Vicenzo 25 II A 1
Sanxay, Heiligtum 36 B 3
San Yuste, Kl. 102/103 I B 5
San Zeno, Kl. b. Verona 63 II B 1
São Luis 118 III D 4
Saône, Fl. 95 C 4, 114 C 4
Saône et Loire, Dép. 122/123 III C 2
São Paulo, O. 118 III E 4
São Paulo, brasil. Prov. 133 II C 3
São Tomé, Ins. 162 III B 2/3
São Vicente 118 III E 4
Sapaica, Ldsch 38/39 I E 2
Sapolje 102/103 I K 2
Saporoger Kosaken, V. 119 E/F 5
Saporoshje 156/157 I G 4
Sappho 34/35 II B 2
Sapudi, Ins. 135 II C 1
Särachs 134 II E 2
Sarai, Alt, u. Neu- 72/73 II D 3
Sarajeh, Erdölfeld 163 II D 3
Sarajewo, Bm. 88/89 I F 5
Sarajewo, O. 92/93 I F 5 112 I B 1, 145 V A 2, 145 VI A 2, 150/151 I E 4, 156/157 I E 4, 156/157 III C 3
Sarapana 38/39 I H 2
Sarapidis insulue, Ins. 46/47 I D 4
Sarata, Fl. 140 IV B 1/2
Sarata, O. 140 IV B 1
Saratoga 118 I C 1
Saratow 119 H 4, 149 III D 2
Saratsi, Lete 18/19 II C 2
Saravenae Aquae 38/39 I F 3
Saravus, Saar, Fl. 37 I A 2
Saravus Vicus, Lördingen 37 I A 2
Sarawak, brit Kol. 138/139 I P 4, 162 II C 3
Sarbut el-Chadem 6 I A 2
Sardauri 9 III F 2
Sarden, Sardes, V. 3 I B 2/3, 9 I C 3
Sardes, Sardis, O, 9 III C 2, 16 I E 2, 54/55 I H 5
Sardica, Sardika, s. Sofia 48 II D 2, 50/51 D 3
Sardinia, Sardinien, Sardo, Ins., s. auch Arborea 25 I B 3/4, 48 I B 2/3, 48 II B 2/3, 49 I B 2/3, 57 I C 3/4, 63 I B 4, 64/65 II B 2/3, 70 II A 2/3, 102/103 I E 5/6, 115 I B/C 4, 116/117 I E 5/6, 130/131 I D 3/4
Sardinien-Piemont, Kgr. 126/127 I E 4—6, 128 II u. IV, 130/131 I D 2/4
Sardis, s. Sardes
Sardo, s. Sardinia 14/15 VI
Sarepta 34/35 II B 1, 119 G 5
Sargans, O. u. Gft. 80 II D 1/2
Sargonsburg, Dur Scharrukin, Khorsabad 9 III F 2
Sarid Schadud 8 III B 2
Sarkars, nördliche (Ldsch.) 116/117 IV C 3, 135 I C 3
Sarkel 50/51 F 3, 52 III D 2
Sarlat, Bm. 88/89 I C 5
Sarlowitz 77 III B 2
Sarmaten, Sarmatae, V. 3 I E/F 2, 24 I F 3
Sarmizegetusa 38/39 I D 1
Särna, Ldsch. 113 C 2
Sarnen 80 II C 2, 130/131 II B 1
Sarnus, Fl. 30/31 III B/C 1/2
Saron, Ebene 8 III A 2
Saron, Fl. 64/65 IV A 2
Saronischer Golf 18/19 I D 4
Sarospatak 75 D 4
Sarpsborg 60 I G 2
Sarre, Dép. 122/123 III C 1
Sarsina, Bm. 88/89 II C 3
Sarsina, O. 30/31 I C 1
Sarsinates, V. 24 II E 2, 30/31 I B/C 1
Sarte 18/19 I D 1
Sarteano 25 II B 2
Sarthan 8 III B 2
Sarthe, Dép. 122/123 III A/B 1/2
Sarthe, Fl. 110 B/C 3
Saruchan, Ldsch. 71 II C 4
Sarudsch, Sororge 64/65 IV C 2
Sarus, Fl. 38/39 I G 3
Sarzana, Bm. 88/89 II B 3
Sarzana, O. 94 I C 2, 94 II C 2
Sasamon, Segisama 38/39 II B 1
Sasau, Fl. 122/123 I F 4
Saseno, Ins. 148 I E 5
Saskatchewan, kanad. Provinz 133 I C 2, 133 III C/D 1/2
Sassanidenreich, Perserreich 42/43 I G 3, 42/43 II F 2/3, 44 II F 3, 46/47 III C—E 1—3, 50/51 D—H 3—5
Sassari, Ebm. 88/89 I D 5
Sassari, O. 130/131 I D 3
Sassenstädte (Städtebund) 81 III
Sassnitz 161 IV B 1
Satakunta, Ldsch. 113 E 2
Satala 38/39 I G 2/3
Satara 116/117 IV B 3
Säter 113 D 2
Saticula 24 II G 4
Satledsch, Fl. 50/51 I 4/5 135 I B 1/2
Satneios, Fl. 18/19 I G 2
Satrae, V. 38/39 I D 2
Satricum 30/31 II B 2
Satteldorf 77 III B 1
Satu-Nou 140 IV B 1
Saturni promontorium, Kap 38/39 II B 2
Saturnia, s. Aurinia 30/31 I B 2
Satyaputra, Ldsch. 46/47 I F 5
Saubsdorf 77 III B 2
Saudi-Arabien, Staat, s. auch Nedschd, Hedschas u. Nedschd 153 VI, 162 III C/D 1/2, 163 II B—D 3/4, 164/165 III, 166/167 I, 168
Sauer, Sura, Fl. 40 VI A 2, 80 I B 2
Sauije, Geb. 41 III B 2
Saule 68/69 II C 2
Säulen des Herkules (Herakles) 22/23 VI, 34/35 VI
Saulgau, O. 120 V B 2
Sault Ste. Marie, Fort 116/117 II C 2
Saumur 110 B 3
Sauromaten, V. 24 I F/G 3
Sausalito 143 IV
Sauxillanges, Kl. 87 I C 2
Sava, Fl. 34/35 III A 1
Savage- Ins., Niue 138/139 I T 5
Savannah 133 III E 3
Savaria, Steinamanger 38/39 I C 1
Savenda 18/19 V B 1
Savia, röm. Prov. 42/43 I D 2
Savignano 4 VI C 3
Savigny, Kl. 87 II A 3
Savolaks, Ldsch. 113 F 2
Savona, Bm. 88/89 II B 3
Savona, O. 94 I C 2, 94 II C 2, 130/131 I D 3
Savonlinna 116/117 I I 1
Savoyen, frz. Dép. 130/131 I D 2
Savoyen, Gft., Hzm. 66 I C 2/3, 68/69 I C/D 5/6, 92/93 I D 4, 94 I A/B 1/2, 94 II A/B 1/2, 102/103 I E 4/5, 106/107 I C/D 6/7, 114 C/D 4/5
Savoyer (Geschlecht) 66 I
Savoyische Lande 70 I B/C 2/3
Savus, Save, Sawe, Fl. 38/39 I B—D 1/2, 54/55 I E—G 3/4, 58/59 II A—E 2/3, 106/107 I G—L 6/7, 130/131 I E—G 2/3, 156/157 I E 4. 156/157 III C 3
Sax, O. 80 II D 1
Saxa rubra, O. 30/31 II A 1
Saxones, Sachsen, V. 36 D/E 2
Saxonicum litus, Ldsch., s. auch Sachsen, V. 42/43 I B/C 1/2, 49 II A/B 1
Say, O. a. Niger 132 I C 3
Sayid Muhammad 6 II C 2
Sayn, Gft. 122/123 I B 3, 126/127 II A 2
Sbeïtla, Sufetula 34/35 III B 1
SBZ, s. Sowjetische Besatzungszone
Scadinavia, Ld., s. Scandia 41 I B/C 1
Scala, della (Hft. Verona) 68/69 I F 6
Scallabis, Santarem 38/39 II A 2
Scamnum 30/31 I H 4
Scampa 38/39 I D 2
Scandalium, Burg 64/65 IV A 4
Scandia, s. Scadinavia, Ld. 34/35 VI
Scapa Flow 156/157 II F 2
Scapitani, V. 25 I B 4
Scarbantia, Ödenburg 38/39 I C 1
Scarbia, Mittenwald 37 I C 3
Scarborough 110 B 2
Scardona, Bm. 88/89 II D 3
Scardona, O. 30/31 I F 1
Scardus mons, Geb. 38/39 I D 2
Schaaken 121 II
Schaanabim 8 III A 3
Schabatz 112 II C 3
Schachty 150/151 I H 4
Schachtrasar, Ldsch. 112 I E 2
Schadi Kani, Araban 6 IV B 1
Schadow 75 D 3
Schaffhausen, O. u. Kanton 80 II C 1, 130/131 II B 1
Schahasima 8 III B 2
Schaheinab 6 I A 4
Schahrain, Eridu 6 II C 2
Schahrisäbs 134 II E 2
Schalunen, Ldsch. 68/69 II B 2
Scham, Syrien, Prov. d. Kalifats 50/51 E 4
Schamaiten, Samogitien, Ldsch. 104 IV B/C 2
Schamaiten, Schmuden, Ldsch., V. 54/55 I G 1, 68/69 II B/C 2, 74 II B/C 3
Schamanismus, Relig. 72/73 IV B/C 1
Schamanistische Wald- u. Steppenvölker 72/73 VI E—G 1/2
Schamatz 112 II C 3
Schammar, Ldsch. 134 II B/C 2
Schang, Ldsch. 3 III B 2
Schang-Dynastie i. China 3 III
Schanghai 136 I F 3, 136 III C 3, 149 IV F 3, 158 I D 3, 158 II D 3
Schang-tschiu, O. 3 III B 3, 3 IV B 2
Schangtu 72/73 II L 3
Schanidar 6 II B 1
Schans 37 I B 3
Schansi, chin. Prov. 136 I F 3
Schan-Staat 163 I D 2
Schan-Staaten 136 II A/B 1
Schantung, chin. Prov. 136 I E 3
Schantung-Kultur 3 III B/C 2
Schapur 46/47 III D 3
Schärding 68/69 I G 4
Schari, Fl. 132 I C/D 3
Schari, Ldsch. 146 I C/D 2
Scharnebeck, Kl. 88/89 III B 1
Schartchenrode, Wüstung 77 IV A 1
Scharuhan, Scharuhen, Fara 8 III A 3, 9 I D 3
Schasch, Taschkent 50/51 H 3
Schäßburg, O. 75 E 5, 112 II F 2
Schasu, Beduinen, V. 9 I D/E 3
Schaubek, Krak von Montréal, Burg 64/65 IV A 5
Schauenburger Grafen 66 I C/D 1
Schaulen 148 I F 2
Schaumberg, Gft. i. Oberösterreich 68/69 I G 4
Schaumburg, Burg a. d. Weser 66 I C 1
Schaumburg, Gft. 68/69 I E 2, 122/123 I C 2
Schaumburg-Lippe, evang. Landeskirche 161 VII
Schaumburg-Lippe, Gft., hess. 126/127 II B 1, 129 I C 2, 129 II D 2
—, Land 152 II C 2
Schech Said 6 I A 2
Scheer 120 V B 2
Scheeßel 54/55 I D 2
Scheh Abadeh 6 I A 2
Scheich Abd-el-Gurna 7 IV
Scheka (Chanat) 134 I F 3
Schelde, Escaut, Fl. 95 B/C 2, 114 B/C 2
Schelde-Mündung 96/97 III a—d
Schelif, Fl. 92/93 I C 6/7, 130/131 I C 4
Schelklingen 120 V C 1
Schellenberg, Schloß 142 V B 2
Schemacha 134 I G 3
Schemesch 8 III A 3
Schemmerberg, O. 120 V C 2
Schemnitz, Bg.-O. 74 I C 2, 86 I E 2, 112 II C 1
Schen 8 III A 3
Schenjang, s. auch Mukden 162 I C 1
Schenkursk 119 G 2, 149 III D 1
Schensi, chin. Prov. 136 I D 3, 162 I B 2
Scherau 81 I
Schermbeck 142 IV A 1, 142 V A 1
Schesch Fadl, Nilinsel 6 I A 2
Scheyern, Burg 58/59 I I 4, 128 I C 2
Schibaniba, Tell Billa 6 III B 1, 6 IV B 1
Schibin el Kom 138/139 IV A/B 2
Schickelsheim, Wüstung 56 VI A 1/2
Schieder 37 II B 2
Schiermonnikoog, Ins. 104 III C 1
Schigatse 136 I B 4
Schighnan, Ldsch. 50/51 I 4
Schiiten, Mohammedanische Konfession 72/73 VI, 137 III A/B 2
Schikarpur 135 I A 2
Schikoku, Ins. 72/73 I G 2, 136 I G 3
Schillingsfürst, O. 128 I C 2
Schillong 135 I D 2
Schimonoseki 138/139 VI C 3
Schiniais 10 I B 1
Schintoismus, Religion 72/73 IV, 137 III D 1/2
Schipka-Paß 22/23 I D 1, 130/131 I H 3, 145 V B 2
Schiras 50/51 G 5, 98/99 I F 5, 134 II D 3
Schirbin 138/139 IV B 1
Schirenhof 40 II C 3
Schirwan (Chanat) 134 I F/G—3/4
Schirwan, Ldsch. 50/51 F 3, 64/65 III F—2/3, 112 I E 1
Schkeuditz 77 II
Schlachtensee, O. 143 II
Schladen, Burg 58/59 V B 1
Schladitz 77 II
Schladming, Bg. O. 86 I B 3
Schlaggenwald, Bg. O. 86 I B 1
Schlangenberggau, ägypt. 8 II B 3
Schlaupitz 77 III B 1
Schlawe, Ldsch. 67 III B 2
—, O. 68/69 I I 1
Schleenhain 77 II
Schlei, Förde 61 III B 1
Schleibitz 77 III B 2
Schleiden 80 I B 1
Schleitheim, Juliomagus 37 I B 3
Schleiz 122/123 I D 3
Schlesien, evang. Landeskirche 161 VII
Schlesien, Ldsch. (poln., böhm.) 58/59 I L—N 3
—, Hzm d. Piasten 66 I E 1, 67 III A/B 2/3, 71 I A 2/3
—, Hzm. d. Krone Böhmen 68/69 I H—K 2—4, 92/93 II C—E 2—4, 96/97 I H—K 4/5
—, Hzm. (ungar.) 92/93 I E/F 3/4
Schlesien, Hzm., habsburg. 104 II C 2/3, 105 I D/E 2, 106/107 I H—K 4/5, 106/107 II H—K 4/5
—, Hzm., Österreichisch- 122/123 I G/H 3/4
Schlesien, Hzm., preuß. Prov. 115 I D 2/3, 122/123 I F—H 3/4
—, unter poln. Verwaltung 161 IV B/C 1
Schlesien, Siedlungsgesch. 74 I B/C 2, 77 III, 82 I B/C 2, 86 I
Schleswig, Bm. 88/89 II B 1
Schleswig, Mark 58/59 I H/I 1
—, Hzm. 96/97 I E 2, 105 I C 1, 122/123 I C 1, 129 I C 1, 129 II D 1
Schleswig, O. 61 V C 1, 75 A 3, 122/123 I C 1
Schleswig-Holstein, Hzm. 128 IV
Schleswig-Holstein, evang. Landeskirche 161 VII
Schleswig-Holstein, kathol. Präfektur 145 I
Schleswig-Holstein, Land 160 III A/B 2, 161 IV A/B 1
—, preuß. Prov. 152 II C/D 1/2
Schleswig-Holstein, NS-Gau 155 I D 1/2
Schlettstadt 81 II A 2, 114 D 3
Schlierschwende 77 IV A 2
Schliestedt 56 VI A 2
Schlochau 68/69 I I 2
Schlossau 40 II C 2
Schlüchtern 122/123 I C 3
Schlüsselburg, O. 119 E 3, 156/157 I G 3
Schlutup 161 I u. V
Schmalkalden 96/97 I F 4, 122/123 I D 3
Schmalklingenkulturen 1 III
Schmargendorf 143 II

Schmidtburg, O. 80 I C 2
Schmiedeberg, Bg. O. 86 I C 1
Schmieheim 77 I A 2
Schmuden, Schamaiten, V. 54/55 I G 1
Schmugglerhafen, Phoron Limen, i. Piräus 12 V
Schnackenburg, O. 161 I u. V
Schneckenberg, O. 2 II D 2
Schneckenberg-Glina-Kultur 2 II D 2
Schneeberg, Bg.-O. 86 I B 1
Schneidemühl (Freie Prälatur) 161 VI
Schneidemühl, O. 122/123 I G 2, 152 II G 2, 160 III C 2
Schnellingen 77 I B 2
Schnepfenreuth 81 I
Schnurkeramik-Kultur 2 II
Schnürpflingen 120 V C 1
Schoa, Ldsch. 132 I D/E 3, 154 IV C 1
Schoinus 18/19 IV B 2
Scholapur 135 I B 3
Scholmer Au, Fl. 61 III B 1
Schonanko, s. Singapur 158 II C 4
Schönau, Kl. i. Hessen-Darmstadt 88/89 III A 2
Schönau, b. Borna 77 II
Schönau, O. d. Gft. Katzenelnbogen 80 I C 1
Schönau, O. b. Leipzig 77 II
Schönberg, Gft. i. Sachsen 122/123 I E 3
Schönberg, O. i. Eiffel 80 I B 1
Schönberg, Mährisch-, O. 122/123 I G 4
Schönberg, O. b. Nürnberg 81 I
Schönbrunn, O. i. Krs. Sagan, Plan 76 VII
Schönbrunn, Schloß b. Wien 109 V
Schöneberg, O. i. Berlin 143 I u. II, 161 II
Schönecken, Amt u. O. a. d. Prüm 80 I B 1
Schönefeld, Ot. v. Berlin 161 II
Schonen, Ldsch. 60 I G 2, 96/97 I G/H 2, 113 C 3
Schöneweide, Ober-, Ndr.- 143 II
Schönfeld, Bg. O. i. Böhmen 86 I B 1
Schönfließ, O. 121 I
Schongau 81 II C 3, 122/123 I D 5
Schöngeising, Ambra 37 I C 2
Schönhausen, Ot. v. Berlin 143 II
Schöningen 56 VI A 2
Schönlanke 106/107 III B 1
Schönow 143 II
Schönsee, O. 122/123 I E 4
Schönstedt 77 IV B 2
Schöppenstedt 56 VI A 2
Schoppershof, O. 81 I
Schoschonen, V. 144 IV B 2
Schoten 143 I a—b
Schotten, Skoten, V. 48 I A 1, 50/51 A 2, 54/55 I A 1
Schöttenbach, Unter-, Ober-, O. 81 I
Schottische, s. iroschottische Kirche 52 I u. III
Schottland, Ldsch. 52 I A/B 1, 60 I D 2
—, Kgr. 66 II B 2, 71 III A 1, 102/103 I B/C 2, 104 I A/B 1/2, 110 A/B 1/2 s. auch Alba, Kgr.
Schotts (Salzseen) 163 III B 2
Schrebitz (Burgward) 56 IV
Schrimm 122/123 I G 2
Schrinagar, s. Srinagar
Schrividschaja, Palembang, O. 72/73 I D 6
Schrividschaja, Staat 72/73 I D/E 6, 72/73 IV B/C 3/4
Schroda 129 II H 2
Schroppengrund, O. 77 III B 2
Schtip 145 V B 2, 145 VI B 2
Schu 46/47 I I 3
Schumeiko 24 I F 2
Schumla 130/131 I H 3
Schunem 8 III B 2
Schunter, Fl. 56 VI A 1/2
Schu-pa, Ldsch. 3 V A 2
Schuruppak, Fara 6 III C 2
Schuscha 134 I F 4
Schussenquelle (Höhle) I IV B/C 2
Schussenried, Kl. 120 V C 2, 128 I B 2
Schütt-Insel, große 106/107 I I 5/6
Schüttenhofen, Bg. O. 86 I B 2
Schutter, Fl. 77 I A 2/3
Schützendorf 77 III B 1
Schützengrund, O. i. Krs. Ortelsburg, Plan 140 II
Schuylkul River, Fl. 118 II A/B 1/2
Schwabach, Bach b. Erlangen 56 III
Schwaben, Hzm. 58/59 I G/I 4/5, 66 I C/D 2, s. auch Alamannien
Schwaben, Ldsch. 120 V
Schwaben Landvogtei 128 I B 3
Schwaben, NS-Gau 155 I B 3
Schwäbischer Münzbund 83 III B 1/2
Schwäbischer Reichskreis 96/97 II B/C 3
Schwäbischer Städtebund 68/69 I, 81 II
(Schwäbisch) Gmünd, Pfalz 62 IV C 3
—, RSt. 68/69 I E 4, 81 II B 2, 122/123 I C 4, 128 I B 2
(Schwäb.) Hall, Pfalz 62 II B 3
—, RSt. 68/69 I E 4, 81 II B 2, 122/123 I C 4, 128 I B 2
Schwabmünchen, Rapae 37 I C 2
Schwaig 81 I
Schwammelwitz 77 III B 2
Schwanheide, O. 161 I u. V
Schwansen, Ldsch. 61 III B 1
Schwarzach, Fl. 81 I
Schwarzburg, Gft., Fsm. 68/69 I F 3, 122/123 I D 3
Schwarzburg-Sondershausen, Fsm. 129 I D 3, 129 II E 3
Schwarze Kroaten, V. 54/55 I F 2/3
Schwarzenacker 40 II A 2
Schwarzenberg, Fsm. 120 V D 2
Schwarzenberg, Schloß 128 I C 2
Schwarzenbrück, O. 81 I
Schwarzenlohe 81 I
Schwarzer Volta 163 IV A/B 1
Schwarzes Meer, Pontus Euxinus 14/15 I D/E 2, 50/51 D—F 3, 70 II E—H 1/2, 112 I C—E 1, 119 D—G 5/6, 130/131 I H—K 2/3, 149 III B—D 3
Schwarzfuß-Indianer, V. 144 IV B/C 2
Schwarz-Korkyra, Ins. 20 I C 2
Schwarzmeer-Kosaken, V. 119 F/G 5
Schwarz-Neuses 81 I
Schwarzwald, Abnoba mons, Geb. 37 I A/B 2/3, 54/55 II E/F 3/4, 74 III B 2, 77 I A/B 1—3
Schwarzwasser, O. 77 III B 2
Schwaz, Bg. O. 86 I A 3, 86 II E 2
Schwechat 160 III C 3
Schweden, Kgr. 61 I C 1/2, 68/69 II A 1, 71 III C/D 1, 84 I C—F 1/2, 84 II C—F 1/2, 113 C—G 1—4, 126/127 I F/G 1/2, 128 II—V, 149 II, 156/157 I u. II E/F 2/3, 164/165 III, 166/167 III, 168
Schweden i. d. USA 144 II
Schweden-Norwegen, Kgr. i. Personalunion 147 D—F 1/3
Schweden, Sweonen, V. 50/51 C 1/2, 60 I G/H 1/2, 74 II A 1/2, 150/151 II, 160 I
Schwedische Kolonien 111 I
Schwedische Siedlung 74 II
Schwedisches Recht 124 III
Schwedisch-Pommern, Ldsch. 116/117 I F 3
Schwedt 68/69 I H 2, 122/123 I F 2
Schweidnitz, Fsm. 96/97 I I 4, 122/123 I G 3
Schweidnitz, O. 68/69 I I 3, 105 I D 2, 124 I E 2
Schweidnitz-Jauer, Hzm. 70 I E 1
Schweighausen 77 I A 3
Schweinau 81 I
Schweinfurt, Pfalz 58/59 I I 3
—, RSt. 68/69 I F 3, 122/123 I D 3, 128 I C 1
Schweiz, Eidgenossenschaft, Staat 130/131 II, 150/151 I D/E 4, 155 II B/C 2, 166/167 III
—, Helvetische Republik 124 II A/B 1
Schweizer i. d. USA 144 II
Schwentine, Fl. 56 I B 1
Schwerin, Bm. 88/89 II C 1
Schwerin, Bm.-Territ. 68/69 I F 2
Schwerin, Burg u. O. i. Mecklenburg 60 I G 3, 75 A 3, 122/123 I D 2, 155 I B 2, 161 IV B 1, 161 VI B 1, 161 VII B 1
Schwerin, O. a. d. Warthe 68/69 I H 2, 121 I
Schwertbruderorden 68/69 II C 1/2
Schwerte 56 V B 2, 142 IV C 2, 142 V C 2
Schweta (Burgward) 56 IV
Schwetz 68/69 I K 2, 122/123 I H 2
Schwiebus, Land 121 I
Schwiebus, O. 68/69 I H 2, 96/97 I H 3, 115 I D 2
Schwyz, O. u. Kanton 80 II C 1, 130/131 II B 1
Scidrus, Skidrus, Skidros 30/31 I F 5
Scilly-Ins. 60 I C 4
Scirtones, V. 38/39 I D 2
Scodra 38/39 I C 2
Scolacium 25 III B 1
Scone 60 I D 2
Scordisci, V. 38/39 I C/D 2
Scoti, Schotten, V. 42/43 I B 1
Scridefinnen, Lappen, V. 61 I C 1
Scupi, Üskül 38/39 I D 2
Scuttar, Vicus, Nassenfels 40 II E 3
Scyrus, Skyros, Ins. 38/39 I D 3
Scythia, Skythenland 34/35 VI
Scythia, röm. Prov. 42/43 I E 2, 48 II D 2
Scythicum regnum, Bosporanisches Reich 38/39 I F 1/2
Scythopolis, Bethsean, Skythopolis 22/23 II C 3, 34/35 II B 2
Sealsea, Chichester 52 I B 2
Seato-Pakt 166/167 II
Seaton, Fl. 142 II A/B 1
Seaton Delaval 142 II B 1
Seattle 137 I I 3
Sebalder Wald 81 I
Sebaste, Samaria 34/35 II B 2
Sebasteia, Sebastia, O. a. Halys 38/39 I G 3, 42/43 I F 3
Sebastopolis, Dioskurias, O. a. Schwarzen Meer 34/35 I G 2
Sebastopolis, O. i. Kappadokien 50/51 E 3/4
Sebeda, Wüstung 77 IV A 2
Sebenico, Bm. 88/89 II D 3
Sebenico, O. 130/131 I F 3
Sebennytische Nil-Mündung 29 II B 1
Sebennytus, Sebennytos 6 I A 1
Sebua 6 I A 3
Sebulon (Ebene) 34/35 II B 2
Sebulon, V. 8 IV B 3
Secchia, Fl 4 VI B 1—3, 53 I A 1
Sechsstädtebund 68/69 I
Seckau, Bm. 88/89 II C 2
Seckau, O. 58/59 III C 2
Seckmauern 40 II C 2
Sedan 95 C 3, 114 C 3, 148 II C 2, 156/157 I D 4
Seddin 5 II C 2
Sedeinga 6 I A 3
Sedes 18/19 II C 2, 4 VII A 1
Sedetani, V. 38/39 II B 1
Sedletz, Kl. 88/89 III C 1/2
Seduni, V. 37 I A 3
Seebach, O. 77 IV B 2
Seeburg, Grobin, O. 54/55 I G 1, 60 I I 2
Seedorf 56 VI B 2
Seehandel 118 III
Seehausen, O. b. Leipzig 77 II
Seehausen, O. b. Magdeburg 75 A 3
Seehausen, Wüstung b. Mühlhausen 77 IV A 1
Seeland, Gft. (Ndld.) 58/59 I E/F 3, 68/69 I B 3, 70 I B 1, 95 B 2, 104 III A/B 2
Seeland, Ins. (dän.) 60 I G 2, 106/107 I F/G 1/2
Seelschen 56 VI B 2
Seeon, Kl. 87 I E 2
Seevölker-Wanderung 3 I, 5 I, 9 I
Séez, Bm. 88/89 I C 4
Séez, O. 58/59 I D 4
Segder, V. 22/23 I H/I 3
Segeberg, O. 58/59 I I 2, 106/107 I F 3
Segedunum, Wallsend 40 I C 2
Segessera 36 C 3
Segesta 17 I A 3
Segewold, O. 68/69 II C 2
Seggiano 25 II B 2
Seghill 142 II A 1
Segisama, Sasamon 38/39 II B 1
Segner, V. 24 I
Segni 53 I B 3
Segobriga, O. a. Anas 38/39 II B 2
Segobriga, O. b. Saguntum 38/39 II B 2
Segodunum, Rodez 36 C 4
Segontia 38/39 II B 1
Segontium, Carnarvon 36 B 2
Segorbe, Bm. 88/89 I B 6
Segorbe, O. 54/55 I B 5
Segorigiensium Vic., Worringen37 I A 1
Segovia, Bm. 88/89 I B 5
Segovia, O. 38/39 II B 1, 92/93 I B 5, 154 V B 1
Segu 132 I B 3
Segusiavi 36 C 3
Segusio, Susa, O. i. Piemont 24 II C 2
Segustero, Sisteron 36 D 4
Seianum, Villa 30/31 III B 2
Seidenstraße 26/27 I F—I 2, 42/43 I G/H 2/3, 46/47 IV A—E 2/3, 136 I C/D 2/3
Seifertshain 77 II
Seiffersdorf 77 III B 1
Seim, Fl. 67 III E/F 2, 113 G/H 4
Seima-Ananino-Kultur 5 I E 1/2, 5 II E 1/2
Seine, Sequana, Fl. 36 C 3, 54/55 II B/D 3/4, 110 C 3, 148 I B 4, 156/157 I D 4
Seine et Marne, Dép. 122/123 III B 1
Seine et Oise, Dép. 122/123 III B 1
Seine inférieure, Dép. 122/123 III B 1
Seine-Oise-Marne-Kultur 2 II A/B 1/2, 5 I A/B 2/3
Seinsheim 122/123 I D 4
Seischin 154 III B 2
Seistan, Ldsch. 50/51 H 4, 134 II E 2
Seitun 64/65 IV B 2
Sekondi-Takoradi 163 IV B 3
Selangor (Sultanat) 138/139 V A 2
Selarong, O. 135 II C 1
Selarong, Staat 135 II B 1
Seldschukenstaaten, s. auch Groß-Seldschuken, Rum-Seldschuken, Ikonion-Sultanat, Turkmenen, Turkvölker 64/65 I E/F 3, 64/65 III B—E 3/4, 72/73 III B—E 3/4
Sele 9 I D 3
Seleburg, Bm. 88/89 I H 2
Selefke 130/131 I I 4
Selen, V. 74 II C 2
Selenga, Fl. 98/99 I K/L 2/3
Seletica, Ldsch. 38/39 I E 2
Seleucia, O. i. Gaulanitis, siehe Seleukeia (Gaulanitis)
Seleucia, O. i. Pieria, siehe Seleukeia (Pieria)
Seleukeia, Abila 22/23 II C 3
Seleukeia, O. i. Assyrien 22/23 II D 2
Seleukeia, Seleucia, O. i. Gaulanitis 22/23 II C 3, 34/35 II B 1
Seleukeia, Mopsuestia 22/23 II C 2
Seleukeia, Seleukia, Opis (Bagdad), O. a. Tigris 22/23 II D 3, 46/47 I C 3, 52 III D 3
Seleukeia, O. i. Pemphylien 22/23 II B 2
Seleukeia, Susa, i. Persien 22/23 II E 3
Seleukeia, Seleucia, in Pieria (Syrien) 22/23 II C 2, 41 III A/B 1
Seleukeia, i. Pisidien 22/23 II B 2
Seleukeia, Tralles, Tralleis 22/23 II A 2
Seleukeia, Zeugma 22/23 II C 2, 38/39 I G 3
Seleukia, O. i. Kilikien 22/23 II B 2, 38/39 I F 3, 57 I F 4, 64/65 IV A 2
Seleukia, Seleukeia, Opis (Bagdad) 22/23 II D 3, 46/47 I C 3, 52 III D 3
Seleukidenreich 26/27 I D—H 1—3, 26/27 IV C/D 2, 28 I E/F 2, 29 III C 2, 46/47 I B 3, 46/47 II B 3/4
Selge 26/27 IV B 2
Selgin 8 I B 2
Selgovae, V. 36 B 1
Seligenstadt, Kl. 58/59 I H 3
—, O. 40 II B 1, 78 III B 2
Selinunt, Selinus, O. auf Sizilien 16 II B 3, 17 I A 3
Selinus, Fl. i. Achaia 18/19 I B/C 3
Selinus, O. i. Lakonien 13 II B 1
Selinus, O. a. Peponethos 18/19 I D 2
Selinus, Selinunt, O. a. Sizilien 17 I A 3
Selinus, Traianopolis 38/39 I F 3
Selja 61 I B 1
Selker Noor (See) 60 IV B 2
Sellasia 13 II A 1
Selm 56 V B 1, 142 IV B 1, 142 V B 1
Selymbria 16 I E 1
Selyon 9 II D 2
Selz, Saletio (Pfalz) O. 40 II B 3, 54/55 II F 3, 128 I B 2
—, Kl. 58/59 I H 4
Semachidai 13 I B 1
Semaraim 8 III B 3
Semarang 135 II C 1
Semendria 112 II D 3
Semeros 38/39 I D 4
Semgallen, Ldsch. 68/69 II C 2, 104 IV C 2
Semgaller, V. 50/51 D 2, 74 II B 2
Semipalatinsk 136 I B 1
Semiten, V. 3 I C—F 3/4, 3 II
Semiten, V. i. Afrika 132 III
Semlin 67 III C 4, 112 II D 3, 148 I F 5
Semljanoigorod, Ot. v. Moskau 105 IV
Semmering, Paß 58/59 III C 2, 122/123 I F 5
Semne 6 I A 3
Semnones, V. 36 E 2, 41 I B 2
Sempach 80 II C 1
Sémur 95 C 4
Sena Gallica 30/31 I D 1
Sénanque, Kl. 87 II B 3
Sendai 154 III D 3
Seneffe 106/107 I C 4
Senegal, Fl. 132 I B 3
Senegal, frz. Kol. 132 I B 3
Senegal, Staat 162 III A 2, 164/165 III, 166/167 I u. III, 168
Senegambien, Ldsch. 115 II F 4
Senez, Bm. 88/89 II B 3
Senheim 80 I C 1
Senigallia 53 I B 2
Senlis, Bm. 88/89 I C 4
Senlis, O. 54/55 II C 3, 95 B 3, 114 B 3, 148 II B 2
Sennar, V. 98/99 IV
Senne, Ldsch. 37 II A 2
Senonen, Senones, V. 36 C 3
Senonia, röm. Provinz 42/43 I C 2
Senot. Vicus, Wilferdingen 40 II B 3
Sens, Ebm. 88/89 I C 4
Sens, Agedineum, O. 36 C 3, 54/55 II C 3, 58/59 I E 4, 110 C 3
Sentinum 30/31 I C 1
Senussi, V. 98/99 IV, 132 I D 2
Seo de Urgel 154 V C 1
Separatisten im Rheinland 153 II
Seph 34/35 II B 2
Sephela, Ebene 8 III A 3
Sepphoris 34/35 II B 2
Septempeda 30/31 I D 1
Septimanca 38/39 II B 1
Septimanien, Ldsch. 48 II B 2, 50/51 B 3, 54/55 I C 4
Septimer-Paß 49 III A 2, 80 II D 2
Sequana, Seine, Fl. 36 C 3
Sequaner, Sequani, V. 36 D 3
Serampur 111 II D 1
Serapeum, T. b. Memphis 29 II B 2
Serben, V. 50/51 C/D 3, 56 II B/C 3, 61 II B/C 2, 71 II A/B 3, 112 II, 150/151 II, 160 I u. II
Serbien, Großserbien, Serbisches Reich, Kgr., s. auch Raszien 64/65 I C/D 2, 64/65 II C/D 2, 70 II C/D 2/3
—, osman. Prov. 92/93 I F/G 5, 112 II C/D 3/4
Serbien, habsburg. 115 I D/E 4

—, tributär. Fsm.
126/127 I G/H 5, 128 V,
130/131 I F/G 3
—, unabh. Fsm., Kgr.
145 III—VI A/B 2,
148 I E/F 5
Serbien, Bevölkerungs-
verluste 1914—18 152 III
Serbien, Staat unter NS-
Verwaltung 155 II C/D 2,
156/157 I E/F 4,
156/157 III C/D 3, 160 I B/C 3
Serchio, Fl. 53 I A 1/2
Serdica, Ldsch. 38/39 I D 2
Serdica, Sofia, O. 38/39 I D 2
Serdjilla, Stabl Antar
41 III C 2
Sereda 8 III B 2
Seres, Ebm. 88/89 I G 5
Seres 92/93 I G 5,
145 V B 2, 145 VI B 2
Sereth, Bm. u. O. 71 I C 3,
88/89 I H 4
Sereth, Fl. 75 E 4/5,
130/131 I H 2
Seretha Schahar 8 III B 3
Sergiopolia, Risapha
41 III D 2
Seriane 41 III C 2
Seringapatam 135 I B 3
Seriphos, Ins. u. O.
18/19 I E 4
Sermylia 18/19 II C 2
Serra 6 I A 3
Serrey 115 I E 2
Serrinum 25 II C 2
Serrorum montes, Süd-
karpaten, Geb.
38/39 I D/E 1
Servia 4 VII A 1, 18/19 II A 2
Servianische Stadtmauer
Roms 32 II
Servilium 38/39 I C 1
Sesebi 6 I A 3
Sesia, Fl. 124 I C 3
Sesklo 4 VII A 2
Sestiaria, promontorium,
Kap 38/39 II B 2
Sestinum 30/31 I C 1
Sesto Calende, Vargiate
24 II D 2
Sestos, Sestus 18/19 I G 1
Setaia 10 III D 1
Sete 24 II A 3
Setia, Kap 10 III D 1
Setia, O. 30/31 II C 3
Sétif, Sitifis 34/35 III B 1
Setubal 85 I A 3, 102/103 I B 6
Setzdorf 77 III B 2
Seussling 56 III
Sevaces, V. 36 E 3, 38/39 I B 1
Sevem, Fl. 57 II B 2
Severin, Sewerin (Banat)
64/65 II D 2
Severin, Sewerin, O.
67 III C 4
Sevilla, Ebm. 88/89 I A 6
—, Hispalis, O. 38/39 I A 2,
48 I A 3, 50/51 A 4,
64/65 II A 3, 130/131 I A 4
—, span. Prov. 130/131 I A 4
—, Universität 91 V A 3
Sèvres 150/151 I D 4
Sewan-See 134 I E 3
Seward 137 I H 1/2
Sewastopol, s. Chersonesus
38/39 I F 2, 116/117 I K 5,
130/131 I I 3, 148 I H 5,
149 III C 3, 156/157 I G 4
Sewerien, Ldsch. 105 II B 3,
113 G 4
Sewerjanen, V. 50/51 E 2
Sexi 38/39 II B 2
Seychellen, Ins., brit.
132 I E 4, 138/139 I M 5
Seykan, Fl. 8 I B 2
Sfax, Taparura 34/35 III C 2,
64/65 I C 3, 130/131 I E 5,
156/157 I E 5
Sforza-Herrsch. (Mailand)
92/93 I D/E 4/5
Shadwell 109 I
Shan-Stämme, Thai, Sia-
mesen, V. 72/73 II I/K 6,
98/99 I K 5/6
Sheffield 110 B 2
Sheppey 57 II C 2
Sherborne, Bm. 52 I B 2
Sherburn 142 II A/B 2
s'Hertogenbosch, s. Her-
togenbosch
Shetland-Ins., Hjaltland
50/51 A 1, 57 I B 1,
61 I A 1, 92/93 I B 1,
102/103 I C 1
Shiloh 133 III E 3
Shitomir 67 III D 2, 75 F 4,
113 F 4, 119 D 4, 148 I G 3,
156/157 I F 3
Shkodra, s. Skutari, O. i.
Albanien 150/151 I E 4
Shlobin 156/157 III D 2
Shoreditch 109 I
Shou-shan, s. Awaren, V.
46/47 III G—L 1
Shravasti 22/23 I K 3
Shresthapura 46/47 III I 4
Shrewsbury 58/59 I B 2,
102/103 I C 3
Siam, Golf v. 136 II A/B 2/3
Siam, Thai, s. auch Thailand,
Staat 98/99 I K/L 6,
111 II D/E 2, 136 II A/B 2/3
Siamesen, Thai, Shan, V.
72/73 II I/K 6
Si Aoun 34/35 III C 2
Siarum 38/39 II A 2
Siberine 17 I F 1
Sibir (Chanat) 98/99 I G/H 2,
105 II E 3
Sibir, O. 105 III C 2
Sibirien, russ. Reich 105 III,
119 I—M 2/3, 159 I E—H 1/2
Sibirien, Interventions-
Feldzug 149 IV
Sibirische Tataren, V.
98/99 I G—I 2
Sibiu, s. Hermannstadt
150/151 I F 4
Sibma 8 III B 3
Sicca Veneria 34/35 III B 1
Sichem, Neapolis, Nablus
8 III B 2, 34/35 II B 2,
64/65 IV A 4
Sicilia, röm. Prov., s. auch
Sizilien 25 I D/E 4/5, 25 III
Sicilibba 28 IV A 2
Sicyon, Sikyon 38/39 I D 3
Sidamo, Ldsch. 154 IV A 2
Siddim 8 III B 2
Side, O. i. Lakonien
18/19 I D 5
Side, O. i. Pamphylien
8 II B 2, 38/39 I F 3
Sidi Barrani 156/157 I F 5
Sidi bel Abbès 150/151 I C 5
Sidnacester, Bm. 52 I B 2
Sidney, O. i. Canada
156/157 II D 2
Sidon 8 IV B 2, 38/39 I G 4,
64/65 IV A 4
Sidus 18/19 I D 4
Sidusa 18/19 I G 3
Sidyma 34/35 I E 3
Siebenbürgen, Fsm.
92/93 I G/H 4, 102/103 I H/I 4,
106/107 I L—M 5/6,
112 II E/F 2/3
—, Grfsm. 124 III,
130/131 I G/H 2
Siebenbürgen, Ldsch.
70 II D/E 1, 150/151 I D 4
Siebenhufen 77 III B 2
Siedlce 115 I E 2
Sieg, Fl. 37 I A 1,
126/127 II A 2
Siegburg, Kl. 87 I D 1
Siegburg, O. 122/123 I B 3
Siegen 68/69 I E 3,
122/123 I C 3, 126/127 II B 2
Siegersleben 56 VI B 2
Siena, Ebm. 88/89 I E 5
—, Saena, O. 25 II B 1,
53 I A 2
—, Republik 94 I D 3,
94 II D 3
—, Universität 91 V C 2
Sien-bi, Tungusen, V.
46/47 I K/L 1/2
—, Reich 46/47 III G—L 1
Sieradz 67 III B 2, 75 C 4,
122/123 I H 3
Sierck 114 D 3
Sierra Leone, portug. Be-
sitzung 98/99 IV
Sierra Leone, brit. Kol.
132 I B 3, 138/139 I I 4
Sierra Leone, Staat
162 III A 2, 164/165 III,
166/167 I, 168
Siewierz 68/69 I K 3,
96/97 I K 4
Sifta 138/139 IV B 2
Siga 38/39 II B 2
Sigeion, Sigeon 18/19 I G 2
Sigmaringen 120 V B 2
Signia 30/31 II C 2
Sigtuna, O. 60 I H 2
Siguenza, Bm. 88/89 I B 5
Siguenza, O. 54/55 I B 4
—, Universität 91 V A 2
Sigynner, V. 14/15 VI
Si Hia, tibetan. Tanguten, V.
u. Hft. 72/73 I C/D 1/2
Sihun, Jaxartes, Syr darja,
Fl. 50/51 H/I 3
Sikaner, V. 17 I B 3, 3 I C 3
Sikhs, V. 116/117 IV B 1,
137 III A 2, 163 I A 2
Sikiang, Fl. 136 I D/E 4
Sikinos, Ins. u. O. 18/19 I F 5
Sikkim, Staat 135 I C 2,
136 I B 4
Siklag 8 III A 3
Sikuler, V. 17 I C 3, 9 I C/D 3
Sikulische Kultur 2 II C 3,
5 I C 4, 5 II C 4
Sikyon, Sicyon 18/19 I C 4
Sila, Geb. 17 I E 1
Silarus, Fl. 30/31 I E/F 4
Silberberg, Bg. O. i. Böhmen
86 I B 2
—, Bg. O. i. Schlesien
86 I D 1, 122/123 I G 3
Silberflotten, spanische
111 I B—F 2/3
Silberhausen 77 IV A 1
Silberstedter Au, Fl.
61 IV B 1/2
Silda 38/39 II A 3
Sile, Abu Seif 6 I A 1
Silingen, Wandal., V.
42/43 I D 1, 48 I A 3,
48 I C 1
Silinger, Slawen-V.
54/55 I F 2
Silistria, Ebm. 88/89 I H 5
Silistria, Durostorum,
Dorostol, O. 38/39 I E 2,
54/55 I H 4, 145 V C 2,
145 VI C 2
Silla, Staat 46/47 III L 2,
46/47 IV G 3
Sillein 74 III D 2,
106/107 III B 2
Silo 8 III B 2
Silos, Kl. 87 I B 3
Silsile (Gebel) 6 I A 3
Silures, Silurer, V. 36 B 2
Silves, Bm. 88/89 I A 6
Silvium 30/31 I G 4
Simbabwe 132 I D 5
Simbirsk, Uljanowsk
119 H 4, 149 III D 2,
150/151 I H 3
Simeon, O. 8 III B 2
Simeon, V. 8 IV A 4
Simferopol 130/131 I I 3
Simitthu 34/35 III B 1
Simla 135 I B 1
Simmern, O. 80 I C 2,
s. auch Pfalz-Simmern
122/123 I B 4
Simmern-Bach 80 I C 2
Simnitza 145 V C 2
Simonos Petra (Athos-Kl.)
45 VI B 2
Simonshofen 81 I
Simplon, Paß 37 I B 3,
80 II B 2
Simrishamn 75 B 3
Simylla 34/35 VI, 46/47 I F 5
Simyra 9 I E 3
Sinai, Geb. 6 I A 2
Sinai-Halbinsel
130/131 I I 5/6, 148 III A 3
Sinanthropus-Rasse 1 I u. II
Sinanthropus Pekinensis-
Rasse 3 III
Sincoc, Berg 100/101 VI A 1
Sind, s. auch Sindh, Ldsch.
163 I A 2
Sindelfingen 96/97 I E 5
Sinder, O. 132 I C 3
Sinder, V. 20 I G 2
Sindfeld 37 II A 2
Sindh, Sind, Ldsch.
46/47 I E 4, 50/51 H 5,
116/117 IV A 2, 135 I A/B 2
Sindhia, Ldsch. 116/117 IV B 2
Sindjar 112 I E 2
Sindos, Lembet 18/19 II C 2
Sinear, Suach, Ldsch. 9 I F 3
Singapur, s. auch Schonanko
136 II B 3, 138/139 V B 2,
158 I C 4, 158 II C 4,
162 II C 3
Singara 38/39 I H 3
Singaradja 135 II D 2
Singhala, Taprobane,
Ceylon, Ins. 46/47 I F/G 6
Singidunum, Belgrad
38/39 I D 2, 48 II D 2
Singos, Golf von 18/19 I D/E 1
Singos, O. 18/19 II C 2
Sining 136 I D 3
Sinisca 37 I C 3
Sinis Colonia 38/39 I G 3
Sinjar 6 IV B 1
Sinjucha, Fl.. 71 I D 3
Sinkara, Larsa 6 III C 2
Sinkiang, Ost-Turkestan, s.
auch Hsinkiang, chines.
Prov. 136 I A—C 2—3,
149 IV D 2
Sinope, Sinop 9 III E 1,
38/39 I G 2, 48 I E 2,
64/65 II E 2, 70 II G 2,
112 I D 1
Sinsen 142 IV B 1, 142 V B 1
Sinsheim, Vicus Saliop.
37 I B 2, 114 E 3, 128 I B 2
Sinuessa 25 I D 3, 30/31 I D 3,
38/39 I B 2
Sinzig, Pfalz 54/55 II E 2
—, O. 78 III A 2
Sioux, V. 116/117 II B 2/3,
144 IV C 2
Siparuntum 38/39 I D 2
Siph 34/35 II B 3
Siphai 18/19 IV B 2
Siphnos, Ins. u. O.
18/19 I E 4/5
Siponto-Manfredonia, Ebm.
88/89 I F 5
Sipontum, Siponto, O.
30/31 I F 3, 63 I E 4
Sippar, Abu Habba
6 III B 2, 6 IV B 2
Sipylos, Geb. 18/19 I H 3
Siraf 46/47 III D 3
Sirbitum 42/43 I F 5
Sirbonischer See 29 II B 1
Sirenusae, Ins. 30/31 III B 2
Sirenusarum promontorium,
Kap 30/31 III C 2
Sirgenstein 1 IV B 2
Siris, Fl. 30/31 I G 4
Siris, O. 30/31 I G 4
Sirkeli 8 I B 2
Sirmium, O. 38/39 I C 2,
48 I C 2, 50/51 C 3,
67 III B 3/4
—, Ebm. 56 II B 3
Sirsukh (Taxila), Plan 21 III
Sis, O. u. Patriarchat
64/65 IV A 2
Sisahli Tepe 6 II B 2
Sisapo 38/39 II B 2
Siscia, Sisek, Sissek
38/39 I C 1, 54/55 I F 3,
96/97 I I 7, 115 I D 3
Sisseln 40 III A 1
Sisteron, Bm. u. O.
88/89 II B 3
Sistowa 130/131 I H 3
Sitake 22/23 III C 2
Sithonia, Halbins.
18/19 I D/E 1/2
Sitia 10 I C 1
Sitifensis, röm. Prov
42/43 I C 3
Sitifis, Sétif 34/35 III B 1
Sitka 125 II
Sitonen, V. 41 I B/C 1
Sitsch 119 E 5
Sitten, Bm. 88/89 II B 2
Sitten, Bm.-Territ.
68/69 I D 5
Sitten, O. 37 I A 3, 80 II B 2,
130/131 II A 1
Sittichenbach, Kl.
88/89 III B 1
Siva, O. a. Kreta 10 I A 1
Siwa, Oase, Ammonion
14/15 I D 4, 130/131 I H 6
Siwas, O. 70 II G 3
—, Wilajet 134 II B 1/2
Sizara, Larissa 22/23 II C 2
Sizilien, Sicilia, Ins.
17 I A—D 2—4,
48 I C 3, 48 II C 3, 49 I C 3,
54/55 I E 5, 56 II A/B 4,
63 I D/E 5/6
Sizilien, Kgr., normann.-
stauf. 64/65 I C 2/3
—, d. Anjou u. Aragonesen
70 II B/C 3, 102/103 I F/G 6
Sizilien, Kgr., österr.
115 I B/C 4
—, piemontes. 116/117 I F/G 6
—, bourbon. 116/117 I F/G 6,
125 I D 4
—, Kgr. beider
130/131 I E/F 3/4
Sizilien, ital. Prov.
156/157 I E 5
Sjewsk 113 G 4
Skagerrak (Meerenge)
84 I B 2, 113 B 3,
148 I C/D 2
Skalaholt, Bm. u. Hof
57 III A 2, 88/89 I A 1
Skalais 10 I C 1
Skalani 10 I B 1
Skalitz, Kl. 88/89 III B 2
Skallia 10 I B 1
Skamandros, Fl. 18/19 I G 2
Skambonidai, Ot. v. Athen
12 VI
Skandeia, O. 18/19 I D 5
Skandeira, Ins. 18/19 I E 2
Skandinavisches Unions-
königtum 92/93 I A—H 1—3
Skanör 84 I C 2, 113 C 3
Skaphai 13 I A 1
Skapsa 18/19 II C 2
Skara, Bm. 88/89 I E 2
Skara, O. 60 I G 2, 75 B 2
Skarphe, Skarpheia
18/19 I C 3
Skeninge 75 B 2
Skepsis 18/19 I G 2
Skiathos, Ins. u. O.
18/19 I D 2
Skidra (Thrakien), pers.
Satrapie 14/15 V B 1
Skidros, Skidrus, Scidrus
30/31 I F 5
Skierniewice 147 F 3
Skillus 18/19 I B 4
Skione 18/19 II C 3
Skiren, V. 24 I D/E 2,
48 I C 2
Skiringsal 60 I F 2
Skiritis, Ldsch. 18/19 I C 4
Skironischer Fels 13 I A 2
Sklavenhandel 111 I
Sklavokambos 10 I A 1
Skodra 38/39 I C 2
Skolopoeis 13 III A 1
Skolos 13 I A 1
Skoplje, Üsküb 54/55 I G 4,
145 V B 2, 145 VI B 2,
148 I F 5, 155 II D 2,
156/157 I F 4, 160 III D 4
Skordisker, V. 24 I D/E 3
Skoten, s. auch Schotten
52 I A 1/2, 54/55 I A 1
Skotieno 10 I B 1
Skotussa 18/19 I C 2
Skutari, Shkodra, O. i.
Albanien 54/55 I F 4,
130/131 I F 3, 145 V A 2,
145 VI A 2, 148 I E 5,
150/151 I E 4
Skutari. Üsküdar, O. a.
Bosporus 70 II E 2,
145 V C 2, 145 VI C 2,
150/151 I F 4
Skyllaion, Kap, i. Argolis
18/19 I D 4
Skyllaion, O. i. Bruttium
17 I D 2
Skylletion 17 I E 2
Skyros, Scyrus, Ins. u. O.
18/19 I E 3
Skythen, V, 3 I E 2, 9 III G 1,
14/15 I D—F 2, 20 II E 1
Skythen, entflohene, V.
14/15 VI
Skythenland, Scythia
34/35 VI
Skythopolis, Bethsean,
Scythopolis 34/35 II B 2
Slankamen 112 II D 3
Slawen, V. 3 I D/E 1,
34/35 I E/F 1, 48 I,
49 I D/E 1/2, 50/51 C—E 2—4,
54/55 I E—H 1—5,
57 I D—G 2/3, 67 III,
150/151 II
Slawen-Mission 56 II,
58/59 II, 61 I u. II
Slawische Siedlung
77 II u. III
Slawische Sprachen 70 II
Slawische Völker 134 I
Slawjansk 130/131 I K 2
Slawkow, Bg. O. 86 I E 1
Slawnikinge, Fsm. der
58/59 I L/M 3
Slawonien, Ldsch. 67 III B 3,
70 II C 1, 112 II B/C 3,
115 I D 3
—, Banat 70 II C 1
Sliwnitza 145 V B 2
Slonin 75 E 3, 160 III E 2
Slowakei, Staat 155 II C/D 2,
156/157 I E/F 4,
156/157 III C/D 3
Slowaken, V. 50/51 C 3,
54/55 I F 3, 56 II B 2,
67 III B 3, 104 II C/D 3,
112 II, 150/151 II, 160 II
Slowenen, Winden, V.
49 III C/D 2, 50/51 C 3,
54/55 I E/F 3, 56 II A/B 2,
58/59 II B/C 2, 112 II A 2,
150/151 II
Slowenien 160 III B/C 3
Sluis 70 I B 1, 78 IV A 2,
96/97 IIIa—d, 104 III A 2
Slutsch, Fl. 75 E 4
Sluzk 67 III D 2, 113 F 4,
156/157 III D 2
Småland, Ldsch. 113 C/D 3
Smolensk, Ebm. 88/89 I I 3
—, Fsm. 67 III E 1/2
—, Gouvernement 119 E/F 3/4
—, Ort 61 V C 2, 71 I D 2,
113 G 4, 119 E 4, 125 I F 2,
156/157 I G 3
Smolina-See 104 IV C 2
Smorgon 113 F 4, 148 I G 3
Smyrna, Ebm. 88/89 I H 6
Smyrna, Eurydikeia, Izmir,
O. 18/19 I H 3, 48 I D 3,
70 II E 3, 130/131 I H 4,
153 V B 2
Snaefell, Ldsch. 57 III B 2
Snaefellsjökull, Berg
57 III A 2
Só (Banat) 70 II C 2
Soana 53 I A 2
Soba 6 I A 4
Sobat, Fl. 132 I D 3
Sobernheim 80 I C 2
Sobibor, NS-Konzentra-
tionslager 155 I E 2
Sobrado, Kl. 87 II A 3
Socho, O. i. Samaria
8 III B 2
Socho, O. i. Judaea 8 III A 3
Sochumi, Suchum, Suchum-
Kalé 134 I C 2
Söderköping 75 C 2, 113 D 3
Södermanland, Ldsch.
113 D 3
Södertelge 113 D 3
Sodom 162 IV B 2

Soest 68/69 I E 3, 78 III B 2, 126/127 II B 2
Sofala 98/99 I D 10, 132 I D 5
Sofia, s. Sardika, Serdica 38/39 I D 2, 54/55 I G 4, 71 II B 3, 130/131 I G 3, 145 V B 2, 145 VI B 2, 156/157 I F 4, 156/157 III D 3
Söflingen, Kl. 120 V C 1
Sogdiana, Sogdien, Ldsch. 22/23 I H 1/2, 26/27 I H/I 2, 46/47 I E/F 3, 50/51 H 3
—, pers. Satrapie 14/15 I H/I 2/3
Sogdier, V. 3 I H 3
Sögel 5 I B 2
Sogn, Ldsch. 60 I F 1
Soissons, Bm. 88/89 I C 4
Soissons, O. 49 II B 1, 54/55 II C 3, 58/59 I E 4, 114 B 3, 148 II B 2
Sokal 75 E 4
Sokhotai 72/73 II I/K 6
Sokoto, Ldsch. 132 I C 3
Sokotra, Ins. 98/99 I F 6, 111 II B 2, 138/139 I M 4
—, Nestorianer-Ebm. 52 III D 4
Soldau 74 III E 1, 106/107 I L 3, 152 II I 2
Sölde 142 IV C 1, 142 V C 1
Soldin 92/93 II C 2, 121 I
Soleb 6 I A 3
Soletum 30/31 I 74
Solferino 130/131 III C 2
Soli, O. a. Cypern 38/39 I F 3
Soli, O. a. Taunus 8 I A 2
Solikamsk 105 III C 1
Solingen 110 D 2
Solling, Geb. 37 II B 2
Sollion 18/19 I A 3
Sollum 156/157 I F 5
Sollstedt 77 IV A 1
Solms, Gft. 122/123 I C 3, 126/127 II B 2
Solnhofen, Kl. 52 II C 2
Solocha 24 I F 3
Solodurum, Solothurn 37 I A 3
Soloeis, s. Soluntum 17 I B 2
Soloi, Soli, O. a. Cypern 22/23 II B 2
Solonius Campus, Ldsch. 30/31 II A/B 2
Solorius mons, Geb. 38/39 II B 2
Solothurn, Solodurum, O. u. Kanton 37 I A 3, 80 II B 1, 130/131 II A 1
Solowetzkij-Kloster 119 F 1
Soltau 122/123 I C 2
Soluntum, Solus, Soloeis, O. a. Sizilien 25 I D 4
Solus, s. Soluntum 11 II C 2, 25 I D 4
Solutré 1 III C 2
Solway Moss 102/103 I C 2
Solygeion 18/19 I C 4
Solymer, V. 9 I C/D 2
Somalia, Staat 162 III D 2, 164/165 III, 166/167 III, 168
Somali-Küste, Punt, Weihrauchland 6 I A 2, 9 I E 6
Somaliland, brit. Kol. 132 I E 3, 138/139 I M 4
Somaliland, frz. Kol. 154 IV B 1
Somaliland, italien. Kolonie 132 I E 3, 138/139 III C 2
Somerset, Gft. 57 II B 2
Somme, Dép. 122/123 III B 1
Somme, Fl. 95 A/B 2/3, 114 A/B 2/3, 148 II A/B 1/2
Sommersdorf 56 VI B 2
Somnath 72/73 II G 5
Sonderburg, O. 96/97 I E 2
Sondershausen 122/123 I D 3
Sondrio 68/69 I E 5, 80 II D 2, 116/117 I E 4, 126/127 I E 4
Songhai, V. 98/99 IV
Sonneberg, O. i. Thüringen 122/123 I D 3
Sonnenberg, Bg. O. i. Böhmen 86 I B 1
Sonnenburg, O. 121 I
Sonthofen, NS-Ordensburg 155 I B 3
Sonthofen, O. 122/123 I D 5
Soor 122/123 I F 3
Sopatma 46/47 I F/G 5
Sophanene, Ldsch. 38/39 I H 3
Sophene, Ldsch. 38/39 I G 3
Sopianae 38/39 I C 1
Sor (Mütessaryflyk) 134 II B/C 2
Sora 30/31 I D 3, 94 I E 4
Soracte Mons, Soratte, Bg. 30/31 I C 2, 53 I B 2
Sorau 68/69 I H 3, 122/123 I F 3
Sorben, V. 50/51 C 2, 54/55 I E 2, 58/59 I K 3, 150/151 II B 2
Sorbiodunum 36 B 2
Sorbische Mark 54/55 I E 2
Sorbolo 63 II B 2
Sorek, Fl. 8 III A 3
Sorg 81 I
Sorge, Fl. i. Holstein 61 III B 2
Sorge, O. i. Schlesien 77 III B 2
Sörgsdorf 77 III B 2
Soria 54/55 I B 4, 58/59 I B 8
Sorö, Kl. 87 II C 2
Sororge, Sarudsch 64/65 IV C 2
Sorrent, Ebm. 88/89 I E 5
Sorrent 54/55 I E 4
Sorrina 30/31 I C 2
Sortavala 113 G 2, 160 IV C 3
Sorviodurum, Straubing 37 I D 2
Sostra 38/39 I D 2
Sotiates, V. 36 B/C 4
Sotillo 1 III B 2
Sotschi 149 III C 3
Sotuta 100/101 II D 1
Souchez 148 II B 1
Soudschbulak 148 III B 2
Souhne 41 III D 3
Söul, Keijo 98/99 I N 4, 136 I F 3, 136 III C 3, 162 I C 2
Soulosse 54/55 II D 3
Sousse, s. Hadrumetum 34/35 III C 1, 163 III C 1
Southampton 68/69 III B 1, 110 B 2, 156/157 III A 2
South Gosforth 142 II A 1
South Hetton 142 II B 2
South Shields 40 I C 1/2, 142 III B 2
Southwark 109 I
Southwick 142 II B 2
Southwold 110 C 2
Sou-tschou 98/99 I K 4, 136 I C 3
Souvigny, Kl. 87 I C 2
Sovana, Suana 24 II E 3, 25 II B 2
Sowjetische Besatzungszone in Deutschland (SBZ), s. auch „DDR“, „Deutsche Demokrat. Rep.“ 160 III B 2
Sowjetische Besatzungszone in Österreich 160 III B/C 3
Sowjetischer Sektor v. Berlin 161 II
Sowjetunion, UdSSR, Union der Sozialist. Sowjet-Republiken, s. auch Rußland 136 III A/E 1/2, 149 II—IV, 150/151 I F/K 2—5, 150/151 II C/D 1—3, 152 I, III u. IV, 153 III u. IV, 154 VI, 155 II D/E 1/2, 156/157 I F—I 2—5, 156/157 III D/E 1—3, 158 I u. II B—F 1/2, 158 III A/B 1, 159 I u. II, 160 I u. II C/D 1—3, 160 III D—F 1—3, 160 IV B/C 1—4, 163 II A—D 1—3, 164/165 II u. III, 166/167 I—III, 168
Sowjetunion, Bevölkerungsverluste 152 III, 161 III
Sozialdemokratische Partei Deutschlands (SPD) 145 II, 153 I 154 I u. II
Sozopolis 54/55 I H 4, 70 II E 2
Spa 148 II C 1
Spalato, Ebm. 88/89 II D 3
Spalato, Salona, Split, O. 50/51 C 3, 94 I G 3, 94 II G 3, 102/103 I G 5, 124 II D 2
Spalato, Palatium Diocletiani, Plan 42/43 VIIIa—b
Spalauthra 18/19 I D 2
Spandau 115 I C 2, 143 II
Spanien, Kgr. (seit 1479) 86 II A—C 3/4, 92/93 I A—C 5/6, 102/103 I B—D 5/6, 111 I F/G 1/2, 116/117 I B—D 5/6, 124 III, 125 I B/C 3/4, 128 II u. IV, 145 IV
Spanien, Republik 128 V, 149 II, 150/151 I C/D 4/5, 154 V u. VI, 156/157 II F/G 2/3, 164/165 III, 166/167 III, 168
Spanier in den USA 144 II
Spanisch-Afrika, Kol. 132 I
Spanisch-Amerika, Kolonialbesitz 118 III
Spanische Entdeckungsreisen 100/101 I, II, VII u. VIII
Spanische Kolonien 111 I u. II
Spanische Mark d. Frankenreiches 54/55 I B/C 4
Spanische Niederlande 110 C/D 2/3
Spanische Sahara, Ldsch. 162 III A 1
Spanische Silberflotten 118 III
Spanische Sprache 49 II A 3
Spanisch-Guinea, s. auch Rio Muni 162 III B 2
Spanisch-Marokko 154 V A/B 2
Sparta 13 II, 56 II C 4
—, Plan 12 VII
Spartakus-Aufstände 153 II
Spartalos 18/19 I D 1
SPD, Sozialdemokratische Partei Deutschlands 153 I, 154 I u. II
Speiraion, Kap 13 I A 2
Spellen 142 IV A 1, 142 V A 1
Speluncae 30/31 I H 4
Speos Artemidos 29 II B 2
Spercheiai 18/19 I C 3
Spercheios, Fl. 18/19 I B/C 3
Speth, Frhr. v., Reichsritter 120 V B/C 1/2
Speyer, Bm. 88/89 II B 2, 145 I, 161 VI
—, Bm.-Territ. 68/69 I E 4, 122/123 I B/C 4, 128 I B 2
—, Noviomagus, O. RSt. 40 II B 2, 54/55 II F 3, 68/69 I E 4, 122/123 I C 4, 128 I B 2
Spezia, La Spezia 63 I B 2, 94 I C 2, 94 II C 2, 116/117 I E 5, 130/131 I D 3, 156/157 I D 4, 156/157 III B 3
Sphaka 10 I B 1
Sphakoriako 10 I A 1
Sphakteria, Ins. 18/19 I B 5
Sphendale 13 I B 1
Sphettos 13 I B 2
Spina 24 II F 2
Spinalonga 116/117 I I 6
Spinazzola 63 I F 4
Spinetoli 30/31 I D 2
Spittelhorn, Wüstung 77 IV A 2
Spitzbergen, Ins. 164/165 I K/L 1, 164/165 II K/L 1
Spizza 145 V A 2
Split, s. auch Spalato 150/151 I E 4
Splügen, Paß 37 I B 3, 80 II D 2
Spoleto, Bm. 88/89 I E 5
Spoleto, Hzm. 53 I B 2, 63 I D/E 3/4, 94 I E 3
Spoletium, Spoleto, O. 30/31 I C 2, 50/51 C 3, 53 I B 2, 63 I D 3, 94 I E 3, 94 II E 3, 130/131 I E 3
Sponheim, Gft. 96/97 I D 5, 122/123 I B 4
Sponheim, O. 80 I C 2
Sporaden, Ins. 18/19 E—G 4/5
Sporaden, südl., Ins. 145 V C 3
Spree, Fl. 58/59 I K/L 2/3, 122/123 I E/F 2/3
Spremberg 122/123 I F 3
Springfield 118 II A 2
Springs 144 V B 2
Squillace 63 I F 5
Srebrnik 102/103 I G 5
Srednij-, Fischer-Halbins. 160 IV C 2
Sri Lanka = Ceylon 162 II A/B 3, 164/165 I, 168
Srinagar 72/73 II G 4, 98/99 I H 4, 135 I B 1, 163 I B 1
Srirampur, Frederiksnagar 135 I C 2
Srondol 135 II C 1
Ssumao 136 I D 4
Staaken, Ot. v. Berlin 161 II
Staatspartei, Deutsche 154 II
Stabiae, Castellamare 30/31 III B 3
Stabl Antar, Serdjilla 41 III C 2
Stablo, Kl. 54/55 II D 2, 87 I D 1, 122/123 I A 3
Stachr 46/47 III D 2
Stad 60 I F 1
Stade 68/69 I E 2, 106/107 I E 3, 122/123 I C 2
Stadion, Gft. 120 V C 2
Stadtlohn 106/107 I D 4, 126/127 II A 2
Stadt-Sulza, Bg. O. 86 I A 1
Stäffis 80 II A 2
Stafford 58/59 I B 2
Stageiros, Stagira 18/19 II C 2
Stahnsdorf 143 II
Stain v. Rechtenstein, Reichsritter 120 V C 1/2
Stalingrad, Zarizyn, Wolgograd 150/151 I H 4, 156/157 I H 4
Stalino 156/157 I G 4
Stalinstadt, Eisenhüttenstadt 161 IV B 1
Stalleiken 142 IV B 2, 142 V B 2
Stamford 85 II A 1
Stamfordbridge 58/59 I C 2
Stangop 140 IV B 1
Stanislau 113 E 5, 116/117 I H 4, 149 III B 3, 156/157 I F 4, 160 III D 3
Stanleyville 132 I D 3
Stannington 142 II A 1
Stans 80 II C 2
Stanwik, Petriana 40 I B 2
Staraja Russa 156/157 I G 3
Stara Zagora, s. Beroea Traiana Augusta 38/39 I E 2
Starbuck-Ins. 138/139 I B 5
Starčevo 2 I D 2
Stargard, O. i. Mecklenburg 68/69 I G 2
Stargard, O. i. Pommern 68/69 I H 2, 75 B 3, 122/123 I F 2
Starhemberg, Schl. 106/107 I I 6
Starodub 75 G 3, 113 G 4
Starrwitz 77 III B 1
Staßfurt, Bg. O. 86 I A 1
Stato degli Presidii, Ldsch. 102/103 I F 5
Statonia, Pitigliano 25 II B 2, 30/31 I B 2
Statulae 30/31 I D 2
Staufen, Hohenstaufen, (Burg) 62 II B 3, 62 IV C 3
Staufer, Geschlecht, s. Hohenstaufen
Stauffenberg, Frhr. v., Reichsritter 120 V B/C 1/2
Staufische Herzogtümer u. Güter 62 II, 66 I u. II
Stavanger, Bm. 88/89 I D 2
Stavanger, O. 60 I F 2, 113 B 3, 156/157 I D 3, 156/157 II G 2
Stavoren 68/69 I C 2, 78 IV B 1
Stavrakia 10 I B 1
Stawronikita, Athos-Kl. 45 VI B 1
Stawropol, Woroschilowsk 134 I C 1, 150/151 I H 4
Steckhaus 109 V
Stecknitz-Kanal 68/69 I F 2
Steele 56 V B 2, 142 IV B 2, 142 V B 2
Steglitz 143 II
Steiermark, Mark, Hzm. 58/59 I L 5, 58/59 III C 2, 66 I D/E 2, 104 II B/C 3, 106/107 I H 6
Steiermark, NS-Gau 155 I C/D 3
Steigerthal, Krs. Nordhausen, O., Plan 140 Ia/b
Stein, O. b. Nürnberg 81 I
Stein, O. am Rhein 80 II C 1
Steinach, O. b. Haslach 77 I B 2
Steinach, O. b. Nürnberg 81 I
Steinamanger, s. Savaria 38/39 I C 1, 58/59 II C 2, 122/123 I G 5
Steinau, O. a. d. Oder 92/93 II D 3, 106/107 I I 4, 106/107 II I 4
Steinen 142 IV C 1, 142 V C 1
Steinerner Turm i. Sakenland 34/35 VI
Steinfeld 80 I B 1
Steinfurt, Gft. 122/123 I B 2
Steinfurt, O. 126/127 II A 1
Steingaden, Kl. 62 II C 4
Steinstücken, Ot. v. Berlin 161 II
Steiria 13 I C 2
Steiris 18/19 IV A 2
Stelai 10 III D 1
Stellaland, Ldsch. 138/139 II B 2
Stellerburg (Burg) 61 III B 2
Stenay 114 C 3
Stendal 68/69 I F 2, 75 A 3, 122/123 I D 2
Steniklaros, Ldsch. 18/19 I B/C 4
Stentinello 2 I C 3
Stentoris-See 18/19 I G 1
Stephansdorf 77 III B 1
Stepney 109 I
Sterkrade 56 V A 1, 142 IV A 1, 142 V A 1
Sterling-Zone 170 II
Sterlitamak 163 II D 1
Sternberg, Burg u. O. 68/69 I H 4
Sternberg, O. (Neumark) 121 I, 122/123 I F 2
Sterzing, Vipitenum, Bg. O. 37 I C 3, 86 I A 3
Steterburg, Burg 58/59 V A 1
Stetten, O. b. Sigmaringen 120 V B 2, 128 I B 2
Stetten, O. b. Ulm 120 V C 1
Stettfeld 40 II B 2
Stettin 68/69 I H 2, 75 B 3, 106/107 I H 3, 115 I C 2, 155 I C 2, 156/157 I E 3, 156/157 III C 2, 160 III B 2
Steuerverein dt. Zollvereinigung) 129 I
Stevensweerd 114 C 2
Stever, Fl. 142 IV B 1
Steyer, Steyr 58/59 II B 1, 58/59 III C 1, 122/123 I F 4
Stichbandkeramik-Kultur 2 I C/D 1
Stiklestad 60 I G 1
Stilfser Joch, Paß 63 I C 1
Stillfried 38/39 I C 1
Stirling 110 B 1
Stobi, Stoboi 38/39 I D 2
Stöckach 56 III
Stockholm 75 C 2, 113 D 3
Stockstadt 40 II C 2
Stockton 110 B 2
Stockum 142 IV C 1, 142 V C 1
Stöhna 77 II
Stolberg, Gft. 122/123 I D 3
Stolberg, Bg. O. 86 I A 1
Stolbowa 113 G 3
Stollhofen 114 E 3
Stolp 68/69 I I 1, 75 C 3, 122/123 I G 1
Stolpe, Kl. 88/89 III C 1
Stolpen 122/123 I F 3
Stonehenge, Heiligtum 3 II A 1, 5 I A 2
Stoppenberg, O. 142 IV B 2, 142 V B 2
Storkow, Ldsch. u. O. 96/97 I G 3, 115 I C 2
Stormarn, Ldsch. 58/59 I H/I 2
Stotzingen, v., Reichritter 120 V C 2
Stradom 79 VII
Straits Settlements, Kronkolonien 136 II B 3, 138/139 V
Stralau, Ot. i. Berlin 143 II
Stralsund 68/69 I G 1, 75 B 3, 113 C 4
Strapellum 30/31 I F 4
Strasburg, O. i. Preußen 74 I C 1, 122/123 I H 2
Straßberg, O. i. Schwaben 120 V B 2
Straßburg, Bm. 88/89 II B 2, 145 I
—, Bm.-Territ. 68/69 I D 4, 122/123 I C 4, 128 I A/B 2
—, Messen 83 V B 3
—, Münze 83 III A 1
Straßburg, Argentorate, O., RSt. 40 II A 3, 48 II B 2, 54/55 II E 3, 68/69 I D 4, 114 D 3, 147 D 4, 152 II B 4, 155 II B 2, 156/157 III B 3
—, Stadt u. Festung, Plan 120 I
Strata Diocletiana (Straße) 38/39 I G 4
Stratford, O. i. Mittelengld. 102/103 I C 3
Stratford le Bow, Ot. v. London 109 I
Strathclyde, Ldsch. 57 II B 1
Stratie, Ldsch. 11 I B/C 2
Stratonikeia, O. a. Chalkidike 18/19 I D 1
Stratonikea, Stratonicea, O. i. Karien 22/23 II A 2, 38/39 I E 3
Stratonikeia, O. i. Mysien 22/23 II A 2
Stratonis 38/39 I E 2
Stratons-Turm, s. Caesarea, O. i. Palästina 34/35 II A 2
Stratos 18/19 I B 3
Straubing, s. Sorviodurum 37 I D 2, 58/59 I K 4, 122/123 I E 4
Streaneshalch, Whitby 52 I B 2
Strehla (Burgward) 56 IV
Strehlen 122/123 I G 3
Streitaxtkulturen 2 II
Strengnäs, Bm. 88/89 I F 2
Strengnäs, O. 91 IV C 1, 113 D 3
Strepsa 18/19 I C 1
Stresa 24 II D 2
Strimmig 40 II A 1
Stromboli, Ins. 17 I D 2
Struma, Strymon, Fl. 38/39 I D 2
Strumica, Strumitza 54/55 I G 4, 145 V B 2, 145 VI B 2, 148 I F 5
Struth 77 IV A 2
Stryj 148 I F 4
Stryme 18/19 I F 1

Strymon, Struma, Fl. 38/39 I D 2
Strymon (Byzantin. Thema) 54/55 I G/H 4
Strymonischer Golf 18/19 I D/E 1
Stuben, Kl. 80 I C 1
Stübendorf 77 III B 2
Studianka 125 I E 2
Stühlingen 96/97 I E 6
Stuhlweißenburg, O. 58/59 I N 5, 75 C 5, 112 II C 2
Stuhmsdorf 113 D 4
Sturni 30/31 I H 4
Stuttgart 68/69 I E 4, 122/123 I C 4, 155 I B 3, 161 IV A 2, 161 VII A 2
Stutthof, NS-Konzentrationslager 155 I D 1
Stygia palus (Sumpf) 30/31 III B 1
Stymphalos, O. 11 I C 2, 18/19 I C 4
Stymphalos-See 18/19 I C 4
Styra 18/19 I E 3
Styrum 142 IV A 2, 142 V A 2
Suach, Sinear, Ldsch. 9 I F 3
Suakin 132 I D 3
Suana, Sovana 30/31 I B 2
Suanetes, V. 37 I B 3
Suardonen, V. 41 I
Subasani, V. 38/39 I A 2
Subeitala 50/51 B 4
Subertum 30/31 I A 1
Subiaco, Kl. 53 I B 3, 87 I E 3
sub Lanuvio 30/31 II B 2
Sublaqueum, Subiaco 30/31 I D 3, 30/31 II C 2
sub Lupatia 30/31 I G 4
Subotica, s. Maria Theresiopel 150/151 I E 4
Subur, Fl. 38/39 II A 3
Suburbikarische Bistümer 53 I
Succosa 21 V
Suceava, Sutschawa, Ebm. 71 I C 3, 88/89 I H 4
Suchono, Fl. 119 F—H 2/3
Suchum Kalé, Sochumi, Suchum 98/99 I E 3, 134 I C 2
Sucidava 38/39 I D 2
Sucre 133 II B 2
Sucro, Fl. 38/39 II B 2
Suczawa, 102/103 I I 4
Suda- Bai 145 V B 3
Südafrika, Republik, s. auch Südafrikan. Union 162 III B/C 4, 164/165 III, 168
Südafrikanische Republik, Transvaal 138/139 II B/C 2
Südafrikanische Union, s. auch Südafrika, Republik 138/139 II, 144 V A—C 2/3
Sudak 64/65 I E 2, 70 II G 2, 112 I D 1
Südamerika, Erdteil 118 III, 133 II
Südamerikaner in den USA 144 II
Sudan, ägyptischer Besitz 132 I D 2/3
Sudan, anglo-ägypt. Besitz 138/139 I L 3/4, 138/139 III A/B 2
Sudan, franz. Besitz 146 I B/C 2
Sudan, Ldsch. 132 I B/C 3, 132 II B—D 3
Sudan, Staat 162 III C 2, 164/165 III, 166/167 I, 168
Sudanneger, V. 132 III
Südarabisches Kolonisationsgebiet (Äthiopien) 34/35 I F/G 5
Südasien 163 I
Sudauen, Territ. 68/69 II B 2
—, s. Suwalki, O. 155 I E 1
Süd-Australien, Ldsch. 137 I D 6
Südburg (Burg) 58/59 V A 2
Süd-Carolina, amer. Staat 118 I B/C 2, 133 III E/F 3
Südchinesisches Meer 137 I C 4, 158 I C 4, 158 II C 4
Süd-Dakota, amer. Staat 133 III C/D 2
Süderinseln, s. Hebriden 60 I C 2
Suderwich 142 IV B 1, 142 V B 1
Sudeten, Geb. 74 III C/D 2
Sudetendeutsches Gebiet, Sudetenland, Ldsch. 152 II, 156/157 I E 3/4
Sudetenland, NS-Gau 155 I C/D 2/3, 155 II C 1/2
Süd-Georgien, Ins. 164/165 IV
Südhannover-Braunschweig, NS-Gau 155 I B 2
Südjemen, Staat 162 III D 2, 164/165 I
Südkarpaten 74 III E/F 3
Südkirchen 142 IV C 1, 142 V C 1
Süd-Korea, Staat 162 I C 2
Südliches Meer, Indischer Ozean 14/15 VI
Süd-Orkney-Ins. 164/165 IV
Südostasien-Pakt 166/167 II
Südosteuropäische Kulturen 5 I C/D 3/4
Südostpreußen, NS-Gau 155 II C/D 1
Süd-Pazifik-Bahn (USA) 133 III B—D 3/4
Südpol 164/165 IV
Südpolargebiet 164/165 IV
Südpreußen, Prov. 115 I D 2
Sudr 163 II B 4
Süd-Rhodesien, brit. Besitz 162 III C 3/4
Südrussische Bronzekultur 5 II D—F 2/3
Süd-Sandwich-Ins. 164/165 IV
Südsee, Meer 100/101 VIII, 137 I F—I 5/6, 158 I G/H 5, 158 II G/H 5
Süd-Shetland-Ins. 164/165 IV
Südslawen, V. 67 III, 150/151 II
Südstaaten-Konföderation, amerik. 133 I u. III
Südsteiermark, NS-Gau 155 I C 3, 155 II C 2
Südterritorien, algerische 146 I B/C 1
Südtirol, Ldsch. 160 III B 3
Süd-Vietnam, Staat 162 II C 3, 163 I E 3/4
Südwest-Afrika, dt. Kol. 132 I C/D 4/5, 138/139 II, 144 V A 1/2
—, südafrikan. 162 III B 3/4
Sueben, s. Sweben
Suebenreich, s. Swebenreich
Suebi Nicretes, V. 37 I B 2
Suebisches Meer, Ostsee 41 I B—D 1/2
Suel 38/39 II B 2
Sues, Golf v. 138/139 IV C 3
Sues, O. 138/139 IV C 3, 148 III A 2/3, 162 III C 1
Suesa 30/31 I C 1
Sues-Kanal 138/139 III B 1, 138/139 IV C 1/2
Sues-Kanal-Zone, brit. 138/139 IV, 156/157 I G 5/6
Suessa Aurunca, Suessa, O. i. Campanien 30/31 I D 3, 63 I D 4
Suessa, O. i. Latium 30/31 II B 2
Suessiones, V. 29 I B 1
Suessula 24 II G 4, 30/31 I E 3/4
Suevia, Ldsch. 41 IV
Sufas 34/35 I C 3
Sufetula, Sbeïtla 34/35 III B 1
Suffolk 102/103 I D 3
Sugambri, V. 37 I A/B 1
Sugdaia, Surosh 61 V C 3
Sugdidi 134 I C 2
Suhl, Bg. O. 86 I A 1, 161 IV B 1
Suindinum, Le Mans 36 C 3
Suionen, V. 41 I B/C 1
Suitschou 136 I D 4
Suiyüan, chines. Prov. 136 I D/E 2/3
Sukkoth, O. i. Ägypten 6 I A 1
Sukkoth, O. i. Gilead 8 III B 2
Sulak, Fl. 134 I F 2
Sulawesi, Ins., s. Celebes 162 II C/D 3/4
Sulci 25 I B 4
Suleim, V. 50/51 F 5
Sulejow, Kl. 87 II D 2
Su-li, Ldsch. 46/47 I I/K 3
Sulia 10 III B 1
Sulioten, V. 130/131 I F/G 3/4
Sulkadyr, Ldsch. 112 I D 2
Sullana 100/101 III A 2
Sully 96/97 I B 6, 110 C 3
Sulmo, Sulmona 30/31 I D 2, 63 I D 3
Sultanabad 148 III B 2
Sultanhan 8 I B 2
Sulz 40 II B 3
Sulzbach, O. u. Fsm. 68/69 I F 4, 122/123 I D 4, 128 I C 2
Sumadang 135 II B 1
Sumatra, Ins. 72/73 I C/D 5/6, 98/99 I K/L 7/8, 111 II D/E 2/3, 136 II A/B 3/4, 137 I B/C 4/5, 158 I B/C 4/5, 158 II B/C 4/5, 162 II B/C 3/4
Sumbawa, Ins. 135 II D 2
Sumelocenna, Rottenberg 40 II B 3
Sumer, Ldsch. 8 II C 2
Sumerer, V. 3 I F 3, 6 III
Summa Rapida 40 III B 1
Summuntorium (Burghöfe) 40 II D 3
Summus Lacus, O. 37 I B 3
Sumter, Fort 133 III F 3
Sumy 156/157 I G 3
Suna 30/31 I D 2
Sund, Meerenge 84 I C 2, 84 II C 2, 92/93 I E 2
Sunda-Ins., Kleine 164/165 I P/Q 5
Sunda-Straße, Meerenge 135 II A/B 1
Sunderland, O. 142 III B 2
Sundgau, Ldsch. i. Elsaß 80 II A/B 1, 95 D 4, 114 D 4
Sundhausen 77 I A 2
Sundsvall 126/127 I G 1
Sung, Staat 3 IV B 2
Sungei Ujong, Ldsch. 138/139 V A/B 2
Sunion, Kap 18/19 I E 4
Sunion, O. u. T. 13 I C 2
Sunjani 163 IV A 2
Sunmijani 135 I A 2
Sunniten, islam. Konfession 72/73 VI, 137 III
Süntel, Geb. 37 II B 1, 54/55 I D 2
Sün-tschün 46/47 III I 3
Suojärvi 160 IV C 3
Suomen, Finnen, V. 60 I I 1
Superaequum 30/31 I D 2
Supinum 30/31 I D 3
Süpplingenburg, Pfalz 62 II C 1
Sura, Sauer, Fl. 37 I A 2
Sura, O. i. Syrien 41 III D 2
Surabaja 135 II C 1, 137 I C 5, 137 II A 2, 158 I C 5, 158 II C 5
Surakarta, O. 135 II C 1
Surakarta, Staat 135 II C 1/2
Suraschtra, Ldsch. 46/47 I F 4
Surat 98/99 I H 5, 111 II C 1, 116/117 IV B 2, 135 I B 2
Surghul, Nina 6 II C 2
Surgut 98/99 I H 1
Suri, Suwar 6 III B 1
Surinam, brit. Kol., s. auch Guayana 111 I D 3, 118 III E 2
Surosh, Sugdaia 61 V C 3
Surparaka 46/47 III F 4
Surpicanum 30/31 I D 2
Surrentinimontes, Geb. 30/31 III B/C 2
Surrentum 30/31 III B 2
Surrey, Gft. 109 I
Susa, Seleukeia, O. i. Elam 3 II F 3, 14/15 I F 3, 22/23 II E 3, 50/51 F 4
Susa, Segusio, O. i. Piemont 24 II C 2, 63 I A 2, 94 I B 2, 94 II B 2, 106/107 I D 7
Susa, Sousse, O. i. Tunesien 130/131 I E 4
Susdal 61 V D 2, 105 II C 3
Susiana, Ldsch. 22/23 I F 2
—, Pers. Satrapie 14/15 I F 3
Sussex, Ldsch. 52 I B/C 2, 54/55 I B 2
Süßwasser-Kanal Nil-Ismailia 138/139 IV B/C 2
Sutkagen-Dor 3 II H 4
Sutrium, Sutri 30/31 I C 2, 53 I B 2
Sutchawa, Suceava, O. 75 E 5
— Ebm. 88/89 I H 4
Sutschou, Kiutschwan 136 I F 3, 164/165 I O 3
Sutunurca 28 IV A 2
Suva 138/139 I S 5
Suvasa 8 I A 2
Suwalki, Sudauen, O. 116/117 I H 3, 148 F 3, 155 I E 1
Suwar, Suri 6 III B 1
Svatos 18/19 I B 1
Svistov, s. Novae 38/39 I E 2
Sveaborg, siehe Sweaborg
Swakopmund 132 I C 5, 144 V A 2
Swanen, V. 119 G 6
Swanetien, Ldsch. 134 I D 2
Swansea 110 B 2
Swasiland, Ldsch. u. Staat 138/139 I L 6, 138/139 II C 2, 162 III C 4, 164/165 I L 6
Swatou 136 I E 4, 158 I C 3
Sweaborg, Sveaborg, (Festung) 116/117 I H/I 1
Sweben, V., s. auch Nord-Sweben 24 I D 2, 42/43 I D 1, 48 I A 2, 48 I C 2
Swebenreich 48 II A 2, 49 I A 2, 50/51 A 3
Sweonen (Schweden) V. 50/51 C 1/2, 57 I D 1/2
Swerdlowsk, Jekaterinburg 150/151 I K 3, 163 II D 1
Swidérien-Kultur 1 IV C 1
Swidry 1 V D 1
Swijn, Fl. 95 B 2
Swinemünde, O. 122/123 I F 2, 160 III B 2
Swir, Fl. 119 E/F 2, 156/157 I G 2
Swistow 148 I G 5
Syagrius-Reich 48 I A/B 2
Sybaris 17 I E 1
Syberos, Fl. 13 I B 1
Sybota-Ins. 16 II D 3
Sybridai 13 I B 1
Sybrita 10 III B 1
Syburg (Burg) 54/55 I D 2, 142 IV B 2, 142 V B 2
Sydney, Port Jackson 137 I E 6, 137 II C 3, 138/139 I R 6
Syene, Assuan 6 I A 3
Syia 10 III A 1
Sykia 10 I C 1
Syktywkar 150/151 I I 2
Sylt, Ins. 122/123 I C 1
Symaithos, Fl. 17 I C 3
Symbri, V. 25 I B 3
Syme 11 I E 2
Synuada 22/23 II B 2, 38/39 I F 3
Sypalettos 13 I B 1
Syrakus, Bm. 88/89 I F 6
—, Syracusae, O. 17 I D 3, 48 I C 3, 56 II B 4, 63 I E 6, 130/131 I F 4
—, Plan 17 II
Syrakuser Hafen, a. Korsika 20 I A 2
Syr-darja, Jaxartes, Sihun, Fl. 50/51 H/I 3, 72/73 II F 3, 98/99 I G/H 3, 134 II E/F 1
Syria, röm. Prov. 28 II E 3, 29 IV C 2, 38/39 I G 3/4
Syrias, Lepte promontorium, Kap 38/39 I F/G 2
Syrien, Ldsch. 8 IV B/C 1—3, 22/23 II C 2/3
Syrien, Scham, Ldsch. 50/51 E 4
Syrien, osman. Ld. 112 I D 2
Syrien, frz. Mandat 150/151 I G/H 5, 153 VI C/D 2, 156/157 I G/H 5
Syrien, Staat, s. auch VAR 162 III C 1, 163 II B/C 3, 164/165 III, 166/167 I, 168
Syrien (Wilajet) 134 II B 2
Syrische Wüste 22/23 I E/F 2, 50/51 E/F 4
Syrjänen, V. 119 I K 1/2
Syros Ins. u. O. 18/19 I E 4
Syrtis maior, Syrte, Große, (Meeresbucht) 26/27 II C 2
Syrtis minor, Syrte, Kleine, (Meeresbucht) 26/27 II C 2
Sysran 149 III D 2, 163 II C 1
Szalókmonostor, Pußta-Wüstung 140 V B 1
Szalók-Sámson, Pußta-Wüstung 140 V B 2
Szatmar 75 D 5, 112 II E 2
Szegedin, Szeged 75 D 5, 96/97 I L 6, 112 II D 2, 150/151 I F 4, 156/157 III D 3
Szekelyhida 112 II E 2
Szekler, V. 112 II F/G 2/3
Szent György, Pußta-Wüstung 140 V B 1
Szent Palteleke, Pußta-Wüstung 140 V B 2
Szetschwan, chin. Prov. 136 I D 3
Szetschwan-Tibet-Straße 163 I D 1/2
Sziget, Szigetvar 96/97 I I 6, 112 I B 1, 112 II B 2
Szolnok 112 II D 2

Taanach 8 III B 2
Tabae, O. i. Karien 38/39 I E 3
Tabai, O. i. Parthien 22/23 I G 2
Tabal, Ldsch. 9 III E 2
Tabalati 34/35 III C 2
Tabaristan, Ldsch. 50/51 G 4
Tabasco 100/101 II C 2
Tabassaraner, V. 134 I F/G 3
Tabatinga 118 III D 3, 133 II B 2, 164/165 I F 5
Tabbäs 134 II D 2
Tabellaria 30/31 I B 2
Tabernae, Rheinzabern 40 II B 2
Tabgatsch, Ldsch. 50/51 I 4
Tabor, Geb. 8 III B 2
Tabor, O. 92/93 II C 4, 122/123 I F 4
Tabora 132 I D 4
Täbris 9 III G 2, 52 III D 3, 72/73 II D 4, 112 I E 2, 134 II C 2, 148 III B 2, 163 II C 3
Tacapsae, Gabes 34/35 III C 2
Tachau 92/93 II B 4
Tacna 133 II B 2
Tacola 46/47 I H 6
Tademait, Wüstenplateau 163 III A 3
Tadinum 30/31 I C 1
Tadmor, Palmyra 8 II B 2, 38/39 I G 4
Tadschikische SSR, Tadschikistan 159 II E 3
Taenarum, Tainaron, prom., Kap 38/39 I D 3
Taexali, V. 36 B 1
Tafilelt 150/151 I C 5
Tagenrog 119 F 5, 148 I I 4, 156/157 I G 4
Taginae 48 II C 2
Tagliacozzo 66 II D 3, 94 I E 3, 94 II E 3
Tagus, Fl., Tajo 38/39 II A/B 1/2
Tahert 50/51 B 4
Tahiti, Ins. 100/101 VIII F 3, 137 I H 5
Tai, O. 46/47 III K 1
Taif 42/43 I G 4, 50/51 F 5
Taij, Ldsch. 50/51 F 5
Tai-jüan, Tai-yüan 46/47 I K 3, 136 I E 3
Tainan 111 II F 1
Tainaron, Kap 18/19 I C 5
Tainaron, T. 18/19 I C 5
Taipeh 162 I C 2
Taiwan, Formosa, Ins. 98/99 I N 5, 136 I F 4, 158 I D 3, 158 II D 3, 162 I C 2
Tai-yüan, Tai-jüan 46/47 I K 3
Tajo, Tagus, Fl. 38/39 II A/B 1/2, 64/65 I A 2/3, 64/65 II A 2/3
Tak-i-Bostan 42/43 I G 3
Takompso, Nilinsel 6 I A 3
Takoradi 156/157 II F 4, 162 III A 2, 163 IV B 3
Takrur, V. 98/99 IV
Takt-i-Suleiman 42/43 I G 3
Taku 138/139 VI A 3
Talaing, Ldsch. 46/47 IV D 5
Talandonisi, Ins. 14/15 IV A 2
Talas, Ldsch. 50/51 H/I 3
Talas, O. 50/51 I 3
Talavera 125 I B 4
Talbis, Thilabus 6 IV B 2
Tal der Könige 7 IV
Taler-Währung 144 I
Taleton, Ldsch. 13 II A 1
Taliata 38/39 I D 2
Tallaion-Grotte 10 II B 1
Tallin, siehe Reval, O. 150/151 I F 3
Talmis, Kalabscheh 6 I A 3
Taluca 100/101 II B 2
Talysch (Chanat) 134 I G 4
Talyschen, Taten, V. 134 I
Tamak 41 III C 2
Taman 71 I E 3
Tamatave 125 II, 132 I D 4, 162 III D 3
Tambow 119 G 4, 156/157 I H 3
Tammerfors, Tampere 92/93 I G 1, 113 E 2, 150/151 I F 2
Tamnium, Heiligtum 36 B 3
Tampico 118 III C 1
Tamralipti 46/47 I G 4
Tamra Nala, Fl. 21 III
Tamuda 38/39 II A 2
Tamurka 140 IV B 1
Tamynai 18/19 I E 3
Tana, Fl. 132 I D/E 4
Tana, Asow, O. 70 II G 1
Tana, O. i. Indien 52 III E 4
Tana-See 154 IV A 1
Tanager, Fl. 30/31 I F 4
Tanagra 13 I B 1
Tanais, Don, Fl. 34/35 I F 2
Tanais, O. 11 II E 1, 38/39 I G 1
Tananarivo 132 I D 4, 162 III D 3
Tanaos, Fl. 18/19 I C 4
Tanarus, Fl. 24 II C/D 2
Tandschur 72/73 I A 4, 135 I B 3
Tanfield 142 II A 2
Tanga 132 I D 4
Tanganjika, Ldsch. 146 I D 3
Tanganjika, Republik 162 III C 3, 164/165 III, 166/167 I, 168
Tanganjika-See 132 I D 4
Tanger, Tingis 38/39 II A 2, 50/51 A 4, 85 I A 3, 102/103 I B 6, 116/117 I B 6, 132 I B 2, 147 C 5, 150/151 I C 5, 162 III A 1
Tangermünde 68/69 I F 2
Tanguten (tibetan.), Si Hia, V. 72/73 I C/D 1/2, 98/99 I K 4
Tanis, Ramses,Avaris 6 I A 1
Tanitische Nil-Mündung 29 II B 1

Tannenberg, O. i. Preußen 71 I B 2, 104 IV B 3, 148 I F 3
Tannenberg, O. i. Schlesien 77 III B 2
Tannetum 25 I C 1
Tannu Tuwa, Sowj. Rep. 136 I C 1, 149 IV D 2, 162 II B 1
Tanta 138/139 IV A 2
Taocher, Dajaeni 9 III F 1
Taoismus (Religion) 72/73 IV
Taormina 56 II B 4, 63 I E 6
Taoughzout 34/35 III A 1
Taparura, Sfax 34/35 III C 2
Taphiai, Ins. 18/19 I A 3
Taphos, Ins. 18/19 I A 3
Tapiau 68/69 II B 2
Taprobane, Salice, Singhala, Ceylon, Ins. 34/35 VI, 22/23 VI, 46/47 I F/G 6, 46/47 II D/E 6
Tapurer, V. 22/23 I G 2
Tara, O. i. Irland 60 I C 3
Tara, O. a. Irtysch 98/99 I H 2
Tarakan 158 I 4, 158 II C 4
Tarantaise, Moûtiers, Ebm. 88/89 II B 2
Tarantaise, Moûtiers, O. 54/55 I D 3
Taraori 72/73 V B 2
Taras, s. Tarentum 30/31 I H 4
Tarasken, V. 100/101 II A 2
Tarasp 80 II E 2
Tarawa, Ins. 158 II F 4
Tarbelli, V. 36 B 4
Tarbes, Bm. 88/89 I C 5
Tarbes, O. 54/55 I C 4
Tarbisu 6 IV B 1
Tarent, Ebm. 88/89 I F 5
Tarent, O. 50/51 C 3, 56 II B 3, 63 I F 4, 130/131 I F 3
Tarentinus sinus, Golf 30/31 I G/H 4/5
Tarentum, Taras, Neptunia, Tarent 30/31 I H 4
Targu-Jiu 75 D 5
Tarichaea 34/35 II B 2
Tarifa, Julia Traducta 71 III A 3
Tarim, Fl. 46/47 I F/G 2/3
Tarim-Becken 46/47 I F/G 2/3, 50/51 I/K 3/4, 52 III E/F 2/3, 72/73 II G H 3/4, 98/99 I H/I 3/4, 136 I B 2/3
Tarjovist 70 II E 2, 116/117 I K 4
Tarkwa 163 IV B 3
Tarn, Dép. 122/123 III B 3
Tarn, Fl. 49 II B 2/3
Tarn et Garonne, Dép. 122/123 III B 2/3
Tarnogrod 113 E 4
Tarnopol 74 III F 2, 113 F 5, 115 I F 3, 126/127 I I 4, 148 I G 4, 150/151 I F 4, 156/157 III D 3
Tarnow 67 III C 2, 106/107 I L 4, 106/107 III C 2, 130/131 I G 1
Tarnowitz, Bg. O. 86 I E 1
Taro, Tarus, Fl. 4 VI A 2, 63 II A/B 2
Taronitis, Ldsch. 38/39 I H 3
Tarouca, Kl. 87 II A 3
Tarquinii, Corneto 24 II E 3, 30/31 I B 2
Tarracina 30/31 I D 3
Tarraco, Tarragona, O. 38/39 II C 1, 54/55 I C 4, 130/131 I C 3
Tarraconensis, röm. Prov. 34/35 I B 2/3, 38/39 II A/B 1/2
Tarragona, Ebm., Primat 88/89 I C 5
Tarrasa 53 II B 2
Tarrazona, Bm. 88/89 I B 5
Tarrha 10 III B 1
Tarsatica 38/39 I B 1
Tarsios, Fl. 18/19 I H 2
Tarsis, Tartessos 11 II A 2
Tarsos, Tarsus, Antiocheia 5 I E 4, 22/23 II B 2, 38/39 I F 3, 50/51 E 4, 64/65 IV A 2
Tartessos, Tarsis, O. 11 II A 2, 5 II A 4
Tartessus sinus, Golf v. Cadiz 38/39 II A 2
Tartu, Dorpat, Jurjew 147 F 3, 150/151 F 3
Tartus 163 II B 3
Taruma, Hft. 72/73 I D 6
Tarus, Taro, Fl. 24 II D/E 2
Tarusco, O. i. Pyrenäen 36 C 4
Tarusco, O. a. d. Rhône 24 II B 3
Tarutia 41 III B 2
Tarutino 140 IV A 1
Tarvessedum 37 I B 3
Tarvis, O. 124 I D 3
Tarvis-Paß 63 I D 1
Tasa 6 I A 2
Tasaccora 38/39 II B 2
Taschilumpo 136 I B 4
Taschkent, Schasch 50/51 H 3, 64/65 III H 2, 72/73 II F 3, 134 II E 1
Tasch Köpri 134 II E 2
Taschlik 140 IV A 2
Tasci 8 I B 2
Tasgaetium 40 III B 1
Tasmanien, Van Diemen's Land, Ins. 100/101 VIII C 5, 138/139 I R 7
Tatar Bunar, O. 140 IV B 2
Tataren, V., s. auch Mongolen 72/73 II L 3, 105 III C/D 2, 119 I 3
Tataren, Sibirische, V. 98/99 I G—I 2
Tatareneinfall in Osteuropa 64/65 II F 2, 67 III
Tatarenherrschaft in Osteuropa 71 I
Tatarenreiche 72/73 II u. VI s. auch Astrachan-, Kasan-, Krim-, Sibir-Chanat, Goldene Horde, Krim-Tataren
Tatarische ASSR 150/151 I H/I 3
Tatarische Sprache i. Osteuropa 70 II
Taten, Talyschen, V. 134 I
Tatta lacus, Tuz-Gölu (See) 38/39 I F 3
Tauber, Fl. 40 II C/D 2
Tauberbischofsheim, Kl. 52 II C 2
Taucha 77 II
Taucheira 11 II D 2
Taufers, Bg. O. 86 I B 3
Täufersekten (Religion) 52 III, 105 I
Taulantii, Taulantier, V. 38/39 I C 2
Taum 36 B 1
Taunton 110 B 2
Taunus mons, Geb. 54/55 II E/F 2
Taurasia, O. am Po 25 I A 1
Taurasia, O. i. Samnium 30/31 I E 3
Taurer, V., a. Krim 20 I F 2
Taurien, Ldsch. 134 II B 1
Taurini, Tauriani, Tauriner, V. 25 I A 1
Taurinorum, Augusta Taurinorum, Turin 42/43 I C 2
Tauris, Krim, Ldsch. 16 II F 1
Taurisium 38/39 I D 2
Taurisker, Noriker, V. 24 I D 3, 28 I C 1
Tauroeis, O. i. Bruttium 17 I D 2
Tauroeis, Bandol, O. i. d. Provence 24 II B 3
Tauroggen 75 D 3, 115 I E 1, 125 I E 2
Tauromenium, Tauromenion, Taormina 17 I D 3
Tauropolion, T. 18/19 I G 4
Tauros, Kap 17 I D 3
Taurus, Geb. 38/39 I F 3
Taus 92/93 II B 4, 106/107 III A 2
Tauschersreuth 81 I
Tavastehus 113 E 2
Tavastland, Ldsch 113 E/F 2
Tavastländer, Hämen, V. 60 I I/K 1
Tavium 38/39 I F 3
Tawen 71 I D 3
Tawern 40 VI A 2
Taxila 14/15 I I 3, 22/23 I I 2, 26/27 I I 2
—, Plan 21 III
Taxis, Schloß 128 I C 2
Tayasal 100/101 II D 2
Taygetos, Geb. 18/19 I C 4/5
Tayibe, Oriza 41 III D 2
Taza-Khurmatu 6 IV B 1
Tbilisi, s. Tiflis 150/151 I H 4
Team, Fl. 142 II A 2
Teanum Apulum 30/31 I F 3
Teanum Sidicinum 30/31 I E 3
Teate 30/31 I E 2
Tebes 8 III B 2
Tebessa, Theveste 34/35 III B 1, 156/157 I D 5
Tebtynis 29 II B 2
Tebuk 50/51 E 5
Tecklenburg, Hft. u. O. 68/69 I D 2, 115 I B 2, 122/123 I B 2
Tecoh 100/101 II D 1
Tectosages, Tektosager, Volcae, V. 24 I F 3/4, 29 I B 3, 36 C 4
Teerleben, Wüstung 56 VI B 2
Tegal 135 II B 1
Tegea 18/19 I C 4
Tegel 143 II, 161 II
Tegeler See 143 II
Tegernsee, Kl. 58/59 I I 5, 87 I E 2
Tegianum 30/31 I F 4
Tegna 24 II B 2
Tegyra 18/19 IV A 1
Tehenu, dunkle Libyer, V. 3 II D 3, 9 I C 3
Teheran, Gau 134 II D 2
Teheran, O. 52 III D 3, 98/99 I F 4, 164/165 I M 3
Tehneh 6 I A 2
Teichiussa 13 III A 2
Tei-Kultur 5 I D 3
Teima 26/27 I E 3, 50/51 E 5
Teithras 13 I B 1
Teke 11 IV
Tekir 8 I B 2
Tekke, Ldsch. 70 II E/F 3
Tekmon 18/19 I A 2
Tekoah 8 III B 3
Tekrit, Itu 9 III F 3, 148 III B 2
Tektosager, Tectosages, V. 24 I F 3/4, 29 I B 3
Telamon, Tlamu 24 II E 3, 30/31 I B 2
Telelat Gassul 3 II E 3
Tel Aviv, Tel Awiw 162 IV A 1
Telesia 30/31 I E 3
Telethrion, Geb. 18/19 I D 3
Telgte 78 III A 2
Telingana, Ldsch. i. Indien 72/73 V C 3
Telingara, Ldsch i. Burma 46/47 I H 5
Tell Abta 6 IV B 1
Tell Açana, Alalach 8 I B 2
Tell Afar, Nimit Ischtar 6 IV B 1
Tell Ahmar 8 I B 2, 6 IV B 2
Tell Ajrab 6 III C 2
Tell Aschara, Tirka 6 IV B 2
Tell Asmar, Eschnuna 6 III B 2
Tell Aswad 6 III B 2
Tell-Atlas, Geb. 163 III A/B 1
Tell-baschir, Turbessel 64/65 IV B 2
Tell Billa, Schibaniba 6 III B 1
Tell Brak 6 II B 1, 6 III B 1
Tell Dauk 8 III B 2
Tell el-Amarna, Echet Aten, Echut Aten 6 I A 2
Tell el Kebir 138/139 IV B 2
Tell el Madain 6 II C 2, 6 III C 2, 6 IV C 2
Tellenae 30/31 II B 2
Tell es-Senaina 6 I A 2
Tell-Fara 8 III B 3
Tell Fhede 41 III D 2
Tell Halaf, Guzana 2 I F 3, 6 IV B 1
Tell Halawa 41 III C 2
Tell-Hamdun 64/65 IV B 2
Tell Hammam 6 III C 2
Tell Jawan 6 IV B 2
Tell Judeide, O. i. Syrien 2 I E 3
Tell Judaida, O. i. Sumer 6 III C 2
Tell Khoschi 6 III B 1, 6 IV B 1
Tell Lahm 6 III C 2, 6 IV C 2
Tell Mahroun 41 III C 1
Telloh, Lagasch 6 II C 2
Tell Sabi 6 IV C 2
Tell Safije 8 III A 3
Tell Sifir, Kutalla 6 III C 2
Tell Sifra 6 II B 1, 6 IV B 1
Tell Tainat 8 I B 2
Telma, Thaema 34/35 I F 4
Telmessus, Telmessos 22/23 II A 2, 38/39 I E 3
Telo Martius, Toulon 36 D 4
Telos, Ins. u. O. 18/19 I H 5
Teltow 143 II
Teltow-Kanal i. Berlin 143 II
Tema 163 IV B/C 3
Temala 46/47 I H 5
Tembu, Ldsch. 138/139 II B 3
Temenitis, Ot. v. Syrakus 17 I
Temesvar, Timişoara, O. 71 II B 2, 112 II D 3, 150/151 I F 4 s. auch Banat Temesvar
Temhu, blonde Libyer, V. 3 II C/D 4
Temir Chan Schura 134 I F 2
Temnos 18/19 I H 3
Tempe, O. 18/19 II B 3
Tempe-Tal 18/19 I C 2
Tempelhof, O. 143 II, 161 II
Temple (Faubourg v. Paris) 109 IV
Tempsa 17 I E 2
Tempyra 18/19 I F 1
Temrjuk 134 I A 1
Tenasserim, Ldsch. 136 II A 2
Tenayocan 100/101 VI A 1
Tencteri, V. 37 I A/B 1, 41 I A 2
Tenda 94 I B 2, 94 II B 2, 160 III A 4
Tenea 18/19 I C 4
Tenebrium, promontorium, Kap 38/39 II C 2
Tenedo, Zurzach 40 III B 1
Tenedos, Ins. 18/19 I G 2, 71 II C 4, 116/117 I I 6
Teneriffa, Ins. 132 I B 2
Ténès, Cartennae 38/39 II C 2
Teng, Staat 3 V B 2
Tenkterer, Tencteri, V. 41 I A 2
Tennenloh 81 I
Tennessee, amer. Staat 118 I B 2, 133 III E 3
Tenochtitlan, Mexiko 100/101 II B 2, 100/101 VI A 2
Tenos, Tenus, Ins. u. O. 18/19 I F 4, 92/93 I G 6
Tentyra, Dendera 29 II B 2
Tenus Tenos, Ins. 38/39 I E 3
Teos, Teus 18/19 I G 3
Teotihuacan, O. 100/101 II B 2, 100/101 VI B 1
—, Tempelbezirk, Plan 100/101 V
Teotitlan del Camino, Ldsch. 100/101 II B 2
Tepe Gawra 6 II B 1, 6 IV B 1
Tepe Giyan 3 II F 3
Tepe Hissar 3 II G 3
Tepe Sialk 3 II G 3
Tepetzinco 100/101 VI A 2
Tepexpan 100/101 VI B 1
Tephrika 57 I F 4
Teplitz, O. i. Bessarabien 140 IV A 2
Teplitz, O. i. Böhmen 129 II F 3
Tepotzotlan 100/101 VI A 1
Tera, Fl. 29 VI
Teramo 63 I D 3, 94 I E 3, 94 II E 3
Terdschan 112 I E 2
Teredon 9 III G 3
Terek, Fl. 134 I E/F 2, 156/157 I H 4
Terek-Kosaken, V. 105 II C 4
Terenuthis 29 II B 1
Tereventum 30/31 I E 3
Tergeste, Triest 38/39 I B 1
Tergovist 102/103 I I 4/5
Terina 17 I E 2
Teriola, Teriolis, Zirl 36 E 3, 37 I C 3
Termantia 38/39 II B 1
Termera 18/19 I H 4
Termerion, Kap 18/19 I H 5
Termes 38/39 II B 1
Termessus 38/39 I F 3
Termidh 46/47 III E 2
Termoli 94 I F 3/4, 94 II F 3/4
Terni 53 I B 2
Terpensiedlungen 36 D 2
Terracina 53 I B 3, 130/131 I E 3
Terra ferma, venezian. Territorium 94 II C—E 1/2
Terra incognita 34/35 VI
Terramare-Kultur 4 VI, 5 I B/C 3
Territoires du Sud (Algerien) 147 D 5, 150/151 I D 5
Terschelling, Ins. 104 III B 1
Tersk 134 I F 2
Tertry 50/51 B 2/3, 54/55 II C 3
Teruel 64/65 I A 2, 64/65 II A 2, 130/131 I B 3, 154 V B 1
Teschen, O. 58/59 I N 4, 68/69 I K 4, 105 I E 2, 106/107 I K 5, 122/123 I H 4, 152 II H 4, 160 III C 3
—, Hzm. 96/97 I K 5
Tesfeld, Wüstung 77 IV A 1
Tessin, Ticinus, Fl. 37 I B 3, 94 I C 1/2, 94 II C 1/2, 130/131 II B 1/2, 130/131 III B 1/2
Tessin, Kanton 130/131 II B 1/2
Tete 111 II A 3
Teterow 83 II C 2
Tetrapolis, Ldsch. 13 I B/C 1
Tetrapyrgium 41 III D 2
Tetschen 58/59 I L 3, 122/123 I F 3
Tettenhall 57 II B 2
Tetuan 71 III A 3, 150/151 I C 5
Teumessos 13 I A 1
Teumeusos 41 III B 2
Teura 25 III B 1
Teurnia, St. Peter im Holz 42/43 II C 2, 49 III C 2
Teus, s. Teos 38/39 I E 3
Teuthrania, Ldsch. 18/19 I G/H 2
Teuthrania, O. 18/19 I H 2
Teuthrone 18/19 I C 5
Teutoburgiensis saltus, Geb. 37 II B 1/2
Teutoburgium, O. i. Pannonien 38/39 I C 1
Teutonen, V. 24 I C/D 2/3
Tewkesbury 92/93 I B 3
Texas, amer. Staat 118 III B/C 1, 133 I C/D 3, 133 III C/D 3/4
Texcuco, O. 100/101 II B 2, 100/101 VI B 1
Texcuco, Rio, Fl. 100/101 VI B 1/2
Texcuco-See 100/101 VI A/B 1/2
Texel, Ins. 78 IV B 1, 104 III B 1
Thaben 80 I B 2
Thabraca 34/35 III B 1
Thaema, Telma 34/35 I F 4
Thagaste 34/35 III B 1
Thai, Thailand, Siam, Staat 111 II D/E 2, 136 II A/B 2/3, 158 I B/C 4, 158 II B/C 4, 162 II B/C 3, 164/165 III, 166/167 II, 168
Thai-Stämme, Shan, Siamesen, V. 46/47 IV E 4, 72/73 I D 3, 72/73 II I/K 6
Thailfingen 120 V B 2
Thalamai 18/19 I C 5
Thaliades 18/19 I B 4
Thamna 34/35 II B 2
Thamugadi, Timgad 34/35 III B 1
—, Plan 32 VI
Thamysida 38/39 II A 3
Thanaramusa 34/35 III A 1
Thanet, Ins. 57 II C 2
Thann 83 III A 2
Thapsakos, Amphipolis 14/15 I E 3, 22/23 II C 2
Thapsos, Thapsus, O. i. Afrika 11 II C 2, 34/35 III C 1
Thapsos, O. i. Sizilien 17 I D 3
Tharnau 77 III B 1
Tharr, Wüste 22/23 I I 3
Tharros 11 II B 22, 25 I B 4
Thasos, Thasus, Ins. u. O. 18/19 I E 1, 54/55 I G 4, 71 II B 3, 92/93 I G 5, 145 V B 2, 145 VI B 2, 147 F 4
Thaton 46/47 IV D 5
Thaumakia 11 I C 1
Thaumakoi 18/19 I C 2
Thaya, Fl. 58/59 III D 1, 74 I B/C 2, 122/123 I F/G 4
Thayngen 1 IV B 2
Theadelphia 29 II B 2
Thebae, Theben, Thebai, O. i. Böotien 18/19 IV B 2
Thebai, O. i. Jonien 13 III A 1
Thebai, O. i. Thessalien 18/19 I C 2
Thebaïs, ägypt. Ldsch. 29 II B 2/3
Thebais, röm. Provinz 42/43 I F 4
Thebe, O. i. Mysien 18/19 I G/H 2
Theben, Ebm. i. Böotien 88/89 I G 6
Theben, Diospolis, Thebae, O. i. Ägypten 6 I A 2
—, Plan d. Totenstadt 7 IV
—, Amuntempel (Karnak), Plan 7 V
Thebez 34/35 II B 2
Theches, Bg. 22/23 III C 1
Thedinghausen 126/127 II B 1
Theilenhofen, Iciniacum 40 II D 2
Theiß, Fl. 54/55 I G 3, 67 III C 3, 74 III E 2/3, 112 II D—F 1—3
—-Kultur 2 I C/D 2
Thelaw 134 I E 3
Theleda 41 III B 2
Thelepte, Fèriana 34/35 III B 2
Thella 34/35 II A 3
Thelpusa 18/19 I B 4
Themakos 12 V
Themen, byzantinische 50/51, 54/55 I, 56 II
Themiscyra, Themiskyra 20 I G 2, 22 III B 1, 38/39 I G 2
Themisonion 22/23 II A 2
Themse, Fl. 58/59 I C/D 3, 110 B/C 2
Theodosia, O. a. d. Krim 11 II E 1, 38/39 I G 1/2
Theodosiopolis 50/51 F 4
Thera, Ins. u. O. 18/19 I F 5
Therambos 18/19 I D 2
Therapne, T. 10 II C 3, 18/19 I C 4
Theresienstadt, NS-Konzentrationslager 155 I C 2

Thermäischer Golf 18/19 I C/D 1/2
Thermai, O. auf Ikaria 18/19 I G 4
Thermai, Thermi, O. auf Lesbos 18/19 I G 2
Thermai Himeraiai, Thermae Himeraeae 17 I B 3
Thermai Selinuntiai, Thermae Selinuntia 17 I B 3
Therme, O. b. Thessalonike 18/19 I C 1
Thermon, Thermos 18/19 I B 3
Thermopylai, Thermopylae, Paß 18/19 III
Thermos 18/19 I B 3
Thérouanne, Bm. 88/89 I C 3
Thérouanne, O. 54/55 II C 2
Thespiai, Thespiae 18/19 IV B 2, 38/39 I D 3
Thesproter, V. 16 I A 2
Thesprotia, Thesprotien, Ldsch. 18/19 I A 2
Thessalia, Thessalien, Ldsch. 18/19 I B/C 2, 70 II D 2/3, 130/131 I G 3/4, 145 V B 3, 145 VI B 2/3
Thessaliotis, Ldsch. 18/19 I B/C 2
Thessalonike (Byzant. Thema) 54/55 I G 4/5
—, Ebm. 88/89 I G 5
—, Kgr. 64/65 II D 2/3
—, Thessalonice, Saloniki, O. 18/19 IV B 2, 54/55 I G 4, 71 II B 3
Thestia 18/19 I B 3
Thetonion 18/19 I C 2
Theudorion 18/19 I B 2
Theveste, Tebessa 34/35 III B 1
Thibilis 34/35 III B 1
Thibiuca 28 IV A 2
Thiede 58/59 V A 1
Thiengen 83 III B 2
Thilabus, Talbis 6 IV B 2
Thiltauri 41 III C 1
Thimida 28 IV B 2
Thimnath 8 III B 2
Thingbezirke in Island 57 III
Thingvellir 57 III A 2
Thinis 6 I A 2
Thisbe 18/19 IV A 2
Thisiduum 28 IV A 2
Thisoa 18/19 I C 4
Thmuis 6 I A 1
T'ho 100/101 II C 1
Tholey 80 I C 2
Thomala 42/43 I G 4
Thomar 90 I A 3, 90 II A 3
Thon 81 I
Thonon 80 II A 2
Thorenburg 74 III E 3
Thorikos 13 I C 2
Thorn 67 III B 2, 84 I u. II D 3, 104 II C 2, 105 I E 1, 106/107 III B 1, 115 I D 2, 124 I E 1, 129 I H 2, 152 II H 2, 156/157 III C 2
Thorr, Tiberiacum 37 I A 1
Thouars 58/59 I C 5
Thracia, röm. Provinz 38/39 I D/E 2, 48 II D 2
Thraciae (röm. Diözese) 42/43 I E 2
Thracien, Ldsch. 153 V A/B 1
Thracium mare (Meer) 38/39 I D 2/3
Thrake, Thrakien, Ldsch. 18/19 E—G 1
Thraker, V. 13 I D 2, 10 II C—E 1
Thraker, Odrysenreich 16 II D/E 2
Thrakesion (byzantin. Thema) 54/55 I H 5
Thrakien (byzantin. Thema) 54/55 I H 4
Thrakien, Thrake, Ldsch. 14/15 I D 2, 22/23 I D 1, 71 II C 3
Thrakisches Meer 18/19 I D—F 1/2
Thria 18/19 IV C 2, 13 I B 1, 14/15 IV A 1
Thriasische Ebene 13 I B 1
Throckley 142 II A 2, 142 III A 2
Thronion 18/19 I C 3
Thuburbo maius 34/35 III B 1
Thuburbo Minus 28 IV A 2
Thuburnica 34/35 III B 1
Thugga 34/35 III B 1
Thughur, Ldsch. 50/51 E 4
Thuisbrunn 56 III
Thule, Ins. (Norwegen) 22/23 VI, 34/35 VI, 24 I C 1
Thun 80 II B 2
Thuner See 80 II B 2, 130/131 II A 1
Thur, Fl. 40 III B/C 1, 80 II C/D 1, 130/131 II B 1
Thurgau, Ldsch. u. Kanton 80 II C/D 1, 130/131 II B 1
Thuria 18/19 I C 4
Thüringen, Hzm. 50/51 C 2/3
—, fränkisch 52 II C 2
—, Landgft. 66 I C/D 1, 68/69 I F 3
—, Reichsgebiet 58/59 I I 3
—, Siedlungsbild 77 IV
Thüringen, evang. Landeskirche 161 VII
Thüringen, Ld. 152 II D/E 3, 160 III B 2, 161 IV B 1
—, NS-Gau 155 I B/C 2
Thüringer, V. 42/43 I C/D 1, 48 I B/C 1
Thüringerreich 48 II C 1/2
Thüringer Wald 74 III B 2
Thüringische Herzogtümer, Staaten, s. auch Wettiner Lande, Sachsen, Reuß, Schwarzburg 129 I D/E 3, 129 II E/F 3
Thurioi, Thurii, Thuria, Copia 17 I E 1
Thurn u. Taxis, Fsm. 120 V B/C 2
Thyaira 18/19 V B 1
Thyatira 22/23 II A 2, 38/39 I E 3
Thymbra 18/19 I G 2
Thymoitadai 12 V
Thyne, Fl. 57 II B 1/2
Thyner, Thyni, V. 16 I E 1, 38/39 I E/F 2
Thynias promontorium, Kap 38/39 I E 2
Thyrea 18/19 I C 4
Thyrgonidai 13 I B 1
Thyrides, Kap 18/19 I C 5
Thyros 11 I B 2
Thyrrheion 18/19 I A 3
Thyrrhenum mare 30/31 III
Thysdrus 34/35 III C 1
Thyssageten, V. 14/15 VI
Thyssos 18/19 I E 1
Tiahuanaco 100/101 III C 3, 118 III D 3
Tiaret 34/35 III A 1
Tiber, Tiberis, Fl. 30/31 I C 1—3, 53 I B 2/3, 130/131 I E 3
Tiberiacum, Thorr 37 I A 1
Tiberias, Genezareth, O. 34/35 II B 2, 64/65 IV A 4, 162 IV B 1
Tiberias, See 162 IV B 1
Tiberis, Tiber, Fl. 30/31 I C 1—3
Tibesti, Ldsch. 132 I C 2/3
Tibet, Ld. 46/47 IV B—E 3/4, 72/73 II H/I 4/5, 98/99 I I/K 4/5, 111 II D 1, 136 I A—C 3/4, 162 II B 2, 163 I B—D 1/2
Tibetan. Tanguten, Sittia, V. 72/73 I C/D 1/2
Tibeter, Bod-schi, V. 46/47 II E/F 3/4
Tibiscum 38/39 I D 1
Tibiscus, Fl. 38/39 I D 1
Tibur, Tivoli 30/31 II B 2
Tiburon 143 IV
Tichilla 34/35 III B 1
Tichwin 113 G 3
Ticinum, Pavia 38/39 I A 1
Ticinus, Tessin, Fl. 24 II D 2
Ticonderoga 116/117 II D 2
Tiefental, Wüstung 77 IV A 2
Tieferode, Wüstung 77 IV A 2
Tiel 58/59 I F 3, 78 IV B 2
Tientsin 136 I E 3, 136 III B 3, 158 I C 3, 158 II C 3
Tieum, Tios 38/39 I F 2
Tifernum Mataurense 30/31 I C 1
Tifernum Tiberinum, Citta di Castello 30/31 I C 1
Tifernus, Fl. 30/31 I E 3
Tifernus mons, Geb. 30/31 I E 3
Tiflis, Tbilisi 50/51 F 3, 72/73 II D 3, 112 I E 1, 134 I E 3, 149 III D 3, 163 II C 2
Tigranokerta, Tigranocerta, 22/23 II D 2, 38/39 I H 3, 46/47 I C 3
Tigre, Ldsch. 154 IV A/B 1
Tigris, Fl. 9 I F/G 2/3, 50/51 F 4, 134 II C 2
Tiguentourine, Erdölfeld 163 III B 3
Tigullia 24 II D 2
Tigzirt, Iomnium 34/35 III A 1
Tihwa, Urumtschi 136 I B 2, 164/165 I O 2
Tikal 100/101 II D 2
Tikrit 6 IV B 2
Tilan 8 I B 2
Tilgarim 9 III E 2
Tilki Tepe 3 II F 3
Tilleda, Pfalz 62 II C 2
Tilsit 75 D 3, 115 I E 1
Timacum 38/39 I D 2
Timbuktu 98/99 IV, 132 I B 3, 132 II B 3
Timgad, Thamugadi 34/35 III B 1
—, Plan 32 VI
Timişoara, s. Temesvar 150/151 I F 4
Timmari 5 II C 3
Timor, Ins. 100/101 VIII B 3, 111 II F 3, 137 I D 5, 137 II B 2
Timsah-See 138/139 IV C 2
Timur-Reich 72/73 VI
Timziuin 44 I B 3
Tinchebrai 66 I A 2
Tingis, Tanger 11 II A 2, 38/39 II A 2
Tinia, Fl. 30/31 I C 2
Tinian, Ins. 100/101 VIII C 2, 158 II E 4
Tinna, Fl. 30/31 I D 1/2
Tinnetio, Tinzen 37 I B 3
Tintern, Kl. 87 II A 2
Tios, Tieum 26/27 IV B 1
Tipasa 34/35 III A 1
Tipperah, Staat 135 I D 2
Tirana 145 VI A 2, 156/157 I E 4
Tiraspol 150/151 I F 4
Tiriolo 17 I E 2
Tirizis prom., Kap 38/39 I E 2
Tirka, Tell Aschara 6 IV B 2
Tirlemont 126/127 IV B 2
Tirmidh 50/51 H 4
Tirnowo, Trnowo, O. 54/55 I H 4, 130/131 I H 3
Tirnowo, Patriarchat 88/89 I H 5
Tirol, Burg 68/69 I F 5
Tirol, Gft. 68/69 I F 5, 70 I D 2, 106/107 I F 6, 124 I C/D 3, 130/131 I E 2
Tirol-Vorarlberg, NS-Gau 155 I B/C 3
Tirgus 4 VII A 2, 18/19 I C 4
—, Plan 12 III
Tisavar 34/35 III B 2
Tisia, Theiß, Fl. 38/39 I D 1
Titane 18/19 I C 3/4
Tithorea 18/19 I C 3
Titicaca-See 100/101 III C 3, 118 III D 3
Tito-Partisanen 156/157 III C 3
Tityros, Geb. 10 III A 1
Tivoli, Tibur 30/31 II B 2, 63 I D 4
Tiwerzen, V. 50/51 D 3
Tiyas 41 III C 3
Tjilatjan 135 II B 1
Tjirebon, O. u. Staat 135 II B 1
Tjumen 98/99 I G 2
Tlacopan 100/101 VI A 2
Tlamácaz 100/101 VI B 2
Tlamu, Telamon 24 II E 3
Tlapa 100/101 II B 2
Tlatlauhquitepec 100/101 II B 2
Tlaxcala 100/101 II B 2
Tlemsen, Ldsch. 92/93 I B/C 6
Tlemsen, Pomaria, O. 38/39 II B 3, 50/51 A 4
Tmutarakan 57 I F 3
Tobago, Ins. 118 III D 2, 138/139 I F 4
Tobna 50/51 B 4
Tobol, Fl. 50/51 H 1/2, 105 III C 2
Tobolsk 98/99 I G 2, 105 II C 2
Tobruk, Antipyros 38/39 I D 4, 156/157 I F 5
Tocantins, Fl. 133 II C 2
„Tocharer" 3 I I 3
Tocharer, Jüe-dschi, V. 46/47 I E/F 3, 46/47 II F 3
Tocharistan, Ldsch. 50/51 H 4
Tócó, Fl. 140 V B 1/2
Tôd 6 I A 2
Todi, Tuder, Tutese 24 II F 3, 30/31 I C 2, 53 I B 2
Todmir, Ldsch. 54/55 I B 5
Todtnau 83 III A 2
Tofting 61 III A 2
Toggenburg, Burg u. Gft. 68/69 I E 5, 80 II C/D 1
Togo, dt. Kol., Mandat 132 I B/C 3, 149 II, 152 I
Togo, Staat 162 III A/B 2, 164/165 III, 166/167 III, 168
Tokaj 106/107 I L 5
Tokat 130/131 I K 3
Tokelau, Ins. 158 I G 5
Tokio 136 III D 3, 138/139 VI C 3, 158 I D 3, 158 II D 3
Tokmak 52 III E 2
Tolbiacum, Zülpich 37 I A 1
Toledo, Ebm., Primat 88/89 I B 6
Toledo, Toletum, O. 50/51 A 4, 64/65 I A 3, 130/131 I B 4, 154 V B 2
Tolentinum, Tolentino 30/31 I D 1, 124 II C 2
Tolerium 30/31 II C 2
Toletum 38/39 II B 2
Tolfa 25 II B 2, 86 II E 3
Tolistoagii, Tolistoagier, V. 24 I F 4, 38/39 I F 3
Tolmein 148 I D 4
Tolmeta, Ptolemais, O. i. d. Cyrenaica 38/39 I D 4
Tolosa, Toulouse 36 C 4
Tolosati, V. 29 I B 3
Tolous 36 C 4
Tölz 122/123 I D 5
Tomaros, Geb. 18/19 I A 2
Tombos, Nilinsel 6 I A 4
Tomi, Tomis-Constantiana, Constanza 38/39 I E 2
Tömös-Paß 112 II F 3
Tomsk 105 III D 2, 159 I F 2, 159 II F 2
Tondern 75 A 3, 122/123 I C 1, 152 II C 1
Tonga-Ins. 100/101 VIII E 4, 138/139 I T 6
Tongaland, Ld. 138/139 II C 2
Tongarewa- Ins., br. 137 I H 5
Tongatabu, Ins. 100/101 VIII E 4
Tongeren, Tongern, Bm. 88/89 II B 2
Tongeren, Aduatuca, O. 36 D 2, 54/55 II D 2
Tongking, Ld. 111 II E 1, 136 I D 4
Tonina 100/101 II C 2
Tonka-Fl. 132 I C/D 4
Tonnerre 58/59 I E 5
Tönning 116/117 I E 3
Tonosa 38/39 I G 3
Tönsberg, O. 60 I G 2, 84 I C 2, 84 II C 2, 102/103 I F 2
Topada 8 I A 2
Töpen 161 I u. V
Top Zawa 6 IV B 1
Torcello, Bm. 88/89 II C 2
Torcello, O. 63 I D 2
Tordesillas, O. 92/93 I A 5
Tordesillas-Vertrag 118 III
Torgau 68/69 I G 3, 96/97 I G 4, 122/123 I E 3, 126/127 I F 3, 156/157 III C 2
Torna, Pußta-Wüstung 140 V B 2
Torneå, Tornio 113 E 1, 119 C 1, 156/157 I F 2
Torne-Älv, Fl. 113 E 1
Torone, Golf v. 18/19 I D 1/2
Torone, O. 18/19 I D 1
Toronto 133 III F 2
Toropez 71 I D 1, 113 G 3
Torre Galli 17 I D 2
Torres, Turris 63 I B 4
Torthyneion 18/19 I C 4
Tortona, Bm. 88/89 II B 3
Tortona, O. 66 I C 3, 94 I C 2, 94 II C 2
Tortosa, Bm. i. Spanien 88/89 I C 5
Tortosa, O. i. Spanien 54/55 I C 4, 64/65 I B 2, 130/131 I C 3
—, O. i. Syrien 64/65 IV A 3
Tortuga, Ins. 116/117 II D 4
Tos 46/47 III D 2
Toseur 163 III B 2
Toskana, Ldsch., s. auch Tuscien 67 I C 2, 90 III B 2, 90 IV B 2
Toskana, Grhzm. 102/103 I F 5, 115 I C 4, 124 II B 2
—, ital. Provinz 130/131 I E 3
Tosko 6 I A 3
Töß, Fl. 40 III B 1/2
Tost 122/123 I H 3
Toszeg 5 I D 3, 5 II D 3
Totes Meer 8 III B 3, 64/65 IV A 5, 162 IV B 2
Touba 41 III B 2
Tougourt 34/35 III B 2
Toul, Bm. 52 II B 2, 88/89 II B 2
—, Bm.-Territ. 95 C 3
—, Kl. 87 I D 2
Toul, Gouvernement 122/123 II C 1
—, O., RSt. 58/59 I F 4, 68/69 I C 4, 114 C 3, 148 II C 2
Toulon, Bm 88/89 II B 3
Toulon, Telo Martius, O. 36 D 9, 58/59 I F 7, 130/131 I D 3, 156/157 I D 4, 156/157 III B 3
Toulouse, Ebm. 88/89 I C 5
Toulouse, Gft. 58/59 I D/E 6/7, 64/65 I B 2
—, Grafenhaus 66 I A—C 3
Toulouse, O. 49 II B 3, 50/51 B 3, 104 I C 4, 110 C 4
—, Universität 91 V B 2
Touraine, Gouv. 122/123 II B 2
Touraine, Gft. 58/59 I D 5
Tourane 136 II B 2
Tournai, Bm. 88/89 II A 1
—, Bm.-Territ. 95 B 2
Tournai, Turnacum, O. 36 C 2, 49 II B 1, 54/55 II C 2, 85 II C 2, 106/107 I B 4, 114 B 2, 126/127 IV A 2
Tournhout 104 III B 2
Tours, Ebm. 88/89 I C 4
—, Kl. 87 I C 2
—, Caesarodunum, Turones, O. 36 C 3, 42/43 B/C 2, 49 II B 2, 110 C 3
Toutones, V. 37 I B 2
Townsville 164/165 I R 5
Towton 92/93 I B 3
Toxandrien, Ldsch. 49 II C 1
Tozeur 34/35 III B 2
Trabzon, s. Trapezunt, Trapezus 38/39 I G 2
Trachenberg, Hft. u. O. 122/123 I G 3
Trachin 18/19 IV A 2
Trachis 18/19 III
Trachonitis, Ldsch. 34/35 II C 1/2
Traeis, Fl. 17 I E 1
Trafalgar, Kap 125 I B 4
Tragia, Ins. 18/19 I G/H 4
Tragilos 18/19 II C 2
Tragurium, Tragurion, Trau 38/39 I C 2
Traiana, s. Ulpia Traiana, Xanten 44 I B 1
Traiana castra 38/39 I D 1
Traianopolis, O. i. Kilikien 38/39 I F 3
Traianopolis, O. i. Thrakien 38/39 I E 2
Traiectum, Utrecht 36 C 2, 41 II A 1
Tralles, Tralleis, Aydin, Seleukeia 38/39 I E 3, 22/23 II A 2
Tramilen, V. 9 I C/D 2
Trani, Ebm. 88/89 I F 5
Trani, O. 63 I F 4, 94 I G 4, 94 II G 4
Trankebar, Tranquebar 135 I B 3
Transjordanien, Staat, s. auch Jordanien 150/151 I G 5/6
Transjordanland, Kreuzfahrer-Hft. 64/65 IV A 5
Transkaukasische SFSR 150/151 I H 4/5
Transkei, Ldsch. 138/139 II B 3
Transmarisca 38/39 I E 2
Transnistrien, Ldsch. 155 II D/E 2
Transoxanien, Ma wara an nahr, Ldsch. 50/51 H/I 4
Transpadana, röm. Provinz 38/39 I A 1
Transtagnensis, Ldsch. 34/35 III A 1/2
Transvaal, südafrikan. Republik 138/139 II B/C 2
Trapani 63 I D 5
Trapeza, O. b. Mallia 10 I B 1
Trapeza, O. am Ida-Geb. 10 I A 1
Trapezunt, Kaiserreich 64/65 II E/F 2
Trapezunt, Trapezus, Trabzon, O. a. Schwarzen Meer 11 II E 1, 38/39 I G 2, 50/51 E 3, 112 I D/E 1, 148 III A 1
—, Wilajet 134 II B 1
Trapezus, O. i. Arkadien 18/19 I B 4
Trapezus mons, Geb. a. d. Krim 38/39 I F/G 2
Trapheia, O. 18/19 IV B 2
Trapheia-See 18/19 IV B 2
Traprain Law 36 B 1
Trasimenischer See, Trasimenus lacus 30/31 II C 1
Trau, Bm. 88/89 I F 5
Traun, Fl. 86 I B/C 2/3
Traunstein, O. 122/123 I E 5
Trausnitz, Burg 68/69 I G 4
Trautenau 74 I B 2, 122/123 I F 3
Trave, Fl. 79 VI
Travedal, Schloß 116/117 I F 3
Trawankur, Staat 135 I B 3/4
Traz os Montes, portug. Prov. 116/117 I B 5
Trea 30/31 I D 1
Treasure-Ins. 143 IV
Treba 30/31 I D 3
Trebbin 121 III u. IV
Trebia, Fl. 25 I B 1

Trebiac 30/31 I C 2
Trebinje, Bm. 88/89 I F 5
Trebinje, O. 145 V A 2
Trebitsch 122/123 I F 4
Trebnitz, Kl. 66 I E 1
Trebula, O. i. Campanien 30/31 I E 3
Trebula, O. a. Sangrus 30/31 I C 3
Trebula Matuesca, O. i. Latium 30/31 I C 2
Trebula Suffenas, O. i. Latium 30/31 II B 2
Treene, Fl. 61 III B 1/2
Tréguier, Bm. 88/89 I B 4
—, O. 58/59 I B 4
Treibeis-Grenze 164/165 II u. IV
Treiden 68/69 II C 2
Trelleborg, Plan 60 II u. III
Trembowla 75 E 4
Tremp 154 V C 1
Trennfurt 40 II C 2
Trent, Fl. 110 B 2
Trento, s. Trient 150/151 I E 4
Trentschin 58/59 I N 4, 112 II C 1
Tre Pieve, Ldsch. 80 II D 2
Treptow 83 II D 1
Trerus, Fl. 30/31 II C 2
Tres Tabernae, O. i. Latium 30/31 II B 2
Tres Tabernae, Zabern 40 II A 3
Trestina 25 II C 1
Tretos, Kap 10 III A 1
Treverer, Treveri, V. 37 I A 2
Treveri, Trier, s. Augusta Treverorum 42/43 I C 2
Trevi 53 I B 2
Trevicum 30/31 I F 3
Treviso, Bm. 88/89 II C 2
Treviso, O. 63 I D 2, 94 I E 2, 94 II E 2, 130/131 III D 2
—, Universität 91 V C 2
Trianon, Schloß b. Versailles 120 III, 150/151 I D 4
Triballer, V. 20 II C/D 1
Triberg, O. 122/123 I C 4
Triboker, V. 37 I A 2
Tribur, Pfalz 62 II B 3
Tribus-Einteilung von Rom 30/31 II
Tricamarum 48 II C 3
Tricarico 63 I F 4
Tricasses, V. 36 C 3
Tricca, Trikka 18/19 I B 2
Tricesimae, Tricesima, Legionslager 32 V
Trichonion 18/19 I B 3
Trichonis-See 18/19 I B 3
Trichterbecherkultur, nordische 2 I B—D 1
Tricornenses, V. 38/39 I D 2
Tridentum 38/39 I B 1
Triebisch, Fl. 56 IV
Trient, Bm. 88/89 II C 2
—, Bm.-Territ. 68/69 I F 5, 106/107 I F 6/7
Trient, Trento, O. 49 III B 2, 104 II B 3, 130/131 III C 1, 150/151 I E 4, 160 III B 3
Trier, Bm. 145 I, 161 VI
—, Ebm. 88/89 II B 2
—, Ebm.-Territ., Kurfsm., Kurtrier 80 I, 114 D 2/3, 122/123 I B 3/4
Trier, Augusta Treverorum, Trevesi, O. 37 I A 2, 40 VI A 2, 49 I B 2, 54/55 II E 3, 80 I B 2, 105 I B 2, 156/157 III B 3
Trier, St. Maximia, Kl. 87 I D 2
—, Universität 91 V B 2
Triesch, Bg. O. 86 I C 2
Triest, Bm. 88/89 II C 2
Triest, Freistaat 160 II B 3, 160 III B 3
Triest, O. 63 I D 2, 68/69 I G 6, 115 I C 3, 125 I D 3, 150/151 I E 4
Trifels, Burg 62 II A 3
Trikka, Tricca 18/19 I B 2
Trikkala 145 V B 3, 145 VI B 3
Trikorythos 13 I B 1
Trimontium 36 B 1
Trinasos 18/19 I C 5
Trinemeia 13 I B 1
Tringanu, Sultanat 138/139 V B 1/2
Trinidad, Ins. 118 III D 2, 138/139 I F 4
Trinidad, Staat 164/165 III, 168
Trinil 135 II C 1
Trinius, Fl. 30/31 I E 2/3
Trinkomali, Trinkonanalai 116/117 IV C 4, 135 I C 4
Trinobanten, Trinovanten, Trinobantes, Trinovantes, V. 36 C 2
Triopion, T. 18/19 I H 5
Triphylia, Ldsch. 18/19 I B 4
Tripodiskos 13 I A 1
Tripolis, Gft. i. Syrien 64/65 IV A/B 3
Tripolis, Tripolitanien, Ldsch. i. Libyen 112 I B 2/3, 130/131 I D—G 5/6, 132 I C 2
Tripolis, Oëa, O. i. Libyen 50/51 C 4, 98/99 IV, 112 I B 2, 130/131 I E 5, 132 I C 2, 162 III
Tripolis, ital. Provinz i. Libyen 150/151 I E 5
Tripolis, Apollonia, O. a. Mäander 22/23 II A 2
Tripolis, O. a. Peloponnes 130/131 I G 4
Tripolis, O. i. Syrien 22/23 II C 3, 38/39 I G 4, 64/65 IV A 3, 134 II B 2
Tripolitana, röm. Provinz 34/35 I D 3, 42/43 I D 3, 48 I C 3
Tripolitza 116/117 I H 6
Tripolje, O. 2 I D/E 1
Tripolje-Kultur 2 II D 2, 4 III
Tripontium 30/31 II B 2/3
Tristan da Cunha, Ins., brit. 138/139 I I 6, 164/165 IV
Tritaia 18/19 I B 4
Triton, Fl. 10 III C 1
Tritonsee, Tritonis lacus, (Bitterseen) 34/35 III B 2
Tritschinapalli 135 I B 3
Trnowo, s. Tirnowo 130/131 I H 3
Troas, Ldsch. 18/19 I G 2
Trocmi, Trokmer, V. 38/39 I F 3
Troer, V. 10 II E 1/2
Troësmis 38/39 I E 1
Troezen, s. Troizen 38/39 I D 3
Trogilion 13 III A 1
Trogilos, Bucht b. Syrakus 17 II
Troglodyten, V. 29 II B/C 3, 34/35 I F 4/5
Troia, Bm. i. Italien 88/89 I F 5
Troia, O. i. Italien 63 I E 4
Trois, Chateaux, Bm. 88/89 II A 3
Trois Frères (Höhle) 1 IV D 2
Troizen, Troezen 18/19 I D 4
Troizk 119 L 4
Troja-Ilion, O. i. Kleinasien 10 II E 2, 2 I D 3
Troja-Yortan-Kultur 2 I D 2/3
Troki 67 III C 2, 104 IV C 2
Trokmer, Trocmi, V. 38/39 I F 3
Tromsö 156/157 I E 2
Tröndelag, Ldsch. 60 I F/G 1
Trondheim, s. auch Drontheim 156/157 I E 2, 156/157 II G 1
Tropaeum Augusti 38/39 I A 2
Tropaeum Traiani 38/39 I E 2
Troppau, O. 75 C 4, 115 I D 3
—, Fsm. 96/97 I I/K 5, 122/123 I G/H 4
Trotilon 17 I D 3
Troyes, Bm. 88/89 II A 2
—, Messen 83 IV B 2
Troyes, Augustobona, O. 36 C 3, 49 II B 1, 54/55 II D 3
Troznow 92/93 II C 4
Trubach, Fl 56 III
Truchseß v. Waldburg, Gft. 120 V C 2, 122/123 I C/D 5
Truentus, Fl. 30/31 I D 2
Trujillo 100/101 II D 2, 100/101 VII A 2, 118 III D 3, 133 II B 2
Truk, Ins. 158 I E 4, 158 II E 4
Trundholm 5 I C 2
Truso 54/55 I F 2, 60 I H 3
Trypiti 10 I A 2
Trysa 20 I F 3
Trzebinia, Bg. O. 86 I E 1
Trziniec-Kultur 5 I D 2
Tsangli 4 VII A 2
Tsangpo, Fl. 135 I C 2
Tsang-wu 46/47 I K 4
Tsani 4 VII A 2
Tschaban, Widschaja 72/73 I D/E 4
Tschad, Ldsch. 146 I C/D 2
Tschad, Staat 162 III B/C 2, 164/165 III, 166/167 I u. III, 168
Tschad-See 132 I C 3, 132 II C 3, 138/139 III A 2
Tschad-Wadai, Ldsch. 146 I C 2
Tschaga, Fl. 140 IV A/B 1
Tschagatai-Chanat 72/73 II F—I 2—4
Tschagos-Ins., brit. 125 II, 138/139 I N 5
Tschahar, Ldsch. 98/99 I M/N 3, 136 I E 2
Tschaldiran 112 I E 1
Tschambal, Fl. 135 I B 2
Tschampa, O. a. Ganges 46/47 III G 3
Tschampa, Reich 46/47 III I 4, 98/99 I L 6
Tschandernagar 135 I C 2, 162 II B 2
Tschandigar 163 I B 1
Tschang-an 46/47 I I 3
Tschang-scha 3 V B 3, 46/47 I K 4, 136 I E 4, 136 III B 4, 158 I C 3, 158 II C 3
Tschang-tschun, Hsinking 136 I F 2, 136 III C 2, 138/139 VI B 2, 154 III B 3
Tschao, Ldsch. 3 V B 2
Tschao-Hsin, Korea, Ld. 3 IV C 1, 46/47 I L 2/3
Tschardschui 134 II E 2
Tscharnikau 68/69 I I 2
Tschaslau, Bg. O. 86 I C 2
Tschataldscha 145 VI C 2
Tschauschwitz 77 III B 2
Tschechen, Böhmen, V. 50/51 C 3, 54/55 I E/F 3, 106/107 III A/B 2, 150/151 II, 160 II
Tschechische Legion 149 III D 2, 149 IV D 2
Tschechoslowakei, Staat 141 II C—E 2/3, 141 IV A—C 2/3, 150/151 I E/F 3/4, 153 III u. IV, 160 III B/D 2/3, 164/165 III, 166/167 I—III, 168
Tschechoslowakische Bevölkerungsverluste 161 III
Tschechnitz, Plan 76 VIII
Tschekiang, chin. Prov. 136 I E/F 4
Tscheleken 163 II D 3
Tscheljabinsk 159 II E 2
Tscheng, Staat 3 IV B 2
Tscheng-tu 46/47 III I 2
Tschen-la, Hft. 46/47 III I 4
Tschenstochau, Częstochowa 68/69 I K 3, 113 D 4, 115 I D 2, 124 I E 2, 130/131 I F 1, 150/151 I E 3
Tschereminen, V. 50/51 F 2, 119 G/H 3
Tscherikow 75 F 3
Tscherkassy 67 III E 3, 113 G 5, 116/117 I K 4, 156/157 I G 3
Tscherkessen, Kassogen, Zirkassier, V. 50/51 E/F 3, 70 II G/H 2, 105 II B/C 4, 130/131 I K/L 2/3, 134 I B/C 1
Tschernigow, Fsm. 67 III E 2
Tschernigow, O. 71 I D 2, 75 F 4, 105 II B 3, 113 G 4
Tschernomen 71 II C 3
Tschernowitz 75 E 4, 119 D 5
Tschersk 68/69 I L 3
Tschertomlysk 24 I F 3
Tscheschdorf 77 III B 1
Tschetschen, Ins. 134 I F 2
Tschetschenen, V. 112 I E 1, 134 I E/F 2
Tschi, Staat, Ldsch. 3 IV B 2, 46/47 I K 3
Tschiang-ling, Nan 46/47 I K 3
Tschiang-tu 46/47 I K 3
Tschiao, Ldsch. 46/47 I I/K 4
Tschiao-tschih 46/47 I I 4
Tschiaturi 134 I D 2
Tschiengmai 163 I D 3
Tschien-kang 46/47 III K 2
Tschien-wei 46/47 I I 4
Tschifu 136 I F 3
Tschigirin 113 G 5, 116/117 I K 4
Tschikischlar 134 II D 2
Tschili, Hopei, chines. Prov. 136 I E 2/3
Tschilianwala 135 I B 1
Tschiligider, Fl. 140 IV B 1
Tschiltsch 77 III B 1
Tschimkent 134 II E 1
Tschindiri 163 IV B 1
Tsching, Kwantung, Ldsch. 46/47 I K/L 3
Tsching, Ldsch. i. Mittelchina 46/47 I K 3/4
Tschinghai-Tibet-Straße 163 I D 1
Tschingkiang 136 I E 3
Tschita 105 III F 2, 136 I E 1, 136 III B 1, 149 IV
Tschitor 98/99 I H 5
Tschittagong 72/73 V D 2, 135 I D 2
Tschiu-hua-schan, Heiligtum 72/73 IV C 2
Tschiu-tschüan 46/47 I H 3
Tschkalow 150/151 I I 3
Tschola, Ldsch. 72/73 II G 6
Tschola-Reich 72/73 I A/B 4
Tschöng 3 III B 2
Tschöng-hsin 3 III B 2
Tschöng-tschou, Lo-yang 3 IV B 2
Tschöngtu 72/73 II K 4, 136 I D 3, 162 I B 2
Tschosen, Korea, japan. Besitz 154 III B 2/3
Tschou, Staat 3 III A 2
Tschou-Dynastie i. China 3 IV
Tschoul 98/99 I H 6
Tschu, Fl. 50/51 I 3
Tschu, O. 46/47 I K 3
Tschu, Staat 3 IV B 2
Tschüantschou, Zaiton 46/47 IV F 4, 72/73 II L 5
Tschuden, Esten, V. 50/51 D 2
Tschuden, V. a. d. Dwina 50/51 F 1
Tschugutschak 136 I B 2
Tschuktschen, V. 105 III H/I 1
Tschumbi 136 I B 4
Tschumlekiöj 140 IV A 1
Tschungking 136 I D 4, 162 I B 2
Tschussowaja, Fl. 119 K 3
Tschussowoj 98/99 I F 2
Tschutja-Nagpur, Staat 135 I C 2
Tschuwaschen, V. 119 H 3
Tschuwaschische ASSR 150/151 I H 3
Tschu-yai, Hainan, Ins. 46/46 I I/K 5
Tsermiades 10 I B 1
Tsin, Staat 3 IV B 2
Ts'in, Staat 3 IV A 2
Ts'in-, Chin-Dynastie i. China 3 V
Tsinan 136 I E 3
Tsingtau 138/139 VI B 3, 149 II E/F 3, 149 IV E/F 3
Tsurchli 18/19 I B 1
Tsuschima 138/139 VI B 3
Tuam, Ebm. 88/89 I A 3
Tuam, O. 126/127 I B 3
Tuamotu-Archipel 164/165 I B/C 5/6
Tuapse 130/131 I K 3, 156/157 I G 4
Tuareg, V. 132 I B/C 2
Tuat, Ldsch., V. 132 I B/C 2
Tuban 135 II C 1
Tubernae 38/39 II A 2
Tübingen, O. 58/59 I H 4, 122/123 I C 4, 161 IV A 2
—, Universität 91 V B 2
Tubuai-Ins. 100/101 VIII F 4, 137 I H 6
Tubusuptu 34/35 III A 1
Tucci 38/39 II A 2
Tuchel 92/93 II D 2
Tucson 133 I C 3
Tucuman 118 III D 4
Tudae 38/39 II A 1
Tude Aa, Fl. 60 II u. III
Tudela 54/55 I B 4, 64/65 I A 2, 116/117 I C 5
Tuder, Tutere, Todi 24 II F 3, 30/31 I C 2
Tudor-Stil, engl. Gotik 90 I u. II
Tuficum 30/31 I D 1
Tuggurt 163 III B 2
Tugia 38/39 II B 2
Tujmasi 163 II D 1
Tukkum 156/157 III D 2
Tukulti Ninurta, Al Akrkar 6 IV B 1
Tula, O. i. Mexico 100/101 II B 1
Tula, O. i. Rußland 92/93 I K 3, 105 II B 3, 156/157 I G 3
Tulagi, Ins. 158 I F 5, 158 II F 5
Tulkarm 162 IV B 1
Tulle, Bm. 88/89 I C 4
Tulln 38/39 I C 1, 58/59 I M 4, 112 II B 1
Tullner Feld 58/59 II B 1
Tullum, Toul 36 D 3
Tulum, O. i. Yucatan 100/101 II D 1
Tumbez 100/101 III A 2, 118 III D 3, 133 II A/B 2
Tunbridge 110 C 2
Tünchhausen, Wüstung 77 IV A 2
Tunes, Tunis 34/35 III C 1
Tunesien, Tunis, türk. Tributärstaat 102/103 I E/F 6/7, 130/131 I D/E 4/5
Tunesien, frz. Protektorat 147 D/E 5, 156/157 I D/E 5
Tunesien, Republik 162 III B 1, 163 III B/C 1/2, 164/165 III, 166/167 I, 168
Tung-hu, V. 46/47 I K/L 2
Tungri, Aduatuca, Tongern, O. 42/43 I C 1
Tungri, V. 36 D 2
Tungusen, s. auch Sien-bi, V. 46/47 I K/L 1/2, 105 III D—F 1/2
Tunguska, Fl. 72/73 II I/K 2
Tung-yung 46/47 III L 3
Tun-huang 46/47 III H 1
Tunis, Tunesien, Ldsch. 92/93 I D 6/7
Tunis, O. 34/35 III C 1, 50/51 C 4, 98/99 IV, 130/131 I E 4, 156/157 I E 5
Tunni, Bg. 9 III D 2
Turah 6 I A 2
Turbessel, Tellbaschir 64/65 IV B 2
Turbie 24 II C 3
Turdetani, Turdetaner, V. 38/39 II A 2
Turduli, V. 38/39 II A/B 2
Turduli veteres, V. 38/39 II A 1
Turenne 58/59 I D 6
Turenum 30/31 I G 3
Turfan 46/47 IV C 2, 52 III F 2, 136 I B 2
Turgalium 38/39 II A 2
Turiaso 38/39 II B 1
Turicum, Zürich 37 I B 3
Turin, Bm. 88/89 II B 2
Turin, O. 63 I A 2, 94 I B 2, 94 II B 2, 130/131 I D 2
—, Universität 91 V B 2
Turinsk 100/101 I M 2
Türkei, Osmanisches Reich 112 I, 124 III, 128 V, 132 I C—E 1—3, 134 II A—C 1—3, 145 III B/C 2/3, 145 IV B/C 2/3, 148 I G/H 5/6, 148 III A/B 1/3
Türkei, Republik 150/151 I F—H 4/5, 150/151 II C/D 3/4, 153 V B 1/2, 153 VI B—D 1/2, 159 II C/D 2/3, 164/165 III, 166/167 II u. III, 168
Türken, V. 150/151 II, 153 V, 160 I u. II
Turkestan, Ldsch. 98/99 I H/I 4, 134 II E/F 1
Turkestan, Ost-, Ldsch. 135 I B/C 1
Turkestan, O. 134 II E 1
Türkheim 114 D 3
Türkisch Armenien, Ldsch. 150/151 I H 4/5
Türkische Bevölkerungsverluste (1914—18) 152 III
Türkische Sprachen 70 II
Türkisches Reich, s. Türkei, Osman. Reich
Türkisch-Ungarn, Ldsch. 102/103 I G/H 4, 112 II B—E 1—3
Turkmenen, Turkvölker, Türkische Völker, s. auch Seldschuken-Staaten 46/47 III E/F 1, 50/51, 134 I D/E 1, 134 II D/E 1/2
Turmenische Chanate 125 II
Turkmenische SSR, Turkmenistan 159 II D/E 2/3, 164/165 I M/N 2/3
Turku, Åbo, O. 68/69 II B 1, 113 E 2, 150/151 I F 2, 156/157 I F 3, 156/157 III D 1
—, Bm. 88/89 I G 1
Turkvölker 134 I
Turloti 10 I B 1
Turmogidi, V. 38/39 II B 1
Turmuli 38/39 II A 2
Turnacum, Tournai 36 B/C 2
Turnat, Dijala, Fl. 9 III F/G 3
Turnhout-Kanal 143 I b
Turnu Severin 112 II E 3, 145 V B 2
Turones, Tours, O. 42/43 I C 2
Turoni, Turones, V. 36 C 3
Turoqua 38/39 II A 1
Turow, Bm. 88/89 I H 3
Turow, O. 61 II C 1
Turow-Pinsk, Fsm. 67 III D 2
Turres, O. b. Serdica 38/39 I D 2
Turris, O. i. Africa 28 IV A 2
Turris, Libisonis, Turris, O. a. Sardinien 38/39 I A 2, 54/55 I D 4
Tuscana, O. 24 II E 3, 30/31 I B 2
Tuschchan 9 III F 2
Tuscia et Umbria, Regio Italiae 42/43 I D 2
Tuscien, Mgft., s. auch Toskana 53 I A 2, 63 I B/C 2/3
Tusculum, Bm. 53 I B 3
Tusculum, O. 24 II F 4, 30/31 II B 2, 63 I D 4
Tuspa 9 III F 2

Tutanchamon-Grab, b. Theben 7 IV
Tutere, s. Tuder, Todi 24 II F 3
Tutikorin 111 II C 2, 135 I B 4
Tutrakan 148 I G 5
Tuttenrode, Wüstung 77 IV A 1
Tutterrode, Wüstung 77 IV A 2
Tutti, V. 38/39 II B 1
Tuttlingen 106/107 I E 6
Tutuila, Ins., V. St. 137 I G 5
Tutul, Tuttul 8 II C 2
Tuwaim 6 III B 1, 6 IV B 1
Tu-yü-hun, V. u. Hft. 46/47 III H 2
Tuz-Gölu, Tatta lacus (See) 8 I A 2
Tuz Khirmatu 6 III B 2, 6 IV B 2
Tuzla 112 II C 2
Twer, Bm. 88/89 I K 2
Twer, Fsm. 71 I E 1
Twer, Kalinin, O. 92/93 I K 2, 105 II B 3, 119 F 3, 150/151 I G 3
Twieflingen 56 VI A 2
Tyana, Tyane, Eusebeia, Dana, Nigde 9 I D 2, 22/23 II B 2, 38/39 I F 3, 64/65 IV A 2
Tyche, Ot. v. Syrakus 17 I
Tylis 24 I E 3
Tylissos 10 I B 1
Tylos-Ins., Bahrein-Ins. 22/23 I G 3
Tymphaia, Ldsch. 18/19 II A 3
Tymphe, Geb. 18/19 I B 1/2
Tymphrestos, Geb. 18/19 I B 3
Tyndaris 17 I D 2
Tyne, Fl. 40 I B/C 2, 142 II A/B 2
Tynemouth, O. 142 III B 1
Typaneai 18/19 I B 4
Tyrambe, Ldsch. 38/39 I G 1
Tyras, s. Dnjestr, Fl. 38/39 I E/F 1
Tyras, Akkerman, O. 11 II E 1, 38/39 I F 1
Tyriaeum 38/39 I F 3
Tyrmeidai 12 V
Tyrnau 75 C 4, 105 I E 2, 112 II B 1
Tyrodiza 18/19 I H 1
Tyrone, Ldsch. 110 A 2
Tyros, O. i. Argolis 18/19 I C 4
Tyros, Tyrus, O. i. Phönizien 8 II B 2, 38/39 I G 4
Tyrrhenum mare, Tyrrhenisches Meer 30/31 I A—F 1—5, 63 I B—F 3—5
Tyrsener, Rasenna, Etrusker, V. 9 I B 3, 24 II
Tyrus, Tyros, O. 34/35 II B 1, 64/65 IV A 4
Tzompanco, O. 100/101 VI A 1
Tzompanco-See 100/101 VI A 1
Tzutuhil-Reich der Maya-Indianer 100/101 II C 3

Ual-Ual 154 IV B 2
Uames 34/35 III C 2
Uaxactun 100/101 II D 2
—, Tempelbezirk, Plan 100/101 IV
Ubangi, Fl. 132 I C/D 3
Ubangi-Schari, Ldsch. 146 I C/D 2
Ubase 6 IV B 1
Uberi, V. 37 I A 3
Überlingen, RSt. 68/69 I E 5, 81 II B 3, 122/123 I C 5, 128 I B 3
Ubier, Ubii, V. 37 I A 1
Ubon 163 I E 3
Uch 72/73 V B 2
Uchta, O. i. Finnland 156/157 I G 2
—, O. i. Nordrußland 150/151 I I 2
Uckermark, Ldsch,. 122/123 I E 2
Uckermünde 83 II D 2
Ucubi 38/39 II B 2
Udaipur, O. i. Mittelindien 135 I B 2
—, O. i. Ostindien 135 I C 2
Uden, V. 134 I F 3
Udine 49 III C 2, 94 I E 1, 94 II E 1, 106/107 I G 6, 130/131 I E 2
Udjda 132 I B 2
Udjidji 132 I D 4
Udmurten-ASSR 150/151 I I 3
Udschda 147 C 5
Udschein, Udschschein 46/47 I F 4, 135 I B 2
UdSSR, s. Sowjetunion
Uëlle, Fl. 132 I D 3
Uerdingen 142 V A 2
Ufa 98/99 I F 2, 105 II D 3, 150/151 I I 3, 163 II D 1
Ufenau, Ins. 80 II C 1
Ufens, Fl. 30/31 II B/C 2/3
Ufte 56 V A 1
Uganda, brit. Kol. 138/139 I L 4/5, 138/139 III B 2/3
Uganda, Staat 162 III C 2/3, 164/165 III, 168
Ugarit, Ras Schamra 8 I B 2
Uglitsch 105 II B 3
Uhaimir, Kisch 6 III B 2, 6 IV B 2
Uigur, s. Hsinkiang, Sinkiang, Ldsch. 164/165 I N/O 2/3
Uiguren, V. 72/73 I B/C 1, 98/99 I I/K 3
Uiguren, gelbe, V. 72/73 I C/D 1/2
Uiguren-Reich 46/47 IV D—F 2
Uisdis, Ldsch. 9 III G 2
Uitenhage 144 V B 3
Ujhely, Neusiedel, Plan 121 VI
Ukermark, Ldsch. 68/69 I G 2, 106/107 I G 3
Uknu, Choaspes, Fl. 9 I G 3
Ukraine (Hetmanschaft) 113 F/G 4/5
Ukraine, Ldsch. 119 D/E 5, 148 I G/I 3/4
Ukraine, Reichskommissariat 155 II D/E 1/2
Ukraine, Republik 149 I B/C 2/3, 149 III B/C 3
—, Ukrainische SSR, (Sowjet-Republik) 150/151 I F/G 3/4, 156/157 I F/G 3/4, 160 III D/F 2/3, 164/165 III, 168
Ukrainer, V. 67 III, 106/107 III C 2, 134 I, 150/151 II, 160 I u. II
Ukrainer, V. i. Bessarabien 140 IV
Ukrainer, V. i. Ungarn 112 II
Ulai, Euläos, Fl. 9 I G/H 3
Ulan Bator-Choto, Urga 136 I D 2, 162 II C 1
Ulatha, Ldsch. 34/35 II B 1
Ulchu, Marand 9 III G 2
Ulcinium 38/39 I C 2
Uleåborg, Oulu 113 F 2, 150/151 I F 2
Ulfsby 75 D 1
Ulithi, Ins. 158 II E 4
Ulitschen 50/51 D/E 3
Uljanowsk, Simbirsk 150/151 I H 3
Ullais, Vologesias 50/51 F 4
Ullersdorf 77 III B 2
Ulm, Frhr. v. (Reichsritter) 120 V C 2
Ulm, O. u. RSt. 58/59 I H 4, 68/69 I E 4, 81 II B/C 2, 120 V C/D 1, 122/123 I C 4, 128 I B 2
Ulmen, O. u. Amt 80 I B/C 1
Ulmer Recht 81 II
Ulmetum 38/39 I E 2
Ulpiana 38/39 I D 2
Ulpia Traiana, Col.; Xanten. Traiana 37 I A 1
—, Plan 32 V
Ulster, Gft. 92/93 I A 3, 104 I A 1/2, 110 A 2, 150/151 I C 3
Ulubrae 30/31 II B 2
Ülzen 81 III B 1, 122/123 I D 2
Um-al-Akarib 6 II C 2, 6 III C 2, 6 IV C 2
Uman 113 G 5, 119 E 5
Umana 53 I B 2
Umbennum 24 II B 2
Umbri, Umbrer, V. 24 II E/F 3, 30/31 I C 1/2
Umbria, Umbrien, Ldsch. 30/31 I B—D 1/2, 94 II E 3
Umbro, Fl. 30/31 I B 1/2
Umbro-Sabeller, V. 5 II C 3, 30/31 I
Umeå 113 E 2
Ume-Älv, Fl. 113 D/E 1/2
Umm Ali, Meroë 6 I A 4
Umma, Jokha 6 III C 2
Umm Said 163 II D 4
Umsiedlungen, Vertreibungen von Minderheiten 153 V, 160 I u. II, 160 IV, 162 IV, 163 I
Una, Fl. 112 II A/B 3
Unabhängige sozialdemokrat. Partei Deutschlands (USPD) 153 I
Undankeshausen, Wüstung 77 IV A 1
Ungarische Sprache 70 II
Ungarn, Kgr. 61 II C 2, 64/65 I C/D 2, 64/65 II C/D 2, 67 III B—D 3/4, 70 II C—E 1/2, 92/93 I F—H 4/5, 96/97 I H—L 5—7, 102/103 I G—I 4/5, 104 II C/D 3, 112 I B/C 1, 112 II B/C 1, 115 I D—F 3/4, 124 III, 126/127 I G—I 4, 128 IV u. V
Ungarn, Republik 150/151 I E/F 4, 154 VI, 155 II C/D 2, 156/157 I E/F 3, 156/157 III C/D 3
—, Volksrepublik 160 III C/D 3, 164/165 III, 166/167 I—III, 168
Ungarn, Magyaren, V. 50/51 G/H 2, 57 I, 67 III, 112 II, 150/151 II, 152 III, 160 I u. II, 161 III
Ungelstetten 81 I
Ungvar, Uzhorod 112 II E 1, 150/151 I F 4, 160 III D 3
Unierte Christen (Orthodoxe Christen der Papstkirche) 64/65 I
Unierte latein. Bistümer 71 I
Unierte evang. Landeskirchen 161 VII
Union der Soz. Sowjetrepubliken, s. Sowjetunion
Unions-Ins. 138/139 I T 5
Unionskönigtum Skandinaviens 71 III B/C 1
Union-Zentral-Pazifik-Bahn (USA) 133 III A—E 2/3
United Nations, s. Uno, Vereinte Nationen
Unna 142 IV C 1, 142 V C 1
Uno, United Nations, Vereinte Nationen 164/165 III, 168
Unstan-Kultur 2 I A 1
Unstrut, Fl. 81 III B 2
Unterägypten, Ld. 6 I A 1
—, Gaue 6 I A 1
Unter-Böbingen 40 II C 3
Unter-Burma, Ldsch. 135 I D 3
Unter-Elsaß (Landvogtei) 95 D/E 3, 115 I B 3
Unterhausen, Parrodunum 40 II E 3
Unter-Kirchberg, Phaeniana 40 II D 3
Unterndorf 81 I
Unter-Schwaningen 40 II D 2
Unterwalden (Urkanton) 80 II C 2, 130/131 II B 1
Unter-Wallis, Ldsch. 80 II A/B 2/3
Upi, Ldsch. 9 I E 3
Upland, Ldsch. i. Schweden 60 I H 1, 113 D 2
Üplingen 56 VI B 2
Uppland, Ldsch. i. Norwegen 60 I F/G 1
Upsala. O. u. Heiligtum 50/51 C 2
—, Ebm. 88/89 I F 2
—, O. 75 C 2, 113 D 3
—, Universität 91 V C 1
Uquair 6 II B 2, 6 III B 2
Ur, Mugaiyar 6 II C 2, 6 III C 2, 6 IV C 2
—, Plan 7 I
Urach 58/59 I H 4, 128 I B 2
Ural, Jaik, Fl. 34/35 I H 1/2, 50/51 G 2/3, 105 II D 3/4, 119 I/K 4/5
Ural, Erdölfeld 163 II D 1
Ural-Gebiet 159 II D 2
Ural, Geb. 105 II D/E 1/3, 119 K/L 2/3
Ural-Kosaken, V. 105 II C/D 4
Uralsk 150/151 I I 3
Urania 38/39 I F 3
Urartu, Ld. 8 II C 2, 9 III E—G 1/2
Urba, Orbe 37 I A 3
Urbach, Gemarkung 140 I a—b
Urbana 30/31 I E 3
Urbanus, Fl. 38/39 I C 2
Urbino, O. 53 I B 2
—, Hzm. 94 I E 3, 94 II E 3
Urbs Salvia 30/31 I D 1
Urci 38/39 II B 2
Urcinium 38/39 I A 2
Ürdingen 142 V A 2
Urfa, s. Edessa 38/39 I G 3, 122 I D 2
Urga, Ulan-Bator, Choto 136 I D 2, 162 II C 1
Urgändsch 134 II E 1
Urgel, Bm. 88/89 I C 5
Urgel, O. 54/55 I C 4
Urgendsch, Urgentsch 50/51 G 3, 52 III D 2
Uri, O. i. Campanien 24 II G 4
Url (Urkanton) 80 II C 3, 130/131 II B 1
Uria, O. i. Calabrien 30/31 I H 4
Uria, Urium, O. a. Mte. Gargano 30/31 I F 3
Urkantone der Eidgenossenschaft 80 II C 1/2
Urmenschen — Rassen 1 I
Urmia, O. 134 II C 2
Urmia-See 9 III G 2, 119 H 7, 148 III B 2
Ürmitz 2 I B 1
Urnenfelder-Kultur 5 II A—D 2/3
Uromagus, Oron 37 I A 3
Uronarti, Nilinsel 6 I A 3
Ursberg, Kl. 122/123 I D 4, 128 I B 2
Urseren, Ldsch. 80 II C 2
Ursitz, Kl. 52 II B 3
Urso 38/39 II A 2
Urspring, Ad Lunam 40 II C 3, 120 V C 1
Uruguay, Fl. 118 III F 4
Uruguay, Staat 133 II C 3, 164/165 III, 166/167 II u. III, 168
Uruk, Warka, Orchoë 6 II C 2, 6 III C 2, 6 IV C 2 22/23 II E 3
Urukug, El-Hiba 6 II C 2, 6 III C 2
Urumtschi, Tihwa 136 I B 2, 162 II B 1
Urundi, Ldsch. 146 I D 3
Urvinum Hortense 30/31 I C 2
Urvinum Mataurense 30/31 I C 1
US-Dollar-Zone 170 II
USA (United States of America) 118 I, 125 II, 133 I u. III, 143 III, 144 V, 149 II, 156/157 II, 164/165 I A—F 1—3, 164/165 II—IV, 166/167 II u. III, 168
USA, Bevölkerung 144 II—IV
USA, Bevölkerungsverluste 152 III, 161 III
Usaila 6 II C 2
Usbeken, Özbegen, V. 98/99 I F/G 3/4, 134 II D—F 1/2
Usbekische SSR, Staat 159 II D/E 2/3
Usboi, Fl. 72/73 II E 4
Uschak 134 II A 2
Uscosium 30/31 I E 3
Usdicenses, V. 38/39 I D/E 2
Usedom 83 II C/D 2, 106/107 I G 3, 106/107 II G 3
Useldingen, Kl. 80 I A 2
Usellis 34/35 I C 3
Usen, V. 57 I G/H 2/3, 61 II C 2, 61 V C 3
Usilla 11 II C 2
Usingen 122/123 I C 3
Usipeter, Usipetes, V. 41 I A 2
Üsküb, Skoplje 71 II B 3, 145 V B 2, 145 VI 2, 148 I F 5, 150/151 I F 4
Üsküdar, Skutari, O. a. Bosporus 153 V B 1
Usruschana 50/51 H 4
Üßß, Fl. 80 I B/C 1
Ussa, Ldsch. u. V. 8 I A 2
Ussa, O. 8 I A 2
Ussuri, Fl. 138/139 VI C 2
Ustiushna 113 H 3
Ust-Urt-Plateau 119 I/K 5/6
Usumbura 132 I D 4
Usworth 142 II A 2
Utah, amer. Staat 133 III B/C 2/3
Utatlan 100/101 II C 2
Uthina 28 IV B 2
Utholm, Ins. 61 III A 2
Utica 11 II C 2, 34/35 III C 1, 48 II C 3
Uticensis Sinus, Golf v. Utica 34/35 II C 1
Utrecht, Bm. 88/89 II B 1
—, Bm.-Territ. 68/69 I D 2
—, Hft. 104 III B 1
Utrecht, Oberstift 95 D 1
—, Traiectum, O. 36 C 2, 41 II A 1, 52 II B 1, 54/55 II D 1, 78 IV B 1, 104 III B 1
—, Prov. 115 I A/B 2
Utrechter Union 102/103 I E 3
Uxama 38/39 II B 1
Uxellodunum, O. i. Gallien 29 I B 2
Uxellodunum, Castlesteads, O. i. Schottland 40 I B 1
Uxier, V. 22/23 I G 2
Uxisama, Quessant 24 I B 3
Üxküll 68/69 II C 2, 104 IV C 2
Uxmal 100/101 II D 1
Uzentum 30/31 I I 5
Uzès, Bm. 88/89 II A 3
Uzès, O. u. Gft. 58/59 I F 6
Uzgand 50/51 I 3
Uzhorod, Ungvar 112 II E 1, 150/151 I F 4, 160 III D 3
Uzsoker, Paß 148 I F 4

Vaal, Fl. i. Südafrika 138/139 II B 2
Vaarby Aa, Fl. 60 II u. III
Vaasa, Wasa, Waasa, Nikolaistad 113 E 2, 150/151 I F 2
Vabres, Bm 88/89 I C 5
Vaccaei, V. 38/39 II A/B 1
Vacomagi, V. 36 B 1
Vada Volaterrana, Vada 30/31 I A 1, 94 I D 3
Vadena-Pfattei 24 II E 1
Vado, Vadis Sobates, O. i. Ligurien 24 II D 2
Vadstena, Kl. 66 II D 2
Vafio, Phoris 13 II A 1
Vagi 10 I C 1
Vaglio 30/31 I F 4
Vahr, Dorfplan 76 VI
Vaiono 25 II C 1
Vaishali 22/23 I K 3
Vaison, Bm. 88/89 II B 3
Vakataka, Reich 46/47 III F 4
Vakkäer, s. Vaccaei, V. 26/27 II A 1
Valabhi 46/47 III F 3
Valangin 80 II A 1
Valbuena, Kl. 87 II A 3
Valdivia 118 III D 4, 164/165 I F 6
Valdres, Ldsch. 60 I F 1
Valence, Bm. 88/89 II A 3
—, Valentia, O. i. Frankreich 36 C/D 4, 49 II C 2, 66 I B 3, 130/131 I C 3
—, Universität 91 V B 2
Valencia, Ebm. i. Spanien 88/89 I B 6
—, Valentia, O. i. Spanien 38/39 II, 50/51 A 4, 64/65 I A 3, 64/65 II A 3, 125 I B 4, 154 V B 2
—, span. Prov. 130/131 I B/C 3/4
—, Universität 91 V A 3
Valencia, O. i. Venezuela 133 II B 1
Valencia de Alcántara 154 V A 2
Valenciennes 54/55 II C 2, 68/69 I B 3, 85 II C 2, 104 III A 2, 114 B 2
Valentia, s. Valence, Valencia
Valentia, O. i. England 42/43 I B 1
Valeria, röm. Prov. 42/43 I D 2
Valetium 30/31 I I 4
Valé 10 I B 1
Valkenburg 36 C 2
Valladolid, O. 66 II B 3, 130/131 I B 3
—, Universität 91 V A 2
Vallatum, Manching 40 II E 3
Vallendar, O., Amt, Oberamt 80 I C 1
Vallenses, V. 37 I A 3
Vallis 28 IV A 2
Vallombrosa, Kl. 53 I A 2
Vallum Antonini, i. England 36 B 2
Vallum Hadriani, i. England 36 B 1/2, 40 I
Valmy 124 I B 2
Valois, Geschlecht 70 I
Valois, Gft. 58/59 I E 4
—, Hzm. 95 B 3
Valona, s. Avlona 71 II A 3, 145 V A 2, 145 VI A 2, 147 E 4, 148 I E 5
Valparaiso 118 III D 4, 133 II B 3
Valvata 30/31 I A 1
Vancouver 133 I B 2, 138/139 I C 2
Van Diemen's Land, Tasmanien, Ins. 138/139 I R 7
Väner-See, s. auch Wener-See 60 I G 2
Vangionen, V. 37 I A/B 2
Vannes, Bm. 88/89 I B 4
Vannes, Dariorigum, O. 36 B 3, 54/55 I B 3
Van-See, Wan-See 9 I F 2
Vaphio, Vafio, Phoris 13 II A 1
VAR, s. Verein. Arabische Republik (Ägypten, Syrien)
Var, Dép. 122/123 III C 3
Vardar, Axios, Wardar, Fl. 18/19 II B 1/2
Vardaroftsa, Abydon 18/19 II B 2
Varduli, V. 38/39 II B 1
Varel 122/123 I C 2
Varennes 95 C 3, 148 II C 2
Varese 80 II C 3
Vargas 3 II A 2/3

Vargiate, Sesto Calende 24 II D 2
Varini, Variner, V. 36 E 2, 41 I B 2
Vascones, Vasconen, Basken, V. 38/39 II B 1
Vasiliki, O. i. Nordkreta 10 I B 1
Vasiliki, O. i. Südkreta 10 I B 2
Vasio 24 II B 2
Vassy 96/97 I C 5
Vathia 14/15 IV A 2
Vathypetro 10 I B 1
Vaticanus campus, Ot. v. Rom 33 I
Vatikan i. Rom, Pläne 45 I u. III, 102/103 IV
Vatikanstadt, souveräner Staat 153 III
Vatnajökull, Berg 57 III B 2
Vatopedion, Athos-Kl. 45 VI B 1
Vattina 5 I D 3
Vatya 5 I C 3
Vaucluse, Dép. 122/123 III C 2/3
Vaugirard 109 IV
Vauxhall 109 I
Vechta, O. 68/69 I E 2, 122/123 I C 2, 126/127 II B 1
Vechte, Fl. 78 IV C 1
Vectis, Wight, Ins. 36 B 2
Vedianti, V. 38/39 I A 2
Vedra, Fl. 40 I C 2
Veglia, Bm. 88/89 II C 2
Veglia, Ins. 94 I F 2, 94 II F 2
Veji 24 II F 3, 30/31 II A 1
Velathri, s. Volaterrae 24 II E 3
Velciates, V. 25 I B 1
Veldenz, Gft. 68/69 I D 4
—, O. 80 I C 2
Veldes 68/69 I H 5, 106/107 I H 6
Veldidena, Wilten 37 I C 3
Veleia 24 II D 2
Veles 145 V B 2
Velia, Elea 30/31 I F 4
Veliokassier, Veliocasses, V. 24 I C 3, 29 I B 1
Velitrae 30/31 II B 2
Vellalavella, Ins. 158 II E 5
Vellavii 29 I B/C 2
Velletri, O. u. Bm. 53 I B 3
Vellica 38/39 II B 1
Velsu, s. Volsinii 24 II F 3
Veltlin, Ldsch. 80 II D 2, 106/107 I E/F 6, 124 II B 1
Vemania 37 I C 3
Venafrum 30/31 I E 3
Venaissin, Gft. 68/69 I C 6/7, 70 I B/C 3, 122/123 II C 2/3
Vence, Bm. 88/89 II B 3
Vendée, Ldsch. 116/117 I C 4
Vendée, Dép. 122/123 III A 2
Vendôme, Gft. 58/59 I D 5
—, O. 66 I B 2, 102/103 I D 4
Veneder, Wenden, V. 41 I D 2
Venedig, O. 49 III C 3, 54/55 I E 3, 124 I D 3, 124 II C 1, 130/131 I E 2
—, Plan 78 I
—, Bm., Patriarchat 88/89 II C 2
—, Republik 58/59 I K 6, 64/65 II C 2, 68/69 I G—I 6/7, 70 II B 1, 85 III C 2, 86 II D—F 2/3, 94 II C—G 2/3, 102/103 I E/F 4, 116/117 I E/F 4
Venelli, V. 29 I A 1
Veneris mons, Geb. 38/39 II A/B 1
Veneter, Veneti, V. i. d. Bretagne 36 B 3
Veneter, Veneti, V. i. Venetien 14/15 I C 2, 24 II E/F 2
Venetia, röm. Prov. 38/39 I B 1
Venetia et Histria, röm. Prov. 42/43 I D 2
Venetien, Ldsch 124 I C/D 3, 124 II B/C 1, 130/131 III C/D 1/2
Venetische Romanen 49 III B/C 3
Venetus lacus, Bodensee 37 I B 3
Venezuela, Staat 133 II B 1, 164/165 III, 166/167 II u. III, 168
Venicones, V. 36 B 1
Venlo 95 D 2, 104 III C 2
Vennontes, V. 37 I B 3
Venosa 63 I E 4
Venosti 37 I C 3
Venta Belgarum, Winchester 36 B 2
Ventadour 58/59 I E 6
Venta Icenorum, Caistor b. N. 36 C 2
Venta Silurum, Caerwent 36 B 2
Ventimiglia, Bm. 88/89 II B 3
Ventimiglia, Album Intimilium, O. 24 II C/D 3, 94 I B 3
Ventium 24 II C 3
Ventspils, s. Windau 150/151 I F 3
Venusia 30/31 I F 4
Ver, Fl. 40 IV
Vera, Baria 38/39 II B 2
Veracruz 118 III C 2
Veragri, V. 37 I A 3
Vercelli, Bm. 88/89 II B 2
—, Vercellae, O. 38/39 I A 1, 54/55 I D 3, 66 I C 2, 94 I C 2, 94 II C 2
—, Universität 91 V B 2
Verden, Bm. 56 I B 1, 88/89 II B 1
—, Bm.-Territ. 68/69 I E 2
Verden, Fsm. 106/107 I E 3, 122/123 I C 2
Verden, O. 54/55 I D 2, 83 II A 2, 126/127 II B 1
Verdun, Bm. 52 II B 2, 88/89 II B 2
—, Bm. Territ. 95 C 3
—, Kl. 87 I D 2
Verdun, O. u. RSt. 54 I D 3, 54 II D 3, 68/69 I C 4, 114 C 3, 148 I C 4, 148 II C 2
Vereinigte Arabische Republik, s. auch Ägypten
Vereinigte Staaten v. Nord-Amerika, USA 118 I, 125 II, 133 I u. III, 143 II A—E 2/3, 144 I—IV, 149 II, 156/157 II, 164/165 I A—F 1—3, 164/165 II—IV, 166/167 II u. III, 168
Vereinigte Staaten v. Nord-Amerika, Bevölkerungsverluste 152 III, 161 III
Vereinigte Staaten v. Nord-Amerika, Stützpunkte 156/157 II
Vereinigte Staaten v. Zentralamerika 133 I D 4
Vereinte Nationen, UN, Uno, United Nations 164/165 III, 168
Veretum 30/31 I 75
Vergy 95 C 4
Veringen 120 V B 2
Vermand 54/55 II C 3
Vermandois, Gft. 58/59 I E 4, 95 B 3
Vermland, Ldsch. 60 I G 2
Vermont, amer. Staat 118 I C 1, 133 III F 2
Verneuil 92/93 III C 1
Verona, Bm. 88/89 II C 2
—, Hft. d. Scaligeri (della Scala) 68/69 I F/G 5/6, 94 I D 2
—, Hft. v. Mailand 71 III C 2
—, Hft. v. Venedig 94 II D 2
—, Mark 58/59 I I/K 5/6
—, O. 24 II E 2, 49 III B 3, 63 I C 2, 130/131 III C 2, 156/157 III C 3
Veroneser Bund 66 I
Veroneser (Berner) Klause 63 II B 1
Verria 13 II B 1
Verrugo 30/31 II B 2
Versailles, O. 114 B 3, 150/151 I D 4
Versailles, Schloß u. Stadt, Plan 120 III
Vertreibungen, Umsiedlungen von Minderheiten 153 V, 160 I, II u. IV, 162 IV, 163 I
Verulae 30/31 I D 3
Verulamium, St. Albans 36 II B 2, 40 IV
Vervedrum prom., Kap 36 B 1
Vervins 95 B 3
Vescinus saltus, Bg. 30/31 I D/E 3
Vesontio, Besançon 37 I A 3
Vesoul 95 D 4, 122/123 I B 5
Vespasiae 30/31 I C 2
Vesterås, Bm. 88/89 I F 2
Vesterås, O. 113 D 3
Vestervig-Börglum, Bm. 88/89 I D 2
Vestervik, O. 113 D 3
Vestini, V. 24 II F 3, 30/31 I D/E 2
Vestmanna-eyjar, Inseln 57 III A/B 2
Vesunna, Périgueux, O. 36 C 3
—, Plan 42/43 V
Vesuvius mons, Bg. 30/31 III B 1, 48 II C 2
Veszprem, Bm. 88/89 I F 4
Veszprem, O. 58/59 I M 5, 96/97 I I 6, 112 II B 2
Vetera, Birten, O. 37 I A 1
—, Plan 32 V
Vetluna, s. Vetulonia 24 II E 3
Vetoniana, Pfünz 40 II E 3
Vettersfelde 24 I D 2
Vettona 30/31 I C 2
Vettones, V. 38/39 II A 1/2
Vetulonia, Vetluna 24 II E 3, 30/31 I A 2
Vetus Salina 38/39 I C 1
Vevey 80 II A 2
Vexin, Gft. 58/59 I D 4
Vexiö, Bm. 88/89 I E 2
Vézelay, Kl. 58/59 I E 5, 87 I C 2
Via Aemilia 30/31 I C 1
Via Aemilia Scauri 30/31 I A 1
Via Appia 30/31 I C—H 3/4, 30/31 II B 2
Via Ardeatina 30/31 II B 2
Via Augusta 38/39 II B 1/2
Via Aurelia 30/31 I A—C 1/3, 30/31 II A 2
Via Caecilia 30/31 I D 2
Via Campana 30/31 II A 2
Via Caria 30/31 I C 2
Via Cassia 30/31 I B/C 2/3, 30/31 II A 1
Via Claudia Augusta 37 I C/D 3
Via Clodia 30/31 I B/C 2/3, 30/31 II A 1
Via Collatina 30/31 II B 2
Via Domitia 29 I B/C 3
Via Egnatia 29 III A/B 1
Via Flaminia 30/31 I C 1—3, 30/31 II A 1
Via Labicana 30/31 II B 2
Via Latina 30/31 I C/D 3, 30/31 II C 2
Via Laurentina 30/31 II A/B 2
Vianden 80 I B 2
Via Nomentana 30/31 II B1/2
Via Ostiensis 30/31 II A 2
Via Popilia 30/31 I E—G 4/5
Via Praenestina 30/31 II B 2
Via sacra, i. Rom 32 II
Via Salaria 30/31 I C/D 2/3, 30/31 II B 1
Via Serviana 30/31 II B 2
Via Tiberina 30/31 II B 1
Via Tiburtina 30/31 II B 2
Via Traiana 30/31 I F/G 3/4
Via Valeria 30/31 I C/D 2/3, 30/31 II B 1/2
Vibinum 30/31 I F 3
Vibo 25 III B 1
Viborg, Bm. i. Jütland 61 I B 2, 88/89 I D 2
—, O. 60 I F 2
Vicenza, Bm. 88/89 II C 2
Viceta, Vicenza, O. 38/39 I B 1, 63 I C 2, 66 I D 2, 94 I D 2, 94 II D 2, 130/131 III C 2
Vich, Bm. 88/89 I C 5
Vich, O. 54/55 I C 4
Vichy, O. 155 II B 2
Vichy-Frankreich, Staat 155 II B 2
Vicksburg 133 III D 3
Vico Equense, Aequana 30/31 III B 2
Victimulae 25 I B 1
Victoria, austral. Territor. 137 I E 6
Victoria, O. i. Kanada 138/139 I C 2
Victoria- See 132 I D 3/4
Vicus, O. i. Apulien 63 I E 4
Vicus Novus 30/31 I C 2
Vicus V. V., Dieburg 40 II B 2
Vidin, Bononia 38/39 I D 2
Vielbrunn 40 II C 2
Vienenburg 58/59 V B 2
Vienna, Vigenna, Vienne, O. 36 C/D 3, 49 II C 2, 58/59 I F 6, 68/69 I C 6, 104 I C 3
Vienne, Dép. 122/123 III B 2
Vienne, Ebm. 88/89 II A 2
Vienne, Fl. 54/55 I C 3
Vienne-Charente-Kultur 2 II A/B 2
Viennensis, röm. Diözese 42/43 I B/C 2
Vientiane 163 I E 3
Vier Ämter (holländ. Seeland) 58/59 I E/F 3
Vierwaldstätter See 80 II C 1/2
„Vierzonen-Städte" 160 III
Vieste 63 I F 4
Vietmin-Partei 163 I E 2—4
Vietnam, Ld., s. auch Nord-V., Süd-V. 162 I B 2/3, 162 II C 2/3, 163 I E 2—4
Vietnitz 121 III u. IV
Vigenna (Vienna) 41 IV
Vigevano 130/131 III B 2
Vigo 116/117 I B 5
Viipuri, s. auch Wiborg 160 IV B 3
Viken, Ldsch. 60 I F/G 2
Viktring, Kl. 87 II C 3
Vilagos 130/131 I G 2
Vilaine, Fl. 58/59 I B/C 4/5
Vilcas 100/101 III B 3
Villa ad Gallinas, Primaporta 30/31 II A 2
Villa Astura 30/31 II B 3
Villach, Santicum 38/39 I B 1, 58/59 I K 5, 58/59 II A 2, 58/59 III B 2, 106/107 I G 6
Villa Cisneros 146 I B 1
Villafranca 130/131 III C 2
Villafrati 2 II C 3
Villagio Duca degli Abruzzi 154 IV B 2
Villa Gordiani 30/31 II B 2
Villa Hadriani 30/31 II B 2
Villa Horatii 30/31 II B 1
Villalon 85 I A 2
Villamagna 30/31 I E 2
Villanova 4 VI C 3
— -Kultur 4 VI, 5 II C 3
Villa Viciosa, O. i. Asturien 102/103 I B 5
—, O. i. Kastilien 116/117 I C 5
Villa Viçosa, O. i. Portugal 116/117 I B 6
Villemaur 95 B 3
Villeneuve, Penneloci 37 I A 3
Villingen 81 II B 2, 83 III B 1, 128 I B 2
Vils, Fl. 86 I A 2
Vilseck 128 I C 2
Vilshofen 122/123 I E 4
Viminacium, Kostelatz 38/39 I D 2
Viminalis, Hügel. i. Rom 32 II, 45 I
Vinaroz 154 V C 1
Vinča, O. 2 I D 2
Vinča-Kultur 2 I D 2
Vindelici, V. 37 I B/C 2/3
Vindhja-Geb. Vindius, Geb. i. Indien 22/23 I I 3
Vindius Mons, Kantrabrisches Geb. 38/39 II A/B 1
Vindobala, Rudchester 40 I C 1
Vindobona, Wien 38/39 I C 1
Vindolanda, Chesterholm 40 I B 2
Vindomora, Ebchester 40 I C 2
Vindonissa 40 III B 2
Vineta, Jumne, Jomsburg, Wollin 57 I D 2
Vinkenhoek 143 Ib
Vinovia 36 B 2
Vintschgau, Ldsch. 58/59 I I 5, 68/69 I F 5
Vipitenum, Sterzing 37 I C 3
Virdo, Wertach, Fluß 37 I C 2/3
Virginia, amer. Staat 118 I B/C 2, 133 III E/F 3
Viroconium, Wroxeter 36 B 2
Virodunum, Verdun 36 D 3
Viromandui, V. 29 I B 1
Virovesca 38/39 II B 1
Virovitica 106/107 I I 7
Virunum, Maria Saal 38/39 I B 1, 49 III D 2
Visagapatam 135 I C 3
Visbeck 56 I B 1
Visconti-Herrschaft, Mailand 68/69 I E/F 5/6, 71 III B/C 2, 94 I B—D 1/2
Visegrad, O. i. Ungarn 68/69 I K 5
Visentium 25 II B 2, 30/31 I B 2
Viseu, Bm. 88/89 I A 5
Visp 80 II B 2
Visurgis, Weser, Fl. 36 D 2
Vitellia 30/31 II B 2
Viterbo, Bm. 88/89 I E 5
Viterbo, O. 53 I B 2, 124 II C 2
Vitoria 125 I B 3
Vittorio Veneto 148 I D 4
Vitry 58/59 I F 4, 148 II C 2
Vitsköl, Kl. 87 II B 2
Vitudurum, Oberwinterthur 40 III B 1
Vivarais, Ldsch. 70 I B 3
Vivarium, Kl. 48 II C 3
Viviers, Bm. 88/89 II A 3
Viviers, O. 58/59 I F 6
Vivisci, Bituriges, V. 36 B 3/4
Viviscus 37 I A 3
Vix 24 I C 3
Vlamen, V., 126/127 IV
Vlieland, Ins. 95 C 1, 104 III B 1
Vlissingen 95 B 2, 104 III A 2
Vlotho 37 II A 1
Vocates, V. 29 I A 2
Voclanniorum vicus 40 V A 2, 40 VI A 2
Vocontii, V. 36 D 3/4
Vogelherdhöhle, Plan 1 III D 2, 4 I
Vogelhof 81 I
Vogelsang, NS-Ordensburg 155 I A 2
Vogesen, Geb. 54/55 II E 3/4
Vöhl 126/127 II B 2
Voigtland, Vogtland 62 II C/D 2, 96/97 I F/G 4, 106/107 I G 4
Volaterrae, Velathri 24 II E 3, 30/31 I A 1
Volcae, Welsche, V., a. d. Donau 24 I D 3
Volcae, V. i. d. Provence 29 I B 2/3
Volcei, O. i. Lucanien 25 III B 1, 30/31 I F 4
Volci, O. i. Etrurien 24 II E 3, 30/31 I B 2
Volkenroda (Volkenrode), O. u. Kl. 77 IV B 2, 88/89 III B 1
Völkerbund 152 I
Völkerbundsmandate, Treuhandgebiete d. Völkerbundes (später der Uno) 146 I, 150/151 I, 162 III
Volksdeutsche (im Ausland) 150/151 II, 160 I u. II, 161 III
Völlen 140 III
Völlener Fehn, O. 140 III
Völlener Königsfehn, O. 140 III
Volmarstein 142 IV B 2, 142 V B 2
Vologesia, Vologesias, Ullais 34/35 I G 3, 50/51 F 4
Volsci, V. 24 II F 4, 30/31 I C/D 3
Volsinii, Velsu, Orvieto 24 II F 3, 30/31 I C 2
— novi 30/31 I B/C 2
Volsiniensis lacus, See 30/31 I B 2
Volta, Burg 63 II B 1
Volta, Fl. 163 IV
Volta-Projekt 163 IV
Volterra, Bm. 88/89 I E 5
Volterra, Volaterrae, O. 53 I A 2, 94 I D 3, 94 II D 3
Voltur mons, Bg. 30/31 I F 4
Volturno, Fl. 130/131 I E 3
Volturnum, O. 30/31 I D 3
Volturnus, Fl. 30/31 I D/E 3
Volubilis 38/39 II A 3
Volustana, Geb. 18/19 I B 1/2
Vomanus, Fl. 30/31 I D 2
Vorarlberg, Ldsch. 80 II D/E 1, 122/123 I C 5, 128 I B/C 3
Vörde, O. b. Dinslaken 142 IV A 1, 142 V A 1
Vorderasien, Ldsch. 46/47 I u. III, 50/51, 52 III, 64/65 I—IV, 72/73 II, III u. VI, 98/99 I, 111 II, 112 I, 130/131 I, 132 I, 134 I u. II
Vorderer Orient 148 III, 150/151 I, 153 VI, 156/157 I, 162 III, 163 II, 164/165 I, 166/167 I—III
Vorderösterreich, Ldsch. 115 I B/C 3, 120 V
Vorder-Rhein, Fl. 80 II C/D 2
Vordingborg 84 II C 2
Vorganium 36 B 3
Vorlausitzer Kultur 5 I C 2
Vorpommern, Ldsch. 106/107 I G/H 2/3, 122/123 I E/F 1/2, 126/127 I F 3
Vorsfelde, O. 161 I u. V
Voru 10 I B 1
Vosagus Silva, Vosegus mons, Vogesen, Geb. 37 I A 2/3
Vosges, Dép. 122/123 III C 1
Vosolvia, Oberwesel 40 II A 1
Vosseberg, O. 140 III
Vossem 106/107 I C 4
Votonosion 18/19 I B 2
Vouillé 48 II B 2
Vrachasi 10 I B 1
Vranja 145 V B 2
Vreden 78 III A 1
Vremde 143 Ia—b
Vriesedonk 143 Ib
Vrokastro 10 I B 1
Vrontamas 13 II B 2
Vučedol 2 II C 2
Vught, Konzentrationslager 155 I A 2
Vukovar 75 C 5
Vulkan-Paß 112 II E 3
Vyadhapura 46/47 III I 4

Waadt, Ldsch. 68/69 I D 5, 80 II A 2, 130/131 II A 1
Waag, Fl. 86 I D/E 2/3, 112 II B/C 1/2
Waal, Fl. 95 C 2, 126/127 IV B 2
Waasa, s. Wasa, Vaasa, Nikolaistad
Wadai, Ldsch. 98/99 IV, 138/139 III A/B 2
Wadelai 132 I D 3
Wadi Alaki 6 I A 3
Wadi al Kebir, Guadalquivir Fl. 64/65 I A 3
Wadi Feiran, Erdölfeld 163 II B 4
Wadi Gasus 6 I A 2
Wadi Halfa 138/139 III B 1, 153 VI C 3
Wadi Hammamat 6 I A 2
Wadi Kene 6 I A 2
Wadi Maghara 6 I A 2
Wadrill 80 I B 2
Wafra, neutrale Zone, Erdölfeld 163 II C 4
Wagadugu 146 I B 2
Wagram 124 I E 2
Wahabiten, V., Sekte 153 VI D 3
Wahlstatt 67 III B 2, 126/127 III F 2
Währing 109 V
Währungszonen der Welt 170 II
Waiblingen 62 II B 3
Waidhofen 68/69 I H 5, 122/123 I F 5
Wain 120 V D 2
Waitzen, Bm. 88/89 I F 4
Waitzen, O. 58/59 I N 5, 96/97 I K 6, 112 II C 2
Wake, Ins., V. St. 137 I F 4, 158 I F 4, 158 II F 4, 164/165 I S 4
Wakenitz, Fl. 79 VI
Walachei, Fsm. 70 II D/E 2, 71 II B/C 2/3, 112 I C 1
—, Kirchenorganisation 88/89 I G/H 5
—, Ldsch. 67 III C/D 3/4, 130/131 I G/H 2/3
Walachei, Große 119 C/D 5/6
—, Kleine 115 I E 3/4
Walachen, Rumänen, V. 54/55 I G/H 3/4, 67 III
Walachische, Wlachische, Rumänische Sprache 70 II
Walbeck, Burg, Kl. 58/59 I I 2, 62 III D 1
Walberberg, Kl. 88/89 III A 1
Walchen-Gau 49 III B 2
Walchensee, O. 24 I D 3
Walcheren, Ins. 104 III A 2, 124 I A 2, 156/157 III B 2
Waldbauer, O. 56 V B 2
Waldburg, Gft. 122/123 I C/D 5, 128 I B 3
Waldeck, Gft., Fsm. 68/69 I E 3, 126/127 II B 2, 129 I C 3
—, Land (Rep.) 152 II C 3
—, O. 122/123 I C 3
Waldek, O. b. Jauernig 77 III A 2
Waldenburg, O. i. Schlesien 161 IV C 1
Waldenser-Sekte, Piemontesen 64/65 II B 2, 104 I D 3/4, 105 I
Walderbach, Kl. 88/89 III B 2
Waldfischbach 40 II A 2
Waldmössingen 40 II B 3
Waldsassen, Kl. 88/89 III B 1/2, 122/123 I E 3/4
Waldshut 81 II B 3
Waldstein, Burg 106/107 I H 4
Waldvölker, Tropen-Indianer, V. 100/101 III B/C 2/3
Walensee (See) 49 III A 2
Wales, Ldsch. 104 I B 2, 110 B 2
Wales, Nordwales, Ldsch. 52 I B 2, 57 II B 2, 66 II B 2, 92/93 I B 3
Wales, Westwales (Devon u. Cornwallis), Ldsch. 52 I B 2
Walfischbai, brit. 138/139 II A 2
Walgau, Ldsch. 49 III A 2
Walheim 40 II C 2
Walk 75 E 2, 104 IV C 2
Walkenried, Kl. 88/89 III B 1
—, O. 161 V
Walker 142 III A 2
Wallach 142 IV A 1, 142 V A 1
Walldürn 40 II C 2
Wallhausen, Pfalz 62 II C 2
Wallis-Ins., frz. 137 I G 5
Wallis, Ldsch., Kanton 68/69 I D 5, 80 II A—C 2/3, 130/131 II A/B 1/2
Wallis, Republik 124 I B/C 3, 124 II A/B 1
Wallonen, V. 126/127 IV
Wallonische Kalvinisten 105 I
Wallsend, Segedunum 40 I C 2, 142 III A 1/2
Walma, V. u. Ldsch. 8 I A 2
Walsdorf 80 I D 1
Walsleben 58/59 I I 2
Walsum 142 V A 1
Walternienburg 2 I C 1
Waltrop 56 V B 1, 142 IV B 1, 142 V B 1
Walworth 109 I
Wan, O. u. Wilajet 112 I E 2, 134 II C 2, 148 III B 2
Wandalen, V. 42/43 I D/E 1/2, 48 A—C 3, 48 C/D 1/2
Wandalenreich 48 II B/C 2/3
Wangen, RSt. i. Algäu 81 II B 3, 122/123 I C 5, 128 I B 3
—, O. a. d. Aare 83 III A 2
Wannah-was-Sadum, Marada 6 III B 2
Wanne-Eickel 142 V B 1
Wan-, Van-See 9 I F 2, 119 G 7
Waräger, Wikinger i. Rußland, s. Kiewer Reich 57 I E/F 2
Warangal 72/73 II G 6
Warasdin 75 C 5, 112 II B 2
Warberg, O. i. Halland 84 I C 2
Wardar, Axios, Fl. 18/19 II B 1/2, 54/55 I G 4, 145 V B 2, 145 VI B 2
Waren, O. i. Mecklenburg 83 II C 2
Warendorf 78 III B 2
Wargla 130/131 I D 5, 163 III B 2
Warka, Uruk, O. i. Mesopotamien 6 II C 2
Warka, O. a. d. Weichsel 156/157 III D 2
Warna, Ebm. 88/89 I H 5
Warna, O. 50/51 D 3, 70 II E 2, 92/93 I H 5, 112 I C 1, 130/131 I H 3, 160 III E 4
Warnaben, V. 58/59 I I/K 1/2
Warneton 114 B 2
Warschau, Ghzm. 124 I D—F 1/2, 125 I D/E 2
Warschau, O. 75 D 3, 113 E 4, 115 I E 2, 124 I F 1, 126/127 I H 3, 148 I F 3, 152 II I 2, 155 II D 1, 156/157 I E/F 3, 156/157 III D 2, 160 III D 2
Warschauer Pakt 166/167 II
Wartburg, Burg 62 II C 2, 128 III
Wartenberg, Burg i. Böhmen 68/69 I H 3
Wartenberg, Hft. u. O. i. Schlesien 122/123 I G 3
Wartenberg, O. i. Berlin 143 II
Wartenburg, O. 126/127 III D 2
Wartha 161 I u. V
Warthausen 120 V C 2
Warthe, Fl. 54/55 I F 2, 106/107 III B 1/2, 121 I
Warthebruch, Ldsch. 121 I
Wartheland, NS-Gau 155 I D 2, 155 II C 1
Warwick 57 II B 2, 102/103 I C 3
Wasa, Waasa, Vaasa, Nikolaistad 113 E 2, 150/151 I F 2
Wash, Meeresbucht 57 II C 2
Washington, amer. Staat 133 III A/B 2
Washington, O. 133 I E 3
Wassilij Ostrow, Ot. v. St. Petersburg 109 III
Wassuganni 9 I F 2
Wassulu, Ldsch. 132 I B 3
Waterberg, O. 138/139 II A 2
Waterford 57 II A 2, 102/103 I B 3
Waterloo 125 I C 2
Watling-Straße 40 IV, 57 II B 2
Watsch 24 II F 1
Wattenscheid 142 IV B 2, 142 V B 2
Waverley, Kl. 87 II A 2
Wawel, Burg i. Krakau, Plan 79 VII
Wear, Fl. 142 II A/B 2
Wearmouth 52 I B 2
Weberstedt 77 IV B 2
Wedau 142 V A 2
Wedell-Meer 164/165 IV
Wedenskoje 140 IV B 1
Wedmore 57 II B 2
Wefensleben 56 VI B 2
Wegersleben 56 VI B 2
Wehlau 113 E 4
Wei-Reich 46/47 III H—K 1/2
Wei, Staat 3 IV B 2
Weichsel, Fl. 41 I C/D 2, 50/51 C/D 2, 74 III D/E 1/2, 105 I E/F 1/2, 148 I F 3, 150/151 I E/F 3, 156/158 I G—I 3/4, 156/157 III D 2
Weickershof 81 I
Weida 62 II D 2
Weiden 122/123 I E 4
Weidenau 77 III B 2
Weidensee, Wüstung 77 IV A 2
Weidich 77 III B 2
Weigenhofen 81 I
Weihaiwei 136 I F 3, 138/139 VI B 3, 149 IV F 3
Weiherhaus, O. 81 I
Weihrauchland, Punt, Somaliland 9 I E 6, 14/15 VI
Weihrauchstraße 29 II C 2, 42/43 I F/G 3—5
Weilburg, O. 58/59 I H 3, 126/127 II B 2
Weil der Stadt, RSt. 68/69 I E 4, 81 II B 2, 122/123 I C 4, 128 I B 2
Weimar, O. 58/59 I I 3, 96/97 I F 4, 106/107 I F 4, 152 II D 3, 155 I B 2, 160 III B 2
—, Hzm 122/123 I D 3
Weimarer Republik, Deutsches Reich 150/151 I u. II, 152 II, 153 I—IV, 154 I u. II
Weingarten, Kl. 62 II B 4, 122/123 I C 5, 128 I B 3
Weinberg, O. 58/59 I H 4, 81 II B 2
Weisbach, O. 77 III A 2
Weiße, Rassen 1 II
Weiße (Europäer) in Südafrika 144 VI
„Weiße“ (gegenrevolutionäre) Russen 149 II—IV
Weiße Horde d. Tataren, (Reich) 72/73 II F/G 2
Weiße Hunnen, Hephthaliten, V. 46/47 III E—G 1/2
Weiße Kroaten, V. 50/51 D 3
Weißenbrunn, O. 81 I
Weißenburg, Biriciana, O. a. d. Altmühl, RSt. 40 II D 2, 68/69 I F 4, 81 II C 2, 122/123 I D 4, 128 I C 2
Weißenburg, i. Elsaß, Kl. 54/55 II F 3, 68/69 I D 4
—, RSt. 114 D 3
Weißenburg, O. i. Siebenbürgen 102/103 I H 4
Weißenfels 122/123 I D 3
Weißenhorn 120 V D 1
Weißensee, O. 143 II
Weißenstadt, Bg. O. 86 I A 1
Weißenstein, O. i. Estland 74 II C 2, 104 IV C 1
Weißer Berg b. Prag 105 I D 2
Weißer Hafen, Koseir, Leukos Limen 29 II B 2
Weißeritz, Fl. 120 IV
Weißer Nil, Fl. 132 I D 3
Weißer Volta, Fl. 163 IV B 1
Weißes Meer 113 G/H 1/2
Weißes Venn (Sumpf) 41 II B 2
Weißmeer-Ostsee-Kanal 150/151 I G 2
Weißrußland, Weißruthenien, Ldsch. 113 F/G 4, 119 D/E 4
Weißrussische SSR. 150/151 I F/G 3, 150/151 II C/D 2, 164/165 I L 2, 164/165 III L 2, 168
Weißruthenen, Weißrussen, V. 67 III, 150/151 II, 160 I u. II
Weißruthenien, Ldsch., s. Weißrußland
Weißwasser, O. 77 III A 2
Weitmar 142 IV B 2, 142 V B 2
Wei-tschou 46/47 IV F 3
Welanao, Kl. 56 I B 2
Welden, Frhr. v., Reichsritter 120 V C 2
Welfen, Geschlecht 62 II, 66 I, 66 II C/D 2
Welfenpartei i. Dt. Reich 145 I
Welfische Lande, s. auch Sachsen, Braunschweig (Hzm.), Hannover (Hzm.) 84 II B/C 3, 104 II A/B 2, 106/107 I E/F 3/4
Welikaja, Fl. 68/69 II D 3
Welikije Luki 113 G 3, 156/157 I G 3
Welikij Ustjug 119 H 2
Welish 113 G 3
Wellesley, Sultanat 138/139 V A 1
Wellington 138/139 I S 7
Wells 110 C 2
Wels, s. Ovilava 38/39 I B 1, 58/59 I L 4
Welschbillig, O. u. Amt 80 I B 2
„Welsche“, Volcae, V. 24 I D 3
Welsche Confinen, habsbg. Territ. 96/97 I F 6/7, 106/107 I F 6/7
Welschensteinach 77 I A 2
Welsche Vogteien d. Eidgenossenschaft 80 II C/D 2/3
Weltbild der Araber 98/99 V
Weltbild des Mittelalters 98/99 V—VIII
Weltenburg, Kl. 52 II C 2
Weltkarte des Idrisi (1154) 98/99 V
Weltkarten d. 12.—16. Jh. 98/99 V—VIII
Welt-Währungszonen 170 II
Welwyn 40 IV
Welzheim 40 II C 3
Wendel, Ldsch. 61 I B 2
Wendelstein, O. b. Nürnberg 81 I
Wenden, O. i. Livland 68/69 II C 2, 74 II C 2, 104 IV C 2
Wenden, Slawen-Stamm i. Lausitz 67 III A 2, 106/107 III A 2
Wendischer Münzverein 83 II
Wenersee (See) 84 I C 2, 84 II C 2, 113 C 3
Wengrow 106/107 III C 1
Wenig-Nossen 77 III B 1
Wentschou 136 I F 4
Wepsen, V. 50/51 E 2
Werbas, Fl. 54/55 I F 4
Werben 58/59 I I 2
Werchne Udinsk 149 IV E 2
Werden, a. Ruhr, Kl. 56 I A 2, 56 V A 2, 122/123 I B 3, 126/127 II A 2, 142 IV B 2, 142 V B 2
—, Territ. 56 V u. VI
Werdenberg, Gft. 68/69 I E 5
—, O. 80 II D 1
Werdenfels, Gft. 122/123 I D 5, 128 I C 3
Werelä 113 F 2
Werenwag 120 V B 2
Werfen 58/59 III B 2
Wergsterode, Wüstung 77 IV A 1
Werl 56 V B 1, 58/59 I G 3
Werla, Pfalz 58/59 V B 1
—, Plan 58/59 IV
Wermland, Ldsch. 113 C 2/3
Werne 56 V B 1, 142 IV C 1, 142 V C 1
Wernigerode 115 I C 2
Werra, Fl. 37 I B/C 1, 58/59 I H/I 3, 126/127 II B/C 2
Werre, Fl. 37 II A 1/2
Werschetz 112 II D 3
Wertach, Virdo, Fl. 37 I C 2/3
Werthausen 37 I A 1
Wertheim, Gft. 122/123 I C 4
Wertheim, O. a. Main 96/97 I E 5, 128 I B 2
Wertheim-Walldürn, Gft. 78 III B 3
Werwick 85 II B/C 2
Wesel 84 II B 3, 104 III C 2, 105 I B 2, 115 I B 2, 156/157 III B 2
Wesenberg 68/69 II C 1, 104 IV C 1
Weser, Visurgis, Fl. 41 I A 2, 52 II C 1/2, 105 I C 1/2
Weser-Ems, NS-Gau 155 I A/B 2
Wesermünde 156/157 I D 3
Wesoła 79 VII
Wessex (Reich) 52 I B 2, 54/55 I B 2, 57 II B 2
Wessobrunn, Kl. 54/55 I E 3, 87 I E 2
Westafrika, frz. Kol. 132 I B/C 3
Westanatol. Bronzekultur 2 II D 3
Westaustralien, Territ. 137 I C/D 6, 138/139 I P/Q 6
Westensee, See a. d. Eider 61 III B 2
Westerbotten, Prov. 113 D/E 1/2
Westerholt 142 IV B 1, 142 V B 1
Westernbach 40 II C 2
Wester-Schelde, Honte, Fl. 96/97 III a—d
Westerwald, Geb. 54/55 II E/F 2
Westeuropäische Kulturen, Bronzezeit 2 I A/C 1/3
—, Jungsteinzeit 5 I A/B 2—4, 5 II A/B 2—4
Westfalen, evang. Landeskirche 161 VII
Westfalen, sächs. Teil-Stamm 54/55 I D 2, 78 III A/B 2
—, Hzm. 122/123 I B/C 3, 126/127 II A/B 2
Westfalen, Kgr. 124 I C 1/2
—, Ldsch. 91 I B 1
Westfalen, Prov. 129 II C/D 2/3, 152 II B/C 3
Westfalen-Nord, NS-Gau 155 I A/B 2
Westfalen-Süd, NS-Gau 155 I A/B 2
Westfold, Ldsch. 57 I C 2
Westfränkisches Reich, s. auch Frankreich 54/55 III A/B 2—4, 54/55 IV A/B 2
Westfriesiche Inseln 122/123 I A/B 2
Westfriesland, Ldsch. 95 C 1, 122/123 I A/B 2
West-Galizien, österr. Ld. 115 I E 2
Westgoten, V. 42/43 I E 2, 48 I A/B 2, 48 I D 2
Westgotenreich 48 II A/B 2/3, 49 I A/B 2/3, 50/51 A/B 3/4
Westgotisches Sprachgut 49 II
West-Götland, Ldsch. 60 I G 2, 113 C 3
Westgriqualand, Ldsch. 138/139 II B 2
Westhaid 81 I
West Ham Abbey, O. 109 I
Westhofen 142 IV C 2, 142 V C 2
Westindier in USA 144 II
West-Irian, Ldsch. 162 II D 4
Westland, Westnorwegen, Ldsch. 60 I F 1/2
Westl. großes Erg (Wüste) 163 III A 2
Westliches Liao-Reich, Kitan, Kara-Chitai 72/73 I A—C 1/2
„Westmächte“ 168
Westmanland, Ldsch. 113 C/D 3
Westmark, NS-Gau 155 I A/B 3
Westminster, Kl. 58/59 I C 3, 67 II A 1, 109 I
Westmoreland, Ldsch. 57 II B 2
Westpreußen, Prov. 115 I D 2, 129 II H/I 1/2, 152 II G/H 1/2
West-Samoa, Staat 164/165 I
Westsemiten, V. 8 II
Westslawen 106/107 III, 150/151 II
West-Sudan, Ldsch. 132 I B/C 3
Westukraine, poln. Besitz 149 III B 3
West-Virginia, amer. Staat 133 III E/F 3
Westwales, Devon 52 I B 2
Westwall, Befestigung 155 I
Wetter 142 IV B 2, 142 V B 2
Wetter-See 84 I C 2, 113 C 3
Wettin, Burg 58/59 I I/K 3
Wettiner, Geschlecht 92/93 II A/B 2/3
—, Albertiner Linie 96/97 I F/G 4
—, Ernestiner Linie 96/97 I F/G 4
Wettiner Lande, s. auch Sachsen (Kurfsm.), Sachsen (Hzm.) 66 I D 2, 66 II 2, 86 I A/C 1
Wetzelrode 77 IV A 2
Wetzendorf 81 I
Wetzlar, RSt. 58/59 I H 3, 68/69 I E 3, 122/123 I C 3, 128 I B 1
Wewak 158 II E 5
Wexford 57 II A 2, 110 A 2
Wezendorf 81 I
Whalton 142 II A 1, 142 III A 1
Wheathampstead 40 IV
Whickham 142 III A 2
Whitby, Streaneshalch 52 I B/C 2
Whitechapel 109 I
Whithorn, Withorn, Candida casa, Bm. 52 I B 2, 88/89 I B 3
Whitley 142 III B 1
Wiblingen 120 V C 1
Wiborg, Viipuri, O. i. Finnland 68/69 II D 1, 113 F 2, 150/151 I F 2, 155 II D 1, 156/157 I F 2, 156/157 III D 1

Wickede 56 V B 1, 142 IV C 1/2, 142 V C 1/2
Wida 77 IV B 1
Widin 67 III C 4, 70 II D 2, 112 II E 3
Widschaja, Tschaban 72/73 I D/E 4
Widschajanagar, O. 72/73 V B 3
Widschajanagar-Reich 72/73 V B 3, 98/99 I H 6
Wieck-Ösel, Bm. 88/89 I G 2
—, Bm.-Territ. 68/69 II B/C 1
Wied, Fl. 80 I C 1
Wied, Gft. 68/69 I D 3, 122/123 I B 3, 126/127 II A 2
—, O. 96/97 I D 4
Wiedelah 58/59 V B 2
Wieden, Ot. v. Wien 109 V
Wiek, Ldsch. 113 E 3
Wieliczka, Groß-Salze, Bg. O. 86 I F 2, 124 I F 2
Wielun 68/69 I K 3, 122/123 I H 3
Wien-Fl. 109 V
Wien, Bm. 88/89 II D 2
Wien, Vindobona, O. 38/39 I C 1, 58/59 I M 4, 75 C 4, 105 I E 2, 148 I E 4, 150/151 I E 4, 156/157 III C 3, 160 III C 3
—, Plan 109 V
—, Universität 91 V C 2
Wien, NS-Gau 155 I D 3
Wiener Neustadt, Bm. 88/89 II D 2
Wiener Neustadt, O. 75 C 5, 112 II B 2
Wieringen, Ins. 95 C 1
Wierland, Ldsch. 104 IV C 1
Wiesau 77 III B 2
Wiesbaden, Aquae Mattiacorum 40 II B 1, 62 III C 2, 126/127 II B 2, 129 II D 3, 152 II C 3, 161 IV A 1
Wiese, Fl. 40 III A 1
Wieselburg, O. i. Österreich 58/59 III C 1
Wieselburg, O. i. Ungarn 58/59 I M 5, 112 II B 2
Wiesensteig 128 I B 2
Wiesent, Fl. 56 III
Wiesloch 40 II B 2, 106/107 I E 5
Wigandsthal, Bg. O. 86 I C 1
Wight, Ins. 57 II B 2, 110 B 2
Wigorn, Worcester 52 I B 2
Wijnegem 143 I b
Wikinger, s. auch Normannen, V. 54/55 I A—C 1—3, 57 I u. II, 60 I—IV, 61 I—V
Wilde Felder, Ldsch. a. Dnjepr 102/103 I K 4
Wildenhaan 143 I b
Wildeshausen, Kl. 58/59 I H 2, 106/107 I E 3, 122/123 I C 3, 126/127 II B 1
Wildes Moor (Moor) 140 III
Wildgraf b. Rhein 78 III A 3
Wildnis, litauisch-preußische 68/69 II B/C 2/3, 74 II B/C 2/3
Wildschütz, O. 77 III B 2
Wilferdingen, Senot. Vicus 40 II B 3
Wilflingen 120 V B 2
Wilhelmshaven 129 II D 2, 148 I C 3
Wilhelmsthal, Bg. O. 86 I D 1
Wilija, Fl. 67 III C/D 2
Wilkomir 75 E 3
Willendorf 1 III D 2
Williams, Fort 116/117 IV C 2
Willitzleithen, Ober-, Unter- 81 I
Willmanstrand, O. 113 F 2
Willstätt 77 I A 1
Wilmarsdonk 143 I a—b
Wilmersdorf 143 II
Wilna, Bm. 88/89 I H 3
Wilna, Wilno, O. 71 I C 2, 75 E 3, 113 F 4, 116/117 I I 3, 125 I E 2, 148 I G 3, 150/151 I F 3, 155 II D 1, 160 III E 2
Wilrijk 143 I a—b
Wilsnack 84 II C 3
Wilsons Creek 133 III D 3
Wilten, Veldidena 37 I C 3
Wilzen, Liutizen, V. 54/55 I E 2, 58/59 I K 2
Wimpfen, Alisiniensium Vic., O., Pfalz, RSt. 40 II C 2, 58/59 I H 4, 62 II B 3, 68/69 I E 4, 81 II B 2, 122/123 I C 4, 128 I B 2
Winchester, Bm. 88/89 I B 3
—, Kl. 87 I B 1
Winchester, Venta Belg., O. 36 B 2, 57 II B 2, 110 B 2
Windau, Ventspils 68/69 II B 2, 104 IV B 2, 148 I F 2, 150/151 I F 3, 156/157 III D 2
Windeberg 77 IV B 1
Winden, Slowenen, V. 54/55 I E/F 3, 58/59 II B 2
Windhuk 144 V A 2
Windisch, Bm. 88/89 II B 2
Windisch, Vindonissa, O. 40 III B 2
Windische Mark 68/69 I H 6
Windisch-Matrei, Bg. O. 86 I B 3, 122/123 I E 5
Windmill-Hill, O. 2 I A 1
Windmill-Hill-Kultur 2 I A/B 1
Windsheim, RSt. 68/69 I F 4, 81 II C 2, 122/123 I D 4, 128 I C 2
Windsor, Schloß 90 I A/B 1, 90 II A/B 1, 102/103 I C 3
Windward-Ins. 138/139 I F 4
Winkelhaid 81 I
Winland, Labrador, Ldsch. 60 I A/B 1
Winlaton 142 II A 2
Winn 81 I
Winnipeg 133 I D 2, 133 III D—1/2
Winniza 113 F 5, 148 I G 4
Winterberg 91 II C 2, 122/123 I C 3
Winterthur, Vitudurum 40 III B 1, 80 II C 1
Winwaedfield 54/55 I B 2
Wirballen 106/107 III C 1
Wirkeshagen, Wüstung 77 IV A 1
Wisby 75 C 2, 84 I D 2, 84 II D 2, 113 D 3
Wisconsin, amer. Staat 133 III D/E 2
Wiskiauten 60 I I 3
Wislanen, V. 50/51 C/D 2
Wismar 68/69 I F 2, 83 II B 2, 113 C 4, 124 I C 1
Wistritsa, Haliakmon, Fl. 18/19 II A 2/3
Witebsk 61 V C 2, 71 I D 1, 113 G 3, 116/117 I K 2, 150/151 I G 3, 156/157 I G 3, 156/157 III E 2
Withorn, Whithorn, Candida casa, Bm. 52 I B 2, 88/89 I B 3
Wittekindsburg 37 II A 1, 41 II C 1
Wittelsbach, Burg 62 II C 3
Wittelbacher, Geschlecht 62 II, 66 I D 2, 70 I
Witten 142 IV B 2, 142 V B 2
Wittenau, Dalldorf 143 II
Wittenberg, Malojaroslawetz, O. i. Bessarabien 140 IV A 1
Wittenberg, O. i. Sachsen 68/69 I G 3, 96/97 I G 4, 122/123 I E 3
Wittenberge 122/123 I D 2
Wittenburg 83 II B 2
Wittensee (See) 61 III B 2
Wittgenstein, Gft. 122/123 I C 3, 126/127 II B 2
Wittingau 91 I C/D 2
Wittlich, O. u, Amt 80 I B/C 1/2
Wittnauer Horn, O. 40 III A 2
Witton Gilbert 142 II A 2
Wittstock 106/107 I G 3, 106/107 II G 3
Witu 132 I E 4
Witwatersrand, Ldsch. 138/139 II B 2
Wjasma 71 I D 1, 113 G 3, 125 I F 2, 156/157 I G 3
Wjatitschen, V. 50/51 E 2
Wjatka, Fl. 119 H/I 3
Wjatka, Kirow, O. 105 II C 3, 150/151 I H 3
Wlachische, Walachische, Rumänische Sprache 70 II
Wladikawkas, Ordshonikidse 134 I E 2, 149 III D 3, 150/151 I H 3
Wladimir, Metropolitie (nördl.) 88/89 I H—K 2
Wladimir, O. b. Susdal 61 V D 2, 119 G 3
Wladimir Wolhynsk, Bm. 71 I B 2, 88/89 I G 3
—, Fsm. 64/65 I D 1/2
—, O. 61 V B 2, 67 III C 2, 113 E 4
Wladiwostok 149 IV F 2, 138/139 VI C 2
Wlodawa 156/157 I F 3
Wlozlawek, O. 68/69 I K 2, 122/123 I H 2
Wlozlawek-Kujawien, Bm. 88/89 I F 3
Wnesapnaja 134 I F 2
Wöbbelin 124 I C 1
Wobeck 56 VI A 2
Wogastisburg (Burg) 50/51 C 2
Wogulen, Ostjaken, V. 50/51 G/H 2, 119 L 2
Wohlau, O. 96/97 I I 4, 122/123 I G 3
—, Fsm, 105 I E 2, 106/107 I I 4
Woitz 77 III B 2
Woitzdorf 77 III B 2
Wojwodina, Ldsch. 130/131 I G 2/3, 160 III C 3
Wolchow, Fl. 84 I G 2, 84 II G 2, 113 G 3, 156/157 I G 3
Woldenberg 121 I
Wolfegg 122/123 I C 5
Wolfenbüttel, Hzm. 106/107 I E/F 3/4
Wolfenbüttel, O. 58/59 V B 1, 122/123 I D 2, 161 VII
Wolfsburg, O. 161 IV B 1
Wolfshain 77 II
Wolfstein 80 I C 2
Wolga, Rha, Itil, Fl. 34/35 I G 1/2, 50/51 E/F 2/3, 119 E—H 3—5, 150/151 I G/H 3/4, 156/157 I G—I 3/4
Wolgabulgaren, V. 50/51 F/G 2, 52 III D 2, 57 I G/H 2
Wolgadeutsche, V. 119 G/H 4/5, 160 I
Wolgadeutsche ASSR 150/151 I H 3
Wolgast 68/69 I G 1, 122/123 I E 1
Wolgograd, s. Stalingrad, Zarizyn 163 II C 2
Wolhynien, Fsm. 67 III D 2/3, 71 I C 2
Wolhynien, Ldsch. 116/117 I H/I 3
Wolhynier, Dulebner, V. 50/51 D 2/3
Wolkramshausen, Wüstung 77 IV A 1
Wollaton Hall 90 II A 1
Wollin, Bm. 88/89 II C 1
Wollin, Vineta, Jumac, Jomsburg, O. 58/59 I L 2, 122/123 I F 2
Wolmar 68/69 II C 2, 104 IV C 2
Wologda 92/93 I K 2, 119 F 3, 150/151 I G 3
Wolos 130/131 I G 4
Wommelgem 143 I a—b
Wonchozk, Kl. 87 II D 2
Wongrowitz, Kl. 88/89 III C 1
Wonitza 116/117 I H 6
Wonsan 136 I F 3
Worcester, Bm. 88/89 I B 3
—, Kl. 87 I B 1
—, Wigorn, O. 52 I B 2, 110 B 2
Worms, Bm. 52 II C 2, 88/89 II B 2
—, Bm.-Territ. 68/69 I E 4, 122/123 I C 4
—, Borbetomagus, O. Pfalz, RSt. 40 II B 2, 54/55 II F 3, 62 I B 3, 62 III B 3, 68/69 I E 4, 128 I B 2
Worms, Ins., i. Baltikum 74 II B 2, 148 I F 2
Wormstedt 56 VI A 2
Woronesh, Gouv. 119 F—H 4/5
Woronesch, Woronesh, O. 24 I F 2, 98/99 I D 2, 119 F 4, 156/157 I G 3
Woroschilowgrad 150/151 I G 4, 156/157 I G 4
Woroschilowsk, Stawropol 150/151 I H 4
Worringen, Segorigiensium Vic. 37 I A 1, 78 III A 2
Worskla, Fl. 71 I D 3
Wörth, O. a. Main 40 II C 2
Worzelsdorf 81 I
Wosart, Wüstung 77 IV A 1
Woskressenskij-Kloster 113 H 3
Wosneschenskaja 140 IV B 1
Woten, V. 50/51 D/E 2
Wotjaken, V. 119 I 3
Wrechow 121 III u. IV
Wreschen 122/123 I G 2, 129 II H 2
Wriezen 121 III u. IV
Wroxeter, Viroconium 36 B 2, 54/55 I B 2
Wu 3 IV C 2, 46/47 I L 3
Wuhan, s. Hankau 162 I B 2
Wuhle, Fl. 143 II
Wu-huan, Ldsch. 3 IV B/C 1
Wu-huan, V. 46/47 I K/L 2
Wulfen 142 IV B 1, 142 V B 1
Wülferode, Wüstung 77 IV A 1
Wulfersdorf 56 VI B 2
Wullenstetten 120 V D 1
Wunsiedel 128 I C 1
Wuppertal, O. 141 II B 2
Würben 77 III B 2, 92/93 II D 3
Würbenthat, Bg. O. 86 I D 1
Würmeiszeit 1 II
Württemberg, evang. Landeskirche 161 VII
Württemberg, Gft., Hzm. 68/69 I E 4, 81 II B 2, 96/97 I E 5, 104 II A 3, 105 I C 2, 106/107 II, 122/123 I C 4
Württemberg, Kgr. 128 I B/C 2/3, 128 III B/C 2/3, 129 I C/D 4/5, 129 II D/E 4/5
Württemberg, Land (Republ.) 152 II C/D 4/5
Württemberg-Baden, Ld. 160 III A 3
Württemberg-Hohenzollern, Ld. 160 III A 3
Württemberg-Hohenzollern, NS-Gau 155 I B 3
Würzberg, O. 40 II C 2
Würzburg, Bm. 52 II C 2, 88/89 II B 2, 145 I, 161 VI
—, Bm.-Territ. 68/69 I E/F 3/4, 122/123 I C/D 3/4, 128 I B/C 1/2
Würzburg, Ghzm. 124 I C 2
Würzburg, Kurfsm. 126/127 II B/C 2/3
Würzburg, O. 54/55 I D/E 3, 105 I C 2, 155 I B 3, 161 IV A 2
Wurzen 68/69 I G 3, 77 II, 122/123 I E 3
Wu-sun, Arschi, V. 3 I I 2, 46/47 I F 2, 46/47 II F 2
Wutach, Fl. 40 III B 1
Wu-tai-schan, buddhist. Heiligtum 72/73 IV C 2
Wu-tschang 98/99 I M 4/5
Wutschou 98/99 I M 5, 136 I E 4
Wyhra, Fl. 77 II
Wyl 81 II B 3
Wyoming, amer. Staat 133 III B/C 2
Wyschehrad, Burg b. Prag 78 V
Wytschega, Fl. 119 H/I 2

Xaltocan, O. 100/101 VI A 1
Xaltocan-See 100/101 VI A 1
Xanten, Col, Ulpia Treiana 37 I A 1, 54/55 II E 2, 106/107 I D 4
—, Plan 32 V
Xanthi 145 VI B 2
Xanthus, O. i. Lykien 38/39 I E 3
Xenophontos, Athos-Kl. 45 VI B 2
Xerokampos 10 I C 1
Xerolimni 10 I C 1
Xeropotamu, Athos-Kl. 45 VI B 2
Xerxes-Kanal am Athos 18/19 I D 1, 45 VI A 1
Xingu, Fl. 111 I D 4
Xochimilco, O. 100/101 VI A 2
Xochimilco-See 100/101 VI A 2
Xoconocho 100/101 II C 3
Xois 6 I A 1
Xuthia 17 I D 3
Xyniai 18/19 I C 2
Xynias-See 18/19 I C 2
Xypete 12 V

Yadava, Ldsch. 72/73 II G 5
Yagri 8 I A 2
Yalu, Fl. 138/139 VI B 2
Yamato, Reich, s. auch Japan 46/47 I M 3
Yamura, Fl. 22/23 I I/K 3
Yang, Ldsch. 46/47 I K 3/4
Yang-schao-Kultur 3 III B 2
Yang-tschou 46/47 IV F 3
Yarimja 6 III B 1, 6 IV B 1
Yarmouth 95 A 1, 110 C 2
Yasin Tepe 6 II C 1, 6 IV C 1
Yaxchilan 100/101 II C 2
Yazilikaja 9 I D 1
Ybbs 58/59 II B 1
Yen, O. 46/47 I K 3
Yen, Staat, Ld. 3 IV B 1/2, 46/47 I K 3
Yerba-Buena-Ins. 143 IV
Ying, Nan 3 IV B 2
Yonne, Dép. 122/123 III B/C 1/2
Yonne, Fl. 95 B 3/4
Yopitzinco, Ldsch. 100/101 II B 2
Yorgan Tepe, Nuzi 6 II B 1, 6 III B 1
York, Ebm. 88/89 I B 3
—, Eburacum, O. 36 B 2, 52 I B 2, 57 II B 2, 110 B 2
Yortan 2 I D 3
Yotbata 162 IV B 3
Ypern 58/59 I E 3, 85 II B 2, 114 B 2, 126/127 IV A 2, 148 I B 3, 148 II B 1
Yser, Fl. 148 II B 1
Ystad 106/107 I G 2
Yu, Ldsch. 46/47 I K 2/3
Yü, Ldsch. 46/47 I K 3
Yüan, O. nördl. Hwangho 3 III B 2
Yüan, O. südl. Hwangho 46/47 I K 3
Yucatan, Halbinsel 100/101 II C/D 1/2, 100/101 VII A 1/2, 118 III C 1/2, 133 I D 3/4
Yüeh, V. 3 IV B 2/3
Yukon, Fl. 133 I A/B 1
Yukon-Territorium, kanad. 133 I B 1
Yü-tschang 46/47 I K 4
Yü-tschou, O. i. Mittelchina 46/47 IV F 3
Yü-tschou, O. i. Nordchina 46/47 IV F 3
Yverdon, Bm. 88/89 II B 2
Yverdon, Eburodunum, O. 37 I A 3, 80 II A 2

Zaachila 100/101 II B 2
Zaandam 104 III B 1
Zabae 46/47 I I 5/6
Zaban, Altun Kupri 6 IV B 1
Zabern, Tres Tabernae 40 II A 3, 58/59 I G 4, 106/107 I D 5, 114 D 3
Zabi 34/35 III A 1
Zabulistan, Ldsch. 50/51 H/I 4
Zacatecas 118 III B 1
Zachuren, V. 134 I F 3
Zaci 100/101 II D 1
Zadar, s. Zara 160 III C 4
Zadel (Burgward) 56 IV
Zadrakarta 22/23 I G 2
Zafer Papuras 11 IV
Zagreb, s. Agram 150/151 I E 4
Zagros, Geb. 9 III G/H 3
Zahle 64/65 IV A 4
Zähringen, Burg 62 II A 3
Zähringer, Gesch. 66 I C 2
Zaiton, Tschüantschou 72/73 II L 5
Zaire, s. Kongo (Dem. Rep.)
Zakkari, V. 9 I D 3
Zakro 10 I C 1
Zakyab 6 I A 4
Zakynthos, Zacynthus, Ins. u. O. 18/19 I A 4
Zaldapa 38/39 I E 2
Zalmakum, Ldsch. 8 II B/C 2
Zama, O. i. Afrika 26/27 II B 2, 34/35 III B 1
Zama, O. i. Galatien 38/39 I F 3
Zamboanga, Ins. 111 II F 2
Zamboanga, O. 98/99 I N 7
Zamora, Bm. 88/89 I A 5
Zamora, Ocelodurum, O. 38/39 II A 1, 64/65 I A 2
Zamość 113 E 4, 124 I F 2
Zamua, Ldsch. 9 III G 2
Zankle, Messana 17 I D 2
Zante, Bm. 88/89 I G 6
Zante, Zakynthos, Ins. 112 I C 2, 126/127 I H 6, 130/131 I G 4, 156/157 I F 5
Zantoch, Burg 60 I H 3
Zapatas, Fl. 22/23 III C 2
Zapoteken, V. 100/101 II B 2
Zapotitlan 100/101 II C 3
Zara, Ebm. 88/89 II D 3
—, O. 63 I E 2, 64/65 II C 2, 94 I u. II F 2, 116/117 I G 5, 124 I D 3, 124 II C 1, 150/151 I E 4, 155 II C 2, 160 III C 4
Zaragoza, Ebm. 88/89 I B 5
Zaragoza, Caesaraugusta, O. 38/39 II B 1, 52 III A 2, 54/55 I B 4, 64/65 I A 2, 85 I A 2, 125 I B 3
Zara vecchia 94 I F 3
Zarax 18/19 I D 5
Zarethra 18/19 I E 3
Zarigrad, s. Konstantinopel 61 V B 3
Zarizyn, Stalingrad 105 II C 4, 119 G 5, 150/151 I H 4
Zarnow 106/107 I L 4
Zarskoje Selo 126/127 I K 2
Zarzaitine 163 III B 3
Zator, O. u. Fsm. 68/69 I K 4, 96/97 I K 5
Zaunröden 77 IV A 1
Zaupitz 77 III B 1
Zauritz 77 III B 1
Zawichost 67 III C 2
Zawijet el Meitin 6 I A 2
Zea, Hafen v. Athen 12 V
Zebed 41 III C 2
Zechin 121 III u. IV

Zedlitz, O. b. Oppeln, Plan 121 V
Zedlitz, O. b. Ottmachau 77 III B 1
Zeebrügge 96/97 IIId, 148 II B 1
Zehden 121 III u. IV
Zehlendorf 143 II
Zehngerichtebund (Teil v. Graubünden) 80 II D 2
Zehren, Burg 56 IV
Zeiring, Bg. O. 86 I C 3
Zeitz, Bm. 88/89 II C 1
Zeitz, Mark 58/59 I I/K 3
Zeitz, O. 58/59 I K 3, 96/97 I G 4
Zela 38/39 I G 2
Zeleia 18/19 I H 1
Zelemé, Pußta-Wüstung 140 V A/B 1
Zell, O. a. Harmersbach 77 I B 2, 122/123 I C 4, 128 I B 2
Zell, O. u. Amt a. d. Mosel 80 I C 1/2
Zell, O. b. Offenburg 77 I A 2
Zell am See 122/123 I D 5
Zella, O. a. Unstrut 77 IV A 1
Zellin 121 III u. IV
Zengg, Bm. 88/89 II C 3
Zengg, O. 58/59 I L 6, 112 II A 3
Zenina 38/39 II C 3
Zenobia 41 III E 2
Zenta 112 II D 3
Zentralafrikanische Föderation, Dominion 162 III C 3/4
Zentralafrikanische Republik 162 III B/C 2, 164/165 III, 166/167 I u. III, 168
Zentralamerika, Ver. Staaten v. 133 I D 4
Zentralamerikanische Wirtschaftsgemeinschaft 166/167 III
Zentralanatolische Kultur 3 II E 2/3
Zentral-Indien 135 I B/C 2
Zentralprovinz, indische 135 I B/C 2
Zentrum (Partei) 154 I u. II
Zephyrion, Kap i. Bruttium 17 I E 3
Zephyrion, Kap i. kleinasiat. Doris 18/19 I H 4
Zephyrion, Kap a. Kreta 10 III C 1
Zerbst 81 III C 2, 122/123 I E 3
Zerelia 4 VII A 2
Zerzabelshof 81 I
Zeta, Ldsch. 70 II C 2
Zeugma, Seleukeia 38/39 I G 3, 22/23 II C 2
Zeus Hellanios-Altar, a. Aigina 13 I A 2
Zeven, Kl. 122/123 I C 2
Zia 34/35 II B 2
Zibliyat 6 III C 2, 6 IV C 2
Ziegelhütte, O. b. Nürnberg 81 I
Ziegelstein, O. b. Nürnberg 81 I
Ziegenhain, Gft. 68/69 I E 3
Zielenzig 121 I
Zierikzee, O. 68/69 I B 3, 96/97 IIIa—d, 104 III A 2
Zikkurat, T. i. Babylon, Plan 7 III
Zilis 38/39 II A 2
Zillertal, Ldsch. 68/69 I F 5
Zimises, V. 41 IV
Zimt-Land, i. Afrika 34/35 VI
Zincirli, Sam'al 8 I B 2
Zinna, Kl. 88/89 III B 1
Zinnhandel, assyrischer 2 II
Zion, Ot. i. Jerusalem 34/35 V
Zipangu, Japan (Reich) 72/73 II N/O 3/4
Ziph 8 III B 3
Zips, Ldsch. 67 III C 3, 71 I B 3, 75 D 4, 112 II D 1, 116/117 I II 4
Zipser Neudorf, Bg. O. 86 I F 2
Zircz, Kl. 87 II C 3
Ziriden-Reich i. Tunesien 64/65 I B/C 3
Zirkassier, Tscherkessen, V. 105 II B/C 4, 134 I
Zirl, Teriola 37 I C 3
Zistersdorf 160 III C 3
Zisterzienser-Klöster, -Orden 87 II, 88/89 III
Zittau 68/69 I H 3, 96/97 I H 4, 122/123 I F 3
Zizichar, Zizikar 136 I F 2, 162 I C 1
Zlota-Kultur 2 II D 1
Znaim 58/59 I M 4, 122/123 I G 4
Zoara 34/35 II B 3
Zobah, Ldsch. 8 IV C 1/2
Zobten, Bg. 50/51 C 2
Zofingen 80 II B 1, 83 III A 2
Zographu, Athos-Kl. 45 VI B 1
Zoighe, Wüstung 77 IV A 2
Zollern, Gft., s. auch Hohenzollern 68/69 I E 4
Zollgebiet, preuß.-hess. 129 I
Zollverband, preußischer 129 I
Zollverein, Bayr.-württemberg. 129 I
—, Deutscher 129 I
Zombor 102/103 I G 4
Zone, O. 18/19 I F 1
Zonengrenzen 161 I u. IV—VII
Zoreni 140 IV B 1
Zorge, Bg. O. 86 I A 1
Zorndorf 116/117 III, 122/123 I F 2
Zoroastrier, Rel. 52 III C/D 3
Zossen 96/97 G 3
Zoster, Kap 13 I B 2
Zou 10 I C 1
Zschaitz (Burgward) 56 IV
Zschocher, Groß- 77 II
Zsitva, Fl. 112 II C 1/2
Zubair, Erdölfeld 163 II C 3
Zucchabar, Miliana 34/35 III A 1
Zuckmantel, Bg. O. 86 I D 1
Zug, Kanton u. O. 80 II C 1, 130/131 II B 1
Zugmantel 40 II B 1
Zuhab 6 III C 2
Zuidersee (See) 78 IV B 1
Zula, Adulis 34/35 I F 5
Züllichau 106/107 I H 3
Zülpich, Tolbiacum 37 I A 1, 54/55 II E 2
Zululand, Ld. 138/139 II C 2
Zuma 6 I A 4
Zürich, Turicum, O. u. Kanton 37 I B 3, 54/55 I D 3, 80 II C 1, 104 II A 3, 130/131 II B 1
Züricher Münze 83 III B 2
Züricher See (Zürich-See) 80 II C 1
Zurzach, Messen 83 V B 3
—, Tenedo, O. 40 III B 1, 80 II C 1
Zusmarshausen, Kl. 128 I B 2
Zutfen, Zutphen 68/69 I D 2, 78 IV C 1, 104 III C 1
Zweenfurth 77 II
Zweibrücken, Gft., Hzm. s. auch Pfalz-Zweibrücken 68/69 I D 4, 122/123 I B 4
Zweibrücken, O. 95 D 3, 114 D 3, 128 I A 2
Zweinaundorf 77 II
„Zweites Baku", Erdölfeld 159 II D 2, 163 II D 1
Zwenkau 77 II
Zwergvölker i. Afrika 132 III
Zwettl, O. 74 I B 2
—, Kl. 87 II C 3, 122/123 I F 4
Zwickau 68/69 I G 3, 122/123 I E 3
Zwiefalten, Kl. 68/69 I E 4, 120 V B/C 1/2, 128 I B 2
Zwijndrecht 143 Ia—b
Zwischeneuropa 150/151 II
Zwittau 96/97 I I 5
Zwochau 77 II
Zwölfmeilenland, Dodekaschoinos, Ldsch. 29 II B 3
Zwolle 68/69 I D 2, 78 IV C 1, 83 I B 1, 104 III C 1
Zwönitz, Bg. O. 86 I B 1
Zygris 38/39 I E 4
Zyguries 10 II C 3, 4 VII A 2
Zypern (Cypern), Staat 164/165 I L 3